Entscheidungen des
Bundesarbeitsgerichts

Herausgegeben

von den Mitgliedern des Gerichtshofes

Berlin 1963

Walter de Gruyter & Co.

vorm. G. J. Göschen'sche Verlagshandlung / J. Guttentag, Verlagsbuchhandlung / Georg Reimer / Karl J. Trübner / Veit & Comp.

Entscheidungen des
Bundesarbeitsgerichts

11. Band

Berlin 1963

Walter de Gruyter & Co.

vorm. G. J. Göschen'sche Verlagshandlung / J. Guttentag, Verlagsbuchhandlung / Georg Reimer / Karl J. Trübner / Veit & Comp.

ZITIERWEISE

Für die Zitierung dieser Sammlung wird die Abkürzung BAG empfohlen, z. B. BAG 1,70 (= Band 1 Seite 70).

Archiv-Nr. 2 819 63 5

Satz und Druck: Berliner Buchdruckerei Union G. m. b. H., Berlin 61

INHALT

Berichtigung

Band 11: Seite 128 Zeile 13 von oben lies: „1 AZR 592/59." statt: „I AZR 592/59."

1. Auf Grund des § 2 Ziff. 5 Abs. 4 des Bundesrahmentarifvertrages für das Baugewerbe steht einem Arbeitnehmer, der wegen ungünstiger Witterung entlassen worden ist, unter den dort normierten Voraussetzungen ein unabdingbarer Anspruch auf Wiedereinstellung gegen seinen früheren Arbeitgeber zu.

2. Die Entstehung eines solchen Anspruchs wird auch nicht dadurch ausgeschlossen, daß der Arbeitnehmer nach seiner witterungsbedingten Entlassung ein anderes Arbeitsverhältnis eingeht.

BGB §§ 133, 157; Bundesrahmentarifvertrag für das Baugewerbe vom 6. Juli 1956 § 2 Ziff. 5 Abs. 4.

IV. Senat. Urteil vom 22. 2. 1961 i. S. T. (Bekl.) w. S. (Kl.) 4 AZR 44/59.

I. Arbeitsgericht Wesel. — II. Landesarbeitsgericht Düsseldorf.

Der Kläger war seit dem 1. August 1956 bei der Beklagten als Maurer beschäftigt. Am 14. Dezember 1957 löste diese sein Arbeitsverhältnis ohne Einhaltung einer Kündigungsfrist, weil die Fortsetzung der Arbeit wegen ungünstiger Witterung unmöglich war.

Danach war der Kläger vom 29. Januar bis 25. Februar 1958 auf einer Baustelle der Firma W. in K. tätig. Auch hier wurde er wegen ungünstiger Witterung entlassen.

Ende März 1958 nahm die Beklagte die Bauarbeiten wieder auf, ohne dem Kläger davon Mitteilung zu machen. Am 18. April 1958 wurde der Kläger der Beklagten vom Arbeitsamt W. zur Arbeitsaufnahme zugewiesen. Diese lehnte jedoch seine Wiedereinstellung mit der Begründung ab, ihr Bedarf an Maurern sei gedeckt.

Der Kläger ist der Ansicht, daß er einen Anspruch auf Wiedereinstellung habe. Er hat beantragt, die Beklagte zu verurteilen, ihn wieder einzustellen. Die Beklagte vertritt den Standpunkt, der Rechtsanspruch des Klägers auf Wiedereinstellung sei infolge der Arbeitsaufnahme bei der Firma W. erloschen. Zudem habe sich der Kläger nicht unverzüglich gemeldet, nachdem sie mit den Arbeiten wieder begonnen habe.

Das Arbeitsgericht hat die Klage abgewiesen, das Landesarbeitsgericht hat ihr stattgegeben.

Die Revision der Beklagten blieb erfolglos.

Aus den Gründen:

Rechtsgrundlage der Klage ist § 2 Ziff. 5 Abs. 4 des für allgemeinverbindlich erklärten Bundesrahmentarifvertrages für das Baugewerbe (BRTV) vom 6. Juli 1956. Dort ist bestimmt:

„Bei Entlassung wegen ungünstiger Witterung muß die Wiedereinstellung des Entlassenen erfolgen, wenn dessen Wiederbeschäftigung möglich ist. Der Arbeitnehmer hat hierauf einen Rechtsanspruch, wenn er sich unverzüglich nach Wiederaufnahme der Arbeit meldet. Der Arbeitgeber hat die Arbeitnehmer über die Wiederaufnahme der Arbeit zu unterrichten."

Zutreffend sieht das Berufungsgericht in dieser Vorschrift eine normative Regelung, die unter den dort festgelegten tatbestandsmäßigen Voraussetzungen den Arbeitgeber verpflichtet, mit dem Arbeitnehmer einen neuen Arbeitsvertrag abzuschließen (Abschlußgebot), und dementsprechend für den Arbeitnehmer einen unabdingbaren Anspruch auf Wiedereinstellung begründet (vgl. dazu Hueck-Nipperdey-Tophoven, TVG, 3. Aufl., § 1 Anm. 45, 48).

Es ist irrig, wenn die Revision meint, die Entstehung eines derartigen Wiedereinstellungsanspruchs sei jedoch ausgeschlossen, soweit ein Arbeitnehmer nach seiner witterungsbedingten Entlassung bei einem anderen Arbeitgeber ein Arbeitsverhältnis eingehe, wie es der Kläger bei der Firma W. in K. getan habe, weil dieser Anspruch auf den letzten Arbeitgeber beschränkt sein solle. Für eine solche Auffassung bieten weder Wortlaut noch Sinn und Zweck des § 2 Ziff. 5 Abs. 4 BRTV einen Anhalt. Wenn nämlich dort der Fall einer anderweitigen Arbeitsaufnahme nach Beendigung des bisherigen Arbeitsverhältnisses aus Witterungsgründen überhaupt nicht erwähnt wird und auch die Erläuterungen der Tarifvertragsparteien zum BRTV sich damit nicht befassen, so deutet bereits das darauf hin, daß die Tarifvertragsparteien es als unerheblich für den Wiedereinstellungsanspruch des § 2 Ziff. 5 Abs. 4 aaO angesehen haben, wie der Arbeitnehmer die Zeit nach seiner Entlassung ausfüllt, ob er Arbeitslosengeld bezieht oder an anderer Stelle arbeitet. Etwas anderes ergibt sich auch nicht aus dem Zweck der Bestimmung, der dem wegen schlechten Wetters entlassenen Arbeitnehmer den früheren Arbeitsplatz für den Fall der Beseitigung des Arbeitshindernisses erhalten will. Denn daraus ist nicht notwendigerweise zu folgern, die Tarifvertragsparteien hätten dabei nur an den jeweils letzten Arbeitsplatz gedacht. Daß die Aufnahme einer anderen Arbeit die Entstehung eines Anspruchs gemäß § 2 Ziff. 5 Abs. 4 BRTV ausschließen sollte, ist um so weniger anzunehmen, als einerseits das zwischenzeitliche Arbeitsverhältnis durchaus nicht immer aus Witterungsgründen enden muß, insoweit also ein Wiedereinstellungsanspruch nicht in Betracht kommt, und andererseits der Arbeitnehmer sich auch außerhalb der Bauwirtschaft eine Arbeit suchen kann, wo es in der Regel eine gleiche Wiedereinstellungsklausel nicht gibt. Es ist daher davon auszugehen, daß der Arbeitnehmer im Einzelfall möglicherweise mehrere nebeneinander bestehende Wiedereinstellungsansprüche hat, die er wahlweise geltend machen kann, weil die in Rede stehende Tarifbestimmung den Anspruch von seiner Meldung abhängig macht und es damit seiner freien Entschließung überläßt, ob und gegebenenfalls welches der früheren Arbeitsverhältnisse er erneuern will. Da die Meldung unverzüglich zu erfolgen hat, kann entgegen der Ansicht der Revision auch keine Unsicherheit, die zu einer Verzögerung der Arbeitsaufnahme führen könnte, für denjenigen oder diejenigen Arbeitgeber entstehen, zu denen der Arbeitnehmer nicht zurückkehrt.

Der Revision kann auch nicht gefolgt werden, wenn sie vorbringt, in der Aufnahme der Arbeit bei der Firma W. liege ein Verzicht des Klägers auf einen Wiedereinstellungsanspruch gegen die Beklagte. Ob der Kläger angesichts der Vorschrift des § 4 Abs. 4 TVG auf einen solchen Anspruch im voraus hätte verzichten können, kann unerörtert bleiben. Denn jedenfalls wäre dazu das Zustandekommen eines Erlaßvertrags im Sinne des § 397 Abs. 1 BGB erforderlich gewesen (vgl. Hueck-Nipperdey, Lehrbuch des Arbeitsrechts, 6. Aufl., Bd. II, § 31 I 3; Hueck-Nipperdey-Tophoven, aaO, § 4 Anm. 50). Dafür hat die Beklagte schlüssig nichts vorgetragen. Zumindest hätte hier dargelegt werden müssen, inwiefern der Kläger durch ausdrückliche Erklärung oder konkludentes Verhalten den Willen zu erkennen gegeben hat, auch nach Wiederaufnahme der Arbeit nicht zur Beklagten zurückzukehren. Der Umstand, daß er nach seiner Entlassung aus Witterungsgründen bei der Firma W. Arbeit angenommen hat, genügt allein dafür nicht. Gerade weil die Arbeitsaufnahme an anderer Stelle für einen von einer Entlassung betroffenen Arbeitnehmer eine Selbstverständlichkeit ist, da ja in der Regel niemand ohne Not seine Arbeitskraft ungenutzt läßt, können aus der Tätigkeit des Klägers bei der Firma W. keine Folgerungen in bezug auf den Wiedereinstellungsanspruch gegen seine bisherige Arbeitgeberin gezogen werden. Ist es somit für den geltend gemachten Anspruch bedeutungslos, daß der Kläger vom 29. Januar bis 28. Februar 1958 anderweitig in Arbeit gestanden hat, dann kommt es auf die von der Revision in diesem Zusammenhang erhobenen Verfahrensrügen nicht mehr an.

Entscheidend ist im vorliegenden Fall also allein, ob die in § 2 Ziff. 5 Abs. 4 BRTV aufgestellten Voraussetzungen erfüllt sind. Das hat das Landesarbeitsgericht ohne Rechtsirrtum bejaht.

Nach den Feststellungen des angefochtenen Urteils ist der Kläger nämlich auf Grund des § 2 Ziff. 5 Abs. 1 aaO wegen ungünstiger Witterung entlassen worden, wie es Abs. 4 Satz 1 aaO fordert. Wenn weiter nach dieser Vorschrift die Wiederbeschäftigung des Arbeitnehmers möglich sein muß, dann wird damit jedenfalls die Wiederaufnahme der Arbeit durch den Arbeitgeber vorausgesetzt. Da das hier unstreitig Ende März 1958 geschehen ist, stand insoweit einer Wiedereinstellung des Klägers nichts im Wege. Ob die Möglichkeit einer Wiederbeschäftigung des Arbeitnehmers auch mit Rücksicht auf die sonstigen Verhältnisse des Betriebes gegeben sein muß und zu verneinen wäre, wenn etwa ein Auftragsrückgang oder Geschäftsverluste eine Verringerung der Zahl der Arbeitnehmer erforderlich erscheinen lassen, braucht hier nicht entschieden zu werden. Denn die Beklagte hat solche Gründe nicht geltend gemacht und sich insbesondere auch nicht auf die Notwendigkeit einer Verkleinerung der Belegschaft als Hindernis für eine Wiederbeschäftigung des Klägers berufen. Ebensowenig bedarf es einer Erörterung der Frage, ob durch den Satz 1 des § 2 Ziff. 5 Abs. 4 BRTV weiter vorausgesetzt wird, daß der Arbeitnehmer selbst zur Wiederaufnahme der Arbeit bei seinem früheren Arbeitgeber in der Lage ist, weil nach dem dem Berufungsurteil zugrundeliegenden Sachverhalt kein Anhalt dafür besteht, daß das nicht der Fall war.

Die Beklagte verteidigt sich vielmehr in diesem Zusammenhang nur damit, ihr Bedarf an Maurern sei gedeckt und infolgedessen die Wiedereinstellung des Klägers unmöglich gewesen. Ob das zutrifft, kann dahinstehen. Denn damit kann die Beklagte, wie das Landesarbeitsgericht mit Recht annimmt, nicht gehört werden. Wenn es nämlich, wie bereits gesagt, Sinn des § 2 Ziff. 5 Abs. 4 aaO ist, dem wegen schlechten Wetters entlassenen Arbeitnehmer den Arbeitsplatz für den Fall der Wiederaufnahme der Arbeit zu erhalten, dann kann das nur durch die Verpflichtung des Arbeitgebers erreicht werden, vor allen anderen die Arbeitnehmer, die durch die Entlassung betroffen worden waren, wieder einzustellen. Der Arbeitgeber hat deshalb keine freie Wahl hinsichtlich der Arbeitskräfte, die er nach Beendigung der Schlechtwetterperiode wiederbeschäftigen will, sondern muß auf die auf Grund des § 2 Ziff. 5 Abs. 1 BRTV entlassenen Arbeitskräfte zurückgreifen. Wollte man es dem Arbeitgeber freistellen, nach Wiederaufnahme der Arbeit beliebig andere Arbeitskräfte einzustellen und sich dann auf die Vollzähligkeit seiner Belegschaft zu berufen, dann würde einer Umgehung des Abs. 4 aaO Tür und Tor geöffnet.

Entgegen der Auffassung der Revision ist dem Landesarbeitsgericht schließlich darin beizupflichten, daß der Kläger sich „unverzüglich" bei der Beklagten gemeldet hat, wie es § 2 Ziff. 5 Abs. 4 S. 2 BRTV verlangt. Zutreffend sieht das Berufungsgericht eine Meldung auch im Sinne dieser Vorschrift entsprechend dem Sprachgebrauch des Bürgerlichen Rechts (§ 121 Abs. 1 BGB) dann als unverzüglich an, wenn sie „ohne schuldhaftes Zögern" erfolgt ist. Verwendet nämlich ein Tarifvertrag ein Wort, das in der Rechtsterminologie einen festen Inhalt hat, dann ist davon auszugehen, daß die Tarifvertragsparteien damit den allgemein üblichen Begriff wiedergeben wollten, soweit nicht sichere Anhaltspunkte für eine abweichende Auslegung gegeben sind, die hier fehlen (vgl. BAG 5, 338).

Geht man hiervon aus, so ist nicht erkennbar, daß die Meldung des Klägers bei der Beklagten, die auf Grund einer Zuweisung durch das Arbeitsamt Wesel am 18. April 1958, also etwa 3 Wochen nach der Wiederaufnahme der Arbeit bei der Beklagten stattgefunden hat, sich durch ein schuldhaftes Verhalten des Klägers verzögert hat. Denn nach der Regelung des BRTV trifft insoweit den Arbeitnehmer keine Erkundigungspflicht, sondern der Arbeitgeber hat ihn nach § 2 Ziff. 5 Abs. 4 Satz 3 aaO über die Wiederaufnahme der Arbeit zu unterrichten. Diese Benachrichtigung hat die Beklagte beim Kläger, dem nach den Feststellungen des angefochtenen Urteils der Wiederbeginn der Arbeit unbekannt war, unstreitig unterlassen. Beruht aber, wie hier, die Verzögerung der Meldung des Arbeitnehmers auf dieser Unterlassung, dann geht sie grundsätzlich zu Lasten des Arbeitgebers, weil der Arbeitnehmer darauf vertrauen darf, daß der Arbeitgeber seine tarifliche Verpflichtung erfüllt.

Daran ändert sich im vorliegenden Falle auch nicht deshalb etwas, weil der Kläger mit Kenntnis der Beklagten zwischenzeitlich bei der Firma W. gearbeitet hat und der Beklagten die Beendigung dieses Arbeitsverhältnisses unbekannt war. Da, wie dargelegt, die Begründung eines anderen Arbeitsverhältnisses nach einer witterungsbedingten Entlassung ohne Einfluß auf einen Wiedereinstellungsanspruch des Arbeitnehmers gegen seinen früheren Arbeitgeber ist, besteht auch dessen Benachrichtungspflicht ohne Rücksicht auf die anderweitige Tätigkeit des Arbeitnehmers fort.

Zwar macht die Revision geltend, die Beklagte habe dieser Pflicht nicht nachkommen können und brauchen, weil der Kläger vor Abschluß des Arbeitsvertrags mit der Firma W. seine Arbeitspapiere abgeholt habe und der Beklagten nicht zugemutet werden könne, erst die Anschrift des Klägers zu ermitteln; das Unterbleiben der Mitteilung sei daher auf das Verhalten des Klägers zurückzuführen, so daß seine Meldung nicht unverschuldet verspätet sei. Dem kann nicht zugestimmt werden. Denn keinesfalls hat der Kläger durch die Abholung der Arbeitspapiere, die Voraussetzung für die anderweitige Aufnahme von Arbeit ist, an sich schon schuldhaft gehandelt. Wenn nämlich der Arbeitnehmer bei fortbestehendem Arbeitsverhältnis im Falle des Annahmeverzugs berechtigt und unter Umständen verpflichtet ist, seine Arbeitskraft an anderer Stelle zu verwerten, dann ist es ihm erst recht nicht als Verschulden zuzurechnen, daß er sich, wie hier, nach der Auflösung des Arbeitsverhältnisses neue Arbeit sucht und zu diesem Zweck seine Arbeitspapiere verlangt. Zudem war der Kläger, wie sich aus dem dem Berufungsurteil zugrundeliegenden Sachverhalt ergibt, der Firma W. durch das Arbeitsamt zugewiesen worden und hatte dieser Zuweisung nach Maßgabe der §§ 74 Abs. 1, 76 Abs. 1, 78 Abs. 1 AVAVG Folge zu leisten, wenn er nicht eine Sperrfrist für die Zahlung von Arbeitslosengeld in Kauf nehmen wollte. Ob im übrigen der Kläger, wie die Revision meint, der Beklagten bei der Abholung der Arbeitspapiere seinen Aufenthaltsort anzugeben hatte oder die Beklagte auf Grund der ihr obliegenden Benachrichtigungspflicht gehalten war, die Anschrift des Klägers in ihren Unterlagen zu vermerken oder auch gegebenenfalls später zu ermitteln, kann unerörtert bleiben. Denn die Beklagte selbst hat, was die Revision übersieht, zu keiner Zeit behauptet, ihr sei die Anschrift des Klägers unbekannt gewesen. Davon, daß die Verzögerung der Meldung des Klägers auf dessen eigenes Verschulden zurückzuführen sei, kann demnach keine Rede sein.

Mithin steht dem Kläger der geltend gemachte Anspruch zu.

2

1. Der bloße Verdacht einer strafbaren Handlung kann nur dann ein wichtiger Kündigungsgrund sein, wenn nicht nur der Verdacht schwer ist, sondern auch die strafbare Handlung, deren der Arbeitnehmer verdächtig ist, ihrer Art nach die Interessen des Arbeitgebers derart berührt, daß ihm die Fortsetzung des Arbeitsverhältnisses bis zum Ablauf der ordentlichen Kündigungsfrist nicht zugemutet werden kann.

2. Ist ein Arbeitnehmer des öffentlichen Dienstes, der Mitglied der KPD bis zu deren Auflösung war, verdächtig, an einer Aktion zur Fortsetzung der aufgelösten Partei teilgenommen zu haben (§ 42 BVerfGG),

so kann ein solcher Verdacht bei dem Interesse daran, den öffentlichen Dienst von noch aktiven Anhängern einer verbotenen Partei frei zu halten, auch dann ein wichtiger Kündigungsgrund sein, wenn die Mitgliedschaft des Arbeitnehmers bei der KPD, bevor sie verboten war, das Arbeitsverhältnis nicht belastet hat.

BGB § 626.

II. Senat. Urteil vom 23. 2. 1961 i. S. B. f. A. (Bekl.) w. R. (Kl.) 2 AZR 187/59.

I. Arbeitsgericht Köln. — II. Landesarbeitsgericht Düsseldorf (Köln).

Der im Jahre 1904 geborene Kläger ist Altkommunist. Ihm ist im Jahre 1956 von der Kreisleitung K. der KPD eine Ehrenurkunde über 25jährige Mitgliedschaft ausgestellt worden. Seit 1945 war er als Angestellter nach VergGr. VIII TO.A bei der Nebenstelle M. des Arbeitsamts in K. beschäftigt.

Am 25. April 1958 wurde der Kläger wegen Verdachts illegaler Tätigkeit im Sinne der durch das Urteil des Bundesverfassungsgerichts vom 17. August 1956 (BVerfGE 5, 85) aufgelösten KPD in Untersuchungshaft genommen. Darauf kündigte ihm die Beklagte durch Schreiben vom 5. Mai 1958 fristlos. Am 20. Mai 1958 wurde der Kläger gegen Sicherheitsleistung von der weiteren Untersuchungshaft verschont mit der Auflage, sich regelmäßig bei der Polizei zu melden. Durch Urteil der ersten Großen Strafkammer des Landgerichts in Köln vom 3. Oktober 1958 wurde er mangels Beweises von der Anklage aus §§ 42, 47 des Bundesverfassungsgerichtsgesetzes freigesprochen.

Am 16. Mai 1958 hat der Kläger auf Feststellung geklagt, daß die fristlose Entlassung rechtsunwirksam sei und das Arbeitsverhältnis nicht aufgelöst habe. Das Arbeitsgericht hat die Klage abgewiesen. Das Landesarbeitsgericht hat ihr stattgegeben. Die Revision der Beklagten führte zur Zurückverweisung der Sache an das Berufungsgericht.

Aus den Gründen:

Der Kläger hat die Rechtsunwirksamkeit seiner fristlosen Entlassung rechtzeitig innerhalb von drei Wochen durch die nach §§ 3, 6, 11 Abs. 1 Satz 2 KSchG erforderliche Feststellungsklage geltend gemacht. Das Landesarbeitsgericht hat dieser Klage stattgegeben, weil es im Gegensatz zum Arbeitsgericht einen zur außerordentlichen fristlosen Kündigung ausreichenden wichtigen Grund im Sinne von § 626 BGB glaubte verneinen zu müssen. Die Begründung dieses Urteils hält der durch die Revision gebotenen rechtlichen Nachprüfung nicht stand.

Mit Recht geht das Landesarbeitsgericht davon aus, daß nicht nur eine erwiesene strafbare Handlung des Arbeitnehmers, sondern schon der durch Tatsachen begründete schwere Verdacht, eine solche Handlung begangen zu haben, ein wichtiger Grund sein kann (BAG 2, 1 [4]; 2, 207 [211]; 2, 333 [335]; ständige Rechtsprechung des Bundesarbeitsgerichts). Denn schon solch ein bloßer Verdacht kann das Arbeitsverhältnis derart belasten, daß dem Arbeitgeber bei Berücksichtigung aller Umstände nicht zuzumuten ist, es bis zum Ablauf der ordentlichen Kündigungsfrist fortzusetzen. Dem angefochtenen Urteil ist grundsätzlich auch darin zuzustimmen, daß bei einem bloßen Verdacht besonders kritisch zu prüfen ist, ob er wirklich schwer genug ist, d. h. ob er ausreicht, einen verständigen und gerecht abwägenden Arbeitgeber zu der einschneidenden und unter Umständen existenzvernichtenden Maßnahme einer fristlosen Kündigung zu veranlassen (vgl. Auffarth-Müller, KSchG, Anm. 183 zu § 1).

Hinzuzufügen ist, daß nicht nur der Grad des Verdachts schwer sein muß, sondern auch die strafbare Handlung selbst, deren der Arbeitnehmer verdächtig ist. Knüpft man dabei an die im Strafrecht übliche Einteilung an, so darf wegen einer bloßen Übertretung ein Arbeitgeber seinen Arbeitnehmer in der Regel nicht fristlos entlassen, wenn sie nicht gerade das Arbeitsverhältnis besonders berührt, und wegen des bloßen Verdachts einer solchen Übertretung darf er es dann im allgemeinen erst recht nicht. Wegen eines Verbrechens wird der Arbeitgeber schon wegen des danach vorauszusehenden längeren Ausfalls der Arbeitskraft des Arbeitnehmers und wegen der zu befürchtenden Störung des Betriebsfriedens in der Regel fristlos kündigen können, und wegen des Verdachts, ein Verbrechen begangen zu haben, ebenfalls, wenn der Verdacht dringend genug ist. Bei einem Vergehen wird es allerdings noch mehr auf die Umstände des einzelnen Falles, nämlich darauf ankommen, inwieweit im einzelnen Fall das Arbeitsverhältnis berührt wird. Feste Regeln lassen sich für die fristlose Kündigung wegen des Verdachts einer strafbaren Handlung allgemein überhaupt nicht aufstellen; im Hinblick auf den unbestimmten Rechtsbegriff des wichtigen Grundes und des in ihm liegenden relativen Merkmals der Zumutbarkeit sind immer die besonderen Umstände des konkreten Falles entscheidend.

Hier war der Kläger eines Vergehens verdächtigt worden. Es war ihm vorgeworfen worden, er habe am 21. April 1958 in seiner Wohnung mit zwei Kommunisten, nämlich seinen Mitangeklagten O. und F., über eine illegale Fortsetzung der verbotenen KPD gesprochen. Das wäre ein Vergehen, das nach § 42 des Bundesverfassungsgerichtsgesetzes mit Gefängnis nicht unter sechs Monaten bedroht ist, also immerhin an sich schon ein recht schweres Vergehen darstellt. Sein besonderes Gewicht erhält dieses Vergehen, dessen der Kläger verdächtigt war, für die hier anzustellende Betrachtung aber erst dadurch, daß der Kläger im öffentlichen Dienst stand. Er war seit 1945 sogenannte Karteikraft bei einem Arbeitsamt. Es kann nicht zweifelhaft sein, daß der öffentliche Dienst von Arbeitnehmern, die sich für die KPD, nachdem sie verboten ist, weiter betätigen und damit die demokratische Ordnung, wie sie im Grundgesetz der Bundesrepublik verbindlich niedergelegt ist, nicht nur verneinen, sondern auch ihr zuwiderhandeln, freigehalten werden muß. Das liegt im unabweislichen öffentlichen Interesse, das die Beklagte hier zu vertreten hat und dem sich die Gerichte nicht versagen dürfen. Bei Nichtanerkennung dieses öffentlichen Interesses wäre die allgemeine Ordnung des Staats- und Gesellschaftslebens einschließlich der allgemeinen Rechtsordnung gefährdet. Demgemäß hat auch das Landesarbeitsgericht nicht verkannt, daß das dem Kläger vorgeworfene Vergehen und auch der schwere Verdacht, ein solches Vergehen begangen zu haben, an und für sich ein wichtiger Grund zur fristlosen Kündigung sein konnten. Wenn das Landesarbeitsgericht in etwas anderem Zusammenhang feststellt, der Kläger sei vor und nach dem Verbot der KPD immer zurückhaltend gewesen und habe sich nichts zuschulden kommen lassen, so mag dies zu Gunsten des Klägers gelten. Es ändert aber nichts daran, daß jedenfalls ein hinzugekommener schwerer Verdacht kommunistischer Betätigung ein ganz neues Bild ergeben kann.

Ausführlich setzt sich das angefochtene Urteil mit dem freisprechenden Urteil der Strafkammer auseinander, soweit dieses den Kläger nur mangels Beweises freigesprochen hat und damit der Ansicht ist, ein Verdacht gegen den Kläger, sich illegal kommunistisch betätigt zu haben, sei immerhin übrig geblieben. Das Landesarbeitsgericht ist davon abweichend der Meinung, an dem Kläger hafte nach seinem Freispruch ein solcher Verdacht nicht mehr, weil er vor dem Besuch seiner Mitangeklagten O. und F. nicht gewußt habe, was diese von ihm wollten, und weil er es unwiderlegt und glaubwürdig abgelehnt habe, sich auf konspirative Gespräche einzulassen. Das Landesarbeitsgericht war allerdings an die Annahme des Strafgerichts, ein Verdacht im Sinne der Anklage sei gegen den Kläger trotz seiner Freisprechung bestehen geblieben, nicht gebunden. Seine gegenteilige Annahme, der Kläger sei nach seinem Freispruch überhaupt nicht mehr verdächtig, läßt sich jedoch rechtlich nicht halten, weil sie der allgemeinen Lebenserfahrung widerspricht und wesentliche Umstände außer Betracht läßt. Wenn ein alter Parteigänger einer nunmehr verbotenen Organisation von zwei anderen Parteigängern, die die Absicht haben, mit ihm im Sinne der verbotenen Organisation zu konspirieren, in seiner Wohnung aufgesucht und in ein politisches Gespräch gezogen wird, dann reicht das allein freilich noch nicht aus, den Aufgesuchten der Teilnahme an einer Konspiration zu überführen. Aber ein dahingehender Verdacht läßt sich doch nicht so leicht ausräumen, wie dies das Landesarbeitsgericht glaubt. Davon abgesehen hat das Landesarbeitsgericht bei seiner für den Kläger günstigen Annahme nicht berücksichtigt, daß der Kläger nach der Aussage des Zeugen F. kurz vorher in der sowjetisch besetzten Zone war und daß bei der Haussuchung bei ihm mehrere kommunistische Schriften gefunden worden sind.

Auf der hiernach irrigen Annahme, gegen den Kläger habe nach dem Freispruch überhaupt kein Verdacht mehr bestanden, beruht das angefochtene Urteil auch. Das Landesarbeitsgericht verkennt in seinen weiteren Ausführungen zwar nicht, daß es für die Berechtigung der fristlosen Entlassung in erster Linie auf die Sachlage ankommt, vor der die Beklagte am 5. Mai 1958, dem Tage der fristlosen Kündigung, stand, als der Kläger noch nicht freigesprochen war, sondern seit zehn Tagen in Untersuchungshaft saß, also der Beklagten als dringend verdächtig erscheinen mußte. Es verneint aber das Vorliegen eines wichtigen Grundes an diesem Tage unter anderem mit dem Hinweis darauf, daß ein Verdacht gegen den Kläger in Wirklichkeit von vornherein nicht bestanden habe, sondern der Kläger einer unglücklichen Verkettung von Umständen zum Opfer gefallen sei. Daraus geht hervor, daß die irrige Annahme des Landesarbeitsgerichts, an dem Kläger sei gar nichts hängen geblieben, für seine Beurteilung maßgebend war und nicht zuletzt auch in die Interessenabwägung hineingeflossen ist, die bei § 626 BGB zur Beantwortung der Zumutbarkeitsfrage notwendig ist.

Diese Interessenabwägung leidet aber noch an einem weiteren Mangel. Sie berücksichtigt zwar mit Recht alle zu Gunsten des Klägers sprechenden Umstände, besonders, daß er schon seit mehr als zehn Jahren im Dienst der Beklagten stand, ohne sich etwas zuschulden kommen zu lassen, daß er keine Vertrauensstellung hatte, sondern eine untergeordnete nach VergGr. VIII TO.A bezahlte Tätigkeit ausübte, daß er nach den Aussagen der Zeugen von zurückhaltendem Wesen sei, so daß im Falle seiner Weiterbeschäftigung irgendwelche Unzuträglichkeiten schwerwiegender Art nicht zu befürchten seien, und daß er im Falle seiner Entlassung seine Existenz verlöre. Sie bewertet aber offensichtlich die Interessen der Beklagten zu gering und nimmt somit eine unzulässige Rechtsanwendung vor, indem sie annimmt, daß der Verdacht, in den der Kläger gekommen war, nur den außerdienstlichen Bereich des Klägers berühre. Soweit damit nur festgestellt werden soll, daß dem Kläger nicht eine kommunistische Betätigung im Dienst vorgeworfen war, ist dagegen nichts einzuwenden. Das angefochtene Urteil hebt aber an keiner Stelle hervor, wie sehr auch, wie bereits ausgeführt, eine nur außerdienstliche verfassungsfeindliche Betätigung eines Angestellten und schon der Verdacht einer solchen Betätigung das Interesse der Beklagten als einer Körperschaft des öffentlichen Rechts berührt. Es muß nun einmal berücksichtigt werden, daß im öffentlichen Dienst für einen nachweislich noch aktiven Anhänger einer verbotenen Partei kein Platz ist. Dem Interesse der Beklagten wird das Landesarbeitsgericht nicht gerecht, wenn es meint, da die Beklagte zugegeben habe, daß die Eigenschaft des Klägers als Altkommunist bisher das Arbeitsverhältnis nicht belastet habe, dürfe sich diese Eigenschaft auch nicht zum Nachteil des Klägers erschwerend bei der Beurteilung seiner Verhaftung auswirken. Daran ist nur richtig, daß der Kläger allein wegen seiner politischen Überzeugung und wegen seiner früheren politischen Betätigung nicht benachteiligt werden darf (Art. 3 Abs. 1 und 3 GG). Das bedeutet aber nicht, daß diese Umstände bei der Beurteilung des Verdachts eines ihm zur Last gelegten Verhaltens unberücksichtigt bleiben müssen. Sie müssen vielmehr gerade herangezogen werden, weil nur dadurch eine umfassende und gerechte Beurteilung möglich ist.

Auf diesen beiden Mängeln, nämlich erstens der Verneinung jeglichen Tatverdachts gegen den Kläger und zweitens der Vernachlässigung der Interessen der Beklagten, beruht, was zum Teil schon gesagt wurde, das angefochtene Urteil. Diese Mängel haben ersichtlich zu der Annahme des Landesarbeitsgerichts beigetragen, daß die Beklagte den Kläger am 5. Mai 1958 noch nicht fristlos entlassen durfte, sondern ihm als altem Angestellten gegenüber aus Gründen der Fürsorgepflicht zunächst einmal die weitere Entwicklung habe abwarten müssen.

Das angefochtene Urteil muß daher aufgehoben und die Sache an das Landesarbeitsgericht zurückverwiesen werden. Das Landesarbeitsgericht wird zunächst mit den Parteien erörtern und klären müssen, wie der gegen den Kläger durch den Haftbefehl erhobene Tatverdacht im Zeitpunkt der Kündigung der Beklagten sich darstellte. Danach wird es die Interessen beider Parteien im Sinne der vorstehenden Ausführungen erneut gegeneinander abzuwägen haben.

3

Wird für einen Angestellten nach § 13 AnVG von dem Träger der Rentenversicherung eine Kur vorgesehen und bewilligt, so ist während der Kur der Gehaltsfortzahlungsanspruch nach § 133 c GewO, § 63 HGB, § 616 BGB gegeben, auch wenn keine Arbeitsunfähigkeit im medizinischen Sinne vorliegt.

GewO § 133 c; HGB § 63; BGB § 616; AnVG § 13.

I. Senat. Urteil vom 24. 2. 1961 i. S. G. f. M. u. K. (Bekl.) w. B. f. A. (Kl.) 1 AZR 165/59.

I. Arbeitsgericht Hamburg. — II. Landesarbeitsgericht Hamburg.

Der bei der Beklagten seit 1929 tätige Maschinenmeister Hermann B. unterzog sich vom 6. November bis zum 4. Dezember 1957 einem von der Klägerin — der Bundesversicherungsanstalt für Angestellte — für ihn durchgeführten Heilverfahren in Bad Salzuflen. Bis zum 4. Dezember 1957 zahlte ihm die Klägerin Übergangsgeld und Heilstättentaschengeld; während der anschließenden Schonzeit bis zum 18. Dezember 1957 gewährte sie ihm Schonungsgeld. Das nach § 13 AnVG bewilligte Heilverfahren sollte der Erhaltung und der Wiederherstellung der Erwerbsfähigkeit des Werkmeisters B. dienen. Dieser litt an stenocardischen Beschwerden, Aortensklerose und Herzmuskelschaden, war aber vor und während der Kur nicht arbeitsunfähig.

Die Klägerin hat an B. als Übergangsgeld, als Heilstätten-Taschengeld und als Schonungsgeld insgesamt 560,40 DM gezahlt. In dieser Höhe hat sie sich seine angeblichen Gehaltsansprüche gegen die Beklagte für die Dauer des Heilverfahrens abtreten lassen.

Die Klägerin ist der Ansicht, die Beklagte habe an B. während der Dauer des Heilverfahrens das Gehalt weiterzahlen müssen. Nicht entscheidend sei, daß B. trotz seiner Krankheiten während der Kurzeit noch arbeitsfähig gewesen sei. Sie hat beantragt, die Beklagte zur Zahlung von 560,40 DM zu verurteilen. Die Beklagte hat ausgeführt, dem Zedenten B. stehe ein Gehaltsfortzahlungsanspruch deshalb nicht zu, weil er nicht arbeitsunfähig und daher durch seine Krankheiten während der Dauer des Heilverfahrens an der Dienstleistung nicht verhindert gewesen sei.

Während das Arbeitsgericht die Klage abgewiesen hat, hat ihr das Landesarbeitsgericht stattgegeben. Die Revision der Beklagten blieb erfolglos.

Aus den Gründen:

I. Bedenken gegen die Wirksamkeit der Abtretung des Gehaltsanspruchs durch den Zedenten B. an die Klägerin bestehen nicht.

Zwar schließt § 400 BGB grundsätzlich die Abtretung solcher Forderungen aus, die der Pfändung nicht unterworfen sind. Arbeitseinkommen ist nur nach Maßgabe der §§ 850 ff. ZPO pfändbar. Diese Vorschriften sind aber ihrem Sinngehalt entsprechend auszulegen. Sie sollen den Arbeitnehmer davor schützen, daß er durch eine Abtretung seiner Lohnansprüche der zur Bestreitung seines Lebensunterhalts erforderlichen Barmittel beraubt wird. Hat aber — wie dies hier der Fall ist — der Zessionar dem Lohnempfänger diese Barmittel bereits vorschußweise gegeben und ihn damit in die Lage versetzt, seinen Lebensunterhalt zu bestreiten, so bestehen insoweit, als es sich um die bereits gezahlten Barmittel handelt, aus dem Sinngehalt der §§ 400 BGB und 850 ff. ZPO keine Bedenken gegen die Wirksamkeit der Abtretung.

II. Der Maschinenmeister B., der Zedent, gehört zu den Angestellten, für die die Vorschriften der §§ 133 a ff. der Gewerbeordnung gelten. Deshalb hatte der Senat zunächst zu prüfen, ob der von der Klägerin geltend gemachte Anspruch auf die Vorschrift des § 133 c Abs. 2 GewO gestützt werden kann. Diese Norm geht als Sondervorschrift für die in § 133 a GewO genannten Angestellten den Vorschriften des Bürgerlichen Gesetzbuches, insbesondere dem § 616 BGB, vor.

Nach § 133 c Abs. 1 Nr. 4 in Verbindung mit Abs. 2 GewO bleibt dann, wenn der Arbeitgeber wegen einer durch anhaltende Krankheit des Arbeitnehmers verursachten Dienstverhinderung das Arbeitsverhältnis kündigt, der Anspruch auf die vertragsmäßigen Leistungen des Arbeitgebers für die Dauer von 6 Wochen in Kraft, wenn „die Verrichtung der Dienste durch unverschuldetes Unglück verhindert worden ist".

Diese Vorschrift gilt zwar nach ihrem Wortlaut und nach ihrer Stellung im Gesetz zunächst für den Fall, daß der Arbeitgeber wegen der anhaltenden Krankheit und der dadurch eingetretenen Verhinderung des Arbeitnehmers an der Dienstleistung das Arbeitsverhältnis durch außerordentliche Kündigung beendet. Es ist jedoch in Rechtsprechung und Schrifttum (vgl. Landmann-Rohmer, Gewerbeordnung, 10. Aufl., Bd. II, 2, § 133 c, Anm. 8; Staudinger-Nipperdey, BGB, 11. Aufl., § 616, Anm. 81; Rohlfing-Kiskalt, GewO, 2. Aufl., § 133 c, Anm. 8; Nikisch, Lehrbuch des Arbeitsrechts, 2. Aufl., Bd. I, S. 514 und RAG in ARS 12, 483 mit Anm. von Hueck) allgemein anerkannt, daß die Regel des § 133 c Abs. 2 GewO, nach der sogar bei außerordentlicher Kündigung des Arbeitsverhältnisses wegen anhaltender Krankheit des Arbeitnehmers der

Gehaltsfortzahlungsanspruch für die Dauer von 6 Wochen besteht, erst recht bei Fortsetzung des Arbeitsverhältnisses trotz der Arbeitsverhinderung Platz greift. Die Rechtslage ist sonach insoweit für die in § 133 a GewO bezeichneten Arbeitnehmer nach § 133 c Abs.2 aaO keine andere als die der Handlungsgehilfen nach § 63 HGB.

Die Vorschrift des § 133 c GewO gilt auch unverändert nach der Änderung des Angestelltenversicherungsgesetzes im Jahre 1957 weiter, da der Gesetzgeber davon Abstand genommen hat, diese Vorschrift aus Anlaß der Änderung des Angestelltenversicherungsrechts im Jahre 1957 zu ändern. Hierauf hat bereits der Zweite Senat in der Entscheidung vom 17. November 1960 — 2 AZR 97/59, BAG 10, 183 ff. — für den entsprechenden Fall des § 63 HGB hingewiesen. Der Senat schließt sich dem an. Es kommt daher — im Gegensatz zur Auffassung von Molitor, BB 1961, 180 — nicht darauf an, ob die sozialversicherungsrechtlichen Voraussetzungen für die Bewilligung des Heilverfahrens geändert sind; die Frage der Gehaltsfortzahlung entscheidet sich nicht nach sozialversicherungsrechtlichen Grundsätzen, sondern nach denen des Arbeitsrechts.

III. Der Tatbestand des § 133 c GewO ist im vorliegenden Falle erfüllt.

1. Zunächst ist der Zedent durch „ein unverschuldetes Unglück“ an der Leistung der Dienste verhindert gewesen. Die Beklagte hat selbst nicht vorgetragen, daß den Zedenten B. irgendein Verschulden treffe, weil er sich etwa das Leiden, dessenwegen ihm die Kur bewilligt worden ist, schuldhaft, z. B. durch groben Leichtsinn, zugezogen habe.

Das Unglück, das zu der Dienstverhinderung während der Dauer des Heilverfahrens geführt hat, besteht zwar nicht darin, daß dem Zedenten der Klägerin ein Heilverfahren bewilligt worden ist. Das Unglück, das den Zedenten getroffen hat, liegt vielmehr bereits in seinem regelwidrigen Gesundheitszustand, der der Klägerin auf Grund vertrauensärztlichen Gutachtens Veranlassung gegeben hat, für den Zedenten ein Heilverfahren nach § 13 AnVG vorzusehen. Nach dieser Vorschrift kann ein Heilverfahren nur dann bewilligt werden, wenn „die Erwerbsfähigkeit eines Versicherten infolge von Krankheit oder anderen Gebrechen oder Schwäche seiner körperlichen oder geistigen Kräfte gefährdet oder gemindert ist und die Erwerbsfähigkeit voraussichtlich erhalten, wesentlich gebessert oder wiederhergestellt werden kann“. Dann ist die Klägerin nach pflichtgemäßem Ermessen befugt, Maßnahmen nach § 14 des Angestelltenversicherungsgesetzes zu treffen; sie kann insbesondere eine Heilbehandlung in Kur- und Badeorten und in Spezialanstalten veranlassen, wenn derartige Maßnahmen zur Erhaltung, Besserung oder Wiederherstellung der Erwerbsfähigkeit angezeigt sind.

Es ist zwar richtig, daß unter „Unglück" im Sinne des § 133 c GewO nur ein dem Arbeitnehmer ungünstiges Ereignis zu verstehen ist, das den davon Betroffenen wider seinen Willen belastet und nach den Anschauungen des Verkehrs als Nachteil empfunden wird (vgl. Hueck-Nipperdey, Lehrbuch des Arbeitsrechts, 6. Aufl., Bd. I, S. 314, Anm. 88). Der Revision ist daher zuzugeben, daß in diesem Sinne sicherlich nicht das Heilverfahren selbst ein Nachteil ist. Denn das Heilverfahren dient gerade dem Nutzen des Arbeitnehmers und soll seine Erwerbsfähigkeit erhalten, bessern oder wiederherstellen. Die Revision verkennt aber, daß das Heilverfahren ohne den der Anordnung des Heilverfahrens zugrundeliegenden regelwidrigen Körperzustand nach §§ 13, 14 AnVG nicht bewilligt werden konnte und auch nicht bewilligt worden wäre. Dieser regelwidrige Körperzustand des Arbeitnehmers, der eine Krankheit und damit ein Unglück im Sinne des § 133 c GewO ist, ist also der Anlaß und die unmittelbare Grundursache für die Bewilligung des Heilverfahrens. Das war auch bereits in der Rechtsprechung des Reichsarbeitsgerichts anerkannt (vgl. Entscheidung vom 28. Oktober 1936, ARS 28, 269, und vom 18. März 1941, ARS 41, 389 = Amtl. Samml. 24, 354).

Die Kausalität zwischen der Krankheit, dem „Unglück" im Sinne des § 133 c GewO, als Grundursache und dem Nichtleisten der Arbeit während der Zeit einer wegen dieser Krankheit von der Bundesversicherungsanstalt angeordneten Kur wird auch nicht dadurch unterbrochen, daß der Antritt der Kur und damit der Ausfall der Arbeitsleistung während der Kurzeit einmal die Entscheidung des Versicherungsträgers über die Bewilligung der Kur nach § 13 AnVG und zum anderen die Bereitwilligkeit des Versicherten zum Antritt der Kur voraussetzt (vgl. RAG aaO). Denn diese Entscheidungen setzen gerade das Bestehen der Krankheit und damit das Vorliegen des „Unglücks" voraus. Die Kausalität zwischen Krankheit und Arbeitsverhinderung wird weiterhin nicht dadurch unterbrochen, daß unter Umständen zwischen der Feststellung der Kurbedürftigkeit und der Bewilligung der Kur und dem Antritt der Kur eine gewisse Zwischenzeit liegen kann.

2. Der Zedent der Klägerin ist aber auch im Sinne des § 133 c Abs. 2 GewO gerade durch das soeben gekennzeichnete, in seinem regelwidrigen Körperzustand liegende unverschuldete Unglück „an der Dienstleistung verhindert worden".

Eine Verhinderung an der Dienstleistung im Sinne des § 133 c GewO liegt, was die Revision zum Teil zu verkennen scheint, nicht nur in den Fällen vor, in denen die Arbeitsleistung im strengen Sinne unmöglich ist, in denen also etwa die Krankheit des Arbeitnehmers so schwerer Natur ist, daß sie es dem Arbeitnehmer schlechthin unmöglich macht, seine Arbeit im Betrieb zu verrichten. Es ist vielmehr allgemein anerkannt, daß der Begriff der „Dienstverhinderung" sowohl im Sinne des § 133 c Abs. 2 GewO wie des § 63 HGB wie des § 616 BGB auch dann gegeben ist, wenn dem Arbeitnehmer die Leistung der Dienste nach Treu und Glauben nicht zuzumuten ist, wenn er also ein Recht zur Nichtleistung der Arbeit wegen entgegenstehender berechtigter gewichtiger Eigeninteressen hat. In solchen Fällen ist die Nichtleistung der Arbeit nach einhelliger Ansicht im Schrifttum berechtigt. Die Nichtzumutbarkeit in diesem Sinne steht also der Unmöglichkeit der Arbeitsleistung gleich (vgl. Hueck-Nipperdey, Bd. I, S. 302 in Verbindung mit 202/203, so auch Molitor, BB 1961, 180). Der Arbeitgeber kann nicht erwarten, daß der kranke Arbeitnehmer bis zum Eintritt einer Arbeitsunfähigkeit im medizinischen Sinne oder gar bis zum vorzeitigen Eintritt der Erwerbsunfähigkeit weiterarbeitet, obwohl er die ihm aus wohlerwogenen Gründen sozialversicherungsrechtlich gewährte Möglichkeit hat, durch das verordnete Heilverfahren diese Gefahren zu vermeiden. Dabei ist auch zu berücksichtigen, daß der Gehaltsfortzahlungsanspruch nach § 133 c GewO höchstens auf die Dauer von 6 Wochen fortbesteht.

Wenn dem Arbeitnehmer nach § 13 AnVG auf Grund eines ärztlichen, vom Vertrauensarzt der Bundesversicherungsanstalt nachgeprüften Gutachtens von der Bundesversicherungsanstalt nach deren pflichtmäßigem Ermessen ein Heilverfahren der oben bezeichneten Art zur Erhaltung, wesentlichen Besserung oder Wiederherstellung seiner bereits gefährdeten Erwerbsfähigkeit bewilligt wird, so ergibt sich für den erkrankten Arbeitnehmer, daß dieses Heilverfahren nach dem der Bewilligung zugrundeliegenden ärztlichen Urteil erforderlich ist. Unter diesen Umständen ist es dem Arbeitnehmer nicht zuzumuten, die ihm im Interesse der Erhaltung, Besserung oder Wiederherstellung seiner Erwerbsfähigkeit gegebene und nach dem ärztlichen Gutachten erforderliche und Erfolg versprechende Gelegenheit auszuschlagen und sich damit der Gefahr einer vorzeitigen Erwerbsunfähigkeit auszusetzen. Es kann dem Versicherten insbesondere nicht zugemutet werden, von sich aus zu prüfen, ob das Heilverfahren ohne Gefahr auf eine spätere Zeit verschoben werden kann (nicht zutr. Molitor, BB 1961, 180). Diese Nichtzumutbarkeit der Fortsetzung der Arbeit und damit des Nichtantritts der Kur ergibt sich für den Versicherten namentlich auch aus § 20 AnVG. Nach dieser Vorschrift kann, wenn ein Versicherter ohne triftigen Grund sich der Durchführung einer von der Bundesversicherungsanstalt vorgesehenen Maßnahme der Heilbehandlung (also auch einem Heilverfahren in einem Kur- oder Badeort) entzieht, die Rente ganz oder teilweise auf Zeit versagt werden, wenn Berufsunfähigkeit oder Erwerbsunfähigkeit in den nächsten drei Jahren nach der Weigerung eintritt und diese ganz oder überwiegend auf Umständen beruht, zu deren Behebung die vorgesehene Maßnahme durchgeführt werden sollte.

Aus alledem folgt, daß dem Zedenten B. der von der Klägerin geltend gemachte Gehaltsfortzahlungsanspruch nach § 133 c Abs. 2 GewO zusteht. Es kommt nicht darauf an, ob B. vor oder während der Kurzeit arbeitsunfähig im medizinischen Sinne war oder nicht. Es reicht vielmehr aus, daß ihm die Arbeitsleistung, nachdem die Kur wegen seiner Krankheit für ihn vorgesehen war, nicht zugemutet werden konnte.

IV. Das Landesarbeitsgericht ist aber zutreffend auch davon ausgegangen, daß der Anspruch des Zedenten selbst dann begründet wäre, wenn er nur auf § 616 BGB gestützt würde. Das rechtliche Ergebnis ist also kein anderes, wenn mit der Revision angenommen werden müßte, daß bei den eine Arbeitsunfähigkeit im medizinischen Sinne nicht herbeiführenden Erkrankungen, die Anlaß zu einem Heilverfahren gegeben haben, von einem Unglück im Sinne des § 133 c Abs. 2 GewO nicht gesprochen werden könnte.

In diesem Falle wäre Grundlage des Klageanspruchs § 616 BGB. Denn diese Vorschrift greift dann subsidär ein, wenn die das Vorliegen eines „Unglücks" voraussetzenden Sondervorschriften der Gewerbeordnung, des Handelsgesetzbuches oder anderer Gesetze für die von diesen Sondervorschriften erfaßten Arbeitnehmer nicht anwendbar sind.

Nach § 616 Abs. 1 BGB geht der Arbeitnehmer des Anspruchs auf die Vergütung nicht dadurch verlustig, daß er für eine verhältnismäßig nicht erhebliche Zeit „durch einen in seiner Person liegenden Grund" ohne sein Verschulden an der Dienstleistung verhindert wird. Diese Vorschrift des § 616 Abs. 1 wird durch § 616 Abs. 2 BGB dahin ergänzt, daß der Anspruch eines Angestellten auf Vergütung für den „Krankheitsfall" nicht durch Vertrag ausgeschlossen oder beschränkt werden kann. Hierbei gilt als verhältnismäßig nicht erhebliche Zeit eine Zeit von 6 Wochen, wenn nicht durch Tarifvertrag eine andere Dauer bestimmt ist.

Daß die Voraussetzungen auch des § 616 BGB vorliegen, kann nach dem Gesagten keinem Zweifel unterliegen. Einmal handelt es sich bei der Krankheit, die der Bewilligung des Heilverfahrens zu Grunde liegt, um einen „in der Person", d. h. in den persönlichen Verhältnissen (vgl. Hueck-Nipperdey, Lehrbuch, I, S. 302) des Zedenten B. liegenden Grund. Die zur Behebung und Besserung des regelwidrigen Gesundheitszustandes des Zedenten der Klägerin vorgesehene Heilbehandlung betrifft den Zedenten selbst und nur ihn. Es ist ein Irrtum der Revision anzunehmen, daß Maßnahmen, die von dritter Seite für einen Arbeitnehmer wegen seiner Erkrankung vorgesehen werden, Umstände seien, die nicht in der Person des Arbeitnehmers liegen. Im übrigen gelten die Ausführungen des Senats über die Kausalität zwischen dem regelwidrigen Körperzustand und der Dienstverhinderung während der Kurzeit, die zu § 133 c Abs. 2 GewO gemacht wurden, auch hier.

Gleiches gilt für den Begriff der Dienstverhinderung im Sinne des § 616 BGB. Auch dieser Begriff ist ebenso zu bestimmen wie in § 133 c GewO. Auch hier sind als Gründe der Dienstverhinderung nicht nur solche Ereignisse anzuerkennen, die die Dienstleistung des Arbeitnehmers unmöglich machen. Auch hier kommt es vielmehr entscheidend darauf an, ob die Dienstleistung dem Arbeitnehmer nach Treu und Glauben zumutbar ist. Das war zu verneinen.

V. Sowohl nach § 133 c Abs. 2 Satz 2 GewO wie nach § 616 Abs. 2 BGB muß sich der Zedent das anrechnen lassen, was er aus einer auf Grund gesetzlicher Verpflichtung bestehenden „Krankenversicherung oder Unfallversicherung" erhält. Derartige Zahlungen hat er jedoch nicht erhalten. Zwar hat ihm die Klägerin während der Kurzeit und der Schonzeit Übergangsgeld, Heilstätten-Taschengeld und Schonungsgeld im Gesamtbetrage von 560,40 DM gewährt. Sie hat dies jedoch nicht auf Grund einer bestehenden rechtlichen Verpflichtung getan, sondern ohne Rechtspflicht, um den Zedenten während der Kurzeit nicht ohne Barmittel zu lassen. Rechtsansprüche insoweit bestehen nicht, da B. den Gehaltsfortzahlungsanspruch gegen die Beklagte hatte (vgl. für das Übergangsgeld § 18 Abs. 3 AnVG).

Im übrigen scheidet die Anwendung der genannten Vorschriften über die Anrechnung von Leistungen schon deshalb aus, weil die Beklagte nicht als eine auf Grund gesetzlicher Verpflichtung bestehende „Kranken- oder Unfallversicherung" gehandelt hat. Die Klägerin ist Trägerin der Rentenversicherung. Sie verliert diese Aufgabenstellung nicht dadurch, daß sie Leistungen erbracht hat, die vielleicht auch eine Krankenversicherung hätte erbringen können. Insbesondere wird die Klägerin nicht dadurch zur Kranken- oder Unfallversicherung, daß sie nach der Neufassung des § 13 des Angestelltenversicherungsgesetzes Maßnahmen der Heilbehandlung durchführt, wenn die Erwerbsfähigkeit eines Versicherten „infolge von Krankheit oder anderen Gebrechen oder

Schwäche" gefährdet oder gemindert ist. Alle Maßnahmen der Klägerin dienten dem Ziel der Erhaltung der Erwerbsfähigkeit und damit ihrem Interesse als Rentenversicherer; denn es sollte vermieden werden, daß der Versicherte vorzeitig Rentenbezugsberechtigter wird.

Damit erweist sich die Revision der Beklagten als unbegründet. Der Senat schließt sich also im Ergebnis der Entscheidung des Urteils des Zweiten Senats vom 17. November 1960 — 2 AZR 97/59 — BAG 10, 183 ff. — an.

4

Erkrankt der Handlungsgehilfe während einer Zeit, in der die beiderseitigen Hauptpflichten aus dem Arbeitsverhältnis ruhen (z. B. während der Zeit des Grundwehrdienstes bei der Bundeswehr), und dauert die zur Arbeitsverhinderung führende Erkrankung auch noch in dem Zeitpunkt an, in dem die beiderseitigen Hauptpflichten aus dem Arbeitsverhältnis wieder in Wirkung treten, so rechnet die 6-Wochenfrist des § 63 HGB nicht von dem ersten Tage nach der Erkrankung an, sondern von dem Tage an, in dem das Arbeitsverhältnis wieder voll wirksam geworden ist.

HGB § 63.

I. Senat. Urteil vom 3. 3. 1961 i. S. J. (Kl.) w. B. (Bekl.)
1 AZR 76/60.

I. Arbeitsgericht Elmshorn. — II. Landesarbeitsgericht Kiel.

Der am 28. Juli 1938 geborene Kläger war seit dem 1. April 1955 als kaufmännischer Angestellter bei der Beklagten tätig. Sein letztes monatliches Gehalt stellte sich auf 264,99 DM brutto oder umgerechnet auf kalendertäglich 8,83 DM.

Am 6. Juli 1959 wurde der Kläger zum Grundwehrdienst bei der Bundeswehr einberufen; er erkrankte jedoch bereits am 8. Juli 1959. Am 13. August wurde er noch arbeitsunfähig aus dem Wehrdienst entlassen. Er blieb bis zum 22. August 1959 im Krankenhaus, meldete sich jedoch nach seiner Entlassung umgehend bei der Beklagten mit dem Hinweis auf seine noch bestehende Arbeitsunfähigkeit zurück. Die Parteien vereinbarten dann auf Wunsch des Klägers die Beendigung des Arbeitsverhältnisses zum 15. September 1959. Bis dahin blieb der Kläger arbeitsunfähig.

Der Kläger hat die Beklagte auf Gehaltszahlung nach § 63 HGB für die Zeit vom 14. August bis zum 15. September 1959 in Anspruch genommen. Er hat in der Vorinstanz beantragt, die Beklagte zu verurteilen, an ihn 314,35 DM zu zahlen.

Die Beklagte hat ausgeführt, ein Anspruch des Klägers nach § 63 HGB sei für den mit der Klage begehrten Zeitraum nicht gegeben, da die 6-Wochenfrist des § 63 HGB vom 8. Juli 1959, dem Tage der Erkrankung des Klägers während des Grundwehrdienstes an, zu rechnen sei.

Das Arbeitsgericht hat die Klage abgewiesen; das Landesarbeitsgericht hat die Beklagte zur Zahlung von 52,98 DM verurteilt, im übrigen aber die Berufung des Klägers zurückgewiesen. Die Revision des Klägers mit dem Antrag, die Beklagte zu verurteilen, an ihn weitere 238,41 DM zu zahlen, hatte Erfolg.

Aus den Gründen:

Der Kläger stützt den von ihm geltend gemachten Anspruch auf Fortzahlung des Gehalts für die Zeit vom 14. August bis zum 15. September 1959 auf die Vorschrift des § 63 HGB. Daß diese Vorschrift auf sein Arbeitsverhältnis Anwendung findet, folgt daraus, daß der Kläger in dem kaufmännischen Betrieb der Beklagten zur Leistung kaufmännischer Dienste gegen Entgelt angestellt, also Handlungsgehilfe im Sinne des § 59 HGB war.

Der Senat ist im Gegensatz zu dem Landesarbeitsgericht zu dem Ergebnis gekommen, daß die Frist des § 63 HGB unter den hier vorliegenden Umständen nicht vom Tage des Krankheitsbeginns selbst oder vom ersten Tage nach der Erkrankung des Klägers (8. Juli 1959) an zu laufen hat, sondern erst vom Tage nach dem Ende des Grundwehrdienstes des Klägers, d. h. vom 14. August 1959, an.

Nach § 63 HGB behält der Handlungsgehilfe auch dann, wenn er durch unverschuldetes Unglück, hier durch Krankheit, an der Leistung der Dienste verhindert ist, den Anspruch auf Gehalt und Unterhalt, jedoch nicht über die Dauer von 6 Wochen hinaus. Aus den tatsächlichen Feststellungen des Landesarbeitsgerichts ergibt sich, daß sich der Kläger unmittelbar nach seiner Entlassung von der Bundeswehr wieder bei der Beklagten gemeldet hat, seinen Dienst aber noch nicht antreten konnte, weil er noch arbeitsunfähig war. Damit war das während der Einberufung des Klägers zum Grundwehrdienst ruhende Arbeitsverhältnis (§ 1 Abs. 1 Arbeitsplatzschutzgesetz vom 30. März 1957) wieder voll wirksam geworden.

Es entspricht zwar der einheitlichen Ansicht im Schrifttum, daß die Frist des § 63 HGB grundsätzlich mit dem Tage beginnt, der auf denjenigen folgt, an dem die Dienstleistung des Handlungsgehilfen wegen des Unglücks aufhörte (vgl. Würdinger, RGRK zum HGB, 1953, § 63 Anm. 3; Baumbach-Duden, HGB, 13. Aufl., 1959, § 63 Anm. 3; Schlegelberger-Schröder, HGB, 4. Aufl., 1960, § 63 Anm. 6; Hueck-Nipperdey, Lehrbuch des Arbeitsrechts, 6. Aufl., Bd. I S. 315; Staudinger-Nipperdey, BGB, 11. Aufl. § 616 Anm. 78; Ehrenberg-Titze, Handbuch des Handelsrechts, 1918, 2. Bd., 2. Abtlg., § 126 (S. 759); Maus-Gros, Handbuch des Arbeitsrechts, IV, S. 97; Hessel, Krankheit im Arbeitsrecht, 2. Aufl., 1957, S. 48). Dieser Grundsatz gilt jedoch nur für den Fall, daß an dem Tage, der dem Tage des Beginns der zur Arbeitsverhinderung führenden Krankheit folgt, das Arbeitsverhältnis mit seinen Hauptpflichten, der Arbeitsleistungspflicht einerseits und der Gehaltszahlungspflicht andererseits, voll in Wirkung ist. Der Senat hat bereits in der Entscheidung vom 26. August 1960 — 1 AZR 202/59 — BAG 10, 7 ff. — ausgeführt, daß die 6-Wochenfrist des § 63 HGB, während derer der Arbeitgeber das Gehalt weiterzuzahlen hat, zwar *in der Regel* am Tage nach dem Eintritt des unverschuldeten Unglücks, das den Angestellten an der Dienstleistung verhindert, beginnt. Der Senat hat jedoch in dieser Entscheidung hervorgehoben, dabei sei vorausgesetzt, daß der Angestellte *ohne* die auf der Krankheit beruhende Arbeitsverhinderung in dem 6-Wochenzeitraum seit Beginn der Erkrankung seine Dienste hätte leisten müssen und können und auch seinen Anspruch auf Zahlung des Gehalts gehabt hätte. Wenn aber der Angestellte aus anderen Gründen als wegen der Krankheit weder zur Arbeit verpflichtet gewesen sei noch einen Anspruch auf Gehaltszahlung gegen den Arbeitgeber gehabt habe, so bestehe zunächst kein Anspruch nach § 63 HGB. Dieser Anspruch entstehe vielmehr erst in dem Zeitpunkt, in dem das Arbeitsverhältnis mit den beiderseitigen Hauptpflichten (Arbeitsleistung und Gehaltszahlung) wieder voll in Kraft trete. Nach der vorerwähnten Entscheidung gilt dieser Grundsatz insbesondere auch für die Dauer der für Frauen vor und nach der Niederkunft geltenden Schutzfristen auf Grund des allgemeinen Beschäftigungsverbotes des § 3 Abs. 2 und des § 6 Abs. 1 und 2 MuSchG. Der Grundsatz kommt aber auch in vorliegendem Fall zum Tragen. Solange der Kläger noch seinen Grundwehrdienst bei der Bundeswehr ableistete, also bis zum 13. August 1959, *ruhten* die beiderseitigen Pflichten und Rechte aus dem Arbeitsverhältnis. Der Kläger hatte keine Dienstleistungspflicht, die Beklagte traf keine Verpflichtung zur Zahlung des Gehalts. Die Arbeitsleistungspflicht des Klägers und die Gehaltszahlungspflicht der Beklagten lebten erst wieder auf, als der Kläger am 14. August von der Bundeswehr entlassen war und damit, sofern er an diesem Tage nicht noch durch seine Krankheit an der Dienstleistung verhindert gewesen wäre, der Beklagte nach seiner Rückmeldung wieder zur Arbeit zur Verfügung gestanden hätte. Erst von diesem Tage an ist er d u r c h die Krankheit, an der er bereits seit dem 8. Juli 1959 litt, an seiner der Beklagten auf Grund des nunmehr wieder in Gang gesetzten Arbeitsverhältnisses geschuldeten Dienstleistung verhindert worden. Daß er in der Zeit vom 8. Juli 1959 bis zum 13. August 1959 nicht bei der Beklagten gearbeitet hat und auch bei ihr nicht arbeiten konnte, beruht nicht auf dem in der Krankheit liegenden Unglück, sondern allein auf der Tatsache, daß er zum Grundwehrdienst einberufen war und daß deshalb die Pflichten aus dem Arbeitsverhältnis vom 6. Juli bis zum 13. August 1959 ruhten. Daher ist der Kläger durch das Unglück im Sinne des § 63 HGB erst vom 14. August 1959 ab an der Dienstleistung verhindert gewesen. Damit begann die 6-Wochenfrist des § 63 HGB erst am 14. August 1959 zu laufen. Die Beklagte kann den Kläger nicht darauf verweisen, daß er bereits seit dem 8. Juli 1959 krank gewesen sei und daß daher vom 8. Juli an die Frist des § 63 HGB zu laufen habe.

Für diese Auslegung spricht neben dem Wortlaut des § 63 HGB, nach dem der Angestellte den Anspruch auf das Gehalt b e h ä l t , nach dem also das B e s t e h e n des Gehaltsanspruchs beim Eintritt des Unglücks vorausgesetzt wird, auch, daß nach einhelliger Ansicht in Rechtsprechung und Schrifttum die Regelung des § 63 HGB eine Konkretisierung der F ü r s o r g e p f l i c h t ist. Der Arbeitgeber hat entgegen den Regeln der §§ 323, 614 BGB im Fall der Dienstverhinderung des Angestellten durch unverschuldetes Unglück die Vergütung zu zahlen, obwohl er die Arbeitsleistung nicht erhält. Es wird dem Arbeitgeber also ein Opfer aus sozialen Gründen, im Interesse der Fürsorge für seine Angestellten, auferlegt. Es ist nicht gerechtfertigt, die Verpflichtung des Arbeitgebers dadurch entfallen zu lassen oder herabzusetzen, daß man die Frist des § 63 HGB in einem Zeitraum laufen läßt, in dem für den Arbeitgeber keinerlei Vergütungspflicht besteht.

Der Senat schließt sich mit der in diesem Urteil vertretenen Auffassung auch der Rechtsprechung des Reichsarbeitsgerichts in dessen Entscheidung vom 11. Dezember 1942 — RAG 27, 67 — an.

Der Senat hatte in vorliegendem Fall keinen Anlaß, zu der Frage Stellung zu nehmen, wie sich die Gehaltszahlungsfrist nach § 63 HGB in den Fällen gestaltet, in denen der Arbeitnehmer bei Abschluß eines

Arbeitsvertrages mit Wirkung für einen späteren Zeitpunkt vor dem Zeitpunkt des vereinbarten Dienstantrittes erkrankt. Weiter bedarf es in diesem Falle auch nicht einer Entscheidung der Frage, welche Ansprüche der Arbeitnehmer im Falle des Arbeitsplatzwechsels während einer Zeit der Dienstverhinderung gegen den neuen und gegen den alten Arbeitgeber hat, ob insbesondere die Zeit, während deren der alte Arbeitgeber nach § 63 HGB Gehalt gezahlt hat, auf den Zeitraum eines auch gegen den neuen Arbeitgeber nach § 63 HGB bestehenden Gehaltszahlungsanspruchs anzurechnen ist. Im vorliegenden Falle war allein die Frage der Fristberechnung bei ruhendem Arbeitsverhältnis zu entscheiden.

Daher konnte das angefochtene Urteil keinen Bestand haben. Die 6-Wochenfrist des § 63 HGB begann vielmehr erst am 14. August zu laufen; sie endete am 15. September 1959, da der Kläger mit diesem Tage einverständlich aus dem Arbeitsverhältnis ausgeschieden ist, und zwar nicht, weil der Arbeitgeber ihm gemäß § 72 Abs. 1 Nr. 3 HGB gekündigt hatte. Der Kläger hat also sein Gehalt für 33 Tage vom 14. August bis zum 15. September 1959 zu beanspruchen. Dem insoweit ermäßigten Antrage der Revision war stattzugeben.

5

Fällt eine bergbaupolizeilich vorgeschriebene, periodisch wiederkehrende ärztliche Tauglichkeitsuntersuchung von unter Tage beschäftigten Bergarbeitern in deren Freizeit, so ist die für die Untersuchung aufgewandte Zeit nicht als Arbeitszeit zu bewerten und zu vergüten.

BGB § 611; Arbeitsordnung für die im Aachener, Niedersächsischen und Rheinisch-Westfälischen Steinkohlenbergbau tätigen Arbeiter und Tarifangestellten; Bergpolizeiverordnung für die Steinkohlenbergwerke im Verwaltungsbezirk des Oberbergamts Dortmund vom 1. Mai 1935 / 1. Juli 1953.

IV. Senat. Urteil vom 8. 3. 1961 i. S. G. (Kl.) w. B. AG L. (Bekl.) 4 AZR 71/59.

I. Arbeitsgericht Bochum. — II. Landesarbeitsgericht Hamm (Westf.).

Der Kläger ist seit 1947 bei der Beklagten als Bergmann beschäftigt. Die Parteien sind an die als Tarifvertrag vereinbarte, am 1. November 1950 in Kraft getretene „Arbeitsordnung für die im Aachener, Niedersächsischen und Rheinisch-Westfälischen Steinkohlenbergbau tätigen Arbeiter und Tarifangestellten" (AO) gebunden.

Gemäß § 308 Abs. 3 der auf Grund der §§ 196, 197 des Allgemeinen Berggesetzes erlassenen Bergpolizeiverordnung für die Steinkohlenbergwerke im Verwaltungsbezirk des Oberbergamts in Dortmund vom 1. Mai 1935 / 1. Juli 1953 (BPV) darf unter Tage nur angelegt werden, wer nach ärztlicher Untersuchung ohne Einschränkung für Arbeiten in staubhaltigen Wettern tauglich ist; die Tauglichkeit aller unter Tage Beschäftigten für Arbeiten in staubhaltigen Wettern ist durch Nachuntersuchungen zu überwachen. Nach den gemäß § 308 Abs. 3 Satz 3 BPV vom Oberbergamt erlassenen Durchführungsbestimmungen dürfen die Tauglichkeitsuntersuchungen nur von Ärzten durchgeführt werden, die vom Oberbergamt im Benehmen mit dem staatlichen Gewerbearzt zugelassen sind; die Nachuntersuchungen müssen bei Jugendlichen unter 18 Jahren alljährlich, bei den übrigen Beschäftigten, zu denen der Kläger gehört, alle 3 Jahre vorgenommen werden.

Der Kläger nahm am 13. November 1957 an einer solchen Nachuntersuchung teil, nachdem die Beklagte durch einen vom Sicherheitsbeauftragten und vom Betriebsführer unterzeichneten Aushang vom 8. November 1957 folgendes bekannt gemacht hatte:

> „Am Mittwoch, dem 13. 11. 1957, werden folgende Belegschaftsmitglieder untersucht (Nachuntersuchung-Silikose-Tauglichkeitsbescheinigung)
>
> . . .
>
> . . .
>
> Da die Untersuchung im Gesundheitshaus L. I/3 B stattfindet und von Dr. J. und den Werksärzten Dr. S. und Dr. G. vorgenommen wird, fährt für alle zu Untersuchenden ein Bus der Firma L. um 14 Uhr ab Anlage. Auch die Rückfahrt wird von L. ausgeführt. Der Bus hält an den bekannten Stellen, so daß jeder aussteigen kann, wo es für ihn am günstigsten ist.
>
> Die Leute, die an dem Untersuchungstag Morgenschicht haben, können nach vorheriger Rücksprache mit dem Reviersteiger um 13.30 Uhr am Hauptschacht abfahren. Auskünfte erteilt der Sicherheitsbeauftragte.
>
> Es wird besonders darauf hingewiesen, daß sich lt. § 308 BPV keiner der Untersuchung entziehen darf."

Die Kosten der Untersuchung und der Beförderung der Bergleute trug die Beklagte.

Die Untersuchung, die einschließlich Hin- und Rückfahrt 3½ Stunden in Anspruch nahm, fiel in die Freizeit des Klägers. Sein Lohn für eine Arbeitszeit von 3½ Stunden hätte 7,84 DM betragen. Der Kläger ist der Ansicht, daß die ihm durch die Untersuchung verloren gegangene Freizeit als Arbeitszeit zu bewerten und von der Beklagten entsprechend zu vergüten sei, da er nicht auf seinen Wunsch, sondern auf Veranlassung und im Interesse der Beklagten untersucht worden sei. Mit der Klage fordert er von der Beklagten die Zahlung von Lohn im Betrage von 7,84 DM.

Die Klage blieb in allen Instanzen erfolglos.

Aus den Gründen:

Dem angefochtenen Urteil kann allerdings nicht darin gefolgt werden, daß ein Lohnanspruch des Klägers für die auf die ärztliche Untersuchung verwendete Zeit deshalb ausgeschlossen sei, weil nach § 20 Abs. 1 AO ein Lohnanspruch nur für geleistete Arbeit bestehe (so auch Boldt, Das Recht des Bergmanns, 3. Aufl., S. 291, Fußnote 30). Es trifft zwar zu, daß kein Tatbestand vorliegt, für den § 20 AO ausnahmsweise einen Lohnanspruch normiert, obwohl Arbeit nicht geleistet wird. Die Regelung des § 20 AO erstreckt sich aber ausschließlich auf solche Fälle, in denen der Arbeitnehmer infolge des Ausfalls von Arbeit Lohn nicht durch Arbeitsleistungen verdienen kann, sei es, daß Betriebsstörungen eintreten oder Feierschichten eingelegt werden oder daß der Arbeitnehmer persönlich an der Arbeitsleistung verhindert ist. Hätte die ärztliche Untersuchung des Klägers während der Schicht stattgefunden, so würde sich die Frage stellen, ob der Kläger für eine verhältnismäßig nicht erhebliche Zeit durch einen in seiner Person liegenden Grund ohne sein Verschulden an der Dienstleistung verhindert war und ob der sich daraus nach § 616 Abs. 1 Satz 1 BGB ergebende Vergütungsanspruch durch § 20 AO ausgeschlossen ist. Nach dem festgestellten Sachverhalt hat aber die Untersuchung nach der Schicht in der Freizeit des Klägers stattgefunden. Es ist also nicht Arbeit ausgefallen, sondern es geht darum, ob der Kläger durch eine in seiner Freizeit für die Beklagte erbrachte Leistung einen Anspruch auf eine zusätzliche Vergütung erlangt hat.

Daraus folgt weiter, daß das Landesarbeitsgericht zwar im Ergebnis zu Recht angenommen hat, daß der Anspruch des Klägers auch nicht nach den von der Rechtsprechung enwickelten Grundsätzen über das Betriebsrisiko gerechtfertigt ist. Die Begründung dafür kann aber nicht darin gefunden werden, daß die ärztliche Untersuchung der Gesunderhaltung des Arbeitnehmers diene und deshalb in seiner, nicht des Arbeitgebers Interessensphäre liege. Vielmehr ist ein Fall des Betriebsrisikos erst gegeben, wenn infolge einer Störung des Betriebes Arbeit nicht geleistet und deshalb Lohn durch Arbeit nicht verdient werden konnte. Das trifft auf den festgestellten Sachverhalt nicht zu.

Der Kläger hat aber, indem er sich in seiner Freizeit der ärztlichen Untersuchung unterzog, keine Leistung für die Beklagte erbracht, die irgendwie als Dienstleistung betrachtet werden könnte und deshalb vom Arbeitgeber zu entlohnen wäre. Der Arbeitgeber schuldet die Vergütung als Gegenleistung für die vom Arbeitnehmer im Rahmen des Arbeitsverhältnisses erbrachte Arbeit. Unter Arbeit ist dabei jede Tätigkeit zu verstehen, die der Befriedigung eines fremden Bedürfnisses dient (Hueck-Nipperdey, Lehrbuch des Arbeitsrechts, 6. Aufl., Bd. I, § 9 III 1, Fußnote 6; Staudinger-Nipperdey-Neumann, § 611 BGB Anm. 27). Das hat das Landesarbeitsgericht mit der Feststellung, daß der Kläger sich der ärztlichen Untersuchung nicht im Interesse der Beklagten, sondern — jedenfalls ganz überwiegend — in seinem eigenen Interesse unterzogen hat, verneint. Hiergegen sind aus Rechtsgründen Bedenken nicht zu erheben.

Nach § 197 des Allgemeinen Berggesetzes sind die Oberbergämter befugt, Polizeiverordnungen über die im § 196 bezeichneten Gegenstände zu erlassen, zu denen die polizeiliche Aufsicht über die Sicherheit des Lebens und der Gesundheit der Arbeiter gehört. Auf dieser gesetzlichen Ermächtigung beruht die Bestimmung des § 308 Abs. 3 BPV. Sie dient, wie das Landesarbeitsgericht zutreffend ausführt, ausschließlich dem Schutze der Gesundheit des Bergarbeiters vor den mit der Beschäftigung in staubhaltigen Wettern verbundenen Gefahren.

Diese Bestimmung richtet sich an den Bergwerksunternehmer, indem sie ihm — wiederum im Interesse der Gesunderhaltung des Bergmanns — verbietet, unter Tage Arbeiter zu beschäftigen, die nicht nach ärztlichem Zeugnis für Arbeiten in staubhaltigen Wettern uneingeschränkt für tauglich befunden worden sind; der Unternehmer darf auch niemanden unter Tage weiterbeschäftigen, dem dieses Tauglichkeitszeugnis nicht in den vorgeschriebenen periodischen Nachuntersuchungen erteilt worden ist. Daraus kann aber entgegen der Ansicht der Revision nicht hergeleitet werden, daß sich der Bergmann diesen Nachuntersuchungen im Interesse des Arbeitgebers unterziehe. Denn die Untersuchungen sollen nicht dem Bergbauunternehmen einen für die Arbeit unter Tage tauglichen Arbeiterstamm erhalten, sondern sie sollen gerade dazu führen, den gefährdeten oder bereits erkrankten Arbeiter aus der für ihn gefährlichen Untertagearbeit möglichst frühzeitig herauszuziehen. Wenn dieser Erfolg dazu führt, daß allgemein die Zahl der Berufserkrankungen und der durch Silikose verursachten Invaliditätsfälle niedriger gehalten wird, und dies wiederum auf die Höhe der vom Arbeitgeber an die Berufsgenossenschaft zu zahlenden Beiträge von Einfluß ist, so ist das lediglich ein dem Arbeitgeber mittelbar zugute kommender Vorteil.

Auch aus dem Aushang der Beklagten ergibt sich nicht, daß die Beklagte von den zur Untersuchung aufgeforderten Bergleuten kraft ihres Direktionsrechts eine Leistung verlangt habe, die deshalb als Arbeit zu vergüten sei, wie die Revision meint. Die Beklagte hat durch den Aushang denjenigen Bergleuten, bei denen die Nachuntersuchung fällig war, Ort und Zeit der Untersuchung bekannt gemacht und hat ferner darauf hingewiesen, daß sich nach § 308 BPV keiner der Untersuchung entziehen dürfe. Es kann dahingestellt bleiben, ob überhaupt der Arbeitgeber kraft seines Direktions- oder Weisungsrechts, das sich grundsätzlich nur auf die Leistung der Arbeit und die Ordnung innerhalb des Betriebes erstreckt (vgl. Hueck-Nipperdey, aaO, § 25 VI), von dem Arbeitnehmer verlangen könnte, daß er sich einer ärztlichen Untersuchung unterzieht, von deren Durchführung eine Polizeiverordnung seine Beschäftigung abhängig macht. Denn jedenfalls hat die Beklagte ein solches Direktionsrecht nicht ausgeübt. Das ergibt sich weder aus ihrer Beteiligung an der technischen Durchführung der Untersuchung noch aus dem Hinweis auf § 308 BPV, mit dem nur darauf aufmerksam gemacht wird, daß es der Beklagten polizeirechtlich verwehrt ist, Arbeiter, die sich der Untersuchung nicht unterziehen und deshalb das erforderliche Tauglichkeitszeugnis nicht erhalten, einfahren zu lassen.

Andererseits ist dem Landesarbeitsgericht darin beizutreten, daß der Arbeitsvertrag den Kläger verpflichtete, sich der Nachuntersuchung zu unterziehen. Das folgt freilich nicht daraus, daß nach § 46 AO die polizeilichen Vorschriften und Anordnungen der Bergbehörde von allen Betriebsangehörigen sorgfältig zu beachten und genau zu befolgen sind; denn das bezieht sich nach dem Zusammenhange nur auf die Unfallverhütung. Die Beschaffung des gesundheitsärztlichen Tauglichkeitszeugnisses obliegt dem Bergmann jedoch deshalb, weil es Sache des Arbeitnehmers ist, die persönlichen Voraussetzungen zu schaffen und zu erhalten, die ihn dazu befähigen, die im Arbeitsvertrage versprochene Arbeitsleistung zu erbringen. Versäumt er das schuldhaft, so hat er sein Unvermögen zur Leistung zu vertreten und ist dem Arbeitgeber unter Umständen deshalb zum Schadenersatz verpflichtet. Daraus folgt aber nicht, daß die für die Erfüllung der persönlichen Voraussetzungen zur Arbeitsleistung erforderlichen Handlungen des Arbeitnehmers bereits selbst eine zu vergütende Arbeitsleistung darstellen. Der Sachverhalt liegt hier ähnlich wie etwa bei einem Arbeitnehmer, der sich als Kraftfahrer einstellen läßt und als Voraussetzung für die Ausübung dieser Tätigkeit die polizeiliche Fahrerlaubnis dem Arbeitgeber nachzuweisen hat, andernfalls dieser ihn mit der vereinbarten Arbeit nicht beschäftigen darf; würde die Fortdauer einer erteilten polizeilichen Fahrerlaubnis von einer periodischen Gesundheitsprüfung auf Fahrtauglichkeit abhängig gemacht, so würde der Arbeitnehmer dadurch, daß er sich dieser Untersuchung unterzieht, ebenfalls keine Arbeit für seinen Arbeitgeber leisten, sondern nur die Voraussetzungen dafür schaffen, die ihn persönlich zur weiteren Leistung der versprochenen Dienste erst befähigen.

Daß der Kläger sich für seinen Anspruch nicht auf die Ausführungen im Urteil des Zweiten Senats des Bundesarbeitsgerichts vom 10. Mai 1957 — 2 AZR 56/55 — (BAG 4, 105) berufen kann, hat das Landesarbeitsgericht zutreffend hervorgehoben. Es handelt sich dort um eine durch gesundheitspolizeiliche Verfügung angeordnete Untersuchung der in Lebensmittelbetrieben beschäftigten Arbeitnehmer auf ansteckende Krankheiten. Diese Entscheidung, die einen Lohnanspruch des Arbeitnehmers für die auf die Untersuchung verwendete Freizeit anerkennt, beruht auf der Feststellung, daß die Untersuchung nicht im Interesse der Belegschaftsmitglieder, sondern zum Schutze der Allgemeinheit, insbesondere der Kundschaft der Lebensmittelbetriebe durchgeführt worden sei und sich die Arbeitnehmer der Untersuchung im Interesse des Betriebes unterzogen hätten, gegen den sonst gesundheitspolizeiliche Maßnahmen, unter Umständen sogar seine Schließung, zu erwarten gewesen wären. Außerdem ist eine arbeitsvertragliche Vergütungspflicht damit begründet worden, daß der Arbeitgeber erklärt hatte, eine Weigerung könne als Arbeitsverweigerung aufgefaßt werden. Dieser Entscheidung lag also ein wesentlich anderer Sachverhalt zugrunde.

6

Der Anspruch des Stiefvaters auf Kindergeld nach § 40 MTV für die Arbeiter des rheinisch-westfälischen Steinkohlenbergbaus vom 7. April 1953 wird nicht dadurch ausgeschlossen, daß auch dem Vater des Kindes Kindergeld nach diesem Tarifvertrag zusteht.

Manteltarifvertrag für die Arbeiter des rheinisch-westfälischen Steinkohlenbergbaus vom 7. 4. 1953 §§ 40, 41, 44.

IV. Senat. Urteil vom 8. 3. 1961 i. S. B. (Kl.) w. G. A. V. (Bekl.) 4 AZR 83/59.

I. Arbeitsgericht Herne (Westf.). — II. Landesarbeitsgericht Hamm (Westf.).

Der Kläger ist bei der Beklagten als Bergmann beschäftigt. In seinem Haushalt lebt ein am 1. Februar 1947 geborenes Kind seiner Ehefrau aus deren geschiedener früherer Ehe.

Der Vater des Kindes ist ebenfalls bei der Beklagten als Bergmann beschäftigt; er zahlt für das Kind monatlich 60,— DM an Unterhalt und kommt damit seiner gesetzlichen Unterhaltspflicht nach. Die Beklagte hat ihm das tarifliche Kindergeld nach dem am 1. Mai 1953 in Kraft getretenen „Manteltarifvertrag für die Arbeiter des rheinisch-westfälischen Steinkohlenbergbaus" vom 7. April 1953 (MTV) sowie den Kinderzuschlag zum Bergmannswohnungsgeld nach dem am 1. September 1957 in Kraft getretenen und zum Bestandteil des MTV gemachten „Tarifvertrag über das Bergmannswohnungsgeld für den rheinisch-westfälischen Steinkohlenbergbau" vom 10. Juli 1957 gewährt.

Der Kläger ist der Ansicht, ihm stehe als Stiefvater nach diesen Tarifverträgen sowohl das Kindergeld wie der Kinderzuschlag zum Bergmannswohnungsgeld zu, da für das Kind „anderweitiger Unterhalt" im Sinne von § 40 Ziff. 2 b MTV, nämlich ein Unterhaltsbeitrag, der 15 % des Tariflohnes eines selbständig arbeitenden Zimmerhauers bei 26 Schichten übersteige, nicht gewährt werde. Er fordert mit der Klage Zahlung von 61,20 DM, nämlich das tarifliche Kindergeld für die Zeit vom 1. Juni bis 31. Dezember 1957 in Höhe von 0,25 DM je Schicht (zusammen 53,20 DM) und den Kinderzuschlag zum Bergmannswohnungsgeld von monatlich 2,— DM für die vier Monate von September bis Dezember 1957.

Die Beklagte hat nicht bestritten, daß die Voraussetzungen, an die der Tarif den Anspruch des Stiefvaters auf die vom Kläger geforderten Zulagen knüpft, erfüllt sind. Sie meint jedoch, der Anspruch des Klägers sei dadurch ausgeschlossen, daß bereits dem Vater des Kindes der Anspruch auf diese Zulagen zustehe; ein Doppelbezug von derartigen zweckgebundenen sozialen Zulagen widerspreche dem Sinn und Zweck der tariflichen Regelung.

Das Arbeitsgericht und Landesarbeitsgericht haben die Klage abgewiesen. Die Revision des Klägers hatte Erfolg.

Aus den Gründen:

Unter der Abschnittsüberschrift „Sozialzulagen" ist in § 40 MTV folgendes bestimmt:

„Verheiratete erhalten:

(1) ein Hausstandsgeld in tariflicher Höhe, sofern sie mit ihrer Familie einen gemeinsamen Haushalt führen oder diese nachweislich unterhalten;

(2) ein Kindergeld in tariflicher Höhe für Kinder unter 14 Jahren bzw. — bei Fortdauer der gesetzlichen Schulpflicht — unter 15 Jahren,

a) für jedes eheliche Kind,

b) für Stief-, Pflege-, Adoptiv- und voreheliche Kinder eines Ehegatten, die für die Dauer in die häusliche Gemeinschaft aufgenommen sind und für die anderweitiger Unterhalt nicht gewährt wird. „Anderweitiger Unterhalt" im Sinne dieser Bestimmung liegt vor, wenn der Unterhaltsbeitrag 15 % des Tariflohnes übersteigt, der sich für einen selbständig arbeitenden Zimmerhauer bei 26 Schichten ergibt."

Nach § 41 MTV werden Witwer und Geschiedene den Verheirateten gleichgestellt. Der Anspruch auf die Sozialzulagen setzt nach § 44 MTV voraus, daß der Arbeiter seiner Unterhaltspflicht genügt.

Der Tarifvertrag über das Bergmannswohnungsgeld bestimmt in § 1, daß den hausstandsgeldberechtigten Arbeitern unter Zugrundelegung der §§ 40 bis 44, 46 und 47 MTV ein Bergmannswohnungsgeld gezahlt wird. Nach § 2 erhalten tarifvertraglich kindergeldberechtigte Arbeiter (§ 40 MTV) für jedes Kind einen Zuschlag von 2,— DM zum Bergmannswohnungsgeld im Kalendermonat.

Die tarifliche Regelung unterscheidet also beim Kindergeld zwischen verschiedenen Anspruchsberechtigten und stellt auch besondere Anspruchsvoraussetzungen auf, die nach den Feststellungen des angefochtenen Urteils sowohl beim Kläger als Stiefvater wie bei dem leiblichen Vater des Kindes erfüllt sind.

Der Kläger fällt unter die Regelung für Verheiratete (§ 40 MTV). Er hat Anspruch auf Kindergeld nach Ziff. 2 b, da er ein Stiefkind — das eheliche Kind seiner Ehefrau aus deren geschiedener Ehe — für die Dauer in die häusliche Gemeinschaft aufgenommen hat und anderweitiger Unterhalt für das Kind nicht gewährt wird. Nach der ausdrücklichen tariflichen Definition muß der „anderweitige Unterhalt" 15 vH des Tariflohnes für einen selbständig arbeitenden Zimmerhauer bei 26 Schichten, d. i. im Anspruchszeitraum 65,44 DM, übersteigen, während der leibliche Vater des Kindes nur 60,— DM gezahlt hat.

Der Vater des Kindes fällt nicht unmittelbar unter die Regelung des § 40 MTV, ist aber durch § 41 MTV als Geschiedener den Verheirateten gleichgestellt. Er erfüllt nach den Feststellungen des angefochtenen Urteils mit der monatlichen Zahlung von 60,— DM seine Unterhaltspflicht, obwohl eine Unterhaltsleistung in solcher Höhe vom Tarif bei Stief- und Pflegekindern nicht als anderweitige Gewährung von

Unterhalt betrachtet wird. An weitere Voraussetzungen ist bei ihm der Anspruch auf Kindergeld für sein eheliches Kind nicht geknüpft.

Der Tarif enthält keine Bestimmung darüber, daß bei dem Zusammentreffen von Ansprüchen mehrerer Berechtigter der eine oder der andere Anspruch entfallen solle. Das Landesarbeitsgericht führt selbst aus, daß nach dem Wortlaut des Tarifs dem Kläger der Anspruch auf das Kindergeld zusteht. Es sagt weiter mit Recht, daß die Auslegung eines Tarifvertrages nicht am bloßen Wortlaut haften bleiben dürfe. Dabei verkennt es nicht, daß der wahre Wille der Tarifvertragsparteien nur insoweit für die Auslegung Bedeutung erlangen kann, als er im Tarifvertrage noch einen erkennbaren Ausdruck gefunden hat. Dem Landesarbeitsgericht kann jedoch nicht darin beigetreten werden, daß nach dem von der tariflichen Regelung erkennbar verfolgten wirtschaftlichen und sozialen Zweck und nach den Grundsätzen von Treu und Glauben der Anspruch des Stiefvaters ausgeschlossen sein soll, wenn für dasselbe Kind dem leiblichen Vater Kindergeld zusteht.

Zu diesem Ergebnis kann man nur gelangen, wenn man den Tarifvertrag entgegen seinem Wortlaut abändernd, und zwar restriktiv, dahin auslegt, daß das Kindergeld für dasselbe Kind, wenn die tariflichen Voraussetzungen von mehreren Berechtigten erfüllt werden, nur einmal zu zahlen ist, und wenn man dann weiter im Wege der Lückenausfüllung ermittelt, wer von den mehreren Berechtigten das Kindergeld zu erhalten hat und wer ausgeschlossen sein soll.

Zunächst ist es ungenau, wenn von einem „Doppelbezug" gesprochen wird. Ist Kindergeld für dasselbe Kind an zwei Berechtigte zu zahlen, weil beide die tariflichen Voraussetzungen erfüllen, so bezieht niemand etwas doppelt. Bezugsberechtigt ist nämlich nicht das Kind, das zum Arbeitgeber in keinerlei Rechtsbeziehungen steht, sondern der Arbeitnehmer, dessen Anspruch jeweils an einem besonderen sozialen Tatbestand geknüpft ist.

Es ist auch mißverständlich, das Kindergeld als eine „zweckgebundene" Zulage zu bezeichnen; denn der Empfänger des Kindergeldes kann darüber nach seinem Belieben verfügen. Es liegt insofern beim Kindergeld anders als etwa bei der Hausbrandversorgung des Bergmanns, auf die das erstinstanzliche Urteil verweist. Denn die Hausbrandkohlen werden nach § 70 MTV ausschließlich für den eigenen Bedarf, auf den das Bezugsrecht zugeschnitten ist, gewährt und dürfen weder entgeltlich noch unentgeltlich abgegeben werden; mit dieser Zweckbindung an den Bedarf des Haushalts steht die Regelung der Bezugsberechtigung im Zusammenhang, die der Tarif — und zwar ausdrücklich (§§ 66, 67 MTV) —

für den Fall getroffen hat, daß in einem Haushalt mehrere Personen bezugsberechtigt sind.

Wohl ist auch die Gewährung des tariflichen Kindergeldes im Motiv zweckbestimmt. Es ist aber nicht so, wie die Beklagte meint, daß dieser Zweck wie bei der Hausbrandversorgung stets durch eine einmalige Leistung des Arbeitgebers erfüllt werde und auch nur einmal erfüllt werden könne. Mag auch die Zahlung des Kindergeldes dem Kinde mittelbar zugute kommen, so ist doch die Gewährung oder auch nur die Sicherung des Unterhalts des Kindes nicht der Zweck des Kindergeldes. Denn den Arbeitgeber trifft keine Fürsorgepflicht gegenüber den Kindern seiner Arbeitnehmer. Man kann auch nicht etwa sagen, daß der Zweck des Kindergeldes durch eine einmalige Zahlung deshalb erreicht sei, weil dieser Zweck jedenfalls nicht über die Deckung des Unterhalts hinausgehe; denn das Kindergeld ist seiner Höhe nach — es beträgt beim Kläger im Anspruchszeitraum rund 10,— DM monatlich — nur eine Beisteuer zu den wirklichen Kosten der Unterhaltung eines Kindes.

Der Zweck der Gewährung von Kindergeld ist nach dem MTV kein anderer als auch sonst in tariflichen oder gesetzlichen Regelungen: dem Arbeiter, Angestellten und Beamten sollen die sozialen Lasten, die ihm durch ein eheliches Kind, ein Stief-, Adoptiv- oder Pflegekind erwachsen, nicht abgenommen, sondern erleichtert werden. Im einzelnen kann die Regelung der Voraussetzungen und des Inhalts des Anspruchs sehr unterschiedlich sein. Von allgemeingültigen Regeln kann da kaum gesprochen werden, zumal gerade die Kindergeldregelung einer ständigen Wandelung unterworfen gewesen ist. Es gibt keinen allgemeinen Rechtsgrundsatz, daß Kinderzuschläge im öffentlichen Dienst nur bei Erfüllung der Unterhaltspflicht zu zahlen seien; die entsprechende Vorschrift in § 12 Abs. 6 ATO und Nr. 65 Abs. 2 der bisherigen Besoldungsvorschriften, wie sie ähnlich in § 44 des hier maßgeblichen MTV enthalten ist, ist in der heute für den öffentlichen Dienst geltenden Regelung nicht beibehalten worden. Ebensowenig gibt es einen allgemeinen Rechtsgrundsatz, daß ein Wohnungsgeld, wenn beide Eheleute die Anspruchsvoraussetzungen erfüllen, nur einmal zu zahlen ist, wie wiederum die Regelung im öffentlichen Dienst zeigt, die den Ortszuschlag (früher Wohnungsgeldzuschuß) und die durch Familienstand und Kinderzahl bedingten Steigerungen beiden Ehegatten zugute kommen läßt, wenn auch nach der nächstniedrigeren Stufe. Kindergeld wird zwar im öffentlichen Dienst und nach zahlreichen Tarifen der Privatwirtschaft für dasselbe Kind nur einmal gezahlt; das ist aber jeweils ausdrücklich und im einzelnen geregelt.

Hiernach kann nicht anerkannt werden, der in den Manteltarifverträgen für die Angestellten des rheinisch-westfälischen Steinkohlenbergbaus vom 20. April 1954 aufgestellte Grundsatz, daß jeder „Doppelbezug“ von Sozialzulagen für denselben Zweck ausgeschlossen sei, bringe nur etwas Selbstverständliches zum Ausdruck und gelte daher auch für den MTV für Arbeiter (so Boldt, Das Recht des Bergmanns, 3. Aufl., S. 347, Fußnote 187). Überdies ist die in diesen Angestelltentarifen getroffene Regelung, daß eine Sozialzulage bereits dann entfallen soll, wenn sich aus irgendeinem tatsächlichen oder rechtlichen Zusammenhange — auch außerhalb des Bergbaus — ein sogenannter „Doppelbezug“ ergeben würde, durchaus ungewöhnlich. Steht beispielsweise die Ehefrau eines im Bergbau beschäftigten Arbeiters oder Angestellten bei einer Gemeinde als Putzfrau oder als Angestellte im Dienst, so erhält sie für das gemeinsame eheliche Kind von der Gemeinde ein Kindergeld ohne Rücksicht darauf, ob ihr Ehemann für das Kind von seinem Arbeitgeber ein Kindergeld erhält. Es ist keineswegs selbstverständlich, daß umgekehrt der Anspruch des Mannes allein deshalb entfällt, weil seine Ehefrau ein Kindergeld von der Gemeinde erhält; das mußte vielmehr im MTV für die Angestellten ausdrücklich bestimmt werden. Nichts anderes kann gelten, wenn mehrere Berechtigte bei demselben Arbeitgeber oder jedenfalls im Geltungsbereich des Tarifvertrages beschäftigt sind.

Zu entscheiden ist hier allein über das Zusammentreffen des Kindergeldanspruchs des Stiefvaters mit dem des Vaters nach dem MTV für Arbeiter. Aus der Reihenfolge, in der die Berechtigten im Tarifvertrage aufgeführt sind, ergibt sich entgegen der Ansicht des Landesarbeitsgerichts keine Rangfolge der Ansprüche in der Weise, daß der Anspruch eines früher Genannten den des später Aufgeführten ausschlösse; es ist daher auch ohne Belang, daß der leibliche Vater des Kindes als Geschiedener seinen Anspruch erst aus der nachfolgenden Vorschrift des § 41 MTV herleiten kann.

Nach dem aus dem MTV erkennbaren Zweck der Kindergeldgewährung steht es dem Anspruch des Klägers nicht entgegen, daß auch der Vater des Kindes die Anspruchsvoraussetzungen erfüllt. Der Zweck der Kinderzulage ist, wie schon ausgeführt wurde, nicht unter dem Gesichtspunkt des Unterhaltsbedürfnisses des Kindes, sondern aus dem Verhältnis zwischen Arbeitgeber und Arbeitnehmer zu betrachten. Dem Arbeitnehmer sollen seine sozialen Lasten durch die vom Arbeitgeber zu gewährende Zulage erleichtert werden. Diese Folge knüpft der Tarifvertrag an genau abgegrenzte soziale Tatbestände. Der Tatbestand, den der

Tarifvertrag beim Stiefvater als beihilfewürdig anerkennt, erfordert, daß der Stiefvater das Stiefkind für die Dauer in die häusliche Gemeinschaft aufgenommen hat und daß für das Kind von anderer Seite nicht mehr als ein genau bezeichneter Betrag — im Anspruchszeitraum 65,44 DM — monatlich als Unterhalt gezahlt wird. Diese soziale Belastung will der Tarifvertrag dem Stiefvater durch die Gewährung des Kindergeldes erleichtern. Dieser Zweck wird nicht erreicht, wenn der Arbeitgeber dem Vater des Kindes, also einem anderen Arbeitnehmer, Kindergeld gewährt, weil dieser zwar weniger zahlt als den Betrag, den der Tarifvertrag beim Stiefvater als „anderweitigen Unterhalt" erst berücksichtigt wissen will, er aber dennoch damit seiner Unterhaltspflicht genügt und damit ebenfalls den sozialen Tatbestand erfüllt, den der Tarif bei ihm als beihilfewürdig behandelt. Es ist nicht ersichtlich, inwiefern einer der beiden Berechtigten gegen Treu und Glauben verstoßen sollte, wenn er sich auf die Erfüllung der tariflichen Anspruchsvoraussetzungen beruft, oder inwiefern nach den Grundsätzen von Treu und Glauben eine sinngemäße Auslegung des Tarifvertrages dazu führen müßte, einen der beiden Berechtigten mit seinem Anspruch auszuschließen.

Eine tarifliche Übung, nach der der Kindergeldanspruch des Stiefvaters durch den Anspruch des leiblichen Vaters ausgeschlossen würde, hat das Landesarbeitsgericht nicht festgestellt. Damit erübrigen sich Erörterungen darüber, unter welchen Voraussetzungen eine solche Übung für die Auslegung des Tarifvertrages von Bedeutung sein könnte.

Ebensowenig bedarf es der Erwägung, welche Grundsätze im Wege der Lückenausfüllung für den Vorrang eines von mehreren Berechtigten gefunden werden könnten, ob stets der Vater als der gesetzliche Unterhaltspflichtige vorgehen soll (so nach BBesG) oder der, in dessen Haushalt sich das Kind befindet, oder derjenige, der die überwiegenden Lasten trägt (so der MTV für Angestellte), ob vielleicht wie beim Hausbrand das „größere" Recht gilt oder ob gerechterweise das Kindergeld anteilig nach dem Maß der von den Berechtigten getragenen Lasten gezahlt werden sollte.

Hiernach war dem Klageanspruch stattzugeben.

7

1. Wird wegen Absatzmangels eine Feierschicht eingelegt, so handelt sich nicht um einen Fall des Betriebsrisikos; der Absatzmangel fällt vielmehr unter das vom Arbeitgeber vorbehaltlich einer anderweitigen Regelung grundsätzlich voll zu tragende Wirtschaftsrisiko.

2. Nach § 20 der AO haben Arbeitnehmer in den dort geregelten Fällen Lohnanspruch für ausgefallene Arbeitszeit (z. B. Feierschichten wegen Absatzmangels) nur unter den Voraussetzungen und im Rahmen dieser Vorschrift.

3. Von einer Feierschicht wegen Absatzmangels kann nur die Rede sein, wenn die Einlegung der Feierschicht durch Absatzmangel veranlaßt ist; die Feierschicht muß der Verminderung der laufenden Produktion dienen.

4. Der Arbeitgeber darf nicht dort, wo er die produktiven Arbeitskräfte trotz Absatzmangels voll weiterarbeiten läßt, die anderen, nicht unmittelbar an der Produktion beteiligten Arbeitnehmer (z. B. Platzarbeiter, Putzfrauen) feiern lassen.

5. Tut der Arbeitgeber dies doch, so gerät er mit der Annahme der Dienste, ohne daß es in der Regel eines ausdrücklichen wörtlichen Arbeitsangebots seitens des Arbeitnehmers bedarf, in Verzug und schuldet diesem den Lohn für die ausgefallene Arbeitszeit.

BGB §§ 615, 293, 295; Arbeitsordnung (AO) für die im Aachener, Niedersächsischen und Rheinisch-Westfälischen Steinkohlenbergbau tätigen Arbeiter und Tarifangestellten vom 1. September 1950 § 20 (Feierschichten).

IV. Senat. Urteil vom 8. 3. 1961 i. S. R. (Kl.) w. E. St. AG (Bekl.) 4 AZR 223/59.

I. Arbeitsgericht Gelsenkirchen. — II. Landesarbeitsgericht Hamm (Westf.).

Der gewerkschaftlich organisierte Kläger, der im Kriege einen Arm verloren hat, ist seit 1938 in der Kokerei der der Beklagten gehörenden Zechengruppe H. in G. beschäftigt. Seine Tätigkeit als Platzarbeiter besteht darin, auf dem Kokereigelände Unkraut zu ziehen oder den Schalter des Transportbandes zu bedienen; aushilfsweise verrichtet er auch Botendienste. Er erhält einen Schichtlohn von 13,83 DM.

Die Zeche H. hatte Ende März/Anfang April 1958 in allen Betriebsteilen insgesamt 6080 Belegschaftsmitglieder, von denen 298 auf die Kokerei entfielen. Die Kokerei hat einen Betriebsführer, der dem Werksdirektor der Zeche untersteht.

Am 27. März 1958 lagerten infolge Absatzmangels auf der Zeche H. 23 000 t Feinkohle und 55 000 t Koks. Deshalb wurden für den 29. März 1958 und für den 5. April 1958 Feierschichten angeordnet. Durch Aushang wurde am 27. März und entsprechende Zeit vor dem 5. April 1958 bekannt gemacht, daß wegen Absatzmangels in allen Betrieben der Zeche H. gefeiert werde und für einzelne notwendige Arbeiten besondere Bestellung erfolge. In der Kokerei erging zusätzlich noch eine besondere Bekanntmachung, in der jeweils diejenigen Belegschaftsmitglieder, für die eine Feierschicht angeordnet wurde, namentlich genannt waren. Es handelte sich am 29. März um 28 und am 5. April 1958 um 13 Belegschaftsmitglieder, und zwar um meist körperbehinderte Platzarbeiter, ferner um Boten, Schmierer, Putzfrauen, Angehörige einer Reparaturkolonne u. a. Von ihnen waren der Kläger und zwei andere Belegschaftsmitglieder, die zur Kokerei gehörten, bei beiden Feierschichten betroffen.

Der Kläger verlangt mit der Klage von der Beklagten Lohn für die beiden ausgefallenen Schichten in Höhe von 27,66 DM. Er ist der Meinung, die Beklagte habe ihn beschäftigen müssen, da die Kokerei bei voller Produktion weitergearbeitet habe; deshalb habe kein zwingender Grund zur Einlegung einer Feierschicht in der Kokerei bestanden. Diese sei ein selbständiger Nebenbetrieb mit eigenem Betriebsrat. Für sie habe sich der Absatzmangel nicht ausgewirkt. Es gehe nicht an, nur einige Betriebsmitglieder feiern zu lassen, wenn der ganze Kokereibetrieb weiterlaufe.

Die Beklagte verweist auf § 20 der Arbeitsordnung für den Steinkohlenbergbau; danach bestehe ein Lohnanspruch nur für geleistete Arbeit. Die Schicht sei rechtzeitig abgesagt worden. Die Zweckmäßigkeit der Anordnung von Feierschichten unterliege nicht der arbeitsgerichtlichen Nachprüfung. An beiden Tagen, an denen die Zeche gefeiert habe, seien nur Notstandsarbeiten mit der dafür notwendigen Belegschaft durchgeführt worden. Dazu habe auch die Fortführung der Kokerei gehört, da diese aus technischen Gründen nicht für einen Tag stillgelegt werden könne. Die Kokerei habe zwar einen eigenen Betriebsrat, sei nach der Organisation aber nur eine unselbständige Betriebsabteilung. Zum Betrieb der Koksöfen sei der Kläger nicht benötigt worden. Der Kläger habe auch seine Dienste nicht angeboten.

Das Arbeitsgericht hat der Klage stattgegeben, das Landesarbeitsgericht hat sie abgewiesen. Die Revision des Klägers hatte Erfolg.

Aus den Gründen:

Das Landesarbeitsgericht nimmt zu Unrecht an, der Lohnanspruch des Klägers sei nach § 20 der am 1. November 1950 in Kraft getretenen „Arbeitsordnung für die im Aachener, Niedersächsischen und Rheinisch-Westfälischen Steinkohlenbergbau tätigen Arbeiter und Tarifangestellten" (AO) ausgeschlossen.

§ 20 der Arbeitsordnung steht im Abschnitt III — Arbeitsentgelt — und trägt die Überschrift „Arbeitsunterbrechungen und Arbeitsausfälle". Absatz 1 lautet:

> „Lohnanspruch besteht, soweit in folgenden Bestimmungen nichts anderes gesagt wird, nur für geleistete Arbeit."

In Absatz 3 heißt es: „Für Schicht- und sonstige Arbeitsausfälle, die aus sachlichen oder persönlichen Gründen eintreten, gilt folgendes: ...".

Es sind dann in 6 Unterabsätzen Bestimmungen für verschiedene Fälle von Arbeitsunterbrechungen und sonstigem Arbeitsausfall aufgestellt, und zwar regeln Ziffer 1 die Entlohnung bei Arbeitsunterbrechungen während der Schicht, Ziffer 3 bis 6 bei Verzögerung der Anfahrt aus betriebsnotwendigen Gründen, bei Betriebsunfällen, bei Teilnahme an Sitzungen als Schöffe, Geschworener usw. sowie bei Todesfällen in der Familie. Ziffer 2 lautet:

> „Müssen Feierschichten wegen Mangels an Absatz oder aus sonstigen betrieblich notwendigen Gründen eingelegt werden, so sind die davon betroffenen Arbeiter möglichst rechtzeitig zu unterrichten.
>
> Sofern eine Schicht nicht rechtzeitig vor Erscheinen der betreffenden Arbeiter abgesagt werden konnte, so entsteht für die zur Schicht erschienenen Arbeiter bei Feierschichten aus Mangel an Absatz ein Anspruch auf 4/8, bei Feierschichten aus sonstigen betrieblich notwendigen Gründen auf 2/8 des durchschnittlichen Gedingeschichtverdienstes des Monats bzw. des Schichtlohnes, es sei denn, daß die Schicht innerhalb von 4 Wochen einmalig verlegt werden konnte. Im letzteren Falle bleibt ein Anspruch auf 2/8 des durchschnittlichen Gedingeverdienstes des Monats bzw. des Schichtlohns aufrechterhalten für Arbeiter, die für diese Nachholschicht gem. § 40 dieser Arbeitsordnung ordnungsgemäß entschuldigt sind."

Das Landesarbeitsgericht führt aus, der Lohnanspruch entfalle, da die Schicht jeweils rechtzeitig abgesagt worden sei. Die Vorschrift, daß Lohn nur für tatsächlich geleistete Arbeit gewährt werde, schließe den Lohnanspruch im Falle des Annahmeverzuges und des sogenannten Betriebsrisikos grundsätzlich aus. Daß der Arbeitgeber des Ruhrbergbaus einseitig Feierschichten anordnen könne, sei unter den Parteien nicht streitig. Dieses Recht ergebe sich aus einer langjährigen, schon seit den zwanziger Jahren bestehenden Übung im Bergbau, die Vertragsinhalt der einzelnen Arbeitsverhältnisse sei. Daß Absatzmangel auch für den Kokereibetrieb vorgelegen habe, sei unbestritten und im übrigen auch offenkundig. Wenn es in § 20 Abs. 3 Ziffer 2 AO heiße, daß „die davon betroffenen Arbeitnehmer" keinen Lohnanspruch hätten, so sei diese Bestimmung nicht so ausgelegt und gehandhabt worden, daß nur die unmittelbar von dem Grunde für die Einlegung der Feierschichten betroffenen Arbeitnehmer ihren Lohnanspruch verlören. Bei Absatzmangel würde das nämlich bedeuten, daß nur die unmittelbar mit der Kohleförderung Beschäftigten feiern dürften, um die Kohleförderung stillzulegen. So sei aber, wie gerichtsbekannt sei, die Vorschrift der Arbeitsordnung unter den beteiligten Kreisen niemals ausgelegt worden, sondern bei Einlegung von Feierschichten seien stets alle Arbeitnehmer betroffen worden, auch wenn sie nicht unmittelbar mit der Produktion zu tun hätten; denn andernfalls hätte diese wirtschaftliche Maßnahme keinen Sinn. Vielmehr sei es unbestrittener Brauch bei den Ruhrzechen, daß bei Feierschichten wegen Absatzmangels auch die Arbeitnehmer feierten, deren Tätigkeit nicht unmittelbar von dem Absatzmangel berührt werde. Ebenso sei es Brauch auf den Ruhrzechen, daß für notwendige Arbeiten Arbeitnehmer zur Arbeit bestellt würden, wie es auch hier in dem Aushang der Zechenleitung angekündigt worden sei. Wenn die Beklagte für den Kokereibetrieb umgekehrt diejenigen Arbeitnehmer, die zu feiern hätten, benannt habe, so ändere das an der Sachlage nichts. Unstreitig gehöre die Kokerei zu dem Betriebsteil, der aus technischen Gründen nicht für einen Tag stillgelegt werden könne; andernfalls würde die wirtschaftliche Maßnahme der Einlegung einer Feierschicht vereitelt, weil die Stillegung für einen Tag und die Wiederinbetriebnahme den wirtschaftlich bezweckten Erfolg unverhältnismäßig verringerten. Welche Arbeitnehmer die Beklagte feiern und welche sie wegen notwendiger Arbeiten weiterarbeiten lasse, stehe in ihrem von wirtschaftlichen Notwendigkeiten bestimmten Ermessen, das der Nachprüfung durch das Gericht nicht unterliege, da es sich um eine unternehmerische Entscheidung handele.

Das Berufungsgericht nimmt hiernach an, daß eine zum Inhalt des Einzelarbeitsvertrages gewordene Übung und die tarifvertragliche Regelung der Arbeitsordnung übereinstimmend einen Lohnanspruch ausschlössen, wenn der Arbeitgeber einseitig eine Feierschicht anordne; dabei zieht es zugleich die bisherige Übung zur Auslegung des Tarifvertrages heran.

Soweit das Landesarbeitsgericht zunächst ausführt, die Bestimmung der Arbeitsordnung, daß ein Lohnanspruch nur für geleistete Arbeit bestehe, schließe den Lohnanspruch im Falle des Annahmeverzuges und des sogenannten Betriebsrisikos grundsätzlich aus, kann dem in dieser Allgemeinheit nicht gefolgt werden. Eine Klausel, daß nur geleistete Arbeit bezahlt werde, schließt im Zweifel nur den Lohnanspruch nach

§ 616 BGB in Fällen der persönlichen Verhinderung des Arbeitnehmers an der Dienstleistung aus, bedeutet aber nicht eine Abdingung des Lohnanspruchs bei Annahmeverzug des Arbeitgebers nach § 615 BGB und auch keine Regelung des Betriebsrisikos (vgl. Hueck-Nipperdey, Lehrbuch des Arbeitsrechts, 6. Aufl., Bd. I. § 44 II 4 Anm. 15; Staudinger-Nipperdey-Mohnen, § 615 BGB Anm. 46 sowie die dort zitierte Rechtsprechung). Es ist aber jeweils die tarifliche Regelung im ganzen zu betrachten. Danach muß angenommen werden, daß § 20 AO den Lohnanspruch jedenfalls für die dort angesprochenen Fälle von Arbeitsausfall erschöpfend regelt.

Bei der wegen Absatzmangels eingelegten Feierschicht handelt es sich nicht um einen Fall des Betriebsrisikos, d. h. um eine vom Arbeitgeber nicht verschuldete Betriebsstörung, die die Leistung von Arbeit verhindert. Der Absatzmangel fällt vielmehr unter das vom Arbeitgeber grundsätzlich voll zu tragende Wirtschaftsrisiko. Dem Arbeitgeber steht nicht das Recht zu, einseitig Feierschichten oder Kurzarbeit unter entsprechender Kürzung des Lohnes einzuführen, sofern ihm nicht dieses Recht durch Einzelabrede oder kollektive Regelung eingeräumt ist (vgl. Hueck-Nipperdey, aaO, § 34 II 1; Nikisch, Arbeitsrecht I, 2. Aufl., § 44 II, III 3).

Aus § 20 Abs. 1 in Verbindung mit Abs. 3 Ziffer 2 AO ergibt sich nun, daß dem Arbeitnehmer ein Lohnanspruch für die ausgefallene Arbeitszeit nur unter den Voraussetzungen und im Rahmen des Abs. 3 Ziffer 2 zusteht, wenn Feierschichten wegen Mangels an Absatz (oder — was hier nicht in Betracht kommt — aus sonstigen betrieblich notwendigen Gründen) eingelegt werden müssen. Diese besonderen Voraussetzungen, nämlich daß die Schicht nicht rechtzeitig abgesagt worden ist, liegen nach den Feststellungen des Landesarbeitsgerichts nicht vor.

Daß Absatzmangel nicht nur für die in der Zeche geförderte Kohle, sondern auch für den in der Kokerei aus der gewonnenen Kohle produzierten Koks bestanden hat, stellt das Landesarbeitsgericht als unstreitig fest. Es kann dahingestellt bleiben, ob und inwieweit es der gerichtlichen Nachprüfung unterliegt, ob die Anordnung der Feierschicht durch den festgestellten Absatzmangel bedingt war. Denn jedenfalls beruft sich die Revision mit Recht darauf, daß in der Kokerei, in der der Kläger beschäftigt war, Feierschichten wegen Absatzmangels gar nicht eingelegt worden sind, wie sich aus dem vom Landesarbeitsgericht festgestellten Sachverhalt ergibt.

Das angefochtene Urteil stellt fest, daß die Kokerei aus technischen Gründen nicht für einen Tag stillgelegt werden kann. Die Beklagte hat in ihren im angefochtenen Urteil in bezug genommenen Schriftsätzen hierzu selbst folgendes vorgetragen: Die Produktion in der Kokerei sei nicht im Zusammenhang mit den Feierschichten, sondern nur mit Rücksicht auf die Osterfeiertage gedrosselt worden, ohne daß dadurch eine einzige Arbeitskraft freigesetzt worden wäre. Jedes Weniger an Koksproduktion bedeute ein Mehr an Kokskohle; was nicht durch die Kokerei gehe, wirke sich als Rückstau bei der Zeche aus. Die Lagerung von Kokskohle sei wegen ihrer leichteren Entzündlichkeit nur in geringerem Umfange möglich als die Lagerung von Koks. Je weniger die Kokerei an Kokskohle durchsetze, um so eher komme die Frage der Feierschichten auf, zumal auf der Zeche H. ausschließlich Kokskohle gefördert werde. Je mehr also Koks erzeugt werde, um so größer sei die Entlastung bei der Zeche.

Demnach hat nach dem festgestellten Sachverhalt zwar Absatzmangel auch für den in der Kokerei erzeugten Koks bestanden. Es sind aber trotzdem in der Kokerei die für alle Betriebe der Zeche angekündigten Feierschichten nicht durchgeführt worden. Denn es sind nicht etwa nur die notwendigen Arbeiten zur Inbetriebhaltung der Öfen verrichtet worden, sondern es ist in dem Verarbeitungsbetrieb der Kokerei voll weiterproduziert worden, um die Zeche zu entlasten.

Von einer Feierschicht wegen Absatzmangels kann aber nur die Rede sein, wenn die Einlegung der Feierschicht durch Absatzmangel veranlaßt ist; sie muß also der Verminderung der laufenden Produktion dienen. Nun mag dem Landesarbeitsgericht dahin zu folgen sein, daß von einer solchen Feierschicht nicht nur die unmittelbar an der Produktion beteiligten Arbeitnehmer betroffen werden. Der Arbeitgeber darf aber nicht umgekehrt dort, wo er die produktiven Arbeitskräfte trotz Absatzmangels voll weiterarbeiten läßt, die anderen, d. h. die nicht unmittelbar an der Produktion beteiligten, Arbeitnehmer feiern lassen. Der tarifliche Begriff der Feierschicht kann hier nur auf den Betriebsteil bezogen werden, in dem die Produktion unterbrochen wird. Unterhält beispielsweise eine Zeche zwei Schachtanlagen und legt sie wegen Absatzmangels im Schacht I eine Feierschicht ein, während sie in Schacht II weiterarbeiten läßt, so darf sie nicht im Hinblick darauf, daß Schacht I feiert, die zum Schacht II gehörenden Platzarbeiter, Reparaturkolonnen, Putzfrauen oder sonstigen nicht unmittelbar an der Kohleförderung beteiligten Arbeitnehmer feiern lassen. Dasselbe muß für die in der Kokerei beschäftigten Arbeitskräfte gelten, wenn in der Kohleförderung gefeiert wird, in dem Verarbeitungsbetrieb der Kokerei aber die Produktion voll weiterläuft. Unerheblich ist dabei, ob es sich bei den Arbeitskräften, die in der Kokerei von der Arbeit ausgeschlossen wurden, um solche handelt, die, wie die Beklagte vorgetragen hat, beschränkt arbeitstauglich sind und von ihr nur „durchgeschleppt" werden. Ebensowenig kommt es darauf an, ob die Kokerei ein selbständiger Betriebsteil im Sinne des Betriebsverfassungsgesetzes ist.

Somit steht dem Kläger der der Höhe nach nicht streitige Lohn für die ausgefallene Arbeitszeit zu, wenn die Beklagte sich im Annahmeverzuge befunden hat (§ 615 BGB). Das setzt voraus, daß der Kläger der Beklagten die geschuldeten Dienstleistungen angeboten hat (§ 293 BGB). Die Beklagte kann sich jedoch nicht darauf berufen, daß der Kläger nicht zur Arbeit erschienen sei oder doch seine Dienste nicht ausdrücklich angeboten habe. Da zur Erbringung der Dienstleistungen eine Mitwirkungshandlung der Beklagten erforderlich war und diese überdies durch Aushang erklärt hatte, daß sie die Dienste des Klägers nicht annehmen werde, genügte ein wörtliches Angebot (§ 295 BGB). Ein solches braucht nicht ausdrücklich zu erfolgen, ist vielmehr, da das Arbeitsverhältnis des Klägers nicht unterbrochen war, bereits in seiner bisherigen Dienstleistung zu erblicken (Hueck-Nipperdey, aaO, § 34 III 2; Staudinger-Nipperdey-Mohnen, Anm. 10 zu § 615 BGB).

8

1. § 123 Abs. 1 GewO ist, vom Fall des § 124 a GewO abgesehen, keiner Ausdehnung in der Richtung zugänglich, daß auch andere als die in ihm aufgezählten Gründe den Arbeitgeber zur außerordentlichen fristlosen Kündigung berechtigen.

2. In § 123 Abs. 1 Nr. 2 GewO sind mit Diebstahl, Entwendung, Unterschlagung und Betrug strafrechtliche Tatbestände gemeint, die als solche vom Strafrecht geahndet werden. Der Begriff Entwendung erfaßt dabei die in §§ 248 a und 370 Abs. 1 Nr. 5 StGB privilegierten, als Notentwendung und Mundraub bezeichneten Diebstahlsfälle.

Kommt bei der mißbräuchlichen Benutzung eines Kraftfahrzeugs der Tatbestand des § 248 b StGB in Frage, liegt kein Diebstahl von Kraftstoff vor.

3. Eine fristlose Entlassung wegen Diebstahls von Kraftstoff bei der mißbräuchlichen Benutzung eines Kraftfahrzeugs ist jedenfalls dann nicht gerechtfertigt, wenn sie wegen der Geringfügigkeit des Mehrverbrauchs im Hinblick auf die Fürsorgepflicht des Arbeitgebers gegen Treu und Glauben verstößt.

Ein Verstoß gegen Treu und Glauben liegt dann nicht vor, wenn der Arbeitgeber vorher seinen Kraftfahrern, um das Überhandnehmen von Schwarzfahrten zu unterbinden, jede private Benutzung seiner Fahrzeuge streng verboten und für den Fall der Zuwiderhandlung die fristlose Entlassung angedroht hat.

GewO § 123 Abs. 1 Nr. 2, § 124 a; StGB §§ 242, 248 a, 248 b, 370 Abs. 1 Ziff. 5; BGB §§ 242, 626.

II. Senat. Urteil vom 9. 3. 1961 i. S. H. (Bekl.) w. K. (Kl.) 2 AZR 129/60.

Der Kläger war seit Mitte September 1958 bei der Beklagten beschäftigt. Er war zunächst Autoschlosser und wurde nach etwa sechs Wochen Fahrer eines Fernlastzuges. Am 27. Oktober 1958 machte die Beklagte durch Aushang in ihrem Betrieb folgendes bekannt:

„An alle Kraftfahrer

Ein besonderer Fall gibt der Geschäftsleitung Anlaß, nochmals, und zwar letztmalig, darauf hinzuweisen, daß mit Firmenfahrzeugen keine Privatfahrten gemacht werden dürfen, es sei denn, daß der Betreffende die Erlaubnis der Geschäftsleitung oder von Herrn Sch. erhalten hat.

Sollte ein Fahrer nochmals gegen diese Anordnung verstoßen, so hat er mit der fristlosen Entlassung zu rechnen."

Am 14. April 1959 sollte der Kläger zusammen mit dem Fahrer Ö. mit einem Lastzug nach Süddeutschland fahren. Die Fahrt sollte morgens früh um 6 Uhr in E. vom Hof der Beklagten aus beginnen. Anstatt, wie es ihnen von der Beklagten vorgeschrieben worden war, von E. über den Ruhrschnellweg bis zur Autobahnauffahrt K. zu fahren, verabredete der Kläger mit Ö., daß dieser allein mit dem Lastzug in E. abfahren und den Kläger in seiner Wohnung in G.-H. abholen sollte. Beide führten den Plan aus und fuhren infolgedessen nicht wie vorgeschrieben bei K., sondern mehr nördlich bei G. auf die Autobahn. Der Umweg betrug nach Angabe der Beklagten mehr als 30 km, nach Angabe des Klägers nicht mehr als 20 km. Dem Gesellschafter der Beklagten, H. sen., der am gleichen Vormittag auf der Autobahn nach Süddeutschland fuhr, fiel auf, daß er den Lastzug unterwegs nicht überholte. Er wartete sein Eintreffen in H. ab und stellte den Kläger zur Rede. Der Kläger erklärte, er sei mit Ö. den üblichen Weg durch das Ruhrgebiet gefahren. Die gleiche unwahre Angabe machte Ö. am nächsten Tage.

Die Beklagte entließ den Kläger am 16. April 1959 fristlos. Auch Ö. wurde fristlos entlassen, aber einige Zeit später wieder eingestellt.

Der Kläger hat am 8. Mai 1959 auf Feststellung geklagt, daß seine fristlose Entlassung unwirksam sei. Ferner verlangt er Zahlung von

403,41 DM nebst Zinsen, davon 249,73 DM als Lohn für die Zeit vom 16. April bis 30. April 1959, d. h. für die ordentliche Kündigungsfrist, und 153,68 DM als Entschädigung für acht Tage entgangenen Urlaub.

Arbeitsgericht und Landesarbeitsgericht haben der Klage stattgegeben. Die Revision der Beklagten führte hinsichtlich des Feststellungsantrags und des damit zusammenhängenden auf Lohnzahlung gerichteten Teils des Zahlungsantrags zur Abweisung dieser Klageansprüche. Im übrigen, d. h. bezüglich der 153,68 DM Urlaubsentschädigung, ist sie als unzulässig verworfen werden.

Aus den Gründen:

I. 1. Der Kläger konnte als gewerblicher Arbeiter (Gehilfe) nur aus einem der in § 123 Abs. 1 GewO genannten Gründe fristlos entlassen werden. Denn diese Vorschrift zählt die Entlassungsgründe in kasuistischer Weise erschöpfend auf. Wenn auch alle diese Gründe, richtig gesehen, Erscheinungsformen des „wichtigen Grundes" sind (BAG AP Nr. 1 zu § 124 a GewO), so fehlt es doch für gewerbliche Arbeiter, sofern man von dem hier nicht vorliegenden Sonderfall des § 124 a GewO absieht, an einer Generalklausel des Inhalts, wie sie in § 626 BGB maßgebend ist und in § 133 b GewO für gewisse gehobene Angestellte sowie in § 70 HGB für Handlungsgehilfen vor der dort jeweils nur beispielhaften Aufzählung der einzelnen Gründe steht. Obwohl § 123 GewO aus einer Zeit mit anderen wirtschaftlichen und arbeitsrechtlichen Verhältnissen stammt, so ist er doch wegen seines eindeutigen Wortlauts keiner Ausdehnung in der Richtung zugänglich, daß auch andere als die aufgezählten Gründe den Arbeitgeber zur Entlassung berechtigten (BAG AP Nr. 3 zu § 123 GewO). Es ist zu beachten, daß die in § 123 Abs. 1 GewO aufgezählten Gründe als alleinige Gründe für eine arbeitgeberseitige außerordentliche Kündigung nur dann in Frage kommen, wenn eine längere als vierzehntägige Frist für die ordentliche Kündigung oder eine Mindestdauer des Arbeitsverhältnisses von vier Wochen nicht vereinbart ist (§ 124 a GewO; siehe auch Boldt-Steffens, GewO, Anm. I 1 zu § 123; Landmann-Rohmer, GewO, 11. Aufl., Anm. 2 c zu § 123).

2. Hiernach kommt für die Entlassung des Klägers in erster Linie § 123 Abs. 1 Nr. 2 GewO in Betracht. Danach können Gehilfen ohne Aufkündigung entlassen werden, wenn sie sich eines Diebstahls, einer Entwendung, einer Unterschlagung, eines Betrugs oder eines liederlichen Lebenswandels schuldig machen. Dabei sind jedenfalls mit Diebstahl, Entwendung, Unterschlagung und Betrug strafrechtliche Tatbestände ge-

meint (Boldt-Steffens, GewO, Anm. II zu § 123; Rohlfing-Kiskalt, GewO, 2. Aufl., Anm. 4 zu § 123). Bei ihrer Fassung stellen diese Begriffe eindeutig darauf ab, daß der Gewerbegehilfe einen Sachverhalt gesetzt hat, der eben als Diebstahl, Unterschlagung oder Betrug vom Strafrecht geahndet wird. Aber auch Entwendung ist ein strafrechtlicher Begriff dieser Art, zumal er bei der Aufzählung in § 123 Abs. 1 Nr. 2 GewO seinen Platz zwischen zwei eindeutig strafrechtlichen Tatbeständen hat. Er faßt heute die in §§ 248 a und 370 Abs. 1 Nr. 5 StGB privilegierten, als Notentwendung und Mundraub bezeichneten Diebstahlsfälle zusammen (Boldt-Steffens, GewO, Anm. II zu § 123).

Das angefochtene Urteil sagt, es möge sein, daß der Umweg, den der Lastzug der Beklagten auf Verabredung des Klägers und seines Mitfahrers gemacht hat, wegen des dadurch verursachten Mehrverbrauchs an Kraftstoff objektiv ein Eigentumsdelikt sein könne. Das ist richtig, und zwar liegt Diebstahl vor. Allerdings wird nach der jetzt in Rechtsprechung und Rechtslehre herrschenden Ansicht ein Schwarzfahrer nur nach dem besonderen Tatbestand des § 248 b StGB bestraft und nicht auch wegen Diebstahls von Kraftstoff. Dieser Diebstahl gilt als durch die Sondervorschrift konsumiert (Maurach, Deutsches Strafrecht, Besonderer Teil, 3. Aufl., § 31 II B 2, S. 240; Dalcke-Fuhrmann-Schäfer, Strafrecht und Strafverfahren, 37. Aufl., Anm. 8 zu § 248 b StGB, beide mit Nachweisen). Der Sondertatbestand des § 248 b trifft aber auf den Kläger nicht zu, weil er den Lastzug der Beklagten nicht gegen deren Willen in Gebrauch genommen, sondern nur bei einer von der Beklagten angeordneten Benutzung des Lastzuges unbefugt einen Umweg gemacht hat, ohne an dem ihm vorgeschriebenen Ziel der Fahrt etwas zu ändern. Da somit § 248 b StGB nicht anwendbar ist, wird der in dem Umweg liegende Diebstahl von Kraftstoff auch nicht konsumiert.

Zu Unrecht verneint das Landesarbeitsgericht hingegen ein auf rechtswidrige Zueignung des Kraftstoffes gerichtetes Unrechtsbewußtsein des Klägers. Es räumt zwar ein, daß der Kläger, da er den Umweg zunächst abgeleugnet habe, sich eines Unrechts bewußt gewesen sei, meint aber, dieses Unrechtsbewußtsein habe sich, da der Kläger ein in rechtlicher Betrachtungsweise nicht geübter Mann sei, nur auf den verbotenen Umweg, nicht aber auch auf den dadurch verursachten Mehrverbrauch an dem Kraftstoff der Beklagten bezogen. Damit verkennt das Landesarbeitsgericht die allgemeine Lebenserfahrung, daß jeder Kraftfahrer, auch wenn er rechtlich ganz unerfahren ist, weiß, daß durch einen Umweg mehr Kraftstoff verbraucht wird. Dieses Wissen und Wollen genügt für den zu § 242 StGB erforderlichen Vorsatz.

3. Hier entsteht aber die Frage, ob auch ein so geringfügiger Diebstahl wie der Verbrauch von wenigen Litern Treibstoff, der auf zwar nicht zu billigenden, aber doch jedenfalls milder zu beurteilenden Beweggründen des Klägers beruhte, nämlich auf dem Wunsch, eine für ihn lästige Fahrt zur Arbeitsstelle am frühen Morgen zu vermeiden, dennoch ein Grund zur sofortigen Entlassung sein kann. Eine fristlose Entlassung wegen eines ganz geringfügigen Diebstahls kann allerdings gegen den das gesamte Zivilrecht beherrschenden Grundsatz von Treu und Glauben (§ 242 BGB) verstoßen (so auch Landmann-Rohmer, GewO, 11. Aufl., Anm. 4 zu § 123) und die Fürsorgepflicht des Arbeitgebers verletzen.

Von einem solchen Verstoß gegen Treu und Glauben kann aber hier nicht die Rede sein. Die Beklagte hat durch ihren Aushang vom 27. Oktober 1958 jegliche Benutzung ihrer Fahrzeuge für private Zwecke verboten und mit fristloser Entlassung bedroht. Auch wenn dies nicht in erster Linie wegen des Mehrverbauchs an Kraftstoff und wegen der Abnutzung der Fahrzeuge, sondern um die Ordnung in ihrem Betrieb aufrecht zu erhalten geschehen sein mag, d. h. um den schwer kontrollierbaren Schwarzfahrten einen Riegel vorzuschieben, so schließt es doch aus, die damit notwendig verbundene Entwendung von Kraftstoff, mag sie auch geringfügig gewesen sein, als Bagatelle zu behandeln. Andernfalls würde man das Verbot der Beklagten entkräften, ihr Eigentum ohne ihre Erlaubnis zu privaten Zwecken ihrer Arbeitnehmer zu verwenden. Danach kommt es auf die Frage, ob der Aushang zum Inhalt des Arbeitsvertrages gemacht worden ist, ob also durch den Aushang neben den Entlassungsgründen des § 123 GewO Schwarzfahrten in zulässiger Weise als weiterer Entlassungsgrund vereinbart worden sind, nicht entscheidend an. Das wäre im übrigen zu verneinen, weil der Kläger den Aushang nur zur Kenntnis genommen, ihn aber nicht etwa durch seine Unterschrift oder auf andere Weise anerkannt hat. Auch die nur einseitige Erklärung der Beklagten verbietet jedenfalls eine sonst möglicherweise zulässige einschränkende Auslegung von § 123 Abs. 1 Nr. 2 GewO. Selbst wenn man — in Weiterentwicklung des Gedankens, daß es sich in allen Fällen des § 123 Abs. 1 GewO um Erscheinungsformen des wichtigen Grundes handelt, und anders als nach der ursprünglichen, die Notwendigkeit einer Interessenabwägung grundsätzlich verneinenden Ansicht (BAG 1, 237 [239]) — eine Interessenabwägung nach dem allgemeinen Begriff des wichtigen Grundes im Falle des § 123 Abs. 1 Nr. 2 GewO vornehmen wollte, so müßte die schwerwiegende Bedeutung des Verbotes der Beklagten für ihre Belange immer berücksichtigt werden, ebenso wie zu berücksichtigen wäre, daß mit sehr eindringlichen Hinweisen dieses Verbot den Arbeitnehmern der Beklagten und unter ihnen dem Kläger zur Kenntnis gebracht wurde. Der Kläger hat demgegenüber, außer daß er eine ihm lästige Fahrt vermied, nichts vorgetragen, was bei einer Interessenabwägung zu seinen Gunsten sprechen könnte.

4. Deshalb muß es dabei bleiben, daß die Beklagte den Kläger wegen des nicht im Interesse der Beklagten, sondern in seinem eigenen Interesse gemachten Umwegs fristlos entlassen durfte. Der gegenteiligen Ansicht der beiden Vorinstanzen, die den § 123 Abs. 1 Nr. 2 GewO nicht richtig angewandt und die durch den Aushang geschaffene besondere Lage nicht berücksichtigt haben, kann nicht zugestimmt werden. Auf die vom Landesarbeitsgericht verneinte Frage, ob die Beklagte die fristlose Entlassung des Klägers auch auf die Vorschrift des § 123 Abs. 1 Nr. 3 GewO stützen kann, kommt es hiernach nicht mehr an.

III. Anders verhält es sich mit dem auf Zahlung von 153,68 DM Urlaubsentgelt gerichteten Teil des Klageanspruchs. Da nichts dafür vorgetragen ist, daß dieser Teil des Klageanspruchs irgendwie von der Berechtigung der fristlosen Entlassung abhängig war, handelt es sich um eine weitere selbständige Forderung des Klägers. Nachdem die Beklagte auch insoweit zur Zahlung verurteilt worden ist und nachdem sie auch diese Verurteilung mit ihrem auf völlige Abweisung gerichteten Revisionsantrag angegriffen hat, hätte sie in ihrer Revisionsbegründung nach § 554 Abs. 3 Ziffer 2 b ZPO auf diesen Teil des Klageanspruchs ebenfalls eingehen müssen. Weil dies nicht geschehen ist, muß die Revision insoweit wegen Fehlens einer Revisionsbegründung nach § 554 a ZPO als unzulässig verworfen werden (BAG 2, 58 [59]; 6, 280 [284]).

9

1. Eine Kündigungsschutzklage kann auch durch Änderung oder Erweiterung einer schon anhängigen Klage erhoben werden.

2. Der Antrag einer Kündigungsschutzklage braucht nicht dem Wortlaut des § 3 KSchG zu entsprechen. Es genügt, wenn er nach dem Klagevorbringen im Sinne dieser Vorschrift auszulegen ist.

3. Ist durch rechtskräftiges Urteil festgestellt, daß ein Arbeitnehmer Anspruch auf Vergütung nach einer bestimmten Vergütungsgruppe (hier: der TO.A) hat, so kann ihm nur aus später entstandenen Gründen zum Zwecke der Herabstufung gekündigt werden.

KSchG §§ 1, 3, 6; ZPO §§ 138, 322, 323, 325.

II. Senat. Urteil vom 9. 3. 1961 i. S. L. N-W. (Bekl.) w. P. (Kl.)
2 AZR 502/59.

1. Arbeitsgericht Köln. 2. Landesarbeitsgericht Düsseldorf (Köln).

Der 1907 geborene Kläger war früher kaufmännischer Angestellter und trat im Dezember 1952 in den Polizeiverwaltungsdienst der Stadt K. Er wurde zunächst nach der Vergütungsgruppe IX TO.A bezahlt und im Jahre 1953 nach VergGr. VIII aufgruppiert. Am 1. April 1954 übernahm ihn das verklagte Land und beschäftigte ihn beim Polizeipräsidium in K. Am 27. Oktober 1954 bestand er die Prüfung für den mittleren Verwaltungs- und Kassendienst „vollbefriedigend".

Auf seine im Juni 1957 erhobene Klage stellte das Arbeitsgericht durch rechtskräftig gewordenes Urteil vom 12. Dezember 1957 fest, daß das beklagte Land verpflichtet sei, ihn ab 1. Januar 1957 nach VergGr. VI b TO.A zu besolden.

Am 1. Februar 1958 sollten dem Kläger Arbeiten übertragen werden, die den Merkmalen von VI b TO.A nicht mehr entsprachen. Er sollte deswegen sein Gehalt nur noch nach VII TO.A bekommen. Dagegen wandte sich der Kläger mit seiner Klage vom 7. März 1958, mit der er die Feststellung begehrte, daß das beklagte Land verpflichtet sei, ihn weiterhin nach der Vergütungsgruppe VI b TO.A zu besolden. Darauf teilte der Beklagte dem Kläger am 27. Mai 1958 folgendes mit:

> „Nachdem inzwischen der Regierungs-Inspektor H. das Sachgebiet W 3 bei der hiesigen Wirtschaftsstelle übernommen hat, teile ich Ihnen mit, daß ich Ihr derzeitiges Beschäftigungsverhältnis nach der VergGr. VI b TO.A unter Einhaltung der im § 16 Abs. 2 TO.A festgesetzten Kündigungsfrist von 4 Monaten zum Schlusse eines Kalendervierteljahres zum 30. 9. 1958 kündige.
>
> Ab 1. 10. 1958 erfolgt Ihre weitere Beschäftigung wieder nach den Tätigkeitsmerkmalen der VergGr. VII TO.A."

Der Beklagte erklärte durch Schreiben an das Arbeitsgericht vom 29. April 1958 ferner, daß der Kläger sein bisheriges Gehalt nach TO.A VI b noch bis zum 30. September 1958 bekommen werde, und meinte, daß die Klage dadurch erledigt sei. Der Kläger erhielt seine Klage jedoch aufrecht und änderte seinen Antrag mit Schriftsatz vom 14. Juni 1958, eingegangen am gleichen Tage, dahin ab, daß festgestellt werden solle, das beklagte Land sei verpflichtet, ihn weiter nach der Vergütungsgruppe VI b TO.A zu besolden und zu beschäftigen.

Arbeitsgericht und Landesarbeitsgericht haben dem neuen Klageantrag entsprochen. Die Revision der Beklagten blieb ohne Erfolg.

Aus den Gründen:

I. Der Kläger wendet sich gegen seine Herabstufung von Vergütungsgruppe VI b TO.A nach der Vergütungsgruppe VII TO.A. Die Klage richtete sich ursprünglich dagegen, daß der Beklagte den Kläger ohne Änderungskündigung herabstufen wollte. Der Beklagte hat erkannt, daß das im Hinblick auf die inhaltliche Veränderung des Arbeitsverhältnisses rechtlich nicht möglich war, und deshalb, als die Klage schon anhängig war, die Kündigung vom 27. Mai 1958 mit der nach § 16 Abs. 2 TO.A geltenden Frist zum 30. September 1958 ausgesprochen. In dieser Kündigung hat das Landesarbeitsgericht mit Recht eine Änderungskündigung gesehen. Denn mit ihr hat sich der Beklagte gleichzeitig bereit erklärt, den Kläger ab 1. Oktober 1958 nach VII TO.A weiter zu beschäftigen. Daß der Beklagte diese Bereitschaft nicht ausdrücklich in der Form eines Angebots eines neuen Arbeitsvertrages nach VII TO.A gekleidet hat, wie es dem Wesen einer Änderungskündigung eigentlich entsprochen hätte, sondern gesagt hat, ab 1. Oktober 1958 erfolge die weitere Beschäftigung des Klägers wieder nach den Tätigkeitsmerkmalen der Vergütungsgruppe VII TO.A, also das Einverständnis des Klägers mit einer derartigen Weiterbeschäftigung rechtsirrtümlich vorweggenommen hat, kann der auch vom Kläger richtig verstandenen Kündigung den Charakter einer Änderungskündigung nicht nehmen. Denn durch diese Ungenauigkeit wird weder die eindeutig erkennbare Ernsthaftigkeit der Kündigung noch die Bereitschaft des Beklagten zur Weiterbeschäftigung des Klägers nach VII TO.A in Frage gestellt.

II. Die Änderungskündigung wäre nach § 6 KSchG wirksam geworden, wenn der Kläger nicht in der in § 3 KSchG vorgeschriebenen Form und Frist eine Kündigungsschutzklage erhoben hätte. Es ist jetzt allgemein anerkannt, daß auch gegenüber einer nur auf Änderung eines Arbeitsverhältnisses gerichteten Kündigung ebenso wie gegen eine auf unbedingte Beendigung des Arbeitsverhältnisses gerichteten Kündigung die Kündigungsschutzklage gegeben ist (BAG 4, 22 [25, 26]; Auffarth-Müller, KSchG, Anm. 45 zu § 1, beides mit Nachweisen; neuerdings Urteil des Senats vom 12. Januar 1961, 2 AZR 171/59, BAG 10, 288 ff.).

Eine form- und fristgerechte Kündigungsschutzklage liegt aber auch vor. Freilich war die Klage nicht von vornherein eine Kündigungsschutzklage. Sie konnte es gar nicht sein, weil der Beklagte zur Zeit der Klageerhebung (7. März 1958) dem Kläger noch gar nicht gekündigt hatte, sondern dies erst unter dem 27. Mai 1958 getan hat. Gegen diese Kündigung hat sich der Kläger in seinem Schriftsatz vom 14. Juni 1958 gewandt. Darin hat er sich gegenüber der Kündigung auf das rechtskräftige

Vorprozeßurteil berufen und geltend gemacht, daß die Änderungskündigung sozial nicht gerechtfertigt sei.

Eine Kündigungsschutzklage braucht nicht von vornherein als solche erhoben zu werden. Sie kann auch dadurch anhängig gemacht werden, daß in einen schon schwebenden Prozeß der Kündigungsschutzanspruch durch Klageänderung oder Klageerweiterung eingeführt wird (vgl. BAG AP Nr. 5 zu § 7 KSchG). Das hat der Kläger hier getan (Klageänderung). An eine Kündigungsschutzklage dürfen, wenn nur die Form der Klage gewahrt ist, keine zu strengen Anforderungen gestellt werden. Es genügt, daß aus ihr ersichtlich ist, gegen wen sie sich richtet und daß eine ausgesprochene Kündigung nicht als berechtigt anerkannt wird (BAG 3, 107). Dasselbe gilt auch für den vorliegenden Fall der Umgestaltung einer Klage in eine Kündigungsschutzklage. Bei dem oben genannten Inhalt ist immer deutlich, daß es dem Kläger mit seiner Klage darum geht, das Arbeitsverhältnis sei durch die Kündigung nicht aufgelöst worden. Nur diese nähere Anforderung stellt § 3 KSchG an die Kündigungsschutzklage. Auch bei der Umgestaltung der Klage in das auf Kündigungsschutz gerichtete Begehren wird die Form der Klage selbst gewahrt.

Der Einwand des Beklagten, hier sei die Klage innerhalb der Frist des § 3 KSchG nicht gegen das Land NRW als den richtigen Beklagten, sondern gegen den Innenminster dieses Landes gerichtet gewesen, greift nicht durch, weil aus dem Klagevorbringen ohne weiteres zu erkennen war, daß der Innenminister nicht als Beklagter, sondern als gesetzlicher Vertreter des verklagten Landes gemeint war. Das ergibt sich schon aus der Fassung des Klageantrags, nach der festgestellt werden soll, daß „das beklagte Land" verpflichtet ist, den Kläger weiter nach VI b TO.A zu besolden und zu beschäftigen.

Diese Fassung des Klageantrags entspricht allerdings nicht dem Wortlaut von § 3 KSchG, wonach auf Feststellung zu klagen ist, daß das Arbeitsverhältnis durch die Kündigung nicht aufgelöst worden sei. Sie weicht sogar scheinbar von § 3 KSchG insofern ab, als sie nicht ausdrücklich auf die Änderungskündigung vom 27. Mai 1958 Bezug nimmt. Auf diese nimmt jedoch der Schriftsatz des Klägers vom 14. Juni 1958 Bezug, in dem der Antrag enthalten ist. Dieser Schriftsatz befaßt sich nur mit der Änderungskündigung und erklärt sie für unzulässig und sozial nicht gerechtfertigt. Da der Kläger hiernach nichts anderes wollte, als die Änderungskündigung anzugreifen, bestehen keine Bedenken dagegen, den für sich allein betrachtet allerdings vielleicht nicht besonders deutlichen Antrag im Sinne von § 3 KSchG auszulegen. Das hat das angefochtene Urteil mit Recht getan. Daß es den Kläger nicht veranlaßt hat, seinen Antrag dieser Vorschrift entsprechend zu ändern, steht dieser Auslegung nicht entgegen.

III. Die hiernach form- und fristgerecht erhobene Kündigungsschutzklage hat das Landesarbeitsgericht aus zutreffenden Erwägungen als begründet anerkannt. Es nimmt mit Recht an, daß die Kündigung weder durch das Verhalten noch durch die Person des Klägers noch durch dringende betriebliche Erfordernisse bedingt war (§ 1 Abs. 2 KSchG).

Auszugehen ist von dem rechtskräftigen Urteil des Arbeitsgerichts vom 12. Dezember 1957 im Vorprozeß, welches feststellt, daß das beklagte Land verpflichtet ist, den Kläger ab 1. Januar 1957 nach der Vergütungsgruppe VI b TO.A zu besolden. Der Umstand, daß dieses Urteil in seinem Rubrum nicht das Land NRW, sondern den Innenminister dieses Landes nennt, steht der Rechtskraftwirkung aus §§ 322 ff. ZPO gegen den Beklagten nicht entgegen, da der Innenminister, wie sich aus der Urteilsformel ergibt, nicht selbst Beklagter war, es in dieser Eigenschaft auch gar nicht sein konnte, sondern nur gesetzlicher Vertreter des in Wahrheit verklagten Landes.

Durch dieses rechtskräftige Urteil wurde allerdings, was das Landesarbeitsgericht zugibt, eine spätere Änderung des Arbeitsverhältnisses im Wege einer Änderungskündigung nicht ausgeschlossen. Jedoch mußte die Änderung durch Gründe bedingt sein, die erst nach dem 12. Dezember 1957 eingetreten sind. Die Änderungskündigung ist hier insofern an dieselben Voraussetzungen gebunden wie eine Änderungsklage nach § 323 ZPO. Solche Umstände liegen aber nicht vor.

Das Kündigungsschreiben vom 27. Mai 1958 nennt als einzigen Grund für die Änderung und die Kündigung, daß der Regierungsinspektor H. das Sachgebiet W 3 der Wirtschaftsstelle des Polizeipräsidiums übernommen habe. Das ist unstreitig am 21. Mai 1958 geschehen, nachdem der Regierungsinspektor B. am 17. April 1958 gestorben war. Dieser Wechsel berührte aber das Arbeitsverhältnis des Klägers nicht, weil er an derjenigen Tätigkeit des Klägers, die im Vorprozeß zu seiner Einstufung nach VI b TO.A geführt hatte, nichts änderte. Der Einwand des Beklagten, diese Tätigkeit sei dem Kläger nicht zugewiesen worden, sondern der Kläger habe sie eigenmächtig an sich gezogen, scheitert bereits an der Rechtskraft des Vorprozeßurteils. Im übrigen könnte er auch deshalb nicht durchdringen, weil der Beklagte die Tätigkeit des Klägers zum mindesten geduldet und sich damit gebunden hat.

Auch der Hinweis des Beklagten auf den Beschluß des Großen Senats des Bundesarbeitsgerichts vom 26. Februar 1957 (BAG 3, 245) kann der Revision nicht zum Erfolg verhelfen. Die Entscheidung des Großen Senats ist auf den Fall der Einsparung von Stellen des öffentlichen Dienstes im Haushaltsplan eines Landes abgestellt. Für diesen Fall wird die Kündigung gegenüber überzählig gewordenen Arbeitnehmern mehr oder weniger erleichtert. Es kann dahingestellt bleiben, ob die vom Großen Senat entwickelten Grundsätze ohne weiteres auf den Fall der Änderung nur des Stellenplanes einer Behörde übertragen werden können. Denn der Beklagte hat hier nicht einmal eine Änderung des Stellenplanes beim Polizeipräsidium in Köln behauptet, sondern nur geltend gemacht, daß der Regierungsinspektor H. lediglich das Arbeitsgebiet des Regierungsinspektors B. übernommen habe und daß die bisherige Tätigkeit des H. nunmehr von einem Regierungsobersekretär ausgeübt werde. Diese durch den Tod des B. veranlaßten personellen Veränderungen beim Polizeipräsidum in K. können aber die gegenüber dem Kläger ausgesprochene Kündigung nicht rechtfertigen, da sie, wie das angefochtene Urteil in tatsächlicher Hinsicht feststellt, nicht zu einer Änderung der Tätigkeit des Klägers geführt haben, die das rechtskräftige Vorprozeßurteil als ausreichend für die Eingruppierung nach VI b TO.A anerkannt hat.

Eine Änderungskündigung kann allerdings auch dadurch bedingt und sozial gerechtfertigt sein, daß eine Behörde ein dringendes betriebliches Interesse daran hat, Beamtenstellen, die mit Angestellten besetzt sind, für Beamte frei zu machen (BAG 4, 1 [2, 3]). Der Beklagte hat aber nicht dargelegt, daß eine solche Interessenlage durch den Tod des Regierungsinspektors B. entstanden ist und inwiefern gerade der Kläger diesem Interesse weichen muß, obwohl er einen rechtskräftig festgestellten Anspruch auf Bezahlung nach VI b TO.A hat und obwohl sich an seiner Tätigkeit nichts geändert hat (wird ausgeführt).

IV. Nach alledem hat das Landesarbeitsgericht der Kündigungsschutzklage mit Recht stattgegeben. Da es dies jedoch mit einer dem ungenauen Antrag entsprechendem Urteilsformel getan hat, war es geboten, die Urteilsformel der Vorschrift des § 3 KSchG anzupassen.

10

1. Stimmt die Hauptfürsorgestelle der einem Schwerbeschädigten gegenüber bereits erklärten Kündigung zu, so wirkt diese Zustimmung auf den Zeitpunkt des Ablaufs der Kündigungsfrist zurück.

2. Ist das Arbeitsverhältnis über diesen Zeitpunkt hinaus tatsächlich fortgesetzt worden, so ist entsprechend dem Grundsatz, daß ein vollzogenes Arbeitsverhältnis nicht rückwirkend beseitigt werden kann, eine rückwirkende Auflösung nur ab dem Zeitpunkt der tatsächlichen Beendigung des Arbeitsverhältnisses möglich (Bestätigung von BAG 5, 159 ff. und BAG AP Nr. 3 zu § 184 BGB).

SchwBeschG §§ 15, 17 Abs. 1; BadUrlGes vom 13. Juli 1949 § 3; ZPO §§ 554 Abs. 3 Ziff. 2, 554 a Abs. 1.

II. Senat. Urteil vom 13. 3. 1961 i. S. C. (Bekl.) w. C. (Kl.)
2 AZR 509/59.

I. Arbeitsgericht Lörrach. — II. Landesarbeitsgericht Baden-Württemberg (Freiburg).

Der Kläger ist wegen einer Kriegsbeschädigung als Schwerbeschädigter anerkannt. Seit dem 21. Juli 1958 beschäftigte ihn die Beklagte als Hilfsarbeiter.

Am 21. Oktober 1958 kündigte ihm die Beklagte und beantragte am 11. November 1958 bei der Hauptfürsorgestelle die nach § 14 SchwBeschG erforderliche Zustimmung, die am 23. April erteilt wurde; dabei machte die Hauptfürsorgestelle von der ihr nach § 17 Abs. 1 Satz 2 SchwBeschG zustehenden Ermächtigung, die Kündigungsfrist zu verlängern, keinen Gebrauch. Der Kläger hatte bis zum 5. Dezember 1958 im Betrieb der Beklagten weitergearbeitet. An diesem Tage erlitt er einen Betriebsunfall. Nach seiner Genesung nahm er am 18. März 1959 seine Arbeit wieder auf. Am Abend desselben Tages erklärte ihm der Betriebsleiter der Beklagten, daß die Kündigung vom 21. Oktober 1958 nunmehr wirksam werde, und lehnte die Weiterbeschäftigung ab.

Der Kläger hat beantragt, die Beklagte für die Zeit vom 19. März 1959 bis zum 23. April 1959 zur Zahlung von 374,— DM, ferner für drei Tage Urlaub für das Jahr 1959 zur Zahlung weiterer 37,40 DM zu verurteilen. Die Beklagte ist der Ansicht, daß das Arbeitsverhältnis durch Zustimmung der Hauptfürsorgestelle vom 23. April 1959 gemäß § 15 SchwBeschG vier Wochen nach dem 11. November 1958 beendet worden sei.

Arbeitsgericht und Landesarbeitsgericht haben nach dem Klageantrag erkannt. Die Revision der Beklagten hatte teilweise Erfolg.

Aus den Gründen:

I. Der Kläger kann für die Zeit vom 19. März bis zum 23. April 1959 keinen Lohn in Höhe von 374,— DM verlangen, weil sein Arbeitsverhältnis während dieser Zeit nicht mehr bestanden hat. Denn die am 23. April 1959 erteilte Zustimmung der Hauptfürsorgestelle (HFSt) wirkte derart zurück, daß jedenfalls mit der tatsächlichen Entlassung des Klägers (Abend des 18. März 1959) das Arbeitsverhältnis erloschen war.

Das Landesarbeitsgericht ist zutreffend davon ausgegangen, daß die Beklagte zur Kündigung des Klägers nicht der vorherigen Zustimmung der HFSt bedurfte. Der vom Gesetz verwandte Begriff der Zustimmung umfaßt sowohl die vorher zu erteilende Einwilligung als auch die nachträgliche Genehmigung. Die Beklagte konnte daher dem Kläger am 21. Oktober 1958 kündigen und erst danach die Genehmigung der HFSt einholen, was selbst auch noch während der für Schwerbeschädigte geltenden vierwöchigen Kündigungsfrist des § 15 SchwBeschG geschehen ist (siehe BAG 5, 313 [316/317]).

Der Berufungsrichter glaubt aber, eine Rückwirkung der Zustimmung der HFSt verneinen zu müssen, weil ein Arbeitsverhältnis nicht rückwirkend aufgelöst werden könne. Auch im Schrifttum wird teilweise die Auffassung vertreten, der Arbeitnehmer könne vor Erteilen der Zustimmung trotz Ablauf der Kündigungsfrist nicht entlassen werden, weil die Zustimmung der HFSt Voraussetzung für die volle Wirksamkeit der Kündigung sei und das Arbeitsverhältnis bis dahin fortbestehe (Gröninger, SchwBeschG, § 17 Anm. 2; Rohwer-Mann, SchwBeschG, § 14 Anm. 60; Sellmann, SchwBeschG, § 14 Anm. 64; Willrodt-Gotzen, § 14 Anm. 61; Ehmke in Arbeitsrechts-Blattei Schwerbeschädigte II D IV).

Der Senat konnte dieser Auffassung nicht beitreten. Weder die Bestimmungen des Schwerbeschädigtengesetzes noch andere rechtliche Gesichtspunkte zwingen dazu, die rückwirkende Kraft der Zustimmung auf den Zeitpunkt der Entlassung des Arbeitnehmers zu verneinen, wenn bis dahin die Kündigungsfrist abgelaufen und das Arbeitsverhältnis auch tatsächlich beendet worden ist.

1. Schon der Wortlaut des § 15 Zweiter Halbsatz SchwBeschG läßt zweifelsfrei erkennen, daß der Zustimmung der HFSt rückwirkende Kraft zukommt. Diese Vorschrift bestimmt, daß die Kündigungsfrist nicht schon mit Zugang der Kündigungserklärung zu laufen beginnt, sondern erst vom Tage des Eingangs des Antrags bei der HFSt. Damit folgt aber aus dieser Gesetzesbestimmung auch, daß eine weitere Hemmung des Ablaufs der Kündigungsfrist nicht vorgesehen ist. Anderenfalls hätte der Gesetzgeber zum Ausdruck bringen müssen, daß das Wirksamwerden der Kündigung zeitlich nicht vom Eingang des Antrags, sondern vom

Zeitpunkt der Entscheidung der HFSt abhängig ist. Sodann setzt § 17 Abs. 1 Satz 2 SchwBeschG, wonach die HFSt die Kündigungsfrist verlängern kann, voraus, daß die Zustimmung rückwirkende Kraft hat. Schließlich kann auch den übrigen Bestimmungen über den Kündigungsschutz im Vierten Abschnitt des Schwerbeschädigtengesetzes nicht entnommen werden, daß während des Zustimmungsverfahrens der HFSt die Kündigungsfrist nicht ablaufen kann.

2. Abgesehen vom Wortlaut des § 15 Zweiter Halbsatz SchwBeschG und dem Zusammenhang dieser Vorschrift mit § 17 Abs. 1 Satz 2 SchwBeschG entspricht auch die historische Entwicklung des Schwerbeschädigtengesetzes diesem Ergebnis. Der vor Inkrafttreten des Schwerbeschädigtengesetzes von 1953 gültige § 13 Abs. 1 Satz 4 zweiter Halbsatz des Schwerbeschädigtengesetzes vom 12. Januar 1923 (RGBl. I, 57) bestimmte, daß die Kündigungsfrist von dem Tage der Absendung des Antrags an die HFSt an läuft. Auch hier ist eine weitere Hemmung des Ablaufs der Kündigungsfrist etwa für die Dauer des Verfahrens vor der HFSt nicht vorgesehen gewesen; heute ist lediglich an die Stelle des Tages der Absendung mit § 15 SchwBeschG der Tag des Eingangs bei der HFSt getreten. Dementsprechend haben das RAG in ständ. Rechtsprechung (etwa RAG Bensh. Slg. 13, 397 [mit zustimmender Anm. von Dersch]; 17, 170; 27, 317 [323]) sowie das Landesarbeitsgericht Frankfurt am Main (RdA 1949, 426) die Auffassung vertreten, daß die Zustimmung auch dann auf den Zeitpunkt des Wirksamwerdens der Kündigung zurückwirkt, wenn die HFSt sie erst nach Ablauf der Kündigungsfrist erteilt (ebenso Molitor, Die Kündigung, 2. Aufl., S. 244; Hueck-Nipperdey-Dietz, AOG, 4. Aufl. 1943, Vorbem. 14 zu § 56).

Aus der Formulierung des Gesetzes und aus der parlamentarischen Behandlung des Schwerbeschädigtengesetzes geht hervor, daß der Gesetzgeber insoweit keine Änderung dieses gerade auch von der früheren Rechtsprechung anerkannten Rechtszustandes gewollt, sondern sich insbesondere bei § 15 SchwBeschG an den früheren Rechtszustand angelehnt hat (vgl. Begründung des Regierungsentwurfs, Bundestagsdrucksache Nr. 3430, 1952 S. 32/33; Beschlüsse des Ausschusses für Kriegsopfer- und Kriegsgefangenenfragen, Bundestagsdrucksache Nr. 4292, 1952 S. 4, 25; Schlußabstimmung im Bundestag, Protokoll über die 263. Sitzung des Deutschen Bundestages am 5. Mai 1953 [Protokolle Nr. 12 831 A, 12 834 A]). Deshalb besteht auch kein Grund für die Annahme, er habe trotz des Wortlauts des § 15 SchwBeschG eine Rückwirkung der Zustimmung auf den Zeitpunkt des Ablaufs der Kündigungsfrist nicht gewollt.

3. Auch der Zweck des § 15 SchwBeschG und die sozialpolitische Funktion des Kündigungsschutzes der Schwerbeschädigten rechtfertigen keine andere Auslegung. Die Bestimmungen des Vierten Abschnitts des Schwerbeschädigtengesetzes über den Kündigungsschutz (§§ 14 — 19) lassen zwar den Willen des Gesetzgebers erkennen, den Schwerbeschädigten nicht nur einen Arbeitsplatz zu beschaffen, sondern auch den Bestand ihrer Arbeitsverhältnisse durch besondere Kündigungsschutzbestimmungen zu sichern. Zugleich muß man aber annehmen, daß mit diesen im Schwerbeschädigtengesetz vorgesehenen Maßnahmen, insbesondere der erschwerten Kündigungsmöglichkeit für den Arbeitgeber, die schutzwürdigen Interessen der Schwerbeschädigten vom Gesetzgeber abschließend berücksichtigt worden sind.

Der Schwerbeschädigte ist einmal dadurch geschützt, daß der Arbeitgeber zur Kündigung der Zustimmung der HFSt bedarf. Ferner läuft seine Kündigungsfrist erst vom Eingang des Antrags bei der HFSt an; sie beträgt von da an mindestens vier Wochen, selbst wenn das Arbeitsverhältnis an sich kürzere Kündigungsfristen vorsieht. Schließlich soll die HFSt ihre Zustimmung nur mit der Maßgabe erteilen, daß die Kündigung frühestens vier Wochen nach der Entscheidung wirksam wird (§ 17 Abs. 1 Satz 2 SchwBeschG). Mit Hilfe dieser Vorschrift, die allerdings eben eine Sollvorschrift ist und dementsprechend gesehen werden muß und von der im vorliegenden Fall die HFSt bewußt keinen Gebrauch gemacht hat, kann Härten im Einzelfall vorgebeugt werden. Im Ergebnis sind für den schwerbeschädigten Arbeitnehmer im Verhältnis zu anderen Arbeitnehmern weit stärkere Sicherungen geschaffen, die ihn vor einer überraschenden Kündigung — selbst wenn diese sachlich gerechtfertigt ist — schützen.

Vor allem im Hinblick auf §§ 15, 17 Abs. 1 Satz 2 SchwBeschG ist es demgegenüber mit dem System des Kündigungsschutzes Schwerbeschädigter (§§ 14 ff. SchwBeschG) nicht mehr zu vereinbaren, wenn der Arbeitgeber über die vom Gesetz vorgesehene Ausdehnung der Kündigungsfrist hinaus von den Zufällen der Behandlung und zeitlichen Erledigung seines Antrags bei der HFSt betroffen werden soll, zumal diese durch eigene Ermessensentscheidung (§ 17 Abs. 1 Satz 2 SchwBeschG) die Interessen des Schwerbeschädigten wahren kann. Sofern die HFSt oder die Beschwerdeinstanz die Zustimmung versagen, trägt der Arbeitgeber ohnehin das Risiko der Lohnfortzahlung, weil er sich dann in der Regel in Annahmeverzug befindet.

4. Diese Auslegung des § 15 SchwBeschG wird durch einen Vergleich mit anderen Gesetzen, in denen eine Kündigung ebenfalls an die Zumutung einer Behörde gebunden ist, nicht nur nicht erschüttert, sondern bestätigt. Insoweit kann einmal auf § 8 des Heimkehrergesetzes vom 19. Juni 1950 sowie auf § 9 Abs. 1 und 2 des Mutterschutzgesetzes vom 24. Januar 1952 und auf § 11 des Gesetzes über einen Bergmannsversorgungsschein im Lande NRW vom 10. Juli 1948 verwiesen werden. Während nach dem Heimkehrergesetz für einen begrenzten Zeitraum jegliche Kündigungsmöglichkeit ausscheidet, kann nach §§ 9 Abs. 2 MuSchG, 11 Abs. 1 Satz 1 des Gesetzes von NRW die Kündigung erst dann erklärt werden, wenn eine behördliche Zustimmung vorliegt. Der Wortlaut dieser Vorschriften läßt also keinen Zweifel aufkommen, daß ohne vorhergehende Zustimmung eine Kündigung nicht nur schwebend unwirksam, sondern nichtig ist. Wenn das später in Kraft getretene Schwerbeschädigtengesetz ebenfalls keine Rückwirkung gewollt hätte, hätte es nahegelegen, eine entsprechende Bestimmung in den Vierten Abschnitt des Schwerbeschädigtengesetzes (§§ 14 ff.) aufzunehmen.

5. Daß die rückwirkende Bestätigung einer Kündigung dem geltenden Kündigungsschutzrecht nicht fremd ist, ergibt sich aus § 6 KSchG. Danach wird eine sozial ungerechtfertigte Kündigung mit Ablauf der Klagefrist, ohne daß eine Erhebung der Klage erfolgt wäre, als wirksam angesehen. Es handelt sich dabei um die rückwirkende Heilung einer an sich unwirksamen Kündigung.

6. Schließlich bestehen auch im Hinblick auf die öffentlich-rechtliche Natur der Zustimmung der HFSt keine Bedenken gegen die Annahme einer Rückwirkungsmöglichkeit. Auch Verwaltungsakte können rückwirkende Kraft haben, es sei denn, daß sich aus ihrem Inhalt oder dem ihnen zu Grunde liegenden Gesetz das Gegenteil ergibt (vgl. Hans-J. Wolff, Verwaltungsrecht I, 3. Aufl., München 1959, § 50, III). Aus der Systematik des Kündigungsschutzes der §§ 14 ff. SchwBeschG folgt aber gerade, daß das Gesetz eine derartige Rückwirkung will.

7. Dem Landesarbeitsgericht ist allerdings darin zuzustimmen, daß ein vollzogenes Arbeitsverhältnis nicht rückwirkend beseitigt werden kann. Insoweit verweist der Berufungsrichter mit Recht auf die Entscheidungen des Bundesarbeitsgerichts in BAG 5, 159 und BAG AP Nr. 3 zu § 184 BGB. Soweit sich das Arbeitsverhältnis noch im Erfüllungszustand befunden hat, ist eine rückwirkende Aufhebung des Arbeitsvertrages ausgeschlossen. Im vorliegenden Falle haben aber die

Parteien in dem Zeitraum, für den der eingeklagte Lohnanspruch geltend gemacht wird, das Arbeitsverhältnis nicht mehr vollzogen; der Kläger hat infolge der Weigerung der Beklagten nicht mehr gearbeitet, die Beklagte hat ihm keinen Lohn mehr gezahlt. Deshalb greift dieser, von den Erwägungen zum Schwerbeschädigtengesetz völlig verschiedene rechtliche Gesichtspunkt hier nicht ein und steht daher einer Rückwirkung der Zustimmung der HFSt auf die Zeit bis zum 18. März 1959 — dem Tage der Entlassung des Klägers — nicht entgegen.

II. Soweit sich der Revisionsantrag der Beklagten auch dagegen richtet, daß sie zur Zahlung von 37,40 DM Urlaubsabgeltung verurteilt worden ist, ist die Revision unzulässig, weil die Revisionsbegründung insoweit nicht die nach § 554 Abs. 3 Ziff. 2 ZPO erforderliche Angabe von Revisionsgründen enthält. Das Landesarbeitsgericht hat die Verurteilung der Beklagten auf § 3 des Badischen Urlaubsgesetzes vom 13. Juli 1949 (GVBl. S. 289) gestützt. Nach dieser Vorschrift steht einem Arbeitnehmer nach sechsmonatiger Tätigkeit ein Urlaubsanspruch von zwölf Tagen im Jahr zu; bei einer Beschäftigungszeit von weniger als sechs Monaten erhält er für jeden vollen Beschäftigungsmonat einen Urlaubstag. Der Urlaubsanspruch und somit auch der Anspruch auf Urlaubsabgeltung ist demnach ein selbständiger Anspruch. Wenn aber, wie hier, von einer Revision mehrere selbständige Ansprüche bekämpft werden, dann muß sich die Revisionsbegründung auf jeden dieser Ansprüche erstrecken. Da das hinsichtlich des Urlaubsabgeltungsanspruchs nicht geschehen ist, mußte die Revision nach § 554 a Abs. 1 ZPO insoweit als unzulässig verworfen werden (BAG 6, 280 [284]).

11

1. Dem Arbeitgeber, der für den Fall neuer Dienstverfehlungen wiederholt eine außerordentliche fristlose Kündigung angedroht hatte, ist es bei einem einschlägigen neuen Eintritt eines solchen Vorkommnisses nicht verwehrt, eine ordentliche Kündigung auszusprechen, wenn diese nur verhaltens-, personen- oder betriebsbedingt ist.

2. Eine schuldlose Verletzung von Dienstpflichten gibt in der Regel keinen verhaltensbedingten Kündigungsgrund ab.

3. Ein Straßenbahnschaffner ist verpflichtet, stets alles ihm Zumutbare zu tun, daß kein Fahrgast ohne Fahrschein bleibt. Was ihm in dieser Richtung zumutbar ist, läßt sich nur nach den jeweiligen Umständen beurteilen.

KSchG § 1 Abs. 2 Verhaltensbedingte und personenbedingte Kündigung.
II. Senat. Urteil vom 16. 3. 1961 i. S. B. St. (Bekl.) w. G. (Kl.)
2 AZR 539/59.

1. Arbeitsgericht Bremen. 2. Landesarbeitsgericht Bremen.

Der 1904 geborene Kläger steht seit 1946 als Straßenbahnschaffner im Dienst der Beklagten. Da bei Kontrollen in seinem Wagen in den Jahren 1953 bis 1958 wiederholt Fahrgäste ohne Fahrscheine und andere Unregelmäßigkeiten festgestellt worden waren, verwarnte ihn die Beklagte am 21. Mai 1958 schriftlich. Am 23. Mai 1958 erteilte sie ihm einen strengen Verweis wegen unhöflicher Behandlung eines Fahrgastes und kündigte ihm an, daß er mit seiner sofortigen Entlassung rechnen müsse, wenn sich wieder eine Dienstverfehlung oder eine Nachlässigkeit im Kassenwesen ergäbe. Nachdem bei einer Kontrolle am 9. August 1958 zwei junge Leute als Schwarzfahrer entdeckt worden waren, drohte die Beklagte bei nochmaliger Dienstverfehlung die fristlose Entlassung an. Am 28. September 1958 wurden beim Kläger wieder zwei jugendliche Schwarzfahrer festgestellt. Deshalb kündigte die Beklagte dem Kläger am 30. September 1958 mündlich und am 1. Oktober 1958 mit Zustimmung des Betriebsrats schriftlich mit der ordentlichen Kündigungsfrist zum 31. Dezember 1958, löste ihn alsbald als Schaffner ab und beschäftigte ihn bis zum Ende der Kündigungsfrist als Wächter.

Der Kläger hat am 18. Oktober 1958 auf Feststellung geklagt, daß sein Arbeitsverhältnis durch die Kündigung nicht aufgelöst worden ist. Das Arbeitsgericht hat die Klage als unbegründet abgewiesen, das Landesarbeitsgericht hat ihr stattgegeben. Die Revision der Beklagten führte zur Zurückverweisung der Sache an das Berufungsgericht.

Aus den Gründen:

I. Obwohl die Beklagte dem Kläger vorher nach einem bestimmten Vorkommnis und, nach einem weiteren Fall, sodann noch einmal eine außerordentliche Kündigung bei einer erneuten Dienstverfehlung angedroht hatte, kann es ihr nicht zum Nachteil gereichen, wenn sie nach einem dritten Fall eine ordentliche Kündigung aussprach. Voraussetzung ist nur, daß die nunmehr ausgesprochene Kündigung sozial nicht ungerechtfertigt ist. Rechtfertigen die jetzt vorliegenden Umstände eine verhaltens-, personen- oder betriebsbedingte Kündigung, ist dem Arbeitgeber nicht zuzumuten, vom Ausspruch einer ordentlichen Kündigung lediglich deswegen Abstand zu nehmen, weil er eine fristlose Kündigung in Aussicht gestellt hatte. Das liefe auf eine Beeinträchtigung seiner vom Gesetz anerkannten und auch sachlich zu bejahenden Interessen hinaus, zur ordentlichen Kündigung schreiten zu dürfen. Ein vorheriger Verzicht des Arbeitgebers auf die konkrete Ausübung des ordentlichen Kündigungsrechts ist in Berücksichtigung seiner Interessenlage nicht denkbar. Der Kündigungsverzicht setzt stets die Kenntnis der maßgebenden Umstände voraus (vgl. Auffarth-Müller, KSchG, Anm. 118 zu § 1). Ob eine außerordentliche Kündigung berechtigt wäre, könnte auch fraglich sein. Im gegebenen Fall wäre es andererseits auch möglich, daß die ordentliche Kündigung ein Entgegenkommen des Arbeitgebers gegenüber dem Arbeitnehmer darstellt.

II. Die Beklagte hat ihre Kündigung in erster Linie mit dem Verhalten des Klägers begründet, nämlich damit, daß der Kläger häufig seine Dienstpflichten als Straßenbahnschaffner verletzt habe, zuletzt dadurch, daß er am 28. September 1958 zwei Jugendliche mitfahren ließ, ohne sie mit Fahrscheinen zu versehen. Dem angefochtenen Urteil ist darin zuzustimmen, daß die früheren Vorfälle dieser und anderer Art, nachdem die Beklagte sich mit einer Verwarnung des Klägers begnügt und eine Kündigung nur für den Fall der Wiederholung angedroht hatte, nicht mehr unmittelbar als Kündigungsgrund herangezogen werden können, sondern nur noch zur Unterstützung eines später entstandenen Kündigungsgrundes berücksichtigt werden dürfen (BAG AP Nr. 22 zu § 1 KSchG). Das gilt auch für den vorletzten Vorfall vom 9. August 1958, bei dem ebenfalls zwei jugendliche Schwarzfahrer bei einer Kontrolle im Wagen des Klägers erwischt worden sind. Denn wegen dieses Vorfalles ist dem Kläger am 29. August 1958, also bevor sich der letzte Vorfall am 28. September 1958 ereignete, ein strenger Verweis erteilt und für künftige Dienstvergehen eben nochmals die fristlose Entlassung angedroht worden. Das hat das Berufungsgericht, indem es die beiden letzten Vorfälle, offenbar wegen ihrer Gleichartigkeit, gleichmäßig beurteilt, anscheinend verkannt.

Es kommt also darauf an, ob der letzte Vorfall vom 28. September 1958 ein triftiger Kündigungsgrund im Sinne von § 1 Abs. 2 KSchG war, wenn nicht schon für sich allein betrachtet, so doch wenigstens mit Unterstützung früherer Vorfälle. Das hat das angefochtene Urteil verneint. Es stellt fest, daß der Kläger am 28. September 1958, ebenso wie auch am 9. August 1958, in der allgemein üblichen Weise durch seinen Wagen gegangen ist und vernehmlich zum Lösen von Fahrscheinen aufgefordert hat. Es meint, daß der Kläger damit alles getan habe, was von einem sorgfältigen Schaffner im Regelfall verlangt werden könne. Die Beweisaufnahme habe keinen Anhalt dafür ergeben, daß der Kläger einen Anlaß gehabt habe, die jugendlichen Schwarzfahrer anzusprechen. Daß sie ihm entgangen seien, sei nicht einmal objektiv eine Fehlleistung im allgemeinen Sinn. Denn gegen betrügerische Machenschaften gebe es auch im Straßenbahnverkehr keinen völlig sicheren Schutz, es sei denn durch persönliche Kontrolle eines zu diesem Zweck eingesetzten Aufsichtsbeamten. Es würde eine Überforderung der ohnehin bereits mit zahlreichen Aufgaben belasteten Schaffner darstellen, wollte man von ihnen fordern, daß sie selbst auch fortgesetzte Kontrollen in ihrem Wagen durchführen, ganz abgesehen davon, daß ein solches Verhalten der Schaffner zu einer unzumutbaren Belästigung und Verärgerung der Fahrgäste führen würde. Es sei auch gerichtsbekannt, daß ein Vorgehen des Schaffners, wie es die Beklagte verlangt, in einem normal besetzten oder sogar überfüllten Wagen weder durchführbar noch üblich ist. Alle Schaffner, so sagt das angefochtene Urteil, beschränken sich vielmehr, wie jeden Tag beobachtet werden könne, darauf, die eingestiegenen Fahrgäste in „Bausch und Bogen" zur Lösung von Fahrscheinen anzuhalten, wobei sie durch den Wagen gehen und ihre Frage nach den Fahrtausweisen wiederholen. Nur dann, wenn ein Schaffner aus einem ungewöhnlichen oder besonderen Anlaß einen bestimmten Fahrgast im Verdacht habe, daß er nicht im Besitz eines gültigen Fahrscheins sei, spreche er den betreffenden Fahrgast persönlich an und lasse sich gegebenenfalls von ihm den Fahrtausweis vorzeigen. Eine solche Kontrollmaßnahme könne aber, wenn der Schaffner seine Aufgabe überhaupt erfüllen solle, immer nur die Ausnahme bilden. Es könne dem Schaffner auch nicht mangelnde Aufmerksamkeit vorgeworfen werden, wenn er sich beim Einsteigen einer größeren Zahl von Fahrgästen nicht sämtliche Gesichter einprägt, zumal er selbst an den Haltestellen im Interesse der Verkehrssicherheit sein Augenmerk auch noch auf die Vorgänge im Anhänger und auf der Straße richten müsse und darüber hinaus die einsteigenden Fahrgäste sich alsbald auf die verschiedenen Flure und Sitzgelegenheiten im Wagen verteilen.

Diese Ausführungen, auf denen das angefochtene Urteil beruht, greift die Revision mit Recht an.

Es ist zwar davon auszugehen, daß es Sache der Beklagten ist, eine Dienstpflichtverletzung des Klägers zu beweisen. Das ergibt sich unmittelbar aus § 1 Abs. 2 Satz 2 KSchG. Eine Dienstpflichtverletzung müßte, wenn auch nicht in jedem Falle (vgl. Hueck, KSchG, 4. Aufl., Anm. 35 zu § 1), so doch in der Regel und vor allem unter den Umständen des vorliegenden Falles auch nachgewiesenermaßen schuldhaft, also wenigstens fahrlässig gewesen sein, um die Kündigung nicht sozial ungerechtfertigt sein zu lassen. Das hat die Beklagte übrigens dadurch anerkannt, daß sie dem Kläger seine Entlassung nur für den Fall „nochmaliger Verfehlung oder Nachlässigkeit" angedroht hat. Der Revision kann nicht darin gefolgt werden, daß schon eine objektive, aber schuldlose Verletzung von Dienstpflichten vorliegend ein verhaltensbedingter Kündigungsgrund sei. Denn damit würde dem Kläger eine Art Erfolgshaftung dafür auferlegt, daß er keinen Schwarzfahrer übersieht. Eine solche Ansicht läßt sich wegen des sozialen Charakters des Kündigungsschutzgesetzes nicht vertreten. Ob bei einem besonders schwerwiegenden Fall einer schuldlosen Dienstpflichtverletzung wegen der erforderlichen Berücksichtigung der Interessenlage des Arbeitgebers eine deswegen ausgesprochene verhaltensbedingte Kündigung sozial nicht ungerechtfertigt ist, muß hier nicht erörtert werden. Denn der Vorfall vom 28. September 1958 ist, und zwar auch unter Berücksichtigung der früheren Vorfälle, nicht derart schwerwiegend. Mögen auch 1958 insgesamt bereits drei Vorfälle vorausgegangen sein, so bleibt die Gesamtzahl der Vorkommnisse von 1953 bis einschließlich des Falles vom 9. August 1958 mit neun Geschehnissen für den ganzen Zeitraum doch verhältnismäßig gering. Das Ansteigen der Fälle 1958 selbst hatte auch noch keinen besonders großen Umfang angenommen. Auf ihre Dienstvorschriften für Straßenbahnschaffner kann sich die Beklagte schon deshalb nicht berufen, weil sie sie nicht vorgetragen hat. Daher kann nicht nachgeprüft werden, ob und inwieweit diese Vorschriften verbindlich sind. Das Landesarbeitsgericht hat somit mit Recht ein vorwerfbares, d. h. schuldhaftes Verhalten des Klägers als Kündigungsgrund verlangt.

Das angefochtene Urteil läßt sich jedoch deshalb nicht halten, weil die von ihm aufgestellten Grundsätze über den Umfang der Dienstpflichten eines Straßenbahnschaffners nicht richtig sind. Das Landesarbeitsgericht hat beim Aufstellen dieser Grundsätze nicht genug berücksichtigt, daß es eine Hauptpflicht eines Straßenbahnschaffners ist, alle Fahrgäste mit Fahrscheinen zu versorgen. Dazu reicht es nicht aus, daß er durch den Wagen geht und die Fahrgäste in „Bausch und Bogen" zum Lösen von Fahrscheinen auffordert, sich an einzelne Fahrgäste aber nur dann wendet, wenn dazu ausnahmsweise ein besonderer Anlaß wie etwa der Verdacht des Schwarzfahrenwollens besteht. Gegen eine so laxe Handhabung wendet sich die Beklagte mit Recht. Denn sie würde die Schaffner bei der Erfüllung ihrer zweifellos schwierigen Aufgaben zur Nachlässigkeit verführen und die Schwarzfahrer ermutigen. Durch beides würde ein rationeller Straßenbahnbetrieb gefährdet sein. Die Beklagte muß aber sowohl in ihrem eigenen Interesse als auch im öffentlichen Interesse darauf drängen, daß die Straßenbahn nicht nur sicher funktioniert, sondern auch kaufmännisch arbeitet. Hiernach geht es nicht an, daß sich die Beklagte von vornherein mit der Unvermeidlichkeit von Schwarzfahrern abfindet und die Anforderungen an ihre Schaffner dementsprechend von vornherein einschränkt. Die Schaffner sind vielmehr grundsätzlich verpflichtet, stets alles ihnen Zumutbare dafür zu tun, daß kein Fahrgast ohne Fahrschein bleibt. Was in dieser Richtung zumutbar ist, läßt sich nicht von vornherein in dem vom Landesarbeitsgericht aufgestellten resignierenden Grundsatz fassen, sondern muß allein nach den jeweiligen Umständen beurteilt werden.

Das Landesarbeitsgericht hat seinen hiernach unrichtigen, weil auf einer einseitigen Auslegung der Arbeitsverhältnisse von Straßenbahnschaffnern beruhenden Grundsatz daraus hergeleitet, daß gerichtsbekanntermaßen alle Schaffner so vorgehen. Es mag dahingestellt bleiben, ob das Landesarbeitsgericht dabei nicht vielleicht eine unauffällige Tätigkeit der Schaffner übersehen hat, die etwa darin bestehen könnte, sich wenigstens die ungefähre Zahl neu hinzugestiegener Fahrgäste, vielleicht auch in gewissem Umfang deren Aussehen und ihre Verteilung im Wagen zu merken. Das wäre immerhin bei einem nicht übermäßig besetzten Wagen und und bei einem nur mäßigen Zustrom von Fahrgästen nicht zu viel verlangt. Jedenfalls aber wäre die vom Landesarbeitsgericht festgestellte tatsächliche Übung in der von ihm angenommenen Art eine Vernachlässigung der oben umschriebenen Schaffnerpflichten und daher nicht geeignet, den vom Landesarbeitsgericht angenommenen Rechtszustand zu schaffen.

Um dem Landesarbeitsgericht Gelegenheit zu geben, genauere Feststellungen darüber zu treffen, ob der Kläger vor allem bei dem Vorfall am 28. September 1958 und etwa auch sonst seine Dienstpflicht fahrlässig verletzt hat, wofür allerdings die Beklagte beweispflichtig ist, muß das angefochtene Urteil aufgehoben und die Sache zurückverwiesen werden.

III. Die Beklagte hat die Kündigung auch damit begründet, daß der Kläger, wenn er wirklich ohne seine Schuld nicht imstande gewesen sei, die wiederholten Beanstandungen zu vermeiden, als Schaffner nicht mehr geeignet wäre. Das angefochtene Urteil sagt zu diesem im Sinne von § 1 Abs. 2 Satz 2 KSchG personenbedingten Kündigungsgrund mit Recht, ein gewisses Absinken der Leistungsfähigkeit eines immerhin schon 55 Jahre alten und 12 Jahre dienenden Schaffners müsse die Beklagte in Kauf nehmen (vgl. BAG 1, 117 [120]; Auffarth-Müller, KSchG, Anm. 171 zu § 1; Herschel-Steinmann, KSchG, Anm. 38 b zu § 1; Hueck,

KSchG, Anm. 34 zu § 1). Richtig ist auch, daß in diesem Zusammenhang berücksichtigt werden muß, ob und inwieweit ein Leistungsabfall auf den Folgen einer Kriegsverletzung oder auf zu starker dienstlicher Belastung beruht hat, und daß die Berufung des Klägers auf diese Umstände nicht ohne weiteres als Anerkennung seiner Dienstunfähigkeit aufgefaßt werden darf. Ferner kann allein wegen der bisherigen Anzahl von Dienstverfehlungen noch nicht angenommen werden, solche würden sich in Zukunft weiter ereignen. Das Berufungsgericht verkennt im übrigen nicht, daß die eben erwähnten, bei der Interessenabwägung gebotenen Rücksichten jedenfalls nicht so weit gehen können, daß die Beklagte verpflichtet sei, einen für den normalen Schaffnerdienst ungeeigneten Mann zu behalten, obwohl sie für ihn keine andere Verwendung hat.

Die Gründe, aus denen das Landesarbeitsgericht die Ungeeignetheit des Klägers als nicht nachgewiesen ansieht, sind jedoch möglicherweise dadurch beeinflußt, daß es, wie oben unter II. dargelegt, zu geringe Anforderungen an die Tätigkeit eines Schaffners stellt. Sie sind vor allem auch nicht ganz widerspruchsfrei und nicht ganz unbedenklich. Das angefochtene Urteil sagt selbst, daß der Kläger auf das Gericht den Eindruck eines nicht besonders hervorragenden und geistig beweglichen Schaffners gemacht habe. Es deutet damit an, daß es selbst an der Eignung des Klägers zweifelt. Dieser Zweifel kommt ferner darin zum Ausdruck, daß es nach dem Urteil des Landesarbeitsgerichts der Beklagten überlassen bleiben soll, in welcher Weise sie auf die nach ihrer Meinung zutage getretenen „Eigenheiten" des Klägers Rücksicht nehmen will. Dabei bleibt offen, ob und inwieweit es möglich und vertretbar ist, den Kläger als Schaffner weiter zu beschäftigen. Als Ausweg stellt das Landesarbeitsgericht der Beklagten nur anheim, die Beschäftigung des Klägers als „Sitzschaffner" in einem Großraumwagen zu versuchen. Es setzt sich aber nicht mit den Ausführungen der Beklagten auseinander, daß der Kläger als „Sitzschaffner" in einem Großraumwagen noch weniger geeignet sei wie als Schaffner in einem Wagen älterer Bauart. Allgemein bleiben die tatsächlichen Grundlagen der Verneinung einer personenbedingten Kündigung unsicher.

Wenn es nach der neuen Verhandlung noch darauf ankommt, wird das Landesarbeitsgericht auch die Frage der Personenbedingtheit der Kündigung im Sinne des Vorstehenden tatsächlich und rechtlich neu erörtern müssen.

12

1. Der nicht arbeitsunfähige Angestellte kann in Fortführung der bisherigen Rechtsprechung (BAG 10, 183) während einer Kur auch dann Fortzahlung des Gehaltes nach § 63 HGB fordern, wenn die Kur nicht von der Bundesversicherungsanstalt für Angestellte gewährt, sondern auf Veranlassung einer anderen Stelle, z. B. des Gesundheitsamtes, durchgeführt wird. In diesem Falle müssen die sinngemäß gleichen Voraussetzungen erfüllt sein, wie sie bei Bewilligung einer Kur gemäß § 13 AnVG gefordert werden.

2. Demnach ist zu verlangen, daß der Angestellte durch eine Krankheit oder ein Gebrechen in seiner Erwerbsfähigkeit beeinträchtigt und nicht nur erholungsbedürftig ist, daß die Erwerbsfähigkeit durch die Kur voraussichtlich erhalten, wesentlich gebessert oder wiederhergestellt werden kann und daß die durchzuführende Kur zur Erreichung dieses Zweckes erforderlich ist.

3. Weder § 4 der Anordnung zur Vereinheitlichung der Erziehungsbeihilfen noch § 16 des Berliner Berufsausbildungsgesetzes gewähren dem nicht arbeitsunfähigen Lehrling einen Anspruch auf Fortzahlung der Erziehungsbeihilfe bzw. der Vergütung während einer Kur.

4. § 63 HGB gilt im Lande Berlin uneingeschränkt auch für jugendliche Handlungsgehilfen und Handlungslehrlinge.

HGB §§ 63, 76; Angestelltenversicherungsgesetz (AnVG) i. d. F. v. 23. 2. 1957 (BGBl. I S. 88) §§ 13, 14, 20; Anordnung zur Vereinheitlichung der Erziehungsbeihilfen u. a. vom 25. 2. 1943 (RABl. I S. 164)/ 5. 8. 1944 (RABl. I S. 289) § 4; Berliner Gesetz zur Regelung der Berufsausbildung u. a. vom 4. 1. 1951 (VOBl. Berlin S. 40) § 16.

I. Senat. Urteil vom 17. 3. 1961 i. S. K. AG (Bekl.) w. W. (Kl.)
1 AZR 288/59.

1. Arbeitsgericht Berlin. 2. Landesarbeitsgericht Berlin.

Die Klägerin war bei der Beklagten als kaufmännischer Lehrling beschäftigt. Sie erhielt eine Ausbildungsbeihilfe von 90,— DM monatlich. In der Zeit vom 14. April bis zum 11. Juni 1958 war sie auf Befürwortung des Berufsschularztes wegen Dystonie durch die Schulgesundheitsfürsorge beim Gesundheitsamt des Bezirksamtes Berlin-Kreuzberg zu einem Kuraufenthalt nach Wittdün (Nordsee) verschickt worden. Ob die Klägerin während dieser Zeit arbeitsunfähig gewesen ist, ist nicht festgestellt.

Auf die acht Wochen des Kuraufenthaltes rechnete die Beklagte den Jahresurlaub der Klägerin an und zahlte in dieser Zeit die Ausbildungsbeihilfe an die Klägerin weiter. Mit ihrer Klage nimmt die Klägerin die Beklagte auf Zahlung von 135,— DM für weitere sechs Wochen des Kuraufenthaltes in Anspruch, die die Beklagte vor allem deshalb verweigert hat, weil die Klägerin arbeitsfähig gewesen sei.

Das Arbeitsgericht hat die Klage abgewiesen, das Landesarbeitsgericht hat ihr stattgegeben. Die Revision der Beklagten führte zur Aufhebung des angefochtenen Urteils und zur Zurückverweisung der Sache an das Landesarbeitsgericht.

Aus den Gründen:

I. Das Landesarbeitsgericht hat sein dem Klageantrag entsprechendes Urteil ausschließlich auf § 4 der Anordnung zur Vereinheitlichung der Erziehungsbeihilfen und sonstigen Leistungen an Lehrlinge und Anlernlinge in der privaten Wirtschaft vom 25. Februar 1943 (RABl. I. S. 164) i. d. F. vom 5. August 1944 (RABl. I S. 289) gestützt, dessen Fortgeltung nach seiner Auffassung der § 16 des Berliner Gesetzes zur Regelung der Berufsausbildung sowie der Arbeitsverhältnisse Jugendlicher vom 4. Januar 1951 (VOBl. S 40) nicht entgegensteht. Es hat jedoch die Frage, ob die Klägerin bei Durchführung der Kur arbeitsunfähig erkrankt war, ausdrücklich offengelassen. Das ist rechtsirrig.

§ 4 Abs. 1 Buchst. a der Anordnung setzt das Bestehen einer durch Krankheit verursachten Arbeitsunfähigkeit voraus; da eine Arbeitsunfähigkeit nicht festgestellt ist, kann diese Vorschrift den Klageanspruch nicht rechtfertigen.

Auch § 4 Abs. 1 Buchst. b der Anordnung, wonach die Vergütung bei einer unverschuldeten Arbeitsverhinderung aus sonstigen in der Person des Arbeitnehmers liegenden Gründen weiterzugewähren ist und auf den das Landesarbeitsgericht sein Urteil stützt, ist im vorliegenden Fall nicht anwendbar. Diese Bestimmung ist im Zusammenhang mit dem vorhergehenden Buchstaben a auszulegen. Der Fall der Krankheit im Sinne einer Beeinträchtigung des Gesundheitszustandes wird, weil sonstige Gründe gegeben sein müssen, in Buchst. b gerade nicht erfaßt. Im Falle einer Kurbehandlung liegt aber, wie im einzelnen noch auszuführen ist, die Ursache der Arbeitsverhinderung allein in der Beeinträchtigung des Gesundheitszustandes. Ein gesunder Mensch bedarf keiner Kur. Buchstabe b bezieht sich somit nur auf die in der Rechtsprechung und Lehre zu § 616 Abs. 1 BGB behandelten Fälle der Arbeitsverhinderung wie außerordentliche Vorkommnisse in der Familie, Ausübung öffentlicher Rechte und Pflichten, Teilnahme an der Gesellenprüfung u. ä., in denen keine Krankheit des Arbeitnehmers besteht.

Schließlich sind auch die Voraussetzungen des § 4 Abs. 1 Buchst. c der Anordnung (Arbeitsausfall aus einem nicht in der Person des Arbeitnehmers liegenden Grund) nicht erfüllt. Bei einer Kurbehandlung beruht der Arbeitsausfall, wie gesagt, auf Gründen in der Person des Arbeitnehmers, nämlich auf seinem behandlungsbedürftigen Gesundheitszustand.

Da das Landesarbeitsgericht zur Frage einer durch Krankheit verursachten Arbeitsunfähigkeit der Klägerin zur Zeit der Durchführung der Kur keine Feststellungen getroffen hat, mußte das angefochtene Urteil aufgehoben werden.

II 1. Das Landesarbeitsgericht hat nicht geprüft, ob der Klägerin der geltend gemachte Anspruch auf Grund des § 63 HGB zusteht. Diese Vorschrift, die dem Handlungsgehilfen bei Arbeitsverhinderung durch unverschuldetes Unglück einen Anspruch auf Fortzahlung des Entgelts auf die Dauer von sechs Wochen gibt, kommt in erster Linie für den von der Klägerin geltend gemachten Anspruch in Betracht; denn diese war zur Zeit der Durchführung der Kur Einzelhandelskaufmannslehrling. Sie gehörte damit zur Gruppe der Handlungslehrlinge, für die nach § 76 HGB u. a. die Bestimmung des § 63 HGB gilt.

§ 63 HGB ist, wie § 76 HGB ergibt, auf Handlungslehrlinge unmittelbar anwendbar. Daraus folgt, daß für die Entscheidung des Rechtsstreits aus § 63 HGB kein Unterschied zwischen einem Handlungslehrling und einem Handlungsgehilfen zu machen ist. Die Wesensart des Lehrverhältnisses als eines Arbeitsverhältnisses besonderer Art kann im Falle des § 63 HGB nicht zu einer abweichenden Anwendung des Gesetzes auf Handlungslehrlinge führen. Die Eigenschaft der Klägerin als Lehrling und die Bezeichnung der ihr gewährten Vergütung als Erziehungs- oder Ausbildungsbeihilfe sind deshalb im Rahmen des § 63 HGB ohne Bedeutung.

2. § 63 HGB und der diesem entsprechende § 133 c GewO gelten, wie der Zweite Senat im Urteil vom 17. November 1960 — 2 AZR 97/59 — BAG 10, 183 ff. — und der erkennende Senat im Urteil vom 24. Februar 1961 — 1 AZR 165/59 — BAG 11, 12 ff. — entschieden haben, insbesondere für den Fall, daß sich der Angestellte oder Lehrling auf Veranlassung der Bundesversicherungsanstalt für Angestellte einer Heilbehandlung in einem Kur- oder Badeort unterzieht, ohne daß er bereits arbeitsunfähig ist. Nach dieser Rechtsprechung, an der trotz der von Molitor (BB 1961, 180) erhobenen, im Urteil vom 24. Februar 1961 bereits widerlegten Bedenken festzuhalten ist, besteht der Anspruch aus § 63 HGB auch ohne

Feststellung der Arbeitsunfähigkeit, sofern die Heilbehandlung unter den Voraussetzungen der §§ 13 und 14 AnVG von der Bundesversicherungsanstalt für Angestellte nach deren pflichtmäßigem Ermessen angeordnet worden ist.

3. Auf die Klärung der vom Landesarbeitsgericht offengelassenen Frage nach der Arbeitsunfähigkeit der Klägerin während der Zeit der ihr bewilligten Kur kann es unter Umständen auch im Rahmen des § 63 HGB entscheidend ankommen. Dabei ist von dem Arbeitsunfähigkeitsbegriff im Sinne des § 182 Abs. 1 Nr. 2 RVO auszugehen. Arbeitsunfähigkeit in diesem Sinne liegt vor, wenn der Arbeitnehmer nicht oder doch nur unter der Gefahr, in absehbar naher Zeit seinen Gesundheitszustand zu verschlimmern, fähig ist, seiner bisherigen Erwerbstätigkeit nachzugehen (vgl. BAG AP Nr. 15 zu § 1 ArbKrankhG mit Hinweisen).

Würden diese Voraussetzungen bei der Klägerin im Zeitpunkt des Antritts der Kur und während deren Verlaufs erfüllt gewesen sein, dann wäre sie im Sinne des § 63 HGB durch unverschuldetes Unglück — die Frage des Verschuldens bedarf nach dem vorliegenden Sachverhalt keiner Erörterung — an der Arbeitsleistung verhindert gewesen. An der Entgeltfortzahlungspflicht der Beklagten könnte dann kein Zweifel sein.

4. Ist der Handlungsgehilfe oder Handlungslehrling dagegen während einer Kur n i c h t arbeitsunfähig im vorgenannten Sinne, sondern soll die Kurbehandlung der Verschlechterung des Gesundheitszustandes vorbeugen, dann können aber nach den angeführten beiden Urteilen gleichwohl die Voraussetzungen des § 63 HGB erfüllt sein. Es kommt hiernach ausschlaggebend darauf an, ob dem Arbeitnehmer die Fortsetzung der Arbeitsleistung trotz der Gewährung der Kur zugemutet werden kann oder, mit anderen Worten, ob die im Rahmen des § 63 HGB vorzunehmende Abwägung des Interesses des Arbeitnehmers an der Erhaltung, Besserung oder Wiederherstellung seiner Gesundheit einerseits und des Interesses des Arbeitgebers an der Leistung der versprochenen Arbeit andererseits dazu führt, daß der Arbeitnehmer auf die Kur entwender überhaupt verzichten oder sie auf eine andere Zeit, beispielsweise auf die Zeit seines Erholungsurlaubs, verlegen oder sich mit der Gewährung unbezahlter Freizeit begnügen muß.

In den beiden früher entschiedenen Fällen hatte sich eine ins einzelne gehende Nachprüfung dieser Voraussetzungen erübrigt. Wenn die Bundesversicherungsanstalt für Angestellte auf Grund der §§ 13 und 14 AnVG zur Erhaltung, wesentlichen Besserung oder Wiederherstellung der Erwerbsfähigkeit einem bei ihr versicherten Arbeitnehmer Heilbehandlung in einem Kur- oder Badeort oder in einer Spezialanstalt gewährt, so ist davon auszugehen, daß die Bundesversicherungsanstalt im Rahmen des ihr obliegenden Ermessens gehandelt, insbesondere die Erfüllung der sozialversicherungsrechtlichen Voraussetzungen geprüft und anerkannt hat. Damit ist aber nicht ausgeschlossen, daß auch in Fällen, in denen eine Heilbehandlung in einem Kur- oder Badeort oder in einer Spezialanstalt auf Veranlassung anderer Stellen, wie z. B. des Gesundheitsamtes oder auch des Privatarztes, durchgeführt wird, die Voraussetzungen des § 63 HGB für die Entgeltfortzahlungspflicht des Arbeitgebers gegeben sein können, ohne daß der Arbeitnehmer während der Zeit der Kur arbeitsunfähig ist.

5. Nimmt der Arbeitnehmer für die Zeit einer nicht von der Bundesversicherungsanstalt für Angestellte, sondern von einer anderen Stelle veranlaßten Heilbehandlung in einem Kur- oder Badeort oder in einer Spezialanstalt den Arbeitgeber auf Entgeltfortzahlung nach § 63 HGB in Anspruch, dann steht ihm dieser Anspruch nur zu, wenn sinngemäß die gleichen Voraussetzungen wie bei Bewilligung einer vorbeugenden Kur durch die Bundesversicherungsanstalt für Angestellte erfüllt sind. Die sinngemäße Übertragung der in § 13 AnVG genannten Anspruchsvoraussetzungen auf die hier in Frage stehenden Fälle folgt aus der Rechtsnatur des in § 63 HGB geregelten Anspruchs.

Die Leistung des Arbeitgebers aus § 63 HGB ist ein Ausfluß seiner im Arbeits- bzw. Lehrverhältnis begründeten Fürsorgepflicht. Durch die Fortzahlung des Gehaltes oder der Ausbildungsbeihilfe trägt der Arbeitgeber dazu bei, die wirtschaftlichen Folgen des unverschuldeten Unglücks und der darauf beruhenden Dienstverhinderung zu mildern. Diese Fürsorge des Arbeitgebers entspricht dann, wenn die Kurbehandlung des Arbeitnehmers zum Zwecke der Erhaltung, wesentlichen Besserung oder Wiederherstellung der Erwerbsfähigkeit durchgeführt wird, auch dem wirtschaftlichen Interesse des Arbeitgebers. Durch eine solche Behandlung wird schwereren Erkrankungen oder einer vorzeitigen Berufs- oder Erwerbsunfähigkeit des Arbeitnehmers (§§ 23 und 24 AnVG) vorgebeugt. Der Arbeitgeber kann bei Durchführung einer solchen Kur damit rechnen, daß die Gefahren einer mit Arbeitsunfähigkeit verbundenen Erkrankung auf längere Sicht vermieden oder doch wenigstens vermindert werden und so seine Zahlungspflicht aus § 63 HGB beschränkt wird.

Auf der anderen Seite geht das Interesse des Arbeitgebers nach dem Sinngehalt des § 63 HGB nicht so weit, den Arbeitnehmer in allen den Fällen, in denen keine Arbeit geleistet wird, wirtschaftlich auch dann zu sichern, wenn diese Sicherung nicht zwingend geboten ist. Zu fordern ist deshalb stets, daß die Heilbehandlung, die während der Zeit der Freistellung von der Arbeit durchgeführt wird, insofern in einem Zusammenhang mit der Arbeitsverrichtung steht, als sie für diese von Vorteil ist oder doch wenigstens sein kann.

Diesen Gesichtspunkten tragen aber die Vorschriften der §§ 13 und 14 AnVG in angemessener Weise Rechnung, indem sie auf die Erhaltung, wesentliche Besserung oder Wiederherstellung der Erwerbsfähigkeit abstellen.

6. Die sinngemäße Übertragung der in § 13 AnVG genannten Anspruchsvoraussetzungen führt dazu, daß der Arbeitnehmer bei Durchführung einer Kur nur dann die Fortzahlung des Arbeitsentgelts bis zur Dauer von sechs Wochen nach § 63 HGB verlangen kann, wenn folgendes festgestellt ist:

a) Der Arbeitnehmer muß in seiner Erwerbsfähigkeit, d. h. in der Fähigkeit, sich auf dem Arbeitsfeld einen zur Lebenshaltung notwendigen Erwerb zu verschaffen oder, wie im Falle des Lehrlings, sich auf künftige Erwerbstätigkeit vorzubereiten, durch das Bestehen eines regelwidrigen Körperzustandes (einer Krankheit) beeinträchtigt sein. Dazu ist nicht erforderlich, daß bereits der Zustand der Arbeitsunfähigkeit in dem oben unter Ziff. 3 umschriebenen Sinn erreicht ist. Es genügt, daß die Erwerbsfähigkeit aus gesundheitlichen Gründen gefährdet, der Arbeitnehmer also krank im Sinne eines regelwidrigen Körper- oder Geisteszustandes oder gebrechlich im Sinne einer Schwäche der geistigen oder körperlichen Kräfte ist.

Eine dieser beiden Voraussetzungen muß aber zumindest vorliegen, weil reine Erholungsbedürftigkeit nicht genügt, um den Anspruch aus § 63 HGB auszulösen. Dies folgt einmal aus dem in § 63 HGB verwendeten Begriff des Unglücks. Die nach einer gewissen Dauer der regelmäßigen Berufsarbeit eintretende Abspannung der körperlichen und (oder) geistigen Kräfte ist nicht als ein außerhalb des regelmäßigen Geschehensablaufs eintretendes Ereignis anzusehen, das für den Arbeitnehmer ein Leid oder Mißgeschick bedeutet, sondern entspricht dem gewöhnlichen Verlauf der Dinge. Außerdem zeigt die Einrichtung des Erholungsurlaubs, der seinem Sinn und Zweck nach darauf gerichtet ist, dem bei jedem Arbeitnehmer nach der Berufsarbeit eines Urlaubsjahres bestehenden Erholungsbedürfnis des Arbeitnehmers zu dienen, daß für denselben Zweck nicht auch noch die Sondervorschrift des § 63 HGB und der entsprechenden Regelungen des § 616 BGB oder des § 133 c GewO herangezogen werden kann.

b) Es ist weiter erforderlich, daß durch die Kur (das Heilverfahren) die Erwerbsfähigkeit voraussichtlich erhalten, wesentlich gebessert oder wiederhergestellt werden kann. Die Heilbehandlung in einem Kur- oder Badeort oder in einer Spezialanstalt (vgl. § 14 Abs. 2 AnVG) muß also erfolgversprechend in dem Sinne sein, daß es nach den besonderen Umständen des Einzelfalles, insbesondere nach der Art des Leidens, den persönlichen Verhältnissen des Arbeitnehmers und seiner Bereitschaft zur Mitwirkung, wahrscheinlich ist, daß die Behandlung zu den erwähnten Zielen führt. Hinzukommen muß, daß die Heilbehandlung als solche erforderlich ist. Das ist nur der Fall, wenn bei Hilfen anderer Art oder geringeren Umfangs ein gleicher oder annähernd gleicher Erfolg nicht erwartet werden kann (vgl. hierzu im einzelnen Etmer, AnVG, 1961, § 13 Anm. 2 ff. mit weiteren Hinweisen).

c) Schließlich muß ein ursächlicher Zusammenhang zwischen der Krankheit und der Heilbehandlung bestehen. Nur derjenige regelwidrige Körper- oder Geisteszustand, der die Notwendigkeit der Heilbehandlung zur Folge hat, ist im Rahmen des § 63 HGB bedeutsam. Dient die Kur nicht der Behandlung des Gesundheitszustandes, der die Erwerbsfähigkeit beeinträchtigt, dann entfällt der Anspruch aus § 63 HGB.

Im übrigen kommt es, wie bereits im Urteil des Zweiten Senats vom 17. November 1960 — BAG 10, 183 ff. — näher ausgeführt ist, für die Frage des ursächlichen Zusammenhangs zwischen unverschuldetem Unglück und der Dienstverhinderung nicht darauf an, daß das Unglück selbst und unmittelbar die Dienstverhinderung auslöst. Es genügt vielmehr, daß eine notwendige und durch den Arbeitnehmer nicht abwendbare Folgewirkung des Unglücks die Arbeit unzumutbar macht.

Sind die vorstehend genannten drei Voraussetzungen (Krankheit oder Gebrechen, voraussichtliche Erhaltung, Besserung oder Wiederherstellung der Erwerbsfähigkeit durch die Heilbehandlung und ursächlicher Zusammenhang zwischen Krankheit bzw. Gebrechen und Heilbehandlung) erfüllt, dann ist der Handlungsgehilfe oder Handlungslehrling im Sinne des § 63 HGB durch unverschuldetes Unglück an der Dienstleistung verhindert. In einem solchen Fall kann der Arbeitgeber, wie bereits im Urteil des Senats vom 24. Februar 1961 näher dargelegt ist, nicht erwarten, daß der Arbeitnehmer bis zum Eintritt der Arbeitsunfähigkeit oder gar der vorzeitigen Berufs- oder Erwerbsunfähigkeit weiterarbeitet, obwohl er die Möglichkeit hat, durch die vorbeugende Heilbehandlung jene Gefahren zu vermeiden. Dem Arbeitnehmer ist die Dienstleistung während der Dauer der Heilbehandlung schon aus diesen Gründen nicht zuzumuten. Ob ihm, wie im Falle der Ablehnung einer von der Bundesversicherungsanstalt vorgesehenen Heilbehandlungsmaßnahme auf Grund des § 20 AnVG, zusätzliche Nachteile drohen, auf die in den Urteilen vom 17. November 1960 und vom 24. Februar 1961 unterstützend hingewiesen worden ist, ist dann nicht mehr entscheidend.

7. Hiernach ist die eigens für die Handlungsgehilfen und Handlungslehrlinge geschaffene und deshalb als lex specialis anzusehende Regelung des § 63 HGB die gegebene Anspruchsgrundlage für die Klage. Neben ihm kommt § 4 der Anordnung zur Vereinheitlichung der Erziehungsbeihilfen und sonstigen Leistungen an Lehrlinge und Anlernlinge in der privaten Wirtschaft, die weiterhin gültig ist (vgl. BAG AP Nr. 1 zu § 28 HandwO und Nr. 1 zu § 6 Erziehungsbeihilfen AO mit weiteren Hinweisen), als Anspruchsgrundlage für die Klage nur dann in Betracht, wenn durch Krankheit verursachte Arbeitsunfähigkeit vorliegt. Dagegen besteht der auf § 63 HGB gestützte Anspruch auf Fortzahlung des Entgeltes während der Kur immer dann, wenn bei dem Arbeitnehmer eine Krankheit oder — was dem gleichsteht — ein Gebrechen vorliegt. Dagegen braucht Arbeitsunfähigkeit nicht zu bestehen.

8. Damit bleibt in diesem Zusammenhang nur die Frage zu beantworten, ob § 63 HGB im Geltungsbereich des Berliner Berufsausbildungsgesetzes durch dessen § 16 in seiner Gültigkeit berührt worden ist. Diese Frage ist zu verneinen. Das ergibt sich schon daraus, daß das Berliner Gesetz an keiner Stelle erkennen läßt, daß sein § 16 etwaige für die Arbeitnehmer günstigere Regelungen verdrängen soll. Vielmehr hat das Gesetz erkennbar nur den Zweck, die Regelung der Berufsausbildung und der damit zusammenhängenden Fragen auf eine einheitliche gesetzliche Grundlage zu stellen (vgl. dazu Hoppe in BABl. 1951, 107). Für den Bereich seines § 16 verfolgt es dabei offenbar das Ziel, bisher gesetzlich nicht bestehende Ansprüche auf Entgeltfortzahlung, wie z. B. für jugendliche Arbeiter, zu begründen, nicht aber auf anderen Gesetzen beruhende Ansprüche zu beeinträchtigen. Es kann deshalb dahingestellt bleiben, ob der Berliner Gesetzgeber aus verfassungsrechtlichen Gründen in der Lage war, den § 63 HGB abzuändern oder für einen gewissen Bereich außer Kraft zu setzen.

III. Der Senat ist nicht in der Lage, in der Sache abschließend zu entscheiden, sondern ist gezwungen, den Rechtsstreit an das Landesarbeitsgericht zurückzuverweisen. Die Anwendung des § 63 HGB auf den vorliegenden Fall erfordert, wie sich aus Ziff. II 2 bis 6 dieser Gründe ergibt, die Feststellung einer Reihe tatsächlicher Umstände, die das Landesarbeitsgericht zu treffen unterlassen hat und die der Senat nicht selbst treffen kann.

Vor allem bedarf es der Feststellung, ob die Klägerin während der Dauer der Kur in Wittdün krank oder gebrechlich in dem in Ziff. II 6 a dieser Gründe genannten Sinn oder gar arbeitsunfähig in dem in Ziff. II 3 dieser Gründe genannten Sinn gewesen ist. Dabei ist entscheidendes Gewicht auf die Abgrenzung zwischen Krankheit und Erholungsbedürftigkeit zu legen (vgl. oben Ziff. II 6 a). Gerade bei der Kurverschickung eines Jugendlichen auf Veranlassung des Schularztes ist die Vermutung nicht von der Hand zu weisen, daß die „Kur" nicht der Heilung mit dem Ziel der Erhaltung, wesentlichen Besserung oder Wiederherstellung der Erwerbsfähigkeit, sondern der Erholung in den geregelten Verhältnissen eines dafür geschaffenen Jugendheimes dienen soll, in dem durchaus auch eine ärztliche Betreuung der Jugendlichen sowie Maßnahmen zur allgemeinen Stärkung der Gesundheit durchgeführt werden können.

Die in diesem Zusammenhang bedeutsame, vom Landesarbeitsgericht in Bezug genommene Bescheinigung des Berufsschularztes vom 15. August 1958 stellt als Ergebnis der vor der Kur (am 11. April 1958) durchgeführten Untersuchung der Klägerin eine endocrine Dystonie (Akne rosacea) fest. Es bezeichnet damit einen Körperzustand, der nicht in jedem Fall regelwidrig zu sein braucht. Es kommt deshalb darauf an, Ursachen und Auswirkungen des mit den genannten Fachausdrücken bezeichneten Zustandes im Falle der Klägerin näher zu klären, um daraus Schlüsse ziehen zu können, ob die Klägerin in ihrer Erwerbsfähigkeit beeinträchtigt gewesen ist, auch wenn noch nicht der Zustand der Arbeitsunfähigkeit erreicht war.

Es ist weiter festzustellen, ob die Kur in Wittdün im Sinne der Erhaltung, wesentlichen Besserung oder Wiederherstellung der E r w e r b s fähigkeit der Klägerin erforderlich und erfolgversprechend gewesen ist (vgl. oben Ziff. II 6 b). Schließlich bedarf es der Klärung des ursächlichen Zusammenhangs zwischen dem Gesundheitszustand und der Kur (vgl. oben Ziff. II 6 c).

Alle diese auf tasächlichem Gebiet liegenden Feststellungen wird das Landesarbeitsgericht nur mit Hilfe eines ärztlichen Sachverständigen treffen können, nachdem es zunächst geklärt hat, in welchem Gesundheitszustand sich seinerzeit die Klägerin befunden hat und von welcher Art die durchgeführte Kur gewesen ist. Dazu wird das Landesarbeitsgericht nötigenfalls die ihm nach § 139 ZPO obliegenden Pflichten ausüben müssen.

13

1. Der Arbeitnehmer ist mangels gegenteiliger Vereinbarungen verpflichtet, dem Arbeitgeber die Lohnsteuer zu erstatten, für die der Arbeitgeber vom Finanzamt zu Recht in Anspruch genommen wird (vgl. BAG 9, 195 ff.).

2. Der Arbeitgeber ist verpflichtet, in vereinbartem Umfange, andernfalls im Rahmen des Üblichen und Zumutbaren, sich um die sachgerechte Bearbeitung und Behandlung der Lohnsteuer seiner Arbeitnehmer zu bemühen und ungerechtfertigte Nachversteuerungsansinnen der Finanzverwaltung abzulehnen. Der Arbeitnehmer muß dabei unter Umständen mitwirken, weil er der eigentliche Steuerschuldner ist; gegebenenfalls muß er auch von eigenen steuerlichen Rechtsbehelfen gegen den sich gegen den Arbeitgeber richtenden Haftungsbescheid Gebrauch machen. Solche steuerliche Rechtsbehelfe sind nach der Rechtsprechung des Bundesfinanzhofes auch für diesen Fall für den Arbeitnehmer gegeben.

3. Der Arbeitgeber muß in aller Regel den Arbeitnehmer von einer drohenden und geschehenen Nachversteuerung unterrichten, damit dieser die Möglichkeit hat, selbst zu ihrer Abwehr tätig zu werden.

4. Führt eine im Sinne von Leitsatz 2 ordnungsmäßige Bearbeitung und Behandlung der Lohnsteuer durch den Arbeitgeber nicht zur Ausschöpfung aller theoretisch möglichen Steuervergünstigungen für den Arbeitnehmer, so geht das dadurch gegebene Steuerrisiko zu Lasten des Arbeitnehmers. Deshalb muß ein Arbeitnehmer dem Arbeitgeber auch solche Lohnsteuerbeträge erstatten, zu denen dieser trotz ordnungsmäßiger Bearbeitung und Behandlung herangezogen worden ist.

5. Für den Fall der Auseinandersetzung mit dem Finanzamt müssen sowohl Arbeitgeber wie Arbeitnehmer auf die Sicherung der erforderlichen Unterlagen Bedacht nehmen.

BGB § 670 Lohnsteuererstattungsanspruch; BGB §§ 276, 611 Fürsorgepflicht; EStG § 38; LStDV § 4 Ziff. 2, § 46; RAO §§ 152 Abs. 2 Ziffer 1, 241.

V. Senat. Urteil vom 23. 3. 1961 i. S. B. (Bekl.) w. M-G. H. (Kl.) 5 AZR 156/59.

1. Arbeitsgericht Hagen/Westf. 2. Landesarbeitsgericht Hagen/Westf.

1. Der Beklagte war bei der Klägerin — einer Molkereigenossenschaft — bis zum 31. Dezember 1956 als Angestellter tätig. In der Zeit vom 1. Januar 1952 bis 31. Dezember 1955 war er als Verkaufsfahrer eingesetzt. Aus Anlaß dieser seiner Tätigkeit erhielt er von der Klägerin

einen arbeitstäglichen Spesenzuschuß von 5,— DM, und zwar unabhängig davon, ob ihm in dieser Höhe entsprechende Unkosten tatsächlich jeweils entstanden waren oder nicht. Für diesen Spesenzuschuß führte die Klägerin für den Beklagten keine Lohnsteuer bzw. kein Notopfer Berlin und keine Kirchensteuer ab. Anläßlich einer Lohnsteuerüberprüfung bei der Klägerin im April und Juni 1956 erkannte das zuständige Finanzamt in bezug auf den Beklagten nur ein arbeitstägliches Spesenpauschale von 2,— DM als lohnsteuerfrei an. Soweit dem Beklagten in den Jahren 1952 bis 1955 ein höherer Spesensatz von der Klägerin steuerfrei gewährt worden war, errechnete das Finanzamt einen Rückstand an Lohnsteuer, Notopfer Berlin und Kirchensteuer in Höhe von insgesamt 1073,98 DM, für den sie die Klägerin mit einem Lohnsteuerhaftungsbescheid vom 29. Juni 1956 gemäß § 46 LStDVO in Anspruch nahm. Da die Vorstands- und Aufsichtsratsmitglieder der Klägerin zusammen mit ihrem Steuerberater die Einlegung eines Rechtsmittels für aussichtslos hielten, zahlte die Klägerin diesen Betrag an das Finanzamt. Mit der am 17. Juli 1957 beim Arbeitsgericht eingereichten Klage hat die Klägerin von dem Beklagten Erstattung dieses Betrages verlangt. Bis dahin hatte sie den Ausgang eines anderen Lohnsteuerrechtsstreites beim Arbeitsgericht Hagen abgewartet.

Der Beklagte hat zu seinem Klageabweisungsantrag geltend gemacht, die Klägerin habe sich eine rechtsirrige Auffassung des Prüfungsbeamten der Finanzbehörde zu eigen gemacht und angenommen, hinsichtlich der Steuerfreiheit der Spesen sei er genau so zu behandeln wie ein Kraftfahrer. Seine Verkaufsfahrertätigkeit sei aber dahin gegangen, wie ein Handelsvertreter etwa 150—160 verschiedene Artikel der Klägerin zu vertreiben und dabei für die Klägerin neue Kunden zu werben. Bis zum 31. Dezember 1951 sei vom Finanzamt anerkannt worden, daß dem Beklagten monatlich ein steuerfreies Spesenpauschale von 150,— bis 180,— DM zustehe. Auf den gleichen Standpunkt habe sich das Finanzamt für das Kalenderjahr 1956 gestellt. Nur deshalb, weil die Klägerin sich kritiklos der für den Beklagten ungünstigen, aber irrigen Ansicht des Prüfers des Finanzamtes gebeugt und es unterlassen habe, den Beklagten auf die Stellungnahme des Finanzamtes hinzuweisen und ihm Gelegenheit zur Einlegung eines Rechtsmittels zu geben, sei es zu dem für die Klägerin ungünstigen Steuerhaftungsbescheid gekommen. Der Beklagte hat die Ansicht vertreten, die Klägerin habe deshalb die ihr obliegenden Fürsorgepflichten verletzt, so daß sie von ihm keine Erstattung des nachveranlagten Betrages verlangen könne. Der Beklagte hat ferner geltend gemacht, der von der Klägerin verfolgte Anspruch sei verwirkt. Er hat behauptet, bei seinem Ausscheiden am 31. Dezember 1956 habe die Klägerin nicht erwähnt, daß von ihm noch Steuern nachzuzahlen seien. Lediglich 6—8 Wochen vorher habe der Geschäftsführer der Klägerin, K., anläßlich einer Betriebsbesprechung der Warenabteilung beiläufig erwähnt, das Finanzamt habe wegen der Spesen Schwierigkeiten gemacht und u. U. müßten deshalb die bei der Klägerin angestellten Verkäufer der Klägerin noch Steuern erstatten. Daraufhin hätten die Verkäufer erklärt, sie hätten doch inzwischen den alten Spesensatz von dem Finanzamt wieder zugebilligt erhalten; bei der Nachveranlagung müsse es sich somit um einen Irrtum des Finanzamtes handeln und die Geschäftsleitung der Klägerin müsse daher noch einmal nachhaken.

Schließlich hat der Beklagte noch geltend gemacht, er würde Ansprüche aus Überstundenarbeit zur Aufrechnung gestellt haben, wenn er bei seinem Ausscheiden gewußt haben würde, daß er noch Steuern zu erstatten habe. Die Beträge für Überstunden würden jetzt ausdrücklich zur Aufrechnung gestellt. Gegenüber etwaigen Überstundenvergütungsansprüchen des Beklagten hat die Klägerin die Einrede der Verjährung erhoben.

In beiden Vorinstanzen ist der Beklagte unterlegen. Die Revision führte zur Aufhebung und Zurückverweisung.

Aus den Gründen:

I. Das Landesarbeitsgericht ist davon ausgegangen, für das Jahr 1952 habe ein ministerieller Erlaß vom 4. November 1952 und für die Jahre 1953 bis 1955 hätten die für diese Jahre geltenden Lohnsteuerrichtlinien für die Tätigkeit des Beklagten nur einen Spesenbetrag von 1,50 DM pro Arbeitstag als lohnsteuerfrei vorgesehen. Das Landesarbeitsgericht hat deshalb angenommen, die Klägerin habe nach der zudem noch geschehenen Befragung ihres Steuerberaters ohne Schuldvorwurf annehmen dürfen, das erhobene Nachversteuerungsverlangen des Finanzamtes sei gerechtfertigt. Deshalb habe sie gegen die nachträgliche Inanspruchnahme kein Rechtsmittel einzulegen und auch den Beklagten nicht entsprechend zu unterrichten brauchen, um ihm die Einlegung eines Rechtsmittels zu ermöglichen. Hiervon ausgehend hat das Landesarbeitsgericht unter Berufung auf die Rechtsprechung des Bundesarbeitsgerichts, wie sie in BAG AP Nr. 1 zu § 670 BGB und BAG 7, 1 ff. enthalten ist, angenommen, daß der Beklagte der Klägerin den streitigen Betrag erstatten müsse.

II. Es dient der Klarstellung, zu dieser Begründung des Landesarbeitsgerichts folgendes vorweg zu erörtern:

1. Nach der nunmehr ständigen Rechtsprechung des Bundesarbeitsgerichts (vgl. BAG 6, 52 ff.; BAG 7, 1 ff.; BAG 9, 105 ff.; vgl. weiter AP Nr. 1, 2 und Nr. 4 zu § 670 BGB) ist davon auszugehen, daß mangels gegenteiliger Vereinbarung ein Arbeitnehmer aus einem zwischen ihm und dem Arbeitgeber bestehenden Legalschuldverhältnis in entsprechender Anwendung von § 670 BGB verpflichtet ist, dem Arbeitgeber die Lohnsteuer zu erstatten, für die der Arbeitgeber vom Finanzamt zu Recht für seinen Arbeitnehmer in Anspruch genommen wird (vgl. BAG 9, 105 [111]). Das gilt entsprechend für Beiträge zum Notopfer Berlin und für die Kirchensteuer, wie sich sinngemäß aus BAG 6, 52 [54] = AP Nr. 5 zu § 670 BGB im einzelnen ergibt. Mit der in der Literatur teilweise erhobenen, — mehr die dogmatische Begründung des Bundesarbeitsgerichts als das Ergebnis angreifenden — Kritik hat sich der Senat in BAG 9, 105 ff. eingehend auseinandergesetzt. Die danach noch von Schnorr von Carolsfeld in AP Anm. zu Nr. 8 zu § 670 BGB erhobenen Bedenken decken sich im wesentlichen mit den Gesichtspunkten, die dieser schon früher hervorgehoben und mit denen sich der Senat in BAG 9, 105 ff. [110] bereits eingehend auseinandergesetzt hat. An der bisherigen Rechtsprechung des Bundesarbeitsgerichts ist daher festzuhalten.

2. Wenn man einmal von dem besonders gelagerten, in tatsächlicher Beziehung völlig unaufgeklärten Fall in BAG 9, 105 ff. absieht, unterscheidet sich der vorliegende Rechtsstreit von den früher vom Bundesarbeitsgericht entschiedenen Fällen durch folgende Besonderheit: In den früher vom Bundesarbeitsgericht entschiedenen Fällen war nicht weiter zwischen den Parteien streitig, ob die Inanspruchnahme des Arbeitgebers durch das Finanzamt zu Recht erfolgt war. In ihnen ging es lediglich um die Rechtsfrage, ob und mit welcher Begründung im Falle einer an sich zu Recht erfolgten Inanspruchnahme des Arbeitgebers der Arbeitnehmer diesem zu einer entsprechenden Erstattung des zu Recht nachträglich erhobenen Steuerbetrages verpflichtet sei. Im vorliegenden Fall ist dagegen streitig, ob die Nachversteuerung des Arbeitgebers selbst zu Recht erfolgt ist. Für einen solchen Fall gelten folgende Rechtssätze:

a) Angesichts der Kompliziertheit und Kasuistik unseres Lohnsteuersystems, das den Finanzbehörden zudem in vielen Fällen einen weiten Ermessensspielraum läßt, kann zu bestimmten Fragen, so insbesondere zur Frage der steuerfreien Behandlung von Spesen, ein Arbeitgeber oft begründete Zweifel haben, wie er im einzelnen richtig zu verfahren und die Lohnsteuerabzüge zu handhaben hat. Wie bereits in BAG 9, 105 ff. [111—113] im einzelnen ausgeführt, ist der Arbeitgeber seinem Arbeitnehmer in vereinbartem Umfang, anderenfalls im Rahmen des Üblichen und Zumutbaren, verpflichtet, sich um die sachgerechte Bearbeitung und Behandlung der Lohnsteuer seiner Arbeitnehmer zu bemühen. Das verpflichtet in diesem Rahmen den Arbeit g e b e r auch dazu, ungerechtfertigten Nachversteuerungsansinnen der Finanzverwaltung entgegenzutreten und abzulehnen.

b) Wie ebenfalls in BAG 9, 105 ff. [111, 112] bereits im einzelnen ausgeführt worden ist, muß der Arbeit n e h m e r selbst aber an der Abwehr von ungerechtfertigten Nachversteuerungsansinnen der Finanzverwaltung m i t w i r k e n, w e i l e r d e r e i g e n t l i c h e S t e u e r s c h u l d n e r i s t. Dem Arbeitnehmer stehen hierfür beachtliche Möglichkeiten zur Verfügung. Nach der neueren Rechtsprechung des Bundesfinanzhofes ist auch der Arbeit n e h m e r selbst zur Einlegung von Rechtsmitteln gegen den sich gegen den Arbeit g e b e r richtenden Lohnsteuerhaftungsbescheid befugt, wenn über die Rechtmäßigkeit einer Lohnsteuernachforderung wegen nicht vorschriftsmäßig einbehaltener Lohnsteuer gestritten wird und — wie im vorliegenden Fall nach § 38 Abs. 1 Ziffer 1 EStG und § 46 Abs. 2 Ziffer 1 LStDV in Betracht kommt — auch der Arbeitnehmer persönlich für die nachgeforderte Lohnsteuer in Anspruch genommen werden kann (vgl. BFH vom 3. Juli 1959 — VI 220/57 S — BStBl. 1959 III 351 [352]; BFH vom 20. März 1953 — IV 438/52U—BStBl. 1953 III 121; BFH vom 9. Februar 1951—IV 348/50B-BStBl. 1951 III 73 [74]; dazu Hübschmann-Hepp-Spitaler, AO Kommentar, 1.—4. Aufl., § 119 Anm. II Randziffer 2; zweifelnd: Kühn, RAO, 5. Aufl., 1958, § 97 Bem. 2, § 119 Bem. 3 c und § 238 Bem. 1 a wegen der dann sich ergebenden und vom BFH offen gelassenen Frage, wann für den Arbeitnehmer in einem solchen Fall die Rechtsmittelfrist in Gang gesetzt wird; dazu vgl. auch Hübschmann-Hepp-Spitaler, aaO, § 119 Anm. II Randziffer 2: „Die Rechtsmittelfrist ist die gleiche wie die des Arbeitgebers"). Darüber hinaus hat der Arbeitnehmer, wenn für ihn vom Arbeitgeber zuviel Lohnsteuer zu Unrecht abgeführt worden ist, auch die Erstattungsmöglichkeiten nach näherer Maßgabe des § 152 Abs. 2 Ziffer 1 RAO (vgl. Kühn, aaO, § 97 Bem. 2; Hübschmann-Hepp-Spitaler aaO, § 152 zu III 1 Randziffer 7).

c) Der Pflicht des Arbeit g e b e r s, sich im vereinbarten, andernfalls im üblichen und zumutbaren Rahmen um die richtige Bearbeitung und Behandlung der Lohnsteuer zugunsten seines Arbeitnehmers zu bemühen, entspricht die Pflicht des Arbeit n e h m e r s, auch das ihm seinerseits Mögliche und Zumutbare in dieser Beziehung zu tun. Diese Pflichten sind annähernd gleichgewichtig. Der Arbeitnehmer wird im allgemeinen seine Pflicht nur erfüllen können, wenn der Arbeitgeber den Arbeitnehmer durch entsprechende Unterrichtung auch in die Lage versetzt, seinerseits im Sinne der Abwehr der Nachversteuerung tätig zu werden. Der egoistische Impuls des Arbeitnehmers, sich Steuervorteile zu verschaffen, vermag u. U. mehr als eine betriebliche Steuerorganisation des Arbeitgebers. Dem muß der Arbeitgeber, gerade weil die Nachversteuerung letztlich zu Lasten des Arbeitnehmers gehen soll, Rechnung tragen. Es bedeutet für ihn in der Regel eine geringe und zumutbare Mühe, die ihm seine Fürsorgepflicht auferlegt, in solchen Fällen den Arbeitnehmer über die drohende und geschehene Nachveranlagung zu unterrichten und ihm die Entschließung anheim zu geben, ob er auch seinerseits von den ihm möglichen Rechtsmitteln und Behelfen gegenüber der Nachversteuerung Gebrauch macht. Ein Arbeitgeber muß daher, wenn nicht besondere Umstände gegeben sind, den Arbeitnehmer entsprechend unterrichten; die in dem angefochtenen Urteil zum Ausdruck kommende gegenteilige Auffassung ist unrichtig.

d) Ergibt sich, daß der Arbeitgeber sich in dem ihm obliegenden Umfang (vgl. oben II 2 a) um die ordnungsmäßige Bearbeitung und Behandlung der Lohnsteuer seines Arbeitnehmers bemüht und dabei trotzdem eine Steuervergünstigung für seinen Arbeitnehmer verfehlt hat, so vermag das den aus der entsprechenden Anwendung von § 670 BGB sich ergebenden Lohnsteuererstattungsanspruch des Arbeitgebers gegen den Arbeitnehmer nicht zu berühren. Denn wenn § 670 BGB Aufwendungsersatz insoweit vorsieht, als der Beauftragte die Aufwendungen den Umständen nach für erforderlich halten durfte, so bedeutet das für den auf einer entsprechenden Anwendung von § 670 BGB beruhenden Lohnsteuererstattungsanspruch des Arbeitgebers, daß der Arbeitgeber ihn auch dann gegen den Arbeitnehmer hat, wenn er die letzten steuerlichen Feinheiten und Raffinessen zwar verfehlt hat, ihm aber nicht vorzuwerfen ist, daß er nicht das ihm Obliegende, mangels besonderer Vereinbarung also das ihm Zumutbare oder Übliche, im Interesse des Arbeitnehmers getan hat. Mit anderen Worten gesagt bedeutet das, daß der Arbeitgeber zwar das ihm den Umständen nach Obliegende zur Erlangung von Lohnsteuervergünstigungen für seinen Arbeitnehmer tun muß, daß er aber seinen Lohnsteuererstattungsanspruch nicht dadurch verliert, daß das von ihm pflichtgerecht Veranlaßte nicht alle erdenklichen steuerlichen Möglichkeiten ausschöpfte und dadurch der Arbeitnehmer nicht in den Genuß der Vorteile kommt, die theoretisch denkbar sind. Es genügt also, wenn die normale Sorgfaltspflicht eines ordentlichen Arbeitgebers gewahrt worden ist. Das im Bereich des Nichtzumutbaren erfolgende Fehlgehen des Arbeitgebers geht somit zu Lasten des Arbeitnehmers, der es entweder mit den oben zu II 2 b dieser Entscheidungsgründe genannten Rechtsbehelfen selbst auffangen oder anderenfalls als eine Art „Steuerrisiko" ebenso wie jeder andere Private tragen muß, der es unterläßt oder der nicht in der Lage ist, alle denkbaren theoretischen Steuervorteile für sich auszunutzen (zum Steuerrisiko vgl. insoweit auch BAG 9, 105 ff. [111, 112]).

3. Aus dem Vorstehenden zu Ziffer II 1 und 2 dieser Entscheidungsgründe Ausgeführten folgt somit, daß es für die Berechtigung des von der Klägerin verfolgten Lohnsteuererstattungsanspruches darauf ankommt, ob die Nachversteuerung zu Recht erfolgt ist oder ob die Klägerin jedenfalls das ihr Obliegende, also mangels besonderer Vereinbarung das Übliche und Zumutbare getan hat, um das Nachversteuerungsansinnen der Finanzverwaltung abzuwehren. Sollte das zutreffen, so kann die Unterlassung der Verständigung des Beklagten über die geschehene Nachversteuerung nur dann Bedeutung gewinnen, wenn sich ergeben würde, daß bei geschehener Verständigung der Beklagte eine andere Spesenregelung doch noch erreicht hätte, als sie in der Nachversteuerung vom 29. Juni 1956 geschehen ist.

Dem Landesarbeitsgericht kann jedoch nicht darin gefolgt werden, daß mit der von ihm gegebenen Begründung feststehe, die Nachversteuerung sei zu Recht erfolgt oder die Klägerin habe anläßlich des Nachversteuerungsverlangens der Finanzverwaltung mangels besonderer Vereinbarung das Übliche und ihr Zumutbare in bezug auf die dabei im Spiel stehenden Interessen des Beklagten getan. Das ergibt sich aus folgendem:

Die Lohnsteuerdurchführungsverordnung in der für die Jahre 1952 bis 1955 geltenden, insoweit übereinstimmenden Fassung (für 1952 und 1953 vgl. BGBl. 1952 I S. 97 ff., 598 ff., 848; für 1954 vgl. BGBl. 1953 I S. 1524 ff.; für 1955 vgl. BGBl. 1955 I S. 542 ff.) bestimmt in § 4 Ziffer 2, daß die Beträge, die den im privaten Dienst angestellten Personen für Reisekosten (Tagegelder und Übernachtungsgelder) gezahlt werden, insoweit nicht zum lohnsteuerpflichtigen Arbeitseinkommen gehören, als sie die durch die Reise entstandenen Mehraufwendungen nicht übersteigen. Die für die Jahre 1952—1955 ergangenen Lohnsteuerrichtlinien (LR), die kein materielles Recht, sondern Verwaltungsanordnungen der Finanzverwaltungen an die ihr nachgeordneten Finanzämter enthalten, sehen im einzelnen, teilweise in sehr verwickelter Weise, vor, welche Reisekosten im Sinne von § 4 Ziffer 2 LStDV von den Finanzämtern als lohnsteuerfrei angesehen werden sollen, wobei den Finanzämtern ein weitgehendes Ermessen eingeräumt ist (vgl. Nr. 21 und Nr. 22 der LR

1952 und 1953 — BStBl. 1952 I S. 129 ff., 1953 I S. 116 ff.; —, Nr. 21 und Nr. 22 der LR 1954 — BStBl. 1953, I 537 ff. — Nr. 21 u. Nr. 22 des LR 1955 — BStBl. 1955 I S. 489 ff. —).

Das Landesarbeitsgericht hat sich im wesentlichen darauf beschränkt, für die Frage, ob die Nachversteuerung zu Recht erfolgt ist oder ob die Klägerin das Übliche und das ihr Zumutbare bei der Wahrnehmung der Interessen des Beklagten getan hat, für die Jahre 1952 und 1953 von einem nicht näher zu ermittelnden Ministerialerlaß vom 4. November 1952 und für die Jahre 1954 und 1955 vom letzten Absatz der Nr. 21 der LR 1954 und 1955 auszugehen und deshalb gegen den Beklagten in Betracht zu ziehen, er müsse sich wie ein Stadt- und Platzreisender in Städten von mehr als 200 000 Einwohnern behandeln lassen, für den für jeden außerhalb der regelmäßigen Arbeitsstätte verbrachten Arbeitstag ein Betrag von 1,50 DM ohne Einzelnachweis als Werbungskosten anerkannt werden könnte.

Es ist jedoch den Feststellungen des angefochtenen Urteils schon nicht zu entnehmen, welcher Art die Tätigkeit des Beklagten im einzelnen überhaupt war. Von seiner Tätigkeit steht in tatsächlicher Beziehung nur fest, daß er Verkaufsfahrer der Klägerin war. Ob sich seine Verkaufsfahrertätigkeit nur innerhalb einer Stadt oder auch, was bei einer Verkaufsfahrertätigkeit für eine Molkereigenossenschaft für den Bereich von H. und E. immerhin nahe liegt, außerhalb einer Stadt abspielte, ist den Feststellungen des Landesarbeitsgerichts nicht zu entnehmen. Schon wegen dieser Zweifel muß es in vielerlei Beziehung möglich erscheinen, daß die Klägerin bei gehöriger Verdeutlichung der Tätigkeit des Beklagten, die ihr ja bekannt war, gegenüber dem Lohnsteuerprüfungsbeamten für den Beklagten günstigere Steuerbedingungen hätte erreichen können.

Auch müßte aufgeklärt werden, warum für die Jahre 1952 bis 1955 die Klägerin nicht so verfahren ist, wie es für diese Jahre Nr. 21 Abs. 7 der LR 1952—1955 einem Arbeitgeber möglich machten. Danach konnten Arbeitgeber, die ihren Arbeitnehmern feste Spesensätze zahlten, wie das nach dem Sachvortrag des Beklagten für die in der Verkaufsabteilung der Klägerin tätigen Arbeitnehmer für die Jahre 1950 bis 1956 der Fall gewesen sein soll, mit dem zuständigen Finanzamt in Verbindung treten und die den betreffenden Arbeitnehmern gewährten Spesensätze glaubhaft machen. Damit konnte weitgehend erreicht werden, daß nachträgliche Anzweifelungen der Berechtigung der Höhe der gewährten Spesensätze aus Anlaß von Lohnsteuerprüfungen unterblieben.

Aus den oben zu Ziffer II 2 b erörterten Gründen kann auch nicht unaufgeklärt bleiben, warum der Beklagte nicht seinerseits sich um eine eigene Abwehr der aus der Nachversteuerung ihm drohenden Folgen bemüht hat. Aus seiner eigenen Darstellung ist zu entnehmen, daß der Beklagte sechs bis acht Wochen vor seinem Ausscheiden bei der Klägerin, also etwa November 1956, von der Nachversteuerung vom 29. Juni 1956 immerhin erfahren hat. Unter diesen Umständen kommt in Betracht, daß der Beklagte, der zu der Nachversteuerung der Klägerin nicht im Sinne von § 241 Abs. 2, 3 RAO zugezogen war, von den oben zu Ziffer II 2 b dieser Entscheidungsgründe erwähnten Rechtsbehelfen noch zu dieser Zeit hätte Gebrauch machen können, um der ihm obliegenden eigenen Abwehrpflicht gegenüber ungerechtfertigten Nachversteuerungsansinnen zu genügen.

4. Die vorstehend zu Ziffer 3 dieser Entscheidungsgründe aufgeführten Unklarheiten in tatsächlicher Beziehung verbieten es, anzunehmen, daß das Landesarbeitsgericht ohne denkbaren Rechtsfehler im Sinne von §§ 549 Abs. 1, 550 ZPO angenommen hat, die Klägerin habe bei der Nachveranlagung das Übliche und ihr Zumutbare getan, um die Interessen des Beklagten zu wahren. Da das Revisionsgericht die erforderlichen Klarstellungen selbst nicht vornehmen kann, macht das gemäß § 565 Abs. 1 und Abs. 3 Ziffer 1 ZPO die Aufhebung des angefochtenen Urteils und die Zurückverweisung der Sache zur anderweiten Verhandlung und Entscheidung an die Vorinstanz notwendig; dieser ist für die fernere Behandlung der Sache mit dem in diesem Urteil Gesagten in tatsächlicher und rechtlicher Beziehung im übrigen dasjenige an die Hand gegeben, was sich bei dem bisher nicht genügend aufgeklärten Sachverhalt sagen läßt. Sollte es bei der erneuten Verhandlung und Entscheidung auf die Frage ankommen, inwieweit es zur Nachversteuerung deswegen gekommen ist, weil die erforderlichen Unterlagen und Belege für die dem Beklagten gewährten Spesen fehlten, so wird das Landesarbeitsgericht beachten müssen, daß unter Umständen sowohl Arbeitgeber wie Arbeitnehmer das Vorhandensein der Unterlagen sicherstellen müssen, die im Fall einer Auseinandersetzung mit dem Finanzamt erforderlich sind. Insoweit wird auf das in BAG 9, 105 ff. [111—113] Ausgeführte verwiesen. Sollte es schließlich bei der erneuten Entscheidung des Landesarbeitsgerichts noch auf die weitere Frage ankommen, inwieweit der Beklagte mit Vergütungsansprüchen für Überstunden aufrechnen kann, so wird das Landesarbeitsgericht auch § 390 Satz 2 BGB beachten müssen, den es bisher anscheinend übersehen hat.

14

Der Lohnanspruch eines unständigen Hafenaushilfsarbeiters im Hamburger Hafen richtet sich gegen den ihn beschäftigenden Hafeneinzelbetrieb, nicht gegen die für den Gesamthafenbetrieb Hamburg errichtete Gesamthafenbetriebs-Gesellschaft mbH. Der jeweilige Beschäftigungsbetrieb ist deshalb allein als Arbeitgeber für die Ausbringung von Lohnpfändungen (§ 829 ZPO) als passiv legitimiert anzusehen.

ZPO § 829; Gesetz über die Schaffung eines besonderen Arbeitgebers für Hafenarbeiter (Gesamthafenbetrieb) vom 3. August 1950 §§ 1, 2; BGB §§ 328, 765.

V. Senat. Urteil vom 23. 2. 1961 in S. Rh. (Kl.) w. G.-G. (Bekl.) 5 AZR 136/60.

I. Arbeitsgericht Hamburg. — II. Landesarbeitsgericht Hamburg.

Der Klägerin steht gegen den Lagerverwalter W. in Hamburg-Wandsbek (Schuldner) eine Forderung in Höhe von 154,30 DM einschließlich aufgelaufener Gerichts- und Pfändungskosten zu. Wegen und in Höhe dieser Forderung hat die Klägerin die angebliche Lohnforderung des Schuldners gegen die Beklagte pfänden und sich zur Einziehung überweisen lassen. Der Pfändungs- und Überweisungsbeschluß des Amtsgerichts vom 24. Juli 1959 ist der Beklagten am 29. Juli 1959 zugestellt worden.

Der Schuldner ist im Zeitpunkt der Zustellung des Pfändungs- und Überweisungsbeschlusses erwerbslos gewesen und war als Arbeitsloser beim Arbeitsamt Hamburg gemeldet. Er wurde, wenn der Arbeitsanfall im Hafen mit den festen Arbeitern der Betriebe und den Gesamthafenarbeitern nicht zu bewältigen war, vom Arbeitsamt an die Hafeneinzelbetriebe zur Arbeitsleistung als unständiger Aushilfsarbeiter vermittelt. Die Anforderung solcher unständiger Auhilfskräfte beim Arbeitsamt und die Lohnauszahlung erfolgt nicht durch den Hafeneinzelbetrieb, sondern durch die Beklagte.

Da eine Zahlung der gepfändeten Lohnforderung seitens der Beklagten nicht erfolgt ist, fordert die Klägerin mit der Klage von der Beklagten als Drittschuldnerin Zahlung von 154,30 DM.

Die Beklagte hat bestritten, daß der Schuldner einen Lohnanspruch gegen sie erworben habe, der durch den Pfändungs- und Überweisungsbeschluß hätte erfaßt werden können. Zwischen ihr und dem Schuldner habe ein Arbeitsverhältnis nicht bestanden. Nach den Bestimmungen der Verwaltungsordnung für den Gesamthafenbetrieb Hamburg vom

3. Mai 1957 richte sich der Lohnanspruch der vom Arbeitsamt vermittelten Aushilfsarbeiter ausschließlich gegen den Hafeneinzelbetrieb, bei dem sie beschäftigt seien; die Auszahlung des Lohnes an die Hafenaushilfsarbeiter sei der Beklagten nur aus Zweckmäßigkeitsgründen übertragen worden. Auch ein sonstiges Rechtsverhältnis zwischen ihr und dem Schuldner, das ihre Inanspruchnahme als Drittschuldnerin im Sinne der Pfändungsvorschriften rechtfertige, habe nicht bestanden.

Alle Instanzen haben die Klage abgewiesen.

Aus den Gründen:

Die Klage kann nur Erfolg haben, wenn dem Schuldner der von der Klägerin gepfändete Anspruch gegen die Beklagte nach materiellem Recht zustand. Das hat das Landesarbeitsgericht ohne Rechtsirrtum verneint.

1. Durch § 1 des Gesetzes über die Schaffung eines besonderen Arbeitgebers für Hafenarbeiter (Gesamthafenbetrieb) vom 3. August 1950 (BGBl. I, 352) hat der Gesetzgeber zum Zwecke der Schaffung stetiger Arbeitsverhältnisse für die bis zu diesem Zeitpunkt von arbeits- und sozialrechtlichen Neuerungen weitgehend ausgeschlossenen Hafenarbeiter die zuständigen Sozialpartner ermächtigt, durch schriftliche Vereinbarung als besonderen Arbeitgeber den „Gesamthafenbetrieb" zu bilden, der nach § 2 des Gesetzes vom 3. August 1950 Bestimmungen über die von ihm wahrzunehmenden Aufgaben, seine Organe und seine Geschäftsführung erläßt.

Auf dieser Ermächtigungsgrundlage ist durch Vereinbarung vom 9. Februar 1951, abgeschlossen zwischen der Arbeitsgemeinschaft Hamburger Hafen-Fachvereine e. V. und der Gewerkschaft Öffentliche Dienste, Transport und Verkehr, Bezirksverwaltung Hamburg, für den Hamburger Hafen ein Gesamthafenbetrieb (GHB) gebildet und die Beklagte als rechtsfähige Organgesellschaft des einer eigenen Parteifähigkeit ermangelnden Gesamthafenbetriebs errichtet worden.

Der gemäß § 3 dieser Vereinbarung gebildete Verwaltungsausschuß des GHB hat mit Genehmigung der Arbeitsbehörde der Hansestadt Hamburg die Verwaltungsordnung vom 3. Mai 1957 (VerwO) erlassen und darin für die Organisation der Arbeit des GHB rechtsverbindliche (§ 2 Abs. 1, 2. Halbsatz des Gesetzes von 3. August 1950) Bestimmungen aufgestellt.

a) Nach § 4 VerwO sind Hafeneinzelbetriebsarbeiter diejenigen Hafenarbeiter, die bei einem Hafeneinzelbetrieb fest eingestellt sind. Als Gesamthafenarbeiter gelten diejenigen Hafenarbeiter, die dem Gesamthafenbetrieb zur Verfügung stehen; sie werden von der Beklagten eingestellt und von dieser den Hafeneinzelbetrieben zur Verfügung gestellt. Nach der Entstehungsgeschichte des Gesetzes und der historischen Entwicklung der Hafenarbeiterverhältnisse im Hamburger Hafen sollten dieser letzteren Gruppe der unständigen Berufshafenarbeiter durch das Gesamthafenbetriebs-Gesetz die von den übrigen Arbeitnehmern erreichten sozialen Vorteile durch Bildung eines überbetrieblichen fiktiven Arbeitgebers gesichert werden. Denn es wäre, wenn man von den Absichten des Gesetzgebers ausgeht, kein vernünftiger Grund ersichtlich gewesen, diese Kategorie der ständig im Hafengebiet tätigen Arbeitnehmer wegen ihrer aus Gründen des Arbeitsanfalls wechselnden Tätigkeit bei den Hafeneinzelbetrieben mit ihren Ansprüchen, die, wie z. B. der Urlaubsanspruch, auf einer bestimmten zeitlichen Zugehörigkeit zum Betrieb beruhen, wegen Nichterreichens dieser Wartezeiten bei den einzelnen Arbeitgebern auszuschließen. Die durch die Schaffung eines besonderen Arbeitgebers erfolgte Gestaltung der Rechtsbeziehungen zwischen Gesamthafenarbeiter und Hafeneinzelbetrieb einerseits und der beklagten Gesamthafenbetriebs-GmbH andererseits ermöglicht die Durchsetzung jedenfalls solcher Ansprüche, die sonst trotz Erfüllung der übrigen Voraussetzungen mangels Nichtvorhandenseins eines funktionellen Arbeitgebers entfallen müßten.

b) Von der Gruppe dieser von der Beklagten fest eingestellten Gesamthafenarbeiter zu unterscheiden sind die von Fall zu Fall im Hafengebiet tätig werdenden Aushilfsarbeiter. Sie werden eingesetzt, wenn und soweit ein Arbeitsanfall eintritt, der mit den festen Arbeitern des Hafens und den Gesamthafenarbeitern nicht bewältigt werden kann.

Nach dem vom Landesarbeitsgericht festgestellten Sachverhalt, an den das Revisionsgericht gemäß § 561 Abs. 2 ZPO gebunden ist, werden diese Aushilfsarbeiter aus den bei den Arbeitsämtern gemeldeten Arbeitslosen ausschließlich durch das zuständige Arbeitsamt zugewiesen, das die in Frage kommenden Arbeitslosen auf Anfordern der Beklagten unmittelbar an die Hafeneinzelbetriebe zur Arbeitsleistung vermittelt. Gemäß § 28 Abs. 3 VerwO gehören Aushilfsarbeiter während der Dauer ihrer Beschäftigung in einem Hafeneinzelbetrieb nur zur Belegschaft dieses Hafeneinzelbetriebes, dagegen nicht — im Gegensatz zu den Gesamthafenarbeitern — zur Belegschaft der Beklagten (§ 28 Abs. 3 Satz 2 VerwO). In Übereinstimmung mit den für die Gesamthafenarbeiter geltenden Bestimmungen (§ 13 VerwO) richtet sich nach § 14 Abs. 1 VerwO der Lohnanspruch der vom Arbeitsamt vermittelten Aushilfsarbeiter ausschließlich gegen den Hafeneinzelbetrieb, bei dem sie beschäftigt waren; gemäß § 14 Abs. 2 VerwO erfolgt die Auszahlung des von den Aushilfsarbeitern bei den Hafeneinzelbetrieben verdienten Lohnes durch die Beklagte.

Dieser Sachverhalt rechtfertigt nicht die Annahme, die Beklagte sei Lohnschuldnerin der vom Arbeitsamt an die Einzelbetriebe vermittelten unständigen Aushilfsarbeiter. Im Gegensatz zu dem Gesamthafenarbeiter schließt der Aushilfsarbeiter keinen Einstellungsvertrag mit der Beklagten ab. Die Beendigung des Arbeitsverhältnisses eines Aushilfsarbeiters ist nicht, wie bei den Gesamthafenarbeitern, an eine Kündigung der Beklagten gebunden (§ 10 VerwO), sondern regelt sich nach § 28 Abs. 4 VerwO. Nach dieser Bestimmung werden Aushilfsarbeiter nur für eine Schicht zugeteilt und scheiden nach Beendigung derselben aus. Entgegen der Auffassung der Revision kann nicht anerkannt werden, daß die der Beklagten aus technischen Gründen übertragene Auszahlung des Lohnes an die Aushilfsarbeiter und die damit verbundene Sozialversicherungs- und Lohnsteuerabrechnung eine für die Arbeitgeberstellung typische Arbeitgeberfunktion darstellt. Die aus einem Arbeitsverhältnis entspringende Hauptverpflichtung des Arbeitgebers erstreckt sich auf die „Gewährung" der vereinbarten Vergütung (§611 BGB). In der Regel wird auch die Auszahlung der Vergütung durch den Arbeitgeber erfolgen. Wird sie auftragsgemäß, wie in den letzten Jahren in zunehmendem Maße üblich geworden, von einem Dritten, z. B. einem Kreditinstitut oder einem sonstigen Auszahlungsbeauftragten vorgenommen, so übernimmt damit die auszahlende Stelle auch nicht teilweise Arbeitgeberfunktionen gegenüber dem Lohn- oder Gehaltsgläubiger. Gerade die von der Beklagten nach § 14 VerwO übernommene Ausfallbürgschaft für den verdienten Lohn im Falle einer Zahlungsunfähigkeit des Hafeneinzelbetriebes spricht gegen eine Arbeitgeberstellung der Beklagten. Denn die Beklagte haftet insoweit nicht als Erfüllungsschuldner aus einem zwischen ihr und dem Schuldner bestehenden Arbeitsvertrag, sondern allein aus der Bürgschaft, die das Bestehen einer Forderung gegenüber einem Dritten, hier dem Hafeneinzelbetrieb, zur Voraussetzung hat (§ 765 BGB).

Der Annahme eines zwischen der Beklagten und dem Schuldner bestehenden Arbeitsverhältnisses steht deshalb der erklärte Wille der Beklagten, wie er in der VerwO zum Ausdruck gelangt ist, entgegen. Da, wie oben dargelegt, der GHB auf Grund schriftlicher Vereinbarung der Sozialpartner durch die VerwO in bindender Weise gemäß § 2 des Gesetzes vom 3. August 1950 sein Aufgabengebiet abgrenzen konnte und abgegrenzt hat und keine Gesichtspunkte erkenntlich sind, die in dieser Abgrenzung einen Mißbrauch der den Sozialpartnern eingeräumten gesetzlichen Befugnisse erkennen lassen, ist die Herausnahme der Gruppe der Aushilfsarbeiter aus dem Kreis der Gesamthafenarbeiter und die andersartige Gestaltung ihrer Rechtsbeziehungen nicht zu beanstanden.

c) Das schließt nicht aus, daß im Einzelfall die Beklagte die ihr gesetzlich eingeräumte Arbeitgeberstellung mißbrauchen und zum Nachteil eines Aushilfsarbeiters insoweit ausnutzen könnte, als sie etwa diesen nicht in ihrem Gesamthafenbetrieb als Gesamthafenarbeiter einstellt, obwohl sie ihn, gemessen an der Zeit seiner ständigen Aushilfsarbeit, als Gesamthafenarbeiter gebrauchen könnte. In einem solchen außergewöhnlich liegenden Fall hat das Bundesarbeitsgericht in der diese ungewöhnlichen Umstände betonenden Entscheidung vom 19. Juli 1957 (AP Nr. 1 zu § 1 GesamthafenbetriebsG) zum Ausdruck gebracht, daß bei einer durchgehenden fünfjährigen Aushilfstätigkeit die Annahme gerechtfertigt erscheint, der Aushilfsarbeiter habe tatsächlich die Stellung eines Gesamthafenarbeiters ausgeübt, so daß auch unter Beachtung des Grundsatzes der gleichmäßigen Behandlung und der außerordentlich weitgehenden Stellung des GHB es nicht zulässig sei, einem Hafenaushilfsarbeiter Ansprüche abzusprechen, die den Gesamthafenarbeitern zustehen. Es hat deshalb unter den so gelagerten Umständen die beklagte Gesamthafenbetriebs-GmbH für verpflichtet gehalten, sich dem klagenden Hafenaushilfsarbeiter gegenüber „jedenfalls hinsichtlich des Urlaubsanspruchs" als Arbeitgeber behandeln zu lassen.

Tatsachen, die einen ähnlich gelagerten Sachverhalt erkennen lassen, sind von der Klägerin in der Vorinstanz nicht behauptet worden. Es kann daher unerörtert bleiben, ob eine Gleichstellung des Klägers mit den Gesamthafenarbeitern dazu führen könnte, einen Lohnanspruch des Klägers gegenüber der Beklagten anzuerkennen. Abgesehen hiervon verkennt die Revision grundsätzlich folgendes:

Der Wille des Gesetzgebers ist, wie die mündliche Begründung des die Gesetzesvorlage einbringenden Bundesministers in der Sitzung des Bundestages vom 27. März 1950 erkennen läßt (vgl. Stenogr. Bericht des Bundestages, 1. Wahlperiode 1949, Bd. 3 S. 1891), unzweideutig darauf gerichtet gewesen, die Stellung eines fiktiven Arbeitgebers zum Schutze arbeitsrechtlicher und sozialrechtlicher Ansprüche der bis dahin benachteiligten A r b e i t n e h m e r, nicht zum Schutze der G l ä u b i g e r dieser Arbeitnehmer zu schaffen. Wenn man die Gesetzesfiktion als Aufforderung zur rechtlichen

Gleichbewertung verschiedener Tatbestände, nicht „als tatsächliche Identifikation des Verschiedenen" auffaßt (so Esser, Wert und Bedeutung der Rechtsfiktionen, Frankfurt am Main, 1940, S. 29 ff. [32]), so können aus dem fingierten Tatbestand nicht Rechtsfolgen für einen von der Fiktion nicht erfaßten Sachverhalt abgeleitet werden, sondern es bleibt zu prüfen, ob und inwieweit die rechtliche Gleichbewertung hinsichtlich eines anders gelagerten Tatbestandes gewollt und gerechtfertigt ist (vgl. Esser, aaO; ebenso Bernhöft, Zur Lehre von den Fiktionen im BGB, Festgabe für E. J. Becker, Weimar, 1907, S. 241 ff. [277]). Das Gesamthafenbetriebs-Gesetz vom 3. August 1950 hat aber, wie sich aus der Begründung ergibt, die Bedeutung der Fiktion eines besonderen Arbeitgebers auf die Beurteilung eines bestimmten Fragenkreises, nämlich den Schutz bestimmter Rechte der Arbeitnehmer, beschränkt. Diese zweckbestimmte Beschränkung schließt es aus, die zur Realisierung der Ansprüche bestimmter Arbeitnehmergruppen notwendige Fiktion gegenüber anders gearteten Ansprüchen zur Anwendung zu bringen, die das Vorliegen einer auf der tatsächlichen Gestaltung des Arbeitsverhältnisses beruhenden Arbeitgeberstellung zur Voraussetzung haben. Dies ist, wie oben ausgeführt, bei der Beklagten nicht der Fall. Im übrigen übersieht die Revision bei ihrem Hinweis, die Nichtanerkennung der Arbeitgeberstellung der Beklagten gegenüber Lohnpfändungsmaßnahmen beeinträchtige die Beitreibung von gegen Hafenaushilfsarbeiter gerichteten Forderungen ihrer Gläubiger in erheblichem Maße und führe deshalb zu einem gesetzeswidrigen Ergebnis, daß es in aller Regel Schwierigkeiten mit sich bringt, Forderungen gegen erwerbslose Personen, die bei wechselndem Arbeitgeber nur vorübergehend tätig werden, wie z. B. arbeitslose Musiker, Aushilfskellner, Transportarbeiter pp., zu vollstrecken. Dafür, daß das Gesamthafenbetriebs-Gesetz vom 3. August 1950 den Vollstreckungsgläubigern, soweit sie die Vollstreckung von Forderungen gegen die im Gesamthafenbetrieb vorübergehend tätigen Arbeitslosen betreiben, eine günstigere Vollstreckungsmöglichkeit bieten wollte als gegenüber den in anderen Berufen aushilfsweise beschäftigten Arbeitslosen, sprechen jedoch, wie dargelegt, keinerlei Anhaltspunkte.

Zusammengefaßt ergibt sich, daß die Beklagte weder in tatsächlicher Hinsicht funktionelle Arbeitgeberin des Streitverkündeten ist noch daß ihr im Wege der Fiktion eine Arbeitgeberstellung im Verhältnis zu dem als unständiger Hafenaushilfsarbeiter eingesetzten Schuldner für den hier in Rede stehenden Anspruch eingeräumt werden kann. Daraus folgt die Unwirksamkeit der ausgebrachten Pfändung, die das Bestehen einer gegen die Beklagte gerichteten Lohnforderung zur Voraussetzung hat. Lohnschuldner des Schuldners ist bei der hier gegebenen Sachlage der den Schuldner aushilfsweise beschäftigende Hafeneinzelbetrieb, der deshalb allein für eine Lohnpfändung passiv legitimiert ist (vgl. auch Gramm, Zum Gesamthafenbetrieb, RdA 1958, S. 330 ff. [334, 336]).

2. Die Auffassung der Revision, daß die Beklagte, selbst wenn sie nicht als Arbeitgeberin des Schuldners anzusehen sei, als Drittschuldnerin im Sinne von § 829 ZPO zur Zahlung des gepfändeten Betrages verpflichtet sei, ist rechtsirrig. Hierfür wäre Voraussetzung das Vorliegen eines Schuldgrundes, der einen gegen die Beklagte gerichteten Anspruch des Schuldners auf Zahlung der gepfändeten Forderung begründen würde. Mit Recht hat das Landesarbeitsgericht das Vorliegen eines Schuldübernahmevertrages zwischen der Beklagten und dem den Schuldner beschäftigenden Hafeneinzelbetrieb oder eines Vertrages zugunsten eines Dritten verneint.

Es kann zweifelhaft erscheinen, ob der Pfändungsbeschluß des Amtsgerichts, durch den die „angebliche Forderung des Schuldners an den Arbeitgeber auf Zahlung des gesamten Arbeitseinkommens" so lange gepfändet wird, bis der Gläubigeranspruch gedeckt ist, Ansprüche, die auf einer anderen Rechtsgrundlage als der des Arbeitsvertrages beruhen, überhaupt erfaßt. Selbst bei einer Auslegung, die etwaige mit dem Arbeitsverhältnis im Zusammenhang stehende Ansprüche des Schuldners in den Kreis der von dem Pfändungsbeschluß erfaßten Forderungen einbezieht, ist dem festgestellten Sachverhalt ein die Drittschuldnerstellung der Beklagten begründendes Rechtsverhältnis nicht zu entnehmen.

a) Ein die Lohnschuld des den Schuldner beschäftigenden Hafeneinzelbetriebs übernehmender Schuldübernahmevertrag (§ 415 BGB) ist zwischen der Beklagten und dem Hafeneinzelbetrieb nicht geschlossen worden. Einem dahingehenden Willen der Beklagten widerspricht eindeutig die Bestimmung des § 14 VerwO, die, wie bereits in anderem Zusammenhang ausgeführt, nicht die Beklagte, sondern den Hafeneinzelbetrieb zur Erfüllung des Lohnanspruchs verpflichtet. Das Eintreten der Beklagten für die Lohnschuld des Hafeneinzelbetriebs beschränkt sich allein auf die auf der Übernahme der Ausfallbürgschaft beruhende Verpflichtung, die jedoch erst im Falle der Zahlungsunfähigkeit des Hafeneinzelbetriebs Platz greift. Gerade das Vorliegen einer so gearteten Verpflichtung spricht aber gegen das Zustandekommen eines Schuldübernahmevertrages zwischen der Beklagten und dem Hafeneinzelbetrieb; denn die Übernahme einer Ausfallbürgschaft wäre in jedem Falle überflüssig, wenn der Aushilfsarbeiter bereits infolge Vorliegens einer

Schuldübernahmevereinbarung hinsichtlich seines Lohnanspruchs in hinreichender Weise gesichert wäre.

b) Etwas anderes ergibt sich auch nicht aus der Tatsache, daß die Beklagte gemäß § 17 Abs. 2 VerwO zur Auszahlung des Lohnes an den Schuldner verpflichtet ist. Diese Verpflichtung beruht, wie die Beklagte in den Vorinstanzen unbestritten vorgetragen hat, auf einem ihr von dem jeweiligen Arbeitgeber der Hafenaushilfsarbeiter erteilten Auftrag. Damit kommt der Beklagten in ihrem Verhältnis zu dem Hafeneinzelbetrieb die Bedeutung einer reinen Zahlstelle zu; sie handelt insoweit als Erfüllungsgehilfe ihres Auftraggebers für dessen Verpflichtung aus einem mit dem Schuldner eingegangenen Arbeitsverhältnis. Zwar kann jeder schuldrechtlich verpflichtende Vertrag, also auch ein Auftrag oder ein Geschäftsbesorgungsvertrag, ein Vertrag zugunsten eines Dritten sein, aus dem dem Dritten ein eigenes Forderungsrecht erwächst; für diesen Fall bedarf es jedoch einer dahingehenden Vertragsabrede zwischen den Parteien des schuldrechtlichen Vertrages. Nach § 328 Abs. 2 BGB ist in Ermangelung einer besonderen Bestimmung aus den Umständen, insbesondere aus dem Zweck des Vertrages zu entnehmen, ob Dritte das Recht erwerben sollen, unmittelbar die Leistung zu fordern. Die Auffassung des Landesarbeitsgerichts, der Schuldner habe keine Ansprüche nach § 328 BGB gegen die Beklagte erworben, begegnet keinen rechtlichen Bedenken, weil nach dem festgestellten Sachverhalt keine Umstände ersichtlich sind, die darauf schließen lassen, daß der Wille der Beklagten auf die Begründung eines selbständigen Forderungsrechts des Schuldners gerichtet gewesen ist. Auch der Zweck der zwischen der Beklagten und dem Hafeneinzelbetrieb nach Maßgabe des § 14 Abs. 2 VerwO getroffenen Abrede spricht nicht für eine solche Annahme.

15

1. Eine Geschäftsverteilung, die es auf die Endziffern der bei Eingang der Sachen durch die in zeitlicher Reihenfolge vorzunehmende Eintragung in das Berufungsregister gebildeten Aktenzeichen abstellt, ist rechtswirksam.

2. Die Partei wird bei Anwendung eines solchen Geschäftsverteilungsplanes dann ihrem gesetzlichen Richter entzogen, wenn bei Eintragungen aus sachfremden Gründen, also willkürlich, bestimmt wird.

GG Art. 101; ZPO § 579 Abs. 1 Nr. 1.

I. Senat. Urteil vom 14. 4. 1961 i. S. B. (Kl.) w. P. H. (Bekl.)
1 AZR 290/59.

I. Arbeitsgericht Herne/Westf. — II. Landesarbeitsgericht Hamm/Westf.

I. Der Kläger wurde von der Beklagten am 29. September 1957 fristlos entlassen. Am 27. Dezember 1957 kündigte die Beklagte vorsorglich noch zum zweiten Male.

Gegen diese Kündigungen wandte sich der Kläger durch eine vor dem Arbeitsgericht erhobene Klage. Das Arbeitsgericht wies die Klage durch Urteil vom 20. Januar 1958 ab. Gegen dieses Urteil legte der Kläger am 25. Februar 1958 Berufung beim Landesarbeitsgericht H. ein; diese Berufung erhielt bei der Eintragung in das für alle Kammern des Landesarbeitsgerichts gemeinsam geführte Berufungsregister das Aktenzeichen 4 Sa 139/58. Die Kammer erhob zunächst Beweise, wobei ein Beweistermin vom 2. Juni 1958 unter Vorsitz des Arbeitsgerichtsrats L. stattfand. Durch Urteil vom 2. Oktober 1958, das auf Grund der mündlichen Verhandlung vom selben Tage erging, wurde unter Vorsitz des Landesarbeitsdirektors Dr. H. die Berufung des Klägers gegen das Urteil des Arbeitsgerichts vom 20. Januar 1958 zurückgewiesen. Das Landesarbeitsgericht hat die am 29. September 1957 ausgesprochene fristlose Entlassung des Klägers als gerechtfertigt angesehen.

Gegen das Urteil des Landesarbeitsgerichts vom 2. Oktober 1958 wendet sich der Kläger mit der vorliegenden, auf §579 Abs. 1 ZPO (nicht vorschriftsmäßige Besetzung des Gerichts) gestützten Nichtigkeitsklage.

II. Nach dem am 16. Dezember 1957 von dem Präsidium des Landesarbeitsgerichts beschlossenen „Geschäftsverteilungsplan für den richterlichen Dienst bei dem Landesarbeitsgericht H. für das Geschäftsjahr 1958" wurden die richterlichen Geschäfte des Landesarbeitsgerichts von fünf Kammern bearbeitet. Das Berufungsregister wurde durchlaufend numeriert, d. h. sämtliche Sachen wurden in der Reihenfolge ihres Eingangs mit aufeinanderfolgenden Zahlen versehen. Der Vierten Kammer wurden sämtliche Sachen zugewiesen, bei denen die Endziffern der fortlaufenden Register-Nummern auf 5, 6 und 9 lauteten, die Fünfte Kammer war zuständig für sämtliche Sachen, bei denen die fortlaufenden Registernummern auf 0, 7 und 8 endeten. Streitigkeiten zwischen denselben Parteien, die dasselbe Rechts- und Sachverhältnis betrafen, waren von derselben Kammer zu bearbeiten. In diesen Fällen war für die Bearbeitung aller Verfahren die Kammer zuständig, die als erste mit einem der Verfahren befaßt worden war. Zum Vorsitzenden der Vierten Kammer wurde in dem Geschäftsverteilungsplan der Arbeitsgerichtsdirektor L. bestellt, zu seinem Vertreter der Arbeitsgerichtsdirektor W., Vorsitzender der Fünften Kammer war der Arbeitsgerichtsdirektor W., sein Vertreter war der Arbeitsgerichtsdirektor L.

III. Am 16. Dezember 1957 faßte das Präsidium des Landesarbeitsgerichts weiterhin den folgenden Beschluß: „Anläßlich der Bestellung des Arbeitsgerichtsrats Dr. H. zum Hilfsrichter bei dem Landesarbeitsgericht in H. und der Überlastung der Kammervorsitzenden der Vierten und Fünften Kammer übernimmt Herr Dr. H. für die Dauer der Hilfsrichtertätigkeit sämtliche Sachen, bei denen

a) die Endziffern der fortlaufenden Registernummern der Vierten Kammer auf 9 und
b) die Endziffern der fortlaufenden Registernummern der Fünften Kammer auf 0

lauten."

IV. Im Juli 1958 wurde die von dem Präsidenten des Landesarbeitsgerichts bereits am 8. Juli 1957 beantragte und für das Haushaltsjahr 1958 bewilligte weitere Direktorenstelle bei dem Landesarbeitsgericht H. dem Arbeitsgerichtsrat Dr. H. als Landesarbeitsgerichtsdirektor übertragen. Eine Änderung der Geschäftsverteilung des Landesarbeitsgerichts wurde aus diesem Anlaß nicht vorgenommen, vielmehr bearbeitete Dr. H. auch als Landesarbeitsgerichtsdirektor weiter die Sachen mit den Endziffern 9 und 0 im Aktenzeichen aus der Vierten und Fünften Kammer, die ihm bereits als Hilfsrichter auf Grund des Präsidialbeschlusses vom 16. Dezember 1957 zugewiesen waren. Das Ministerium hatte bereits am 30. April 1958 die Zustimmung des Justizministeriums zur Bildung einer Sechsten Kammer beantragt, diese Kammer wurde aber erst auf Grund eines Ministerialerlasses vom 9. Januar 1959 eingerichtet.

V. Nach einem Präsidialbeschluß des Landesarbeitsgerichts H. vom 30. Mai 1958 sollte der Arbeitsgerichtsrat L. den damaligen Arbeitsgerichtsrat Dr. H. aus Anlaß seiner Beurlaubung im Dezernat und in den Sitzungen vertreten. Auf Grund dieses Beschlusses hat der Arbeitsgerichtsrat L. in der Sache des Klägers den Beweistermin vom 2. Juni 1958 anstelle des Arbeitsgerichtsrates Dr. H. wahrgenommen.

VI. Der Kläger hat mit der am 10. Oktober 1958 gegen das Urteil des Landesarbeitsgerichts vom 2. Oktober 1958 erhobenen Nichtigkeitsklage vorgetragen:

1. Der Geschäftsverteilungsplan vom 16. Dezember 1957 gewährleiste nicht, daß die rechtsuchende Partei mit ihrer Sache

an den für sie bestimmten gesetzlichen Richter komme. Dadurch, daß die eingehenden Sachen unter die verschiedenen Kammern des Landesarbeitsgericht nach den Endziffern der durch die Eintragung in das Berufungsregister gebildeten Aktenzeichen verteilt würden, sei nicht gewährleistet, daß für jede Sache der gesetzliche Richter von vornherein feststehe. Es sei nicht auszuschließen, daß die Geschäftsstelle, die die Reihenfolge der Eintragungen bestimme, die Sache einem von ihr im Einzelfall ausgewählten Richter zur Bearbeitung zuführe. Diese Möglichkeit allein reiche aus, um die Gefahr zu begründen, daß die Partei ihrem gesetzlichen Richter entzogen werde, und um deshalb das auf Grund eines solchen Geschäftsverteilungsplanes tätig werdende Gericht zu einem im Sinne des § 579 Abs. 1 Nr. 1 ZPO unvorschriftsmäßig besetzten Gericht zu machen.

2. Landesarbeitsgerichtsdirektor Dr. H. habe den Termin vom 2. Oktober 1958, auf den hin das angefochtene Urteil ergangen sei, nicht wahrnehmen dürfen, da ihm die Sachen mit der Endziffer 9 im Aktenzeichen und damit auch die Sache des Klägers nur aus Anlaß und nur für die Dauer seiner Hilfsrichtertätigkeit zugewiesen worden seien. Die Hinzuziehung eines Hilfsrichters und damit der Beschluß vom 16. Dezember 1957 seien schon deshalb gesetzwidrig, weil bei dem Landesarbeitsgericht seit langem eine Überlastung bestanden habe; dieser hätte durch Schaffung zusätzlicher Planstellen, nicht aber durch Zuweisung von Hilfsrichtern abgeholfen werden müssen. Am 2. Oktober 1958 jedenfalls hätte Dr. H. nicht mehr tätig werden dürfen, da er zu dieser Zeit nicht mehr Hilfsrichter gewesen sei, der Beschluß vom 16. Dezember 1957 sich aber nur auf die Zeit der Hilfsrichtertätigkeit des Dr. H. erstrecke.

3. Der Beschluß des Präsidiums vom 30. Mai 1958, auf Grund dessen der Arbeitsgerichtsrat L. den Beweistermin vom 2. Juni 1958 wahrgenommen habe, sei unzulässig gewesen, da dieser Beschluß eine Änderung der Geschäftsverteilung für 1958 bedeute, eine solche Änderung während des Laufes des Geschäftsverteilungsplanes grundsätzlich — abgesehen von den hier nicht gegebenen Ausnahmefällen nach §§ 39 ArbGG und 63 Abs. 2 GVG — aber nicht zulässig sei. Auch im Beweistermin vom 2. Juni 1958 sei das Gericht daher unvorschriftsmäßig besetzt gewesen.

VII. Der Kläger hat beantragt,

das am 2. Oktober 1958 verkündete Urteil des Landesarbeitsgerichts für nichtig zu erklären.

Die Beklagte hat demgegenüber beantragt,
die Klage abzuweisen.

VIII. Die Beklagte hat ausgeführt:

1. Eine Geschäftsverteilung nach Endziffern der bei dem Eingang neuer Sachen in die Register gebildeten Aktenzeichen sei zulässig; der Kläger könne nicht vortragen, daß bei der Eintragung der für ihn eingelegten Berufung in das Berufungsregister und damit der Bildung des Aktenzeichens für diese Berufung nicht ordnungsmäßig verfahren worden sei.

2. Der Beschluß vom 16. Dezember 1957 über die Verwendung des Dr. H. habe nach der Einweisung des Dr. H. in die neugeschaffene Landesarbeitsgerichtsdirektorenstelle fortgegolten. Dr. H. habe daher den Termin vom 2. Oktober wahrnehmen können.

3. Auf die Besetzung des Gerichts im Termin vom 2. Juni 1958 komme es nicht an, da das Urteil vom 2. Oktober 1958 nicht auf dieser Verhandlung beruhe.

IX. Durch das angefochtene Urteil vom 8. Mai 1959 hat das Landesarbeitsgericht die Klage unter Zulassung der Revision abgewiesen.

Die Revision des Klägers ist zurückgewiesen worden.

Aus den Gründen:

A. 1. Nach § 39 ArbGG werden vor Beginn des Geschäftsjahres die Geschäfte auf die einzelnen Kammern verteilt sowie die Vorsitzenden und die Landesarbeitsrichter den einzelnen Kammern zugeteilt. Die Vorsitzenden und die Landesarbeitsrichter können mehreren Kammern angehören. Nach § 39 Abs. 4 ArbGG gelten im übrigen die §§ 63 bis 67 GVG entsprechend.

Darüber, nach welchen Grundsätzen oder Merkmalen die Geschäfte zu verteilen sind, enthält weder das ArbGG noch das GVG besondere Bestimmungen. Grundsätzlich sind daher die Mitglieder des Präsidiums bei der ihnen nach § 39 Abs. 2 ArbGG obliegenden Aufstellung des Geschäftsverteilungsplanes in der Aufstellung derartiger Grundsätze und Merkmale frei. Der Senat hat insbesondere nicht zu prüfen, ob eine Geschäftsverteilung nach Endziffern der aus einem einheitlich für alle Kammern geführten Berufungsregister gewonnenen Aktenzeichen zweckmäßig ist, ob insbesondere eine Verteilung nach anderen Grundsätzen, z. B. beim Landesarbeitsgericht nach Arbeitsgerichtsbezirken oder nach Sachmaterien, zweckentsprechender wäre.

2. Wenn das Grundgesetz (Art. 101) und das GVG (§ 16) bestimmen, daß niemand seinem gesetzlichen Richter entzogen werden darf, und § 39 ArbGG vorschreibt, daß die Geschäfte vor Beginn des Geschäftsjahres verteilt werden müssen, so soll damit die Bestellung eines richterlichen Gremiums für den einzelnen Fall ausgeschlossen werden. Es soll von vornherein nach allgemein anwendbaren Grundsätzen feststehen, an welche Kammer (Senat, Einzelrichter) eine im Laufe des Geschäftsjahres eingehende Sache zu kommen hat. Dafür müssen objektive, ohne Ansehen der Person und des einzelnen Falles getroffene allgemeine Regeln aufgestellt werden. Es soll ausgeschlossen werden, daß ein Rechtsuchender seinem gesetzlichen Richter „entzogen" wird. Es soll also einerseits gewährleistet sein, daß ein bestimmtes richterliches Gremium, das bereits vor Eingang der einzelnen Rechtssache bei dem Gericht für das Geschäftsjahr im voraus ausgewählt worden ist, als „gesetzlicher Richter" auch wirklich mit der Sache befaßt wird, wenn sie bei Gericht eingeht, und befaßt bleibt, nachdem sie bei Gericht eingegangen ist. Andererseits soll verhindert werden, daß vor oder nach Eingang einer bestimmten Sache der Versuch gemacht wird, diese bestimmte Sache einem anderen als dem allgemein für derartige Sachen bestimmten Gremium zur Bearbeitung und Entscheidung zuzuführen. Dies folgt aus dem Gebot „Niemand darf seinem gesetzlichen Richter entzogen werden". Das Grundgesetz und mit ihm das GVG wollen also ein aktives Handeln mit dem Ziel, eine bestimmte Sache einer für diesen besonderen Fall ausgewählten Richterbank unter Umgehung des gesetzlichen Richters zuzuleiten, verhindern. Für diese Auslegung spricht insbesondere der klare Wortlaut des Art. 101 GG: „Entziehen" bedeutet ein Tätigwerden im einzelnen Fall, die Nichtanwendung einer allgemein gültigen Regel, obwohl der Fall unter die Regel fällt, also ein Handeln in bestimmter Absicht, die Umgehung des nach allgemeinen Regeln zur Entscheidung bestimmten Richtergremiums. Art. 101 GG bestimmt, daß niemand seinem gesetzlichen Richter entzogen werden darf. Art. 101 GG erfordert aber nicht eine durch Gesetz oder Geschäftsverteilung zu treffende Regelung, nach der es mit logischer Notwendigkeit ausgeschlossen ist, daß jemand vor einen anderen Richter kommt, als es nach der Regel vorgesehen ist.

3. Die hier vorliegende Art der Geschäftsverteilung stellt es auf die Endziffern der aus der Eintragung in das Berufungsregister gewonnenen Aktenzeichen ab. An welchen Richter die Sache kommt, hängt also davon ab, welche Endziffer das Aktenzeichen erhält. Da aber gleichzeitig in dem hier zur Erörterung stehenden Geschäftsverteilungsplan ent-

sprechend der bei allen Gerichten seit langem bestehenden Übung bestimmt ist, daß das Berufungsregister durchlaufend numeriert zu führen ist und die Eingänge entsprechend i h r e r z e i t l i c h e n R e i h e n f o l g e in das Register einzutragen sind, ist grundsätzlich gewährleistet, daß die eingehenden Sachen einem im voraus allgemein, eben nach den Endziffern der Aktenzeichen bestimmten Richter ohne Ansehung der Person der im Einzelfall beteiligten Parteien zur Bearbeitung zugeführt werden. Insbesondere aber wird die Sache nicht einem a n d e r e n Richter, der sonst zuständig wäre, entzogen.

4. Es ist allerdings nicht zu verkennen, daß für den Fall des an einem Tag gleichzeitigen (mit derselben Postzustellung oder durch denselben anderen Überbringer) Eingangs m e h r e r e r Berufungsschriften bei dem Landesarbeitsgericht nach dem Geschäftsverteilungsplan des Landesarbeitsgerichts H. für das Jahr 1958 keine ausdrücklichen Bestimmungen über die Reihenfolge der vorzunehmenden Eintragungen getroffen waren (erst der Geschäftsverteilungsplan für das Jahr 1960 enthält die Vorschrift, daß die an einem Tage eingehenden Sachen in der Reihenfolge zu numerieren sind, die der alphabetischen Folge der Anfangsbuchstaben der beklagten Partei entspricht. Gingen also im Geschäftsjahr 1958 an e i n e m Tage mehrere Berufungsschriften gleichzeitig bei dem Landesarbeitsgericht ein, so hing die Frage, welches Aktenzeichen die einzelne dieser mehreren Sachen erhielt, und damit die Frage, welchem Richter diese einzelne Sache zur Bearbeitung zugeführt wurde, von der insoweit durch besonders für diesen Fall gegebene justizverwaltungsmäßige Regeln nicht beeinflußten Entscheidung des Registerführers ab, in welcher Reihenfolge er diese gleichzeitig eingegangenen mehreren Sachen in das Berufungsregister eintrug.

Diese Möglichkeit macht aber nicht die ganze Geschäftsverteilung des Landesarbeitsgerichts für das Jahr 1958 gesetzwidrig.

Das Bundesverfassungsgericht hat in der Entscheidung vom 19. März 1959 (BVerfGE 9, 223) ausgeführt, aus Art. 101 Abs. 1 Satz 2 GG folge n i c h t, daß der Gesetzgeber den gesetzlichen Richter stets endgültig bestimmen müsse; eine „bewegliche" Zuständigkeitsverteilung sei zulässig, wenn sie unter justizgemäßen Gesichtspunkten generalisiere und sachfremden Einflüssen auf das Verfahren vorbeuge. In dieser Entscheidung, die sich mit der Verfassungsmäßigkeit des § 24 GVG und der dort der Staatsanwaltschaft gegebenen Möglichkeit, entweder vor dem Amtsgericht oder dem Landgericht Anklage zu erheben, beschäftigte, hat das Bundesverfassungsgericht ausgeführt, der G e s e t z g e b e r müsse dafür sorgen, daß die Rechtspflege vor s a c h f r e m d e n Einflüssen geschützt werde. Daher solle sich der „gesetzliche Richter" jeweils möglichst eindeutig aus einer allgemeinen Norm ergeben (BVerfGE 6, 45). Das Bundesverfassungsgericht stellt es in dieser Entscheidung darauf ab, ob eine bestimmte gesetzliche Regelung (damals § 24 GVG) „hinreichend geeignet sei, sachfremde Einflüsse auf die Bestimmung des erkennenden Gerichts auszuschließen". Sei sie das, so sei sie verfassungsrechtlich auch dann nicht zu beanstanden, wenn eine Regelung denkbar sei, die dem Grundgedanken des Art. 101 GG besser gerecht werde. Das Bundesverfassungsgericht verlangt also nicht eine absolut eindeutige Norm, sondern nur eine „möglichst" eindeutige Regel, die sachfremde Einflüsse „hinreichend" ausschließen kann.. Es nimmt das Wahlrecht der Staatsanwaltschaft nach § 24 GVG hin.

Diese von dem Bundesverfassungsgericht für eine durch Gesetz getroffene Zuständigkeitsregelung (bewegliche Zuständigkeit nach § 24 GVG) entwickelten Grundsätze müssen auch auf den hier vorliegenden Fall einer durch den Geschäftsverteilungsplan vorgenommenen Zuständigkeitsverteilung angewendet werden. Regelt die Geschäftsverteilung die Zuständigkeit nach den Endziffern der erst bei Eingang der einzelnen Berufungsschriften zu bildenden Aktenzeichen, so kommt es somit darauf an, ob ein solcher Geschäftsverteilungsplan „hinreichend geeignet ist, sachfremde Einflüsse auszuschließen", nicht darauf, ob er tatsächlich unter allen denkbaren Umständen jeden sachfremden Einfluß mit vollständiger Sicherheit ausschließt.

Wenn auch der Geschäftsverteilungsplan des Landesarbeitsgerichts H. für das Geschäftsjahr 1958 keine ausdrücklichen Bestimmungen über die Reihenfolge der Eintragungen in das Berufungsregister bei gleichzeitigem Eingang mehrerer Berufungsschriften enthielt, so muß, solange nicht im Einzelfall ein Anhalt für das Gegenteil (also das Gegebensein sachfremder Einflüsse auf die Bestimmung des Gerichts) vorgetragen und geltend gemacht ist, davon ausgegangen werden, daß der Führer des Berufungsregisters sich bei der Bestimmung der Reihenfolge, in der er mehrere gleichzeitig eingegangene Berufungen in das Berufungsregister einträgt, ausschließlich von sachlichen Erwägungen, also von rechtsstaatlichem Denken leiten läßt, also sachgerecht verfährt, und zwar sowohl allgemein wie im Einzelfall. Für den Geschäftsstellenleiter gilt insoweit nichts anderes als für den Staatsanwalt im Falle des § 24 GVG. Es wäre jedenfalls ein durch nichts begründetes Mißtrauen, bei der rechtlichen Wertung einer solchen Geschäftsverteilung für den einzelnen Fall von der rein abstrakten Möglichkeit auszugehen, der Registerführer könne sich möglicherweise bei der Anwendung einer solchen Geschäftsverteilung von sachfremden Einflüssen leiten lassen und habe dies im gegebenen Fall getan. Die bloße Möglichkeit, bei der Anwendung der Geschäftsverteilung sachfremde Einflüsse zu berücksichtigen, ist in mehr oder minder großem Umfange bei jeder Form der Geschäftsverteilung gegeben; auf sie allein kann daher die Entscheidung nicht abgestellt werden.

5. Der Senat hat es im vorliegenden Fall für erforderlich angesehen, von sich aus, obwohl der Kläger in dieser Richtung keinerlei Sachvortrag gebracht hat, der Frage nachzugehen, ob bei der Eintragung der von dem Kläger gegen das Urteil des Arbeitsgerichts H. vom 20. Januar 1958 am 25. Februar 1958 eingelegten Berufung in das Berufungsregister des Landesarbeitsgerichts und damit der Zuteilung des Aktenzeichens an diese Berufungssache und damit weiter der Zuteilung dieser Sache an Landesarbeitsgerichtsdirektor Dr. H. sachfremde Einflüsse mitgespielt haben. Dabei hat sich auf Grund der dienstlichen Äußerung des Präsidenten des Landesarbeitsgerichts H. ergeben, daß am 25. Februar 1958 bei dem Landesarbeitsgericht H. insgesamt nur zwei Berufungsschriften eingegangen sind. Die letzte, am Tage vorher eingegangene Berufungsschrift hatte das Aktenzeichen 137/58 erhalten; die Eintragungen am 25. Februar mußten also mit dem Aktenzeichen 138/58 beginnen und die Aktenzeichen 138 und 139 erhalten. Die außer der Berufung des Klägers eingegangene weitere Berufung mußte aber ohne Rücksicht auf das gebildete Aktenzeichen der Fünften Kammer nach dem Geschäftsverteilungsplan wegen Parteiidentität zufallen; sie betraf dieselben Parteien wie die bereits am Vortage eingetragene Berufung 137/58. Für diese am Vortage eingegangene Berufung war die Fünfte Kammer nach dem Geschäftsverteilungsplan deshalb zuständig, weil ihr Aktenzeichen mit der Endziffer 7 abschloß. Wenn aber für die andere, neben der des Klägers am 25. Februar 1958 eingegangene Berufung ohnehin nach dem Geschäftsverteilungsplan (wegen der Parteiidentität) die Fünfte Kammer zuständig war, so stellt es keine sachfremde Entscheidung des Registerführers dar, wenn er diese andere Berufung unter dem Aktenzeichen 138/58 eintrug und damit erreichte, daß für diese andere Berufung die ohnehin wegen Parteiidentität gegebene Zuständigkeit der Fünften Kammer auch dadurch begründet wurde, daß diese andere Berufung ein Aktenzeichen mit einer Endziffer erhielt, die die Zuständigkeit eben der Fünften Kammer auch nach den bei dem Landesarbeitsgericht H. bestehenden allgemeinen Grundsätzen über die Geschäftsverteilung nach Endziffern rechtfertigte. Dadurch wurde erreicht, daß die beiden an aufeinanderfolgenden Tagen eingegangenen

Berufungen in Rechtsstreitigkeiten unter denselben Parteien unmittelbar aufeinanderfolgende Aktenzeichen (137 und 138) erhielten. Auch das ist nicht sachfremd. Dann mußte aber die Berufung des Klägers unter der nächsten Nummer des Berufungsregisters eingetragen, also unter dem Aktenzeichen 139/58 bearbeitet werden. Denn wenn für die beiden am 25. Februar 1958 eingegangenen Berufungen nur die Aktenzeichen 138/58 und 139/58 in Betracht kamen, die andere Berufung aber aus einer sachgemäßen Entscheidung des Registerführers die Nummer 138/58 erhielt, verblieb für die Berufung des Klägers nur die Nummer 139/58, die sie erhalten hat. Sachgerecht wäre es auch, wenn der Registerführer bei seinen Eintragungen bewußt von der Erwägung ausgegangen sein sollte, eine Doppelbelastung der Fünften Kammer mit beiden am 25. Februar 1958 eingegangenen Berufungen zu vermeiden, und gerade aus diesem Grunde durch die Eintragung der Berufung des Klägers unter der Nummer 139 die Zuständigkeit einer anderen als der Fünften Kammer begründen wollte. Eine Doppelbelastung der Fünften Kammer wäre dann eingetreten, wenn die Berufung des Klägers unter dem Aktenzeichen 138/58 und die andere Berufung unter dem Aktenzeichen 139/58 eingetragen worden wäre; denn dann wäre die Fünfte Kammer sowohl für die Berufung 138/58 zuständig gewesen (weil es sich um eine Berufung mit der Endziffer „8" im Aktenzeichen handelte) wie aber auch für die Berufung 139/58 (weil bei dieser Berufung der erwähnte Zusammenhang mit der bereits bei der Fünften Kammer anhängigen Berufung 137/58 gegeben war). Es ist durchaus Aufgabe der Geschäftsverteilung eines jeden Gerichts und der für ihre sinngerechte Anwendung verantwortlichen Beamten, die Geschäfte möglichst gleichmäßig unter die mehreren Kammern dieses Gerichts zu verteilen. Dies dient nicht nur der gleichmäßigen Belastung der bei dem Gericht tätigen Richter und der auf den Geschäftsstellen und in den Kanzleien tätigen Justizbediensteten, sondern insbesondere den Belangen der rechtsuchenden Bürger, die erwarten können, daß die Justizverwaltung durch die Geschäftsverteilung selbst und deren Anwendung dafür Vorsorge trifft, durch möglichst gleichmäßige Auslastung der Richter und Gerichte eine möglichst gleiche Zeitdauer der Erledigung für die einzelnen bei dem Gericht anhängigen Sachen zu gewährleisten. Verfährt der Registerführer nach diesem Sinn einer jeden Geschäftsverteilung, so handelt er nicht aus „sachfremden" Erwägungen.

Daß sich im konkreten Fall der Registerführer von irgendwelchen sachfremden Einflüssen bei der Eintragung der Berufung des Klägers in das Berufungsregister und damit der Bestimmung des Aktenzeichens, unter dem diese Berufung dann bearbeitet wurde (139/58), hätte leiten lassen, ist nicht vorgetragen, nach den vom Senat angestellten Ermittelungen auch nicht ersichtlich.

6. Das Urteil des Senats steht nicht nur in Übereinstimmung mit der erwähnten Entscheidung des Bundesverfassungsgerichts vom 19. März 1959 (BVerfGE 9, 223), sondern auch mit einer Reihe bedeutsamer Entscheidungen des Bundesgerichtshofes.

In der Entscheidung vom 22. November 1957 (NJW 58, 429) hat der Vierte Strafsenat des Bundesgerichtshofes ausgeführt, die Bestimmungen des Art. 101 Abs. 1 Satz 2 GG und des § 16 Satz 2 GVG seien nicht in jedem Falle verletzt, in dem ein anderer als der gesetzliche Richter tätig werde. Von dem Fall der „Entziehung des gesetzlichen Richters" sei der des Verfahrensirrtums zu unterscheiden. Dieser liege jedenfalls dann vor, wenn der mit dem Fall beschäftigte Richter nicht willkürlich seine Zuständigkeit angenommen habe. Die Bestimmungen des Art. 101 GG und des § 16 GVG gäben in dem hier in Betracht kommenden Bereich (d. h. dem der Geschäftsverteilung) nur einen Schutz gegen Willkür (BVerfGE 4, 412, 416, 417; 3, 359, 364, 365).

In dieser Entscheidung stellt es der BGH also darauf ab, ob im konkreten Fall Willkür bei der Bestimmung des Richters vorgelegen hat. Daß das im Falle des Klägers nicht gegeben ist, wurde bereits ausgeführt.

In der Entscheidung vom 3. Juli 1958 (NJW 58, 1503) hat der Vierte Strafsenat des Bundesgerichtshofes ausgeführt, eine Strafkammer verstoße nicht gegen das Verbot der Entziehung des gesetzlichen Richters, wenn sie ihre Zuständigkeit in Übereinstimmung mit dem Geschäftsverteilungsplan nach der von der Staatsanwaltschaft in der Anklageschrift gewählten Reihenfolge der Angeklagten beurteile, es sei denn, daß Anhaltspunkte dafür gegeben seien, daß die Staatsanwaltschaft die Reihenfolge der Angeklagten willkürlich gewählt habe, um die Entscheidung der Strafsache durch eine unerwünschte Strafkammer zu umgehen. Dieser Auslegung des Bundesgerichtshofes entspricht es, bei der Anwendung einer auf die Endziffern der Aktenzeichen abstellenden Geschäftsverteilung einen Verstoß gegen die Grundsätze des Art. 101 GG und des § 16 GVG nur dann anzunehmen, wenn die Reihenfolge der Eintragungen in das Berufungsregister willkürlich aus sachfremden Gründen deshalb vorgenommen worden ist, um eine bestimmte Kammer zu umgehen. Davon kann hier nicht die Rede sein, jedenfalls hat der Kläger entsprechende Behauptungen nicht aufgestellt.

In der Entscheidung vom 28. September 1954 (BGHSt. 7, 23 f.) hat der Fünfte Strafsenat des Bundesgerichtshofes ausgeführt, es gehöre zum Begriff des gesetzlichen Richters, daß die einzelne Sache „blindlings" an ihn komme, „auf Grund allgemeiner Merkmale, wie etwa nach dem Anfangsbuchstaben des Angeklagten, nach der Endzahl des Aktenzeichens, nach Herkunftsbezirken oder auch nach dem Strafgesetz, dessen Verletzung dem Angeklagten vorgeworfen werde". Der Bundesgerichtshof hat also hier ausdrücklich eine Geschäftverteilung nach Endziffern der Aktenzeichen als zulässig angesehen, und zwar ohne es als erheblich anzusehen, daß die Endziffern der Aktenzeichen erst bei dem Eingang der einzelnen Sache bei dem Gericht festgestellt werden, und ohne den Fall besonders hervorzuheben, daß gleichzeitig mehrere Sachen bei dem Gericht eingehen und nicht von vornherein festgelegt ist, in welcher Reihenfolge diese zeitlich zusammen eingehenden Sachen in das Register eingetragen werden und damit ihre Aktenzeichen einschließlich der Endziffern dieser Aktenzeichen erhalten.

Auf diese Entscheidung hat auch der Vierte Strafsenat des Bundesgerichtshofs in der Entscheidung vom 4. April 1957 (BGHSt. 10, 179) ausdrücklich Bezug genommen, er hat in dieser Entscheidung insbesondere keine Bedenken gegen eine Geschäftsverteilung nach Endziffern der Aktenzeichen erhoben.

7. Eine von der in den vorerwähnten Entscheidungen des Bundesgerichtshofes abweichende Meinung vertritt allerdings neuerdings der Zweite Strafsenat des Bundesgerichtshofes in der Entscheidung vom 17. August 1960 (NJW 60, 2109). Er hat dort eine Verteilung der Geschäfte unter die Strafkammern nach dem zeitlichen Eingang der Sachen bei der Geschäftsstelle als unzulässig angesehen. In folgerichtiger Durchführung dieser Entscheidung wäre auch — und zwar im Gegensatz zur Ansicht des Fünften und des Vierten Strafsenats des Bundesgerichtshofes in den oben erwähnten Entscheidungen — eine Geschäftsverteilung nach Endziffern der Aktenzeichen unzulässig; denn diese Aktenzeichen bestimmen sich nach dem zeitlichen Eingang der Sachen.

Der Senat vermag dieser Entscheidung des Zweiten Strafsenats des BGH nicht zu folgen.

Der Zweite Strafsenat erkennt selbst an, daß sich kaum allgemeine — für die Praxis brauchbare — Merkmale finden ließen, die jede willkürliche Zuteilung (zu ergänzen: der eingehenden Sachen auf die einzelnen Strafkammern) schlechthin ausschlössen. Es dürften aber keine Merkmale gewählt werden, die unter bestimmten Voraussetzungen eine bewußte Zuteilung nach irgendwelchen Zweckmäßigkeitsgesichtspunkten sogar nahelegten. Es könne dahingestellt bleiben, ob die vom Präsidium beschlossene Regelung bereits deshalb unzulässig sei, weil sie die Möglichkeit gebe, daß andere Stellen Einfluß auf den Eingang der Akten und damit die Zuständigkeit nähmen. Daß sie eine bewußte Zuteilung der Sachen in der Geschäftsstelle nicht ausschließe, bedürfe keiner Begründung. Das gelte vor allem in den Fällen, in denen mehrere Sachen gleichzeitig bei dem Landgericht eingingen; sie seien in dem Beschluß des Präsidiums nicht geregelt. Der Geschäftsstellenleiter habe praktisch über die Zuteilung an die Strafkammern zu entscheiden. Damit sei das Recht auf den gesetzlichen Richter nicht mehr gewährleistet.

Der Ausgangspunkt der Rechtsausführungen des Zweiten Strafsenats ist sicherlich richtig: es gibt kaum allgemeine Merkmale, die jede willkürliche Zuteilung der eingehenden Sachen schlechthin mit Sicherheit ausschließen. Die folgerichtige Durchführung dieses Grundsatzes müßte aber, wenn man auf die Möglichkeit einer bewußten Zuteilung abstellte, dazu führen, jede Art der Geschäftsverteilung, die die bewußte Zuteilung und Zuleitung bestimmter Sachen nicht „schlechthin" ausschließt, als unzulässig anzusehen. Es ist dann schlechterdings nicht ersichtlich — auch der Zweite Strafsenat gibt insoweit keine Hinweise —, wie unter Zugrundelegung dieser Erkenntnis die Geschäfte noch verteilt werden könnten, um „jede" bewußte Zuteilung der eingehenden Sachen schlechthin auszuschließen. Damit führen die in der Entscheidung entwickelten Rechtsansichten, die es auf die abstrakte Möglichkeit einer bewußten Zuteilung, die als solche nicht einmal sachfremd, geschweige denn willkürlich zu sein braucht, abstellen, zu in der Praxis untragbaren Ergebnissen; denn keine Art der Geschäftsverteilung — gleichviel, nach welchen Grundsätzen sie vorgenommen ist — kann die bewußte Zuteilung eingehender Sachen „schlechthin" ausschließen, jede Geschäftsverteilung eröffnet also diese „Möglichkeit". In jedem einzelnen Fall könnte zur Erörterung gestellt werden, ob eine Geschäftsverteilung, auch wenn im konkreten Fall durchaus sachgerecht verfahren ist, nicht die abstrakte, durch Sachvortrag nicht belegte Möglichkeit bewußter Zuteilung der eingehenden Sachen beinhalte. Darauf, ob im konkreten Fall willkürlich oder aus sachfremden Gründen verfahren worden wäre, käme es überhaupt nicht an. Die Folge wäre eine unübersehbare Zahl von Rechtsmitteln und damit eine unerträgliche

Rechtsunsicherheit. Schon das spricht entscheidend gegen die vom Zweiten Strafsenat des Bundesgerichtshofes in Abweichung vom Vierten und Fünften Strafsenat desselben Gerichts vertretene Rechtsauffassung.

Der Senat kann aber insbesondere auch deshalb dem Zweiten Strafsenat nicht folgen, weil er es auf die bloße theoretische Möglichkeit eines bewußten Handelns des Geschäftsstellenleiters (zu welchem Zweck?), die durch die Geschäftsverteilung nach dem zeitlichen Eingang der Sachen „nahegelegt werde", abstellt. Hierin liegt, wie bereits erwähnt, die Unterstellung, der Geschäftsstellenleiter, der aus sachfremden Gründen handeln könne, werde dies auch tun; die Möglichkeit allein, daß ein Leiter der Geschäftsstelle seine Dienstpflichten verletzen und dem Sinngehalt der Verfassung zuwiderhandeln könne, mache die Geschäftsverteilung, die solche Möglichkeiten „nahelege", unzulässig. Der erkennende Senat sieht keinen Anlaß, in dieser allgemeinen Form in Zweifel zu stellen, daß die Leiter der Geschäftsstellen sich bei ihrer dienstlichen Tätigkeit pflichtgemäß und nach dem Sinngehalt der Verfassung verhalten. Daß ein pflichtwidriges Verhalten dem Leiter der Geschäftsstelle mit der Geschäftsverteilung „sogar nahegelegt" werde, ist eine Unterstellung zu Lasten des Präsidiums, die ebenfalls nicht gerechtfertigt ist. Es ist vielmehr, solange von der Partei Gegenteiliges nicht vorgetragen ist, davon auszugehen, daß das Präsidium den Geschäftsverteilungsplan sachgerecht angewendet sehen will und daß auch die Geschäftsstellenleiter bei der Eintragung von Eingängen sich nur durch rechtsstaatliche Erwägungen leiten lassen, den Geschäftsverteilungsplan also dem Sinngehalt des Grundgesetzes entsprechend sachgerecht auch dann anwenden, wenn zufällig an demselben Tage mehrere Eingänge in das Berufungsregister einzutragen sind.

Aus allen diesen Gründen ist der erkennende Senat zu dem Ergebnis gekommen, daß die vom Landesarbeitsgericht H. für das Geschäftsjahr 1958 vorgenommene Geschäftsverteilung zulässig war und auch im Fall des Klägers nicht sachfremd, nicht willkürlich angewandt worden ist.

B. Der Kläger macht weiter geltend, Landesarbeitsgerichtsdirektor Dr. H. habe auch deshalb den Termin vom 2. Oktober 1958 nicht wahrnehmen und deshalb an dem Urteil vom 2. Oktober 1958 nicht mitwirken dürfen, weil er nicht als Hilfsrichter bei dem Landesarbeitsgericht H. hätte bestellt werden dürfen; jedenfalls aber habe er auf Grund des nur für die Dauer seiner Hilfsrichtertätigkeit geltenden Beschlusses vom 16. Dezember 1957 nach seiner Ernennung zum Landesarbeitsgerichtsdirektor im Juli 1958 nicht mehr im Oktober 1958 noch als Hilfsrichter tätig sein dürfen.

1. Dr. H. war am 2. Oktober 1958 nicht mehr Hilfsrichter bei dem Landesarbeitsgericht, sondern gehörte diesem Gericht seit seiner Einweisung in die für das Gericht neu bewilligte Landesarbeitsgerichtsdirektorenstelle im Juli 1958 als planmäßig bestellter Richter an. Es kommt daher nicht darauf an, ob der bei dem Landesarbeitsgericht jedenfalls seit Juli 1957 bestehenden Überlastung noch im Jahre 1958 durch die Einberufung von Hilfsrichtern Rechnung getragen werden durfte oder ob bereits früher eine weitere Planstelle hätte eingerichtet werden müssen. Der Senat hat deshalb keine Veranlassung zu prüfen, ob die Grundsätze, die die Rechtsprechung für die Zulässigkeit der Beschäftigung von Hilfsrichtern und insbesondere über die zulässige Dauer einer solchen Beschäftigung entwickelt hat, im vorliegenden Fall verletzt sind (zu dieser Rechtsprechung vgl. BGHZ 9, 291; 10, 131; 12, 1; 15, 135; 20, 252 und 22, 142).

2. Als ordentliches Mitglied des Landesarbeitsgerichts H. durfte aber Dr. H. den Termin vom 2. Oktober 1958 wahrnehmen. Dem Revisionskläger ist zwar zuzugeben, daß der Beschluß des Präsidiums des Landesarbeitsgerichts, auf Grund dessen Dr. H. noch im Termin vom 2. Oktober 1958 über die Berufung des Klägers 4 Sa 139/58 entschiedem hat, seinem Wortlaut nach besagt, daß Dr. H. „anläßlich seiner Bestellung zum Hilfsrichter" und „für die Dauer seiner Hilfsrichtertätigkeit" sämtliche Sachen mit der Endziffer 9 der Registernummern der Vierten Kammer übernehmen sollte. Das Präsidium des Landesarbeitsgerichts hat dazu aber erklärt, die Zuweisung der Sachen mit der Endziffer 9 habe bis zur Einrichtung einer neuen Kammer des Landesarbeitsgerichts gelten sollen. An diese Auslegung, die besagt, daß Dr. H. auch nach Ablauf seiner Hilfsrichtertätigkeit als nunmehriges ordentliches Mitglied des Landesarbeitsgerichts die Sachen mit der Endziffer 9 weiter bearbeiten sollte, ist der Senat zwar nicht gebunden; es handelt sich nicht um die Auslegung einer einzelnen privatrechtlichen Willenserklärung, sondern um die Auslegung der bei dem Landesarbeitsgericht geltenden Bestimmungen über die Geschäftsverteilung. Der Auslegung des Präsidiums, nach der das Landesarbeitsgericht auch nach der Bestellung des Dr. H. zum ordentlichen Mitglied des Landesarbeitsgerichts verfahren ist, muß jedoch beigetreten werden. Sinn der anläßlich der Bestellung des späteren Landesarbeitsgerichtsdirektors Dr. H. zum Hilfsrichter bei dem Landesarbeitsgericht am 16. Dezember 1957 getroffenen Regelung war es, die dem Landesarbeitsgericht zur Verfügung stehenden Kräfte des richterlichen Dienstes zur Erledigung der bei dem Landesarbeitsgericht anfallenden richterlichen Geschäfte einzusetzen.

Dieser Zielsetzung des Beschlusses entspricht es, ihn trotz seiner Wortfassung „für die Dauer der Hilfsrichtertätigkeit" dahin auszulegen, daß er bis zur späteren Änderung durch einen Geschäftverteilungsplan so lange gelten sollte, wie Dr. H. — sei es als Hilfsrichter, sei es als ordentliches Mitglied — dem Landesarbeitsgericht zur Verfügung stand. Die Verwertung der Arbeitkraft des Dr. H. war dem Landesarbeitsgericht auch dann und dann erst recht möglich, nachdem er durch die Übertragung der neu geschaffenen Planstelle und die Ernennung zum Landesarbeitsdirektor ordentliches Mitglied des Landesarbeitsgerichts geworden war. Wenn Dr. H. schon als Hilfsrichter einen nach Endziffern ausgewählten Teil der sonst zu der Vierten und Fünften Kammer gehörenden Sachen übernehmen sollte und durfte, so sollte und durfte er dies erst recht nach seiner Ernennung zum Landesarbeitsgerichtsdirektor. Es wäre zwar richtiger gewesen, dies durch einen nach der Ernennung des Dr. H. zum Landesarbeitsgerichtsdirektor zu fassenden Beschluß des Präsidiums noch ausdrücklich zu bestätigen; es unterliegt aber keinen durchgreifenden rechtsstaatlichen Bedenken, den Beschluß vom 16. Dezember 1957 entsprechend auszulegen.

Es ist allerdings nicht zu verkennen, daß durch die Zuweisung der Sachen mit bestimmten Endziffern im Aktenzeichen an Dr. H. die Zuständigkeiten der Vorsitzenden der Vierten und Fünften Kammer des Landesarbeitsgerichts, die sonst für die Sachen mit diesen Endziffern nach dem Geschäftsverteilungsplan für 1958 zuständig gewesen wären, beschränkt worden sind. Auch unter diesem Gesichtspunkt sind aber bei vernünftiger und rechtsstaatlicher Auslegung der Normen des Art. 101 GG und des § 16 GVG über den gesetzlichen Richter und der Bestimmungen des Geschäftsverteilungsplanes des Landesarbeitsgerichts gegen das hier angewandte Verfahren keine Bedenken zu erheben. Denn gesetzlicher Richter für den Kläger war auf Grund einer für das ganze Geschäftsjahr 1958 im voraus — vor Eingang der Berufung des Klägers am 25. Februar 1958 — getroffenen Bestimmung eben Dr. H. auf Grund der Tatsache, daß die Sache des Klägers ein Aktenzeichen mit der Endziffer 9 erhielt. *Dadurch*, also *nicht* durch eine Maßnahme im einzelnen Fall des Klägers, war insbesondere der Vorsitzende der Vierten Kammer von der Bearbeitung der Sache des Klägers ausgeschlossen; denn alle Sachen mit der Endziffer 9 im Aktenzeichen waren seiner Zuständigkeit rechtswirksam entzogen. Es handelt sich eben nicht um den Fall, daß eine Partei im *Einzelfall* dem für sie nach *allgemeinen* Bestimmungen zuständigen Richter entzogen worden ist, vielmehr um den Fall, daß kraft *allgemeiner* Regelung eine Sache an einen bestimmten Richter kommt. Dem steht nicht entgegen, daß diese allgemeine Regelung eine Einschränkung einer sonst geltenden anderen allgemeinen Regelung darstellt. Die Ausklammerung der Sachen mit der Endziffer 9 aus der Vierten Kammer und der Endziffer 0 aus der Fünften Kammer und die allgemeine Übertragung dieser Sachen auf Dr. H. bedeuten sachlich nichts anderes als die Bildung einer neuen Kammer des Landesarbeitsgerichts bereits für das Geschäftsjahr 1958. Dem steht nicht entgegen, daß diese Kammer erst auf Grund des Erlasses vom 9. Januar 1959 gemäß § 35 Abs. 3 ArbGG von dem zuständigen Ministerium genehmigt wurde. Daß für das Jahr 1958 diese Genehmigung trotz der Zuweisung des Dr. H. als Hilfsrichter noch nicht vorlag, bedeutet nicht, daß der Kläger seinem gesetzlichen Richter entzogen worden ist oder daß die tatsächlich bereits gebildete Kammer unter dem Vorsitz des Dr. H. ein unvorschriftsmäßig besetztes Gericht war.

C. In der Vorinstanz hat der Kläger auch geltend gemacht, das Landesarbeitsgericht sei in dem in seiner Sache abgehaltenen Beweistermin vom 2. Juni 1958 insofern unvorschriftsmäßig besetzt gewesen, als Arbeitsgerichtsrat L. diesen Termin als Urlaubsvertreter wahrgenommen habe. Hierauf ist der Kläger in der Revisionsinstanz nicht mehr ausdrücklich zurückgekommen. Dieses Vorbringen wäre aber auch unerheblich; denn im Rahmen des § 579 Abs. 1 ZPO kommt es nur darauf an, ob das erkennende Gericht unvorschriftsmäßig besetzt war. Erkennendes Gericht ist aber nur das Gericht, das das Urteil fällt, hier also das Landesabeitsgericht in seiner Besetzung am 2. Oktober 1958. Erkennendes Gericht sind nur die Richter nach § 309 ZPO (vgl. Wieczorek, ZPO 1957, § 551, B Ib; BGHZ 9, 291; 10, 130 [132]; 15, 135 [140]).

16

Der in § 5 ArbKrankhG genannte 1 %-Zuschlag zum Arbeitsentgelt steht auch solchen Heimarbeitern zu, die nicht versicherungspflichtig beschäftigt sind.

ArbKrankhG § 5; Heimarbeitsgesetz § 25; RVO § 168 Abs. 2.

I. Senat. Urteil vom 21. 4. 1961 i. S. R. (Bekl.) w. L. N-W. (Kl.) 1 AZR 100/60.

I. Arbeitsgericht Arnsberg/Westf. — II. Landesarbeitsgericht Hamm/Westf.

Das Land Nordrhein-Westfalen macht mit dieser Klage den Anspruch auf Nachzahlung des in § 5 ArbKrankhG genannten Zuschlages zugunsten der Heimarbeiterin P. und der Heimarbeiterin K. geltend. Beide waren für die Beklagte tätig, die von etwa 800 Heimarbeiterinnen im Bundesgebiet Säuglings- und Kinderbekleidung häkeln läßt. Für die Zeit vom 19. Juli 1959 bis zum 22. Juli 1959 hat die Beklagte an die Heimarbeiterin P. ein Entgelt von 156,95 DM, an die Heimarbeiterin K. in der Zeit vom 6. August 1957 bis 1. Juni 1959 ein Entgelt von 319,67 DM zuzüglich eines (bei der Errechnung der Klagesumme bedeutungslosen) Unkostenzuschlages gezahlt. Das klagende Land fordert von der Beklagten die weitere Zahlung von 1 % des Arbeitsentgelts ohne Unkostenzuschlag zur Weiterleitung an die beiden genannten Heimarbeiterinnen. Es leitet seine Klagebefugnis aus § 25 des Heimarbeitsgesetzes vom 14. März 1951 (HAG) her.

Die Beklagte vertritt die Auffasung, der in § 5 ArbKrankhG genannte Zuschlag von 1 % sei nur an versicherungspflichtig beschäftigte Heimarbeiter zu zahlen. Das folge aus der Systematik und dem Sinn des Gesetzes.

Alle Instanzen haben die Beklagte antragsgemäß verurteilt.

Aus den Gründen:

I. ... II. Die Anspruchsvoraussetzungen des § 5 Abs. 1 ArbKrankhG sind gegeben. Nach dem Wortlaut des § 5 Abs. 1 ArbKrankhG haben die beiden Heimarbeiterinnen gegen die Beklagte als ihren Auftraggeber Anspruch auf einen Betrag von 1 % des an sie ausgezahlten reinen Arbeitsentgelts.

Die Beklagte vertritt nun die Auffassung, daß dieser 1 %-Zuschlag nur an versicherungspflichtig beschäftigte Heimarbeiter zu zahlen sei. Wäre das richtig, so wäre es zweifelhaft, ob den beiden Heimarbeiterinnen P. und K. der Anspruch aus § 5 Abs. 1 ArbKrankhG zusteht. Denn das angefochtene Urteil enthält keine Feststellungen, welche eine abschließende Beurteilung der Frage ermöglichen, ob Versicherungsfreiheit im Sinne des § 168 Abs. 2 RVO gegeben war oder nicht.

1. Gemäß § 166 Abs. 1 Nr. 1 RVO werden „Hausgewerbetreibende" für den Fall der Krankheit versichert. Gemäß § 162 RVO gelten als Hausgewerbetreibende im Sinne der RVO die selbständigen Gewerbetreibenden, die in eigenen Betriebsstätten im Auftrag und für Rechnung anderer Gewerbetreibender gewerbliche Erzeugnisse herstellen oder bearbeiten. Dieser Begriff unterscheidet sich vom Begriff des „Hausgewerbetreibenden" im Sinne des Heimarbeitsgesetzes (vgl. LAG Bremen, Urteil vom 10. 6. 1959, BB 1959, 960 = Betrieb 1959, 1032),

umschließt jedoch in der Regel auch den Heimarbeiter im Sinne des Heimarbeitsgesetzes (vgl. Gura, Die Sozialversicherung der Hausgewerbetreibenden und Heimarbeiter, Lübeck 1952, S. 11 und die dort zitierte Rspr. vor allem des RVA).

2. Waren die beiden Heimarbeiterinnen P. und K. — was abschließend nicht geklärt werden kann — Hausgewerbetreibende im Sinne der RVO, so können ihre Dienstleistungen für die Beklagte gleichwohl versicherungsfrei gemäß § 168 Abs. 2 RVO geblieben sein. Diese Vorschrift ist auf die in § 166 RVO genannten Selbständigen zumindest analog anwendbar (vgl. BSG vom 28. Oktober 1960 — 3 RK 31/56). Für die Frage, ob die Dienstleistungen der beiden Heimarbeiterinnen P. und K. für die Beklagte nach dieser Vorschrift versicherungsfrei blieben, genügte nicht die Feststellung, daß ihr Entgelt 65,— DM im Monat nicht überstieg und somit im Sinne des § 168 Abs. 2 Satz 2 RVO als geringfügig galt. Vorab wären vielmehr Feststellungen darüber erforderlich gewesen, ob

a) es sich bei beiden um Personen handelte, die sonst keine berufsmäßige Lohnarbeit verrichteten, somit nicht durch einzelne oder mehrere gelohnte, an sich versicherungspflichtige Tätigkeiten ihren Lebensunterhalt zumindest in solchem Umfange erwarben, daß ihre wirtschaftliche Stellung zu einem nicht unerheblichen Teil auf Lohnarbeit beruhte,

b) ihre Beschäftigung für die Beklagte nur „nebenher“ erfolgte, was zwar nicht eine andere Hauptbeschäftigung, wohl aber voraussetzte, daß ihre Arbeit im Vergleich mit e t w a i g e n sonstigen Tätigkeiten und ihrer Lebensstellung nur von nebensächlicher wirtschaftlicher Bedeutung war (vgl. hierzu im einzelnen Peters, Handbuch der Krankenversicherung, 16. Aufl. § 168 Anm. 3 b, e und 4 b).

III. Indes waren Feststellungen zu den unter II. genannten Merkmalen entbehrlich, weil entgegen der Ansicht der Beklagten der Anspruch aus § 5 Abs. 1 ArbKrankhG nicht eine versicherungspflichtige Beschäftigung voraussetzt.

1. Die Beklagte vermag nicht abzustreiten, daß der reine Wortlaut des § 5 Abs. 1 und Abs. 2 ArbKrankhG ihre Rechtsansicht, nach welcher der 1 %-Zuschlag nur an versicherungspflichtig beschäftigte Heimarbeiter zu zahlen sei, nicht stützt. Sie verweist jedoch zunächst auf die Tatsache, daß § 5 sich im ersten Abschnitt des Gesetzes befindet, welcher überschrieben ist:

„Verpflichtung des Arbeitgebers zur Zahlung eines Zuschusses zu den Leistungen aus der Sozialversicherung im Krankheitsfalle des Arbeiters."

Die Beklagte meint, diese Überschrift des Gesetzesabschnittes sei bei der Betrachtung des Wortlautes jeder in diesem Abschnitt stehenden Bestimmung mit heranzuziehen. In dieser Abschnittsüberschrift sei der Grundsatz der Akzessorietät zu den Leistungen der Sozialversicherung normiert worden. Wenn aber an die beiden Heimarbeiterinnen P. und K. keine Leistungen der Sozialversicherung im Krankheitsfalle zu erbringen seien, weil sie in einer versicherungsfreien Beschäftigung standen, so brauche auch ein Zuschuß vom Auftraggeber nicht gezahlt zu werden. Der Wortlaut des § 5 Abs. 3 ArbKrankhG spreche vielmehr im Gegenteil dafür, daß das Gesetz von einer Sozialversicherungspflicht der Heimarbeiter ausgehe.

Dieser Argumentation ist zunächst einmal insoweit zuzustimmen, als die Auslegung einer Gesetzesvorschrift nicht am reinen Wortlaut einer Vorschrift haften bleiben darf, sondern den inneren Zusammenhang des ganzen Gesetzes, den Ort, an dem sie steht, und ihr Verhältnis zu anderen Bestimmungen desselben Gesetzes oder anderer Gesetze berücksichtigen muß. Deshalb ist für die Auslegung des § 5 Abs. 1 ArbKrankhG der gesamte Wortlaut des Paragraphen, ferner aber auch die Überschrift des Paragaphen, des Abschnittes und Gesetzes mit heranzuziehen.

2. Insoweit nun die Beklagte auf § 5 Abs. 3 ArbKrankhG hinweist, stützt dies ihre Ansicht nicht. Zutreffend hat das angefochtene Urteil ausgesprochen, daß diese Vorschrift sich darin erschöpft, den in Abs. 1 genannten Begriff des „reinen Arbeitsentgelts" zu definieren. Daß hierbei vom Abzug der „Steuern und Sozialversicherungsbeiträge" gesprochen wird, läßt ebensowenig den Schluß zu, daß der Gesetzgeber die Verhältnisse nur der sozialversicherungspflichtigen Heimarbeiter habe regeln wollen, wie es nicht den Schluß zuläßt, der Gesetzgeber habe nur die Verhältnisse der Heimarbeiter regeln wollen, die der Steuerpflicht unterliegen. Ein derartiger Restriktionswille kann aus einer nur der Definition dienenden Vorschrift nicht entnommen werden. § 5 Abs. 3 läßt damit nur den Schluß zu, daß der Gesetzgeber a u c h an solche Heimarbeiter gedacht hat, die der Sozialversicherungspflicht unterliegen.

3. Auch der Hinweis der Beklagten auf die Abschnittsüberschrift geht fehl, weil sich bei näherer Prüfung herausstellt, daß die Abschnitts-

überschrift in keiner Weise mit § 5 in Verbindung gebracht werden kann.

Die Beklagte führt selbst aus, daß § 5 sich zur Abschnittsüberschrift schon deshalb in Widerspruch setzt, weil es sich bei dem Zuschlag von 1 % nicht um eine Zahlung im Krankheitsfalle handelt. Das ist durchaus zutreffend. Im Krankheitsfalle erhält nämlich regelmäßig der Heimarbeiter kein Arbeitsentgelt. Infolgedessen besteht während der Krankheit überhaupt nicht die Möglichkeit, den 1 %-Zuschlag zu berechnen. Diese Möglichkeit besteht vielmehr nur, wenn der Heimarbeiter gesund ist und arbeitet, weil regelmäßig nur dann ein Entgelt anfällt. Daß es sich bei der in § 5 geregelten Zahlung nicht um eine Zahlung im Krankheitsfall handelt, entspricht auch der allgemeinen Meinung (vgl. LAG Berlin, Urteil vom 30. 4. 1959 — 4 Sa 20/59 — Entscheidungskalender 1959, 467 und 537; Schmatz-Fischwasser, ArbKrankhG, 3. Aufl., § 5 Anm. III S. 112; Hohn, Der Arbeitgeberzuschuß zum Krankengeld, 1960, S. 30; Schellong, ArbKrankhG, § 5 Anm. 2; Höhne, Betrieblicher Krankengeldzuschuß für Arbeiter, 1958, S. 35). Der Betrag von 1 % zum Arbeitsentgelt bedeutet praktisch eine Lohnerhöhung, die nur dann als Sicherung im Krankheitsfall angesehen werden kann, wenn die Begünstigten den Zuschlag für den Fall einer Erkrankung auch tatsächlich laufend zurücklegen. Der Gesetzgeber ist diesen vom Zweck her gesehen unbefriedigenden Weg gegangen, weil eine Zuschußzahlung zum Krankengeld zu schwierig geworden wäre (vgl. Fischwasser, Wege zur Sozialversicherung 1957 S. 233; Trieschmann, Betrieb 1957, 533).

4. Aus dem gleichen Grund geht aber auch die Argumentation der Beklagten fehl, in der Abschnittsüberschrift sei eine „Akzessorietät" des Arbeitgeberzuschusses zu den Leistungen aus der Sozialversicherung normiert. Diese Akzessorietät entfalte ihre Wirkung auch auf § 5.

Nach dem allgemeinen Sprachgebrauch kann von einem „Zuschuß" zu einer anderen Leistung immer nur dann die Rede sein, wenn jene andere Leistung durch eine zusätzliche Zahlung aufgestockt wird. Daß der Gesetzgeber diesen Zuschußbegriff gemeint hat, wird in § 1 Abs. 1 Satz 1, 2 und 4 ArbKrankhG deutlich. Danach muß der Arbeitgeber für jeden einzelnen Krankengeldtag das Krankengeld in solchem Maße aufstocken, daß zusammen 90 % des vorher verdienten Nettoarbeitsentgelts im Sinne des § 2 erreicht werden. Hierin erschöpft sich zugleich die sogenannte Akzessorietät des Arbeitgeberzuschusses. Ein solches Aufstocken des Krankengeldes kann aber auch bei versicherungspflichtigen Heimarbeitern schlechterdings mittels des in § 5 genannten 1 %-Zuschlages zum Arbeitsentgelt regelmäßig gar nicht erfolgen, weil der Zuschlag regelmäßig dann nicht mehr gezahlt wird, wenn das Krankengeld anläuft, dagegen regelmäßig dann wieder einsetzt, wenn das Krankengeld endet.

Darüber hinaus besteht bei dem in § 5 genannten Entgeltzuschlag auch keinerlei rechnerische Verbindung zum Krankengeld, während der in der Abschnittsüberschrift genannte und in § 1 näher umrissene Zuschuß sich überhaupt nicht errechnen läßt, wenn nicht die Höhe des Krankengeldes als Berechnungsfaktor bekannt ist.

Auf einen weiteren offensichtlichen Widerspruch zwischen der Abschnittsüberschrift einerseits und der in § 5 enthaltenen Regelung andererseits verweist das angefochtene Urteil mit Recht. Während nämlich in der Abschnittsüberschrift und in § 1 nur der Arbeiter erfaßt wird, bezieht sich § 5 auf Heimarbeiter, somit nicht auf Arbeitnehmer, sondern allenfalls auf arbeitnehmerähnliche Personen. Nach Begriff und Verkehrsauffassung ist der in Heimarbeit Beschäftigte deutlich von den Arbeitern und sonstigen Arbeitnehmern zu unterscheiden, wie dies auch im Arbeitsgerichtsgesetz erfolgt.

Somit läßt sich der in der Abschnittsüberschrift genannte „Zuschuß" in keine innere Verbindung zu dem in § 5 genannten Zuschlag bringen. Es besteht eine unüberbrückbare Divergenz zwischen diesen beiden Teilen des Gesetzes. Zur Aufklärung eines solchen Widerspruchs ist es aber nicht nur erlaubt, sondern nach den Regeln der Auslegungstechnik sogar zwingend geboten, auf die Entstehungsgeschichte des Gesetzes zurückzugehen, wie das Landesarbeitsgericht das getan hat.

5. Das Landesarbeitsgericht hat aus der Entstehungsgeschichte des Gesetzes den Schluß gezogen, die Abschnittsüberschrift sei versehentlich — nach Änderung der für Heimarbeiter geltenden Regelung in die jetzige Fassung — nicht berichtigt worden.

Der ursprüngliche Entwurf eines Gesetzes zur Gleichstellung aller Arbeitnehmer im Krankheitsfalle gemäß dem Antrag der Fraktion der SPD (Drucksache 1704) enthielt nichts über die Heimarbeit. Erst in der 131. Sitzung des Ausschusses für Arbeit am 20. März 1957 (Protokoll Nr. 131) beantragte der Abg. Karpf, die Heimarbeiter einzubeziehen. Diese sollten nicht schlechter gestellt sein als die Arbeiter. Der Vorsitzende des Ausschusses stellte fest, daß in der Diskussion dem Anliegen des Abg. Karpf grundsätzlich zugestimmt werde, daß sich für die Praxis aber erhebliche Schwierigkeiten ergäben, die vor allem in dem Auftragsverhältnis des Heimarbeiters u. U. zu mehreren Auftraggebern während derselben Zeit begründet seien. Seiner Anregung gemäß sollte der Abg. Karpf mit den zuständigen Referenten der Bundesregierung eine Formulierung vorbereiten, über die der Ausschuß am 22. März 1957 in einer kurzen Sitzung entscheiden sollte. Dies ist auch geschehen. Nach dem Protokoll Nr. 133 der Sitzung des Ausschusses für Arbeit am 22. März 1957 ist in dieser Sitzung ein Formulierungsvorschlag vorgelegt worden.

Der Referent des Bundesarbeitsministeriums führte in dieser Sitzung aus: Die technische Formulierung sei mit Rücksicht auf die besonders gearteten Beschäftigungsverhältnisse kompliziert und deshalb in einem besonderen § 6 a vorgeschlagen. Ferner seien nur die unter die Pflichtversicherung fallenden Heimarbeiter erfaßt. Schließlich sei eine Berufszugehörigkeit von sechs Monaten gefordert. Der Abg. Becker befürchtete Schwierigkeiten für den Fall, in dem der Heimarbeiter selbst erkranke, gleichwohl aber eine Leistung erbracht werde, etwa weil die mithelfenden Familienangehörigen weiter arbeiteten. Regierungsrat Fischwasser erinnerte daran, daß Heimarbeiter bis zu einer bestimmten Einkommenshöhe pflichtversichert seien. Wenn also der Heimarbeiter selbst erkranke, erhalte er Krankengeld. Bei einer Erkrankung der mithelfenden Familienangehörigen erhielten diese lediglich den Familienzuschlag des Krankengeldes. Wenn also eine Arbeitsleistung vorläge, entfiele das Krankengeld. In der gleichen Sitzung wies der Abg. Bürkel auf die Gefahr eines Mißbrauchs hin, der darin bestehen könne, daß bei einer Erkrankung des Heimarbeiters die mithelfenden Familienangehörigen auf Lager arbeiteten und diese Lagerbestände erst nach Beendigung der Erkrankung des Heimarbeiters abgeliefert würden. Dieser Befürchtung hielten die Abg. Karpf und Franzen entgegen, daß die Aufträge immer an kurze Fristen gebunden seien und eine Lagerhaltung derartiger Rohstoffmengen nicht der Praxis entspräche.

Als Ergebnis der Diskussion stellt das Protokoll fest, daß die Mehrheit des Ausschusses der Einbeziehung der Heimarbeiter zustimme und daß Absatz 1 des Formulierungsvorschlags angenommen werde. Zu Absatz 2 des Formulierungsvorschlags stellte der Vorsitzende auf den Wunsch des Abg. Dr. Bürkel klar, es solle ein Zeitraum für die Berechnung des Gesamtverdienstes eingefügt werden. In Absatz 3 sei zwar eine Frist von 13 Wochen genannt, die sich jedoch lediglich auf die Definition des Netto-Arbeitsentgelts beziehe, deren Abwendbarkeit für Absatz 2 also nicht sichergestellt sei. Er schlug deshalb vor, die Reihenfolge der Absätze 2 und 3 zu tauschen und in dem neuen Absatz 3 das Wort „Gesamtverdienst“ durch die Einfügung der Worte „versicherungspflichtigen Gesamtverdienst der letzten dreizehn Wochen. Absatz 2 Satz 2 gilt entsprechend“ zu erläutern. Die

Mehrheit des Ausschusses stimmte dem zu, so daß der Formulierungsvorschlag in folgender Fassung angenommen wurde:

„(1) Die Vorschrift der §§ 2 und 4 bis 6 gelten nach Maßgabe der folgenden Bestimmungen entsprechend für die in Heimarbeit Beschäftigten (§ 1 des Heimarbeitsgesetzes vom 14. März 1951 — Bundesgesetzbl. I S. 191 —), soweit sie pflichtversichert sind und mindestens 6 Monate vor dem Eintritt der Arbeitsunfähigkeit als Arbeitnehmer oder in Heimarbeit beschäftigt gewesen sind.

(2) Nettoarbeitsentgelt im Sinne des § 2 ist das um die Steuern, Sozialversicherungsbeiträge und Unkostenzuschläge (Heimarbeitszuschläge) verminderte Arbeitsentgelt, das der in Heimarbeit Beschäftigte im Durchschnitt der letzten dreizehn Wochen verdient hat. Hat das Beschäftigungsverhältnis noch keine dreizehn Wochen bestanden, so ist der Durchschnittverdienst aus der gesamten Dauer des Beschäftigungsverhältnisses maßgebend.

(3) Steht der in Heimarbeit Bechäftigte im Zeitpunkt des Eintritts der Arbeitsunfähigkeit zu mehreren Auftraggebern in einem Beschäftigungsverhältnis, so richtet sich der Anspruch auf Zuschußleistung gegen jeden dieser Auftraggeber in Höhe seines Anteils an dem versicherungspflichtigen Gesamtverdienst der letzten dreizehn Wochen. Absatz 2 Satz 2 gilt entsprechend."

Hiermit schloß der Ausschuß für Arbeit seine Beratungen zum ArbKrankhG ab und leitete den Gesetzentwurf dem federführenden Ausschuß für Sozialpolitik zu (Schr. vom 22. März 1957), der sich in seiner 156. und 157. Sitzung mit dem Entwurf befaßte. In der 156. Sitzung stand noch die Fortzahlung des vollen Lohnes an Arbeiter und — in § 4 dieses von der SPD vorgelegten Entwurfes — eine entsprechende Anwendung für Heimarbeiter, soweit sie pflichtversichert sind und mindestens sechs Wochen vor dem Eintritt der Arbeitsunfähigkeit als Arbeitnehmer oder in Heimarbeit beschäftigt sind", zur Diskussion (Drucksache 1704).

In seiner 157. Sitzung lehnte der Ausschuß für Sozialpolitik die Fortzahlung des vollen Lohnes für Arbeiter — und damit auch die entsprechende Regelung für Heimarbeiter — ab. Sodann diente die Empfehlung des Ausschusses für Arbeit als Diskussionsgrundlage. Zu § 6 (früher § 6 a) dieses Entwurfes beantragte nunmehr der Abg. Karpf, ohne daß im Protokoll eine Begründung hierfür erscheint, diesem Paragraphen eine Fassung zu geben, die, bis auf die Höhe des Lohnzuschlages — von dem Abg. Karpf wurden 2 % vorgeschlagen —, dem § 5 des später vom Bundestag verabschiedeten Gesetzes entspricht.

Diese Entstehungsgeschichte läßt den Schluß zu, daß den Abgeordneten die Divergenz zwischen der genannten Abschnittsüberschrift und der Gesetz gewordenen Regelung für Heimarbeiter entgangen ist. Es spricht alles dafür, daß die Abschnittsüberschrift, die nach dem vom Ausschuß für Arbeit vorgelegten Entwurf durchaus auch zu der für Heimarbeiter vorgesehenen Regelung gepaßt hätte, versehentlich unverändert in die Neufassung übernommen worden ist. Ein solches gesetzgeberisches Versehen kann aber nicht dazu führen, den Willen des Gesetzgebers, der dadurch zum Ausdruck kam, daß er im Gegensatz zu dem ursprünglichen Paragraphen 6 a des Entwurfes, der die Pflicht zur Zahlung eines Zuschlages von der Krankenversicherungspflicht und einer bestimmten Mindestdauer der Tätigkeit als Heimarbeiter abhängig machte, durch Neufassung u. a. durch Wegfall der Voraussetzung der Krankenversicherungspflicht zum Ausdruck gebracht hat, in sein Gegenteil verkehrt wird. Die Abschnittsüberschrift kann nicht den klaren Wortlaut des § 5, der die bedingungslose Pflicht zur Zahlung des 1 %-Zuschlages normiert, ändern.

6. Darüber hinaus zeigt diese Entstehungsgeschichte deutlich, daß der Gesetzgeber auf keinen Fall übersehen hat, daß es auch nichtsozialversicherungspflichtige Heimarbeiter gibt. Der frühere Zusatz: „... soweit sie pflichtversichert sind..." ist offensichtlich bewußt fallengelassen worden. Immer dann aber, wenn die verschiedenen möglichen Ergebnisse dem Gesetzgeber bei seinen Bemühungen um die Wortfassung bekannt waren, liegt in dem endgültig gewählten Wortlaut eine Entscheidung des Gesetzgebers, die für die Auslegung bindend ist (vgl. Siebert, Die Methode der Gesetzesauslegung, Heidelberg 1958, S. 39) Nun meint allerdings die Revision, diese Entstehungsgeschichte des Gesetzes sei keineswegs eindeutig. Wenn der im Gesetzentwurf stehende Nebensatz: „Soweit sie pflichtversichert sind" nicht Gesetz geworden ist, so ließe sich daraus ebenso gut der Schluß ziehen, daß die am Gesetzgebungsverfahren beteiligten Personen diesen Nebensatz als überflüssig ansahen, weil er bereits in der Überschrift des ersten Abschnittes verankert war.

Diese Argumentation übersieht aber, daß im Laufe der Entstehung des jetzigen § 5 die für Heimarbeiter vorgesehene Regelung sich in zunehmendem Maße von dem Grundsatz des § 1 entfernt hat. Den Abgeordneten kann keinesfalls entgangen sein, daß sich für Heimarbeiter eine in jeder Beziehung eigenartige Sonderlösung entwickelte. Während in der ursprünglichen Fassung des § 6a die Bezugnahme auf die allgemein für Arbeiter geltende Regelung enthalten war, entfiel diese Bezugnahme in der letzten Fassung völlig. Danach wäre der Nebensatz „... soweit sie pflichtversichert sind..." gerade in der ursprünglichen Fassung entbehrlich gewesen. Ließ man dagegen den Nebensatz gerade in dem Augenblick fallen, in welchem jede Bezugnahme auf die für Arbeiter allgemeingeltende Regelung entfiel, so liegt der Schluß, die Versicherungspflicht solle nicht mehr eine Voraussetzung für den Zuschlag bilden, viel näher.

7. Wird danach der reine Wortlaut durch die Entstehungsgeschichte des Gesetzes als dem Willen des Gesetzgebers entsprechend festgestellt, so ist für weitere Billigkeitsüberlegungen, wie sie die Revision anstellt, kein Raum mehr. Insbesondere erscheint es nicht ausgeschlossen, daß der Gesetzgeber die ursprüngliche Anspruchsvoraussetzung einer versicherungspflichtigen Beschäftigung gerade bei Heimarbeitern deshalb fallen ließ, weil die Erfahrung lehrt, daß Heimarbeit vielfach von Personen in ungünstigen wirtschaftlichen Verhältnissen angenommen wird. Darüber hinaus darf nicht verkannt werden, daß es für den Auftraggeber eines Heimarbeiters mit verhältnismäßig großen Schwierigkeiten verbunden ist, festzustellen, ob die oben unter II. genannten Merkmale einer versicherungsfreien Beschäftigung vorliegen. Die gleiche Arbeit kann (bei geringfügigem Entgelt) nicht nur bei verschiedenen Personen, sondern auch je nach wechselnden Umständen bei derselben Person bald versicherungspflichtig, bald versicherungsfrei sein (vgl. Peters aaO, § 168 Anm. 3e). Besonders in Fällen, in denen der Auftraggeber die Heimarbeit auf dem Postwege vergibt, er also kaum Einblick in die sonstigen Verhältnisse des Heimarbeiters gewinnt, würde die praktische Anwendung des § 5 ArbKrankhG auf erhebliche Schwierigkeiten stoßen, wenn der Lohnzuschlag nur bei versicherungspflichtiger Beschäftigung zu zahlen wäre. Gerade dieser Gesichtspunkt der Praktikabilität unterscheidet die Lage der gegen geringfügiges Entgelt beschäftigten Heimarbeiter von den — in der Praxis seltenen — Fällen, in denen ein im Betrieb beschäftigter Arbeiter Dienstleistungen erbringt, die gemäß § 168 Abs. 2 RVO versicherungsfrei sind.

17

1. Ist dem Arbeitgeber zur Zeit der von ihm erklärten Kündigung die Schwangerschaft der Arbeitnehmerin nicht bekannt, dann behält die Arbeitnehmerin den Kündigungsschutz des § 9 Abs. 1 MuSchG, wenn sie die Schwangerschaft innerhalb einer Woche nach Zugang der Kündigung dem Arbeitgeber mitteilt. Die Wochenfrist wird auch durch die Mitteilung der Arbeitnehmerin gewahrt, eine Schwangerschaft sei wahrscheinlich oder werde vermutet.

2. Bei Mitteilung einer bloßen Vermutung der Schwangerschaft kann der Arbeitgeber von der Arbeitnehmerin den Nachweis der Schwangerschaft durch das Zeugnis eines Arztes oder einer Hebamme verlangen. Der Arbeitgeber kann auch auf seine Kosten die Beibringung eines Schwangerschaftsfrühtests fordern. Einem solchen Verlangen muß die Arbeitnehmerin innerhalb angemessener Frist nachkommen. Ob sich die Versäumung der Frist auf den Kündigungsschutz des § 9 Abs. 1 MuSchG auswirkt, bleibt dahingestellt.

MuSchG § 9.

I. Senat. Urteil vom 5. 5. 1961 i. S. M. & Sp. (Bekl.) w. St. (Kl)
1 AZR 454/59.

I. Arbeitsgericht Aachen. — II. Landesarbeitsgericht Düsseldorf (Köln).

Die Klägerin war bei der Beklagten als Arbeiterin beschäftigt. Die Beklagte kündigte ihr am 13. zum 27. März 1959 aus betrieblichen Gründen. Am 14. März 1959 teilte die Klägerin dem für die Entgegennahme solcher Erklärungen zuständigen Meister H. mit, daß sie wahrscheinlich schwanger sei; ihre Periode habe drei Monate ausgesetzt. Der Meister forderte sie auf, innerhalb einer Woche ein ärztliches Zeugnis über ihren Zustand beizubringen. Dem kam die Klägerin am 24. März 1959 durch Vorlage eines an diesem Tage ausgestellten ärztlichen Zeugnisses nach. Darin ist gesagt, daß mit einiger Wahrscheinlichkeit eine Schwangerschaft bestehe und daß Genaues erst auf Grund einer Untersuchung zu einem späteren Termin gesagt werden könne.

Anfang April 1959 hat die Klägerin unter Berufung auf § 9 MuSchG Klage erhoben mit dem Antrag auf Feststellung, daß die am 13. März 1959 ausgesprochene Kündigung unzulässig sei. Im Verlaufe des Rechtsstreits hat die Klägerin das Zeugnis eines Frauenarztes vom 21. April 1959 vorgelegt, in dem bestätigt wird, daß bei der Klägerin eine Schwangerschaft im dritten Monat vorliege.

Alle Instanzen haben der Klage entsprochen.

Aus den Gründen:

Die Kündigung vom 13. März 1959 verstößt gegen § 9 Abs. 1 MuSchG und ist deshalb unwirksam.

1. Mangels anderer Feststellung ist davon auszugehen, daß der Beklagten zur Zeit der Kündigung die Schwangerschaft der Klägerin nicht bekannt gewesen ist. Dieser steht deshalb der Kündigungsschutz des § 9 Abs. 1 MuSchG nur zu, wenn sie innerhalb einer Woche nach Zugang der Kündigung, also bis zum 20. März 1959, der Beklagten die Schwangerschaft mitgeteilt hat. Dieses Erfordernis ist, wie die Vorinstanzen zutreffend festgestellt haben, durch die Mitteilung der Klägerin vom 14. März 1959 gegenüber dem Meister H. erfüllt.

Die Beklagte meint zwar, nur eine ohne jede Einschränkung abgegebene Erklärung über das Bestehen einer Schwangerschaft entspreche dem Wortlaut und dem Sinn des § 9 Abs. 1 MuSchG, so daß die Mitteilung der Klägerin, sie sei wahrscheinlich schwanger, nicht genügen würde. Der Ansicht der Beklagten ist aber nicht zu folgen. Dabei kann dahingestellt bleiben, ob, wie das Landesarbeitsgericht angenommen hat, die Erklärung der Klägerin schon deshalb den Erfordernissen des Gesetzes genügt, weil die Klägerin die näheren Umstände für ihre Annahme, sie sei schwanger, nämlich das wiederholte Ausbleiben der Periode, mitgeteilt hat. Auch ohne einen solchen erläuternden Zusatz muß die Mitteilung, eine Schwangerschaft sei wahrscheinlich oder werde vermutet, jedenfalls in der ersten Zeit der Schwangerschaft als ausreichende Mitteilung im Sinne des § 9 Abs. 1 MuSchG angesehen werden.

Der bloße Wortlaut des Gesetzes, wonach „die" Schwangerschaft mitzuteilen ist, mag für die Auffassung der Beklagten ins Feld geführt werden können. Eine sachgemäße Auslegung darf aber nicht an dem buchstäblichen Sinn des Ausdrucks haften, sondern muß den wirklichen Willen des Gesetzgebers erforschen und diesen der Rechtsfindung zugrundelegen (§ 133 BGB). In diesem Zusammenhang ist als sicher davon auszugehen, daß dem Gesetzgeber die natürlichen Gegebenheiten bei einer Schwangerschaft bekannt gewesen sind. Da der Kündigungsschutz für werdende Mütter zeitlich nicht beschränkt ist, sondern vom Beginn der Schwangerschaft an gewährt wird, sind auch die Fälle in die Regelung einbezogen, in denen bei einer vom Arbeitgeber erklärten Kündigung nicht sofort mit Sicherheit das Bestehen einer Schwangerschaft mitgeteilt werden kann, weil eine Schwangerschaft im Anfangsstadium vielfach nur schwer zuverlässig festzustellen ist. Damit hat der Gesetzgeber in Kauf genommen, daß die für den Eintritt des Kündigungsschutzes erhebliche Mitteilung der Schwangerschaft im Frühstadium regelmäßig nur in der Form erfolgt, daß eine Schwangerschaftsvermutung bestehe oder daß das Vorliegen einer Schwangerschaft wahrscheinlich sei. Würde eine derartige Mitteilung nicht anerkannt, dann wäre die Arbeitnehmerin u. U. zur Unehrlichkeit gezwungen, indem sie eine Schwangerschaft fest behaupten müßte, obwohl sie diese nur vermuten kann; andernfalls ginge sie des vom Gesetz auch einer solchen Frau zugedachten Schutzes verlustig. Diese Auslegung des § 9 Abs. 1 MuSchG entspricht der weit überwiegenden Meinung in Rechtsprechung und Schrifttum (vgl. Hueck-Nipperdey, Lehrb. d. ArbR, 6. Aufl., Bd. I S. 667, insbes. Fußnote 66; Bulla, MuSchG, 1954, § 9 Anm. 64 ff.; Köst, MuSchG, 1958, § 9 Anm. 35 ff.; alle mit weiteren Hinweisen).

2. Die Klägerin hat den Kündigungsschutz aus § 9 MuSchG nicht deshalb verloren, weil sie das erste ärztliche Zeugnis zehn Tage nach der Aufforderung durch den Meister H. am 24. März 1959 vorgelegt und den eindeutigen Nachweis der Schwangerschaft durch das zweite fachärztliche Zeugnis vom 21. 4. 1959 einige Wochen später geführt hat.

Der Revision ist zuzugeben, daß bei Mitteilung einer bloßen Vermutung der Schwangerschaft ein schutzwürdiges Interesse des Arbeitgebers besteht, einen Nachweis der Schwangerschaft durch das Zeugnis eines Arztes oder einer Hebamme zu verlangen. Es besteht die Notwendigkeit, im Falle einer Kündigung die Rechtslage rasch zu klären. Daher ist eine entsprechende Nachweispflicht der Arbeitnehmerin nach § 242 BGB zu bejahen.

Gesetzliche Vorschriften, innerhalb welcher Frist die Arbeitnehmerin einem solchen Verlangen des Arbeitgebers nachkommen muß, gelten nicht. Insbesondere kann dafür weder die Wochenfrist des § 9 Abs. 1 MuSchG, die lediglich für die Mitteilung der Schwangerschaft bestimmt ist, noch etwa die von Fall zu Fall unterschiedliche, im Falle der fristlosen Kündigung überhaupt fehlende Kündigungsfrist noch eine einseitig vom Arbeitgeber festgesetzte Frist maßgebend sein. Vielmehr kommt es für die Länge der Frist, auf die Umstände des Einzelfalles in dem Sinne an, daß der Arbeitnehmerin für die Beibringung des vom Arbeitgeber geforderten Nachweises eine angemessene Frist zur Verfügung stehen muß. Dabei sind einerseits die persönlichen Verhältnisse der Arbeitnehmerin, namentlich ihr Wohnort, andererseits das Interesse des Arbeitgebers an einer schnellen Klärung, vor allem aber zu berücksichtigen, daß vom medizinischen Standpunkt aus erst nach einer gewissen Zeit eine zuverlässige Feststellung möglich ist. Ist dem Arbeitgeber daran gelegen, die Zeit der Ungewissheit über die Wirksamkeit seiner Kündigung abzukürzen, dann hat er die Möglichkeit, ausdrücklich auf seine Kosten die Vorlage eines auf neuzeitlichen Untersuchungsmethoden beruhenden sogen. Schwangerschaftsfrühnachweises, z. B. des Krötentestes, zu verlangen.

Im vorliegenden Fall hat die Klägerin die Frist zur Führung des Nachweises nicht unangemessen hinausgezogen. Wie sich aus dem ersten ärztlichen Zeugnis ergibt, war zu dieser Zeit eine sichere Feststellung der Schwangerschaft nicht möglich. Es wurde eine Untersuchung zu einem späteren Zeitpunkt für notwendig gehalten. Wenn sich die Klägerin dieser Untersuchung noch vor Ablauf eines Monats unterzog und dabei fachärztlich festgestellt wurde, daß in diesem Zeitpunkt eine Schwangerschaft im dritten Monat vorlag, so muß davon ausgegangen werden, daß das Bestehen der Schwangerschaft lediglich durch Testbefund wesentlich früher nicht nachzuweisen war.

Steht somit fest, daß die Klägerin in angemessener Frist und damit rechtzeitig den Nachweis der Schwangerschaft geführt hat, so kann dahingestellt bleiben, welche Rechtsfolgen bei einer verspäteten Vorlage des Nachweises eintreten, insbesondere ob sich, wie teilweise in Rechtsprechung und Schrifttum angenommen wird, Auswirkungen auf den Kündigungsschutz nach dem Mutterschutzgesetz oder etwa Schadenersatzpflichten ergeben.

3. Die von der Beklagten erhobenen formellen Rügen vermögen an der Entscheidung nichts zu ändern. Die Beklagte beanstandet, daß der Ausgangspunkt des Landesarbeitsgerichts unrichtig sei, weil seine Feststellung, jeder unbefangene Dritte habe aus den Angaben der Klägerin über das Ausbleiben der Periode die Mitteilung der Schwangerschaft entnehmen müssen, unter Verletzung des § 286 ZPO getroffen sei und allgemeinen Erfahrungssätzen widerspreche. Wie in Ziff. 1 dieser Entscheidungsgründe ausgeführt ist, kommt es auf die von der Beklagten beanstandete Feststellung des Landesarbeitgerichts nicht an. Auch wenn die Arbeitnehmerin lediglich mitteilt, daß sie wahrscheinlich schwanger sei, und selbst wenn die erste ärztliche Untersuchung keine größere Gewißheit verschafft, genügt diese Mitteilung zur Wahrung der Wochenfrist des § 9 Abs. 1 MuSchG, wenn tatsächlich eine Schwangerschaft besteht. Unter diesen Umständen ist weder der Inhalt des ersten ärztlichen Zeugnisses noch die Aussage des Zeugen H. über frühere Redereien der Klägerin für die Entscheidung von Bedeutung.

18

Das Landesarbeitsgericht ist nicht vorschriftsmäßig besetzt, wenn an der Entscheidung ein Landesarbeitsrichter mitwirkt, dessen Amtsperiode abgelaufen ist. § 73 Abs. 2 ArbGG findet in einem solchen Fall keine Anwendung.

ZPO § 551 Nr. 1; ArbGG §§ 37, 20.

I. Senat. Urteil vom 12. 5. 1961 i. S. E. (Kl.) w. L. Rh. (Bekl.)
1 AZR 570/59.

I. Arbeitsgericht Köln. — II. Landesarbeitsgericht Düsseldorf (Köln).

Aus den Gründen:

Das Landesarbeitsgericht war in der mündlichen Verhandlung vom 28. Oktober 1959 nicht vorschriftsmäßig besetzt (§ 551 Nr. 1 ZPO). Der frühere Landesarbeitsrichter E. durfte an dieser Verhandlung als Richter nicht mehr mitwirken. Sein Amt war mit Ablauf des 6. Oktober 1959 abgelaufen, da er am 7. Oktober 1955 auf die Dauer von vier Jahren zum Landesarbeitsrichter bestellt worden war. Diese zeitliche Beschränkung der Bestellung zum Landesarbeitsrichter entspricht den Vorschriften des § 37 Abs. 2 in Verbindung mit § 20 ArbGG. Da die Bestellung des früheren Landesarbeitsrichters E. mit dem 6. Oktober 1959 abgelaufen war, war seine Amtsperiode am 9. und erst recht am 28. Oktober 1959, dem Tag der Verhandlung, aufgrund deren das angefochtene Urteil ergangen ist, abgelaufen.

Das nötigt ohne weitere Sachprüfung zur Aufhebung des angefochtenen Urteils nach § 551 Nr. 1 ZPO. Die Vorschrift des § 73 Abs. 2 ArbGG, nach der auf Mängel des Verfahrens bei der Berufung der Beisitzer die Revision nicht gestützt werden kann, führt zu keinem anderen Ergebnis. Es handelt sich hier nicht um einen Mangel des Verfahrens bei der Berufung eines Beisitzers, sondern um die Mitwirkung einer Person bei der Urteilsfällung, die nicht mehr Landesarbeitsrichter war und deshalb als Richter an der Entscheidung nicht mehr mitwirken durfte.

Die Aufhebung auch des Verfahrens beruht auf § 564 Abs. 2 ZPO.

19

Die Höhe des Jugendlichenurlaubs für das mit dem Kalenderjahr übereinstimmende Urlaubsjahr 1960 bemißt sich weder allein nach der bisherigen Normierung noch allein nach der neuen Regelung des Jugend-

arbeitsschutzgesetzes. Auf das Urlaubsjahr 1960 sind vielmehr beide gesetzliche Regelungen nebeneinander entsprechend ihrem zeitlichen Anteil am Urlaubsjahr 1960 anzuwenden. Dem anspruchsberechtigten Jugendlichen sind daher für die ersten neun Monate des Urlaubsjahres 1960 drei Viertel des ihm nach dem alten Recht zustehenden Urlaubs und für das letzte Vierteljahr ein Viertel des ihm nach neuem Recht zustehenden Urlaubs zu gewähren. Dies gilt auch dann, wenn der Jugendliche den ihm nach altem Recht zustehenden Urlaub vor dem 1. Oktober 1960 (Tag des Inkrafttretens des JArbSchG) schon voll erhalten hat.

JArbSchG §§ 19, 73, 76; JSchG 1938 §§ 21, 29.

I. Senat. Urteil vom 12. 5. 1961 i. S. D. (Kl.) w. Fa. D. (Bekl.)
1 AZR 88/61.

I. Arbeitsgericht Hamburg. — II. Landesarbeitsgericht Hamburg.

Die am 10. Februar 1943 geborene Klägerin ist seit dem 1. April 1959 als kaufmänischer Lehrling bei der Beklagten tätig. Im Juli 1960 hatte sie den im April 1960 festgelegten Jahresurlaub von 12 Tagen erhalten.

Mit ihrer am 19. Oktober 1960 erhobenen Klage hat die Klägerin beantragt, die Beklagte zu verurteilen, ihr weitere 12 Tage Urlaub für das Urlaubsjahr 1960 zu erteilen. Zur Begründung hat sie vorgetragen, auf Grund des am 1. Oktober 1960 in Kraft getretenen § 19 des JArbSchG stünde ihr der Mindesturlaub nach diesem Gesetz in Höhe von 24 Werktagen zu, so daß sie noch 12 Tage zu erhalten habe. Die Regelung des § 19 JArbSchG erfasse auch die am 1. Oktober 1960 bereits bestehenden Beschäftigungsverhältnisse. Das habe zur Folge, daß für das gesamte Urlaubsjahr 1960, soweit wie hier die sonstigen Voraussetzungen gegeben seien, der erhöhte Urlaub des § 19 JArbSchG zu gewähren sei. Die Beklagte hat zu ihrem Klageabweisungsantrag ausgeführt, das Jugendarbeitsschutzgesetz habe sich keine Rückwirkung beigelegt. Eine solche könne aus dem Gesetz auch nicht im Wege der Auslegung entnommen werden.

Das Arbeitsgericht hat die Beklagte zur Gewährung von drei weiteren Urlaubstagen für das Urlaubsjahr 1960 verurteilt, im übrigen hat es die Klage abgewiesen. Die Berufung der Klägerin ist vom Landesarbeitsgericht zurückgewiesen worden. Ihre Revision blieb erfolglos.

Aus den Gründen:

Zutreffend hat das Landesarbeitsgericht angenommen, daß der Klägerin für das Urlaubsjahr 1960 weitere drei Urlaubstage zu gewähren sind. Dem rechtlichen Ausgangspunkt des Landesarbeitsgerichts, daß sich die Regelung der Höhe des Jugendlichenurlaubs für das Urlaubsjahr 1960 anteilig nach altem und neuem Recht bestimmt, ist beizutreten.

1. Die Klägerin stützt ihren Anspruch auf § 19 des Gesetzes zum Schutze der arbeitenden Jugend (Jugendarbeitsschutzgesetz) vom 9. August 1960 (BGBl. I S. 665) (im folgenden: JArbSchG). Diese Vorschrift ist auf Grund des § 76 Abs. 1 JArbSchG am 1. Oktober 1960 in Kraft getreten. An dem gleichen Tag ist § 21 des für den Urlaubsanspruch der Klägerin bisher maßgebenden Jugendschutzgesetzes vom 30. April 1938 (RGBl. I S. 437) (im folgenden: JSchG 1938) zusammen mit den Jugendurlaubsbestimmungen der Länder außer Kraft getreten (§§ 73, 76 Abs. 2 JArbSchG). Für die Klägerin gilt als Urlaubsjahr das Kalenderjahr. Demnach kommen für den Urlaub im Jahre 1960 zwei gesetzliche Regelungen in Betracht, nämlich § 21 JSchG 1938 und § 19 JArbSchG.

Gemäß § 21 Abs. 2 Satz 3 JSchG 1938 hat der Klägerin für das Urlaubsjahr 1960 ein Jahresurlaub von 12 Werktagen zugestanden. Die sonstigen Voraussetzungen für den Urlaubsanspruch nach altem Recht hinsichtlich Altersgrenze und Wartefrist hat die Klägerin erfüllt. Auf Grund des § 19 Abs. 2 Satz 1 JArbSchG ist den Jugendlichen für das Urlaubsjahr ein Urlaub von 24 Werktagen, den im Bergbau unter Tage beschäftigten Jugendlichen ein Urlaub von 28 Werktagen zu gewähren. Die Klägerin hat im Jahre 1960 auch die Voraussetzungen des § 19 JArbSchG hinsichtlich Altersgrenze und Wartefrist erfüllt (§ 19 Abs. 1 Satz 1, Abs. 3 JArbSchG). § 19 JArbSchG findet auch auf solche Arbeits-, Lehr- und sonstige Dienstverhältnisse Jugendlicher Anwendung, die vor dem 1. Oktober 1960 begründet worden sind und über diesen Zeitpunkt hinaus fortbestehen. Eine Anwendung nur auf Rechtsverhältnisse, die erst nach dem 1. Oktober 1960 begründet worden sind, kann aus dem Jugendarbeitsschutzgesetz nicht entnommen werden (so auch Herschel, BB 1960, 866; Molitor-Volmer, Jugendarbeitsschutzgesetz, § 76 Anm. 3; vgl. auch Enneccerus-Nipperdey, Allg. Teil des Bürgerlichen Rechts, 15. Aufl. 1959/60, § 62 I 2, § 63).

2. Die Berechtigung des Klagebegehrens hängt davon ab, ob und gegebenenfalls inwieweit § 19 JArbSchG auf das z. Zt. seines Inkrafttretens laufende Urlaubsjahr anzuwenden ist. Der Gesetzgeber des Ju-

gendarbeitsschutzgesetzes hat für das Jahr des Inkrafttretens keine ausdrückliche Übergangsvorschrift geschaffen, die das Verhältnis des alten zu dem neuen Recht regelt. Er hat auch nicht erkennbar normiert, ob für das Urlaubsjahr 1960 allein die alte oder die neue Regelung Anwendung finden soll. Die Gesetzesmaterialien schweigen darüber. Die nach der Verkündung des Gesetzes und Bekanntwerden der hier zur Entscheidung stehenden Zweifelsfrage abgegebenen Erklärungen von an den Gesetzgebungsarbeiten beteiligten Personen müssen jedenfalls schon deshalb unberücksichtigt bleiben, weil sie im Gesetz selbst keinerlei, wenn auch nur unvollkommenen Niederschlag gefunden haben (vgl. Enneccerus-Nipperdey, aaO, § 55). Es ist deshalb davon auszugehen, daß der Gesetzgeber die aus der Inkraftsetzung des neuen Rechts am 1. Oktober 1960 und der Außerkraftsetzung des alten Rechts mit dem gleichen Tage sich ergebenden Fragen hinsichtlich der Höhe des Urlaubs für das Urlaubsjahr 1960 entweder nicht gesehen, jedenfalls aber nicht geregelt hat. Es liegt insoweit eine Lücke im Gesetz vor, die im Wege der ergänzenden Gesetzesauslegung auszufüllen ist (Enneccerus-Nipperdey, aaO, 15 Aufl. 1959/60, § 58 I 2 S. 338).

Für die Ausfüllung der Lücke sind im wesentlichen folgende Ansichten vertreten worden:

a) Nach der von Monjau-Wolff, Jugendarbeitsschutzgesetz, § 19 Anm. 19 und § 22 Anm. 9; Schröder, RdA 1961, 33 (34); Diekhoff, Mensch und Arbeit 1961, 21; Behrends, BB 1960, 1098 und dem LAG Düsseldorf, Betrieb 1961, 412 vertretenen Auffassung sollen diejenigen Jugendlichen, die im Urlaubsjahr 1960 vor dem 1. Oktober 1960, dem Inkrafttreten der neuen Urlaubsbestimmungen des neuen JArbSchG, ihren Urlaub nach dem bis dahin geltenden Recht erhalten haben, für das Urlaubsjahr 1960 abgefunden sein. Ihr Anspruch sei nach altem Recht erhoben und erfüllt worden, so daß ihnen ein weiterer Anspruch nicht zustehe. Dagegen sei den Jugendlichen, deren Urlaubsanspruch erst nach dem 1. Oktober 1960 erfüllt werde, der Urlaub des neuen Rechts, also 24 bzw. 28 Werktage, zu gewähren.

Diese Ansicht verkennt jedoch die maßgebende Bedeutung des Urlaubsjahres und die innerhalb dieses Jahres erfolgte Veränderung der Dauer des Urlaubs. Sicherlich hat der Arbeitgeber, der vor dem 1. Oktober 1960 dem Arbeitnehmer den Urlaub nach altem Recht gewährte, seine Verpflichtung erfüllt, und der Arbeitnehmer hat den ihm zustehenden Urlaub erhalten. Aber das Arbeitsverhältnis der Parteien hat mit dem 1. Oktober 1960 hinsichtlich der Urlaubshöhe für das Urlaubsjahr eine andere neue Normierung erhalten. Es ist eine Erhöhung der Urlaubsdauer für 1960 eingetreten. Durch die Gesetzesänderung steht fest, daß nur eine Teilerfüllung, keine volle Erfüllung vorliegt. Mit Rückwirkung hat das nichts zu tun.

Die genannte Meinung führt auch zu einer nicht gerechtfertigten ungleichen Behandlung der jugendlichen Arbeitnehmer, je nach dem, ob ihnen der Urlaub für das Urlaubsjahr 1960 vor oder nach dem 1. Oktober 1960 gewährt worden ist. Das hätte außerdem zur Folge, daß den meisten Jugendlichen, da am 1. Oktober die Haupturlaubszeit bereits abgelaufen war, der erhöhte Urlaub des Jugendarbeitsschutzgesetzes überhaupt nicht zugute käme. Darüber hinaus würde diese Lösung erhebliche Schwierigkeiten in der Berechnung der Urlaubsdauer in den Fällen mit sich bringen, in denen vor dem 1. Oktober 1960 nur ein Teil des bisher zustehenden Urlaubs verbraucht worden ist oder in denen, sei es vor oder nach dem 1. Oktober 1960, der Jugendliche wiederholt den Arbeitsplatz nach Erwerb des Urlaubsanspruchs gewechselt hat.

Auch die Beklagte hat diese Auffassung nicht vertreten.

b) Nach der von Herschel in BB 1960, 866 begründeten Meinung soll die Urlaubsbestimmung des § 19 JArbSchG rückwirkend für das ganze Urlaubsjahr 1960 in Kraft gesetzt worden sein. Es liege hier eine stillschweigende Äußerung des auf Rückwirkung gerichteten Gesetzesgedankens vor.

Ein rückwirkende Inkraftsetzung kann jedoch aus dem Jugendarbeitsschutzgesetz nicht entnommen werden. Eine solche Äußerung des Gesetzgebers muß klar und eindeutig sein (Enneccerus-Nipperdey, aaO, § 61 II 1 S. 354; von Gierke, Deutsches Privatrecht, 1895, I. Bd., § 23 III S. 190). Davon kann hier keine Rede mehr sein, nachdem in § 76 Abs. 1 und 2 JArbSchG ausdrücklich das Inkrafttreten des neuen und das Außerkrafttreten des alten Rechts, und zwar grundsätzlich am 1. Oktober 1960 geregelt ist. Daß hiervon eine Ausnahme für den § 19 JArbSchG gelten soll, ist nicht ersichtlich. Eine solche Annahme verbietet sich schon deswegen, weil gerade auch das abweichende Inkrafttreten (1. Oktober 1961) des 6. Abschnittes des Gesetzes über die gesundheitliche Betreuung ausdrücklich bestimmt ist.

Die Regelung des Inkrafttretens der Länderurlaubsgesetze, die teils rückwirkend ab 1. Januar des Jahres der Verkündung, teils am 1. Januar des auf die Verkündung folgenden Jahres in Kraft getreten sind, sowie des Jugendschutzgesetzes 1938, des Schwerbeschädigtengesetzes und des Seemannsgesetzes vom 26. Juli 1957 (BGBl. II S. 713), auf die Herschel für seine Meinung verweist, spricht im Gegenteil gegen seine Ansicht.

Das JSchG vom 30. April 1938 sagt in seinem § 29 ausdrücklich, daß es am 1. Januar 1939 in Kraft tritt, die Vorschriften des § 21 über den Urlaub dagegen schon mit der Verkündung. Ebenso gibt das Seemannsgesetz (§ 149) und das Schwerbeschädigtengesetz (§ 42) klare, z. T. differenzierende Bestimmungen über das Inkrafttreten. Die Urlaubsgesetze von Baden (§ 7), Bayern (Art. 14), Berlin (§ 15), Bremen (§ 12), Hamburg (§ 12), Hessen (§ 7) und Rheinland-Pfalz (§ 7) haben sich ausdrücklich rückwirkende Kraft auf den 1. Januar des zur Zeit der Verkündung laufenden Jahres bzw. für das laufende Urlaubsjahr gegeben. Die Urlaubsgesetze von Niedersachsen (§ 8), Nordrhein-Westfalen (§ 12) und Schleswig-Holstein (§ 14) treten erst mit dem 1. Januar des auf die Verkündung folgenden Jahres in Kraft. Diese Regelungen des Inkrafttretens waren dem Bundesgesetzgeber bekannt. Hätte er den Urlaubsbestimmungen des JArbSchG entgegen den übrigen Bestimmungen des Gesetzes rückwirkende Kraft für das gesamte Urlaubsjahr 1960 geben wollen, so hätte er das ausdrücklich bestimmen können, aber auch bestimmen müssen und sich nicht mit der Regelung des § 76 begnügen dürfen.

Nun ist allerdings in Schrifttum und Rechtsprechung (vgl. Schulte-Langforth, Jugendarbeitsschutzgesetz, § 19 Anm. 20; Schulte-Langforth-Welzel, BABl.-Arbeitsschutz 1961, 14; Knopp-Gossrau, Jugendarbeitsschutzgesetz, § 19 Randziffer 24; Lückehe, ArbuR 1961, 6 [7]; Rüstig, ArbuR 1961, 14 [17/18]; Welzel, ArbuR 1960, 293 [297]; Gros, AR-Blattei Urlaub VII Zusatzurlaub A. X.; Schleßmann, Mensch und Arbeit 1960, 201 [203]; May, Arbeits- und Sozialrecht 1960, 213; wohl auch Thumser, Jugendarbeitsschutzgesetz, § 19 Erl. Nr. 11 und Nr. 15 a. E.; LAG Hamm BB 1961, 408; ArbG Elmshorn BB 1961, 134; ArbG Berlin BB 1961, 134; ArbG München BB 1961, 291) auch die Ansicht vertreten worden, den Jugendlichen sei für das Urlaubsjahr 1960 der erhöhte Urlaub nach § 19 JArbSchG zu gewähren, ohne daß diese Vorschrift deswegen rückwirkend anzuwenden sei. Zur Begründung wird vor allem auf den Rechtscharakter des § 19 JArbSchG, der in erster Linie öffentliches (Arbeitsschutz)-Recht enthalte und nur daneben auch privatrechtlicher Natur sei, sowie auf den Grundsatz der Unteilbarkeit des Urlaubsjahres hingewiesen.

Dem ist einmal entgegenzuhalten, daß diese Auffassung im Ergebnis doch auf eine rückwirkende Inkraftsetzung des § 19 JArbSchG hinausläuft. Eine Rückwirkung kann aber nur dann in Betracht kommen, wenn sie ausdrücklich oder jedenfalls eindeutig normiert ist, da jeder Rechtssatz grundsätzlich nur für die Zukunft wirkt. Der Rechtscharakter des § 19 JArbSchG bietet für die hier streitige Frage keine Lösung. Ob diese Vorschrift auf das gesamte Urlaubsjahr 1960 oder nur auf einen Teil anzuwenden ist, hängt nicht von ihrem öffentlich-rechtlichen oder privat-rechtlichen Charakter ab. Es kommt allein darauf an, von wann ab und für welche Zeit der Gesetzgeber diese Bestimmung in Kraft gesetzt hat. Dabei läßt sich aber nicht übersehen, daß für das Urlaubsjahr 1960 nach § 76 zwei gesetzliche Regelungen nebeneinander bestehen.

Deshalb kann auch der Grundsatz der Unteilbarkeit des Urlaubsjahres und der Einheit des Urlaubsanspruchs die gekennzeichnete Ansicht nicht rechtfertigen. Weder die Einheit des Urlaubsjahres noch des Urlaubsanspruchs werden durch die Neuregelung berührt; geändert hat sich allein die Höhe des Urlaubsanspruchs. Die dargelegte Auffassung würde zu einer Verdrängung des alten durch das neue Recht führen und wäre gleichbedeutend mit der vom Gesetzgeber nicht statuierten Rückwirkung. Mit dem Grundsatz der Unteilbarkeit des Urlaubsjahres ließe sich ebensogut die Anwendung nur des alten Rechts auf das Urlaubsjahr 1960 rechtfertigen; das war aber vom Gesetzgeber, wie die §§ 73, 76 Abs. 1 und 2 JArbSchG zeigen, nicht beabsichtigt.

Zu Unrecht beruft sich die Revision auf die Entscheidung des Reichsarbeitsgerichts in ARS 37, 373 sowie auf die Entscheidung des Bundesarbeitsgerichts in BAG 2, 317. Wie schon dargelegt, ist das Jugendschutzgesetz 1938 nach seinem § 29 am 1. Januar 1939 in Kraft getreten. Ausgenommen hiervon waren die Bestimmung des § 21 (Urlaub) und des § 27 (Erlaß von Ausführungsbestimmungen). Diese Vorschriften waren nach § 29 bereits mit dem Tage der Verkündung des Gesetzes, dem 2. Mai 1938, in Kraft getreten. Hier lag also, auf Grund des unterschiedlichen Inkrafttretens, ein klar verlautbarter Wille des Gesetzgebers vor, die Urlaubsregelung, im Unterschied zu dem übrigen Inhalt des Gesetzes, schon vorher und offensichtlich für das ganze Urlaubsjahr 1938 zur Anwendung zu bringen.

Daß unter diesen Umständen das Reichsarbeitsgericht mit vollem Recht den § 21 JSchG 1938 auf das ganze Urlaubsjahr 1938 und nicht nur auf die restlichen acht Monate des Jahres 1938 angewendet hat, ergibt sich außerdem daraus, daß die Urlaubsvorschriften noch vor Beginn der Haupturlaubszeit in Kraft gesetzt worden sind und daß vor Erlaß des Jugendschutzgesetzes 1938 k e i n e gesetzliche Regelung des Urlaubs bestanden hat, so daß ein Nebeneinanderbestehen zweier Regelungen nicht in Betracht kam. Hinzu kommt, daß nach den damals geltenden Tarifordnungen im allgemeinen der 1. Mai eines jeden Jahres der Stichtag für den Erwerb des vollen Urlaubsanspruchs gewesen ist. Abgesehen davon brauchte das Reichsarbeitsgericht in der oben genannten Entscheidung nicht auf die Frage einzugehen, ob der § 21 JSchG 1938 auf das gesamte Jahr 1938 oder nur anteilig anzuwenden war. In dem entschiedenen Fall hätte dem Kläger auch bei nur anteiliger Gewährung, wie sie der Senat für das neue Recht annimmt (siehe unter 2 c), ein erhöhter Urlaub von zwei Tagen zugesprochen werden müssen.

Auch der Hinweis der Revision auf die Entscheidung des Bundesarbeitsgerichts in BAG 2, 317 geht fehl. In diesem Fall hatte das Bundesarbeitsgericht über die Frage zu entscheiden, welchem tariflichen Urlaub der Zusatzurlaub des § 33 SchwBeschG hinzuzurechnen ist. Es stand in diesem Rechtsstreit nicht die Höhe des Zusatzurlaubs für das Jahr 1953 in Rede. Im übrigen ist darauf hinzuweisen, daß das Schwerbeschädigtengesetz vom 16. Juni 1953 (BGBl. I, S. 389) hinsichtlich seines § 33 (Zusatzurlaub) in Schleswig-Holstein ebenfalls, wie in allen anderen Bundesländern, rückwirkend am 1. Mai 1953 in Kraft getreten ist. Eine Ausnahme gilt nur für den hier nicht in Betracht kommenden § 9 (Ausgleichsabgabe), der in Schleswig-Holstein erst am 1. November 1953 wirksam geworden ist.

c) Im Gegensatz zu den beiden genannten Meinungen geht der Senat davon aus, daß für das Urlaubsjahr 1960 zwei Regelungen in Frage kommen, nämlich die bisherige des Jugendschutzgesetzes 1938 und die neue des Jugendarbeitsschutzgesetzes, und zwar ohne Rücksicht darauf, ob im Urlaubsjahr 1960 schon Urlaub — in irgendeinem Monat des Jahres — gewährt worden ist oder nicht. Diese beiden Regelungen sind im Urlaubsjahr 1960 nebeneinander zur Anwendung zu bringen.

Sicherlich ist daran festzuhalten, daß es sich bei der Vorschrift des § 19 JArbSchG um eine Regelung für das mit dem Kalenderjahr übereinstimmende Urlaubsjahr handelt. Die Folgerung aber, daß deshalb nur eine einzige Regelung für das Urlaubsjahr 1960 möglich sei, ist nicht richtig. Die Auffassung, daß die bisherige Regelung der Urlaubsdauer für das Urlaubsjahr 1960 schlechthin durch die neue Bestimmung des § 19 JArbSchG abgelöst worden sei, hält der Senat nicht für zutreffend. Dagegen sprechen die bereits genannten eindeutigen Vorschriften über das Inkrafttreten des Jugendarbeitsschutzgesetzes und das Außerkrafttreten der den Jugendlichenurlaub bisher regelnden Bestimmungen des Jugendschutzgesetzes 1938 und der Landesgesetze zum 1. Oktober 1960. Ebenso wie es der Senat abgelehnt hat, den Urlaubsanspruch der Jugendlichen für das Urlaubsjahr 1960 nur nach dem alten Rechtszustand zu beurteilen, kann er über diesen Anspruch auch nicht allein nach neuem Recht entscheiden.

Sind somit einmalig für das Urlaubsjahr 1960 – nach Ablauf des Urlaubsjahres 1960 beurteilt sich die Rechtslage nur noch nach dem Jugendarbeitsschutzgesetz – zwei gesetzliche Regelungen nebeneinander anzuwenden, so folgt daraus, daß sich ihre Anwendung hinsichtlich der Höhe des Urlaubs nach ihrem zeitlichen Anteil am Urlaubsjahr 1960 bemißt. Das bedeutet, daß für die ersten neun Monate des Urlaubsjahres 1960 drei Viertel des dem Jugendlichen nach altem Recht zustehenden Urlaubs und für das letzte Vierteljahr ein Viertel des nach neuem Recht maßgebenden Urlaubs zu gewähren sind.

Diese Meinung wird von Molitor-Volmer, a.a.O.; Molitor, Betrieb 1960, 1156; Gröninger, Jugendarbeitsschutzgesetz, § 19 Anm. 1; Brennberger-Bauernfeind, Jugendarbeitsschutzgesetz, § 19 Anm. 45 bis 45 d; Natzel, Jugendarbeitsschutzgesetz, § 19 Anm. 68 bis 71; ArbG Heide, BB 1961, 51; ArbG Neumünster, BB 1961, 51; ArbG Hamm, BB 1961, 134; ArbG Düsseldorf, BB 1961, 134; ArbG Rheine, BB 1961, 254; ArbG Essen, BB 1961; 254 geteilt.

Danach stehen der Klägerin für die Zeit vom 1. Januar bis zum 30. September 1960 neun Tage und für die Zeit vom 1. Oktober bis zum 31. Dezember 1960 sechs Tage, insgesamt also 15 Tage Urlaub zu, von denen ihr zwölf Tage bereits gewährt und weitere drei Tage vom Landesarbeitsgericht zugesprochen worden sind.

Dieses Ergebnis entspricht auch den berechtigten Interessen sowohl der jugendlichen Arbeitnehmer als auch der Arbeitgeber. Es läßt den Eingriff des neuen Rechts in das laufende Urlaubsjahr zugunsten der Arbeitnehmer wirksam werden; es vermeidet aber auch eine infolge seines späten Inkrafttretens wenig einleuchtende Belastung der Arbeitgeber. Wird berücksichtigt, daß bei Inkrafttreten des Jugendarbeitsschutzgesetzes die Sommerurlaubszeit bereits vorüber war und daß Winterurlaub regelmäßig erst von Januar an tatsächlich genommen zu werden pflegt, so wird der mit der erhöhten Urlaubsdauer des Jugendarbeitsschutzgesetzes gewollte Zweck, den Jugendlichen eine den gestiegenen Anforderungen des Arbeitslebens entsprechende Erholung zu gewährleisten, nicht beeinträchtigt. Für die Arbeitgeber hält sich die gefundene Lösung in den Grenzen wirtschaftlicher Vernunft. Darüber hinaus ist eine den praktischen Bedürfnissen gerecht werdende Regelung gefunden, die auch in rechnerischer Hinsicht kaum Schwierigkeiten bereitet. Eine ungleiche Behandlung der Jugendlichen wird dadurch vermieden, daß die durch das Jugendarbeitsschutzgesetz eingetretene Urlaubserhöhung zu gleichen Anteilen jedem anspruchsberechtigten Jugendlichen zugute kommt.

20

Das Landesarbeitsgericht darf in der Besetzung mit dem Vorsitzenden und vier Landesarbeitsrichtern nur in den für eine solche Besetzung vom Gesetz ausdrücklich vorgesehenen Fällen entscheiden. Werden in anderen Fällen statt der vorgesehenen zwei Landesarbeitsrichter vier Landesarbeitsrichter zugezogen, so liegt eine unvorschriftsmäßige Besetzung des Gerichts im Sinne des § 551 Nr. 1 ZPO vor.

ArbGG § 16 Abs. 2 Satz 2, § 35 Abs. 2 Satz 2; ZPO § 551 Nr. 1.

I. Senat. Urteil vom 26. 5. 1961 i. S. G. f. H. (Kl.) w. N. (Bekl.) I AZR 592/59.

I. Arbeitsgericht Offenburg. — II. Landesarbeitsgericht Baden-Württemberg (Freiburg).

Aus den Gründen:

Die Revision mußte zur Aufhebung des angefochtenen Urteils und des ihm zugrunde liegenden Verfahrens führen.

Die Revision macht geltend, das Landesarbeitsgericht sei in der Verhandlung vom 12. November 1959, auf die das Urteil ergangen ist, nicht vorschriftsmäßig besetzt gewesen. Es hätten an dieser Verhandlung und an der abschließenden Beratung und Abstimmung nicht, wie geschehen, der Vorsitzende und vier Landesarbeitsrichter teilnehmen dürfen, sondern nur der Vorsitzende und zwei Landesarbeitsrichter.

Der damit von der Beklagten geltend gemachte unbedingte Revisionsgrund des § 551 Nr. 1 ZPO ist gegeben. Denn das Landesarbeitsgericht war tatsächlich in der Verhandlung vom 12. November 1959 nicht vorschriftsmäßig besetzt. Nach § 35 Abs. 2 ArbGG wird jede Kammer des Landesarbeitsgerichts in der Besetzung mit einem Vorsitzenden und je einem Landesarbeitsrichter aus den Kreisen der Arbeitnehmer und der Arbeitgeber tätig. Aus der in § 35 Abs. 2 Satz 2 enthaltenen Verweisung auf § 16 Abs. 2 Satz 2 ArbGG folgt, daß in bürgerlichen Rechtsstreitigkeiten zwischen Tarifvertragsparteien aus Tarifverträgen oder über das Bestehen oder Nichtbestehen von Tarifverträgen sowie für die Entscheidung über die Tariffähigkeit einer Vereinigung die Kammer des Landesarbeitsgerichts in der Besetzung mit einem Vorsitzenden und je zwei Landesarbeitsrichtern aus den Kreisen der Arbeitnehmer und Arbeitgeber tätig wird. Diese verstärkte Besetzung des

Landesarbeitsgerichts (statt eines Vorsitzenden mit zwei Beisitzern ein Vorsitzender mit vier Beisitzern) ist aber nach dem Gesetz nur dann zulässig und geboten, wenn es sich eben um einen Fall des § 35 Abs. 2 i. V. mit § 16 Abs. 2 Satz 2 ArbGG handelt.

Um einen solchen Fall handelt es sich hier nicht. Es lag weder eine bürgerliche Rechtsstreitigkeit zwischen Tarifvertragsparteien noch ein Verfahren über die Tariffähigkeit einer Vereinigung vor. Der Rechtsstreit ist geführt worden zwischen der Gewerkschaft Holz, die ihrerseits Tarifvertragspartei ist, und der Beklagten, die als Mitglied einer Arbeitgebervereinigung nicht selbst Tarifvertragspartei ist. Lagen sonach die Voraussetzungen für die Erweiterung der Kammer nach §§ 35, 16 ArbGG nicht vor, so mußte das Landesarbeitsgericht in der gewöhnlichen Besetzung mit einem Vorsitzenden und zwei Landesarbeitsrichtern entscheiden.

Dieser Mangel des Verfahrens nötigt zur Aufhebung der angefochtenen Entscheidung und des ihm zugrunde liegenden Verfahrens. Die gesetzlichen Vorschriften über die Besetzung der Gerichte sind streng einzuhalten. Es liegt keineswegs im Ermessen des Gerichts, statt der Kammer in ihrer nach dem Gesetz gebotenen Besetzung eine Kammer in erweiterter Besetzung tätig werden zu lassen. Ein solches Verfahren entzieht die betroffenen Parteien ihrem gesetzlichen Richter, d. h. dem Richter, der nach den gesetzlichen Vorschriften zur Entscheidung berufen ist, und führt damit im Sinne des § 551 Nr. 1 ZPO zur unvorschriftsmäßigen Besetzung des Gerichts.

Im Schrifttum wird allerdings überwiegend die Ansicht vertreten, es sei unschädlich, wenn die erweiterte Kammer entschieden habe, obwohl nur die einfach besetzte Kammer zuständig sei. Darauf könne weder ein ordentliches noch ein außerordentliches Rechtsmittel gestützt werden (so Dietz-Nikisch, ArbGG, § 16 Anm. 26; Dersch-Volkmar, ArbGG, 6. Aufl., § 16 Anm. 3; Hueck-Nipperdey, Lehrbuch des Arbeitsrechts, 6. Aufl., Bd. 1 S. 824; anderer Ansicht: Schminke-Sell, ArbGG, 2. Aufl., § 16 Anm. 8). Dieser Ansicht vermag der Senat nicht zu folgen. Sie kann insbesondere nicht durch einen Hinweis auf § 10 ZPO gerechtfertigt werden. Nach dieser Vorschrift kann zwar das Urteil eines Landgerichts nicht deshalb angefochten werden, weil die Zuständigkeit des Amtsgerichts begründet gewesen wäre. Abgesehen davon, daß es sich bei der Regelung des § 10 ZPO um einen anderen Sachverhalt handelt, ist auch darauf hinzuweisen, daß § 10 ZPO den dort angesprochenen Fall ausdrücklich regelt, während hier eine entsprechende

Regelung für den Fall der Entscheidung durch die erweiterte Kammer statt durch die einfach besetzte Kammer nicht gegeben ist. Regelungen, wie sie § 10 ZPO beinhaltet, können jedenfalls nicht ausdehnend auf Fälle angewendet werden, die in der Regelung nicht angesprochen sind. Den rechtsstaatlichen Grundsätzen des Grundgesetzes, nach denen auch die Vorschriften der Zivilprozeßordnung auszulegen sind, entspricht es, daß für die Entscheidung eines Rechtsstreits allein das Gericht in der Besetzung zuständig und berufen ist, die das Gesetz für solche Rechtsstreitigkeiten vorschreibt. Auf die Frage, ob die erweiterte Kammer ein „besser besetztes Gericht" ist, komme es sonach nicht an. Die erweiterte Kammer ist jedenfalls nicht das Gericht, das nach den gesetzlichen Vorschriften für ein Verfahren der hier vorliegenden Art zur Entscheidung berufen ist.

Das angefochtene Urteil mußte daher aufgehoben werden, ebenso das ihm zugrunde liegende Verfahren.

21

Ist die Berufungsbegründungsschrift durch einen Rechtsanwalt eigenhändig unterschrieben und hat dieser auch auf eine Anfrage des Gerichts hin erklärt, daß er durch die Unterschrift die Verantwortung für den Inhalt der Berufungsbegründungsschrift übernommen habe, so ist dem Erfordernis des § 519 ZPO in aller Regel genügt.

ZPO § 130 Nr. 6, § 519, § 519 b; ArbGG § 11 Abs. 2 Satz 1, § 77.

I. Senat. Beschluß vom 26. 5. 1961 i. S. L. u. a. (Bekl.) w. Sch. GmbH. (Kl.) 1 AZB 8/61.

I. Arbeitsgericht Bremen. — II. Landesarbeitsgericht Bremen.

Aus den Gründen:

Durch den angefochtenen Beschluß hat das Landesarbeitsgericht die Berufung der Beklagten gegen das Urteil des Arbeitsgerichts als unzulässig verworfen. Es hat die sofortige Beschwerde zugelassen. Diese ist von der Beklagten in rechter Form und Frist eingelegt worden. Sie ist auch begründet.

Das Landesarbeitsgericht hält die Berufung der Beklagten deshalb für unzulässig, weil die Berufungsbegründungsschrift nicht von dem Prozeßbevollmächtigten der Beklagten verfaßt, sondern von ihm nur rein formal unterzeichnet sei. Das Landesarbeitsgericht ist der Auffassung, eine Berufungsbegründungsschrift genüge nur dann der vom Gesetz geforderten Form, wenn die Unterschrift des Prozeßbevollmächtigten nach selbst vorgenomener Prüfung und unter eigener voller Verantwortung für den gesamten Inhalt des Schriftsatzes in dem Sinne geleistet worden sei, daß der Prozeßbevollmächtigte die in dem Schriftsatz enthaltenen Rügen auch dem Rechtsmittelgericht vortragen wolle. Zwar möge es zulässig sein, daß der Schriftsatz von jemand anderem, insbesondere auch von der Partei, entworfen werde. Der Prozeßbevollmächtigte müsse aber die ihm von seiner Partei erteilte Information, den von seiner Partei überreichten Entwurf selbst verarbeiten und überprüfen, dabei das Unwesentliche ausscheiden, den Prozeßstoff ordnen und ihn sachgemäß zusammenfassen. Es könne unterstellt werden, daß der Prozeßbevollmächtigte der Beklagten diese während des anhängigen Rechtsstreits wiederholt beraten und sich mit der Sache befaßt sowie daß ein rechtskundiger Angestellter der Beklagten, möglicherweise ein Volljurist, die Berufungsbegründungsschrift verfaßt habe, die vom Prozeßbevollmächtigten der Beklagten vor der Unterzeichnung auch durchgelesen worden sei. Die gesamten Umstände ließen aber mit an Sicherheit grenzender Wahrscheinlichkeit den Schluß zu, daß der Prozeßbevollmächtigte der Beklagten seine Aufgabe, vom Standpunkt eines verständigen und verantwortungsbewußten Anwalts aus betrachtet, nicht erfüllt, daß er namentlich den Entwurf seiner Partei in Verbindung mit dem gesamten Prozeßstoff nur unzureichend überprüft und überarbeitet habe, so daß von einer selbständigen und persönlichen Bearbeitung der Begründungsschrift keine Rede sein könne.

Gegen diese Ausführungen wendet sich die sofortige Beschwerde mit Recht. Das Gesetz selbst fordert nur, daß die Berufungsbegründungsschrift vom Prozeßbevollmächtigten unterschrieben sei. Daß der Schriftsatz von einer postulationsfähigen Person gefertigt sei, kann schon aus Gründen der Praktikabilität nicht gefordert werden, worauf auch Dietz-Nikisch, ArbGG, § 66 Anm. 37, mit Recht hinweisen. In der Entscheidung BAG 4, 63 [65] hat es deshalb der Senat auch nicht beanstandet, daß eine Rechtsbeschwerdeschrift neben der Unterschrift eines bei einem deutschen Gericht zugelassenen Rechtsanwalts die Unterschrift des Beschwerdeführers selbst trug. Dort legte die Form der eingereichten Beschwerdeschrift (Kopfbogen der Beteiligten, die die Schrift auch selbst unterschrieben hatte) die Annahme nahe, daß Verfasser der Schrift nicht der postulationsfähige Rechtsanwalt gewesen war, sondern die Partei selbst. Gleichwohl hat der Senat in formeller Hinsicht hieraus keine für die Beteiligten nachteiligen Schlüsse gezogen. An dieser Auffassung ist festzuhalten.

Wird eine Berufungsbegründungsschrift nicht von einer postulationsfähigen Person selbst gefertigt, so genügt es in der Regel, daß sie von dieser unterschrieben wird. Das gilt jedenfalls dann, wenn die postulationsfähige Person mit der Unterschrift die Verantwortung für den Inhalt des Schriftsatzes übernimmt. Eine solche Übernahme der Verantwortung aber ist im allgemeinen schon darin zu sehen, daß der Schriftsatz unterschrieben wird; denn das ist durchweg der Sinn einer solchen Unterzeichnung, daß der Unterzeichner für den Inhalt des von ihm unterzeichneten Schriftstückes geradestehen will. Etwas anderes gilt nur dann, wenn die postulationsfähige Person ausdrücklich oder doch wenigstens, etwa durch Benennung des eigentlichen Verfassers der Schrift, stillschweigend zu erkennen gibt, daß sie die Verantwortung für den Inhalt der Schrift nicht übernehmen will (vgl. hierzu Wieczorek, ZPO, § 519 ZPO Anm. B I b 1), oder wenn auf sonstige Weise zweifelsfrei feststeht, daß der Postulationsfähige den Inhalt der Berufungsbegründungsschrift unmöglich kennen konnte (Wieczorek a.a.O).

Der Bundesgerichtshof hat in der auch von Rosenberg, Zivilprozeßrecht, 8. Aufl., § 136 II 2 S. 678, zitierten Entscheidung LM Nr. 16 zu § 519 ZPO = JR 1954, 463 eine Berufung als unzulässig angesehen, obwohl sie von einem Rechtsanwalt unterschrieben war und keinen ausdrücklichen Hinweis darauf enthielt, daß der Rechtsanwalt die Verantwortung für den Inhalt der Schrift nicht übernehmen wollte. Dort lag jedoch ein Sonderfall vor. Einmal handelte es sich um die Entmündigung wegen Geistesschwäche, und der Schriftsatz war von dem zu Entmündigenden angefertigt worden. Weiter hatte der Rechtsanwalt erklärt, er habe den von der Partei verfaßten Entwurf nicht geprüft. Schließlich aber war, wie der Bundesgerichtshof feststellt, die Berufungsbegründungsschrift weitgehend unverständlich und wirr.

Lent bemerkt hierzu in der Anmerkung (JR aaO) mit Recht, daß es sich dort um einen ausgesprochenen Sonderfall gehandelt habe, daß ein Gericht aber in der Regel nicht befugt sei, von sich aus nachzuforschen, ob eine Begründungsschrift von der Partei oder von ihrem Prozeßbevollmächtigten verfaßt sei. Etwas anderes könne nur dann gelten, wenn begründete Zweifel vorlägen. Diese Zweifel dürften sich aber nicht darauf beschränken zu prüfen, ob die Berufungsbegründungsschrift von dem Rechtsanwalt verfaßt sei. Auch Lent hält es mit Recht für unerheblich, wer der Verfasser des Schriftsatzes ist. Die offensichtlichen Zweifel fordert er vielmehr in der Richtung, ob der Rechtsanwalt überhaupt die Schrift ernstlich geprüft hat und sich für ihren Inhalt verantwortlich fühlt. Dem ist in jeder Hinsicht beizutreten.

Ein Ausnahmefall, wie er dem Beschluß des Bundesgerichtshofs zugrunde lag, ist aber im Streitfall nicht anzunehmen. Bei der Beurteilung dieses Falles ist entgegen der Auffassung der Klägerin in ihrer Beschwerdebeantwortung der Senat nicht an die Feststellungen und an die Würdigung des Landesarbeitsgerichts gebunden. Vielmehr ist die Beschwerdeinstanz eine neue Tatsacheninstanz, und zwar auch in den Fällen der sofortigen Beschwerde nach § 519 b ZPO (Stein-Jonas, Zivilprozeßordnung, 18. Aufl., § 570 II; Wieczorek, Zivilprozeßordnung, § 570 Anm. A I).

Es ist in diesem Zusammenhang unerheblich, ob eine Berufungsbegründungsschrift nach Ansicht des zuständigen Gerichts vom juristischen Standpunkt aus gut ist oder nicht. Auch kommt es nicht darauf an, ob sie „vom Standpunkt eines verständigen und verantwortungsbewußten Anwalts aus“ als unsachlich und in der Formulierung zu scharf anzusehen ist. Darüber zu urteilen ist Sache der Anwaltskammer oder des Ehrengerichts. Wichtig ist für die Frage der Zulässigkeit eines Rechtsmittels nur, ob der Rechtsanwalt die von ihm nicht verfaßte Begründungsschrift gelesen hat und die Verantwortung für ihren Inhalt übernimmt. Ob die von ihm vorgenommene Prüfung vielleicht zu flüchtig war, mag im Rahmen der §§ 529 Abs. 3 ZPO, 67 ArbGG von Interesse sein. Für die Zulässigkeit der Berufung ist das jedoch so lange ohne Bedeutung, als die Begründungsschrift im übrigen den gesetzlichen Anforderungen genügt.

Das aber ist hier der Fall. Die Berufungsbegründung tritt den Ausführungen des Urteils erster Instanz sowohl mit rechtlichen wie mit tatsächlichen Ausführungen entgegen. Sie wendet sich insbesondere gegen die Beweiswürdigung des Arbeitsgerichts und bringt Angriffe gegen die Glaubwürdigkeit der vernommenen Zeugen vor. Das ist nicht nur zulässig, sondern in ähnlichen Fällen sogar der übliche Inhalt einer Berufungsbegründung. Wenn darüber hinaus noch, gleichsam zur Illustration, in der Berufungsbegründung Darlegungen gebracht werden, die sich mit dem Verfahren erster Instanz und dem Verhalten des Gerichts befassen, so mögen diese vielleicht überflüssig sein. Das genügt aber nicht, um eine der gesetzlichen Form nicht entsprechende Begründungsschrift anzunehmen und daraus die Unzulässigkeit des Rechtsmittels zu folgern. Vielmehr hindert das letztgenannte Prozeßvorbringen in der Begründungsschrift nicht, diese als den gesetzlichen Vorschriften entsprechend anzusehen, wenn sie im übrigen diesen Vorschriften gerecht wird.

Schon hieraus folgt, daß ein von der vom Bundesgerichtshof entschiedenen Sachlage in entscheidenden Punkten abweichender Sachverhalt vorliegt: Dort war die Berufungsbegründung „weitgehend unverständlich und wirr". Das kann im Streitfall trotz der etwaigen Mängel der Berufungsbegründungsschrift der Beklagten jedoch nicht gesagt werden. Dort hatte der Rechtsanwalt erklärt, er wolle die Verantwortung für die Berufungsbegründung nicht übernehmen, ja, er habe diese nicht einmal geprüft. Hier jedoch hat der Prozeßbevollmächtigte der Beklagten vorgetragen — und es besteht kein Anlaß, diesen Vortrag etwa als unglaubwürdig zu betrachten —, er habe die Begründungsschrift nicht nur rein formell unterschrieben. Er berate die Beklagte seit einigen Jahren und sei bereits früher mit dem vorliegenden Rechtsstreit befaßt gewesen. Nach Prüfung und Durcharbeitung der Angelegenheit habe er zur Einlegung der Berufung geraten. Die Beklagte habe sich lediglich vorbehalten, ob sie in der Berufungsinstanz von ihm, dem Unterzeichner der Begründungsschrift, vertreten werden wolle oder von den Rechtsanwälten, die sie in erster Instanz vertreten hätten. Nach mehrfachen Erörterungen des Prozeßstoffes zwischen dem Unterzeichner der Begründungsschrift und dem Inhaber der Beklagten habe ein rechtskundiger Mitarbeiter der Beklagten die Begründungsschrift entworfen. Er, der Unterzeichner, habe den Entwurf geprüft und durch die Unterzeichnung die Verantwortung für den Inhalt der Schrift übernommen. Er habe sie eingehend durchgelesen und durchgearbeitet.

Angesichts dieses Vortrages des Prozeßbevollmächtigten des Beklagten ist es falsch, wenn das Landesarbeitsgericht sagt, es habe nicht einmal Zeit genug zur Prüfung bestanden. Jemand, der wie der Prozeßbevollmächtigte der Beklagten in den Sachverhalt eingeweiht war, konnte die 21 Seiten lange Begründungsschrift in nicht allzu langer Zeit prüfen. Zudem ist auch nicht auf den Zeitpunkt der Unterzeichnung der Vollmacht abzustellen, die die Beklagte dem Unterzeichner der Begründungsschrift ausgestellt hatte. Trägt dieser doch glaubhaft vor, daß er schon lange Zeit vor Unterzeichnung dieser Vollmacht mit dem Sach- und Streitstoff befaßt gewesen sei. Daß er dadurch, wie das Landesarbeitsgericht anzunehmen scheint, notwendig hätte zum Korrespondenzanwalt werden müssen, trifft nicht zu. Vielmehr war die Beklagte durchaus in der Lage, verschiedene Rechtsanwälte unabhängig voneinander zu beschäftigen. Zudem ergibt auch die handschriftliche Änderung in der Begründungsschrift (hinsichtlich des Einstellungsantrags), daß alles dafür spricht, daß der Unterzeichner der Begründungsschrift diese auch gelesen und geprüft hat. Daß sein Name in das Rubrum der Begründungsschrift erst später eingesetzt worden ist, erklärt sich zwanglos daraus, daß die Beklagte sich zunächst vorbehalten hatte zu bestimmen, wer in zweiter

Instanz ihr Prozeßbevollmächtigter sein sollte. Wesentlich ist, daß der Unterzeichner der Begründungsschrift durch die Unterzeichnung ausdrücklich die Verantwortung für deren Inhalt übernommen hat. Davon ist aber nach der Erklärung des Prozeßbevollmächtigten der Beklagten auszugehen. Das genügt, um zu der Auffassung zu kommen, daß die Berufungsbegründung den gesetzlichen Vorschriften entspricht. Deshalb durfte die Berufung nicht aus diesem Grunde als unzulässig verworfen werden.

Somit war der angefochtene Beschluß aufzuheben. Das Landesarbeitsgericht wird nunmehr in der Sache selbst zu entscheiden haben. Einer ausdrücklichen Zurückverweisung bedarf es zu diesem Zwecke nicht. Eine Kostenentscheidung kann nicht ergehen, da ein Fall des § 97 Abs. 1 ZPO nicht vorliegt, weil das Rechtsmittel Erfolg gehabt hat. Die in der endgültigen Entscheidung enthaltene Kostenentscheidung umfaßt auch die Kosten der sofortigen Beschwerde.

22

1. Tarifverträge sind in ihrem normativen Teil nach den Grundsätzen der Gesetzesauslegung auszulegen. Der Wille der vertragschließenden Tarifvertragsparteien kann nur dann berücksichtigt werden, wenn er in den Regelungen des Tarifvertrages einen erkennbaren Ausdruck gefunden hat.

2. Der Grundsatz für die Auslegung von Verträgen, daß das von den Parteien gemeinsam Gewollte auch dann vereinbart ist, wenn die Parteien falsche Bezeichnungen wählen (sog. falsa demonstratio), ist bei der Auslegung der normativen Bestimmungen eines Tarifvertrages nicht anzuwenden.

3. Gewährt ein Tarifvertrag unter bestimmten Voraussetzungen männlichen Arbeitnehmern unter Einräumung von Rechtsansprüchen Zulagen, so verstößt eine tarifliche Regelung, die weibliche Arbeitnehmer, bei denen die gleichen Voraussetzungen erfüllt sind, von dem Bezug dieser Zulagen ausschließt, gegen Art. 3 GG.

4. Gewährt ein Tarifvertrag verwitweten, geschiedenen oder ledigen weiblichen Arbeitnehmern Rechtsansprüche auf Zulagen, so ist ein Tarifvertrag, der verheiratete weibliche Arbeitnehmer von dem Bezug solcher Zulagen trotz Vorliegens gleicher Voraussetzungen ausschließt, mit Art. 6 GG unvereinbar.

TVG § 1 Auslegung; BGB §§ 133, 139; GG Art. 3, 6.

I. Senat. Urteil vom 2. 6. 1961 i. S. E. S. AG (Bekl.) w. 1. K. u. a. (Kl.)
1 AZR 573/59.

I. Arbeitsgericht Braunschweig. — II. Landesarbeitsgericht Niedersachsen.

Die Klägerin war bei der Beklagten als Stenotypistin beschäftigt. Sie lebte mit ihrem seit Jahren erwerbslosen Ehemann und ihrer Tochter in einem gemeinsamen Haushalt und bestritt den Unterhalt der Familie.

Die Parteien waren tarifgebunden an den Manteltarifvertrag für die Angestellten des Eisenerzbergbaus in Niedersachsen vom 1. November 1954. Dieser Manteltarifvertrag bestimmte in § 7:

1. Neben dem Tarifgehalt erhalten verheiratete Angestellte, sofern sie entweder mit ihrer Familie einen gemeinsamen Haushalt führen oder sie nachweislich unterhalten, ein Hausstandsgeld nach Maßgabe des jeweils geltenden Gehaltstarifvertrages.
2. Diesen Angestellten stehen geschiedene und verwitwete Personen gleich, die einen eigenen Hausstand führen, sowie ledige Angestellte, die ganz oder zum überwiegenden Teil Ernährer der mit ihnen in häuslicher Gemeinschaft lebenden Kinder, Eltern, Großeltern oder Geschwister sind.
3. Wären nach den Bestimmungen der Absätze 1 und 2 mehrere Personen gleichzeitig bei einem oder verschiedenen durch diesen Tarif gebundenen Arbeitgebern anspruchberechtigt, so besteht der Anspruch nur einmal und ist nur demjenigen Angestellten gegenüber zu erfüllen, der Haushaltsvorstand im Sinne der Personenstandsaufnahme ist.

Nach § 10 dieses Manteltarifvertrages hatten die Angestellten, denen ein Hausstandsgeld nach § 7 zu gewähren war, Anspruch auf mietfreie Überlassung einer Werkswohnung.

Dieser Manteltarifvertrag vom 1. November 1954 wurde mit Wirkung vom 1. Januar 1957 durch den Manteltarifvertrag vom 14. Dezember 1956 ersetzt. Durch ihn wurde § 7 Abs. 1 des MTV vom 1. November 1954 dahin geändert, daß in der ersten Zeile zwischen die Worte „verheiratete" und „Angestellte" das Wort „männliche" eingefügt wurde. § 7 Abs. 2, § 7 Abs 3 und § 10 blieben unverändert .

Seit dem Inkrafttreten des Manteltarifvertrages vom 14. Dezember 1956 hat die Beklagte der Klägerin das Hausstandsgeld von monatlich 13,— DM ab 1. Januar 1957 nicht mehr gewährt. Sie hat weiterhin für die von der Klägerin mit ihrem Ehemann und ihrem Kind bewohnte

Werkswohnung als Mietzins einen Betrag von monatlich 66,75 DM vom Gehalt der Klägerin einbehalten.

Die Klägerin ist der Ansicht, ihr stehe nach wie vor der Anspruch auf Gewährung des Hausstandsgeldes und auf mietfreie Überlassung einer Werkswohnung zu. Die Änderung des MTV vom 1. November 1954 durch den MTV vom 14. Dezember 1956 (Einfügung des Wortes „männliche“ in § 7 Abs. 1) verstoße gegen Art. 3 GG. Die Beklagte müsse ihr deshalb für die Jahre 1957 und 1958 das Hausstandsgeld mit insgesamt 312,– DM nachgewähren und ihr auch die einbehaltene Miete mit insgesamt 1602,– DM nachzahlen.

Alle Instanzen haben nach dem Klageantrag erkannt.

Aus den Gründen:

Das Landesarbeitsgericht hat seine Entscheidung auf § 7 Abs. 1 des Manteltarifvertrages vom 14. Dezember 1956 gestützt. Diese Bestimmung gebe, wie das Landesarbeitsgericht meint, auch nach der Änderung des § 7 Abs. 1 (Einfügung des Wortes „männlich“) trotz des entgegenstehenden Wortlautes bei sachgerechter Auslegung den verheirateten weiblichen Angestellten, die entweder mit ihrer Familie einen gemeinsamen Haushalt führen oder sie nachweislich unterhalten, den Anspruch auf Zahlung des Hausstandsgeldes und damit den Anspruch auf mietfreie Überlassung einer Werkswohnung. Die Tarifpartner hätten mit der Änderung des § 7 nur den Doppelbezug von Hausstandsgeld ausschließen, nicht aber weiblichen Angestellten das Hausstandsgeld auch dann nehmen wollen, wenn durch die Gewährung des Hausstandsgeldes an diese weiblichen Angestellten kein Doppelbezug eintrete.

Der Senat brauchte nicht zu entscheiden, ob diesen Rechtsausführungen des Landesarbeitsgerichts trotz der Änderung des § 7 Abs. 1 MTV vom 1. November 1954 durch die Neufassung des § 7 Abs. 1 im MTV vom 14. Dezember 1956 und des Wortlauts der Neufassung beigetreten werden kann. Insofern müßte berücksichtigt werden, daß für die Auslegung des normativen Teils eines Tarifvertrages nicht die für Verträge maßgebenden Auslegungsgrundsätze anzuwenden sind. Der für Verträge anerkannte Rechtsgrundsatz, daß in einem Vertrag der beiderseits gewollte Inhalt gilt, auch wenn der Wortlaut abweicht (falsa demonstratio, vgl. Enneccerus-Nipperdey, Allgem. Teil, 15. Aufl., 1960 § 166 IV, § 205 I, 2, § 206 VI), kann für den normativen Teil des Tarifvertrages mit seiner Wirkung für die Tarifbeteiligten nicht angewendet werden. Vielmehr sind für den normativen Teil der Tarifverträge die Grundsätze der Gesetzesauslegung maßgebend (vgl. Hueck-Nipperdey, Lehrbuch, 6. Aufl. Bd. II § 18 IV 2). Das bedeutet aber, daß der gewollte Inhalt nur dann gilt, wenn er auch in dem Wortlaut einen für Dritte erkennbaren Ausdruck gefunden hat. Das bleibt jedoch in dem vorliegenden Fall sehr zweifelhaft.

2. Ist davon auszugehen, daß § 7 Abs. 1 MTV durch die Neufassung gerade nur männlichen Angestellten den Anspruch auf das Hausstandsgeld geben, also die weiblichen Angestellten, auch wenn sie entweder mit ihrer Familie einen gemeinsamen Haushalt führen oder sie nachweislich unterhalten, vom Bezug des Hausstandsgeldes ausschließen wollte, so hatte die Klägerin gleichwohl den Anspruch auf dieses Hausstandsgeld und damit den Anspruch auf die mietfreie Überlassung der Werkswohnung. Denn die Bestimmung des § 7 Abs. 1 MTV vom 14. Dezember 1956 wäre dann als gegen Art. 3 GG verstoßend nach § 134 BGB nichtig.

Nach Art. 3 GG sind Männer und Frauen gleichberechtigt. Niemand darf wegen seines Geschlechts benachteiligt oder bevorzugt werden. An diese Regelung sind auch die Tarifpartner bei der Schaffung tariflicher Normen gebunden. Der Senat verweist insoweit auf seine ständige Rechtsprechung zur Frage der Frauenlöhne (vgl. BAG 1, 258; BAG AP Nr. 6 zu Art. 3 GG; BAG 1, 348; BAG 4, 240; BAG 4, 125; BAG 4, 133).

Die Nichtigkeit von § 7 Abs. 1 MTV, soweit dadurch nach dem Willen der Tarifpartner weibliche verheiratete Angestellte vom Bezug des Hausstandsgeldes ausgeschlossen sein sollten, würde sich aber auch aus Art. 6 GG ergeben. Denn wenn durch § 7 Abs. 1 MTV tatsächlich verheiratete weibliche Angestellte vom Bezug des Hausstandsgeldes ausgeschlossen worden wären, andererseits jedoch verwitwete, geschiedene oder ledige weibliche Angestellte nach § 7 Abs. 2 MTV unter den dort gegebenen Voraussetzungen den Anspruch auf das Hausstandsgeld hätten, so wären verheiratete weibliche Angestellte, die ebenfalls die Voraussetzungen des § 7 Abs. 2 für die Gewährung des Hausstandsgeldes an weibliche Angestellte erfüllen (wie dies die Klägerin tut), schlechter gestellt als verwitwete, geschiedene oder ledige weibliche Angestellte. Eine solche Regelung würde gegen den Grundsatz des Art. 6 Abs. 1 GG, nach dem die Ehe unter dem besonderen Schutz der staatlichen Ordnung steht, verstoßen und nach § 134 BGB nichtig sein (vgl. Erna Scheffler bei Bettermann-Nipperdey-Scheuner, Grundrechte Bd. IV 1 (1960) S. 273 f.).

3. Ist somit die von den Tarifpartnern in dem Tarifvertrag vom 14. Dezember 1956 getroffene Regelung nichtig, dann muß die vorher geltende, nur durch die Einfügung des Wortes „männliche" in § 7 Abs. 1 geänderte tarifliche Regelung des Manteltarifvertrages vom 1. November 1954 weiter angewendet werden; denn diese Regelung, die im übrigen fortgalt, ist nicht geändert worden.

Dieses Ergebnis rechtfertigt sich auch nach § 139 BGB. Denn die durch eine Nichtigkeit der Beschränkung des Kreises der nach § 7 Abs. 1 MTV vom 14. Dezember 1956 Anspruchsberechtigten auf männliche Angestellte eintretende Lücke im Tarifvertrag vom 14. Dezember 1956 müßte nach den Grundsätzen des § 139 im Wege richterlicher Vertragsergänzung geschlossen werden. Das Tarifwerk ist also durch Aufnahme der Bestimmungen zu ergänzen, die die Tarifpartner vereinbart hätten, wenn sie die Nichtigkeit der von ihnen getroffenen Regelung (Ausschluß der verheirateten weiblichen Angestellten vom Bezug des Hausstandsgeldes) erkannt hätten.

Aus den tatsächlichen Feststellungen des Landesarbeitsgerichts, die auf Grund der Äußerungen der Tarifpartner getroffen worden sind, ergibt sich, daß mit der Neufassung des § 7 Abs. 1 MTV (Einfügung des Wortes „männliche") ein Doppelbezug von Hausstandsgeld ausgeschlossen werden sollte. Daraus kann unbedenklich entnommen werden, daß die Tarifpartner auch verheirateten w e i b l i c h e n Angestellten den Anspruch auf das Hausstandsgeld gegeben hätten, wenn diese verheirateten weiblichen Angestellten entweder mit ihrer Familie einen gemeinsamen Haushalt führen oder sie nachweislich unterhalten, sofern eben durch die Gewährung des Hausstandsgeldes an diese weiblichen Angestellten kein Doppelbezug von Hausstandsgeld eingetreten wäre.

23

Auf die in § 52 Abs. 2 RegelungsG i. d. F. vom 11. 9. 1957 bestimmte Dienstzeit von sechs Jahren können Wehr- und Kriegsdienstzeiten, soweit sie nicht mit Dienstzeiten bei dem Dienstherrn zusammenfallen, nicht angerechnet werden.

RegelungsG i. d. F. vom 1. 9. 1953 § 52; RegelungsG i. d. F. vom 11. 9. 1957 § 52; 3. Durchführungsverordnung zum RegelungsG i. d. F. vom 10. 6. 1955 §§ 1, 2; Niedersächsisches Gesetz zu Art. 131 GG §§ 7, 22 ff.

III. Senat. Urteil vom 6. 6. 1961 i. S. P. (Kl.) w. H. H. (Bekl.)
3 AZR 248/60.

I. Arbeitsgericht Hannover. — II. Landesarbeitsgericht Niedersachsen.

Der Kläger, am 18. Januar 1891 geboren, war von 1911 bis 1923 Soldat. Am 23. September 1935 trat er als Angestellter in die Dienste der Beklagten. Damals galt die Ruhelohnordnung der Beklagten vom 15. März 1904, später in der Fassung vom 21. Dezember 1943. Der Kläger fiel unter diese Ruhelohnordnung. Er schied am 9. Mai 1945 aus anderen als tarifrechtlichen Gründen aus.

Die Ruhelohnordnung der Beklagten hat für die vor dem 1. April 1938 in ihre Dienste getretenen Angestellten über diesen Zeitpunkt hinaus weitergegolten. Nach § 2 der Ruhelohnordnung wird Ruhegeld gewährt, wenn nach 10jähriger ununterbrochener Dauer des Dienstverhältnisses dauernde Arbeitsunfähigkeit eintritt oder der Arbeitnehmer das 65. Lebensjahr vollendet.

Der Kläger meint, daß auf die 10jährige Dienstzeit seine Militärdienstzeit angerechnet werden müsse. Das ergebe sich aus § 5 der Ruhelohnordnung.

Sein Dienstverhältnis habe ferner am 8. Mai 1945 nur noch aus wichtigem Grunde gekündigt werden können. Gelegentlich der Neufassung der Ruhelohnordnung Ende 1943 habe die Beklagte ihren Angestellten mehrmals eröffnet, daß ihr Arbeitsverhältnis nach 10jähriger Dienstzeit nur noch aus wichtigem Grunde gekündigt werden könne.

Der Kläger hat beantragt, festzustellen, daß die Beklagte ab 1. April 1951 Versorgungsbezüge nach dem Regelungsgesetz zu gewähren hat.

Die Beklagte hat bestritten, daß sie ihren Angestellten mitgeteilt habe, daß sie nach 10jähriger Dienstzeit nur noch aus wichtigem Grunde gekündigt werden könnten.

Alle Instanzen haben die Klage abgewiesen.

Aus den Gründen:

1. Das angefochtene Urteil geht zutreffend davon aus, daß der Anspruch des Klägers auf Übergangsbezüge bzw. Ruhegeld sich nach § 22 ff. des Niedersächsischen Gesetzes zu Art. 131 i. d. F. vom 17. 3. 1955 (Nds. GVBl. S. 149) i. Verb. mit § 63 Abs. 1 und 3 RegelungsG richtet. Da der Kläger am 18. Januar 1956 das 65. Lebensjahr vollendet hat, kann er einen Anspruch auf Übergangsbezüge nur bis zu diesem Zeitpunkt erworben haben.

Mit Recht nimmt das Landesarbeitsgericht an, daß dem Kläger Übergangsgehalt zunächst nach § 2 der 3. Durchführungsverordnung zum Regelungsgesetz i. d. F. vom 10. 6. 1955 (BGBl. I S. 284) zustehen könne, wenn er am Tage seines Ausscheidens aus den Diensten der Beklagten, am 9. Mai 1945, einen vertraglichen Anspruch auf Ruhegeld gehabt hätte. Ein solcher Anspruch liegt nach § 1 der 3. Durchführungsverordnung dann vor, wenn dem Angestellten durch Ruhelohnordnung eine Anwartschaft auf eine vom Dienstherrn zu gewährende lebenslängliche Versorgung bei Dienstunfähigkeit oder bei Erreichen einer Altersgrenze und auf Hinterbliebenenversorgung auf der Grundlage des Arbeitsentgelts und der Dauer der Dienstzeit zugesichert war. Das Landesarbeitsgericht nimmt zu Recht an, daß der Kläger nach der Ruhelohnregelung der Beklagten vom 15. März 1904 i. d. F. vom 21. Dezember 1943 keine solche Anwartschaft erworben hat. § 2 der Ruhelohnordnung bestimmt, daß Ruhegeld gewährt wird, wenn nach 10jähriger ununterbrochener Dauer des Dienstverhältnisses dauernde Arbeitsunfähigkeit eintritt oder der Arbeitnehmer das 65. Lebensjahr vollendet. Der Kläger war aber nur etwa neun Jahre und sieben Monate bei der Beklagten tätig. Die Ansicht des Klägers, daß sich die Wartezeit um seine Militärdienstzeit verlängere, ist nicht zutreffend. Zu Unrecht beruft sich der Kläger auf § 5 der Ruhelohnregelung. Dort ist bestimmt, daß für die Berechnung der ruhegeldfähigen Dienstzeit die für Beamte erlassenen Bestimmungen gelten. Danach bezieht sich diese Vorschrift nur auf diejenige Dienstzeit, die der Berechnung der Höhe des Ruhegeldes zugrunde zu legen ist. Der Senat hat in AP Nr. 28 zu § 52 RegelungsG ausgesprochen, daß die Wartezeit nach der jeweiligen Regelung der Ruhegeldordnung zu berechnen ist. Die Bestimmungen des § 7 ATO sind hierbei nicht ergänzend anzuwenden. Zeiten, die im Wehrdienst oder bei einem anderen Dienstherrn verbracht wurden, sind nur dann zu berücksichtigen, wenn ihre Anrechnung auf die Wartezeit in der Ruhegeldordnung vorgesehen ist. Nach der Ruhelohnordnung des Beklagten kann nur eine in die Dienstzeit bei der Beklagten fallende Ableistung der militärischen Dienstpflicht nach § 2 Abs. 2 angerechnet werden. Mit Recht nimmt das Landesarbeitsgericht auch an, daß die Ruhelohnordnung der Beklagten völlig eindeutig ist. Es ist daher seiner Ansicht beizutreten, daß, selbst wenn die Beklagte bei der Neufassung der Ruhelohnregelung im Jahre 1943 frühere Militärdienstzeiten auf die Anwartschaftszeit hätte anrechnen wollen, ein solcher Wille gegenüber dem klaren Wortlaut der Ruhegeldregelung keine Beachtung finden kann. Auf den vom Kläger angetretenen Beweis für seine Behauptung kommt es daher nicht an. Die vom Kläger erst in der Revisionsinstanz vorgebrachte Behauptung, daß nach einem Erlaß der Beklagten vom 27. Juli 1934 Kriegsdienstzeiten auf die 10jährige Wartezeit der Ruhelohnordnung angerechnet werden sollten — was von der Beklagten bestritten worden ist —, kann nicht berücksichtigt werden.

Denn es würde sich hierbei nicht um eine Rechtsnorm, sondern um eine Verhaltensregelung der Beklagten gegenüber ihren Arbeitnehmern handeln, die in den Tatsacheninstanzen hätte behauptet und festgestellt werden müssen.

Das Landesarbeitsgericht hat auch mit Recht einen Anspruch auf Übergangsbezüge nach § 22 a des Nds. Ges. zu Art. 131 abgelehnt. Nach dieser Bestimmung sind Übergangsbezüge zu gewähren, wenn das Arbeitsverhältnis am 8. Mai 1945 nur noch aus wichtigem Grunde kündbar war oder ein Arbeitnehmer zu diesem Zeitpunkte nach den für ihn geltenden Vorschriften eine Dienstzeit von mindestens 25 Jahren erreicht hatte. Die letzte Voraussetzung liegt nicht vor, da der Kläger unter Einschluß des Militärdienstes nur eine Dienstzeit von 21 Jahren zurückgelegt hat. Das Landesarbeitsgericht verneint zu Recht, daß das Arbeitsverhältnis des Klägers am 8. Mai 1945 nur noch aus wichtigem Grunde hätte gekündigt werden können. Nach § 16 Abs. 4 TO.A ist der Angestellte erst nach einer Dienstzeit von 25 Jahren unkündbar gewesen. Der PAT und der RAT sind, wenn sie für die Arbeitnehmer der Beklagten jemals gegolten haben, spätestens am 31. März 1938 außer Kraft getreten (§ 23 TO.A und § 21 ATO). Auf eine vom Kläger behauptete Zusicherung der Beklagten, daß das Arbeitsverhältnis ihrer Bediensteten nach einer Dienstdauer von zehn Jahren unkündbar sei, kommt es, wie das Landesarbeitsgericht zu Recht annimmt, nicht an, weil der Kläger bei der Beklagten keine zehn Jahre im Dienst gestanden hat.

2. Dem Kläger steht auch kein Ruhegeld seit der Vollendung seines 65. Lebensjahres, also seit dem 18. Januar 1956, zu. Nach dem damals geltenden Recht, § 52 RegelungsG i. d. F. vom 1. 9. 1953, § 22 des Nds. Ges. zu Art. 131, war hierfür Voraussetzung, daß der Kläger am 9. Mai 1945 einen Anspruch auf Ruhegeld im Sinne des § 1 der 3. Durchführungsverordnung i. d. F. vom 10. 6. 1955 gegen die Beklagte hatte. Das war aber nach den obigen Ausführungen zu Ziffer 1 nicht der Fall.

Auch nach den Bestimungen des § 52 RegelungsG i. d. F. vom 11. 9. 1957 (BGBl. I S. 1297) steht dem Kläger kein Ruhegeldanspruch zu. In Betracht kommt hier die Bestimmung des § 52 Abs. 2, daß ein Arbeitnehmer bei seinem Dienstherrn oder dessen Rechtsvorgänger vor dem 1. April 1938 unter der Geltung einer Versorgungsregelung nach beamtenrechtlichen Grundsätzen mindestens sechs Jahre im Dienst gestanden hat. Da der Kläger erst am 23. September 1935 in die Dienste der Beklagten getreten ist, hatte er bis zum 31. März 1938 nur zwei Jahre Dienstzeit erfüllt. Die Militärzeit des Klägers von 1911 bis 1923 kann auf die hier bestimmte Dienstzeit von sechs Jahren nicht angerechnet werden, wie das Landesarbeitsgericht zu Recht annimmt. Nach dem Wortlaut der neuen Fassung muß der Arbeitnehmer sechs Jahre im Dienst gestanden haben, was voraussetzt, daß er auch wirkliche Dienste geleistet hat. Sinn und Zweck der Bestimmung ist, einen Teil des Personenkreises noch zu begünstigen, der am 1. April 1938 bei Inkrafttreten des Reichstarifrechts für den öffentlichen Dienst die Wartezeit der Ruhegeldregelungen, die zumeist zehn Jahre betrug, noch nicht erfüllt hatte. Diesem Zweck des Gesetzes entspricht es, wenn für die Zeit von sechs Jahren eine Anrechnung von Wehr- und Kriegsdienstzeiten, wenigstens, soweit sie nicht mit Dienstzeiten bei dem Dienstherrn zusammenfallen, unberücksichtigt bleiben, denn auch die Ruhegeldregelungen fordern regelmäßig die tatsächliche Ableistung der Wartezeit. Die Erwägungen des Urteils des Senats vom 30. April 1957 (BAG 4, 168 [170 ff.]) können daher hier nicht zum Zuge kommen (vgl. Anders-Jungkunz-Käppner, Gesetz zu Art. 131 GG, 4. Aufl., Anm. 7 zu § 52; a. A: Reinhardt Anm. zu AP Nr. 28 zu § 52 RegelungsG).

24

1. Bestimmt eine Vorschrift der Dienstordnung, daß sich die Höhe der Dienstbezüge des Dienstordnungs-Angestellten nach den jeweiligen Vorschriften für die Reichsbeamten richtet, so sind jetzt die jeweiligen Vorschriften für Bundesbeamte sinngemäß anzuwenden.

2. Zu den Dienstbezügen gehören als Bestandteile auch Orts- und Kinderzuschläge sowie Stellen- und Ausgleichszulagen. Die Höhe der Dienstbezüge richtet sich also auch danach, ob eine Stellenzulage zu gewähren ist oder nicht.

3. Dienstordnungs-Angestellte, bei denen sich die Höhe ihrer Dienstbezüge nach den jeweiligen Vorschriften für Bundesbeamte richtet, haben Anspruch auf eine Stellenzulage, wenn die Voraussetzungen des § 21 Abs. 2 BBesG vorliegen.

4. Eine ausdrückliche dienstliche Anordnung, durch die einem Dienstordnungs-Angestellten die dienstlichen Obliegenheiten eines Amtes übertragen werden, für das der Organisations- und Stellenplan die Planstelle einer höheren Besoldungsgruppe vorsieht, ist nicht Voraussetzung für den Anspruch auf Stellenzulage.

5. Es kommt nicht darauf an, ob neben dem Stellenplan auch ein schriftlich fixierter Organisationsplan vorliegt; es genügt vielmehr, wenn im Zusammenhang mit dem Stellenplan die dienstlichen Obliegenheiten so

verteilt sind, daß erkennbar ist, wie sie durch Zuteilung der im Stellenplan ausgewiesenen Planstellen bewertet werden.

6. Auf die Art der dienstlichen Obliegenheiten kommt es nicht an; auch solche gleicher Art können verschieden, d. h. höher oder niedriger bewertet werden.

7. Sinn und Zweck des § 21 Abs. 2 BBesG ist es, daß bewilligte offene Stellen, für die das Vorhandensein entsprechender Funktionen unterstellt werden muß, beizeiten besetzt werden oder aber dem mit der Wahrnehmung der dienstlichen Obliegenheiten eines höher bewerteten Amtes betrauten Dienstordnungs-Angestellten einer niedrigeren Besoldungsgruppe bei Vorliegen der sonstigen Voraussetzungen die Stellenzulage gewährt wird.

8. Der Beschluß eines Versicherungsträgers, der Vertreterversammlung den Wegfall einer Stelle vorzuschlagen, ändert nichts an der Besetzbarkeit dieser Stelle, solange sie offen ist und der Stellenplan nicht geändert worden ist.

BGB § 611; RVO §§ 978, 690 ff.; BBesG §§ 2, 21 Abs. 2; Dienstordnung der Landwirtschaftlichen Berufsgenossenschaft Oldenburg-Bremen (gesetzliche Unfallversicherung).

IV. Senat. Urteil vom 21. 6. 1961 i. S. L. B. (Bekl.) w. B. (Kl.)
4 AZR 444/60.

I. Arbeitsgericht Oldenburg. — II. Landesarbeitsgericht Niedersachsen.

Der Kläger ist als Dienstordnungs-Angestellter im technischen Aufsichtsdienst der Beklagten beschäftigt. Sein Dienstverhältnis unterliegt der Dienstordnung der Beklagten vom 18. Juli 1942. Bis Februar 1960 hatte er eine Stelle der Besoldungsgruppe A 10 des einen Bestandteil der Dienstordnung bildenden Stellenplanes der Beklagten inne. Die Dienstbezeichnung für diese Stelle war die eines „technischen Aufsichtsbeamten". Der Stellenplan sah daneben eine weitere Stelle des technischen Aufsichtsdienstes vor, die mit der Besoldungsgruppe A 13 bewertet worden war und dessen Inhaber die Dienstbezeichnung „Leiter des technischen Aufsichtsdienstes" führte. Diese Stelle war durch den Diplom-Landwirt Dr. B. besetzt, der am 30. September 1958 wegen Erreichens der Altersgrenze aus dem Dienst der Beklagten ausschied. Seitdem wurden die Aufgaben des technischen Aufsichtsdienstes bei der Beklagten durch den Kläger allein wahrgenommen, ohne daß die Stelle A 13 wieder besetzt wurde.

Im Februar 1960 beschloß die Vertreterversammlung der Beklagten, die Stelle des „technischen Aufsichtsbeamten" in eine solche der Besoldungsgruppe A 9 und die des „Leiters des technischen Aufsichtsdienstes" in eine der Besoldungsgruppe A 11 umzuwandeln. Mit Wirkung vom 1. Februar 1960 wurde sodann der Kläger in die Stelle der Besoldungsgruppe A 11 eingewiesen.

Der Kläger hat geltend gemacht, er habe vom 1. Oktober 1958 bis zum 31. März 1960 neben seinen bisherigen Aufgaben auch die dienstlichen Obliegenheiten des Leiters des technischen Aufsichtsdienstes, nämlich den ehemaligen Aufgabenbereich des Dr. B., mit Wissen und Willen der Beklagten wahrgenommen. Hierfür gebühre ihm vom 1. Oktober 1959 bis zum 31. Januar 1960 als Stellenzulage der Unterschied zwischen der Besoldungsgruppe A 10, in der er sich damals befunden habe, und der Besoldungsgruppe A 13, nach der bis zu seinem Ausscheiden Dr. B. besoldet worden sei.

Der Kläger hat beantragt, die Beklagte zu verurteilen, an ihn für die Zeit vom 1. Oktober 1959 bis 31. Januar 1960 1420,– DM zu zahlen.

Die Beklagte hat die rechnerische Richtigkeit der Höhe des Klageanspruches nicht bestritten und vorgetragen, es sei zwar richtig, daß der Kläger nach dem Ausscheiden des Dr. B. seit dem 1. Oktober 1958 den gesamten technischen Aufsichtsdienst bei der Beklagten versehen habe. Dr. B. habe aber keine leitenden Funktionen gehabt. Er habe die gleichen Arbeiten wie der Kläger erledigt, nur seien die Arbeiten für andere Bezirke geleistet worden. Dr. B. habe die Post nicht verteilt und die Post des Klägers weder abgezeichnet noch unterschrieben. Die Verteilung und die Unterschriftsleistung sei ausschließlich vom Vorstand der Beklagten vorgenommen worden. Der Kläger habe auch nicht der Aufsicht des Dr. B. unterstanden. Der Kläger habe allenfalls höherwertige Arbeiten erledigt, weil er nicht nur, wie Dr. B., Kontrollen durchgeführt habe, sondern auf Grund seiner technischen Vorbildung auch zur Unfallfeststellung herangezogen worden sei. Ein schriftlicher Organisations- und Geschäftsverteilungsplan habe nicht vorgelegen. Die Beklagte ist der Ansicht, der Kläger habe nicht die Funktionen des Leiters des technischen Aufsichtsdienstes wahrgenommen, weil auch Dr. B. solche nicht innegehabt habe. Der Kläger habe nach dem Ausscheiden des letzteren nichts anderes getan als dieser. Im übrigen könne man von einer „leitenden Funktion", wie sie der Stellenplan für die Besoldungsgruppe A 13 ausweise, dann nicht sprechen, wenn, wie in der hier fraglichen Zeit, der Kläger ganz allein den technischen Aufsichtsdienst wahrgenommen habe. Davon abgesehen liege keine ausdrückliche Anordnung vor, nach der der Kläger auch den Aufgabenbereich des Dr. B. mitwahrnehmen sollte.

Selbst wenn man aber dies alles für unerheblich halte, sei der Anspruch des Klägers dennoch unbegründet, weil die Stelle A 13 nicht mehr besetzbar gewesen sei. Der Vorstand der Beklagten habe nämlich schon am 22. April 1959 beschlossen gehabt, der Vertreterversammlung die im Februar 1960 erfolgte Änderung des Stellenplanes unter Fortfall der Stelle A 13 im technischen Dienst vorzuschlagen. Dieser Beschluß sei dem Kläger bekannt gewesen.

Alle Instanzen haben nach dem Klageantrag erkannt.

Aus den Gründen:

Mit Recht hat das angefochtene Urteil ausgeführt, dem Kläger stehe die eingeklagte Stellenzulage nach § 3 Abs. 3 der Dienstordnung (DO) der Beklagten vom 18. Juli 1942 in Verbindung mit § 21 Abs. 2 des Bundesbesoldungsgesetzes (BBesG) vom 27. Juli 1957 (BGBl. I S. 993) zu.

§ 3 Abs. 3 DO bestimmt, daß sich die Höhe der Dienstbezüge nach den jeweiligen Vorschriften für die Reichsbeamten richtet. Zwar gibt es in der Bundesrepublik Deutschland keine Reichsbeamten mehr. Das macht die vorgenannte Vorschrift jedoch nicht unanwendbar. Vielmehr sind jetzt die jeweiligen Vorschriften für Bundesbeamte sinngemäß anzuwenden (BAG AP Nr. 7, 9 zu § 611 BGB Dienstordnungs-Angestellte). Zu diesen Vorschriften gehören die Bestimmungen des BBesG, soweit sie die Höhe der Dienstbezüge betreffen.

Da die Höhe der Dienstbezüge des Klägers sich auch danach bemißt, ob in ihnen eine Stellenzulage enthalten ist, richtet sich, soweit die DO keine anderweitige eigene Regelung hierfür trifft, ein Anspruch auf Stellenzulage als Bestandteil der Dienstbezüge nach den jeweiligen Vorschriften für Bundesbeamte, mithin nach denen des BBesG. Es ist nämlich irrig, aus der Wortfassung des § 3 Abs. 3 DO zu schließen, auf die Art der Bestandteile der Dienstbezüge könne es nicht ankommen, weil nur von der Höhe der Dienstbezüge die Rede sei. Eine solche Auslegung unterscheidet nicht „Dienstbezüge“ von deren „Bestandteilen“ und verkennt den Zweck des § 3 DO, die Ansprüche der DO-Angestellten auf Dienstbezüge möglichst denen der Reichs- bzw. Bundesbeamten anzupassen. Es handelt sich hier nämlich um eine DO, die offenkundig der Muster-DO nachgebildet ist, wie sie im Erlaß des Reichsarbeitsministers vom 27. September 1940 (AN = Allgem. Nachrichten des RVA S. II 348) den Versicherungsträgern zwecks Vereinheitlichung des Dienstordnungsrechts unter Anpassung an das Beamtenrecht zur Einführung als DO vorgeschrieben worden war (vgl. Abschnitt V des sogenannten Vereinfachungserlasses vom 28. August 1939 in RGBl. I S. 1535). Die Anpassung betrifft vor allem auch das Besoldungsrecht. So folgt aus § 3 Abs. 1, § 2 Abs. 4 DO in Verbindung mit dem Stellenplan und dem Dienstvertrag die zuständige Besoldungsgruppe für den Angestellten. Das Grundgehalt innerhalb der Besoldungsgruppe als erster Bestandteil der Dienstbezüge wird durch das Besoldungsdienstalter bestimmt (§ 3 Abs. 2, § 2 Abs. 4 DO). Die nun noch verbleibenden Bestandteile der Dienstbezüge, wie Orts- und Kinderzuschlag, Stellen- und Ausgleichszulagen (§ 2 Abs. 1 BBesG), regeln sich nach § 3 Abs. 3 DO. Denn die Höhe der Dienstbezüge ist verschieden je nach dem, ob in ihnen die vorgenannten Bestandteile enthalten sind oder nicht (vgl. hierzu AP Nr. 9 zu § 611 BGB Dienstordnungs-Angestellte).

Der Kläger hat daher gemäß § 3 Abs. 3 DO Anspruch auf die begehrte Stellenzulage, wenn die in § 21 Abs. 2 BBesG normierten Voraussetzungen vorliegen.

Die Revision irrt, wenn sie meint, § 5 DO schließe eine Stellenzulage aus. Nach § 5 ist jeder Angestellte zur Vertretung anderer Angestellter verpflichtet und hat während einer solchen Vertretung oder einer Beschäftigung auf Probe in einer Stelle, die mit höheren Bezügen ausgestattet ist, keinen Anspruch auf die Dienstbezüge der höheren Besoldungsgruppe. Daß dieser Fall hier nicht vorliegt, verkennt auch die Revision nicht. Sie meint jedoch, der Grundgedanke dieser Vorschrift sei auf den Fall des Klägers, der die dienstlichen Obliegenheiten eines Amtes, für das eine höhere Besoldungsgruppe vorgesehen ist, wahrgenommen hat, entsprechend anzuwenden. Das ist aber unrichtig. Zwar hat der Senat in einem Fall die entsprechende Anwendung einer dem § 5 DO gleichlautenden DO-Vorschrift auf einen Sachverhalt, wie er hier vorliegt, bejaht, jedoch mit dem ausdrücklichen Hinweis, daß dahingestellt bleibe, wie zu entscheiden sei, wenn § 21 Abs. 2 BBesG oder eine entsprechende Regelung der Dienstordnung anzuwenden wäre (AP Nr. 13 zu § 611 BGB Dienstordnungs-Angestellte). Für den damals entschiedenen Fall war § 21 Abs. 2 BBesG unanwendbar, weil das BBesG erst am 1. April 1957 in Kraft getreten ist, die Klage jedoch einen früheren Zeitraum betraf. Hier jedoch liegt der Klagezeitraum nach dem 1. April 1957, so daß das BBesG und damit auch § 21 Abs. 2 anzuwenden sind. § 21 Abs. 2 BBesG regelt aber ausdrücklich und im einzelnen gerade den Fall der Wahrnehmung dienstlicher Obliegenheiten eines Amtes, für das eine höhere Besoldungsgruppe vorgesehen ist, durch den Beamten einer niedrigeren Besoldungsgruppe. Für eine entsprechende Anwendung des § 5 DO ist daher kein Raum mehr.

Mit Recht hat das angefochtene Urteil auch das Vorliegen der Voraussetzungen des § 21 Abs. 2 BBesG bejaht.

Unstreitig hat der Kläger die dienstlichen Obliegenheiten des ausgeschiedenen Dr. B. in der Zeit vom 1. Oktober 1958 bis zum 31. Januar 1960 wahrgenommen. Ob dem Kläger diese Obliegenheiten durch ausdrückliche dienstliche Anordnung übertragen worden sind, ist unerheblich. Das Gesetz stellt dieses Erfordernis nicht auf. Im übrigen wußte die Beklagte nach den Feststellungen des Berufungsurteils, daß der Kläger die dienstlichen Obliegenheiten des Dr. B. nach dessen Ausscheiden mitversah.

Die vom Kläger wahrgenommenen dienstlichen Obliegenheiten waren auch die eines Amtes, für das der Organisations- und Stellenplan für die fragliche Zeit die Planstelle einer höheren Besoldungsgruppe vorsah. Denn die Beklagte hat die dienstlichen Obliegenheiten des Tätigkeitsbereichs des ausgeschiedenen Dr. B. durch Zuteilung einer Planstelle der BesGr. A 13 als ein höherwertiges Amt gegenüber dem, das der Kläger innehatte (BesGr. A 10), gekennzeichnet. Es kommt hierbei nicht darauf an, ob neben dem Stellenplan auch ein schriftlich fixierter Organisationsplan vorlag. Es genügt vielmehr, wenn im Zusammenhang mit dem Stellenplan — hier 13 Stellen bei 9 verschiedenen Besoldungsgruppen — die dienstlichen Obliegenheiten so verteilt sind, daß erkennbar ist, wie sie durch Zuteilung der im Stellenplan ausgewiesenen Planstellen bewertet werden. Das ist hier der Fall. Die Obliegenheiten des technischen Dienstes der Beklagten waren auf Dr. B. und den Kläger verteilt; die des ersteren wurden durch Zuteilung einer Planstelle der BesGr. A 13, die des letzteren durch Zuteilung einer solchen der BesGr. A 10 bewertet.

Unerheblich ist die Art der dienstlichen Obliegenheiten. Auch solche gleicher Art können verschieden, d. h. höher oder niedriger bewertet werden. Es kommt nämlich nicht auf die Tätigkeitsmerkmale, auf das, was ein DO-Angestellter tut, entscheidend an, sondern lediglich darauf, wie der Aufgabenkreis nach der Organisation der Beklagten stellenplanmäßig im konkreten Fall bewertet wird. Es ist daher ohne Bedeutung, ob Dr. B. wirklich die Tätigkeitsmerkmale eines „Leiters des technischen Aufsichtsdienstes", wie die Dienstbezeichnung im Stellenplan lautet, erfüllt hat, oder ob er Obliegenheiten wahrgenommen hat, die sich von denen des Klägers, dessen Dienstbezeichnung „technischer Aufsichtsbeamter" war, der Art nach gar nicht unterschieden. Es mag sein, daß die Beklagte die dienstlichen Obliegenheiten des Dr. B. zu hoch bewertet hat, wofür die Abänderung des Stellenplanes ab Februar 1960 spricht. Das alles spielt im Rahmen des § 21 Abs. 2 BBesG keine Rolle, weil hier lediglich darauf abgestellt wird, ob dienstliche Obliegenheiten eines Amtes wahrgenommen werden, das höher dotiert ist als das Amt, das der betreffende Angestellte an sich innehat. Sinn und Zweck der Gesetzesvorschrift ist es, daß bewilligte offene Stellen, für die das Vorhandensein entsprechender Funktionen unterstellt werden muß, beizeiten besetzt werden oder aber dem mit der Wahrnehmung der dienstlichen Obliegenheiten eines höher bewerteten Amtes betrauten Beamten oder Angestellten einer niedrigeren Besoldungsgruppe bei Vorliegen der sonstigen Voraussetzungen die Stellenzulage gewährt wird. Der Dienstherr soll die vorhandenen Mittel der freien Stelle sachgerecht verwenden, insbesondere soll er die Mittel grundsätzlich dann nicht sparen oder gar anderweit verwenden, wenn er die entsprechenden dienstlichen Obliegenheiten, für die diese Stelle vorgesehen ist, von einem Angestellten einer niedrigeren Besoldungsgruppe wahrnehmen läßt.

Unstreitig hat der Kläger die dienstlichen Obliegenheiten des mit der BesGr. A 13 bewerteten Amtes mindestens 1 Jahr wahrgenommen, so daß die vom Gesetz geforderte zeitliche Voraussetzung für die Stellenzulage erfüllt ist. Die Stelle der BesGr. A 13 war aber auch während dieser Zeit und auch weiterhin bis zum Februar 1960 besetzbar. Sie war „offen", weil über sie durch Einweisung eines Angestellten in diese Stelle nicht verfügt worden war. Wenn die Beklagte demgegenüber auf den Beschluß ihres Vorstandes verweist, den Wegfall der Stelle A 13 der Vertreterversammlung vorzuschlagen, so ändert das an der Besetzbarkeit der Stelle in der fraglichen Zeit nichts. Denn durch diesen Beschluß wurde die Stelle nicht etwa wirksam gesperrt, weil dem Vorstand eine Befugnis hierzu nicht zusteht. Auch die sogenannte Sperrung einer im Stellenplan ausgewiesenen freien Planstelle kommt einer Änderung des Stellenplanes gleich, weil jetzt nicht mehr durch Einweisung eines Angestellten über die Stelle verfügt werden könnte. Der Stellenplan ist aber Bestandteil der Dienstordnung (§ 3 Abs. 1 DO), die nicht vom Vorstand der Beklagten erlassen ist und auch von ihm nicht einseitig geändert werden kann (vgl. §§ 978, 690 ff. RVO).

25

1. Der Senat hält an seiner Rechtsauffassung fest, daß durch tarifliche Ausschlußfristen auch durch Gesetz gestaltete Ansprüche ergriffen werden (BAG 10, 133 ff.).

2. Die Nachwirkung eines Tarifvertrages erstreckt sich auch auf tarifliche Ausschlußklauseln.

Hausarbeitstagsgesetz Nordrhein-Westfalen § 1; TVG § 4 Abs. 4 und 5; BGB § 242 Verwirkung.

I. Senat. Urteil vom 23. 6. 1961 i. S. R. (Kl. w. B. (Bekl.)
1 AZR 239/59.

I. Arbeitsgericht Duisburg. — II. Landesarbeitsgericht Düsseldorf.

Die Klägerin war bei der Beklagten als Arbeiterin beschäftigt. Auf ihr Arbeitsverhältnis war der Rahmentarifvertag für die Arbeiter in der Eisen-, Metall- und Elektroindustrie Nordrhein-Westfalens vom 12. Januar 1952 anwendbar. Dessen § 13 lautete:

„Ansprüche aus dem Arbeitsverhältnis sind dem Arbeitgeber gegenüber folgendermaßen schriftlich geltend zu machen:

a) Ansprüche auf Zuschläge aller Art innerhalb von vier Wochen nach Ablauf des Lohnabrechnungszeitraums, für den sie hätten abgerechnet werden müssen,

b) alle übrigen Ansprüche innerhalb von drei Monaten nach ihrer Fälligkeit.

Ansprüche, die nicht innerhalb dieser Frist geltend gemacht werden, sind verwirkt."

Bis September 1956 hatte die Klägerin einen Hausarbeitstag im Monat erhalten. Im Oktober 1956 wurde im Betrieb der Beklagten die 45-Stundenwoche eingeführt. Die 45 Wochenarbeitsstunden wurden auf die ersten 5 Werktage der Woche verteilt, so daß jeder Samstag arbeitsfrei blieb. Anfang Oktober 1956 erschien am schwarzen Brett im Betrieb der Beklagten folgender Anschlag:

„Betr.: Einführung der 45-Stundenwoche.

In der heutigen Betriebsratssitzung wurde folgendes vereinbart:

Infolge Einführung der 45-Stundenwoche wird für die Folge nur fünf Tage in der Woche gearbeitet. Jeder Samstag bleibt arbeitsfrei. Da jeder Samstag arbeitsfrei ist, entfällt somit der Hausarbeitstagsanspruch für Frauen."

Auf Grund dieses Anschlags gewährte die Beklagte ihren hausarbeitstagsberechtigten Frauen, darunter der Klägerin, bis zur Entscheidung des erkennenden Senats vom 17. Januar 1958 (BAG 5, 187 ff.) keine Hausarbeitstage mehr.

Die Klägerin, die wegen Schwangerschaft die Arbeit am 28. Oktober 1957 eingestellt hatte und am 28. Februar 1958 aus dem Betrieb der Beklagten ausgeschieden war, hat am 7. Juni 1958 Klage erhoben, mit der sie die Abgeltung für 13 nicht gewährte Hausarbeitstage gefordert hat, und zwar für die Monate Oktober 1956 bis Oktober 1957. Bei der Berechnung des Abgeltungsbetrages hat die Klägerin für jeden nicht gewährten Hausarbeitstag neun Stundenlöhne zugrunde gelegt. Sie hat deshalb beantragt, die Beklagte zu verurteilen, der Klägerin 139,23 DM zu zahlen.

Alle Instanzen haben die Klage abgewiesen.

Aus den Gründen:

Die Parteien streiten nicht darüber, daß die Klägerin zu dem Kreis der hausarbeitstagsberechtigten Frauen gehört. Die Beklagte ist dem Klageanspruch jedoch zunächst mit der Begründung entgegengetreten, daß die Klägerin ihre Forderung, ihr Hausarbeitstage zu gewähren, nicht rechtzeitig geltend gemacht habe, wie es vom erkennenden Senat in gleichbleibender Rechtsprechung gefordert werde. Es kann dahingestellt bleiben, ob der Klageanspruch schon an der nicht erfolgten rechtzeitigen Geltendmachung scheitern muß (vgl. dazu BAG AP Nr. 18 zu § 1 Hausarb.-TagsG Nordrh.-Westfalen). Denn jedenfalls erweist sich d i e Begründung als rechtsbedenkenfrei, mit der das Landesarbeitsgericht die Klage abgewiesen hat.

Das angefochtene Urteil hat den mit der Klage geltend gemachten Anspruch auf Zahlung des Abgeltungsbetrages für nicht gewährte Hausarbeitstage deshalb als unbegründet angesehen, weil die Klägerin mit diesem Anspruch durch § 13 des Rahmentarifvertrages für die Arbeiter in der Eisen-, Metall- und Elektroindustrie Nordrhein-Westfalens vom 12. Januar 1952 ausgeschlossen sei. Nach dieser Tarifvorschrift sind, von den hier nicht in Frage kommenden Ansprüchen auf Zuschläge abgesehen, „alle übrigen Ansprüche aus dem Arbeitsverhältnis" dem Arbeitgeber gegenüber innerhalb von drei Monaten nach ihrer Fälligkeit schriftlich geltend zu machen.

Die Revision meint nun, daß der mit der Klage erhobene Anspruch nicht unter diese tarifliche Ausschlußklausel falle. Entgegen dieser Auffassung der Revision ist jedoch der Ansicht des Landesarbeitsgerichts beizutreten, daß der Klageanspruch auf Grund des § 13 des genannten Tarifvertrages ausgeschlossen ist.

Diese tarifliche Vorschrift ist außerordentlich weit gefaßt. Sie bezieht sich sowohl nach ihrem Wortlaut wie nach ihrem Sinn und Zweck auf sämtliche Ansprüche aus dem Arbeitsverhältnis. Solche tariflichen Ausschlußklauseln bezwecken, über die Ansprüche der Arbeitnehmer schnellstens Klarheit zu schaffen. Sie tragen dem Gesichtspunkt Rechnung, daß den Arbeitgebern daran gelegen ist zu verhüten, daß sie noch lange Zeit nach Fälligkeit der jeweiligen Ansprüche mit deren Geltendmachung rechnen müssen, was nicht im Interesse des Betriebsfriedens läge. Auch die Arbeitnehmer haben das Interesse, daß ihre Ansprüche rasch befriedigt werden, in einem Zeitraum, in dem noch alles klar und übersehbar ist und keines komplizierten Beweisantritts bedarf. Es ist deshalb mit dem Landesarbeitsgericht davon auszugehen, daß nach dem Willen der Tarifvertragsparteien auch der im Streitfall geltend gemachte Anspruch durch die tarifliche Ausschlußklausel erfaßt werden sollte, obwohl es sich bei ihm nicht um einen eigentlichen Lohnanspruch handelt, sondern um einen Abgeltungsanspruch. § 13 des Tarifvertrages ist auf Lohnansprüche nicht beschränkt.

§ 13 des Tarifvertrages erfaßt seinem Wortlaut nach aber auch nicht nur die tariflichen (d. h. die im Tarifvertrag selbst begründeten) Ansprüche. Insoweit besteht ein Unterschied zu der tariflichen Regelung, die in der Eisen-, Metall- und Elektroindustrie Nordrhein-Westfalens für die Angestellten gilt. Dort ist die Ausschlußklausel auf die tariflichen Ansprüche beschränkt. In dem für die Arbeiter geltenden Vertrag erstreckt sie sich jedoch auf a l l e Ansprüche aus dem Arbeitsverhältnis, d. h. auch auf die durch Gesetz, Betriebsvereinbarung oder Einzelarbeitsvertrag gestalteten arbeitsvertraglichen Ansprüche.

Die Revision vertritt nun die Ansicht, die Tarifvertragsparteien seien rechtlich nicht befugt, Ansprüche auszuschließen, die sich aus dem Gesetz als einer übergeordneten Rechtsnorm ergäben. Diese Auffassung ist verfehlt. Vielmehr umfassen tarifliche Ausschlußklauseln der hier in Frage stehenden Art auch solche Ansprüche, die nicht allein durch den Einzelarbeitsvertrag oder durch eine Kollektivvereinbarung, sondern durch ein Gesetz normiert sind, wie das bei einem Anspruch auf Abgeltung für nicht gewährte Hausarbeitstage der Fall ist.

Wenn sich die Revision demgegenüber auf die Vorschrift des § 4 Abs. 4 Satz 3 TVG beruft, nach der „Ausschlußfristen für die Geltendmachung tariflicher Rechte nur im Tarifvertrag vereinbart werden können", so geht das fehl. Diese Vorschrift will vielmehr nach Wortlaut und Zweck nur verhindern, daß für durch Tarifnormen gestaltete Ansprüche Ausschlußfristen, sei es im Arbeitsvertrag, sei es in Betriebsvereinbarungen oder Arbeitsordnungen, vereinbart werden können. Ausschlußfristen für diese tariflich normierten Ansprüche sind streng auf Tarifverträge beschränkt. Das bedeutet aber nicht, daß die Tarifvertragsparteien kraft der ihnen verliehenen Tarifautonomie nicht Ausschlußfristen für Ansprüche vereinbaren könnten, die nicht nur auf dem Tarifvertrag beruhen (so auch Hueck-Nipperdey-Tophoven, TVG, 3. Aufl., § 4 Anm. 61 Abs. 2; Hueck-Nipperdey, Lehrbuch, 6. Aufl., Bd. II S. 453).

Der Revision kann auch nicht darin gefolgt werden, daß es sich in Fällen der vorliegenden Art um Ansprüche handele, die ausschließlich auf dem Gesetz beruhen. Vielmehr ergeben sich alle diese Ansprüche, sei es auf Urlaub, sei es auf Hausarbeitstage, sei es auf Zahlung von Zuschüssen nach dem Arbeiterkrankheitsgesetz, aus dem Arbeitsverhältnis, das seinerseits durch die entsprechenden Gesetze gestaltet ist. Ohne das Bestehen eines Arbeitsverhältnisses sind diese Ansprüche nicht gegeben.

Der Senat hat bereits zu den auf Urlaubsgesetze gestützten Ansprüchen die Auffassung vertreten, daß diese durch tarifliche Ausschlußfristen erfaßt werden können (BAG 10, 133 [135 ff.]; BAG 10, 138 [143]; ferner, allerdings mit Bezug auf die Ausschlußklausel in einer fortgeltenden Tarifordnung, BAG 10, 1 ff.). Hinsichtlich der auf das Arbeiterkrankheitsgesetz gestützten Ansprüche hat der Zweite Senat des Bundesarbeitsgerichts grundsätzlich die gleiche Auffassung vertreten, wenn er auch dort im konkreten Einzelfall deswegen zu einem anderen Ergebnis gekommen ist, weil er auf Grund der Beschlüsse des Großen Senats des Bundesarbeitsgerichts vom 17. und 18. Dezember 1959, BAG 8, 285 ff. und BAG 8, 314, angenommen hat, die dort interessierenden Tarifverträge seien außer Kraft getreten (BAG AP Nr. 24 zu § 1 ArbKrankhG). An dieser Auffassung ist aus den vorstehend genannten Gründen festzuhalten.

Hiernach gelten tarifliche Ausschlußklauseln, die wie hier alle nur denkbaren Ansprüche aus dem Arbeitsverhältnis betreffen, auch für Ansprüche, die durch das Hausarbeitstagsgesetz gestaltet sind. Diese Ansprüche weisen eine weitgehende Ähnlichkeit mit denjenigen auf, die durch die Urlaubsgesetze gestaltet sind. Es geht deshalb nicht an, sie anders zu behandeln, als das hinsichtlich der Urlaubsansprüche geschehen ist.

Somit war die Klägerin grundsätzlich bei Vermeidung des Ausschlusses mit ihrem Anspruch verpflichtet, diesen innerhalb von drei Monaten nach Fälligkeit geltend zu machen. Die Tarifvorschrift des § 13 des Rahmentarifvertrages stellt nicht auf den Zeitpunkt ab, in dem der Arbeitnehmer seinen Anspruch kennt oder doch kennen muß, sondern allein auf den Zeitpunkt der Fälligkeit. Da die Ansprüche der Klägerin sich auf die Zeit von Oktober 1956 bis Oktober 1957 beziehen, war die Fälligkeit spätestens Ende Oktober 1957 eingetreten. Hiernach hätte die Klägerin ihre Ansprüche spätestens im Januar 1958 schriftlich geltend machen müssen.

Nun kann allerdings der Zeitpunkt der Fälligkeit nicht unbedingt und in jedem Falle der allein maßgebliche Zeitpunkt sein. Er kann es insbesondere dann nicht sein, wenn der Arbeitgeber durch sein, wenn auch ohne besondere Absicht gezeigtes Verhalten die Ursache dafür gesetzt hat, daß der Arbeitnehmer nicht erkennen konnte, daß ihm überhaupt Ansprüche zustanden. In solchen Fällen kann vom Arbeitnehmer zumutbarerweise nicht verlangt werden, daß er innerhalb der tariflichen Ausschlußfrist seinen Anspruch geltend macht, weil er von dessen Vorhandensein infolge des Verhaltens des Arbeitgebers keine Kenntnis haben konnte. Es müssen hier vielmehr die gleichen Grundsätze gelten, wie sie für das Recht der Verjährung entwickelt worden sind (vgl. Palandt, BGB, 20. Aufl., Anm. 4 a vor § 194).

Für das Recht der Verjährung ist anerkannt, daß auch rein tatsächliche Gründe geeignet sind, eine Hemmung der Verjährung oder doch etwas einer solchen Hemmung Gleichkommendes herbeizuführen. Das gilt insbesondere dann, wenn eine zeitweilige Rechtsunsicherheit, sei es auch nur aus tatsächlichen Gründen, besteht, infolge derer es dem Gläubiger nicht zugemutet werden kann, seine Ansprüche in einer die Verjährung unterbrechenden Weise geltend zu machen.

Im Streitfalle hatte die Beklagte durch den Aushang aus Oktober 1956 eine solche Rechtsunsicherheit hinsichtlich der Ansprüche der hausarbeitstagsberechtigten Frauen hervorgerufen. Diese mußten aus dem Aushang entnehmen, daß nach Einführung der 5-Tage-Woche kein Anspruch auf einen Hausarbeitstag mehr bestand. Das gilt um so mehr, als der Aushang auch von der Betriebsvertretung gebilligt wurde, wie die auf ihm stehende Unterschrift des Betriebsratsvorsitzenden bewies. Hinzu kam, daß die Rechtsprechung der Arbeitsgerichte und Landesarbeitsgerichte in Nordrhein-Westfalen fast einhellig die Auffassung vertrat, daß infolge Einführung der 5-Tage-Woche der Anspruch auf Gewährung von Hausarbeitstagen entfallen sei. Dadurch war eine derartige Rechtsunsicherheit hinsichtlich dieser Ansprüche entstanden, daß den anspruchsberechtigten Frauen eine Geltendmachung nicht zumutbar war. Deshalb kann sich die Beklagte für diese Zeit nicht auf die tarifliche Ausschlußfrist berufen.

Die Lage änderte sich jedoch in dem Zeitpunkt, in dem das Urteil des erkennenden Senats vom 17. Januar 1958 (BAG 5, 187 ff.) erging und bekannt wurde, nach dem die Hausarbeitstage auch in den Betrieben gewährt werden müssen, in denen an nur fünf Tagen in der Woche gearbeitet wird. Dieses Urteil ist, was offenkundig ist, binnen kürzester Frist in der Öffentlichkeit bekannt geworden. Noch am Tage der Verhandlung hat der erkennende Senat durch eine Pressenotiz den Inhalt der an diesem Tage verkündeten Entscheidung bekannt gegeben. In der Zeitschrift des Deutschen Gewerkschaftsbundes ist das Urteil bereits unter dem 24. Januar 1958 erörtert worden. In der Zeitschrift der Industriegewerkschaft Metall, der die Klägerin angehörte, ist die Bekanntgabe des Urteils unter dem 5. Februar 1958 erfolgt. Auch in der Tagespresse ist das Urteil sofort besprochen worden. Es liegen zahlreiche Äußerungen der Tageszeitungen zu ihm vor, die in der Zeit zwischen dem 18. Januar und dem 5. Februar 1958 veröffentlicht worden sind. In der Heimatzeitung des Wohnorts der Klägerin ist die Bekanntgabe des Urteils am 23. Januar 1958 erfolgt. Mit Rücksicht auf diese zahlreichen Pressemitteilungen kann es entgegen der Ansicht der Revision nicht beanstandet werden, wenn das Landesarbeitsgericht davon ausgeht, der wesentliche Inhalt des Urteils des erkennenden Senats vom 17. Januar 1958 sei durch die Presse alsbald veröffentlicht worden. Die hiergegen gerichtete Prozeßrüge der Revision greift deshalb nicht durch.

Mit dem Zeitpunkt der durch die Presse erfolgten Bekanntgabe jenes Urteils über den Hausarbeitstag in der 5-Tage-Woche endete die bis dahin bestehende Rechtsunsicherheit hinsichtlich der Ansprüche der bisher hausarbeitstagsberechtigten Frauen. Es kommt entgegen der Auffassung der Revision nicht darauf an, wann das Urteil zugestellt worden ist und ob und wann die anspruchsberechtigten Frauen, insbesondere die Klägerin, von dem Urteil positive Kenntnis erlangt und die Pressemitteilungen darüber gelesen haben. Es genügt vielmehr, daß sie die Möglichkeit hatten, nunmehr von der nach Auffassung des erkennenden Senats bestehenden Berechtigung ihrer Ansprüche zu erfahren. Wollte man mit der Revision darüber hinaus eine positive Kenntnis in jedem einzelnen Falle fordern, so würde dadurch der Zweck verkannt, der mit der Schaffung tariflicher Ausschlußfristen generell verfolgt wird: Es soll dadurch eine alsbaldige Klarheit herbeigeführt werden. Dieser Zweck könnte aber nicht erreicht werden, wenn es jedem einzelnen Arbeitnehmer freistünde zu beweisen, daß er bisher trotz aller Verlautbarungen in der Presse von dem Bestehen seines Anspruchs nichts gewußt habe. Deshalb genügt es, um den auf eine Hemmung des Fristablaufs hinauslaufenden Zustand zu beenden, daß der Arbeitgeber nicht seinerseits etwas unternommen hat, was geeignet wäre, den Arbeitnehmer davon abzuhalten, nunmehr seine Rechte geltend zu machen.

Seit Erlaß des Urteils des erkennenden Senats vom 17. Januar 1958 und seit den dieses Urteil betreffenden Presseveröffentlichungen hat nach den Feststellungen des Landesarbeitsgerichts die Beklagte nichts unternommen, was geeignet gewesen sein könnte, den Zustand der Rechtsunsicherheit bei der Klägerin und ihren hausarbeitstagsberechtigten Arbeitskolleginnen zu verlängern. Die Beklagte hat vielmehr unwidersprochen vorgetragen, daß sie seitdem in ihrem Betrieb die Hausarbeitstage unverzüglich wieder gewährt habe. Es ist nichts hervorgetreten, auch von der Klägerin nichts in der Richtung vorgetragen worden, daß die Beklagte etwas unternommen hätte, um die Presseveröffentlichungen über das Urteil des Senats zu unterdrücken oder zu verheimlichen. Dann aber war es Sache der Klägerin, selbst wenn sie zur damaligen Zeit in dem Betrieb der Beklagten nicht mehr tätig war, sich um ihre Rechte selbst zu kümmern. Ihre Gewerkschaft und der Betriebsrat hätten ihr darüber Gewißheit verschaffen können, daß ihr Anspruch nunmehr mit Erfolg hätte durchgesetzt werden können. Wenn sich die Klägerin um nichts gekümmert, sich insbesondere mit diesen Stellen nicht in Verbindung gesetzt hat, so muß sie die daraus folgenden Nachteile selbst tragen. Denn von dem Arbeitnehmer muß verlangt werden, daß er nicht nur die Ausschlußfristen in den von seiner Gewerkschaft abgeschlossenen Tarifverträgen kennt. Es ist ihm darüber hinaus zuzumuten, daß er sich über die Rechtslage hinsichtlich derjenigen Ansprüche auf dem Laufenden hält, die noch geltend machen zu können er glaubt.

Nach den Feststellungen des Landesarbeitsgerichts hat die Klägerin in der im Tarifvertrag geforderten Schriftform ihren Anspruch vor Klageerhebung nicht geltend gemacht. Eine nur mündliche Geltendmachung hätte, selbst wenn sie erfolgt wäre, angesichts der klaren Tarifvorschrift nicht genügt. Spätestens im Februar 1958 war der Zustand beendet, der es der Klägerin unzumutbar gemacht hatte, ihren Rechtsanspruch auf Abgeltung nicht gewährter Hausarbeitstage geltend zu machen. Nunmehr bestand jedoch für die Klägerin die Verpflichtung, mit ihrem Anspruch ohne schuldhaftes Zögern, also unverzüglich hervorzutreten. Aber selbst wenn man ihr darüber hinaus zubilligen wollte, daß erst in diesem Zeitpunkt (Februar 1958) die tarifliche Ausschlußfrist von drei Monaten zu laufen begonnen hätte, wäre diese Frist spätestens im Mai 1958 abgelaufen. Die Klage ist aber erst im Juni 1958 erhoben worden. Zu diesem Zeitpunkt war die Ausschlußfrist in jedem Falle verstrichen.

Die Revision hat schließlich geltend gemacht, daß die tarifliche Ausschlußklausel dem Klageanspruch auch deshalb nicht entgegengehalten werden könne, weil der Tarifvertrag vom 12. Januar 1952 in der Jahresmitte 1957 gekündigt worden sei. Er habe also in der hier in Rede stehenden Zeit, nämlich im ersten Halbjahr 1958, nicht mehr gegolten. Aber auch dieser Einwand der Revision geht fehl. Ein neuer Tarifvertrag ist erst im Jahre 1959 zustandegekommen. Gemäß § 4 Abs. 5 TVG galt deshalb die Regelung des Tarifvertrages vom 12. Januar 1952 bis dahin weiter. Die Nachwirkung des Tarifvertrages vom 12. Januar 1952 erstreckte sich auch auf die tariflichen Ausschlußfristen. Auch die tariflichen Ausschlußfristen gehören nämlich zu den normativen Regelungen, die nach dem Gesetz durch Tarifvertrag getroffen werden können. Sie gelten also solange weiter, bis sie durch eine andere Abmachung ersetzt worden sind. Eine solche andere Abmachung ist von der Klägerin für die hier maßgebliche Zeit bis Mitte 1958 nicht behauptet worden. Auch aus den Feststellungen des Landesarbeitsgerichts ergibt sich nichts darüber, daß sie getroffen worden wäre. Im Gegenteil beweist der Abschluß des neuen Tarifvertrages erst im Jahre 1959, daß bis dahin die Rechtsnormen des Tarifvertrages vom 12. Januar 1952 weitergalten, zu denen auch die Vorschrift über die Ausschlußfrist gehört.

Mit Recht hat hiernach das Landesarbeitsgericht angenommen, daß der von der Klägerin geltend gemachte Anspruch durch § 13 des Rahmentarifvertrages ausgeschlossen ist. Die hiergegen gerichteten Angriffe der Revision der Klägerin konnten deshalb keinen Erfolg haben.

26

1. Bestimmt ein Tarif, daß „Stücklöhne so vorzugeben sind, daß der Arbeitnehmer bei normaler Leistung und normalen Betriebsverhältnissen mindestens 15 % über dem Tariflohn seiner Lohngruppe verdient (Akkordrichtsatz)", dann folgt daraus, daß der Arbeitgeber mindestens den Stücklohn schuldet, der den Arbeitnehmer in Stand setzt, den Akkordrichtsatz zu verdienen. Das hängt beim Stücklohn davon ab, wieviel „Stücke" der Arbeiter „bei normaler Leistung und normalen Betriebsverhältnissen" in einer Zeiteinheit (Stunde) herstellen kann.

2. Daran ändert sich nichts, wenn der Tariflohn, der die Grundlage für die Berechnung des Akkordrichtsatzes ist, nicht mit dem Zeitlohn des Zeitlohnarbeiters identisch, sondern als Akkordgrundlohn besonders und daneben gebildet worden ist.

3. Eine auf einem Akkordgrundlohn beruhende Erhöhung des Akkordrichtsatzes wirkt sich beim Geldakkord automatisch auch auf den tariflichen Mindeststücklohn aus.

4. Der Akkordlohn ist in einem spezifischen Sinne Leistungslohn, dessen Höhe von der Tüchtigkeit des Arbeiters abhängt. Der den Akkordrichtsatz übersteigende Teil des tatsächlichen Verdienstes ist tariflicher Lohn, wenn der Akkordverdienst auf einem Stücklohn aufbaut, der vom Arbeitgeber tariflich als Mindeststücklohn geschuldet wird.

TVG § 1 Auslegung; BGB §§ 133, 157, 611 Akkordlohn; Rahmentarifvertrag für die Arbeiter in der Eisen-, Metall- und Elektroindustrie Nordrhein-Westfalens vom 2. Dezember 1952 § 7 Ziff. 1 Abs. 1; Lohntarifvertrag zwischen dem Arbeitgeberverband der Nadelindustrie in Aachen und Umgebung und der Industriegewerkschaft Metall von 16. Januar 1958.

IV. Senat. Urteil vom 28. 6. 1961 i. S. A. u. a. (Kl.) w. Rh. N. (Bekl.) 4 AZR 423/59.

I. Arbeitsgericht Aachen. — II. Landesarbeitsgericht Düsseldorf (Köln).

Die Kläger arbeiten in der Stecknadelabteilung der Beklagten als Maschinensteller im Geldakkord. Auf ihr Arbeitsverhältnis finden der auf Grund des Abkommens zwischen dem Arbeitgeberverband Nadelindustrie Aachen und Umgebung und der Industriegewerkschaft Metall, Aachen, vom 7. März 1952 für diesen Bereich übernommene Rahmentarifvertrag für die Arbeiter in der Eisen-, Metall- und Elektroindustrie Nordrhein-Westfalens vom 12. Januar 1952 und der von denselben Organisationen abgeschlossene Lohntarifvertrag vom 16. Januar 1958 Anwendung, durch den die Tariflöhne für Zeitlohnarbeiter um 6 % und für Akkordarbeiter um 5 % erhöht wurden; der Akkordrichtsatz beläuft sich hiernach für die Kläger auf 2,— DM, während er bisher 1,91 DM betrug.

Jeder der Kläger betreut 10 Automaten und ist für deren Einrichtung, die Überwachung und Produktion verantwortlich. Die für die Kläger bestehenden Stücklöhne sind unterschiedlich und betragen zwischen 0,06 DM und 0,30 DM je Kilogramm Stecknadeln. Von dem erzielten Akkordverdienst müssen sie die ihnen zugeteilten Hilfsjungen im Zeitlohn bezahlen.

Entsprechend der Lohnregelung im Lohntarifvertrag vom 16. Januar 1958 erhöhte die Beklagte die Löhne der Zeitlohnarbeiter um 6 %. Den Akkordarbeitern zahlte sie zum Akkordverdienst im Anhängeverfahren für jede geleistete Arbeitsstunde den Pfennigbetrag, um den der Akkordrichtsatz tariflich erhöht wurde. Dadurch erhielten die Kläger je Arbeitsstunde 0,09 DM zusätzlich.

Die Kläger tragen vor, der Kläger zu 1 habe einen Akkorddurchschnittsverdienst von 4,02 DM, der Kläger zu 2 einen solchen von 4,68 DM je Stunde. Da hiervon die Hilfsjungen bezahlt werden müßten und deren Lohn um 0,06 DM erhöht worden sei, verblieben den Klägern nur 0,03 DM von den im Anhängeverfahren gewährten 0,09 DM. Richtigerweise müsse die Beklagte den Stücksatz um 5 % erhöhen und die Tariferhöhung vom Akkorddurchschnittsverdienst berechnen. Danach stünden dem Kläger zu 1 je Stunde 0,20 DM und dem Kläger zu 2 0,23 DM mehr zu. Da der Kläger zu 1 in der Zeit vom 1. Februar bis 30. September 1958 insgesamt 1696 Stunden und der Kläger zu 2 vom 1. Januar 1958 bis 30. September 1958 insgesamt 2070 Stunden gearbeitet habe, beliefen sich die Restlohnansprüche des Klägers zu 1 nach Abzug der gewährten 0,09 DM für den genannten Zeitraum auf 186,56 DM und des Klägers zu 2 auf 289,80 DM. Die Kläger haben von der Beklagten Zahlung eines Teilbetrags von je 100,— DM verlangt.

Die Beklagte macht geltend, die Ansprüche der Kläger bestünden nicht, weil auch nach der Erhöhung des Akkordrichtsatzes auf Grund des Lohntarifvertrages vom 16. Januar 1958 die Verdienste der Kläger von 62 % bzw. 92 % über dem Tariflohn lägen. Eine Effektivklausel, die eine Erhöhung der Effektivverdienste fordere, sei im RTV nicht enthalten. Es bestehe auch keine Verpflichtung, im Anhängeverfahren den Betrag zu zahlen, um den sich der Akkordrichtsatz erhöht habe. Das sei nur aus arbeitsmarktpolitischen Erwägungen geschehen.

Die beiden Vorinstanzen haben die Klage abgewiesen. Die Revision der Kläger hatte Erfolg.

Aus den Gründen:

Ohne Rechtsirrtum nimmt das Berufungsgericht an, daß die Erhöhung der Tariflöhne für Akkordarbeiter um 5 % im Lohntarifvertrag (LTV) vom 16. Januar 1958 nicht ohne weiteres und auf jeden Fall zu einer entsprechenden Erhöhung der vereinbarten Stücklöhne und damit des tatsächlichen Verdienstes der im Geldakkord arbeitenden Kläger führt. Es kommt nämlich darauf an, ob die vereinbarten Stücklöhne tariflich als Mindeststücklöhne geschuldet werden, oder ob es sich um Stücklöhne handelt, die übertariflich sind. Der tarifliche Mindeststücklohn ist nach § 7 Ziffer 1 Abs. 1 des Rahmentarifvertrages für die Arbeiter in der Eisen-, Metall- und Elektroindustrie Nordrhein-Westfalens (RTV) vom 12. Januar 1952 zu ermitteln. Diese Vorschrift lautet:

> „Stücklöhne und Akkordzeiten sind so vorzugeben, daß der Arbeitnehmer bei normaler Leistung und normalen Betriebsverhältnissen mindestens 15 % über dem Tariflohn seiner Lohngruppe verdient (Akkordrichtsatz)."

Die Bestimmung bindet also den vorzugebenden Stücklohn an ein Ergebnis, nämlich daran, daß der Arbeitnehmer bei normaler Leistung und normalen Betriebsverhältnissen mindestens 15 % über dem Tariflohn seiner Lohngruppe, d. h. den Akkordrichtsatz für die Zeiteinheit, verdient, für die der Tariflohn vorgesehen ist. Das ist hier die Stunde. Daraus folgt, daß die Beklagte mindestens den Stücklohn schuldet, der die Kläger in Stand setzt, in einer Stunde den Akkordrichtsatz zu verdienen. Dies aber hängt beim Stücklohn davon ab, wieviel „Stücke" der Arbeiter „ bei normaler Leistung und normalen Betriebsverhältnissen" in einer Zeiteinheit, hier also in einer Stunde, herstellen kann.

Daß im vorliegenden Fall der Tariflohn, der die Grundlage für die Berechnung des Akkordrichtsatzes ist, nicht mit dem Zeitlohn des Zeitlohnarbeiters identisch, sondern als Akkordgrundlohn besonders und daneben gebildet worden ist, ändert hieran nichts (vgl. LTV vom 16. Januar 1958 Ziffer 1 in Verbindung mit der einen Bestandteil des LTV bildenden Lohntabelle). Bis zum 1. November 1955, an dem der LTV vom 7. Januar 1956 rückwirkend in Kraft trat, war zwar, wie das Landesarbeitsgericht zutreffend hervorhebt, dem Akkordrichtsatz des § 7 Ziffer 1 Abs. 1 RTV nach den Lohntarifverträgen vom 12. Oktober 1951 und 29. März 1953 der Tariflohn der Zeitlohnarbeiter zugrunde zu legen. Indessen hat aber schon der LTV vom 7. Januar 1956 einen gegenüber dem Tariflohn für Zeitlohnarbeiter niedrigeren Akkordgrundlohn als Tariflohn für Akkordarbeiter eingeführt, der nunmehr die Grundlage für die Berechnung des Akkordrichtsatzes gemäß § 7 Ziffer 1 Abs. 1 RTV bildete. Das ergibt sich eindeutig aus der Lohntabelle zum LTV vom 7. Januar 1956, wonach sich der Akkordrichtsatz aus „Akkordgrundlohn + 15 %" zusammensetzt. Diese Regelung, nämlich einen besonderen Tariflohn für Akkordarbeiter (= Akkordgrundlohn), hat der LTV vom 16. Januar 1958 beibehalten. Daraus folgt, daß durch den neuen Akkordgrundlohn als Tariflohn im Sinne des § 7 Ziffer 1 Abs. 1 RTV eine Erhöhung des Akkordrichtsatzes eingetreten ist (vgl. Lohntabelle Nadel, Männer über 21 Jahre, Lohngruppe 2 zum LTV vom 16. Januar 1958), den der Arbeiter „bei normaler Leistung und normalen Betriebsverhältnissen" mindestens zu verdienen in der Lage sein muß.

Eine auf einer Akkordgrundlohnerhöhung beruhende Erhöhung des Akkordrichtsatzes wirkt sich aber beim Geldakkord automatisch auch auf den tariflichen Mindeststücklohn aus. Denn bei einem dem bisherigen Akkordrichtsatz entsprechenden Stücklohn erreicht der sogenannte „Normalarbeiter" den neuen (erhöhten) Akkordrichtsatz nicht mehr. Infolgedessen muß der Stücklohn, soll er die Anforderungen der angeführten

Tarifbestimmung erfüllen, entsprechend heraufgesetzt werden, so daß sich im Ergebnis der tatsächliche Verdienst des Akkordarbeiters im gleichen Verhältnis wie der Akkordrichtsatz erhöht. Können z. B. bei einem Akkordrichtsatz von 2,— DM in der Stunde „bei normaler Leistung und normalen Betriebsverhältnissen" 4 Stück einer Ware hergestellt werden, so muß bei einer Anhebung des Akkordrichtsatzes um 10 % auf 2,20 DM der bisherige tarifgemäße Stücklohn von 0,50 DM auf 0,55 DM erhöht werden. Das gilt auch dann, wenn ein Akkordarbeiter beim bisherigen tarifgemäßen Stücklohn mehr als den Akkordrichtsatz verdiente, weil er z. B. ein tüchtiger Arbeiter ist und 6 Stück der Ware in der Stunde herstellt. Da nämlich Akkordlohn in einem spezifischen Sinne Leistungslohn ist, dessen Höhe von der Tüchtigkeit des Arbeiters vor allem abhängt, ist der den Akkordrichtsatz übersteigende Teil des tatsächlichen Verdienstes tariflicher Lohn (vgl. dazu BAG 6, 204, 215; Hueck-Nipperdey, Lehrbuch des Arbeitsrechts, 6. Aufl., Bd. I, § 43 II 2 Anm. 18; Hueck in „Festschrift für Sitzler", S. 220). Stellt also ein Akkordarbeiter in dem angeführten Beispiel in der Stunde statt 4 Stück 6 Stück her, so beläuft sich nach einer 10 %igen Erhöhung des Akkordrichtsatzes der tarifliche Mindeststücklohn auf 0,55 DM, und sein tariflicher Akkordverdienst beträgt dementsprechend 3,30 DM.

Die Kläger behaupten, ihr tatsächlicher Verdienst habe zwar über dem bis zum 1. Januar 1958 für ihre Lohngruppe maßgeblich gewesenen Akkordrichtsatz von 1,91 DM gelegen und auch den von diesem Zeitpunkt ab durch den LTV vom 16. Januar 1958 eingeführten Akkordrichtsatz von 2,— DM überschritten. Dies beruhe aber auf ihrer Leistung. Die Kläger sind der Ansicht, bei den mit der Klage verlangten Lohnbeträgen handele es sich um Akkordverdienste, die ihnen schon tariflich zustünden.

Das kann nicht, wie das Berufungsgericht meint, mit der Begründung verneint werden, die Akkordverdienste der Kläger beliefen sich seit dem 1. Januar 1958 nach Abzug des Lohnes für die Hilfsjungen unstreitig auf 3,24 DM bzw. 3,85 DM. Sie lägen also beim Kläger zu 1 etwa 60 % und beim Kläger zu 2 etwa 90 % über dem neuen Akkordrichtsatz von 2,— DM (LTV vom 16. Januar 1958, Lohntabelle Nadel, Männer über 21 Jahre, Lohngruppe 2) und blieben selbst dann noch ca. 35 % bzw. 55 % darüber, wenn man entsprechend dem Vortrag der Kläger etwa 25 % für Mehrarbeitsvergütung abziehe. Daraus folgert das angefochtene Urteil, die den Klägern gewährten Stücklöhne seien vor und nach dem 1. Januar 1958 höher gewesen, als vom jeweiligen tariflichen Akkordrichtsatz gefordert werde. Das Landesarbeitsgericht, das damit die Stücklöhne folgerichtig als übertariflich ansieht, beachtet jedoch nicht, daß die Höhe der Akkordverdienste der Kläger ihre Ursache ebensogut in ihren besonderen Leistungen haben kann, was die Kläger ja auch behaupten. Ob das letztere zutrifft, läßt sich aber nur dann entscheiden, wenn zunächst festgestellt wird, wieviel Kilogramm Stecknadeln ein Akkordarbeiter in der Stecknadelabteilung der Beklagten bei normaler Leistung und normalen Betriebsverhältnissen in der Stunde herstellen kann. Anhand dessen kann dann auf Grund des § 7 Ziffer 1 Abs. 1 RTV der Stücklohn ermittelt werden, der dem bis zum 1. Januar 1958 maßgeblichen Akkordrichtsatz von 1,91 DM und seither von 2,– DM entspricht (Stücklohn = Akkordrichtsatz geteilt durch Stückzahl), und daher tariflich als Mindestlohn für das Stück geschuldet wird. Es muß weiter feststehen, wieviel Kilogramm Stecknadeln jeder der Kläger pro Stunde tatsächlich hergestellt hat. Erst dann läßt sich entscheiden, ob der von den Klägern erzielte Akkordverdienst lediglich ein tariflicher ist oder ob die ihnen gewährten Stücklöhne das von § 7 Ziffer 1 Abs. 1 RTV geforderte Mindestmaß überschreiten und damit im gesamten Akkordverdienst ein übertariflicher Bestandteil enthalten ist. Da in dieser Hinsicht jedoch jegliche Feststellungen fehlen, war das angefochtene Urteil aufzuheben und die Sache zur anderweiten Verhandlung und Entscheidung an das Berufungsgericht zurückzuverweisen (§§ 564 Abs. 1, 565 Abs. 1 ZPO).

Ergeben die Feststellungen des Landesarbeitsgerichts, daß sich die Akkordverdienste der Kläger bis zum 1. Januar 1958 auf tariflichen Mindeststücklöhnen aufbauten, dann verlangen die Kläger mit Recht deren Erhöhung und dementsprechend die Erhöhung ihrer tatsächlichen Verdienste nach Maßgabe des LTV vom 16. Januar 1958, weil durch die Erhöhung des Akkordrichtsatzes sich die nach § 7 Ziffer 1 Abs. 1 RTV geschuldeten Stücklöhne ohne weiteres entsprechend erhöht haben. Anders ist es aber, wenn die Stücklöhne der Kläger und damit ihre Akkordverdienste übertariflich waren. Das war der Fall, wenn der Stücklohn vor dem 1. Januar 1958 höher war, als er „bei normaler Leistung und normalen Betriebsverhältnissen" in Verbindung mit dem damals maßgebenden tariflichen Akkordrichtsatz mindestens sein mußte. Denn dann haben die Kläger weder tariflich noch auch einzelvertraglich einen Anspruch darauf, daß ihre Stücklöhne ohne weiteres um 5 % (Ziffer 1 LTV vom 16. Januar 1958) heraufgesetzt werden. Ohne Rechtsirrtum führt nämlich das Berufungsgericht aus, selbst wenn die Beklagte, wie die Kläger behaupten, bei früheren tariflichen Lohnerhöhungen bis zum 31. Dezember 1957 die Stücklöhne jeweils um den tariflichen Prozentsatz erhöht habe, so könne daraus noch nicht ohne weiteres entnommen werden, daß die Beklagte die Verpflichtung zu einer solchen Maßnahme für alle Zukunft habe übernehmen wollen. Es kommt daher darauf an, ob die Erhöhung des Akkordrichtsatzes durch den LTV vom 16. Januar 1958 ein solches Ausmaß hat, daß sie über einen etwa vorhandenen übertariflichen Lohnbestandteil im Stücklohn und Akkordverdienst hinausgeht und demzufolge den Klägern kraft § 7 Ziffer 1 Abs. 1 RTV nunmehr ein Mindeststücklohn geschuldet wird, der höher liegt als der bisherige übertarifliche Stücklohn, oder ob durch die Erhöhung der übertarifliche Bestandteil lediglich zum Teil oder auch ganz aufgezehrt wird. Beträgt nämlich z. B. der tarifliche Mindeststücklohn 0,50 DM, der betriebsübliche bzw. vereinbarte 0,55 DM und können bei „normaler Leistung und normalen Betriebsverhältnissen" 4 Stück einer Ware in der Stunde hergestellt werden, so beläuft sich beim „Normalarbeiter", wenn der Akkordrichtsatz von 2,— DM um 15 % erhöht wird, der tariflich zu zahlende Akkordverdienst auf 2,30 DM, der auf der Grundlage des betrieblichen bzw. vereinbarten Stücklohnes errechnete Verdienst auf 2,20 DM, der damit untertariflich geworden ist. Dementsprechend steht dem Akkordarbeiter, dem es gelingt, 6 Stück in der Stunde anzufertigen, nunmehr tariflich ein Akkordverdienst von 3,45 DM zu (2,30 DM neuer Akkordrichtsatz dividiert durch 4 Stück pro Stunde bei normaler Leistung und normalen Betriebsverhältnissen = 0,575 DM pro Stück, multipliziert mit 6 = 3,45 DM); bei dem betriebsüblichen bzw. vereinbarten Stücklohn von 0,55 DM erreicht dieser Akkordarbeiter aber nur einen nunmehr untertariflichen Akkordverdienst von 3,30 DM. In beiden Fällen erhöht sich der betriebsübliche oder vereinbarte Stücklohn (0,55 DM) gemäß § 4 Abs. 1, Abs. 3 TVG automatisch auf den Stücklohn, der erforderlich ist, damit der Arbeiter „bei normaler Leistung und normalen Betriebsverhältnissen" (= 4 Stück in einer Stunde) mindestens den neuen Akkordrichtsatz seiner Lohngruppe (2,30 DM) verdient. Denn dieser Stücklohn wird nunmehr als Mindestlohn tariflich geschuldet.

Beträgt hingegen im Beispiel der dem Arbeiter gewährte Stücklohn bei einem Akkordrichtsatz von 2,— DM 0,60 DM, so liegt jener mit 0,10 DM über dem tariflichen Mindeststücklohn von 0,50 DM. Der sogenannte „Normalarbeiter", der 4 Stück in der Stunde anfertigt, verdient mithin 2,40 DM, also 0,40 DM mehr, als tariflich vorgesehen. Diese 0,40 DM sind ein übertariflicher Lohnbestandteil. Wird der Akkordrichtsatz auf 2,30 DM erhöht, so berührt das den gewährten Stücklohn und damit den Akkordverdienst nicht, weil beide über dem liegen, was tariflich mindestens geschuldet wird. Entsprechend verhält es sich mit dem

Arbeiter, dem es gelingt, kraft seiner Tüchtigkeit mehr als die sogenannte Normalleistung in der Stunde zu erbringen.

Nach allem wird es Aufgabe des Berufungsgerichts sein, Feststellungen darüber zu treffen, ob und evtl. in welchem Umfange in den Akkordverdiensten der Kläger übertarifliche Lohnbestandteile im hier aufgezeigten Sinne bei Inkrafttreten des Lohntarifs vom 16. Januar 1958 vorhanden waren. Denn nur dann läßt sich feststellen, ob den Klägern auf Grund dieses Lohntarifs, der ebenso wie der RTV keine Effektivklausel enthält, ein Anspruch auf Erhöhung ihrer Akkordverdienste zusteht.

27

Das Tätigkeitsmerkmal der „Betriebsprüfer" in den Vergütungsgruppen der TO.A nach dem Tarifvertrag vom 15. Januar 1960 erfaßt nur die mit der steuerlichen Betriebsprüfung beschäftigten Angestellten der Steuerverwaltung.

TO.A § 3, Anlage 1 in Verbindung mit dem Tarifvertrag vom 15. Januar 1960 (VergGr. IV und IV b).

IV. Senat. Urteil vom 28. 6. 1961 i. S. B. D. (Bekl.) w. J. (Kl.) 4 AZR 124/60.

I. Arbeitsgericht Kiel. — II. Landesarbeitsgericht Kiel.

Der Kläger, der Mitglied der Deutschen Angestellten-Gewerkschaft ist, bestand 1950 die Prüfung als Molkereimeister. Seit Ende 1950 ist er im Institut der beklagten Bundesrepublik in K. als Betriebsprüfer beschäftigt. Er erhält seit dem 1. Mai 1955 Bezüge nach der VergGr. V b TO.A.

Dem Kläger obliegen folgende Aufgaben:

1. Prüfung der Buchhaltung (Belegprüfung, Bilanzprüfungen),
2. Technische Prüfungen (Energiemessungen, Erstellung von Energiebilanzen),
3. Arbeitszeitkontrollen (Feststellung und Beurteilung von Arbeitszeitverbrauch),
4. Mengen- und Wertkontrollen von Rohstoffen und Materialien (Mengen- und FE-Bilanzen, Materialverwaltung),
5. Erstellung der Betriebsabrechnung nach dem Kostenstellen- und Kostenträgerverfahren,
6. Erstellung von Kalkulationsblättern für die einzelnen Kostenstellen und Produkte,

7. Erstellung von Rentabilitätsrechnungen.

Der Kläger ist der Auffassung, daß seine Tätigkeit, die darüber hinaus auch die kritische Würdigung der Ergebnisse und die Erstellung von Gutachten für die Festsetzung von Preisen, Rationalisierungsvorhaben, die Beurteilung der Kreditwürdigkeit und Maßnahmen zur Marktregulierung umfasse, ab 1. Januar 1956 die Tätigkeitsmerkmale der VergGr. IV TO.A und seit dem 1. Mai 1956 die der VergGr. IVa TO.A erfülle. Mit der Klage hat er eine entsprechende Feststellung beantragt.

Das Arbeitsgericht hat festgestellt, daß der Kläger ab 1. Januar 1956 die Tätigkeitsmerkmale der VergGr. IV TO.A erfülle; im übrigen hat es die Klage abgewiesen. Es hat die Merkmale der Fallgruppe der „wissenschaftlichen Assistenten ohne abgeschlossene Hochschulbildung an Hochschulinstituten sowie an Versuchs-, Forschungs- und höheren Lehranstalten" für gegeben angesehen.

Hiergegen hat die Beklagte Berufung eingelegt. In der Berufungsinstanz hat der Kläger nur noch die Feststellung begehrt, daß er vom 1. Januar bis 30. April 1956 die Tätigkeitsmerkmale der VergGr. IV, ab 1. Mai 1956 die der VergGr. IVb TO.A erfülle .

Das Landesarbeitsgericht hat unter Abweisung der Klage und der Berufung im übrigen festgestellt, daß dem Kläger seit dem 1. Januar 1960 die Vergütung nach der VergGr. IVb TO.A zustehe. Es ist auf Grund der durchgeführten Beweisaufnahme zu dem Ergebnis gelangt, daß der Kläger nicht die Tätigkeit eines wissenschaftlichen Assistenten im Sinne der Merkmale der VergGr. IVb TO.A ausübe; jedoch falle er nach dem auf Grund des Dienstvertrages anzuwendenden, am 1. Januar 1960 in Kraft getretenen Tarifvertrag vom 15. Januar 1960 unter die durch diesen Tarifvertrag in die VergGr. IVb TO.A aufgenommene Fallgruppe der „Betriebsprüfer, die prüfungsmäßig schwierige Mittelbetriebe prüfen".

Die Revision der Beklagten führte zur Zurückverweisung der Sache an die Vorinstanz.

Aus den Gründen:

Zu Recht hat das Landesarbeitsgericht den bei wörtlicher Auslegung unzulässigen Klageantrag auf Feststellung, daß der Kläger die Tätigkeitsmerkmale bestimmter Vergütungsgruppen erfülle, stillschweigend dahin umgedeutet, daß der Kläger den entsprechenden Vergütungsanspruch festgestellt wissen will.

Wenn das Landesarbeitsgericht den Kläger als „Betriebsprüfer" im Sinne der Tätigkeitsmerkmale des Tarifvertrages vom 15. Januar 1960 ansieht, so verkennt es diesen tariflichen Begriff. Mit diesem Tätigkeitsmerkmale ist nicht jeder Angestellte gemeint, der in seinem Arbeitsverhältnis die Bezeichnung Betriebsprüfer führt oder jedenfalls in irgendeiner Weise Betriebe überprüft. Vielmehr sind darunter nur die bei der Steuerverwaltung mit der steuerlichen Überprüfung der Betriebe beschäftigten Betriebsprüfer zu verstehen. Das ergibt sich aus dem Tarifvertrag selbst, nämlich aus dem Aufbau der Tätigkeitsmerkmale in den Vergütungsgruppen, wie insbesondere auch aus der mit Tarifwirkung ausgestatteten Protokollnotiz.

Die Tätigkeit der Betriebsprüfung erstreckt sich nach dem Tarifvertrage vom 15. Januar 1960 über die Vergütungsgruppen VII bis II TO.A. In der untersten dieser Gruppen (VII) sind genannt „Angestellte der Finanzämter, die zum Zwecke der steuerlichen Gewinnermittlung Kleinstbetriebe prüfen"; dieselben Merkmale mit dem zusätzlichen Erfordernis mehrjähriger Bewährung sind in der VergGr. VI b aufgeführt. Hier ist also ausdrücklich gesagt, daß es sich ausschließlich um eine steuerliche Betriebsprüfung handelt. Dasselbe gilt aber auch für die übrigen Fallgruppen, die den Betriebsprüfungsdienst erfassen. Das sind die „Angestellten während der Einarbeitungszeit für den Betriebsprüfungsdienst" (VergGr. VI b bzw. bei besonderen Fachkenntnissen V b) und die „Betriebsprüfer", die erstmalig in der VergGr. V b unter dieser Bezeichnung erscheinen und je nach der Schwierigkeit die Leistung bis zur VergGr. II (prüfungsmäßig schwierigste Großbetriebe oder schwierige Konzerne) aufsteigen. Zwar ist bei diesen Fallgruppen weder ausdrücklich gesagt, daß es sich um steuerliche Betriebsprüfungen handelt, noch ist die Beschäftigungsbehörde oder der Verwaltungszweig (Finanzamt bzw. Finanzverwaltung) genannt. Daß nur diese Tätigkeit auch bei den „Betriebsprüfern" gemeint ist, ergibt sich aber aus folgendem:

In Nr. 5 der Protokollnotiz zu § 1 des Tarifvertrages vom 15. Januar 1960 ist, worauf die Revision mit Recht hinweist, bestimmt, daß sich die Abgrenzung der für die Einreihung der Betriebsprüfer maßgeblichen Betriebsgrößen aus der Betriebsprüfungsordnung (Steuer) — BO (St) — in der jeweiligen Fassung ergibt. Die Abgrenzung der Tätigkeitsmerkmale folgt also der in der BO (St) vorgenommenen Gruppeneinteilung der gewerblich und freiberuflich tätigen Steuerpflichtigen nach Jahresumsatz, steuerlichem Gewinn oder Aktivvermögen in Groß-, Mittel-, Klein- und Kleinstbetrieben (vgl. § 3 BO (St) nebst Anlage 1). Diese Verweisung spricht dafür, daß in den Tätigkeitsmerkmalen des Tarifvertrages bei den Betriebsprüfern auch allein die in der BO (St) behandelte Tätigkeit der steuerlichen Betriebsprüfung zu verstehen sind, mag es auch denkbar erscheinen, die Abgrenzungsmerkmale, die nach

§ 3 BO (St) den Überblick über Umfang und Bedeutung der steuerlichen Prüfungstätigkeit erleichtern sollen, auch für die Bewertung einer auf andere Tatbestände und Zwecke gerichteten Prüfungstätigkeit heranzuziehen.

Es kommt hinzu, daß die Betriebsprüfung ein besonderer Geschäftszweig der Finanzverwaltung ist. Die BO (St), auf die die Protokollnotiz zum Tarifvertrag verweist, regelt nicht nur die Maßnahmen der steuerlichen Betriebsprüfung, sondern in einem besonderen Abschnitt auch die Stellung der „Betriebsprüfer". Daraus ergeben sich weitere Berührungspunkte mit den Tätigkeitsmerkmalen des Tarifvertrages. So darf nach § 14 Abs. 3 BO (St) zum Betriebsprüfer nur bestellt werden, wer die Befähigung und Eignung hat, mindestens Kleinbetriebe selbständig zu prüfen; das entspricht den Tätigkeitsmerkmalen der untersten Vergütungsgruppe für Betriebsprüfer (V b). Diese Tätigkeit, die selbständige Prüfung von Klein- und Mittelbetrieben, ist nach dem Tarifaufbau der höhere Schwierigkeitsgrad gegenüber der Tätigkeit der in den Vergütungsgruppen VII und VI b genannten „Angestellten der Finanzämter, die zum Zwecke der steuerlichen Gewinnermittlung Kleinstbetriebe prüfen". Daß die Betriebsprüfer nicht auch als Angestellte der Finanzämter bezeichnet sind, erklärt sich daraus, daß sie auch bei den Oberfinanzdirektionen oder auch bei der Bundesfinanzverwaltung beschäftigt sein können (vgl. § 3 des 2. Gesetzes über die Finanzverwaltung vom 15. Mai 1952, BGBl. S. 293).

Ferner kann in den Fallgruppen der „Angestellten während der Einarbeitungszeit für den Betriebsprüfungsdienst" mit dem Betriebsprüfungsdienst nichts anderes gemeint sein als die Tätigkeit der Betriebsprüfer, für deren Bestellung in § 14 Abs. 2 BO (St) eine mindestens dreimonatige Einarbeitungszeit in der Betriebsprüfung zur Voraussetzung gemacht ist; die Vergütung während dieser Einarbeitungszeit ist in den Vergütungsgruppen VI b und V b geregelt.

Schließlich ist zu bedenken, daß die Tätigkeit der Betriebsprüfer durch die tariflichen Merkmale bewertungsmäßig viel zu unbestimmt erfaßt wäre, wollte man unter dieser Tätigkeit jede Überprüfung von Betrieben unter irgendwelchen betriebswirtschaftlichen, volkswirtschaftlichen oder sonstigen Gesichtspunkten verstehen. Die Aufgaben der steuerlichen Betriebsprüfung dagegen liegen fest und sind überdies in § 1 der in der Protokollnotiz zum Tarifvertrag in Bezug genommenen BO (St) umschrieben; für die unterschiedliche Bewertung dieser Tätigkeit nach der Schwierigkeit und dem Wert der Leistung konnte man sich bei der Aufstellung der tariflichen Tätigkeitsmerkmale mit der Abgrenzung nach der Art der zu prüfenden Betriebe begnügen. Hätte man dagegen unter der

Bezeichnung Betriebsprüfer auch jegliche Überprüfung von Betrieben nach anderen als steuerlichen Gesichtspunkten erfassen wollen, so hätte es einer genaueren Festlegung der Tätigkeitsmerkmale bedurft.

Hiernach kann die Begründung des angefochtenen Urteils, das die Tätigkeit des Klägers unmittelbar den für Betriebsprüfer aufgestellten Tätigkeitsmerkmalen unterordnet, keinen Bestand haben. Das Landesarbeitsgericht wird nunmehr erneut zu prüfen haben, ob die Tätigkeit des Klägers unmittelbar von einer der Fallgruppen der Vergütungsordnung der TO.A in ihrer ursprünglichen Fassung, soweit diese noch fortgilt, oder der sie ersetzenden tarifvertraglichen Bestimmungen erfaßt wird. Sollte das zu verneinen sein, so wird die zutreffende Vergütungsgruppe im Wege sinngemäßer Lückenausfüllung zu ermitteln sein, wobei dann allerdings auch die für die Betriebsprüfer aufgestellten Tätigkeitsmerkmale zum Vergleich herangezogen werden können.

28

1. Da das Beschäftigungsverhältnis eines Dienstordnungs-Angestellten einer Allgemeinen Ortskrankenkasse, obwohl es in vieler Hinsicht einem Beamtenverhältnis angenähert ist, gleichwohl als Arbeitsverhältnis angesehen werden muß (BAG 2, 81), unterliegt es im Falle eines schwerbeschädigten Angestellten nicht der nur für Beamte im staatsrechtlichen Sinne geltenden Schutzvorschrift des § 35 Abs. 2 SchwBeschG, sondern den für Arbeitnehmer geltenden Kündigungsschutzvorschriften in §§ 14 ff. SchwBeschG.

2. Diese Vorschriften gelten auch dann, wenn dem Angestellten nicht gekündigt, sondern er durch Dienststrafbescheid aus dem Dienst entfernt worden ist. Im Falle fristloser Entfernung aus dem Dienst durch Dienststrafbescheid gilt die Vorschrift des § 19 Abs. 3 Satz 2 SchwBeschG.

3. Ein unmittelbarer Zusammenhang zwischen gesundheitlicher Schädigung und Kündigungsgrund im Sinne des § 19 Abs. 3 Satz 2 SchwBeschG ist bei der hier maßgebenden natürlichen Betrachtung auch dann gegeben, wenn der Angestellte infolge seiner Gesundheitsbeschädigung nicht unerhebliche Beschwerden hatte, die ihn veranlaßten, nicht zum Dienst zu erscheinen, und die Krankenkasse letzteres zum Anlaß nahm, ihn durch Dienststrafbescheid mit sofortiger Wirkung aus dem Dienst zu entfernen (im Anschluß an BAG 3, 39). Dabei ist es nicht von entschei-

dender Bedeutung, ob der Angestellte objektiv dienstunfähig war oder nicht. Für einen vom Schwerbeschädigten zu beweisenden unmittelbaren Zusammenhang genügt dagegen insbesondere nicht die ohne Angabe nachprüfbarer Tatsachen aufgestellte Behauptung des Schwerbeschädigten, sein beanstandetes Verhalten sei aus seiner gesundheitlichen Schädigung zu erklären, und erst recht nicht das bloße Vorschützen seines gesundheitlichen Zustandes.

SchwBeschG §§ 14, 19 Abs. 3 Satz 2, 35 Abs. 2.

II. Senat. Urteil vom 29. 6. 1961 i. S. A.O.K. (Bekl.) w. H. (Kl.)

2 AZR 371/60.

I. Arbeitsgericht Deggendorf (Zweigstelle Passau).
II. Landesarbeitsgericht Bayern (München).

Der 1918 geborene Kläger ist als Schwerkriegsbeschädigter mit 100 % Minderung seiner Erwerbsfähigkeit anerkannt. Ihm ist das linke Bein am Oberschenkel amputiert.

Am 25. September 1945 trat er als Angestellter in den Dienst der Beklagten. Am 1. Juli 1954 wurde er als Verwaltungsassistent dienstordnungsgemäß angestellt, am 1. September 1956 zum Verwaltungssekretär befördert.

Seit 1957 klagte er zunehmend über Beschwerden an seinem Beinstumpf und am Rückgrat (angeblich Bandscheibenschaden), blieb deswegen dem Dienst häufig fern und arbeitete seit November 1957 zu Hause. Nachdem eine von der Beklagten veranlaßte fachärztliche Untersuchung die Dienstfähigkeit des Klägers ergeben hatte, forderte die Beklagte ihn am 20. Mai 1958 auf, seinen Dienst in der Nebenstelle V. wieder aufzunehmen. Der Kläger brachte ein gegenteiliges Attest seines Hausarztes bei, blieb zu Hause und beantragte seine Versetzung in den zeitweiligen Ruhestand. Ein Gutachter der Orthopädischen Klinik in M. stellte jedoch wiederum die Dienstfähigkeit des Klägers fest. Mit Schreiben vom 4. August 1958 forderte die Beklagte ihn erneut zur Wiederaufnahme des Dienstes auf und drohte ihm ein Dienststrafverfahren an, wenn er der Aufforderung nicht folge. Daraufhin erschien der Kläger am 6. August 1958 zum Dienst. Vom 12. bis 19. August 1958 blieb er aber wieder zu Hause auf Grund eines Attestes seines Hausarztes, daß er wegen starker Stumpfbeschwerden bettlägerig krank sei. Am 27. August 1958 meldete er sich mit einem ärztlichen Attest, das ihm Dienstunfähigkeit wegen spondylarthrotischer Beschwerden bescheinigte, wiederum krank. Ein von der Beklagten eingeholtes Gutachten der vertrauensärztlichen Dienststelle bei der Landesversicherungsanstalt vom 7. November 1958 kam jedoch wiederum zu dem Ergebnis, daß der Kläger dienstfähig sei. Mit Schreiben vom 14. November 1958 forderte ihn die Beklagte deshalb auf, seinen Dienst unverzüglich aufzunehmen; sonst mache er sich der beharrlichen Arbeitsverweigerung schuldig und müsse mit seiner Dienstentlassung durch Disziplinarverfahren rechnen. Der Kläger verwahrte sich mit Schreiben vom 16. November 1958 gegen den Vorwurf der beharrlichen Arbeitsverweigerung, warf seinerseits der Beklagte vor, sie wolle ihn aus fiskalischen Gründen vor seiner Pensionierung loswerden, und erschien nicht zum Dienst. Daraufhin verfügte der Vorsitzende des Vorstandes der Beklagten am 25. November 1958 die vorläufige Dienstenthebung des Klägers. Der Vorstand der Beklagten erließ eine Dienststrafverfügung vom 3. Februar 1959, durch die der Kläger wegen schwerer Verletzung der Dienstpflichten mit sofortiger Wirkung aus dem Dienst entfernt werde.

Gegen beide Verfügungen hat der Kläger beim Arbeitsgericht geklagt. Er hat beantragt, die Verfügungen aufzuheben. Die Beklagte hat um Klageabweisung gebeten und Widerklage erhoben auf Feststellung, daß der Kläger in drei Fällen schuldhaft dem Dienst ferngeblieben sei und für diese Zeiten seine Dienstbezüge zurückzuzahlen habe.

Das Arbeitsgericht hat Klage und Widerklage abgewiesen. Das Landesarbeitsgericht hat auf die Berufung des Klägers seinem Klageantrag entsprochen. Die Beklagte ihrerseits hatte kein Rechtsmittel gegen die Entscheidung des Arbeitsgerichts eingelegt.

Die Revision der Beklagten blieb erfolglos.

Aus den Gründen:

Das Landesarbeitsgericht hat der Feststellungsklage stattgegeben, weil die nach § 19 Abs. 3 SchwBeschG erforderliche Zustimmung der Hauptfürsorgestelle zu der Kündigung fehle und diese daher unwirksam sei. Dem ist zuzustimmen.

1. Das Dienstverhältnis des Klägers als Dienstordnungs-Angestellten einer Ortskrankenkasse ist zwar zufolge der auf §§ 351 ff. RVO beruhenden Dienstordnung der Beklagten in vieler Hinsicht einem öffentlich-rechtlichen Beamtenverhältnis angenähert. Es ist aber dennoch letztlich ein privatrechtliches Arbeitsverhältnis geblieben (BAG 2, 81; BAG AP Nr. 9 zu § 611 BGB Dienstordnungs-Angestellte; BAG 10, 232 [234]). Denn es beruht nicht auf einem hoheitsrechtlichen Anstellungsakt, son-

dern auf einem privatrechtlichen Arbeitsvertrag. Daraus folgt einmal die Zuständigkeit der Arbeitsgerichte, ferner aber auch, daß ein schwerbeschädigter Dienstordnungs-Angestellter wie der Kläger nicht durch die nur für Beamte geltende Sondervorschrift des § 35 SchwBeschG geschützt ist, sondern den im Vierten Abschnitt des Schwerbeschädigtengesetzes (§ 14 ff.) geregelten Kündigungsschutz für Arbeitnehmer genießt. § 35 SchwBeschG gilt seiner eindeutigen Fassung nach nur für Beamte im staatsrechtlichen Sinn, d. h. für solche Bedienstete, die durch Aushändigung einer Ernennungsurkunde in das Beamtenverhältnis berufen worden sind (so Becker, SchwBeschG, § 35 Anm. 5; Gröninger, SchwBeschG, § 35 Anm. 1; Sellmann, SchwBeschG, § 35 Anm. 4 und § 14 Anm. 5; Rohwer-Mann, SchwBeschG, § 35 Anm. 6). Der Hinweis der Revision darauf, daß die Dienstordnung der Beklagten in ihren §§ 6, 7, 12 das Bayerische Beamtenrecht für anwendbar erklärt, kann hieran nichts ändern. Im Schwerbeschädigtenrecht erfährt der Beamte mit § 35 SchwBeschG gerade wegen seiner Beamteneigenschaft eine besondere Regelung. Wegen des privatrechtlichen Charakters des Dienstordnungsverhältnisses scheidet eine entsprechende Anwendung jener Vorschrift auf den dienstordnungsmäßigen Angestellten aus.

II. Nach § 14 SchwBeschG bedarf die Kündigung eines Schwerbeschädigten durch den Arbeitgeber der Zustimmung der Hauptfürsorgestelle. Nach § 19 Abs. 3 Satz 2 SchwBeschG gilt das unter einer gewissen Voraussetzung, auf die noch einzugehen ist, auch für fristlose Kündigungen. Ohne die hiernach erforderliche Zustimmung der Hauptfürsorgestelle ist die Kündigung unwirksam. Nun ist zwar dem Kläger nicht fristlos gekündigt worden, sondern die Beklagte hat ihn nach § 10 Abs. 2 ihrer Dienstordnung zunächst vorläufig vom Dienst enthoben und dann nach § 10 Abs. 3 Nr. 8 und § 11 dieser Dienstordnung wegen Verletzung seiner Dienstpflichten durch Dienststrafe mit sofortiger Wirkung aus dem Dienst entfernt. Das Landesarbeitsgericht nimmt aber mit Recht an, daß bei Dienstordnungs-Angestellten die Hauptfürsorgestelle nicht nur einer Kündigung (§ 12 DO), sondern auch der disziplinarischen sofortigen Entfernung aus dem Dienst zustimmen muß, sofern die Voraussetzung des § 19 Abs. 3 Satz 2 SchwBeschG vorliegt. Entfernung aus dem Dienst im Wege der Dienststrafe und fristlose Kündigung stimmen im Falle des dienstordnungsmäßigen Angestellten insoweit überein, als durch einseitige rechtsgestaltende Willenserklärung ein privatrechtliches Dienstverhältnis für die Zukunft beendet werden soll. Sie unterscheiden sich in ihrer Funktion: die Entfernung aus dem Dienst ist Dienststrafe, die Kündigung dagegen nicht. Unterschiede bestehen auch in der Rechtsgrundlage: dem auf der öffentlich-rechtlichen Ordnung beruhenden Dienststrafrecht einerseits und der mit dem privatrechtlichen Dienstvertrag zusammenhängenden Kündigungsmöglichkeit des Dienstherrn andererseits. Diese Unterschiede berühren aber nicht die funktionelle Gleichartigkeit von Dienstentfernung und fristloser Kündigung, auf die es gerade ankommt. Deswegen ist eine Anwendung des Kündigungsschutzes der §§ 14 ff. SchwBeschG auch dann geboten, wenn es sich um den Fall der Entfernung aus dem Dienst im Wege der Dienststrafe handelt. Es geht jeweils um die Beendigung des privatrechtlichen Dienstverhältnisses durch den einseitigen Akt eines anderen als des Schwerbeschädigten selbst. Die Einschaltung der Hauptfürsorgestelle erfolgt gerade, um die Gefahren für das Arbeitsverhältnis der Schwerbeschädigten einzuschränken, die mit einem solchen einseitigen Beendigungsakt für ihn gegeben sind. Es widerspräche dem unterschiedslos alle schwerbeschädigten Arbeitnehmer ansprechenden und von dorther auf gleichmäßige fürsorgliche Behandlung aller schwerbeschädigten Arbeitnehmer ausgerichteten Schwerbeschädigtengesetz, Dienstordnungs-Angestellte schlechter zu stellen als andere Arbeitnehmer, insbesondere jenen bei einer sofortigen Entlassung durch Dienststrafe den Schutz zu versagen, den diese bei fristloser Kündigung genießen, auch wenn die fristlose Kündigung wegen eines Verstoßes des Arbeitnehmers ausgesprochen wird. Die durch die Dienstordnung geprägte besondere Form der Entlassung von Dienstordnungs-Angestellten kann eine unterschiedliche Behandlung nicht rechtfertigen. Die disziplinarrechtliche Entlassung dient ebenfalls dazu, das auf der Gleichordnung der Vertragsparteien beruhende privatrechtliche Arbeitsverhältnis zu beenden, und dieses privatrechtliche Verhältnis gibt den Beziehungen zwischen dem dienstordnungsmäßig Angestellten und seinem Dienstherrn nun einmal das Gepräge. Jedenfalls eine entsprechende Anwendung des Kündigungsschutzes der §§ 14 ff. SchwBeschG auf Dienstordnungs-Angestellte ist daher geboten.

III. Nach § 19 Abs. 3 Satz 1 SchwBeschG bleiben die gesetzlichen Bestimmungen über die fristlose Kündigung unberührt. Das bedeutet, daß fristlose Kündigungen im allgemeinen auch ohne Zustimmung der Hauptfürsorgestelle wirksam ausgesprochen werden können. Jedoch ist auch eine fristlose Kündigung nur mit Zustimmung der Hauptfürsorgestelle zulässig, wenn die Kündigung aus einem Grunde erfolgt, die im unmittelbaren Zusammenhang mit der gesundheitlichen Schädigung steht, wegen der der Schutz des Gesetzes gewährt wird (§ 19 Abs. 3 Satz 2 SchwBeschG). Es fragt sich also, ob hier zwischen dem Gesundheitsschaden des Klägers, dessentwegen er als Schwerbeschädigter anerkannt worden ist, nämlich dem Verlust seines linken Beines, und dem Kündigungsgrund, d. h. seiner wiederholten Weigerung, zum Dienst zu kommen, ein unmittelbarer Zusammenhang bestanden hat, gleichviel ob die Weigerung berechtigt war oder nicht.

Das Bundesarbeitsgericht hat bereits entschieden, daß der Begriff „unmittelbarer Zusammenhang" zwischen gesundheitlicher Schädigung und Kündigungsgrund nicht streng im Sinne der im Schadensersatzrecht des Bürgerlichen Rechts entwickelten Kausalitätslehre zu verstehen, sondern nach allgemeiner Lebensanschauung weiter auszulegen ist, und daß ein solcher unmittelbarer Zusammenhang daher auch dann gegeben ist, wenn einem Schwerbeschädigten wegen eines Verhaltens fristlos gekündigt werden soll, das durch die gesundheitliche Schädigung hervorgerufen ist (BAG 3, 39 [41/42] = BAG AP Nr. 1 zu § 19 SchwBeschG). Diese Auffassung macht sich der Senat zu eigen, der ablehnenden Stellungnahme von Gotzen zu BAG AP Nr. 1 zu § 19 SchwBeschG vermag er nicht beizupflichten. Der Senat läßt sich von der Erkenntnis leiten, daß eine enge Auslegung des Begriffes „unmittelbarer Zusammenhang" den Hauptfürsorgestellen die Möglichkeit nähme, zu der Entlassung von Schwerbeschädigten in solchen Fällen Stellung zu nehmen, in denen die Gesundheitsbeschädigung zwar nicht die unmittelbare Ursache für die Entlassung war, aber dabei doch eine wesentliche Rolle gespielt hat. Es entspricht dem Sinn des Schwerbeschädigtengesetzes, daß die Hauptfürsorgestelle sowohl im öffentlichen Interesse als auch im Interesse der einzelnen Schwerbeschädigten immer dann beteiligt werden muß, wenn der unmittelbare Zusammenhang bei natürlicher Betrachtung gegeben und nicht von der Hand zu weisen ist. Das kann auch dann der Fall sein, wenn nicht die Gesundheitsbeschädigung selbst, sondern ein zwanglos aus ihr zu erklärendes Verhalten des Schwerbeschädigten Anlaß zur Kündigung gegeben hat. Nur darf es sich nicht um ein von der Krankheit unabhängiges oder mit ihr nur in einem entfernten Zusammenhang stehendes Verhalten handeln. Vor allem genügt es nicht, wenn der für den unmittelbaren Zusammenhang beweispflichtige Schwerbeschädigte ohne Angabe nachprüfbarer Tatsachen lediglich behauptet, sein beanstandetes Verhalten sei aus seiner gesundheitlichen Schädigung zu erklären, und erst recht genügt es nicht, wenn er seinen gesundheitlichen Zustand nur zum Vorwand nimmt, um sein Verhalten zu beschönigen und sich den Folgen zu entziehen.

Dieser Rechtslage entspricht das angefochtene Urteil. Es stellt fest, daß der Kläger in der Zeit vom 12. bis zum 19. August 1958 wegen starker Stumpfschmerzen fehlte, daß er tatsächlich an solchen Schmerzen litt und daß diese naturgemäß auf der Kriegsbeschädigung beruhten. Bezüglich seines letzten Fehlens in der Zeit ab 27. August 1958 stellt das Urteil auf Grund ärztlicher Zeugnisse und ärztlicher Gutachten fest, daß der Kläger an Kreuzschmerzen gelitten habe, die ebenfalls auf seiner Kriegsverletzung beruhten, wenn sie auch vielleicht nicht so stark gewesen seien, daß der Kläger deswegen dienstunfähig gewesen sei. Diese tatsächlichen Feststellungen hat die Revision nicht angegriffen. Geht man aber von ihnen aus, dann hat das Landesarbeitsgericht den von § 19 Abs. 3 Satz 2 SchwBeschG verlangten unmittelbaren Zusammenhang mit Recht bejaht. Denn wenn ein Schwerbeschädigter infolge seiner Kriegsverletzung tatsächlich nicht unerhebliche Schmerzen hat und sein Fernbleiben vom Dienst damit begründet, dann läßt sich bei natürlicher Betrachtung solch ein unmittelbarer Zusammenhang nicht leugnen. Anders wäre es nur dann, wenn die Schmerzen ganz geringfügig waren und der Kläger sie nur zum Vorwand genommen hätte, um „krank zu feiern". Dafür liegt aber kein hinreichender Anhalt vor. Daß die vertrauensärztliche Dienststelle der Landesversicherungsanstalt in ihrem Gutachten vom 7. November 1958 zu dem Ergebnis gekommen ist, der Kläger sei trotz seiner Schmerzen objektiv dienstfähig gewesen, schließt nicht aus, daß er sich auf Grund der Schmerzen subjektiv dienstunfähig gefühlt hat. Das genügt, um den für § 19 Abs. 3 Satz 2 SchwBeschG erforderlichen unmittelbaren Zusammenhang herzustellen und die Mitwirkung der Hauptfürsorgestelle notwendig zu machen.

IV. Da die gegen den Kläger verhängte Dienststrafe somit schon nach § 19 Abs. 3 Satz 2 SchwBeschG unwirksam ist, braucht nicht mehr darauf eingegangen zu werden, ob die Verhängung der Dienststrafe auch der Mitwirkung des Personalrats bedurfte und ob auch die angebliche Nichtanhörung des Klägers vor seiner Dienstentlassung die Dienststrafe unwirksam macht.

Es bestehen auch keine durchgreifenden rechtlichen Bedenken dagegen, daß das Landesarbeitsgericht die Dienststrafverfügung vom 3. Februar 1959 nicht nur für unwirksam erklärt, sondern aufgehoben und somit den unzulässigen Akt mit seiner Belastung für den Kläger aus der Welt geschafft hat.

Die vorläufige Dienstenthebung vom 25. November 1958 ist ebenfalls zu recht aufgehoben worden. Diese auf § 10 der Dienstordnung gestützte Maßnahme war nur zulässig, wenn mit der disziplinarischen Entfernung des Klägers aus dem Dienst zu rechnen war. Dadurch, daß der dahingehende Dienststrafbescheid als unwirksam erklärt worden ist, ist auch der vorläufigen Dienstenthebung die Grundlage entzogen, und sie stellte eine unzulässige Belastung des Klägers dar.

29

1. Der Arbeitgeber darf im Falle des Vertragsbruchs durch den Arbeitnehmer eine Zeitungsanzeige aufgeben, um eine Ersatzkraft zu beschaffen. Der vertragsbrüchige Arbeitnehmer ist verpflichtet, die durch eine solche Zeitungsanzeige entstandenen Kosten zu ersetzen.

2. Eine solche Zeitungsanzeige muß sich der Größe nach in angemessenen Grenzen halten. Werden diese Grenzen überschritten, so muß der Arbeitgeber den überschießenden Teil der Kosten selbst tragen.

BGB §§ 249, 254, 276; ArbGG § 72 Abs. 1.

I. Senat. Urteil vom 30. 6. 1961 i. S. A. V. AG (Kl.) w. R. (Bekl.) 1 AZR 206/61.

I. Arbeitsgericht Köln. — II. Landesarbeitsgericht Düsseldorf (Köln).

Die Beklagte trat am 1. August 1960 als Stenotypistin gegen ein Monatsgehalt von 543,— DM brutto in die Dienste der Klägerin. Es wurde eine Probezeit von zwei Monaten mit einmonatiger Kündigung vereinbart. Am 31. August 1960 kündigte die Beklagte ihr Arbeitsverhältnis fristgerecht zum 30. September 1960. Anschließend teilte sie der Klägerin jedoch mit, daß sie das Arbeitsverhältnis bereits mit dem 31. August als beendet ansehe. Zur Begründung hierfür gab sie an, daß sie aus gesundheitlichen Gründen nicht mehr weitere vier Wochen in dem mit neun Damen besetzten Schreibzimmer arbeiten könne, außerdem eine ihrem bisherigen Bildungsgang hohnsprechende primitive Arbeit auszuführen gehabt habe und am 1. September 1960 eine neue, ihren Fähigkeiten entgegenkommende Tätigkeit als Chefsekretärin bei einem anderen Arbeitgeber antreten könne. Seit dem 1. September 1960 hatte die Beklagte nicht mehr bei der Klägerin gearbeitet. Die Klägerin veröffentlichte daraufhin in einer Lokalzeitung am 7. September 1960 eine Anzeige, wonach sie für eine ihrer Abteilungen eine Sekretärin nach kurzer Einarbeitung als Stenotypistin suche. Diese Anzeige kostete 513,— DM.

Die Klägerin ist der Auffassung, die Beklagte sei aus dem Gesichtspunkt des Schadenersatzes verpflichtet, die Kosten für diese Anzeige zu erstatten. Die Beklagte sei arbeitsvertragsbrüchig geworden. Dadurch sei ihr Arbeitsplatz in der Maschinenabteilung leer geworden. Der Leiter dieser Abteilung habe dringend nach einer Ersatzkraft verlangt. Um diese zu beschaffen, sei nichts anderes übrig geblieben, als die Anzeige in der Zeitung aufzugeben.

Die Klägerin hat beantragt, die Beklagte zu verurteilen, an sie 513,— DM nebst 4 % Zinsen seit dem 1. Oktober 1960 zu zahlen.

Die Beklagte hat Klageabweisung beantragt. Sie hat vorgetragen, infolge ihres schlechten Gesundheitszustandes sei sie auch nach dem 21. August 1960 nicht voll arbeitsfähig gewesen. Deshalb habe sie ihre Arbeit am 1. September 1960 fristlos niedergelegt. Auch habe sie bei der Klägerin in einem derart kleinen und mit Schreibkräften überbelegten Raum arbeiten müssen, daß ihre Gesundheit erheblich gefährdet worden sei. In Wahrheit sei der Klägerin gar kein Schaden entstanden. Mit Rücksicht auf die allseits bekannte Lage am Arbeitsmarkt hätte die Klägerin in jedem Fall eine Zeitungsanzeige aufgeben müssen. Das wäre auch dann erforderlich gewesen, wenn ihr Arbeitsverhältnis fristgemäß erst zum 30. September 1960 aufgelöst worden wäre.

Beide Vorinstanzen haben die Klage abgewiesen. Die Revision der Klägerin hatte teilweise Erfolg.

Aus den Gründen:

1. Das Landesarbeitsgericht hat die Revision nicht zugelassen. Der Streitwert übersteigt nicht den Betrag von 6000,— DM. Die Revision ist deshalb nur statthaft, wenn eine Divergenz im Sinne des § 72 Abs. 1 ArbGG vorliegt und in der Revisionsbegründung schlüssig dargetan ist. Das ist der Fall.

Die Revision beruft sich zum Nachweis einer Divergenz auf eine Abweichung des angefochtenen Urteils von dem Urteil des Landesarbeitsgerichts Hamm vom 18. Februar 1954, 1 Sa 650/53. Auf die Abweichung von einem Urteil eines anderen Landesarbeitsgerichts kann sich die Klägerin nur berufen, wenn seitens des Bundesarbeitsgerichts eine Entscheidung in der maßgeblichen Rechtsfrage noch nicht ergangen ist. Eine solche Entscheidung liegt noch nicht vor.

Zwischen dem angefochtenen und dem angezogenen Urteil des Landesarbeitsgerichts Hamm liegt eine Abweichung im Sinne des § 72 Abs. 1 ArbGG vor. Beide Urteile gehen davon aus, daß das Arbeitsverhältnis unter Vertragsbruch durch den Arbeitnehmer rechtswidrig gelöst ist. Das Landesarbeitsgericht Hamm erkennt dem Arbeitgeber in einem solchen Falle die Befugnis zu, nach einer Ersatzkraft zu inserieren, und es hält den Arbeitnehmer, der vertragsbrüchig war, für verpflichtet, die Kosten eines solchen Zeitungsinserats zu tragen. Demgegenüber verneint das angefochtene Urteil eine solche Verpflichtung des Arbeitnehmers, der vertragsbrüchig war, die Kosten der von dem Arbeitgeber aufgegebenen Zeitungsanzeige zu tragen. Beide Urteile kommen somit zu dem entgegengesetzten Ergebnis. In der tragenden Rechtsfrage sind die von ihnen aufgestellten Rechtssätze einander entgegengesetzt. Darin liegt eine Abweichung im Sinne des § 72 Abs. 1 ArbGG, die in der Revisionsbegründung auch schlüssig vorgetragen wird.

2. Das Landesarbeitsgericht geht davon aus, daß der Beklagten ein schuldhaft begangener Bruch des Arbeitsverhältnisses vorzuwerfen ist. Den Einwand der Beklagten, ihr hätten zur fristlosen Kündigung wichtige Gründe zur Seite gestanden, hält das Landesarbeitsgericht für nicht durchschlagend. Dem ist beizutreten.

Soweit sich die Beklagte zur Begründung für die von ihr ausgesprochenen Kündigung darauf beruft, der Raum, in dem sie habe arbeiten müssen, sei nicht ausreichend gewesen, stellt das Landesarbeitsgericht das Gegenteil fest. Es geht dabei von der Größe des Raumes aus, die in den Tatsacheninstanzen unstreitig war. Auf Grund dieser tatsächlichen, den Senat bindenden Feststellungen kommt das Landesarbeitsgericht ohne Rechtsverstoß zu der Auffassung, daß es der Beklagten durchaus zuzumuten war, in dem ihr zugewiesenen Raum zu arbeiten. Ebenso liegt es auf tatsächlichem, von der Revisionsinstanz nicht nachprüfbarem Gebiet, wenn das Landesarbeitsgericht annimmt, der Raum wäre auch unter Berücksichtigung des Gesundheitszustandes der Beklagten nicht so beschaffen gewesen, daß hätte befürchtet werden müssen, die Arbeit in ihm könnte Gefahren für den Gesundheitszustand der Beklagten mit sich bringen.

Das Landesarbeitsgericht betont zu Recht weiter, daß die Arbeit, die von der Beklagten verlangt worden ist, diejenige gewesen ist, die zu leisten sich die Beklagte im Arbeitsvertrag verpflichtet hatte, nämlich die Arbeit einer Stenotypistin. Es kann deshalb in der Tat nicht angenommen werden, daß die Beklagte berechtigt gewesen wäre, diese ihren Erwartungen offenbar nicht entsprechende, aber vertragsgemäße Arbeit zu verweigern. Wenn sie es gleichwohl tat, so verletzte sie dadurch den Vertrag. Angesichts ihrer Vorbildung, auf die sie sich selbst beruft, kann ohne weiteres davon ausgegangen werden, daß sie diese von ihr begangene Pflichtverletzung auch erkannte. Mit Recht ist deshalb das Landesarbeitsgericht zu der Auffassung gekommen, daß die Vertragsverletzung durch die Beklagte auch schuldhaft gewesen ist.

Soweit sich die Beklagte, um die fristlose Aufsagung des Vertrags zu rechtfertigen, auf die sich ihr bietende Möglichkeit beruft, eine andere, ihr genehmere Stellung anzutreten, hat das Landesarbeitsgericht auch dem mit Recht keine die Beklagte entschuldigende Bedeutung beigemessen. Gerade hierin liegt die Vertragsverletzung, daß die Beklagte zu einer Zeit, in der sie für die Klägerin zu arbeiten sich freiwillig verpflichtet hatte, ohne Einhaltung der vertraglich vereinbarten Kündigungsfrist ihre

Arbeitskraft der Klägerin entzog und einem anderen Arbeitgeber zur Verfügung stellte, der bis dahin keinen Anspruch auf die Leistung der Dienste der Beklagten gehabt hatte. Ebenso wie die Klägerin als Arbeitgeberin an die Kündigungsfrist gebunden ist, mußte sich auch die Beklagte als Arbeitnehmerin an diese Frist halten.

3. Das Landesarbeitsgericht rechtfertigt die Abweisung der Klage damit, daß es sich hier um ein Dauerschuldverhältnis gehandelt habe, in dem jedes einem Vertragspartner zustehende Recht pflichtgebunden sei und nur dann geltend gemacht werden könne, wenn jeder aus dem Schuldverhältnis entspringenden Einzelforderung ein von der öffentlichen Ordnung gebilligtes Interesse des Gläubigers, d. h. ein schutzwürdiges Interesse zukomme. Das sei hier nicht der Fall. Die Kosten für die Anwerbung von Arbeitnehmern beträfen den Anwerbungs- und Einstellungsvorgang und seien mit ihm verbunden, bezögen sich also auf einen vom Arbeitsvertragsbruch eines Angestellten losgelösten anderen Tatsachenkomplex. Durch den Vertragsbruch werde zwar das Tätigwerden des Arbeitgebers mit dem Ziel der Gewinnung einer anderen Ersatzkraft ausgelöst; dieses Tätigwerden einerseits löse jedoch wiederum die mit der Gewinnung einer neuen Arbeitskraft verbundenen Kosten aus. Diese Kosten fielen bei jeder Neueinstellung an, seien deshalb mit dem vertragswidrigen Handeln der Arbeitnehmer nicht in Zusammenhang zu bringen, sondern als solche anzusehen, die zwangsläufig und ausschließlich mit jeder Neueinstellung in Verbindung stünden und den Arbeitgeber selbst träfen.

Diese Ausführungen überzeugen nicht.

In der Literatur ist es seit langem anerkannt, daß der Arbeitgeber, dessen Arbeitnehmer schuldhaft vertragsbrüchig wird, von diesem als Schadenersatz auch die Kosten für die Gewinnung einer Ersatzkraft ersetzt verlangen kann (Staub, HGB, 12. und 13. Aufl., § 70 Anm. 22; Düringer-Hachenburg-Geiler-Höninger-Lehmann, HGB, 3. Aufl., § 70 Anm. 22; Reichsgerichtsräte-Kommentar zum HGB, 2. Aufl., § 70 Anm. 21; Gessler-Hefermehl-Hildebrand-Schröder, HGB, 4. Aufl., § 66 Anm. 11 b und § 70 Anm. 27 Nr. 2 c; Baumbach-Duden, HGB, 12. Aufl., § 70 Anm. 4 B b; Oehmann, AR-Blattei, Arbeitsvertragsbruch C II 3; Frey in BB 59, 744). Die oben erwähnte Entscheidung des Landesarbeitsgerichts Hamm, auszugsweise veröffentlicht in BB 54, 534, vertritt denselben Standpunkt. Dieser Auffassung schließt sich der Senat an. Es geht nicht an, hier von einem „nicht schutzwürdigen" Schadenersatzanspruch zu sprechen, wie es das Landesarbeitsgericht tut. Welchen Schaden der Schuldner zu ersetzen hat, folgt aus den Vorschriften des BGB, insbesondere § 249. Insoweit gilt im Arbeitsrecht nichts anderes als im sonstigen Recht der Schuldverhältnisse. Begeht der Schuldner einen Vertragsbruch, so ist er verpflichtet, den dem Gläubiger daraus entstehenden Schaden zu ersetzen. Daß dieser Anspruch „nicht schutzwürdig" sei, ist in keiner Weise ersichtlich. Wird durch einen solchen Vertragsbruch ein Arbeitsplatz leer, den der Arbeitgeber sofort wieder besetzen muß, so besteht der dem Arbeitgeber entstandene Schaden auch in den Kosten, die er für die möglichst schnelle Neubesetzung des Arbeitsplatzes aufwenden muß. Es wäre verfehlt, etwas anderes nur daraus entnehmen zu wollen, daß es sich bei einem Arbeitsverhältnis um ein Dauerschuldverhältnis handelt. Auch innerhalb eines solchen Dauerschuldverhältnisses sind beide Vertragsteile verpflichtet, die von ihnen freiwillig eingegangenen Bindungen zu beachten. Wer gegen diesen Grundsatz schuldhaft verstößt, macht sich schadenersatzpflichtig. Das gilt nicht nur für den Arbeitgeber, sondern auch für den Arbeitnehmer. Für den Umfang einer solchen Schadenersatzpflicht aber kann nichts anderes gelten als im sonstigen Recht der Schuldverhältnisse auch.

4. Ist somit die vom Landesarbeitsgericht für die Klageabweisung gegebene Begründung nicht zu halten, so ist die Klage auch nicht aus den vom Gericht erster Instanz angenommenen Gründen abzuweisen. Das Arbeitsgericht hatte seine Klageabweisung auf den Grundsatz der überholenden Kausalität gestützt. Es bedarf hier keiner eingehenden Erörterung, inwieweit sich der Gläubiger diesen Grundsatz entgegenhalten lassen muß (vgl. dazu insbesondere Reichsgerichtsrätekommentar zum BGB, 11. Aufl., Anm. 62 ff. vor § 823; Palandt, Bürgerliches Gesetzbuch, 19. Aufl., Vorbemerkung 5 d ff. vor § 249 BGB). Selbst wenn man der für die weitgehende Anwendung des Grundsatzes der überholenden Kausalität eintretenden Meinung folgt, so ist doch auf jeden Fall dieser Grundsatz nur dann anzuwenden, wenn die hypothetische Ursache mit Sicherheit oder mit einer an Sicherheit grenzenden Wahrscheinlichkeit eingetreten wäre (BAG 6, 379). Schon daran aber fehlt es hier.

Wie sich aus dem Tatbestand des angefochtenen Urteils ergibt, hatte sich die Klägerin zum Nachweis für die Notwendigkeit des Inserats darauf berufen, daß für sie im Hinblick auf den sie überraschenden Arbeitsvertragsbruch der Beklagten und die dadurch ausgelöste Notwendigkeit, alsbald eine andere Arbeitskraft zu beschaffen, die Möglichkeit, auf einem anderen Wege — insbesondere durch innerbetriebliche Maßnahmen — einen Ausgleich für die ausgeschiedene Arbeitskraft herbeizuführen, nicht bestanden habe. Hierfür werde ein gewisser zeitlicher Spielraum benötigt, weil normalerweise mit einem solchen Ausgleich verschiedene

Umbesetzungen innerhalb verschiedener Abteilungen erforderlich seien. Um ein rationelles Ergebnis zu erzielen, wären Besprechungen zwischen dem Personalleiter und dem betreffenden Abteilungsleiter notwendig gewesen. Ferner seien hierbei die betrieblichen Planungen insgesamt zu berücksichtigen. Auch könne ein Austausch mit anderen Zweigniederlassungen, Filial- und Bezirksdirektionen in Betracht kommen. Jedenfalls handele es sich hierbei immer um Maßnahmen, die nicht innerhalb einiger Tage, wohl aber innerhalb einiger Wochen zum Erfolg führen könnten. Sie seien angesichts des plötzlichen Arbeitsvertragsbruchs der Beklagten jedenfalls nicht so schnell durchzuführen gewesen, daß von der Zeitungsanzeige hätte Abstand genommen werden können.

Diesem Vorbringen ist die Beklagte, wie sich aus dem angefochtenen Urteil und aus den in ihm in Bezug genommenen Schriftsätzen der Beklagten ergibt, nicht substantiiert entgegengetreten. Die Klägerin ihrerseits hatte insbesondere bestritten, daß in jedem Falle, auch ohne einen Arbeitsvertragsbruch der Beklagten, eine Anwerbung durch Inserat notwendig wäre. Diesem Bestreiten der Klägerin gegenüber wäre es Pflicht der Beklagten gewesen, ihrerseits Beweis dafür anzutreten, daß die Behauptungen der Klägerin unrichtig seien. Diesen Beweis hat die Beklagte nicht angetreten. Schon aus diesem Grunde kann sie sich nicht auf den Gesichtspunkt der überholenden Kausalität berufen.

5. Der Beklagten kann aber auch nicht gefolgt werden, wenn sie vorträgt, in Wahrheit sei der Klägerin ein Schaden gar nicht entstanden. Soweit sich die Beklagte in diesem Zusammenhang darauf beruft, daß sie im September nicht voll arbeitsfähig gewesen wäre, kommt ihrem Vortrag eine rechtliche Bedeutung nicht zu. Die Klägerin hat das Inserat nicht deshalb aufgegeben und die dadurch entstandenen Kosten gegenüber der Beklagten nicht deshalb geltend gemacht, weil die Beklagte aus gesundheitlichen Gründen nicht hätte arbeiten können. Vielmehr wurde das Inserat nur deshalb aufgegeben, weil sich die Beklagte einseitig und rechtswidrig endgültig vom Vertrage schuldhaft lossagte und ihrer Arbeitsverpflichtung nicht nachkam. Der Arbeitgeber, der für die Vertretung eines v o r ü b e r g e h e n d erkrankten Arbeitnehmers zu sorgen hat, ist in einer ganz anderen Lage als der Arbeitgeber, dessen Arbeitnehmer sich e n d g ü l t i g unter Arbeitsvertragsbruch von seinen Pflichten aus dem Arbeitsverhältnis losgesagt hat.

Es ist also davon auszugehen, daß die Klägerin das Inserat nur deshalb aufgegeben und bezahlt hat, weil die Beklagte den Arbeitsvertragsbruch begangen hat. Danach kann die Kausalität zwischen dem Verhalten der Beklagten und dem der Klägerin entstandenen Schaden nicht geleugnet werden. Die Beklagte kann also nicht damit gehört werden, daß der Klägerin ein Schaden nicht entstanden sei.

6. Die Beklagte beruft sich gegenüber dem von der Klägerin geltend gemachten Anspruch schließlich darauf, daß an der Entstehung des Schadens ein Mitverschulden der Klägerin mitgewirkt habe.

Ein solches Mitverschulden kann nicht darin gesehen werden, daß die Beklagte in einem Raum mit acht anderen Schreibkräften hat arbeiten müssen. Wie schon oben dargetan wurde, kann darin nichts erblickt werden, was der Beklagten nicht hätte zugemutet werden können. Andernfalls wäre es zumindest auch Pflicht der Beklagten gewesen, zunächst einmal wegen der von ihr behaupteten Mängel des Arbeitsplatzes bei der Klägerin vorstellig zu werden, bevor sie ihre Arbeit niederlegte. Nach den tatsächlichen, den Senat bindenden Feststellungen des Landesarbeitsgerichts hat die Beklagte das aber nicht getan.

Daß die Beklagte der Klägerin weiter nicht vorwerfen kann, sie habe ihr Arbeiten zugemutet, die ihrer Vorbildung nicht angemessen gewesen seien, ist ebenfalls schon ausgeführt. Auch darin kann also ein Mitverschulden der Klägerin an dem Arbeitsvertragsbruch der Beklagten nicht gesehen werden.

Die Klägerin war jedoch nach § 254 Abs. 2 BGB verpflichtet, den entstehenden Schaden in angemessenen Grenzen zu halten und zu mindern. Zwar war die Beklagte unter Vertragsbruch vorzeitig aus dem Arbeitsverhältnis ausgeschieden. Damit hatte sie die Klägerin vor die Notwendigkeit gestellt, sich sofort eine Ersatzkraft zu beschaffen. Wenn die Klägerin zu diesem Zweck eine Zeitungsanzeige aufgab, so handelte sie im Rahmen der ihr offenstehenden Möglichkeiten; denn ein Arbeitgeber kann unter den derzeitigen Verhältnissen damit rechnen, daß eine Zeitungsanzeige als ein übliches und Erfolg versprechendes Mittel angesehen wird, um einen leeren Arbeitsplatz zu füllen. Es ist bekannt, daß zur plötzlichen Beschaffung einer Arbeitskraft im allgemeinen unter den derzeitigen Verhältnissen auf dem Arbeitsmarkt eine Anfrage beim Arbeitsamt nicht ausreichend ist. Da hier sofort eine Ersatzkraft für eine dauernde Beschäftigung gestellt werden mußte, konnte die Klägerin auch nicht auf etwa bei ihr vorhandene andere Arbeitskräfte zurückgreifen, wie sie es dann hätte tun können, wenn ihr für ihre Dispositionen eine mehrwöchige Überlegungszeit zur Verfügung gestanden hätte oder wenn es sich nur um eine vorübergehende Vertretung gehandelt hätte. Wenn die Klägerin hiernach grundsätzlich auch befugt war, eine Ersatzkraft durch eine Zeitungsanzeige anzuwerben, so mußte sie andererseits doch

Bedacht darauf nehmen, daß sich die durch die Zeitungsanzeige entstehenden Kosten in angemessenen Grenzen hielten.

Bei der Frage, welche Grenzen angemessen sind, spielt nicht nur die Bedeutung des Unternehmens der Klägerin eine Rolle. Vielmehr ist dabei auch zu berücksichtigen, welche Stelle neu besetzt werden sollte. Die neu zu besetzende Stelle war aber nicht die einer leitenden Kraft, sondern die einer Sekretärin, zunächst sogar einer Stenotypistin. Unter Berücksichtigung dieser Umstände war es nicht angemessen und deshalb nicht notwendig, eine Anzeige von der Größe aufzugeben, wie es hier geschehen ist. Vielmehr hätte die Klägerin den von ihr verfolgten Zweck auch durch eine um etwa die Hälfte kleinere Anzeige erreichen können. Deshalb konnte der Klägerin der gesamte ihr entstandene Schaden in Höhe von 513,— DM nicht zugesprochen werden, sondern dieser Betrag mußte angemessen reduziert werden. Nach Auffassung des Senats kann der von der Klägerin aufgewendete Betrag, der der Höhe nach etwa dem mit der Beklagten vereinbarten Monatsgehalt entspricht, nicht als angemessen angesehen werden. Deshalb war die Beklagte nur verpflichtet, der Klägerin etwa die Hälfte des der Klägerin entstandenen Schadens zu ersetzen.

30

Einem Bauarbeiter, der vom Arbeitsamt Schlechtwettergeld bekommt, darf wegen des schlechten Wetters weder ohne noch mit Frist gekündigt werden.

AVAVG i. d. F. des 2. Änderungsgesetzes vom 7. Dezember 1959 §§ 143 d, f, n; Bundesrahmentarifvertrag für das Baugewerbe i. d. F. vom 20. August 1959 (BRTV) §§ 2, 4, 16.

II. Senat. Urteil vom 6. 7. 1961 i. S. B.- u. M. (Bekl.) w. G. (Kl.) 2 AZR 279/60.

I. Arbeitsgericht Celle. — II. Landesarbeitsgericht Niedersachsen.

Der Kläger ist von der Beklagten ab 16. November 1959 auf ihrer Baustelle in M. als Bauhilfsarbeiter mit einem Stundenlohn von 2,35 DM beschäftigt worden. Ab 5. Dezember 1959 ruhten die Arbeiten auf dieser Baustelle wegen Frostes. Vom gleichen Tage an erhielt der Kläger das Schlechtwettergeld nach dem Gesetz über Maßnahmen zur Förderung der ganzjährigen Beschäftigung in der Bauwirtschaft und weitere Änderungen und Ergänzungen des Gesetzes über Arbeitsvermittlung und Arbeitslosenversicherung (Zweites Änderungsgesetz zum AVAVG) vom 7. Dezember 1959 (BGBl. I S. 705).

Mit Schreiben vom 16. Dezember 1959, dem Kläger zugegangen am 18. Dezember 1959, kündigte die Beklagte dem Kläger gegenüber das Arbeitsverhältnis. Während die Beklagte ursprünglich vorgetragen hatte, die Straßenbaustelle, an welcher der Kläger beschäftigt gewesen war, habe nicht nur aus Witterungsgründen, sondern vor allem auch deswegen nicht fortgesetzt werden können, weil ein im Zuge der Trasse gelegenes Grundstück nicht rechtzeitig geräumt worden sei, ist in der Berufungsinstanz unstreitig geworden, daß Kündigungsgrund allein die ungünstige Witterung ist.

Der Kläger hält eine Kündigung aus Witterungsgründen nach den einschlägigen tariflichen Bestimungen im Baugewerbe für unwirksam und hat daher beantragt, festzustellen, daß die Kündigung der Beklagten vom 18. Dezember 1959 das Arbeitsverhältnis der Parteien am 21. Dezember 1959 nicht beendet hat.

Die Beklagte ist der Meinung, daß sie auch in der Schlechtwetterzeit aus Witterungsgründen das Arbeitsverhältnis des Klägers fristgerecht kündigen könne.

Alle Instanzen haben nach dem Klageantrag erkannt.

Aus den Gründen:

Dem angefochtenen Urteil ist darin zuzustimmen, daß die dem Kläger gegenüber ausgesprochene Kündigung gegen § 2 Ziff. 5 Abs. 2 des Bundesrahmentarifvertrages für das Baugewerbe verstößt, der in seiner hier anzuwenden Fassung vom 20. August 1959 gemäß § 16 dieses Vertrages am 1. Oktober 1959 in Kraft getreten und vom Bundesminister für Arbeit und Sozialordnung am 30. September 1959 (Bundesanzeiger 1959 Nr. 189 S. 2) für allgemeinverbindlich erklärt worden ist.

I. Zwischen den Parteien besteht kein Streit darüber, daß das Arbeitsverhältnis, um dessen wirksame Beendigung es hier geht, von dem räumlichen, fachlichen und persönlichen Geltungsbereich des genannten Tarifvertrages (BRTV) erfaßt wird. Dieser Tarifvertag sieht in § 2 Ziff. 2 vor, daß das Arbeitsverhältnis beiderseitig mit einer Kündigungsfrist von drei Werktagen gelöst werden kann, wobei die Kündigungsfrist am Tage nach Ausspruch der Kündigung beginnt. In § 4 I bestimmt der Tarifvertrag, daß grundsätzlich in Abweichung von § 616 BGB der Lohn nur für die wirklich geleistete Arbeitszeit gezahlt wird. In Ergänzung hierzu bestimmt der gleiche Paragraph unter II: „Wird die Arbeitsleistung infolge ungünstiger Witterung (§ 2 Ziff. 5 Abs. 2) unmöglich, so entfällt der Lohnanspruch".

Die Vorschrift des § 2 Ziff. 5 Abs. 1 und 2, um deren Auslegung und Sinngehalt zwischen den Parteien Streit besteht, ist nun in den Rahmen der genannten Tarifvorschriften eingespannt und nur aus diesem systematischen Zusammenhang heraus zu verstehen. Sie lautet:

„Wird die Fortsetzung der Arbeit infolge ungünstiger Witterung in der Zeit vom 15. Oktober bis 31. März unmöglich, so kann das Arbeitsverhältnis mit Rücksicht darauf, daß Lohn nicht weitergezahlt wird, beiderseitig ohne Einhaltung einer Kündigungsfrist gelöst werden. Das gilt nicht, soweit in die Zeit vom 15. Oktober bis 31. März Schlechtwetterzeiten im Sinne des Gesetzes über Arbeitsvermittlung und Arbeitslosenversicherung (§ 143 n AVAVG) fallen und in diesen die Gewährung des Schlechtwettergeldes nicht durch Ablauf einer vom Verwaltungsrat der Bundesanstalt für Arbeitvermittlung und Arbeitslosenversicherung angeordneten Befristung (§ 143 f AVAVG) ausgeschlossen ist."

Zwischen den Parteien besteht kein Streit darüber, daß die Vorschrift des § 2 Ziff. 5 Abs. 1 BRTV in der genannten Form bereits seit vielen Jahren Bestandteil des BRTV ist, wohingegen Abs. 2 von den Tarifvertragsparteien im Hinblick auf das Zweite Änderungsgesetz zum AVAVG nachträglich in den BRTV eingefügt wurde.

Aus Abs. 1 folgt, daß grundsätzlich bei Eintritt von Schlechtwetter in der Zeit vom 15. Oktober bis 31. März die Parteien die Möglichkeit zur Kündigung ohne Einhaltung einer Kündigungsfrist haben. Es handelt sich dann, wie das angefochtene Urteil mit Recht annimmt, um eine ordentliche Kündigung unter Ausschluß jeder Kündigungsfrist (entfristete Kündigung), die von der außerordentlichen Kündigung zu unterscheiden ist (vgl. Hueck-Nipperdey, Lehrbuch des Arbeitsrechts, 6. Aufl., Bd. I § 57 V S. 513). Während nun gewöhnlich die Entfristung einer Kündigung einen Vorteil für den Arbeitgeber bedeutet, insofern sie ihn davon befreit, während einer Kündigungsfrist Lohn zahlen zu müssen, obgleich er vielleicht keine oder nur noch geringe Beschäftigungsmöglichkeiten hat, bedeutet die in diesem Tarifvertrag normierte Möglichkeit einer entfristeten Kündigung keinen Vorteil für den Arbeitgeber; dies vor allem deshalb, weil er nach § 4 II ohnehin in Zeiten ungünstiger Witterung keinen Lohn zu zahlen braucht. Vielmehr bedeutet in diesem Tarifvertrag die Entfristung der Kündigung lediglich einen Vorteil für den Arbeitnehmer, der bei Eintritt von Schlechtwetter bereits am nächsten Tage nach entfristeter Kündigung arbeitslos im Sinne des AVAVG ist und somit den Anspruch auf das Arbeitslosengeld hat. Eine gleichwohl in Schlechtwetterzeiten vom Arbeitgeber ausgesprochene befristete Kündigung im

Sinne des § 2 Ziff. 2 Abs. 1 BRTV konnte vom Arbeitnehmer unverzüglich mit einer entfristeten Kündigung beantwortet werden, sodaß der Arbeiter selbst in diesem Falle infolge seiner eigenen entfristeten Kündigung die Möglichkeit hatte, sich alsbald in den Genuß des Arbeitslosengeldes zu setzen.

Diese beiderseitige Möglichkeit zur entfristeten Kündigung bei Eintritt von ungünstiger Witterung führte in den vergangenen Jahren bis 1959 oft zu einer plötzlichen Massenarbeitslosigkeit im Baugewerbe. Schon in diesem Sinne ist es gerechtfertigt, wenn das angefochtene Urteil die entfristete Kündigung gemäß § 2 Ziff. 5 Abs. 1 BRTV gleichsetzt mit einer „Schlechtwetterkündigung". Bei Eintritt von ungünstiger Witterung stand der Arbeigeber regelmäßig vor der Wahl, entweder die entfristete Kündigung oder die befristete Kündigung auszusprechen, jedoch im letzten Falle gleichzeitig die Arbeiter mit witterungsunabhängigen Arbeiten beschäftigen und den Lohn für die Dauer der Kündigungsfrist weiterzahlen zu müssen. Wählte er die befristete Kündigung, so mußte er mit entfristeten Kündigungen der Arbeiter rechnen.

Im Jahre 1959 unternahmen es der Gesetzgeber und die Verbände, dem Problem der winterlichen, schlagartigen Massenarbeitslosigkeit im Baugewerbe bei Eintritt von Schlechtwetter zu begegnen, nachdem bereits vorher tarifvertraglich ein Lohnausgleich in Zeiten ungünstiger Witterung vereinbart worden war. Hinsichtlich der Vorgeschichte des jetzigen Rechtszustandes wird verwiesen auf Hubbert in Soziale Sicherheit 1959, 228 ff.; Blumensaat-Geerling-Leber: Der Lohnausgleich im Baugewerbe, 1959, S. 13 bis 16; Leser, Betrieb 1960, 293; Kranz-Hubbert: Schlechtwettergeld und Förderung der Bautätigkeit im Winter, 2. Aufl., 1961, S. 76 ff.; Cziczor, RdA 1960, 361 ff.; Schlösser: Förderung der ganzjährigen Beschäftigung in der Bauwirtschaft, NJW 1960, 181; Kranz, BABl. 1960, 276; ders., Arbeitsamt 1959, 145. Es kam zu dem im Tatbestand näher bezeichneten Zweiten Änderungsgesetz zum AVAVG vom 7. Dezember 1959. Durch diese Novelle wurde u. a. die Gewährung des Schlechtwettergeldes aus Mitteln der Arbeitslosenversicherung eingeführt. Das Schlechtwettergeld ist als Anreiz zur Erhaltung der Arbeitsverhältnisse im Winter gedacht. Das kommt zum einen darin zum Ausdruck, daß es gemäß § 143 f Abs. 2 AVAVG nur gezahlt wird, wenn das Arbeitsverhältnis „ungekündigt fortbesteht". Das Ziel der Gewährung von Schlechtwettergeld kann eben nicht erreicht werden, wenn das Arbeitsverhältnis aus irgendwelchen Gründen gekündigt wird.

In § 143 d Abs. 1 Ziffer 1 AVAVG macht darüber hinaus der Gesetzgeber die Gewährung von Schlechtwettergeld auch davon abhängig, daß in der Schlechtwetterzeit aus Witterungsgründen ohne Einhaltung einer Kündigungsfrist nicht gekündigt werden kann.

Um dieser Bestimmung gerecht zu werden, fügten die Tarifparteien jenen zweiten Absatz in § 2 Ziff. 5 BRTV ein.

Der Revision ist zuzugeben, daß nach dem bloßen Wortlaut dieser neu eingefügten Bestimmung nur die im davorstehenden Absatz 1 genannte Möglichkeit einer entfristeten Kündigung ausgeschlossen werden sollte, nicht aber auch die befristete Kündigung, und zwar selbst dann nicht, wenn sie aus Witterungsgründen ausgesprochen wird. Dem angefochtenen Urteil ist jedoch darin beizutreten, daß eine derartige Betrachtung der genannten Tarifvorschrift am Wortlaut haften bleibt und nicht genügend den bereits näher dargelegten Schutzcharakter der Möglichkeit einer entfristeten Kündigung berücksichtigt. Denn schon vor Inkrafttreten der Änderung des BRTV verwandelte sich in der Praxis in Schlechtwetterzeiten selbst eine befristete Kündigung, die der Arbeitgeber ausgesprochen hatte, unter dem Druck des Interesses des Arbeiters, nicht mittellos dazustehen, gewissermaßen automatisch in eine entfristete Kündigung. Schon deshalb erscheint es gerechtfertigt, wenn das Landesarbeitsgericht den tarifvertraglichen Ausschluß der entfristeten Kündigung dahin versteht, daß damit die Schlechtwetterkündigung schlechthin ausgeschaltet werden sollte.

Entgegen der Auffassung der Revision kommt aber dieser Wille der Tarifvertragsparteien sogar im Wortlaut des § 2 Ziff. 5 Abs. 1 zum Ausdruck. Wenn nämlich dort bestimmt wird, daß das Arbeitsverhältnis eben nur „mit Rücksicht darauf, daß Lohn nicht weitergezahlt wird", ohne Einhaltung einer Kündigungsfrist gelöst werden kann, wenn also mit anderen Worten die entfristete Kündigung dazu dienen sollte, das Arbeitslosengeld alsbald an die Stelle des Lohnes treten zu lassen, so haben die Tarifvertragsparteien damit erkennbar gesagt, daß die Möglichkeit einer entfristeten Kündigung nur zu dem Zweck gewährt worden ist, die Existenz des Bauarbeiters in Zeiten ungünstiger Witterung zu sichern. Danach ergibt sich aus der Systematik und Funktion des BRTV, daß § 2 Ziff. 5 Abs. 1 eine Existenzsicherungsklausel zu Gunsten des Arbeiters ist. Für diesen Weg der Existenzsicherung besteht aber dann — und nur dann — kein Bedürfnis, wenn die Existenz des Bauarbeiters durch die Gewährung des Schlechtwettergeldes aus Mitteln der Arbeitslosenversicherung gesichert ist. Wenn die Tarifvertragsparteien durch Einfügung des neuen Absatzes 2 in § 2 Ziff. 5 BRTV die Möglichkeit zur entfristeten Kündigung ausgeschlossen haben, so kommt darin der Wille zum Ausdruck, an dem vor Inkrafttreten der Änderung bestehenden Zustand der Existenzsicherung des Arbeiters nichts zu ändern. Mit diesem Willen zur Sicherung des Arbeiters in Zeiten ungünstiger Witterung wäre es aber nicht vereinbar, wenn der Arbeitgeber gerade diese ungünstige Witterung zum Anlaß einer ordentlichen befristeten Kündigung nehmen könnte, welche zur Folge hat, daß das Schlechtwettergeld eingestellt, das Arbeitslosengeld aber noch nicht auszahlbar gemacht wird. Unter diesen Umständen gebietet es der im Tarifvertrag zum Ausdruck gelangte Wille der Tarifvertragsparteien, eine nur auf ungünstige Witterung gestützte ordentliche befristete Kündigung nicht zuzulassen.

Dabei verkennt der Senat folgendes nicht: In § 143 d Abs. 1 Ziff. 1 AVAVG wird zwar die Gewährung des Schlechtwettergeldes nur davon abhängig gemacht, daß in der Schlechtwetterzeit aus Witterungsgründen ohne Einhaltung einer Kündigungsfrist nicht gekündigt werden kann. Mit dieser Bestimmung läßt der Gesetzgeber erkennen, daß er die Möglichkeit zur entfristeten Kündigung bei Eintritt ungünstiger Witterung mißbilligt. Die entfristete Kündigung bei Eintritt von Schlechtwetter war es, die den Arbeitsmarkt und die Arbeitsämter besonders stark belastete. Selbst in Zeiten allgemeinen Mangels an Arbeitskräften gelang es nämlich so gut wie nie, die von einem auf den anderen Tag freigesetzten Arbeitskräfte in eine witterungsunabhängige andere Arbeit zu vermitteln, während das im Verlaufe einer mehrtägigen Kündigungsfrist unter Umständen gelingt. Bei Einhaltung auch einer nur dreitägigen Kündigungsfrist kommt in Verbindung mit der dreitägigen Wartefrist des § 92 AVAVG in solchen Fällen das Arbeitslosengeld meist noch nicht zum Zuge. Es wird nicht verkannt, daß die Tarifvertragsparteien, wenn sie durch Neufassung des BRTV den vom Gesetzgeber gestellten Anforderungen hinsichtlich der Voraussetzungen der Gewährung von Schlechtwettergeld gerecht werden wollten, damit auch zugleich den Willen hatten, die Überlegungen des Gesetzgebers zur Ordnung des winterlichen Arbeitsmarktes in die Tat umzusetzen. Jedoch vermögen diese Überlegungen nicht auszuschließen, daß die Tarifvertragsparteien, indem sie generell den Anforderungen des § 143 d Abs. 1 Ziff. 1 AVAVG entsprachen, nicht zugleich auch noch den Lohnschutzcharakter der entfristeten Kündigung in ihrer Funktion als Schlechtwetterkündigung schlechthin aufrecht erhalten und bewahren wollten. Die von den Tarifvertragsparteien getroffene Regelung geht insoweit über die vom Gesetz gestellten Anforderungen hinaus. Es ist nicht ungewöhnlich, daß Tarifvertragsparteien Bestimmungen normieren, die nicht nur gerade den gesetzlichen Mindestanforderungen entsprechen, sondern einen darüber hinausgehenden Schutz der Arbeitnehmerseite gewähren.

II. Verstieß danach die dem Kläger gegenüber ausgesprochene Kündigung bereits gegen die richtig ausgelegte Vorschrift des § 2 Ziff. 5 Abs. 2 BRTV, so braucht nicht mehr erörtert zu werden, ob sie nicht außerdem mit der Fürsorgepflicht des Arbeitgebers unvereinbar war, d. h. ob nicht die Fürsorgepflicht der Beklagten eine Kündigung verbot, die den Kläger schädigte, ohne ihr selbst etwas zu nützen.

Auch kommt es nicht darauf an, daß die Beklagte die dreitägige Kündigungsfrist des § 2 Ziff. 2 Abs. 1 BRTV nicht eingehalten hat, insofern nämlich nach dieser Bestimmung die Kündigungsfrist nur an Werktagen läuft, somit der 20. Dezember 1959 (Sonntag) nicht mitzählte, so daß die Kündigung nicht schon am 21. Dezember, sondern erst am 22. Dezember 1959 wirksam geworden wäre.

31

Wenn in einem Tarifvertrag bestimmt ist, daß bestimmte Bezüge „bis auf weiteres vorschußweise" gezahlt werden, so bedeutet das, daß der Arbeitgeber zwar verpflichtet ist, diese Bezüge zu zahlen, daß er sie aber nur als Vorschuß zu gewähren braucht. Eine solche Tarifklausel hat nicht zur Folge, daß auf Grund des Tarifvertrages geleistete Zahlungen ohne weiteres als Vorschuß zu beurteilen wären, also auch dann, wenn der Arbeitgeber bei der Auszahlung nichts dergleichen erklärt hat.

TVG § 1; BGB §§ 393, 614 Gehaltsvorschuß, 812, 814, 820.

III. Senat. Urteil vom 11. 7. 1961 i. S. St. (Kl.) w. St. K. (Bekl.) 3 AZR 216/60.

I. Arbeitsgericht Köln. — II. Landesarbeitsgericht Düsseldorf (Köln).

Der Kläger war von 1918 bis 1945 als Schlosser bei der verklagten Stadt beschäftigt. Vom 1. Mai 1946 an erhält er Rente aus der gesetzlichen Rentenversicherung sowie ein Ruhegeld von der Beklagten, das sich nach der tariflich festgelegten Ruhegeldordnung der Beklagten richtet. Diese Ruhegeldordnung, die seit dem 1. Januar 1955 in der Fassung des Tarifvertrages vom 17. Dezember 1954 mit einer Änderung vom 8. Februar 1956 galt, wurde auf den Kläger in ihrer jeweiligen Fassung angewendet. Der Kläger hat hiergegen bis zum Jahr 1957 Einwendungen nicht erhoben. Seit dem 1. Januar 1956 erhielt der Kläger von der Beklagten ein Ruhegeld in Höhe von 109,46 DM neben einer Sozialversicherungsrente von 153,70 DM.

Mit Rücksicht auf die damals bevorstehende Rentenreform schlossen die Tarifvertragsparteien am 5. Dezember 1956 einen neuen Tarifvertrag, dessen § 1 wie folgt lautet:

„(1) Mit Rücksicht darauf, daß auf Grund der bevorstehenden Rentenreform mit einer Erhöhung der Renten aus der Sozialversicherung zu rechnen ist, wird vereinbart, daß die Tarifvertragsparteien nach Verabschiedung der Rentenreform unverzüglich in Verhandlungen über eine Neufassung der von der Gewerkschaft angekündigten Ruhegeldordnung eintreten.

(2) Zur Vermeidung von Verwaltungsarbeit, die sich aus Umrechnungen der Bezüge nach der Ruhegeldordnung ab 1. 1. 57 ergeben würde, werden von diesem Zeitpunkt ab die für den Monat Dezember 1956 gezahlten Bezüge bis auf weiteres vorschußweise gezahlt."

Bis zum April 1957 zahlte die Beklagte an den Kläger das Ruhegeld in der bisherigen Höhe von 109,46 DM weiter. Am 18. März 1957 richtete sie an ihre Ruhegeldempfänger, darunter auch an den Kläger, folgendes Rundschreiben:

„Die Tarifvertragsparteien verhandeln z. Zt. über eine Neufassung der Ruhegeldordnung. Da das Ergebnis dieser Verhandlungen noch nicht zu übersehen ist, werden die Versorgungsbezüge nach der Ruhegeldordnung ab 1. 1. 1957 vorschußweise und vorbehaltlich einer späteren endgültigen Neuberechnung gezahlt. Diese vorschußweise Zahlung wird bis einschließlich April 1957 in der bisherigen Höhe erfolgen. Da Sie im April eine erhebliche Nachzahlung Ihrer erhöhten Rente aus der Sozialversicherung erhalten, werden Ihnen für den Monat Mai 1957 zur Vermeidung einer späteren Rückzahlung keine Versorgungsbezüge gezahlt. Vom Monat Juni 1957 an erhalten Sie voraussichtlich bis zur endgültigen Neufestsetzung Ihrer Versorgungsbezüge nach der Ruhegeldordnung monatlich einen Vorschuß in Höhe der Hälfte des bisher gezahlten Betrages.

Mit dieser Mitteilung weise ich Sie vorsorglich hierauf hin und empfehle Ihnen, bei der Verwendung der Rentennachzahlung und der höheren Renten aus der Sozialversicherung zu berücksichtigen, daß Sie eine Zeitlang laufend geringere Versorgungsbezüge nach der Ruhegeldordnung erhalten werden, so daß Sie in dieser Zeit Ihren Lebensunterhalt unter Umstanden teilweise aus der Rentennachzahlung bestreiten müssen."

Entsprechend ist die Beklagte auch verfahren. Das heißt, sie hat im Mai 1957 dem Kläger kein Ruhegeld gezahlt und von Juni 1957 bis Mai 1959 die Hälfte des bisherigen Betrages, nämlich monatlich 54,73 DM. Die Sozialversicherungsrente des Klägers erhöhte sich infolge der Rentenreform mit Wirkung vom 1. Januar 1957 monatlich auf 322,90 DM. Der Kläger erhielt eine entsprechende Nachzahlung im Mai 1957. Nach dieser Erhöhung der gesetzlichen Sozialversicherungsrente hätte der Kläger nach der alten Ruhegeldordnung der Beklagten in der Fassung vom 17. Dezember 1954 / 8. Februar 1956, die eine Anrechnung der Sozialversicherungsrenten in bestimmten Grenzen vorsah, einen Anspruch auf Ruhegeld überhaupt nicht mehr gehabt. Diese Ruhegeldordnung wurde indessen durch einen neuen Tarifvertrag vom 11. Juni 1957 mit Wirkung vom 1. Januar 1957 abgelöst; durch diesen neuen Tarifvertrag wurden die Anspruchs- und Berechnungsgrundlagen für das Ruhegeld geändert.

Für den Kläger ergab sich auf Grund des Tarifvertrages von 1957 für die Monate Januar bis März 1957 ein Ruhegeld von monatlich 32,90 DM und mit Wirkung vom 1. April 1957 von 35,90 DM. Diese Änderung teilte die Beklagte dem Kläger durch ein Schreiben vom 30. November 1957 mit. Gleichzeitig schrieb sie, daß der Kläger in der Zeit vom 1. Januar bis zum 31. Dezember 1957 insgesamt 399,15 DM zuviel an Ruhegeld bezogen habe. Diesen Betrag werde sie aus Billigkeitsgründen zunächst nicht zurückfordern.

In der Folgezeit änderte sich das dem Kläger zustehende Ruhegehalt noch weiter. So benachrichtigte die Beklagte den Kläger am 30. April 1959, daß ihm mit Wirkung vom 1. April 1958 ein Ruhegeld von monatlich 58,90 DM und mit Wirkung vom 1. Januar 1959 von monatlich 39,20 DM zustehe. Infolgedessen habe der Kläger für die Zeit vom 1. April 1958 bis zum 31. Mai 1959 den Betrag von 223,50 DM zu wenig erhalten. Diese 223,50 DM hat die Beklagte mit der Überzahlung von 399,15 DM verrechnet; daraus ergab sich ein zuviel bezahlter Betrag von 175,65 DM. Diesen letzten Betrag hat die Beklagte in monatlichen Raten von 14,— DM von dem Ruhegeld des Klägers einbehalten.

Der Kläger meint, die Beklagte habe das an ihn zu zahlende Ruhegeld nicht um den Betrag von 399,15 DM kürzen dürfen. Da die Beklagte von dem Gesamtbetrag von 399,15 DM zur Zeit der letzten mündlichen Verhandlung in der Berufungsinstanz bereits 363,50 DM einbehalten hatte, hat der Kläger vor dem Landesarbeitsgericht beantragt,

1. die Beklagte zu verurteilen, an den Kläger den Betrag von 363,50 DM zu zahlen,

2. festzustellen, daß die Beklagte nicht berechtigt ist, von dem Kläger weitere 35,65 DM zu verlangen.

Die Beklagte hat beantragt,

die Klage abzuweisen.

Zur Begründung hat die Beklagte vortragen lassen, sie habe die Ruhegeldbezüge für die Zeit seit dem 1. Januar 1957 nur vorschußweise gezahlt und sei daher berechtigt gewesen, die zuviel gezahlten Beträge später einzubehalten.

Arbeitsgericht und Landesarbeitsgericht haben die Klage abgewiesen. Die Revision des Klägers hatte teilweise Erfolg.

Aus den Gründen:

Das Landesarbeitsgericht geht zu Recht davon aus, daß der Kläger sich der jeweiligen tariflichen Ruhegeldregelung unterworfen habe und daß ihm deshalb dieselbe Rechte auf Ruhegeld wie den tarifgebundenen Pensionären zustehen.

Hieraus folgt aber noch nicht, wie das Landesarbeitsgericht meint, daß die Beklagte die seit dem 1. Januar überzahlten Beträge ohne weiteres hätte verrechnen dürfen, weil sie diese Zahlungen gemäß § 1 des Tarifvertrages vom 5. Dezember 1956 nur als Vorschüsse geleistet hätte. Eine so weitgehende Folgerung läßt sich aus dem Tarifvertrag nicht herleiten. Ein Vorschuß setzt voraus, daß sich beide Teile bei der Auszahlung darüber einig sind, daß es sich um einen Vorschuß handelt, der bei Fälligkeit der Forderung verrechnet wird (vgl. BAG 9, 137 [140] und BAG AP Nr. 2 zu § 138 BGB; Hueck-Nipperdey, Lehrbuch Band I, § 40 III 6 b, S. 259; Nikisch, Band I, § 29 VII 3, S. 311). Dieses Merkmal der wechselseitigen Einigkeit kann der Tarifvertrag nicht in vollem Umfang ersetzen. In dem Tarifvertrag heißt es: „Zur Vermeidung von Verwaltungsarbeit ... werden ... die für den Monat Dezember 1956 gezahlten Bezüge bis auf weiteres vorschußweise gezahlt". Diese Tarifklausel bedeutet, daß der Arbeitgeber zwar verpflichtet ist, die Beträge weiter zu zahlen, daß er sie aber nur als Vorschuß zu gewähren braucht. Entsprechend bedeutet die Tarifbestimmung für den Pensionär, daß er Zahlung zwar verlangen kann, jedoch nur als Vorschuß. Mehr besagt die Tarifklausel nicht. Sie hat insbesondere nicht, wie die Beklagte meint, zur Folge, daß nach dem 1. Januar 1957 geleistete Zahlungen lediglich auf Grund des Tarifvertrages ohne weiteres als Vorschuß zu beurteilen wären, also auch dann, wenn der Arbeitgeber bei der Auszahlung nichts dergleichen erklärt hat. Eine Vorschußzahlung ist etwas anderes, und zwar weniger, als eine ohne Einschränkung geleistete Zahlung. Ähnlich wie eine unter Vorbehalt bewirkte Leistung ist sie nur eine vorläufige. Wer eine Zahlung als Vorschuß erhält, muß damit rechnen, daß sie ihm nicht endgültig zusteht. Infolgedessen setzt ein Vorschuß voraus, daß der Empfänger weiß, daß er nur Vorschuß erhält, damit er entsprechend vorsichtig wirtschaften kann. Diese Kenntnis des Empfängers wird durch die Tarifnorm nicht ersetzt. Der Tarifvertrag kann Rechte und Pflichten begründen; er kann sich darauf beschränken, einen Anspruch auf Vorschuß anstatt einen uneingeschränkten Zahlungsanspruch zu geben. Der Tarifvertrag vermag aber nicht, den Rechtscharakter einer ohne Einschränkung bewirkten Leistung zu verändern und sie in einen Vorschuß zu verwandeln. Die Tarifklausel bedarf vielmehr der Durchführung durch den Arbeitgeber. Erst dadurch, daß der Arbeitgeber die Zahlung als Vorschuß geleistet hat, d. h. daß er den Empfänger darauf hinweist, daß dieser die Zahlung lediglich als Vorschuß erhält, kann die Zahlung rechtlich zum Vorschuß werden. Wollte man die Rechtslage anders beurteilen, so würde man sich in einen nicht gerechtfertigten Widerspruch zum Bereicherungsrecht setzen. Man würde nämlich im Ergebnis auf Grund der bloßen Vorschußklausel eines Tarifvertrages demjenigen Pensionär, der ohne entsprechenden Hinweis des Arbeitgebers und in Unkenntnis der tariflichen Regelung seine Bezüge entgegennimmt, die Einrede des Wegfalls der Bereicherung (§ 818 Abs. 3 BGB) nehmen, obgleich die bloße Existenz der Tarifklausel ihn nicht bösgläubig im Sinne von § 819 BGB macht; denn kennen müssen genügt nach § 819 BGB nicht. Somit ergibt sich, daß die Beklagte nicht schon auf Grund des Tarifvertrages ohne weiteres berechtigt ist, die überzahlten Beträge als Vorschüsse zu verrechnen.

Zu demselben Egebnis kommt man, wenn man von der Unterwerfungserklärung ausgeht. Wenn der Kläger sich der jeweiligen tariflichen Versorgungsregelung unterworfen hat, so bedeutet dies, daß ihm ein Versorgungsanspruch nur in der Höhe und nur unter den Voraussetzungen zusteht, wie sie sich aus der jeweiligen Versorgungsregelung ergeben. Enthält die Versorgungsregelung eine Vorschußklausel, so muß der Kläger sich mit einem Anspruch auf Vorschußzahlung zufrieden geben. Die im voraus — ausdrücklich oder schlüssig — erklärte Unterwerfung unter spätere tarifliche Regelungen kann aber niemals die Kenntnis des Klägers ersetzen, die unerläßliche Voraussetzung des eigentlichen Vorschußtatbestandes ist.

Die Beklagte kann weiter diejenigen Beträge, die der Kläger vor dem Empfang des Rundschreibens erhalten hat, auch nicht nach den

Vorschriften über die ungerechtfertigte Bereicherung zurückfordern. Zwar steht der Beklagten ein Rückforderungsanspruch nach § 812 Abs. 1 Satz 1 BGB in Höhe der nach der Ruhegeldregelung 1957 überzahlten Beträge grundsätzlich zu, weil sich nach der alten Ruhegeldregelung von 1954/1956 wegen der Anrechnungsvorschriften nach Erhöhung der Sozialversicherungsrenten ein Ruhegeldanspruch für den Kläger überhaupt nicht mehr ergab. Dieser Rückforderungsanspuch ist auch nicht nach § 814 BGB deshalb ausgeschlossen, weil die Beklagte gewußt hätte, daß sie nicht verpflichtet war, die Beträge in der bisherigen Höhe zu bewirken. Wenn sich auch aus dem Tarifvertrag vom 5. Dezember 1956 ergibt, daß die Beklagte mit einem Wegfall oder doch mit einer Minderung ihrer Versorgungsverpflichtungen gerechnet hat, so muß man doch zugunsten der Beklagten berücksichtigen, daß bei Inkrafttreten der Rentenreform deren Auswirkungen zunächst noch nicht zu übersehen waren, so daß die Beklagte zwar wohl Zweifel hinsichtlich ihrer Leistungsverpflichtungen haben mußte, hingegen noch nichts Genaues wußte. Bloße Zweifel genügen aber nicht für § 814 BGB. Vielmehr schließt nur positive Kenntnis der Rechtslage das Rückforderungsrecht aus (vgl. für viele: Staudinger-Seufert, 11. Aufl., Bem. 2a zu § 814 BGB).

Gegenüber dem Bereicherungsanspruch der Beklagten nach § 812 Abs. 1 Satz 1 BGB hat sich aber der Kläger mit Erfolg auf den Wegfall der Bereicherung berufen (§ 818 Abs. 3 BGB). Daß der Kläger in der Tat nicht mehr bereichert ist, wird von der Beklagten nicht bestritten. Der Kläger war auch nicht bösgläubig (§ 819 BGB). Die Beklagte meint zwar, daß der Kläger nicht gutgläubig habe sein können, weil er ja gewußt habe, daß seine Sozialversicherungsrente nach den jeweiligen Ruhegeldordnungen auf sein Ruhegeld angerechnet werde und weil er sich demnach selbst habe sagen müssen, daß bei einer spürbaren Erhöhung dieser Rente das Ruhegeld nicht mehr in alter Höhe würde geleistet werden können. Dies reicht jedoch nicht aus, um beim Kläger Bösgläubigkeit anzunehmen. Man muß die Unübersichtlichhkeit der Situation im Januar 1957 auch zugunsten des Klägers berücksichtigen. Die erhöhte Sozialversicherungsrente wurde dem Kläger, wie im angefochtenen Urteil festgestellt ist, erst im Mai 1957 rückwirkend erstmalig ausgezahlt. Bis dahin waren die Auswirkungen der Rentenreform im einzelnen noch unbekannt. Bloße Zweifel am Bestehen des rechtlichen Grundes genügen aber bei § 819 BGB ebensowenig wie bei § 814 BGB (Staudinger-Seufert, Bem. 3 zu § 819 BGB).

Schließlich steht der Berufung des Klägers auf den Wegfall der Bereicherung, soweit die vor dem Rundschreiben vom 18. März 1957 empfangenen Zahlungen in Betracht kommen, entgegen der Meinung der Beklagten, auch nicht § 820 Abs. 1 BGB im Wege. Gemäß § 820 Abs. 1 Satz 1 BGB tritt die verschärfte Haftung des Bereicherten nach § 818 Abs. 4 BGB dann ein, wenn mit der Leistung ein Erfolg bezweckt war, dessen Eintritt nach dem Inhalt des Rechtsgeschäftes als ungewiß angesehen wurde und wenn dieser Erfolg nicht eintritt. Diese Bestimmung paßt hier nicht. Sie bezieht sich nicht auf den vorliegenden Tatbestand des weggefallenen Rechtsgrundes, sondern auf den davon zu unterscheidenden Tatbestand des § 812 Abs. 1 Satz 2, zweite Alternative BGB, daß ein einverständlich zwischen den Parteien gesetzter Leistungszweck von ungewissen Umständen abhängt und später entfällt (vgl. hierzu bes. deutlich Esser, Schuldrecht, 2. Aufl., § 200 zu 2, S. 824 und § 192, S. 792 ff.; Enneccerus-Lehmann, 14. Aufl., § 227 zu V 3 S. 887). Vom Wegfall eines vereinbarten Leistungszwecks ist hier nicht die Rede, so daß § 820 Abs. 1 Satz 1 BGB nicht angewendet werden kann. § 820 Abs. 1 Satz 2 BGB betrifft in erster Linie die Zahlung unter Vorbehalt. Einen Vorbehalt hat aber die Beklagte, was sie offenbar übersieht, erst in ihrem Rundschreiben vom 18. März 1957 erklärt.

Aus alledem ergibt sich, daß der Kläger nicht verpflichtet ist, die vor Empfang des Rundschreibens vom 18. März 1957 erhaltenen Beträge zurückzuzahlen. Dieses Ergebnis ist auch nicht unbillig. Die Beklagte war eher als der Kläger in der Lage, die Auswirkungen der Rentenreform abzuschätzen. Sie kannte auch den Tarifvertrag vom 5. Dezember 1956. Sie hätte also das Rundschreiben, mit dem sie ihren Vorbehalt erklärte, bereits im Dezember 1956 an die betroffenen Pensionäre versenden können. Wenn sie das nicht getan hat, so muß sie die Konsequenzen tragen.

Insoweit wie es sich um die vor dem Rundschreiben vom 18. März 1957 ausgezahlten Beträge handelt, mußte folglich die Revision zum Erfolg führen. Da das Landesarbeitsgericht von seinem Standpunkt aus keinen Anlaß hatte, festzustellen, wann die Beklagte das Ruhegeld jeweils ausgezahlt hat, mußte der Rechtsstreit an die Vorinstanz zurückverwiesen werden.

Soweit zeitlich nach dem Rundschreiben ausgezahlte Beträge im Streit sind, hat das Berufungsgericht mit Recht angenommen, daß es sich um Vorschußzahlungen handele, die von der Beklagten grundsätzlich mit späteren Zahlungen verrechnet werden durften. Das Berufungsgericht wird aber, falls diese Frage in Anbetracht der dann noch strittigen Beträge praktisch erheblich sein sollte, prüfen müssen, ob sich nicht aus dem Rundschreiben vom 18. März in Verbindung mit dem Schreiben der Beklagten vom 30. November 1957 bei einer Berücksichtigung aller Umstände ergibt, daß sich die Beklagte zwar eine Verrechnung mit später allenfalls fälligen Nachzahlungen vorbehalten hat, daß aber eine Verrechnung mit laufenden Zahlungen ausgeschlossen sein sollte.

32

1. Tarifnormen enthalten objektives Recht und sind Gesetze im materiellen Sinne.

2. Die Tarifpartner sind bei der Setzung tariflicher Normen an die Grundrechtsnormen des GG, insbesondere an Art. 3 GG, gebunden.

3. Tarifnormen, nach denen einem über das 65. Lebensjahr hinaus weiterbeschäftigten Arbeiter im öffentlichen Dienst die halben Bezüge aus der Sozialversicherung auf den Tariflohn angerechnet werden dürfen, auch wenn er voll leistungsfähig ist und am alten Arbeitsplatz weiterbeschäftigt wird, verstoßen gegen Art. 3 Abs. 1 GG und sind nichtig.

4. Art. 24 Abs. 2 der Verfassung des Landes Nordrhein-Westfalen bindet jedenfalls die Tarifpartner, wenn sie nach dem Inkrafttreten dieser Verfassung neue tarifliche Normen setzen.

5. Bei der Bewertung der Leistung im Sinne des Art. 24 Abs. 2 der Verfassung des Landes Nordrhein-Westfalen steht den Tarifpartnern ein angemessener Ermessensspielraum offen. Sie können insbesondere Altersstufen für die Bemessung der Tariflöhne regeln, auch wenn dies zur Folge hat, daß jüngere Arbeitnehmer einen geringeren Lohn als ältere Arbeitnehmer erhalten.

GG Art. 3; TV für die Arbeiter der Deutschen Bundespost vom 6. Januar 1955 § 25 (6); Verfassung des Landes Nordrhein-Westfalen Art. 24 Abs. 2.

I. Senat. Urteil vom 14. 7. 1961 i. S. K. (Kl.) w. D. B. (Bekl.)

1 AZR 154/60.

I. Arbeitsgericht Düsseldorf. — II. Landesarbeitsgericht Düsseldorf.

Der Kläger war seit dem 11. Oktober 1949 als Postfacharbeiter bei der Beklagten tätig. Am 1. Dezember 1957 wurde er 65 Jahre alt. Die Parteien sind sich darüber einig, daß damit das Arbeitsverhältnis des Klägers zum 30. November 1957 nach § 25 Abs. 1 des Tarifvertrages für die Arbeiter der Deutschen Bundespost (TVArb) vom 6. Januar 1955, der seit dem 1. März 1955 gültig ist, endete. An diesen Tarifvertrag sind beide Parteien gebunden.

Am 13. Dezember 1957 schlossen die Parteien einen neuen Arbeitsvertrag, durch den der Kläger, der über den 30. November 1957 hinaus weiterbeschäftigt worden war, ab 1. Januar 1958 „bis zur Anweisung der Invalidenrente" eingestellt wurde. Die Bestimmung des TVArb galten nach diesem neuen Arbeitsvertrag in ihrer jeweiligen Fassung als unmittelbar zwischen den Vertragsparteien vereinbart.

In § 25 (Abs. 6) TVArb ist bestimmt:

„Wird ein über 65 Jahre alter ständiger Arbeiter ausnahmsweise über den Zeitpunkt hinaus beschäftigt, von dem an Bezüge aus der gesetzlichen Sozialversicherung gewährt werden, so ist ein besonderer Arbeitsvertrag zu schließen, der eine Kürzung der tariflichen Bezüge in Höhe der Hälfte der Bezüge aus der gesetzlichen Sozialversicherung vorsieht".

Zur Zeit des Abschlusses des befristeten Arbeitsvertrages war die Rente des Klägers noch nicht festgesetzt. Der Kläger erklärte sich in diesem Arbeitsvertrag damit einverstanden, daß sein Monatslohn ab 1. Januar 1958 um 50,— DM gekürzt werde; die Parteien nahmen an, daß diese 50,— DM etwa der halben Sozialversicherungsrente des Klägers entsprechen würden.

Mit Ablauf des 30. April 1958 schied der Kläger endgültig aus dem Postdienst aus. Bei den letzten Lohnzahlungen behielt die Beklagte ihm je 102,40 DM als Hälfte der ihm gewährten Sozialrente für die fünf Monate Dezember 1957 bis April 1958 ein, zusammen also 512,— DM.

Mit der Klage hat der Kläger die Nachzahlung dieses Betrages von der Beklagten begehrt, jedoch obsiegendes Urteil des Arbeitsgerichts nur in Höhe von 102,40 DM wegen des für Dezember 1957 einbehaltenen Betrages erlangt. Dieses Urteil des Arbeitsgerichts hat die Beklagte nicht angefochten, während der Kläger dieses Urteil insoweit angefochten hat, als seine Klage abgewiesen ist.

Der Kläger ist der Ansicht, die ihm gegenüber vorgenommene Lohnkürzung sei unzulässig.

Der Kläger hat in der Berufungsinstanz sonach beantragt, die Beklagte zur Zahlung weiterer 409,60 DM zuzüglich 4 % Zinsen seit dem 12. August 1959 zu verurteilen.

Die Beklagte hält die vorgenommene Kürzung im Hinblick auf § 25 Abs. 6 TVArb für gerechtfertigt.

Die Berufung des Klägers hat das Landesarbeitsgericht zurückgewiesen.

Die Revision des Klägers hatte Erfolg.

Aus den Gründen:

Die Ansicht der Beklagten, daß sie gemäß § 25 Abs. 6 TVArb von dem Tariflohn des Klägers auf Grund des am 13. Dezember 1957 geschlossenen Arbeitsvertrages für jeden Monat die Hälfte der Bezüge, die dem Kläger von der gesetzlichen Sozialversicherung gewährt werden, abziehen könne, ist nicht gerechtfertigt.

I. § 25 Abs. 6 TVArb findet offenbar sein gedankliches Vorbild in der Regelung der ADO zu § 18 ATO. Mit dieser hat sich der Senat bereits in seinem Urteil vom 28. Februar 1958 — 1 AZR 366/56— BAG 5, 240 — beschäftigt. In dieser Entscheidung ist ausgeführt, daß die ADO zu § 18 ATO durch die gesetzliche Ermächtigung, auf Grund deren die ADO erlassen ist, nicht gedeckt und deshalb von vornherein unwirksam war.

Gegen die formelle Ermächtigungsgrundlage des § 25 Abs. 6 TVArb bestehen allerdings keine Bedenken. Diese tarifliche Norm ist auf Grund der den Tarifpartnern durch das TVG gegebenen Ermächtigung, tarifliche Regelungen mit bindender Wirkung für die Tarifunterworfenen zu erlassen, formell gedeckt. Der hier zur Entscheidung stehende Sachverhalt unterscheidet sich insoweit von dem in BAG 5, 240. Auch die Entscheidung des Vierten Senats vom 24. Mai 1961 — 4 AZR 102/60 — AP Nr. 18 zu § 620 BGB Befristeter Arbeitsvertrag — ist hier nicht einschlägig, da sie sich mit einem anderen Tarifvertrag befaßt.

II. Die Regelung des § 25 Abs. 6 TVArb trifft auch ihrem Inhalt nach den vorliegenden Fall. Die Vorschrift stellt es darauf ab, ob ein über 65 Jahre alter ständiger Arbeiter ausnahmsweise über den Zeitpunkt hinaus beschäftigt wird, „von dem an Bezüge aus der gesetzlichen Sozialversicherung gewährt werden". Dieser Zeitpunkt ist nicht etwa der Zeitpunkt, von dem an die Bezüge aus der gesetzlichen Sozialversicherung nach der Festsetzung der Rente tatsächlich zur Auszahlung gelangen. Von § 25 Abs. 6 soll vielmehr auch der Fall erfaßt werden, daß die Rente erst später, jedoch rückwirkend bis zum Tage des Abschlusses des Arbeitsvertrages nach § 25 Abs. 6, gewährt wird. Dies hat der Senat in der Entscheidung vom 28. Februar 1958 (BAG 5, 240 ff.) bereits ausgeführt. Um Wiederholungen zu vermeiden, wird insoweit auf die Entscheidungsgründe des vorgenannten Urteils Bezug genommen.

III. Auch gegen den Grundsatz der Unabdingbarkeit der Tarifnormen, den das TVG in § 4 aufstellt, verstoßen der befristete Arbeitsvertrag vom 13. Dezember 1957 und die in diesem enthaltene Anrechnungsvereinbarung nicht. Denn dieser Grundsatz besagt nur, daß durch

Einzelvertrag nicht von den durch die Tarifpartner zwingend aufgestellten Tarifnormen zum Nachteil des Arbeitnehmers abgewichen werden kann. Der befristete Arbeitsvertrag vom 13. Dezember 1957 weicht aber nicht von einer zwingenden Tarifnorm ab, sondern wendet eine Tarifnorm — eben den § 25 Abs. 6 TVArb — an. Diese Tarifnorm gestattet Vereinbarungen über die Anrechnung der halben Sozialversicherungsrente.

IV. § 25 Abs. 6 TVArb ist auch nicht — etwa mit Wirkung vom Erlaß des Urteils vom 28. Februar 1958 — (BAG 5, 240) — deshalb unwirksam geworden, weil diese Tarifvorschrift gedanklich auf die ADO zu § 18 ATO zurückgeht. Eine tarifliche Norm wird nicht etwa wegen „Wegfalls der Geschäftsgrundlage" ohne weiteres Zutun der Tarifpartner unanwendbar. Ein solches automatisches Außerkrafttreten einer formell ordnungsgemäß zustande gekommenen Tarifnorm würde dem Charakter der Tarifnorm als normativen Rechts und der Rechtssicherheit widersprechen. Die Veränderung der tatsächlichen Verhältnisse oder der bei Abschluß der Tarifnormen nach Ansicht der Tarifpartner gegebenen Rechtslage auf verwandten Lebensgebieten mag den Tarifpartnern das Recht zur ordentlichen, nach Lage der Sache auch zur außerordentlichen Kündigung des Tarifvertrages geben. Diese Umstände können aber nicht zum automatisch eintretenden Wegfall der tariflichen Regelungen führen (vgl. dazu Hueck-Nipperdey, Lehrbuch des Arbeitsrechts, 6. Aufl., Bd. II S. 328). Ob die Entscheidung des Senats vom 28. Februar 1958 (BAG 5, 240) den Tarifpartnern die Möglichkeit gegeben hätte, die Regelung des § 25 Abs. 6 TVArb ordentlich oder auch außerordentlich zu kündigen, mag dahingestellt bleiben. Denn die Tarifpartner haben ein solches Kündigungsrecht nicht ausgeübt. Sie haben vielmehr erst am 14. Juli 1959, also mehr als ein Jahr später, die bisherige Fassung des § 25 Abs. 6 durch eine Neufassung ersetzt, in der die Anrechnung der halben Rente aus der Sozialversicherung bei solchen Arbeitern, die über das 65. Lebensjahr hinaus beschäftigt werden, nicht mehr vorgesehen ist. Diese neue tarifliche Regelung gilt aber nicht rückwirkend.

V. Auch allgemeine tarifrechtliche Gesichtspunkte sprechen nicht gegen die materielle Gültigkeit des § 25 Abs. 6 TVArb. Es ist den Tarifpartnern grundsätzlich unbenommen, die Löhne normativ festzusetzen, für bestimmte einzelne Fälle aber aus sachlichen Gründen den Parteien der Einzelarbeitsverträge zu gestatten, geringere Löhne oder Abschläge von den Löhnen zu vereinbaren. Diese Befugnis der Tarifpartner ergibt sich aus § 4 Abs. 3 TVG.

VI. Bestehen sonach aus tarifrechtlichen Gründen gegen die Rechtswirksamkeit des § 25 Abs. 6 TVArb keine Bedenken und liegt auch ein Fall vor, auf den § 25 Abs. 6 nach seinem Wortlaut und Sinngehalt Anwendung finden soll, so hängt die Entscheidung des Rechtsstreits davon ab, ob die tarifliche Regelung aus sonstigen Gründen, insbesondere solchen des Verfassungsrechtes, der Rechtswirksamkeit entbehrt. Dies ist der Fall.

1. Tarifverträge enthalten, wie der Senat in ständiger Rechtsprechung ausgeführt hat, objektive Rechtsnormen und sind Gesetze im materiellen Sinne (vgl. insbesondere BAG 1, 63; 1, 258; 4, 240). Für sie gilt daher auch der Grundsatz des Art. 3 Abs. 1 GG, nach dem alle Menschen vor dem Gesetz gleich sind. Diese Verfassungsnorm verbietet auch eine unsachliche, willkürliche, nicht durch besondere Gründe gerechtfertigte Differenzierung gleichgelagerter Tatbestände durch das objektive Recht. Um eine solche sachwidrige, nicht gerechtfertigte Differenzierung aber handelt es sich im vorliegenden Fall.

Wie der Senat bereits in der Entscheidung vom 28. Februar 1958 (BAG 5, 240) ausgeführt hat, richtet sich die Entlohnung im öffentlichen Dienst grundsätzlich nach der Leistung. Diesem Gedanken des Leistungslohnes wird der § 25 Abs. 6 TVArb nicht gerecht, er führt vielmehr zu einer Lohndifferenzierung aus sachfremden Gründen. Denn es ist nicht ersichtlich, daß ein Arbeiter, der bis zu seinem 65. Lebensjahr voll leistungsfähig die ihm obliegende Dienstleistung unbeanstandet ordnungsmäßig erfüllt hat, dies sofort danach in der kurzen Übergangszeit, für die der besondere Arbeitsvertrag nach § 25 Abs. 6 TVArb geschlossen wird, nicht mehr tun kann. Es kann also nicht — etwa auf Grund eines Erfahrungssatzes — davon ausgegangen werden, daß alle über 65 Jahre alten Arbeiter der Beklagten, die über das 65. Lebensjahr hinaus auf Grund eines befristeten Arbeitsvertrages „bis zur Anweisung der Invalidenrente weiter beschäftigt werden", minderleistungsfähig sind und daß deshalb wegen einer solchen Minderleistungsfähigkeit ein Abschlag vom Tariflohn durch Anrechnung der halben Sozialversicherungsrente zu ihren Lasten vorgenommen werden könnte.

§ 25 Abs. 6 TVArb differenziert sonach als Gesetz im materiellen Sinne unsachlich zwischen solchen Arbeitern, die noch nicht 65 Jahre alt sind, und solchen Arbeitern, die unmittelbar danach bei gleicher Leistung auf Grund eines befristeten Arbeitsvertrages bis zur Anweisung der Invalidenrente unverändert am alten Arbeitsplatz weiter beschäftigt werden. Eine solche Regelung verstößt gegen Art. 3 Abs. 1 GG und ist deshalb nichtig.

2. Die Regelung kann auch nicht mit der Erwägung aufrecht erhalten werden, daß es sich bei ihr nur um ein soziales Entgegenkommen für die davon betroffenen Arbeiter handele; ihnen solle der Übergang bis zur Anweisung der Invalidenrente erleichtert werden. Denn auf eine solche Regelung sind gerade nach dem TVArb die Arbeiter der Beklagten nicht angewiesen. Nach § 25 Abs. 1 TVArb ist vielmehr den Arbeitern, die 65 Jahre alt geworden sind, nach dem Ende des Arbeitsverhältnisses bis zum Beginn der Zahlungen aus der gesetzlichen Sozialversicherung gegen eine entsprechende Abtretungserklärung ihrer Ansprüche ein angemessener Vorschuß in der voraussichtlichen Höhe der Rentenbezüge zu gewähren. Diese Arbeiter haben sonach kraft unmittelbar wirkender Tarifnormen diesen Anspruch auch dann, wenn sie nicht auf Grund eines befristeten Arbeitsvertrages nach § 25 Abs. 6 TVArb weiter beschäftigt werden. Sie sind deshalb auf ein besonderes Entgegenkommen der Beklagten durch Abschluß eines Arbeitsvertrages nach § 25 Abs. 6 TVArb nicht angewiesen.

Hinzu kommt, daß § 25 Abs. 6 TVArb (jedenfalls nach seinem Wortlaut) nicht nur den Fall des Abschlusses *befristeter* Arbeitsverträge bis zur Anweisung der Rente aus der Sozialversicherung behandelt. Denn § 25 Abs. 6 TVArb spricht nicht nur von solchen Fällen, in denen ein Arbeiter nur befristet bis zur Anweisung der Renten aus der Sozialversicherung weiterbeschäftigt wird, sondern schlechthin von allen Fällen, in denen ein über 65 Jahre alter ständiger Arbeiter ausnahmsweise über den Zeitpunkt hinaus beschäftigt wird, von dem an Bezüge aus der gesetzlichen Sozialversicherung gewährt werden. Er umfaßt sonach auch die Fälle, in denen ein Arbeiter nach Erreichen des 65. Lebensjahres *unbefristet* weiterbeschäftigt wird.

Die Regelung des § 25 Abs. 6 TVArb differenziert aber auch im übrigen, *ohne* daß dafür *sachliche Gründe* zu erkennen sind: Wird ein über 65 Jahre alter Arbeiter *erstmals* bei der Beklagten eingestellt, nachdem er bereits das 65. Lebensjahr vollendet hatte und nachdem ihm auch bereits Bezüge aus der Sozialversicherung gewährt worden waren, so sind Anrechnungsvereinbarungen nach dem Wortlaut des § 25 Abs. 6 TVArb *nicht* vorgesehen und nicht zulässig. Wird aber ein ebenso leistungsfähiger Arbeiter, der bereits vor dem 65. Lebensjahr bei der Beklagten beschäftigt war, über das 65. Lebensjahr hinaus fortbeschäftigt, so sind Anrechnungsvereinbarungen vorgesehen.

Diese Regelung verstößt nach alledem gegen den Gleichheitsgrundsatz des Art. 3 Nr. 1 GG und ist deshalb nichtig.

VII. Die Regelung des § 25 Abs. 6 TVArb verstößt aber auch gegen Art. 24 Abs. 2 der Verfassung für das Land Nordrhein-Westfalen vom 28. Juni 1950, der nach Art. 142 GG oder jedenfalls in entsprechender Anwendung des Art. 142 GG weiter und neben dem Grundgesetz gilt, vgl. Nipperdey, Gleicher Lohn der Frau für gleiche Leistung 1951 S. 22 ff. Nach dieser Bestimmung der Landesverfassung m u ß in Nordrhein-Westfalen „der Lohn der Leistung entsprechen und den angemessenen Lebensbedarf des Arbeitenden und seiner Familie decken. Für gleiche Tätigkeit und gleiche Leistung besteht Anspruch auf gleichen Lohn. Das gilt auch für Frauen und Jugendliche". Es kann dahingestellt bleiben, ob Art. 24 Abs. 2 der Verfassung des Landes Nordrhein-Westfalen im Einzelarbeitsverhältnis subjektive Rechte des einzelnen Arbeitnehmers gegen seinen Arbeitgeber begründet, ob Art. 24 Abs. 2 ein aktueller Rechtssatz oder ein Programmsatz ist (vgl. dazu Nipperdey a.a.O. mit Angaben für und wider). Auch wenn es sich um einen Programmsatz handelt, so würde er zwar bestehende, vor dem Inkrafttreten der Verfassung von Nordrhein-Westfalen erlassene Gesetze und Tarifnormen nicht beeinflussen, wohl aber sind dann künftige Gesetze und Tarifnormen an die Programmrechtsnorm gebunden (vgl. Nipperdey a.a.O S. 30). Die Tarifpartner mußten sonach bei der Schaffung von Tarifnormen nach dem Inkrafttreten der Verfassung des Landes Nordrhein-Westfalen die Grundsätze des Art. 24 Abs. 2 dieser Verfassung beachten. Dies gilt auch für die Tarifpartner des Tarifvertrages für die Arbeiter der Deutschen Bundespost vom 6. Januar 1955, soweit der Tarifvertrag räumlich Nordrhein-Westfalen ergreift. Denn dieser Tarifvertrag ist n a c h dem Inkrafttreten der Verfassung des Landes Nordrhein-Westfalen vereinbart und in Kraft getreten. Dabei ist allerdings hervorzuheben, daß Art. 24 Abs. 2 den Tarifpartnern bei der Bewertung der Leistung einen entsprechenden Ermessensspielraum gibt. So können sie etwa die Leistung jugendlicher Arbeiter gegenüber der erwachsener Arbeiter schon im Hinblick auf deren noch geringere Berufserfahrung als geringerwertig ansehen und deshalb, z. B. durch Einführung von Altersstufungen für die Bemessung des Tariflohnes, eine verschiedene Bezahlung jüngerer und älterer Arbeiter vorsehen. Hier handelt es sich aber nicht um solche Abschläge wegen verminderter Leistung, da, wie bereits hervorgehoben, nicht ersichtlich ist, daß der Kläger als ein bis zu seinem 65. Lebensjahr voll leistungsfähiger Arbeiter der Deutschen Bundespost unmittelbar danach während der kurzen Übergangszeit bis zur Anweisung der Invalidenrente seine alte Leistung nicht mehr erbringen könnte oder nicht mehr erbracht hätte.

VIII. Ist sonach davon auszugehen, daß § 25 Abs. 6 TVArb gegen Art. 3 GG und in Nordrhein-Westfalen gegen Art. 24 Abs. 2 der Verfassung verstößt und deshalb nichtig ist, so hat der Kläger den Anspruch auf den vollen nicht wirksam abgedungenen Tariflohn; ihm dürfen die halben Bezüge aus der Sozialversicherung trotz der Anrechnungsvereinbarung in dem befristeten Arbeitsvertrag vom 13. Dezember 1957 nicht abgezogen werden.

33

Wer aus einem vorläufig vollstreckbaren Urteil eines Berufungsgerichts einen Geldbetrag beigetrieben hat, muß diesen nach Aufhebung des Urteils in der Revisionsinstanz zurückzahlen, ohne den Wegfall der Bereicherung mit der Begründung geltend machen zu können, er habe das Geld ausgegeben.

ZPO § 717 Abs. 3; BGB §§ 818 ff.

I. Senat. Urteil vom 14. 7. 1961 i. S. Dr. B. (Bekl.) w. L. B. (Kl.)

1 AZR 278/60.

I. Arbeitsgericht Berlin. — II. Landesarbeitsgericht Berlin.

Der Beklagte trat im Jahre 1950 als Angestellter in ein Dienstverhältnis zur Klägerin. Im Jahre 1955 sagte sich die Klägerin von diesem Dienstverhältnis aus wichtigem Grunde, jedoch mit Einhaltung der Kündigungsfrist los. Der Beklagte, der die Auffassung vertrat, daß er der Klägerin zur Auflösung des Dienstverhältnisses keinen Grund gegeben habe, erhob Klage im Vorprozeß, mit der er beantragte, die Unwirksamkeit der Entlassung festzustellen.

Diese Klage wurde in erster Instanz abgewiesen. Das Urteil des Arbeitsgerichts wurde in der Berufungsinstanz abgeändert, und die Klägerin wurde durch das Landesarbeitsgericht u. a. verurteilt, an den Beklagten das seit der Entlassung nicht mehr gezahlte Gehalt in Höhe von 10 409,62 DM brutto (7661,43 DM netto) nachzubezahlen. Gegen dieses Urteil legte die Klägerin Revision ein und beantragte in der Revisionsinstanz, die Zwangsvollstreckung aus dem zweitinstanzlichen Urteil gemäß § 719 Abs. 2 ZPO einstweilen einzustellen, da die Vollstreckung ihr, der Klägerin, einen nicht zu ersetzenden Nachteil bringen würde. Diesem Antrag widersprach der Beklagte mit Schriftsatz vom 18. Juni 1957, in dem darauf hingewiesen wurde, daß er in der Lage sein werde, gegebenenfalls den durch Zwangsvollstreckung beizutreibenden Betrag zurückzuzahlen.

Durch Beschluß vom 22. Juni 1957 lehnte der Dritte Senat des Bundesarbeitsgerichts den Einstellungsantrag der Klägerin mit der Begründung ab, es sei nicht glaubhaft gemacht, daß die Vollstreckung einen nicht zu ersetzenden Nachteil bringen würde. Darauf zahlte die Klägerin am 12. Juli 1957 den Nettobetrag von 7661,43 DM aus. Am 14. April 1959 hob das Bundesarbeitsgericht das Berufungsurteil auf und stellte das klageabweisende Urteil erster Instanz wieder her.

Nach rechtskräftiger Entscheidung des Vorprozesses wandte sich die Klägerin an den Beklagten mit der Aufforderung, die diesem bezahlten 7661,43 DM netto nebst Zinsen zurückzuzahlen. Hierauf ließ der Beklagte durch seinen Prozeßbevollmächtigten mit Schreiben vom 10. Juli 1959 erwidern, daß er die beigetriebenen Beträge ausgegeben habe. Dabei handele es sich um solche Ausgaben, durch die er nicht anderweitig etwas erspart habe. Die Klägerin könne deshalb von ihm nichts mehr fordern.

Auf Grund dieser Weigerung des Beklagten hat die Klägerin Klage erhoben mit dem Antrag, den Beklagten zu verurteilen, an die Klägerin 7661,43 DM nebst 4 % Zinsen seit dem 12. Juli 1957 zu zahlen. Der Beklagte hat um Klageabweisung gebeten.

Alle Instanzen haben dem Klageantrag entsprochen.

Aus den Gründen:

I. Mit Recht geht das Landesarbeitsgericht davon aus, daß die Vorschrift des § 717 Abs. 3 ZPO auch auf die Urteile der Landesarbeitsgerichte anwendbar ist. Zwar spricht das Gesetz hier nur von den Urteilen der Oberlandesgerichte. Das erklärt sich aber daraus, daß die Vorschriften der ZPO nur auf das Verfahren vor den ordentlichen Gerichten zugeschnitten sind, nicht auf dasjenige vor den Gerichten für Arbeitssachen. Dagegen ist in § 64 Abs. 2 ArbGG für das Verfahren vor den Landesarbeitsgerichten bestimmt, daß die Vorschriften der ZPO über die Berufung entsprechend gelten, soweit das ArbGG nichts anderes vorschreibt. Wenn auch § 717 Abs. 3 ZPO nicht unmittelbar das Verfahren vor den Oberlandesgerichten, sondern die Zwangsvollstreckung betrifft, so muß er doch als unter § 64 Abs. 2 ArbGG fallend angesehen werden; denn hinsichtlich der Bedeutung des Gerichts und des von ihm erlassenen Urteils steht das Landesarbeitsgericht auf der Stufe des Oberlandesgerichts.

Diese Auffassung entspricht der durchaus herrschenden Ansicht in der Literatur (Dersch-Volkmar, ArbGG, 6. Aufl., § 62 Anm. 27; Dietz-Nikisch, ArbGG, § 62 Anm. 15; Stein-Jonas, ZPO, 18. Aufl., § 717 Anm. VII 1). Lediglich Wieczorek (ZPO, § 717 Anm. C IV Abs. 2) vertritt die Auffassung, daß § 717 Abs. 3 ZPO nicht für die Urteile der Landesarbeitsgerichte gelte. Dem kann jedoch nicht gefolgt werden. Wieczorek ist zwar zuzugeben, daß in § 717 Abs. 3 ZPO nicht von den Landesarbeitsgerichten gesprochen wird. Das ist aber nur dadurch zu erklären, daß sich diese Vorschrift ebenso wie die übrigen Vorschriften der ZPO ausschließlich auf das Verfahren vor den ordentlichen Gerichten, nicht auf das vor den Arbeitsgerichten bezieht.

II. Hiernach kann die Klägerin ihren Anspruch auf § 717 Abs. 3 ZPO stützen. Danach ist derjenige, der aus einem vorläufig vollstreckbaren Urteil vollstreckt hat, im Falle der Aufhebung dieses Urteils auf Antrag zur Erstattung des auf Grund des Urteils Gezahlten zu verurteilen; die Erstattungspflicht bestimmt sich nach den Vorschriften über die Herausgabe einer ungerechtfertigten Bereicherung. Wird der Antrag gestellt, so ist der Anspruch auf Erstattung als zur Zeit der Zahlung rechtshängig geworden anzusehen; die mit der Rechtshängigkeit nach den Vorschriften des bürgerlichen Rechts verbundenen Wirkungen treten mit der Zahlung oder Leistung auch dann ein, wenn der Antrag nicht gestellt wird.

Im Streitfall hat es die Klägerin unterlassen, den Antrag bereits im Vorprozeß zu stellen. Das ändert aber an dem Umfang der Haftung des Beklagten nichts. Denn auch dann, wenn der Antrag nicht gestellt wird, richtet sich die Haftung nach den Vorschriften über die Herausgabe einer ungerechtfertigten Bereicherung, wobei auch in diesem Falle die mit der Rechtshängigkeit verbundenen Wirkungen bereits mit der Zahlung eintreten. Auf Grund dieser Gesetzesvorschrift ist somit die Sache so anzusehen, als wenn die Rechtshängigkeit bereits im selben Augenblick eingetreten wäre, in dem die Zahlung auf Grund der Vollstreckung aus dem vorläufig vollstreckbaren Urteil erfolgt ist.

Welches die Wirkungen des Eintritts der Rechtshängigkeit im Bereicherungsrecht sind, ergibt sich aus § 818 Abs. 4 BGB. Danach haftet der Empfänger von dem Eintritt der Rechtshängigkeit an nach den allgemeinen Vorschriften. Diese Bestimmung steht im Gegensatz zu dem vorhergehenden Absatz, nämlich § 818 Abs. 3 BGB. Nach diesem Absatz ist die Verpflichtung zur Herausgabe oder zum Wertersatz ausgeschlossen, soweit der Empfänger nicht mehr bereichert ist. Diese dem Empfänger eingeräumte Möglichkeit, sich auf den Wegfall der Bereicherung zu berufen, ist eine für das Bereicherungsrecht typische und auf dieses Recht beschränkte Vorschrift. Außerhalb des Bereicherungsrechts gilt sie nicht. Sie gehört deshalb insbesondere nicht zu den „allgemeinen Vorschriften", wie sie in § 818 Abs. 4 BGB auf die Haftung des Empfängers von dem Eintritt der Rechtshängigkeit an für anwendbar erklärt sind.

Gemäß § 717 Abs. 3 ZPO muß sich der Beklagte daher so behandeln lassen, als ob bereits im Zeitpunkt der Zahlung seitens der Klägerin auf Grund des vorläufig vollstreckbaren Urteils im Vorprozeß der jetzt von ihr geltend gemachte Anspruch rechtshängig geworden wäre. Von diesem Zeitpunkt an haftet er also „nach den allgemeinen Vorschriften", u. a. auch im Falle einer Gattungsschuld nach § 279 BGB (vgl. BAG 10, 176 ff. [181]). Deshalb kann sich der Beklagte darauf, daß er den beigetriebenen Betrag ausgegeben habe, nicht berufen.

Hierzu hat das Reichsgericht (DR 1939, 634) ausgesprochen, daß durch § 818 Abs. 4 BGB die Vergünstigung des § 818 Abs. 3 BGB ausgeschlossen ist. Dieselbe Auffassung hat es in RGZ 170, 65 vertreten, wo gesagt ist, daß das Gesetz vom Zeitpunkt der Rechtshängigkeit an eine Verschärfung der Haftung des Bereicherten eintreten lasse, so daß schon nach diesen Grundsätzen der Bereicherte sich für diese Zeit nicht mehr auf den Wegfall der Bereicherung berufen könne. Daß diese Grundsätze auch im Bereich des § 717 Abs. 3 ZPO gelten, wird von Wieczorek (a.a.O. Anm. C IV b 2) mit Recht betont (anderer Ansicht, jedoch ohne Begründung, Zöller, ZPO, 9. Aufl., § 717 Anm. 3). Daß sich derjenige, der „nach den allgemeinen Vorschriften" (§ 818 Abs. 4 BGB) haftet, auf den Wegfall der Bereicherung grundsätzlich nicht berufen kann, wird auch von Staudinger, BGB, 11. Aufl., § 818 Anm. 56 und § 819 Anm. 8; RGRK zum BGB, 11. Aufl., § 818 Anm. 57 und § 819 Anm. 9; Palandt, BGB, 20. Aufl., § 818 Anm. 7; Enneccerus-Lehmann, Schuldrecht, 14. Aufl., § 227 IV S. 886, Flume in Festschrift Niedermeyer S. 159 angenommen. Dem ist beizutreten.

Aus diesen Gründen ist der Auffassung des Landesarbeitsgerichts zu folgen, daß der Beklagte nicht deshalb seiner Verpflichtung der Klägerin gegenüber ledig geworden ist, weil er das beigetriebene Geld ausgegeben hat. Zwar ist der Revision zuzugeben, daß der Anspruch aus § 717 Abs. 3 ZPO ein solcher materiell-rechtlicher Art ist und daß diesem Anspruch gegenüber alle Einwendungen und Einreden geltend gemacht werden können, die sonstigen Ansprüchen materiell-rechtlicher Art entgegengesetzt werden können (so auch Rosenberg, Zivilprozeßrecht,

8. Aufl., § 174 VI 2 d mit Zitaten). Das gilt aber nur für diejenigen Einwendungen und Einreden, die nach allgemeinen Grundsätzen geltend gemacht werden können, wie z. B. die Aufrechnung und die Verjährung. Nicht dagegen gilt das für den auf das Bereicherungsrecht beschränkten Einwand des Wegfalls der Bereicherung.

Wenn die Revision diese Auffassung damit bekämpft, daß sich, falls sie zutreffe, ein Unterschied zwischen der Haftung nach § 717 Abs. 2 ZPO und derjenigen nach § 717 Abs. 3 ZPO nicht ergebe, so irrt sie. Denn § 717 Abs. 2 ZPO begründet eine Schadenersatzforderung des Berechtigten, die u. U. erheblich weiter gehen kann als die Haftung nach § 717 Abs. 3 ZPO. Auch ist es unrichtig, wenn die Revision in diesem Zusammenhang meint, der Gesetzgeber würde, wenn er der Ansicht des Landesarbeitsgerichts gewesen wäre, es einfacher gehabt haben, das im Gesetz auszudrücken: Er hätte dann lediglich anzuordnen brauchen, daß derjenige, der aus einem vorläufig vollstreckbaren, nachträglich jedoch aufgehobenen Urteil vollstreckt habe, den Betrag wie ein Darlehn zuzüglich Zinsen zurückzahlen müsse. Die Revision verkennt jedoch, daß die Haftung nach Bereicherungsgrundsätzen eine andere ist als diejenige aus einem Darlehnsvertrag. Insbesondere hat der Bereicherte auch die Nutzungen herauszugeben (§ 818 Abs. 1 BGB). Schon deshalb hätte es nicht genügt, wenn das Gesetz den aus einem vorläufig vollstreckbaren, später aufgehobenen Urteil Vollstreckenden einem Darlehnsnehmer gleichgestellt hätte.

Der Beklagte kann sich nicht darauf berufen, er sei nicht ungerechtfertigt bereichert, da er auf das Urteil eines Landesarbeitsgerichts vertraut habe. Er übersieht dabei, daß die Haftung aus § 717 Abs. 3 ZPO folgt, nicht aus den §§ 812 ff. BGB. Auf die auf § 717 Abs. 3 ZPO beruhende Haftung sind lediglich die Vorschriften über die Herausgabe einer ungerechtfertigten Bereicherung anzuwenden. Dadurch wird der Anspruch selbst aber noch nicht zu einem Bereicherungsanspruch. Deshalb kann sich der Beklagte auch nicht darauf berufen, daß er in gutem Glauben gewesen sei, daß das von ihm beigetriebene Geld ihm zustehe. Auf den guten Glauben kommt es nicht an.

Ebensowenig spielt, was die Revision verkennt, die Frage des Verschuldens eine Rolle. Es handelt sich bei dem Anspruch aus § 717 Abs. 3 ZPO um einen Anspruch aus Gefährdung, nicht aus Verschulden. Deshalb nützt dem Verpflichteten nicht der Hinweis darauf, daß er gutgläubig gewesen sei und sich auf ein Urteil eines staatlichen Gerichts habe verlassen dürfen. Denn auch derjenige, der aus einem erstinstanzlichen Urteil vollstreckt, vollstreckt aus einem Urteil eines staatlichen Gerichts, er haftet gleichwohl nach der Aufhebung dieses Urteils sogar gemäß § 717 Abs. 2 ZPO, also auf Schadenersatz. Ein solcher Anspruch ist sogar quasideliktischer Art. Ihm gegenüber kann ebensowenig geltend gemacht werden, der Vollstreckende habe in gutem Glauben gehandelt. Der Gesetzgeber, der dem Inhaber eines vorläufig vollstreckbaren Urteils die Möglichkeit gegeben hat, aus diesem vor Rechtskraft bereits zu vollstrecken, mußte für den Fall der Aufhebung dieses Urteils, das sich mit der Aufhebung als unrichtig erwies, dem Vollstreckungsgegner jede denkbare Möglichkeit geben, die von diesem zu Unrecht erbrachte Leistung zurückzuerlangen. Das war aber nur dann möglich, wenn dem Vollstreckenden der Einwand des Wegfalls der Bereicherung abgeschnitten wurde.

Wenn die Revision demgegenüber meint, es sei kein Bereicherungsanspruch denkbar, bei dem von vornherein die Einrede des Wegfalls der Bereicherung abgeschnitten sei, so kann dem nicht gefolgt werden. Das Gegenteil ergibt sich bereits aus § 819 BGB. Auch nach dieser Vorschrift ist der Empfänger, der den Mangel des rechtlichen Grundes bei dem Empfang kennt, von dem Empfang an zur Herausgabe verpflichtet, wie wenn der Anspruch auf Herausgabe zu dieser Zeit rechtshängig geworden wäre. Auch in diesem Falle kann sich der Empfänger auf den Wegfall der Bereicherung nicht berufen, da er von vornherein damit rechnen mußte, daß er das Empfangene wieder würde herausgeben müssen.

Nicht anders ist aber die Lage bei demjenigen, der aus einem vorläufig vollstreckbarem Urteil vollstreckt. Auch er muß von vornherein, da das Urteil nur v o r l ä u f i g vollstreckbar ist, damit rechnen, daß es noch aufgehoben wird, womit sich dann herausstellen würde, daß er den Urteilsbetrag zu Unrecht empfangen hat und deshalb wieder herausgeben muß. Die vorläufige Vollstreckbarkeit trägt in erster Linie Sicherungscharakter und soll weniger der Befriedigung des Gläubigers dienen, was sich auch aus den Vorschriften über die Abwendung der Vollstreckung durch Sicherheitsleistung ergibt.

Kann sich hiernach der Beklagte auf den Wegfall der Bereicherung nicht berufen, so ist er antragsgemäß zur Rückzahlung des von ihm auf Grund des vorläufig vollstreckbaren, später aber aufgehobenen Urteils beigetriebenen Betrages verpflichtet, weiter aber auch zur Verzinsung dieses Betrages seit dem Empfang, da er auch in dieser Hinsicht so zu behandeln ist, als wenn der Anspruch der Klägerin von der Zahlung an rechtshängig gewesen wäre. Von diesem Zeitpunkt an stehen der Klägerin somit die verlangten Zinsen zu. Einer Prüfung der Frage, ob der Beklagte nicht auch unter dem Gesichtspunkt des Rechtsmißbrauchs daran gehindert ist, sich auf den Wegfall der Bereicherung zu berufen, weil er in seinem Schriftsatz vom 10. Juli 1959 durch die Behauptung, er sei jederzeit zur Zurückzahlung des Urteilsbetrages in der Lage, das Gericht bewogen hat, den Einstellungsantrag der Klägerin abzulehnen, bedarf es unter diesen Umständen nicht mehr.

34

Nimmt ein Angestellter, der befugt und durch seinen Arbeitsvertrag verpflichtet ist, für den Arbeitgeber mit Dritten Abschlüsse zu tätigen und dabei selbständig u. a. auch die Preise zu vereinbaren, Schmiergelder an, so behandelt er insoweit unbefugt ein Geschäft des Arbeitgebers als sein eigenes. Er ist deshalb zur Herausgabe der Schmiergelder an den Arbeitgeber verpflichtet.

BGB § 687 Abs. 2, §§ 681, 667.

I. Senat. Urteil vom 14. 7. 1961 i. S. Sch. (Bekl.) w. Gebr. E. (Kl.)

1 AZR 288/60.

I. Arbeitsgericht Köln. — II. Landesarbeitsgericht Düsseldorf (Köln).

Im Betrieb der Klägerin, einem Speditions- und Autotransportgeschäft, war der Beklagte als Stadtexpedient beschäftigt. Seine Aufgabe bestand darin, die im Stadtnahverkehr zu transportierenden Güter heranzuholen und auszurollen. Zur Durchführung dieser Aufgabe wurden selbständige Transportunternehmer herangezogen, die der Beklagte auswählte, beauftragte und mit denen er die Frachten abrechnete.

Die Klägerin wirft dem Beklagten vor, er habe sich von Unternehmern Schmiergelder für Vergünstigungen bei dem Transporteinsatz zahlen lassen. Diese Schmiergelder müsse er der Klägerin herausgeben, zumal dieser auch in Höhe der Schmiergelder ein Schaden entstanden sei. Mit der Klage hat deshalb die Klägerin beantragt, den Beklagten zu verurteilen, an sie 5605,— DM nebst Zinsen zu zahlen.

Das Arbeitsgericht hat die Klage abgewiesen, das Landesarbeitsgericht hat dagegen dem Klageantrag entsprochen. Die Revision des Beklagten blieb erfolglos.

Aus den Gründen:

Das Landesarbeitsgericht ist der Auffassung, daß auf den Kläger die Vorschrift des § 675 BGB anzuwenden sei, da der mit dem Beklagten abgeschlossene Dienstvertrag eine Geschäftsbesorgung zum Gegenstand habe. Infolgedessen hafte der Beklagte nach Maßgabe des § 667 BGB, auf den in § 675 BGB verwiesen sei, und sei deshalb verpflichtet, der Klägerin die erhaltenen Schmiergelder herauszugeben. Zu dem, was der Beklagte aus der Geschäftsbesorgung erlangt habe, gehöre nämlich auch das Entgelt, das ihm die Unternehmer bezahlt hätten, damit sie mit günstigeren Fahrten beauftragt würden als andere Unternehmer. Dagegen wendet sich die Revision in erster Linie. Ihr kann jedoch nicht gefolgt werden.

Sowohl in der Rechtslehre wie in der Rechtsprechung ist die Frage, ob ein Angestellter, der ohne Wissen und Willen seines Arbeitgebers Schmiergelder angenommen hat, diese an den Arbeitgeber herausgeben muß, lebhaft umstritten (bejahend: RGZ 99, 31; RGZ 146, 194; RGZ 164, 98; Palandt, BGB, 20. Aufl., § 667 Anm. 2a; Erman, BGB, 2. Aufl., § 667 Anm. 2; Soergel, BGB, 8. Aufl., § 667 Anm. 2a; RGRK zum BGB, 11. Aufl., § 667 Anm. 4; Enneccerus-Lehmann, Schuldrecht, 15. Aufl., S. 686; Baumbach-Duden, HGB, 12. Aufl., § 59 Anm. 4 Ed; Schlegelberger-Schröder, HGB, 4. Aufl., § 59 Anm. 42; Baumbach-Hefermehl, UWG, § 12 Anm. 21 [vgl. ferner Seufferts Archiv 75, 271; Sächsisches Archiv 1907, 333; LZ 14, 1226; LZ 20, 63; DJZ 11, 712; JW 31, 1128]; — verneinend: Hueck in ARS 23, 240; Hueck-Nipperdey, Lehrbuch, 6. Aufl., Bd. I S. 226; Staudinger-Nipperdey, BGB, 11. Aufl., § 611 Anm. 165 und vor allem § 667 Anm. 7; Nikisch, Arbeitsrecht, 2. Aufl., Bd. I S. 395; Riese, BB 52, 774; Würdinger, HGB, 2. Aufl., § 59 Anm. 40 letzter Absatz; Reimer, UWG, 3. Aufl., § 12 Anm. 23; Tetzner, UWG, 2. Aufl., § 12 Anm. 6; Godin-Hoth, UWG, § 12 Anmerk. 14 (?); [vgl. ferner Kaskel, Arbeitsrecht, 3. Aufl., S. 117; Callmann, UWG, § 12 Anm. 36; Oertmann, Arbeitsvertragsrecht, S. 197; Titze in Ehrenbergs Handbuch Bd. 2 S. 786]). Die erstgenannte, die Herausgabepflicht bejahende Ansicht meint, die Schmiergelder seien „aus der Geschäftsbesorgung" i. S. des § 667 BGB erlangt, während die Gegenmeinung eine Anspruchsgrundlage vermißt, weil die Annahme der Schmiergelder lediglich bei Gelegenheit der Geschäftsbesorgung erfolgt sei.

Es kann im Streitfall dahingestellt bleiben, welcher der vorgenannten, zu § 667 BGB vertretenen Auffassungen zu folgen ist und ob die vom Landesarbeitsgericht vertretene, von der Revision bekämpfte Ansicht zutrifft, daß dem Beklagten eine Geschäftsbesorgung i. S. des § 675 BGB übertragen sei. Denn die Ansicht des Landesarbeitsgerichts erweist sich schon aus einem anderen Rechtsgrunde als im Ergebnis zutreffend.

Nach den tatsächlichen Feststellungen des Landesarbeitsgerichts, die mit zulässigen Prozeßrügen nicht angegriffen und deshalb der Entscheidung des erkennenden Senats zugrunde zu legen sind, war der Beklagte als Angestellter der Klägerin damit beauftragt, die Frachtverträge mit den Frachtführern abzuschließen, die das bei der Klägerin lagernde Gut an die Empfänger weiterzuleiten und das von ihr zu versendende Gut bei ihr einzuliefern hatten. Zu den Aufgaben des Beklagten gehörte es dabei insbesondere, die anfallenden Fuhren auf die einzelnen Frachtführer zu verteilen und mit den Frachtführern die Preise für die von den Frachtführern zu erbringenden Fuhrleistungen zu vereinbaren. Die dem Beklagten vertraglich obliegende Tätigkeit hatte also gerade zum Gegenstand, über die Frachtverträge mit den einzelnen Frachtführern zu verhandeln und den näheren Inhalt dieser Frachtverträge zu bestimmen.

Der Beklagte als Angestellter der Klägerin hatte bei der Erledigung dieser Obliegenheiten nach den Feststellungen des Landesarbeitsgerichts eine durchaus selbständige Stellung. Er hatte insbesondere die freie Entscheidung darüber, welche Frachtführer er für die einzelnen Fuhren heranziehen wollte. In seinem Ermessen lag es auch, ob er dem einen oder dem anderen Frachtführer solche Fuhren gab, bei denen diese besonders auf ihre Kosten kamen.

Andererseits war der Beklagte als Angestellter der Klägerin kraft der ihm obliegenden arbeitsvertraglichen Treuepflicht gehalten, die Interessen der Klägerin zu wahren. Dazu gehörte es nicht nur, daß er geeignete und zuverlässige Frachtführer auswählte, sondern auch daß er die Frachtverträge so ausgestaltete, daß die Klägerin tunlichst billig und damit wirtschaftlich günstig abschnitt.

Nach den Feststellungen des Landesarbeitsgerichts hat der Kläger dieser seiner Verpflichtung entgegengehandelt. Er hat insbesondere bei der Verteilung der anfallenden Frachtaufträge nicht, was seine Pflicht war, allein nach den Interessen der Klägerin gehandelt, sondern er hat die Frachtverträge so verteilt, wie es seinen, des Beklagten, Interessen am meisten entsprach. Dies hat er in der Weise getan, daß er d i e Frachtführer bevorzugt mit Aufträgen bedacht hat, die sich ihm gegenüber durch Zuwendungen erkenntlich gezeigt hatten. Diese Zuwendungen sind teils in der Form erbracht worden, daß die Frachtführer von dem ihnen seitens der Klägerin gewährten Entgelt bestimmte Prozentsätze an den Beklagten abgeführt haben, teils in der Weise, daß die Frachtführer dem Beklagten bestimmte Festbeträge ausgezahlt haben. Aus den Feststellungen des Landesarbeitsgerichts ergibt sich, daß die Frachtführer beides nur in der Erwartung getan haben, von der Klägerin durch den Beklagten als deren dafür zuständigen Angestellten auch in Zukunft günstige Fuhren zu bekommen.

Wenn der Beklagte bei dieser Sachlage sich Vorteile (Schmiergelder) von den Frachtführern hat zuwenden lassen, so hat er damit die von ihm zu besorgenden Geschäfte der Klägerin teilweise wie eigene Geschäfte behandelt. Er hat nämlich gleichzeitig mit dem Abschluß der Frachtverträge zusätzliche Verträge im eigenen Namen mit den Frachtführern abgeschlossen und damit in den Interessenbereich der Klägerin eingegriffen. Das fremde Geschäft, das der Beklagte abschließen sollte, bestand darin, daß er die Frachtverträge so vereinbaren mußte, wie es den Interessen der Klägerin entsprach. Er hat dieses fremde Geschäft jedoch teilweise dadurch als sein eigenes Geschäft behandelt, daß er im Zusammenhang mit den Frachtverträgen gleichzeitig ihn selbst begünstigende Sondervereinbarungen abgeschlossen hat.

Angesichts dieses Sachverhalts ergibt sich die Haftung des Beklagten auf Herausgabe der ihm von den Unternehmern zugewendeten Beträge an die Klägerin aus § 687 Abs. 2 BGB.

Nach dieser Vorschrift kann der Geschäftsherr im Falle der unerlaubten Geschäftsführung u. a. die sich aus § 681 BGB ergebenden Ansprüche gegen denjenigen geltend machen, der ein fremdes Geschäft als sein eigenes behandelt, obwohl er weiß, daß er nicht dazu berechtigt ist. Der in § 687 Abs. 2 BGB erwähnte § 681 BGB bestimmt in seinem Satz 2, daß auf die Verpflichtungen des Geschäftsführers die für einen Beauftragten geltenden Vorschriften der §§ 666—668 entsprechende Anwendung finden. Zu diesen Bestimmungen gehört somit auch § 667 BGB, auf Grund dessen der Beauftragte dem Auftraggeber alles herauszugeben hat, was er aus der Geschäftsbesorgung erlangt. Zu dem hiernach an den Geschäftsherrn Herauszugebenden gehört aber, wenn die Voraussetzungen des § 687 Abs. 2 BGB vorliegen, auch der vom Geschäftsführer erzielte Gewinn (Staudinger-Nipperdey, a.a.O. § 687 Anm. 5 und 16).

Daß der Beklagte als Angestellter der Klägerin das objektiv fremde Geschäft teilweise (soweit es sich um die Erlangung eigener Vorteile handelte) im eigenen Namen abgeschlossen hat, steht der Herausgabepflicht nach den §§ 687 Abs. 2, 681, 667 BGB nicht entgegen (Staudinger-Nipperdey, a.a.O. § 687 Anm. 6 Abs. 5). Diese Vorschriften finden auch dann Anwendung, wenn ein Geschäft z. T. ein fremdes, z. T. ein eigenes ist. Zudem spielen bei der Beurteilung der Frage, ob der Tatbestand des § 687 Abs. 2 BGB vorliegt, wirtschaftliche Erwägungen gleichfalls eine Rolle (Staudinger-Nipperdey, a.a.O. § 687 Anm. 6 Abs. 3).

Nun hat allerdings das Reichsgericht (RGZ 146, 194) die Auffassung vertreten, daß eine solche Herausgabepflicht dann nicht bestehe, wenn durch die Annahme von Schmiergeldern der Straftatbestand des § 12 UWG erfüllt wird, da dann ein Einziehungsanspruch des Staates bestehe. Diese Auffassung ist jedoch bedenklich; denn sie hätte zur Folge, daß der Arbeitgeber, dessen Arbeitnehmer vertragswidrig Schmiergelder annimmt, einen Herausgabeanspruch nur in den „leichten" Fällen hat, nicht jedoch in den Fällen, die als schwerwiegend angesehen werden müssen, weil sie das Gesetz mit einer öffentlichen Strafe bedroht. Ein solches Ergebnis ist unbefriedigend.

Im Gegensatz zum Reichsgericht vertreten Baumbach-Hefermehl (a.a.O.) die Ansicht, daß im Falle der Einziehung der Schmiergelder durch den Staat der Herausgabeanspruch des Arbeitgebers gleichwohl bestehen bleibe. Auch das erscheint unzutreffend, da eine zweimalige Herausgabe nicht durchführbar ist. Das gilt vor allem dann, wenn es sich bei den Zuwendungen um nicht vertretbare Sachen handelt (vgl. auch BGH in NJW 57, 1243).

Nach Auffassung des Senats ist dann, wenn die Annahme von Schmiergeldern gegen § 12 UWG verstößt, wenn jedoch gleichzeitig die Voraussetzungen des § 687 BGB vorliegen, der Herausgabeanspruch des Arbeitgebers gegen den Arbeitnehmer begründet. Dieser Herausgabeanspruch ist aber zunächst belastet mit dem Einziehungsrecht des Staates im Strafverfahren. Kommt es nicht zur Durchführung des Strafverfahrens, weil vielleicht ein Strafantrag nicht gestellt wird, worauf der Arbeitgeber als nicht Antragsberechtigter keinen Einfluß hat, oder endet das Strafverfahren ohne Einziehung, so steht die Einziehungsvorschrift des § 12 UWG dem Herausgabeanspruch des Arbeitgebers nicht im Wege. Andernfalls jedoch erlischt der Herausgabeanspruch dadurch, daß die Schmiergelder dem Staat für verfallen erklärt werden. Nur diese Lösung kann zu einem befriedigenden Ergebnis führen.

Hiernach ist also der Beklagte, obwohl von ihm auch gegen § 12 UWG verstoßen worden ist, verpflichtet, die ihm von den Unternehmern gezahlten Beträge an die Klägerin herauszugeben. Es kommt deshalb nicht mehr darauf an, ob, wie das Landesarbeitsgericht hilfsweise annimmt, eine Schadenersatzverpflichtung des Beklagten in Höhe der Klageforderung deshalb besteht, weil durch das Verhalten des Beklagten die Klägerin in dieser Höhe geschädigt ist. Die hierzu von der Revision vorgetragenen Prozeßrügen sind somit für die Entscheidung des Rechtsstreits ebenfalls unerheblich.

35

1. Grubensteiger im Sinne des Tarifvertrages für die Angestellten der Saarbergwerke vom 21. September 1955 sind nur solche Angestellte, die neben der auszuübenden Tätigkeit die erforderliche besondere Berufsausbildung besitzen oder in Ausnahmefällen eine durch die Aufsichtsbehörde abgenommene Prüfung abgelegt haben.

2. Es verstößt nicht gegen Treu und Glauben, wenn der Arbeitgeber sich auf das Fehlen einer von mehreren, tariflich normierten gleichrangigen Anspruchsvoraussetzungen beruft.

3. Die Einstufung der Angestellten hat nach den der übertragenden Tätigkeit entsprechenden Merkmalen zu erfolgen. Zu diesen Merkmalen gehört für Grubensteiger der tariflich vorgesehene Befähigungsnachweis, der nicht im Wege ergänzender Tarifauslegung auf andere als die im Tarif vorgesehene Weise nachgewiesen werden kann.

4. Wenn ein Angestellter, der im Laufe eines Jahres länger als 6 Monate mit Vertretungen von Angestellten höherer Gehaltsgruppen betraut worden ist, bei Ablauf des Jahres in die höhere Gehaltsgruppe einzustufen ist, so folgt daraus nicht, daß der Vertretende auch dann in die höhere Gehaltsgruppe einzustufen sei, wenn er die Merkmale der höheren Gruppe, insbesondere etwaige Qualifikationsmerkmale, nicht erfüllt.

Tarifvertrag für die Angestellten der Saarbergwerke vom 21. September 1955 §§ 23, 26 Abs. 2, Anlage I (Gehaltsgruppe U 3 — Grubensteiger).

IV. Senat. Urteil vom 19. 7. 1961 i. S. N. (Kl.) w. S. AG (Bekl.)

4 AZR 571/59.

I. Arbeitsgericht Saarbrücken. — II. Landesarbeitsgericht Saarbrücken.

Der Kläger, der 1951 an einem sechsmonatigen Lehrgang für Fahrhauer teilgenommen hat, ist seit 1954 bei der Beklagten als aufsichtführender Fahrhauer in einer Förderabteilung der Grube R. beschäftigt.

Sein Arbeitsverhältnis unterliegt dem Tarifvertrag für die Angestellten der Saarbergwerke vom 21. September 1955 (TV). Er erhält die Vergütung nach der Gehaltsgruppe U 4 (Grubenfahrhauer).

Ab 1. Januar 1956 beansprucht der Kläger die Vergütung eines Grubensteigers (Gehaltsgruppe U 3). Die Merkmale des Grubensteigers (U 3) sind nach den Berufsgruppendefinitionen in Anlage I zum TV folgende:

Er muß eine Bergschule mit Erfolg absolviert haben oder in Ausnahmefällen auf Grund einer durch die Aufsichtsbehörde abgenommenen Prüfung seine Befähigung nachweisen.

Aufsichtsperson, welche für die in einer Abteilung ausgeführten Arbeiten unter Beachtung der Sicherheits-, Betriebs- und Bergpolizeivorschriften während der von ihr beaufsichtigten Schicht verantwortlich ist.

Der Kläger hat die in diesen Merkmalen geforderte Ausbildung oder behördliche Prüfung nicht aufzuweisen. Er macht jedoch geltend, daß er die Tätigkeit eines schichtführenden Steigers ausübe und auch die gleiche Verantwortung trage. Er habe durch seine Leistungen bewiesen, daß er die Befähigung für die Tätigkeit eines Steigers besitze, zumal er sogar den Abteilungssteiger vertrete. Die in der Berufsgruppendefinition vorgeschriebene Prüfung habe nur die Bedeutung der Bestätigung solcher Befähigung. Unter diesen Umständen verstoße es gegen Treu und Glauben, wenn die Beklagte ihn jahrelang als Steiger beschäftige, ihm aber wegen des Fehlens der im Tarif vorausgesetzten Ausbildung oder Prüfung die seinen Leistungen entsprechende Vergütung verweigere. Der Kläger weist ferner darauf hin, daß nach § 23 TV für die Einstufung die tatsächlich ausgeübte Tätigkeit maßgebend sei. Schließlich beruft er sich auf das in § 26 Abs. 2 TV für den Fall einer länger als 6 Monate dauernden Vertretung von Angestellten höherer Gehaltsgruppen zum Ausdruck gekommene Leistungsprinzip. Als Unterschiedsbetrag zwischen den Vergütungen der Gehaltsgruppen U 4 und U 3 für die Zeit vom 1. Januar 1956 bis 31. August 1958 hat der Kläger mit der Klage zunächst Zahlung von 207 000,– Frs, in der Berufungsverhandlung Zahlung von 1760,95 DM gefordert.

Die Beklagte ist der Auffassung, der Kläger könne das Gehalt eines Grubensteigers, dessen tarifliche Merkmale er nicht erfülle, auch nicht nach Treu und Glauben beanspruchen. Sie bestreitet im übrigen, daß der Kläger die gleiche Befähigung und vielseitige Verwendbarkeit besitze wie ein ausgebildeter Steiger.

Die Klage blieb in allen Instanzen ohne Erfolg.

Aus den Gründen:

Für den Anspruch auf die tarifliche Vergütung eines Grubensteigers genügt es nicht, wenn der Kläger in dem ihm übertragenen Aufgabenbereich die Tätigkeit eines Steigers ausübt. Das Landesarbeitsgericht führt zutreffend aus, daß der Tarifvertrag in der Berufsgruppendefinition für den Grubensteiger nicht nur eine bestimmte Tätigkeit festlegt, sondern zulässigerweise den Vergütungsanspruch außerdem noch an eine besondere Berufsausbildung oder in Ausnahmefällen an eine durch die Aufsichtsbehörde abgenommene Prüfung knüpft, also neben der auszuübenden Tätigkeit ein zusätzliches Unterscheidungs- und Bewertungsmerkmal aufstellt. Der Tarif gewährt die Vergütung nicht auch Angestellten mit gleichwertigen Fähigkeiten und entsprechender Tätigkeit. Es kann daher dahingestellt bleiben, ob der Kläger, wie er behauptet, einem Grubensteiger, der die vorgeschriebene Ausbildung oder Prüfung nachweisen kann, gleichwertig ist; denn der Tarif läßt den geforderten Nachweis der Befähigung in anderer Weise als durch die bezeichnete Ausbildung oder Prüfung nicht zu.

Zutreffend führt das angefochtene Urteil weiter aus, daß es nicht gegen Treu und Glauben verstoßen kann, wenn der Arbeitgeber sich auf das Fehlen einer von mehreren gleichrangigen Anspruchsvoraussetzungen beruft. Aus der von der Revision angeführten Entscheidung des Bundesarbeitsgerichts (AP Nr. 21 zu § 3 TO.A) ist für den Anspruch des Klägers nichts herzuleiten. Denn diese Entscheidung betrifft keinen gleichartigen Sachverhalt, sondern den Fall, daß der Angestellte, wie dort ausdrücklich betont ist, die tariflichen Tätigkeitsmerkmale erfüllt, aber eine durch Dienstordnung vorgeschriebene Prüfung nicht abgelegt hat.

Dem Landesarbeitsgericht ist ferner darin beizutreten, daß sich aus § 23 TV für den Klageanspruch nichts ergibt. Nach dieser Bestimmung hat die Einstufung des Angestellten nach Probezeit entsprechend der tatsächlich ausgeübten Tätigkeit in die nach § 2 maßgebende Hauptgruppe gemäß den Berufsgruppendefinitionen in Anlage I zu erfolgen. Das besagt nichts anderes, als daß die Einstufung nach den der übertragenen Tätigkeit entsprechenden Merkmalen zu erfolgen hat. Da die Tätigkeit des Grubensteigers im Tarif erfaßt ist, bleibt entgegen der Ansicht der Revision für eine ergänzende Tarifauslegung kein Raum; insbesondere kann nicht im Wege der ergänzenden Tarifauslegung ein Befähigungsnachweis in anderer als der im Tarif vorgesehenen Weise zugelassen werden.

Schließlich hat das Landesarbeitsgericht auch zu Recht eine analoge Anwendung des § 26 Abs. 2 TV abgelehnt. Dort ist bestimmt, daß ein Angestellter, der im Laufe eines Jahres länger als 6 Monate mit Vertretungen von Angestellten höherer Gehaltsgruppen betraut worden ist, bei Ablauf des Jahres in die höhere Gehaltsgruppe einzustufen ist. Eine unmittelbare Anwendung dieser Bestimmung kommt schon deshalb nicht in Betracht, weil der Kläger nicht mit der längeren Vertretung anderer Angestellter betraut gewesen ist. Die Revision will diese Bestimmung aber entsprechend angewendet wissen. Sie meint, wenn schon nach einer Vertretung von mehr als 6 Monaten eine Höhergruppierung zu erfolgen habe, so müsse das erst recht dann der Fall sein, wenn der Angestellte zwar keinen anderen Angestellten vertrete, aber ständig einen Dienstposten versehe, der in aller Regel von einem Angestellten einer höheren Gehaltsgruppe wahrzunehmen sei, tatsächlich jedoch nicht mit einem solchen Angestellten besetzt worden sei. Es kann dahingestellt bleiben, ob der vom Kläger versehene Dienstposten in aller Regel einem Grubensteiger (Gehaltsgruppe U 4) zu übertragen ist. Denn auch dann könnte der Kläger nicht über eine entsprechende Anwendung des § 26 Abs. 2 TV die Vergütung eines Grubensteigers beanspruchen. Diese Bestimmung will, wie bereits im angefochtenen Urteil ausgeführt ist, der ständigen Heranziehung bestimmter Angestellter zu Vertretungen in höherwertiger Tätigkeit entgegenwirken und belastet deshalb den Arbeitgeber nach einer gewissen Zeit mit der Verpflichtung zur Höhergruppierung. Aus der Bestimmung ergibt sich aber nicht, daß der Vertretende etwa auch dann in die höhere Vergütungsgruppe einzustufen sei, wenn er die Tätigkeitsmerkmale der höheren Gruppe nicht erfüllt. Er muß vielmehr sämtliche Merkmale der höheren Gruppe erfüllen; der Arbeitgeber kann ihm nur nicht mehr entgegenhalten, daß er bloß vertretungsweise mit der höherwertigen Tätigkeit betraut sei. Von den Tätigkeitsmerkmalen, die erfüllt sein müssen, können solche nicht ausgenommen werden, die eine bestimmte Ausbildung oder Prüfung oder eine Berufserfahrung von bestimmter Dauer verlangen. Andernfalls würde ein Angestellter auf dem Wege über eine sechsmonatige Vertretung den Anspruch auf eine höhere Vergütung erlangen, den er bei unmittelbarer Zuweisung der gleichen Tätigkeit mangels Erfüllung der tariflichen Tätigkeitsmerkmale gar nicht oder erst nach wesentlich längerer Zeit erwerben könnte. Eine solche Auslegung würde, wie das Landesarbeitsgericht mit Recht ausführt, sich in Widerspruch zu der tariflichen Vergütungsordnung setzen und kann deshalb nicht im Sinne der in § 26 Abs. 2 TV getroffenen Regelung liegen. Könnte aber der Kläger schon bei unmittelbarer Anwendung des § 26 Abs. 2 TV, d. h. beim Vorliegen einer mehr als sechsmonatigen Vertretung, die höhere Vergütung nicht beanspruchen, so kann ein solches Ergebnis auch nicht aus einer entsprechenden Anwendung dieser Bestimmung gewonnen werden.

36

1. Die im Rahmen eines Günstigkeitsvergleichs zwischen kollidierenden Urlaubsvorschriften erforderliche Gesamtbetrachtung der in einem inneren Zusammenhang stehenden tariflichen und gesetzlichen Urlaubsbestimmungen hat in bezug auf solche Arbeitnehmer zu erfolgen, die der Person des jeweiligen Klägers im Gesamttyp entsprechen.

2. Die Abwägung der Umstände, die im Rahmen des Günstigkeitsvergleichs von Erheblichkeit sind, darf im Interesse der Rechtssicherheit und der Praktikabilität nicht durch Faktoren beeinträchtigt werden, die, wie der Zeitpunkt des Ausscheidens oder die höchstpersönlichen Verhältnisse des Arbeitnehmers, einer ständigen Änderung unterworfen sind. Ein für die Vornahme des Vergleichs zuverlässiger Ausgangspunkt kann nur der sein, der auf den Zeitpunkt abstellt, in dem das Urlaubsjahr beginnt (Bestätigung von BAG 7, 76).

UrlaubsG Hamburg §§ 3, 5, 10; BGB § 611 Urlaubsrecht; MTV für die GEG-Betriebe in Hamburg § 9.

V. Senat. Urteil vom 20. 7. 1961 i. S. S. u. a. (Kl.) w. G.-G. D. K. (Bekl.) 5 AZR 343/60.

I. Arbeitsgericht Hamburg. — II. Landesarbeitsgericht Hamburg.

Der Kläger zu 1) war vom 1. Juli 1955 bis zum 30. April 1959, der Kläger zu 2) vom 21. September 1957 bis zum 4. März 1960 in der Druckerei der Beklagten in Hamburg als Schriftsetzer tätig. Beide Arbeitsverhältnisse endigten durch fristgerechte Kündigungen seitens der Kläger, die sich dem Studium an der Akademie der Arbeit in Frankfurt/Main bzw. an der Höheren Fachschule für das graphische Gewerbe in Stuttgart widmen wollten. Bei ihrem Ausscheiden erhielten die Kläger gemäß § 9 Ziff. 2 des für die Arbeitsverhältnisse der Parteien maßgeblichen Manteltarifvertrages für die GEG-Betriebe vom 30. Januar 1957 einen anteiligen Urlaub für die Urlaubsjahre 1959 bzw. 1960 in Höhe von 4/12 bzw. 2/12 ihres Gesamturlaubs von 18 Tagen, der Kläger zu 1) mithin sechs, der Kläger zu 2) drei Urlaubstage.

Die Kläger sind der Ansicht, nach § 3 des Hamburger Urlaubsgesetzes vom 27. Januar 1951 stehe ihnen der volle gesetzliche Jahresurlaub in Höhe von zwölf Tagen zu, da die in den tariflichen Bestimmungen vorgesehene anteilige Urlaubsgewährung im Falle des Ausscheidens während des Urlaubsjahres eine ungünstigere Regelung darstelle, der gegenüber die gesetzlichen Vorschriften vorgingen. In der zwischen den Parteien unstreitigen Höhe von 136,99 DM (Kläger zu 1.) und 200,16 DM (Kläger zu 2.) haben die Kläger die Verurteilung der Beklagten zur Nachzahlung der Entgeltdifferenz zwischen den ihnen gewährten und den in der gesetzlichen Urlaubsregelung vorgesehenen Urlaubstagen beantragt.

Die Beklagte hat zur Begründung ihres Klageabweisungsantrages vorgetragen, bei einem Vergleich zwischen den gesetzlichen und den tariflichen Urlaubsbestimmungen in ihrer Gesamtheit enthalte der Tarifvertrag die für die Kläger günstigeren Bedingungen, so daß gemäß § 10 des Hamburger Urlaubsgesetzes die tarifliche Regelung zur Anwendung gelangen müsse.

Alle Instanzen haben die Klage abgewiesen.

Aus den Gründen:

I. Das auf § 3 des Hamburger Urlaubsgesetzes (HUG) vom 27. Januar 1951 (GVBl. 1951 S. 11) gestützte Klagebegehren ist nur gerechtfertigt, wenn die Urlaubsbestimmungen des die Parteien bindenden Manteltarifvertrages vom 30. Januar 1957 für die GEG-Betriebe (MTV) für die Kläger ungünstiger sind als die entsprechenden gesetzlichen Vorschriften. Denn in einem solchen Falle gehen die Bestimmungen des Gesetzes als die stärkere Rechtsquelle den kollektivrechtlichen Normen vor, es sei denn, daß eine für den Arbeitnehmer ungünstigere Regelung ausdrücklich vom Gesetzgeber zugelassen ist. Letzteres ist für den Bereich des Hamburger Urlaubsgesetzes nicht der Fall. § 10 HUG bestimmt im Gegenteil als zwingende Folge des in § 1 HUG verankerten Grundsatzes der Unabdingbarkeit, daß nur eine in Tarifverträgen getroffene günstigere Regelung von den gesetzlichen Bestimmungen nicht berührt wird.

Für die danach erforderliche Prüfung, ob der Manteltarifvertrag für die Kläger günstigere Bedingungen hinsichtlich des Anspruchs auf Urlaub gegenüber der gesetzlichen Regelung enthält, ist, wie in der Rechtsprechung des Bundesarbeitsgerichts und auch des früheren Reichsarbeitsgerichts wiederholt zum Ausdruck gebracht (vgl. BAG 6, 297; BAG 7, 76; RAG ARS 31, 44; 44, 282; Dersch, Urlaubsgesetze, Anm. 112 ff.), nicht von einem abstrakten Gesamtvergleich auszugehen, der alle Urlaubsbestimmungen des Manteltarifvertrages für alle Arbeitnehmer allen Bestimmungen des Hamburger Urlaubsgesetzes gegenüberstellt. Es scheidet aber auch eine Betrachtungsweise aus, die eine einzelne Bestimmung des Tarifvertrages in einen Vergleich zu einer gleichartigen des Gesetzes setzt und so die günstigere Einzelbestimmung zu ermitteln sucht, weil hierbei eine Berücksichtigung des zwischen den einzelnen Bestimmungen bestehenden sachlichen Zusammenhangs und ihrer gegenseitigen Ergänzung außer Betracht bliebe. Der Senat nimmt Veranlassung, die in dieser Beziehung von der bisherigen Rechtsprechung des Bundesarbeitsgerichts aufgestellten Grundsätze zusammenzufassen und wie folgt näher zu präzisieren:

1. Bei einem Urlaub steht ein einheitlicher Lebenssachverhalt in Rede, ein Umstand, dem auch ein Günstigkeitsvergleich Rechnung zu tragen hat. Deswegen muß für die Frage, ob eine gesetzliche oder tarifliche Regelung günstiger ist, von einer gewissen komplexen Schau ausgegangen werden, die die in einem inneren Zusammenhang stehenden Bestimmungen des Tarifvertrags und des Gesetzes sinnvoll verbindet und gegeneinander abwägt. Ein Arbeitnehmer betrachtet diese Frage nicht unter dem besonderen Gesichtspunkt, wie der Urlaub in einzelner Beziehung — so z. B. hinsichtlich der Frage der Wartezeit oder der Frage des Verlustes des Urlaubes bei fristgerechter oder fristloser Kündigung u. dgl. — ausgestaltet ist; vielmehr richtet sich sein Interesse auf die vergleichende Abwägung, ob er sich insgesamt nach gesetzlicher oder tariflicher Regelung besser steht, wobei die Anschauung des Arbeitslebens entscheidendes Gewicht auf die Länge des Urlaubs und seine Bezahlung legt. Deswegen kann sich ein Günstigkeitsvergleich nicht auf Urlaubselemente im einzelnen erstrecken. Er muß vielmehr die Frage klären, welche Urlaubsregelung ein Arbeitnehmer, der die Wahl hätte, sich für eine gesetzliche oder für eine tarifliche Regelung zu entscheiden, nach vernünftigen Gesichtspunkten insgesamt als die günstigere bezeichnen würde. Dabei ist selbstverständlich, daß keine tarifliche Regelung als günstiger angesehen werden kann, die die gesetzlich vorgeschriebene Mindesturlaubslänge und das Lebensstandardprinzip beeinträchtigt.

2. Diese soeben erwähnte Gesamtbetrachtung der tariflichen und der gesetzlichen Urlaubsregelung ist vorzunehmen in bezug auf solche Arbeitnehmer, die der Person des jeweiligen Klägers im Gesamttyp entsprechen. Es ist also nicht zu fragen, ob z. B. alle im Druckereigewerbe tätigen Arbeitnehmer sich nach der tariflichen Regelung besser stehen oder nach der gesetzlichen Regelung. Vielmehr ist zu prüfen, ob ein bestimmter Arbeitnehmertyp im Druckereigewerbe, der nach Tätigkeit, Lebensalter, Betriebszugehörigkeit, Familienstand, u. dgl. den Klägern vergleichbar ist, sich nach der tariflichen Regelung besser steht als nach der gesetz-

lichen. Insoweit erfährt der zu Ziff. 1 oben ausgesprochene Grundsatz, daß Urlaub mit Urlaub insgesamt zu vergleichen ist, eine sinnvolle Verengung dahin, daß dieser Vergleich jeweils auf einen bestimmten Arbeitnehmertyp in der angegebenen Weise abzustellen hat.

3. Weiterhin kommt es darauf an, von welcher Sicht aus dieser Vergleich vorgenommen wird. Wollte man in dieser Beziehung Unklarheit lassen, so würde eine große Anzahl von Zweifeln darüber entstehen, von welcher konkreten Ausgangsbasis aus der zu Ziff. 1 und 2 näher beschriebene Vergleich anzustellen ist. Ein zuverlässiger Ausgangspunkt kann nur der sein, der auf den Zeitpunkt abstellt, in dem das Urlaubsjahr beginnt (so auch BAG 7, 76 mit weiteren Nachweisen). Jede andere Auffassung würde dazu führen, daß die Urlaubsregelung für den einzelnen Arbeitnehmer völlig in der Schwebe bliebe und sich verschieden gestalten müßte, je nachdem die Besonderheiten persönlicher Art im Zeitpunkt des Ausscheidens in dem einen Fall die tariflichen, in dem anderen Fall die gesetzlichen Vorschriften als die günstigeren erscheinen ließen.

Die Abwägung der Umstände, die im Rahmen des Günstigkeitsvergleichs von Erheblichkeit sind, darf aber im Interesse der Rechtssicherheit und der Praktikabilität nicht durch Faktoren beeinträchtigt werden, die, wie die im Zeitpunkt des Ausscheidens jeweils vorliegenden höchstpersönlichen Verhältnisse des Arbeitnehmers, im Laufe des Urlaubsjahres unterschiedlich sein können. Etwas anderes hat entgegen der Ansicht der Revision auch nicht der Vierte Senat zum Ausdruck gebracht (BAG 6, 297), wenn er den Zeitpunkt der fristlosen Entlassung zum Ausgangspunkt seiner Abwägung macht. Denn nicht das zeitliche Element war in dem dort zu entscheidenden Fall ausschlaggebend für den Günstigkeitsvergleich, sondern der sachlich zusammenhängende Komplex der Urlaubsvergütung im Falle einer fristlosen Entlassung, dessen Regelung nach den gesetzlichen und tariflichen Bestimmungen miteinander verglichen wurde. Der Günstigkeitsvergleich ist daher danach vorzunehmen, welche Wahl ein Arbeitnehmer, dem es freisteht, zwischen einer gesetzlichen oder tariflichen Regelung zu wählen, zu Beginn des Urlaubsjahres treffen würde.

II. Nimmt man unter Beachtung dieser soeben formulierten Grundsätze in dem vorliegenden Rechtsstreit den Günstigkeitsvergleich vor, so gelangt man zu dem Ergebnis, daß die tarifliche Regelung insgesamt für die hier in Betracht kommenden Arbeitnehmergruppen günstiger ist als die gesetzliche Regelung nach dem Hamburger UrlaubsG. Dies ergibt sich aus folgender Gegenüberstellung:

1. Nach § 9 Ziff. 5 MTV steht den Klägern, die das 25. Lebensjahr vollendet haben, ein Urlaubsanspruch von 18 Tagen zu, nach § 3 HUG nur ein solcher von zwölf Tagen. Zu zwölf oder mehr aufeinanderfolgenden Urlaubstagen, die in die Zeit vom 1. Oktober bis zum 31. März fallen, erhält das Belegschaftsmitglied nach § 9 Ziff. 6 MTV weitere zwei Tage Urlaub; ein weiterer Zusatzurlaub von ein bzw. zwei Tagen wird nach einer 5- bzw. 10-jährigen Betriebszugehörigkeit gewährt. Eine derartige zusätzliche Urlaubsgewährung kennt die gesetzliche Regelung nicht. Die tarifliche Regelung ist insoweit erheblich günstiger als das Hamburger UrlaubsG.

2. Nach dem HUG entsteht der Urlaubsanspruch für einen Arbeitnehmer mangels anderer gesetzlicher Bestimmungen mit Beginn des Kalenderjahres in voller Höhe. Für den Urlaubsanspruch nach § 9 MTV ist dies im Manteltarifvertrag nicht mit voller Deutlichkeit zum Ausdruck gebracht. Es ist aber den Urlaubsbestimmungen entgegen der Auffassung der Revision nicht zu entnehmen, daß der Urlaubsanspruch von Monat zu Monat anteilig „erdient“ wird und theoretisch erst im Dezember des laufenden Jahres in voller Höhe entsteht. Denn nach § 9 Ziff. 3 MTV soll der Urlaub — seinem Erholungszweck entsprechend — grundsätzlich zusammenhängend während des Urlaubsjahres, das gemäß § 7 MTV vom 1. April bis 31. März läuft, gewährt werden, und es ist nichts dafür vorgetragen, daß etwa den Belegschaftsmitgliedern der Beklagten vor dem Monat Dezember nie der volle Jahresurlaub gewährt wurde oder der Arbeitgeber insoweit ständig Vorleistungen erbracht habe, zu denen er nicht verpflichtet gewesen sei. Vielmehr entsteht der Urlaubsanspruch nach Wortlaut und Sinn auch nach den tariflichen Bestimmungen zu Beginn des Urlaubsjahres und vermindert sich später lediglich dann, wenn der Arbeitnehmer ausscheidet. Somit sind hinsichtlich der Entstehung des Urlaubsanspruches die tarifliche und die gesetzliche Regelung gleichwertig.

3. Scheidet der Arbeitnehmer im Laufe des Urlaubsjahres aus, und ist der ihm zustehende Urlaub bis zu diesem Zeitpunkt erteilt worden, so können nach § 9 Ziff. 2 Abs. 3 MTV der bereits gewährte Urlaub und das gezahlte Urlaubsgeld nicht zurückgefordert werden. Der Arbeitnehmer steht sich in diesem Falle besser als nach der Regelung des HUG, da er seine vollen 18 Tage Urlaub statt der gesetzlichen zwölf Tage erhalten hat. Ist der Urlaub vor Beendigung des Arbeitsverhältnisses noch nicht genommen worden, so tritt nach dem Tarifvertrag eine Zwölftelung ein, die das HUG nicht kennt. Diese Benachteiligung wird jedoch zunächst dadurch gemindert, daß infolge der Höhe der tariflichen Urlaubsregelung der Arbeitnehmer nur bei einem Ausscheiden bis zum

31. August des laufenden Jahres schlechter gestellt wäre; denn nach diesem Zeitpunkt wäre infolge der ungleich höheren tariflichen Urlaubsdauer der nach dem Manteltarifvertrag anteilig zu gewährende Urlaub mindestens ebenso hoch wie der gesetzliche volle Urlaubsanspruch. Hinzukommt eine weitere Abschwächung der Auswirkungen des Zwölftelungsprinzips: Bei einem Austritt während des Urlaubsjahres hat nämlich der Arbeitnehmer sowohl nach dem Gesetz wie auch nach dem Tarifvertrag die Möglichkeit, für den Rest des betreffenden Jahres bei einem anderen Arbeitgeber entweder nach dem Zwölftelungsprinzip wieder einen entsprechenden Teilurlaub oder möglicherweise nach Ablauf der Wartezeit sogar noch einen vollen Urlaubsanspruch zu erwerben, demgegenüber der bei dem früheren Arbeitgeber erworbene Urlaubsabgeltungsanspruch nur subsidiärer Natur ist und damit die ungünstigere Regelung darstellt (BAG a.a.O.). Daß es dabei in dieser Beziehung nicht auf die konkrete Frage ankommen kann, ob ein während des Urlaubsjahres ausgeschiedener Arbeitnehmer bei einem neuen Arbeitgeber deshalb nicht mehr in ein Arbeitsverhältnis tritt, weil er, wie das hier in Rede steht, studieren und sich fortbilden will, ist eine Frage, die in dem Gesamtvergleich aus den oben zu I der Urteilsbegründung angegebenen Gründen nicht zum Zuge kommen kann. Eine mögliche Benachteiligung des Arbeitnehmers durch die für die Beendigung des Arbeitsverhältnisses geltende tarifliche Regelung wird schließlich dadurch ausgeglichen, daß das HUG in § 5 Abs. 4 den Verlust des Urlaubsanspruchs sowohl im Falle der berechtigten fristlosen Entlassung des Arbeitnehmers vorsieht als auch dann, wenn der Arbeitnehmer ohne gerechtfertigten Grund das Arbeitsverhältnis vorzeitig beendet. Nach dem Manteltarifvertrag bleibt in diesen Fällen der dem Arbeitnehmer zustehende Urlaubsanspruch aufrechterhalten. Soweit letztlich in Betracht zu ziehen ist, daß der Tarifvertrag zwei Verfallklauseln enthält, die das Hamburger UrlaubsG nicht kennt, so wirkt sich auch dieser Gesichtspunkt nicht nachteilig im Sinne einer ungünstigeren urlaubsrechtlichen Stellung des Arbeitnehmers bei einem Vergleich zwischen der tariflichen und gesetzlichen Regelung aus. Verfallklauseln haben Ordnungsfunktionen für das Arbeitsleben und liegen in aller Regel im Interesse beider Parteien.

III. Ergibt somit der Günstigkeitsvergleich, angestellt unter den Gesichtspunkten, wie sie zu I entwickelt wurden, und konkret durchgeführt unter Beachtung der Umstände, wie sie zu II im einzelnen aufgeführt sind, insgesamt, daß der hier in Rede stehende MTV hinsichtlich seiner Urlaubsregelung günstiger ist als das Hamburger UrlaubsG, so sind die Ansprüche der Kläger unbegründet.

37

Zur Begründung der Divergenz kann auch ein in derselben Sache bereits ergangenes Urteil des Bundesarbeitsgerichts herangezogen werden. Die bindende Wirkung dieses Urteils nach § 565 Abs. 2 ZPO spielt aber für die Frage der Divergenz keine Rolle, sondern kommt erst in Betracht, wenn nach den allgemeinen Grundsätzen der Divergenzrevision die Revision gegen das angegriffene Urteil statthaft ist.

ArbGG § 72 Abs. 1 Satz 2 und 3; ZPO § 565 Abs. 2.

II. Senat. Beschluß vom 26. 7. 1961 i. S. T-F GmbH (Bekl.) w. Sch. (Kl.)

2 AZR 178/61.

I. Arbeitsgericht Wiesbaden. — II. Landesarbeitsgericht Frankfurt am Main.

Aus den Gründen:

Da das Landesarbeitsgericht die Revision nicht zugelassen hat und der Streitwert den Betrag von 6000 DM nicht übersteigt, wäre die Revision nur statthaft, wenn ein Divergenz im Sinne des § 72 Abs. 1 Satz 2 oder 3 ArbGG vorläge. Das ist entgegen der Auffassung der Beklagten nicht der Fall.

Die Beklagte hält eine divergenzbegründende Abweichung deswegen für gegeben, weil das Landesarbeitsgericht von dem in dieser Sache zuvor ergangenen Urteil des Senats vom 4. August 1960 (BAG 9, 361 ff.) abgewichen sei.

Zur Begründung einer Divergenz kann schon nach dem Wortlaut des § 72 Abs. 1 Satz 2 ArbGG zwar auch ein in derselben Sache bereits ergangenes Urteil des Bundesarbeitsgerichts herangezogen werden. Die Rechtseinheit ist auch berührt, wenn das Landesarbeitsgericht in seinem neuen Urteil von der Entscheidung des Bundesarbeitsgerichts abweicht. Die bindende Wirkung, mit der dieses Urteil nach § 565 Abs. 2 ZPO ausgestattet ist, spielt aber bei der Prüfung, ob das neue Urteil des Landesarbeitsgerichts von dem Urteil des Bundesarbeitsgerichts abweicht, keine Rolle. Sie kommt erst in Betracht, wenn die Revision nach den vom Bundesarbeitsgericht aus § 72 Abs. 1 ArbGG entnommenen Grundsätzen, die allgemein für jede Divergenz gelten, als Divergenzrevision zulässig ist.

Die Beklagte hat eine Divergenz nun nicht einmal schlüssig dargelegt. Sie hätte in ihrer Revisionsbegründung die nach ihrer Meinung im angefochtenen Urteil aufgestellten Rechtssätze im einzelnen angeben und dann darlegen müssen, inwiefern diese Rechtssätze von den in der Revisionsbegründung herauszustellenden tragenden Rechtssätzen der Entscheidung des Senats abweichen und inwiefern das angefochtene Urteil auf dieser Abweichung beruht. Diesen Anforderungen, wie sie an eine auf Divergenz gestützte Revisionsbegründung zu stellen sind (vgl. die ständige Rechtsprechung des Bundesarbeitsgerichts BAG 1, 10; BAG AP Nr. 7, 14, 22, 39 zu § 72 ArbGG 1953; Nr. 6 und 9 zu § 72 ArbGG 1953 Divergenzrevision), hat die Beklagte nicht entsprochen, so daß ihre Revision schon wegen unzureichender Darlegung der behaupteten Divergenz unzulässig ist.

Die Beklagte zitiert die beiden letzten Absätze des in dieser Sache ergangenen Revisionsurteils und meint, das Berufungsgericht habe in seiner nunmehr ergangenen Entscheidung die vom Revisionsgericht für erforderlich gehaltene Prüfung unterlassen, ob der Kläger als Anwalt tätig oder ob er abhängiger Arbeitnehmer der Beklagten gewesen sei; es habe sich statt dessen mit Vermutungen begnügt. Ferner habe es nicht selbst geprüft, ob die außerordentliche fristlose Kündigung berechtigt gewesen sei; es habe das Vorbringen der Beklagten als insoweit nicht schlüssig bezeichnet, obwohl das Revisionsgericht diese Frage für aufklärungsbedürftig gehalten habe. Mit diesem Vortrag verkennt jedoch die Beklagte, daß eine Divergenz im Sinne des § 72 Abs. 1 Satz 2 oder 3 ArbGG erst dann vorliegt, wenn das Berufungsgericht einen von der angezogenen Entscheidung aufgestellten Rechtssatz verneint oder einen gegenteiligen Rechtssatz aufgestellt hat, wie das bei dem in dieser Sache früher ergangenen Berufungsurteil vom 14. August 1959 der Fall war (vgl. BAG 9, 361; ferner BAG AP Nr. 31, 36, 42 zu § 72 ArbGG; BAG AP Nr. 2 und 9 zu § 72 ArbGG 1953 Divergenzrevision).

Die Beklagte übersieht nämlich einmal, daß die von ihr in Bezug genommenen Teile des Revisionsurteils überhaupt keine Rechtssätze, also allgemeine Regelungsaussprüche, enthalten, auf die eine Divergenzrevision gestützt werden könnte, sondern nur spezielle Anweisungen, auf denen das Revisionsurteil nicht beruht. Für die Zulässigkeit einer auf Divergenz gestützten Revision wäre es eben auch unerheblich, ob der Berufungsrichter die in der angezogenen Entscheidung etwa enthaltenen Rechtssätze überhaupt nicht oder rechtsfehlerhaft angewandt hat. Wenn er jene Rechtssätze in der Tragweite ihrer Entscheidung nur nicht verneint, ist letzteres lediglich eine Frage der Begründetheit der Revision und könnte vom Senat erst dann geprüft werden, wenn das Rechtsmittel zulässig ist.

38

1. Daß der Chefarzt eines Krankenhauses oder einer Abteilung eines Krankenhauses bei seiner rein ärztlichen Tätigkeit, d. h. bei der Behandlung der Patienten, eigenverantwortlich und an Weisungen des Krankenhausträgers nicht gebunden ist, schließt nicht aus, daß sein Beschäftigungsverhältnis dennoch ein Arbeitsverhältnis sein kann. Ein Arbeitsverhältnis ist es dann, wenn der Chefarzt im übrigen im wesentlichen weisungsgebunden und damit vom Krankenhausträger persönlich abhängig ist.

2. Es ist kein unzulässiger Ausforschungsbeweis, wenn eine Partei eine Tatsache unter Beweis stellt, die sie zwar nicht unmittelbar weiß und auch gar nicht wissen kann, aber auf Grund anderer ihr bekannter Tatsachen vermuten darf.

KSchG § 1 Abs. 1 und 2; § 611 BGB Ärzte; ZPO §§ 138, 373.
II. Senat. Urteil vom 27. 7. 1961 i. S. L. W. (Bekl.) w. E. (Kl.)

2 AZR 255/60.

I. Arbeitsgericht München. — II. Landesarbeitsgericht Bayern (München).

Der 1908 geborene Kläger ist Facharzt für Innere Krankheiten. Er war vom 1. Juni 1934 bis zum 22. November 1945 Assistenzarzt bei der Ersten Medizinischen Klinik der Universität M... Im August 1946 stellte ihn der Beklagte als Leiter der damals neu eröffneten Inneren Abteilung seines Kreiskrankenhauses an. Diese Abteilung wurde zunächst aus Platzmangel nicht in W., sondern bis Dezember 1952 in D. geführt. Durch Vertrag vom 1. Dezember 1947 wurde der Kläger als Chefarzt der Inneren Abteilung in die Vergütungsgruppe II der TO.A eingestuft mit dem Recht, allen Privatpatienten sein Honorar zu liquidieren, seine Privatpraxis im Krankenhaus zu betreiben und die Einrichtungen des Krankenhauses dafür zu benutzen.

Vor der Anstellung des Klägers gab es im Kreiskrankenhaus nur die Chirurgische Abteilung. Deren Chefarzt war der 1945 von der Militärregierung eingesetzte Dr. von F... Er war fünf Jahre jünger als der Kläger, stammte aus S., war in I. zum Arzt ausgebildet worden und im Jahre 1940 nach D. gekommen. Zwischen den beiden Chefärzten kam es, besonders nachdem die Innere Abteilung des Klägers 1952 nach W. verlegt worden war und beide Ärzte in demselben Hause arbeiteten, zu einer starken Spannung, die zu mehreren Ermittlungsverfahren der Staatsanwaltschaft, zu Veröffentlichungen in der Presse und zu innerer Unruhe im Krankenhaus führte und die bis zum Tode des Dr. von F. im Juni 1958 andauerte.

Auf Beschluß des Kreistages vom 28. Juni 1958 kündigte der Landrat dem Kläger zum 31. Dezember 1958, nachdem sich der Kläger zu dem Angebot des Kreises, gegen eine Abfindung von 15 000 DM auszuscheiden, nicht geäußert hatte. Der Kläger blieb noch bis zum 28. Februar 1959 im Dienst; über die Fortsetzung oder Erneuerung des Dienstverhältnisses über diesen Zeitpunkt hinaus kam keine Einigung zustande.

Der Kläger hat nach dem Kündigungsschutzgesetz auf Feststellung geklagt, daß sein Arbeitsverhältnis durch die Kündigung nicht aufgelöst worden sei. Der Beklagte hält das Kündigungsschutzgesetz nicht für anwendbar, weil der Kläger als Chefarzt nicht Arbeitnehmer sei. Er stützt seine Kündigung auf das Verhalten des Klägers im Streit mit Dr. von F., auf andere Verletzungen seiner Dienstpflichten und auf dringende betriebliche Erfordernisse. Hilfsweise hat er beantragt, das Vertragsverhältnis nach §§ 7, 8 KSchG gegen Abfindung aufzulösen. Der Kläger hat gebeten, diesen Hilfsantrag abzuweisen, andernfalls die Abfindung auf 100 000 DM festzusetzen.

Das Arbeitsgericht hat der Feststellungsklage stattgegeben und den Auflösungsantrag des Beklagten abgewiesen. Das Landesarbeitsgericht hat die Berufung des Beklagten zurückgewiesen. Es bejaht die Arbeitnehmereigenschaft des Klägers und führt aus, daß den Kläger bei seinem Streit mit Dr. von F. keine Schuld treffe, daß auch sonst keine zur Kündigung ausreichenden Verfehlungen des Klägers festzustellen seien und daß die Kündigung auch nicht durch dringende betriebliche Erfordernisse bedingt sei.

Die Revision des verklagten Landkreises führte zur Aufhebung des angefochtenen Urteils und zur Zurückverweisung der Sache an die Vorinstanz.

Aus den Gründen:

I. Die Revision des beklagten Landkreises ist zulässig. Der Beklagte hat zwar weder in seiner Revisionsschrift noch in seiner Revisionsbegründungsschrift einen ausdrücklichen Revisionsantrag gestellt. Das hat er erst nach Ablauf der Revisionsbegründungsfrist nachgeholt. Dennoch ist die Revisison nicht unzulässig, wie der Kläger meint. Denn eine Revisionsbegründung genügt auch ohne einen ausdrücklichen Revisionsantrag den Anforderungen des § 554 Abs. 3 ZPO, wenn sie nur unzweifelhaft erkennen läßt, in welchem Umfange das Berufungsurteil angegriffen werden soll (BAG 1, 36 [38]). Das ist hier der Fall. Aus der Revisionsbegründung geht eindeutig hervor, daß der Beklagte das Berufungsurteil in vollem Umfange anfechten will und die Klageabweisung erstrebt.

II. Ohne Rechtsirrtum nimmt das angefochtene Urteil an, daß gegen die sachliche Zuständigkeit der Arbeitsgerichte sowie gegen die Rechtsgültigkeit der Kündigungserklärung des Landrats keine Bedenken bestehen und daß der Betriebsrat zu der Kündigung nicht gehört zu werden brauchte. Der Kläger kann aber mit seiner auf § 1 Abs. 2 KSchG gestützten Klage nur durchdringen, wenn er in einem Arbeitsverhältnis zum beklagten Landkreis gestanden hat; denn nur Arbeitsverhältnisse genießen den Schutz des Kündigungsschutzgesetzes (§ 1 Abs. 1 KSchG).

Das angefochtene Urteil hat mit zutreffenden Gründen das zwischen den Parteien bestehende Vertragsverhältnis als ein Arbeitsverhältnis und damit den Kläger als Arbeitnehmer angesehen.

Ein Arbeitsverhältnis im Gegensatz zu einem freien Dienstverhältnis liegt nach allgemeiner Ansicht dann vor, wenn der Verpflichtete nicht nur wirtschaftlich, sondern auch persönlich von dem Dienstberechtigten abhängig, d. h. bei seiner Arbeit an dessen Weisungen gebunden ist (vgl. BAG AP Nr. 7 zu § 5 ArbGG mit Nachweisen). Diese Auffassung hat in § 84 Abs. 1 Satz 2 HGB für den Fall des Handelsvertreters ihren Niederschlag gefunden. Für dessen Selbständigkeit ist maßgebend, daß er „im wesentlichen frei seine Tätigkeit gestalten und seine Arbeitszeit bestimmen kann".

Der Ansicht von Nipperdey in seinem 1949 erstatteten Gutachten „Chefarzt und Krankenhaus" (Sonderdruck aus „Der Krankenhausarzt" 1949 Heft 4, S. 4 [17—21]), daß der Chefarzt eines Krankenhauses niemals Arbeitnehmer sei, ist das angefochtene Urteil mit Recht nicht gefolgt. Es ist zwar zuzugeben, daß der Chefarzt bei seiner rein ärztlichen Tätigkeit selbständig ist. Denn insoweit, also bei der Behandlung seiner Patienten, darf ihm aus Gründen der ärztlichen Standesethik der Träger der Krankenhäuser keine Weisungen erteilen und kann es auch tatsächlich aus Mangel an Sachkenntnis nicht. Der Chefarzt ist insoweit in keiner wesentlich anderen Lage als etwa ein vertraglich mit wissenschaftlichen Forschungsaufgaben beauftragter Physiker oder Chemiker eines Betriebes, der trotzdem in aller Regel nach seinem Vertrag als Arbeitnehmer zu gelten hat. Es gab und gibt darüber hinaus auch Arbeitsverhältnisse, bei denen dem Arbeitgeber eine Einflußnahme auf die sachliche Ausübung der Tätigkeit des Arbeitnehmers rechtlich versagt ist. So waren in einigen deutschen Ländern nach dem Zusammenbruch des Reichs im Jahr 1945 die Richter Angestellte und damit Arbeitnehmer des Staates, obwohl sie in ihrer rechtsprechenden Tätigkeit an Weisungen ihrer Dienstherren nicht gebunden waren. Ähnliches gilt für den Schiffskapitän, der — ohne daß sich der Reeder einmischen darf — die alleinige nautische Verantwortung trägt, der aber trotzdem Arbeitnehmer ist, wie auch § 22 Abs. 4 KSchG zeigt (vgl. hierzu Molitor, Rechtsgutachten „Krankenhaus und Chefarzt", Schriften der deutschen Krankenhausgesellschaft Nr. 1 Köln 1953, S. 14).

Die notwendige Weisungsfreiheit des Chefarztes bei Ausübung seiner ärztlichen Tätigkeit steht somit der Annahme eines abhängigen Angestelltenverhältnisses nicht entgegen. Das ist auch in der arbeitsgerichtlichen Rechtsprechung bisher stets anerkannt worden (RAG ARS 15, 528 ff.; 15, 550 ff.; LAG Düsseldorf, Außenkammern Köln, Betrieb 1951 S. 272; LAG München, AP 50 Nr. 20; LAG München RdA 51, 480; OAG Rheinland-Pfalz, JZ 1952 S. 232; Oberlandesarbeitsgericht Tübingen, RdA 1952 S. 359; LAG Baden-Württemberg, Außenkammern Mannheim, Betrieb 1960 S. 1159 = BB 1960 S. 939 u. a.). Der erkennende Senat ist in seinem Urteil vom 10. November 1955 (BAG 2, 221) ebenfalls von der Arbeitnehmereigenschaft der Chefärztin einer Röntgenabteilung ausgegangen.

Die Frage, ob ein Chefarzt in einem abhängigen Arbeitsverhältnis oder in einem selbständigen Dienstverhältnis zum Krankenhausträger steht, läßt sich nicht allgemein, sondern nur auf Grund der besonderen Umstände des jeweiligen Einzelfalles beantworten. Entscheidend ist darauf abzustellen, ob der Chefarzt, wenn er auch in der Ausübung seines ärztlichen Berufs eigenverantwortlich ist, im übrigen bei seiner Tätigkeit im wesentlichen vom Krankenhausträger persönlich abhängig und an dessen Weisungen gebunden ist. Im vorliegenden Falle rechtfertigen die rechtliche Ausgestaltung sowie die tatsächliche Handhabung des Dienstverhältnisses des Klägers die Annahme einer solchen Abhängigkeit.

Der Kläger war zur hauptberuflichen Beschäftigung auf unbestimmte Zeit angestellt. Das Dienstverhältnis beanspruchte fast seine ganze Arbeitskraft. Er mußte Dienststunden einhalten, die Dauer seines Erholungsurlaubs war fest bestimmt, er durfte jährlich nur bis zu 14 Tagen an ärztlichen Fortbildungskursen teilnehmen. Zwar wurde ihm das Recht zur Ausübung einer Privatpraxis zugestanden; diese mußte sich aber nach § 5 Abs. 1 des Dienstvertrages vom 1. November 1946, der durch die anläßlich der Ernennung des Klägers zum Chefarzt der Inneren Abteilung am 1. Dezember 1947 neu vereinbarten Anstellungsbedingungen nicht aufgehoben, sondern nur ergänzt wurde, auf die Sprechstunde im Krankenhaus beschränken. Er war auf Grund seines Anstellungsvertrages zur Behandlung sämtlicher Krankenhauspatienten aller Verpflegungsklassen ohne Rücksicht auf sein Liquidationsrecht verpflichtet. Hilfsbedürftige und Fürsorgepatienten mußte er unentgeltlich behandeln. Er unterstand zuletzt sogar mit der von ihm geleiteten Krankenhausabteilung in organisatorischer Hinsicht einem durch Beschluß des Kreistages des Beklagten vom 14. Februar 1953 bestellten ärztlichen Direktor des Krankenhauses, der die Gesamtleitung innehatte und das Krankenhaus in ärztlich-hygienischen Fragen, die die Chirurgische und die Interne Abteilung gemeinsam berührten, nach innen und außen vertrat. Der ärztliche Direktor hatte für die reibungslose Zusammenarbeit der Krankenhausabteilungen zu sorgen und über die Einhaltung der vom Kreisausschuß des Beklagten erlassenen Dienstordnung zu wachen. Er regelte und beaufsichtigte den Aufnahmedienst sowie die Verteilung des Pflege- und Schwesternpersonals und hatte bei Meinungsverschiedenheiten das Entscheidungsrecht.

Ferner ist von Bedeutung, daß sich das Dienstverhältnis des Klägers nach den einschlägigen Tarifwerken des öffentlichen Dienstes richtete und in dem Dienstvertrag vom 1. Dezember 1947 auch ausdrücklich als Arbeitsverhältnis bezeichnet ist. Die Parteien sind also selbst vom Bestehen eines Arbeitsverhältnisses ausgegangen. Der Kläger hatte auch einen Disziplinarvorgesetzten in der Person des Landrats des beklagten Landkreises. Seinen Krankheits- und Urlaubsvertreter bestellte er nicht selbst; dafür sorgte vielmehr der beklagte Landkreis, der auch die Kosten hierfür zu tragen hatte. Überhaupt war die Auswahl und Bestellung sämtlicher Hilfskräfte ausschließlich Angelegenheit des Beklagten, wenn dies auch im Einvernehmen mit dem Kläger geschehen sollte.

Für das Vorliegen eines unselbständigen Dienstvertrages spricht schließlich noch, daß der beklagte Landkreis nach den Anstellungsbedingungen verpflichtet war, den Kläger gegen die gesetzliche Haftpflicht aus seiner Tätigkeit als Chefarzt zu versichern. Der Kläger selbst trug also kein Unternehmerrisiko.

Das dem Kläger eingeräumte Recht zur eigenen Liquidation gegenüber den Privatpatienten des Krankenhauses deutet nicht auf ein selbständiges Dienstverhältnis hin (RAG ARS 15, 550 [552]). Es handelt sich hierbei nach den Feststellungen des Landesarbeitsgerichts nur um eine andere Form der Gehaltszahlung, die den besonderen Umständen Rechnung trägt. Die Eigenliquidation ist Teil des Entgelts für die vom Chefarzt auf Grund seines Dienstvertrages zu erbringende Gesamtleistung (BGHZ 7, 1[12 ff.]; Molitor, „Chefarzt und Krankenhaus" S. 74 ff.). Das ergibt sich für den vorliegenden Fall eindeutig aus § 5 des Dienstvertrages vom 1. November 1946 und Ziff. II der Anstellungsbedingungen vom 1. Dezember 1947. Dort wird ausdrücklich zwischen der Privatpraxis des Klägers und der Behandlung der Privatpatienten des Krankenhauses, gegenüber denen dem Kläger das Eigenliquidationsrecht zusteht, unterschieden.

Soweit die Revision aus der Höhe des Einkommens des Klägers das Vorliegen eines selbständigen Dienstvertrages herleiten will, kann ihr nicht gefolgt werden. Die Höhe des Einkommens bildet kein kennzeichnendes Merkmal des Arbeitnehmers (RAG ARS 15, 550). Das Landesarbeitsgericht brauchte deshalb die Steuerakten des Klägers zur Feststellung der Höhe seines Einkommens nicht beizuziehen. Die dahingehende Rüge der Revision ist unbegründet.

III. Zutreffend hat das Berufungsgericht weiter angenommen, daß dem Kläger keine selbständige Einstellungs- oder Entlassungsbefugnis im Sinne des § 12 Buchstabe c KSchG eingeräumt war und diese Vorschrift deshalb die Anwendung des Kündigungsschutzgesetzes nicht ausschließt. Die dagegen gerichteten Angriffe der Revision gehen fehl.

Daß der beklagte Landkreis nach den Anstellungsbedingungen des Klägers die Hilfskräfte für das Kreiskrankenhaus im Einvernehmen mit dem Kläger auswählen und bestellen sollte, begründet für diesen keine selbständige Einstellungsbefugnis; denn die letzte Entscheidung hierüber lag beim Beklagten. Nach den Feststellungen des Landesarbeitsgerichts hat der Kläger Einstellungen oder Entlassungen im Krankenhaus auch tatsächlich nicht vorgenommen. Die in diesem Zusammenhang erhobene Revisionsrüge, das Landesarbeitsgericht habe unter Verletzung des § 139 ZPO den Landrat L. des Beklagten nicht über die tatsächliche Handhabung der Einstellungen und Entlassungen in dem Kreiskrankenhaus vernommen, ist unbeachtlich, weil sie nicht hinreichend mit Tatsachen belegt ist und daher den Anforderungen des § 554 Abs. 3 Satz 2 ZPO nicht genügt. Es fehlen vor allem Ausführungen darüber, was der Landrat im einzelnen zu der tatsächlichen Handhabung der Einstellungen und Entlassungen erklärt haben würde. Auch die weitere Rüge der Revision aus § 286 ZPO, das Landesarbeitsgericht habe den durch Benennung des Assistenzarztes Dr. U. angebotenen Beweis nicht erhoben, geht fehl. Dieser Zeuge sollte lediglich bekunden, der Kläger habe aus eigenem Entschluß seine Entlassung verlangt und schließlich beim Beklagten auch durchgesetzt. Das aber spricht gerade dafür, daß nicht der Kläger, sondern die Organe des beklagten Landkreises über die Entlassung zu entscheiden hatten und dieses Recht auch selbst ausübten.

Die dem Kläger vertraglich zugestandene Berechtigung, einen Medizinalpraktikanten nach eigener Wahl zu beschäftigen, hat das Landesarbeitsgericht mit Recht als unerheblich angesehen. Der Medizinalpraktikant ist ein nur zu seiner eigenen Ausbildung im Krankenhaus zugelassener Arztanwärter. Das Recht des Chefarztes, lediglich über die Beschäftigung eines solchen Arztanwärters allein zu entscheiden, kann ihm den Kündigungsschutz nicht nehmen. Bei der Einstellungs- oder Entlassungsbefugnis im Sinne des § 12 Buchstabe c KSchG muß es sich um eine der leitenden Stellung des Angestellten entsprechende Berechtigung handeln. Die Einstellungsbefugnis muß also Ausdruck der leitenden Funktion des Angestellten im Betriebe sein. Das ist sie aber jedenfalls dann nicht, wenn der leitende Angestellte nur einen einzelnen für den Betrieb nicht wesentlichen und entbehrlichen Posten besetzen darf.

IV. Nachdem das Landesarbeitsgericht ohne Rechtsirrtum die Anwendbarkeit des KSchG auf den Kläger bejaht hatte, mußte es prüfen, ob die vom Beklagten angeführten Gründe die vom Kreistag beschlossene und vom Landrat erklärte Kündigung sozial rechtfertigen.

Die Ansicht der Revision, eine solche richterliche Nachprüfung schränke den Ermessens- und Beurteilungsspielraum des Kreistages als eines demokratisch gewählten öffentlich-rechtlichen Gremiums ein und verletze damit dessen Entfaltungs- und Gewissensfreiheit sowie das Subsidiaritätsprinzip und gefährde die freiheitliche demokratische Grundordnung, ist ganz unzutreffend. Die Revision verkennt, daß der beklagte Landkreis sich hier zur Erfüllung seiner öffentlichen Aufgaben aus freiem Entschluß bürgerlich-rechtlicher Mittel bedient hat und mit dem Kläger ein privatrechtliches Arbeitsverhältnis eingegangen ist. Hat er sich aber freiwillig auf den Boden des Privatrechts gestellt, dann muß er sich wie jeder Bürger behandeln und es sich gefallen lassen, daß seine bürgerlich-rechtlichen Maßnahmen von den Gerichten unbeschränkt auf ihre Rechtmäßigkeit geprüft werden. Wollte man hier dem Kreistage des Beklagten einen der richterlichen Prüfung verschlossenen Beurteilungsspielraum zugestehen, dann würde der Beklagte insoweit Richter in eigener Sache sein, und dem Kläger würde in diesem Umfange der Rechtsschutz entzogen. Das aber widerspricht rechtsstaatlichen Grundsätzen. Das Kündigungsschutzgesetz ist deshalb auch auf Arbeitsverhältnisse des öffentlichen Dienstes in gleicher Weise wie auf solche der privaten Wirtschaft anzuwenden (vgl. BAG 3, 245 [247] Großer Senat; ständige Rechtsprechung des BAG).

V. Bei der Prüfung, ob die vom Beklagten ausgesprochene Kündigung sozial gerechtfertigt ist, ist das Landesarbeitsgericht von rechtlichen Erwägungen ausgegangen, denen im Ergebnis zuzustimmen ist.

Nach § 1 Abs. 2 KSchG ist eine Kündigung dann sozial ungerechtfertigt, wenn sie nicht durch Gründe, die in der Person oder in dem Verhalten des Arbeitnehmers liegen oder durch dringende betriebliche Erfordernisse, die einer Weiterbeschäftigung des Arbeitnehmers in diesem Betriebe entgegenstehen, bedingt ist.

1. Das Landesarbeitsgericht hat vornehmlich geprüft, ob die vom Beklagten angeführten Umstände die Kündigung als verhaltensbedingt sozial rechtfertigen. Es ist der Ansicht, daß die Spannungen zwischen den beiden Chefärzten, die dem Ansehen des Kreiskrankenhauses in der Öffentlichkeit zweifellos geschadet haben, die Kündigung nur rechtfertigen könnten, wenn der Kläger diese Spannungen verschuldet und durch sein Verhalten dazu beigetragen hätte, daß begründete Zweifel an seinen Qualitäten als Arzt und Mensch in der Bevölkerung des beklagten Landkreises entstehen konnten, deren Behebung auch bei ehrlichem Bemühen der dafür zuständigen Organe mit großer Wahrscheinlichkeit auf längere Sicht nicht möglich gewesen wäre.

Dagegen wendet sich die Revision mit der Begründung, das vom Landesarbeitsgericht aufgestellte Verschuldensprinzip bei der Würdigung der Kündigungsgründe sei rechtsirrig und widerspreche anerkannter Rechtsprechung und -slehre.

Der Revision ist zuzugeben, daß eine verhaltensbedingte Kündigung zu ihrer sozialen Rechtfertigung nicht in jedem Falle notwendig ein Verschulden des Arbeitnehmers voraussetzt, sondern auch ein schuldloses Verhalten des Arbeitnehmers unter besonderen Umständen den Arbeitgeber zur Kündigung zu berechtigen vermag (vgl. BAG AP Nr. 39 zu § 1 KSchG). Hier aber ist zu bedenken, daß der Kläger im Zeitpunkt der Kündigung schon 23½ Jahre lang im öffentlichen Dienst stand. Hätte er bereits 25 Jahre im öffentlichen Dienst gestanden, so hätte ihm nach § 16 Abs. 4 TO.A nur noch mit der außerordentlichen Kündigung aus wichtigem Grunde gekündigt werden können. Danach ist es nicht verfehlt, daß hier das Landesarbeitsgericht für das Durchgreifen einer verhaltensbedingten Kündigung ein schuldhaftes Verhalten des Klägers gefordert hat. Denn so kurz vor dem Eintritt der Unkündbarkeit müssen an verhaltensbedingte Kündigungsgründe strenge Anforderungen gestellt werden. Ein schuldloses Verhalten kann deshalb im vorliegenden Fall nicht mehr genügen. Davon abgesehen ist zu bedenken, daß das Verhalten des Klägers, wenn es im ganzen korrekt und mit seinen Dienstpflichten vereinbar war, auch das Vertrauen des Beklagten zum Kläger nicht zu beeinträchtigen und demgemäß auch nicht eine verhaltensbedingte Kündigung zu rechtfertigen vermochte. Es ist also mit dem Landesarbeitsgericht davon auszugehen, daß die Spannungen mit den beiden Chefärzten und ihre Auswirkungen nur dann einen im Verhalten des Klägers liegenden

Kündigungsgrund abgeben können, wenn der Kläger die Schuld an diesem Streit trägt oder durch sein Verhalten doch wesentlich zur Verschärfung der Spannungen beigetragen hat.

Dabei kommt es entscheidend auf den Zeitpunkt der Kündigung an. Das Landesarbeitsgericht hat allerdings auch Vorgänge beleuchtet, die sich nach dem Ausspruch der Kündigung ereignet haben, aber nur, um darzutun, daß an den vorangegangenen Ereignissen der Kläger nicht schuld sei. So gesehen ist die Betrachtung späterer Ereignisse bei der Prüfung, ob der Kläger an den Spannungen in dem Krankenhaus schuld war, nicht zu beanstanden (vgl. BAG 2, 245 [252]).

2. Ob hier in der Person des Klägers Gründe vorlagen, die die Kündigung rechtfertigen, hat das Landesarbeitsgericht nicht erörtet. Das ist nicht zu beanstanden. Denn nach einer fast 25jährigen Tätigkeit im öffentlichen Dienst vermögen Eigenschaften und Charakterzüge, die in einem nicht vorwerfbaren Verhalten zum Ausdruck gelangen, die Kündigung nicht zu rechtfertigen. Überdies ist es abwegig, wenn die Revision so weit geht, aus dem Hilfsantrag des Klägers, eine etwaige Abfindung auf die hohe Summe von 100 000 DM festzusetzen, charakterliche Mängel, nämlich „rücksichts- und gewissenlose Eigensucht und hemmungslose Geldgier“ zu folgern.

3. Bei der Prüfung, ob betriebsbedingte Gründe die Kündigung rechtfertigen, hat es das Landesarbeitsgericht wiederum auf die Verschuldensfrage abgestellt. Es hat gemeint, die Spannungen in und mit der Schwesternschaft könnten deshalb eine betriebsbedingte Kündigung nicht rechtfertigen, weil der Kläger an diesen Spannungen nicht schuld gewesen sei. Dabei hat das Landesarbeitsgericht verkannt, daß eine betriebsbedingte Kündigung kein Verschulden des Arbeitnehmers voraussetzt. Das Landesarbeitsgericht hat ferner aus der Aussage der Zeugin Oberin P. entnommen, daß diese den Abzug der Schwesternschaft aus dem Krankenhaus des Beklagten nur für den Fall angedroht habe, daß der Streit der beiden Ärzte fortgesetzt werde, was aber nach dem Tod von Dr. von F. nicht mehr der Fall sei. Dabei hat das Landesarbeitsgericht übersehen, daß die Zeugin diese Androhung erst im Oktober 1958, also nach dem Tod von Dr. von F. ausgesprochen hat.

Auf diesen Mängeln beruht das angefochtene Urteil aber nicht. Denn die betriebsbedingte Kündigung kommt, wie § 1 Abs. 3 KSchG ergibt, vornehmlich nur dann zum Zuge, wenn wegen Rationalisierungs- und Sparmaßnahmen, wegen Auftragsmangels oder aus ähnlichen aus dem Betriebe heraus entstandenen Gründen ein Arbeitsplatz überflüssig wird und es sich fragt, welcher von mehreren Arbeitnehmern weichen soll. Soll aber der Arbeitsplatz erhalten und nur mit einem anderen Arbeitnehmer als dem bisherigen besetzt werden, so ist für eine betriebsbedingte Kündigung wenig Raum. Ein schuldloses Verhalten eines Arbeitnehmers kommt für eine betriebsbedingte Kündigung unmittelbar überhaupt nicht und mittelbar höchstens dann in Betracht, wenn dadurch ein störender Dauerzustand geschaffen worden ist, dem nur durch eine Kündigung abgeholfen werden kann. Das kann allerdings auch dann der Fall sein, wenn zwischen zwei Arbeitnehmern eine so heftige Feindschaft besteht, daß der Betriebsfrieden nachhaltig gestört ist. Der Arbeitgeber kann sich dann u. U. genötigt sehen, einem von beiden oder auch beiden zu kündigen. Nachdem jedoch Dr. von F. gestorben war, konnte das Landesarbeitsgericht ohne Rechtsverstoß annehmen, daß ein derartiger nur ausnahmsweise möglicher Anlaß für eine betriebsbedingte Kündigung nicht mehr gegeben war.

VI. Hat somit das Landesarbeitsgericht zu Recht bei der Frage, ob das Verhalten des Klägers die Kündigung des Beklagten sozial rechtfertigt, darauf abgestellt, ob der Kläger schuldhaft seine Dienstpflichten verletzt hat, so ist nunmehr zu prüfen, ob das Landesarbeitsgericht rechtlich zutreffend ein Verschulden des Klägers verneint hat und ob die prozessualen Rügen des Beklagten gegen die tatsächlichen dieser Schuldverneinung zugrunde liegenden Feststellungen des Landesarbeitsgerichts durchgreifen.

Diese Prüfung hat, wenngleich dem Landesarbeitsgericht im wesentlichen rechtlich zuzustimmen ist und die meisten prozessualen Rügen nicht durchgreifen, doch im Ergebnis zur Aufhebung des angefochtenen Urteils und zur Zurückverweisung der Sache an das Landesarbeitsgericht geführt.

Das Landesarbeitsgericht hat in einem (näher erörterten) Beweisantritt des Beklagten einen unzulässigen Ausforschungsbeweis gesehen. Die hiergegen erhobene Rüge der Revision greift durch. Der Beklagte hat mit seinem Worte „offensichtlich" zwar zu erkennen gegeben, daß er seine Behauptung auf Grund einer die ihm bekannten Tatsachen kombinierenden Vermutung aufstellt. Das macht aber seinen Beweisantrag noch nicht zu einem Ausforschungsbeweis. Ein solcher liegt nur vor, wenn der Beweis aufs Geratewohl und auf bloße Vermutungen angetreten ist, ohne daß der Beweisführer für seine Behauptungen tatsächlichen Anhalt hat und die von ihm erstrebte Beweisaufnahme erst die Grundlage zu neuen erheblichen Behauptungen abgeben soll (vgl. Rosenberg, Lehrbuch des Zivilprozeßrechts, 8. Aufl. S. 562; RGZ 169, 224 und 283; RAG 17, 295; Duntz in NJW 56, 769). Hier hat der Beklagte die seine Vermutung stützenden Tatsachen im einzelnen vorgetragen; er hat sodann durch sein

Wort „offensichtlich" zum Ausdruck gebracht, daß er auf Grund dieser von ihm behaupteten Tatsachen die weitere Behauptung aufstellen darf und aufstellt, es sei bei dieser Zusammenkunft ein ihn belastender Zeitungsartikel abgesprochen worden. Das ist eine Tatsachenbehauptung, die nur dadurch ein besonderes Gepräge erhalten hat, daß der Beklagte — damit seiner Wahrheitspflicht aus § 138 ZPO Rechnung tragend — noch angegeben hat, wie er zur Aufstellung seiner Behauptung gekommen ist. Dabei ist zu bedenken, daß die Partei sich im Zivilprozeß auf einem schmalen Grat zwischen Wahrheitspflicht einerseits und dem Zwange zu strikten Beweisantritten andererseits befindet und deshalb bei Vorgängen, an denen sie nicht beteiligt war, oft genötigt ist, mehr zu behaupten, als sie weiß (vgl. Duntz a. a. O.). Das darf aber nicht dazu führen, ihre Beweisanträge abzuschneiden (vgl. RAG 17, 295). Das Landesarbeitsgericht hätte daher diesen Beweisanträgen des beklagten Kreises entsprechen müssen und wird dies nunmehr nachzuholen haben (*wird ausgeführt*).

VII. Die Gründe, aus denen das Landesarbeitsgericht den Hilfsantrag des Beklagten aus § 7 Abs. 1 Satz 2 KSchG auf Auflösung des Arbeitsverhältnisses gegen Abfindung abgelehnt hat, sind ebenfalls nicht frei von Rechtsirrtum. Nach der genannten Vorschrift hat das Gericht das Arbeitsverhältnis aufzulösen, wenn der Arbeitgeber dies aus Gründen verlangt, die eine den Betriebszwecken dienliche weitere Zusammenarbeit zwischen Arbeitnehmer und Arbeitgeber nicht erwarten lassen. Der Antrag des Abeitgebers ist jedoch abzulehnen, wenn der Arbeitnehmer die Unrichtigkeit dieser Gründe in wesentlichen Punkten beweist oder wenn die Kündigung offensichtlich willkürlich oder aus nichtigen Gründen unter Mißbrauch der Machtstellung des Arbeitgebers im Betrieb erfolgt ist.

Als Auflösungsgrund hat der Beklagte geltend gemacht, daß durch den Streit der Ärzte und seine Folgeerscheinungen die Stellung des Klägers im Krankenhaus erschüttert und die für seine weitere Tätigkeit als Chefarzt notwendige Vertrauensgrundlage zerstört sei. Das Landesarbeitsgericht verkennt nicht, daß dieselben Gründe, die nach seiner Ansicht die Kündigung nicht sozial rechtfertigen, gleichwohl als Auflösungsgründe ausreichen können (BAG AP Nr. 2 zu § 7 KSchG und BAG 9, 131). Es meint aber, diese Gründe seien nicht stichhaltig und ihre Unrichtigkeit sei auch in wesentlichen Punkten bewiesen. Denn der Beklagte selbst sei noch im Februar 1959 bereit gewesen, den Vertrag mit dem Kläger zu erneuern, und auch die Aussagen der Zeugen H., P. und Dr. K. sprächen nicht dagegen, daß eine Weiterarbeit des Klägers möglich gewesen sei.

Soweit das Landesarbeitsgericht die noch im Februar 1959 vorhandene Bereitschaft des Beklagten zur Weiterbeschäftigung des Klägers feststellt und als ausschlaggebend ansieht, hat es verkannt, daß es bei § 7 KSchG anders als bei § 1 nicht auf den Zeitpunkt der Kündigung — auch nicht auf den des Ablaufs der Kündigungsfrist oder der Klageerhebung —, sondern auf den Zeitpunkt der letzten mündlichen Verhandlung vor dem Berufungsgericht ankommt. Auch wenn erst in diesem Zeitpunkt bei dem Beklagten die begründete Besorgnis aufkommen konnte, daß die weitere Zusammenarbeit mit dem Kläger gefährdet sei, und gerade dann, war der Auflösungsantrag berechtigt (BAG AP Nr. 56 zu § 1 KSchG). Das Landesarbeitsgericht hätte daher insbesondere noch erörtern müssen, ob nicht der mit Härte geführte Prozeß die Parteien weiter auseinandergebracht hat. Allerdings kann sich der Beklagte insoweit nicht auf eine solche Verschärfung berufen, die er selbst bewußt herbeigeführt hat, ohne dazu durch den Prozeßverlauf genötigt gewesen zu sein. Denn das wäre Rechtsmißbrauch.

Außerdem ist mindestens zweifelhaft, ob das Landesarbeitsgericht sich bewußt war, daß der Beklagte die ernstliche Gefährdung einer weiteren Zusammenarbeit mit dem Kläger nur schlüssig zu behaupten braucht, aber nicht beweisen muß (BAG AP Nr. 2 zu § 7 und Nr. 56 zu § 1 KSchG). Es scheint diese Verteilung der Behauptungs- und Beweislast zu verkennen, wenn es meint, die vom Beklagten geltend gemachten Auflösungsgründe seien nicht „stichhaltig", und wenn es annimmt, die Aussagen der Zeugen H., P. und Dr. K., die nach ihrem Inhalt gegen den Kläger sprechen, seien nicht geeignet, die Möglichkeit einer künftigen gedeihlichen Zusammenarbeit auszuschließen.

Diese Hinweise sind von Bedeutung für den Fall, daß das Landesarbeitsgericht nach seiner neuen Verhandlung wieder zu dem Ergebnis kommt, daß die Kündigung sozial nicht gerechtfertigt war.

39

1. Welchen Vertragswillen eine Vertragspartei hat, richtet sich dann, wenn sie bei Abschluß des Vertrages durch einen Dritten vertreten ist, nur nach dem Willen des Vertreters.

2. Der Rechtssatz, daß die Befristung eines Arbeitsvertrages rechtswirksam ist, es sei denn, daß bei Abschluß des Vertrags für die Befristung keine sachlichen Gründe vorgelegen haben, so daß sich im letzteren Fall der Arbeitgeber dem Arbeitnehmer gegenüber nicht auf die Befristung berufen kann, wenn diese dem Arbeitnehmer den Schutz von zwingenden Kündigungsbestimmungen entzieht, sowie der Rechtssatz, daß der Arbeit-

nehmer darlegungs- und beweispflichtig dafür ist, für den Abschluß des befristeten Arbeitsvertrages hätten keine sachlichen vernünftigen Gründe vorgelegen (Entscheidung des Großen Senats des BAG vom 12. Oktober 1960, BAG 10, 65 ff.), gelten, gleichgültig ob die Befristung von vornherein vereinbart wurde oder ob sie erst im Laufe eines schon bestehenden Arbeitsverhältnisses abgemacht wird.

3. Vereinbaren die Parteien eines Kündigungsschutzprozesses in einem prozeßbeendenden Vergleich die befristete Fortsetzung des Arbeitsverhältnisses, so bestehen gegenüber der Wirksamkeit dieser Befristung unter dem Gesichtspunkt eines Entzuges von zwingenden Kündigungsschutzbestimmungen keine Bedenken.

4. Es ist zu vermuten, daß jemand, dem rein ein Rechtsvorteil angeboten wird, hiermit einverstanden ist. Dabei stellt es für einen Arbeitnehmer bereits einen reinen Rechtsvorteil dar, wenn ihm gegenüber die arbeitgeberseitige Verpflichtung übernommen werden soll, einen neuen Anstellungsvertrag nach Ablauf des befristeten Anstellungsvertrages anzubieten.

5. Wenn einem seit Jahren im Dienste eines Krankenhauses tätigen Chefarzt zu einem späteren Zeitpunkt der Abschluß eines noch zu formulierenden neuen Anstellungsvertrags angeboten wird, so bedeutet das, daß ein Angebot mit solchen Bedingungen zu erfolgen hat, wie sie unter den gegebenen konkreten Umständen mit einem Chefarzt getroffen zu werden pflegen. Es ist dabei ohne Bedeutung, wenn in dem ersteren Angebot auf Richtlinien abgestellt ist, die zwischen einem Krankenhausverband und einem Chefarztverband abgeschlossen werden sollen, diese Richtlinien aber zu dem Zeitpunkt noch nicht vorliegen, in dem der neue Vertrag abzuschließen wäre.

BGB §§ 116, 119, 133, 147, 151, 157, 166, 242, 516, § 620 Befristeter Arbeitsvertrag; KSchG § 1; ZPO §§ 528 Satz 2, 554.

II. Senat. Urteil vom 3. 8. 1961 i. S. Dr. K. (Kl.) w. L. H. (Bekl.)

2 AZR 117/60.

I. Arbeitsgericht Lüneburg. — II. Landesarbeitsgericht Niedersachsen.

Der Kläger ist seit 1951 Chefarzt der Chirurgischen Abteilung des Kreiskrankenhauses in B., in dem er auch seine Privatpraxis betreibt. Das Krankenhaus wurde nacheinander vom beklagten Landkreis, vom Verein zur Errichtung Evangelischer Krankenhäuser und von der Evangelischen Krankenhaus B.-GmbH geführt. Seit dem 1. Juli 1958 ist Träger wieder

der Beklagte. Im Jahre 1954 war das Arbeitsverhältnis des Klägers durch den Verein zur Errichtung Evangelischer Krankenhäuser gekündigt worden. Den anschließenden Kündigungsrechtsstreit haben die Parteien jenes Verfahrens unter Beteiligung der Evangelischen Krankenhaus B.-GmbH am 14. Juni 1955 zu gerichtlichem Protokoll verglichen. Der in Anwesenheit des Klägers sowie seines Prozeßbevollmächtigten, Rechtsanwalt Dr. F., und des Rechtsanwalts S. als Prozeßbevollmächtigten des damaligen Beklagten und zugleich als Bevollmächtigten der „Evangelischen Krankenhaus B.-GmbH" geschlossene Vergleich hat folgenden Wortlaut:

„Die Parteien schließen unter Beitritt der Ev. Krankenhaus B.-GmbH, vertreten durch den alleinigen Geschäftsführer, Reichsbankdirektor i. R. K., folgenden

Vergleich:

1. Die Parteien sind sich darüber einig, daß das bisherige Vertragsverhältnis zwischen ihnen mit dem 30. Juni 1955 endet.

2. Die Ev. Krankenhaus B.-GmbH geht mit dem Kläger ein bis zum 31. Dezember 1957 befristetes Dienstverhältnis ein.

3. Bis zur Eröffnung des Ev. Krankenhauses B. leistet der Kläger wie bisher seine ärztlichen Dienste in dem Kreiskrankenhaus B. zu den bisherigen Vertragsbedingungen.

4. Von der Eröffnung des Ev. Krankenhauses B. ab nimmt der Kläger dort die Leitung der chirurgischen Abteilung zu folgenden Bedingungen: Monatsgehalt DM 500,— brutto zuzüglich Kindergeld nach TO.A-Richtlinien. Von seinen privaten Einkünften aus ärztlicher Tätigkeit hat der Kläger an die GmbH keine Abgaben zu entrichten, jedoch sind die Vergütungen für Sachleistungen des Krankenhauses diesem zuzuführen.

Dem Kläger wird gestattet, seine chirurgische Privatpraxis in der bisherigen Form in dem Ev. Krankenhaus B.-GmbH weiterzuführen.

5. Falls es der Kläger wünscht, kann er jederzeit das Arbeitsverhältnis mit einer Frist von drei Monaten zum Monatsende lösen.

6. Falls die GmbH nicht bis zum 30. Juni 1957 dem Kläger schriftlich erklärt, daß sie das Arbeitsverhältnis nicht über den 31. Dezember 1957 fortsetzen will, verlängert sich das Arbeitsverhältnis zunächst auf weitere drei Jahre bis zum 31. Dezember 1960.

7. Falls die GmbH das Dienstverhältnis mit dem Kläger nicht über den 31. Dezember 1957 fortsetzen will, werden die GmbH und der Beklagte den Kläger bei Bewerbungen unterstützen.

Die GmbH als nächste Trägerin des Krankenhauses gab die in Ziffer 6 vorgesehene Erklärung nicht ab. Sie bestätigte dem Kläger vielmehr am 11. Juli 1957 schriftlich, daß das bestehende Arbeitsverhältnis entsprechend dem Vergleich vom 14. Juni 1955 sich zunächst bis zum 31. Dezember 1960 verlängere. Am 1. Juli 1958 übernahm der Beklagte das Krankenhaus von der GmbH auf Grund des Vertrages vom 21. Juni 1958. Der Kläger erhielt sein Gehalt seit dieser Zeit wieder vom Beklagten. Die Übernahme wurde dem Kläger durch die GmbH mitgeteilt. Sie sandte ihm einen Auszug aus dem erwähnten Übernahmevertrag sowie die daselbst in Ziffer 3 angezogene Erklärung des Geschäftsführers der GmbH vom 21. Juni 1958.

§ 3 dieses Übernahmevertrages vom 21. Juni 1958 lautet:

„§ 3

Mit der Betriebsübernahme tritt der Landkreis H. in alle Verträge ein, die aus der Anlage ersichtlich und für den Betrieb des Krankenhauses B.-GmbH abgeschlossen worden sind.

Ausgenommen werden:

1. Der mit dem Reichsbankdirektor i. R. K. abgeschlossene Vertrag wegen des Anschlusses seines Hauses an die Versorgungsleitung des Krankenhauses. Dieser Vertrag bindet den Kreis nur bis zum 31. 12. 1958.

2. Der Vertrag mit dem derzeitigen Verwaltungsleiter St.

Hinsichtlich der Chefarztverträge ist Übernahmegrundlage die aus der Anlage zu diesem Vertrage ersichtliche Erklärung des Geschäftsführers der Evangelischen Krankenhaus B-GmbH, Dir. B."

Die „Erklärung" hat folgenden Wortlaut:

„Erklärung:

Als Geschäftsführer der Evangelischen-Krankenhaus-B.-GmbH bestätigte ich hinsichtlich der zu den drei Chefärzten bestehenden Vertragsverhältnisse folgendes:

1. Chefarzt Dr. K. ist auf Grund eines mit ihm geschlossenen Vergleiches bis zum 31. 12. 1960 angestellt.

2. Chefarzt Dr. Sch. hat das beigefügte Bestätigungsschreiben vom 8. 3. 1956 erhalten.

3. Mit Chefarzt Dr. R. sind nur mündliche Vereinbarungen getroffen, die die gleichen nachstehend geschilderten Bedingungen beinhalten.

Allen Chefärzten ist ein Monatsgehalt von 500,– DM zuzüglich Kindergeld sowie freies Liquidationsrecht zugesichert.

Es war vorgesehen, mit den drei Chefärzten einen Vertrag gemäß den zwischen der D. K. G. und dem Chefärzteverband vereinbarten Richtlinien abzuschließen.

W., den 21. Juni 1958
gez. B."

Der Beklagte wollte das Verhältnis mit dem Kläger über den 31. Dezember 1960 hinaus nicht fortsetzen und hat dies dem Kläger am 18. August 1959 schriftlich mitgeteilt.

Mit der am 5. September 1959 beim Arbeitsgericht eingereichten und alsbald zugestellten Klage wendet der Kläger sich gegen die angekündigte Beendigung des Arbeitsverhältnisses. Wie unter den Parteien unstreitig ist, gehört er nicht zu dem unter § 12 KSchG fallenden Personenkreis.

Der Kläger hat die Ansicht vertreten, daß die Vorgängerin des Beklagten mit dem Vergleich ein unbefristetes Arbeitsverhältnis eingegangen sei. Er schließt dies im wesentlichen aus dem Wort „zunächst", das in Ziffer 6 des Vergleichs und in der Mitteilung der GmbH vom 11. Juli 1957 enthalten ist. Dafür spreche ferner, daß das Arbeitsverhältnis bis zum 31. Dezember 1957 nach der Fassung der Ziffer 6 als unbefristet angesehen werden müsse. Der Geschäftsführer der GmbH, der Zeuge B., sei im Jahre 1957 derselben Ansicht gewesen. Er habe damals erklärt, daß die Beschäftigung des Klägers über den 31. Dezember 1960 hinaus für die GmbH feststehe.

Für den Fall, daß das Arbeitsverhältnis dennoch befristet sei, hält der Kläger die Befristung zum 31. Dezember 1960 für nichtig, weil sie ihm den Kündigungsschutz nehme und ein verständiger Arbeitgeber den Vertrag unbefristet geschlossen haben würde. Eine Befristung des Arbeitsverhältnisses bis zum 31. Dezember 1957 hätte genügt, um das Interesse der GmbH an seiner Erprobung zu befriedigen. Die Befristung bis zum 31. Dezember 1960 sei unnötig und unbillig gewesen.

Der Kläger hat weiter ausgeführt, eine etwaige Befristung sei durch Erklärungen der GmbH und des Beklagten später weggefallen. Der Kläger bezieht sich dazu auf die angebliche Äußerung des Zeugen B. im Jahre 1957, wonach für die GmbH feststehe, daß er, der Kläger, über den 31. Dezember 1960 hinaus beschäftigt werde. Wie der Kläger in der Berufungsinstanz dazu weiter vorgetragen hat, habe B. in seiner Äußerung ein Angebot zur Abänderung der im Vergleich vereinbarten Befristung gesehen. Nach der Übernahme der Betriebsführung durch den Beklagten im Jahre 1958 habe ferner dieser dem Personal und den Ärzten auf mehreren Betriebsversammlungen mitteilen lassen, die Belegschaft möge sich wegen ihrer beruflichen Entwicklung keine Sorgen machen, es bleibe alles beim alten.

Eine Entfristung sei ferner zugunsten des Klägers durch den zwischen der GmbH und dem Beklagten geschlossenen Übernahmevertrag vom 21. Juni 1958 vereinbart worden. Der Kläger sieht diese Vereinbarung in dem letzten Absatz der einen Teil des Vertrages bildenden Erklärung des Geschäftsführers der GmbH, des Zeugen B., vom 21. Juni 1958.

Der Kläger meint, daß die GmbH verpflichtet gewesen sei, mit ihm den erwähnten Richtlinien-Vertrag einzugehen. Diese Verpflichtung sei auf den Beklagten übergegangen. Der Kläger hat ferner behauptet, B. habe dies anläßlich des Abschlusses des Übernahmevertrages mit dem Beklagten ausdrücklich vereinbart.

Der Kläger hat beantragt, festzustellen, daß das Arbeitsverhältnis des Klägers durch die Kündigung des Beklagten vom 18. August 1959 nicht aufgelöst ist bzw. nicht zum 31. Dezember 1960 aufgelöst werden wird, hilfsweise, den Beklagten zu verurteilen, mit dem Kläger für die Zeit nach dem 31. Dezember 1960 einen Arbeitsvertrag gemäß dem Richtlinienvertrag abzuschließen bzw. festzustellen, daß der Beklagte verpflichtet ist, mit dem Kläger einen derartigen Vertrag abzuschließen.

Der Beklagte hat das Vorbringen des Klägers bestritten und insbesondere in Abrede gestellt, daß er ohne jede Einschränkung in die vertraglichen Beziehungen zwischen dem Kläger und der GmbH eingetreten sei. Sein Eintritt sei nur nach Maßgabe des Übernahmevertrages vom 21. Juni 1958 erfolgt. Ein zwischen dem Kläger und der GmbH abgeschlossenes Arbeitsverhältnis auf unbestimmte Zeit brauche er daher nicht gegen sich gelten zu lassen. Im übrigen sei der Kläger von der GmbH auch nur in einem befristeten Arbeitsverhältnis beschäftigt worden. Das gegenteilige Vorbringen des Klägers zu dieser Frage sei nicht schlüssig. Der Beklagte hat ferner abgelehnt, dem Kläger die Gründe anzugeben, aus denen er den Vertrag auslaufen lasse.

Das Arbeitsgericht hat durch Vernehmung des Zeugen B. Beweis erhoben über die Behauptung des Klägers, daß bei der Übernahme des Kreiskrankenhauses von der Evangelischen Krankenhaus B.-GmbH durch den Beklagten zwischen dem Beklagten und der GmbH vereinbart worden sei, mit dem Kläger sollte ab 1. Januar 1961 gemäß dem Richtlinienvertrag zwischen der Deutschen Krankenhausgesellschaft und dem Chefärzteverband ein Vertrag abgeschlossen werden.

Sodann hat das Arbeitsgericht die Klage abgewiesen. Es hat den Vergleich dahin ausgelegt, daß mit ihm, nachdem die Evangelische-Krankenhaus B.-GmbH eine Beendigungserklärung bis zum 30. Juni 1957 nicht abgegeben hatte, das Anstellungsverhältnis des Klägers bis zum 31. Dezember 1960 befristet worden sei. Diese Befristung sei auch nicht aus Rechtsgründen unwirksam. Einen Anspruch auf Abschluß eines neuen Vertrages habe der Kläger nicht. Auch könne der Kläger nicht aus dem Übernahmevertrag Rechte für sich herleiten. Die Berufung des Klägers gegen dieses Urteil ist ohne Erfolg geblieben.

Die Revision des Klägers führte zur Aufhebung des angefochtenen Urteils und zur Zurückverweisung des Rechtsstreits.

Aus den Gründen:

I. Das angefochtene Urteil hat sich nicht mit der Frage auseinandergesetzt, ob die Gerichte für Arbeitssachen für diesen Rechtsstreit sachlich zuständig sind. Möglicherweise ist das Landesarbeitsgericht in eine Prüfung der Zutändigkeit von Amts wegen hier deshalb nicht eingetreten, weil der Beklagte im ersten Rechtszuge die Einrede der Unzuständigkeit des Gerichts nicht erhoben, sondern rügelos zur Hauptsache verhandelt hat. In einem solchen Fall findet in analoger Anwendung des § 528 Satz 2 ZPO i. Verb. m. § 64 Abs. 2 Satz 1 ArbGG eine Prüfung der Zuständigkeit von Amts wegen nicht statt, dies jedoch nur bei „vermögensrechtlichen Ansprüchen". Ob es sich bei einer Feststellungsklage, die sich gegen eine nicht außerordentliche fristlose Kündigung richtet, um einen vermögensrechtlichen Anspruch im Sinne dieser Bestimmung handelt, erscheint nicht ganz zweifelsfrei. Hierfür spricht zwar, daß — gerade auch im vorliegenden Fall — die Beendigung des Anstellungsverhältnisses einen tiefen Einschnitt in die wirtschaftliche Existenz des davon Betroffenen bedeuten kann (vgl. RAG ARS 24, 70 [71]). Andererseits muß jedoch beachtet werden, daß die Beendigung des Anstellungsverhältnisses eines Dienstverpflichteten — mag er Arbeitnehmer sein oder nicht — nicht lediglich und ausschließlich vermögensrechtliche Wirkungen entfaltet (vgl. BAG 9, 361), und das eben nicht nur im Falle der außerordentlichen fristlosen Kündigung seitens des Dienstherrn. Der Dienstverpflichtete verliert die Bindungen zu seinem bisherigen Arbeitsplatz und zu seiner bisherigen Arbeitsumwelt. Das konkrete Dienstverhältnis ist für den Arbeitnehmer nicht nur eine Grundlage zum Einkommensbezug, sondern auch eine Gegebenheit, die wesentlich sein Leben gestaltet und seine Persönlichkeit bestimmt (BAG 2, 221 [224]). Auch kann die Ehre und das gesellschaftliche Ansehen des Arbeitnehmers in jedem Falle einer Kündigung betroffen sein.

Die Frage braucht hier aber nicht abschließend entschieden zu werden. Entweder ist § 528 Satz 2 ZPO in einem Fall wie dem vorliegenden anwendbar, dann müßte in dem zur Entscheidung stehenden Verfahren auch das Revisionsgericht von der sachlichen Zuständigkeit der Gerichte für Arbeitssachen ausgehen. Oder § 528 Satz 2 ZPO ist nicht anwendbar; dann aber ist jedenfalls hier die sachliche Zuständigkeit der Gerichte für Arbeitssachen gegeben. Denn der Kläger hat, wenn auch nicht unter näherer Angabe von Tatsachen, vorgetragen, er stehe zum Beklagten in einem Arbeitsverhältnis. Der Beklagte hat das seinerseits bestätigt, und beide Vorinstanzen haben das angenommen. Das kann als ein die sachliche Zuständigkeit begründender zusammengefaßter Tatsachenvortrag dann genügen, wenn nicht gleichzeitig Tatsachen eingeführt sind, die der Annahme eines abhängigen Arbeitsverhältnisses entgegenstehen. An solchen gegenteiligen Tatsachenangaben fehlt es aber hier. Bei dem Kläger handelt es sich unstreitig um den Chefarzt der Chirurgischen Abteilung eines Krankenhauses. Indes hat sich der Senat der im Schrifttum einmal vertretenen Auffassung, ein Chefarzt könne niemals Arbeitnehmer sein, nicht angeschlossen. Zur Vermeidung von Wiederholungen wird insoweit auf das Urteil des Senats vom 27. Juli 1961 — 2 AZR 255/60 — BAG 11, 225 ff. — Bezug genommen.

II. Der Feststellungsantrag des Klägers greift in erster Linie die Wirksamkeit der „Kündigung" vom 18. August 1959, in zweiter Linie die Wirksamkeit der Befristung des Anstellungsvertrages an. Bei dieser Lage ist, wie dies das Landesarbeitsgericht auch getan hat, zunächst zu prüfen, ob zwischen den Parteien ein befristeter Vertrag geschlossen ist, sodann, ob sich an dem Vertragszustand in späterer Zeit bis zur Erklärung vom 18. August 1959 etwas geändert hat.

1. Mit Recht geht das Landesarbeitsgericht davon aus, daß das Anstellungsverhältnis des Klägers durch den Vergleich vom 14. Juni 1955 gestaltet worden ist. Auf der Arbeitgeberseite war Vertragspartner dieses Vergleichs sowohl der „Verein zur Errichtung Evangelischer Krankenhäuser e. V." wie die „Evangelische Krankenhaus B.-GmbH". Zwischen den Parteien besteht kein Streit darüber, daß mit dem Vertrag vom 21. Juni 1958 der beklagte Landkreis in das durch den Vergleich gestaltete Anstellungsverhältnis mit allen Rechten und Pflichten eingetreten ist. Also gestaltet der Vergleich auch das Anstellungsverhältnis zwischen den Parteien dieses Rechtsstreits.

2. Beide Vorinstanzen haben den Vergleich vom 14. Juni 1955 dahin ausgelegt, daß durch ihn das Arbeitsverhältnis befristet worden sei. Es handelt sich damit um die Auslegung eines nicht-typischen Individual-Vertrages. Diese Auslegung ist revisionsgerichtlich nur daraufhin nachprüfbar, ob das Berufungsgericht die allgemeinen Auslegungsregeln, die Denkgesetze oder allgemeine Erfahrungssätze verletzt oder wesentliche Umstände unbeachtet gelassen hat (BAG 4, 360 [365/366]).

Die Revision meint, das Landesarbeitsgericht habe es unterlassen, den wirklichen Willen der Vertragsparteien zu erforschen. Dieser sei darauf gerichtet gewesen, lediglich ein Vertragsverhältnis mit Mindestdauer zu vereinbaren. Eine Befristung sei von keiner der Parteien gemeint gewesen. Beide Parteien seien davon ausgegangen, es handele sich bei der Stelle eines Chefarztes der chirurgischen Abteilung um eine Dauerstelle. Solche Stellen würden allgemein, wenn man von Probearbeitsverhältnissen absehe, auf unbestimmte Zeit, meist sogar auf Lebenszeit besetzt. Das sei ein Erfahrungssatz. Bei Berücksichtigung dieses Erfahrungssatzes hätte das Landesarbeitsgericht zu einer anderen Auslegung kommen müssen.

Diese Ausführungen der Revision gehen fehl. Welchen Willen die Vertragsparteien bei Abschluß des Prozeßvergleichs hatten, ist eine Tatsachenfrage. Da das Revisionsgericht dem Vortrag solcher Tatsachen verschlossen ist, war zu prüfen, ob der Kläger in der durch § 554 Abs. 3 Nr. 2 Buchstabe b ZPO gebotenen eindeutigen Form gerügt hat, das Landesarbeitsgericht habe insoweit unter Verletzung von Verfahrensvorschriften einen Tatsachenvortrag des Klägers nicht gewürdigt. Ferner war auch zu prüfen, ob nach dem Vortrag des Klägers materiell-rechtlich überhaupt ein unbefristeter Vertrag abgeschlossen worden sein konnte.

a) Es bestehen schon Zweifel, ob die Revisionsbegründung insoweit eine Verfahrensrüge formgerecht angebracht hat. Die Revisionsbegründung läßt es nämlich an einer klaren Darstellung dessen, welche Nachprüfung der Kläger begehrt, fehlen. Es ist jedenfalls nicht mit besonderer Deutlichkeit gesagt, welcher Sachvortrag des Klägers übergangen worden sein soll (§ 286 ZPO) oder was das Landesarbeitsgericht hätte fragen sollen und was der Kläger darauf geantwortet hätte (§ 139 ZPO). Es ist nicht Aufgabe des Senats, Überlegungen darüber anzustellen, ob und welche Verfahrensrügen erhoben werden sollen. Vielmehr ist es Aufgabe der Revisionsbegründung, Verfahrensrügen in sauberer Trennung von materiell-rechtlichen Rügen deutlich anzubringen.

b) Vor allem scheidet aber auch nach dem eigenen Vortrag des Klägers, so wie er auch immer verstanden werden darf, der Abschluß eines unbefristeten Vertrages aus oder er ist doch nicht vollständig.

Soweit die Revisionsbegründung dahin verstanden werden kann, das Landesarbeitsgericht habe den in der Berufungsbegründung enthaltenen Sachvortrag, nach welchem der Kläger „dem Vergleich stets die hier vertretene Auslegung gegeben habe", nicht gewürdigt, liegt ein Fehler schon deshalb nicht vor, weil es für die Auslegung eines Vertrages ohne Bedeutung ist, welche Auslegung eine der Parteien ihm später, nach Abschluß des Vertrages, angedeihen läßt. Sollte gesagt sein, der Kläger habe bereits bei Abschluß des Vertrages etwas anderes als das gemeint, was im Vergleich Ausdruck gefunden hat, so wäre auch dieser Sachvortrag nur dann erheblich gewesen, wenn der Kläger weiter entweder vorgetragen hätte, sein Vertragspartner habe diesen seinen Willen erkannt und hierin mit ihm beim Vergleichsabschluß übereingestimmt, oder wenn er dargelegt hätte, er, der Kläger, oder sein Prozeßbevollmächtigter habe sich bei Abschluß des Vergleiches in einem Inhaltsirrtum im Sinne des § 119 BGB befunden, und er habe den Vergleich aus diesem Grunde rechtzeitig angefochten. Weder das eine noch das andere ist aber vorgetragen worden.

Soll die Revisionsbegründung dahin verstanden werden, das Landesarbeitsgericht habe den in jenem Schriftsatz enthaltenen Sachvortrag, nach welchem „auch die Krankenhaus-GmbH dem Vertrag die gleiche Auslegung gegeben" habe, nicht gewürdigt, so liegt auch hier ein Fehler nicht vor. Eine übereinstimmende Willenserklärung der Vertragspartner beim Vergleichsabschluß in einem dem Kläger günstigen Sinne ist damit nicht behauptet. Denn selbst wenn jener Sachvortrag, von dem doch zunächst wieder gefragt werden muß, ob nicht lediglich eine spätere Auffassung der GmbH behauptet ist, dahin ausgelegt wird, die Evangelische Krankenhaus B.-GmbH habe bereits bei Abschluß des Vergleichs den Willen gehabt, das Anstellungsverhältnis nicht zu befristen, sondern lediglich eine Mindestdauer festzulegen, wäre das rechtlich unerheblich. Denn die GmbH war bei Abschluß des Vergleichs durch den alleinigen Geschäftsführer, Reichsbankdirektor i. R. K., dieser wiederum durch den Rechtsanwalt S. vertreten. Im Hinblick auf § 166 Abs. 1 BGB kommt es aber nur auf den Willen des Vertreters, nicht auf den des Vertretenen an. Wenn nur die Person des Vertreters, nicht aber die des Vertretenen in Betracht kommt, soweit die rechtlichen Folgen einer Willenserklärung durch Willensmängel oder durch die Kenntnis oder das Kennenmüssen gewisser Umstände beeinflußt werden, so ist hierbei darauf abgestellt, daß nur der Vertreter tätig geworden ist. Insoweit enthält dieser Schriftsatz aber keinen Beweisantritt. In das Zeugnis des Herrn B., des späteren alleinigen Geschäftsführers der GmbH, ist — durch Verweisung auf einen früheren Schriftsatz — lediglich gestellt, daß die GmbH dem Kläger gegenüber nach dem 30. Juni 1957 erklärt hat, für sie stehe es fest, daß der Kläger auch über den 31. Dezember 1960 hinaus weiterbeschäftigt werden würde. Das hat aber jedenfalls unmittelbar nichts mit dem zu tun, was der Kläger als in Wirklichkeit gewollten Inhalt des Vergleiches selbst behauptet, sondern spricht vielmehr dafür, daß wenigstens zu dieser Zeit, nach dem 30. Juni 1957, der Geschäftsführer der GmbH anscheinend die Auffassung vertrat, im Vergleich sei eine Befristung enthalten. Denn nur wenn eine Befristung darin enthalten war, war die Frage einer Weiterbeschäftigung über diesen Zeitpunkt hinaus von erheblicher Bedeutung. War es dagegen ein unbefristeter Vertrag mit Mindestdauer, so hatte das Datum des 31. Dezember 1960 nur die untergeordnete Bedeutung, daß eine Kündigung frühestens zu diesem Zeitpunkt ausgesprochen werden konnte...

3. Demnach war weiter zu prüfen, ob das Landesarbeitsgericht bei seiner Auslegung des Vergleiches gegen Denkgesetze oder Erfahrungssätze verstoßen hat. Das ist nicht der Fall. Mag die Stelle eines Chefarztes auch regelmäßig eine Dauerstellung sein, so ist es doch denkgesetzlich möglich, daß ein solcher Anstellungsvertrag befristet wird. Auch lehrt die Erfahrung, daß eine Befristung gerade in einer Vergleichssituation gemeint sein kann. Jedenfalls gibt es für diesen Fall keinen Erfahrungssatz der vom Kläger gemeinten Art.

Auch konnte der Kläger aus dem Gebrauch des Wortes „zunächst" nicht etwa nach Treu und Glauben unter Berücksichtigung der Verkehrssitte oder unter Berücksichtigung der sonstigen Umstände, unter denen der Vergleich geschlossen wurde, mehr entnehmen, als daß die Fortsetzung des Vertrages über den 31. Dezember 1960 hinaus in Aussicht genommen sei. Eine Verletzung der §§ 133, 157 BGB ist daher ebenfalls nicht gegeben.

4. War danach die Auslegung des Vergleichs revisionsrechtlich nicht zu beanstanden, so war weiter zu prüfen, ob die Befristung als solche unwirksam war.

Eine Unwirksamkeit der Befristung ist nur dann denkbar, wenn durch die Befristung einem Arbeitnehmer ein zwingender Bestandsschutz genommen wird (Entscheidung des Großen Senats, BAG 10, 65 ff.).

Hier kommt nur der Bestandsschutz des Kündigungsschutzgesetzes in Betracht. Er setzt u. a. voraus, daß der Kläger Arbeitnehmer war. Wenn man davon ausgeht, daß der Kläger in einem Arbeitsverhältnis stand und somit unter das Kündigungsschutzgesetz fiel, wäre weitere Voraussetzung für die Unwirksamkeit der Befristung aber noch, daß die Gestaltungsmöglichkeit einer Befristung unzulässigerweise verwendet wurde. Die Befristung muß im Gefüge der Grundprinzipien des deutschen Arbeitsrechts einen verständigen sachlich gerechtfertigten Grund haben (BAG a.a.O.). Die wirtschaftlichen oder sozialen Verhältnisse der Parteien oder jedenfalls einer Partei müssen für die Befristung sprechen. Der befristete Vertrag muß seine sachliche Rechtfertigung in sich tragen. Das Recht, einen Arbeitsvertrag befristen zu können, muß seine innere Schranke darin finden, daß von ihm ein vernünftiger, sachlicher, den allgemeinen Zwecken der Rechtsordnung entsprechender Gebrauch gemacht wird. Nur wenn es daran fehlt, kann sich der Arbeitgeber dem Arbeitnehmer gegenüber nicht auf die Befristung berufen, wenn sie dem Arbeitnehmer den Schutz von zwingenden Kündigungsschutzbestimmungen entzieht. Dabei ist der Arbeitnehmer darlegungs- und beweispflichtig dafür, daß für den Abschluß eines befristeten Arbeitsvertrages keine sachlichen vernünftigen Gründe vorgelegen haben (BAG a.a.O.). Das gilt alles, gleich ob die Befristung von vornherein vereinbart wurde oder, wie hier, erst im Laufe eines schon bestehenden Arbeitsverhältnisses abgemacht wurde. Die Befristung selbst ist jeweils in gleicher Weise gegeben.

Im Ergebnis ist dem Landesarbeitsgericht nun bei seiner Ablehnung der Unwirksamkeit der Befristung zuzustimmen, und zwar schon deshalb, weil die Befristung in einem gerichtlichen Vergleich erfolgt ist, welcher einen Kündigungsrechtsstreit beendete.

Nach dem eigenen Vortrag des Klägers waren ihm seiner Zeit Vorwürfe hinsichtlich seiner Fähigkeiten als Chefarzt gemacht worden. Auf diese Vorwürfe war die Kündigung ihm gegenüber im Jahre 1954 gestützt worden. Da die Akten jenes Prozesses nicht in Bezug genommen worden sind, ist über den weiteren Hintergrund jenes Kündigungsschutzprozesses dem Revisionsgericht nichts bekannt. Auf jeden Fall war es aber streitig, ob die dem Kläger gegenüber damals ausgesprochene Kündigung Bestand hatte oder nicht.

Wenn nun in dieser Lage zwischen den Arbeitsvertragsparteien unter gegenseitigem Nachgeben ein Rechtsstreit beendet wird, so trägt der Abschluß eines befristeten Vertrages stets seine sachliche Rechtfertigung in sich. Beide Parteien wählen dann zwischen den beiden denkbaren Möglichkeiten der Beendigung des Rechtsstreits, nämlich der Abweisung der Kündigungsschutzklage (und damit der richterlichen Feststellung, daß die dem Arbeitnehmer gegenüber ausgesprochene Kündigung sozial gerechtfertigt ist und das Arbeitsverhältnis beendet hat) einerseits und der richterlichen Feststellung der Unwirksamkeit der Kündigung (mit der Wirkung, daß der Arbeitgeber aus den der Kündigung vorausgegangenen

Gründen nicht erneut kündigen kann) andererseits einen echten Mittelweg. Es wird die Ungewißheit der Wirkung der vom Arbeitgeber ausgesprochenen Kündigung des Arbeitsverhältnisses beendet und damit der Rechtsfriede zwischen den Parteien wieder hergestellt.

Bei dieser Sachlage kann nicht nur nicht gesagt werden, der Kläger habe den Beweis des ersten Anscheins für eine nicht sachliche Befristung des Arbeitsverhältnisses erbracht (vgl. BAG a.a.O.). Vielmehr ist bei den gegebenen Umständen der Abschluß eines befristeten Vertrages schlechthin vernünftig.

Es kann im vorliegenden Fall auch nicht gesagt werden, es verstoße gegen den Grundsatz der Gleichbehandlung, wenn nur das Vertragsverhältnis des Klägers, nicht aber auch das der anderen Chefärzte befristet worden sei. Eine solche Gleichstellung verbietet sich schon deshalb, weil es mit den anderen Chefärzten nicht zu einem Kündigungsschutzprozeß gekommen ist.

Danach kommt es auf die vom Landesarbeitsgericht zur Stützung seines Ergebnisses genannten Gründe und auf die insoweit geführten Revisionsangriffe nicht weiter an.

III. Ergeben sich somit gegen die Annahme einer wirksamen Befristung des Anstellungsverhältnisses durch den am 14. Juni 1955 abgeschlossenen Prozeßvergleich keine rechtlichen Bedenken, so war doch weiter zu prüfen, ob nicht zu einem späteren Zeitpunkt eine Änderung der zwischen den Parteien geltenden Rechtsbeziehungen eingetreten ist.

Das Landesarbeitsgericht hat diese Frage geprüft, ohne allerdings hinreichend deutlich zu machen, ob es dies nur unter dem Gesichtspunkt der Hilfsanträge des Klägers auf Verurteilung zum Abschluß eines neuen Vertrages oder auch im Hinblick auf eine Entfristung des wirksam befristeten Vertrages durch eine Vertragsänderung vor Zugang der Erklärung vom 18. August 1959 getan hat. Die Verpflichtung zum Abschluß eines Vertrages kann sich — abgesehen von den Fällen eines gesetzlichen Kontrahierungszwanges, die hier keine Rolle spielen — regelmäßig nur aus dem Abschluß eines Vorvertrages ergeben. Daneben kann die Verpflichtung zur Änderung eines Arbeitsvertrages sich allerdings auch als eine Nebenpflicht aus einem bestehenden Arbeitsvertrag ableiten lassen. Unter beiden Gesichtspunkten hat das Landesarbeitsgericht den Sachverhalt — wenn auch nur recht kurz — geprüft.

Zur Frage eines Vorvertrages hat das Landesarbeitsgericht, ohne allerdings diese Rechtsfigur des Vorvertrages ausdrücklich zu nennen, ausgesprochen, weder die GmbH noch der Beklagte hätten eine Verpflichtung zur Entfristung oder zum Abschluß eines neuen Dienstvertrages übernommen. Das ist zum einen Teil eine tatsächliche Feststellung, zum anderen Teil die Auslegung einer nicht-typischen individuellen Willenserklärung.

Insoweit erhebt die Revision eine Verfahrensrüge, die jedoch in Wirklichkeit einen materiell-rechtlichen Fehler des angefochtenen Urteils und zwar zutreffend rügt.

Der Kläger hat in das Wissen der anderen Chefärzte und des Zeugen B. — der bereits zu dieser Frage vernommen worden war, aber nur eine recht allgemein gehaltene Aussage gemacht hatte — gestellt, daß der Zeuge B. noch vor der Einleitung von Übernahmeverhandlungen mit dem Beklagten den Chefärzten, darunter auch dem Kläger, gelegentlich einer Besprechung erklärt habe, daß ihnen nach Ablauf ihrer bisherigen Verträge neue Verträge „gemäß den Richtlinien" angeboten werden würden, sobald der Richtlinienvertrag endgültig zwischen den beteiligten Verbänden festgelegt worden sei. Das Arbeitsgericht ist diesem Beweisantrag nicht gefolgt. In der Berufungsbegründung hat der Kläger diesen Beweisantritt wiederholt. Das Landesarbeitsgericht ist ihm ebenfalls nicht gefolgt. Das rügt die Revision.

Das Landesarbeitsgericht hat geglaubt, den Beweisantritt als unerheblich abtun zu können mit der Begründung, der Kläger habe selbst nicht vorgetragen, daß er dieses Angebot (B.) angenommen habe. Der Antrag sei daher nach § 147 Abs. 1 BGB sofort wieder erloschen.

Diese Ausführungen des Landesarbeitsgerichts sind nicht frei von Rechtsirrtum. Es stellte nämlich für den Kläger einen Rechtsvorteil dar, wenn ihm gegenüber die arbeitgeberseitige Verpflichtung erklärt wurde, einen neuen Anstellungsvertrag nach Ablauf des befristeten Anstellungsvertrages anzubieten. Mit der Verpflichtung der anderen Seite, ihm einen neuen Vertrag anzubieten, trifft den Kläger selbst noch keine Verpflichtung, hiermit entsteht für ihn überhaupt noch keine Belastung. Daß jemand, dem rein ein Rechtsvorteil geboten wird, hiermit einverstanden ist, ist zu vermuten. Das ist die Folgewirkung eines Angebotes, dessen Annahme für denjenigen, dem gegenüber es erfolgt, nicht nur keine Belastung, sondern eben nur einen Gewinn darstellt. So erklärt sich auch die Regelung des § 516 Abs. 2 Satz 2 BGB. Dieser Gedanke gilt aber nicht nur in jenem Einzelfall; sondern er muß allgemein bei der Gewährung von Rechtsvorteilen gelten (vgl. RG JW 11, 87; 31, 1353 [1354]). Deswegen braucht nach der Verkehrssitte die Annahme in solchen Fällen nicht erklärt zu werden. Braucht sie aber nicht erklärt zu werden, so ist das Fehlen eines dahingehenden Sachvortrages unschädlich. Ein Erlöschen der Offerte nach § 147 BGB anzunehmen, wird dem Sachverhalt und den Regeln der Verkehrssitte nicht gerecht. Es ist lebensfremd.

Das Landesarbeitsgericht hat weiter ausgesprochen, ein solch allgemein gehaltenes Angebot, das den Umfang der Verpflichtung beider Parteien nicht erkennen ließ, sei zur Entstehung rechtlicher Verpflichtungen überhaupt nicht geeignet gewesen.

Diese Ausführungen des Landesarbeitsgerichts verkennen in gleicher Weise die Funktion eines Vorvertrages wie die Ergänzungswirkung des § 157 BGB. Gerade dann, wenn die Einzelheiten des später zu schließenden Hauptvertrages zu nennen noch nicht tunlich oder noch nicht möglich ist, ist es Aufgabe des Vorvertrages, eine solche Zeitspanne zur Wahrung des Rechtsfriedens zu überbrücken. Wenn einem seit Jahren im Dienste eines Krankenhauses tätigen Chefarzt zu einem späteren Zeitpunkt der Abschluß eines noch zu formulierenden Anstellungsvertrages angeboten wird, so bedeutet das nach Treu und Glauben unter Berücksichtigung der Verkehrssitte, daß ein Angebot mit solchen Bedingungen zu erfolgen hat, wie sie unter den gegebenen konkreten Umständen mit einem Chefarzt getroffen zu werden pflegen. Im vorliegenden Fall ist das Angebot noch dadurch konkretisiert und objektiviert worden, daß der neue Vertrag dem entsprechen sollte, was in einem zwischen den beteiligten Verbänden auszuhandelnden Richtlinienvertrag formuliert werde.

Schließlich kann auch der Tatsache, daß ein solcher Richtlinienvertrag möglicherweise bis zum Zeitpunkt des Ablaufes des befristeten Vertrages noch nicht zwischen den Verbänden vereinbart worden war, kein entscheidendes Gewicht beigemessen werden. Die Inbezugnahme des „Richtlinienvertrages" ist nämlich nach Treu und Glauben eben nur im Sinne einer Objektivierung und Umschreibung der später zu vereinbarenden Bedingungen aufzufassen; nicht aber kann die Existenz des „Richtlinienvertrages" als conditio sine qua non aufgefaßt werden. Im Verhältnis zwischen den Parteien geht es in erster Linie um den Abschluß eines Vertrages überhaupt. Der „Richtlinienvertrag" soll Grundlage für die näheren Bedingungen sein, die aber, liegt kein „Richtlinienvertrag" vor, doch in Beachtung aller dieserhalb in Betracht kommenden Gegebenheiten im großen und ganzen erkannt und unterstellt werden können.

Wäre dem Kläger seitens der GmbH, vertreten durch den Geschäftsführer B., eine Zusage der behaupteten Art gegeben worden, so könnte diese aber nicht nur die Bedeutung eines Vorvertrages, sondern unter Umständen auch die Bedeutung einer Änderung des bis dahin bestehenden Rechtszustandes haben. Es könnte nämlich die Entfristung des befristeten Vertrages zugesagt worden sein. Auch eine solche auf Entfristung des befristeten Vertrages gerichtete Zusage stellte für den Kläger lediglich einen rechtlichen Vorteil dar, denn sie gewährte ihm, ohne daß damit irgendwelche Verpflichtungen für ihn verbunden waren, den allgemeinen Bestandsschutz des Kündigungsschutzgesetzes. Diese mit novierender Wirkung an die Stelle früherer Abreden tretende Vereinbarung bedurfte somit nach § 151 BGB ebenfalls nicht des Zuganges einer solchen Erklärung.

Ob das eine oder andere gemeint war oder wenigstens vom Kläger verstanden werden durfte, hängt von den Umständen des Falles ab. Diese liegen auf tatsächlichem Gebiet. Sie können nur vom Tatrichter erhoben und gewürdigt werden.

Das angefochtene Urteil beruht insoweit auf der Verletzung materiellen Rechts, als es den genannten Vortrag des Klägers für unerheblich gehalten hat. Es hat zu Unrecht dessen materiell-rechtliche Schlüssigkeit verneint. Dies gilt allerdings nur unter der Voraussetzung, daß eine damals getroffene Abrede auch gegenüber dem Beklagten durchgreift. Unter allen hier aufgezeigten Gesichtspunkten wird das Landesarbeitsgericht erneut den Übernahmevertrag und seine dem Kläger erkennbaren Wirkungen auf sein Vertragsverhältnis zu untersuchen haben.

Sollte sich nach erneuter Beweisaufnahme nicht ergeben, daß eine Zusage des behaupteten Inhalts zustande gekommen ist, so trägt allerdings die Fürsorgepflicht nicht für sich allein einen Anspruch auf Verlängerung. Zutreffend verweist das angefochtene Urteil insoweit auf die Entscheidung BAG 2, 6 [8]. Ein Fall besonderer, gesteigerter Fürsorgepflicht, wie sie etwa in den Fällen falscher Denunziation zur Begründung eines Wiedereinstellungsanspruches vielleicht vorliegen mag, ist nicht ersichtlich.

40

1. Wird die Revisionsbegründungsfrist um einen Monat verlängert, obwohl nur eine geringere Verlängerung beantragt war, so darf der Revisionskläger die volle ihm bewilligte Frist ausnutzen.

2. Wenn der Kläger die Erledigung einer von vornherein unbegründeten Klage anzeigt und beantragt, die Hauptsache für erledigt zu erklären, so kann der Beklagte, falls er ein schutzwürdiges Interesse daran hat, weiterhin die Klageabweisung beantragen.

ZPO §§550, 554, 91 a; ArbGG § 74 Abs. 1; BGB §§ 133, 157.

II. Senat. Urteil vom 4. 8. 1961 i. S. M. (Kl.) w. S. (Bekl.)

2 AZR 482/60.

I. Arbeitsgericht Düsseldorf. — II. Landesarbeitsgericht Düsseldorf.

Der Beklagte war im Angestelltenverhältnis Unternehmens- und Betriebsberater bei der Klägerin; sein Monatseinkommen (Gehalt, Umsatz und Gewinnbeteiligung) lag über 10 000 DM monatlich.

Am 14. September 1959 kündigte der Beklagte das Arbeitsverhältnis zum 31. Dezember 1959. Die Klägerin stellte ihn am 15. September 1959 zunächst von der weiteren Dienstleistung frei, forderte ihn dann aber am 1. Oktober 1959 auf, seine Tätigkeit bei ihr wieder aufzunehmen. Diesem Verlangen kam der Beklagte zunächst nach, kündigte dann aber am 14. Oktober 1959 das Arbeitsverhältnis nochmals und jetzt fristlos mit der Begründung, ihm sei von der Klägerin bei der Wiederaufnahme eine entwürdigende Behandlung zuteil geworden. Er stellte seine Arbeit für die Klägerin ein. Die Klägerin erhob daraufhin gegen den Beklagten Klage auf Wiederaufnahme seiner Tätigkeit.

Am 26. Oktober 1959 kam es zwischen den Parteien vor dem Landgericht, vor dem die Parteien in einer einstweiligen Verfügungssache miteinander stritten, zu einem Vergleich. Die Klägerin hatte nämlich in der Zeit, als der Beklagte wieder bei ihr arbeitete, gegen ihn und zwei andere Personen beim Landgericht eine einstweilige Verfügung erwirkt, durch die dem Beklagten untersagt wurde, bis zum 31. Dezember 1959 allein oder in Zusammenarbeit mit anderen auf dem Gebiete der Unternehmens- und Betriebsberatung tätig zu werden. Gegen diese Verfügung hatte der Beklagte Widerspruch erhoben. In der auf seinen Widerspruch und den Widerspruch seiner Streitgenossen hin angesetzten Verhandlung vor dem Landgericht kam es am 26. Oktober 1959 zu folgendem Vergleich zwischen den Parteien:

„1. Die Antragsgegner zu 1—3 verpflichten sich, für sich und für die B. C., bis zum 19. September 1961 es zu unterlassen, in der Bundesrepublik Deutschland und in West-Berlin an Kunden der Antragstellerin heranzutreten. Das gilt auch für Kunden, die ihr bis zum 15. 10. 1959 benannt oder bekannt geworden sind.

2. Sie verpflichten sich weiter, keine Angestellten der Antragstellerin ohne oder gegen deren Willen nach deren Ausscheiden aus ihren Diensten bei sich einzustellen oder ihre Dienste in irgendeiner Weise zu benutzen. Eine Ausnahme gilt insoweit, als es sich um

Angestellte handelt, die sechs Monate lang aus den Diensten der Antragstellerin ausgeschieden sind. Dies gilt nicht für bereits angestellte Personen bei den Antragsgegnern.

Diese Verpflichtung gilt auch umgekehrt im Falle der Anstellung von Personen durch die Antragstellerin.

3. Die Parteien sind sich darüber einig, daß die Antragsgegner berechtigt sind, in der Bundesrepublik Deutschland und in West-Berlin auf dem Gebiete der Unternehmens- und Betriebsberatung tätig zu sein.

4. Die Kosten dieser Verfahren einschließlich des Vergleichs werden gegeneinander aufgehoben.

5. Die Parteien sind sich darüber einig, daß damit die erlassenen einstweiligen Verfügungen vom 12. Oktober 1959 und der Bestrafungsantrag vom 21. Oktober 1959 in 4 Q 151/59 gegenstandslos geworden sind."

Über die Auslegung dieses Vergleichs und über die Berechtigung der fristlosen Kündigung streiten die Parteien. Die Klägerin ist der Ansicht, daß der zwischen den Parteien geschlossene Arbeitsvertrag trotz dieses Vergleiches erst am 31. Dezember 1959 geendet habe. Die fristlose Kündigung des Beklagten habe das Arbeitsverhältnis nicht beendet, da die Klägerin ihn nicht entwürdigend behandelt habe. Der Beklagte vertritt die Ansicht, daß das Arbeitsverhältnis schon durch seine fristlose Kündigung, spätestens aber durch den Vergleich beendet worden sei.

Die Klägerin hat beantragt, den Beklagten zu verurteilen, seine Tätigkeit bei ihr wieder aufzunehmen.

Das Arbeitsgericht hat durch Urteil vom 16. November 1959 die Klage abgewiesen. Es hat ausgeführt, es könne dahingestellt bleiben, ob der Beklagte zur Zeit der Erhebung der Klage verpflichtet gewesen sei, seine Tätigkeit für die Klägerin wieder aufzunehmen, und ob ein wichtiger Grund für die fristlose Kündigung des Beklagten vorgelegen habe. Auf jeden Fall sei der Beklagte inzwischen durch den Vergleich vom 26. Oktober 1959 von seiner Arbeitspflicht gegenüber der Klägerin befreit worden.

Gegen dieses Urteil hat die Klägerin zunächst mit ihrem alten Antrag, den Beklagten zur Wiederaufnahme seiner Arbeit zu verurteilen, Berufung eingelegt. Sie hat dann aber mit Schriftsatz vom 6. Januar 1960 unter Hinweis darauf, daß das Arbeitsverhältnis inzwischen mit dem 31. Dezember 1959 durch die ordnungsmäßige Kündigung des Beklagten vom 14. September 1959 beendet worden sei, den Antrag gestellt, die

Hauptsache für erledigt zu erklären und dem Beklagten die Kosten des Rechtsstreits aufzuerlegen, während der Beklagte weiterhin Klageabweisung begehrt hat.

Das Landesarbeitsgericht hat das Urteil des Arbeitsgerichts zum Teil abgeändert. Es hat nämlich den Rechtsstreit für die Zeit bis zum 26. Oktober 1959 in der Hauptsache für erledigt erklärt und für die folgende Zeit die Klage abgewiesen. Die Kosten des Rechtsstreits hat das Landesarbeitsgericht zu 67/78 der Klägerin und 11/78 dem Beklagten auferlegt.

Die Revision der Klägerin mit dem Antrage, den gesamten Rechtsstreit in der Hauptsache für erledigt zu erklären und die Kosten dem Beklagten aufzuerlegen, ist zurückgewiesen worden.

Aus den Gründen:

I. Die Revision ist zulässig.

1. Die Klägerin hat, nachdem sie ihre Revision am 19. Dezember 1960 eingereicht hatte, am 17. Januar 1961 gebeten, ihr die Revisionsbegründungsfrist um zwei Wochen zu verlängern. Der amtierende Senatsvorsitzende hat daraufhin die Revisionsbegründungsfrist verlängert, und zwar um einen Monat bis zum 19. Februar 1961. Am 17. Februar 1961 hat die Klägerin die Revisionsbegründung eingereicht, also zu einem Zeitpunkt, der jenseits der beantragten Fristverlängerung lag. Dennoch ist die Revisionsbegründung rechtzeitig eingegangen, weil sie noch innerhalb der vom Vorsitzenden bewilligten Nachfrist bei Gericht vorlag. Entscheidend ist nicht der Antrag, sondern die Fristverlängerungsverfügung des Vorsitzenden. Auch wenn und soweit für die Fristverlängerungsverfügung ein Antrag fehlt, wird die Fristverlängerungsverfügung nicht nichtig, sonden bleibt als ein vom Vorsitzenden des Gerichts im Rahmen seiner Zuständigkeit erlassener Akt in Kraft (vgl. RGZ 160, 307 [309]; BGH LM Nr. 3 zu § 554 ZPO). Seine Zuständigkeit hatte der Vorsitzende damit gewahrt, daß er mit seiner Verfügung die Monatsfrist des § 74 Abs. 1 Satz 2 ArbGG nicht überschritt. Die Frage, ob eine diese Monatsfrist überschreitende Verlängerung als Verlängerung bis zur gesetzlich möglichen Höchstdauer anzusehen ist, braucht daher nicht entschieden zu werden. Ob der Vorsitzende die über den Antrag hinausgehende Verlängerung wieder hätte zurücknehmen können und wann eine solche Zurücknahme hätte erfolgen müssen, braucht ebenfalls nicht entschieden zu werden. Eine Zurücknahme ist nicht erfolgt.

2. Die Klägerin wendet sich mit ihrer Revision gegen das landesarbeitsgerichtliche Urteil, soweit es ihrem Antrag, die Hauptsache für

erledigt zu erklären, nicht entsprochen hat. Das Landesarbeitsgericht hat den Rechtsstreit, in dem die Parteien darüber streiten, ob der Beklagte vom 15. Oktober bis 31. Dezember 1959 für die Klägerin zu arbeiten verpflichtet war, nur für die Zeit bis zum 26. Oktober 1959 in der Hauptsache für erledigt erklärt, aber für die restliche Zeit die Klage abgewiesen. Die Kosten hat es eindeutig mit Rücksicht darauf, daß auf den Zeitraum, für den es die Hauptsache für erledigt erklärt hat, 11 Tage der insgesamt strittigen 78 Tage entfallen und auf den Zeitraum, für den es die Klage abgewiesen hat, 67 Tage, zu 11/78 dem Beklagten und zu 67/78 der Klägerin auferlegt. Die Revision der Klägerin erstrebt nicht nur eine andere Kostenentscheidung, sondern eine andere Sachentscheidung und wegen dieser anderen Sachentscheidung auch eine andere Kostenentscheidung. Die Bestimmungen über die Anfechtung der isolierten Kostenentscheidung nach § 91 a ZPO in Verbindung mit § 567 Abs. 3 ZPO und § 70 ArbGG stehen daher der Zulässigkeit der Revision nicht entgegen.

Diese Bestimmungen sind auch nicht anolog anzuwenden. Die Klägerin greift das Urteil des Landesarbeitsgerichts deshalb an, weil es durch Klageabweisung sachlich entschieden und nicht, dem Antrage der Klägerin entsprechend, den gesamten Rechtsstreit für erledigt erklärt hat. Das Landesarbeitsgericht hat dadurch, daß es entgegen dem Antrage der Klägerin auf Erledigungserklärung dem Antrag des Beklagten auf Klageabweisung stattgab, insoweit eine Entscheidung in der Hauptsache getroffen, die, da die sonstigen Voraussetzungen gegeben sind, mit der Revision angreifbar ist (RGZ 114, 230 [232]).

II. Die Revision ist nicht begründet.

1. Das Landesarbeitsgericht hat für den allein in der Revisionsinstanz noch interessierenden Zeitraum vom 27. Oktober bis 31. Dezember 1959 die Klage aus der Erwägung abgewiesen, daß durch den am 26. Oktober 1959 abgeschlossenen Vergleich die Arbeitspflicht des Beklagten für die Folgezeit weggefallen sei.

Hiergegen wendet sich die Revision, indem sie die Auslegung, die das Landesarbeitsgericht dem am 26. Oktober 1959 abgeschlossenen Vergleich gegeben hat, mit prozessualen und materiellen Rügen bekämpft.

Vorab erhebt sich jedoch die Frage, ob das Landesarbeitsgericht überhaupt noch auf Klageabweisung erkennen durfte, nachdem der Kläger statt des Klageantrages den Antrag auf Erledigungserklärung gestellt hatte. Durfte es das nicht, so müßte jetzt ohne Rücksicht auf die materielle Beurteilung der zwischen den Parteien strittigen Rechtsfrage dem Revisionsantrage der Klägerin stattgegeben werden, und es wären die

Kosten dem Beklagten aufzuerlegen, weil er, statt sich dem Antrage der Klägerin, die Hauptsache für erledigt zu erklären, anzuschließen, die Klageabweisung beantragt hat. Er hätte dann etwas begehrt, was ihm niemals hätte zugebilligt werden dürfen. Eine allein von der Erledigung der Hauptsache ausgehende Kostenentscheidung steht nicht in Rede.

Zu entscheiden ist bei dem vorliegenden Sachverhalt des näheren die Frage, ob der Beklagte, wenn der unmittelbare Streit der Parteien durch Zeitablauf oder ein ähnliches äußeres Ereignis gegenstandslos geworden ist, das Recht behält, durch klageabweisendes Urteil feststellen zu lassen, daß die Klage von vornherein unbegründet war, oder ob er darauf angewiesen ist, sich der Erledigungserklärung des Klägers anzuschließen und sich mit einer Kostenentscheidung aus § 91 a ZPO zu begnügen. Wegen der Kündigung des Beklagten vom 14. September zum 31. Dezember 1959 konnte eine Arbeitsverpflichtung desselben ab 1. Januar 1960 nicht mehr in Frage kommen. Diese Kündigung hat die Klägerin nicht angegriffen, und sie blieb wegen des Interessenstandpunktes des Beklagten auch aufrechterhalten.

Die hier zu prüfende Frage ist von Rechtsprechung und Rechtslehre mehrfach behandelt, aber nicht einhellig beantwortet worden.

So wird in einer Entscheidung des Kammergerichts (OLG 39, 42) ausgeführt, daß die Abweisung eines gar nicht mehr gestellten Klageantrages nicht möglich sei; wenn der Kläger die Erledigung angezeigt hat und nur die Erledigungserklärung sowie eine ihm günstige Kostenentscheidung erstrebt, sei eben nichts mehr vorhanden, was noch abgewiesen werden könne.

Das Reichsgericht sieht in dem vom Beklagten nicht mitaufgenommenen Antrag eines Klägers, die Hauptsache für erledigt zu erklären, die Behauptung, daß die Klage zunächst zulässig und begründet gewesen und erst durch ein nachträgliches Ereignis unbegründet oder unzulässig geworden sei (RG JW 1920, 557 Nr. 12 [558]). Es räumt demgemäß dem Beklagten das Recht ein, darzulegen, daß ein so verstandener Fall der Erledigung schon deshalb nicht vorliege, weil ein Anspruch, der durch ein äußeres nach Klageerhebung eingetretenes Ereignis sich hätte erledigen können, nie bestanden habe. Es gibt somit dem Beklagten das Recht, weiterhin die Abweisung der Klage zu beantragen, wenn diese von Anfang an unbegründet war (RG, a.a.O.; RGZ 156, 372 [376]).

Während also das Kammergericht in der oben angeführten Entscheidung meint, es sei, wenn der Kläger statt des ursprünglichen Klageantrages den Antrag auf Erledigungserklärung stellt, nichts vorhanden, was noch abgewiesen werden könne, nimmt das Reichsgericht an, daß bei einer von Anfang an unbegründeten Klage nichts da sei, was durch ein äußeres Ereignis erledigt werden könne.

Rosenberg (Lehrbuch des Zivilprozeßrechts, 8. Aufl., S. 366) gesteht ebenfalls dem Beklagten, wenn der Kläger die Hauptsache für erledigt erklärt, der Klageanspruch aber von vornherein unbegründet war, das Recht zu, weiterhin die Abweisung der Klage zu verlangen.

Auch Wieczorek (Kommentar zur Zivilprozeßordnung) ist dieser Ansicht. Er führt zu § 91 a ZPO (Anm. A II a 2) aus, daß die Erledigungserklärung unbegründet sei, wenn die Klage schon vorher unbegründet war, und daß demgemäß die Klage mit der Kostenlast gegen den Kläger abzuweisen sei.

Die Unterscheidung zwischen der von Anfang an unbegründeten und erst durch ein äußeres Ereignis nach Klageerhebung unbegründet gewordenen Klage spricht auch Göppinger in seiner Monographie „Die Erledigung des Rechtsstreits in der Hauptsache" auf Seite 55 an. Es heißt dort des näheren, ein Interesse des Beklagten, den Kläger an der „erst im Laufe des Rechtsstreites infolge eines Ereignisses unbegründet gewordenen Klage" fetzuhalten, könne nicht anerkannt werden. Der Beklagte sei durch den Zwang zur Begründung der Erledigungserklärung, ferner in dem Falle, daß die Erledigungserklärung unzulässig oder unbegründet sei, durch die Möglichkeit des Klageabweisungsantrages ausreichend geschützt. Das könne, eben wenn man berücksichtigt, daß von einer erst im Laufe des Rechtsstreits unbegründet gewordenen Klage die Rede ist, gerade auch die Möglichkeit der Klageabweisung für den Fall der von Anfang an unbegründeten Klage miteinschließen. Andererseits sagt Göppinger aber auf Seite 69 und 116 ganz allgemein, daß bei objektiv gegebener Erledigung der Hauptsache eine Prüfung zu unterlassen sei, ob der Klageanspruch ursprünglich begründet war.

Stein-Jonas-Schönke und Baumbach-Lauterbach nehmen in ihren Kommentaren zur Zivilprozeßordnung einen vermittelnden Standpunkt ein. Sie gestehen dem Beklagten, wenn der Kläger die Erledigung der Hauptsache anzeigt, das Recht zu, die Abweisung einer von Anfang an unbegründeten Klage zu begehren, jedoch unter der Voraussetzung, daß er ein rechtliches Interesse an der in der Klageabweisung liegenden negativen Feststellung hat (vgl. Stein-Jonas-Schönke, ZPO, 18. Aufl., § 91 a Anm. V; Baumbach-Lauterbach, ZPO, 25. Aufl., § 91 a Anm. 2).

Diese Meinung hat in der Rechtsprechung weitgehend Anklang gefunden. Das Oberlandesgericht München, das u. a. ihr gefolgt ist, führt dabei noch aus, daß der Beklagte dann, wenn der Kläger die Erledigungserklärung erstrebt und damit endgültig auf eine Sachentscheidung verzichtet, in der Regel kein rechtliches Interesse an der Klageabweisung mehr habe (MDR 57, 298 [299]). Auch der Erste Senat des Bundesarbeitsgerichts hat das — auf die Entscheidung des Oberlandesgerichts München verweisend und trotz seiner Erwähnung von Göppinger, S. 69 — in seiner (*nicht veröffentlichten*) Entscheidung vom 4. Dezember 1959 [1 AZR 321/59] ausgesprochen, in der er eine frühere *[nichtveröffentlichte]* Entscheidung vom 25. April 1958 [1 AZR 254/55] vertieft und ergänzt hat. Der Erste Senat hat in der Entscheidung vom 4. Dezember 1959 ausgeführt, es sei zumutbar, vom Beklagten zu verlangen, daß er sich prozeßökonomisch verhalte und sich der Erledigungserklärung „nicht grundlos" widersetze.

Dem folgt der erkennende Senat. Er ist mit dem Ersten Senat wie auch mit dem Oberlandesgericht München der Ansicht, daß in der Regel dann, wenn der unmittelbare Streit der Parteien durch ein äußeres Ereignis gegenstandslos geworden ist, der Beklagte kein schutzwertes Interesse mehr an der Klageabweisung hat, wenn der Kläger die Erledigung der Hauptsache angezeigt hat und eine entsprechende Erledigungserklärung erstrebt. Es ist dem Beklagten in der Tat aus Gründen der Prozeßökonomie zuzumuten, sich nicht grundlos der Erledigungserklärung zu widersetzen. Daraus folgt zugleich, daß der Kläger den Klageabweisungsantrag dann noch weiter stellen kann, wenn er ausnahmsweise ein schutzwertes Interesse an der Sachentscheidung des Gerichts hat, eine solche aus Gründen der Prozeßökonomie also geboten oder doch angebracht ist und der Beklagte somit nicht grundlos weiterhin die Klageabweisung begehrt (vgl. auch OLG Hamburg, MDR 58, 250). Der Gedanke der Prozeßökonomie ist ein tragender Grundsatz des Prozeßrechts, und das hier gewonnene, sich auf ihn stützende Ergebnis dient damit insbesondere auch den Bedürfnissen der Praxis. Eine Kostenentscheidung aus § 91 a ZPO enthält wegen des dem Richter eingeräumten Ermessensspielraumes von Hause aus keine Beurteilung, die die Sach- und Rechtslage adäquat trifft (siehe wieder OLG Hamburg, a.a.O.). Die Prozeßökonomie gebietet in dem hier in Rede stehenden Falle, daß sich die klagende Partei dem Prozeßrechtsverhältnis nicht durch ihre einseitige Erledigungserklärung entzieht (siehe auch OLG Hamburg, a.a.O.).

Der Fall, daß weiterhin Klageabweisung beantragt werden konnte, ist hier gegeben. Die Klägerin hat die Erledigung der Hauptsache nur deshalb angezeigt, weil nach Ablauf des 31. Dezember 1959 der Beklagte nicht mehr zur Arbeitsleistung für eine zurückliegende Zeit hätte verurteilt werden können. Der Streit der Parteien darüber, ob der Beklagte nach Abschluß des Vergleiches bis zum Jahresende 1959 noch zur Arbeitsleistung verpflichtet war, blieb aber offen, und um diesen Streit geht es in den Schriftsätzen der Parteien bis zuletzt. An einer Entscheidung dieses Streites hatte der Beklagte ein durchaus berechtigtes Interesse, schon allein wegen der ihm bei unberechtigter Einstellung seiner Arbeit drohenden Schadenersatzansprüche. Es ist nämlich von vornherein anzunehmen, daß gegen einen Arbeitnehmer, der monatlich über 10 000 DM Arbeitsentgelt bezieht, im Falle eines Vertragsbruchs nicht unerhebliche Schadenersatzansprüche des Arbeitgebers bestehen. Das Rechtsschutzinteresse des Beklagten an der in der Klageabweisung liegenden negativen Feststellung ist daher unter den Besonderheiten des hier zur Entscheidung stehenden Falles zu bejahen.

41

1. Für die Prüfung der Zulässigkeit des Rechtsweges gelten sinngemäß die gleichen Grundsätze, wie sie von Rechtslehre und Rechtsprechung für die Prüfung der sachlichen Zuständigkeit der Gerichte entwikkelt worden sind.

2. Decken sich die zuständigkeitsbegründenden und die anspruchsbegründenden Behauptungen, so sind die vorgetragenen Tatsachen nur daraufhin zu prüfen, ob sie schlüssig die Zuständigkeit des angerufenen Gerichts ergeben. Ist dies der Fall, so kommt es nicht darauf an, daß die von der die Zuständigkeit leugnenden Partei vorgetragenen rechtlichen Erwägungen die Zuständigkeit des angegangenen Gerichts zweifelhaft erscheinen lassen.

3. Wenn die Vorschriften der Beamtengesetze des Bundes und der Länder über die Nebenbeschäftigung (hier des § 23 des Berliner Landesbeamtengesetzes) dem Beamten gestatten, seine Arbeitskraft in seiner Freizeit mit Genehmigung seiner vorgesetzten Dienststelle einem anderen privaten oder öffentlichen Arbeitgeber zur Verfügung zu stellen, so muß dasselbe bei Berücksichtigung des Umfangs und des Inhalts der dem Beamten obliegenden Verpflichtungen auch gegenüber dem eigenen Dienstherrn gelten, sofern es sich um eine Tätigkeit handelt, die in keinerlei tatsächlichem oder rechtlichem Zusammenhang mit den durch das Beamtenverhältnis begründeten Pflichten steht.

ArbGG § 2; Landesbeamtengesetz von Berlin §§ 9, 22, 23.

V. Senat. Urteil vom 21. 8. 1961 i. S. B. (Bekl.) w. B. (Kl.)
5 AZR 263/59.

I. Arbeitsgericht Berlin. — II. Landesarbeitsgericht Berlin.

Der Kläger ist im Jahre 1948 als Verwaltungsangestellter in den Dienst des beklagten Landes getreten. Im Jahre 1953 wurde er zum Beamten auf Lebenszeit ernannt; seit März 1956 ist er als Verwaltungsdirektor beim Bezirksamt W. von Berlin — gegenwärtig als Obermagistratsrat — beschäftigt. Seit dem Jahre 1947 erteilt der Kläger, der technisch vorgebildet ist, an der Staatlichen Ingenieurschule in B. — einer Berliner öffentlichen Fachschule — als nichtvollbeschäftigter Dozent (nv.-Dozent) in Abendkursen Unterricht. Dieser Lehrauftrag wurde ihm vom Senator für Volksbildung in jedem Semester neu übertragen. Letztmalig wurde ihm ein derartiger Lehrauftrag über acht Wochenstunden unter ausdrücklicher Zugrundelegung des heute noch gültigen Tarifvertrages für die nichtvollbeschäftigten Dozenten an den Berliner öffentlichen Fachschulen vom 7. April 1952 am 5. November 1956 für das Wintersemester 1956/57 erteilt.

Während des Bestehens dieses Lehrauftrages schrieb am 15. Januar 1957 der Senator für Volksbildung wie folgt an den Kläger:

„Hierdurch übertrage ich Ihnen unter der Voraussetzung der Zustimmung Ihrer Dienstbehörde auf Grund des § 22 LBG vom 1. 10. 1956 an für die Dauer des Wintersemesters 1956/57 einen Lehrauftrag als Stundendozent an der Staatlichen Ingenieurschule Berlin.

Für Ihre Tätigkeit als nv.-Dozent gelten § 22 LBG und die Verordnung über die Nebentätigkeit der Beamten vom 6. Juli 1957 in der Fassung der Verordnung zur Änderung der Nebentätigkeits-Verordnung vom 6. Dezember 1954.

Dieser Bescheid tritt an die Stelle des Bescheides vom 5. November 1956, um dessen Rücksendung ich bitte. Auf Ihr Schreiben vom 11. Januar 1957 teile ich Ihnen mit, daß Ihnen keine Weihnachtszuwendung gewährt werden kann, weil Sie — vgl. vorliegendes Schreiben — in keinem privatrechtlichen Arbeitsverhältnis zum Lande Berlin stehen."

Unter Berufung auf dieses Schreiben weigert sich das beklagte Land, an den Kläger nach § 6 Abs. 2 des Tarifvertrages vom 7. April 1952 die Urlaubsvergütung für das Sommersemester 1956 und für das Wintersemester 1956/57 in Höhe von insgesamt 158,40 DM zu zahlen. Mit der Klage hat der Kläger diesen Betrag geltend gemacht.

Das beklagte Land hat zur Begründung seines Klageabweisungsantrages in beiden Vorinstanzen vorgetragen, zur Entscheidung über die Klage seien die Verwaltungsgerichte und nicht die Gerichte für Arbeitssachen zuständig. In sachlicher Hinsicht vertritt es die Auffassung, der Anspruch auf Urlaubsvergütung stehe dem Kläger deshalb nicht zu, weil er Inhalt einer gemäß § 9 Abs. 2 des Berliner Landesbeamtengesetzes unwirksamen privatrechtlichen Vereinbarung sei.

Alle Instanzen haben der Klage stattgegeben.

Aus den Gründen:

I. Wenn das angefochtene Urteil den Rechtsweg zu den Gerichten für Arbeitssachen für den geltend gemachten Anspruch als gegeben ansieht, so sind entgegen der Ansicht der Revision Bedenken nicht zu erheben. Bei dem Streit, ob die Arbeitsgerichte oder die Verwaltungsgerichte zuständig sind, handelt es sich nicht um eine Frage der sachlichen Zuständigkeit (§ 48 ArbGG), sondern um eine solche der Zulässigkeit des Rechtsweges (§ 48 a ArbGG), die auch in der Revisionsinstanz von Amts wegen zu prüfen ist (Stein-Jonas-Schönke, ZPO, 18. Aufl., Anm. III 2 zu § 274 ZPO). Für die Prüfung der Zulässigkeit des Rechtsweges gelten sinngemäß die gleichen Grundsätze, wie sie von Rechtslehre und Rechtsprechung für die Prüfung der sachlichen Zuständigkeit der Gerichte entwickelt worden sind (RGZ 103, 19). Nach der ständigen Rechtsprechung des Bundesarbeitsgerichts wird die sachliche Zuständigkeit der Gerichte für Arbeitssachen, soweit die die Zuständigkeit begründenden Tatsachen mit den die Klage begründenden identisch sind, allein durch den schlüssigen Tatsachenvortrag des Klägers, nicht durch den etwa durch Beweiserhebung noch festzustellenden Sachverhalt, begründet (BAG 1, 102; 5, 139; BAG AP Nr. 23 zu § 2 ArbGG 1953; BAG 5, 178; BAG AP Nr. 3 zu § 2 ArbGG 1953 Zuständigkeitsprüfung). Decken sich die zuständigkeitsbegründenden und die anspruchsbegründenden Behauptungen, so sind die vorgetragenen Tatsachen nur daraufhin zu prüfen, ob sie schlüssig die Zuständigkeit des angerufenen Gerichts ergeben. Ist dies der Fall, so kommt es nicht darauf an, daß die von der die Zuständigkeit leugnenden Partei vorgetragenen r e c h t l i c h e n Erwägungen die Zuständigkeit des angegangenen Gerichts zweifelhaft erscheinen lassen.

Der Vortrag des Klägers, das beklagte Land habe ihm durch Bescheid vom 5. November 1956 einen Lehrauftrag unter Zugrundelegung des Tarifvertrages vom 7. April 1952 für dieses Beschäftigungsverhältnis erteilt, ist sowohl zuständigkeits- als auch anspruchsbegründende Tatsache. Denn die Wahrheit der behaupteten Tatsache unterstellt, würde der geltend gemachte Urlaubsanspruch auf einem den Normen des einschlägigen Tarifvertrages unterworfenen Arbeitsvertrag beruhen und den Inhalt einer bürgerlichen Rechtsstreitigkeit zwischen Arbeitnehmer und Arbeitgeber aus dem Arbeitsverhältnis bilden, für die gemäß § 2 Abs. 1 Ziff. 2 ArbGG der Rechtsweg zu den Gerichten für Arbeitssachen gegeben ist. Die Behauptung des Klägers, zwischen ihm und dem beklagten Land sei auf Grund des Schreibens vom 5. November 1956 ein privatrechtliches Arbeitsverhältnis zustande gekommen, ist jedoch auch anspruchsbegründende Tatsache. Denn Anspruchsgrundlage ist allein das unter Zugrundelegung des Tarifvertrages abgeschlossene Arbeitsverhältnis mit dem beklagten Land. Infolge dieser Identität der zuständigkeits- und anspruchsbegründenden Tatsachen ist für die Prüfung der Zuständigkeit allein der Vortrag des Klägers zugrunde zu legen. Würde man der von der Revision vertretenen Ansicht folgen, auch in diesen Fällen die vorgetragenen zuständigkeitsbegründenden Tatsachen einer konkreten rechtlichen Beurteilung zu unterziehen, und von ihrem Ergebnis die Zuständigkeitsentscheidung abhängig machen, so würde dies einer Entscheidung über die materiellrechtliche Begründetheit des Klageanspruchs gleichkommen. Über die Berechtigung des materiell-rechtlichen Anspruchs kann aber nicht von dem angegangenen Gericht anläßlich der Prüfung seiner Zuständigkeit, sondern in Wahrung des Grundsatzes des Art. 101 GG und der auf ihm beruhenden Ordnung der gerichtlichen Kompetenzen nur von dem Gericht entschieden werden, dessen Zuständigkeit für die materiell-rechtliche Prüfung und Entscheidung gegeben ist. Gegenüber dem die Zuständigkeit der Gerichte für Arbeitssachen ergebenden schlüssigen Tatsachenvortrag ist deshalb das Vorbringen des beklagten Landes, die Bestimmung des § 9 Abs. 2 des Berliner Landesbeamtengesetzes (LBG) vom 24. Juli 1952 (GVBl. Nr. 53 S. 603) stehe der Wirksamkeit eines privatrechtlichen Arbeitsverhältnisses entgegen, als Rechtsansicht für die Prüfung der Zulässigkeit des Rechtsweges ohne Bedeutung.

II. Das Landesarbeitsgericht hat ohne Rechtsirrtum angenommen, daß zwischen den Parteien auf Grund des Schreibens des beklagten Landes vom 5. November 1956 ein privatrechtliches, den Bestimmungen des Tarifvertrages vom 7. April 1952 unterworfenes Arbeitsverhältnis bezüglich der Lehrtätigkeit des Klägers an der Staatlichen Ingenieurschule B. zustande gekommen ist, das die Rechtsgrundlage für die geltend gemachte Klageforderung bildet. Die gegen die Annahme der Rechtswirksamkeit dieses Vertrages gerichteten Angriffe der Revision sind nicht begründet.

1. Die Revision stützt ihre Ansicht, das zwischen den Parteien bestehende Arbeitsvertragsverhältnis verstoße gegen § 134 BGB und sei deshalb nichtig, auf § 9 Abs. 2 LBG mit der Begründung, dieser Vorschrift sei ein gesetzliches Verbot des Nebeneinanderbestehens eines

öffentlich-rechtlichen Beamtenverhältnisses und eines auf die Erbringung von Dienstleistungen gerichteten privatrechtlichen Vertrages gegenüber demselben Dienstherrn zu entnehmen. § 9 LBG, der in seinem Abs. 1 das Wirksamwerden der Ernennung zum Beamten regelt, bestimmt in Abs. 2, daß mit der Ernennung ein privatrechtliches Arbeitsverhältnis zum Dienstherrn erlischt. Mit dieser Vorschrift wird ein Sachverhalt angesprochen, der das Bestehen eines Arbeitsverhältnisses zwischen dem Beamten und seinem Dienstherrn im Zeitpunkt der Aushändigung der Ernennungsurkunde zur Voraussetzung hat. Eine andere Auslegung würde dem Sinngehalt des vom Gesetzgeber verwendeten Wortes „Erlöschen" widersprechen. Die Wortauslegung des § 9 Abs. 2 LBG gibt deshalb keinen Anhaltspunkt dafür, daß diese Bestimmung auch für die Fälle gilt, in denen — wie im Streitfall — nach der Beamtenernennung ein privatrechtliches Vertragsverhältnis mit demselben Dienstherrn neu begründet wird, das die Erbringung von Dienstleistungen zum Gegenstand hat. Für die Frage der Rechtswirksamkeit eines solchen Vertragsverhältnisses kommt es entscheidend darauf an, welcher Art die Dienstleistungen sind, zu denen sich der Beamte seinem Dienstherrn gegenüber verpflichtet.

Es ist der Revision zugegeben, daß aus dem Wesen des Berufsbeamtentums und der dem Beamten obliegenden Verpflichtung, seine gesamte Arbeitskraft seinem Dienstherrn zur Verfügung zu stellen, folgt, daß die auf Grund und im Rahmen des bestehenden öffentlich-rechtlichen Beamtenverhältnisses geschuldeten Dienstleistungen nicht zum Inhalt einer privatrechtlichen Vereinbarung zwischen dem Beamten und seinem Dienstherrn gemacht werden können. Insoweit erstreckt sich in erweiternder Auslegung des § 9 Abs. 2 LBG sein Verbot des Nebeneinanderbestehens von öffentlich-rechtlichem Beamtenverhältnis und privatrechtlichem Arbeitsverhältnis auch über den Zeitpunkt der Ernennung zum Beamten hinaus.

Die Verpflichtung des Beamten, seine gesamte Arbeitskraft seinem Dienstherrn zur Verfügung zu stellen, gilt indessen nicht schrankenlos, sondern sie ist in zeitlicher und sachlicher Beziehung Einschränkungen unterworfen. In zeitlicher Hinsicht umfaßt das Zurverfügungstellen der gesamten Arbeitskraft immer nur den Zeitraum, innerhalb dessen der Beamte seine Dienste nach einem von dem Dienstherrn aufgestellten Zeitplan zu erbringen verpflichtet ist. Außerhalb dieses Zeitplans ist er nicht gehindert, seine Arbeitskraft einem anderen privaten oder öffentlichen Arbeitgeber zur Verfügung zu stellen, sofern er von seinem Dienstherrn die erforderliche Genehmigung für diese Tätigkeit erhält. In sachlicher Beziehung erstreckt sich das den Beamten bindende öffentlich-rechtliche

Dienst- und Treueverhältnis seiner Natur nach nicht auf die Erbringung von Leistungen, die mit diesem Verhältnis in keinem irgendwie gearteten sachlichen und rechtlichen Zusammenhang stehen. Inhalt und Umfang der aus dem beamtenrechtlichen Verhältnis entspringenden Pflichten ergeben sich vielmehr aus dem der Rechtsstellung des Beamten entsprechenden Kreis seiner Dienstgeschäfte, wie sie in aller Regel durch die Ernennungsurkunde ausgewiesen werden. Nur in diesem zeitlichen und sachlichen Umfang ist der Beamte verpflichtet, seine volle Arbeitskraft seinem Dienstherrn zur Verfügung zu stellen. Die Möglichkeit einer anderweitigen Tätigkeit des Beamten wird durch die Bestimmungen der Beamtengesetze des Bundes und der Länder über die Nebenbeschäftigung sanktioniert (§ 23 LBG, § 64 BBG). Diese Vorschriften betreffen nicht nur die Fälle, in denen der Beamte eine Nebentätigkeit auf Anweisung des Dienstherrn übernehmen muß, sondern regeln auch die auf Grund einer freiwilligen Entschließung des Beamten erfolgte Übernahme einer Nebenbeschäftigung. Die auf dienstaufsichtlichen Erwägungen beruhende Genehmigungspflicht für eine solche Tätigkeit rechtfertigt nicht die Annahme, der Beamte habe seine gesamte Arbeitskraft auch außerhalb der ihm obliegenden Amtspflichten ausschließlich seinem Dienstherrn zur Verfügung zu stellen.

Wenn aber das Gesetz dem Beamten gestattet, seine Arbeitskraft in seiner Freizeit mit Genehmigung seiner vorgesetzten Dienststelle einem anderen privaten oder öffentlichen Arbeitgeber zur Verfügung zu stellen, so muß dasselbe bei Berücksichtigung des oben dargelegten Umfangs und des Inhalts der dem Beamten obliegenden Verpflichtungen auch gegenüber dem eigenen Dienstherrn gelten, sofern es sich um eine Tätigkeit handelt, die in keinerlei tatsächlichem oder rechtlichem Zusammenhang mit den durch das Beamtenverhältnis begründeten Pflichten steht. Daß es im Streitfall an einem solchen Zusammenhang fehlt, ist den tatsächlichen Feststellungen des angefochtenen Urteils zu entnehmen, gegen die zulässige und begründete Revisionsrügen nicht erhoben sind und an die das Revisionsgericht deshalb gemäß § 561 Abs. 2 ZPO gebunden ist. Es begegnet auch keinen rechtlichen Bedenken, daß der geltend gemachte Anspruch auf einen der Nebenbeschäftigung zugrunde liegenden Arbeitsvertrag gestützt wird. Die Rechtsgrundlage einer Nebenbeschäftigung im Sinne des § 23 LBG ist in aller Regel frei vereinbar, sie kann also auch ein privatrechtliches Arbeitsverhältnis sein (Fischbach, BBG, 2. Aufl., § 64 Anm. I, 4). Dem steht nichts entgegen, daß die Lehrbefugnis als solche öffentlich-rechtlichen Ursprungs ist und die Lehrtätigkeit an öffentlichen Schulen in Ausübung hoheitsrechtlicher Befugnisse erfolgt (vgl. BAG AP Nr. 3 zu § 611 BGB Lehrer, Dozenten).

2. Es steht bei der geschilderten Sach- und Rechtslage einer Behörde frei, entweder die Genehmigung für die auf einem anderen Gebiet ihrer Verwaltung liegende Nebentätigkeit zu versagen oder, wenn sie der Ansicht ist, daß die Sachlage sie zur Vornahme einer Anordnung gemäß § 22 LBG berechtigt, den Beamten zur Übernahme der Nebentätigkeit im Sinne der vorgenannten Bestimmung zu verpflichten. Beides ist im Streitfall nicht geschehen. Das von dem beklagten Land an den Kläger gerichtete Schreiben vom 15. Januar 1957, in dem auf § 22 LBG verwiesen wird, stellt jedenfalls keine Verpflichtung im Sinne dieser Vorschrift dar. Gemäß § 22 LBG ist der Beamte verpflichtet, auf Verlangen seiner Dienstbehörde eine Nebentätigkeit (Nebenamt, Nebenbeschäftigung) im öffentlichen Dienst zu übernehmen und fortzuführen, sofern diese Tätigkeit seiner Vorbildung oder Berufsausbildung entspricht und ihn nicht über Gebühr in Anspruch nimmt. Dienstbehörde im Sinne dieser Vorschrift ist gemäß § 8 LBG i. V. mit § 165 Abs. 1 Satz 2 LBG das Bezirksamt, bei dem der Kläger als Beamter beschäftigt ist. Im Rahmen des verwaltungsmäßigen Aufbaues des beklagten Landes war deshalb der Senator für Volksbildung rechtlich gar nicht in der Lage, dem Kläger eine Nebentätigkeit im Sinne von § 22 LBG zu übertragen; zuständig für eine entsprechende Verpflichtung des Klägers wäre allein seine Dienstbehörde, das ist das Bezirksamt W., gewesen.

Das angefochtene Urteil hat zutreffend auf die rechtliche Bedeutungslosigkeit des Schreibens vom 15. Januar 1957 für die Frage des Fortbestehens der arbeitsvertraglichen Beziehungen zwischen den Parteien hingewiesen. Dieses Schreiben kann auch nicht in eine Kündigung des bestehenden Arbeitsverhältnisses umgedeutet werden. Denn der Arbeitsvertrag über die Dozententätigkeit war befristet bis zum Ablauf des Wintersemesters 1956/57 geschlossen worden. Befristete Arbeitsverhältnisse können vor Zeitablauf nur bei Vorliegen eines die außerordentliche Kündigung rechtfertigenden Grundes einseitig gelöst werden (§ 626 BGB). Solche Gründe sind von dem beklagten Land nicht vorgetragen worden.

42

Die wiederholte Erkrankung eines Arbeiters an demselben Grundleiden kann im arbeitsrechtlichen Sinne jedenfalls dann nicht als eine einheitliche (und nur einmal zu bezuschussende) Krankheit angesehen werden, wenn das Arbeitsverhältnis in dem Zeitraum zwischen zwei Krankheitsperioden nicht fortbestanden hat.

ArbKrankhG §§ 1, 8.

I. Senat. Urteil vom 15. 9. 1961 i. S. K. (Kl.) w. St GmbH R. (Bekl.)

1 AZR 157/60.

I. Arbeitsgericht Kaiserslautern. — II. Landesarbeitsgericht Mainz.

Das Arbeitsverhältnis des seit mehreren Jahren bei der Beklagten als Steinabrichter beschäftigten Klägers wurde am 4. Dezember 1958 mit einer Kündigungsfrist von zwei Wochen gekündigt. Am gleichen Tage erkrankte er und war über sechs Wochen arbeitsunfähig. Die Beklagte zahlte dem Kläger bis zur Beendigung des Arbeitsverhältnisses den Zuschuß nach dem Gesetz über die Verbesserung der wirtschaftlichen Sicherung der Arbeiter im Krankheitsfalle (ArbKrankhG) vom 26. Juni 1957 (BGBl. I, 649).

Im März 1959 stellte die Beklagte den Kläger wieder ein. Er war dann in der Zeit vom 31. Juli 1959 bis 13. September 1959 erneut an dem gleichen Grundleiden (Bandscheibenschaden) arbeitsunfähig krank. Die zuständige Allgemeine Ortskrankenkasse zahlte für diese erneute Erkrankung nur Krankengeld in Höhe von 50 % des Grundlohnes. Dieses Krankengeld betrug 8,60 DM kalendertäglich. 90 % des im Monat Juni vom Kläger erzielten Nettoarbeitsentgelts betrugen rechnerisch unstreitig 12,80 DM täglich. Die Beklagte gewährte dem Kläger während dieser letzten Erkrankung einen Zuschuß in Höhe von 67 DM. Hiermit gibt sich der Kläger nicht zufrieden. Er hat errechnet, daß die Beklagte ihm noch einen weiteren Betrag von 110 DM als Krankengeldzuschuß (KGZ) schulde, und um entsprechende Verurteilung gebeten.

Die Beklagte hat dagegen die Meinung vertreten, sie habe dem Kläger schon mehr gezahlt, als ihm zustehe.

Das Arbeitsgericht hat die Klage abgewiesen mit der Begründung, der Kläger könne in einem solchen Falle einer wiederholten Erkrankung an demselben Grundleiden allenfalls die Differenz zwischen 90 % des Nettoarbeitsentgeltes und dem Krankengeldbetrage fordern, der dem Kläger bei Gewährung des erhöhten Krankengeldes zugeflosssen wäre. Diesen Betrag habe der Kläger jedoch bereits erhalten.

Die Berufung des Klägers blieb ohne Erfolg. Die Revision des Klägers hatte dagegen Erfolg.

Aus den Gründen:

Dem Kläger steht für die hier streitige Krankheitsperiode ein Krankengeldzuschuß (KGZ) zu.

1. Die Regelvoraussetzungen des § 1 ArbKrankhG, nämlich, daß es sich bei dem Kläger um einen Arbeiter handelt, daß er ferner infolge Krankheit in der hier streitigen Zeit an der Arbeitsleistung verhindert (arbeitsunfähig) war, ohne daß ihn daran ein Verschulden trifft, und daß sein Arbeitsverhältnis mindestens vier Wochen ununterbrochen gedauert hatte (§ 1 Abs. 2 ArbKrankhG), sind unstreitig gegeben, so daß grundsätzlich ein Anspruch auf den Zuschuß nach dem ArbKrankhG besteht.

2. Der Anspruch auf einen Krankengeldzuschuß (KGZ) wird auch nicht dadurch beeinträchtigt, daß der Kläger während der streitigen Krankheitsperiode keinen Anspruch mehr auf das gemäß § 182 Abs. 1 Nr. 2 Satz 2 RVO erhöhte, sondern nur auf das normale Krankengeld hatte. Das entspricht der ständigen Rechtsprechung des Zweiten Senats (vgl. zuletzt — mit ausführlicher Begründung — das Urteil vom 22. September 1960 — 2 AZR 459/58 — AP Nr. 26 zu § 1 ArbKrankhG), der sich der erkennende Senat anschließt. Insoweit ist dem angefochtenen Urteil zuzustimmen.

3. Dagegen rügt die Revision mit Recht, daß in einem solchen Fall die Höhe des Krankengeldzuschusses nicht aus der Differenz zwischen 90 % des Nettoarbeitsentgelts und einem fiktiven, erhöhten Krankengeld zu errechnen sei, wie das Landesarbeitsgericht das angenommen hat, sondern daß vielmehr nach dem insoweit eindeutigen Wortlaut des § 1 Abs. 1 Satz 2 ArbKrankhG „das Krankengeld" den Berechnungsfaktor bildet, womit allerdings nicht, wie die Revision meint, jedes tatsächlich gezahlte Krankengeld gemeint sein kann, sondern nur das zutreffend errechnete Krankengeld. Sind jedoch — wie hier — von keiner der Parteien Tatsachen vorgetragen worden, aus denen sich ergeben könnte, daß die Krankenkasse ein fehlerhaft errechnetes Krankengeld gezahlt hat, so dürfen die Gerichte für Arbeitssachen bei der gebotenen Vorfragen-Prüfung davon ausgehen, daß die Krankenkasse zutreffend verfahren ist (vgl. BAG 9, 197 ff.; 9, 226 ff. und BAG AP Nr. 22 zu § 1 ArbKrankhG). Auch insoweit schließt sich der erkennende Senat der ständigen Rechtsprechung des Zweiten Senats an.

Ist also dem angefochtenen Urteil darin zuzustimmen, daß nicht schlechthin jedes gezahlte Krankengeld einen geeigneten Berechnungsfaktor für die Höhe des KGZ bildet, so ist doch andererseits aus § 1 Abs. 1 Satz 3 ArbKrankhG nicht zu schließen, daß auch in anderen als den dort genannten Fällen vom gesetzmäßig gezahlten (oder gar versagten) Krankengeld zu abstrahieren sei und ein fiktiver Betrag als Berechnungsgrundlage dienen könnte. § 1 Abs. 1 Satz 3 ArbKrankhG behandelt ausgesprochene Ausnahmefälle, die in der Praxis selten vorkommen. Sowohl nach seiner Funktion wie auch nach seiner systematischen Stellung innerhalb der ganzen Vorschrift ist § 1 Abs. 1 Satz 3 ArbKrankhG eine Ausnahmevorschrift gegenüber dem in § 1 Abs. 1 Satz 2 ArbKrankhG normierten Grundsatz und ist somit im Zweifel einer ausdehnenden Auslegung nicht zugänglich (vgl. BAG 9, 19 [22]). Vielmehr schlägt in allen anderen Fällen als denen des § 1 Abs. 1 Satz 3 der in § 1 Abs. 1 Satz 2 ArbKrankhG normierte Grundsatz durch, nach welchem der Arbeitgeber jedes zutreffend errechnete Krankengeld in solchem Umfang aufzustocken hat, daß der Arbeiter 90 % des Nettoarbeitsentgelts erreicht. In dieser Vorschrift kommt nämlich der sozialpolitische Zweck des Gesetzes zum Ausdruck: Der erkrankte Arbeiter soll durch Annäherung des Einkommens in kranken Tagen zu 90 vom Hundert an das Einkommen aus seiner Arbeit in gesunden Tagen wirtschaftlich in die Lage versetzt werden, eine Krankheit wirklich ausheilen zu können und seine Arbeitskraft wieder herzustellen. Hierin erschöpft sich der Sinn des Gesetzes (vgl. BAG AP Nr. 13 zu § 1 ArbKrankhG). Diesen Zweck hat das angefochtene Urteil nicht hinreichend berücksichtigt, wenn es ausspricht, der Arbeitgeber könne nicht verpflichtet sein, diejenigen Leistungen, die die Krankenkasse aus gesetzlichen Gründen nicht zu erbringen braucht, durch einen höheren Zuschuß auszugleichen.

Auch ergibt sich aus der Tatsache, daß das Gesetz in § 8 gleichzeitig das Krankengeld „für die ersten sechs Wochen der Arbeitsunfähigkeit" erhöht hat, nicht eine Obergrenze für die Arbeitgeberleistungen. Wie der Zweite Senat bereits in seinem Urteil vom 22. September 1960 (AP Nr. 26 zu § 1 ArbKrankhG) entschieden hat, stellt sich § 8 funktionell vielmehr lediglich als eine Vorschrift dar, welche der Entlastung des Arbeitgebers von der in § 1 normierten Zuschußpflicht in den — praktisch häufigen — Fällen des Parallellaufens der in § 8 und § 1 Abs. 1 Satz 4 ArbKrankhG genannten beiden Sechs-Wochen-Zeiträumen dienen soll.

4. Dagegen hat das Landesarbeitsgericht nicht geprüft, ob im vorliegenden Fall § 1 Abs. 1 Satz 4 ArbKrankhG und die dort normierte Begrenzung der D a u e r des Zuschusses den geltend gemachten Anspruch ausschließen oder begrenzen. Mit diesen Fragen hat sich der Zweite Senat im Urteil vom 23. Juni 1960 (BAG 9,283) ausführlich auseinandergesetzt. Danach hat der Arbeiter bei wiederholter Erkrankung an demselben, medizinisch nicht ausgeheilten Grundleiden grundsätzlich, wenn nicht be-

sondere Umstände eine andere Beurteilung rechtfertigen, gegen den Arbeitgeber nur dann einen erneuten Anspruch auf Gewährung eines Krankengeldzuschusses, wenn er nach der früheren Erkrankung länger als sechs Monate voll gearbeitet hat.

Im vorliegenden Fall hatte der Kläger bei der Beklagten nach seiner Wiedereinstellung im März 1959 nicht länger als sechs Monate, sondern nur von März bis Ende Juli 1959, längstens also fünf Monate voll gearbeitet, als er durch das Grundleiden, das schon im Dezember 1959 zur vorübergehenden Arbeitsunfähigkeit geführt hatte, erneut arbeitsunfähig wurde.

Die sonst erforderliche Prüfung, ob beide Krankheitsperioden des Klägers im arbeitsrechtlichen Sinne als eine einzige Krankheit anzusehen waren und deshalb die Beklagte nach den in der Rechtsprechung entwickelten Grundsätzen über die arbeitsrechtliche Bedeutung der Fortsetzungskrankheit nicht oder doch nur bis zur Dauer von insgesamt sechs Wochen (unter Anrechnung der im Dezember 1958 erbrachten Leistungen) erneut zu Leistungen nach dem Arbeiterkrankheitsgesetz herangezogen werden kann, ist hier aber nicht geboten, weil die beiden Krankheitsperioden in zwei rechtlich verschiedene Arbeitsverhältnisse fallen, mögen beide Arbeitsverhältnisse auch zwischen den gleichen Parteien bestanden haben.

Es kann dahingestellt bleiben, ob die Unterbrechung des seit mehreren Jahren zwischen den Parteien bestehenden Arbeitsverhältnisses, die in der Zeit von Mitte Dezember 1958 bis März 1959 erfolgte, im Sinne anderer arbeitsrechtlicher Vorschriften als verhältnismäßig geringfügig und damit das Arbeitsverhältnis bei natürlicher Betrachtungsweise als ununterbrochen anzusehen gewesen wäre. Eine solche Zusammenrechnung ist jedenfalls im Bereich des ArbKrankhG nicht mit dem Gesetz zu vereinbaren. Das ArbKrankhG stellt es sowohl in § 1 Abs. 2 wie auch in § 3 Abs. 2 nur auf den rechtlichen Bestand des Arbeitsverhältnisses ab (vgl. BAG 5, 300 [303]; BAG AP Nr. 25 zu § 1 ArbKrankhG). Insbesondere die letztgenannte Vorschrift, nach welcher der Anspruch des Arbeiters auf einen KGZ grundsätzlich mit dem Zeitpunkt erlischt, in welchem das Arbeitsverhältnis endet, macht deutlich, daß das Gesetz den Anspruch auf einen KGZ an den rechtlichen Bestand des Arbeitsverhältnisses knüpft und die Beendigung des Arbeitsverhältnisses — abgesehen von dem hier nicht interessierenden Fall des § 3 Abs. 1 ArbKrankhG — als eine Zäsur ansieht. Er würde auf eine Leugnung dieser Zäsur hinauslaufen, wollte man die nach der rechtlichen Beendigung des Arbeitsverhältnisses, nach einem Zeitraum, in welchem keine Rechtsbeziehungen zwischen den Parteien bestanden, und nach der Begründung eines neuen Rechtsverhältnisses liegende Krankheitsperiode als Bestandteil jener früheren Krankheitsperiode behandeln. Dabei muß insbesondere auch an den Fall gedacht werden, daß die zweite Krankheitsperiode innerhalb des in § 1 Abs. 2 normierten Vier-Wochen-Zeitraumes hineinfällt. Die einheitliche Behandlung zweier in solcher Weise voneinander getrennter Krankheitsperioden würde zur sofortigen Bezuschussung der erneuten Arbeitsunfähigkeitsperiode nötigen; das aber wäre mit dem Wortlaut und dem Sinn des § 1 Abs. 2 ArbKrankhG nicht vereinbar.

5. Mußte danach die hier streitige Krankheitsperiode, die unstreitig nach längerer als vierwöchiger ununterbrochener Dauer des erneut begründeten Arbeitsverhältnisses begonnen hat, rechtlich als eine Erst-Erkrankung behandelt werden, so steht dem Kläger als KGZ der Differenzbetrag zwischen 90 % des im Juni erzielten Nettoarbeitsentgelts (12,80 DM) und dem Krankengeld (8,60 DM),

somit 4,20 DM für 42 Tage	=	176,40 DM
zu. Die bereits gezahlten		67,00 DM
vermindern den Anspruch auf		109,40 DM.

Mit dem zuviel geforderten kleinen Betrag mußte der Kläger abgewiesen werden.

43

1. An der Rechtsprechung, daß ein Arbeitsvertrag nach §§ 119, 123 BGB angefochten werden kann, wird festgehalten. Dies gilt auch für den Arbeitsvertrag mit einer schwangeren Arbeitnehmerin.

2. Der Arbeitgeber hat das Recht, eine Stellenbewerberin bei den Einstellungsverhandlungen in angemessener Form nach dem Bestehen einer Schwangerschaft zu fragen. Die Bewerberin ist zur wahrheitsgemäßen Antwort verpflichtet.

3. Die von der Bewerberin in Kenntnis der Schwangerschaft erklärte wahrheitswidrige Antwort rechtfertigt die Anfechtung des Arbeitsvertrages durch den Arbeitgeber wegen arglistiger Täuschung. Der Kenntnis der Schwangerschaft steht die Kenntnis der Bewerberin von solchen Umständen gleich, die den sicheren Schluß auf das Bestehen einer Schwangerschaft zulassen. Eine auf ungewisse Anhaltspunkte gestützte Vermutung genügt nicht.

MuSchG § 9; BGB §§ 119, 123.

I. Senat. Urteil vom 22. 9. 1961 i. S. H.-St. (Bekl.) w. K. (Kl.)
1 AZR 241/60.

I. Arbeitsgericht M.-Gladbach. — II. Landesarbeitsgericht Düsseldorf.

Die Klägerin ist am 18. März 1959 von der Beklagten als Näherin für deren Strickwarenfabrik eingestellt worden. An diesem oder am folgenden Tag — der genaue Zeitpunkt ist zwischen den Parteien streitig — hat die Klägerin schriftlich bestätigt, daß sie nicht in anderen Umständen sei. Am 17. April 1959 hat die Beklagte der Klägerin, die zu dieser Zeit im vierten Monat schwanger war, folgendes geschrieben:

„Betr.: Kündigung.
Wegen Arbeitsmangel sehen wir uns genötigt, das Arbeitsverhältnis mit Ihnen zum 30. 4. 1959 zu lösen.
Ausschlaggebend für diese Kündigung war fernerhin, daß Sie trotz längerer Probezeit die gewünschte Arbeitsleistung nicht erreichen konnten."

Am Montag, dem 20. April 1959, dem nächsten Arbeitstag nach dem 17. April 1959, hat die Schwester der Klägerin der Beklagten eine ärztliche Bescheinigung überbracht, wonach die Klägerin im vierten Monat schwanger sei. Sie verlangte die Zurücknahme der Kündigung; die Beklagte lehnte dies ab.

Darauf hat die Klägerin, die nicht mehr zur Arbeit erschien, auch die Arbeitsleistung nicht anbot, am 24. April 1959 Klage erhoben mit dem Antrag festzustellen, daß das Arbeitsverhältnis durch die Kündigung vom 17. April 1959 nicht aufgelöst worden sei. Demgegenüber hat sich die Beklagte darauf berufen, daß das Arbeitsverhältnis mit Ablauf einer vereinbarten Probezeit, die im Einvernehmen mit der Klägerin von ursprünglich zwei Wochen auf einen Monat verlängert worden sei, von selbst geendet habe. Außerdem habe sich die Klägerin, wie ihr Verhalten nach der Kündigung zeige, mit der Beendigung des Arbeitsverhältnisses einverstanden erklärt. Schließlich hat die Beklagte spätestens in ihrem Schriftsatz vom 28. April 1959 den Arbeitsvertrag wegen arglistiger Täuschung angefochten, weil die Klägerin auf ausdrückliches Befragen bei der Einstellung wahrheitswidrig ihre Schwangerschaft trotz sicherer Kenntnis verschwiegen habe.

Das Arbeitsgericht hat der Klage stattgegeben, das Landesarbeitsgericht hat die Berufung der Beklagten zurückgewiesen. Die Revision der Beklagten hatte Erfolg.

Aus den Gründen:

I.-V. . . . .

VI. Die Zurückverweisung wird nicht dadurch entbehrlich, daß die Beklagte sich auf einen weiteren Beendigungsgrund, nämlich auf die Anfechtung des Arbeitsvertrages, berufen hat. Insoweit ist der Rechtsstreit nicht zur Entscheidung reif.

Das Landesarbeitsgericht ist der Auffassung, der Beklagten stehe die Befugnis zur Anfechtung des Arbeitsvertrages nicht zu; es ist nicht ausgeschlossen, daß das Landesarbeitsgericht auch bei der erneuten Verhandlung und Entscheidung wiederum die Beendigung infolge Zeitablaufs verneint. Dann aber kommt es entscheidend darauf an, ob die Beklagte zur Anfechtung des Arbeitsvertrages befugt ist. Deshalb ist eine Überprüfung des angefochtenen Urteils auch insoweit erforderlich, als es sich mit der Frage der Anfechtung befaßt.

Auch den Ausführungen des Landesarbeitsgerichts zur Frage der Anfechtbarkeit des Arbeitsverhältnisses vermag der Senat nicht zu folgen.

1. Daß im Grundsatz auch ein Arbeitsvertrag, sei es nach § 119 BGB, sei es nach § 123 BGB, angefochten werden kann, entspricht der ständigen Rechtsprechung des Bundesarbeitsgerichts und der herrschenden Lehre (vgl. BAG 5, 159 = AP Nr. 2 zu § 123 BGB m. zust. Anm. v. Alfred Hueck; BAG 2, 32 = AP Nr. 2 zu § 9 MuSchG m. zust. Anm. v. Beitzke; Hueck-Nipperdey, Lehrb. d. ArbR, 6. Aufl., Bd. 1 S. 169 ff.; Nikisch, ArbR, 3. Aufl., Bd. 1 S. 222 ff.; Herschel BB 1953, 1069; Farthmann, RdA 1958, 338; Schlegelberger-Schröder, HGB 1961, § 59 Anm. 15 a, § 66 Anm. 21 a u. a.). Dies gilt auch für den Arbeitsvertrag mit einer bei Vertragsabschluß schwangeren Arbeitnehmerin (BAG a. a. O.; Nikisch a. a. O. S. 813 ff.; Bulla, Mutterschutzgesetz und Frauenarbeitsrecht, 1954, § 5 MuSchG Anm. 78—98 , § 9 MuSchG Anm. 31, 32; Gröninger, MuSchG, 1952, § 5 Anm. 2, § 9 Anm. 1 c; Köst, MuSchG, 1958, § 9 Anm. 53—61 a). An dieser Rechtsansicht hält der Senat fest.

2. Das Landesarbeitsgericht hat im Ergebnis zu Recht unerörtert gelassen, ob die von der Beklagten erklärte Anfechtung aus § 119 Abs. 2 BGB (Irrtum über eine verkehrswesentliche Eigenschaft der Person) begründet ist. In aller Regel ist die Schwangerschaft keine verkehrswesentliche Eigenschaft im Sinne § 119 Abs. 2 BGB. Das folgt schon daraus, daß sie kein Dauerzustand ist (vgl. BAG 2, 32 = AP Nr. 2 zu § 9 MuSchG unter III der Gründe). Etwas anderes wird zwar in den Fällen zu gelten haben, in denen die im Vertrag übernommene Tätigkeit infolge der Schwangerschaft nicht ausgeübt werden kann, wozu die immer wie-

der angeführten Fälle der Tänzerin, Sportlehrerin oder Vorführdame gehören (vgl. Nikisch a.a.O. S. 814 mit Fußnote 59). Der vom Landesarbeitsgericht festgestellte Sachverhalt gibt aber keinen Anhalt dafür, daß bei der Klägerin ein solcher Ausnahmefall vorgelegen hat. Die Anfechtung nach § 119 BGB scheidet deshalb aus.

3. Dagegen kann mangels näherer Aufklärung durch das Landesarbeitsgericht entgegen dessen Rechtsansicht nicht ohne weiteres gesagt werden, daß auch die Anfechtung eines mit einer schwangeren Arbeitnehmerin abgeschlossenen Arbeitsvertrages wegen arglistiger Täuschung nach § 123 BGB in aller Regel ausgeschlossen sei.

a) Wird einmal, wie es das Landesarbeitsgericht getan hat, unterstellt, daß die Klägerin in Kenntnis ihrer Schwangerschaft die darauf gerichtete Frage der Beklagten bewußt wahrheitswidrig beantwortet, nämlich das Bestehen einer bereits eindeutig festgestellten Schwangerschaft verneint hat, so liegt jedenfalls eine Täuschung durch Verschweigen des wahren und Behaupten eines nicht gegebenen Sachverhaltes im Sinne des § 123 BGB vor. Denn durch die Erklärung einer bewußten Unwahrheit auf eine solche Frage wird nicht nur bei dem anderen Vertragsteil durch Vorspiegelung einer falschen Tatsache ein Irrtum über den wahren Sachverhalt hervorgerufen, sondern die bewußt unwahre Aussage läßt auch den Vorsatz erkennen, auf den Erklärungswillen der Gegenseite, hier auf den Willen der Beklagten zur Einstellung der Klägerin, einzuwirken (vgl. Palandt, BGB, 19. Aufl., § 123 Anm. 2a; Soergel-Siebert, BGB, 9. Aufl., § 123 Anm. II 1).

b) Für die weitere Feststellung, ob diese Täuschung auch arglistig im Sinne des § 123 BGB war, kommt es entscheidend darauf an, ob die Beklagte die Klägerin überhaupt nach dem Bestehen einer Schwangerschaft fragen durfte. Denn nicht jede falsche Angabe gegenüber dem Arbeitgeber ist eine arglistige Täuschung, sondern nur die bewußt wahrheitswidrige Antwort auf eine zulässigerweise gestellte Frage (BAG 5, 159 = AP Nr. 2 zu § 123 BGB).

Der Senat ist der Ansicht, daß der Arbeitgeber bei den Einstellungsverhandlungen mit einer Arbeitnehmerin — anders als im Fall der Vorstrafe eines Stellenbewerbers (vgl. dazu BAG 5, 159 = AP Nr. 2 zu § 123 BGB) — grundsätzlich berechtigt ist, nach dem Bestehen einer Schwangerschaft zu fragen, und zwar ohne Rücksicht darauf, welchen Arbeitsplatz die Bewerberin einnehmen soll. Das ergibt sich vor allem aus der beiderseitigen Lage vor Vertragsabschluß, wobei besonders darauf hinzuweisen ist, daß während der Einstellungsverhandlungen beide Teile in ihren Entschlüssen frei sind.

Die Mutterschaft einer Arbeitnehmerin bürdet dem Arbeitgeber nicht nur erhebliche finanzielle Lasten auf (vgl. §§ 7, 10 und 12 MuSchG), sondern erschwert auch in beträchtlichem Umfang durch Beschäftigungsverbote, Schutzzeiten u. a. (vgl. §§ 3, 4, 6 bis 8 MuSchG) den betrieblichen Arbeitsablauf. Sie muß sich — anders als die Vorstrafe — zwangsläufig in naher Zukunft auf das Arbeitsverhältnis auswirken. Der Arbeitgeber hat deshalb ein erhebliches rechtliches und wirtschaftliches Interesse daran, bereits im Laufe der Einstellungsverhandlungen zu erfahren, ob die Bewerberin um den offenen Arbeitsplatz in anderen Umständen ist; diese Feststellung ist erforderlich, damit sich der Arbeitgeber nicht unerwartet den Geboten des Mutterschutzrechtes gegenübersieht.

Andererseits hat der Gesetzgeber in § 1 MuSchG ausdrücklich anerkannt, daß nur die in einem Arbeitsverhältnis stehenden Frauen geschützt werden. Das Mutterschutzgesetz hat den Sinn, der werdenden Mutter den bereits erworbenen Arbeitsplatz und ihre wirtschaftliche Versorgung aus dem bereits bestehenden Arbeitsverhältnis zu gewährleisten, nicht dagegen den, die Eingehung eines Arbeitsvertrages selbst, d. h. den Erwerb des Arbeitsplatzes, unter allen Umständen zu sichern (BAG 3, 309 [312] = AP Nr. 2 zu § 4 MuSchG m. zust. Anm. v. Bulla).

Werden diese Gesichtspunkte gegeneinander abgewogen, dann spricht alles dafür, dem Arbeitgeber die in angemessener Form (z. B. durch Vorlage eines Fragebogens oder einer zu unterschreibenden Erklärung) gestellte Frage nach der Schwangerschaft zu gestatten, wenn er nicht schon vom ersten Tag des Arbeitsverhältnisses an alle die erwähnten, nach Begründung des Arbeitsverhältnisses zwangsläufig auf ihn zukommenden Belastungen auf sich nehmen will. In einer solchen Frage liegt keine Umgehung des gesetzlichen Mutterschutzes und seiner Folgen, da Mutterschutz nur innerhalb bereits bestehender Arbeitsverhältnisse gegeben ist. Für Frauen, die sich um einen Arbeitsplatz bewerben, besteht zur Zeit der Vertragsverhandlungen noch kein Mutterschutz, so daß er auch nicht umgangen werden kann.

Dem Landesarbeitsgericht ist auch darin nicht zu folgen, daß die bei den Einstellungsverhandlungen gestellte Frage nach der Schwangerschaft einen unzulässigen Einbruch in die Individual- oder Intimsphäre der Stellenbewerberin bedeute. Nach der ausdrücklichen Regelung in § 5 Abs. 1 und § 9 Abs. 1 MuSchG sind werdende Mütter, die bereits im Arbeitsverhältnis stehen, gehalten, dem Arbeitgeber ihren Zustand mitzuteilen. Wenn aber über diesen ohnehin in naher Zukunft offenkundig werdenden Tatbestand möglicherweise alsbald nach Vertragsabschluß zwischen den Parteien gesprochen werden muß, dann ist kein einleuchtender Grund dafür zu finden, daß dasselbe Thema vor Vertragsbeginn vom Arbeitgeber nicht berührt werden dürfte.

Ebensowenig trifft es zu, daß eine ausdrückliche Frage die Rechtsstellung der sich bewerbenden Arbeitnehmerin verschlechtere, weil dadurch eine Offenbarungspflicht ausgelöst werde, die sonst nicht bestehe. Dabei wird übersehen, daß bei Einstellungsverhandlungen von einer Rechtsstellung in dem Sinne, daß Rechte geltend gemacht werden können, noch nicht gesprochen werden kann. Es kann sich nur um eine mehr oder weniger günstige Verhandlungsposition handeln. Insoweit besteht aber weder nach dem Mutterschutzgesetz noch nach sonstigen Rechtsnormen eine b e v o r z u g t e Stellung der schwangeren Frau. Dabei hat der Senat nicht außer Acht gelassen, daß die Zubilligung eines „Rechtes zur Lüge" bei den Einstellungsverhandlungen von Anfang an das erforderliche Vertrauen zwischen den Parteien des Arbeitsverhältnisses ernstlich beeinträchtigen müßte.

c) Ist somit die Frage nach der Schwangerschaft bei den Einstellungsverhandlungen zulässig, dann ist die Bewerberin auch zur wahrheitsgemäßen Antwort verpflichtet. Verneint sie der Wahrheit zuwider diese Frage, dann ist die darin liegende Täuschung des Arbeitgebers arglistig im Sinne des § 123 BGB, sofern sie vorsätzlich geschieht, um durch diese bewußt unwahre Erklärung den Arbeitsplatz zu erhalten. Letzteres wird ohne weiteres anzunehmen sein, wenn die Bewerberin z. B. durch einen Arzt oder eine Hebamme weiß, daß sie schwanger ist. Es kann aber nichts anderes gelten, wenn die Frau im Sinne des bedingten Vorsatzes Kenntnis von solchen Umständen hat, die den sicheren Schluß auf das Bestehen einer Schwangerschaft zulassen (z. B. mehrfaches Ausbleiben der Regel, ohne daß andere Ursachen erkennbar sind, zumal dann, wenn ein hinzugezogener Arzt eine Schwangerschaft als wahrscheinlich bezeichnet hat). Fahrlässigkeit genügt dagegen nicht, so daß im Falle einer auf ungewisse Anhaltspunkte (z. B. Übelkeit oder Erbrechen) gestützten Vermutung eine arglistige Täuschung nicht anzunehmen wäre.

4. Da es das Landesarbeitsgericht — von seinem Standpunkt aus zu Recht — unterlassen hat, nähere Feststellungen zur Frage der Anfechtung wegen arglistiger Täuschung zu treffen, wird es diese unter Beachtung der vorstehenden Ausführungen noch nachzuholen haben, sofern nicht schon die Befristung des Arbeitsvertrages und damit die Beendigung des Arbeitsverhältnisses wegen Zeitablaufes festgestellt werden kann.

Dabei wird einmal durch Erhebung der von der Beklagten hierzu benannten Beweise zu klären sein, ob, was die Klägerin bestreitet, sie ihre

Erklärung über das Nichtbestehen einer Schwangerschaft zeitlich vor Abschluß des Arbeitsvertrages abgegeben hat. Eine nachträglich abgegebene Erklärung dieses Inhaltes könnte den Willen der Beklagten bei Vertragsabschluß nicht beeinflußt haben; dann wäre die Anfechtung des bereits vorher zustandegekommenen Arbeitsvertrages ausgeschlossen. Es ist allerdings nach dem insoweit nicht klaren Vorbringen der Parteien nicht ausgeschlossen, daß zunächst ein auf zwei Wochen befristeter echter Zeitvertrag zustande gekommen und dieser später verlängert worden ist. In diesem Falle könnte auch eine nach Beginn des Arbeitsverhältnisses, aber vor Vereinbarung der Vertragsverlängerung abgegebene Erklärung der Klägerin des genannten Inhaltes geeignet sein, die Anfechtung wegen arglistiger Täuschung zu rechtfertigen.

Vor allem aber wird das Landesarbeitsgericht, erforderlichenfalls durch Vernehmung der Ärzte sowie durch Erhebung der weiteren in diesem Zusammenhang von der Beklagten benannten Beweise, festzustellen haben, ob der Klägerin bei ihrer Erklärung im Sinne der Ausführungen oben zu VI 3 c bekannt gewesen ist, daß sie schwanger war. Würde das ebenfalls bestätigt, dann müßte die Anfechtung der Beklagten durchgreifen, da sie im übrigen rechtzeitig und ordnungsmäßig erklärt worden ist.

44

Ob das Berufungsgericht vorschriftsmäßig besetzt war, hat das Revisionsgericht nicht von Amts wegen, sondern nur auf entsprechende Verfahrensrüge zu prüfen.

ZPO § 551 Nr. 1; GG Art. 101 Abs. 1 Satz 2.

II. Senat. Urteil vom 28. 9. 1961 i. S. Dr. H. (Kl.) w. R. AG (Bekl.)

2 AZR 32/60.

I. Arbeitsgericht Braunschweig. — II. Landesarbeitsgericht Niedersachsen.

Mit der Revision verfolgt der Kläger seine im Berufungsverfahren zuletzt gestellten Anträge weiter. In seiner Revisionsbegründung rügt er die Verletzung materiellen Rechts und des § 286 ZPO. In seinem nach Ablauf der Revisionsbegründungsfrist eingegangenen Schriftsatz vom 15. April 1960 macht er außerdem den absoluten Revisionsgrund geltend, das Landesarbeitsgericht sei beim angefochtenen Urteil nicht vorschriftsmäßig besetzt gewesen, weil der Vorsitzende Landesarbeitsgerichtsdirektor R., Zeitungsmeldungen zufolge, nicht die zweite juristische Staatsprüfung abgelegt und deshalb nicht die Fähigkeit zum Richteramt gehabt habe. Der Senat hat dem Kläger auf seinen Antrag für diese Rüge durch Beschluß vom 4. Mai 1960 Wiedereinsetzung in den vorigen Stand gewährt. In der Revisionsverhandlung hat der Kläger die Rüge fallen gelassen. Die Revision hatte Erfolg.

Aus den Gründen:

I. Nachdem der Kläger seine Revisionsrüge aus § 551 Nr. 1 ZPO fallen gelassen hat, braucht nicht über sie entschieden zu werden. Ohne diese Rüge darf der Senat nicht prüfen, ob das Landesarbeitsgericht bei Erlaß des angefochtenen Urteils vorschriftsmäßig besetzt war. Von Amts wegen nachzuprüfen ist vom Revisionsgericht vielmehr nur das Vorliegen der unverzichtbaren Prozeßvoraussetzungen und der Prozeßfortsetzungsvoraussetzungen wie Zulässigkeit des Rechtsweges, Rechtsschutzbedürfnis, Zulässigkeit des Rechtsmittels. Vorschriftsmäßige Besetzung des erkennenden Gerichts ist keine Prozeßvoraussetzung und keine Prozeßfortsetzungsvoraussetzung (vgl. RGZ 121, 5; BGH LM Nr. 10 zu § 551 Ziff. 1 ZPO; BSG vom 28. Juli 1961, 8 RV 145/59; Heußner, NJW 61, 1189). Wenn das erkennende Gericht nicht vorschriftsmäßig besetzt ist, wird dadurch nicht die Zulässigkeit des eingeleiteten Verfahrens im ganzen oder für einen Teilabschnitt, sondern nur die Rechtmäßigkeit der ergangenen gerichtlichen Entscheidung und des Verfahrens vor dem betreffenden Gericht betroffen. Es würde zu einer den allgemeinen Interessen zuwiderlaufenden Belastung des Revisionsgerichtes führen, wenn es von sich aus die ordnungsgemäße Besetzung des Vordergerichtes nachzuprüfen hätte (BGH LM Nr. 10 zu § 551 Ziff. 1 ZPO).

Allerdings könnte gefragt werden, ob nicht das Revisionsgericht von Amts wegen auch eine Verletzung der Vorschrift des Art. 101 Abs. 1 Satz 2 GG zu prüfen hat, wonach niemand seinem gesetzlichen Richter entzogen werden darf. Diese Vorschrift hat immerhin den Charakter eines Grundrechts (Bettermann-Nipperdey-Scheuner, Grundrecht III/2 [1959] Seite 556). Im vorliegenden Falle braucht dieses Problem aber nicht näher untersucht zu werden, da nach den hier vorliegenden Anhaltspunkten ein Verstoß gegen Art. 101 GG ausscheidet. Damit dem Rechtsuchenden sein Anspruch auf den gesetzlichen Richter gegeben sei, ist nämlich nur notwendig, daß der für seine Sache im einzelnen Fall zuständige Richter im voraus und allgemein objektiv bestimmbar ist (BVerfG 3, 359 [364]; 4, 412 [417]; Arndt DRiZ 59, 171; Bettermann-Nipperdey-Scheuner, III/2 S. 561 ff.). Das allein ist, bei der ganzen Entwicklung des Begriffes des gesetzlichen Richters seit dem 18. Jahrhundert bis heute, die Frage. Demgemäß handelt es sich nicht um einen Fall der

Ungesetzlichkeit des Richters im Sinne von Art. 101 GG, wenn ein Berufsrichter des erkennenden Gerichts die Voraussetzungen nicht erfüllt, um als Berufsrichter berufen werden zu können. Wenn auch ein solcher Richter gerichtsverfassungsrechtlich nicht berufen werden durfte, so ist er doch gesetzlicher Richter im Sinne von Art. 101 GG, sofern nur seine sachliche Zuständigkeit durch Gesetz und Geschäftsverteilung normativ vorbestimmt ist und nicht von einem im Einzelfall auszuübenden Ermessen abhängig gemacht werden kann (Arndt, a. a. O.).

45

1. § 12 Buchstabe c KSchG schließt vom allgemeinen Kündigungsschutz nur solche leitenden Personen aus, die, ähnlich einem Betriebsleiter oder Geschäftsführer, Vorgesetzte einer nicht ganz geringen Zahl von anderen Arbeitnehmern und außerdem zur selbständigen Einstellung oder Entlassung von Arbeitnehmern berechtigt sind.

2. Die generell erteilte Vollmacht, für den Arbeitgeber Rechtsstreitigkeiten vor den Gerichten für Arbeitssachen zu führen und Vergleiche abzuschließen, stellt nicht eine Befugnis zur selbständigen Einstellung oder Entlassung von Arbeitnehmern im Sinne des § 12 Buchstabe c KSchG dar.

3. Allein die Erreichung des 65. Lebensjahres ist in der privaten Wirtschaft kein in der Person des Arbeitnehmers liegender Kündigungsgrund im Sinne des § 1 Abs. 2 KSchG.

BGB §§ 157, 242, 620 Befristeter Arbeitsvertrag; BetrVG § 4 Abs. 2 c; KSchG §§ 1, 12 Buchstabe c; ZPO §§ 139, 286.

II. Senat. Urteil vom 28. 9. 1961 i. S. S. AG (Bekl.) w. Dr. H. (Kl.) 2 AZR 428/60.

I. Arbeitsgericht Saarbrücken. — II. Landesarbeitsgericht Saarbrücken.

Der am 10. Januar 1895 geborene Kläger, der im Jahre 1922 das Studium der Rechtswissenschaften mit der Promotion abgeschlossen hat, ist seit dem 9. April 1923 in der Hauptverwaltung der Saarbergwerke als Angestellter beschäftigt. Seit Ende 1926 ist er in der Rechtsabteilung als juristischer Sachbearbeiter, insbesondere für das Gebiet des Arbeitsrechts, tätig. Er gehört zu der Gruppe der sogenannten Oberbeamten, deren Dienstverhältnis nicht dem Tarifvertrag für die Angestellten unterliegt, sondern durch Einzelvertrag geregelt ist. Nach seinem letzten Dienstvertrag vom 31. Juli 1959 standen dem Kläger monatlich 1950,— DM als Gehalt und gewisse Zulagen zu. Der Vertrag sollte nach den gesetzlichen Vorschriften kündbar sein. Am 18. September 1959 schrieb die Beklagte dem Kläger:

„Da Sie am 10. Januar 1960 das 65. Lebensjahr vollenden und damit die Altersgrenze erreichen, sehen wir uns veranlaßt, Ihr Dienstverhältnis mit unserer Gesellschaft zum 31. März 1960 zu lösen."

Dieses Schreiben ist dem Kläger am 29. September 1959 zugegangen. Die Beklagte hat ihn am 13. November 1959 mit seinem Einverständnis von weiteren Dienstleistungen entbunden.

Mit seiner am 14. Oktober 1959 beim Arbeitsgericht eingegangenen Klage begehrt der Kläger die Feststellung, daß die ihm gegenüber mit Schreiben vom 18. September 1959 ausgesprochene Kündigung des Dienstverhältnisses sozial ungerechtfertigt und daher rechtsunwirksam ist. Demgegenüber hat die Beklagte geltend gemacht, die Begrenzung des Dienstverhältnisses des Klägers durch die Vollendung des 65. Lebensjahres sei stillschweigend Vertragsinhalt. Arbeitgeber und Arbeitnehmer im Saarbergbau hätten sich stets nach der entsprechenden Regelung im öffentlichen Dienst gerichtet, weil der Saarbergbau immer von der öffentlichen Hand betrieben worden sei. Es handele sich insoweit um ein seit Jahrzehnten bestehendes betriebliches Gewohnheitsrecht, dem sich bisher auch die sogenannten Oberbeamten, von wenigen kurzfristigen, betriebsbedingten Verlängerungen einiger Dienstverhältnisse abgesehen, stets unterworfen hätten. Für diese Handhabung bestehe ein dringendes betriebliches Bedürfnis. Die Festlegung einer generellen Altersgrenze sei für eine geordnete Personal- und Nachwuchsplanung notwendig, denn durch sie würden schwierige und unangenehme Feststellungen der individuellen geistigen Leistungsfähigkeit vermieden, und sie verwirkliche den Grundsatz der Gleichbehandlung der Belegschaft in dieser Hinsicht. Auf diese Handhabung sei auch die Altersversorgung der Belegschaftsmitglieder abgestimmt, die mit der Vollendung des 65. Lebensjahres eintrete. Der Kläger werde durch seine Pensionierung nicht in soziale Not gebracht, da er eine Pension von rund 1500,— DM erhalte.

Das Arbeitsgericht hat die vom Kläger begehrte Feststellung getroffen.

Mit ihrer Berufung hat die Beklagte das Ziel der Klagabweisung weiter verfolgt und vorgetragen, die Leistungen des Klägers hätten im letzten Jahr nicht mehr befriedigt. Das Landesarbeitsgericht hat die Berufung der Beklagten zurückgewiesen. Auch die Revision der Beklagten blieb erfolglos.

Aus den Gründen:

I. Entgegen der Auffassung der Beklagten stand der Kläger nicht in einem auf das 65. Lebensjahr befristeten Arbeitsverhältnis.

1. Da das Arbeitsverhältnis des Klägers weder durch ein Gesetz noch durch einen Tarifvertrag oder eine Betriebsvereinbarung normativ befristet worden ist, kann lediglich eine einzelvertragliche Befristung denkbar sein. Davon geht auch die Revision aus. Sie folgt dem angefochtenen Urteil auch darin, daß eine ausdrückliche Befristung in keinem der mit dem Kläger geschlossenen Dienstverträge, insbesondere auch nicht im letzten vom 31. Juli 1959, vereinbart ist. Insoweit handelt es sich bei den Ausführungen des angefochtenen Urteils um die Auslegung eines Individualvertrages, die nur beschränkt vom Revisionsgericht überprüft werden kann (BAG 3, 116 [119]; 4, 360 [365 f.]).

2. Die Revision folgt auch den — rechtlich nicht zu beanstandenden — Ausführungen des angefochtenen Urteils darüber, daß eine betriebliche Übung unter Umständen über §§ 157, 242 BGB zu einer entsprechenden Auslegung und gegebenenfalls auch zur Ergänzung der vertraglichen Vereinbarung führen und im Falle einer Branchen- und Gebietsüblichkeit auch zu einer vom Willen der Vertragsschließenden gelösten zwingenden Auslegungsgrundlage im Sinne der allgemeinen Verkehrssitte (§ 157 BGB) werden kann.

Das Landesarbeitsgericht hat nun in tatsächlicher Hinsicht festgestellt, daß eine betriebliche Übung des Inhalts, daß das Arbeitsverhältnis mit der Vollendung des 65. Lebensjahres endet, für die Dienstverhältnisse der für den Kläger maßgeblichen Gruppe der außertariflich Angestellten im Bereich der Saarbergwerke nie bestanden hat und auch heute nicht besteht. An diese Feststellungen ist das Revisionsgericht gemäß § 561 ZPO gebunden.

Diese Bindung an die festgestellten Tatsachen verkennt die Revision weithin in ihren Ausführungen unter I der Revisionsbegründung. Wenn sie vorträgt, die vom angefochtenen Urteil als Argument gegen eine betriebsübliche Altersbegrenzung herangezogenen Fälle von Kündigung der Arbeitsverhältnisse einiger Angestellter seien in Wirklichkeit nicht rechtsgeschäftliche Willenserklärungen, sondern nur aus Anlaß der Altersgrenze getroffene Feststellungen ohne rechtsgestaltenden Charakter gewesen, so übersieht sie, daß die Frage, ob eine Äußerung vom Erklärenden als rechtsgestaltende Willenserklärung gemeint ist und vom Erklärungsgegner als eine solche aufgefaßt wird, eine Tatsachenfrage ist. Indem das angefochtene Urteil diese Erklärungen als Kündigungen bewertet, enthält es zugleich die nicht mehr angreifbare und mit einer Verfahrensrüge auch nicht angegriffene Feststellung, daß diese Erklärungen von dem Willen getragen waren, sich rechtsgeschäftlich zu äußern, und daß sie von den jeweiligen Erklärungsgegnern auch so aufgefaßt worden sind. Es kommt hinzu, daß die Beklagte in der Berufungsinstanz ausdrücklich die genannten Äußerungen, die sie jetzt nur als deklaratorisch behandelt wissen will, als an die Kündigungsfrist gebundene Kündigungen bezeichnet und als solche dem „automatischen Ausscheiden" gegenübergestellt hat.

Von diesem Sachvortrag ausgehend mußte das Landesarbeitsgericht die genannten Äußerungen als Kündigungen im bürgerlich-rechtlichen Sinne behandeln, so daß seine Argumentation, angesichts dieser ständigen Kündigungspraxis habe die von der Beklagten behauptete betriebliche Übung nicht bestanden, nicht zu beanstanden ist.

3. Was sodann die Branchen- oder Gebietsüblichkeit angeht, so ist es rechtlich nicht zu beanstanden, wenn das Landesarbeitsgericht auf die diesbezüglichen Beweisantritte der Beklagten nicht mehr eingegangen ist, nachdem feststand, daß von einer einheitlichen Handhabung der Altersgrenze im Unternehmen der Beklagten und damit im größten Teil des Saarbergbaues keine Rede sein kann. Denn selbst wenn im westdeutschen Bergbau und in der Hüttenindustrie bei den außertariflich Angestellten Anstellungsverträge mit Altersgrenze die Regel wären, könnte im Hinblick auf die im Unternehmen der Beklagten geübte Kündigungspraxis, außerdem aber auch im Hinblick auf das politische Sonderschicksal des Saarlandes, aus einer solchen Regel kein im Saarland maßgeblicher Auslegungsgesichtspunkt gewonnen werden.

Somit geht das angefochtene Urteil rechtlich zutreffend davon aus, daß der zwischen den Parteien bestehende Dienstvertrag nicht durch Fristablauf sein Ende erreicht hat.

II. Das Landesarbeitsgericht hat ferner zutreffend erkannt, daß der Kläger nicht zu dem Personenkreis gehört, der nach § 12 Buchstabe c KSchG keinen Kündigungsschutz genießt.

1. Insoweit rügt die Revision, das Landesarbeitsgericht habe die Eigenschaft des Klägers als „leitender Angestellter" verneint, ohne hierbei geprüft zu haben, welche Stellung der Kläger in der Rechtsabteilung hatte; seine Befugnisse, seine Aufgabenbereiche, Art und Höhe der Bezüge sowie die ihm zustehende Versorgung hätten berücksichtigt werden müssen. Es habe geprüft werden müssen, ob nicht bereits allein die dem Kläger zur Führung von Arbeitsgerichtsprozessen erteilte Generalvoll-

macht, die — im Gegensatz zu selbst den höchsten Angestellten der Beklagten, die alle dem Grundsatz der Doppelzeichnung unterworfen gewesen seien — praktisch die Berechtigung zur Alleinzeichnung dargestellt habe, den Kläger zu einem „leitenden Angestellten" gemacht habe. Das Landesarbeitsgericht habe nicht den Inhalt des Dienstvertrages vom 31. Juli 1959 beachtet. Dort heiße es, daß der Kläger seine Dienstgeschäfte nach den Weisungen des Vorstandes und seiner Dienstvorgesetzten zu führen habe (§ 1) und daß er leitender Angestellter im Sinne des § 4 Abs. 2 c BetrVG ist (§ 7). Das Landesarbeitsgericht habe auch den sonstigen Aufgabenbereich des Klägers, nämlich die selbständige und intensive Beratung, Aufklärung und Belehrung der einzelnen Abteilungen und Betriebe der Beklagten in arbeitsrechtlichen Fragen durch Rundschreiben und Aufstellen von Richtlinien berücksichtigen müssen. Solche Anweisungen an Betriebsleiter könnten in der Organisation nach den Grundsätzen der betrieblichen Hierarchie nur von Vorgesetzten oder allenfalls von gleichgestellten Personen erteilt werden. Das Landesarbeitsgericht habe notfalls insoweit „aufklären" müssen (§ 139 ZPO).

Soweit diese Ausführungen Verfahrensrügen nach § 139 und nach § 286 ZPO enthalten, sind diese nicht begründet.

a) Was zunächst § 139 ZPO betrifft, so hat die Beklagte in der Berufungsbegründung zum erstenmal vorgetragen, es könne für die Entscheidung des Rechtsstreits möglicherweise auf § 12 KSchG ankommen. Sie hat ausgeführt, warum sie den Kläger als eine Person ansieht, die nach § 12 KSchG nicht den Kündigungsschutz in Anspruch nehmen kann.

Dann hat die Beklagte ihre Auffassung über die sinnentsprechende Anwendung des § 12 Buchstabe c KSchG in aller Breite dargelegt und hierbei die Funktionen des Klägers im Betriebe im wesentlichen genauso geschildert, wie sie es jetzt in der Revisionsbegründung getan hat. Unter diesen Umständen hatte das Landesarbeitsgericht keine weitere Aufklärungspflicht. Die Revision vermag auch nicht anzugeben, wonach das Landesarbeitsgericht noch sonst hätte fragen sollen und was die Beklagte dann darauf geantwortet hätte (vgl. BAG AP Nr. 1 zu § 139 ZPO).

b) Was sodann § 286 ZPO betrifft, so erscheint es dem Senat zweifelhaft, ob die Beklagte eine solche Verfahrensrüge überhaupt hat anbringen wollen.

Werden die insoweit bestehenden Zweifel an der Statthaftigkeit dieser Rüge (§ 554 Abs. 3 Nr. 2b ZPO) zurückgestellt, so ergibt die weitere Prüfung, daß ein solcher Verfahrensfehler dem Landesarbeitsgericht nicht vorgeworfen werden kann, denn es kommt, wie noch auszuführen sein wird, für die Frage, ob ein Arbeitnehmer unter § 12 Buchstabe c KSchG fällt, nicht auf die Art und Höhe seiner Bezüge und seiner Versorgung, auch nicht auf die von der Beklagten geschilderten Funktionen des Klägers bei der arbeitsrechtlichen Beratung, Aufklärung und Belehrung der Abteilungen und Betriebe innerhalb des Unternehmens der Beklagten an.

Im übrigen ist es für eine verfahrensrechtlich einwandfreie Würdigung der Sach- und Rechtslage durch das Berufungsgericht nicht erforderlich, daß in dem Urteil ausdrücklich auf jedes einzelne Vorbringen der Partei eingegangen wird und daß sich das Gericht mit ihm ausdrücklich auseinandersetzt, wenn es sich nur ergibt, daß eine sachentsprechende Beurteilung stattgefunden hat.

2. In materiell-rechtlicher Hinsicht reicht es für die Nichtanwendung des § 12 Buchstabe c KSchG auf den Kläger aus, daß das Landesarbeitsgericht festgestellt hat, er sei einer der in der Rechtsabteilung der Beklagten beschäftigten fünf Sachbearbeiter gewesen.

a) § 12 KSchG trägt die Überschrift „Angestellte in leitender Stellung". Unter dieser Überschrift nennt die Vorschrift unter a) und b) Personen, die ohnehin nicht unter den in § 1 KSchG genannten Begriff „Arbeitnehmer" fallen. Die Bestimmung hat insofern nur klarstellende Bedeutung (vgl. Auffarth-Müller, KSchG, § 12 Anm. 1); jedoch rechtfertigt es die in a) und b) enthaltene Benennung von Arbeitgebern, die in c) enthaltene Aufzählung von Personen im Zweifel dahin auszulegen, daß auch hier arbeitgeberähnliche Personen gemeint sind.

§ 12 Buchstabe c KSchG spricht nun nicht schlechthin von „leitenden Angestellten". Damit unterscheidet sich § 12 Buchstabe c KSchG wesentlich von § 4 Abs. 2 Buchstabe c BetrVG. Dort wird der Begriff des „leitenden Angestellten" nicht näher erläutert. § 12 Buchstabe c KSchG spricht vielmehr von „Geschäftsführern, Betriebsleitern und ähnlichen leitenden Personen". Es muß sich danach um solche Personen handeln, die eine ähnliche leitende Funktion wie ein Geschäftsführer oder ein Betriebsleiter haben. Auch das spricht dafür, daß § 12 Buchstabe c KSchG arbeitgeberähnliche Personen meint. Somit ist der Begriff der „ähnlich leitenden Person" im Sinne des § 12 Buchstabe c KSchG wesentlich enger als der Begriff des „leitenden Angestellten" im Sinne des § 4 Abs. 2 c BetrVG (vgl. Hueck, BB 1954, 536; Hueck-Nipperdey, Lehrbuch, 6. Aufl., Bd I § 64 II 1 S. 573 und Fußnote 3).

Danach ist es bedeutungslos, daß der Kläger gemäß § 7 des Dienstvertrages von 1959 als leitender Angestellter im Sinne des § 4 Abs. 2 c BetrVG bezeichnet worden ist.

Die „ähnlich leitenden Personen" im Sinne des § 12 Buchstabe c KSchG müssen somit Vorgesetzte einer nicht ganz geringen Zahl von Personen sein, denn das Wesen der Funktion eines Geschäftsführers und eines Betriebsleiters liegt, solange der vollautomatisierte Betrieb noch nicht die Regel ist, gerade darin, daß er ein Direktionsrecht gegenüber mehreren (anderen) Arbeitnehmern ausübt. Dabei genügt nicht die Ausübung des Direktionsrechts gegenüber einem oder ganz wenigen (etwa zur Ausbildung oder persönlichen Unterstützung oder als persönliche Schreibkraft zugewiesenen) Arbeitnehmern. Es genügt nicht die Sachbearbeitung auf einem abgegrenzten Gebiet, mag diese Sachbearbeitung auch von besonderer Bedeutung für die Funktion des Betriebes oder Unternehmens sein. Auch reicht nicht eine Vertrauensstellung. Eine Vertrauensstellung kann schon von einer Sekretärin, einem Prüfer oder einem Verbindungsmann auf auswärtigem Posten wahrgenommen werden, ohne daß solche Personen auch nur entfernt ähnliche Funktionen wie ein Geschäftsführer oder Betriebsleiter haben. Auch ist die beratende, ordnende und fachlich anleitende Funktion nicht ausreichend, um die Merkmale des § 12 Buchstabe c KSchG zu erfüllen. Das würde im Zeichen fortschreitender Arbeitsteilung dazu führen, daß eine ständig wachsende Zahl von Arbeitnehmern des Kündigungsschutzes verlustig ginge, obgleich gerade bei solchen hochspezialisierten Kräften wegen ihrer Einseitigkeit und beschränkten Verwendbarkeit auf dem allgemeinen Arbeitsmarkt ein erhebliches Schutzbedürfnis gegenüber sozial ungerechtfertigten Kündigungen besteht.

Erfordert § 12 Buchstabe c KSchG somit die selbständige Leitung zumindest einer Betriebsabteilung, so genügt eine Kennzeichnung der Funktionen des Klägers, wie sie im angefochtenen Urteil erfolgt ist, bereits, um den Kläger aus diesem Personenkreis auszuschließen.

b) Außerdem fehlt es beim Kläger aber auch an der zweiten Voraussetzung des § 12 Buchstabe c KSchG. Die dem Kläger erteilte generelle Prozeßvollmacht bedeutet nicht, wie die Revision meint, daß der Kläger nach Belieben Arbeitnehmer einstellen und entlassen konnte. Sie bedeutet vielmehr nur, daß der Kläger im Rahmen von Prozessen und Vergleichsverhandlungen vor den Arbeitsgerichten diejenigen Erklärungen abgeben durfte, die der jeweiligen, vom Kläger als dem in Arbeitsrechtsfragen eingearbeiteten Fachmann am besten zu beurteilenden, Sach- und Rechtslage und den Interessen der Beklagten entsprach. Eine solche aus einer Generalprozeßvollmacht hergeleitete und naturgemäß auf anhängig gewordene Prozesse beschränkte Einstellung- und Entlassungsbefugnis ist nicht geeignet, den Tatbestand des § 12 Buchstabe c KSchG zu erfüllen.

Dieser Tatbestand verlangt vielmehr eine allgemeine, jedenfalls nicht an den Ausnahmefall von Prozessen gebundene Einstellungs- und Entlassungsbefugnis.

III. Ohne Rechtsfehler hat auch das Landesarbeitsgericht erkannt, daß die dem Kläger gegenüber ausgesprochene Kündigung sozial ungerechtfertigt ist.

1. Die Erreichung des 65. Lebensjahres ist für sich allein betrachtet kein „in der Person des Arbeitnehmers" liegender Grund im Sinne des § 1 Abs. 2 KSchG. Das entspricht allgemeiner Meinung (vgl. Molitor, AR-Blattei D „Kündigungsschutz V", dort unter B II 2; Schlessmann, Betrieb 1957, 797; Sturn, BlfSt. 1959, 286; Hueck, KSchG, 4. Aufl., § 1 Anm. 34 b; Herschel-Steinmann, KSchG, 4. Aufl., § 1 Anm. 37; Auffarth-Müller, KSchG, § 1 Anm. 190; Nipperdey-Mohnen-Neumann, BGB, 11. Aufl., Vorbem. 131 vor § 620; LAG Düsseldorf, AP 54 Nr. 134). Die gegenteilige Auffassung von Nikisch, Arbeitsrecht, 2. Aufl., Bd. I S. 621, findet im Gesetz keine Stütze. Das Kündigungsschutzgesetz gewährt einen individuellen, auf die Person des einzelnen Arbeitnehmers zugeschnittenen Kündigungsschutz. Mit dieser individuellen, die Kenntnisse, Fähigkeiten, Eigenschaften und Eigenarten des einzelnen berücksichtigenden Natur und Struktur des Kündigungsschutzes wäre es nicht zu vereinbaren, die Erreichung des 65. Lebensjahres schematisierend stets als personenbedingten Kündigungsgrund anzuerkennen. Wenn Nikisch meint, da im öffentlichen Dienst allgemein die Altersgrenze von 65 Jahren gelte, könne man die Kündigung eines privaten Arbeitgebers im gleichen Fall nicht gut als unsozial mißbilligen, so kann dem entgegengehalten werden, daß die dem Beamtenrecht entsprechende Norm des § 18 Abs. 1 ATO kein Maßstab ist für die andersartigen, einer solchen Normung widerstrebenden Verhältnisse in der freien Wirtschaft.

Auch kann nicht etwa die Erreichung des 65. Lebensjahres als Fiktion, ja nicht einmal als Vermutung des Eintrittes einer in so hohem Maß beschränkten Arbeitsfähigkeit — zumindest nicht bei Büroarbeit — angesehen werden, daß der Arbeitgeber des Beweises eines Kündigungsgrundes enthoben wäre oder daß die Beweislast für eine den Erfordernissen des Betriebes noch entsprechende Leistungsfähigkeit den Arbeitnehmer treffen müßte. Denn zutreffend spricht das Landesarbeitsgericht es aus, daß die Frage des Alterns nicht allein eine Frage des Lebensalters ist. Das deckt sich mit den Ergebnissen der Altersmedizin und aller anderen Zweige der Wissenschaft, die sich mit dem alternden Menschen befaßt haben (vgl. die Zusammenstellung bei Petri, Arbeitsamt 1955,

96 ff.). Die gestiegene Lebenserwartung und der damit zusammenhängende spätere Eintritt der Invalidität verbieten es erst recht, die Vollendung des 65. Lebensjahres ganz allgemein und ohne weiteres als triftigen Kündigungsgrund anzusehen. Daß mit diesem Zeitpunkt in der Regel die Altersversorgung einsetzt, ist kein genügender Grund, um die Kündigung schematisch zu rechtfertigen. Gegen eine solche Annahme spricht hier auch die Tatsache, daß die Parteien fünf Monate, bevor der Kläger 65 Jahre alt wurde, noch einen Vertrag geschlossen haben, nach welchem die Kündigung des Arbeitsverhältnisses sich nach den gesetzlichen Vorschriften richten sollte. Die Behauptung der Beklagten, Anlaß zu dem Vertrag sei allein das Bedürfnis gewesen, alle laufenden Verträge auf die geänderten Währungsverhältnisse im Saargebiet umzustellen, ändert nichts daran, daß es gleichwohl nahegelegen hätte, in dem Vertrag mit dem Kläger auf die von der Beklagten beabsichtigte baldige Beendigung hinzuweisen, damit der Kläger nicht im unklaren blieb.

2. Das Interesse des Betriebes an einem zweckmäßigen Altersaufbau mag im Einzelfall ein „dringendes betriebliches Erfordernis" (im Sinne des § 1 Abs. 2 KSchG) für eine Kündigung aus Anlaß der Erreichung des 65. Lebensjahres eines Arbeitnehmers abgeben. Voraussetzung hierfür wäre aber, daß der Arbeitgeber vorträgt und im Streitfalle beweist, daß der Altersaufbau in seinem Betrieb die Kündigung erforderlich machte. Insoweit hat aber die Beklagte nichts vorgetragen. Im Gegenteil: Indem die Beklagte vorgetragen hat, daß die Masse ihrer Arbeitnehmer bei Erreichung des 65. Lebensjahres ausgeschieden sei, gesteht sie, daß eine untragbar gewordene Überalterung gerade nicht eingetreten ist.

3. Es ist daher zutreffend, wenn das Landesarbeitsgericht es darauf abstellt, ob die Kündigungsgründe in der Person oder im Verhalten des Klägers gegeben waren. Die insoweit vom Landesarbeitsgericht getroffene Entscheidung ist nur daraufhin nachzuprüfen, ob sie mit den Denkgesetzen und mit allgemeinen Erfahrungssätzen vereinbar ist und ob das Urteil unter Berücksichtigung aller vernünftigerweise in Betracht zu ziehenden Einzelumstände gefällt worden ist (BAG 1, 99 [102]; 6, 1 [6]).

Als Verstoß gegen die Denkgesetze oder als Verstoß gegen die Grenze richterlicher Nachprüfung will die Revision anscheinend rügen, das Landesarbeitsgericht habe die Leistungen des Klägers, die nach den eigenen Feststellungen des Gerichts den Anforderungen des Leiters der Rechtsabteilung Dr. L. nicht entsprochen hätten, als Kündigungsgrund anerkennen müssen. Denn Dr. L. habe nur solche Anforderungen an den Kläger gestellt, die sich innerhalb der vertraglich umschriebenen Grenzen gehalten hätten. Statt dessen habe das Landesarbeitsgericht diese Anforderungen als zu hoch bezeichnet und damit eine ihm nicht zustehende Beurteilung abgegeben. Dabei sei auch nicht hinreichend berücksichtigt worden, daß der Kläger einen Posten im Unternehmen der Beklagten auszufüllen habe, bei welchem es auf besondere Zuverlässigkeit und Selbständigkeit ankomme.

Diese Rügen gehen fehl. Es ist im Rahmen eines Kündigungsschutzprozesses gerichtlich nachprüfbar, ob die Leistungen eines Arbeitnehmers den an ihn zu stellenden Anforderungen genügen. Die Frage, welche Anforderungen im Einzelfall gestellt werden dürfen, ist dabei nicht nur nach dem äußeren Wortlaut, sondern vor allem nach dem unter Berücksichtigung von Treu und Glauben und der Verkehrssitte zu ermittelnden Inhalt des Vertrages zu beantworten. Diese Antwort zu finden, ist Aufgabe des Tatrichters.

Das Landesarbeitsgericht hat in tatsächlicher Hinsicht festgestellt, daß die Arbeitsweise und Arbeitseinteilung des Klägers den bisherigen Anforderungen entsprachen, d. h. den Anforderungen bis zur Übernahme der Rechtsabteilung durch den Zeugen Dr. L. am 1. Januar 1959. Auch unterliegt es rechtlich keinen Bedenken, wenn das Landesarbeitsgericht die Auffassung vertreten hat, daß es dem Arbeitgeber grundsätzlich versagt ist, an einen Arbeitnehmer, der 36 Jahre lang eine den Anforderungen entsprechende und befriedigende Tätigkeit erbracht hat, im vorgerückten Alter höhere Anforderungen als bisher zu stellen. Vielmehr gebieten Treu und Glauben es in einem solchen Falle, das altersbedingte Nachlassen der Leistungsfähigkeit, vor allem aber das altersbedingte Nachlassen der Anpassungsfähigkeit bis zu einem gewissen Grade in Kauf zu nehmen (vgl. Auffarth-Müller, Anm. 171 zu § 1 mit weiteren Nachweisen).

4. Selbst wenn aber der Zeuge Dr. L. tatsächlich nicht zu hohe Anforderungen an den Kläger gestellt haben sollte und wenn man zugibt, daß einem schon 65 Jahre alten Angestellten, der für sein Alter versorgt ist, leichter gekündigt werden kann, war es der Beklagten dennoch versagt, sich auf Schlechtleistungen zu berufen und ein Recht zur Kündigung aus ihnen abzuleiten. Denn das Landesarbeitsgericht hat tatsächlich festgestellt, daß auch nach dem 1. Januar 1959 — dem Zeitpunkt der Übernahme der Rechtsabteilung durch den Zeugen Dr. L. — die Arbeitsweise des Klägers nicht ernsthaft kritisiert worden sei. Dem Kläger seien keine Vorhaltungen gemacht worden, sondern der Zeuge Dr. L. habe sich darauf beschränkt, den Kläger mit seinen Vorstellungen vertraut zu machen. Auch sonst habe der Kläger keinen Anlaß zu der Annahme ge-

habt, daß die Beklagte mit seinen Leistungen nicht mehr zufrieden sei: Anfang März 1959 habe der Zeuge dem Kläger angeboten, ihn zur Erteilung der Handlungsvollmacht vorzuschlagen. Bei der Neuregelung der Gehälter am 6. Juli 1959 habe der Zeuge sich für eine günstigere Umstellung seines Gehaltes eingesetzt, und an seiner veränderlichen Leistungszulage von 700 DM monatlich sei keine Änderung eingetreten.

An diese Feststellungen ist das Revisionsgericht gebunden. Danach kann die Möglichkeit nicht ausgeschlossen werden, daß der Kläger, wäre er nur hinreichend deutlich zu einer Änderung seiner Arbeitsweise aufgefordert worden, sich entsprechend umgestellt hätte.

Daß der Kläger nicht in der Lage gewesen wäre, seine Arbeitsweise den neuen Erfordernissen anzupassen, ist eine in den Tatsacheninstanzen nicht substantiiert aufgestellte Behauptung.

Damit hat das Landesarbeitsgericht nur das gefordert, was nach ganz allgemeiner Meinung in Fällen leichterer Verstöße gegen Pflichten aus dem Arbeitsverhältnis zunächst verlangt werden muß, nämlich eine hinreichend deutliche Abmahnung (vgl. Auffarth-Müller, a.a.O., § 1, Anmerkung 172).

Nach den Feststellungen des Landesarbeitsgerichts hat die Beklagte dem Kläger sogar Anlaß zu der Annahme gegeben, man sei mit seinen Leistungen zufrieden. Dann aber ist es ein unzulässiger Widerspruch zum früheren Verhalten, dem Kläger gegenüber plötzlich eine Kündigung auszusprechen, ohne ihm vorher Gelegenheit gegeben zu haben, seine Arbeitsweise den Anforderungen anzupassen. Dabei wird nicht verkannt, daß die Beklagte bei alledem irrtümlich davon ausgegangen ist, der Kläger müsse mit 65 Jahren ohne weiteres bald ausscheiden. Das ist aber für den gegenwärtigen Prozeß ohne Bedeutung.

5. Kann sich danach die Beklagte mangels Abmahnung auf eine Schlechtleistung des Klägers nicht berufen, so ist ein die Kündigung tragender Grund nicht mehr ersichtlich. Unter diesen Umständen ist es unschädlich, wenn das Landesarbeitsgericht bei seiner Interessenabwägung nicht beachtet hat, daß im Hinblick auf die gesicherte Altersversorgung des Klägers der durch die Kündigung entstehende Existenzeingriff nur gering war, so daß in einem solchen Falle an die Kündigungsgründe nicht hohe Anforderungen gestellt werden dürfen.

Auch kann es dahingestellt bleiben, ob die weiteren (Hilfs-) Erörterungen des Landesarbeitsgerichts über die Möglichkeit einer Umsetzung oder einer Änderungskündigung rechtlich zutreffend sind.

46

1. Stellt der Arbeitgeber einen berufsunfähigen Arbeitnehmer ein, so ist er nicht gehindert, sich bei späterem Eintritt dauernder Dienstunfähigkeit auf den Beendigungstatbestand des § 18 Abs. 3 ATO zu berufen (Bestätigung von BAG 5, 231 [234]).

2. Wird ein Arbeitnehmer des öffentlichen Dienstes dauernd dienstunfähig und erhält er die in § 18 Abs. 3 ATO näher bezeichnete Versorgung, so endet sein Dienstverhältnis noch nicht von selbst, sondern es bedarf dazu einer gestaltenden Erklärung entweder des Arbeitgebers oder des Arbeitnehmers (Abweichung von BAG 5, 231 [235]).

3. Diese Erklärung des Arbeitgebers ist gegenüber einem Schwerbeschädigten nur mit Zustimmung der Hauptfürsorgestelle wirksam, wenn die Zurruhesetzung aus einem Grunde erfolgt, der im unmittelbaren Zusammenhang mit der gesundheitlichen Schädigung steht, wegen der der Schutz des SchwBeschG gewährt wird.

ATO § 18 Abs. 3; SchwBeschG §§ 14, 19 Abs. 3, § 35 Abs. 2.

II. Senat. Urteil vom 5. 10. 1961 i. S. B. (Kl.) w. St. St. (Bekl.)
2 AZR 122/61.

I. Arbeitsgericht Stuttgart. — II. Landesarbeitsgericht Baden-Württemberg (Stuttgart).

Der 1913 geborene Kläger erlitt als Soldat im Jahre 1944 eine Schußverletzung am Kopf und ist infolgedessen als Schwerbeschädigter mit einer Minderung seiner Erwerbsfähigkeit um 70 % anerkannt. Seit dem 1. August 1945 erhält er eine Rente aus der Angestelltenversicherung, die zuletzt 320,– DM im Monat betrug. Er ist verheiratet und hat sechs Kinder im Alter von fünf bis sechzehn Jahren.

Am 1. September 1945 wurde er bei der beklagten Stadt als Angestellter im Rechnungsprüfungsamt eingestellt. Er erhielt zunächst eine Vergütung nach Gruppe V TO.A. Er rückte im Laufe der Jahre nach Gruppe III TO.A auf. Seit 1949 ist er Abteilungsleiter der Abteilung „Wirtschaftliche Unternehmen" des städtischen Rechnungsprüfungsamtes.

Im Dezember 1957 erlitt er einen sog. Insult, wahrscheinlich eine Narbenspätblutung. Er war lange Zeit arbeitsunfähig. Im Juni 1958 arbeitete er wieder halbtägig, ab 1. Juli 1958 ganztägig. Während er bis zum Dezember 1957 zur Zufriedenheit der Beklagten gearbeitet hatte, konnte er jetzt nur mühsam und unartikuliert sprechen und sich nur schwer verständlich machen. Deshalb berichtete der Direktor des Rechnungsprüfungsamtes dem Personalamt der Beklagten, er habe Zweifel an der Dienstfähigkeit des Klägers. Der Gesundheitszustand des Klägers war im Juli 1958 von der Tübinger Universitätsnervenklinik dahin beurteilt worden, daß die Sprachstörung keine Dienstunfähigkeit bedeute. Auch eine von der Beklagten veranlaßte neue Untersuchung des Klägers durch das Stuttgarter Gesundheitsamt ergab zunächst die Dienstfähigkeit. Ein weiterer Bericht des Gesundheitsamtes vom 23. Dezember 1958 stellte jedoch dauernde Dienstunfähigkeit fest. Darauf schrieb die Beklagte dem Kläger am 19. Januar 1959, sein Arbeitsverhältnis ende gem. § 18 Abs. 3 ATO mit dem 31. Januar 1959, weil er dauernd dienstunfähig sei und Versorgungsbezüge aus der Zusatzversorgung der Beklagten erhalte.

Mit seiner am 30. Januar 1959 beim Arbeitsgericht eingegangenen Klage hat der Kläger die Feststellung begehrt, daß sein Dienstverhältnis durch dieses Schreiben nicht erloschen sei. Der Kläger hat seine Dienstunfähigkeit bestritten und ferner die Ansicht vertreten, es fehle auch an der weiteren Voraussetzung des § 18 Abs. 3 ATO, da er auf einc Zusatzversorgung nach der besonderen Versorgungsordnung der Beklagten keinen Anspruch habe. Außerdem sei seine Entlassung gem. § 3 der Hauptsatzung der Beklagten von einem Beschluß der Vollversammlung des Gemeinderats abhängig; ein solcher Beschluß sei aber nicht ergangen.

Das Arbeitsgericht hat die vom Kläger begehrte Feststellung getroffen. Die Beklagte hat Berufung eingelegt und im Termin am 6. Mai 1959 dem Kläger vorsorglich fristlos gekündigt, weil sie in Erfahrung gebracht habe, daß der Kläger gegenüber verschiedenen Bediensteten der Beklagten unwahre Behauptungen verbreitet habe, obwohl sein Anwalt vorher vom wahren Sachverhalt in Kenntnis gesetzt worden sei. Das Landesarbeitsgericht hat über die Dienstfähigkeit des Klägers Zeugen- und Sachverständigenbeweis erhoben und dann die Klage abgewiesen. Die Revision des Klägers hatte Erfolg.

Aus den Gründen:

I. Die Revision ist statthaft. Die insoweit von der Beklagten geäußerten Bedenken sind nicht begründet. Das Landesarbeitsgericht hat die Revision ausdrücklich zugelassen. Ein Fall offensichtlich gesetzwidrig erfolgter Zulassung, in welchem die Zulassung selbst möglicherweise unwirksam sein könnte (BAG 3, 46; 5, 246; 6, 109), liegt jedenfalls nicht vor. Das Landesarbeitsgericht hat auch in dem die Zulassung begründenden Satz der Entscheidungsgründe nicht lediglich — wie in dem von der Beklagten angezogenen und in BAG 2, 26 entschiedenen Fall — ausgesprochen, es beständen Zweifel an der von ihm vertretenen Rechtsauffassung, sondern es hat ausgesprochen, die Frage der Anwendbarkeit des

§ 18 Abs. 3 ATO bei einem Schwerbeschädigten sei von grundsätzlicher Bedeutung. Damit hat es erkennbar die Voraussetzung des § 69 Abs. 3 Satz 1 ArbGG bejaht. Daran ist das Revisionsgericht gebunden.

II. Die Revision ist auch begründet, denn das angefochtene Urteil beruht auf einer Verletzung des § 18 Abs. 3 ATO.

1. § 18 Abs. 3 ATO setzt zunächst voraus, daß der Arbeitnehmer dauernd dienstunfähig geworden ist.

a) Der Kläger hat hierzu die Auffassung vertreten, dieser Fall könne bei ihm schon deshalb nicht in dem in § 18 Abs. 3 ATO gemeinten Sinne vorliegen, weil er als bereits invalidisierter Schwerbeschädigter bei der beklagten Stadt eingetreten sei. Aus diesem Grunde könne sich die beklagte Stadt nicht auf den Endigungstatbestand des § 18 Abs. 3 ATO berufen; vielmehr setze sie sich damit in einen unzulässigen Widerspruch zum eigenen früheren Verhalten (§ 242 BGB). Zur Erläuterung dieser Auffassung beruft sich der Kläger auf die Urteile des RAG in ARS 34, 136 ff.; 39, 121; LAG Bayern vom 23. 2. 1951 in Amtsbl. Bayer. Arb.-Min. 1951 C 188.

Diese Ansicht geht fehl. Zwar hat § 18 Abs. 3 ATO nur solche Fälle im Auge, in denen die Dienstunfähigkeit erst im Laufe des Arbeitsverhältnisses eintritt. Indes muß unterschieden werden zwischen „Dienstunfähigkeit" und „Berufsunfähigkeit" im Sinne des AVG. Der gegenteiligen — beide Begriffe gleichsetzenden — Entscheidung des LAG Bayern vom 25. März 1955 (Amtsbl. 1956 C 17) ist nicht zu folgen. Vielmehr schließt sich der Senat insoweit dem Urteil des Vierten Senats vom 11. Dezember 1957 (BAG 5, 231) an. § 18 Abs. 3 ATO wäre nur dann auf den Kläger nicht anwendbar gewesen, wenn er bereits bei Eintritt in den Dienst der Beklagten dienstunfähig im Sinne des § 18 Abs. 3 ATO gewesen wäre. Das ist aber nicht vorgetragen worden.

Auch aus § 242 BGB ergibt sich nichts anderes: Ein unzulässiger Widerspruch zum eigenen früheren Verhalten läge bei der Beklagten nur dann vor, wenn entweder der Kläger in Kenntnis seiner Dienstunfähigkeit eingestellt worden wäre, was nicht vorgetragen ist, oder die Beklagte bei der Einstellung des Klägers ausdrücklich oder durch schlüssiges Verhalten erklärt hätte, sie nehme eine Verschlechterung des Gesundheitszustandes des Klägers infolge einer Kriegsverletzung einschließlich der dadurch eintretenden Dienstunfähigkeit in Kauf. Auch das ist nicht vorgetragen. Auch kann nicht gesagt werden, die Einstellung eines Berufsunfähigen und Schwerbeschädigten mit 70%iger Erwerbsminderung bedeute regelmäßig, daß der Arbeitgeber den Eintritt der Dienstunfähigkeit in Kauf nehme.

b) Das angefochtene Urteil hat festgestellt, daß der Kläger dauernd dienstunfähig im Sinne des § 18 Abs. 3 ATO geworden ist. Daß das Landesarbeitsgericht hierbei den Begriff der Dienstunfähigkeit verkannt habe, ist nicht ersichtlich. Es nimmt vielmehr zutreffend auf BAG 5, 231 Bezug.

Die Revision rügt insoweit die Verletzung des § 286 ZPO. Indes stellt sich die Rüge als eine Kritik an der Beweiswürdigung dar, ohne daß dargelegt worden ist, daß der Tatrichter die Grenzen der freien Beweiswürdigung verkannt, gegen die Denkgesetze oder gegen allgemeine Erfahrungssätze verstoßen, wesentliches Parteivorbringen unberücksichtigt gelassen oder Beweismittel übergangen habe. Die vom Landesarbeitsgericht angestellte Beweiswürdigung läßt vielmehr erkennen, daß das gesamte Vorbringen der Parteien erfaßt und in Betracht gezogen worden ist. Mehr kann nicht verlangt werden (BAG 5, 221 [224]; BAG AP Nr. 2 zu § 419 BGB Funktionsnachfolge). Die Verfahrensrüge ist daher unbegründet.

2. § 18 Abs. 3 ATO setzt weiter voraus, daß der Arbeitnehmer beim Ausscheiden eine Versorgung durch den Dienstberechtigten oder durch eine Versorgungseinrichtung erhält, zu der der Dienstberechtigte Mittel beisteuert oder beigesteuert hat.

Ob diese vom Landesarbeitsgericht ebenfalls bejahte Voraussetzung gegeben ist, erscheint zweifelhaft. Im Ergebnis zuzustimmen ist dem angefochtenen Urteil darin, daß hier die von der Beklagten zugesagte Zusatzrente isoliert zu betrachten ist, weil weder die Beklagte noch sonst ein öffentlicher Arbeitgeber zu der aus anderen Quellen fließenden sonstigen Versorgung des Klägers Mittel beigesteuert hat. Der Kläger hat nun in Ziffer 1 seines Schreibens an das Personalamt vom 24. März 1959 darauf hingewiesen, daß die Gewährung dieser Zusatzrente von der Versorgungsordnung der Beklagten nicht gedeckt wird. Ob angesichts dieser Labilität der Zusatzrente noch von einer gesicherten Versorgung gesprochen werden kann, erscheint bedenklich. Indes braucht der Senat hierüber nicht abschließend zu entscheiden. Denn die Zurruhesetzung des Klägers war aus anderen Gründen unwirksam.

3. a) Das Landesarbeitsgericht hat die Auffassung vertreten, § 18 Abs. 3 ATO statuiere ein selbständiges Erlöschen des Dienstverhältnisses; es bedürfe keiner das Dienstverhältnis beendenden Erklärung. Aus diesem Grunde greife § 19 Abs. 3 des Schwerbeschädigtengesetzes nicht ein.

Diese Auffassung stimmt zwar überein mit dem, was der Vierte Senat des Bundesarbeitsgerichts in seinem Urteil vom 11. Dezember 1957

(BAG 5, 231) in einem ähnlichen Fall, wenn auch ersichtlich nicht ganz frei von Bedenken, ausgesprochen hat. Danach ende das Dienstverhältnis im Zeitpunkt des Zusammentreffens der dauernden Dienstunfähigkeit mit einer gesicherten Versorgung von selbst.

Der erkennende Senat vermag dem nicht zu folgen. Bereits der Wortlaut des § 18 Abs. 3 ATO läßt einigen Zweifel an der Richtigkeit dieser Auffassung entstehen. Die Überschrift des § 18 lautet zwar „Erlöschen des Dienstverhältnisses", jedoch wird nur im Falle des Abs. 1 ausgesprochen, daß und wann das Dienstverhältnis endet. Im Falle des Abs. 3 dagegen wird dies nicht gesagt. Vielmehr beschränkt sich die Vorschrift darauf, zu sagen, daß es einer Kündigung nicht bedürfe. Nach dem Zusammenhang der gesamten Vorschrift und ihrer Überschrift kann allerdings kein Zweifel daran bestehen, daß auch Abs. 3 einen Beendigungstatbestand normieren will. Indes bleibt die Frage, welche Tatsachen es eigentlich sind, die das Ende des Dienstverhältnisses bewirken, der Auslegung überlassen.

Bei dieser Auslegung dürfen die Erfordernisse der Praxis des Arbeitslebens nicht unbeachtet bleiben. Sie gebieten es, über einen für beide Parteien so wichtigen Tatbestand, wie es die Beendigung eines Arbeitsverhältnisses ist, keine Unklarheiten hinsichtlich des genauen Zeitpunktes, in welchem die beiderseitigen Pflichten enden, eintreten zu lassen. Es wäre auch unwürdig, den Übergang vom aktiven Arbeitsverhältnis in den Ruhestand etwa mitten in einen Arbeitstag fallen zu lassen. Hinzu kommt, daß es sich bei beiden in § 18 Abs. 3 ATO genannten Voraussetzungen um solche Tatbestände handelt, deren tatsächliches Vorhandensein in vielen Fällen zweifelhaft ist. So werden regelmäßig Überlegungen darüber notwendig sein, ob dauernde Dienstunfähigkeit wirklich vorliegt. Gerade der hier zu entscheidende Fall mit seinen einander widersprechenden Ansichten nicht nur der Parteien, sondern auch der ärztlichen Sachverständigen zeigt, daß verschiedene Auffassungen möglich sind. Beide Vertragsparteien müssen regelmäßig Überlegungen darüber anstellen, ob die gutachtliche Stellungnahme eines einzigen Arztes den Tatbestand hinreichend klärt oder ob nicht noch zur Sicherung ein weiteres Gutachten eingeholt werden soll. Ähnliches gilt übrigens für die Frage der gesicherten Versorgung, insbesondere bei der Erteilung eines vorläufigen Rentenbescheides.

Diesen Bedürfnissen nach Rechtsklarheit wird die gekennzeichnete Auffassung nicht gerecht. Sie führt bei konsequenter Durchführung in zahlreichen Fällen entweder zu einem unnötig plötzlichen und daher unwürdigen Ende des Arbeitsverhältnisses, das — wenn etwa dem Arbeitnehmer der Rentenbescheid in seiner Wohnung zugestellt wird, während er sich an seinem Arbeitsplatz befindet — ohne Kenntnis beider Vertragsparteien eintreten könnte, oder sie führt zur Fortbeschäftigung des Arbeitnehmers über das Ende des Arbeitsverhältnisses hinaus. Sie erschwert eine verständnisvolle Erörterung der Lage und die Gewährung angemessener Überlegungsfristen. Anscheinend hat auch der Vierte Senat in dem genannten Urteil diese Unzuträglichkeiten erkannt und sie vermeiden wollen. Denn auch er spricht davon, daß „zur Beseitigung von Unklarheiten über den genauen Zeitpunkt des Ausscheidens" eine Erklärung zweckmäßig oder durch die Fürsorgepflicht geboten sein möge. Einer solchen Erklärung mißt er aber nur deklaratorische Bedeutung zu, weil sie andernfalls von einer Kündigung nicht zu unterscheiden sei, die aber § 18 Abs. 3 ATO gerade entbehrlich machen wolle.

Im Gegensatz hierzu ist der erkennende Senat der Auffassung, daß das Arbeitsverhältnis im Falle des § 18 Abs. 3 weder dadurch beendet wird, daß bei gesicherter Versorgung dauernde Dienstunfähigkeit eintritt, noch dadurch, daß bei bestehender dauernder Dienstunfähigkeit ein (die Versorgung sichernder) Rentenbescheid erteilt wird. Vielmehr eröffnet das Zusammentreffen einer dauernden Dienstunfähigkeit mit gesicherter Versorgung sowohl dem Arbeitgeber wie auch dem Arbeitnehmer lediglich die Möglichkeit, jederzeit das Erlöschen des aktiven Dienstverhältnisses zu erklären. Erst diese Erklärung (Zurruhesetzung) beendet das Dienstverhältnis. Der Senat folgt damit dem Urteil des Reichsarbeitsgerichts vom 11. Mai 1934 (ARS 46, 277 mit insoweit zustimmender Anmerkung von Hueck). Der Anrufung des Großen Senats nach § 45 Abs. 2 Satz 1 ArbGG bedurfte es nicht, weil nach der jetzt geltenden Geschäftsverteilung die Rechtsstreitigkeiten über Beendigung des Arbeitsverhältnisses sowohl im öffentlichen Dienst wie in der privaten Wirtschaft allein in die Zuständigkeit des Zweiten Senats fallen (BAG 7, 186 [192]).

Nur bei einer solchen Auslegung des § 18 Abs. 3 ATO werden die erwähnten Unzuträglichkeiten vermieden. Es sind dies im wesentlichen die gleichen Überlegungen, die zu der nunmehr herrschend gewordenen Auffassung geführt haben, daß bei Unmöglichkeit der weiteren Erfüllung der geschuldeten Arbeitsleistung das Arbeitsverhältnis nicht von selbst endet, sondern daß es hierzu und zur Herbeiführung klarer Rechtsverhältnisse grundsätzlich einer Kündigung bedarf (vgl. Hueck-Nipperdey, Lehrbuch, 6. Aufl. Bd. I S. 479 und die in Fußnote 11 angegebenen Fundstellen; BAG 2, 121 [122]).

b) Erfordert § 18 Abs. 3 ATO demnach eine Erklärung der Zurruhesetzung, so ist diese Erklärung doch keine Kündigung. Sie unterscheidet sich von ihr vor allem dadurch, daß sie keinen reinen Gestaltungswillen zu enthalten braucht (vgl. Molitor, Kündigung, 2. Aufl., S. 29). Andererseits ist diese Erklärung auch nicht lediglich eine natürliche Handlung mit Rechtsfolgen. Vielmehr ist sie eine Rechtshandlung, die zwar von einem Willensentschluß getragen ist, auch eine Willensäußerung enthält und im Bewußtsein ihrer Rechtswirkungen vorgenommen wird; jedoch treten diese Rechtswirkungen nicht aus ihrem Willen heraus zutage, sondern unmittelbar aus dem Gesetz. Die Zurruhesetzungserklärung ist danach eine geschäftsähnliche Willensäußerung, vergleichbar einer Fristsetzung (vgl. § 264 Abs. 2 BGB) oder der Vornahme einer Wahl im Sinne des § 263 BGB (vgl. Enneccerus-Nipperdey, Lehrbuch des bürgerl. Rechts, 15. Aufl., Teil I, 2 § 137 IV 2a α). Die Vorschriften über Willenserklärungen finden auf diese Erklärung entsprechende Anwendung. Der Arbeitgeber, der die Voraussetzungen des § 18 Abs. 3 ATO als gegeben ansieht, muß sich darüber schlüssig werden, ob und wann er von der Möglichkeit der Beendigung des Dienstverhältnisses Gebrauch machen will, oder ob er (was zu tun er im Einzelfall verpflichtet sein kann) Wege suchen will, die seinem Arbeitnehmer verbliebenen Fähigkeiten zu einer anderen Arbeitsleistung zu aktivieren. Entschließt er sich, von der Möglichkeit der Beendigung Gebrauch zu machen, so stellt die nunmehr abzugebende Erklärung die Ausübung eines Gestaltungsrechts dar.

c) Diese Ausübung des Gestaltungsrechts ist zwar wohl nicht, wie Hueck in seiner Anmerkung zu RAG ARS 46, 277 meint, eine Kündigung eigener Art. Sie ist aber einer Kündigung so ähnlich, daß sich zumindest bei einem Schwerbeschädigten, dessen dauernde Dienstunfähigkeit als unmittelbare Folge der gesundheitlichen Schädigung eingetreten ist, wegen der ihm der Schutz des Schwerbeschädigtengesetzes gewährt wird, die entsprechende Anwendung des § 19 Abs. 3 Satz 2 SchwBeschG rechtfertigt.

Wenn § 19 Abs. 3 Satz 2 SchwBeschG selbst bei fristloser Kündigung, also wenn es dem Arbeitgeber nicht zuzumuten ist, das Arbeitsverhältnis auch nur bis zum Ablauf einer Kündigungsfrist fortzusetzen, die wirksame Auflösung des Arbeitsverhältnisses von der Zustimmung der Hauptfürsorgestelle (§ 14 SchwBeschG) abhängig macht, so muß das erst recht gelten, wenn der Arbeitnehmer dienstunfähig wird, ohne daß es deswegen zu einer Kündigung kommt und wegen § 18 Abs. 3 ATO auch nicht zu kommen braucht. Es erschiene dem Senat eine mit dem Schutzcharakter des Schwerbeschädigtengesetzes nicht zu vereinbarende

Hervorkehrung des dogmatisch zwar vorhandenen, jedoch gleichwohl äußerst geringen Unterschiedes zwischen Kündigung und Zurruhesetzung, wollte man dem Schwerbeschädigten den Schutz des Gesetzes nur in jenem Fall gewähren, in diesem aber versagen.

Daß das so gewonnene Ergebnis richtig ist, wird auch durch § 35 Abs. 2 SchwBeschG bestätigt. Wenn nach dieser Vorschrift sogar bei der vorzeitigen Zurruhesetzung schwerbeschädigter Beamter, auf die sonst das Schwerbeschädigtengesetz nicht anwendbar ist, die Hauptfürsorgestelle zu hören und eine ohne Anhörung erklärte Zurruhesetzung fehlerhaft und rechtswidrig ist (BVerwG AP Nr. 1 zu § 35 SchwBeschG), so wäre es unverständlich, daß ein schwerbeschädigter Angestellter des öffentlichen Dienstes, der den Schutz dieses Gesetzes uneingeschränkt genießt, ohne jede Beteiligung der Hauptfürsorgestelle zur Ruhe gesetzt werden kann. Eine solche Beteiligung ist nach dem Sinn des Gesetzes auch deshalb geboten, damit alle Möglichkeiten sachgemäß geprüft und ausgenutzt werden können, eine andere Verwendung des Schwerbeschädigten bei seinem Arbeitgeber zu versuchen, bevor er ganz ausscheidet. Das gilt in erhöhtem Maße bei einem Hirnverletzten, der gemäß § 4 Abs. 1 Buchstabe b SchwBeschG besonders schutzbedürftig ist. Zu einer solchen Prüfung bestand hier ganz besondere Veranlassung, weil der Kläger, der erst 45 Jahre alt war, unstreitig zwölf Jahre zur Zufriedenheit gearbeitet hat, für eine Familie mit sechs minderjährigen Kindern sorgen muß und durch seine Zurruhesetzung etwa die Hälfte seines bisherigen Einkommens einbüßen würde.

III. Hiernach ist der Feststellungsantrag des Klägers begründet, ohne daß es auf die weiteren Streitpunkte ankommt. Insbesondere braucht nicht entschieden zu werden, ob der unter II 3 b und c gekennzeichnete Charakter der Zurruhesetzung nicht zugleich zur Folge hat, daß die Beendigung des Arbeitsverhältnisses gemäß § 18 Abs. 3 ATO als „Entlassung" im Sinne des § 3 Abs. 1 Ziffer 22 der Hauptsatzung der beklagten Stadt zu werten ist und einen entsprechenden Beschluß der Vollversammlung des Gemeinderats erfordert.

IV. War danach die Zurruhesetzung unwirksam, so daß unter Wiederherstellung des erstinstanzlichen Urteils die vom Kläger begehrte Feststellung zu treffen war, so ist damit über diesen Rechtsstreit doch nicht voll entschieden, mögen auch die ausdrücklich gestellten Anträge ihre Erledigung gefunden haben. Vielmehr wird das Landesarbeitsgericht über die Wirksamkeit der dem Kläger gegenüber am 6. Mai 1959 ausgesprochenen außerordentlichen Kündigung zu entscheiden haben. Diese Kündigung ist nämlich trotz Fehlens eines ausdrücklichen Antrages zum Streitgegenstand geworden. Denn der Kläger hat seinen Willen, das Gericht möge die Unwirksamkeit auch dieser Kündigung feststellen, hinreichend deutlich dadurch zum Ausdruck gebracht, daß er dem Gericht mit Schriftsatz vom 15. Januar 1960 ein Rechtsgutachten überreicht hat, in welchem sich der Gutachter auch mit dieser Kündigung auseinandersetzt und sie als unwirksam bezeichnet. Anscheinend ist auch das angefochtene Urteil davon ausgegangen, daß der Kläger eine Entscheidung auch über die außerordentliche Kündigung begehrt, obgleich sein ausdrücklicher Antrag sich auf diese Kündigung nicht erstreckt, denn in dem Urteil wird es dahingestellt gelassen, ob die Kündigung vom 6. Mai 1959 wirksam ist.

Das Landesarbeitsgericht wird bei der erneuten Verhandlung zunächst den Kläger zu einem sachgemäßen Antrag anzuregen haben. Sodann wird es zu prüfen haben, ob hinsichtlich der fristlosen Kündigung ein Nichtigkeitsgrund im Sinne des § 11 Abs. 4 KSchG vorliegt. Hierbei wird zunächst auf die Frage einzugehen sein, ob ein vorheriger Entlassungsbeschluß der Vollversammlung des Gemeinderats notwendig war und gefaßt worden ist. Sollte er notwendig gewesen sein (§ 3 Abs. 1 Nr. 22 der Hauptsatzung) und sollte er fehlen, so würde hier jedenfalls eine Heilung nach § 180 Satz 2 BGB nicht erfolgt sein (vgl. RAG, Seuff. A 88, 136). Andernfalls käme es auf die Frage des § 19 Abs. 3 Satz 2 SchwBeschG an. Der Senat ist nicht in der Lage, über all dieses selbst zu entscheiden, da es an den tatsächlichen Feststellungen fehlt.

47

Bei Beendigung des Arbeitsverhältnisses durch Kündigung seitens des Arbeitgebers bleibt der Zuschußanspruch dann bestehen, wenn die Krankheit des Arbeiters der entscheidende Anstoß bei der Kündigung war.

ArbKrankhG §§ 1, 3.

I. Senat. Urteil vom 6. 10. 1961 i. S. P. (Kl.) w. Fa. Gebr. C. (Bekl.)
1 AZR 349/60.

I. Arbeitsgericht Oberhausen. — II. Landesarbeitsgericht Düsseldorf.

Der Kläger trat als Mitglied einer aus ihm und zwei anderen Putzern bestehenden Akkordkolonne am 2. Oktober 1959 bei der Beklagten auf Grund eines mit dieser abgeschlossenen Arbeitsvertrages als deren Arbeitnehmer ein. Seit dem 26. Oktober 1959 war der Kläger infolge eines Betriebsunfalles arbeitsunfähig krank. Die Krankheit bestand noch über den 6. Dezember 1959 hinaus.

Am 29. Oktober 1959 kündigten die beiden anderen Putzer, die nach der Erkrankung des Klägers zunächst bei der Beklagten weitergearbeitet hatten, ihre Arbeitsverhältnisse bei der Beklagten. Diese stellte daraufhin eine andere Putzerkolonne ein. Sie kündigte nunmehr dem noch arbeitsunfähigen Kläger am 30. Oktober 1959 zum 3. November 1959. Gegen die Kündigung erhob der Kläger keinen Widerspruch. Die Beklagte zahlte dem Kläger den Arbeitgeberzuschuß nach dem Gesetz zur Verbesserung der wirtschaftlichen Sicherung der Arbeiter im Krankheitsfalle vom 26. Juni 1957 (ArbKrankhG) für die Tage vom 30. Oktober 1959 bis zum 3. November 1959. Mit dem 4. November 1959 stellte sie wegen der eingetretenen Beendigung des Arbeitsverhältnisses die Zahlung des Zuschusses ein.

Der Kläger hat die Weiterzahlung des Zuschusses in rechnerisch unstreitiger Höhe von täglich 7,60 DM für die Zeit vom 4. November 1959 bis zum 3. November 1959 verlangt, die Beklagte hat um Klageabweisung gebeten.

Das Arbeitsgericht hat nach dem Klageantrag erkannt. Das Landesarbeitsgericht hingegen hat die Klage abgewiesen. Die Revision des Klägers ist zurückgewiesen worden.

Aus den Gründen:

Auf das Arbeitsverhältnis der Parteien finden die Vorschriften des Gesetzes zur Verbesserung der wirtschaftlichen Sicherung der Arbeiter im Krankheitsfall vom 26. Juni 1957 Anwendung. Der vom Kläger danach verfolgte Zuschußanspruch nach § 1 a. a. O. scheitert nicht etwa daran, daß der Kläger bereits in den ersten vier Wochen der Dauer des Arbeitsverhältnisses durch den Betriebsunfall arbeitsunfähig geworden ist. Insoweit wird verwiesen auf die Entscheidung des Zweiten Senats vom 13. Mai 1958 — BAG 5, 300 ff.; der erkennende Senat schließt sich dieser Entscheidung an. Der Kläger hat also vom Beginn der fünften Woche der Dauer des Arbeitsverhältnisses an den Zuschußanspruch erworben, obwohl er bereits vor Ablauf der ersten vier Wochen arbeitsunfähig geworden ist.

Das Arbeitsverhältnis des Klägers ist aber auf Grund der von dem Kläger nicht angefochtenen Kündigung mit dem 3. November 1959 erloschen.

Nach § 3 Abs. 1 ArbKrankhG wird der Anspruch auf den Zuschuß zum Krankengeld nicht dadurch berührt, daß der Arbeitgeber das Arbeitsverhältnis „aus Anlaß" der Arbeitsunfähigkeit kündigt. Diese Regelung stellt die Ausnahme von dem allgemeinen Grundsatz des § 3 Abs. 2 ArbKrankhG dar, nach der der Anspruch des Arbeiters mit dem Zeitpunkt der Beendigung des Arbeitsverhältnisses erlischt, wenn das Arbeitsverhältnis vor dem Ablauf von 6 Wochen nach dem Eintritt der Arbeitsunfähigkeit endet, ohne daß es des Ausspruchs einer Kündigung bedarf oder infolge einer Kündigung aus anderen als den in Abs. 1 des § 3 bezeichneten Gründen. Wird das Arbeitsverhältnis nicht „aus Anlaß" der Arbeitsunfähigkeit, sondern „aus anderen Gründen" durch Kündigung seitens des Arbeitgebers beendet, so erlischt der Zuschußanspruch des Arbeiters mit dem Zeitpunkt, auf den rechtswirksam gekündigt ist.

Die Entscheidung des Rechtsstreits hängt also davon ab, ob dem Kläger von der Beklagten „aus Anlaß" der Arbeitsunfähigkeit im Sinne des § 3 Abs. 1 a.a.O. oder aus „anderen Gründen" im Sinne des § 3 Abs. 2 a.a.O. gekündigt worden ist.

Nach der im Schrifttum überwiegend vertretenen Ansicht liegt eine Kündigung „aus Anlaß" der Arbeitsunfähigkeit dann vor, wenn diese Arbeitsunfähigkeit den entscheidenden Anstoß für den Arbeitgeber zum Ausspruch der Kündigung gegeben hat (vgl. Gotzen-Doetsch, ArbKrankhG, 1961, § 3 Anm. 2 S. 71; Schmatz-Fischwasser, ArbKrankhG, 4. Aufl. 1961, § 3 S. 134; Schelp-Trieschmann, Das Arbeitsverhältnis im Krankheitsfalle, 1958, S. 258; Schellong, ArbKrankhG, 1959, § 3 Anm. 1 S. 19; Jäger, Das ArbKrankhG in der Praxis, 1961, S. 110; Schelp-Trieschmann, Kündigung während der Krankheit und Zuschußzahlung in „Die Betriebsverfassung" 1957, S. 183, 184).

Dieser Rechtsansicht schließt sich der Senat an. Dafür ist bestimmend die Erwägung, daß § 3 Abs. 1 a. a. O. den Arbeiter insofern schützen will, als ihm nicht durch eine gerade aus Anlaß der Arbeitsunfähigkeit ausgesprochene Kündigung des Arbeitgebers der Zuschußanspruch entzogen werden darf. Das ArbKrankhG enthält aber nicht etwa ein allgemeines Kündigungsverbot zu Lasten des Arbeitgebers. Dem Arbeitgeber ist nur verwehrt, sich von der Zuschußpflicht gerade dadurch zu befreien, daß er die Arbeitsunfähigkeit zum Anlaß einer Kündigung nimmt. Eine Kündigung „aus Anlaß" der Arbeitsunfähigkeit des Arbeiters ist daher im Sinne des § 3 Abs. 1 ArbKrankhG nur dann gegeben, wenn gerade die Arbeitsunfähigkeit des Arbeiters den entscheidenden Anstoß zu der von dem Arbeitgeber ausgesprochenen Kündigung gegeben hat. Daraus folgt andererseits, daß eine Kündigung „aus Anlaß" der Arbeitsunfähigkeit nicht bereits dann vorliegt, wenn die Kündigung zwar in einem gewissen Zusammenhang mit der Krankheit steht, durch die Krankheit allein aber noch nicht ausgelöst worden ist, sondern erst durch das Hinzutreten anderer Umstände.

Im vorliegenden Rechtsstreit steht nach den Feststellungen des Landesarbeitsgerichts, die von der Revision mit Prozeßrügen nicht angegriffen und deshalb für den Senat bindend sind, tatsächlich fest, daß die Beklagte die Arbeitsunfähigkeit des Klägers als solche nicht zum Anlaß der Kündigung genommen hat. Sie hat vielmehr trotz der Arbeitsunfähigkeit des Klägers das mit ihm bestehende Arbeitsverhältnis zunächst aufrechterhalten. Die Beklagte hat ihre Kündigung dem Kläger gegenüber erst ausgesprochen, nachdem die beiden Arbeitskameraden des Klägers, die mit ihm zusammen in der Putzerkolonne arbeiteten, ihrerseits ihr Arbeitsverhältnis mit der Beklagten gekündigt hatten. Der Senat verkennt nicht, daß diese Kündigung durch die beiden Arbeitskameraden in einem gewissen Zusammenhange mit der Erkrankung des Klägers steht. Denn die Putzerkolonne war durch die Arbeitsunfähigkeit des Klägers in ihrer Arbeitsweise beeinträchtigt worden, sie konnte nicht mehr mit dem Erfolg für den Betrieb und dem Verdienst für die in der Kolonne tätigen Arbeitnehmer arbeiten, die bei Mitarbeit des Klägers erzielt worden wären. Gleichwohl steht aber nach den tatsächlichen Feststellungen des Landesarbeitsgerichts fest, daß der wirklich entscheidende Anstoß für die Kündigung der Beklagten gegenüber dem Kläger eben erst die Kündigung war, die die Arbeitskameraden des Klägers der Beklagten gegenüber nach dem Eintritt der Arbeitsunfähigkeit des Klägers ausgesprochen hatten. Die bereits vorher eingetretene Erkrankung des Klägers allein hatte — wie ebenfalls tatsächlich festgestellt ist — die Beklagte nicht etwa zum Anlaß genommen, ihrerseits zunächst das Arbeitsverhältnis der beiden Arbeitskameraden des Klägers und dann auch das Arbeitsverhältnis des Klägers zu kündigen. Dies ergibt sich schon aus der Feststellung des Landesarbeitsgerichts, daß die beiden Arbeitskameraden des Klägers zunächst nach dem Betriebsunfall, den der Kläger erlitten hatte, im Einverständnis mit der Beklagten weiter gearbeitet hatten und daß die Beklagte auch bereit war, diese beiden Arbeitskameraden weiter arbeiten zu lassen. Der entscheidende Anstoß für die Beklagte, dem Kläger zu kündigen, war erst die von den beiden anderen Putzern ausgesprochene Kündigung.

Die Entscheidung des Senats beruht insbesondere darauf, daß hier nach dem Eintritt der Arbeitsunfähigkeit des Klägers nicht die Beklagte irgendwelche betriebsorganisatorische Maßnahmen von sich aus ergriffen hat, um aus diesen Maßnahmen dann einen Anlaß auch zur Kündigung des arbeitsunfähigen Klägers zu gewinnen. In einem solchen Falle würde der Senat allerdings der Ansicht sein, daß doch die Erkrankung des Arbeiters, die ihrerseits zu solchen Maßnahmen des Arbeitgebers geführt hätte, „Anlaß" für die dem Erkrankten gegenüber ausgesprochenen Kündigung ist. Hier aber ist nach der Erkrankung des Klägers ohne jedes Zutun der Beklagten ein neuer Tatbestand dadurch eingetreten, daß die beiden Arbeitskameraden aus eigenem freien und von der Beklagten nicht beeinflußten Entschluß ihrerseits die mit ihnen eingegangenen Arbeitsverhältnisse gekündigt und dadurch auch für die Beklagte eine neue, von der Beklagten nicht herbeigeführte Lage geschaffen haben.

Es handelt sich also unter diesen Umständen bei der Kündigung der Beklagten gegenüber dem arbeitsunfähigen Kläger nicht um eine Kündigung „aus Anlaß" der Arbeitsunfähigkeit, sondern um eine Kündigung „aus anderen Gründen" im Sinne des § 3 Abs. 2 ArbKrankhG. Da bei einer solchen Kündigung „aus anderen Gründen" mit der Beendigung des Arbeitsverhältnisses der Zuschußanspruch des arbeitsunfähigen Arbeiters nach § 3 Abs. 2 a. a. O. entfällt, hat das Landesarbeitsgericht die Klage für die Zeit vom 4. November 1959 bis zum 6. Dezember 1959 ohne Rechtsirrtum abgewiesen.

48

1. Die Streitgegenstände der Verfahren nach § 3 Ziff. 3 a RegelungsG und § 9 Abs. 1 Satz 1 RegelungsG in Verbindung mit § 2 Nr. 4 der 3. DVO zum RegelungsG sind verschieden.

2. Die Grundsätze der Rechtsstaatlichkeit sind mindestens immer dann verletzt, wenn sich jemand maßgeblich an den von der NSDAP und ihren Organisationen gelenkten Ausschreitungen beteiligt, insbesondere ungesetzliche Verhaftungen vorgenommen hat.

RegelungsG § 3 Ziff. 3 a.

III. Senat. Urteil vom 6. 10. 1961 i. S. N. (Kl.) w. L. B. (Bekl.)

3 AZR 46/61.

I. Arbeitsgericht Berlin. — II. Landesarbeitsgericht Berlin.

Der 1896 geborene Kläger wurde 1921 bei der Hauptverwaltung der Oberschlesischen Kokswerke und Chemischen Fabriken AG in B. „Oberkoks" angestellt. Er bestand 1922 die Handlungsgehilfenprüfung für Industriekaufleute und trat dem Deutschen Handlungsgehilfenverband (DHV) bei. Der Kläger nahm an Sonderlehrgängen für „Sozialversicherungs- und Arbeitsrecht" des DHV teil. Bei der „Oberkoks" wurde er in den Angestelltenrat, später in den Aufsichtsrat gewählt. Außerdem bekleidete er mehrere ehrenamtliche Stellungen. Er war u. a. Vorstandsmitglied des DHV, Gau B., und Beisitzer beim Arbeits- und Landesarbeitsgericht in B. Im Jahre 1929 beteiligte sich der Kläger an der Gründung der nationalsozialistischen Betriebszellenorganisation (NSBO). 1931 trat er der NSDAP bei. Er wurde mit der Einrichtung einer Betriebsräteschule in B. beauftragt und im Jahre 1932 zum Gauwahlleiter für Sozialwahlen bestellt. Außerdem wurde er in den Ausschuß für Sozialpolitik der Reichsleitung der NSDAP berufen.

Am 2. Mai 1933 bestimmte die Parteileitung der NSDAP den Kläger zum NSBO-Beauftragten beim Verband Deutscher Bekleidungsarbeiter. Als solcher nahm er an der von der NSDAP veranlaßten sog. Aktion zur Gleichschaltung der Gewerkschaften teil. Der Kläger begab sich im Rahmen dieser Aktion am 2. Mai 1933 gegen 10 Uhr vormittags mit bewaffneten SA-Leuten in das im Hause des Verbandes Deutscher Bekleidungsarbeiter gelegene Verbandsgeschäftszimmer. Dort erklärte er dem Verbandsvorsitzenden P., daß er — der Kläger — ab sofort die Geschäftsstelle übernehme und P. sowie der Redakteur des Verbandes, T., verhaftet seien. Einen Haftbefehl hatte der Kläger nicht. Es kam deshalb zu einer etwa eine halbe Stunde dauernden Auseinandersetzung zwischen P. und dem Kläger, wobei P. dem Kläger Rechtswidrigkeit seines Verhaltens vorwarf. Gegen 11.30 Uhr ließ der Kläger dann P. aus seinem Zimmer entfernen und in das Redaktionszimmer abführen. Dort wurde P. gemeinsam mit seinen Mitarbeitern T., H., M. und L. bis gegen 17 Uhr festgehalten und anschließend in die SA-Kaserne Papestraße unter Bewachung überführt. Dort blieb P. ohne jede richterliche oder staatliche Anordnung etwa drei Wochen in Haft.

Am 1. Juni 1933 trat der Kläger als leitender Angestellter in die Berliner Verkehrsbetriebe AG (BVG) als Personalchef ein. Der Kläger war bei der BVG, die seit 1938 Eigenbetrieb der Beklagten ist, zuletzt als Abteilungsleiter der Lagerverwaltung, Hauptlager W., tätig. Diese Stellung bekleidete er bis zum Zusammenbruch im Jahre 1945.

Der Kläger, der im April 1945 zur Wehrmacht eingezogen worden war, geriet bei der Verteidigung von B. in russische Gefangenschaft, aus der er 1946 arbeitsunfähig zurückkehrte.

Mit einer am 20. Oktober 1952 beim Arbeitsgericht eingereichten Klage hat der Kläger zunächst Ruhegeldansprüche gegen die Beklagte erhoben und versucht, diese aus den Bestimmungen der BVG über die Gewährung von Ruhegeld vom 1. März 1929 herzuleiten. Arbeitsgericht und Landesarbeitsgericht haben die Beklagte antragsgemäß verurteilt. Auf die Revision der Beklagten hat das Bundesarbeitsgericht durch Urteil vom 13. Oktober 1955 — 2 AZR 497/54 — AP Nr. 5 zu § 52 RegelungsG — das Urteil des Landesarbeitsgerichts aufgehoben und festgestellt, daß dem Kläger aus der Ruhegeldregelung vom Jahre 1929 keine Ansprüche zustünden. Die Sache wurde zur erneuten Verhandlung und Entscheidung an das Landesarbeitsgericht zurückverwiesen. In den Entscheidungsgründen hat das Bundesarbeitsgericht ausgeführt, daß die Ansprüche des Klägers sich nur auf das Regelungsgesetz stützen können.

Mit Bescheid vom 28. Februar 1957 wurden dem Kläger durch den Senator für Inneres als oberste Dienstbehörde die Rechte aus dem Regelungsgesetz gemäß § 7 RegelungsG wegen enger Verbindung zum Nationalsozialismus aberkannt. Auf Antrag des Klägers hat daraufhin das Arbeitsgericht B. durch Urteil vom 5. Februar 1958 — 19 Ca 469/57 — festgestellt, daß der Bescheid des Senators des Inneren rechtsunwirksam sei. Die Berufung gegen dieses Urteil wurde vom Landesarbeitsgericht B. am 31. Juli 1958 — 4 Sa 29/58 — zurückgewiesen. Dieses Urteil ist rechtskräftig.

Anschließend erkannte der Senator für Inneres dem Kläger die Rechte aus dem Regelungsgesetz durch Bescheid vom 17. November 1958 nach § 9 RegelungsG ab. Diese Aberkennung wurde insbesondere auf die Beteiligung des Klägers an der Aktion zur Zerschlagung der Gewerkschaften am 2. Mai 1933 gestützt. Gegen diesen Aberkennungsbescheid hat der Kläger beim Arbeitsgericht B. Klage erhoben. Das Arbeitsgericht hat durch Urteil vom 6. November 1959 — 17 Ca 297/58 — die Klage abgewiesen. Dagegen hat der Kläger Berufung eingelegt. Das Landesarbeitsgericht hat dieses Verfahren — 4 Sa 159/59 — ausgesetzt, da der Senator für Inneres durch Bescheid vom 4. April 1960 festgestellt hat, dem Kläger stünden auf Grund seines Verhaltens bei der Gleichschaltungsaktion am 2. Mai 1933 wegen Verstoßes gegen die Grundsätze der Rechtsstaatlichkeit gemäß § 3 Ziff. 3 a RegelungsG keine Rechte aus dem Regelungsgesetz zu.

Inzwischen hat das Landesarbeitsgericht B. durch Urteil vom 7. April 1959 — 5 LA 710/53 — in dem vom Bundesarbeitsgericht zurückverwiesenen Verfahren auf die Klage vom 20. Oktober 1952 unter Wiederherstellung des Urteils des Arbeitsgerichts B. vom 3. November 1953 — 20 Arb 600/52 — entschieden, daß die Beklagte verpflichtet sei, dem Kläger insgesamt DM 6100,— auf Grund des Regelungsgesetzes zu zahlen. Hiergegen richtet sich die Revision der Beklagten vom 13. Mai 1959 mit der Begründung, daß durch die Aberkennung der Rechte des Klägers nach

§ 9 RegelungsG auch für die zurückliegende Zeit keine Rechte nach dem Regelungsgesetz mehr bestünden. Über diese Revision der Beklagten — 3 AZR 177/59 — ist noch nicht entschieden.

Mit seiner erneuten Klage, die am 25. Mai 1960 beim Arbeitsgericht in B. eingegangen ist, wendet sich der Kläger gegen den Bescheid der Beklagten, daß ihm auf Grund des § 3 Ziff. 3 a keine Rechte nach dem Regelungsgesetz zustünden. Der Kläger ist der Auffassung, diese Bestimmung sei verfassungswidrig. Ferner meint er, diese Vorschrift könne selbst dann, wenn sie nicht verfassungswidrig sei, nicht auf ihn angewendet werden. Sie sei nur zum Ausschluß der Rechte derjenigen gedacht, die an der Ermordung, langjährigen Inhaftierung und körperlichen Mißhandlung von Menschen maßgeblich beteiligt gewesen seien. Im übrigen müßte das Geschehen zwischen 1933 und 1945 von der damaligen Situation aus und nach der damaligen Auffassung vom Rechtsstaat beurteilt werden. Die sog. Gleichschaltungsaktion sei nicht rechtswidrig gewesen, da sie im Ermächtigungsgesetz und in der Notverordnung vom 28. Februar 1933 eine ausreichende Rechtsgrundlage besitze und ausdrücklich mit Billigung der Reichsregierung geschehen sei.

Der Kläger hat beantragt, festzustellen, daß die mit dem Bescheid der Beklagten vom 4. April 1960 nach § 3 Ziff. 3 a RegelungsG ausgesprochene Aberkennung der Rechte des Klägers unwirksam sei. Die Beklagte ist der Ansicht, daß die Vorschrift des § 3 Ziff. 3 a RegelungsG mit dem Grundgesetz zu vereinbaren sei und das Verhalten des Klägers am 2. Mai 1933 gegen die Grundsätze der Rechtsstaatlichkeit verstoße. Es sei auch nicht auf Grund des Ermächtigungsgesetzes oder der Notverordnung zum Schutze von Volk und Staat vom 28. Februar 1933 zu rechtfertigen.

Alle Instanzen haben die Klage abgewiesen.

Aus den Gründen:

Die Zulässigkeit der Klage wird hier nicht dadurch beeinträchtigt, daß die Beklagte bereits durch Bescheid vom 17. November 1958 dem Kläger wegen desselben Verhaltens die Rechte aus dem Regelungsgesetz gemäß § 2 Nr. 4 der 3. DVO zum Regelungsgesetz in Verbindung mit § 9 Abs. 1 Satz 1 RegelungsG aberkannt und der Kläger in dem ausgesetzten Verfahren vor dem Landesarbeitsgericht B. — 4 Sa 159/59 — gegen diese Aberkennung Klage erhoben hat. Dadurch ist der Streitgegenstand des jetzigen Prozesses nicht rechtshängig geworden (§ 263 ZPO). Die Streitgegenstände der Verfahren nach § 3 Ziff. 3 a und § 9 Abs. 1 Satz 1 RegelungsG in Verbindung mit § 2 Nr. 4 der 3. DVO zum RegelungsG sind verschieden. Auch wenn man sich der Ansicht des Bundesverfassungsgerichts (vgl. BVerfG 7, 129 ff.; BVerfG AP Nr. 1 zu § 3 RegelungsG; a. A. BDH ZBR 1958, 56 [57 ff.]; Tietgen, DVBl. 1961, 373 ff.; vgl. ferner auch BAG AP Nr. 10 zu § 52 RegelungsG) anschließt und im Verfahren nach § 9 Abs. 1 Satz 1 RegelungsG ein nachträgliches individuelles Ausleseverfahren sieht, so haben die betroffenen Arbeiter und Angestellten nicht kraft Gesetzes von vornherein keine Rechte nach dem RegelungsG. Sie verlieren diese allenfalls mit rückwirkender Kraft durch den Aberkennungsbescheid des Arbeitgebers, der gestaltende Wirkung hat. Im Verfahren nach § 3 Ziff. 3 a RegelungsG ist dagegen von vornherein kraft Gesetzes kein Regelungsverhältnis entstanden. Der „Aberkennungsbescheid" hat hier nur feststellende Wirkung (vgl. BVerfG AP Nr. 1 zu § 3 RegelungsG).

Die zulässige Revision konnte indessen keinen Erfolg haben.

Mit der Auffassung des Klägers, die Vorschrift des § 3 Ziff. 3 a RegelungsG sei verfassungswidrig, brauchte sich der Senat nicht mehr auseinanderzusetzen. Durch Beschluß vom 15. März 1961 — 2 BvL 8/60 — AP Nr. 1 zu § 3 RegelungsG = DVBl. 1961, 372 ff. — hat das Bundesverfassungsgericht festgestellt, daß § 3 Ziff. 3 a RegelungsG mit dem Grundgesetz vereinbar ist. Diese Entscheidung bindet den Senat (§ 31 Abs. 1 BVerfGG). Sie hat im übrigen auch Gesetzeskraft (§ 31 Abs. 2 in Verbindung mit § 13 Nr. 11 BVerfGG).

Der Kläger hat durch seine Beteiligung an der Aktion zur Zerschlagung der Gewerkschaften an führender Stelle am 2. Mai 1933 die Grundsätze der Rechtsstaatlichkeit verletzt. Hierzu sind vor allem das Prinzip der Gewaltenteilung, die Grundrechte und der Grundsatz des Vorbehalts des Gesetzes für alle Eingriffe in die individuelle Freiheitssphäre als nicht hinwegzudenkende Grundlagen des Rechtstaates zu rechnen. Diese Prinzipien sind auch nicht erst nach der Tat des Klägers entwickelt worden, so daß sie für die Beurteilung seines Verhaltens am 2. Mai 1933 ausscheiden müßten (vgl. Tietgen, DVBl. 1961, 373 ff.). Sie gehörten 1933 zu Beginn der nationalsozialistischen Herrschaft zu den Fundamenten des Rechtsstaats. Es war allgemein anerkannt, daß ein Staat nur dann als Rechtsstaat gelten könne, wenn Eingriffe in die individuelle Freiheitssphäre nur auf Grund eines Gesetzes vorgenommen werden durften (vgl. Carl Schmitt, Verfassungslehre, 1928, S. 129 ff.). Ganz abgesehen von der Frage, ob der Kläger durch sein Verhalten am 2. Mai 1933 gegen überstaatliche Grundrechte verstoßen hat, was hier dahingestellt bleiben kann, hat er auf jeden Fall den Grundsatz des Vorbehalts des Gesetzes für Eingriffe in die individuelle Freiheitssphäre durch seine Handlungsweise am

2. Mai 1933 verletzt. Das Berufungsgericht hat, entgegen der Auffassung des Klägers, mit Recht festgestellt, daß eine gesetzliche Grundlage für das Vorgehen des Klägers am 2. Mai 1933 nicht vorhanden war. Der Kläger kann sich weder auf das Ermächtigungsgesetz vom 24. März 1933 (RGBl. I S. 141) noch auf die Notverordnung vom 28. Februar 1933 (RGBl. I S. 83) berufen.

Das Ermächtigungsgesetz gab lediglich der Regierung das Recht, abweichend vom normalen Gesetzgebungsverfahren, insbesondere ohne Mitwirkung des Reichstags, Gesetze zu erlassen (Art. 1). Die Regierung hat jedoch, wie der Kläger selbst einräumt, niemals ein Gesetz erlassen, das die Aktion zur Zerschlagung der Gewerkschaften am 2. Mai 1933 angeordnet und die vom Kläger begangenen Handlungen gedeckt hätte.

Das Verhalten des Klägers wird auch nicht durch die Notverordnung des Reichspräsidenten zum Schutz von Volk und Staat vom 28. Februar 1933 gerechtfertigt. Diese Verordnung setzte zwar „bis auf weiteres" die Grundrechte der Art. 114, 115, 117, 118, 123, 124 und 153 der Weimarer Reichsverfassung zur Bekämpfung kommunistischer Gewaltakte außer Kraft und stellte in § 1 Satz 2 noch ausdrücklich fest, daß Beschränkungen der persönlichen Freiheit, des Rechtes der freien Meinungsäußerung, einschließlich der Pressefreiheit, des Vereins- und Versammlungsrechts des Brief-, Post-, Telegraphen- und Fernsprechgeheimnisses, Anordnungen von Haussuchungen und von Beschlagnahmen sowie Beschränkungen des Eigentums auch außerhalb der sonst hierfür bestimmten gesetzlichen Grenzen zulässig seien. Es kann dahingestellt bleiben, ob diese Verordnung selbst überhaupt noch mit den Grundsätzen des Rechtsstaates zu vereinbaren war, obgleich sie keine Bestimmung darüber enthielt, daß der von ihr Betroffene binnen einer bestimmten Frist den Richter zur Kontrolle der gegen ihn vorgenommenen Maßnahmen anrufen konnte. In jedem Falle hat aber diese Notverordnung nicht die Rechtsgrundlage für jedermann geschaffen, willkürlich in die Rechte anderer einzugreifen. Die Folge der Außerkraftsetzung der Grundrechte war selbst nach der 1933 im Schrifttum vertretenen Rechtsauffassung (vgl. Hoche, DJZ 1933, 395) nur, daß „die sachlich zuständigen Behörden in die durch die suspendierten Grundrechte umschriebenen Betätigungsmöglichkeiten der persönlichen Freiheit nach pflichtgemäß zu handhabenden, nur durch den Zweck der Maßnahmen (Schutz und Wiederherstellung der öffentlichen Sicherheit und Ordnung) gebundenen, im übrigen freien Ermessen eingreifen" durften, ohne dabei an die machtbeschränkenden Rechtssätze gebunden zu sein, die in den Grundrechten, den zugehörigen Ausführungsgesetzen und in den allgemeinen Polizeigesetzen und ihren Generalklauseln enthalten sind (vgl. Hoche, a. a. O.). Es wurden also lediglich die Machtbefugnisse der zuständigen staatlichen Behörden, die sich in Preußen noch ausdrücklich aus einer ergänzenden Zuständigkeitsverordnung vom 2. März 1933 (GS. S. 33) ergaben, erweitert (Hoche, a.a.O.). Der Kläger ist aber nach seinem eigenen Vortrag auf Grund einer Anordnung der obersten Parteileitung der NSDAP tätig geworden, die die Aktion vorbereitet hatte und durch ein Aktionskomitee unter Führung des sog. „Reichsorganisationsleiters" Ley verantwortlich lenkte. Das ergibt sich auch aus dem Rundschreiben Nr. 6/33 der obersten Parteileitung der NSDAP vom 21. April 1933 (vgl. Schumann, Nationalsozialismus und Gewerkschaftsbewegung, 1958, S. 169), auf das sich der Kläger ausdrücklich bezieht. Die NSDAP, die erst durch das Gesetz über die Einheit von Partei und Staat vom 1. Dezember 1933 (RGBl. I, 1016) überhaupt hoheitliche Befugnisse erhielt, war am 2. Mai 1933 noch ein Verein des Privatrechts. Sie war vor allem nicht die im Sinne der Preußischen Zuständigkeitsverordnung vom 2. März 1933 für B. sachlich zuständigen Behörde, die gemäß § 1 der NotVO vom 28. Februar 1933 in die Grundrechte der Gewerkschaftsfunktionäre eingreifen durfte. Daran kann auch die Tatsache nichts ändern, daß Hitler, der nicht nur oberster Führer der NSDAP, sondern gleichzeitig auch Reichskanzler war, am 16. April 1933 Ley und Göring auf dem Obersalzberg die endgültige Zustimmung zu der Aktion vom 2. Mai 1933 gegeben hat (vgl. Schumann, a. a. O., S. 67; ferner Dokumente zur deutschen Politik und Geschichte, Band 4, S. 62). Denn insoweit hat Hitler seine Befugnisse als Reichskanzler überschritten. Die Notverordnung vom 28. Februar 1933 (§ 4) legte die Durchführung der nach dieser Verordnung erforderlichen Maßnahmen allein in die Hände der obersten Landesbehörden. Nach § 2 durfte lediglich die Reichsregierung (nicht der Reichskanzler) die Befugnisse der obersten Landesbehörden vorübergehend wahrnehmen, falls diese zuständigen Behörden nicht die zur Wiederherstellung der Ordnung und Sicherheit notwendigen Maßnahmen trafen. Das Vorgehen des Klägers am 2. Mai 1933 entbehrte mithin der gesetzlichen Grundlage (vgl. auch Bracher-Sauer-Schulz, Die nationalsozialistische Machtergreifung, 1960, S. 184).

Die Aktion zur Zerschlagung der Gewerkschaften am 2. Mai 1933 war ferner nicht etwa deshalb formal legal, weil sich daran auch bewaffnete SA- und SS-Kommandos zuweilen als sog. Hilfspolizei beteiligt haben (vgl. Schumann, a. a. O., S. 67 und S. 70 ff.). Der Kläger hat, nur gestützt auf die Anordnung der obersten Parteileitung vom 24. April 1933, die Verhaftungen der Funktionäre angeordnet. Die ihn begleitenden bewaffneten SA-Männer haben diese Anordnung lediglich ausgeführt. Der Kläger war aber nicht befugt, auf Grund einer Parteianordnung an die ihn begleitenden SA-Männer in ihrer Funktion als Hilfspolizei — soweit sie diese im vorliegenden Fall überhaupt hatten, was nicht festgestellt ist — Befehle zu erteilen. Soweit die SA-Formationen durch den nicht veröffentlichten Runderlaß des Preußischen Innenministers vom 22. Februar 1933 — II C I 59 — Nr. 40/33 — zu Hilfspolizeikräften bestimmt waren, konnten sie in dieser Eigenschaft ihre Befehle bei Polizeiaktionen auch nur von den zuständigen Polizeibehörden und nicht von Parteifunktionären entgegennehmen. Bei einem Eingriff in die persönliche Freiheit der Gewerkschaftsfunktionäre hätte es also schon für die formelle Gültigkeit der Aktion eines Befehls der nach der Preußischen Zuständigkeitsverordnung vom 2. März 1933 zuständigen Behörde an die SA bedurft. Da im vorliegenden Fall diese Anordnung fehlte, kann es dahingestellt bleiben, ob selbst bei einer solchen Anordnung die Beteiligung des Klägers deshalb rechtswidrig gewesen wäre, weil auch dann die Aktion keine rechtsstaatswidrige Machtausübung darstellen würde. Unerheblich ist auch, daß die Reichsregierung und die Ministerpräsidenten der Länder durch ihre offizielle Teilnahme an dem sog. „Ersten Kongreß der Deutschen Arbeitsfront" am 10. Mai 1933 in Berlin stillschweigend das Vorgehen der Partei am 2. Mai 1933 gebilligt haben (vgl. Schumann, a. a. O., S. 76). Darin kann höchstens die Billigung eines revolutionären Aktes, also eines Bruchs der bisherigen rechtsstaatlichen Ordnung, durch die neuen Machthaber liegen, nicht aber nachträglich für das Vorgehen der Partei eine Rechtsgrundlage geschaffen werden.

Der Kläger irrt auch, wenn er meint, in der Rechtsprechung des Reichsarbeitsgerichts (vgl. RAG 13, 271 ff.; 14, 189 ff.) sei die Notverordnung vom 28. Februar 1933 als Rechtsgrundlage für die Aktion zur Zerschlagung der Gewerkschaften am 2. Mai 1933 anerkannt worden. In dem Urteil vom 28. Februar 1934 (RAG 13, 271 ff.) hat das Reichsarbeitsgericht sich lediglich mit der Frage befaßt, ob eine Identität zwischen den früheren Gewerkschaften und der inzwischen errichteten sog. „Deutschen Arbeitsfront" bestand. Es hat dort gerade (vgl. RAG 13, 274 und 282) ausdrücklich ausgeführt, daß die Beseitigung der Gewerkschaften am 2. Mai 1933 durch einen Machteingriff der NSDAP, also durch einen revolutionären Akt, vollzogen worden sei. Mit keinem Wort wird die Notverordnung vom 28. Februar 1933 als Rechtsgrundlage für diesen Eingriff in Anspruch genommen. Sie wird lediglich (S. 282) als Grundlage des Beschlusses des Generalstaatsanwalts beim Landgericht B. I vom 12. Mai 1933 zur Beschlagnahme des Gewerkschaftsvermögens, also für eine Maßnahme nach der Zerschlagungsaktion, bezeichnet. Auch das Urteil vom 29. September 1934 (RAG 14, 189 ff.) erwähnt die Notverordnung vom 28. Februar 1933 nur im Zusammenhang mit der genannten Beschlagnahme des Gewerkschaftsvermögens durch die Staatsanwaltschaft. Daraus ist aber ersichtlich, daß das Reichsarbeitsgericht die genannte Verordnung nicht als Rechtsgrundlage für den revolutionären Akt der NSDAP vom 2. Mai 1933 angesehen hat.

Auch die Tatsache, daß es sich bei der Aktion gegen die Gewerkschaften durch die NSDAP am 2. Mai 1933 um einen revolutionären Gewaltakt handelte (vgl. Hartung, Deutsche Verfassungsgeschichte, 6. Aufl., S. 346; Rundschr. Nr. 6/33 der Obersten Parteileitung der NSDAP vom 21. April 1933, abgedruckt bei Schumann, Nationalsozialismus und Gewerkschaftsbewegung, 1958, S. 169; Bracher-Sauer-Schulz, a. a. O., S. 184), kann das Vorgehen des Klägers nicht rechtfertigen. Es ist zwar anerkannten Rechts, daß eine gelungene Revolution neues Verfassungsrecht und neue Gesetzgeber schaffen kann, die neues formalgültiges Recht setzen können (vgl. Anschütz, Die Verfassung des deutschen Reiches, 14. Aufl., Einl., S. 3 ff.; Küchenhoff, Allgemeine Staatslehre, 4. Aufl., S. 192; RGZ 99, 287; 100, 27; BGHZ 5, 96). Dabei spielt auch die Rechtswidrigkeit des revolutionären Aktes selbst keine Rolle (vgl. Anschütz, a. a. O.; Küchenhoff, a. a. O.; RG, a. a. O.; BGH, a. a. O.). Im vorliegenden Fall geht es aber bei der Aktion des 2. Mai 1933 nicht um die Frage, ob nach der gelungenen Beseitigung der Gewerkschaften die nationalsozialistischen Machthaber auf dem Gebiete der Koalition neues Recht formal setzen konnten, sondern um die Beurteilung der Rechtmäßigkeit der revolutionären Aktion selbst. Jede Revolution ist nämlich, gemessen an dem zu Beginn der Revolution geltenden Recht, ein Rechtsbruch (vgl. Nawiasky, Allgemeine Staatslehre, 2. Teil, 2. Bd., 1955, S. 41; 3. Teil, 1956, S. 137). Die Verfolgung der rechtswidrigen Beseitigung der Gewerkschaften scheiterte nur daran, daß die Nationalsozialisten bereits Inhaber der tatsächlichen Macht im Staate waren. Da es aber gelungen ist, die durch die Revolution zur Macht gekommenen nationalsozialistischen Gewalthaber durch den totalen Zusammenbruch 1945 zu vertreiben und eine staatliche Ordnung zu errichten, deren Grundlagen wieder die Prinzipien des Rechtsstaates sind, kann auch der in der Machtergreifung der beseitigten Gewalthaber liegende Rechtsbruch geahndet werden. Der revolutionäre Charakter der Aktion zur Beseitigung der Gewerkschaften rechtfertigt deshalb das Verhalten des Klägers am 2. Mai 1933 nicht.

Der Kläger hat aber nicht nur objektiv gegen die Grundsätze der Rechtsstaatlichkeit i. S. des § 3 Ziff. 3 a RegelungsG verstoßen. Das Berufungsgericht hat auch ohne Rechtsirrtum festgestellt, daß der Kläger die Grundsätze der Rechtsstaatlichkeit schuldhaft verletzt hat.

Verschulden ist Vorwerfbarkeit. Es setzt Bewußtsein der Rechtswidrigkeit voraus und kann durch besondere Schuldausschließungsgünde ausgeschlossen sein (vgl. BAG 1, 69 [79]; Enneccerus-Nipperdey, Allgemeiner Teil des Bürgerlichen Rechts, 15. Aufl., §§ 213 ff.). Grundsätzlich ist davon auszugehen, daß die Handlung nur dann schuldhaft ist, wenn dem Handelnden die Rechtsnorm, die er verletzt, bekannt ist. Jedoch schließt nicht jeder Verbotsirrtum die Schuld aus. Wer am Rechtsverkehr teilnimmt, hat nicht nur das zu unterlassen, was ihm als Unrecht klar vor Augen steht, er hat sich vielmehr bei allen seinen Handlungen stets bewußt zu sein, ob sein Tun Unrecht ist (vgl. BAG, a.a.O.). Jeden Zweifel hat er durch Nachdenken oder Einziehen von Erkundigungen zu beseitigen. Erst wenn er trotz der ihm zumutbaren Anspannung aller Kräfte die Einsicht in das Unrechtmäßige seines Verhaltens nicht zu gewinnen vermochte, war der Irrtum unvermeidbar und kann ein Schuldvorwurf nicht erhoben werden. Hätte der Handelnde dagegen bei gehöriger Anspannung seines Gewissens die Rechtswidrigkeit seines Tuns erkennen können, so schließt der Verbotsirrtum seine Schuld nicht aus (vgl. BAG 1, 79 und die dort zahlreich zitierte Rechtsprechung).

Das Berufungsgericht hat den Rechtsbegriff des Verschuldens nicht verkannt. Es hat darauf abgestellt, ob der Kläger „nach der Vorstellung in der Laiensphäre hätte erkennen müssen, daß sein Verhalten der Rechtsstaatlichkeit widerspricht". Damit bringt das Landesarbeitsgericht hinreichend deutlich zum Ausdruck, daß es auch nach seiner Auffassung für die Feststellung des Unrechtsbewußtseins nur darauf ankommt, ob der Handelnde nach seinen Erkenntnismöglichkeiten in der Lage war, einen Irrtum über die Rechtswidrigkeit zu vermeiden. Das Berufungsgericht kommt im vorliegenden Fall zu dem Ergebnis, der Kläger sei auf Grund seiner Vorbildung und langjährigen gewerkschaftlichen Tätigkeit in der Lage gewesen, seinen Irrtum über die Rechtswidrigkeit seiner Handlungsweise zu vermeiden. Es hat neben der Vorbildung und Tätigkeit des Klägers auch die Zeitumstände der Tat gewürdigt. Es ist deshalb nicht ersichtlich, welche Denkgesetze, Erfahrungssätze oder wesentlichen Umstände das Berufungsgericht bei der Bewertung außer acht gelassen haben sollte. Wenn der Kläger rügt, das Landesarbeitsgericht habe sich nicht näher mit seinem Vortrag auseinandergesetzt, daß ihm von der „Befehlserteilung" bis zur Durchführung der Anordnung keine Bedenkfrist gelassen worden sei, die Rechtmäßigkeit der Aktion zu prüfen, so ist das zwar richtig, macht aber dennoch die Bewertung des Berufungsgerichts nicht offensichtlich fehlerhaft. Das Berufungsgericht war schon deshalb nicht gehalten, sich mit diesem Vortrag näher auseinanderzusetzen, weil unangefochten festgestellt worden ist, daß der Kläger sich mit dem Gewerkschaftsvorsitzenden P. eine halbe Stunde lang über die Rechtmäßigkeit seines Vorgehens auseinandergesetzt hat. Gerade aus diesem Umstand geht besonders deutlich hervor, daß der Kläger Gelegenheit hatte, die Rechtmäßigkeit seiner Aktion zu bedenken. Der Kläger wußte auch und stellt das gar nicht in Abrede, daß der Befehl von der obersten Parteileitung und nicht von einer staatlichen Behörde ausging. Auf Grund dieses feststehenden Sachverhalts hätten aber dem Kläger nach seiner Vorbildung auf dem Gebiete des Arbeits- und Sozialrechts und nach seiner langjährigen Erfahrung im Gewerkschafts- und Arbeitsgerichtswesen Bedenken kommen müssen, ob er ohne die Anordnung einer staatlich zuständigen Behörde und ohne deren Mitwirkung berechtigt war, diesen Parteibefehl auszuführen. Dazu hätte es nicht einmal einer Bedenkfrist bedurft, sondern solche Zweifel mußten dem Kläger angesichts seines festgestellten Bildungsgrades sofort kommen und hätten ihn davon abhalten müssen, an der Aktion teilzunehmen. Denn bevor der Kläger sich an der Zerschlagungsaktion beteiligte, hätte er jeden aufkommenden Zweifel klären, falls dies nicht mehr möglich war, seine Teilnahme an der Aktion wegen der Zweifel ablehnen müssen. Unter Berücksichtigung der vom Landesarbeitsgericht unangefochten getroffenen Feststellungen war es deshalb möglich, im vorliegenden Fall einen nicht entschuldbaren Verbotsirrtum beim Kläger anzunehmen.

Mit Recht hat das Berufungsgericht auch ausgeführt, daß dem Kläger der Rechtsgehorsam gegenüber den Grundsätzen der Rechtsstaatlichkeit zuzumuten war. Ein Entschuldigungsgrund, daß unrechtmäßiges Handeln schuldlos werde, wenn dadurch billigenswerte eigene Interessen gewahrt werden — die hier allerdings überhaupt nicht vorgelegen haben —, gibt es, genau wie im Strafrecht (vgl. Welzel, Das deutsche Strafrecht, 7. Aufl., S. 160), in dieser allgemeinen Form nicht. Den Handelnden kann im Zivilrecht nur dann kein Schuldvorwurf treffen, wenn ihm ein normgemäßes Verhalten nach den Umständen des Falles, namentlich wegen des auf ihm lastenden ungewöhnlichen seelischen Drucks schlechterdings nicht zuzumuten war (vgl. Enneccerus-Nipperdey, § 213 IV). Der Kläger hat keinerlei konkrete Tatsachen vorgetragen, daß er sich in einer besonderen ungewöhnlichen Drucksituation befunden hat, die es ihm schlechterdings unmöglich machte, rechtsstaatlich zu handeln. Das Berufungsgericht hatte keinen Anlaß, insoweit Nachprüfungen anzustellen. Denn der Kläger muß behaupten und beweisen, daß die Verantwortlichkeit für sein Verhalten aus besonderen Gründen ausgeschlossen gewesen ist. Der Kläger rügt aber nur, das Berufungsgericht habe bei der Frage der Zumutbarkeit nicht genügend beachtet, daß nach Erlaß des Ermächtigungsgesetzes und der Notverordnung vom 28. Februar 1933 vom Kläger nicht mehr habe erwartet werden können, die Vollmachten der NS-Regierung auf Möglichkeiten ihrer Beschränkung zu überprüfen. Da die Aktion aber von der Partei ausging, kommt es auf diese Frage überhaupt nicht an.

49

1. Bei Möglichkeit der Leistungsklage kann das rechtliche Interesse des Klägers an einer alsbaldigen Feststellung des Rechtsverhältnisses ausnahmsweise dann bejaht werden, wenn die Feststellungsklage nach den besonderen Umständen zu einer abschließenderen oder prozeßwirtschaftlich sinnvolleren Entscheidung führt.

2. Wenn die Leistungsklage möglich ist, rechtfertigt nicht schon die Größe oder die Bedeutung einer Handelsgesellschaft die Zulässigkeit der Feststellungsklage.

3. Die Feststellungsklage bei Möglichkeit der Leistungsklage gegen Handelsgesellschaften ist auch dann unzulässig, wenn die Anteile der Beklagten ganz oder teilweise in öffentlicher Hand vereinigt sind.

4. Durch eine rechtskräftige Verurteilung des Arbeitgebers zur Urlaubsgewährung gilt die Willenserklärung des Arbeitgebers gemäß § 894 ZPO mit dem Inhalt als abgegeben, daß der Urlaub erteilt wird. Die nach rechtskräftiger Verurteilung des Arbeitgebers zur Urlaubsgewährung noch erforderliche Festsetzung der konkreten Urlaubszeit steht in aller Regel vor Ablauf des Urlaubsjahres dem Arbeitgeber, nach Ablauf des Urlaubsjahres dem Arbeitnehmer zu.

ZPO §§ 256, 894; BGB §§ 315, 271, 162, 611 Urlaubsrecht.
V. Senat. Urteil vom 12. 10. 1961 i. S. H. (Kl.) w. M. St. (Bekl.)
5 AZR 294/60.

I. Arbeitsgericht Herne/Westf. — II. Landesarbeitsgericht Hamm/Westf.

Der Kläger ist als Maschinist im Kraftwerk einer Schachtanlage der Beklagten, einem Betriebe mit kontinuierlicher Arbeitsweise, beschäftigt. Das Arbeitsverhältnis unterfällt dem Manteltarifvertrag für die Arbeiter des rheinisch-westfälischen Steinkohlenbergbaus vom 7. April 1953 in der am 1. Mai 1959 gültigen Fassung.

Für das Jahr 1959 erhielt der Kläger 21 Arbeitstage Urlaub in der Zeit vom 6. Juni bis 4. Juli 1959, das sind 29 Kalendertage, weil in diesen Zeitraum acht Ruhetage fielen, die als Urlaubstage zählen. In diesem Zeitraum lagen aber auch zwei Sonntage (7. und 14. Juni 1959) und ein gesetzlicher Feiertag (17. Juni 1959). Diese drei Tage trafen nicht mit den acht Ruhetagen zusammen, und die Beklagte zählte sie deshalb als Urlaubstage.

Der Kläger ist damit nicht einverstanden; er hat mit der am 10. September 1959 beim Arbeitsgericht eingegangenen Klage beantragt, festzustellen, daß die Beklagte verpflichtet ist, dem Kläger für das Urlaubsjahr 1959 unter Freistellung von der Arbeit drei Tage Tarifurlaub zu gewähren.

Das Arbeitsgericht hat die Zulässigkeit der Feststellungsklage bejaht, die Klage jedoch abgewiesen, weil die Beklagte die drei streitigen Tage zu Recht auf den Urlaub angerechnet habe. Das Landesarbeitsgericht hat gegen die Zulässigkeit der Feststellungsklage ebenfalls keine Bedenken gehabt und die Berufung des Klägers aus sachlichen Gründen zurückgewiesen.

Die Revision des Klägers ist mit der Maßgabe zurückgewiesen worden, daß die Klage unzulässig ist.

Aus den Gründen:

I. Das Landesarbeitsgericht erhebt gegen die Zulässigkeit der Feststellungsklage keine Bedenken, weil der Kläger „ein alsbaldiges rechtliches Interesse" daran habe, ob ihm noch weitere Urlaubstage für 1959 zustehen, die ihm die Beklagte in Freizeit mit Bezahlung gewähren müsse; zwar sei auch eine Leistungsklage möglich, doch beseitige hier die Feststellungsklage jeden Streit unter den Parteien, und es sei zu erwarten, daß die Beklagte auch ohne Leistungsurteil der getroffenen Feststellung nachkommen werde.

Diese Begründung des Landesarbeitsgerichts rechtfertigt jedoch nicht die Zulässigkeit der Feststellungsklage. Denn als der Kläger seine Feststellungsklage einreichte, war, wie das Landesarbeitsgericht richtig erkannt hat, die Leistungsklage auf Gewährung von weiteren drei Tagen bezahlten Tarifurlaub möglich und zulässig. Entgegen der Ansicht des Landesarbeitsgerichts führte dieser Umstand aber zum Wegfall des rechtlichen Interesses des Klägers an der alsbaldigen Feststellung und damit zum Wegfall der Prozeßvoraussetzungen des § 256 ZPO.

II. Nach gefestigter Auffassung in Rechtsprechung (BAG 4, 149; 8, 279; RGZ 129, 31 [33]; BGHZ 5, 314) und Schrifttum (Rosenberg, DZPR, 8. Aufl., § 86 II 2 a S. 408; Stein-Jonas, ZPO, 18. Aufl., § 256 Anm. III 5 b; Baumbach, ZPO, 25. Aufl., § 256 Anm. 3 D und Anm. 5 Stichwort „Leistungsklage"; Wieczorek, ZPO, § 256 Anm. C II a mit weiteren ausführlichen Rechtsprechungszitaten) ist grundsätzlich dann eine Feststellungsklage unzulässig, wenn eine Leistungsklage gleichen oder im wesentlichen gleichen Inhalts erhoben werden kann. Das Feststellungsinteresse ist deshalb immer dann zu verneinen, wenn die Leistungsklage zu demselben Ziel führt wie die Feststellungsklage (BAG 4, 149 [151]). Das folgt aus dem Umstand, daß die erfolgreiche Feststellungsklage keinen vollstreckbaren Titel bringt, während die Leistungsklage unmittelbar die zwangsweise Durchsetzung des Anspruchs ermöglicht; die Leistungsklage ist das prozeßwirtschaftlich primäre Mittel zur Durchsetzung von Ansprüchen, während die Feststellungsklage in der Regel nur der Vorbereitung, Klärung oder Sicherung von Leistungsansprüchen dient. Zwar schließt die Möglichkeit der Leistungsklage das Feststellungsinteresse nicht schlechthin aus: Die Feststellungsklage ist ausnahmsweise trotz Möglichkeit der Leistungsklage dann zulässig, wenn die Feststellungsklage dem Kläger günstiger, billiger oder schneller zum erstrebten Erfolg verhilft als eine entsprechende Leistungsklage. Aus diesem Grunde ist das Feststellungsinteresse trotz Möglichkeit der Leistungsklage ausnahmsweise dann gegeben, wenn die Feststellungsklage nach den Besonderheiten des Einzelfalles zu einer abschließenderen oder doch prozeßwirtschaftlich sinnvolleren Entscheidung führt (BAG 4, 149 [151]; 1, 60; BGHZ 2, 250; LM Nr. 35 zu § 256 ZPO; LM Nr. 3 zu § 209 BEG 1956).

Ein Ausnahmefall der geschilderten Art liegt hier jedoch nicht vor: Die vom Kläger begehrte Feststellung gewährt ihm keine bessere, schnellere oder festere Rechtsposition als die mögliche Leistungsklage auf Gewährung von drei Tagen bezahlten Tarifurlaub; im Gegenteil schließt das Leistungsurteil den Fall besser ab, weil der Kläger zugleich einen vollstreckbaren Titel erhält.

III. Ein solcher Titel wäre auch — im Gegensatz zur Auffassung des erstinstanzlichen Urteils — vollstreckbar, und zwar über § 894 ZPO. Die Gewährung von Urlaub stellt rechtlich eine Willenserklärung dar (BAG 9, 1 [5] = AP Nr. 12 zu § 123 GewO); mit der Rechtskraft des die Verpflichtung zur Urlaubsgewährung aussprechenden Urteils gilt die Urlaubserteilung als geschehen. Dabei scheitert die Anwendung des § 894 ZPO übrigens nicht daran, daß der Titel auf Gewährung von Urlaub möglicherweise keinen Zeitpunkt enthält, in dem der Urlaub genommen werden muß; denn die Vollstreckung nach § 894 ZPO ist nicht etwa deshalb ausgeschlossen, weil der Schuldner noch weitere Handlungen vornehmen muß oder weil noch andere Tatbestandsmerkmale hinzutreten müssen, um den endgültigen Rechtserfolg herbeizuführen (Wieczorek, ZPO, § 894 Anm. A II a 5).

Die nach rechtskräftiger Verurteilung des Arbeitgebers zur Urlaubsgewährung noch erforderliche Festsetzung der konkreten Urlaubszeit steht vor Ablauf des Urlaubsjahres dem Arbeitgeber und nach Ablauf des Urlaubsjahres dem Arbeitnehmer zu. Das ergibt sich aus folgenden Erwägungen:

Im Urlaubsrecht gilt vorbehaltlich besonderer gesetzlicher, kollektivrechtlicher oder einzelvertraglicher Bestimmungen die Regel, daß der Arbeitgeber den Zeitpunkt des Urlaubsantritts und damit den Zeitpunkt der Fälligkeit des Urlaubsanspruchs bestimmt (BAG 9, 1 [5]; Nikisch, Arbeitsrecht, 1. Band, 3. Aufl., S. 526 und S. 534; Hueck-Nipperdey, Lehrbuch, 6. Aufl., 1. Band S. 407 mit weiteren Fundstellen); der Arbeitgeber muß dabei die Wünsche des Arbeitnehmers und einen etwaigen Urlaubsplan berücksichtigen; abweichend von der Grundregel des § 271 BGB wird also dabei der Zeitpunkt der Leistung des Arbeitgebers durch diesen selbst im Rahmen des § 315 BGB bestimmt. Diese Regelung ergibt sich aus der Berücksichtigung der beiderseitigen Interessen, insbesondere des Umstandes, daß der Arbeitgeber bei einer größeren Anzahl von Arbeitnehmern in der Lage sein muß, den Betrieb seines Unternehmens ohne unzumutbare wirtschaftliche Belastung weiterzuführen. Nur in dieser Form läßt sich im praktischen Arbeitsleben der Urlaubsanspruch in bezug auf den Urlaubszeitpunkt sinnvoll und für beide Vertragsteile in zumutbarer Weise abwickeln (Nikisch, a. a. O., S. 526).

Wird das den Arbeitgeber zur Urlaubsgewährung verpflichtende Urteil noch während des Laufes des Urlaubsjahres, auf das sich der geltendgemachte Urlaub bezieht, erlassen und rechtskräftig, so ändert sich die Interessenlage, die der vorgeschilderten Regelung zugrunde liegt, nicht; es muß deshalb auch bei dieser Regelung verbleiben. Eine Ausnahme würde nur dann gelten, wenn der Arbeitgeber trotz seiner Verurteilung zur Urlaubsgewährung ohne begründeten Anlaß die angemessene Bestimmung des Urlaubszeitpunktes überhaupt unterläßt. Denn dann dürfte jedenfalls in aller Regel der Fall des § 162 Abs. 1 BGB gegeben sein, und das Recht zur Bestimmung des Urlaubszeitpunktes würde infolgedessen auf den Arbeitnehmer übergehen.

Diese während des Urlaubsjahres geltende Grundregelung kann und darf jedoch dann nicht mehr aufrechterhalten werden, wenn die Rechtskraft des Urteils erst nach Ablauf des Urlaubsjahres eintritt. In einem solchen Fall hat sich die oben geschilderte Interessenlage verschoben. Es steht fest, daß der Arbeitgeber den verlangten Urlaub zu Unrecht nicht gewährt hat; er hat durch die Unterlassung der Urlaubsgewährung die Ursache dafür gesetzt, daß der Arbeitnehmer den ihm zustehenden Urlaub nicht rechtzeitig erhalten hat und daß der Urlaubszweck, nämlich die Erholung des Arbeitnehmers noch im Urlaubsjahr, unmöglich geworden ist. In diesem Falle geht deshalb das Recht zur Bestimmung des Urlaubszeitpunktes auf den Arbeitnehmer als Gläubiger über. Das folgt aus § 242 BGB, wonach der Arbeitgeber verpflichtet ist, die ihm obliegende Leistung, d. h. hier die Urlaubsgewährung, so zu bewirken, wie Treu und Glauben mit Rücksicht auf die Verkehrssitte es erfordern. Die Verschiebung der Interessenlage, die sich mit Ablauf des Urlaubsjahres ergibt, macht es von da an dem Arbeitnehmer, der einen gerichtlich bestätigten Anspruch auf den geltend gemachten Urlaub hat, unzumutbar, seinen verdienten Urlaub noch weiter zu entbehren und seinerseits auf die Belange des Arbeitgebers in der ursprünglichen Weise Rücksicht zu nehmen. Die dem Arbeitgeber daraus möglicherweise erwachsenden Nachteile muß er bei dieser veränderten Situation als von ihm selbst verursacht hinnehmen.

Nach Ablauf des Urlaubsjahres steht also dem Arbeitnehmer, der ein rechtskräftiges Urteil auf Urlaubsgewährung erstritten hat, die Bestimmung des Urlaubszeitpunktes zu. Daß in diesem Sonderfall der nunmehr zur Bestimmung des Urlaubszeitpunktes berechtigte Arbeitnehmer trotzdem auch seinerseits billige Rücksicht auf die Belange des Arbeitgebers nehmen muß, folgt aus seiner Treuepflicht, die trotz des vorherigen Verhaltens des Arbeitgebers nicht weggefallen ist. Dabei ist in Anlehnung an den Rechtsgedanken des § 6 Abs. 2 Urlaubsgesetz Nordrhein-Westfalen dem Arbeitnehmer unter Umständen zuzumuten, den erstrittenen Urlaub im Zusammenhang mit dem Urlaub des nächstfolgenden Urlaubsjahres zu nehmen, was auch dem Grundgedanken entspricht, daß der Urlaub möglichst zusammenhängend zu gewähren ist (§ 6 Abs. 1 Urlaubsgesetz Nordrhein-Westfalen).

Unter diesen vorgeschilderten rechtlichen Voraussetzungen ist kein Grund oder Umstand ersichtlich, der bei der vorliegenden Feststellungsklage zu einer endgültigeren oder prozeßwirtschaftlich sinnvolleren Entscheidung führen könnte als die Leistungsklage auf Gewährung von drei Tagen Urlaub. Das Feststellungsinteresse ist deshalb hier zu verneinen.

IV. Darüber hinaus fehlt das Feststellungsinteresse aber auch deshalb, weil hier entgegen der Meinung des Landesarbeitsgerichts zur Bejahung des Feststellungsinteresses nicht die Erwartung genügt, die Beklagte werde als großes oder bedeutendes Unternehmen der begehrten Feststellung auch ohne Leistungsurteil nachkommen.

Nach der in Rechtsprechung (RGZ 129, 31 [34] mit weiteren Hinweisen; 152, 193 [198]; BAG 8, 279 [281]) und Schrifttum (Rosenberg, DZPR, 8. Aufl., § 86 II 2 a S. 408; Stein-Jonas, ZPO 18. Aufl., § 256 Anm. 5 b; Baumbach, ZPO, 25. Aufl., § 256 Anm. 5 Stichwort „Leistungsklage"; Wieczorek, ZPO, § 256 Anm. C II a 1) gefestigten Auffassung darf zwar im allgemeinen das Feststellungsinteresse auch bei Möglichkeit der Leistungsklage dann bejaht werden, wenn sich die Feststellungsklage gegen juristische Personen des öffentlichen Rechts richtet. Die Rechtfertigung dafür ist einmal die Schwierigkeit der Zwangsvollstreckung bei der öffentlichen Hand, die zwar durch § 882 a ZPO i. V. m. § 15 EGZPO eine gewisse Erleichterung gefunden hat, aber nach wie vor rechtlich und tatsächlich nicht einfach ist. Zum anderen hat dazu die Erwägung geführt, daß die von dem Feststellungsurteil angesprochene juristische Person des öffentlichen Rechts kraft Amtspflicht (Baumbach, a. a. O.) zur Erfüllung der sich aus dem Feststellungsanspruch indirekt ergebenden Leistungsansprüche verpflichtet ist. Diese beiden Gründe gelten aber nicht für die juristischen Personen des privaten Rechts, auch wenn sie bedeutsam oder angesehen sind oder wenn ihre Anteile ganz oder teilweise in der öffentlichen Hand vereint sein sollten. Es ist in solchen Fällen dem Gericht in aller Regel auch nicht möglich, zwischen bedeutsamen und nichtbedeutsamen oder zwischen angesehenen oder nichtangesehenen Unternehmen zu unterscheiden, zumal eine solche Unterscheidung obendrein rechtlichen Bedenken hinsichtlich der Gleichheit aller vor dem Gesetz begegnen müßte.

V. Das vom Kläger als Feststellungsantrag vorgebrachte Klagebegehren läßt sich auch nicht umdeuten. Denn die Umdeutung eines Feststellungsantrages in einen Leistungsantrag ist nach den Maßstäben der §§ 133 und 157 BGB nur möglich, wenn aus den Gesamtumständen Anhaltspunkte ersichtlich sind, daß der umgedeutete Antrag auch als gestellt gelten soll. Das ist hier aber, wie der gesamte Vortrag beider Parteien in den gewechselten Schriftsätzen erkennen läßt, nicht der Fall.

VI. Das angefochtene Urteil hat daher das Feststellungsinteresse zu Unrecht bejaht. Weil das rechtliche Interesse des Klägers an der von ihm begehrten Feststellung Prozeßvoraussetzung ist (Wieczorek, ZPO, § 256

Anm. C I b; BAG 4, 149 [152] und BAG AP Nr. 25 zu § 611 BGB Haftung des Arbeitnehmers), deren Vorliegen in jedem Abschnitt des Verfahrens von Amts wegen zu prüfen ist (BAG a. a. O.; Stein-Jonas, ZPO, 18. Aufl., § 559 Anm. IV 2 a), muß die Klage unter Aufhebung der vorinstanzlichen Urteile als unzulässig abgewiesen werden.

50

1. Die Wiederwahl eines Betriebsrats nach Ablauf seiner Amtszeit durch Akklamation in einer Betriebsversammlung ist nichtig. Der Arbeitgeber ist nicht verpflichtet, von sich aus auf eine ordnungsmäßige Neuwahl des Betriebsrats Einfluß zu nehmen.

2. Besteht in einem betriebsratspflichtigen Betrieb kein gültig gewählter Betriebsrat, so ist für die Anwendung des § 56 Abs. 1 Buchst. c BetrVG über die Mitbestimmung des Betriebsrates bei der Aufstellung eines Urlaubsplanes kein Raum. Soweit Gesetz, Tarifvertrag, Betriebsvereinbarung oder Einzelarbeitsvertrag nichts anderes bestimmen, ist der Arbeitgeber kraft seines Direktionsrechts befugt, die zeitliche Lage des Urlaubs der Arbeitnehmer zu bestimmen. Das gilt auch für Betriebsferien.

3. Die Festlegung des Urlaubs durch den Arbeitgeber kraft seines Direktionsrechts hat gemäß § 315 Abs. 1 BGB nach billigem Ermessen zu erfolgen. Dabei muß der Arbeitgeber das Interesse des Arbeitnehmers an einer von diesem gewünschten Urlaubszeit gegenüber seinem eigenen Interesse an einer bestimmten Urlaubszeit objektiv abwägen und bei der von ihm zu treffenden Entscheidung alle in Betracht kommenden Umstände berücksichtigen.

BGB §§ 611 Urlaubsrecht und Direktionsrecht, 315; UrlaubsG NRW §§ 4, 6, 10; BetrVG §§ 21 Satz 1, 22, 56 Abs. 1 Buchst. c; Feiertagslohnzahlungs G § 1.

V. Senat. Urteil vom 12. 10. 1961 i. S. K. (Kl.) w. H. & Co. (Bekl.) 5 AZR 423/60.

I. Arbeitsgericht Iserlohn. — II. Landesarbeitsgericht Hamm/Westf.

Die Beklagte betreibt eine Metallwaren- und Beleuchtungskörperfabrik. Sie beschäftigt etwa 170 bis 200 Arbeitnehmer. Am 29. Juni 1959 trat der Kläger als Montagearbeiter in ihre Dienste. Auf das Arbeitsverhältnis der Parteien fand der Manteltarifvertrag für die Arbeiter in der Eisen-, Metall- und Elektroindustrie Nordrhein-Westfalens vom 29. Dezember 1958, abgeschlossen zwischen dem Verband metallindustrieller Arbeitgeberverbände NRW e. V. sowie dem Arbeitgeberverband Eisen- und Stahlindustrie e. V. einerseits und der Industriegewerkschaft Metall für die Bundesrepublik Deutschland, Bezirksleitung in Essen, Hagen, Köln und Münster andererseits, Anwendung.

Am 1. April 1960 erging im Betrieb der Beklagten folgende Bekanntmachung:

„In der Zeit
von Montag, dem 11. April 1960 bis einschließlich Sonnabend dem 23. April 1960 = 10 Tage
soll Urlaub für das Jahr 1960 gemacht werden.
Der erste Arbeitstag wäre somit:
Montag, der 25. April 1960.

I. ,1. April 1960

Der Obmann: Der Betriebsleiter:
gez. Unterschrift gez. Unterschrift."

Im Zeitpunkt der Bekanntmachung bestand im Betrieb der Beklagten ein Betriebsrat, der im Jahre 1957 ordnungsmäßig gewählt und nach Ablauf seiner Amtszeit im Frühjahr 1959 in einer Betriebsversammlung durch Akklamation wiedergewählt worden war.

Auf Grund der Bekanntmachung vom 1. April 1960 nahm die Belegschaft der Beklagten während der angekündigten Zeit Urlaub. Ausgenommen waren einige Arbeitnehmer, die zur Aufrechterhaltung eines Notdienstes und für Fertigstellung dringender Arbeiten erforderlich waren. Der Kläger war mit der angekündigten Urlaubserteilung nicht einverstanden. Er bot der Beklagten seine Arbeitsleistung an. Diese lehnte jedoch ab. Daraufhin kündigte der Kläger am 19. April 1960 fristlos sein Arbeitsverhältnis. Die Beklagte vergütete dem Kläger bei seinem Ausscheiden den ihm bis dahin zustehenden anteiligen Urlaub für das Jahr 1960. In die Urlaubszeit fielen als gesetzliche Wochenfeiertage der 15. April (Karfreitag) und der 18. April (Ostermontag).

Der Kläger hat mit der am 26. April 1960 erhobenen Klage beantragt, die Beklagte zur Zahlung des Lohnes für sieben Arbeitstage zu täglich 8,75 Arbeitsstunden bei einem Stundenlohn von 2,20 DM und daher zur Zahlung von insgesamt 134,75 DM brutto nebst 4 % Zinsen seit dem 26. April 1960 zu verurteilen. Zur Begründung hat er behauptet, er habe sich mit der für ihn überraschend gekommenen betrieblichen Urlaubsregelung nicht einverstanden erklären können, weil er zu jener Zeit noch in beinahe menschenunwürdigen Wohnverhältnissen habe leben müssen und deshalb ein berechtigtes Interesse daran gehabt habe, seinen ganzen Urlaub im Sommer 1960 zu einer wirklichen Erholung zu benutzen. Die Beklagte hätte bei gutem Willen die Möglichkeit gehabt, ihn während der betrieblichen Urlaubszeit weiterzubeschäftigen. Während dieser Zeit seien in der Montageabteilung, in der er ständig gearbeitet habe, zehn bis zwölf Frauen eingesetzt gewesen. Außerdem seien für die neu eingestellten Belegschaftsmitglieder, die noch keinen Urlaubsanspruch gehabt hätten, Arbeitsmöglichkeiten geschaffen worden.

Die Beklagte hat zu ihrem Klageabweisungsantrag behauptet, die Auftragslage in ihrem Unternehmen sei saisonbedingten Schwankungen unterworfen. In den Frühjahrsmonaten liefen die Programme an, um für die Monate Mai bis Dezember eine Vollbeschäftigung mit guter Auftragslage zu gewährleisten. Sie erteile daher seit 1957 den Urlaub in den Monaten April/Mai in Form von Betriebsferien. Im März 1960 habe der Zeuge G. als Vermittler zwischen der Betriebsleitung und der Belegschaft mit den Betriebsangehörigen über die allen genehme und für alle zweckmäßige Lage des Urlaubs gesprochen. Die Zeit vom 11. bis zum 23. April sei für die verheirateten Belegschaftsmitglieder mit Kindern wegen der in dieser Zeit gegebenen Schulferien besonders günstig gewesen. Eine Beschäftigungsmöglichkeit habe sie während der Betriebsferien für den Kläger nicht gehabt. Für die während der Betriebsferien angefallenen Arbeiten sei der Kläger nicht in Betracht gekommen.

Das Arbeitsgericht hat die Klage abgewiesen. Das Landesarbeitsgericht hat die Berufung des Klägers zurückgewiesen. Die Revision des Klägers hatte teilweise Erfolg.

Aus den Gründen:

I. 1. Als Anspruchsgrundlage für eine Lohnzahlungspflicht der Beklagten für die Zeit vom 11. bis 14. April und für den 19. April 1960 kommt lediglich § 615 Satz 1 BGB in Betracht. Ein Annahmeverzug der Beklagten im Sinne des § 615 Satz 1, §§ 293 ff. BGB setzt neben anderem voraus, daß der Arbeitnehmer seine Arbeitsleistung schuldet und sie daher dem Arbeitgeber anbieten darf. Ist der Arbeitnehmer von seiner Arbeitsleistung freigestellt, wie das bei einer gültigen Beurlaubung der Fall ist, so ist er nicht Schuldner einer Arbeitsleistung und kann er seine Arbeitsleistung auch nicht in einer den Annahmeverzug begründenden Weise anbieten. Die Entscheidung darüber, ob der Kläger die Beklagte in Annahmeverzug versetzt hat, hängt daher von der Frage ab, ob der Kläger wirksam beurlaubt war oder nicht. In der hier in Rede stehenden Zeit war der Kläger jedoch wirksam beurlaubt, so daß sich die Beklagte nicht in Annahmeverzug befand. Das ergibt sich im einzelnen aus folgendem:

2. Die Feststellung von Betriebsferien unterliegt gemäß § 56 Abs. 1 Buchst. c BetrVG dem Mitbestimmungsrecht des Betriebsrates. Zwar spricht § 56 Abs. 1 Buchst. c BetrGG nur von „Aufstellung des Urlaubsplanes". Darunter ist die Festlegung der Grundsätze, nach denen der Urlaub gewährt werden soll, zu verstehen. Das trifft aber auch auf Betriebsferien zu (vgl. Hueck-Nipperdey, Lehrbuch des Arbeitsrechts, 6. Aufl., Bd. II, 1957, § 70 II 1 c S. 827 zu Fußnote 12; Staudinger-Nipperdey, Dienstvertrag, 11. Aufl., 1958, § 611 Bem. 278; Nikisch, Arbeitsrecht, Bd. 1, 3. Aufl., 1961, § 39 II 4 S. 534 zu Fußnote 79; Dersch, Die Urlaubsgesetze, 1954, Anm. 335 a; Galperin-Siebert, BetrVG, 3. Aufl., 1958, § 56 Anm. 40; Fitting-Kraegeloh, BetrVG, 5. Aufl., 1960, § 56 Anm. 24; Dietz, BetrVG, 3. Aufl., 1960, § 56 Anm. 26; Neumann-Duesberg, Betriebsverfassungsrecht, 1960, S. 479 zu Fußnote 75; Hessel, Betrieb 1953, 801 [802]; Zöllner, Betrieb 1957, 508 [510 Fußn. 40]; Rothe, Betrieb 1957, 897 [898]; LAG Berlin, BB 1957, 438). Die Ausübung des Mitbestimmungsrechts ist Wirksamkeitsvoraussetzung der zu treffenden Maßnahmen (vgl. BAG 10, 262 ff.; BAG AP Nr. 15 zu § 611 BGB Urlaubsrecht). Das Mitbestimmungsrecht kann jedoch nur ausgeübt werden, wenn überhaupt ein Betriebsrat besteht. Ist in einem betriebsratspflichtigen Betrieb (§§ 1, 8 BetrVG) ein Betriebsrat von vornherein nicht gewählt worden, so bleibt die Belegschaft vertretungslos. Der Arbeitgeber kann in diesem Falle Maßnahmen, die sich auf die in § 56 BetrVG genannten Gegenstände beziehen, einzelvertraglich und gegebenenfalls auf Grund seines Direktionsrechts treffen. Die gleiche Rechtslage ergibt sich, wenn die Betriebsratswahl nichtig ist und der fehlerhaft gewählte Betriebsrat infolgedessen nicht rechtswirksam handeln kann. Um einen solchen Fall handelt es sich hier. Aus den Feststellungen des Landesarbeitsgerichts ergibt sich, daß der Betriebsrat der Beklagten im Jahre 1959 nach Ablauf seiner Amtszeit in einer Betriebsversammlung durch Akklamation wiedergewählt worden ist. Eine solche Wahl, die gegen alle Vorschriften über die Wahl des Betriebsrates verstößt, ist nicht nur anfechtbar, sondern von vornherein nichtig (vgl. BAG 1, 317 [319]; BAG 4, 63 [67]; Hueck-Nipperdey, a. a. O., Bd. II, § 54 V 2 S. 720—722; Galperin-Siebert, a. a. O., § 18 Anm. 27; Dietz, a. a. O., § 18 Anm. 26; Erdmann, BetrVG, 2. Aufl., 1954, § 18 Anm. 2 b; Fitting-Kraegeloh, a. a. O., § 18 Anm. 8; Neumann-Duesberg, a. a. O., S. 246). Sowohl die Nichtvornahme als auch die Nichtigkeit einer Wahl liegen in der Risikosphäre der Belegschaft. Den

Arbeitgeber trifft keine Pflicht, auf eine ordnungsgemäße Wahl hinzuwirken, auch nicht im Hinblick auf eine Regelung der Gegenstände des § 56 BetrVG. Ebensowenig läßt sich das aus § 6 Ziffer 5 des hier anzuwendenden Manteltarifvertrages entnehmen, wonach die Festlegung eines allgemeinen Urlaubsplanes mit dem Betriebsrat zu erfolgen hat. Es ist Sache der Arbeitnehmer selbst, die ihnen in dieser Beziehung zustehenden Rechte zu wahren. Ein rechtlicher Unterschied zu dem Fall, daß in einem betriebsratspflichtigen Betrieb überhaupt kein Betriebsrat gewählt worden ist, besteht daher nicht. Es kann auch nicht etwa in Betracht gezogen werden, daß der ursprünglich ordnungsgemäß gewählte Betriebsrat im Falle einer nichtigen Neuwahl über seine Amtszeit hinaus wirksam im Amt bleibe. Dem steht die Vorschrift des § 21 Satz 1 BetrVG entgegen, wonach die Amtszeit des Betriebsrates zwei Jahre beträgt. Auch § 22 Abs. 2 BetrVG, der eine Fortführung der laufenden Geschäfte durch den bisherigen Betriebsrat bis zur Neuwahl vorsieht, kann hier nicht angewendet werden, da er ausdrücklich auf die hier nicht zutreffenden Fälle des § 22 Abs. 1 Buchst. a bis c BetrVG beschränkt ist. Ein Betriebsrat bestand daher z. Z. der Festlegung der Betriebsferien für das Jahr 1960 im Betrieb der Beklagten nicht, so daß sich das Mitbestimmungsrecht des Betriebsrates nach näherer Maßgabe des § 56 Abs. 1 Ziffer c BetrVG im Betrieb der Beklagten nicht auswirken konnte.

3. Können Betriebsferien nicht in einem Urlaubsplan mit dem Betriebsrat vereinbart werden, so beurteilt sich ihre Festlegung wie die Erteilung eines Einzelurlaubs.

a) Das nordrhein-westfälische Urlaubsgesetz vom 27. November 1956 (GS. NW. S. 813) enthält keine Bestimmungen über die Festlegung des Urlaubs.

b) Entgegen der Auffassung der Revision ergibt sich in dieser Richtung auch nichts aus dem hier anzuwendenden Manteltarifvertrag. Dieser bestimmt in § 6 Ziff. 5:

„Die Festlegung eines allgemeinen Urlaubsplanes erfolgt mit dem Betriebsrat nach den Erfordernissen des Betriebes, wobei berechtigte Wünsche des Arbeitnehmers nach Möglichkeit berücksichtigt werden sollen.

Der Urlaubsplan soll spätestens bis zum 1. April des Urlaubsjahres aufgestellt sein."

§ 7 Ziffer 2 und 3 des Manteltarifvertrages lauten:

„2. Der Zeitpunkt des Urlaubs richtet sich nach dem aufgestellten Urlaubsplan. Soweit kein Urlaubsplan besteht, kann der Urlaubsanspruch, abgesehen vom Eintrittsjahr, ab 1. April in voller Höhe geltend gemacht werden.

3. In dem Kalenderjahr, in dem ein Arbeitnehmer neu oder wieder eingestellt wurde, vermindert sich der Jahresurlaub für jeden vollen Kalendermonat, der vor dem Eintrittstag liegt, um $^1/_{12}$.

Dieser Anspruch kann bei Eintritt bis zum 31. Mai nach sechsmonatiger Betriebszugehörigkeit, bei Eintritt nach dem 31. Mai ab 1. Dezember geltend gemacht werden."

Mit dem in § 7 Ziffer 2 Satz 1 MTV genannten Urlaubsplan ist der Urlaubsplan gemeint, von dem in § 6 Ziffer 5 die Rede ist. Aus der Zusammenfassung der beiden Tatbestände in § 7 Ziffer 2 MTV — Bestehen und Nichtbestehen eines Urlaubsplanes — ergibt sich aber nicht, daß bei Nichtvorhandensein eines Urlaubsplanes die zeitliche Lage des Urlaubs allein durch eine Vereinbarung zwischen Arbeitnehmer und Arbeitgeber bestimmt werden kann. § 7 Ziffer 2 Satz 2 MTV besagt einmal, daß, soweit kein Urlaubsplan besteht, der Arbeitnehmer ab 1. April nicht auf einen Teilanspruch beschränkt werden kann, wenn er Urlaub in voller Höhe fordert. Bei der Auslegung dieser Vorschrift ist aber außerdem § 6 Ziffer 5 Abs. 2 MTV zu berücksichtigen, wonach der Urlaubsplan spätestens bis zum 1. April des Urlaubsjahres aufgestellt sein soll. § 7 Nr. 2 Satz 2 bedeutet demnach nichts anderes, als daß ein Arbeitnehmer ab 1. April des Urlaubsjahres nicht auf die später erfolgende Aufstellung des Urlaubsplanes verwiesen werden kann. Die Vorschrift will damit den Schwierigkeiten Rechnung tragen, die in zeitlicher Beziehung durch das Aushandeln eines Urlaubsplanes entstehen können. Vor dem 1. April soll eine Geltendmachung von Urlaubsansprüchen möglichst vermieden werden, um die Aufstellung des allgemeinen Urlaubsplanes nicht zu gefährden. Aus diesem Grunde ist auch die Möglichkeit gegeben, vor dem 1. April nur Teilurlaub zu gewähren. § 7 Ziffer 2 Satz 2 MTV beinhaltet lediglich eine Wartefrist bezüglich der Dauer des Urlaubs. Er will damit eine vorzeitige Geltendmachung verhindern, ohne diese aber gänzlich auszuschließen. Der Anspruch auf den vollen Urlaub entsteht erst ab 1. April des Urlaubsjahres. Das ist nach § 10 Abs. 2 in Verbindung mit § 4 Urlaubsgesetz NRW zulässig. Die Fälligkeit des Anspruchs wird damit noch nicht herbeigeführt. Diese tritt erst mit der zeitlichen Festlegung der Urlaubstage ein (Dersch, a. a. O., Anm. 342 und 456). Die zeitliche Festlegung der Urlaubstage erfolgt aber durch § 7 Ziffer 2 Satz 2 MTV nicht. Der Begriff „Geltendmachung" i. S. dieser Bestimmung hat keine andere Bedeutung als auch sonst im Urlaubsrecht. Besteht ein Urlaubsanspruch, so kann er, wenn keine Wartefristen vorgeschrieben sind, im

Laufe des Urlaubsjahres geltend gemacht werden. Daß § 7 Ziffer 2 Satz 2 MTV keinen anderen Sinn haben kann, ergibt sich auch aus § 7 Ziffer 3 Abs. 2. Auch diese Bestimmung spricht von einer Geltendmachung des anteiligen Urlaubsanspruches von einem bestimmten Zeitpunkt an, ohne damit jedoch die Zeit des Urlaubs festzulegen. Hätten die Tarifpartner mit § 7 Ziffer 2 Satz 2 MTV zum Ausdruck bringen wollen, dem Arbeitnehmer könne ab 1. April des Urlaubsjahres nur in seinem Einvernehmen Urlaub erteilt werden, so hätten sie das eindeutiger erklärt.

4. a) Fehlt es an einer gesetzlichen oder vertraglichen Bestimmung über die Urlaubserteilung, so kann der Arbeitgeber kraft seines Direktionsrechtes unter Berücksichtigung der Interessen der Arbeitnehmer die zeitliche Lage des Urlaubs bestimmen und damit die Fälligkeit herbeiführen (vgl. BAG 9, 1 [5]; vgl. auch das Urteil des Fünften Senats des Bundesarbeitsgerichts vom 12. Oktober 1961 — 5 AZR 294/60 — BAG 11, 312 ff. [315]; vgl. Hueck-Nipperdey, a.a.O., 6. Aufl., Bd. I, 1959, § 49 VI 1 S. 407; Nikisch, a. a. O., § 39 II 1 S. 526; Staudinger-Nipperdey, a. a. O., § 611 Bem. 278; Schnorr von Carolsfeld, Arbeitsrecht, 2. Aufl., 1954, S. 254, 255; Molitor, Festschrift für Nipperdey, 1955, S. 83 [88/89]; a. M.: Dersch, a. a. O., Anm. 343). Die Bestimmung der zeitlichen Lage des Urlaubs durch den Arbeitgeber ist mangels einer gesetzlichen Vorschrift oder einer Vereinbarung Inhalt des Arbeitsvertrages. Durch die Festlegung der Urlaubszeit wird nicht nur die Pflicht des Arbeitgebers zur Urlaubsgewährung, sondern auch die Pflicht des Arbeitnehmers zur Leistung der Arbeit konkretisiert. Diese Konkretisierung der Arbeitspflicht erfolgt aber, soweit eine gegenteilige Vereinbarung nicht besteht, auf Grund des Direktionsrechts des Arbeitgebers. Dem steht nicht entgegen, daß der Arbeitgeber gleichzeitig auch eine ihm obliegende Pflicht erfüllt. Die Erfüllung dieser Pflicht muß so in den Betriebsablauf eingebaut werden, daß eine Störung nicht eintritt. Die Regelung des gesamten Betriebsablaufes gehört aber in erster Linie in die wirtschaftliche Sphäre des Arbeitgebers, in der er allein Dispositionen trifft. Das zeigt sich besonders deutlich bei Betriebsferien, die vorwiegend aus wirtschaftlichen Erwägungen eingeführt werden. Die Erfüllung einer Arbeitgeberpflicht und die Ausübung des Direktionsrechtes schließen einander nicht aus. In der gleichen Weise wie der Arbeitgeber auf Grund seines Weisungsrechts in Ausnahmefällen von dem bereits festgesetzten Urlaub abweichen oder den Arbeitnehmer aus dem Urlaub zurückrufen kann, ist er auch berechtigt, den Urlaub überhaupt festzusetzen. Auch bei einer nachträglichen Änderung des bereits festgesetzten Urlaubes beeinflußt der Arbeitgeber die Fälligkeit. Es ist auch dogmatisch unbedenklich, die

Leistungszeit für eine Leistung des Schuldners durch den Schuldner bestimmen zu lassen. Darüber hinaus sprechen auch praktische Gesichtspunkte für die Bestimmung des Urlaubs durch den Arbeitgeber. Es ist schlechterdings unmöglich, in einem größeren Betrieb zwischen jedem Arbeitnehmer und dem Arbeitgeber eine Vereinbarung über den Urlaub herbeizuführen. Das würde zu unerträglichen Schwierigkeiten führen, da der Urlaub auf jeden Fall gewährt werden muß. Eine geordnete Einteilung der Arbeit wäre damit unmöglich gemacht.

b) Der Auffassung von Dersch, a. a. O., daß die zeitliche Lage des Urlaubs und damit die Fälligkeit nur durch eine Vereinbarung zwischen Arbeitgeber und Arbeitnehmer bestimmt werden könne, kann nicht gefolgt werden. Dersch führt zur Begründung aus, die Fälligkeit sei ebensosehr Bestandteil des Vertrages wie die Entstehung des Anspruches selbst; daraus folge, daß die Fälligkeit nicht einseitig bestimmt werden könne; es bedürfe vielmehr einer vertraglichen Übereinstimmung der Vertragsparteien unter maßgeblicher Mitwirkung des Betriebsrates. Diese Ansicht stellt es in erster Linie auf das Vorhandensein eines Betriebsrates ab. In einem solchen Falle ist die Rechtslage auf Grund des Mitbestimmungsrechtes des Betriebsrates aber anders, als wenn kein Betriebsrat besteht. Außerdem ist damit, daß die Fälligkeit Bestandteil des Vertrages ist, noch nicht gesagt, daß sie nur in Übereinstimmung der Vertragspartner herbeigeführt werden könne. Dem stehen nicht nur die obengenannten praktischen Schwierigkeiten entgegen. Die Annahme, die Fälligkeit könne nur durch Vereinbarung bestimmt werden, würde auch den § 315 BGB überflüssig machen. Diese Vorschrift geht gerade davon aus, daß die Fälligkeit sowohl vom Schuldner als auch vom Gläubiger bestimmt werden kann. Das Wesen des Vertrages zwingt dogmatisch nicht dazu, die Fälligkeit einer Leistung nur durch Vereinbarung eintreten zu lassen.

5. a) Liegt es im Wesen des Arbeitsvertrages, daß die zeitliche Lage des Urlaubs durch den Arbeitgeber bestimmt wird, so ist die Bestimmung gemäß § 315 BGB vorzunehmen. § 315 BGB gilt nicht nur für die Bestimmung der Leistung selbst, was beim Urlaub regelmäßig nicht in Betracht kommt, sondern auch für die Leistungszeit (Palandt, BGB, 20. Aufl., 1961, § 315 Anm. 2 b; RGZ 64, 114 [116]). Die Bestimmung der Leistungszeit hat auf Grund des § 315 Abs. 1 BGB nach billigem Ermessen zu erfolgen. Die getroffene Bestimmung ist für den Arbeitnehmer nur verbindlich, wenn sie der Billigkeit entspricht (§ 315 Abs. 3 Satz 1 BGB). Das Ermessen räumt dem Bestimmungsberechtigten einen Spielraum ein, innerhalb dessen ihm mehrere Entscheidungsmöglichkeiten zur Verfügung stehen. Billigkeit ist dagegen ein unbestimmter Rechts-

begriff, der keine Wahlmöglichkeit zuläßt. Billigkeit i. S. des § 315 Abs. 3 BGB kann daher nicht wörtlich verstanden werden, da sonst kein Ermessensspielraum, den § 315 BGB gerade gewähren will, gegeben wäre (Enneccerus-Nipperdey, Allgemeiner Teil des bürgerlichen Rechts, 1. Halbband, 15. Aufl., 1959, § 50 II 2 S. 309; Neumann-Duesberg, JZ 1952, 705 [707 unter B I]). Die Billigkeit i. S. des § 315 BGB bezeichnet die Grenzen des Ermessens, die eingehalten werden müssen, damit die getroffene Entscheidung für den Empfänger der Bestimmungserklärung verbindlich ist. Billiges Ermessen zieht, im Gegensatz zu freiem Ermessen, engere Grenzen. Es sind die beiderseitigen Interessen objektiv gegeneinander abzuwägen, während beim freien Ermessen auch subjektive Erwägungen Platz greifen können. Die Ausübung des billigen Ermessens ist gerichtlich dahingehend nachprüfbar, ob die Grenzen des Ermessens eingehalten sind und ob nicht sachfremde oder willkürliche Motive für die Bestimmung maßgebend gewesen sind (Enneccerus-Nipperdey, a.a.O., § 50 II 3 b S. 310). Diese Prüfung ist auch noch in der Revisionsinstanz, im Rahmen der Tatsachenfeststellungen des Berufungsgerichts und eventueller formeller Rügen, vorzunehmen.

b) Bei der Bestimmung der Lage des Urlaubs muß der Arbeitgeber das Interesse des Arbeitnehmers an einer von diesem gewünschten Urlaubszeit gegenüber seinem eigenen Interesse an einer bestimmten Urlaubszeit objektiv abwägen und bei der von ihm zu treffenden Entscheidung alle in Betracht kommenden Umstände berücksichtigen. Im vorliegenden Falle findet dieser Grundsatz eine gewisse Einschränkung durch die Bestimmung des § 6 Ziffer 5 Abs. 1 des Manteltarifvertrages; denn es ist davon auszugehen, daß die Beklagte auch ohne Urlaubsplan den Urlaub nur nach den in dieser Vorschrift aufgestellten Maßstäben bestimmen durfte. § 6 Ziffer 5 Abs. 1 des Manteltarifvertrages läßt es zu, daß die Interessen des Arbeitgebers eine stärkere Berücksichtigung erfahren können als die des Arbeitnehmers. Das ergibt sich aus der Formulierung, daß berechtigte Wünsche des Arbeitnehmers nach Möglichkeit berücksichtigt werden sollen. Unter diesen Gesichtspunkten betrachtet ergibt sich weder eine Ermessensüberschreitung noch eine sachfremde oder willkürliche Bestimmung durch die Beklagte. Die Betriebsferien waren sachlich dadurch begründet, daß in den Frühjahrsmonaten bei der Beklagten ein Auftragsrückgang zu verzeichnen ist, der zur Kurzarbeit oder vorübergehender Entlassung von Arbeitskräften führen kann. Es ist dem Arbeitgeber grundsätzlich nicht verwehrt, den Urlaub in eine Zeit betrieblicher Stockungen zu legen. Die von der Beklagten gewählte Zeit läßt auch nicht den Schluß auf ein willkürliches Verhalten zu, nachdem die Beklagte schon mehrere Jahre hindurch in den Monaten April und Mai Betriebsferien erteilt hatte, die ihren Grund in der oben gekennzeichneten wirtschaftlichen Lage hatten. Diese Praxis der Beklagten konnte den Kläger zwar nicht von vornherein binden, sie schließt aber die Annahme eines willkürlichen Verhaltens aus. Willkürlich war es auch nicht, daß die Beklagte den Kläger nicht zu dem im Betrieb aufrechterhaltenen Notdienst herangezogen hat. Hierfür standen der Beklagten sachliche Gründe zur Seite. Der Kläger kam für die zu verrichtenden Arbeiten nicht in Betracht, da er nicht eingearbeitet war. Die Beklagte war, entgegen der Auffassung der Revision, nicht verpflichtet, dem Kläger jede zumutbare Arbeit zuzuweisen. Die Dispositionsbefugnis des Arbeitgebers zur Erreichung einer möglichst rationellen und wirtschaftlichen Einteilung der Arbeit kann auch bei Abwägung der gegenseitigen Interessen nicht eingeschränkt werden. Im übrigen liegt die von der Beklagten getroffene Bestimmung in den Grenzen des ihr zur Verfügung stehenden Ermessens. Das ergibt sich in erster Linie daraus, daß die Mehrzahl der Arbeitnehmer der Beklagten, nach Erörterung innerhalb der Belegschaft, mit den Betriebsferien einverstanden war. Zu berücksichtigen ist auch, daß die Urlaubszeit mit einer Betriebsvertretung, die allerdings rechtlich handlungsunfähig war, besprochen worden ist und deren Zustimmung gefunden hatte. Der Kläger muß sich entgegenhalten lassen, daß er im Falle einer ordnungsgemäßen Wahl des Betriebsrates an die Betriebsferien gebunden gewesen wäre. Zwar war der Erholungszweck des Urlaubs im April nicht in dem Maße gewährleistet wie in der eigentlichen Urlaubszeit im Sommer oder Winter. Die durch die Beklagte getroffene Bestimmung lag aber dennoch nicht außerhalb des ihr eingeräumten, erweiterten Ermessensspielraums, da sie auf Grund des § 6 Ziffer 5 Abs. 1 Manteltarifvertrag berechtigt war, ihren Interessen einen gewissen Vorzug zu geben. Auch darin, daß die Betriebsferien endgültig am 1. April angeordnet wurden, liegt keine Ermessensüberschreitung. Nach den Feststellungen des angefochtenen Urteils, die sich auf die Aussage des Zeugen G. gründen, war bereits im Laufe des März bekannt, daß Mitte bis Ende April Betriebsferien genommen werden sollen. Daß die Zeit auf den Tag genau noch nicht feststand, kann nicht zu der Annahme einer Ermessensüberschreitung führen. Eine solche ergibt sich auch nicht aus der grundsätzlich unzulässigen Teilung des Urlaubs (§ 6 Abs. 1 UrlaubsG NRW). Diese Bestimmung verbietet eine Teilung, wenn sie nicht durch dringende betriebliche Erfordernisse bedingt ist. Zu diesen dringenden betrieblichen Erfordernissen gehören auch, wie das Landesarbeitsgericht zutreffend ausgeführt hat, reine Arbeitgeberbelange. Auf deren Vorhandensein wurde bereits oben hingewiesen. Sie durften gemäß § 6 Ziffer 5 Abs. 1 MTV auch eine stärkere Berücksichtigung erfahren. Darüber hinaus handelte es sich hier aber auch um Interessen der Arbeitnehmer, da ohne die Erteilung der Betriebsferien Kurzarbeit hätte eingeführt werden müssen. Insgesamt erfüllt diese Interessenlage das Tatbestandsmerkmal der dringenden betrieblichen Erfordernisse, so daß ein Verstoß gegen § 6 Abs. 1 UrlaubsG NRW und dadurch begründet eine Ermessensüberschreitung nicht vorliegen. Die Arbeitnehmer erhielten durch die Einbeziehung der Feiertage eine zweiwöchige Arbeitspause, darüber hinaus verblieb ihnen noch ein Resturlaub.

6. Somit ergibt sich, daß der Kläger in der Zeit vom 11. bis 23. April wirksam beurlaubt war und durch das Angebot seiner Arbeit die Beklagte nicht in Annahmeverzug setzen konnte. Das führt zur Zurückweisung der Revision, soweit hier die Tage vom 11. bis 14. April und der 19. April im Streit sind.

II. In die hier in Rede stehende Urlaubszeit fallen als gesetzliche Wochenfeiertage im Sinne des § 2 des Gesetzes für Nordrhein-Westfalen über die Sonn- und Feiertage in der damaligen Fassung vom 27. Mai 1959 (GV NW S. 105) der 15. April (Karfreitag) und der 18. April (Ostermontag). Da der Urlaub wirksam erteilt war, durften diese beiden gesetzlichen Feiertage als Urlaubstage nicht in Anrechnung gebracht werden (§ 5 Abs. 1 UrlaubsG NRW; § 8 Ziff. 5 Abs. 1 Halbs. 2 MTV). Der Kläger hat für diese beiden Tage einen Anspruch auf Lohnzahlung nach näherer Maßgabe des § 1 Abs. 1 Satz 1 des Gesetzes zur Regelung der Lohnzahlung an Feiertagen vom 2. August 1951 (BGBl. I S. 479). Ob die Beklagte diesen Anspruch des Klägers aus dem Feiertagslohnzahlungsgesetz durch Zahlung erfüllt hat, ist jedoch den Feststellungen des Landesarbeitsgerichts ebensowenig zu entnehmen wie den Parteischriftsätzen, soweit sie in dem angefochtenen Urteil in Bezug genommen worden sind. Die Darlegung der Beklagten, sie habe anläßlich des Ausscheidens des Klägers am 19. April 1960 diesem sein anteiliges Urlaubsgeld gezahlt, kann in zweierlei Beziehung verstanden werden: Sie kann einmal bedeuten, die Beklagte habe nur die Urlaubswerktage anteilig bezahlt, nicht dagegen auch die in die Urlaubszeit des Klägers fallenden Feiertage. Der Vortrag der Beklagten kann aber auch dahin verstanden werden, als habe sie neben dem Urlaubsgeld für die Urlaubswerktage auch das Feiertagsgeld für die beiden Feiertage bezahlt. Mangels geeigneter Tatsachenfeststellungen ist das Revisionsgericht nicht in der Lage, hierüber zu entscheiden. Das zwingt gemäß § 565 Abs. 1, Abs. 3 Ziff. 1 ZPO insoweit zur Aufhebung des angefochtenen Urteils und zur Zurückverweisung der Sache an das Berufungsgericht zur anderweiten Verhandlung und Entscheidung.

51

Eine tarifliche Regelung, die jugendlichen Akkordarbeitern trotz gleicher Leistung und gleicher Arbeit wie der mit ihnen zusammenarbeitenden erwachsenen Arbeiter einen nur wegen ihres Alters verminderten Akkordverdienst durch Anwendung unterschiedlicher Akkordrichtsätze aussetzt, ist nicht rechtswirksam.

Verf. Nordrhein-Westfalen Art. 24 Abs. 2; GG Art. 3.

I. Senat. Urteil vom 18. 10. 1961 i. S. K. (Bekl.) w. D. (Kl.)

1 AZR 417/60.

I. Arbeitsgericht Herford/Westf. — II. Landesarbeitsgericht Hamm/Westf.

Der am 10. Juli 1941 geborene Kläger war bis zum 31. März 1959 als Lehrling im Polsterer-Handwerk bei der Beklagten tätig. Nach Abschluß der Lehre blieb er als Polsterergeselle an dieser Arbeitsstelle. Er wurde mit Akkordarbeiten beschäftigt, zu denen auch über 21 Jahre alte Arbeitnehmer herangezogen wurden. Eine Trennung von solchen Akkordarbeiten, die nur Arbeitnehmern im Alter von unter 21 Jahren zugewiesen wurden, und solchen, die nur an ältere Arbeitnehmer ausgegeben wurden, fand nicht statt.

Die Parteien sind an den Manteltarifvertrag für die Polstermöbel- und Matratzenindustrie in Nordrhein-Westfalen vom 14. Februar 1957, gültig ab 1. März 1957, gebunden. Dieser bestimmt in § 51 Nr. 4 unter der Überschrift „Akkordarbeit": „Die Akkorde sind so festzusetzen, daß die Arbeitnehmer bei Normalleistung mindestens den Akkordrichtsatz (Tariflohn + 15 %) verdienen."

Nach dem Lohntarif vom 14. Februar 1957, der ebenfalls ab 1. März 1957 gültig ist, war ein Altersklassenschlüssel aufgestellt, nach dem sich der Tariflohn bestimmte. Dieser Altersklassenschlüssel gewährte Arbeitnehmern im Alter von über 21 Jahren 100 % des Tariflohnes, solchen von 20—21 Jahren 90 %, solchen von 18—20 Jahren 80 %, solchen von 16—18 Jahren 75 % und schließlich Arbeitnehmern im Alter von unter 16 Jahren 70 %. Der Tariflohn bestimmte sich nach einer Lohntabelle, die sechs unterschiedliche Lohngruppen aufwies. Diese Lohngruppen waren nach der Art der von den Arbeitnehmern zu leistenden Arbeiten festgelegt.

Durch einen Lohntarifvertrag vom 20. Mai 1959 sind seit dem 1. Juni 1959 neue Lohntafeln eingeführt, die wiederum die fünf obigen Altersklassen enthalten, die Abschläge für die vier Altersklassen unter 21 Jahren aber nicht in Prozenten der Tariflöhne ausdrücken, sondern durch Auswerfen verminderter Stundenlöhne.

Die Beklagte hat bei der Akkordabrechnung für Arbeitnehmer im Alter von über 21 Jahren die vollen Tariflöhne als Akkordrichtsatz zugrunde gelegt, bei Arbeitnehmern im Alter von unter 21 Jahren jedoch die nach dem Alter verminderten Tariflöhne. Dadurch erhielten die noch nicht 21 Jahre alten Arbeiter geringere Akkordverdienste als ältere Arbeiter. Wenn in der Zeit vom 1. April 1959 bis zum 31. Oktober 1959 der Akkordverdienst des damals nach seinem Lebensalter in der Gruppe der 18- bis 20jährigen Arbeitnehmer befindlichen Klägers ohne Abschläge wegen des Alters vom Tariflohn berechnet worden wäre, der Kläger also den Akkordverdienst bekommen hätte, den ein über 21 Jahre alter Arbeitnehmer bei gleichem Arbeitsergebnis wie dem des Klägers erhalten hat, würde der Kläger, wie rechnerisch unstreitig ist, 730,50 DM mehr erhalten haben, als er bei der ihm gegenüber angewandten Akkordberechnung nach einem wegen seines Lebensalters allein gekürzten Akkordrichtsatz erhalten hat.

Um diesen Betrag streiten die Parteien.

Der Kläger ist der Auffassung, er müßte ebenso bezahlt werden wie die mit ihm im gleichen Akkord mit gleicher Arbeit beschäftigten über 21 Jahre alten Arbeitnehmer. Er hat beantragt, die Beklagte zur Zahlung von 730,50 DM nebst 4 % Zinsen seit dem 1. November 1959 zu verurteilen.

Alle Instanzen haben nach dem Klageantrag erkannt.

Aus den Gründen:

Der Kläger ist, wie das Landesarbeitsgericht tatsächlich und damit für das Revisionsgericht bindend festgestellt hat, gemeinsam mit erwachsenen Arbeitnehmern mit der gleichen Akkordarbeit beschäftigt gewesen. Es handelt sich also nicht um einen reinen Jugendakkord, nach dem nur junge Arbeitnehmer einer einzigen Altersgruppe entlohnt worden wären. Die Rechtslage in einem solchen Fall war somit nicht zu prüfen. In Anwendung der tariflichen Regelung über den Akkordrichtsatz ist vielmehr an diese jüngeren, mit über 21 Jahren alten Arbeitern zusammenarbeitenden Arbeiter der Beklagten ein geringerer Akkordverdienst ausgezahlt worden, als ihn bei gleichem Akkordergebnis die älteren Arbeiter erzielten.

Eine tarifliche Regelung, die jugendlichen Akkordarbeitern trotz gleicher Arbeit und Leistung wie der mit ihnen zusammenarbeitenden erwachsenen Arbeiter einen nur wegen ihres Alters verminderten Akkordverdienst durch Anwendung unterschiedlicher Akkordrichtsätze aussetzt, ist nicht rechtswirksam.

Beim Akkordlohn bestimmt sich der Verdienst des Arbeiters im Hinblick auf das Wesen dieser besonderen Entlohnungsform allein nach dem Leistungsergebnis. Gelingt es einem im Akkord arbeitenden Arbeiter nicht, die Leistung anderer, unter dem gleichen Akkord tätiger Arbeiter zu erreichen, so erhält er im Hinblick auf dieses geringere Arbeitsergebnis weniger Akkordlohn als die anderen Arbeitnehmer ausgezahlt. Worauf die Minderleistung des im Akkord arbeitenden Arbeitnehmers beruht, ist gleichgültig. Insbesondere bekommt der Akkordarbeiter dann einen geringeren Lohn als seine bessere Ergebnisse erzielenden Arbeitskameraden, wenn er langsamer oder schlechter arbeitet oder wenn er Ausschußstücke oder nachzubessernde Stücke herstellt. Das gilt auch dann, wenn er sich ebenso anstrengt wie die anderen Akkordarbeiter, aber trotz allen guten Willens durch geringere Geschicklichkeit oder Fehlen des handwerklichen Könnens weniger leisten kann. Eine aus jugendlichem Alter oder fehlender Lebens- und Arbeitserfahrung eintretende Minderleistung wirkt sich also unmittelbar auf den Akkordverdienst des jugendlichen Akkordarbeiters aus. Nach der tariflichen Lohnabschlagsklausel, die die Beklagte bei der Abrechnung mit dem Kläger angewandt hat, würde sich die etwaige Minderleistung des jugendlichen Arbeitnehmers gegenüber dem erwachsenen Arbeitnehmer aber zum zweiten Male entscheidend zu Lasten des Jugendlichen auswirken.

Die Akkordrichtsätze für solche jugendlichen Arbeiter dürfen bei gleicher Akkordarbeit mit den erwachsenen Arbeitern nicht ungünstiger angesetzt werden als für über 21 Jahre alte Arbeiter. Denn die Nichtigkeit einer solchen Regelung ergibt sich aus Art. 24 Abs. 2 der Verfassung des Landes Nordrhein-Westfalen. Dort ist bestimmt, daß der Lohn der Leistung entsprechen muß. Ausdrücklich bestimmen Abs. 2 Satz 2 und 3 der genannten Verfassungsvorschrift, daß für gleiche Tätigkeit und gleiche Leistung Anspruch auf gleichen Lohn besteht und daß dies auch für Frauen und Jugendliche gilt. Der Senat hat in der Entscheidung vom 14. Juli 1961, — 1 AZR 154/60 — BAG 11, 195 ff. —, in der die rechtliche

Bedeutung des Art. 24 dargelegt ist, zwar hervorgehoben, daß den Tarifvertragsparteien ein angemessener Spielraum hinsichtlich der Bewertung der Leistung und damit der Festlegung, ob im Sinn des Art. 24 Abs. 2 der Verfassung des Landes Nordrhein-Westfalen gleiche Tätigkeit und gleiche Leistung vorliegen, offenstehe. Insbesondere hat der Senat in dieser Entscheidung ausgeführt, daß bei noch jungen Arbeitnehmern deren geringere Berufserfahrung und Routine in der tariflichen Regelung als lohnmindernd berücksichtigt werden können. Das gilt jedoch nur für echten Zeitlohn, bei dem es gerechtfertigt sein kann, diese Umstände entsprechend zu bewerten. Beim Akkordlohn liegt dagegen ein Verstoß gegen Art. 24 Abs. 2 der Verfassung des Landes Nordrhein-Westfalen vor, wenn jugendliche Arbeiter trotz gleicher Arbeit und trotz gleicher auf das Ergebnis abgestellter Leistung in Zusammenarbeit mit Erwachsenen lediglich deshalb geringer entlohnt werden, weil sie noch jugendlich sind. Wenn ein jugendlicher Arbeiter ebenso wie ein über 21 Jahre alter Arbeiter, der neben ihm arbeitet, ein bestimmtes Arbeitsergebnis erzielt hat und die Vergütung sich, wie es beim Akkordlohn der Fall ist, nach diesem Arbeitserfolg richtet, so kann bei dem jugendlichen Arbeiter nicht gesagt werden, daß sein Arbeitsergebnis wegen seiner geringeren Berufserfahrung und Geschicklickkeit geringer als das des erwachsenen Arbeiters sei, seine Leistung also nicht „gleich" sei.

Der Senat steht aber auch auf dem Standpunkt, daß die tarifliche Klausel über die geringeren Akkordrichtsätze der Jugendlichen nicht nur gegen Art. 24 Abs. 2 der Verfassung NRW, sondern auch gegen Art. 3 Abs. 1 des Grundgesetzes verstößt. Es entspricht der ständigen Rechtsprechung des Senats, daß die Tarifparteien, die objektives Recht setzen, auch an die Normen des Art. 3 Abs. 1 GG gebunden sind. Es widerspricht dem in Art. 3 Abs. 1 festgelegten Rechtsatz der Gleichheit, wenn in tariflichen Regelungen völlig unsachlich oder offensichtlich willkürlich differenziert wird. Eine solche unzulässige Differenzierung im Sinne des Art. 3 Abs. 1 GG liegt aber nach den Ausführungen des Senats hier vor.

Der Senat war im vorliegenden Fall der Prüfung enthoben, ob im Hinblick auf die Nichtigkeit der Lohnabschlagsregelung für im Akkord zusammen mit Erwachsenen arbeitende Jugendliche die ganze Akkordregelung in entsprechender Anwendung der Grundsätze des § 139 BGB nichtig sei. Die Beklagte hat ausdrücklich vorgetragen, sie gebe hierzu keine Erklärung ab. Bereits das Arbeitsgericht hat aus dem Tarifvertrag selbst geschlossen, dieser sei auch dann, wenn die Akkordregelung für einen solchen Fall, wie er hier vorliegt, nichtig sei, im übrigen wirksam. Diese Wertung hat die Beklagte nicht angegriffen. Das kann nur bedeuten, daß sie selbst sich an den Tarifvertrag halten will, daß sie also sagen will, sie hätte diesen Tarifvertrag im übrigen auch dann angewendet, wenn sie selbst die Nichtigkeit des hier beanstandeten Teiles des Tarifvertrags erkannt hätte. Das bedeutet, daß sie den Tarif mit den Sätzen für über 21 Jahre alte Arbeiter bei Akkordarbeit auch für jugendliche Arbeiter angewandt hätte, wenn sie die Nichtigkeit der Lohnabschlagsklausel für solche jugendlichen Arbeiter, die mit Erwachsenen zusammen gleiche Akkordarbeit leisten, erkannt hätte. Dann ist aber eine Prüfung der Frage, ob die Tarifparteien den Tarifvertrag ohne die unwirksame Klausel abgeschlossen hätten, nicht erforderlich. Die Beklagte jedenfalls könnte sich auf eine Vollnichtigkeit der Akkordregelung nicht berufen.

52

1. § 111 Abs. 2 ArbGG, der die Anrufung eines bei der Innung gebildeten Ausschusses für Lehrlingsstreitigkeiten vor der Erhebung der arbeitsgerichtlichen Klage vorsieht, ist mit Art. 101 GG vereinbar.

2. Der Innungsausschuß für Lehrlingsstreitigkeiten muß in seiner Bildung, seiner Zusammensetzung und in seinem Verfahren rechtsstaatlichen Grundsätzen entsprechen, insbesondere streng paritätisch zusammengesetzt sein.

3. Der Ausschuß braucht nicht mehr angerufen zu werden, wenn das Lehrverhältnis beendet ist, bevor die Klage bei den Gerichten für Arbeitssachen eingereicht wird.

GG Art. 101; ArbGG § 111 Abs. 2.

I. Senat. Urteil vom 18. 10. 1961 i. S. Z. (Kl.) w. St. (Bekl.)

1 AZR 437/60.

I. Arbeitsgericht Braunschweig. — II. Landesarbeitsgericht Niedersachsen.

Der am 5. Mai 1942 geborene Kläger war bei dem Beklagten vom 16. April 1956 bis zum 15. Oktober 1959 als Lehrling im Zahntechnikerhandwerk tätig. Der Beklagte gehört der niedersächsischen Zahntechnikerinnung an.

In § 13 des zwischen den Parteien geschlossenen schriftlichen Lehrvertrages ist bestimmt:

„Für alle aus diesem Vertrage entstehenden Streitigkeiten, auch wenn sie erst nach Beendigung der Lehrzeit geltend gemacht werden, ist vor Inanspruchnahme des Arbeitsgerichts der Ausschuß für Lehrlingsstreitigkeiten der Innung anzurufen, sofern der Lehrherr einer Innung angehört und bei der Innung ein Ausschuß für Lehrlingsstreitigkeiten besteht."

Bei der Innung, der der Beklagte angehört, besteht ein solcher Ausschuß.

Mit der nach Beendigung des Lehrverhältnisses am 11. November 1959 bei dem Arbeitsgericht eingegangenen Klage hat der Kläger vorgetragen, der Beklagte habe ihn während der ganzen Lehrzeit über die nach dem niedersächsischen Jugendarbeitsschutzgesetz vom 6. Dezember 1949 (§ 10) zulässigen 40 Wochenstunden hinaus in jeder Woche bis einschließlich März 1958 48 Stunden, ab April 1958 47½ Stunden beschäftigt. Für die in nichtverjährter Zeit (ab 1. Januar 1957) geleisteten 1105 Überstunden verlange er Bezahlung, und zwar für jede Stunde 1,25 DM = 1381,25 DM + 4 % Zinsen ab 1. Dezember 1959. Der Beklagte hat den Anspruch nach Grund und Höhe bestritten und vorgetragen, der Klage vor den Gerichten für Arbeitssachen müsse jedenfalls ein Verfahren vor dem Innungsausschuß für Lehrlingsstreitigkeiten der niedersächsischen Zahntechnikerinnung vorangehen.

Das Arbeitsgricht hat durch Zwischenurteil vom 22. Januar 1960 dahin erkannt, daß ein solches Verfahren nicht durchgeführt zu werden brauche. Auf die Berufung des Beklagten hat das Landesarbeitsgericht das erstinstanzliche Urteil aufgehoben und die Klage als unzulässig abgewiesen. Die Revision des Klägers hatte Erfolg.

Aus den Gründen:

Das Landesarbeitsgericht ist der Auffassung, der Kläger müsse, bevor er mit seinem Anspruch vor dem Arbeitsgericht klage, zunächst den Ausschuß für Lehrlingsstreitigkeiten anrufen, obwohl das Lehrverhältnis bereits vor Klageerhebung beendet war.

1. Es ist davon auszugehen, daß grundsätzlich für alle Ansprüche auch aus dem Lehrverhältnis die Gerichte für Arbeitssachen zuständig sind. Die Zuständigkeit dieser Gerichte kann insbesondere nicht durch eine Vereinbarung in dem Lehrvertrag ausgeschlossen werden. Es kommt also nicht darauf an, daß nach dem zwischen den Parteien geschlossenen Lehrvertrag (§ 13) auch dann zunächst der Ausschuß angerufen werden muß, wenn die Streitigkeit aus dem Lehrverhältnis erst nach dem Ende dieses Lehrverhältnisses anhängig wird. Entscheidend ist allein, ob nach den gesetzlichen Vorschriften eine solche vorherige Anrufung des Ausschusses auch dann noch erforderlich ist, wenn das Lehrverhältnis bereits vor Anrufung der Gerichte für Arbeitssachen sein Ende gefunden hat.

2. Nach § 111 Abs. 2 ArbGG können die Handwerksinnungen Ausschüsse zur Beilegung von Streitigkeiten zwischen Innungsmitgliedern und ihren Lehrlingen bilden. Die Revision sieht in dieser gesetzlichen Regelung einen Verstoß gegen Art. 101 GG, denn sie stelle eine unzulässige Erschwerung des Rechtsweges dar. § 111 Abs. 2 ArbGG sei also verfassungswidrig und deshalb nichtig.

Dem vermag der Senat nicht zu folgen. Nach Art. 101 GG darf niemand seinem gesetzlichen Richter entzogen werden. Ein Lehrling wird aber nicht dadurch, daß zunächst, bevor die Gerichte für Arbeitssachen angegangen werden dürfen, der Innungsausschuß angerufen werden muß, seinem gesetzlichen Richter entzogen. Dies folgt aus § 111 Abs. 2 ArbGG. Denn weder die Anrufung des Lehrlingsausschusses noch dessen Spruch hindern die Prozeßparteien daran, nach Ergehen des Spruchs des Lehrlingsausschusses, wenn sie diesen nicht anerkennen wollen, noch die Arbeitsgerichte anzurufen. Vielmehr bestimmt § 111 Abs. 2 Satz 2 ausdrücklich, daß eine solche Anrufung der Arbeitsgerichte zulässig ist. Die Anrufung der Gerichte für Arbeitssachen wird also den Parteien nicht auf die Dauer verwehrt, sie werden nicht ihrem gesetzlichen Richter entzogen. Bei der Regelung des § 111 Abs. 2 handelt es sich letztlich um ein Güteverfahren, das der Anrufung der Arbeitsgerichte im Hinblick auf die besonderen Verhältnisse vorgeschaltet ist, die Anrufung der Gerichte für Arbeitssachen aber nicht ausschließt. Eine Verletzung des Art. 101 GG liegt in der Vorschrift des § 111 Abs. 2 ArbGG nicht.

3. In der mündlichen Verhandlung vor dem Senat hat der Revisionskläger noch vorgebracht, ein Verstoß gegen rechtsstaatliche Grundsätze liege darin, daß der Innungsausschuß für Lehrlingsstreitigkeiten bei der Innung und nach deren Ermessen gebildet wird. Der Revision ist zuzugeben, daß die Innung ein Arbeitgeberverband ist. Bei dem Vorbringen der Revision ist aber übersehen, daß es sich insoweit nur um eine organisatorische Regelung handelt, die als solche rechtsstaatlichen Grundsätzen nicht widerspricht. Das Gesetz selbst (§ 111 Abs. 2 ArbGG) stellt sicher, daß der Innungsausschuß für Lehrlingsstreitigkeiten streng paritätisch aus Arbeitnehmer- und Arbeitgeberbeisitzern zu besetzen ist. Der Senat weist auch ausdrücklich darauf hin, daß bei der Bildung der Innungsausschüsse für Lehrlingsstreitigkeiten sichergestellt sein muß, daß insbesondere die Arbeitnehmerbeisitzer dieser Ausschüsse von der Arbeitnehmerseite — sei es durch die Gesellenausschüsse oder in anderer Weise — gewählt oder delegiert sein müssen, ohne daß dabei die Innung tätig werden darf und Einfluß auf die Auswahl der Arbeitnehmerbeisitzer nimmt. Falls ein Vorsitzender bestellt wird, muß seine Unparteilichkeit

gewährleistet sein. Auch sonst müssen die Satzungsbestimmungen, nach denen die Innungsausschüsse gebildet werden und zu arbeiten haben, strengen rechtsstaatlichen Grundsätzen entsprechen. So ist insbesondere darauf Bedacht zu nehmen, daß das Verfahren so geregelt wird, daß durch das Ausbleiben einer Partei oder andere Umstände der Spruch des Innungsausschusses nicht ungebührlich verzögert und damit die Anrufung der Gerichte für Arbeitssachen, auf die eine der Parteien Wert legt, unangemessen erschwert werden kann. Insgesamt muß die Satzung deshalb so gestaltet sein, daß das Gebot der Anrufung des Innungsausschusses für Lehrlingsstreitigkeiten die Parteien nicht in einer mit rechtsstaatlichen Grundsätzen nicht vereinbaren Weise in ihrem Rechtsschutz verkümmert und die Möglichkeit, die Gerichte für Arbeitssachen anzurufen, gewährleisten soll. Darin, daß die Bildung des Ausschusses im Ermessen der Innung liegt, ist kein Verstoß gegen rechtsstaatliche Grundsätze zu sehen.

4. Der Senat hat es im vorliegenden Falle nicht für erforderlich angesehen, die Satzungsbestimmungen der Zahntechnikerinnung Niedersachsen, die die Anrufung des Innungsausschusses für Lehrlingsstreitigkeiten vor Erhebung der Klage bei den Gerichten für Arbeitssachen vorschreiben, näher daraufhin zu prüfen, ob sie den genannten rechtsstaatlichen Grundsätzen entsprechen. Denn in der hier zu entscheidenden Streitigkeit zwischen den Parteien braucht der Innungsausschuß deshalb nicht mehr angerufen zu werden, weil das Lehrverhältnis zwischen den Parteien bereits sein Ende gefunden hatte, als der Kläger die Zahlungsklage gegen den Beklagten vor dem Arbeitsgericht erhob.

Die Revision weist auf die ganz einheitliche Rechtsprechung des früheren Reichsarbeitsgerichts hin, nach der eine vorherige Anrufung des Innungsausschusses dann nicht mehr erforderlich sei, wenn das Lehrverhältnis bereits sein Ende gefunden hatte. Die entsprechenden gesetzlichen Vorschriften des Arbeitsgerichtsgesetzes vom 23. Dezember 1926 sind durch das Arbeitsgerichtsgesetz vom 3. September 1953 inhaltlich nicht geändert worden. Zu diesen Vorschriften hat das Reichsarbeitsgericht in den Entscheidungen vom 6. April 1938 (ARS 33, 10), vom 7. September 1938 (ARS 34, 120) und vom 12. Dezember 1939 (ARS 38, 63) ausgeführt, daß die vorherige Anrufung des Lehrlingsausschusses nach Beendigung des Lehrverhältnisses nicht mehr erforderlich sei. Diese Ansicht wird auch überwiegend im Schrifttum vertreten (vgl. Dietz-Nikisch, ArbGG, 1954, § 111 Anm. 6; Hueck-Nipperdey, Lehrbuch des Arbeitsrechts, 6. Aufl., Bd. I, S. 816 Anm. 4 mit weiteren Nachweisen, anderer Ansicht u. a. Dersch-Volkmar, ArbGG, 1954, § 111 Anm. 9; Rohlfing-Rewolle, ArbGG, § 111 Anm. 4).

Der Senat hatte sich daher mit der von der Revision zur Erörterung gestellten Rechtsfrage zu befassen, ob im Gegensatz zur Ansicht des Landesarbeitsgerichts dieser bisher durchaus herrschenden Lehre beizutreten ist. Dabei ist davon auszugehen, daß der Wortlaut des § 111 Abs. 2 Satz 1 ArbGG nicht ohne weiteres zu einem eindeutigen Ergebnis führt. Man kann von „Streitigkeiten zwischen Innungsmitgliedern und ihren Lehrlingen" auch dann sprechen, wenn diese Streitigkeiten zwar bereits z. Z. des Bestehens des Lehrverhältnisses entstanden sind, aber noch fortbestehen, nachdem der Lehrling aus dem Lehrverhältnis ausgeschieden ist. Das Gesetz spricht jedoch von Streitigkeiten zwischen Innungsmitgliedern und „ihren" Lehrlingen. Dies könnte dafür sprechen, daß § 111 Abs. 2 ArbGG den Fall treffen will, daß die Parteien noch im Lehrverhältnis zueinander stehen müssen. Dann aber wäre die Anrufung des Lehrlingsausschusses vor der Erhebung der Klage vor dem Arbeitsgericht nur erforderlich, so lange eben dieses Lehrverhältnis noch besteht.

Für die in Rechtsprechung und Schrifttum herrschende Lehre, nach der der Innungsausschuß für Lehrlingsstreitigkeiten nach Beendigung des Lehrverhältnisses nicht mehr angerufen zu werden braucht, sprechen nach der Auffassung des Senats Sinn und Zweck und soziale Bedeutung der Vorschrift des § 111 Abs. 2 ArbGG. Zutreffend weist die erwähnte herrschende Meinung unter Heranziehung der Entstehungsgeschichte des jetzigen § 111 Abs. 2 ArbGG darauf hin, daß das Gebot, den Lehrlingsausschuß vor Erhebung einer Klage vor den Arbeitsgerichten anzurufen, seine Grundlage in der Rücksichtnahme auf das Berufsausbildungs- und Vertrauensverhältnis zwischen Lehrherrn und Lehrling findet. Dem Schutz und der Erhaltung dieses besonderen Verhältnisses soll die Möglichkeit der Beilegung von Streitigkeiten im Rahmen der Innungseinrichtungen vor unparteiisch und paritätisch zusammengesetzten Innungsausschüssen dienen. Der Gesetzgeber wollte versuchen zu vermeiden, daß Lehrherr und Lehrling sich als Prozeßparteien streitend vor den Gerichten gegenüberstehen. Dieser Gesichtspunkt entfällt aber, wenn die Streitenden sich nicht mehr als Lehrherr und Lehrling gegenüberstehen und damit die besonderen Bindungen, wie sie zwischen Lehrherrn und Lehrling gegeben sind, jedenfalls im Zeitpunkt der Klageerhebung vor den Arbeitsgerichten unstreitig nicht mehr bestehen.

Zu Unrecht macht der Beklagte geltend, die Anrufung des Lehrlingsausschusses sei auch nach Beendigung des Lehrverhältnisses deshalb nach dem Willen des Gesetzgebers geboten, weil die Vorschaltung dieses Ausschusses dazu diene, die besonderen Sachkenntnisse und Erfahrungen der Innungsausschüsse auf dem Gebiet der Lehrlingstreitigkeiten zu nutzen. Es handelt sich in § 111 Abs. 2 nicht um eine allgemeine Vorschaltung einer besonders sachkundigen Instanz, sondern nur um die Erwägung, dem besonderen Berufsausbildungs- und Vertrauensverhältnis zwischen Lehrherrn und Lehrling Rechnung zu tragen.

Für die getroffene Entscheidung des Senats war aber insbesondere die Erwägung maßgebend, daß § 111 Abs. 2 ArbGG nicht ausdehnend ausgelegt werden darf. Obwohl — wie bereits erörtert— § 111 Abs. 2 ArbGG mit rechtsstaatlichen Grundsätzen vereinbar ist, darf doch nicht verkannt werden, daß grundsätzlich jeder Staatsbürger das Recht auf unmittelbaren Zugang zu den staatlich bestellten Gerichten für Arbeitssachen in Streitigkeiten aus dem Arbeits- oder Lehrverhältnis haben soll. Eine Einschränkung dieses Grundsatzes ist nur dann gerechtfertigt, wenn wirklich ganz eindeutige, rechtswirksame Gesetzesregelungen getroffen sind, die im konkreten Fall die vorherige Anrufung einer anderen Stelle — hier des Lehrlingsausschusses — zwingend gebieten. Deshalb muß § 111 Abs. 2 ArbGG eng ausgelegt und darf nicht über seinen eigentlichen Sinn und Zweck hinaus ausgedehnt werden. Die Anrufung ist dann nicht mehr geboten, wenn im Zeitpunkt der Klageerhebung das Lehrverhältnis zwischen dem früheren Lehrherrn und dem früheren Lehrling nicht mehr besteht.

53

1. Eine kollektivrechtliche Regelung der Arbeitsbedingungen oder die gesamtheitliche Festlegung allgemeiner Arbeitsbedingungen im Betrieb verstößt nur dann gegen den allgemeinen Gleichheitssatz des Art. 3 Abs. 1 GG, wenn für die Differenzierung sachlich vertretbare Gründe schlechterdings nicht auffindbar sind, vielmehr ihre Unsachlichkeit oder Willkürlichkeit evident ist.

2. Der Grundsatz der Lohngleichheit von Mann und Frau für gleiche Arbeit (Art. 3 Abs. 2 und 3 GG) gilt auch für allgemeine betriebliche Arbeitsbedingungen, die der Arbeitgeber gesamtheitlich zugrunde gelegt hat und die von den Arbeitnehmern angenommen werden, so auch für eine allgemeine Gratifikationsordnung im Betriebe.

3. Gratifikationen sind auch dann ein Teil der Arbeitsvergütung, wenn sie nicht vor Beginn der Arbeitsleistung oder des Arbeitsjahres gegeben werden, sondern aus besonderem Anlaß nachträglich zugesagt oder gewährt werden.

4. Gewährt ein Arbeitgeber „unter dem Vorbehalt der Freiwilligkeit" oder „ohne Rechtsanspruch" für ein bestimmtes Jahr Gratifikationen, so werden durch die Zusage der Gratifikationen für dieses Jahr gleichwohl Rechtsansprüche begründet. Der Vorbehalt räumt dem Arbeitgeber nur die Möglichkeit ein, in späteren Jahren von der Gewährung einer Gratifikation Abstand zu nehmen. (Bestätigung der Entscheidung des 5. Senats vom 4. März 1961, AP Nr. 21 zu § 611 BGB Gratifikation).

5. Ist eine Gratifikationsordnung teilweise nichtig, so ist nach den Grundsätzen des § 139 BGB zu prüfen, ob die ganze Gratifikationsordnung nichtig ist oder ob sie im übrigen oder mit verändertem Inhalt aufrechtzuerhalten ist.

GG Art. 3; BGB § 611 Gratifikation.
I. Senat. Urteil vom 18. 10. 1961 i. S. P. (Kl.) w. P. (Bekl.)

1 AZR 75/61.

I. Arbeitsgericht Passau. — II. Landesarbeitsgericht Bayern.

Die Klägerin ist bei der Beklagten seit 1950 als Angestellte beschäftigt. Ihr Monatsgehalt beträgt 468,00 DM. Seit 1952 ist die Klägerin verheiratet. Ihr Ehemann ist ebenfalls berufstätig, jedoch nicht bei der Beklagten, sondern bei einem anderen Arbeitgeber beschäftigt.

Die Beklagte zahlte seit Jahren ihren Arbeitnehmern unter dem Vorbehalt der Freiwilligkeit eine Weihnachtssonderzahlung, deren Bemessungsgrundlagen in Aushängen der Beklagten gegen Ende des laufenden Jahres bekanntgegeben wurden. Bis einschließlich 1957 betrug diese Sonderzahlung für verheiratete Arbeitnehmer, die vor dem 1. Januar 1957 eingetreten waren, 150,00 DM, für ledige Arbeitnehmer 100,00 DM. Ob es sich bei den verheirateten oder ledigen Arbeitnehmern um Männer oder Frauen handelte und ob bei verheirateten Arbeitnehmern der Ehegatte ebenfalls berufstätig war, spielte nach der bis zum Jahre 1957 angewandten Regelung keine Rolle. Von Weihnachten 1958 an änderte die Beklagte dieses System nach Maßgabe eines von dem Betriebsrat gegengezeichneten Aushangs im Betriebe, in dem allgemein anwendbare Regeln über die Weihnachtssonderzahlung bekanntgegeben wurden. Der Grundbetrag der Weihnachtszuwendung für Verheiratete, die vor dem 1. Januar 1958 eingetreten waren, stellte sich nach diesem Aushang auf 150,00 DM. Der Berechnung der Weihnachtssonderzahlung wurde jedoch die Steuerklasse der Lohnsteuerkarte 1958 zugrunde gelegt. Von den Arbeitnehmern, die der Lohnsteuerklasse 4 angehörten, erhielten die männlichen Arbeitnehmer eine Weihnachtsgratifikation nach einem

Grundbetrag von 150,00 DM und die weiblichen Arbeitnehmer nach einem solchen von 100,00 DM. (In der Lohnsteuerklasse 4 befinden sich solche Arbeitnehmer, die verheiratet sind und bei denen beide Eheleute unbeschränkt steuerpflichtig sind und nicht dauernd getrennt leben.) Den männlichen verheirateten Arbeitnehmern, die während des ganzen Jahres 1958 bei der Beklagten beschäftigt waren und deren Ehefrauen ebenfalls Arbeitslohn bezogen, wurde danach eine Weihnachtssonderzahlung von 150,00 DM gewährt, den weiblichen Arbeitnehmern, deren Ehemann ebenfalls berufstätig war, jedoch nur eine solche von 100,00 DM. Dabei spielte es keine Rolle, ob beide Eheleute bei der Beklagten tätig waren, und auch nicht, ob dann, wenn einer der Eheleute bei einem anderen Arbeitgeber beschäftigt war, dieser andere Arbeitgeber Weihnachtsgratifikationen zahlte. Verheiratete weibliche Arbeitnehmer, deren Ehemann nicht berufstätig war, erhielten ebenso wie männliche verheiratete Arbeitnehmer die Weihnachtssonderzahlung nach einem Grundbetrag von 150,00 DM.

Dieses Verfahren hat die Beklagte auch im Jahre 1959 nach Maßgabe eines ebenfalls vom Betriebsrat gegengezeichneten Aushangs vom 24. November 1959 angewendet.

Die Klägerin hat vorgetragen, die unterschiedliche Bemessung der Weihnachtsgratifikation für Männer und Frauen bei doppelt verdienenden Ehepaaren im Jahre 1959 verstoße gegen den Grundsatz der Lohngleichheit von Mann und Frau und den arbeitsrechtlichen Gleichbehandlungsgrundsatz. Der Arbeitgeber könne zwar bei freiwilligen Leistungen, auf die ein Rechtsanspruch nicht bestehe, differenzieren, dürfe dies aber nicht willkürlich und ohne sachliche Rechtfertigung tun. Jedenfalls dürfe bei einer solchen Differenzierung nicht gegen die Grundsätze des Art. 3 Abs. 2 und 3 GG verstoßen werden. Ein solcher Verstoß liege hier vor.

Die Klägerin hat beantragt, die Beklagte zur Zahlung von 50,00 DM brutto zu verurteilen.

Das Arbeitsgericht hat nach dem Klageantrag erkannt, das Landesarbeitsgericht hat die Klage abgewiesen. Die Revision der Klägerin hatte Erfolg.

Aus den Gründen:

Die Klägerin wendet sich gegen die in der Verlautbarung der Beklagten bekanntgegebene Gratifikationsregelung mit der Begründung, diese Regelung verstoße gegen Art. 3 GG, insbesondere dessen Abs. 2 und 3. Außerdem liege auch ein Verstoß gegen den arbeitsrechtlichen Grundsatz der gleichmäßigen Behandlung der Arbeitnehmer vor.

Die Beklagte und ihr folgend der Vorderrichter begründen die verschiedene Behandlung der verheirateten männlichen Arbeitnehmer und der verheirateten weiblichen Arbeitnehmer namentlich damit, daß der Ehemann der hauptsächliche Ernährer der Familie sei; deshalb sei es gerechtfertigt, ihm eine etwas höhere Gratifikation zu gewähren. Zu einer solchen unterschiedlichen Behandlung der verheirateten männlichen Arbeitnehmer und der verheirateten weiblichen Arbeitnehmer sei die Beklagte auch deshalb berechtigt, weil es sich bei der für das Jahr 1959 gewährten Gratifikation um eine freiwillige Leistung gehandelt habe, auf die die Arbeitnehmer einen Rechtsanspruch nicht gehabt hätten. Gerade bei einer solchen freiwilligen Leistung sei der Arbeitgeber zur Differenzierung befugt.

Der Senat brauchte nicht zu der Frage Stellung zu nehmen, ob der Arbeitgeber bei der Gewährung von Weihnachtsleistungen auch dann an die Vorschriften des Art. 3 GG und den arbeitsrechtlichen Gleichbehandlungsgrundsatz gebunden ist, wenn mit begünstigten Arbeitnehmern individuelle, getrennte Einzelabmachungen (nur auf die einzelnen Arbeitnehmer und ihre besondere Lage abgestellte Vereinbarungen) über die Gewährung von Weihnachtsleistungen getroffen werden.

So liegt der Fall aber hier nicht. Die Beklagte hat ebenso wie in den Vorjahren im Jahre 1959 eine allgemeine Ordnung der Gratifikation für das betreffende Jahre verkündet, die auch von dem Betriebsrat mit unterzeichnet worden ist. Diese allgemeine Ordnung, die objektive, für alle Arbeitnehmer ohne Rücksicht auf die besonderen Verhältnisse des einzelnen Arbeitnehmers anwendbare Merkmale und Bemessungsgrundsätze aufstellte, sollte gleichmäßig auf alle Betriebsangehörigen angewendet werden. Die in dem Aushang vom 24. November 1959 aufgestellten objektiven Richtlinien sind eine allgemeine betriebliche Ordnung, sie sind allgemeine Abeitsbedingungen, die zwar keinen normativen Charakter haben, aber gesamtheitlich, kollektiv aufzufassen sind, wenn sie auch durch stillschweigende Annahmeerklärungen der Arbeitnehmer Bestandteil der Arbeitsverträge werden.

In dieser Weise gesamtheitlich zustande gekommene allgemeine Arbeitsbedingungen sind in ihrem Inhalt an Art. 3 GG gebunden.

Soweit allerdings die Revision in der unterschiedlichen Behandlung der männlichen und weiblichen verheirateten Arbeitnehmer bei Doppelverdienern eine Verletzung des Art. 3 Abs. 1 GG sieht, konnte ihr der Senat nicht folgen. Eine Verletzung des Gleichheitssatzes des Art. 3 Abs. 1 liegt nur dann vor, wenn offensichtlich unsachlich, d. h. aus in keiner Weise zu billigenden unsachlichen Erwägungen, oder gar willkürlich differenziert wird. Es gelten auch hier die Grundsätze, die das Bundesverfassungsgericht für das Verhältnis des Gesetzgebers zum Gleichheitssatz des Art. 3 Abs. 1 aufgestellt hat. Ein Verstoß gegen Art. 3 Abs. 1 GG liegt nicht schon dann vor, wenn eine andere Regelung als die getroffene nur zweckmäßiger oder gerechter wäre oder den Bedürfnissen nach Gleichheit besser entspräche; vgl. BVerfGE 1, 14 [52]; 3, 162 [182]; 9, 201 [206]; Beschluß vom 9. Mai 1961 in DVBl. 1961, 730 [731] und die ständige Rechtsprechung des Bundesverfassungsgerichts.

(Die Verletzung des arbeitsrechtlichen Gleichbehandlungsgrundsatzes scheidet im übrigen hier schon um deswillen aus, weil keine Abweichung von einer vom Arbeitgeber gesetzten Ordnung in Frage steht.)

Die Beklagte hat sachliche Gründe angeführt, die sie zu der unterschiedlichen Behandlung der verheirateten männlichen und weiblichen Arbeitnehmer bei Doppelverdienertum veranlaßt haben. Man kann über die Berechtigung dieser Gründe verschiedener Meinung sein, sachlich in keiner Weise vertretbar oder willkürlich sind sie jedenfalls nicht.

Anders ist jedoch die Rechtslage, soweit eine Verletzung des Art. 3 Abs. 2 und 3 GG geltend gemacht wird.

Der Senat hat in ständiger Rechtsprechung die Ansicht vertreten, daß in Art. 3 Abs. 2 und 3 GG nach der Entstehungsgeschichte und nach dem Sinn dieser Bestimmungen das Prinzip der Lohngleichheit von Männern und Frauen bei gleicher Arbeit festgelegt worden ist. Um Wiederholungen zu vermeiden, verweist der Senat insoweit auf seine Entscheidungen vom 15. Januar 1955 — 1 AZR 305/54 — BAG 1, 258; vom 2. März 1955 — 1 AZR 246/54 — AP Nr. 6 zu Art. 3 GG; vom 6. April 1955 — 1 AZR 365/54 — BAG 1, 348; vom 23. März 1957 — 1 AZR 236/56 — BAG 4, 240; vom 23. März 1957 — 1 AZR 203/56 — BAG 4, 125. Der Grundsatz der Lohngleichheit von Männern und Frauen bei gleicher Arbeit gilt auch nach dem internationalen Übereinkommen der IAO Nr. 100 über die Gleichheit des Entgelts männlicher und weiblicher Arbeitskräfte für gleichwertige Arbeit (BGBl. 1956 II S. 23) und nach Art. 119 des Vertrages zur Gründung der Europäischen Wirtschaftsgemeinschaft vom 25. März 1957 (BGBl. 1957 II S. 766) über das gleiche Entgelt für Männer und Frauen bei gleicher Arbeit. Die Abkommen sind von der Bundesrepublik Deutschland ratifiziert und in Deutschland geltendes Recht.

Der Senat hält an diesen Entscheidungen fest. Sie gelten auch für die soeben charakterisierten allgemeinen Arbeitsbedingungen in einem Betriebe.

Auch Gratifikationen sind nach heute allgemeiner Auffassung als eine Form der Vergütung anzusehen, die der Arbeitgeber an die Arbeitnehmer zahlt. Dies gilt auch dann, wenn sie nicht vor dem Beginn der Arbeitsleistung oder bei Beginn eines Arbeitsjahres festgelegt sind, sondern gegen Jahresschluß oder aus sonstigem Anlaß besonders zugesagt und ausgeschüttet werden. Auch bei der Gewährung solcher Gratifikationen als Teil der Vergütung auf Grund einer allgemeinen Ordnung ist der Arbeitgeber deshalb an den Grundsatz der Lohngleichheit von Männern und Frauen gebunden. Der Grundsatz, daß Männer und Frauen gleichberechtigt sind (Art. 3 Abs. 2 GG), gilt auch hinsichtlich der Gratifikation als Vergütung für geleistete Dienste. Der Arbeitgeber darf auch nicht in der Bemessung der Gratifikationen des Geschlechts wegen zum Nachteil der Frauen differenzieren (Art. 3 Abs. 3 GG).

Das gilt jedenfalls, sobald ein Rechtsanspruch auf die Gratifikation besteht. Das ist hier der Fall. Denn die Bezeichnung der Gratifikation als freiwillige Leistung und die Erklärung, daß durch die Gewährung dieser Gratifikation Rechtsansprüche nicht eingeräumt werden sollten, kann sich, nachdem für das Jahr 1959 die Verlautbarung erlassen und natürlich stillschweigend angenommen war, nicht mehr auf dieses Jahr beziehen, sondern nur auf künftige Jahre. Die Einschränkung, die Gratifikation werde freiwillig und ohne Rechtsansprüche gewährt, sollte also solche Rechtsansprüche nur für spätere Jahre ausschließen. Sie steht der Begründung von Rechtsansprüchen durch die Verlautbarung und ihre Annahme für das Jahr 1959 selbst nicht entgegen (vgl. BAG 4. März 1961 — 5 AZR 169/60 — AP Nr. 21 zu § 611 BGB Gratifikation).

Die Benachteiligung der Arbeitnehmerinnen ihres Geschlechts wegen ist hier gegeben. Die Beklagte läßt zwar die Schlechterbehandlung der verheirateten weiblichen Arbeitnehmer durch Gewährung einer Gratifikation nach einem Grundbetrag von 100,— DM nur bei doppeltverdienenden Ehepaaren Platz greifen, während im übrigen die Gratifikation für Männer und Frauen nicht unterschiedlich festgesetzt ist. Der Tatsache des Doppelverdienstes der Eheleute hätte die Beklagte dadurch Rechnung tragen können, daß sie verheirateten Arbeitnehmern (Männern wie Frauen), deren Ehegatte ebenfalls Arbeitseinkommen erzielte, geringere Gratifikationen aussetzte als solchen Arbeitnehmern, deren Ehegatte nicht berufstätig war. Sie konnte auch solche Arbeitnehmer (Männer wie Frauen) gänzlich von der Gratifikation ausschließen. In einem solchen Falle würde, da die Regelung sich sowohl auf männliche wie auf weibliche Arbeitnehmer gleichmäßig bezogen hätte, kein Verstoß gegen Art. 3 Abs. 2 und 3 GG vorliegen. Hier aber hat die Beklagte Männer und

Frauen in der Gratifikationsregelung vergütungsmäßig dadurch ungleichmäßig behandelt, daß sie den Männern bei doppeltverdienenden Eheleuten eine höhere Gratifikation ausgesetzt hat als den Frauen, deren Ehemänner berufstätig sind. Das ist ein Verstoß gegen den Gleichberechtigungssatz des Art. 3 Abs. 2 und eine Differenzierung wegen des Geschlechts, die im Hinblick auf Art. 3 Abs. 3 GG unzulässig ist.

An dieser Rechtslage ändert sich nichts dadurch, daß der Vorderrichter ebenso wie die Beklagte davon ausgeht, daß der Mann im Regelfall der Haupternährer der Familie sei. Der Senat hatte keine Veranlassung, der Frage nachzugehen, ob eine solche Feststellung heute noch allgemein zutrifft. Es brauchte auch nicht darauf eingegangen zu werden, ob gegenüber der genannten These sich aus der „Arbeitsteilung" der Eheleute nach § 1360 n. F. BGB etwas anderes ergibt. Er brauchte sich ferner nicht mit der Frage zu beschäftigen, inwieweit der genannte behauptete Erfahrungssatz auch im vorliegenden Fall wirklich Platz greift. Der Verfassungsgesetzgeber hat, wie das Bundesverfassungsgericht bereits in BVerfGE 3, 225 [241] und wesentlich schärfer insbesondere in dem Urteil vom 29. Juli 1959 (BVerfGE 10, 59 f., 72) ausgesprochen hat, im Bereich des Art. 3 Abs. 2 und 3 GG die Entscheidung, ob ein Verstoß gegen die genannten Grundrechtsvorschriften gegeben ist, nicht davon abhängig gemacht, ob die Differenzierung zwischen Männern und Frauen durch besondere sachliche Gründe gerechtfertigt werden kann oder nicht. Vielmehr findet die für den allgemeinen Gleichheitssatz des Art. 3 Abs. 1 GG bestehende Gestaltungsfreiheit gerade ihre Grenzen in den Konkretisierungen des Gleichheitssatzes durch die Verfassung selbst, insbesondere also in Art. 3 Abs. 2 und 3 GG. Die Freiheit, innerhalb gewisser äußerster Grenzen der Gerechtigkeit zu differenzieren, wird in den Fällen des Art. 3 Abs. 2 und 3 GG nicht gegeben. Allgemeiner Gleichheitssatz (Art. 3 Abs. 1) und Gleichberechtigung der Geschlechter (Art. 3 Abs. 2 und 3) sind verschieden zu bewertende Verfassungsnormen. Eine Differenzierung zwischen Männern und Frauen, eine ungleichmäßige Behandlung wegen des Geschlechts ist stets verfassungswidrig, auch wenn der Differenzierende dafür sachliche Gründe hat und das Willkürverbot nicht verletzt.

Der Senat ist daher zu dem Ergebnis gekommen, daß die Bestimmung der Gratifikationsordnung für das Jahr 1959 vom 24. November 1959, nach der die arbeitende Ehefrau, deren Ehemann ebenfalls Arbeitslohn bezieht, 50,— DM weniger Gratifikation erhält als ein arbeitender Ehemann, dessen Ehefrau ebenfalls Arbeitslohn ausgezahlt bekommt, rechtlich keinen Bestand haben kann.

Daraus folgt jedoch noch nicht ohne weiteres, daß die Klägerin, gestützt auf die Verlautbarung vom 24. November 1959, nunmehr die von ihr begehrte Nachzahlung von 50,— DM erhalten müßte.

Wie der Senat bereits wiederholt ausgesprochen hat (insbesondere in der Entscheidung vom 15. Januar 1955, BAG 1, 258), ist dann, wenn eine Regelung (wie die hier vorliegende Gratifikationsordnung) verfassungswidrig und deshalb nichtig ist, von dem Rechtsprinzip des § 139 BGB auszugehen. Danach muß nach dem festzustellenden Willen der Vertragschließenden geprüft werden, ob die gesamte Regelung nichtig ist (dies würde zum Wegfall der gesamten Gratifikationsordnung 1959 als Klagegrundlage führen) oder ob nur die Bestimmungen als nichtig wegfallen, die die Minderzahlung an die Ehefrauen, deren Ehemann ebenfalls berufstätig ist, vorsehen. Maßgebend ist der bei Erlaß der Gratifikationsordnung vorhandene und feststellbare Wille der Vertragsparteien. Diese für tarifliche Regelungen entwickelten Grundsätze müssen auch dann angewendet werden, wenn wie hier der Arbeitgeber eine allgemeine Ordnung gesetzt hat, die die Arbeitnehmer stillschweigend angenommen haben.

Bei der vom Landesarbeitsgericht noch vorzunehmenden Prüfung kommt es darauf an, welche Gratifikationsregelung in Kenntnis der Unzulässigkeit des Abschlages zu Lasten der verheirateten Arbeitnehmerinnen der Arbeitgeber unter Berücksichtigung von Treu und Glauben nach den ganzen Umständen des Falles getroffen hätte, wobei von der stillschweigenden Annahme der Arbeitnehmer auszugehen ist. Das Landesarbeitsgericht wird deshalb — notfalls durch Parteivernehmung — zu prüfen haben, welchen Inhalt die Gratifikationsordnung für das Jahr 1959 erhalten haben würde, wenn der Arbeitgeber gewußt hätte, daß die in der Gratifikationsordnung vorgenommene unterschiedliche Behandlung von doppeltverdienenden Männern und doppeltverdienenden Frauen unzulässig ist. Dabei muß die Auslegung den objektivierten Maßstab verständiger, verantwortungsbewußter Vertragspartner zugrunde legen. Sollte sich bei der weiteren Sachaufklärung durch das Landesarbeitsgericht herausstellen, daß in dem Betrieb der Beklagten nur eine verhältnismäßig unerhebliche Zahl von Frauen, deren Männer auch verdienen, beschäftigt war, so wird vieles dafür sprechen, daß die Beklagte in Kenntnis der wahren Rechtslage diesen wenigen Frauen eine Gratifikation in der gleichen Höhe gewährt hätte, wie sie diese an männliche Arbeitnehmer geleistet hat, deren Frauen mitverdienen. Sollte sich jedoch ergeben, daß die Zahl der entsprechenden verheirateten Frauen erheblicher ist und deshalb die Zahlung der Männergratifikation auch an Frauen zu einer wesentlichen Erhöhung der Gesamtbelastung der Beklagten aus ihrer Gratifikationszusage führen würde, so müßte der allgemeinen Lebenserfahrung Rechnung getragen werden, daß in den Betrieben im allgemeinen vor der Ausschüttung einer solchen Weihnachtsgratifikation kalkuliert wird, welche Gesamtsumme der Betrieb für diese Gratifikationen zu Verfügung stellen will. Das kann dazu führen, daß die Beklagte im Hinblick auf die Begrenzung auf diese insgesamt für Gratifikationen vorgesehene Summe mit Recht sagen kann, sie hätte auch den Männern eine geringere Gratifikation gegeben, wenn sie gewußt hätte, daß sie den Abschlag für die Frauen, deren Ehemann ebenfalls Arbeitseinkommen bezieht, nicht vornehmen durfte (vgl. Enneccerus-Nipperdey, Allg. Teil, § 202 Anm. 48 und 58). Das könnte dann für den vorliegenden Rechtsstreit zu dem Ergebnis führen, daß der Forderung der Klägerin, die auf 50,— DM, also Erhöhung der ihr gewährten Zahlung von 100,— DM auf die volle an Männer gewährte Gratifikation von 150,— DM, klagt, nicht oder nur zum Teil entsprochen werden kann, weil auch Männer dann nicht mehr als 100,— DM oder doch jedenfalls weniger als 150,— DM bekommen hätten.

54

1. Eine zwischen den Parteien streitige und nach Grund und Höhe in ihrer Berechtigung nicht näher festgestellte Klageforderung darf nicht mit der Begründung abgewiesen werden, jedenfalls sei diese Forderung durch eine von dem Beklagten erklärte Eventualaufrechnung erloschen.

2. Wiederholte vorbehaltlose Gratifikationszahlungen des Arbeitgebers begründen einen Rechtsanspruch des Arbeitnehmers auf deren Fortzahlung für die Folgezeit. Übersteigen derartige Gratifikationsansprüche die Grenzen der zumutbaren Belastung des Arbeitgebers, so kann er sie nach § 242 BGB auf ein erträgliches Maß zurückführen oder — wenn auch vielleicht nur vorübergehend — in Wegfall bringen.

ZPO § 322 Abs. 2; BGB §§ 611 Gratifikation, 387 ff., 388.

V. Senat. Urteil vom 26. 10. 1961 i. S. Sch. (Kl.) w. Fa. Rh. u. a. (Bekl.)

5 AZR 470/58.

I. Arbeitsgericht Köln. — II. Landesarbeitsgericht Düsseldorf (Köln).

Der Kläger war seit dem 1. Juni 1934 als geschäftsführender Direktor mit Einzelprokura für die Beklagte zu 1 tätig. Die Beklagte zu 2 ist die einzige persönlich haftende Gesellschafterin. Am 17. Juli 1953 kündigte die Beklagte zu 1 dem Kläger fristlos. Die Frage der Wirksamkeit dieser fristlosen Kündigung ist Gegenstand eines Rechtsstreits, der im Zeitpunkt der letzten mündlichen Verhandlung des vorliegenden Verfahrens noch vor dem Landesarbeitsgericht Düsseldorf anhängig war.

Der Kläger hat neben Gehaltsansprüchen, die nicht in die Revisionsinstanz gelangt sind, von den Beklagten als Gesamtschuldnern Zahlung von Gratifikationen für die Jahre 1951 bis 1953 im Betrage von 27 500,— DM verlangt. Er hat behauptet, seit 1937 sei ihm neben seinem Gehalt jährlich eine Gratifikation von 10 000,— RM bzw. DM, aufgeteilt in 5000,— RM bzw. DM Weihnachtsgratifikation und 5000,— RM bzw. DM Sondergratifikation, gewährt worden. Wegen der schlechten finanziellen Lage der Beklagten zu 1 habe er davon im Jahre 1951 nur einen Betrag von 2500,— DM und für die Jahre 1952 und 1953 überhaupt nichts erhalten.

Die Beklagten haben zuletzt nicht mehr bestritten, daß dem Kläger von 1937 bis einschließlich 1943 jährlich ohne Vorbehalt Gratifikationen in Höhe von jeweils 10 000,— RM gewährt worden sind. Sie haben behauptet, ab 1944 habe sich der Kläger die Gratifikationsbeträge selbständig ohne Zahlungsanweisung aus der Kasse entnommen. Infolge einer Krise auf dem Wollmarkt habe die Beklagte zu 1 in den Geschäftsjahren 1951 bis 1953 finanzielle Verluste erlitten, wodurch sie in erhebliche Liquiditätsschwierigkeiten geraten sei. Aus diesem Grunde hätten alle gratifikationsberechtigten Betriebsangehörigen ab 1951, und zwar auf Veranlassung des Klägers, nur noch die Hälfte der bisherigen Gratifikationen erhalten. Die Beklagten haben den Standpunkt vertreten, wegen der in dieser Zeit gegebenen Notlage der Beklagten zu 1 müsse auch der Kläger einen Wegfall oder eine Kürzung seiner Gratifikationsansprüche hinnehmen. Hilfsweise hat die Beklagte zu 1 mit einer Gegenforderung in Höhe von rd. 141 000,— DM aufgerechnet, deren Berechtigung der Kläger seinerseits im einzelnen in Abrede gestellt hat.

Das Arbeitsgericht hat durch Teilurteil über den vom Kläger verfolgten Gratifikationsanspruch entschieden und die Beklagten zur Zahlung von 27 500,— DM verurteilt. Auf die Berufung der Beklagten hat das Landesarbeitsgericht die Klage abgewiesen. Die Revision des Klägers hatte Erfolg.

Aus den Gründen:

1. Für die Berechtigung der vom Kläger verfolgten Gratifikationsansprüche ist das Landesarbeitsgericht an sich zutreffend davon ausgegangen, die vorbehaltlose Gewährung der hier in Betracht kommenden

Gratifikationen durch die Beklagte zu 1 an den Kläger in den Jahren 1937 bis 1943 habe dazu geführt, daß der Kläger damit gegen die Beklagte zu 1 einen Rechtsanspruch auf Fortzahlung der Gratifikationen für die Folgezeit erwarb. Denn es entspricht einer gefestigten Rechtsprechung des Bundesarbeitsgerichts, die auch von der Rechtslehre geteilt wird, daß eine mehrjährige vorbehaltlose Gratifikationszahlung durch den Arbeitgeber den Arbeitnehmer berechtigt, auch in der Folgezeit Fortzahlung der Gratifikation vom Arbeitgeber zu verlangen (vgl. BAG 2, 302 [304]; BAG 4, 13 [14]; Nikisch, Lehrbuch des Arbeitsrechts, Bd. I, 3. Aufl., 1961, § 32 IV 2 S. 412 zu Fußnote 47; Hueck-Nipperdey, Lehrbuch des Arbeitsrechts, 6. Aufl., Bd. I, 1959, § 42 IV 2 b S. 282/283). Soweit der Kläger in den Jahren 1944 bis 1950 die Gratifikation selbst aus dem Betrieb entnommen hat, gilt nichts anderes. Denn die Duldung der Entnahmen des Klägers durch die Beklagte zu 1 bedeutet, wie das Landesarbeitsgericht zutreffend angenommen hat, die Vollmachterteilung durch die Beklagte zu 1 an den Kläger, für sie so zu verfahren und in ihrer Vertretung die Erfüllung seiner Gratifikationsansprüche zu bewirken.

2. Einen Rechtsfehler hat das Landesarbeitsgericht jedoch dadurch begangen, daß es sich nicht mit der Einwendung der Beklagten befaßt hat, wegen der in den Jahren 1951 bis 1953 gegebenen krisenbedingten Schwierigkeiten der Beklagten zu 1 müsse der Kläger für diese Jahre einen Wegfall oder eine Kürzung seiner bis dahin gegebenen Gratifikationsansprüche hinnehmen.

Wenn sich aus einer freiwilligen mehrfachen vorbehaltlosen Zahlung die rechtliche Verpflichtung des Arbeitgebers zur Zahlung von Gratifikationen entwickelt hat, so wird diese Rechtsverpflichtung dennoch von der Pflicht zur gegenseitigen Treue und Rücksichtnahme überlagert. Daraus folgt, daß der Arbeitgeber Gratifikationsleistungen, die im Laufe der Zeit die Grenzen der ihm zumutbaren Belastung übersteigen, nach § 242 BGB auf ein erträgliches Maß zurückführen oder — wenn auch vielleicht nur vorübergehend — ganz in Wegfall bringen kann (BAG 4, 13 [15]; Nikisch, a. a. O., Bd. I, § 32 IV 2 S. 411 zu Fußnote 44). Unter diesen Gesichtspunkten hätte somit das Landesarbeitsgericht prüfen müssen, ob ein Wegfall oder eine Kürzung des geltend gemachten Gratifikationsanspruchs des Klägers in Betracht kam oder nicht.

3. Das Landesarbeitsgericht konnte diese Prüfung der Auswirkung der wirtschaftlichen Krise der Beklagten zu 1 auf den Fortbestand der Gratifikationsansprüche des Klägers auch nicht mit der Begründung unterlassen, jedenfalls greife gegenüber etwaigen Gratifikationsansprüchen des Klägers die von der Beklagten zu 1 hilfsweise erklärte Aufrechnung

mit Gegenforderungen durch: Über eine von der Beklagten zu 1 hilfsweise erklärte Aufrechnung durfte das Landesarbeitsgericht erst entscheiden, wenn feststand, ob und gegebenenfalls in welcher Höhe dem Kläger für die Jahre 1951 bis 1953 noch Gratifikationsansprüche zustanden (vgl. statt aller: BGH LM Nr. 21 zu § 322 ZPO; RGZ 80, 164 [166, 167]; 142, 175 [176, 177]; 167, 257 [258]; Stein-Jonas, ZPO, 18. Aufl., Vorbem. V 9 a vor § 128; § 145 Anm. VI 2 c; § 300 Anm. II C 3; § 322 Anm. VI 1; Rosenberg, Lehrbuch des Deutschen Zivilprozeßrechts, 8. Aufl., 1960, § 104 II 7 S. 505, 506). Denn materiell-rechtlich ist nach §§ 387 ff. BGB eine Aufrechnung begrifflich nur möglich, wenn eine Forderung besteht, gegen die aufgerechnet werden kann, und prozeßrechtlich sind bei einer Eventualaufrechnung die Tatsachen, die zu einer Aufrechnungsbefugnis führen sollen, dem Gericht nur unter der mit § 388 Satz 2 BGB zu vereinbarenden Rechtsbedingung unterbreitet, daß es das Bestehen einer Klageforderung bejaht und nicht schon aus anderen Gründen zu einer Klageabweisung gelangt (vgl. statt aller: Enneccerus-Lehmann, Recht der Schuldverhältnisse, 15. Bearbeitung, 1958, § 69 III 2 S. 279, 280; Soergel-Siebert, BGB, 9. Aufl., Bd. I, 1959, § 388 Randziffer 3). Eine solche endgültige Klärung der Berechtigung der vom Kläger für die Jahre 1951 bis 1953 verfolgten Gratifikationsansprüche fehlt aber so lange, als nicht feststeht, ob und in welchem Umfang die Krisenlage der Beklagten zu 1 in dieser Zeit zu einem Wegfall oder einer Kürzung der Gratifikationsansprüche geführt hat.

4. Durch die somit verfrühte Erörterung der Eventualaufrechnung hat das Landesarbeitsgericht einen Fehler begangen, der sowohl materielles Recht wie Prozeßrecht verletzt. Wenn es dahinstehen ließ, welche Auswirkungen die Krisenlage der Beklagten zu 1 auf die Gratifikationsansprüche des Klägers hatte (vgl. Ziffer 2 der Entscheidungsgründe), muß es möglich erscheinen, daß es bei einer Erörterung der Auswirkungen der Krisenlage materiell-rechtlich zu dem Ergebnis hätte kommen müssen, die Gratifikationsansprüche des Klägers beständen entweder überhaupt nicht oder nur in einem geringeren Umfang, als sie vom Kläger geltend gemacht sind. In einem solchen Falle hätte es nicht annehmen dürfen, daß von der von der Beklagten zu 1 hilfsweise zur Aufrechnung gestellten Gegenforderung ein Betrag von 27 500,— DM verbraucht, d. h. im Sinne von § 389 BGB erloschen sei.

Zu diesem materiell-rechtlichen Fehler tritt ein Prozeßverstoß des Landesarbeitsgerichts. Bei der Verfahrensweise des Landesarbeitsgerichts bleibt unbestimmbar, in welchem Umfang nach § 322 Abs. 2 ZPO mit Rechtskraft entschieden sein soll, daß eine Forderung der Beklagten zu 1 durch Aufrechnung verbraucht ist. Eine solche Unbestimmbarkeit der von § 322 Abs. 2 ZPO aber gewollten Rechtskraftwirkungen eines Urteils, das über eine Aufrechnung befindet, würde zudem dazu führen, daß die Beklagte zu 1 — trotz des vom Landesarbeitsgericht angenommenen teilweisen Verbrauchs ihrer Forderung durch Aufrechnung — ihre Forderung in einem neuen Prozeß in vollem Umfang dennoch gegen den Kläger geltend machen könnte, eben weil der Umfang der Rechtskraft des Urteils des Landesarbeitsgerichts nicht bestimmbar ist. Eine solche Möglichkeit beschwert den Kläger (vgl. RGZ 132, 305 [307]; 142, 175 [178]; BGH LM Nr. 21 zu § 322 ZPO). Damit steht fest, daß das angefochtene Urteil auf materiell-rechtlichen und prozeßrechtlichen Fehlern zugleich im Sinne von § 549 Abs. 1 ZPO „beruht", d. h. die fehlerhafte materiell-rechtliche und prozessuale Behandlung der Eventualaufrechnung ursächlich für eine Unrichtigkeit des vom Landesarbeitsgericht angenommenen Ergebnisses sein kann (vgl. Stein-Jonas, a.a.O., § 549 Anm. VI).

5. Dieser Rechtsverstoß des Landesarbeitsgerichts in materieller und prozessualer Beziehung ist vom Revisionsgericht zu beachten, auch wenn, wie hier, der Kläger selbst den erörterten Prozeßverstoß des Landesarbeitsgerichts nicht gerügt hat. Das ergibt sich für den vorliegenden Fall aus mehrfachen Gründen:

a) Den Beklagten ist es in der Revisionsinstanz nicht verwehrt, geltend zu machen, wie sie es getan haben, das Landesarbeitsgericht habe sie dadurch beschwert, daß es durch eine vorzeitige Erörterung der Eventualaufrechnung zu dem ihnen nachteiligen und möglicherweise fehlerhaften materiell-rechtlichen Ergebnis gekommen ist, ein Teil der von der Beklagten zu 1 gegen den Kläger in Anspruch genommenen Gegenforderung sei in einem nicht näher bestimmbaren Umfang durch Aufrechnung verbraucht und stehe der Beklagten zu 1 nicht mehr zu. Das Reichsgericht hat wiederholt entschieden, daß in einer solchen Nachprüfung der materiell-rechtlichen Fehler des Berufungsgerichts zugunsten der Beklagten keine verbotene sogenannte „reformatio in peius" im Sinne von §§ 559, 536 ZPO liegt und daß es für eine solche Nachprüfung zugunsten der Beklagten auch nicht der Einlegung eines eigenen Rechtsmittels der Beklagten oder der Anschließung an das gegnerische Rechtsmittel bedarf (RGZ 70, 158 [159]; 80, 164 [167]; vgl. auch RGZ 161, 167 [172]; vgl. auch Rosenberg, a.a.O., § 104 II 7 S. 506). Im Rahmen der Verteidigung gegen das vom Kläger eingelegte Rechtsmittel ist es den Beklagten gestattet, alle rechtskräftig ihnen noch nicht aberkannten materiell-rechtlichen Einwendungen gegenüber dem von ihnen in seiner Berechtigung geleugneten Klageanspruch zu wiederholen, ohne Rücksicht darauf, ob die Vorinstanz ihnen gefolgt ist oder nicht. Es liegt hier nicht anders als in dem Fall, in dem ein Beklagter in der Berufungsinstanz mehrere Einwendungen erhoben hat und nur mit einer von ihnen durchgedrungen ist. Wie in einem solchen Fall das Revisionsgericht nicht gehindert ist, den vom Berufungsgericht für die Klageabweisung herangezogenen Einwand als fehlerhaft zu bewerten oder unerörtert zu lassen und einen anderen, vom Berufungsgericht nicht gewürdigten Einwand des Beklagten trotzdem in Betracht zu ziehen und im Hinblick auf ihn die Klageabweisung zu bestätigen oder das angefochtene Urteil aufzuheben und die Sache an die Vorinstanz zurückzuverweisen, so muß es dem Revisionsgericht auch gestattet sein, von einer Entscheidung über eine hilfsweise zur Aufrechnung gestellte Forderung so lange abzusehen, als nicht feststeht, ob und in welcher Höhe eine Klageforderung besteht, gegen die die Aufrechnung Platz greifen soll (vgl. BGHZ 16, 394 [395, 396]). Anderenfalls würde das Revisionsgericht genötigt, materielle Rechtsfehler selbst elementarer Art unkorrigierbar hinzunehmen, was mit der Aufgabe eines Revisionsgerichts, durch seine Rechtsprechung zur Rechtssicherheit und Rechtsklarheit im Allgemeininteresse beizutragen, unvereinbar ist.

b) Hinzukommt noch folgender Gesichtspunkt: Der Sinn des § 322 Abs. 2 ZPO muß dahin verstanden werden, daß diese Vorschrift zuverlässig gewährleisten soll, die materiell-rechtlichen Auswirkungen einer Aufrechnung und einer Eventualaufrechnung mit Rechtskraftwirkung zwischen den Parteien zu klären und damit neue Rechtsstreitigkeiten über die zur Aufrechnung gestellte Forderung auszuschließen. Diese Funktion von § 322 Abs. 2 ZPO verbietet es auch in prozessualer Beziehung, im Revisionsverfahren die Behandlung einer Eventualaufrechnung gegenüber einer nach Grund und Höhe nicht näher festgestellten Klageforderung durch das Berufungsgericht hinzunehmen, wie sie hier geschehen ist. Denn das würde dazu führen, daß ein Revisionsgericht ein Verfahren billigt, das keinen Rechtsfrieden schafft, sondern, wie erörtert, der Beklagten zu 1 die Möglichkeit beläßt, die zur Aufrechnung gestellte Forderung in einem neuen Prozeß gegen den Kläger einzuklagen, ohne den Einwand der Rechtskraftwirkung des bisherigen Verfahrens nach näherer Maßgabe des § 322 Abs. 2 ZPO befürchten zu müssen. Dem entspricht es, daß sowohl das Reichsgericht wie auch der Bundesgerichtshof in ständiger Rechtsprechung eine solche falsche prozessuale Behandlung von Eventualaufrechnungen gegenüber einer nach Grund und Höhe nicht näher bestimmten Klageforderung von Amts wegen mit der Begründung beanstandet haben, damit werde eine Verfahrensvorschrift verletzt, auf deren Beachtung im öffentlichen Interesse der Gewährleistung einer ordentlichen

Rechtsfindung nicht verzichtet werden könne (vgl. RGZ 142, 175 [178]; BGH LM Nr. 21 zu § 322 ZPO; vgl. Stein-Jonas, a.a.O., § 300 Anm. II C 3 zu Nr. 16).

6. a) Da das Revisionsgericht mangels entsprechender tatsächlicher Feststellungen durch das Landesarbeitsgericht auch nicht von sich aus beurteilen kann, inwieweit die vom Kläger verfolgten Gratifikationsansprüche trotz der von den Beklagten erhobenen — oben zu Ziffer 2 der Entscheidungsgründe erörterten — Einwendungen berechtigt sind, macht das die Aufhebung des angefochtenen Urteils und die Zurückverweisung der Sache an das Landesarbeitsgericht zur anderweiten Verhandlung und Entscheidung notwendig (§ 561 Abs. 1 und Abs. 3 Ziffer 1 ZPO).

b) Bei der erneuten Verhandlung und Entscheidung wird das Landesarbeitsgericht zunächst von den oben unter Ziffer 2 dieser Entscheidungsgründe dargelegten Gesichtspunkten auszugehen haben. Dabei kommt es in erster Linie auf den Einfluß an, den die Krise auf dem Wollmarkt auf die Liquidität und die Ertragslage der Beklagten zu 1 genommen hat. Wäre durch die Weiterzahlung der Gratifikationen die Fortführung des Unternehmens in Frage gestellt gewesen, so würde das eine Kürzung, unter Umständen auch einen zeitweiligen Wegfall der Gratifikationen rechtfertigen. In diesem Zusammenhang ist zu beachten, daß auch der Kläger selbst wegen der schlechten wirtschaftlichen Lage der Beklagten zu 1 in dieser Zeit davon abgesehen hat, Gratifikationen aus dem Betrieb zu entnehmen, und daß nach der Behauptung der Beklagten die Gratifikationen der übrigen Arbeitnehmer auf Veranlassung des Klägers gekürzt worden sein sollen. Weiter ist die Stellung des Klägers als geschäftsführender Direktor mit Einzelprokura in Betracht zu ziehen, die ihn in einem besonders hohem Maße verpflichtete, auf die Belange der Beklagten zu 1 Bedacht zu nehmen. Das gilt besonders auch im Hinblick auf die Höhe seiner Gratifikationsbezüge. Zu berücksichtigen ist außerdem die Aufteilung der Gesamtzahlung in eine Weihnachts- und eine Sondergratifikation. Letztere stellt sich als eine Abschlußgratifikation dar, weil sie jeweils im Januar nach Erstellung der Bilanz gewährt worden ist. Eine Abschlußgratifikation ist aber, auch wenn sie regelmäßig in gleicher Höhe zur Auszahlung gelangt, mehr noch als eine Weihnachtsgratifikation von der wirtschaftlichen Lage des Unternehmens abhängig. Für die Weihnachtsgratifikation 1953 wird noch zu beachten sein, ob die fristlose Kündigung vom 17. Juli 1953 wirksam ist oder nicht. Im Falle der Wirksamkeit wird ein Anspruch des Klägers nicht mehr bestehen, da er in dem für die Gewährung maßgebenden Zeitpunkt nicht mehr dem Betrieb der Beklagten zu 1 angehörte....

55

Die Befugnis, sich mit einer Feststellungsklage gegen eine außerordentliche Kündigung zu wenden, unterliegt der prozeßrechtlichen Verwirkung.

BGB § 242 Prozeßverwirkung; ZPO § 256.

II. Senat. Urteil vom 2. 11. 1961 i. S. St. (Kl.) w. Rh. G. u. P. (Bekl.)

2 AZR 66/61.

I. Arbeitsgericht Düsseldorf. — II. Landesarbeitsgericht Düsseldorf.

Die Klägerin war seit dem 25. Juni 1935 als Telefonistin und zuletzt in der Postöffnungsstelle der Beklagten beschäftigt. Am 28. Mai 1946 wurde sie fristlos entlassen mit der Begründung, ihr — der Beklagten — sei auf Grund von erst jetzt erlangten Unterlagen und eidesstattlichen Versicherungen zur Kenntnis gekommen, daß die Klägerin im Herbst 1944 den halbjüdischen Kunstmaler M. unter Benutzung der firmeneigenen Fernsprechanlage denunziert habe, so daß man diesen daraufhin verhaftete und in das Konzentrationslager Buchenwald einlieferte, wo er dann ums Leben gekommen sei.

Mit ihrer am 4. Februar 1960 zu Protokoll der Geschäftsstelle des Arbeitsgerichts erklärten Klage begehrt die Klägerin die Feststellung, daß die ihr gegenüber ausgesprochene fristlose Entlassung unwirksam ist. Die Klägerin bestreitet, sich der genannten Denunziation schuldig gemacht zu haben.

Unstreitig hat die Klägerin im Jahre 1947 mit einer vor dem Arbeitsgericht Düsseldorf erhobenen Klage schon einmal die Kündigung angegriffen, diese Klage jedoch in einem Vergleich im Termin vom 17. September 1947 zurückgenommen. Im Jahre 1949 ist sie dann durch rechtskräftiges Urteil des Schwurgerichts in Düsseldorf wegen der ihr vorgeworfenen Handlung zu sieben Monaten Gefängnis verurteilt worden. Anschließend hat der Entnazifizierungsausschuß die Klägerin als Denunziantin in die Kategorie III eingestuft und sie von allen Stellungen in einem öffentlichen oder halböffentlichen Betrieb ausgeschlossen.

Die Klägerin hält die genannten Entscheidungen für falsch. Sie glaubt, Ansprüche aus dem Gesetz zu Art. 131 GG geltend machen zu können. Deswegen sei sie an der begehrten Feststellung interessiert. Dabei, so meint sie, könne es dahingestellt bleiben, ob ihr solche Ansprüche jetzt bereits zuständen, denn es könne immer mit einer Lockerung der Bestimmungen zu ihren Gunsten gerechnet werden.

In den beiden Vorinstanzen ist die Klägerin unterlegen. Ihre Revision ist zurückgewiesen worden mit der Maßgabe, daß die Klage als unzulässig abgewiesen wird.

Aus den Gründen:

I. . . . II. Die Klägerin hat die Befugnis, erneut von den Gerichten für Arbeitssachen die verlangte Feststellung zu begehren, verwirkt.

1. Das Erheben der Feststellungsklage stellt, allgemein gesehen, eine prozessuale Befugnis dar. Diese prozessuale Befugnis kann verwirkt werden.

Die Rechtsprechung hat wiederholt die Verwirkung prozessualer Befugnisse angenommen. So ist eine unbefristete Beschwerde nicht mehr für zulässig erachtet worden, wenn mit ihrer Einlegung über Gebühr lange gewartet worden war (OLG Schleswig-Holstein, Beschluß vom 21. April 1952, Schleswig-Holsteinische Anzeigen 1952, 134). Das Kammergericht hat ausgesprochen, daß der Beitreibungsanspruch eines Armenanwalts nach Ablauf einer gewissen Zeit verwirken kann (JW 38, 2488). Das Bundesverwaltungsgericht hat im Urteil vom 1. März 1956 (NJW 56, 1213) angenommen, daß die Erhebung einer Anfechtungsklage dann nicht mehr möglich ist, wenn der Anschein erweckt wurde, der Anfechtungskläger erkenne den Verwaltungsakt als rechtmäßig an. In gleicher Richtung liegt ein Beschluß des Bundesverwaltungsgerichts vom 10. Oktober 1957 (NJW 58, 75). Danach kann unter besonderen Umständen das nach dem Gesetz nicht fristgebundene Recht, das Verwaltungsgericht gegen einen Mehrheitsbeschluß des Personalrats anzurufen, verwirken. Ferner hat der Bundesfinanzhof in seinem Urteil vom 1. April 1958 (Betrieb 1958, 618) die Verwirkung des Anfechtungsrechts angenommen, wenn nicht etwa binnen Jahresfrist gegen den Feststellungsbescheid des Finanzamts vorgegangen wird.

Im Schrifttum wird ebenfalls die Auffassung vertreten, daß das Recht, eine Klage zu erheben, verwirkt werden könne mit der Wirkung, daß eine gleichwohl erhobene Klage unzulässig ist (siehe zusammenfassend Baumgärtel, ZZP 67, 423 ff.). Dabei wird darauf hingewiesen, daß für die Verwirkung prozessualer Befugnisse der Zeitablauf und die Untätigkeit allein nicht ausreichen.

Daß die Klagemöglichkeit verwirken kann, ist auch die Auffassung des Senates. Die Verwirkung der Klagebefugnis tritt dabei dann ein, wenn neben einem Zeitablauf besondere Umstände vorliegen, aus denen sich für den Gegner ein selbständiger prozessualer, sich also gerade auf die Klageerhebung erstreckender Vertrauenstatbestand ergibt und das Erfordernis des Vertrauensschutzes für den Gegner derart überwiegt, daß das Interesse des Berechtigten an der sachlichen Prüfung des von ihm behaupteten Anspruchs zurücktreten muß (ähnlich Baumgärtel a.a.O., S. 451; BVerwG, NJW 56, 1213 und NJW 1959, 740; ferner Schwab in Anm. zu LG München, NJW 1954, 1772). Die materiell-rechtliche Verwirkung und die Verwirkung der Klagemöglichkeit sind auseinanderzuhalten. Die Möglichkeit der gerichtlichen Klärung einer Rechtsposition ist eine besondere, für sich dastehende Befugnis.

Als die Klägerin am 20. März 1947 Klage erhob und in dieser Klage zwar eine Denunziation abstritt, gleichzeitig jedoch hilfsweise von der Wirksamkeit einer in der fristlosen Kündigung enthaltenen ordentlichen Kündigung ausging und ihr Gehalt für die Dauer von sieben Monaten einklagte, durfte die Beklagte, die damals sogleich die bei ihr vorhandenen Unterlagen über die von der Klägerin begangene Denunziation dem Gericht vorgelegt hatte, für die Zukunft davon ausgehen, daß die Wirksamkeit der außerordentlichen Kündigung nicht erneut angegriffen werde, nachdem die Klägerin in einem „Vergleich" vor dem Arbeitsgericht am 17. September 1947 ihre Klage zurückgenommen hatte und sich sodann lange Zeit nicht mehr rührte. Gerade jene Art der Beendigung des damaligen Arbeitsgerichtsprozesses trug maßgebend dazu bei, für die Beklagte einen prozessualen Vertrauenstatbestand entstehen zu lassen. Dabei durfte die Beklagte annehmen, daß die Klägerin sich auch nicht mehr mit einer Klage gegen eine etwa in der fristlosen Kündigung zugleich enthaltene und bei Wirkungslosigkeit derselben bedeutungsvoll werdende fristgemäße Kündigung wenden werde. Das gilt deswegen, weil die Klägerin bei ihrer dann vergleichsweise zurückgenommenen Klage von der Möglichkeit einer solchen fristgemäßen Kündigung ausgegangen war, aber auch deswegen, weil überhaupt nur ein einziger Kündigungsakt in Rede stand, gegen den sich die Klage gerichtet hatte. Der Senat verkennt nicht, daß möglicherweise am 17. September 1947 mangels gegenseitigen Nachgebens nicht wirklich ein Vergleich im substantiellen Sinne zustande kam und daß allgemein eine Klagerücknahme für eine neue Klage keine weitergehenden Wirkungen als die des § 271 Abs. 4 ZPO entfaltet. Aber selbst wenn für die Parteien Kostengründe ausschlaggebend waren, den Prozeß durch einen „Vergleich" zu beenden, so bleibt doch immer noch das Gewicht der Vergleichsform. Auch erhielt die Beendigung jenes Prozesses ihre besondere Bedeutung, weil der Arbeitgeber, der ein Arbeitsverhältnis fristlos gekündigt hat, regelmäßig erwarten darf, daß der Arbeitnehmer, der diese Kündigung als unwirksam angreifen will, dies alsbald tut, mag er auch an eine Klagefrist — wie etwa heute die der

§§ 11, 3 KSchG — nicht gebunden sein. Denn auch in einem solchen Fall unterliegt die Rechtsposition eines grundlos entlassenen Arbeitnehmers der Verwirkung (vgl. Staudinger-Weber, BGB, 11. Aufl., § 242 Anm. D S. 695, 696; Auffarth-Müller, KSchG, § 1 Anm. 20; LAG Kiel, Urteil vom 7. März 1951, BB 51, 364; LAG München, Urteil vom 6. Mai 1953, Amtsblatt für das Bayerische Arbeitministerium 1953 C S. 176; LAG Hamburg, Urteil vom 7. April 1955, ARST XIV Nr. 458; LAG Düsseldorf, Urteil vom 4. November 1952, Betrieb 1953, 64; LAG Frankfurt am Main AP 54 Nr. 64; LAG Frankfurt am Main, Urteil vom 19. August 1953, WA 1954 Nr. 2; BAG AP Nr. 1 und Nr. 3 zu § 242 BGB Verwirkung; BAG 9, 330ff.). Die Gefahr einer materiell-rechtlichen Verwirkung erzeugt ein hiervon zu unterscheidendes prozessuales Erwartungsverhältnis, welches jedenfalls nach Beendigung des dann angestrengten Prozesses durch einen „Vergleich" das Vertrauen rechtfertigt, nicht erneut mit einem Kündigungsrechtsstreit überzogen zu werden.

Dieses Erwartungsverhältnis bestand auch damals bei der Beklagten gegenüber der Klägerin. Daran ändert es nichts, daß im Zeitpunkt der Kündigung die Gerichte für Arbeitssachen noch im Stadium ihrer Errichtung waren. Am 4. April 1946 war das Kontrollratsgesetz Nr. 21 vom 30. März 1946 in Kraft getreten, welches die Anordnung enthielt, es seien wieder selbständige Arbeitsgerichte zu errichten. Bereits vor dieser Errichtung konnten aber Klagen in Arbeitssachen angebracht werden, und zwar bei den ordentlichen Gerichten. Wurden diese Klagen dort nach dem 4. April 1946 anhängig, so waren sie an die inzwischen gemäß Kontrollratsgesetz Nr. 21 errichteten Arbeitsgerichte abzugeben (vgl. BB 1946 Heft 15, S. 13).

Im übrigen durfte die Beklagte erst recht von einer abschließenden Regelung der Angelegenheit ausgehen, nachdem die Klägerin wegen Denunziation rechtskräftig verurteilt und vom Entnazifizierungs-Ausschuß als Denunziantin in die Kategorie III eingestuft und von allen Stellungen in öffenlichen oder halböffentlichen Betrieben ausgeschlossen worden war. Dieses prozessuale Vertrauensverhältnis wurde noch dadurch gefestigt, daß die Klägerin unter dem 29. Dezember 1953 formell bei der Beklagten eventuelle Rechte gemäß §§ 63, 81 des Gesetzes zu Art. 131 GG anmeldete. Denn mit dieser Anmeldung gab sie jedenfalls ihrer Auffassung Ausdruck, sie sei im Jahre 1946 — wenn auch aus anderen als tarifrechtlichen Gründen, so doch wirksam — entlassen worden.

Jedenfalls unter diesen Umständen ist es geboten, die Klägerin mit ihrer erneuten, nach vielen Jahren erhobenen Klage auszuschließen. Ob nicht die Klagebefugnis der Klägerin sogar schon am 20. März 1947 verwirkt war, braucht demnach nicht geprüft zu werden.

III. Weitere Bedenken gegenüber der Zulässigkeit der Feststellungsklage bestehen im Hinblick auf das in § 256 ZPO geforderte Feststellungsinteresse. Die Klägerin hat nach ihrer eigenen Begründung die Klage nur deshalb erhoben, um bei einer etwaigen Änderung des Gesetzes zu Art. 131 GG eine günstigere Ausgangsposition für Ansprüche aus diesem Gesetz zu gewinnen.

Müßte die Klägerin sich an dieser dargelegten Zielrichtung des Prozesses festhalten lassen, so würde es ebenfalls am Feststellungsinteresse fehlen (vgl. BAG AP Nr. 12 und Nr. 19 zu § 256 ZPO; BGHZ 32, 173 [177]).

Indes brauchte der Senat diesen Fragen nicht nachzugehen, weil es auf die besonderen Prozeßvoraussetzungen des § 256 ZPO dann nicht mehr ankommt, wenn es wie hier an der Befugnis fehlt, überhaupt eine neue Klage zu erheben.

56

1. Wenn eine Ehefrau, die als persönlich haftende Gesellschafterin an einer Kommanditgesellschaft beteiligt ist, ihrem Ehemann die Verwaltung und Nutznießung ihrer Beteiligung überträgt, so begibt sich die Ehefrau im Zweifel damit nicht ihrer Vertretungsbefugnis, unbeschadet der Frage, ob eine solche Übertragung der Vertretungsbefugnis auf einen Nicht-Gesellschafter überhaupt rechtlich wirksam erfolgen kann.

2. Ist eine Kommanditgesellschaft Arbeitgeber und hat sie einem Arbeitnehmer gekündigt, so ist es bei der durch § 1 Abs. 2 KSchG gebotenen Interessenabwägung rechtsfehlerhaft, die persönlichsten Interessen der Komplementärin mit den Arbeitgeber-Interessen voll gleichzustellen. Maßstab für die Frage, ob ein Kündigungsgrund vorliegt, ist vielmehr, ob ein objektiver, verständig urteilender Arbeitgeber einen Umstand als Kündigungsgrund ansehen würde.

KSchG §§ 1 Abs. 2, 7 Abs. 1, 8; BGB §§ 611, 1405 [a. F.]; HGB §§ 125, 161, 170, 177; ZPO §§ 91 ff.; ArbGG § 72 Abs. 1.

II. Senat. Urteil vom 2. 11. 1961 i. S. W. (Kl.) w. R. & St. (Bekl.).

2 AZR 241/61.

I. Arbeitsgericht Köln. — II. Landesarbeitsgericht Düsseldorf (Köln).

Die Beklagte unterhält einen chemisch-keramischen Betrieb mit etwa 60 Arbeitnehmern. Ein Betriebsrat ist nicht errichtet.

Im Jahre 1945 war dieser Betrieb teilweise zerstört und außerdem verschuldet. Der Kaufmann W., der im Jahre 1930 die Tochter E. des Betriebsinhabers geheiratet hatte und zunächst als Angestellter, später als Prokurist im Betriebe der Beklagten tätig war, unternahm es nach dem Tode seines Schwiegervaters im Jahre 1945, den Betrieb wieder aufzubauen. Nach der Erbauseinandersetzung wurden die Gesellschaftsverhältnisse der Beklagten in einem notariellen Vergleich am 28. September 1951 neu geregelt. Danach wurde die Ehefrau E. W. persönlich haftende Gesellschafterin, deren Mutter Kommanditistin. Dem Kaufmann W. als weiterem Vertragspartner wurde die alleinige Geschäftsführung übertragen, gleichviel, ob ihm Prokura erteilt und ob und in welcher Art er Gesellschafter war; ihm allein — nicht auch den Gesellschaftern — stand das Recht auf Kenntnis der technischen Verfahren und Rezepte des Unternehmens zu. Er war jederzeit berechtigt, als Kommanditist in die Gesellschaft einzutreten, und zwar mit einer Kommanditeinlage bis zu 40000,— DM, die auf sein Verlangen durch Umbuchung vom Kapitalkonto der Ehefrau E. W. geleistet werden sollte. Am gleichen Tage schlossen ferner die Eheleute W. einen Ehevertrag, mit welchem erklärt wurde:

„Wir haben im Jahre 1930 geheiratet und leben im gesetzlichen Güterstande der Verwaltung und Nutznießung des Mannes bezüglich des Vermögens der Frau. Zum eingebrachten Gut der Frau gehört ihre Beteiligung an der Kommanditgesellschaft R. & St. in Köln als persönlich haftende Gesellschafterin. Diese Beteiligung wird vom Ehemann kraft seines ehemännlichen Verwaltungsrechts verwaltet. Was vom Reingewinn der Gesellschaft auf Frau E. W. entfällt, verbleibt ihr zu $^{1}/_{3}$ als Vorbehaltsgut, während die übrigen $^{2}/_{3}$ dem Ehemann W. als Entgelt für die Führung der Verwaltung zufallen."

In der Folgezeit kam es zu Auseinandersetzungen unter den Eheleuten W. Am 27. Juni 1959 gab Frau E. W. in gesetzlicher Form die Gütertrennungserklärung gemäß Art. 8 Abschnitt I Ziffer 3 Abs. 2 des Gleichberechtigungsgesetzes ab. Demgegenüber begehrte der Ehemann mit Klage vor dem Landgericht Köln die Feststellung, daß der obengenannte Ehevertrag durch die Gütertrennungserklärung seine Wirksamkeit nicht verloren habe. Nachdem das Landgericht mit Urteil vom 20. Mai 1959 die erbetene Feststellung getroffen und die Ehefrau E. W. gegen dieses Urteil Berufung eingelegt hatte, kam es in einem auf Antrag des Ehemannes W. eingeleiteten Schiedsgerichtsverfahren am 26. August 1959 unter den Eheleuten zu einem Vergleich, mit welchem — neben anderen Regelungen — alle früheren Verträge aufgehoben wurden, während Frau E. W. sich verpflichtete, ihrem Ehemann den Betrag von 326 000,— DM zu zahlen. Bereits vor Abschluß dieses Vergleiches, nämlich am 8. Dezember 1958, hatte Frau E. W. sich geschäftlich und familiär von ihrem Ehemann getrennt und als Komplementärin die Leitung des Betriebes ihrem Sohn F. W. übertragen.

Der 44 Jahre alte Kläger war seit dem 8. Januar 1951 als Leiter der Expeditionsabteilung der Beklagten gegen ein Monatsgehalt von zuletzt 730,— DM brutto tätig. Er ist verheiratet mit der langjährigen Sekretärin des W.

Nachdem der Kläger bereits seit dem 2. Januar 1959 vom Dienst suspendiert worden war, sprach die Komplementärin, Frau E. W., dem Kläger gegenüber mit Schreiben vom 11. Februar 1959 die Kündigung des Anstellungsvertrages zum 31. März 1959 aus. Gegen diese Kündigung hat sich der Kläger mit einer am 16. Februar 1959 beim Arbeitsgericht eingegangenen Klage gewandt. Mit Schriftsatz vom 8. September 1959 sprach die Beklagte vorsorglich eine weitere Kündigung aus. Auch gegen diese wendet sich der Kläger.

Der Kläger vertritt die Auffassung, die erste Kündigung sei schon deshalb unwirksam, weil die Beklagte bei der Kündigung nicht gehörig vertreten gewesen sei. Geschäftsführer sei zu diesem Zeitpunkt noch immer der Kaufmann W. gewesen. Auf jeden Fall seien aber beide Kündigungen sozial ungerechtfertigt. Bei der ersten Kündigung sei auch nicht die Kündigungsfrist nach dem Gesetz über die Fristen für die Kündigung von Angestellten gewahrt, so daß er die Fortzahlung des Gehalts abzüglich des anzurechnenden Arbeitslosengeldes für die Monate April bis einschließlich Juli 1959, demnach 510,05 DM für den Mai und 261,20 DM für den Juni fordern könne.

Die Beklagte hat Klageabweisung, hilfsweise Auflösung des Arbeitsverhältnisses nach § 7 KSchG beantragt.

Als Grund für beide Kündigungen und für den Auflösungsantrag hat die Beklagte vorgetragen, der Kläger habe mit dem ehemaligen Geschäftsführer W. konspiriert und mit ihm über geschäftliche Dinge gesprochen.

Das Arbeitsgericht hat dem Klageantrag unter Zurückweisung des Auflösungsantrages der Beklagten entsprochen.

Die Beklagte hat das Ziel der Klageabweisung, hilfsweise der Auflösung des Arbeitsverhältnisses, weiterverfolgt.

Der Kläger, der seit dem 1. April 1960 in einer neuen Stellung zu einem geringeren Gehalt, als er es zuletzt bei der Beklagten bezog, tätig ist, hat das Urteil des Arbeitsgerichts verteidigt und im Wege der Anschlußberufung die Beklagte auf Zahlung einer Gehaltsdifferenz von 7146,— DM und laufend monatlich weiteren 101,75 DM ab 31. Dezember 1960 in Anspruch genommen.

Das Landesarbeitsgericht hat die Kündigungsschutzklage und die im Wege der Anschlußberufung geltend gemachte weitere Klage abgewiesen. Die Revision des Klägers hatte Erfolg.

Aus den Gründen:

I. Die Revision ist statthaft.

Das angefochtene Urteil hat den Streitwert wegen der Anschlußberufung des Klägers auf 9436,— DM neu festgesetzt. Da das Urteil sowohl über zwei miteinander verbundene Feststellungsklagen, die sich gegen jede der beiden Kündigungen richten, wie auch über Zahlungsansprüche entschieden hat, handelt es sich um einen sogenannten gemischten Streitwert.

Bei gemischtem Streitwert ergibt sich der maßgebende Revisionswert aus der Summe, die einerseits aus dem Wert der nicht auf Zahlung gerichteten Posten und andererseits aus dem Wert der im festgesetzten Streitwert enthaltenen Zahlungsansprüche, soweit diese Beschwerdegegenstand sind, zusammengesetzt ist. Deswegen muß hier die Statthaftigkeit der Revision schon deshalb bejaht werden, weil das angefochtene Urteil die Anschlußberufung des Klägers, mit der er weitere 7146,— DM und laufend monatlich 101,75 DM begehrt hat, voll zurückgewiesen hat und der Kläger diese eindeutig bezifferten Zahlungsbegehren auch in der Revision verfolgt. Einer weiteren Aufgliederung des Streitwertes bedarf es nicht (vgl. BAG 8, 52).

II. Die Revision ist auch begründet, denn das angefochtene Urteil beruht auf der Verletzung des § 1 KSchG. Es ergibt sich nicht, daß die dem Kläger gegenüber ausgesprochenen Kündigungen sozial gerechtfertigt sind.

1. Das Landesarbeitsgericht hat in Übereinstimmung mit dem Arbeitsgericht die Feststellung getroffen, daß das Arbeitsverhältnis des Klägers durch die Kündigung vom 11. Februar 1959 nicht schon zum 31. März 1959, sondern erst zum 30. Juni 1959 aufgelöst ist. Damit ist das Feststellungsbegehren des Klägers zum Teil durchgedrungen. Da die Beklagte nicht ihrerseits Revision gegen das Urteil des Landesarbeitsgerichts eingelegt hat, ist dieses Urteil insoweit rechtskräftig geworden. Im Streit ist somit nur noch das Begehren, festzustellen, daß das Arbeitsverhältnis des Klägers über den 30. Juni 1959 hinaus fortbestanden hat.

2. Was zunächst die Frage betrifft, ob die Beklagte bei der Kündigung vom 11. Februar 1959 gehörig vertreten war, so ist dem Landesarbeitsgericht, das die Frage bejaht hat, im Ergebnis beizutreten.

a) Mit Recht gehen beide Vorinstanzen davon aus, daß im Zeitpunkt der Kündigung noch eine Kommanditgesellschaft bestand, deren rechtliche Gestalt sich nach dem Vergleich vom 28. September 1951 richtete. Die Auffassung der Beklagten, es habe sich bei ihr um ein einzelkaufmännisches Unternehmen gehandelt, ist nicht durch einen entsprechenden Tatsachenvortrag belegt. Die Beklagte hätte insoweit im einzelnen Tatsachen vortragen müssen, welche eine Änderung der rechtlichen Gestalt der Beklagten bewirkt haben. Vorgetragen ist lediglich in groben Umrissen der Inhalt des Vertrages vom 28. September 1951. Unbeschadet der Frage, ob in diesem Vertrag eine unwirksame Regelung der Vertretung enthalten sein könnte, war die Beklagte nach ihm doch eine Kommanditgesellschaft, in der Frau W. Komplementärin und ihre Mutter Kommanditistin war. Nach dem ganzen Inhalt des Vergleichs sollte auf jeden Fall eine Kommanditgesellschaft und zwar gerade in dieser Zusammensetzung gegründet werden. Es ist aber nicht vorgetragen worden, daß die Mutter gestorben und von Frau E. W. allein beerbt worden wäre. Das aber wäre im Hinblick auf § 177 HGB der einzige denkbare Fall, aus dem sich die Umwandlung der Kommanditgesellschaft in ein einzelkaufmännisches Unternehmen ergeben hätte (vgl. Schlegelberger, HGB, 3. Aufl., § 177 Anm. 7). Die Entfernung des Ehemannes W. aus der Leitung des Unternehmens war jedenfalls für die Rechtsform der Beklagten ohne Bedeutung.

b) Der Vergleich (= Gesellschaftsvertrag) vom 28. September 1951 enthielt die Bestimmung, daß dem Ehemann W. „die alleinige Geschäftsführung" übertragen war. Die Geschäftsführung ist aber scharf zu trennen von der Vertretung. Zwar lehrt die Erfahrung, daß in Gesellschaftsverträgen häufig die Vertretung gemeint wird, wenn von der Geschäftsführung die Rede ist. Es muß also gegebenenfalls im Wege der Auslegung geklärt werden, ob das eine oder das andere gemeint ist. Diese Auslegung ist hier aber vom Landesarbeitsgericht — in Übereinstimmung mit dem Arbeitsgericht — vorgenommen worden, und zwar in der Richtung, daß lediglich das Innenverhältnis gemeint, das Wort „Geschäftsführung" also im Sinne der gesetzlichen Terminologie richtig verwendet wurde. Das ist eine Tatsachenfeststellung, an die das Revisionsgericht gebunden ist. Die Überlegungen, die für die unbeschränkte Revisibilität der Satzungen von Kapitalsgesellschaften sprechen (RGZ 156, 129 [133]; 159, 321 ff.; BGHZ 9, 279 [281]), gelten nicht auch für Gesellschaftsverträge von Personalgesellschaften. Denn hier handelt es sich um Individualverträge, nicht um (Satzungs-)Normen. Daß das Landesarbeitsgericht bei seiner Auslegung gegen gesetzliche Auslegungsregeln, allgemeine Erfahrungssätze oder gegen die Denkgesetze verstoßen habe, ist weder von der Revision dargelegt noch sonst ersichtlich. Eine Verfahrensrüge hat die Revision zu diesem Komplex nicht erhoben. Danach steht fest, daß der Gesellschaftsvertrag eine Regelung der Vertretungsbefugnis nicht enthielt. Dann aber galt die gesetzliche Regelung der §§ 161 Abs. 2, 125 HGB. Auf die Frage, ob die Gesellschafter einer Personalgesellschaft sich ihrer Vertretungsbefugnis zugunsten eines Dritten, der nicht Gesellschafter ist, begeben können, kommt es nicht mehr an.

c) Demgegenüber meint die Revision, das Landesarbeitsgericht habe den Ehevertrag vom gleichen Tage bei seiner Auslegung nicht beachtet. Kraft der dort vereinbarten Verwaltung der Beteiligung der Frau W. durch ihren Ehemann W. sei Frau E. W. von der Ausübung ihrer Gesellschaftsrechte ausgeschlossen gewesen. Das ergebe sich aus dem Umkehrschluß zu § 1405 [a. F.] BGB, wonach eine Zustimmung des Ehemannes zu solchen Geschäften, die der Geschäftsbetrieb eines Erwerbsgeschäfts mit sich bringt, nicht erforderlich war, wenn der Ehemann der Ehefau die Einwilligung zum selbständigen Betrieb des Erwerbsgeschäfts erteilt hat.

Diese Ausführungen gehen fehl. Die — hier vertraglich vereinbarte — ehemännliche Verwaltung der Beteiligung an einer Kommanditgesellschaft umfaßt keineswegs ohne weiteres die Ausübung der Gesellschafterrechte, unbeschadet der Frage, ob eine Übertragung der Gesellschafterrechte in ihrer Gesamtheit überhaupt wirksam erfolgen kann und ob insbesondere die einzige persönlich haftende Gesellschafterin einer Kommanditgesellschaft sich ihrer Vertretungsmacht zugunsten eines Nicht-Gesellschafters zu begeben in der Lage ist.

Auszugehen ist von dem personalen Charakter einer Kommanditgesellschaft. Die Gesellschafter tragen mit ihrer Person die Gesellschaft. Das hatte auch in Zeiten des früheren gesetzlichen Güterstandes der Verwaltung und Nutznießung zur Folge, daß die Ehefrau die Vertretungsbefugnis selbst ausübte, selbst wenn ihre Beteiligung zum eingebrachten Gut gehört (vgl. Schlegelberger-Gessler, HGB, 3. Aufl., § 125 Anm. 4). Anderenfalls wäre die personale Natur des Gesellschafterverhältnisses beeinträchtigt worden, während es auch das Wesen der ehemännlichen Verwaltung und Nutznießung lediglich gebot, dem Ehemann ausschließlich solche Rechte zu geben, deren er zur Sicherung der Beteiligung bedurfte, nämlich die Kontrollrechte, allenfalls noch gewisser Mitwirkungsrechte (vgl. Baumbach-Duden, HGB, 14. Aufl., § 114 Anm. 2 D). Das gilt dann aber im Zweifel auch, wenn die ehemännliche Verwaltung auf Vertrag beruht. Der Umkehrschluß zu § 1405 BGB [a. F.] geht übrigens schon deshalb fehl, weil die Beteiligung einer Ehefrau an einer Personalgesellschaft, und zwar wie hier mit Zustimmung oder doch mit Wissen und ohne Einspruch des Ehemannes, bedeutete, daß sie ein selbständiges Erwerbsgeschäft betrieb, selbst wenn sie von der Vertretung ausgeschlossen gewesen sein sollte (vgl. Palandt-Lauterbach, BGB, 17. Aufl., § 1431 Anm. 2; RGZ 127, 114). Wiederum ist der personale Charakter des Gesellschafterverhältnisses bedeutsam.

Danach stellt es keinen Auslegungsfehler dar, wenn das Landesarbeitsgericht bei seiner Auslegung des Gesellschaftsvertrages dem genannten Ehevertrag keine besondere Aufmerksamkeit angedeihen ließ. Daß die Vertragsparteien bei Abschluß des Ehevertrages in Wirklichkeit doch die — möglicherweise unwirksame — Übertragung der Vertretungsbefugnis auf den Ehemann gemeint hätten, hat der Kläger nicht vorgetragen.

3. War somit die Beklagte bei der Kündigung vom 11. Februar 1959 gehörig vertreten und sind auch sonstige Unwirksamkeitsgründe im Sinne des § 11 Abs. 4 KSchG nicht ersichtlich, so kam es für die Wirksamkeit der Kündigung lediglich darauf an, ob der Kläger durch sein Verhalten einen Kündigungsgrund im Sinne des § 1 KSchG gegeben hat.

Mit Recht rügt die Revision, daß die vom Landesarbeitsgericht festgestellten Tatsachen die Kündigung nicht sozial rechtfertigen.

Nach dem vom Landesarbeitsgericht festgestellten Sachverhalt hat der Kläger sich mit dem Ehemann W. im Dezember 1958, nach dessen Entfernung aus dem Betrieb, und später wiederholt getroffen, ferner dem Sohn der Eheleute W., dem Zeugen F. W., auf dessen Frage, wen er als den rechtmäßigen Leiter des Betriebes ansehe, geantwortet, er sehe den Ehemann W. als Leiter des Betriebes an; schließlich hat der Kläger im Januar 1959 nach seiner Suspendierung vom Dienst den Ehemann W. angerufen, um sich von ihm „Informationen" oder „Instruktionen" zu holen.

Diese Feststellungen erschöpfen zugleich im wesentlichen die von der Beklagten als Kündigungsgrund vorgetragenen Tatsachen. Lediglich eine weitere Behauptung hat die Beklagte aufgestellt, nämlich, der Kläger habe nach seiner Suspendierung geäußert, er werde mit dem Ehemann W. zusammen in den Betrieb zurückkehren. Diese Behauptung ist nach den Feststellungen des Landesarbeitsgerichts aber beweislos geblieben.

Die rechtliche Würdigung des festgestellten Sachverhaltes ergibt nicht mehr, als daß der Kläger in einer Situation, in welcher die Frage, ob der Ehemann W. oder seine Frau die Befugnis zur Betriebsleitung hatte, objektiv schwer zu beantworten war, den bisherigen und langjährigen Leiter auch weiterhin als solchen angesehen und mit ihm Verbindung gehalten hat. Daß der Kläger seine Arbeitspflicht verletzt hat, ist nicht festgestellt worden. Auch ist nicht ersichtlich, daß der Kläger solche Nebenverpflichtungen aus dem Arbeitsvertrag verletzt hat, die in irgendeinem Zusammenhang mit seiner Arbeitspflicht standen.

Das Landesarbeitsgericht hat es bei seiner Würdigung der Lage offenbar darauf abgestellt, daß der Kläger durch sein Verhalten die Interessen der Ehefrau E. W. die bei der Schlichtung des Machtkampfes im Betrieb schließlich — wenn auch gegen Zahlung eines Betrages von 326 000,— DM — obgesiegt hat, verletzt habe. Dieser Ausgangspunkt ist rechtsirrig. § 1 Abs. 2 KSchG gebietet eine Interessenabwägung (BAG 1, 117 [119]). Dabei ist das Interesse des Arbeitnehmers an der Erhaltung seines Arbeitsplatzes gegenüberzustellen dem Interesse des Arbeitgebers an der Auflösung des Arbeitsverhältnisses. Arbeitgeber des Klägers war hier aber nicht Frau E. W., sondern die unter der Firma R. und St. KG betriebene Kommanditgesellschaft, in welcher Frau W. lediglich, wenn auch als Komplementärin, beteiligt war. Bereits diese Tatsache verbot es, die Interessen der Frau W. gleichzusetzen mit den Interessen des Arbeitgebers (vgl. BAG 10, 122 ff.). Mag auch bei einer Kommanditgesellschaft mit nur einem persönlich haftenden Gesellschafter dieser Gesellschafter der bedeutsamste Träger der Arbeitgeberfunktionen sein, so ist es doch bei der durch § 1 Abs. 2 KSchG gebotenen Interessenabwägung nicht angängig, die persönlichsten und noch dazu aus der Sphäre der Gesellschaft hinausragenden Interessen als allein maßgeblich anzusehen. Dieser Gesichtspunkt nötigt im vorliegenden Fall dazu, die Interessen der Gesellschaft als solcher zu werten und in diesem Sinne von einem objektivierten Arbeitgeberinteresse auszugehen.

Abgesehen hiervon ist als zureichender Kündigungsgrund überhaupt nur ein solcher Umstand anzusehen, der einen verständig urteilenden Arbeitgeber zur Kündigung bestimmen kann. Der Umstand muß bei verständiger Würdigung in Abwägung der Interessen des Arbeitnehmers einerseits und des Arbeitgebers andererseits sowie des Betriebes die Kündigung als billigenswert und angemessen erscheinen lassen. Das entspricht seit BAG 1, 99 [101/102] der ständigen Rechtsprechung des Senats und nötigt ebenfalls, von einem objektiven, d. h. eben einem verständig urteilenden Arbeitgeber auszugehen, nicht aber ausschließlich von persönlichsten

Interessen einer konkreten Person. Andernfalls würde der Schutz des Arbeitsplatzes des Arbeitnehmers von vornherein beeinträchtigt.

Bei richtiger Anwendung des § 1 Abs. 2 KSchG ergibt sich hier, daß die Beklagte es am Vortrag solcher Tatsachen hat fehlen lassen, die einen verständig urteilenden Arbeitgeber (der, wie gesagt, vorliegend eine Kommanditgesellschaft ist) zur Kündigung bestimmen können. Ein solcher Arbeitgeber mußte berücksichtigen, daß der Kläger durchaus der Auffassung sein konnte, der Ehemann W. sei rechtswidrig aus dem Betrieb entfernt worden und Frau W. habe die Befugnis zur Leitung des Betriebes usurpiert. Wenn selbst das Landesarbeitsgericht davon spricht, Frau W. habe „die Macht im Betrieb an sich gerissen", so durfte auch der Kläger davon ausgehen, daß dem so sei. Dann war die Handlungsweise des Klägers, die im übrigen die Interessen des Betriebes als solchen nicht berührte, menschlich verständlich und jedenfalls nicht weiter vorwerfbar. Bei der nicht besonders hervorgehobenen, durch ein verhältnismäßig bescheidenes Gehalt charakterisierten Stellung des Klägers waren allein wegen dieser seiner Meinung auch keine stärkeren Spannungen und Belastungen zu befürchten.

4. Hat danach die gemäß § 1 Abs. 2 Satz 2 KSchG darlegungspflichtige Beklagte keine schlüssigen Kündigungsgründe vorgetragen, so ist die Kündigung vom 11. Februar 1959 sozial ungerechtfertigt. Das gleiche gilt dann aber auch für die weitere Kündigung vom 8. September 1959. Es handelt sich bei dieser zweiten Kündigung um eine schlichte und nicht auf andere Gründe gestützte Wiederholung der ersten Kündigung. Beide Kündigungen sind gemäß § 1 Abs. 1 KSchG unwirksam. Hierüber hatte das Revisionsgericht gemäß § 565 Abs. 3 Nr. 1 ZPO selbst zu entscheiden; das Urteil des Arbeitsgerichts war insoweit dadurch wiederherzustellen, daß die Berufung der Beklagten gegen dieses Urteil zurückgewiesen ist.

III. Auf den Hilfsantrag der Beklagten war jedoch das Arbeitsverhältnis aufzulösen. Da insoweit Entscheidungsreife besteht, konnte das Revisionsgericht selbst entscheiden (BAG AP Nr. 2 zu § 7 KSchG).

Die vom Landesarbeitsgericht festgestellten Tatsachen rechtfertigen den Auflösungsantrag. Eine den Betriebszwecken dienliche weitere Zusammenarbeit ist nicht zu erwarten, und zwar deshalb nicht, weil im Prozeß selbst scharf gegensätzliche Auffassungen über die Handlungsweise der Frau E. W. zwischen dem Kläger einerseits und dem jetzigen Geschäftsführer F. W. zutage getreten sind (siehe BAG AP Nr. 56 zu § 1 KSchG). Daran könnte auch eine Parteiaussage der Frau E. W. nichts ändern, so daß es auf ihre Vernehmung nicht ankommt. Eine den Betriebszwecken dienliche weitere Zusammenarbeit zwischen dem Kläger und der Beklagten ist bei der Schärfe der Gegensätzlichkeit zwischen dem Kläger und dem Geschäftsführer der Beklagten nicht zu erwarten. Die Gegensätzlichkeiten beschränken sich nicht mehr auf eine bestimmte Meinung des Klägers zur Berechtigung der Geschäftsführung bis August 1959, sie sind vielmehr gegenüber dem nunmehrigen, gerade von Frau E. W. eingesetzten Geschäftsführer mit größter Härte vertreten worden. Das Arbeitsverhältnis war daher aufzulösen, und zwar gemäß § 7 Abs. 2 KSchG zum 30. Juni 1959. Ob das Verhalten des Klägers im Prozeß einen Kündigungsgrund abgab, brauchte schon deswegen nicht entschieden zu werden, weil ihm deswegen eine Kündigung nicht erklärt worden ist.

Als Abfindung erschien im Hinblick auf die mehr als achtjährige Betriebszugehörigkeit des Klägers ein Betrag von 4500,— DM angemessen.

IV. Die Zahlungsansprüche des Klägers sind, soweit sie nicht für die Zeit bis zum 30. Juni 1959 rechtskräftig zuerkannt sind, unbegründet. Sie hätten nur durchdringen können, wenn dem Kläger die Abwehr des Auflösungsantrages gelungen wäre. Die Anschlußberufung des Klägers war daher zurückzuweisen.

V. Bei der Kostenentscheidung war zu berücksichtigen, daß der Kläger im Kündigungsrechtsstreit, für den der Senat unter Zusammenfassung beider miteinander verbundenen Kündigungsschutzprozesse einen Gesamt-Streitwert von 3000,— DM angenommen hat, zum überwiegenden Teil, nämlich zu $^3/_4$, obsiegt, zu $^1/_4$ dagegen unterliegt (vgl. BAG AP Nr. 2 zu § 7 KSchG).

Für die erste Instanz hat der Kläger somit

die Kosten aus einem Streitwert von	750,00 DM
die Beklagte die Kosten aus	2250,00 DM
zuzüglich der geltend gemachten	771,25 DM
insgesamt also aus	3021,25 DM

zu zahlen.

In den beiden weiteren Instanzen kommen für den Kläger zu den genannten 750,— DM noch hinzu die Kosten für die geltend gemachte einmalige Zahlung von 7146,— DM und für die laufende Zahlung von 101,75 DM, die mit ihrem Kostenstreitwert von 5-Jahresbeträgen gemäß § 13 Abs. 4 GKG, also mit 6105,— DM einzusetzen war.

Sachregister

B

C

D

G

H

Gesetzesregister

Zusammenstellung der Entscheidungen nach der Zeitfolge

Kolibri 360 GmbH
Ferdinand-Jühlke-Straße 7
99095 Erfurt, Deutschland
produktsicherheit@kolibri360.de

Nr. 27 1954
S. 5927—6158 7. Juli

Chemisches Zentralblatt

Vollständiges Repertorium für alle Zweige der reinen und angewandten Chemie

1830 gegründet. 1897—1945 von der Deutschen Chemischen Gesellschaft fortgeführt.
Im Auftrage der Deutschen Akademie der Wissenschaften zu Berlin, der Chemischen Gesellschaft in der Deutschen Demokratischen Republik, der Akademie der Wissenschaften zu Göttingen und der Gesellschaft Deutscher Chemiker

herausgegeben von Prof. Dr. **Maximilian Pflücke**

125. Jahrgang

1954

Chefredakteure: Dr. Eugen Klever und Prof. Dr. Maximilian Pflücke

Akademie-Verlag GmbH., Berlin — Verlag Chemie, GmbH., Weinheim/Bergstr.

Inhalt

Namenregister

Chemisches Zentralblatt

1954 Nr. 27 7. Juli

Geschichte. Unterricht.

—, *Nobelpreis für Chemie für 1953: Prof. H. Staudinger.* Kurze Würdigung der Verdienste von HERMANN STAUDINGER, dem Pionier der Makromolekularen Chemie aus Anlaß der Verleihung des NOBEL-Preises. (Nature [London] **172.** 893. 14/11. 1953.)
KLEVER. 1

Auguste Chevalier, *Jean Becquerel.* Nachruf auf J. BECQUEREL (geb. 5/2. 1878 in Paris, gest. 4/7. 1953 in Sainte-Marguerite/Bretagne, Sohn von HENRY BECQUEREL). Sein Hauptarbeitsgebiet umfaßte die Lichtabsorption durch Kristalle bei tiefen u. extrem tiefen Tempp., die Photoluminescenz u. die magneto-opt. Erscheinungen. (C. R. hebd. Séances Acad. Sci. **237.** 1581—82. 14/12. 1953.) KLEVER. 1

A. Guyer und **L. Blangey,** *H. E. Fierz-David. 1882—1953.* Nachruf auf den am 25/8. 1953 verstorbenen bekannten Schweizer Forscher HANS EDUARD FIERZ-DAVID, dessen Arbeiten auf den verschied. Gebieten der organ. Chemie gewürdigt werden. (Helv. chim. Acta **37.** 427—35. 15/3. 1954.) KLEVER. 1

F. Laves, *Paul Niggli. 26. Juni 1888 bis 13. Januar 1953.* Nachruf auf den am 13/1. 1953 in Zürich verstorbenen bekannten Mineralogen. — Bild. (Experientia [Basel] **9.** 197—98. 15/5. 1953.) GOTTFRIED. 1

Auguste Chevalier, *Serge Winogradsky.* Nachruf auf den bekannten Agrikulturchemiker S. WINOGRADSKY (geb. 1856 in Kiew, gest. 24/2. 1953 in Brie-Comte-Robert (Seine-et-Marne), dessen Arbeiten auf dem Gebiet der Nitrifikation von Bedeutung sind. (C. R. hebd. Séances Acad. Sci. **237.** 1584—85. 14/12. 1953.)
KLEVER. 1

Wolfgang Schneider, *Wöhlers Harnstoffsynthese vor 125 Jahren.* Besprechung u. teilweise Zitierung der richtungweisenden Arbeiten WÖHLERs über die Erforschung der Cyanverbindungen. (Pharmaz. Ind. **15.** 301—03. Sept. 1953. Braunschweig.)
H. P. FIEDLER. 2

L. J. Vandewiele, *Bemerkungen über „Sr. Petrus van Baveghem, freien Apothekermeister" in Gent.* PIETER VAN BAVEGHEM, geb. 1758 in Gent, gest. 1835 in Gent, war als Apotheker, Chemiker, Fabrikant mehrerer chem. Prodd. u. Leiter einer Rübenzuckerfabrik tätig u. gab einen Kommentar zur neuen Genter Pharmakopoe. (Pharmac. Weekbl. **88.** 697—709. 10/10. 1953.) WESLY. 2

W. P. Kalaschnikow, *Die Rolle von Petersburg-Petrograd-Leningrad in der Entwicklung der heimischen Pharmazie.* Zum 250jährigen Jubiläum der Gründung Petersburgs (1703) wird die Tätigkeit der Pharmazeuten an der Medico-chirurg. (jetzt Kriegsmed.) Akademie in Petersburg geschildert: M. M. TERECHOWSKI (1740 bis 1796), N. P. S. SCHTSCHEGLOW, G. F. SSOBOLEWSKI (1741—1807), T. A. SSMELOWSKI (1769—1815), P. F. GORJANINOW (1796—1865), A. P. NELJUBIN, W. M. SSEWERGIN (1765—1826), P. G. GOLUBEW (1836—1914), A. Ss. GINSSBERG, N. I. KROMER, L. F. ILJIN.) (Аптечное Дело [Apotheken] **2.** Nr. 3. 35—41. Mai/Juni 1953.)
v. WILPERT. 2

Ss. P. Fortunatow, *Materialien zur Geschichte der ersten Pharmakopöen.* 2. Mitt. (1. vgl. Аптечное Дело [Apotheken] **1.** Nr. 3. [1952.] 65). Die ersten Pharmakopöen in Rußland wurden zu Anfang des 18. Jahrhunderts handschriftlich angefertigt, sie trugen, wie auch spätere Werke, den Titel „Hausapotheke" u. ähnlich, Werke über heim. Heilpflanzen folgten unter anderen Titeln; 1765 erschien ein „Regimentskatalog", 1777 eine zivile Pharmakopöe. Ausführlich wird die zweite russ. Pharmakopöe von 1798 inhaltlich beschrieben. (Аптечное Дело [Apotheken] **2.** Nr. 3. 42—47. Mai/Juni 1953. Pjatigorsk.) v. WILPERT. 2

D. A. Wittop Koning, *Die in Zutphen (Niederlande) verwendete Pharmakopöe.* Die Pharmacopoea Hagana aus dem Jahre 1738 ist ein abgeändertes Exemplar der Pharmakopoe von Zutphen. (Pharmac. Weekbl. **87.** 41—42. 19/1. 1952.) WESLY. 2

Jean Nardy, *Chinesische Ton- und Porzellanwaren.* Beschreibung aus der Entwicklungsgeschichte des chines. Porzellans. (Bull. Soc. franç. Céram. **1953.** Nr. 20. 11—18. Juli/Sept.) SCHÜTZ. 2

N. C. Flower, *Versuchsfehler.* Vf. betrachtet die Fehlerhaftigkeit von Versuchsergebnissen (Gegensatz zur Mathematik) u. beschreibt die pädagog. Auswirkungen. — Beispiele aus Physik u. Chemie sind angegeben. (School Sci. Rev. **34.** 70—82. Nov. 1952. Nottingham, Univ., Dep. of Educat.) KNÖPKE. 6

Richard G. Gillis, *Die Auswertung von Molekularformeln.* Durch Ersatz von O, N (auch Elemente ihrer Gruppen) u. Halogen (auch Alkalimetall) in den Bruttoformeln durch CH_2, CH bzw. H wird der „äquivalente KW-stoff" (C_nH_{2m}) ermittelt. Bei Basensalzen ist vorher die Formel für die Säure abzuziehen. Die Summe der vorhandenen Ringe u. Doppelbindungen (Dreifach- = 2 Doppelbindungen) ist stets $n - m + 1$. (J. chem. Educat. **30.** 126—27. März 1953. Melbourne, Melbourne Techn. Coll.) BLUMRICH. 6

Wallace A. Hilton, *Demonstrationsmodelle von Verzögerungsplättchen im polarisierten Licht.* Auf senkrecht aufeinanderstehenden Flächen (Kristallachsenebenen senkrecht zur opt. Achse) sind Wellenzüge für den ordentlichen u. außerordentlichen Strahl gezeichnet, wodurch gezeigt werden kann, daß unter 45° zwischen den Ebenen einfallendes polarisiertes Licht durch $^1/_2$- u. $^1/_4$-Wellenplättchen um 90° gedreht bzw. zirkular (im allg. ellipt.) polarisiert wird. (Amer. J. Physics **21.** 466—67. Sept. 1953. Liberty, Miss., William Jewell Coll.) BLUMRICH. 6

Jacques Nicolle, Un maître de l'enquête scientifique: Louis Pasteur. Alençon: impr. de Poulet-Malassis. 1953. (24 S.) fr. 87, - .

A. Allgemeine und physikalische Chemie.

A_1. Kernphysik und Kernchemie.

H. B. G. Casimir, *Einführende Bemerkungen zur Quantenelektrodynamik.* (Sitzungsbericht.) Bericht über die Möglichkeit der Aufstellung eines Formalismus, in dem Nullpunktenergie u. Eigenenergie sich gegenseitig für einen bestimmten Wert von $e^2/\hbar c$ in einer formunabhängigen Weise kompensieren. (Physica **19.** 846—49. Sept. 1953. Eindhoven, N. V. Philips' Gloeilampenfabrieken, Res. Labor.) GERHARD SCHMIDT. 80

Gunnar Källén, *Annäherung der Nichtstörungstheorie an das Renormalisierungsverfahren.* (Sitzungsbericht.) Vf. gibt einen Auszug der Fundamentalgleichungen u. Prinzipien für die Annäherung der Nichtstörungstheorie an die Renormalisierungstheorie. Das Verf. wird nur auf die Quantenelektrodynamik für Teilchen mit dem Spin $^1/_2$ verallgemeinert. (Physica **19.** 850—58. Sept. 1953. Kopenhagen, Univ., Inst. for Theoret. Phys.; Lund, Univ., Dep. of Mechan. and Mathemat. Phys.) GERHARD SCHMIDT. 80

L. Rosenfeld, *Darstellungsprobleme der Quantenelektrodynamik.* (Sitzungsbericht.) Bericht über den gegenwärtigen Stand der Quantenelektrodynamik, wobei bes. auf den quantenhaften Charakter der Elektrodynamik, die Eigenenergie u. Ladungsverteilung eingegangen wird. Die Quantenelektrodynamik läßt sich nur im Sinne einer Korrespondenz mit dem Grenzfall der klass. Theorie entwickeln, u. zwar durch sukzessive Approximationen bzgl. der Kopplungskonstanten $e^2/\hbar c$. Die Bedeutung des Korrespondenzprinzips wird bei der Diskussion des elektrostat. Feldes demonstriert. (Physica **19.** 859—68. Sept. 1953. Manchester, Univ., Dep. of Theoret. Phys.) GERHARD SCHMIDT. 80

A. Pais, *Isotopischer Spin und Massenquantelung.* (Sitzungsbericht.) Vf. behandelt die Frage der Spindarst. als Wellengleichung vom Standpunkt der Ladungsunabhängigkeit u. der Erhaltungssätze. Eine vorläufige Einordnung der Elementarteilchen in 3 Familien (Nucleonen, π u. e) wird unter Berücksichtigung der Stellung der neutralen u. geladenen schweren Teilchen (V-Teilchen) vorgeschlagen. (Physica **19.** 869—87. Sept. 1953. Princeton, N. J., Inst. for Advanc. Stud.) GERHARD SCHMIDT. 80

P. A. M. Dirac, *Die Lorentz-Transformation und die absolute Zeit.* (Sitzungsbericht.) Quantenmechan. Betrachtungen führen auf die Möglichkeit der Ausweitung der gegenwärtigen Theorie durch Einführung der Annahmen von Äther u. absol. Zeit ohne Aufgabe der LORENTZ-Invarianz der Theorie. Der absol. Zeitgedanke wird auf die Theorie der irrotationalen Elektronenströme angewandt. (Physica **19.** 888—96. Sept. 1953. Cambridge, St. John's Coll.) GERHARD SCHMIDT. 80

Werner Heisenberg, *Zweifel und Hoffnungen in der Quantenelektrodynamik.* (Sitzungsbericht.) Grundsätzliche Erwägungen über den offenen oder geschlossenen Charakter der Quantenelektrodynamik u. Ableitung der Folgerungen aus diesen beiden Annahmen. (Physica **19.** 897—907. Sept. 1953. Göttingen.) GERHARD SCHMIDT. 80

I. R. Senitzky, *Übergang von der klassischen zur Quantenwechselwirkung zwischen Elektron und Hochfrequenzfeld.* (Vgl. C. **1953.** 1435.) (Sitzungsbericht.) Als Ausgangszustand wird für das Elektron ein Wellenpaket in Orts- u. Impulskoordinaten, für das Feld ein Wellenpaket in Vektorpotential u. elektr. Feldstärkekoordinaten angesetzt. Es ergibt sich eine Zufallsverteilung um den klass. Wert der Elektronengeschwindigkeitszunahme innerhalb des durchlaufenen Hohlraumresonators. Für den Fall, daß das ungestörte Feldwellenpaket von der Form einer GAUSS-Verteilung ist, wird ein Ausdruck für die mittlere quadrat. Abweichung vom Erwartungswert der Elektronengeschwindigkeitszunahme angegeben. (Physic. Rev. [2] **90.** 386. 15/4. 1953. Signal Corps Engng. Labor.) LENZ. 90

Phan van Loc, *Über das Huygenssche Prinzip in der Theorie des Dirac-Elektrons.* Vf. leitet einen Ausdruck des HUYGENSschen Prinzips in der Wellenmechanik mit 4 DIRACschen Wellenfunktionen ab. (C. R. hebd. Séances Acad. Sci. **237.** 649—51. 28/9. 1953.) GERHARD SCHMIDT. 90

Gérard Petiau, *Über die elektromagnetische Coulomb-Streuung der Teilchen mit den Spins 0, ħ/2 oder ħ.* Kovariante Berechnung der Wirkungsquerschnitte elektromagnet. COULOMB-Streuung zwischen zwei unterscheidbaren Teilchen mit den Spins 0, ħ/2 oder ħ. (C. R. hebd. Séances Acad. Sci. **234.** 1601—04. 16/4. 1952.) GERHARD SCHMIDT. 90

Gérard Petiau, *Über eine neue Theorie der Teilchen mit beliebigem Spin und ihre Anwendung auf die Berechnung der Wirkungsquerschnitte der Coulomb-Streuung.* Vf. untersucht einige Grundeigg. des Formalismus einer allg. Theorie der Teilchen mit einem Spin von einem Vielfachen von ħ/2, in der ein Syst. irreduzibler Wellengleichungen ein Teilchen mit einem Gesamtspin n ħ/2 u. einen einzigen Wert der Eigenmasse m_0 darstellt. Anschließend werden die allg. Formeln aufgestellt, die den Ausdruck für den Wirkungsquerschnitt elektromagnet. COULOMB-Streuung beim Stoß zweier sich um den Spin n ħ/2 u. m ħ/2 unterscheidenden Elementarteilchen liefern. (J. Physique Radium **14.** 501—09. Okt. 1953. Paris, Inst. Henri Poincaré.) GERHARD SCHMIDT. 90

Otto Hittmair, *Zur inelastischen Streuung in der Kontinuumtheorie.* Die unelast. Streuung eines Teilchens an einem Kern wird mit Hilfe der vereinfachenden statist. Annahme für die Energieniveaus des dabei gebildeten Compoundkernes, welche sich überlappen u. ein Kontinuum bilden, theoret. untersucht. Der totale Querschnitt für unelast. Streuung wird mit Hilfe der CLEBSCH-GORDAN-Koeffizienten berechnet. Die dabei auftretenden Berechnungsschwierigkeiten werden durch Berücksichtigung der γ-Strahlung beim Übergang vom angeregten Kern in den Grundzustand vermieden. Die Berechnung der γ-Übergangswahrscheinlichkeit wird durch Verhältnisbldg. der Wirkungsquerschnitte für 2 verschied. Einfallsenergien bei gleicher γ-Strahlung vermieden. Zahlenwerte bei Neutronenstreuung werden für die Niveaus von ^{111}Cd gegeben. (Z. Physik **132.** 553—58. 1952. Cambridge, Mass., MIT.) WERNER SCHULZ. 90

Otto Hittmair, *Die Richtungskorrelationen bei inelastischer Streuung mit folgender γ-Strahlung.* (Vgl. vorst. Ref.) Für die unelast. Kernstreuung werden unter den gleichen Annahmen (l. c.) die experimentell leichter als der totale Wirkungsquerschnitt bestimmbare Winkelverteilung berechnet u. eine allg. Formel angegeben. Die Summe der magnet. Quantenzahlen wird durch die RACAH-Koeffizienten für den Fall zusammengefaßt, daß die emittierte γ-Strahlung zur einfallenden Strahlung in Korrelation gesetzt wird u. die emittierte Teilchenstrahlung unberücksichtigt bleibt. Hierauf wird die gleiche statist. Annahme (l. c.) gemacht u. ein bestimmter γ-Übergang vom angeregten in den Grundzustand ausgesondert, wodurch die Unters. von Niveauspins u. Paritäten erleichtert wird. (Z. Physik **132.** 559—64. 1952.) WERNER SCHULZ. 90

Don R. Swanson, *Polarisationseffekte bei Nucleon–Nucleon-Streuung.* (Vgl. C. **1954.** 469.) Wird ein Bündel unpolarisierter Nucleonen durch ein Target unpolarisierter Nucleonen gestreut, so sind die gestreuten Teilchen in einer Richtung n. zur Streuebene polarisiert, vorausgesetzt, daß die Wechselwrkg. Tensor- oder Spin-Bahnkräfte enthält. Die Polarisation kann mittels einer zweiten gleichartigen Streuung nachgewiesen werden, da der Wirkungsquerschnitt eine azimutale Abhängigkeit vorgegebener Form enthält. Die Berechnungen werden für eine doppelte p—p-Streuung unter Verwendung der Tensorwechselwrkg. u. für eine doppelte n—p-Streuung unter Verwendung des von CHRISTIAN u. HART angegebenen Zentral- u. Tensorpotentials durchgeführt. Die durch die erste Streuung bei einem optimalen Winkel von ~50° erzeugte Polarisation schwankt von 6% bei 40 MeV bis zu 33% bei 285 MeV für n—p-Streuung u. von 10% bei 129 MeV bis zu 15% bei 350 MeV für p—p-Streuung. (Physic. Rev. [2] **89.** 749—52. 15/2. 1953. Berkeley, Calif., Univ. of California, Dep. of Phys., Radiat. Labor.) GERHARD SCHMIDT. 90

Martin J. Berger, *Mehrfachstreuung schneller Protonen in photographischen Emulsionen.* Ausführlichere Darst. der C. **1953.** 2706 referierten Arbeit. (Physic. Rev. [2] **88.** 59—70. 1/10. 1952. Chicago, Ill., Univ. of Chicago, Dep. of Phys., u. Inst. for Nucl. Stud.) EICHHOFF. 90

Joseph Seiden, *Die Streuung der Protonen durch das Restgas im Cosmotron starker Konvergenz.* Die Streuung der in einem Cosmotron starker Konvergenz beschleunigten Elektronen führt zu Oscillationen, deren maximale Amplitude von wesentlich größerer Bedeutung ist als die nach der BLACHMAN-COURANT-Theorie für das Synchrotron angegebene. Vf. führt diese Diskrepanz auf die Wrkg. der magnet. defokussierenden Sektoren zurück. (C. R. hebd. Séances Acad. Sci. **237.** 1075—77. 2/11. 1953.) GERHARD SCHMIDT. 90

R. J. S. Brown, George D. Freier, H. D. Holmgren, W. R. Stratton und **J. L. Yarnell,** *Messungen des differentiellen Streuquerschnitts für die Streuung von Protonen an Deuteronen.* Es wird der differentielle Wirkungsquerschnitt für durch ein einfallendes Deuteronenbündel elast. gestreute Protonen im Energiebereich von 0,96 bis 3,22 MeV bestimmt. Verwendet wurde die Streukammeranordnung von CLAASSEN u. Mitarbeitern (C. **1952.** 1276). Der überstrichene Winkelbereich im Schwerpunktssyst. geht von 67—126°; in der Gegend von 90° zeigt der Querschnitt charakterist. Minima bei allen betrachteten Energien. Die beobachteten σ-Werte variieren zwischen 0,147 u. 0,280 barn. (Physic. Rev. [2] **88.** 253—56. 15/10. 1952. Minneapolis, Minn., Dep. of Phys.) WEIGEL. 90

W. R. Stratton, G. D. Freier, G. R. Keepin, D. Rankin und **T. F. Stratton,** *Die elastische Streuung von Deuteronen an Tritonen.* (Vgl. vorst. Ref.) Vff. messen die Streuung von Deuteronen an Tritonen im Energiebereich von 0,96—3,22 MeV. Es wurde der Winkelbereich zwischen 44,3 u. 126,4° im Schwerpunktssyst. erfaßt. Die σ-Werte als Funktion des Winkels zeigen ein Minimum in der Gegend von 90°; dieses Minimum wird mit zunehmender Energie der Primärdeuteronen kleiner u. wandert nach größeren Winkeln. Bei 1,20 MeV ist im Minimum $\sigma = 0{,}130$ barn, bei 3,22 MeV ist $\sigma = 0{,}019$ barn. Die Darst. des verwendeten Tritiums erfolgte in der Weise, daß die Streukammer u. eine kleine, über einen Hahn angeschlossene Quarzampulle, in der sich eine Pastille von UT_3 befand, mit einer Diffusionspumpe auf ca. $5 \cdot 10^{-5}$ Torr evakuiert wurden, u. dann durch Erwärmen des UT_3 auf ca. 400° so viel T_2-Gas ausgetrieben wurde, um einen Druck von ca. 40 Torr zu erzielen. Nach Beendigung der Verss. konnte das T_2 in der Weise zurückgewonnen werden, daß das in der Quarzampulle befindliche UT_3 auf ca. 100° gehalten wurde. Das verwendete T_2-Gas enthielt lediglich 2% H_2, im Laufe der Verss. erhöhte sich der Geh. an H_2, offenbar durch Zers. von Vakuumfetten. Eine Meth. zur Reinheitsprüfung des T_2, beruhend auf einer Messung der Rückstoßprotonenintensität u. Analyse des damit erhaltenen Impulsspektr., wird beschrieben. (Physic. Rev. [2] **88.** 257—60. 15/10. 1952.) WEIGEL. 90

T. F. Stratton und **George D. Freier,** *Die Winkelverteilung von α-Teilchen aus der Reaktion von Deuteronen mit Tritonen.* (Vgl. vorst. Reff.) Vff. messen die Winkelverteilung der bei der Rk. von Deuteronen auf Tritonen auftretenden α-Teilchen bei 2,21 MeV Deuteronenenergie. Erfaßt wurde der Winkelbereich von 40—140° im Schwerpunktssystem. Der Wirkungsquerschnitt für die Erzeugung von α-Teilchen verläuft im Bereich von 40—90° konstant in der Höhe von 8 mbarn, um bis zu 140° langsam auf ~13 mbarn anzusteigen. (Physic. Rev. [2] **88.** 261—63. 15/10. 1952.) WEIGEL. 90

George J. Yevick, *Einige Bemerkungen zur Theorie von Pines-Bohm über Mehrfachteilchen mit weitreichenden Kräften.* (Sitzungsbericht.) Ergänzende Bemerkungen zu der Arbeit von PINES u. BOHM (C. **1953.** 811). (Physic. Rev. [2] **90.** 383. 15/4. 1953. Univ. of Maryland u. Stevens Inst. of Technol.) v. HARLEM. 90

W. J. Swiatecki, *Die Kernoberflächenenergie.* Vf. berechnet die kinet. u. potentiellen Anteile der Kernoberflächenenergie auf der Grundlage des statist. Kernmodells erster Ordnung u. unter Verwendung GAUSSscher Wechselwrkg. zwischen den Teilchen. Die sich ergebende Oberflächenenergie ist in der richtigen Größenordnung, der berechnete Wert ist 55% des empir. Wertes. (Proc. physic. Soc., Sect. A **64.** 226—38. 1/3. 1951. Birmingham, Univ., Dep. of Mathemat. Phys.) GERHARD SCHMIDT. 95

Jack R. Tessman, *Anisotropieenergie in einem aus Spindipolen bestehenden kubischen Gitter.* (Sitzungsbericht.) In einem gesätt. kub. Gitter aus Spindipolen existiert nach der klass. Theorie keine Anisotropieenergie; wohl ist eine solche nach quantenmechan. Betrachtungen erlaubt. Es wird ein Ausdruck angegeben für die

Wechselwirkungsenergie im Falle paramagnet. Dipolwechselwirkungen, wobei vereinfacht angenommen wird, daß nur die nächsten Nachbarn beteiligt sind. Für die Anisotropieenergie werden Ausdrücke abgeleitet für den Fall eines quadrat. Flächengitters u. eines kub. Raumgitters. (Physic. Rev. [2] **85**. 752. 15/2. 1952; Bull. Amer. physic. Soc. **26**. Nr. 8. 4. 27/12. 1951. Berkeley, Calif., Univ. of California.) WEIGEL. 95

Frank A. Valente, *Die mögliche Existenz einer konstanten Differenz dritter Ordnung zwischen den magischen Kernzahlen.* (Vgl. C. **1951**. I. 423.) Anerkennung der Priorität von BAGGE (C. **1950**. I. 661) für die Lösung des gleichen Problems. (Physic. Rev. [2] **80**. 1110. 15/12. 1950. Arlington, Va.) KIRSCHSTEIN. 95

Richard E. Halsted, *Atommassen von Palladium bis Xenon.* (Vgl. C. **1952**. 7765.) Vf. bestimmt die Massen von 42 stabilen Kernen im Bereich von Pd bis Xe mit einem doppelt fokussierenden Massenspektrometer. In Verbindung mit den Massendifferenzen von Kern-Rkk. wird aus den beobachteten Daten eine Tabelle von 74 Massenwerten im Bereich der Massenzahlen von 102—136 zusammengestellt. Ein Vgl. mit den nach der halbempir. WIGNER-Formel berechneten Massenwerten zeigt eine Diskontinuität bei der mag. Zahl von 50 Protonen. Die WIGNER-Formel erweist sich als nicht ausreichend zur Deutung von Verschiedenheiten der Bindungsenergie bei isobaren Kernen, indes vermag eine empir. Korrektur diese Diskrepanz zu beheben. (Physic. Rev. [2] **88**. 666—72. 1/11. 1952. Minneapolis, Minn., Univ. of Minnesota, Dep. of Phys.) WEIGEL. 95

Claude Mercier und **André Herpin,** *Theorie der Kernphotoreaktionen.* Durch Einführung der Bldg. des durch ein komplexes Potential zusammengesetzten Kerns erklärt Vf. gleichzeitig die Form u. Größenordnung des totalen Wirkungsquerschnittes der Kernphoto-Rkk. sowie die Änderung dieses Querschnitts mit der Kernladungszahl ohne Einführung willkürlicher Parameter. (C. R. hebd. Séances Acad. Sci. **237**. 556—58. 14/9. 1953.) GERHARD SCHMIDT. 103

G. C. Morrison, H. Muirhead und **W. G. V. Rosser,** *Die durch energiereiche Protonen erzeugten Kernzerfälle.* Vff. werten photograph. Platten (G 5-Emulsionen) aus, die mit 140 MeV-Cyclotronprotonen beschossen worden sind. Die gemessenen Energieverteilungskurven werden mit den nach dem GOLDBERGER-Modell berechneten verglichen. Die Übereinstimmung ist befriedigend. (Philos. Mag. [7] **44**. 1326—38. Dez. 1953. Glasgow, Univ., Dep. of Natural Philos.) WEIGEL. 103

M. L. Chaudhury, *Geiger-Nuttal-Beziehung und α-Strahlenspektren.* In den für verschied. α-Spektren typ. Kurven der GEIGER-NUTTAL-Beziehung wird jeder Kern in bezug auf die Funktion $\log \lambda = f(E)$ für sich betrachtet. Partielle α-Zerfallskonstanten λ_K werden gegen die zugehörigen Zerfallsenergien aufgetragen u. Punkte mit gleichem Z u. A miteinander verbunden. Es existieren sowohl positive als auch negative Kurvenanstiege bei der Änderung von λ_K mit E anstatt des n. positiven Gradienten der GEIGER-NUTTAL-Beziehung. Die einfachsten Spektren sind Dublettspektren mit entweder nur positivem (Th-Spektren) oder nur negativem Anstieg (^{235}U-Spektr.). Bei einem Triplett folgt auf einen positiven ein negativer Anstieg oder umgekehrt (^{214}Bi), im Falle des ^{229}Th-Tripletts existiert nur ein negativer Anstieg. Die Bedeutung der Ergebnisse für die α-Zerfallstheorie wird diskutiert. (Physic. Rev. [2] **88**. 137. 1/10. 1952. Calcutta, Indian Assoc. for the Cultivat. of Sci., Dep. of Theoret. Phys.) WEIGEL. 103

Torbjörn Westermark, *Erzeugung von ^{33}P mit thermischen Neutronen.* Eine weiche β-Aktivität in gealterten ^{32}P-Präpp. aus Meilerbestrahlung wird einem P-Isotop, wahrscheinlich ^{33}P, zugeordnet u. damit die Befunde von JENSEN u. Mitarbeitern (C. **1952**. 7604) bestätigt. Die Menge an ^{33}P u. ^{32}P bei einer 14 Tage-Bestrahlung von *S* beläuft sich auf 1,4 ± 0,2%. Für ^{33}P werden gefunden: $T_{1/2} = 25 \pm 2$ Tage, $E_{\beta max}$ 246 ± 5 keV, %-Satz der γ-Quanten pro β-Emission maximal 3,5%, Querschnitt für die vermutete Rk. ^{33}S (n, p) ^{33}P 0,03 barn. Aus der Energiebilanz ergibt sich für diese Rk. ein exothermer Wert, während die zu ^{32}P führende Rk. endotherm ist. Bei therm. Neutronen ist der σ-Wert für die Rk. ^{33}S (n, p) ^{33}P $2{,}3 \cdot 10^{-3}$ barn. (Physic. Rev. [2] **88**. 573—74. 1/11. 1952. Stockholm, Kgl. TH, Div. of Phys. Chem.) WEIGEL. 103

H. Nabholz, P. Stoll und **H. Wäffler,** *(γ, α)-Reaktionen an ^7Li, ^{16}O und $^{79,81}Br$.* Es werden die (γ, α)-Rkk. an ^{7}Li, ^{16}O u. ^{79,81}Br mit Hilfe von Kernphotoplatten untersucht. Li-getränkte 200 μ dicke KODAK NT 1a-Emulsionen werden mit den ~6,13 MeV-γ-Quanten aus ^{19}F (p, α γ) ^{16}O (E_p ~ 430 keV) bestrahlt u. ca. 600 Spuren beobachtet, bestehend aus je einem ~1,5 MeV-α-Teilchen u. einem ~3 MeV-Triton, die von der Rk. ^{7}Li (γ, α) ^{3}T (Q = —2,5 MeV) herrühren. σ wird für diese Rk. zu

(2,65 $\pm$ 1,0)$\cdot 10^{-29}$ cm^2 gefunden, die Winkelverteilung der Tritonen zu den eingestrahlten γ-Quanten entspricht I (θ) = 1 − (0,1 $\pm$ 0,09) cos θ. Die Ergebnisse lassen sich in der Weise deuten, daß der $^2P_{3/2}{}^-$-Zustand in ^{7}Li elektr. Quadrupol- u. magnet. Dipolstrahlung absorbiert, was zu einem $^2P_{1/2}{}^-$-Zustand u. isotroper Verteilung führt. Eine Beimischung elektr. Dipolabsorption führt zu $^2P_{1/2}{}^+$. Im Falle von ^{16}O werden 200 μ dicke Kodak NT 1a-Emulsionen mit den 17,6 MeV-γ-Quanten aus ^{7}Li (p, γ) bestrahlt u. die Energieverteilung von 600 α-Spuren bestimmt. Sie zeigt 2 Maxima bei 7,8 u. 10,2 MeV. Ersteres rührt von der Rk. ^{16}O (γ, α) ^{12}*C* her; durch Vgl. mit der Zahl der Sterne aus ^{12}C (γ, 3 α) ergibt sich für das Verhältnis σ[^{16}O (γ, α)]/ σ [^{12}C (γ, 3 α)] = 0,82 $\pm$ 0,1 u. σ [^{16}O (γ, α)] = (1,8 $\pm$ 0,5)$\cdot 10^{-28}$ cm^2 bei E_γ = 17,6 MeV. Das 10,2 MeV-Maximum läßt sich nur befriedigend durch ^{79,81}Br (γ, α) deuten; es wird gefunden σ [^{79,81}Br (γ, α)]/σ [^{12}C (γ, 3 α)] = 0,51 $\pm$ 0,05 u. σ [^{79,81}Br (γ, α)] = (1,2 $\pm$ 0,5)$\cdot 10^{-28}$ cm^2. (Physic. Rev. [2] **86**. 1043—44. 15/6. 1952. Zürich, ETH.) Weigel. 103

T. T. Sugihara und **W. F. Libby**, *Aktivierung von Brom durch negative π-Mesonen.* (Vgl. Turkevich u. Niday, C. **1952**. 5364.) Vff. bestrahlen 6 lbs. elementares Br_2 mit 122 MeV-π-Mesonen mit einer Intensität von 200000—600000 Mesonen/Minute. Die Monochromatisierung der Mesonen erfolgte durch Kollimation in einer 6 bzw. 12 ft. dicken Fe-Blende u. anschließende magnet. Ablenkung. Das Target befand sich unmittelbar hinter dem Ablenkmagneten. Zur chem. Unters. wurden dem bestrahlten Br_2 Träger von Se, As, Ge, Ga u. Zn zugefügt u. anschließend die Abtrennung durch Ausschütteln mit HCl-Lsg. ausgeführt. Aus der HCl-Lsg. werden die Einzelelemente isoliert u. ihre Aktivität bestimmt. Folgende Isotope (in Klammern Ausbeute in %) konnten nachgewiesen werden: ^{77}*Se* (3,2 $\pm$ 0,9), ^{73}Se (3,6 $\pm$ 1,0); ^{77}*As* + ^{71}As (3,6 $\pm$ 1,0), ^{76}As + ^{72}As (6,3 $\pm$ 1,7), ^{74}As (7,0 $\pm$ 1,8), ^{78}As (0,8 $\pm$ 0,3); ^{69}*Ge* (0,6 $\pm$ 0,15), ^{75}Ge (0,3 $\pm$ 0,08); ^{68}*Ga* (1,2 $\pm$ 0,4), ^{72}Ga (0,6 $\pm$ 0,15) u. ^{73}Ga (0,4 $\pm$ 0,1). Die Ergebnisse werden mit den an photograph. Platten gewonnenen verglichen. (Physic. Rev. [2] **88**. 587—88. 1/11. 1952. Chicago, Ill., Univ. of Chicago, Inst. for Nucl. Stud., u. Dep. of Chem.) Weigel. 103

Charles M. Huddleston und **Allan C. G. Mitchell**, *Kernspektren von ^{82}Rb und ^{84}Rb.* Mit Hilfe eines Magnetlinsenspektrometers wurden die Kernspektren des 6,3 Std.-^{82}Rb u. 34 Tage-^{84}Rb gemessen. ^{82}Rb emittiert 2 Positronengruppen von 0,775 u. 0,175 MeV. Daneben tritt Hüllelektroneneinfang auf. Der Zerfall ist von einer größeren Anzahl von γ-Strahlen begleitet, die größtenteils mit den von ^{82}Br emittierten übereinstimmen. ^{84}Rb sendet 3 Positronengruppen aus mit Maximalenergien von 1,629, 0,822 u. 0,373 MeV; ein γ-Strahl von 0,890 MeV wird gefunden. Die Niveauschemata der Systeme ^{82}Br → ^{82}*Kr* ← ^{82}Rb u. ^{84}Kr ← ^{84}Rb werden diskutiert. (Physic. Rev. [2] **88**. 1350—54. 15/12. 1952. Bloomington, Ind., Indiana Univ.) Weigel. 103

David E. Alburger, *Der Zerfall von ^{106}Rh.* Ausführliche Darst. der C. **1953**. 8273 referierten Arbeit. (Physic. Rev. [2] **88**. 339—43. 15/10. 1952. Upton, N. Y., Brookhaven Nat. Labor.) Weigel. 103

John K. Long, **M. L. Pool** und **D. N. Kundu**, *Radioaktivität von ^{142}Pm, ^{143}Pm, ^{145}Pm, ^{146}Pm und ^{146}Sm.* (Vgl. C. **1952**. 6326.) (Sitzungsbericht.) Angereicherte Isotope von Nd werden mit 7 MeV-Protonen beschossen u. die auftretenden Aktivitäten untersucht. Eine 250—280 Tage-Aktivität (wahrscheinlich K-Strahlung) wird ^{142}Pm zugeordnet, in ^{143}Pm wird eine K-Strahlung von 300—350 Tagen beobachtet, ^{145}Pm liefert eine e$^+$-Aktivität von 0,45 $\pm$ 0,05 MeV mit 14—18 Tagen Halbwertszeit, ^{146}Pm eine 1$^1/_4$—2$^1/_2$ Jahre-β^--Aktivität von 0,75 $\pm$ 0,10 MeV. Vor einigen Jahren mit Deuteronen beschossene Nd-Präpp. zeigen eine α-Aktivität niedriger Intensität, die die Annahme stützt, daß ^{146}Sm in den ^{142}*Nd*-Kern mit mag. Zahl zerfällt. Die Halbwertszeit dieser α-Strahlung wird zu 10^4—10^6 Jahren abgeschätzt. (Physic. Rev. [2] **88**. 171. 1/10. 1952. Ohio State Univ.) Weigel. 103

J. B. Swan und **R. D. Hill**, *Radioaktivität von Osmium.* (Sitzungsbericht.) Vff. bestrahlen Os-Metall natürlicher Zus. 1. mit Meilerneutronen u. 2. mit γ-Quanten aus einem 20 MeV-Betatron. Im Falle 1 wurden je eine 15 Tage- u. eine 32 Std.-Aktivität beobachtet, im Fall 2 nur die 15 Tage-Aktivität. In beiden Fällen wurde außerdem eine 14 Std.-Aktivität, mit einem 74,2 keV-γ-Übergang verbunden, nachgewiesen Aus dem Anwachsen der 15 Tage-Aktivität, entsprechend einer Halbwertszeit der Muttersubstanz von 14 Std., u. aus den Konversionselektronenenergien läßt sich die 14 Std.-Aktivität dem ^{191}Os zuordnen, die gemessene Halbwertszeit entspricht einem M 4-Isomerenübergang. Die Zuordnung der 41,7 u. 129,1 keV-γ-Quanten zum β-Zerfall des 15 Tage-^{191}Os wird bestätigt, erstere ist vom E 2-Typ, letztere ein Gemisch von M 1 u. E 2. Weiterhin wurden langlebige γ-Strahlungen von 650 u. 228 keV beobachtet, die wahrscheinlich mit dem 878 keV-cross-over-γ-Übergang in ^{185}Os verbunden sind. (Physic. Rev. [2] **88.** 171. 1/10. 1952. Univ. of Illinois.) WEIGEL. 103

J. B. Swan und **R. D. Hill,** *Radioisotope von Osmium.* Ausführliche Darst. des vorst. referierten Sitzungsberichtes. (Physic. Rev. [2] **88.** 831–35. 15/11. 1952. Urbana, Ill., Univ. of Illinois, Phys. Dep.) WEIGEL. 103

H. Pomerance, *Einfangquerschnitte für thermische Neutronen.* (Vgl. C. **1951.** II. 1240; **1954.** 937.) Tabellar. Zusammenstellung der therm. Neutroneneinfangquerschnitte von insgesamt 102 Isotopen im Bereich zwischen ^{24}Mg u. ^{232}Th mit Angabe ihrer abgeschätzten prozentualen Fehler. (Physic. Rev. [2] **88.** 412–13. 15/10. 1952. Oak Ridge, Tenn., ORNL.) WEIGEL. 103

Howard A. Tewes und **Ralph A. James,** *Protoneninduzierte Reaktionen von Thorium-Spaltausbeutekurven.* Vff. bestimmen die Spaltausbeuten einer Reihe von Kernen, die bei der durch Protonen (6,7–21,1 MeV) induzierten Spaltung von ^{232}Th entstehen. Die relativen Querschnitte für die Rkk. ^{232}Th (p, n) u. ^{232}Th (p, 3 n) werden gemessen. Obgleich für $E_p > 8$ MeV die (p, Sp)-Rk. vorherrscht, ist der Anteil von (p, x n)-Rk. im gesamten Energiebereich erheblich. Mit zunehmender Energie wird der Sattel der Spaltausbeutekurve immer flacher; das bei niedrigen Energien auftretende, für ^{232}Th charakterist. Plateau wölbt sich durch. Dieses Verh. wird quantitativ verfolgt u. durch ein Modell zu deuten versucht. Eine angenäherte Best. der Anregungsfunktion für die (p, Sp)-Rk. wird durchgeführt, die erhaltene Kurve stimmt qualitativ mit der theoret. Anregungsfunktion überein. Bestrahlt wurden Th-Metallfolien von 0,001–0,002 in. Dicke, die auf einer Sonde befestigt waren, mit den Protonen aus einem frequenzmodulierten Cyclotron. Die Sonde wurde direkt in die Vakuumkammer des Cyclotrons eingeführt. Nach der Bestrahlung wurde das Th in HCl gelöst u. nach Zugabe geeigneten Trägermaterials das erwünschte Spaltprod. abgetrennt (vgl. TURKEVICH u. NIDAY, C. **1952.** 4721). (Physic. Rev. [2] **88.** 860–67. 15/11. 1952. Los Angeles, Calif., Univ. of California, Dep. of Chem.) WEIGEL. 103

David B. Nicodemus und **Hans H. Staub,** *Das Spaltungsneutronenspektrum von ^{235}U.* Mit einer Hochdruckionisationskammer wurde die Energieverteilung der Rückstoßprotonen von Neutronen, die bei der Spaltung von ^{235}U durch therm. Neutronen emittiert werden, vermessen. Die Unterss. wurden mit 2,93 kg natürlichem U, mit 243 g natürlichem U sowie mit 2 g mit ^{235}U angereichertem U durchgeführt. Das Energiespektr. der Spaltungsneutronen wurde durch Anwendung geeigneter Wandkorrekturen u. durch Verwendung von 2,5 MeV-(d–d)-Neutronen für die Energieeichung erhalten. Die im Bereich von 1–4 MeV durchgeführten Messungen ergeben, daß innerhalb der experimentellen Fehler das Spaltungsspektr. der halbempir. Relation $N(E) = e^{-E} \sinh\sqrt{2E}$ (vgl. WATT, C. **1953.** 4158), wo E die Neutronenenergie in MeV ist, folgt. (Physic. Rev. [2] **89.** 1288–90. 15/3. 1953. Los Alamos, N. Mex., Univ. of California, Los Alamos Sci. Labor.) GERHARD SCHMIDT. 103

Ho-Fu Lu (Hoff Lu) und **Hsuan-ling Tsao,** *Spontane Spaltung von Uran.* Inhaltlich ident. mit der C. **1954.** 242 referierten Arbeit. (Acta physica sinica **9.** 3–14. Febr. 1953. Chekiang, Univ., Phys. Dep. [Orig.: chines.; Auszug: engl.]) GERHARD SCHMIDT. 103

J. Kohl, *Radioisotope für die Untersuchung von Meßverfahren.* Es wird eine allg. Übersicht über die Anwendung von Radioisotopen bei der Prüfung von Instrumenten, z. B. von Anemometern, Windtunneln, von Diffusionsvorgängen usw. gegeben. (Chem. Engng. Progr. **48.** 611–16. Dez. 1952. Berkeley, Calif., Tracerlabor. Inc.) v. HARLEM. 106

Shizuo Fujiwara, *Chemische Analyse durch Messung des Kernmoments (Kernmomentscop-Analyse).* Die zu untersuchende Probe befindet sich in der Spule eines Empfängerkreises, deren Achse senkrecht zu der Richtung eines sie umgebenden Magnetfeldes steht. Die Senderfrequenz beträgt 15,25 MHz, die Stärke des Magnetfeldes wird langsam variiert. Die Übereinstimmung zwischen Sender- u. LARMOR-Frequenz der Atome bewirkt Energieabsorption aus dem Senderfeld. Mit dieser Anordnung hat Vf. die Absorptionslinien von ^{1}H u. ^{19}F miteinander verglichen u. befriedigende Übereinstimmung zwischen der gemessenen Energieabsorption u. der Konz. des betreffenden Elementes gefunden. Nach Ansicht des Vf. ist diese Meth. bes. für die Unters. von Festkörpern oder die Best. von Isotopen schwerer Metalle geeignet. (Bull. chem. Soc. Japan **24.** 116–17. Juni 1951. Tokyo, Univ. of Electro-Communicat.) WOELK. 106

V. N. Borsoff, D. L. Cook und **J. W. Otvos,** *Tracerverfahren zur Untersuchung der Getriebeabnutzung.* Prüfung der Wirksamkeit von Schmiermitteln aus Daten über die

Getriebeabnutzung. Bei dem Verf. wird die Abnutzung laufend durch Messung der Aktivitätsänderung eines Schmiermittels gemessen, das in einem Getriebekasten zirkuliert, in dem eines der Getriebeteile durch Oberflächenaktivierung radioakt. (z. B. durch ^{55}Fe, ^{59}Fe, ^{51}Cr u. ^{60}Co) gemacht worden ist. (Nucleonics **10.** Nr. 10. 67—69. Okt. 1952. Emeryville, Calif., Shell Develop. Comp.) Gerhard Schmidt. 106

Ira Jacobs und **E. S. Akeley,** *Die Querbewegung eines Elektrons in einem Bereich konstanter Wellengeschwindigkeit eines Linearbeschleunigers.* (Sitzungsbericht.) Die relativist. Bewegungsgleichungen für achsennahe Elektronen im Linearbeschleuniger werden aufgestellt u. für eine spezielle Form des magnet. Fokussierungsfeldes gelöst, welches den Achsenabstand der Elektronen oscillierend innerhalb bekannter fester Grenzen hält. (Physic. Rev. [2] **90.** 386. 15/4. 1953. Purdue Univ.) Lenz. 112

E. R. Rae, *Ein Miniatur-Geiger-Müller-Zählrohr mit dünnwandigem Fenster.* Das vom Vf. entwickelte Spezialzählrohr hat die Aufgabe, sowohl weiche als auch harte Elektronenstrahlen mit gutem Wirkungsgrad zu zählen. Es besteht aus einem Messingzylinder, $2^3/_4$ in. lang mit einem Durchmesser von $^3/_8$ inch. Auf eine Länge von $1^3/_4$ in. ist das Rohr zur Hälfte ausgeschnitten, so daß ein großes Fenster entsteht. Im Innern befindet sich ein zweites koaxiales Rohr aus Cu-Folie von 0,001 in. Wandstärke, das gleichzeitig die Kathode u. das Strahleneintrittsfenster darstellt. Der W-Zählerdraht von 0,004 in. Stärke wird in einem Bügel aus Hartglas gehalten. Das Syst. wird bei 130° für 3—4 Std. entgast u. dann mit A. oder Äthylen von 2 cm u. Ar von 80 cm Druck gefüllt. Zählspannung 1200—1500 V, Plateau 200—300 V. Das Zählrohr kann auch im Innern einer Vakuumkammer betrieben werden. (J. sci. Instruments **27.** 143. Mai 1950. Glasgow, Univ., Dep. of Natural. Philos.) Reusse. 112

V. Faltings, *Die Messung natürlicher ^{14}C-Aktivitäten im Proportionalzähler.* Es wird ein aus Stahlrohr bestehendes Zählrohr beschrieben, in dem die natürliche ^{14}C-Aktivität gemessen wird, wobei C in Form gasförmiger Verbb. vorliegt. Zur vollständigen Ausschaltung des Leereffektes werden 2 gleiche Zählrohre benutzt, von denen immer eines mit der zu untersuchenden Probe u. das andere mit einer Vergleichsprobe, meistens inakt. Gas, beschickt wird. Verss. wurden angestellt mit inakt. C_2H_6, ^{14}C-akt. C_2H_6 u. tritiumhaltigem C_2H_6. (Naturwissenschaften **39.** 378—79. Aug. 1952. Hamburg, Univ., Inst. für Physikal. Chem.) Gottfried. 112

L. B. Clark sen., *Anwendungen transparenter, nichtmetallischer, elektrisch leitender Filme.* (Sitzungsbericht.) Verff. zur Herst. transparenter leitender Filme gleichmäßiger Dicke durch Abscheidung aus der Gasphase werden mitgeteilt. Verwendungszwecke werden angegeben, vor allem als leitender, gleichzeitig als Kathode dienender Belag in Geiger-Müller-Zählrohren aus Glas, die sich durch lange Lebensdauer, Lichtunempfindlichkeit u. leichte Herstellungsweise auszeichnen. (Physic. Rev. [2] **91.** 471. 15/7. 1953. Naval Res. Labor.) Rudolph. 112

Rosalie M. Bartholomew, F. Brown, W. D. Howell, W. R. J. Shorey und **L. Yaffe,** *Die Konstruktion eines automatisch registrierenden Elektroskops und dessen Verwendung zur Bestimmung von Halbwertszeiten beim radioaktiven Zerfall.* An Stelle des n. Okulars eines TQQ-β-Elektroskops wird eine Blende mit 2 Spalten u. einem Multiplier als Strahlungsempfänger eingeführt. Die auf die Photokathode auffallenden Lichtstrahlen werden beim Durchgang des Elektroskopfadens unterbrochen, wodurch 2 elektr. Signale entstehen, welche zur Aufzeichnung der Dauer des Entladungsvorganges benutzt werden. Die mit dem Gerät erzielten Ergebnisse sind mindestens so genau wie alle zum Vgl. herangezogenen. Die Halbwertszeiten von ^{66}Cu, ^{56}Mn, ^{60m}Co u. ^{28}Al wurden zu 5,07 ± 0,02 Min., 2,581 Std., 10,47 ± 0,02 Min. bzw. 2,27 ± 0,02 Min. bestimmt. (Canad. J. Physics **31.** 714—22. Juli 1953. Chalk River, Ontario, A. E. of Canada Ltd., Chem. and Electronics Branch.) Eichhoff. 112

A. Sittkus, *Wanderweg eines atomtechnischen Aerosols.* Bemerkung zu der Mitt. von Herbst u. Philipp (vgl. C. **1954.** 4086.) Im Gegensatz zu den l. c. referierten Messungen wird keine 10% übersteigende Erhöhung der Impulszahlen beobachtet. Eine über Tage anhaltende Erhöhung des Nulleffektes um den Faktor 2—3 hätte auch bei den nur lückenhaften Messungen bemerkt werden müssen. Die beobachtete Schwankung von ca. 10% läßt sich einwandfrei auf Veränderung der natürlichen radioakt. Umgebungsstrahlung durch die im Beobachtungszeitraum gefallenen Ndd. erklären. Das Fehlen jeder starken Zunahme des Nulleffektes läßt keinen Schluß auf die Auswrkg. eines atomtechn. Aerosols zu. — Zusatz von **Herbst** u. **Philipp** mit der Empfehlung, die stärker ionisierenden β-Strahlen zur Beobachtung zu benutzen. (Naturwissenschaften **40.** 198. März 1953. Freiburg/Br., Univ., Physikal. Inst.) Gerhard Schmidt. 112

A_2. Optisches Verhalten der Materie.

Alexandre Dauvillier, *Über den inneren Aufbau der Riesenplaneten.* Vf. zeigt, daß die bisherige Annahme einer H_2- u. He-Atmosphäre dem Verständnis des Aufbaues der Riesenplaneten entgegengestanden hat. Er beschreibt für Jupiter ein Modell ohne freien H_2, das lediglich auf der kosm. Häufigkeit der Elemente u. ihrer Verbb. basiert. Der Kern enthält Ni u. Fe, dieser ist umgeben von einer Schlackenhülle aus metall. S-, P-, C- u. Si-Verbb. u. einer Lithosphäre aus Silicaten, die von Alkalihalogeniden bedeckt sind. Alles ist umgeben von einer dicken Eisschicht (H_2O, H_2S), überlagert von hochkomprimiertem Ne, auf welchem festes NH_3 schwimmt, wiederum bedeckt von fl. CH_4. Vf. zeigt, wie die großen Planeten ihr H_2 u. He verloren haben. (C. R. hebd. Séances Acad. Sci. **237**. 951—53. 28/10. 1953.) GUDZENT. 113

E. Je. Wainstein und **W. Ss. Kawetzki,** *Röntgenabsorptionsspektren der Ni-, Cu- und Zn-Ionen in wässerigen und nichtwässerigen Lösungen.* Vff. untersuchen mittels eines Vakuumspektrographen mit gebogenem Kristall (Dispersion 7—9 X/mm) bes. die Röntgenabsorptionsspektren von *$ZnCl_2$* in *Glycerin* (I), *Methanol* (II), *A.*, *W.* (III), *Pyridin* u. *Aceton*, sowie von *$CuCl_2$* in I—III u. in *Glykol*. Die Spektren sind den Absorptionskanten der betreffenden Metallatome u. Moll. in festen Körpern analog; die Anwesenheit der verschied. Anionen ist prakt. ohne Einfl. auf die energet. Lage der Grundschwingung in der Absorptionskante. Dagegen beeinflußt die Natur des Lösungsm. die Struktur des Absorptionsspektr. der Metallionen in der Lsg. wesentlich. Die Struktur des gelösten $ZnCl_2$-Spektr. ist komplizierter als die von $Zn(NO_3)_2$, was sich in nichtwss. Lösungsmitteln stärker bemerkbar macht als in Wasser. Eine lineare Beziehung zwischen $(\eta/n^*)^2$ (vgl. NARBUTT u. Mitarbeiter, C. **1952**. 7447 u. früher) u. dem Dipolmoment des Lösungsm. wird bei Cu^{2+} gut, bei Zn^{2+} weniger gut u. bei Ni^{2+} nicht erfüllt. (Доклады Академии Наук СССР [Ber. Akad. Wiss. UdSSR] [N. S.] **91**. 775—78. 1/8. 1953. Woronesh, Univ., Vernadsky-Inst. für Geochem. u. analyt. Chem. der Akad. der Wiss. der UdSSR.) AMBERGER. 116

Donald J. Eckl, *Der Abfall der Besetzung von Neon-Atomen in den $2p^5 3s$-Niveaus.* Mit einer verbesserten App. wird der Abfall der Besetzung nach der Anregung für Ne-Atome in den 4 Niveaus der $1\,s^2\,2\,s^2\,2\,p^6\,3\,s$-Konfiguration gemessen. Ein Impulsgenerator gibt auf eine Absorptionsröhre einen Impuls von 500 μsec Dauer zur Erzeugung von Ne-Atomen in den zu untersuchenden metastabilen Zuständen. In beliebigen Intervallen nach Beendigung des Absorptionsimpulses gibt ein zweiter Impulsgenerator einen Impuls von 18 μsec Dauer auf eine Emissionsröhre. Von dieser wird ein Bündel durch ein Rotfilter zu einer Photozelle geführt u. erzeugt dort ein Signal, welches mit demjenigen verglichen wird, welches ein zweites Bündel erzeugt, das durch die Absorptionsröhre u. einen Monochromator auf eine zweite Photozelle fällt u. entsprechend der Zahl der noch im metastabilen Zustand befindlichen Atome absorbiert wird. Die Messungen zeigen für die Besetzung des $^3P_2$-Zustandes einen exponentiellen Abfall, die Abfallskurven für die $^3P_1$- u. $^3P_0$-Zustände lassen sich durch die Summe von zwei exponentiellen Abfällen darstellen. Die Lebensdauer der Atome im $^1P_1$-Zustand ist sehr kurz u. schwer zu messen, der Abfall wird als exponentiell angenommen. Für alle 4 Zustände wird die mittlere Lebensdauer in Abhängigkeit vom Druck (0,15—30 Torr) angegeben. Die anfängliche Besetzung der Zustände ist von der Größenordnung 10^9 Atome/cm³. Die mit verschied. Absorptionslinien berechneten Besetzungszahlen stimmen innerhalb der Fehlergrenzen überein. Das Syst. der 4 Niveaus kann mit der einfachen Theorie von ZEMANSKY (Physic. Rev. [2] **34**. [1929.] 213) nicht hinreichend beschrieben werden. (Canad. J. Physics **31**. 804—19. Juli 1953. Toronto, Ontario, Univ. of Toronto, McLennan Labor.) EICHHOFF. 118

G. V. Deverall, K. W. Meissner und **G. J. Zissis,** *Hyperfeinstruktur der Resonanzlinien von Indium* (*^{115}In*). Ausführliche Mitt. des C. **1954**. 1406 referierten Sitzungsberichtes. Neu bestimmt wurden die Wellenlängen der beiden Resonanzlinien mit Bezug auf Kr $\lambda = 4273{,}9700$ Å als Standardwellenlänge. Die erhaltenen Werte sind tabellar. zusammengestellt. (Physic. Rev. [2] **91**. 297—99. 15/7. 1953. West Lafayette, Ind., Purdue Univ.) GOTTFRIED. 118

Je. F. Gross, B. P. Sachartschenja und **N. M. Reinow,** *Excitonen im Kupfer(I)-oxydkristall bei der Temperatur des flüssigen Heliums* (*4,2° K*). Die Absorptionslinien der 1. Serie von Cu(I)-oxyd verschieben sich bei einer Temperaturerniedrigung von 77,3° K (vgl. C. **1953**. 2389; **1954**. 3162) auf 4,2° K um 15—25 Å ins Kurzwellige. Mit Ausnahme des 1. Gliedes (k = 1) lassen sie sich bei 4,2° K durch $\nu_k = 17508 - 775/k^2$ (cm^{-1}) beschreiben. Die Intensitätsverteilung in den Linien ist sehr asymm. u. fällt auf der langwelligen Seite allmählich, auf der kurzwelligen rasch ab (bes. deutlich bei k = 2). Gegenüber 77,3° K finden Vff. bei 4,2° K zusätzlich die 7 schwachen

Linien 17300 + 53,5, + 67,1, + 86,7, + 130,7, + 138,3, + 147,4, + 169,0 cm^{-1}, von denen die 3., 4. u. 7. einem Seriengesetz $\nu'_{k'} = 17496 - 438{,}4/k'^2$ gehorchen. Eine eindeutige Interpretation der neuen Linien ist noch nicht möglich. (Доклады Академии Наук СССР [Ber. Akad. Wiss. UdSSR] [N. S.] **92**. 265—67. 11/9. 1953. Leningrad, Physikal.-Techn. Inst. der Akad. der Wiss. der UdSSR.) Amberger. 118

Hermann Hartmann, *Die kurzwelligen Banden der V^{3+}-Komplexe.* Vf. sieht die im UV liegenden steilen Anstiege der Absorptionskurven bei den *Alkoholatokomplexen* des V^{3+} als Elektronenübergangsbanden an. In die Anregungsenergie für den Übergang eines Elektrons von einem Liganden zum Zentralion geht die Ionisierungsenergie der Liganden ein. Ist der Abstand Zentralion—Ligand prakt. gleich, so sollte der Unterschied der Anregungsenergie der Elektronenübergangsbanden durch den Unterschied der Ionisierungsenergie der Liganden allein bedingt sein. Der Abstand V—O in den Komplexionen $[V(H_2O)_6]^{3+}$ u. $[V(alk)_6]^{3+}$ ist kaum verschieden, u. die Differenz der Ionisierungsenergie von H_2O u. Alkoholen beträgt 1,9 eV; daher sollte sich für die Differenz der Energien der kurzwelligen steilen Anstiege derselbe Wert ergeben. Bei log $\varepsilon = 1{,}5$ erhält Vf. den Wert 1,85 eV. (Z. Naturforsch. **6a**. 781. Dez. 1951. Göttingen, Max-Planck-Inst. für physikal. Chem.) D. Hahn. 118

Jordan J. Markham, *Spekulation über die Bildung von F-Zentren während der Bestrahlung.* Unter der Annahme, daß energiereiche Strahlung (Röntgen- u. Ra-Strahlung) in Alkalihalogenidkristallen nicht nur freie Elektronen u. Löcher erzeugt, sondern auch (Einzel-) Ionenfehlstellen, lassen sich verschied. mit Farbzentren zusammenhängende Phänomene erklären. Die Bldg. der Ionenlücken erfolgt dabei nicht durch Einwanderung von der Oberfläche, sondern aus Versetzungen vom Taylorschen Typ nach Seitz (C. **1952**. 6796). Ein „Seitz-jog" trägt eine halbe Elementarladung; mit einem angelagerten Gitterelektron bildet er ein „jog-Zentrum". Diffundiert dies ins Gitter, so entsteht ein F-Zentrum, das nach Einfangen eines Lochs eine Anionenlücke (α-Zentrum) ergibt. Die für die Diffusion nötige Aktivierungsenergie wird durch lokale Erwärmung aufgebracht; sie stammt wahrscheinlich von der beim Einfang des Elektrons durch den Seitz-jog frei werdenden Energie. (Physic. Rev. [2] **88**. 500—08. 1/11. 1952. Silver Spring, Md., Johns Hopkins Univ., Appl. Phys. Labor.) Brauer. 119

W. Martienssen und **H. Pick**, *Quantitatives zur Röntgenverfärbung sensibilisierter KBr-Kristalle.* Die quantitative Unters. des Abbaus der U-Banden (H^--Ionen) u. des gleichzeitig auftretenden F-Zentrenaufbaus bei Röntgenlichtbestrahlung sensibilisierter, KH enthaltender KBr-Kristalle ergibt folgendes Bild: Röntgenlicht erzeugt im reinen KBr Elektronen (F-Zentren) u. Defektelektronen (V-Zentren). Im KH-haltigen KBr werden die Defektelektronen zu Beginn der Bestrahlung vollständig an die H^--Ionen unter Bldg. von H-Atomen gebunden (U-Bandenabbau, keine V-Bande) u. die gleiche Anzahl Elektronen in F-Zentren festgehalten. Die Energie zur Erzeugung eines Elektron–Defektelektron-Paares beträgt 35 eV. Mit wachsender Bestrahlungsdauer rekombinieren Defektelektronen zunehmend auch mit Elektronen der F-Zentren, wodurch die gesamte F-Zentrenbldg. durch Verlustprozesse verlangsamt wird. Die mittlere Energie zur Stabilisierung eines F-Zentrums wächst so mit steigendem Anteil der Verlustprozesse, die ihrerseits durch das Konzentrationsverhältnis (U)/(F) bestimmt sind. Der quantitative Zusammenhang zwischen F-Zentrenkonz., Bestrahlungsstärke u. -dauer u. H^--Konz. wird ermittelt. Unterhalb einer anfänglichen H^--Konz. von ca. $10^{17}/cm^3$ werden nicht mehr alle Defektelektronen von H^--Ionen gebunden (gleichzeitige V-Zentrenbldg.). Aus dieser Grenzkonz. der H^--Ionen folgt eine „Reichweite" der Elektronen mindestens über 50 Gitterkonstanten. (Z. Physik **135**. 309—17. 1953. Göttingen, I. Physikal. Inst.) Rudolph. 119

E. Scharowsky, *Optische und elektrische Eigenschaften von ZnO-Einkristallen mit Zn-Überschuß.* Durch Oxydation von Zn-Dampf u. Kondensation des ZnO (bei 1100 bis 1200°) werden nadelförmige ZnO-Einkristalle hergestellt. An diesen Kristallen, in die durch Erhitzen in Zn-Dampf verschied. Zn-Überschüsse eingebaut werden, werden Absorption u. Leitfähigkeit gemessen. Die durch Zn verfärbten Kristalle besitzen eine Absorptionsbande um 3,2 eV. Die spezif. Leitfähigkeit σ der unverfärbten Kristalle ist bei 20° im Mittel $5 \cdot 10^{-3}\ \Omega^{-1}\,cm^{-1}$ u. steigt mit wachsendem Zn-Geh. bis ca. $20\ \Omega^{-1}\,cm^{-1}$. Kristalle mit $\sigma_{20°} \leqq 0{,}4\ \Omega^{-1}\,cm^{-1}$ besitzen bei positivem Temperaturkoeff. von σ eine Abnahme der Aktivierungsenergie mit dem Zn-Geh. entsprechend der Meyerschen Regel. Bei höheren Zn-Konzz. ist die Leitfähigkeit zwischen 20 u. 250° metallisch. In der Übereinstimmung der Zahl der Absorptionszentren u. der Leitfähigkeitselektronen wird eine Bestätigung der Annahme einfach ionisierter Zn^+-Ionen als Absorptionszentren gesehen. Die als Donatoren wirksamen Zn-Atome sind in Kristallen mit hohem σ prakt. völlig einfach ionisiert; die σ-Abnahme mit der Temp. ist dann auf eine Abnahme der Elektronenbeweglichkeit zurückzuführen. (Z. Physik **135**. 318—30. 1953. Erlangen, Univ., Inst. für angew. Phys.) RUDOLPH. 119

Robert H. Kernohan und **Grace M. McCammon**, *Schwundcharakteristiken der durch γ-Strahlen in einem Glas hoher Dichte hervorgerufenen Verfärbung.* (Sitzungsbericht.) Messung der opt. Durchlässigkeit von *Bleisilicatglas* vor u. nach verschieden langer Bestrahlung mit der γ-Strahlung von 300 Curie ^{60}Co. Die durch die Bestrahlung hervorgerufene Verfärbung schwindet allmählich bei Raumtemperatur. Dieser Vorgang kann durch Beleuchtung des Glases außerordentlich beschleunigt werden. Alle Proben erreichten nahezu die Ausgangsdurchlässigkeit. (Physic. Rev. [2] **86**. 641. 15/5. 1952. Oak Ridge Nat. Labor.) SPEER. 119

Kurt Suchy, *Schrittweiser Übergang von der Wellenoptik zur Strahlenoptik in inhomogenen anisotropen absorbierenden Medien.* 2. Mitt. *Lösung der Gleichung für Wellennormale und Brechungsindex durch WBK-Näherung. Strahlenoptische Reflexion und Alternation.* (1. vgl. C. **1953**. 7023.) Die in der 1. Mitt. aufgestellten Gleichungen werden durch WBK-Näherung gelöst. Erniedrigung der Näherungsordnung entspricht den letzten Schritten des Überganges Wellenoptik–Strahlenoptik. An gewissen „Divergenzzentren" ist dieser Übergang fraglich oder überhaupt nicht gegeben. Die Beziehung dieser „Divergenzzentren" oder „Wellenoptikzentren" untereinander u. zu den Reflexions- u. Alternationspunkten (Übergang von einer in die andere Ausbreitungsart) wird definiert. (Ann. Physik [6] **13**. 178—97. 1953. Freiburg/Br.) LINDBERG. 119

Cl. Schaefer und **J. Eberle**, *Über die Änderung der relativen Helligkeiten von Farben durch Neophanfilter.* (Schluß der in C. **1954**. 1879 referierten Arbeit.) Die l. c. untersuchten Helligkeitsänderungen am OSTWALDschen Farbkreis ia werden hier durch heterochrome Photometrie bestimmt. Es wird untersucht, wie weit die unter normgerechten Bedingungen erhaltenen Ergebnisse mit den bei Tageslicht gemessenen übereinstimmen; die Messungen werden auf 5 Farbkreise ausgedehnt, u. es werden auch 25%ig. *Neophan*-Filter (N 25) mit einbezogen. Gelb bleibt nach wie vor die hellste Farbe. Die stärkste Absorption liegt bei Gelbrot bis Scharlachrot. Allg. folgt aus den Unterss., daß durch Neophangläser keine grundlegenden Verschiebungen der Helligkeitsverhältnisse von Farben bewirkt werden. (Optik **10**. 317—29. 1953. Köln u. Dietmannsried.) LINDBERG. 119

C. C. Kiess, *Wellenlängen von Rotationslinien in den Wasserdampfbanden bei 0,93 und 1,13 μ.* Mit Gitterspektrographen wurden die infraroten Wasserdampfbanden bei 0,93 u. 1,13 μ photographiert. Die Banden erscheinen in Absorption in dem kontinuierlichen Spektr. weißer Lichtquellen; in Emission treten sie in den Spektren von Flammen auf, die H- u. O-Verbb. enthalten. Bei relativ kurzen Lichtwegen sind die Rotationslinien der Banden scharf u. zeigen auch bei sehr feuchter Luft keinerlei diffuses Aussehen. Tabellar. sind die gemessenen Wellenlängen, ihre geschätzten Intensitäten u. die Wellenzahlen zusammengestellt. Es wird zum Schluß darauf hingewiesen, daß die Wasserdampflinien im Sonnenspektr. infolge des langen Lichtweges in der Atmosphäre verbreitert erscheinen, so daß sie durch andere Linien terrestr. oder solaren Ursprungs verdeckt werden. (J. Res. nat. Bur. Standards **48**. 377—80. Mai 1952. Washington.) GOTTFRIED. 120

G. Olivelli, *Das niederfrequente Raman-Spektrum des Aragonits.* Im niederfrequenten Gebiet zwischen 100 u. 300 cm^{-1} werden beim Einstrahlen von Hg 2537 Å in einen Aragonit-Einkristall in der Ebene der CO_3-Ionen 7 RAMAN-Linien mit ihren Depolarisationsfaktoren beobachtet. In einer kurzen Diskussion werden diese Linien mit Kopplungen zwischen Deformations- u. Translationsschwingungen der CO_3-Gruppe erklärt. (Nuovo Cimento [9] **10**. 343—44. 1/3. 1953. Pavia, Univ., Ist. di Fisica.) GOUBEAU. 120

G. Ss. Landsberg, *Optische Methoden zur Untersuchung von Molekülen.* Die früher (C. **1954**. 3862) allg. entwickelten Angaben über die Anwendbarkeit der RAMAN-Spektren u. der Infrarotabsorption zur Erforschung der Struktur der Moll. werden weiterentwickelt u. auf die Struktur der einfachsten Moll. angewendet. (Природа [Natur] **42**. Nr. 2. 8—14. Febr. 1953.) v. WILPERT. 120

N. Carrara, *Die Optik im Dienste der Mikrowellen.* Zusammenfassender Vortrag: metall. Dispersionsmedien; verschwindende Wellen; mechan. Wirkungen der Mikrowellen; Fortpflanzung von Wellen in period. Strukturen; Relativität u. Mikrowellen; Spektroskopie mit Mikrowellen. (Suppl. del Nuovo Cimento [9] **9**. 251—69. 1952. Firenze, Centro di Studio Fis. Microonde.) R. K. MÜLLER. 121

S. Ramaseshan und **G. Suryan**, *Magneto-optischer Nachweis der Radiofrequenzresonanz.* Vff. weisen darauf hin, daß die magneto-opt. Rotation, welche bes. in der

Nähe der Absorptionslinie sehr empfindlich auf die Größe der ZEEMAN-Aufspaltung ist, ein sehr gutes Mittel darstellt, die Resonanz im Radiofrequenzgebiet nachzuweisen. (Current Sci. **20.** 264—66. Okt. 1951. Bangalore, Ind., Inst. of Sci., Dep. of Phys.) V. HARLEM. 121

A_3. Elektrizität. Magnetismus. Elektrochemie.

K. G. Emeléus, *Turbulenz in gasförmigen Leitern.* Turbulente Strömungen der Elektrizität können bei bestimmten Bedingungen in ionisierten Gasen auftreten, auch wenn das Gas sich nicht im magnet. Feld befindet. Es werden die Schwierigkeiten bei der Aufstellung einer quantitativen Theorie u. die Möglichkeit der Kopplung elektromagnet. u. hydromechan. Phänomene aufgezeigt. (Proc. physic. Soc., Sect. B **64.** 166—69. 1/2. 1951. Belfast, Queen's Univ., Dep. of Phys.) A. KUNZE. 130

André Canac, Georges Maret und **Lazare Goldzahl,** *Ein Einfluß der Röntgenstrahlen auf die Entladung bei sehr niedrigem Druck.* An eine Entladungsröhre mit einem Elektrodenabstand von 18 cm u. einem Druck von $3 \cdot 10^{-4}$ mm Hg wurde eine Wechselspannung von 13000 V (50 Hz) angelegt. Bestrahlt man nun den Raum zwischen den Elektroden mit W-Strahlung (60 kV u. 8 mA), dann nimmt der Entladungsstrom sofort auf das 2—3fache zu; nach einigen 10 Sek. fällt dieser Wert auf den, den er vor der Bestrahlung hatte. Schaltet man das Röntgenlicht nach längerer Bestrahlung ab, dann fällt der Entladungsstrom auf den Wert Null; nach 10—15 Min. erreicht der Strom dann wieder die Höhe, die er vor der Bestrahlung hatte. (C. R. hebd. Séances Acad. Sci. **231.** 1054—55. 13/11. 1950.) GOTTFRIED. 131

Willard H. Bennett, *Magnetisch selbstfokussierende Entladungen.* (Sitzungsbericht.) Vf. deutet die von THONEMANN, COWHIG u. DAVENPORT (vgl. C. **1952.** 5369) u. anderen gefundenen hohen Gleichströme in Niederdruckgasentladungen in toroidförmigen Röhren bei Wechselstromanregung mit Hilfe seiner Theorie der magnet. selbstfokussierenden Entladungen (vgl. C. **1934.** II. 2169). (Physic. Rev. [2] **90.** 387. 15/4. 1953. Naval Res. Labor.) LENZ. 131

K. S. W. Champion, *Zusammenziehung von Entladungen hoher Stromstärke durch ein starkes Magnetfeld.* (Sitzungsbericht.) Krit. Auseinandersetzung mit der Behauptung von CUMMINGS u. TONKS (vgl. C. **1941.** II. 860), derzufolge ein homogenes magnet. Längsfeld einen Lichtbogen nicht zusammenzieht. Impulsentladungen von ca. 100 A in H_2 wurden durch Magnetfelder bis zu 23000 Gauß zusammengezogen. (Physic. Rev. [2] **90.** 387. 15/4. 1953. Birmingham, Univ.) LENZ. 131

I. Ss. Stekolnikow und **M. A. Bagirow,** *Untersuchung der Natur des langen Funkens.* 2. Mitt. (1. vgl. C. **1953.** 6416.) Die Ergebnisse der photograph. Aufnahmen des Gleitfunken- u. Kanalbildungsvorganges mittels Sonde sind eine Bestätigung der Theorie der Hochspannungsentladung. Für Begrenzungswiderstände zwischen 1,6 u. 3000 kΩ u. Elektrodenabstände von 100—400 cm wird der Kanalstromwert in Abhängigkeit von der Zeit mit maximal 6,5 kA/cm² ermittelt. (Известия Академии Наук СССР, Отделение Технических Наук [Nachr. Akad. Wiss. UdSSR, Abt. techn. Wiss.] **1953.** 255—64. Febr.) A. KUNZE. 131

Alexandre Laforgue, *Die Methoden zur Berechnung der Dipolmomente.* Es werden die Methoden zur Berechnung der atomaren u. mol. Dipolmomente u. der Bindungsmomente in einer Übersicht zusammengestellt. (Cahiers de Physique **1953.** Nr. 42. 42—63. März. Centre de Chim. Théor. de France.) K. L. WOLF. 132

Nguyen-Quang Trinh, *Elektrische Polarisation und Dipolmomente.* Es wird ein Überblick gegeben über die Erscheinung der dielektr. Polarisation u. ihre Anwendungen in folgenden Abschnitten: Theoret. u. empir. Behandlung; Meßmeth. u. Präzision (Anwendung der DEBYEschen Gleichung; andere Methoden), Dipolmomente u. Bindungsmomente. (Cahiers de Physique **1953.** Nr. 42. 4—24. März. Sorbonne, Labor. de Chim. Gén.) K. L. WOLF. 132

Charles F. Pulvari, *Ein elektrostatisch induziertes permanentes Gedächtnis.* Unter „Gedächtnis" wird eine Transformierung eines zeitlichen in einen räumlichen Vorgang, der dann durch entsprechende Bewegung wie beim Magnetophonband reproduziert werden kann, verstanden. Unter Verwendung einer ferroelektr. Substanz (z. B. Bariumtitanat) gelingt eine solche Reproduktion, wenn eine elektrostat. Polarisation bei Tempp. dicht unterhalb des CURIE-Punktes geeignet vorgenommen wurde. Die Ergebnisse zeigen, daß solche ferroelektr. Stoffe als „Gedächtnis" für Vorgänge eingesetzt werden können, die mit mindestens Hörfrequenzen ablaufen. (J. appl. Physics **22.** 1039—44. Aug. 1951. Washington, D. C., George Washington Univ.) FAHLENBRACH. 133

R. Bechmann und **P. L. Parsons,** *Piezoelektrisches Verhalten von teilweise plattierten quadratischen Platten, die in Randschwingungen vibrieren.* In Fortsetzung früherer Unterss. wird das piezoelektr. Verh. von teilweise plattierten quadrat. Platten, die in Randschwingungen vibrieren, untersucht, um die theoret. Lsg. für diese Bewegung zu prüfen. In Übereinstimmung mit der Theorie ergibt sich, daß bei einer besonderen Anordnung der Elektroden die piezoelektr. Anregung verschwindet. (Proc. physic. Soc., Sect. B **64.** 706—12. Aug. 1951. London, Dollis Hill, Post Office Res. Stat.) V. HARLEM. 133

Albert D. Frost, Charles R. Mingins und **Lawrence A. Howard,** *Ein elektrisches Wellenfilter, welches piezoelektrisch getrennte Elektrodenaggregate vereinigt.* (Sitzungsbericht.) (Physic. Rev. [2] **91.** 471. 15/7. 1953. Tufts Coll.) GOTTFRIED. 133

Yoichi Iitaka, *Eine Technik zur Prüfung der piezoelektrischen Eigenschaften von Kristallen.* Bei der beschriebenen Meth. handelt es sich um eine Abänderung der von BERGMANN (vgl. Physik. Z. **36.** [1935.] 31) angewandten Technik. Hierbei wird die zu untersuchende Probe mittels eines Vibrators, der mit einem Oscillatorstromkreis (1000 Hz) gekoppelt ist, einem period. Druck ausgesetzt; die erzeugte Ladung wird jedoch nicht direkt gemessen, sondern durch den Vibrator nach geeigneter Verstärkung einem Kathodenstrahloscillographen zugeführt. Die Abszisse des Oscillographen ist mit dem Oscillatorstromkreis synchronisiert. Durch diese Anordnung wird die Piezoelektrizität direkt sichtbar gemacht. — Mit Hilfe dieser Meth. wurde nachgewiesen, daß *Harmotom,* $Ba_2Si_{12}Al_4O_{32}\cdot 12\ H_2O$, sehr schwach, aber deutlich piezoelektr. ist. (Acta crystallogr. [Copenhagen] **6.** 663—64. 10/7. 1953. Tokyo, Univ., Mineralog. Inst.) GOTTFRIED. 133

J. M. Lafferty, *Boridkathoden.* (Vgl. C. **1951.** II. 1245.) Von den Boriden CaB_6, SrB_6, BaB_6, LaB_6, CeB_6 u. ThB_6 wurde die therm. Elektronenemission untersucht. Der Temperaturbereich ist für die einzelnen Substanzen etwas verschieden, erstreckt sich im allg. aber von ca. 200—1600°. Die Ergebnisse lassen sich darstellen durch $\log I/T^2 = \log A - 11600\ \Phi/2{,}303\ T$, wo I = Stromdichte. Für die Konstanten A (in A/cm²/Grad²) u. φ (inV) wurde erhalten (Reihenfolge wie oben): 2,6 u. 2,86; 0,14 u. 2,67; 16 u. 3,45; 29 u. 2,66; 3,6 u. 2,59; 0,5 u. 2,92. Die Verdampfungswärme von LaB_6 wurde zu 169 kcal/Mol bestimmt. Werden die Boride zusammen mit Metallen, wie W, Pt, Mo, Nb oder Ta, auf z. B. 2000° erhitzt, so diffundiert B in das Metallgitter ein unter Bldg. von B-Metallegierungen; die zurückbleibenden Boridmetalle verdampfen dabei zum Teil weg. Die Boride lassen sich jedoch auch bei hohen Tempp. in Verbindung mit Graphit oder Ta-Carbid verwenden. Die Boride sind sehr beständig gegen die Bombardierung mit positiven Ionen, so daß sie auch für höhere Spannungen verwendet werden können. Schließlich sind sie auch beständig gegen atmosphär. u. andere chem. Einflüsse. Die genannten Boride besitzen kub. Kristallstruktur; in das dreidimensionale B-Netz sind die Metallatome eingebaut. Durch die Ggw. von freien Elektronen besitzen sie metall. Charakter. Zur Darst. der Boride wurden die pulverförmigen Metalle oder Metallhydride mit B-Pulver gemischt, die Mischung in Formen gepreßt u. unter trockenem H_2 1 Std. auf 1375° u. 20 Min. auf 1800° erhitzt. Anschließend Mahlen, Waschen mit HCl u. W., Feinmahlen in einer metall. Kugelmühle, Waschen mit konz. HCl, Neutralwaschen mit W., schließlich Trocknen. Das so erhaltene Boridpulver wird durch Pressen in die gewünschte Form gebracht u. 15 Min. bei 1375° (Bldg. von noch weichen, leicht verarbeitbaren Stücken) bzw. bei 1800° (Bldg. von sehr harten Stücken) gesintert. (J. appl. Physics **22.** 299—309. März 1951. Schenectady, N. Y., Gen. Electr. Res. Labor.) FUCHS. 134

Ajit Kumar Dutta, *Elektrische Leitfähigkeit von Graphiteinkristallen.* Vf. berichtet über Leitfähigkeitsmessungen in Richtung der kristallograph. Achsen an gut ausgebildeten Graphiteinkristallen von Ceylon. Die Messungen im Temperaturgebiet von 80—500° K ergaben in Richtungen senkrecht zur hexagonalen Achse eine exponentiell mit steigender Temp sinkende Leitfähigkeit, die etwa das 10^4fache der in Richtung der hexagonalen Achse gemessenen, mit der Temp. steigenden Leitfähigkeit betrug. Gleichrichtung u. andere nichtlineare Effekte wurden nicht beobachtet. Anlegung eines magnet. Feldes verursachte in beiden Fällen ein Sinken der Leitfähigkeit, das jedoch senkrecht zur hexagonalen Achse stärker ausgeprägt war. Dieses Dekrement nahm exponentiell mit steigender Temp. ab u. zeigte die Tendenz, bei höherer Temp. einem Grenzwert zuzustreben. (Physic. Rev. [2] **90.** 187—92. 15/4. 1953. Calcutta, Indian Assoc. for Cult. of Sci.) R. STEIN. 135

Frederick Seitz, *Einfluß des plastischen Fließens auf die elektrischen und photographischen Eigenschaften der Alkalihalogenidkristalle.* Die in den letzten 15 Jahren gesammelten Beobachtungen über die Wirkungen von Licht u. von mechan. Beanspruchung auf Alkalihalogenide werden unter dem einheitlichen Gesichtspunkt der Gitterfehlstellen (F- u. V-Zentren) krit. erörtert. (Physic. Rev. [2] **80.** 239—43. 15/10. 1950. Urbana, Ill., Univ., Dep. of Phys.) KIRSCHSTEIN. 135

Mikio Tamura und **Simpei Tutihasi,** *Durch Niederschlagsmethode hergestellte polykristalline Silberbromidfilme für Photoleitfähigkeitsmessungen.* Die App. besteht aus einem horizontalen zylindr. Glasgefäß von 5 cm Durchmesser u. 30 cm Länge, das durch zwei gesinterte Glasfilter in drei Abteilungen geteilt ist. In diese werden 0,5 bis 1,0 n Lsgg. von $AgNO_3$, KNO_3 u. KBr eingefüllt. Die App. blieb so mindestens drei Tage im Dunkeln bei Zimmertemp. stehen. Auf der Innenseite des einen Filters entstand ein 0,1—0,6 mm dicker AgBr-Film fast in Filtergröße. Nach 300 Std. ist prakt. maximale Filmdicke erreicht. Nach mehrmaligem Waschen mit dest. W. entstanden vollkommen reine AgBr-Filme mit Korngrößen von ca. 3 μ. (J. opt. Soc. America **43.** 407—08. Mai 1953. Yoshida, Kyoto, Japan, Kyoto Univ., Fac. of Engng., Dep. of Ind. Chem.) LINDBERG. 135

A. G. Ssamoilowitsch und **L. L. Korenblit,** *Der derzeitige Stand der Theorie der thermoelektrischen und thermomagnetischen Erscheinungen in Halbleitern.* 2. Mitt. (1. vgl. C. **1954.** 3164.) Vff. behandeln die kinet. Theorie der thermoelektr. u. thermomagnet. Erscheinungen, die eine Berechnung der verschied. Koeffizienten gestattet. Es wird die Einelektronentheorie der Leitfähigkeit zugrunde gelegt. Behandelt werden u. a.: Die thermoelektr. Erscheinungen in einwertigen Metallen bei hohen Tempp., das Elektronengleichgewicht in Halbleitern, die thermoelektr. Effekte in Halbleitern mit Atomgitter u. in Ionenhalbleitern, ferner die thermomagnet. u. galvanomagnet. Effekte. Vff. führen auch einen Vgl. der Theorie der elektr. Erscheinungen in Halbleitern mit den Experimenten durch. (Успехи Физических Наук [Fortschr. physik. Wiss.] **49.** 337—83. März 1953.) WIEDEMANN. 135

E. W. J. Mitchell, *Störstellenstreuung in Oxydhalbleitern.* Vf. diskutiert die Abhängigkeit der Störstellenaktivierungsenergie vom Störstellengeh. in Oxydhalbleitern mit relativ hoher Störstellenkonz. u. niedriger Elektronenbeweglichkeit. Es wird vermutet, daß Elektronenstreuung an neutralen Störstellen einen bedeutenden Beitrag zum Widerstand dieser Stoffe liefert. Die aus der von BUSCH (Helv. physic. Acta **19.** [1946.] 189 u. STÄHELIN u. BUSCH, C. **1952.** 5046) angegebenen Theorie folgenden Werte werden mit experimentellen Ergebnissen an einigen Oxyden verglichen, darunter solchen des Vf. am Syst. $Fe_2(Ti)O_3$ sowie Unterss. von VERWEY u. Mitarbeitern (C. **1951.** I. 965) am $Ni(Li)O$. (Proc. physic. Soc., Sect. B **65.** 154—61. 1/2. 1952. Trafford Park, Manchester, Metropolitan-Vickers Electric. Co. Ltd.) R. STEIN. 135

A. I. Gubanow, *Theorie der festen Gleichrichter.* Es wird eine Theorie der Gleichrichter aufgestellt, bei denen als Sperrschicht eine dünne Halbleiterschicht mit im Verhältnis zur Dicke abnehmender Leitfähigkeit angenommen wird. Am Zahlenbeispiel für den Cu_2O-Gleichrichter wird eine befriedigende Übereinstimmung der errechneten Stromspannungscharakteristik mit den erhaltenen Versuchswerten gefunden. (Журнал Технической Физики [J. techn. Physik] **22.** 381—93. März 1952. Leningrad, Physikal. Techn. Inst.) A. KUNZE. 135

I. M. Zidilkowski, *Gleichrichtung in Halbleitern in einem Wärmefeld.* Vf. untersucht theoret. den Gleichrichtungskoeff. (GK) für ein Defekthalbleiterplättchen vom Cu_2O-Typ zwischen zwei gleichartigen auf verschied. Temp. gehaltenen Metallelektroden u. vergleicht ihn mit den experimentellen Werten von GASCHIM-SADE (C. **1953.** 335). Größenordnungsmäßig stimmen die theoret. Werte mit den experimentellen überein, doch wird der Thermoventileffekt bei GASCHIM-SADE durch einen stärkeren Einfl. der Temp. auf den Elektrodenübergangswiderstand verdeckt. Theorie u. Experiment führen zu einer Zunahme des GK bei zunehmender Temperaturdifferenz zwischen den Elektroden. Theoret. wächst der GK monoton mit dem Spannungsabfall an der Probe (bis 1,25 V berechnet); experimentell geht er bei 1,5—2 V durch ein mittels der Theorie von PEKAR (Журнал Экспериментальной и Теоретической Физики [J. exp. theoret. Phys.] **10.** [1940.] 1210) deutbares Maximum. (Доклады Академии Наук СССР [Ber. Akad. Wiss. UdSSR] [N. S.] **91.** 63—66. 1/7. 1953. Dagestan, Zweigstelle der Akad. der Wiss. der UdSSR.) AMBERGER. 135

E. G. Roka, C. H. Jackson und **R. P. Ulrich,** *Aufgedampfte Punktkontaktgleichrichter.* Vff. beschreiben einen neuen *Ge*-Punktgleichrichter, bei welchem die Ge-Oberfläche zunächst mit einer isolierenden Schicht bedeckt wurde; in diese Isolationsschicht wurde ein kleines Loch gestanzt u. hierauf die Oberfläche mit Ag im Vakuum bedampft. Die Charakteristiken dieses neuen Gleichrichters sind graph. wiedergegeben. (J. appl. Physics **24.** 228—29. Febr. 1953. Minneapolis, Minn., Minneapolis-Honeywell Regulator Co., Gen. Res. Labor.) GOTTFRIED. 135

P. Selényi, *Einige weitere Beobachtungen über den Biegungseffekt an Selengleichrichterscheiben.* Kurze Mitt. über weitere Einzelheiten des bereits früher beschriebenen Effekts. (Vgl. Elektrotechn. u. Maschinenb. **61.** [1943.] 633 u. C. **1948.** II. 937.) (Proc. physic. Soc., Sect. B **65.** 161—62. 1/2. 1952. Budapest, Roland Eötvös Univ., Phys. Inst.) R. STEIN. 135

Lawrence Suchow und **George R. Pond**, *Elektrische Leitfähigkeit von Ag_2HgJ_4, Cu_2HgJ_4 und ihrem Eutektikum.* (Vgl. C. **1954.** 270.) Die elektr. Leitfähigkeit der in Pillen gepreßten (5 tons/inch²) Verbb. Ag_2HgJ_4, Cu_2HgJ_4 u. ihres Eutektikums, das 43 Mol-% Cu_2HgJ_4 enthält, haben Vff. als Funktion der Temp. gemessen. Die Leitfähigkeiten zeigen scharfe Anstiege bei definierten Übergangspunkten, die für Ag_2HgJ_4, Cu_2HgJ_4 bzw. das Eutektikum bei 50,0, 66,6 u. 34,2° liegen. Die Leitfähigkeit des Eutektikums liegt zwischen denen der reinen Verbindungen. Die Aktivierungsenergien werden für die 3 Substanzen berechnet u. die erhaltenen Werte im Zusammenhang mit der Zunahme von Ionen- oder Elektronenleitung diskutiert. Die Leitfähigkeit in Abhängigkeit von der Temp. zeigt deutliche Hysterese, beim Eutektikum beträgt sie 8°. (J. Amer. chem. Soc. **75.** 5242—44. 5/11. 1953. Signal Corps Engng. Labor.) WOELK. 135

S. W. Wonssowski, *Fragen der gegenwärtigen Quantentheorie elektronischer Leiter.* (Fortschr. Physik **1.** 239—331. 1954. — C. **1953.** 4164.) KLEVER. 136

Ted G. Berlincourt, *Beziehung zwischen dem de Haas-van Alphen-Effekt und der magnetischen Widerstandsänderung von Wismut.* Um den Zusammenhang zwischen der Widerstandsänderung im Magnetfeld u. der Magnetisierung senkrecht dazu näher aufzuklären, bestimmte Vf. die magnet. Susceptibilität bei tiefen Tempp. in Feldern bis zu 25 kOe an den gleichen Bi-Einkristallen, die schon ALERS u. WEBBER (C. **1954.** 4325) bei ihren Messungen der Widerstandsänderungen im Magnetfeld benutzt hatten. Es ergab sich, daß die Oscillationen der Widerstandsänderungen die gleiche Periode haben wie die Oscillationen der Susceptibilität mit kleiner Periode u. daß beide Erscheinungen von der gleichen elektron. Struktur herrühren. Um jedoch die vermutete Beziehung genau festzulegen, sind weitere Messungen an Graphit erforderlich, wo die für den DE HAAS-VAN ALPHEN-Effekt wichtige elektron. Struktur nicht so kompliziert ist wie bei Bi. (Physic. Rev. [2] **91.** 1277—78. 1/9. 1953. Washington, D. C., Naval Res. Labor.) v. HARLEM. 137

D. Ter Haar, *Statistik des dreidimensionalen Ferromagnetikums.* 3. Mitt. *Einige numerische Ergebnisse.* Mit Hilfe der früher abgeleiteten Gleichungen (2. vgl. Physica **18.** [1952.] 836) werden die Werte der Konfigurationsenergie u. der spezif. Wärmen oberhalb der CURIE-Punkte bei kub. ferromagnet. Stoffen errechnet. Ein Vgl. der errechneten Temperaturabhängigkeiten der spezif. Wärmen mit der BETHEschen Näherung u. einer Berücksichtigung von Gliedern höherer Ordnung nach TREFFTZ zeigt eine sehr gute Übereinstimmung mit der letzteren. (Physica **19.** 611—14. Juli 1953. St. Andrews, Schottland, Dep. of Nat. Philos.) FAHLENBRACH. 137

Harunobu Sawada, *Statistische Untersuchung des Barkhausen-Effektes.* 1. Mitt. *Verteilung der Elementarbereichsgrößen.* Vf. bestimmte die Größenverteilung des BARKHAUSEN-Effektes längs der Hysteresisschleife eines *Siliciumstahl*-Drahtes (3% Si). Insgesamt wurden 7 Suchspulen benutzt, welche dieselbe Windungsdichte, aber verschied. Spulenlänge hatten. Es ergab sich experimentell eine reguläre Beziehung zwischen der Verteilung der Impulsgröße u. der Spulenlänge. Die Verteilung der Größe der Elementarbereiche wurde unter gewissen Annahmen über den Mechanismus des BARKHAUSEN-Effektes aus dieser Beziehung berechnet. Die so erhaltenen numer. Werte sind: mittlere Länge eines Bereiches 0,345—5,20 mm, mittleres Vol. 0,298 bis $6{,}40 \cdot 10^{-5}$ mm³, mittlerer Durchmesser $3{,}32—3{,}96 \cdot 10^{-3}$ mm, kleinste Fortpflanzungsgeschwindigkeit der magnet. Umpolung 3—50 m/Sekunde. (J. physic. Soc. Japan **7.** 564—71. Nov./Dez. 1952. Omiya, Taihei Mining & Metallurg. Labor. [Orig.: engl.]) v. HARLEM. 137

Harunobu Sawada, *Statistische Untersuchung des Barkhausen-Effektes.* 2. Mitt. *Beziehung zwischen Elementarbereichsgröße und innerer Spannung.* (1. vgl. vorst. Ref.) Die im vorst. Ref. mitgeteilten Werte für die Größe der Elementarbereiche werden diskutiert u. mit der Theorie von BLOCH über ellipsoidförmige Elementarbereiche verglichen. Es ergibt sich, daß die Verteilung der inneren Spannungen eine führende Rolle bei der Best. der Endlagen der Bereichswände spielt. Mit Hilfe der Wahrscheinlichkeitstheorie wurde die Verteilung der inneren Spannungen bestimmt. Formeln für die Verteilung der Elementarbereichsgrößen, die die experimentell gefundene, reguläre Beziehung zwischen Impulsgröße u. Suchspulenlänge wiedergeben, werden abgeleitet. (J. physic. Soc. Japan **7.** 571—74. Nov./Dez. 1952. [Orig.: engl.]) v. HARLEM. 137

Harunobu Sawada, *Statistische Untersuchung des Barkhausen-Effektes.* 3. Mitt. *Verteilung der Zeitintervalle.* (2. vgl. vorst. Ref.) Es wurde die Verteilung der Zeitintervalle

von BARKHAUSEN-Impulsen bestimmt. Im Gegensatz zu TYNDALL wurden sehr reguläre Kurven gefunden. Unter Annahme eines einfachen Mechanismus für die Umpolung der Magnetisierung der Elementarbereiche wird eine Erklärung für die experimentellen Ergebnisse gegeben. Die magnet. Umpolung ist nicht völlig zufällig, wie z. B. der Zerfall radioakt. Substanzen. Die Umpolung der Magnetisierung der Elementarbereiche erfordert stets eine gewisse Energieanhäufung durch magnet. oder andere Effekte. (J. physic. Soc. Japan **7**. 575—78. Nov./Dez. 1952. [Orig.: engl.])
v. HARLEM. 137

D. H. Martin, *Ferromagnetische Elementarbereichsprozesse in scheibenförmigen Einkristallproben aus Siliciumeisen.* Vf. berichtet über Unterss. der BITTERschen Streifen an scheibenförmigen Einkristallproben aus Fe + 3% Si, deren Oberflächen parallel zur (1 0 0)-Ebene gerichtet waren, wenn sie einmal parallel [1 0 0] u. dann parallel zu [1 1 0] magnetisiert wurden. Bes. konnte die Bldg. von NÉELschen „Zipfelmützen" um Einschlüsse beobachtet werden. Über weitere Einzelheiten vgl. das Original. (Proc. physic. Soc., Sect. B **66**. 712—14. 1/8. 1953. Univ. of Nottingham.) v. HARLEM. 137

F. Galperin, Ss. Larin und **A. Schischkow**, *Untersuchung des Einflusses einer allseitigen Kompression auf die Sättigungsmagnetisierung von Eisen bei der Temperatur des flüssigen Stickstoffs.* (Für $(1/\psi_0 d\psi/dp) \cdot 10^7$ atm^{-1} von Armco-Eisen bei —196° u. 1800—2000 Oe messen Vff. +0,55 ±0,25; u. bei 20° +0,24 ±0,1, während EBERT u. KUSSMANN (Physik. Z. **38**. [1937.] 437) hier —4 ±1 angeben. Für $(1/\sigma_0\, d\sigma/dp) \cdot 10^7$ atm^{-1} finden Vff. experimentell bei —196° —1,39 ±0,25 u. bei 20° —1,70 ±0,1, sowie theoret. mit Hilfe einer Formel von GALPERIN (C. **1954**. 4094 u. früher) —1,49 (nach EBERT u. KUSSMANN —5,94). (Доклады Академии Наук СССР [Ber. Akad. Wiss. UdSSR] [N. S.] **89**. 419—22. 21/3. 1953.) AMBERGER. 137

R. T. Weidner und **C. A. Whitmer**, *Die Form der paramagnetischen Resonanzlinien bei Austauschnäherung.* Messungen bei 4,2° K u. einer Wellenlänge von 3,2 cm am freien Radikal *Diphenylpikrylhydrazyl* ergaben, daß, wie erwartet, die Resonanzlinie von der LORENTZ-Form ist. Der Wert ΔH betrug bei 4,2° K 3,46 ±0,04 Oe, g = 2,0025 ±0,0003; bei Zimmertemp. sind die Werte 2,70 ±0,02 Oe bzw. 2,0036 ±0,0002 u. bei 77° K 2,36 ±0,02 Oe bzw. 2,0036 ±0,0003. Diese Werte sind in qualitativer Übereinstimmung mit denen von SINGER u. SPENCER (C. **1954**. 1439). (Physic. Rev. [2] **91**. 1279—80. 1/9. 1953. New Brunswik, N. J., Rutgers Univ., Dep. of Phys.)
v. HARLEM. 137

M. F. Lantratow und **A. F. Alabyschew**, *Aktivität von Cadmiumchlorid in Alkali- und Erdalkalichloridlösungen.* 2. Mitt. *Über Untersuchungen von Lösungen geschmolzener Salze.* (1. vgl. C. **1954**. 3167.) Die Aktivität von *$CdCl_2$* (**I**) wurde aus der EMK. der synthet. Ketten vom Typ Cd | $CdCl_2(N_1, a_1) + M_2Cl_n(N_2, a_2)$ | Graphit, Cl_2, N_1, a_1 u. N_2, a_2 bedeuten den Molenbruch u. die Aktivität der Salzlsg. bei verschied. Tempp. u. verschied. Gehh. an *KCl*, *NaCl* oder *$BaCl_2$*, ermittelt. Es zeigte sich, daß die EMK. nicht nur von der Temp. u. der Konz. der potentialbildenden Ionen abhängig ist, sondern auch von der Natur des 2. Salzes u. der Rk. zwischen den Ionen. Die negative Abweichung der Aktivität der Komponenten nimmt mit abnehmendem Radius u. zunehmender Ladung des Alkali- oder Erdalkalikations ab. In der **I**-Lsg. sind die Abweichungen größer als in den entsprechenden Lsgg. von $PbCl_2$, bedingt durch die kleinere Dimension des Cd-Ions, wodurch die Cd-Komplexe stabiler sind als die des Pb. Die großen negativen Abweichungen der Aktivität in **I**–KCl sind durch die Ggw. der Komplexionen $CdCl_3^-$ u. $CdCl_6^{4-}$ bedingt, in I–NaCl durch das Komplexion $CdCl_4^{2-}$, in I–$BaCl_2$ durch die Bldg. des Komplexions $CdCl_6^{4-}$. (Журнал Прикладной Химии [J. angew. Chem.] **26**. 353—63. April 1953.) LEBTAG. 139

I. M. Kolthoff und **Joseph Jordan**, *Elektroden mit durch Konvektion bestimmten Grenzströmen („Konvektionselektroden").* Die Dicke der Grenzschicht an einer Elektrode nimmt mit steigender Rührgeschwindigkeit ab u. kann einen Grenzwert von mol. Dimension erreichen. In diesem Fall werden die Grenzströme unabhängig vom Diffusionskoeff. der elektrochem. wirksamen Komponente u. nur noch durch die Transportgeschwindigkeit durch Konvektion bestimmt: $i_{Konv.} = nFa\tau \cdot C = knC$ (τ = Konvektionskoeff., C = Grenzkonz. der elektrochem. wirkenden Substanz, a = Elektrodenoberfläche). Vff. haben derartige Konvektionselektroden untersucht u. τ zu 19 cm · sec^{-1} für eine mit 900 U/min rotierende Pt-Elektrode (Rührung mit gleicher Geschwindigkeit) u. zu 18 cm · sec^{-1} für eine stationäre Hg-Mikroelektrode (Rührung: 900—1200 U/min) bestimmt. (J. Amer. chem. Soc. **75**. 4869. 5/10. 1953. Minneapolis, Minn., Univ. of Minnesota, School of Chem.) WOELK. 140

William M. Saltman und **Norman H. Nachtrieb**, *Die Elektrochemie von Gallium.* Von den Zellen $Ga/GaX_3 + HX/H_2(Pt)$, wo X = Cl bzw. ClO_4, wurden bei 20, 25 u.

28° bei verschied. Ga-Konzz. u. p_H-Werten die EMKK. gemessen; das Ga war hierbei durch Elektroplattierung auf W niedergeschlagen. Die Messungen waren gut reproduzierbar, während bei Verwendung von fl. Ga als Elektrode irreversible Schwankungen auftraten. Aus den unter Verwendung von Ga–W-Elektroden erhaltenen Werten wurden das Standardpotential $-E_0$ (in V) u. die freie Energie $-\Delta F_0$ (in kcal/Mol), je bezogen auf unendliche Verdünnung, berechnet zu 0,599 u. 38,7 bei 20°, 0,560 u. 38,8 bei 25°, 0,553 u. 38,3 bei 28°. Ferner wurden die Standardentropie u. die Enthalpie der Zellen-Rk. bei 25° abgeschätzt zu −39,2 cal/Mol·Grad u. −50,5 kcal/Mol. (J. electrochem. Soc. **100**. 126–30. März 1953. Chicago, Ill., Univ., Inst. for the Study of Metals.) FUCHS. 140

J. R. Mills, B. G. Hunt und **G. H. Turner**, *Ein neuer elektrochemischer Prozeß für Indium.* Als Ausgangsprod. zur Erzeugung von In dient Zn-Schlacke z. B. folgender Zus.: 35% Pb, 5,5 Cu, 4,4 Sn, 2,5 In, 2,0 As, 1,8 Sb, 10,7 Fe, 5,4 Zn, 1,1 S, 2,5 CaO, 13,8 SiO_2. Durch Flotation wird zunächst Cu größtenteils entfernt. Dann folgt eine elektrotherm. Red., die Barren mit einem Geh. von 78 Pb, 10 Sn, 4,6 In u. 4,3 Sb liefert. Bei der anschließenden Elektrolyse im Schmelzfluß, bei der die Barren als Anoden dienen, wird eine Pb–Sn-Legierung kathod. abgeschieden, während die Schmelze mit einem Geh. von 30–35% In abläuft. Durch Behandeln mit Schwefelsäure u. Auslaugen mit W. wird aus letzterer ein 99%ig. In erhalten, das schließlich elektrolyt. weiter gereinigt wird (40–60 g Chlorid oder Sulfat des In pro Liter, 90 bis 100 g NaCl, p_H 2–2,5, Temp. $<40°$). Das Endprod. ist 99,98%ig. Die analyt. Best. des In erfolgte polarographisch. F. 156°, Kp. 2000°. In ist unempfindlich gegen atmosphär. u. alkal. Korrosion. Die Oxyde, Sulfide, Selenide u. Telluride von In sind Halbleiter u. zeigen Photoleitung. In_2O_3 ist bes. geeignet zur Verwendung als Resistor. In_2S_3 besitzt einen großen negativen Temperaturkoeff. des elektr. Widerstandes u. ist auch bei höheren Tempp. chem. u. elektr. beständig. Ferner weitere Anwendungsmöglichkeiten des In in der Praxis (Literaturdaten). (J. electrochem. Soc. **100**. 136 bis 140. März 1953. Trail, British Columbia, Consolidated Mining and Smelting Comp. of Canada, Res. and Development Div.) FUCHS. 141

John T. Byrne und **L. B. Rogers**, *Kritische Interpretation von Untersuchungen über die elektrolytische Abscheidung von Spuren von Elementen.* Vff. vermuten, daß sich die bei der elektrolyt. Abscheidung verschied. Elemente bei kleinsten Konzz. beobachteten Abweichungen vom n. Verh. durch Berücksichtigung der Beziehungen zwischen der Abscheidungs- u. der Sublimationsenergie des abgeschiedenen Elementes erklären lassen. Die partielle mol. Entropie des abgeschiedenen Elementes besteht aus 2 Teilen: einer partiellen mol. Konfigurationsentropie u. einem zur Bindungsenergie der abgeschiedenen Atome in Beziehung stehenden Anteil. Das chem. Potential einer Abscheidung variiert mit der Verteilung der latenten Adsorptionsenergien über das Gitter der Oberfläche. Die Kenntnis dieser Verteilungsfunktion würde die Ermittlung des chem. Potentials der Abscheidung in Abhängigkeit von der Zahl der abgeschiedenen Atome ermöglichen. Vff. führen zur Vereinfachung der Rechnung ein neues chem. Potential, μ^*_{Rad}, ein, das allein eine Funktion der Adsorptionswärme ist. Jeder Gitterpunkt hat ein definiertes μ^*_{Rad}, das ein Maß für die Bindungsstärke für ein abgeschiedenes Atom darstellt. Für homogene Oberflächen ist μ^*_{Rad} von der Zahl der abgeschiedenen Atome unabhängig. Unter der Annahme, daß, wenn der bedeckte Anteil der Oberfläche sehr klein ist, die Adsorptionsenergie konstant bleibt, leiten Vff. eine Beziehung für das Abscheidungspotential E ab u. diskutieren sie ausführlich unter Berücksichtigung der experimentellen Ergebnisse über den Konzentrationseinfl., sowie den Einfl. von Elektrodenmaterial u. Fremdsubstanzen auf die elektrolyt. Abscheidung von Spuren. (J. electrochem. Soc. **98**. 457–63. Nov. 1951. Cambridge, Mass., Massachusetts Inst. of Technol., Dep. of Chem., u. Labor. for Nucl. Sci. and Engng.) WOELK. 141

J. W. Cuthbertson, N. Parkinson und **H. P. Rooksby**, *Elektrische Abscheidung von Schichten aus Zinn–Nickel-Legierung aus Chlorid–Fluorid-Elektrolyten.* Vff. untersuchten die gemeinsame elektrolyt. Abscheidung von *Sn* u. *Ni* aus den wss. Lsgg. ihrer Chloride. Brauchbare Resultate werden nur erhalten, wenn der Elektrolytlsg. Fluoride zugesetzt werden. Bes. günstig erwies sich z. B. folgende Lsg.: 50 g $SnCl_2 \cdot 2\,H_2O$, 300 g $NiCl_2 \cdot 6\,H_2O$ (I), 28 g NaF u. 35 g NH_4HF_2, je bezogen auf 1 Liter Lösung. Sn u. Ni werden hieraus in etwa gleichen atomaren Verhältnissen abgeschieden. Durch Änderung des Ni–Sn-Verhältnisses in der Lsg. u. Änderung der Stromdichte kann allerdings die Zus. des Nd. in gewissen Grenzen variiert werden; z. B. enthält der Nd. unter sonst gleichen Bedingungen 92% Sn für 20 g I, aber 63% Sn für 400 g I. Bei Erhöhung der Stromdichte steigt der Sn-Geh. nur wenig an. Die Arbeitstemp. muß oberhalb 45° liegen, das Optimum beträgt 65°. Durch den Zusatz der Fluoride sollen sich Ni–Sn–F-Komplexe bilden; darauf sei es zurückzuführen, daß die Zus. der abgeschiedenen Legierung im Laufe der Elektrolyse konstant bleibt. Die Komplexbldg. wurde an Hand der Kathodenpotential–Stromdichte-Kurven näher verfolgt. Die so erhaltenen Legierungen sind hell u. glänzend, sind einphasig u. besitzen Ni-Arsenid-Struktur; sie sind unterhalb 300° sehr beständig, doch treten bei höheren Tempp. Rekristallisationsvorgänge auf unter Bldg. von Ni_3Sn_2 u. Ni_3Sn_4. Die röntgenograph. Unters. verschied. Proben ergab, daß in den glänzenden Legierungen eine bevorzugte Orientierung der Kristallite vorliegt. Die Legierungen sind gegen atmosphär. Einflüsse mindestens ebenso beständig wie elektrolyt. erzeugte Cr-Überzüge. Das Verf. wird bereits techn. durchgeführt. Auf diese Weise lassen sich auf Gegenständen der verschiedensten Verwendungszwecke Schutzüberzüge herstellen. Bzgl. zahlreicher weiterer Ergebnisse (bes. Einfl. der Zus. des Elektrolyten, von oberflächenakt. Zusätzen, der Temp. u. a. auf die Strom–Spannungs-Kurven) muß auf die graph. Darstellungen im Original verwiesen werden. (J. electrochem. Soc. **100.** 107–19. März 1953. Greenford, Middlesex, Tin Res. Inst., u. Wembley, General Electric Co., Res. Labor.) FUCHS. 141

John C. Griess jr., John T. Byrne und **L. B. Rogers,** *Elektrolytisches Abscheidungsverhalten von Silberspuren.* 2. Mitt. *Einfluß der Elektrodenvorgeschichte und der Gegenwart anderer Ionen.* (1. vgl. C. **1949.** E. 508.) Messungen über das Abscheidungsverh. kleinster Ag-Mengen (10^{-8} mol.) liegen innerhalb der üblichen Genauigkeit, wenn die Reinigungs- u. Vorbehandlungsvorschriften für Elektrolyte u. Elektroden genauestens eingehalten werden. Die beste Vorbehandlung der Elektroden besteht in einer abwechselnden anod. u. kathod. Behandlung in 1 mol. KCN-Lsg. bzw. 0,1 mol. $HClO_4$ mit 5 bis 10 A während 5 bzw. 0,5 Min. u. sorgfältigster Spülung. Die verwendeten Elektrolyte werden durch Vorelektrolyse gereinigt. Durch die Ggw. von 0,1 mol. $Cu(ClO_4)_2$ oder 10^{-2} mol. Pt(II) oder Pd(II) wird das Abscheidungsverh. der Ag-Spuren nicht verändert. Einen deutlichen Einfl. hat dagegen der p_H-Wert der Lsgg., unabhängig vom Anion. Mit steigendem p_H-Wert verschiebt sich das Abscheidungspotential nach edleren Werten. (J. electrochem. Soc. **98.** 447–51. Nov. 1951. Oak Ridge, Tenn., Nat. Labor.; Cambridge, Mass., Massachusetts Inst. of Technol., Labor. for Nucl. Sci. and Engng.) WOELK. 141

John T. Byrne, L. B. Rogers und **John C. Griess jr.,** *Elektrolytisches Abscheidungsverhalten von Silberspuren.* 3. Mitt. *Übergangsgebiet zwischen „Spuren"- und „Makro"-Verhalten.* (2. vgl. vorst. Ref.) Das Abscheidungsverh. des Ag zeigt zwischen „Spuren"- u. „Makro"-Konzz. eine Diskontinuität. Vff. untersuchten die Abscheidung des Ag aus $HClO_4$-Lsgg. unter Anwendung von ^{111}Ag im Konzentrationsbereich von 10^{-8} bis 10^{-4} mol., sowie den Einfl. des Elektrodenmaterials (Pt, Au, Pd). Die Kurve abgeschiedene Ag-Menge (in %) gegen Potential verschiebt sich mit steigender Ag-Konz. nach unedleren Potentialwerten. Es bildet sich bei definierten %-Werten eine Stufe, die auf die Abscheidung einer vollständigen monomol. Schicht zurückgeführt werden kann. Ist die Elektrodenoberfläche gesätt., ergibt sich das für Makrokonzz. charakterist. Verhalten. Das Elektrodenmaterial hat nur geringen Einfluß. (J. electrochem. Soc. **98.** 452–56. Nov. 1951.) WOELK. 141

Roger Parsons und **M. A. V. Devanathan,** *Eine allgemeine thermodynamische Theorie der ideal polarisierten Elektrode.* Eine ideal polarisierte Elektrode ist durch das Fehlen eines Stromflusses durch eine Zwischenphase gek., wenn die Potentialdifferenz zwischen der Elektrode u. der Lsg. geändert wird. Diese Bedingung wird fast erreicht, wenn alle Rkk. in eine der beiden folgenden Kategorien fallen: Rkk. mit hoher, aber langsam wirksamer Aktivierungsenergie u. Rkk. mit niedriger Aktivierungsenergie, aber geringer Konz. der Reaktionsprodukte. Untersucht wird die Zelle $Cu' \mid \gamma \mid \beta \mid \sigma^{\beta} \mid \sigma^{\alpha} \mid \alpha \mid Cu''$. Für die Zwischenphase zwischen α u. β bei konstanter Temp. u. konstantem Druck wird eine der GIBBS-DUHEM-Gleichung analoge Gleichung abgeleitet. Wenn die Zus. des Syst. konstant gehalten wird, führt die abgeleitete Gleichung schließlich in bezug auf die Potentialdifferenz zwischen den Drähten zu der bekannten Gleichung von LIPPMANN (1875) für die Oberflächenbeladung. Es wird gezeigt, daß die Oberflächenkonz. aller Komponenten (relativ zu einer Bezugskomponente) in einer Lsg. mit einer beliebigen Anzahl von Salzen oder neutralen, nichtdissoziierten Komponenten bestimmt werden kann. (Trans. Faraday Soc. **49.** 404–09. April 1953. Dundee, Univ. Coll. u. Colombo, Univ. of Ceylon.) J. FISCHER. 142

I. M. Kolthoff, P. E. Toren und **R. W. Ramette,** *Die Reduktion von Kohlenstoffdisulfid an der Quecksilbertropfelektrode.* CS_2 gibt an der Hg-Tropfelektrode zwei kathod. Wellen mit sowohl von dem p_H als auch der Konz. unabhängigen Halbwellenpotentialen von –1,3 u. –1,7 V (gegen gesätt. Kalomelelektrode). Die Ggw. von 0,006%

Gelatine unterdrückt das Maximum der ersten Stufe vollständig. Beide Stufen entsprechen der Abgabe je eines Elektrons. Vermutlich wird bei der ersten Stufe ein freies Radikal gebildet. Das Verschwinden der beiden CS_2-Stufen bei Ggw. äquimol. Mengen von $CuCl_2$ in 0,1 mol. KCl spricht für eine Rk. der bei beiden Redd. entstehenden Prodd. mit $CuCl_2$. (Analytic. Chem. **24**. 1037—38. Juni 1952. Minneapolis, Minn., Univ. of Minnesota, School of Chem.) GEDSCHOLD. 142

L. B. Rogers und **Charles Merritt jr.**, *Das Verhalten von Cadmium und von Thallium bei der elektrischen Abscheidung an Quecksilberkathoden.* Von ca. 0,001 mol. wss. Lsgg. von *$CdCl_2$* u. *TlCl* wurden unter Verwendung von Hg als Kathode auf polarograph. Wege das Halbstufenpotential $E_{1/2}$ u. durch elektrolyt. Messungen das Potential E_{50}, bei dem die Hälfte des Cd bzw. Tl abgeschieden ist, bestimmt. Für $E_{1/2}$ bzw. E_{50} (für ein Volumenverhältnis 1 : 1 von wss. zur Hg-Phase) wurde erhalten —0,606 V (gegen die gesätt. Kalomelelektrode) bzw. —0,612 für Cd u. —0,461 bzw. —0,464 für Tl. Die E_{50}-Werte werden bei Änderung des Volumenverhältnisses um den Betrag $0{,}06 \cdot \log (V_{Hg}/V_{Lsg.})/n$ verschoben. Zur vollständigen Abscheidung des Cd bzw. Tl ist eine wesentlich längere Zeit erforderlich, als sie unter der Annahme der Einstellung des Gleichgewichtes berechnet wird. Ggw. von geringen Mengen Cu oder Bi im Hg hat prakt. keinen Einfl. auf E_{50} von Cd. (J. electrochem. Soc. **100**. 131—35. März 1953. Cambridge, Mass., Massachusetts Inst. of Technol., Dep. of Chem., u. Labor. for Nucl. Sci. and Engng.) FUCHS. 142

William P. Senett und **C. F. Hiskey**, *Die Elektrokinetik der Wasserstoffentwicklung. 3. Mitt. Wasserstoffüberspannung an elektrolytisch abgeschiedenen Kupferkathoden.* (2. vgl. **1953**. 2716.) Die H-Überspannung η haben Vff. an verschied. Cu-Elektroden, die auf Pt aus dem sauren oder dem alkal. Cu-Bad abgeschieden wurden, in 1 n HCl gemessen. Besondere Beachtung schenkten sie der Zeitabhängigkeit von η, da sie vermuten, daß diese charakterist. für die an der Oberfläche der Elektrode ablaufenden elektrokinet. Vorgänge ist. Die für die verschied. Elektroden bei verschied. Messungen zwischen 10^{-6} u. 10^{-3} A/cm² erhaltenen Werte zeigen untereinander größere Abweichungen. Eine relativ gute Konstanz ergibt sich dagegen für die Größe η/b. Für eine aus dem sauren Cu-Bad erhaltene Elektrode beträgt η/b 4,33 ±0,04 bei $9{,}6 \cdot 10^{-5}$ A/cm², für die aus dem alkal. Bad erhaltene 4,06. Eine Unters. der Temperaturabhängigkeit von η führt, unter Anwendung der Gleichung von BOWDEN u. AGAR zu folgenden Werten für die Aktivierungsenergie an 3 verschied. Elektroden: 21,6; 14,6 u. 23,8 kcal/Grammäquivalent. Der Temperaturkoeff. beträgt —2,4 mV/Grad. Ausgehend von der Gleichung von EYRING erhalten Vff. die Beziehung $\eta = b\,(-\log i_0 + \log i)$, die also eine Schar von Geraden verschied. Neigung, aber gleichem Schnittpunkt für $\eta = 0$ ergibt. Dieser Wert für $\log i_0$ stellt eine charakterist. Konstante des untersuchten Syst. dar u. beträgt hier —8,35 ±0,04. Innerhalb der Genauigkeit der Konstante von η/b u. i_0 gehorchen die untersuchten Elektroden dieser Beziehung in dem Stromdichtebereich, in dem auch die Gleichung von TAFEL Gültigkeit besitzt. Vff. sind daher der Ansicht, daß die Auswertung von Überspannungsmessungen besser in einem η/b/log i-Diagramm erfolgt. Die so erhaltenen Geraden stehen in direkter Beziehung zu den Differenzen der freien Aktivierungsenergie ΔF. Für die untersuchten Cu-Elektroden ist ΔF innerhalb ±150 cal konstant. (J. Amer. chem. Soc. **74**. 3754—60. 5/8. 1952. Brooklyn, N. Y., Polytechn. Inst., Div. of Anal. Chem.) WOELK. 143

P. D. Lukowzew, *Über den Mechanismus der Wasserstoffüberspannung an gut Wasserstoff adsorbierenden Metallen. (Zur Arbeit von L. I. Antropow.)* Die Ansicht von ANTROPOW (vgl. C. **1954**. 3401), wonach die Geschwindigkeit der H_2-Abscheidung an leicht adsorbierenden Metallen, wie Ni, Co, Pt u. Pd, nur durch die verzögerte Rekombination begrenzt wird, wird als den experimentellen Ergebnissen über die H-Überspannung an diesen Metallen widersprechend abgelehnt. Ebenso wird die Behauptung von ANTROPOW abgelehnt, daß bei Teilnahme der adsorbierten H-Atome am bestimmenden Stadium die Geschwindigkeit der Elektrored. unabhängig vom p_H ist. (Журнал Физической Химии [J. physik. Chem.] **27**. 1245—50. Aug. 1953.) LEBTAG. 143

A_4. Thermodynamik. Thermochemie.

J. Zernike, *Ein binäres Raummodell mit Volumen, Zusammensetzung und Temperatur als Veränderlichen.* Phasentheoret. Betrachtungen. (Recueil Trav. chim. Pays-Bas **72**. 581—96. Juli 1953. Dacca, Pakistan, Univ., Dep. of Chem.) GOTTFRIED. 148

Henry E. Wirth und **F. Nash Collier jr.**, *Scheinbare und partial-molale Volumina von Natriumperchlorat und Überchlorsäure in gemischten Lösungen.* Vff. bestimmen die

scheinbaren u. partial-molalen Voll. von $NaClO_4$ u. $HClO_4$ in W. nach der früher (J. Amer. chem. Soc. **59**. [1937.] 2549) beschriebenen Methode. Das scheinbare molale Vol. Φ, von $HClO_4$ in wss. Lsg. errechnet sich aus der Differenz der Dichten der Lsgg. u. des Wassers. Die beobachteten Werte können durch die Gleichung $\Phi_3 = 44{,}11_8 + 1{,}860\ C_3^{1/2} - 1{,}611\ C_3^{3/4} + 0{,}162\ C_3$, wobei C_3 = Konz. der $HClO_4$ in Mol/Liter Lsg., ausgedrückt werden. Für $NaClO_4$ in W. ergibt sich $\Phi_3 = 42{,}92_6 + 1{,}800\ C_3^{1/2} + 0{,}043\ C_3^2$ u. für $NaClO_4$ in $HClO_4$ $\Phi_3 = a + bX + cX^4$, wobei die Werte für a, b, c in 0,16n $HClO_4$ = 43,643, 1,853, 0,100; in 0,36n = 44,013, 1,790, 0,234; in 0,66n = 44,355, 1,681, 0,384; in 0,99n = 44,616, 1,820, 0,350 u. in 2,24n = 45,270, 2,260, 0,000 betragen. $X = \mu_v^{1/2} - C_2^{0\,1/2}$ = „Volumen-Ionenstärke" der Lösung. Mit Hilfe dieser Gleichungen wurden die Dichten von Lsgg., die 0,16, 0,36, 0,64, 1,0 u. 2,25 molal an $NaClO_4$ sind, berechnet u. aus den Dichten die scheinbaren u. partial-molalen Voll. der wss. $HClO_4$- u. $NaClO_4$-Lsgg. erhalten. Das partial-molale Vol. von $NaClO_4$ ist in $HClO_4$ geringer als in W. u. nimmt mit steigender $HClO_4$-Konz. ab, während der Grenzwert des partial-molalen Vol. von $NaClO_4$ in $HClO_4$-Lsg. der Konz. C_2 durch die Gleichung $\overline{V}_3{}^0 = 42{,}96 + 1{,}973\ C_2^{1/2} - 0{,}270\ C_2$ erfaßbar ist. Das partial-molale Vol. von $HClO_4$ in $NaClO_4$-Lsgg. nimmt ebenfalls zu. Der Grenzwert berechnet sich nach $\overline{V}_3{}^0 = 44{,}118 + 1{,}547\ C_2^{1/2} - 0{,}194\ C_2$. Die partial-molalen Voll. von $NaClO_4$ in $HClO_4$ u. $HClO_4$ in $NaClO_4$ sind abhängig von der „Volumen-Ionenstärke" u. der spezif. Eig. des anderen Elektrolyten. Aus den Verss. u. Berechnungen geht hervor, daß das partial-molale Vol. eines Elektrolyten allein von der gesamten „Volumen-Ionenstärke" abhängt, wie KCl, KBr u. Na_2SO_4 in NaCl-Lsgg., wenn beide Elektrolyte den gleichen Einfl. auf die Wasserstruktur haben. Je größer aber der Unterschied des Einfl. der beiden Elektrolyte auf die Struktur des W. ist, desto größer ist die Abweichung von der Ionenstärkeregel, wie bei den wss. Lsgg. von HCl/NaCl u. $NaClO_4/HClO_4$. (J. Amer. chem. Soc. **72**. 5292—96. Nov. 1950. Columbus, O., State Univ., Dep. of Chem.)
MOSLÉ. 148

D. E. Belscher, *Schmelzphänomen an einer Oberfläche von monomolekularer Dicke.* Mit Hilfe einer radioakt. Meth. untersucht Vf. Phasenübergänge von Monoschichten; Radioautogramme werden von Stearinsäuremonoschichten aufgenommen, die mit ^{14}C gek. sind u. sich auf Glimmer als Trägersubstanz befinden. Nachdem sie während verschied. Zeiten (3—30 Min.) auf verschied. Tempp. (35—40°) erhitzt oder längere Zeit bei Zimmertemp. gelagert worden waren, traten Veränderungen der ursprünglichen Aufnahmen auf, die darauf hinweisen, daß weit unterhalb des F. eine Phasenveränderung (Übergang fest/fl.) stattfindet. Auch der gemessene Oberflächendiffusionskoeff. ist größer als bei festen Substanzen, u. zwar in der Größenordnung von Flüssigkeiten. Auf Grund der Theorie von LENNARD-JONES über Schmelzprozesse wird eine Erklärung hierfür gegeben, ebenso für die Erscheinung, daß Monoschichten keinen scharfen F., sondern ein Schmelzintervall besitzen. (Science [Washington] **115**. 682—84. 20/6. 1952. Pensacola, Fla., U. S. Naval School of Aviat. Med., U. S. Naval Air Stat.)
JÄGER. 150

Johan van Dranen, *Die Gesamtenergie von Substanzen beim kritischen Punkt.* In Ergänzung seiner kürzlich aufgestellten Hypothese (C. **1954**. 3170) über den krit. Zustand diskutiert Vf. unter Verwendung von neuerem Zahlenmaterial die Verhältnisse beim *W.* u. beim CO_2 u. findet sie in guter Übereinstimmung mit seiner Theorie. (J. chem. Physics **21**. 1404. Aug. 1953. Amsterdam, Univ., Labor. for Analyt. Chem.)
NIEMITZ. 150

Johan van Dranen, *Der kritische Punkt und die gestörte Rotation von Molekülen im flüssigen Zustand.* Vf. wendet seine Theorie über den krit. Zustand (vgl. vorst. Ref.) auf einen speziellen Fall, nämlich auf die gestörte Rotation im fl. Zustand, an u. zeigt am Beispiel des CO_2 unter Verwendung von Literaturdaten die Möglichkeit einer annähernden Berechnung der gehemmten Rotation auf. Das Ergebnis wird diskutiert, u. einige Bemerkungen werden über die spezif. Wärme des CO_2 am krit. Punkt im Zusammenhang mit der Hypothese gemacht. (J. chem. Physics **21**. 1404—05. Aug. 1953.)
NIEMITZ. 150

Oliver L. I. Brown und **C. MacGregor Delaney**, *Dampfdruck von wässerigen Kaliumchloridlösungen bei 25° mit einem Differentialmanometer neuen Typs.* Vff. beschreiben ein neues Differentialmanometer, bestehend aus einer sehr biegsamen Messingmembran in Verbindung mit einem STATHAM-Dehnungsmesser, welches bei Bedarf für Druckdifferenzen bis zu 10^{-6} mm Hg empfindlich gemacht werden kann. Zur Messung der Dampfdruckerniedrigung von *KCl*-Lsgg. (I) gegenüber *reinem W.* (II) wurde das Manometer als Nullinstrument zwischen **I** u. **II** geschaltet u. die unterschiedlichen Tempp. der beiden Fll. gemessen. Die zur Umrechnung notwendigen Dampfdrucke des W. bei

25° wurden einerseits den INTERNATIONAL CRITICAL TABLES (Vol. III, New York, [1928.] 211—12) entnommen, andererseits nach $P_{mm} = \exp.[a - b/T + c/T^{5/4}]$ mit $a = 14{,}779367$, $b = 10794{,}0544$, $c = 1764{,}4607$ u. $T = t + 273{,}1600$ berechnet. Für den osmot. Koeff. ergab sich der Ausdruck $\Phi = -(55{,}5062/2\,m) \ln P/P^0$ mit m = Anzahl der Mole KCl/kg H_2O. (J. physic. Chem. **58.** 255—58. März 1954. Syracuse, N. Y., Syracuse Univ., Dep. of Chem.) KARUTZ. 150

Warren Desorbo, *Die spezifische Wärme von kristallinem Selen bei niedrigen Temperaturen.* Vf. untersuchte die spezif. Wärme von sehr reinem (Reinheitsgrad angenähert 99,999%) kristallinem Se zwischen 14,97 u. 300,30° K. Die Werte wurden mit Berechnungen verglichen, denen das Modell eines eindimensionalen Kontinuums zugrunde gelegt war. Bis hinunter zu 37° K zeigte sich eine gute Übereinstimmung mit diesen Rechnungen. Die unterhalb dieser Temp. auftretenden Abweichungen beschreibt Vf. mittels des Modells eines anisotropen Kontinuums, das die „Wechselwrkg." zwischen den Atomketten berücksichtigt. Die Werte der thermodynam. Funktionen Entropie, Enthalpie u. freie Energie wurden zwischen 25 u. 300° K in Abständen von 25° berechnet. Die Entropie des kristallinen Se bei 298,16° K wurde zu 10,15 ±0,05 cal/g-Atom/Grad bestimmt. (J. chem. Physics **21.** 1144—48. Juli 1953. Schenectady, N. Y., General Electric Res. Labor.) WASSERROTH. 151

R. H. Busey und **W. F. Giauque,** *Die Gleichgewichtsreaktion $NiCl_2 + H_2 = Ni + 2\,HCl$. Ferromagnetismus und der 3. Hauptsatz der Thermodynamik.* Die Arbeit hat zum Ziel, festzustellen, ob die Entropie ferromagnet. Substanzen bei 0° K den Wert Null besitzt oder nicht. Vff. wählten zur Klärung dieser Frage die Rk. $NiCl_2 + H_2 = Ni + 2\,HCl$, für die die thermodynam. Werte aller Reaktionsteilnehmer mit großer Genauigkeit bekannt sind u. das Gleichgewicht in dem gemessenen Temperaturbereich von 630—738° K sehr günstig liegt. Aus den Gleichgewichstkonstanten u. den zugehörigen $(F^0 - H^0)/T$-Werten ergab sich für die Reaktionswärme ΔH_0^0 (bei 0° K) der Durchschnittswert von 29075 cal/Mol. Da dieser Wert nicht temperaturabhängig ist, ergibt sich, daß die Entropie des metall. Ni bei tiefen Tempp. den Wert Null besitzen muß. Es werden die folgenden thermodynam. Werte mitgeteilt: $NiCl_2 + H_2 = Ni + 2\,HCl$: $\Delta H_0^0 = 29075$ cal·Mol^{-1}, $\Delta H^0_{298,16°K} = 28888$, $\Delta F^0_{298,16°K} = 16400$. $\frac{1}{2} H_2 + \frac{1}{2} Cl_2 = HCl(g)$: $\Delta H_0^0 = -22000$ cal·Mol^{-1}, $\Delta H^0_{298,16°K} = -22043$, $\Delta F^0_{298,16°K} = -22757$, $Ni + Cl_2 = NiCl_2$: $\Delta H_0^0 = -73075$ cal·Mol^{-1}, $\Delta H^0_{298,16°K} = -72974$, $\Delta F^0_{298,16°K} = -61915$. Bei den experimentellen Unterss. wurde festgestellt, daß H_2 im vorgenannten Temperaturbereich mit meßbarer Geschwindigkeit durch Pyrexglas diffundiert. Die ermittelten Geschwindigkeitskonstanten lassen sich durch die Gleichung $\log_{10} k[cm^2\,sec^{-1}\,(cm\,Hg)^{-1}] = -6{,}063 - 3198/T$ darstellen. (J. Amer. chem. Soc. **75.** 1791—94. 20/4. 1953. Berkeley, Calif., Univ. of California, Chem. Labor.) GEISELER. 156

Irene Sänger-Bredt, *Zur Bestimmung des Verbrennungswirkungsgrades in stationären Feuerungen.* Vf. leitet die mathemat. Beziehungen ab, die in einem Strömungskanal mit veränderlichem Querschnitt gelten, in dem strömenden Gasen Brennstoffmassen bestimmten Heizwertes zugeführt werden. Dabei wird jedoch wegen unvollständigen Abbrandes nur ein Teil des Heizwertes in Wärmeenergie verwandelt. Ausführlich werden die Einflüsse von Unsicherheiten, bes. in der Wahl der Adiabatenexponenten $\varkappa$ der strömenden Gase, auf die Best. des Verbrennungswirkungsgrades behandelt. (Z. physik. Chem. **202.** 73—92. Juli 1953. Courcelle sur Yvette, S.-O., Frankreich.) ROEDER. 158

Sheldon Levy und **Rohn Truell,** *Die Dämpfung von Ultraschall in magnetischen Einkristallen.* Es wird über eine neue u. auffallende Beziehung zwischen der Ultraschalldämpfung u. dem magnet. Zustand von *Ni*-Einkristallen berichtet. Die Kristalle (zum Teil mit einem Zusatz von 3,8% SiFe) von der Größe 1,28×1,76×1,67 cm wurden mit kurzen Ultraschallimpulsen von 5—100 MHz bestrahlt u. deren Laufzeit durch Piezoquarze gemessen. Während der Messungen konnten die Kristalle einem Magnetfeld bis zu 19000 Gauß ausgesetzt werden. Es wurden erhebliche Unterschiede der Werte für die Schallgeschwindigkeit in den einzelnen Achsenrichtungen festgestellt, u. die aus diesen Werten berechneten Dämpfungen ergaben eine starke Abhängigkeit von der magnet. Feldstärke. Vf. erklärt diese Erscheinung damit, daß der Spin durch die Energie der Ultraschallstrahlen beeinflußt wird u. daß die BLOCH-Wände durch die elast. Wellen in Schwingungen versetzt werden. — Im Anhang werden theoret. Ableitungen gegeben. (Rev. mod. Physics **25.** 140—45. Jan. 1953. Providence, R. I., Brown Univ.) HAGEMANN. 159

A. G. Ssamoilowitsch, Thermodynamik und statistische Physik. Moskau: Verlag für techn. u. theor. Literatur. 1953. (440 S. m. Abb.) 12 Rbl. 70 Kop. [russ.]

A5. Kolloidchemie. Grenzschichtforschung.

Ss. Je. Charin und **T. A. Burlak,** *Kinetik der Bildung kolloider Kolophoniumlösung.* Verschied. konz. Lsgg. von *Kolophonium* (I) in 95,5% ig. A. wurden in W.-A.-Lsg. gegossen u. bei 25° in gewissen Zeitabständen 24 Std. lang auf D., Viscosität u. photometr. untersucht. Es ergab sich, daß der Teilchenradius mit der Zeit zunächst rasch, dann langsam zunimmt u. schließlich prakt. konstant bleibt. Das Syst. nähert sich hierbei einem stabilen Gleichgewicht. Mit steigender I-Konz. nimmt der Teilchenradius in jedem Stadium der Solbldg. zu. Mit zunehmendem A.-Geh. der Lsg. beginnt die Solbldg. bei einer höheren I-Konzentration. Im letzten Stadium der Solbldg. erfolgt die Teilchenvergrößerung durch Koagulation. (Украинский Химический Журнал [Ukrain. chem. J.] **19.** 37—46. 1953. Odessa, Inst. für Lebensmittel- u. Kälteind.) Lebtag. 161

H. R. Lodha, *Ladung und Stabilität von Kolloiden.* 16. Mitt. *Kinetik der Koagulation von As_2S_3-Sol mit und ohne Zusatz von Nichtelektrolyten.* (15. vgl. Chatterji, J. Indian chem. Soc. **28.** [1951.] 131.) Vf. untersuchte den Einfl. der Nichtelektrolyte *Amylalkohol, Äthylmethylketon, Diäthylketon, Acetessigester* u. *Paraldehyd* auf die Kinetik der As_2S_3-Koagulation. Die Koagulationskonstante k wurde aus der Gleichung von Smoluchowski $\beta = (1/t)[\sqrt{a/(a-x)} - 1]$ bestimmt. Aus den Versuchsergebnissen geht hervor, daß β fast konstant bleibt, wenn kein Nichtelektrolyt zugesetzt wird. Bei Zugabe von Nichtelektrolyten wird der Koagulationsprozeß verlangsamt. (J. Indian chem. Soc. **30.** 415—18. Juni 1953. Lucknow, Univ., Chem. Dep.) G. Heinrich. 163

H. R. Lodha, *Ladung und Stabilität von Kolloiden.* 17. Mitt. *Einfluß von Nichtelektrolyten.* (16. vgl. vorst. Ref.) Es wird der Einfl. der Nichtelektrolyte *Amylalkohol, Äthyl-* u. *Methylacetat, Diäthylketon* u. *n-Hexylalkohol* auf die Stabilität der positiv geladenen $Fe(OH)_3$-Sole untersucht. Die Ergebnisse zeigen, daß das Sol durch Zusatz von Nichtelektrolyten stabilisiert wird, wenn auch graduell unterschiedlich je nach dem verwendeten Zusatz. Bei Erhöhung der Konz. des Nichtelektrolyts erfolgt keine wesentliche Zunahme der Ladung. (Die Ladung auf den koll. Teilchen wird aus der Größe der chem. Adsorption berechnet.) Ein Vgl. mit früheren Ergebnissen (l. c.) zeigt die Unabhängigkeit des Einfl. von Nichtelektrolyten auf die Koagulation von der Art der Ladung (positiv oder negativ). (J. Indian chem. Soc. **30.** 418—20. Juni 1953.) G. Heinrich. 163

K. L. Sutherland, *Die zeitliche Veränderung der Oberflächen- und Grenzflächenspannung von Lösungen.* Es wird eine krit. Übersicht über neuere experimentelle u. theoret. Unterss. der Änderung der Oberflächenspannung von Lsgg. niedriger aliphat. Alkohole, sowie Salzen von Säuren mit Paraffinketten u. komplizierteren Moll. (*Proteinen*) gegeben, wobei bes. auf die Bedeutung der Diffusion u. spurenweiser Verunreinigungen hingewiesen wird. — 68 Literaturzitate. (Rev. pure appl. Chem. **1.** 35—50. März 1951. Melbourne, C. S. I. R. O., Div. of Ind. Chem.) Hentschel. 166

H. J. Kazi und **C. M. Desai,** *Wirkung der Seifenkonzentration auf die Grenzflächenspannung einiger aliphatischer Alkohole und Ester.* Die bekannte Erscheinung, daß die Grenzflächenspannung (σ) einer Öl/W.-Grenzfläche mit steigender Konz. der in W. gelösten Seifen sinkt, konnte nicht generell bestätigt werden: Bei einigen Fll. wie *Hexyl-* u. *Octylalkohol, Propyl-, Butyl-* u. *Amylacetat* steigt σ anfänglich mit zunehmender Seifenkonz., worauf das gewöhnlich beobachtete Absinken folgt. Bei *Saponin*-Lsg. tritt das bei Seifenlsgg. beobachtete Verh. nicht auf. Die Erklärung für dieses Verh. sehen Vff. in der Bldg. einer sehr instabilen elektr. Doppelschicht u. in der speziellen Struktur der untersuchten Flüssigkeiten (Bldg. von Ringstrukturen durch Wasserstoffbindung). Gemessen wurde σ durch eine Mikrotropfengewichtsmethode. (Current Sci. **21.** 218. Aug. 1952. Surat, M. T. B. Coll., Chem. Dep.) Jäger. 166

Thomas Brunner, *Einige Beobachtungen über das Haften von Eis an Oberflächen.* Vf. untersucht die Haftfähigkeit von Eis an verschied. behandelten metall. u. nichtmetall. Oberflächen durch Messung des Haftvermögens u. der Schubspannungen. Folgende Oberflächen wurden verwendet: 1. saubere, 2. oxydierte, 3. techn., versehen mit 4 verschied. Überzügen: Kunstharz (4), Skilack (5), Paraffin (6) u. Siliconfett (7). Nach 1—3 behandelte Oberflächen ergeben annäherungsweise die gleichen Werte für Adhäsion u. Schubspannung (8 kg*/cm²), während die mit Oberflächenfilmen (4—7) versehenen Oberflächen auch annäherungsweise gleich sind, aber nur die Hälfte der obigen Werte aufweisen. Das Verh. verschied. Metalle u. die Möglichkeiten einer Verminderung des Haftvermögens werden diskutiert. (Z. angew. Math. Physik [Basel] **3.** 460—66. 15/11. 1952. Weißfluhjoch, Davos.) Jäger. 166

K. Wirtz, *Zur Theorie der Wanderungsvorgänge in Flüssigkeiten.* Vf. zeigt, ausgehend von der Theorie der Mikroreibung, daß sowohl Platzwechsel relativ zu den nächsten Nachbarn als auch viscose Prozesse in der weiteren Umgebung Beiträge zu der Wanderungsgeschwindigkeit (Diffusion, Ionenbeweglichkeit usw.) von mol. Teilchen in Fll. liefern. Es wird der Vers. einer kinet. Analyse dieser beiden Beiträge gemacht, u. es werden vom Standpunkt dieser Analyse die Wanderungsgesetze für Moll. (STOKESsches u. RIECKEsches Gesetz) diskutiert. Hierbei zeigt sich, daß die Wanderungsgesetze grobe Näherungen sind u. daß eine Gültigkeit der Gesetze nur in Grenzfällen zu erwarten ist. (Z. Elektrochem., Ber. Bunsenges. physik. Chem. **58**. 109—12. 1954. Göttingen, Max-Planck-Inst. für Phys.) G. HEINRICH. 171

A. A. Nowopaschin, *Der Druck beim plastischen Fließen von Lehmmassen.* Es wurden 9 Gemische aus 3 Lehmsorten mit Zusatz von 0, 15 u. 30% Fein- u. n. Sand sowie W. bis zur Bldg. einer harten zerfallenden bis fl. zerfließenden plast. M. angerührt u. mit Überdruck durch ein Loch in einem Becher mit 1 cm Austrittsgeschwindigkeit gepreßt. Die Gesetzmäßigkeiten, die den Ausflußdruck P (in kg/cm^2) mit der Plastizität N_a der M., ihrem Wassergeh. W_M (in %) u. dem unteren Wert der Fließbarkeit W_a (%) verbinden, hat dann die Form $P = f(W_M, N_a)$. Auf dem W–log P-Diagramm wird jede Mischung durch eine Gerade dargestellt. Es zeigt sich, daß alle diese Geraden sich im Punkt log P = 2,6 u. W_M = 6% schneiden, somit dieser Punkt zu einem Sonderpunkt wird, so daß sich daraus die empir. Formel $\log P = 2{,}6 - [2{,}6 + (W_a + 11)/72] \cdot (W_M - 6)/(W_a - 6)$ ableiten läßt. Auch alle Endpunkte der Geraden, die an der Fließgrenze liegen, sind unter sich durch eine Gerade verbindbar, die für die 9 Gemische etwa zwischen log P = —1, W = 63% u. log P = —0,6, W = 26% verläuft. Der verschied. Verlauf der Geraden ist, außer von der besonderen Zus. der Mischung, von der Korngröße, Form u. (entsprechend) Oberfläche der festen Teilchen, endlich von der Wassermenge abhängig, wobei das W. um die festen Teilchen Solvathüllen bildet u. sich daher in einem halbfesten Zustand befindet. (Стекло и Керамика [Glas u. Keramik] **9**. Nr. 11. 14—17. Nov. 1952.) v. WILPERT. 173

Yvette Carteret und **Boris Imelik,** *Untersuchung der Porosität von festen Stoffen.* Wird die Meth. von BARRETT u. Mitarbeitern (C. **1952**. 815) auf die Unters. der Porenverteilung in porösen Stoffen angewandt, so zeigt sich deutlich, daß jeder Isothermentyp in der Klassifizierung von BRUNAUER mit einer charakterist. Porenverteilungskurve übereinstimmt. Dieses Ergebnis wird von Vff. durch Unterss. der Diffusion von Röntgenstrahlen (Kleinwinkelmeth.) bestätigt. In bestimmten Fällen ist es möglich, durch Vgl. der Oberflächengröße, berechnet nach der Meth. von BARRETT, u. der nach der Meth. von BRUNAUER berechneten weitere Informationen über die Struktur fester Stoffe zu erhalten; dies trifft bes. für den Fall zu, wenn es sich um ein gemischtes Syst. handelt, das aus einer Mischung eines porösen Stoffes u. eines festen Stoffes mit Atomstruktur zusammengesetzt ist. (Bull. Soc. chim. France, Mém. [5] **21**. 65—72. Jan. 1954. Paris, Sorbonne, Labor. de Chim. Générale.) G. HEINRICH. 175

Lawrence R. Scharfstein und **Cecil V. King,** *Die Adsorption von Kupfersulfat an Kupfer und Silber.* Vff. bestimmten die Menge $CuSO_4$, die aus wss. u. methanol. Lsgg. beim Durchtropfen durch Säulen von feinzerteiltem Cu u. Ag entfernt werden. Die Natur der erhaltenen Adsorptionsisothermen wird diskutiert. Bei niedrigen Konzz. in wss. Lsg. sinkt die Adsorption so schnell herab, als wenn bei 10^{-6} m ein Nullpunkt erreicht würde. In allen Fällen entspricht die adsorbierte Menge nicht ganz einer einatomaren Schicht; sie ist aber größer, als es zur Ladung der elektr. Doppelschicht notwendig ist. (J. physic. Chem. **58**. 180—82. Febr. 1954. New York, N. Y., Univ., Dep. of Chem.) G. HEINRICH. 176

W. H. Slabaugh, *Kationenaustauschende Eigenschaften von Bentoniten.* Vf. bestimmte experimentell die Gleichgewichtskonstante auf der Basis des Massenwirkungsgesetzes u. die Enthalpieänderungen während des Ionenaustauschs von Hydrochloriden *aliphat. Amine* ($CH_3NH_3^+$, $C_4H_9NH_3^+$, $C_8H_{17}NH_3^+$, $C_{10}H_{21}NH_3^+$, $C_{14}H_{29}NH_3^+$, $C_{18}H_{37}NH_3^+$) an Na-Bentonit. Aus den gewonnenen Ergebnissen wurden die freie Energie u. die Entropieänderungen berechnet. (J. physic. Chem. **58**. 162—65. Febr. 1954. Manhattan, Kans., Kansas State Coll., Dep. of Chem.) G. HEINRICH. 177

Guy G. Goyer, Ruth Gruen und **Victor K. LaMer,** *Filtration monodisperser, elektrisch geladener Aerosole.* Flüssigkeitsaerosole gleicher Teilchengröße wurden beim Durchgang durch eine Koronaentladung von einem Draht zur Zylinderwand elektr. aufgeladen. Die unipolaren Tröpfchen trugen eine positive Ladung von 25—150 Elektronenladungen, abhängig von der Intensität des elektr. Feldes (5—18 e. s. E.) u. dem Radius des Aerosoltropfens (0,25—0,55 μ). Ladung u. Radius wurden nach der MILLIKANschen Öltröpfchenmeth. bestimmt. Die maximale theoret. Ladung wurde nicht erreicht, u. es wurde eine Ladungsverteilung innerhalb der Teilchen gleicher Größe beobachtet. Die Unvollständigkeit u. Ungleichförmigkeit der Ladung werden durch folgende Faktoren verursacht: elektr. Winde, turbulentes Fließen, ungleichförmige Geschwindigkeitsverteilung u. Aufladezeiten u. Inhomogenität des Feldgradienten. Trotz dieser Schwierigkeiten gelang es, einen genügend genau definierten Ladungsbereich für die untersuchten Teilchenradien zu erzielen, um eine reproduzierbare Ausfilterung bei gegebener Größe als Funktion der durchschnittlichen Teilchenladung feststellen zu können. Untersucht wurde die Filtration geladener *Dioctylphthalat*-Tröpfchen bei zwei linearen Geschwindigkeiten (2,7 u. 28 cm/sec). (J. physic. Chem. **58**. 137—42. Febr. 1954. New York, Columbia Univ., Dep. of Chem.) G. Heinrich. 180

J. H. Burgoyne und **L. Cohen**, *Die Erzeugung von monodispersen Aerosolen großer Tropfengröße*. Vff. teilen mit, daß es mit Hilfe des Sinclair-La Mer-Aerosolgenerators (C. **1949**. E. 373), mit dem bisher nur Tröpfchen von 2—20 μ erzeugt wurden, auch möglich ist, *Tetralin*-Aerosole mit Teilchen bis zu Durchmessern von 55 μ herzustellen. Zur Messung der Tropfengröße wurde die MgO-Meth. angewandt, bei der die Aerosoltropfen Eindrücke auf einer mit MgO bedeckten Glasplatte hinterlassen, die dann ausgemessen werden können. (J. Colloid Sci. **8**. 364—66. Juni 1953. London, Imp. Coll., Dep. of Chem.) G. Heinrich. 180

Eberhard Sauer, Kolloidchemisches Praktikum. 2. verb. u. verm. Aufl. Wiesbaden: Verl. f. angewandte Wissenschaften. 1953. (XII + 122 S. m. 51 Abb.) DM 9,80.

A_6. Strukturforschung.

D. B. Gogoberidse, *Mikroröntgenographie und Röntgenmikroskopie*. Übersicht über die Methoden, wie Röntgenstrahlen zur Mikroskopie verwendet werden, u. Beschreibung, wie bei solchen Methoden die Röntgenstrahlen fokussiert werden. (Успехи Физических Наук [Fortschr. physik. Wiss.] **50**. 577—99. Aug. 1953.) Kirschstein. 181

A. A. Levinson und **C. H. Hewitt**, *Bleiverunreinigung in Duco-Zement*. Auf Röntgendiagrammen, deren Präpp. mit Duco-Zement hergestellt waren, zeigten sich Fremdlinien. Diese rührten von Bleiverunreinigungen im Zement her, die durch die Tuben verursacht wurden. (Amer. Mineralogist **37**. 864—65. Sept./Okt. 1952. Ann Arbor, Mich., Univ.) Hiller. 181

J. M. Codina und **J. L. Amorós**, *Die vertikale Divergenz des Röntgenstrahlenbündels in einer Fokussierungskamera mit flachem Präparat*. (Vgl. C. Amorós, Codina u. Serra, C. **1954**. 1660.) Unter Anwendung der Ergebnisse von Eastabrook (C. **1953**. 3685) wird der Einfl. der vertikalen Divergenz auf die Lage des äußeren Randes der Linien eines Röntgenbildes, das mit Fokussierungskamera aufgenommen wurde, untersucht. Bei punktförmiger Strahlenquelle besteht keine Einw. der vertikalen Divergenz. Man kann daher in diesem Falle direkt den Wert der Gitterabstände ermitteln. (An. Real Soc. españ. Física Quím., Ser. A. **49**. 269—73. Sept./Okt. 1953. Barcelona, Dep. de Electricidad, Dep. de Cristalogr. y Mineral.) R. K. Müller. 181

W. Friedrich, P. Knipping und **M. Laue**, *Interferenzerscheinungen bei Röntgenstrahlen*. Wiederabdruck der ersten grundlegenden Arbeit der Vff. über die Interferenzerscheinungen bei Röntgenstrahlen, welche erstmals vor 40 Jahren, im August 1912, in den „Sitzungsberichten der mathemat.-physikal. Klasse der K. B. Akad. der Wissenschaften zu München“ erschienen war. (Naturwissenschaften **39**. 361—68. Aug. 1952.) Gottfried. 181

A. L. Mackay, *Justierung eines Einkristalls mit Hilfe nichtäquatorialer Röntgenreflexe*. Beschreibung einer speziellen Meth. als Ergänzung der Arbeit von Jeffery (C. **1949**. II. 843). (Acta crystallogr. [Copenhagen] **5**. 691. 10/9. 1952. London, Birckbeck Coll. Res. Labor.) R. Stein. 181

T. R. Anantharaman, *Die Messung von Röntgenlinienbreiten*. Vf. beschreibt einfache analyt. Methoden zur Festlegung der Lage des α_1-Maximums u. der integralen Breite der α_1-Komponente einer zusammengesetzten Debye-Scherrer-Pulverinterferenz. Die erhaltenen Ausdrücke sind für symm. Linien genau u. hinreichend genau für sehr breite asymm. Linien. Es wurde ferner das Problem der genauen Festlegung des Untergrundniveaus diskutiert. (Brit. J. appl. Physics **4**. 155—56. Mai 1953. Oxford, Inorganic Chem. Labor.) Gottfried. 181

M. M. Qurashi, *Eine Diskussion des Cox und Shaw-Faktors für schiefen Einfall und der Film- zu-Film-Faktor bei Mehrfachfilmaufnahmen*. Vf. untersucht krit. die von Cox u. Shaw (vgl. Proc. Roy. Soc. [London], Ser. A. **127**. [1930.] 71) diskutierten Einflüsse, welche durch einen schief auf einen photograph. Film auffallenden Röntgenstrahl bedingt werden. (Acta crystallogr. [Copenhagen] **6.** 668—69. 10/7. 1953. Ottawa, Can., National Res. Council.) GOTTFRIED. 181

M. M. Qurashi, *Eine Analyse der Konvergenzwirksamkeit verschiedener Methoden der Strukturbestimmung.* 1. Mitt. *Die Methoden der kleinsten Quadrate und des steilsten Abfalls: Zentrosymmetrischer Fall.* Theoret. Betrachtungen. (Acta crystallogr. [Copenhagen] **6.** 577—88. 10/7. 1953. Manchester, Coll. of Technol., Phys. Dep.) GOTTFRIED. 181

Chang Morozumi und **H. L. Ritter,** *Berechnete Pulverdiagramme von sehr kleinen Kristallen: raumzentriert-kubische Würfel.* Es wurden die Röntgenbeugungsdiagramme mehrerer kub. Punktanordnungen, denen ein kub. raumzentr. Gitter zugrunde lag, nach der bekannten DEBYEschen Streuformel berechnet u. als Funktion von $\bar{t} = as$ graph. aufgetragen, wo a den Zellparameter bedeutet u. $s = (4\pi/\lambda) \sin \frac{1}{2}\vartheta$ ist. (Acta crystallogr. [Copenhagen] **6.** 588—90. 10/7. 1953. Madison, Wis., Univ., Dep. of Math., Computing Serv. and Dep. of Chem.) GOTTFRIED. 181

Charles R. Mueller, *Vereinheitlichte Bahntheorie von angeregten Zuständen des Fluormoleküls.* Die Vereinheitlichung der Atom- u. Molekülbahntheorien der angeregten Zustände des F_2 wird mit halblokalisierten Bahnen wiedergegeben. Die numer. charakterist. Werte für die ${}^1\Sigma_g{}^+$- u. ${}^3\Sigma_u{}^+$-Zustände bei Atom-, Molekül- u. halblokalisierten Bahnen werden nach 3 Methoden berechnet u. miteinander verglichen. Der ${}^1\Sigma_g{}^+$-Zustand wird als Grundzustand identifiziert. (J. chem. Physics **21.** 1013—17. Juni 1953. West Lafayette, Ind., Purdue Univ., Chem. Dep.) HEINSOHN. 182

Norman W. Lord, *Die Einflüsse der Wärmebehandlung auf die Vollkommenheit eines Gitters.* (Sitzungsbericht.) Ableitung einer Integralgleichung zur Berechnung des Einfl. einer willkürlichen Wärmebehandlung auf die Vollkommenheit eines Gitters. (Physic. Rev. [2] **91.** 472. 15/7. 1953. Raytheon Manufacturing Co.) GOTTFRIED. 190

R. Gevers, S. Amelinckx und **W. Dekeyser,** *Interferometrische Untersuchung von Ätzgrübchen.* Vff. berichten über interferometr. Unterss. der Ätzgrübchen auf der natürlichen Pyramidenfläche (0 2 1) von *Topas* u. auf *Carborund*-Kristallen, die bei hohen Tempp. mit Borax geätzt waren, u. zwar auf solchen Kristallen, welche Wachstumsspiralen zeigten, sowie auf CdJ_2-Kristallen, die vorsichtig mit W. behandelt worden waren. Aus den Unterss. wurde geschlossen, daß die Auflösung oder die Korrosion einer Kristalloberfläche leicht an speziellen Punkten der Oberfläche, wie den Spitzen von spiralartigen Wachstumspyramiden, sowie entlang linienartigen oder mosaikartigen Grenzflächen einsetzt, welche durch Reihen von Versetzungen erzeugt werden. (Naturwissenschaften **39.** 448—49. Okt. 1952. Gent, Univ., Geolog. Inst., Afdeling Kristalkunde.) GOTTFRIED. 190

J. Smiltens, *Das Wachsen von Magnetiteinkristallen.* Es wird über das Züchten von Magnetiteinkristallen mit einem Durchmesser von 1 cm u. einer Länge bis zu 4,3 cm berichtet. Das Schmelzen u. Abkühlen des Oxyds fand in einer CO_2-Atmosphäre statt, wobei stets dafür Sorge getragen werden mußte, daß das Verhältnis CO_2/CO von der Größenordnung war, wie es sich aus dem dreidimensionalen Phasendiagramm des Syst. Fe–O_2 ergibt. Aus den manganometr. Titrationen des Verhältnisses $Fe^{2+}:Fe^{3+}$ ergab sich, daß die Zus. der erhaltenen Kristalle stöchiometr. der Formel Fe_3O_4 entsprach. Die D. bei 20° wurde zu 5,185 bestimmt, während die röntgenograph. D. zu 5,207 festgestellt wurde. Aus LAUE-Rückstrahlaufnahmen konnte nachgewiesen werden, daß die Mehrzahl der erhaltenen Kristalle Einkristalle waren; nur einige wenige Proben enthielten mehrere Kristalle. (J. chem. Physics **20.** 990—94. Juni 1952. Cambridge, Mass., Inst. of Technol., Labor. for Insulation Res.) GOTTFRIED. 190

Marcel Delépine, *Über die Trennung von Cäsium, Rubidium und Kalium (mit Betrachtungen über die Synkristallisation).* Vf. bestimmt zunächst die Löslichkeit der *Alaune* von *K*, *Rb* u. *Cs* in W. bei einer Temp. von 0—25° sowie die Dichten der zugehörigen gesätt. Lsgg. u. entwickelt daraus Verff. zur Trennung der Salze durch fraktionierte Kristallisation, wobei die Veränderungen der D. der Mutterlauge zur Beurteilung der Trennung herangezogen werden. Dabei reichert sich Rb in den Mittelfraktionen, Cs in den Endfraktionen an. Die weitergehende Reinigung der Rb- bzw. Cs-reichen Fraktionen kann einmal durch weitere fraktionierte Kristallisation erfolgen. Oder man fällt Cs mit einer Lsg. von 187,4 g $SbCl_3$ in 250 ml konz. HCl als $Cs_3Sb_2Cl_9$, reinigt durch Umkristallisieren, zers. durch NH_4OH oder Hydrolyse u. verjagt im eingedampften Filtrat NH_4Cl durch Glühen. Die Abtrennung von Rb kann entweder durch Fällen mit einer Lsg. von 220 g $SnCl_4$ in 250 ml konz. HCl als Rb_2SnCl_6, Umkristallisation u. Umwandlung des Nd. mit Oxalsäuredihydrat (I) in die Verb. RbH_3 ·

$(C_2O_4)_2 \cdot 2H_2O$ oder durch direkte Fällung mit I erfolgen. Liegt ursprünglich eine Mischung der Sulfate bzw. Chloride vor, so kann man bereits durch fraktionierte Fällung der Alaune mit Al-Sulfat eine weitgehende Anreicherung von Cs in den ersten u. von Rb in den mittleren Ndd. erzielen. Die tabellar. mitgeteilten Ergebnisse sowie die Beeinträchtigung der Verff. durch Synkristallisation infolge der Isomorphie der Alaune werden eingehend diskutiert. (Ann. Chimie [12] 7. 401—41. Juli/Aug. 1952. Coll. de France, Labor. de Chim. organique.) WEITBRECHT. 190

J. Willems, *Über orientierte Aufwachsungen von Kristallen auf Talk und Cadmiumjodid.* Vf. berichtet zuerst über die orientierte Aufwachsung von *Pentachlorphenol, Hexachlorbenzol* u. *Anthrachinon* durch Aufdampfen auf die (0 0 1)-Spaltfläche von Talk. Die 3 Stoffe scheiden sich in Nadeln ab, u. zwar in 3 verschied. Stellungen, entsprechend der Symmetrie der Unterlage. Eine der Nadelrichtungen liegt in der opt. Achsenebene, also parallel der b-Achse des Talks. Die durch Aufdampfen von NH_4J auf Talk erhaltenen Kristalle zeigen ausgesprochenen viereckigen Umriß, wobei jeweils eine Seite der Vierecke in der opt. Achsenebene parallel der b-Achse von Talk liegt. Auf (0 0 0 1) von CdJ_2 aufgedampfte Kristalle von Anthrachinon u. Pentachlorphenol bilden Nadeln u. liegen in 3 Stellungen mit der Nadelachse parallel den Kanten der durch Kristallisation aus W. erhältlichen sechsseitigen CdJ_2-Plättchen. (Experientia [Basel] 9. 175—76. 15/5. 1953. Krefeld.) GOTTFRIED. 190

V. Luzzati, *Kristallstruktur von wasserfreier Salpetersäure.* (Vgl. C. **1953.** 6205.) HNO_3-Einkristalle (F. —41,6°) werden nach dem Verf. von BOUTTIER (C. **1950.** I. 1828) hergestellt u. für die Aufnahmen präpariert. Aus den WEISSENBERG-Aufnahmen um die drei orthogonalen kristallograph. Achsen wird die Elementarzelle bestimmt: a = 16,23 ± 0,05 Å, b = 8,57 ± 0,03 Å, c = 6,31 ± 0,01 Å. Aus der angenäherten Schätzung der D. (D. der Fl. bei 20° 1,502) u. der berechneten D. von 1,895 ergibt sich Z = 16. Die Struktur läßt sich in keiner rhomb. Raumgruppe beschreiben. Aus PATTERSON- u. FOURIER-Projektionen wird die monokline Raumgruppe P 2_1/a—C_{2h}^5 mit β = 90° abgeleitet. Die Kristalle sind submkr. verzwillingt. Die aus drei Projektionen der Elektronendichte erhaltenen Durchschnittswerte für Atomabstände u. Valenzwinkel sind N—OH = 1,30 ± 0,045 Å, ∢ 134 ± 3,5° u. N—O = 1,24 ± 0,025 Å, ∢ 113 ± 5°. Die Atomabstände werden diskutiert sowie eine Deutung für das Auftreten von zusammenhängenden Streifen entlang einiger reziproker Gitterlinien unternommen. Diese Streifen werden mit dem Vorhandensein gewisser struktureller Fehlordnung erklärt. (Acta crystallogr. [London] **4.** 120—31. März 1951. Paris, Labor. Central des Serv. Chim. de l'État.) KRÖNERT. 195

Morton E. Jones und **Richard E. Marsh,** *Die Herstellung und Struktur von Magnesiumborid MgB_2.* Vff. berichten über die Herst. von MgB_2 durch Erhitzen der Elemente auf ca. 800° im H_2-Strom. Pulveraufnahmen ergaben Isomorphie mit AlB_2, die hexagonale Elementarzelle enthält eine Formeleinheit u. besitzt die Gitterkonstanten a_0 = 3,0834 Å u. c_0 = 3,5213 Å; Punktlagen 1 Mg in (0 0 0), 2 B in ($^1/_3$, $^2/_3$, $^1/_2$) u. ($^2/_3$, $^1/_3$, $^1/_2$). Die berechnete D. beträgt 2,633, gefunden wurde 2,62. Die Atomabstände in MgB_2 u. anderen Boriden mit AlB_2-Struktur werden unter der Annahme metall. Bindung diskutiert. Für den n. Radius des B-Atoms bei Einfachbindung in diesen Verbb. ergibt sich ein Wert von 0,77 Å. (J. Amer. chem. Soc. **76.** 1434—36. 5/3. 1954. Pasadena, Calif., California Inst. of Technol., Gates and Crellin Labors. of Chem.) R. STEIN. 195

Y. Takéuchi, *Die Kristallstruktur von Magnesiumpyroborat.* Vf. untersuchte die Kristallstruktur von $Mg_2B_2O_5$ mit Hilfe von Drehkristall- u. WEISSENBERG-Aufnahmen mit Mo K_α-Strahlung. Die Auswertung erfolgte nach dem „trial and error"-Verf. u. durch zweidimensionale FOURIER-Analyse. Die Elementarzelle besitzt die Dimensionen a = 12,10 ± 0,05 Å, b = 3,12 ± 0,02 Å, c = 9,36 ± 0,05 Å, β = 104°20′ ± 30′ u. enthält 4 Moll. $Mg_2B_2O_5$. Die Raumgruppe ist C_{2h}^5—P 2_1/a. Die Struktur setzt sich zusammen aus B_2O_5-Gruppen, die durch Mg-Atome in der Mitte von durch O-Atome besetzten deformierten Oktaedern zusammengehalten werden. Die B_2O_5-Gruppe in Form von zwei dreieckigen BO_3-Gruppen, die über ein gemeinsames O-Atom in einem Winkel von 131° 29′ verbunden sind, ist fast ident. mit der von BERGER (Acta chem. scand. **3.** [1949.] 660) in $Co_2B_2O_5$ gefundenen. Beide Strukturen sind nahe verwandt. An Hand von Pulveraufnahmen natürlicher u. künstlicher Prodd. erscheint die Erklärung der Struktur des $Mg_2B_2O_5$ als polysynthet. Struktur möglich. Die D. des $Mg_2B_2O_5$ beträgt 2,91 gegen 2,89 berechnet. (Acta crystallogr. [Copenhagen] **5.** 574—81. 10/9. 1952. Tokyo, Univ., Sci. Dep., Mineral. Inst.) R. STEIN. 195

G. D. Archard, *Anomale Gitterkonstanten von Zinkoxyd.* Präzisionspulveraufnahmen an einer größeren Anzahl von ZnO-Proben ergaben, daß einige Proben ein zu niedriges Achsenverhältnis besaßen u. daß bei ihnen ferner deutliche Diskrepanzen in den Gitterkonstanten auftraten, wenn diese von verschied. Reflexionen berechnet wurden. Die gleichen Proben zeigten gleichzeitig anomale elektr. Leitfähigkeiten. Zur Erklärung dieser Beobachtungen wurden zwei hypothet. Gitterstörungen in Betracht gezogen. Hierbei wurde gefunden, daß eine kleine Änderung des 120°-Winkels der hexagonalen Zelle die Änderung in dem Achsenverhältnis zu erklären vermag; gleichzeitige Änderungen der 90°-Winkel zusammen mit Atomverschiebungen erlauben eine Erklärung der beobachteten Diskrepanzen in den Gitterparametern aus verschied. Reflexionen. Eine Anzahl zunächst als n. erkannter Proben erwiesen sich nach Einw. von Luft als anomal. (Acta crystallogr. [Copenhagen] **6**. 657—60. 10/7. 1953. Reading, Univ.) GOTTFRIED. 195

Lies Nijssen und **William N. Lipscomb**, *Die Struktur von Quecksilber(II)-amidobromid.* Im Anschluß an die Unters. der Struktur des $HgNH_2Cl$ (vgl. C. **1953**. 6629) berichten Vff. über die Strukturbest. des $HgNH_2Br$. Aus Pulveraufnahmen mit Cu K_α-Strahlung ergibt sich eine orthorhomb. Elementarzelle (Raumgruppe C_{2v}^1—P 2 mm) mit a = 5,439 Å, b = 4,487 Å u. c = 6,761 Å. Die Punktlagen sind: 2 Hg in 0, 0, 0; 0, 0, ½; 2 N in 0,22, 0, ¼; 0,78, 0, ¾ u. 2 Br in 0,32, ½, ¾; 0,68, ½, ¼. Die Struktur besteht aus unendlichen Ketten aus abwechselnd Hg u. NH_2. Der Bindungsabstand Hg—N beträgt 2,07 Å, der NH—Br-Abstand 3,36 Å unter der Annahme eines Br—Br-Abstandes von 3,90 Å. (Acta crystallogr. [Copenhagen] **5**. 604 05. 10/9. 1952. Minneapolis, Minn., Univ., School of Chem.) R. STEIN. 195

D. Grdenić und **S. Šćavničar**, *Die Kristallstruktur von Quecksilber(II)-oxychlorid: $2 HgCl_2 \cdot HgO$. (Eine vorläufige Röntgenuntersuchung.)* LAUE- u. Schwenkaufnahmen an Einkristallen von $2 HgCl_2 \cdot HgO$ ergaben kub. Symmetrie mit a = 9,22 ± 0,01 Å; Raumgruppe ist T^4—P 2_1 3; Z = 4. Durch eine zweidimensionale PATTERSON-Projektion wurden die folgenden vorläufigen x- u. y-Parameter für Hg gefunden: Hg_1 (x =) 0,575; (y =) 0,280; Hg_2 0,469; 0,579; Hg_3 0,272; 0,479. (Arhiv Kemiju [Arch. Chim.] **25**. 109—12. 1953. Zagreb, Univ., Fac. of Sci., Labor. for Gen. and Inorg. Chem., u. Dep. of Mineral. and Petrol.) GOTTFRIED. 195

Ingvar Lindqvist, *Die Struktur des Hexaniobations in $7 Na_2O \cdot 6 Nb_2O_5 \cdot 32 H_2O$.* Kristalle von $7 Na_2O \cdot 6 Nb_2O_5 \cdot 32 H_2O$ wurden durch Schmelzen von Nb_2O_5 mit einem Überschuß von NaOH im Silbertiegel erhalten; zur Trennung der Niobat- von den Na-Ionen wurde ein mit NH_3 gesätt. Ionenaustauscher benutzt. Von den erhaltenen nadelförmigen Kristallen wurden Dreh-, WEISSENBERG- u. Pulveraufnahmen gemacht. Die Symmetrie erwies sich als rhomb. mit den Zelldimensionen a = 10,01 Å; b — 12,13 Å u. c — 12,61 Å. Mit einer gemessenen D. von 2,79 ergibt sich, daß in dieser Zelle 12 Nb-Atome enthalten sind; Raumgruppe ist D_{2h}^{12}—P m n n. Aus den PATTERSON-Projektionen ergab sich, daß 4 Nb in 4 (g) liegen mit x = 0; y = 0,04; z = 0,18 u. 8 Nb in der allgemeinsten Lage mit den Parametern x = 0,17; y = —0,13 u. z = 0,03. Aus den mit diesen Parametern berechneten Atomabständen ergab sich, daß 6 der 12 Nb-Atome ziemlich nahe beieinander liegen, ihre Abstände betragen 3,2—3,4 Å. Solche Abstände entsprechen nach früheren Unterss. des Vf. an Molybdaten u. Wolframaten Oktaedern mit gemeinsamen Kanten. Unter dieser Annahme wurden O-Lagen festgelegt, die röntgenograph. nachgeprüft u. roh bestätigt werden konnten. Danach tritt in dem Gitter ein komplexes Ion der Form $Nb_6O_{19}^{8-}$ auf. Die Na^+- u. H_2O-Lagen wurden vorläufig nicht bestimmt. Die Formel dieses Ions $Nb_6O_{19}^{8-}$ hat jedoch keinerlei Beziehung zu der obigen analyt. Formel, die für ein neutrales Salz ein Ion der Formel $Nb_{12}O_{37}^{14-}$ verlangen würde. Zwei der Wassermoll. müssen offensichtlich O-Atome zu dem komplexen Ion liefern, die Formel könnte dann $2 Na_7H \cdot Nb_6O_{19} \cdot 15 H_2O$ geschrieben werden. Mit dieser Formel ist nichts über die Funktion der H^+-Ionen des Salzes ausgesagt; sie können als $HNb_6O_{19}^{7-}$ oder als H_3O^+ ($Na_7 \cdot H_3ONb_6O_{19} \cdot 14 H_2O$) angesehen werden. (Ark. Kemi **5**. Nr. 22. 247—50. 1953. Uppsala, Univ., Inst. of Chem., u. State College, Pa., Pennsylvania State Coll.) GOTTFRIED. 195

W. Pfab und **E. O. Fischer**, *Zur Kristallstruktur der Dicyclopentadienylverbindungen des zweiwertigen Eisens, Kobalts und Nickels.* (Vgl. C. **1953**. 2725.) Vff. berichten über die Strukturbest. der Verbb. $Fe(C_5H_5)_2$ (I), $Co(C_5H_5)_2$ (**II**) u. $Ni(C_5H_5)_2$ (**III**). Aus Drehkristall- u. Goniometeraufnahmen mit Co Kα-Strahlung ergibt sich, daß alle drei Verbb. gleiche Struktur besitzen (wahrscheinliche Raumgruppe C_{2h}^5 — P 2_1/c). Die Dimensionen der Elementarzelle ergeben sich für **I** zu a = 5,91 Å, b = 7,59 Å, c = 10,51 Å, β = 121,1°; für **II** a = 5,90 Å, b = 7,71 Å, c = 10,60 Å, β = 121,1°; für **III** a = 5,88 Å, b = 7,86 Å, c = 10,68 Å, β = 121,2°. Die Zahl der Moll. pro Zelle beträgt 2. Die Best. der D. ergab für **I** bei 20° 1,49 g·cm^{-3}, für **II** u. **III** bei 18° 1,49 bzw. 1,47 $g \cdot cm^{-3}$. — Ein Vgl. der Zelldimensionen der drei Verbb. untereinander mit den Differenzen der oktaedr. Kovalenzradien der entsprechenden Metalle liefert einen Hinweis auf das Vorliegen oktaedr. Bindungen. (Z. anorg. allg. Chem. **274.** 316—22. Dez. 1953. München, TH, Anorgan.-chem. Labor.) R. STEIN. 195

Jürg Waser, Henri A. Levy und **S. W. Peterson,** *Die Struktur von PdO.* Röntgen- u. Neutronenbeugungsaufnahmen an PdO ergaben eine Bestätigung der von MOORE u. PAULING (vgl. J. Amer. chem. Soc. **63.** [1941.] 1392) gefundenen Struktur. Die tetragonale Zelle hat die Dimensionen a = 3,03 ± 0,01 Å; c = 5,33 ± 0,02 Å; Raumgruppe ist D_{4h}^{9} — P 4_2/m m c; Z = 2. Es liegen 2 Pd in 0 0 0; ½ ½ ½ u. 2 O in ½ 0 ¼; ½ 0 ¾. (Acta crystallogr. [Copenhagen] **6.** 661—63. 10/7. 1953. Houston, Tex., Rice Inst., Dep. of Chem., u. Oak Ridge, Tenn., Nat. Labor., Chem. Div.) GOTTFRIED. 195

L. Holland, *Der Einfluß des Aufdampfwinkels auf die Struktur von aufgedampften Aluminiumfilmen.* (Vgl. C. **1953.** 4643.) Die Dicke aufgedampfter Al-Filme, bei der diffuse Reflexion beginnt, nimmt mit zunehmendem Aufdampfwinkel ab. Unter 80° aufgedampfte Filme haben bei senkrechter Beobachtung eine größere Absorption als senkrecht aufgedampfte u. zeigen vor dem Undurchsichtigwerden diffuse Reflexion. Es wurden Reflexion u. Durchlässigkeit bei 4600 Å als Funktion der Oberflächendichte (mg Al/cm^2) für verschied. Aufdampfwinkel untersucht. Es zeigt sich, daß sich diffus reflektierende Oberflächen am besten bei streifendem Aufdampfen bilden, da die oberen Filmkörner bevorzugt in der Aufdampfrichtung wachsen. Die Durchlässigkeit dieser Filme hängt von der Beobachtungsrichtung ab. (J. opt. Soc. America **43.** 376 bis 380. Mai 1953. Lower Sydenham, England, W. Edwards & Comp. Ltd., Res. Labor.) LINDBERG. 196

J. Bruce Wagner jr. und **Allan T. Gwathmey,** *Die Pulverbildung und ihre Abhängigkeit von der Kristallfläche bei der katalytischen Reaktion zwischen Wasserstoff und Sauerstoff auf einem Kupfereinkristall.* Bei der Unters. der an einem kugelförmigen Cu-Einkristall katalysierten Rk. $2\,H_2 + O_2 \rightarrow 2\,H_2O$ bei Tempp. von 300 bis 400°, einem $H_2 : O_2$-Verhältnis von 4 : 1 u. einer Strömungsgeschwindigkeit des Gases von 17 cm^3 $Min.^{-1}$ wurde die Bldg. definierter Kristallflächen u. eines roten, nur lose haftenden Pulvers an der Kristalloberfläche beobachtet. Der Typ der entstehenden Kristallflächen u. die Menge des auf den einzelnen Flächen gebildeten Pulvers waren eine Funktion von Zeit, Temp., O_2-Konz. u. Strömungsgeschwindigkeit. Die Geschwindigkeit der Pulverbldg. war am größten auf der (1 0 0)-Fläche (erste Pulverbldg. nach 4 Std.), relativ klein auf der (1 1 0)-Fläche u. am kleinsten auf der (1 1 1)-Fläche (keine Pulverbldg. nach 30 Tagen). Mkr. u. elektronenmkr. Unterss. zeigten, daß sich das Pulver zuerst in Form kleiner Vorsprünge am äußeren Rand der in bestimmten kristallograph. Zonen gebildeten Stufen oder Flächen bildet. Röntgenbeugungsaufnahmen des Pulvers ergaben eine Zus. aus vorwiegend Cu mit geringen Mengen Cu_2O, die sich nach Ansicht von Vff. erst bei der Abkühlung gebildet haben. Eine merkliche Verdampfung von Cu während der Rk. wurde festgestellt. (J. Amer. chem. Soc. **76.** 390—91. 20/1. 1954. Charlottesville, Va., Univ. of Virginia, Cobb Chem. Labor.) KARUTZ. 196

Robert E. Cunningham und **Allan T. Gwathmey,** *Der Einfluß von Fremdatomen auf die durch die katalytische Reaktion zwischen Wasserstoff und Sauerstoff an einem Kupfereinkristall ausgelöste Oberflächenumformung.* (Vgl. vorst. Ref.) Es wird die Wrkg. von auf verschied. Weise aufgebrachten Fremdatomen bzw. -moll. [Adsorption aus bzw. chem. Rk. mit der Lsg. eines Salzes (A), elektrolyt. Ndd. (B), Aufdampfen von Metallen (C)] auf die bei im vorst. Ref. beschriebener Rk. (350°, 12,5% O_2, Strömungsgeschwindigkeit 40 cm^3 $Min.^{-1}$) eintretende Oberflächenumformung eines kugelförmigen Cu-Einkristalls untersucht. Die unterschiedliche Wrkg. von *Ag* (A u. C), *Zn* (B) u. Cr_2O_3 (A) wird durch Photographien der Kristalloberfläche im reflektierten Licht erläutert. Vff. diskutieren, auf welche Weise die verschied. Stoffe bei der Oberflächenumformung wirksam werden können. Die Ergebnisse dürften für alle Rkk., deren Geschwindigkeit merklich von der Art der Kristallflächen abhängt, von Bedeutung sein. (J. Amer. chem. Soc. **76.** 391—93. 20/1. 1954.) KARUTZ. 196

R. P. Agarwala und **H. Wilman,** *Die Oberflächendeformation, die an Eisenkristallen durch einseitiggerichtetes Abschmirgeln hervorgerufen wird.* Vff. untersuchten mittels Elektronenbeugung die Oberflächendeformation, die durch leichtes, einseitiggerichtetes Abschmirgeln auf elektropolierten, roh nach (1 0 7) u. (1 1 0) ausgerichteten Oberflächen von 2 mm dicken Einkristallblechen aus Fe mit geringem C-Geh. entstanden sind. Über Einzelheiten der Ergebnisse vgl. das Original. Die Deformationen bestehen im allg. in einer geringen Rotation. (Proc. physic. Soc., Sect. B **66.** 717—19. 1/8. 1953. London, Imp. Coll., Labor. of Appl. Phys. Chem.) v. HARLEM. 196

Ahmed El Bindari, P. K. Koh und **Otto Zmeskal,** *Bildung der Sigma-Phase in warmverformtem hitzebeständigem Stahl.* Im Gegensatz zu Feststellungen früherer Beobachter wird gefunden, daß es in hitzebeständigen austenit. Stählen vom Typus 0,12% *C* (max), 18,5—19,5% *Cr,* 8,5—9% *Ni,* 0,5—1,5% *W,* 0,25—0,50% *Mo,* 0,25—0,5% *Nb,* 0,15—0,4% *Ti* doch zur Ausscheidung der σ-Phase kommen kann. Während die Geschwindigkeit der Bldg. der σ-Phase im weich geglühten Zustande gering ist, wird diese stark durch Kaltverfestigung gefördert. Die nach Verformung zunächst aus Austenit u. Ferrit bestehenden Legierungen enthalten den Ferrit in Form von Streifen, die in der Walzrichtung gestreckt sind. Diese werden begrenzt u. begleitet durch Carbidzeilen. Nach Wärmebehandlung bei ca. 815° verschwinden die Ferritstreifen u. Carbidzeilen, u. an ihrer Stelle erscheint die σ-Phase. Sie wird durch Röntgenfeinstruktur-Messungen als solche definiert. Die zeitliche Änderung in der Entstehung der σ-Phase wird durch magnet. Messungen verfolgt, u. es wird angenommen, daß die σ-Phase sich aus Austenit u. nicht umgewandeltem Ferrit bildet. (Trans. Amer. Soc. Metals **43.** 226—59. 1951.) WERNER. 197

R. R. Eggleston und **F. E. Bowman,** *Strahlungsschäden bei β-Messing.* Es ist bekannt, daß β-Messing nicht durch Abschrecken von oberhalb der krit. Temp. in den regellosen Zustand bei Zimmertemp. übergeführt werden kann. Dies hängt wahrscheinlich mit einer niedrigen Aktivierungsenergie für den Ordnungsprozeß u. die daraus resultierenden hohen Relaxationsgeschwindigkeiten bei Tempp. unterhalb der krit. Temp. zusammen. Zur Unters. dieses Phänomens wurden Bleche von β-Messing unterhalb —100° mit 33,0 MeV-α-Teilchen bestrahlt u. der elektr. Widerstand der Bleche nach verschieden langer Bestrahlungsdauer bei —146° gemessen. Trägt man den gemessenen Widerstand gegen die Expositionszeit gegenüber den α-Teilchen graph. auf, so ergibt sich eine sehr große prozentuale Zunahme des Widerstandes, die bei einem reinen Metall, wie z. B. Cu, unter gleichen Bedingungen nur ca. 20—25% beträgt; die Ursachen der Widerstandszunahme müssen demnach in beiden Fällen verschieden sein. Hierauf wurden die Bleche nach einer Bestrahlung von 23 μA/Std./cm² bei allmählich ansteigenden Tempp. jeweils für 5 Min. bestrahlt u. hierauf ihr Widerstand bei —146° gemessen. Hierbei ergab sich, daß die durch die Bestrahlung bei unter —100° verursachte Widerstandsänderung bei höheren Bestrahlungstempp. relativ schnell wieder ausgeglichen wird. Vff. nehmen an, daß die beobachteten Widerstandsänderungen durch eine Umwandlung in den regellosen Zustand infolge der α-Bestrahlung hervorgerufen werden. (J. appl. Physics **24.** 229—30. Febr. 1953. Downey, Calif., North Amer. Aviation, Inc., Atomic Energy Res. Dep.)
GOTTFRIED. 197

G. F. Hüttig und **A. Vidmajer,** *Notiz über die Herstellung inniger pulverförmiger Gemische aus Eisen und Kupfer. — Ein Beitrag zur Chemie der Gemische.* Versetzt man in der Kälte eine Lsg. von $FeSO_4$ u. $CuSO_4$ mit Oxalsäure, so fällt Fe- u. Cu-Oxalat gleichzeitig, während dies bei Fällung in der Wärme nicht erreichbar ist. Werden die gemischten Oxalate nach mehreren Tagen Alterung abfiltriert u. bei 90° getrocknet, dann im H_2-Strom bei 550° zers. u. red., so ergeben sich innige Fe-Cu-Gemische, deren strukturabhängige Eigg. stark von denen der Einzelkomponenten u. denen der groben Gemische abweichen. Vff. fanden z. B. bei verschied. gesinterten Proben mit 38,5% Fe u. 61,5% Cu VICKERS-Härten von 88—203, während die Härte von Fe 60 u. die von Cu 45 beträgt. Aus den angefertigten Schliffbildnern ist ersichtlich, daß die Härte um so größer ist, je feiner die Metalle verteilt sind. Eine Härtevergrößerung läßt sich auch durch Sintern bei höheren Tempp. u. Abschrecken erzielen, was auf ein Einfrieren der bei höheren Tempp. auch geringen, aber wohl deutlicheren Lösungszustände zurückgeführt wird. (Z. anorg. allg. Chem. **272.** 40—44. Febr. 1953. Graz, TH, Inst. für anorgan. u. physikal. Chem.) SIEWERT. 197

A₇. Gleichgewichte. Kinetik.

A. T. Pilipenko und **G. Ss. Lissetzkaja,** *Instabilitätskonstanten der Thioharnstoffkomplexe von Kupfer, Silber und Quecksilber.* Potentiometr. ergaben sich die Instabilitätskonstanten für $Cu(CSN_2H_4)_3Cl$ zu $1,5 \cdot 10^{-13}$, für $Ag(CSN_2H_4)_3Cl$ zu $7 \cdot 10^{-14}$ u. für $Hg(CSN_2H_4)_4Cl_2$ zu $1,1 \cdot 10^{-28}$. (Украинский Химический Журнал [Ukrain. chem. J.] **19.** 81—85. 1953. Kiew, Schewtschenko-Univ., Lehrstuhl für analyt. Chem.)
LEBTAG. 223

Jean Bye, *Beitrag zur Kenntnis der Isopolysäuren. Theoretische Untersuchung der Umsetzungs- und Neutralisationskurvennetze. Erläuterung und Kritik des Postulats* *von G. Carpéni über den isohydrischen Punkt.* Aus einer eingehenden theoret. Unters. der Vorgänge, die zur Bldg. von Kurvennetzen aus Neutralisations- u. Umsetzungstitrationsdaten von Isopolysäuren führen u. damit zur Best. isohydr. Punkte (I.P.) im Sinne des „Postulats" von CARPÉNI (C. **1954**. **5693**), das erläutert u. einer krit. Besprechung unterzogen wird, schließt Vf., daß außer der Existenz des n. I.P. mit zwei im Gleichgewicht befindlichen kondensierten Formen noch Pseudo-I.P. angenommen werden müssen, bei denen mehr als 2 Formen existieren, u. daß außerdem das Vorhandensein eines I.P. lediglich die Schlüsse zuläßt, daß an diesem Punkt wahrscheinlich 2 Pseudo-Formen der jeweiligen Verb. vorliegen u. ferner dort eine Umkehr des Kondensations- bzw. Dekondensationsphänomens durch Alkalisierung bzw. Acidifizierung eintritt. (Bull. Soc. chim. France, Mém. [5] **20**. 390—94. April 1953. Strasbourg, Fac. des Sci., Labor. de Chim. Min.) NIEMITZ. 223

L. V. McCarty und **John Guyon**, *Die angenäherte Löslichkeit von Diboran in Pentan.* Die Löslichkeit einer nichtgereinigten Probe von Diborangas wird aus Druckmessungen des Gases im Gleichgewicht mit n-Pentanlsgg. bei verschied. Tempp. berechnet. Die zu der Berechnung notwendigen Voraussetzungen u. die benutzten Werte werden angegeben. Die Gleichgewichtskonstanten für das Syst. $(B_2H_6)_{Gas} = (B_2H_6)_{Pentanlsg.}$ sind tabellar. wiedergegeben. Aus den Unterss. geht hervor, daß die Löslichkeit von Diboran in n-Pentan etwas kleiner ist als die für *Ae.* beobachtete (vgl. ELLIOTT u. Mitarbeiter, C. **1953**. 4986). Ferner wird gezeigt, daß das RAOULTsche Gesetz für das Syst. Diboran–n-Pentan Gültigkeit besitzt. (J. physic. Chem. **58**. 285—86. März 1954. Schenectady, N. Y., General Electric Comp., Res. Labor.) G. HEINRICH. 224

Howard Christopherson und **E. B. Sandell**, *Die molekulare und ionische Löslichkeit von Nickeldimethylglyoximat.* Es werden Löslichkeiten u. Dissoziationskonstanten von *Dimethylglyoxim* ($= H_2Dx$) (I) u. *Ni-Dimethylglyoximat* (II) mitgeteilt u. diskutiert: Die Sättigungskonz. von I in reinem W. beträgt $5{,}45 \cdot 10^{-3}$ Mol/Liter (0,632 g/Liter). Mit steigender NaCl-Konz. tritt ein Aussalzeffekt auf. Bei Verwendung von Boratpuffern ist — vermutlich infolge Komplexbldg. — die Löslichkeit abnorm hoch. Aus der Löslichkeit in bas. Lsg. (alle folgenden Werte gelten für Ionenstärke $\mu = 0{,}05$ mol. NaCl) ergibt sich die Dissoziationskonstante für I zu $K' = 2{,}6 \cdot 10^{-11}$ (bzw. unter Einführung der Aktivitäten zu $K = 2{,}2 \cdot 10^{-11}$). Die mol. Löslichkeit von II wurde in schwach sauren u. schwach bas. Lsgg. ermittelt, in denen eine Dissoziation vernachlässigt werden kann. Sie beträgt $57 \pm 3\,\gamma$ Ni/Liter ($9{,}7 \cdot 10^{-7}$ Mol/Liter); in mit Chlf. gesätt. W. 69 γ Ni/Liter ($1{,}2 \cdot 10^{-6}$ Mol/Liter). Diese Mengen sind für genaue gravimetr. Bestimmungen nicht zu vernachlässigen. Das Löslichkeitsprod. von II, $L' = [Ni^{2+}][HDx^-]^2$, ergab sich aus Messungen in sauren Lsgg. zu $4{,}3 \cdot 10^{-24}$ (bzw. $L = 1{,}8 \cdot 10^{-24}$). Aus der Konstanz dieses Wertes im p_H-Bereich 2—5 schließen Vff., daß ein Ion $NiHDx^+$ nicht in merklicher Menge auftritt. Die Dissoziationskonstante von II beträgt dann $K' = 4{,}4 \cdot 10^{-18}$ (bzw. $K = 1{,}9 \cdot 10^{-18}$). Aus diesen Daten wird die Extraktionskonstante für Chloroformextraktion berechnet u. daraus gefolgert, daß II bei p_H 5 aus wss. Lsg. mit Chlf. — auch bei Ggw. von A. bis 5%, sowie schwacher Komplexbildner, wie Acetat u. Citrat — extrahiert werden kann. Die Löslichkeiten in Chlf. betragen für I 0,052 g/Liter ($4{,}5 \cdot 10^{-4}$ Mol/Liter) u. für II 0,141 g/Liter ($4{,}8 \cdot 10^{-4}$ Mol/Liter). (Analytica chim. Acta [Amsterdam] **10**. 1—9. Jan. 1954. Minneapolis, Minn., Univ. of Minnesota, School of Chem.) UMLAND. 224

A. Hertzberg und **W. Squire**, *Die Verwendung der Stoßröhre zur Untersuchung von chemischer Kinetik.* (Sitzungsbericht.) Vff. beschreiben eine modifizierte Stoßröhre zur Unters. der Kinetik chem. Rkk. mit einer charakterist. Zeit von ca. 10^{-3} Sek. bei hohen Temperaturen. Die Probe wird durch eine starke Stoßwelle erhitzt u. hierauf zum Einfrieren der Rk. sehr schnell durch eine Expansionswelle abgekühlt. Die Berechnungen ergaben, daß extrem hohe Tempp. u. Abkühlungsgeschwindigkeiten unter kontrollierten Bedingungen erhalten werden können. (Physic. Rev. [2] **91**. 469—70. 15/7. 1953. Cornell Aeronautical Labor.) GOTTFRIED. 225

Ursula Brune und **Roland Lindner**, *Anwendung radioaktiver Indicatoren auf die Untersuchung von Pulverreaktionen in Silicatsystemen.* Es werden mittels einer Staubzentrifuge Quarzfraktionen definierter Korngröße isoliert (0,04 mm bzw. 0,06 mm Durchmesser ±5%) u. vorsichtig u. sorgfältig mit äußerst feinkörnigem, radioakt., rotem ^{212}PbO (ThB) bzw. ^{45}CaO im Molverhältnis 1 : 2 vermischt. Die Mischungen werden mit einer hydraul. Presse bei bestimmtem Druck zu Tabletten definierter D. gepreßt. Die Erhitzung auf die Versuchstempp. (290—380° für Mischungen mit ^{212}PbO, 1000—1200° für Mischungen mit ^{45}CaO) erfolgt in mit Eisen–Wasserstoff-Widerständen effektstabilisierten Rohröfen aus Quarzglas bzw. Sillimanit. Nach den entsprechenden Erhitzungszeiten werden die Tabletten zerdrückt u. das Gemisch dem Trennungsgang zur Abtrennung des nichtreagierten Oxyds unterworfen. Anschließend wird an gewogenen Parallelproben die auf dem SiO_2 durch Rk. verbliebene Aktivität gemessen. Wie durch geeignete Verss. festgestellt wird, verbleibt durch Adsorption eine bestimmte Menge radioakt. Oxyds auf der Kieselsäure, was als sogenannter „background" in Rechnung gestellt wird. Bei den verwendeten Versuchstempp. ist die Rk. eine Phasengrenz-Rk., oberhalb dieser Tempp. eine Diffusions-Reaktion. Die Reaktionskonstanten gehorchen der Temperaturfunktion: PbO + SiO_2, $k = 10^{-7}\exp(-12800/RT)$ Mol/cm^{-2}/sec^{-1}, CaO + SiO_2, $k = 2{,}8 \cdot 10^{-2}\exp(-54000/RT)$ Mol/cm^{-2}/sec^{-1}. Die Darst. des roten, radioakt. PbO wird eingehend beschrieben. (Ark. Kemi 5. Nr. 26. 277—82. 1953. Göteborg, Chalmers TH, Inst. für Silicatforsch., Abt. „Kristallkinetik".) GEDSCHOLD. 225

Arthur Levy, *Bemerkung über die Wechselwirkung von Methan und Wasserdampf bei der Wasserstoff–Sauerstoff-Reaktion.* Vf. untersucht den Einfl. von Methan (I) u. Wasserdampf (II) auf die Knallgasreaktion. Es wird gefunden, daß die Aktivierungsenergie an der 2. Explosionsgrenze für H_2–O_2-Gemische mit Zusatz von I auf 15,6 kcal/Mol red. wird (gegenüber 22,6 kcal/Mol für Explosionen ohne I). Die Druckabnahme an der 2. Explosionsgrenze in Abhängigkeit von der I-Konz. erfolgt bis zu einer krit. Konz. an I kontinuierlich (bei größeren Konzz. an I plötzlicher Abfall auf Null) u. stimmt bis dahin mit der Einw. von II überein. Der plötzliche Reaktionsabbruch wird der Entstehung einer krit. Konz. an HCHO nach Gleichung (2) zugeschrieben. — Vf. vergleicht den Einfl. von I u. II auf die Geschwindigkeit der langsamen Rk. von H_2–O_2-Gemischen (2 : 1) bei 560° u. 420 mm Hg. Die Anfangsreaktionsgeschwindigkeit nimmt mit steigender I-Konz. zu, die Maximalgeschwindigkeit wird jedoch verringert, da etwas O_2 von I verbraucht wird. Bei H_2–O_2-Gemischen mit höheren O_2-Gehh. als vorst. nehmen beide Geschwindigkeiten bei Zugabe von I zu. Entsprechend der Bldg. von II im Syst. H_2–O_2–I müssen die Geschwindigkeiten nach Erreichen einer der Anfangskonz. an II im Syst. H_2–O_2–II äquivalenten Menge in beiden Systemen gleich sein; das wird durch die experimentellen Ergebnisse bestätigt. — Vf. erklärt den Einfl. von I u. II auf die Rk. durch die ähnlichen Mechanismen (1) $CH_4 + HO_2 \rightarrow CH_3 + H_2O_2$, (2) $CH_3 + O_2 \rightarrow HCHO + OH \rightarrow CHO + H_2O$ u. (3) $H_2O + HO_2 \rightarrow OH + H_2O_2$ (Wand-Rk.). (J. chem. Physics 21. 2132—33. Dez. 1953. Columbus, O., Battelle Memor. Inst.) G. WINKLER. 225

B. Anorganische Chemie.

A. A. Woolf, *Stellung des Cyanradikals in der Halogengruppe.* Auf Grund von bekannten Rkk. der Halogencyanide wird CN zwischen Br u. J eingeordnet. (Chem. and Ind. **1953.** 868. 15/8. Manchester, Univ., Dep. of Chem.) MOSLÉ. 245

H. L. Walker, *Lithium — ein Überblick.* Beschreibung von Vork., Eigg., Herst. u. analyt. Nachw. von Li u. Li-Verbindungen. (School Sci. Rev. **34.** 45—54. Nov. 1952. Cardiganshire, Tregaron County Sec. School.) KNÖPKE. 273

Robert Paris, Gabriel Tridot und **Jean-François Laurent,** *Neue Darstellung von Calciumfluoroborat (Einwirkung von Bortrifluorid auf das Fluorid).* Vff. konnten zeigen, daß das sogenannte „komplexe $BF_3 \cdot CaF_2$" in Wirklichkeit ein Gemisch aus *Ca-Fluoroborat* (I) u. ungebundenem CaF_2 ist. I läßt sich sowohl durch Kochen von CaF_2 mit BF_3-Ätherat in Cyclohexan-Suspension als auch (mit schlechter Ausbeute) durch Umsetzung von $CaCO_3$ mit HBF_4 darstellen. Die beiden Prodd. sind auf Grund ihrer therm. Analyse ($CaF_2 \cdot 2\,BF_3$) u. ihrer Ultrarotspektren (Banden bei 7,64, 9,42 u. 10,88 μ) identisch. Da I bei 250° sein BF_3 abgibt, stellt es eine bequeme Quelle für reines BF_3 dar.

Versuche: *Ca-Fluoroborat* (I), $Ca(BF_4)_2$, durch 24std. Kochen von 15 g gefälltem, bei 110° getrocknetem CaF_2, 67 g frisch dest. BF_3-Ätherat u. 300 cm³ über Na getrocknetem Cyclohexan am Rückflußkühler, Absaugen auf Glasfritte u. 12std. Trocknen bei 50°; 38 g (Ausbeute), oder durch Zugabe von 5 g $CaCO_3$ in kleinen Anteilen zu 7,6 g HBF_4, 24std. Stehenlassen, Verdünnen der gelatinösen M. mit 20 cm³ W., Dekantieren, Aufkochen, Filtrieren u. Eindampfen; 2 g. (Bull. Soc. chim. France, Mém. [5] **21.** 142—43. Jan. 1954. Paris, École Nationale de Chimie, Labor. de Chimie Minérale.) FORCHE. 283

Yoshio Tanaka und **Masatoshi Sakai,** *Über die Struktur von Zinkschwarz.* Die Verss. ergaben, daß Zn-Schwarz aus Anhäufungen von kleinen Teilchen von metall. Zn besteht, an denen absorbierte O_2-Moll. haften. Die Menge des absorbierten O_2 beträgt 1 O-Atom/7—8 Zn-Atome. Der atmosphär. Luft ausgesetzt, absorbiert das

Zn-Schwarz viel O_2, der etwas stärker an die Zn-Teilchen gebunden ist als der nach der Herstellungsmeth. absorbierte O_2. (Abstr. Kagaku-Kenkyū-Jo Hōkoku [Rep. sci. Res. Inst.] **26.** 11—12. 1950. [Orig.: engl.]) OPPERMANN. 288

J. Beltrán und **R. Trujillo,** *Über die Natur der Peroxyvanadate. Reaktion des Ammoniumvanadats (1 : 1) mit Wasserstoffperoxyd.* Bei Einw. von 2 Molen H_2O_2 oder mehr auf 1 Mol NH_4VO_3 (I) u. Eingießen in absol. A. erhält man stark saure, orangefarbene, kleine Kristalle, die ganz den vom Vf. (An. Física Quím. **39.** [1943.] 512) erhaltenen K- u. Na-Salzen entsprechen, indem das Verhältnis des akt. O zum V 1,5 u. NH_4/V 1 : 1 ist. Das widerspricht der von SCHEUER angenommenen Formel NH_4VO_4. Unter A. in der Kälte aufbewahrt, sind sie haltbar, aber sie zers. sich durch Feuchtigkeit u. beim Vers., sie zu trocknen. Wenn man NH_3 in die alkoh. Suspension des Salzes längere Zeit einleitet, entsteht ein Salz mit $O_{akt.}/V = 1{,}5$ u. $NH_4/V = 2$. Für das 1. Salz ist die Formel eines *Peroxypyrovanadats* (**II**) anzunehmen, dessen Bldg. auf der Hydrolyse des **I** zum Pyrovanadat u. der Anlagerung von H_2O_2 beruht nach $V_2O_7H_2^{2-} + 3\ H_2O_2 = V_2O_4(O_2)_3H_2^{2-} + 3\ H_2O$. Dem entspricht die Tatsache, daß die fast neutrale **I**-Lsg. (p_H 6,75) bei H_2O_2-Zusatz sauer wird mit p_H 5,35 bei Annäherung an 1,5 Mol H_2O_2/Liter **I**. Es zeigt sich, wie im Falle der Isopolymolybdate (An. Física Quím. **39.** [1943.] 665), die depolymerisierende Wrkg. des H_2O_2, welches keine höhere Polymerisation als bis zu Mo_2 u. V_2 zuläßt. Die konduktometr. Titration von **II**, **I** u. dem 2. Salz, $(NH_4)_4V_2O_4(O_2)_3$, mit NaOH zeigt, wie die Neutralisation stufenweise für jedes einzelne H erfolgt (infolge des höheren H^+-Geh. der **II**-Lsg. mit stärkerem Abfall der Leitfähigkeit als bei **I**) u. wie von Erreichung der Neutralsalzform an alle 3 Kurven ident. werden u. die Depolymerisation zum VO_4H^{2-} u. Neutralisation zu VO_4^{3-} wiedergeben. (An. Real Soc. españ. Física Quím., Ser. B **47.** 705—08. Nov. 1951. La Laguna, Univ., Fac. Cie., Labor. Quím. inorgán. u. C.S.I.C., Inst. „Alonso Barba" de Quím.) METZENER. 330

M. Haïssinsky und **G. Bouissières,** *Chemische Untersuchungen über das Protactinium.* **1.** Mitt. *Existenz und Eigenschaften des vierwertigen Protactiniums.* Durch Red. von Pa^V mittels Zn-Amalgam ist es möglich, die Salze des **4**-wertigen Pa zu erhalten; das so erhaltene *Fluorid, Phosphat, Hypophosphat, Jodat* u. *Phenylarsinat* sind unlösl. Die Stabilität des Fluorids ist von den genannten Verbb. am größten: bereits nach **42** Min. sind **64**% der Pa^{IV}-Ionen durch die Einw. von Luft auf die Lsg. reoxydiert. Lösl. sind das *Sulfat,* das mit K_2SO_4 einen wohl aus einer Doppelverb. bestehenden Nd. ergibt. Pa^{IV} gibt mit $(NH_4)_2CO_3$ einen Nd., der sich im Überschuß wieder auflöst. *Citronensäure* bildet einen Komplex mit Pa^{IV}, ebenso *Weinsäure.* Bei einer Konz. von **0,5** mg Pa^{IV}/cm^3 sind die Lsgg. farblos; die unlösl. genannten Salze sind weiß. — Vgl. mit dem Verh. von Zr, Th u. U^{IV}. (Bull. Soc. chim. France, Mém. [5] **18. 146**—**48.** Jan./Febr. 1951. Paris, Inst. du Radium.) RUMPF. 333

G. Bouissières und **M. Haïssinsky,** *Chemische Untersuchungen über das Protactinium.* 2. Mitt. *Herstellung von 20 mg reinem Pa_2O_5 und die Eigenschaften des fünfwertigen Protactiniums.* (1. vgl. vorst. Ref.) Aus einem Ausgangsmaterial, das Ti, Zr, Ta u. Fe enthielt, wird nach Abscheiden des Ti durch die Löslichkeit seines Sulfats in NH_4OH in Ggw. von H_2O_2, Auflösen des Pa u. Zr enthaltenden Nd. in n HCl u. Ausfällen des Zr als Oxychlorid mit Aceton, das das gesamte Pa mitreißt, während das $FeCl_3$ in Lsg. bleibt, u. schließlicher Entfernung des Zr durch Bldg. eines Komplexes mit $(NH_4)_2CO_3$, Abscheiden des Ta durch Sodaschmelze eine Anreicherung von 25 : 195 erzielt. Zur weiteren Reinigung wird das Pa^V mit Zn-Amalgam zu Pa^{IV} red. u. als unlösl. *Fluorid* gefällt; die Rückoxydation erfolgte mit H_2O_2 oder Luft. Anschließend wird durch KF das unlösl. K_2PaF_7 ausgefällt, der schwere krist. Nd. enthielt noch Ti. Durch H_2O_2 wird daraus in schwefelsaurer Lsg. Pa_2O_5 erhalten, während noch vorhandenes Ti u. Ta in Lsg. bleibt. — Die Löslichkeit des Hydroxyds des Pa^V in H_2SO_4 steigt mit der Normalität der Säure bis 10n, fällt dann plötzlich auf 0,1 g/Liter in 32 n H_2SO_4. Der in konz. Säure erhaltene Nd. löst sich bei Zugabe von genügend $(NH_4)_2SO_4$. In Pa^V enthaltenden Lsgg. gibt der Zusatz von konz. K_2SO_4-Lsg. einen Niederschlag. HF-Zusatz ergibt lösl. Komplexe, H_2O erzeugt aus saurer Lsg. langsam einen Nd., ebenso Hydroxyde; H_2O_2 ergibt einen in verd. H_2SO_4, NaOH u. NH_4OH unlösl. Nd.; $(NH_4)_2CO_3$ ergibt erst nach längerem Stehen einen Nd., dessen Auftreten von den Konzz. abhängt; Na_2CO_3 gibt einen im Überschuß unlösl. Nd.; mit Natriumphosphat entsteht ein gelatinöser, in HF leicht lösl. Nd., ebenso mit Hypophosphat, $NaJO_3$ u. Natriumphenylarsinat; Natriumoxalat, Citronensäure u. Weinsäure ergeben keinen Niederschlag. Vgl. mit dem chem. Verh. der Nachbarelemente. (Bull. Soc. chim. France, Mém. [5] **18.** 557. Juli/Aug. 1951.) RUMPF. 333

L. C. Browning und **P. H. Emmett,** *Gleichgewichtsmessungen im System Mo—C—H.* In Anlehnung an Arbeiten von SCHENCK u. Mitarbeitern (Z. anorg. allg. Chem.

203. [1931.] 159), die von KELLEY nicht ganz richtig verwertet worden waren, untersuchten Vff. die Gleichgewichte 1. $2\,Mo + CH_4 = Mo_2C + 2\,H_2$ u. 2. $Mo_2C + CH_4 = 2\,MoC + 2\,H_2$. Durch H_2 bei 550° red. Mo wurde für Rk. 1 bei 450° bis zu einem C-Geh. von 3,7% (höchstens 5,89% entsprechend Mo_2C), für Rk. 2 zuerst vorsichtig bis zu 5,4% C bei 450° u. bei allmählich bis 680° steigender Temp. bis zu 7,6% C in Carbid übergeführt. Die festen Phasen konnten durch Röntgenogramme bestätigt werden. Die Gleichgewichtskonstanten wurden für Rk. 1 von 546,7—678,8°, für Rk. 2 von 662,8—825° ermittelt. Die Übereinstimmung der Daten mit SCHENCK war für Rk. 1 gut, für Rk. 2 befriedigend. Vff. zeigten, daß Mo_2C u. MoC thermodynam. stabil bzgl. C u. Mo sind. Die bei 950° K errechneten freien Energien betragen für die Rk. $Mo + C = MoC$ —3,211 cal/Mol, für die Rk. $2\,Mo + C = Mo_2C$ —8,862 cal/Mol. Daraus folgt, daß MoC bei 950° K mit etwa vorhandenem Mo Mo_2C bzw. C nach der Gleichung $2\,MoC = Mo_2C + C$ bildet. (J. Amer. chem. Soc. **74**. 4773—74. 5/10. 1952. Pittsburgh, Pa., Mellon Inst.) PLUSKAL. 336

James S. Johnson, Kurt A. Kraus und **T. Fraser Young,** *Bestimmung von Aktivitätskoeffizienten durch Ultrazentrifugierung. Ultrazentrifugierung von Uranylfluoridlösungen.* Die Gleichgewichtszentrifugierung kann nach PEDERSEN (Z. physik. Chem., Abt. A **170.** [1934.] 41) u. DRUCKER (Z. physik. Chem., Abt. A **180.** [1937.] 359) zur Best. der Aktivitätskoeffizienten von gelösten Substanzen herangezogen werden. Vff. prüften die Genauigkeit dieser Meth. an wss. CdJ_2-Lsgg. u. wandten das Verf. zur Best. der Aktivitätskoeffizienten von UO_2F_2 in wss. Lsgg. an. Die gefundenen Ergebnisse sind den aus Gefrierpunktserniedrigungen berechneten Werten (vgl. C. **1954.** 36) ähnlich u. bestätigen somit die Annahme eines Monomer-Dimer-Gleichgewichtes $2\,UO_2F_2 \rightleftharpoons (UO_2F_2)_2$. Die Dimerisierungskonstante nimmt mit steigender Temp. etwas zu u. deutet auf eine geringe positive Dimerisierungswärme von ca. 5 kcal u. eine Entropieänderung von ca. 19 Einheiten hin. Aus Ultrazentrifugierungsverss. von UO_2F_2 in KF-Lsgg. geht hervor, daß die Stabilität des Dimeren durch überschüssige Fluoridionen beträchtlich erhöht wird. (J. Amer. chem. Soc. **76.** 1436—43. 5/3. 1954. Oak Ridge, Tenn., Oak Ridge National Labor., Chem. Div.) FORCHE. 339

J. K. Dawson, R. M. Elliott, R. Hurst und **A. E. Truswell,** *Die Darstellung und einige Eigenschaften von Plutoniumfluoriden.* Die Behandlung von PuO_2 oder $Pu(C_2O_4)_2 \cdot 6\,H_2O$ mit gasförmigem HF führt nicht zu dem Tetrafluorid PuF_4, sondern liefert bei Tempp. zwischen 250 u. 750° stets PuF_3. Nur wenn der HF-Strom O_2 enthält, entsteht PuF_4. Es wird angenommen, daß die Red. zu PuF_3 durch reduzierende Verunreinigungen des HF (SO_2, H_2) veranlaßt wird. Wenn die Fluorierung zwischen Raumtemp. u. 150° durchgeführt wird, entstehen zwei Verbb., die möglicherweise Oxyfluoride $Pu(OH)_2F_2$ oder $Pu(OH)F_3$ sind. — Aus Pu(IV)-Nitratlsg. fällt wss. HF das Hydrat $2\,PuF_4 \cdot 5\,H_2O$, welches beim Erhitzen im Vakuum auf 200° in $PuF_4 \cdot 2\,H_2O$, bei höheren Tempp. (300°) aber in PuF_3 übergeht. Eine mit Hydroxylaminhydrochlorid red. Pu-Nitratlsg. gibt mit wss. HF einen Nd. von $4\,PuF_3 \cdot 3\,H_2O$. — Die freie Energie der Bldg. von PuF_4 wurde zu 400 kcal bei 298° K bestimmt. PuF_4 disproportioniert im Vakuum bei ca. 900° zu PuF_3 u. einem sublimierenden Fluorid, vermutlich PuF_5. (J. chem. Soc. [London] **1954.** 558—64. Febr. Harwell, Didcot, Berks., A. E. R. E.) FORCHE. 343

Charles M. Wheeler jr. und **Helmut M. Haendler,** *Die thermische Zersetzung von Kupfer(II)-fluoriddihydrat.* Die therm. Zers. des durch Einrühren von $Cu(OH)_2 \cdot CuCO_3$ in einen zweifachen Überschuß von 40%ig. HF, Abfiltrieren u. Waschen mit A. dargestellten $CuF_2 \cdot 2\,H_2O$ erfolgt in zwei Stufen. Bei 132° verliert das Dihydrat W. u. HF u. geht nach dem Schema (A) $2\,CuF_2 \cdot 2\,H_2O \rightarrow CuOHF \cdot CuF_2 + HF + 3H_2O$ in $CuOHF \cdot CuF_2$ über. Letzteres zerfällt bei 420° gemäß (B) $CuOHF \cdot CuF_2 \rightarrow CuO + CuF_2 + HF + H_2O$ in Oxyd u. Fluorid. — Auch das durch Kochen einer wss. Suspension des Dihydrats erhältliche bas. Cu-Fluorid *CuOHF* zers. sich in zwei Stufen: Bei 345° entsteht gemäß (C) $4\,CuOHF \rightarrow CuOHF \cdot CuF_2 + 2\,CuO + HF + H_2O$ ebenfalls $CuOHF \cdot CuF_2$, welches bei 410—420° nach dem Schema B weiter zerfällt. — $CuOHF \cdot CuF_2$ bildet mit der Feuchtigkeit der Luft ein äquimol. Gemisch aus CuOHF u. $CuF_2 \cdot 2\,H_2O$. Die therm. Zers. dieses Hydratgemisches zeigt die drei Stufen A, C u. B. (J. Amer. chem. Soc. **76.** 263—64. 5/1. 1954. Durham, N. H., Univ. of New Hampshire, Dep. of Chem.) FORCHE. 358

Eberhard Weise und **Wilhelm Klemm,** *Fluorokomplexe des vierwertigen Rhodiums.* Durch Einw. von elementarem Fluor auf K_2RhCl_5 während 1 Std. in der Kälte u. anschließend 2 Std. bei 320° wurde das gelbe K_2RhF_6 dargestellt. Auf ähnliche Weise lassen sich Rb_2RhF_6 u. Cs_2RhF_6 gewinnen. Die Verbb. sind außerordentlich empfindlich gegen Feuchtigkeit u. H^+-Ionen. Ihr magnet. Moment beträgt etwas über 1,73 Magnetonen. Die K- u. Rb-Verb. haben ein ähnliches, relativ linienarmes Röntgendiagramm; dasjenige der Cs-Verb. ist linienreicher. K_2RhF_6 u. Rb_2RhF_6 sind trigonal. Die Gitterkonstanten sind für K_2RhF_6 a = 5,73, c = 4,64 kX, c/a = 0,81; für Rb_2RhF_6 a = 5,90, c = 4,80 kX, c/a = 0,81. Cs_2RhF_6 krist. trigonal (a = 6,19, c = 5,00, c/a = 0,81), bei hohen Tempp. hexagonal (a = 6,28, c = 10,11, c/a = 1,61). — Aus Mischungen von KCl u. $RhCl_3$ im Verhältnis 1 K : 1 Rh bildet sich ein Gemisch aus K_2RhF_6 u. RhF_3. Aus K_3RhCl_6 entstehen fluorreiche u. hochakt. Prodd. mit den Bruttoformeln $K_3RhF_{7,0}$ bis $K_3RhF_{8,6}$, deren Röntgendiagramme die Linien von K_2RhF_6 u. einige neue Linien aufweisen. Ebenso enthält das Röntgendiagramm des Fluorierungsprod. aus $Cs_3Rh(NO_2)_6$ die Linien von Cs_2RhF_6 u. die stärksten Linien von CsF_3. (Z. anorg. allg. Chem. **272**. 211—20. Febr. 1953. Münster, Westf., Univ., Anorgan.-chem. Inst.) FORCHE. 364

C. Mineralogische und geologische Chemie.

D. P. Grigorjew und **M. D. Kapitonow,** *Zwei Typen von Mineraldrusen.* Es werden unterschieden: Aufwachsdrusen, bei denen die Flächen zum Wachsen oder Weiterwachsen gegeben sind u. die kristallisierende Substanz an diese Flächen herangetragen wird; sodann diejenigen der Umkristallisation, bei denen diese Flächen nicht ausgesprochen vorliegen u. die kristallisierende Substanz nicht durch die Lsgg. herangetragen wird — ein neuer Drusentyp, zu dem alle jene Fälle gehören, wo kleine Kristalle sich auflösen u. ihre Substanz auf bereits vorhandene größere, weniger lösl., übertragen. Außerdem gibt es gemischte Typen. Für alle diese Fälle werden einige Beispiele genannt. (Доклады Академии Наук СССР [Ber. Akad. Wiss. UdSSR] [N. S.] **89**. 543—45. 21/3. 1953. Leningrad, Berg-Inst.) v. WILPERT. 370

Shin-piaw Choong, *Neue Methoden zur Entdeckung gewisser Kristallfehler in Quarz.* Vf. beschreibt zwei neue Methoden zur Sichtbarmachung von Kristallfehlern in Quarz, die wahrscheinlich von mkr. nicht sichtbaren Einschlüssen herrühren. Die eine beruht auf Ätzung mit HF in einem elektr. Wechselfeld, die andere auf Ätzung mit Alkalimetalldampf bei 350°. Die Ätzfiguren beider Verff. sind denen der alten Meth. der Ätzung im elektr. Feld ähnlich. Die Ätzungen gelingen auf Z-Schnitten des Quarzes, nicht aber auf X-Schnitten. (Amer. Mineralogist **37**. 791—803. Sept./Okt. 1952. Taiwan, Formosa, China, Univ., Dep. of Phys.) HILLER. 372

F. G. Houtermans, *Bestimmung des Alters der Erde aus der Isotopenzusammensetzung von Meteoritenblei.* Ein Modell für die Bldg. von Pb oder Pb-Mineralien bei der Entstehung der Lithosphäre u. seine Anwendung auf Altersbestimmungen wird mitgeteilt. Nach diesem Modell lassen sich für jedes in seiner Isotopenzus. bekannte Pb-Erz ein „Modellalter" angeben u. die Erze in 3 Klassen einteilen: 1. Geolog. Alter = Modellalter: Erz ist prim. Ursprungs. 2. Geolog. Alter > Modellalter, Modellalter gegebenenfalls < 0: Erz ist sek. Ursprungs u. 3. Geolog. Alter < Modellalter: Erz ist älteren Ursprungs, als das geolog. Alter angibt. Bestimmungen des Modellalters von 66 Erzen werden mitgeteilt u. das Alter der Lithosphäre zu $(4{,}5 \pm 0{,}3) \cdot 10^9$ Jahren unter den Annahmen berechnet, daß a) die Isotopenzus. von Pb zur Zeit der Bldg. der Lithosphäre durch die Zahlen dargestellt wird, wie sie in der Troilitphase des Cañon-Diablo-Meteoriten gemessen worden sind, u. b) die Mehrzahl der auf ihre Isotopenzus. untersuchten tert. Pb-Erze nach dem diskutierten Modell entstanden ist. (Nuovo Cimento [9] **10**. 1623—33. 1/12. 1953. Bern, Univ., Physik. Inst.) WEIGEL. 378

F. Heide und **E. Singer,** *Zur Geochemie des Kupfers und Zinkes.* Vff. bestimmten den Cu- u. Zn-Geh. im Muschelkalk u. im Röt in der Umgebung von Jena. Hierbei ergab sich für die reinen oder fast reinen Carbonatgesteine ein mittlerer Geh. von 0,0005% Cu u. 0,0004% Zn. Für die Mergeltone ergab sich ein Mittelwert von 0,0065% Cu u. 0,0064% Zn, das heißt, die beiden Elemente sind um das 13- bzw. 16fache in den tonigen Gesteinen gegenüber den carbonat. angereichert. Das gegenseitige Mengenverhältnis von Cu : Zn ist in den carbonat. wie in den mergeligen Gesteinen prakt. 1 : 1 mit etwas weniger Zn. (Naturwissenschaften **37**. 541—42. Dez. 1950. Jena, Univ., Mineralog. Inst.) GOTTFRIED. 378

W. T. Huang und **C. A. Merritt,** *Bevorzugte Orientierung von Olivinkristallen in Troctolit der Wichita Mountains, Oklahoma.* Vff. untersuchen die Gefügeregelung der Olivine in Troctoliten. Es zeigt sich, daß bei den nicht gebänderten, sedimentären Troctoliten keine bevorzugte Orientierung vorliegt. Dagegen liegen die Olivine der durch Fließen gebänderten Troctolite mit Y u. Z in der Bänderungsebene. (Amer. Mineralogist **37**. 865—68. Sept./Okt. 1952. Norman, Okla., Univ.) HILLER. 380

Jan Ilavský, *Die Beschaffenheit der Erzadern im Erzberg von Spiš-Gemer.* Die Erzlager sind im Gegensatz zu früheren Anschauungen zum Großteil echte, das heißt transversale Adern u. zeigen hinsichtlich ihrer prakt. Auswertbarkeit zwei Typen: 1. Adern in pellit. Gebirge (*Phyllite, Schiefer, Porphyroide*) von konstanter Mächtigkeit, guten Eigg. u. leichter Zugänglichkeit. 2. Adern in psammit.-psephytit. Gebirge u. Eruptivgestein von geringer Längenausdehnung, schlechter Qualität u. Zugänglichkeit. (Uhlí a Rudy **1.** 124—27. 30/6. 1951. Zips-Neudorf [Spišská Nová Ves].)
ROTTER. 380

André Lenoble, Henri Salvan und **Valéry Ziegler,** *Entdeckung von Uran in den Phosphatschichten Marokkos.* Messungen der β- u. γ-Strahlung in verschied. Gegenden Marokkos ergaben, daß starke Anomalien der Strahlungsdichte bes. in den verschied. dort auftretenden Phosphatschichten auftreten. Die weiteren Unterss. ergaben, daß die Radioaktivität stets an diese Schichten gebunden ist u. daß sie um so stärker ist, je älter die Phosphatlagerstätten sind. Auf Grund von Analysen konnte nachgewiesen werden, daß die Radioaktivität auf die Ggw. von U zurückgeführt werden muß. (C. R. hebd. Séances Acad. Sci. **234.** 976—77. 25/2. 1952.) GOTTFRIED. 380

W. P. Florenski und **W. Ss. Knjasew,** *Dolomitgesteine der Basis im paläozoischen Querschnitt der südöstlichen Tartarei.* Die rötlichbraunen Dolomitgesteine an der Basis des tartar. Paläozoicums lagern in den Spalten des Vorkambriums, feinkörnig, mit Quarz u. a. Mineralien untermischt. Die Kristalle sind teils scharfkantig, teils abgestumpft, das heißt zum Teil subaqualen Ursprungs. (Доклады Академии Наук СССР [Ber. Akad. Wiss. UdSSR] [N. S.] **89.** 547—49. 21/3. 1953. Moskau, Gubkin-Naphtha-Inst.)
v. WILPERT. 385

Anders Angström und **Linus Högberg,** *Über den Stickstoffgehalt atmosphärischer Niederschläge in Schweden.* 2. Mitt. (1. vgl. C. **1954.** **5257.**) Übersicht über die geograph. Verteilung von NH_4-N, der durch atmosphär. Ndd. in Schweden in den Boden gelangt. Landkarten u. Zahlentafeln veranschaulichen die Verteilung der der N-Konz. in den Ndd. proportionalen Menge zu Regenbeginn, die vermutlich den NH_4-N-Geh. der Atmosphäre vor Regenbeginn wiedergibt. Die Ursachen des NH_4-N-Geh. in den Ndd. werden erörtert. Das in den gemäßigten Zonen gefundene, fast unveränderliche Verhältnis zwischen NH_4-N u. NO_3-N wird auf photochem. Vorgänge zurückgeführt. Zweifellos spielen, bes. in niedrigeren Breiten, auch andere Ursachen eine Rolle. (Tellus [Stockholm] **4.** 271—79. Nov. 1952. Stockholm, Swedish Meteorol. and Hydrolog. Inst.) WESLY. 396

B. J. Mason, *Die natürliche und künstliche Erzeugung von Regen.* Zusammenfassender Vortrag. (Sci. J. Roy. Coll. Sci. **22.** 92—105. 1953.) GOTTFRIED. 396

D. Organische Chemie.

D_1. Allgemeine und theoretische organische Chemie.

H. H. Greenwood, *Die freie-Valenz-Indices in ungesättigten Kohlenwasserstoffen.* Nach einer von MOFFITT (J. Chim. physique Physico-Chim. biol. **45.** [1948.] 243) gegebenen Formel berechnet Vf. die freie-Valenz-Indices F in konjugiert-ungesätt. KW-stoffen. Diese F sind charakterist. für die noch vorhandene Bindekraft eines Atoms in einem konjugiert-ungesätt. KW-stoff u. unabhängig von dem Gesamtmolekül. Sie stehen im Idealfall in einer linearen Beziehung zu der Energie, die erforderlich ist, um ein π-Elektron an dem in Frage stehenden Atom zu fixieren. (Trans. Faraday Soc. **48.** 677—79. Aug. 1952. London, Chester Beatty Res. Inst., Royal Cancer Hosp.)
ZIMMER. D 10

Ch. Bobtelsky und **S. Kertes,** *Spektrophotometrische Untersuchung des o-Nitrophenols und sein Verhalten gegen Kationen.* Das Spektr. des *o-Nitrophenols* (**I**) hat in W. u. A. bei verschied. p_H-Werten den gleichen Charakter; Wasserzusatz zu alkoh. Lsgg. bewirkt leichte Rotverschiebung. In alkoh. Lsgg. sind die **I**-p_H-Werte im Alkal. größer, im Sauren kleiner als die wss. Lösungen. Bei Neutralisation von **I**-Lsgg. tritt ab p_H 6 eine Rotverschiebung des Spektr. auf, von der 50% schon bei Neutralisation von 5% der **I**-Menge erreicht ist, also nicht durch Anionenbldg. zu erklären ist. Bei **I**-Lsgg. in 50%ig. A. mit Phthalat/HCl- oder KOH-Puffer treten Absorptionsbanden bei 540 mμ (Anion) u. bei 450 mμ (anomale mol. **I**-Form, die n. absorbiert dort nicht) auf. [Gleiche Erscheinungen beim *Salicylaldehyd* (**II**).] In 95%ig. A. mit Acetatpuffer liegen die **I**-p_H-Werte 2% höher. Ferner untersuchen Vff. das Verh. des p_H-Wertes von Salzlsgg. ($ZnCl_2$, $CdBr_2$, $MgCl_2$, $MnCl_2$, $Co(NO_3)_2$, $NiCl_2$, $SrCl_2$, $Co(NO_3)_2$, $Ce(NO_3)_3$, $La(NO_3)_3$, $Th(NO_3)_4$, $AlCl_3$, $FeCl_3$) bei **I**-Zusatz. Im allg. verringert er sich bei den Chloriden (p_H 5—6) u. bleibt bei den Nitraten ($p_H < 4$) konstant. Analoge spektrophotometr. Unterss. mit $Mg(NO_3)_2$, $MnCl_2$, $Cd(NO_3)_2$ u. $CdBr_2$-Lsgg. ergeben nur unbedeutende Veränderungen im Charakter des Spektrums. I–A./W.-Gemische sind bei p_H-Werten zwischen 3 u. 9 auch bei $Cu(NO_3)_2$, $Co(NO_3)_2$ u. $NiCl_2$-Zusätzen längere Zeit vollständig stabil. Die Absorption solcher Lsgg. ist streng proportional der I-Konzentration. Spektrophotometr. Unterss. an I-Lsgg. mit Metallionenzusätzen [Me^{n+}/I von 1:1—1:5, Messungen mit $ZnCl_2$, $MgCl_2$, $MnCl_2$, $SrCl_2$ u. $CdBr_2$ u. von 1:1—5:1, Messungen mit $Cu(NO_3)_2$, $Co(NO_3)_2$, $Ni(NO_3)_2$, $Mg(NO_3)_2$, $Zn(NO_3)_2$, $MnCl_2$ u. Cd $(NO_3)_2$] ergaben ein rotverschobenes Spektr. gleichen Charakters wie das der I-Lösungen. Bei Kationenüberschuß wird maximale Absorption bei einem Kationen/I-Verhältnis von 1:2 für Ni^{2+} u. Cu^{2+}, u. von 1:1 für Mn^{2+}, Mg^{2+} u. bei Extrapolation auch für Zn^{2+} erreicht. Cd^{2+}-Zusatz verändert die Absorption nicht, Co^{2+} hat komplexen Einfluß. Al^{3+}- u. Cr^{3+}-Spuren bewirken zunächst ein starkes Anwachsen der Absorption, die bei weiterem Zusatz von Al^{3+} oder Cr^{3+} aber wieder schnell abfällt. Fe^{3+}-Zusatz hat einen andersartigen Einfluß. Bei I-Überschuß zeigen die Kurven: Absorption der Lsg. gegen I-Zusatz Knickpunkte bei I/Me^{2+} wie 1:1. Die Absorption ist bes. bei Mg^{2+}- u. Mn^{2+}-haltigen Lsgg. größer als erwartet. Sie steigt in stark saurer Lsg. an u. ist bei $Cr(NO_3)_3$-Lsgg. $> Th(NO_3)_4 > Al(NO_3)_3 >$ Ce · $(NO_3)_3 > La(NO_3)_3$. Die Vff. vergleichen die erhaltenen Ergebnisse mit den bei Unterss. von II erhaltenen. I u. II sind in Lsg. monomer, können nur eine Wasserstoffbrückenbindung bilden, haben in 50% ig. A. ähnliche p_H-Werte (I = 8,3, II = 8,7) u. ihre Absorptionsspektren im gleichen Spektralbereich. Die bei I erfolgende Rotverschiebung der Spektren bei Neutralisation findet sich dagegen bei II nicht. Welche Struktur die zu anomalen Absorption 450 mμ gehörige mol. Form von I hat, konnte noch nicht geklärt werden. (Bull. Soc. chim. France, Mém. [5] **21.** 143—47. Jan. 1954. Paris, École Nat. de Chim., Labor. de Chim. Minérale.) LIEBIG. D 118

P. Fröhlich und **P. Szór**, *Über die Selbstabsorption fluorescierender Farbstofflösungen*. Es wird ein Verf. angegeben, um für Fluorescenzstofflsgg. mit Selbstabsorption aus der gemessenen spektralen Verteilung der Emission J die tatsächliche, selbstabsorptionsfreie Emissionsintensität J_0 rechner. zu ermitteln, wenn die spektrale Emissionsverteilung bei einer zur Anregung senkrechten Beobachtungsrichtung für verschied. Absorptionsgefäßdicken d bekannt ist. Es ist $J_0 = J \cdot \alpha / (1 - e^{-d})$, wenn α der Absorptionskoeff. für die betrachtete Wellenlänge ist. Das Verf. wird für die Emission verschieden konzentrierter, alkoh. Lsgg. von *Acridinorange* geprüft. Im übrigen zeigt sich, daß die Maxima der berechneten Banden mit der Konz. der Lsg. nach Rot verschoben sind. (Acta Univ. Szegediensis, Sect. Sci. natur., Acta chem. physica **3.** 16—19. 1950. Szeged, Univ., Inst. für Exp. Phys.) RUDOLPH. D 118

D. J. Meier, *Die Brechungsindexkorrektur bei Lichtstreuungsmessungen*. Messung der Lichtstreuung von *Bzl.*, *1-Methylnaphthalin*, *CCl_4*, *Hexadecan*, *Methylisobutylketon*, *W.* u. *Methanol* in rechteckigen u. kon. Küvetten bei 25° u. 5780 Å. Das Prod. aus Streulichtintensität bei 90° u. dem Quadrat des Brechungsindex ist für beide Küvetten konstant u. liefert einen Wert, welcher dem absol. Streuvermögen der Fl. proportional ist. (J. chem. Physics **21.** 1892—93. Okt. 1953. Emeryville, Calif., Shell Developm. Co.) EICHHOFF. D 119

Slobodan Ristić, *Refraktometrische Untersuchungen von 2.2-Bis-[p-chlorphenyl]-1.1.1-trichloräthan (p.p'-DDT) in verschiedenen organischen Lösungsmitteln*. Bei Lsgg. von *2.2-Bis-[p-chlorphenyl]-1.1.1-trichloräthan* (I) (F. 108,5—109,0°) in verschied. organ. Lösungsmitteln wurden die Brechungsindices bei 25° bestimmt. Es zeigte sich, daß Konz. u. Brechungsindex weitgehend linear verknüpft sind, bes. ausgesprochen in A. u. Chloroform. Dies ermöglicht eine Best. von I in Lösungen. Messungen erfolgten außerdem in Bzl., Bzn., Toluol, CCl_4, CH_3OH, Aceton, Methyl- u. Äthylacetat. (Гласник Хемиског Друштва Београд [Ber. chem. Ges. Belgrad] **16.** 81—99. 1951. Belgrad, Univ., Math.-Naturwiss. Fak., Inst. für physikal. Chem.)
v. WILPERT. D 119

Ichiro Nakagawa und **San-Ichiro Mizushima**, *Die Zuordnungen der Raman- und Infrarotfrequenzen des 1.2-Dichloräthans, beobachtet im gasförmigen, flüssigen und festen Zustand*. Auf Grund einer Berechnung der Normalschwingungen der *trans* (C_{2h})- u. der *gauche* (C_2)-Form des *1.2-Dichloräthans* (I) als Achtkörperproblem (vgl. J. chem. Soc. Japan, pure Chem. Sect. [Nippon Kagaku Zassi] **74.** [1953.] 848) unternahmen Vff. eine vollständige Zuordnung der im gasförmigen, fl. u. festen Zustand beobachteten RAMAN-Frequenzen von I. Im einzelnen wurden folgende Frequenzen [cm^{-1}] festgelegt (s = stretching-, b = bending-, w = wagging-, t = twisting-, r = rocking-Schwingung): *trans*-Form: Klasse A_g: 2957 (C—H s); 1445 (CH_2 b); 1304 (CH_2 w); 1052 (C—C s); 754 (C—Cl s); 300 (C—C—Cl b); Klasse A_u: 3005 (C—H s); 1124

(CH_2 t); 768 (CH_2 r); Klasse B_g: 3005 (C—H s); 1264 (CH_2 t); 989 (CH_2 r); Klasse B_u: 2957 (C—H s); 1450 (CH_2 b); 1230 (CH_2 w); 709 (C—Cl s); 223 (C—C—Cl b); *gauche*-Form: Klasse A: 2957 (C—H s); 1429 (CH_2 b); 1264 (CH_2 w); 1031 (C—C s); 651 (C—Cl s); 265 (C—C—Cl b); 3005 (C—H s); 1207 (CH_2 t); 943 (CH_2 r); 125 (Torsionsschwingung); Klasse B: 3005 (C—H s); 1145 (CH_2 t); 881 (CH_2 r); 2957 (C—H s); 1429 (CH_2 b); 1304 (CH_2 w); 677 (C—Cl s); 411 (C—C—Cl b). Die getroffenen Zuordnungen werden ausführlich erörtert. Im RAMAN-Spektr. von festem I treten weitere niederfrequente Linien auf (z. B. 53 u. 74 cm^{-1} bei —140°), die den Rotationsschwingungen um die beiden Achsen senkrecht zur Molekülachse zugeordnet werden. (J. chem. Physics **21**. 2195—98. Dez. 1953. Tokio, Univ., Fac. of Sci., Chem. Labor.) J. ROTHE. D 120

R. T. O'Connor, C. H. Mack, E. F. DuPré und **W. G. Bickford,** *Oxystearinsäuren.* 2. Mitt. *Infrarotspektren und Röntgenstrahlenbeugung von 10- und 12-Oxystearinsäure und ihren Methylestern und von 9.10-Epoxystearinsäuren.* (1. vgl. C. **1954**. **5977**.) Vff. messen die Infrarotspektren von *10-* u. *12-Oxystearinsäure* u. ihren *Methylestern* sowie von *cis-* u. *trans-9.10-Epoxystearinsäure.* Die Ergebnisse werden diskutiert; bes. wird an Hand von Mol.-Modellen gezeigt, daß bei Verss. zur Kristallisation von *12-Oxystearinsäure* auftretenden Gele durch symm. H-Bindungen zwischen beiden funktionellen Gruppen erklärt werden können, die bei den anderen Verbb. nicht möglich sind. — Von den Oxystearinsäuren u. Estern werden die Röntgenbeugungsbilder (Cu-K_α-Strahlung, Ni-Filter, $7 \cdot 10^{-4}$ inch) aufgenommen u. tabellar. die Netzebenenabstände u. Intensitäten angegeben.

V e r s u c h e: *cis-9.10-Epoxystearinsäure,* F. 59° (A.), aus 5 g Ölsäure u. Perbenzoesäure in $CHCl_3$, 1,5 g (Ausbeute). *trans-9.10-Epoxystearinsäure,* F. 55,5°, aus 5 g Elaidinsäure (F. 44,5°) wie vorst.; 1,5 g. — *Methyl-10-oxystearat,* F. 51°, durch katalyt. Hydrierung des Methylesters vorst. cis-Verb. (vgl. l. c.). — *12-Oxystearinsäure,* F. 80° (nach Zentrifugieren u. Trocknung im Hochvakuum), aus 4 g Methylester durch alkal. Verseifung in 95% ig. A., 3 g. Liefert bei Kristallisationsverss., unabhängig vom Lösungsm., Gele. *Methylester,* F. 57,5° (PAe., Methanol), aus 32 g nachst. Ester durch katalyt. Hydrierung in A. über Pd; 12 g. — *Methylricinoleat,* $Kp._2$ 172 bis 174°, aus 900 g Ricinusöl durch alkal. Verseifung u. folgende Veresterung mit Methanol/konz. H_2SO_4 u. fraktionierte Dest.; 20 g. (J. org. Chemistry **18**. 693—701. Juni 1953. New Orleans, La., Southern Reg. Res. Labor.) G. WINKLER. D 120

Joseph S. Ziomek, Arnold G. Meister, Forrest F. Cleveland und **Charlotte E. Decker,** *Raman- und Ultrarotspektrum, Zuordnung, Kraftkonstanten und berechnete thermodynamische Eigenschaften von Oxalylchlorid.* Von fl. Oxalylchlorid wurde das RAMAN-Spektr. mit gemessenen Intensitäten u. Depolarisationsfaktoren u. das Ultrarotspektr. von 400—5000 cm^{-1} neu aufgenommen u. eine Zuordnung versucht, wobei eine mögliche cis–trans-Isomerie berücksichtigt wurde. Für beide Formen wurden die Kraftkonstanten berechnet, teilweise unter verschied. Voraussetzungen. Alle Ergebnisse sprechen für das nahezu ausschließliche Vorhandensein der trans-Form — höchstens 10% cis sind möglich, aber wenig wahrscheinlich. Die thermodynam. Eigg. werden für 11 Tempp. zwischen 100 u. 1000° K berechnet. (J. chem. Physics **21**. 90—100. Jan. 1953. Chicago, Ill., Inst. of Techn., Dep. Phys., Spectr. Labor.) GOUBEAU. D 120

Hiromu Murata und **Makoto Kumada,** *Das Raman-Spektrum von Hexamethyldisilan und Hexamethyldisiloxan.* Es werden die RAMAN-Spektren mit geschätzten Intensitäten von Hexamethyldisilan u. Hexamethyldisiloxan mitgeteilt. (J. chem. Physics **21**. 945. Mai 1953. Osaka, Japan, Municip. Techn. Res., u. Municip. Univ., Dep. Chem.) GOUBEAU. D 120

P. A. Bashulin, Ju. P. Jegorow und **W. F. Mironow,** *Optische Methode zur Untersuchung siliciumorganischer Verbindungen. Additivität der Intensitäten der charakteristischen Frequenzen in den Raman-Spektren von Allylsilanen.* Vff. untersuchen die Frequenzen u. Intensitäten der RAMAN-Spektren von Y_3SiX [**I**; $Kp._{752}$ 85,4°; n_D^{20} 1,4075; $D._4^{20}$ 0,7195; MR_D 39,20 (ber. 39,25); Ausbeute 65,3%]; Y_2SiX_2 [**II**, $Kp._{760}$ 135,5°; 1,4420; 0,7679; 48,20 (48,22); 77,5%]; $YSiX_3$ [**III**, $Kp._{745}$ 180,3; 1,4662; 0,8055; 57,20 (57,19); 60%]; SiX_4 [**IV**, $Kp._{15}$ 103,4°; 1,4864; 0,8353; 66,16 (66,16); 51%] ($X = CH_2CH{=}CH_2$; $Y = CH_3$). Bei allen 4 Verbb. treten die charakterist. Frequenzen 410, 896, 990, 1155, 1193, 1300, 1395, 1630, 2999, 3078 cm^{-1} auf, für die die Intensität je Allylgruppe (nahezu) konstant ist. Mit Ausnahme von 410 u. 1155 cm^{-1} sind auch die Linienbreiten bei allen 4 Verbb. dieselben, bzw. nehmen mit der Zahl der Allylgruppen leicht zu. Beide Umstände lassen auf eine weitgehende Unabhängigkeit der Allylgruppen untereinander schließen. In Übereinstimmung mit RANK u. Mitarbeitern (C. **1952**. 5707) ergibt ein Vgl. der Intensität u. Zahl der CH_3- u. Allylgruppen, daß die Frequenzen 2900 u. 2960 cm^{-1} den CH-Schwingungen in den CH_3-Gruppen entprechen; 2885 cm^{-1} jedoch den CH-Schwingungen in den Allylgruppen. (Доклады Академии Наук СССР [Ber. Akad. Wiss. UdSSR] [N. S.] **92.** 515—17. 21/9. 1953.) AMBERGER. D 120

R. K. Summerbell und **James R. Stephens,** *Die Konfigurationen von 2.6-Bis-[jodmethyl]-p-dioxanen und p-Dioxan-2.6-dicarbonsäuren. Die Struktur von Diepijodhydrin.* Vff. wiederholten die Darst. des *2.6-Bis-[jodmethyl]-p-dioxans* (**IIa**) von NESSMEJANOW u. LUTSENKO (Известия Академии Наук СССР, Отделение Химических Наук [Bull. Acad. Sci. URSS, Cl. Sci. chim.] **1943.** 296) fanden dabei jedoch außer **IIa** ein Isomeres **IIb**, dessen Infrarotspektr. (in Chlf.) sich von denjenigen von **IIa** u. von Diepijodhydrin (**I**) bes. im Bereich zwischen 10,3 u. 11,6 μ unterschied. **IIa** u. **IIb** wurden zu den entsprechenden *p-Dioxan-2.6-dicarbonsäuren* **IIIa** u. **IIIb** u. weiter zu deren Methylestern umgesetzt. **IIIa** bildete ein monomeres Anhydrid u. mit NH_3 bzw. Anilin Morpholinderivv.; daher wird **IIIa** u. **IIa** die *cis-*, **IIIb** u. **IIb** die *trans*-Struktur zugeordnet. — Für das isomere **I** hat man lange zwischen der Struktur **II** u. der eines 2.5-Bis-[jodmethyl]-p-dioxans geschwankt; da außer **IIa** u. **IIb** keine weiteren Isomeren mit der Struktur **II** möglich sind, ist für **I** die letztgenannte anzunehmen. Mit diesem erstmaligen Konfigurationbeweis disubstituierter Dioxane wird die Theorie der polaren u. äquatorialen Substitution (vgl. BECKETT, PITZER u. SPITZER, C. **1948.** II. 944) auch auf diese Verbindungsklasse anwendbar.

Versuche (FF. auf FISHER-JOHNS-Block): *2.6-Bis-[chlormercurimethyl]-p-dioxan*, aus Diallyläther nach NESSMEJANOW u. LUTSENKO (l. c.). — *2.6-Bis-[jodmethyl]-p-dioxan* (Isomerengemisch, **II**), F. 57—82° (Methanol), a) nach l. c.; b) kürzer durch 24std. Kochen von vorst. Verb. mit J_2 in Methanol u. Umsetzung mit KJ in Chlf.; 35% (Ausbeute). — Trennung von **IIa** (*cis*-Form, $C_6H_{10}O_2J$, F. 92°) u. **IIb** (*trans*-Form, F. 70°, bildet mit **IIa** Eutekticum vom F. 56°) durch Kristallisation aus Methanol u. Auslesen. — *cis-p-Dioxan-2.6-dicarbonsäure* (**IIIa**), $C_6H_8O_6$, F. 177—178° (Dioxan–Bzl.–Pentan); aus **IIa** durch längeres Erhitzen mit HNO_3; 69%. *Dimethylester*, $C_8H_{12}O_6$, F. 103° (Ligroin); mit CH_2N_2; 67%. — *trans-p-Dioxan-2.6-dicarbonsäure* (**IIIb**), F. 162° (Dioxan–Bzl.–Pentan); 69%; Misch-F. mit **IIIa** 140—155°; wird durch 12std. Erhitzen (90°) mit KOH zu mindestens 30% in **IIIa** umgewandelt. *Dimethylester*, F. 89°; 76%. — *Bis-[2.6-dimethylen-p-dioxan]-ammoniumjodid*, $C_{12}H_{20}O_4NJ$, F. 263—267° (Zers.; A.); aus **IIa** u. NH_3 (1½ Std. bei 140°); 72%. — *trans-2.6-Bis-[benzamidomethyl]-p-dioxan*, $C_{20}H_{22}O_4N_2$, F. 175° (Ligroin–A.), wie vorst. aus **IIb**, dann Benzoylierung; 16%. — *3-Phenyl-7.9-dioxa-3-azabicyclo-[3.3.1]-nonan*, $C_{12}H_{15}O_2N$, F. 134° (Platten aus Ligroin); durch 5std. Kochen von **IIa** mit Anilin in Xylol; 29%. — Gleiche Behandlung von **IIb** gab nur einen Teer, der bei —70° nicht kristallisierte. — *p-Dioxandicarbonsäure-(2.6)-anhydrid*, $C_6H_6O_5$, F. 106° (Bzl.–Hexan); durch Kochen von **IIIa** mit Acetanhydrid; 76%. — Daraus mit W. (zur Trockne eindampfen) quantitativ **IIIa** (F. 179°) zurück. (J. Amer. chem. Soc. **76.** 731—34. 5/2. 1954. Evanston, Ill., Northwestern Univ., Chem. Labors.) J. ROTHE. D 123

S. C. Ganguly und **N. K. Choudhury,** *Der prozentuale Polarisationsanteil der Fluorescenz organischer Einkristalle.* Aus Messungen der Polarisation der Fluorescenz von einkristallinem *Anthracen, Phenanthren, Chrysen, Pyren* u. *Benzil* werden mit Hilfe der aus Röntgenunterss. bekannten Θ-Werte (Winkel zwischen elektr. Vektor u. Hauptschwingungsrichtung) die wahren Polarisationsanteile u. die Verteilung des polarisierten Lichtes auf die a- u. b-Achse ermittelt. Beim Benzil, für das Θ nicht bekannt ist, wird umgekehrt aus den Messungen auf die Orientierung des Mol. im Kristall geschlossen u. der Winkel Θ zwischen Mol.-Ebene u. c-Achse in der (1 0 1 0)-Fläche zu 60° bestimmt. (Vgl. auch C. **1954.** 1439.) (Z. Physik **135.** 255—59. 1953. Bangabasi, Coll. Res. Labor.) RUDOLPH. D 125

J. Halpern, *Resonanzenergie in Carbeniumionen.* FRANKLIN u. LUMPKIN (J. chem. Physics **19.** [1951.] 1073; vgl. auch nachst. Ref.) bestimmten die Apparancepotentiale $A_{(R^+)}$ [definiert als (endotherme) Wärmetönung der Rk. $R-X \rightarrow R^+ + X^\bullet + e - A_{(R^+)}$] von Carbeniumionen, u. a. von $CH_2=CH-CH_2^+$ (**I**) u. von $C_6H_5-C^+(CH_3)_2$ (**II**). Wegen der Ähnlichkeit der $A_{(R^+)}$ von **I** u. $C_3H_7^+$ (**III**) einerseits u. von **II** u. Cyclohexyldimethylcarbinylion (**IV**) andererseits nahmen sie an, daß **I** u. **II** ebenso wie **III** u. **IV** keine Resonanzenergie besitzen. Vf. ist gegenteiliger Ansicht u. berechnet auf folgender Basis Resonanzenergien für die Ionen [$R_{(R^+)}$] u. für die entsprechenden Radikale [$R_{(R\cdot)}$]: $A_{(R^+)} = D_{(R-X)} + J_{(R\cdot)}$ ($D_{(R-X)}$ Dissoziationsenergie von R—X, $J_{(R\cdot)}$ Ionisationspotential von $R^\bullet$); $R_{(R\cdot)} = D_{(CH_3-H)} - D_{(R-H)}$; $R_{(R^+)} = J_{(CH_3)} - J_{(R\cdot)} + R_{(R\cdot)}$. Bezogen auf CH_3^+ bzw. $CH_3^\bullet$ werden folgende Ergebnisse angegeben [in () in kcal·Mol^{-1} $R_{(R\cdot)}$ des entsprechenden Radikals; $R_{(R^+)}$]: **III**(6; 59); **I**(24; 58); **IV**(16; 81); **II**(29; 84). Vf. führt

die Resonanzenergie in **I** u. **II** auf Konjugation der positiven Ladung mit dem π-Elektronensyst. (z. B. $CH_2{=}CH{-}\overset{+}{C}H_2 \underset{H^+}{\longleftrightarrow} \overset{+}{C}H_2{-}CH{=}CH_2$) in **III** u. **IV** auf Hyperkonjugation (z. B. $CH_3{-}CH_2{-}\overset{+}{C}H_2 \longleftrightarrow CH_3{-}CH{=}CH_2$) zurück. (J. chem. Physics **20**. 744–45. April 1952. Vancouver, Can., Univ. of British Columbia, Dep. of Metallurgy.)
J. ROTHE. D 131

J. L. Franklin und **H. E. Lumpkin**, *Resonanzenergie von gasförmigen Ionen — Erwiderung an Halpern.* (Vgl. vorst. Ref.) Auf Grund der C–H-Bindungsstärken u. der Appearancepotentiale (A) berechnen Vff. die Bildungswärmen der n. u. [in ()] der angeregten Strukturen folgender Radikale [1. Wert] bzw. Carbeniumionen [2. Wert alle Angaben in kcal·Mol^{-1}]: *Methyl* [32; 262]; *Äthyl* [30 (64); 260 (379)]; *Isopropyl* [25 (57); 255 (372)]; *tert.-Butyl* [19 (49); 249 (364)]; *β-Chloräthyl* [—; 255 (341 für $Cl^+\cdot CH_2{=}CH_2$, 372 für $H^+CHCl_2{=}CH_2$)]. Da die Energieunterschiede zwischen angeregter u. n. Struktur mit der Größe der Ionen zunehmen, kann Resonanz nicht als alleinige Ursache der Stabilisation der höheren Ionen angenommen werden. Für das A des Cyclohexadienylions **I**, erhalten aus 1-Methylcyclohexadien-(3.5), ermittelten Vff. den Wert 244 kcal·Mol^{-1}. Daraus ergibt sich gegenüber CH_3^+ eine Stabilisierungsenergie von 74 kcal·Mol^{-1}, während eine Berechnung nach der VB-Meth. von **I** allein für die Resonanz der π-Elektronen einen Wert von 96 kcal·Mol^{-1} liefert, wozu noch der Beitrag der Hyperkonjugation kommt. Auch hieraus schließen Vff., daß die Stabilisation von Alkylionen oder Ionen, deren Ladung konjugiert mit 1 oder 2 Doppelbindungen ist, nicht auf Resonanz zurückzuführen ist. (J. chem. Physics **20**. 745–46. April 1952. Baytown, Tex., Humble Oil and Refining Co., Techn. and Res. Div.) J. ROTHE. D 131

I

Vera Daniel und **K. H. Stark**, *Dielektrische Eigenschaften von Ketonen.* Die Theorie von FRÖHLICH (Proc. Roy. Soc. [London], Ser. A **185**. [1946.] 399) verlangt, daß unterhalb des F. ein auf einer ferroelektr. Umordnung beruhender Anstieg der DK. erfolgt. Diese Theorie schien durch Messungen von MÜLLER (Proc. Roy. Soc. [London], Ser. A **166**. [1938.] 316) an dem Keton $C_8H_{17}CO\cdot C_8H_{17}$ bestätigt zu sein. Vff. messen nun die DK. zweier asymm. Ketone ($C_5H_{11}\cdot CO\cdot C_{11}H_{23}$ u. $C_6H_{13}\cdot CO\cdot C_{11}H_{23}$) u. finden den Effekt nicht. Eine Kontrolle der MÜLLERschen Messung bei 800 Hz zeigt den Effekt nur bei dem nicht bes. gereinigten Keton; bei sorgfältiger Reinigung verschwindet er. Es ergibt sich also, daß der von FRÖHLICH vorhergesagte Effekt bisher noch nicht bestätigt werden konnte. Die Ursache des Effektes durch geringe Verunreinigungen (weniger als 5%) konnte nicht geklärt werden. (Trans. Faraday Soc. **47**. 149–55. Febr. 1951. Greenford, Electrical Res. Assoc. Labor.)
K. L. WOLF. D 132

David Dyrssen und **Brita Hök**, *Die primäre Dissoziationskonstante des Diphenylthiocarbazons [Dithizons].* Mit Hilfe von radioakt. Ag bestimmten Vff. die Löslichkeit des *Diphenylthiocarbazons* (*Dithizon*; I) in 0,1 mol. $HClO_4$ bei 25° zu $2{,}47 \pm 0{,}12\cdot 10^{-7}$ Mol/Liter. Dieser Wert liefert, kombiniert mit Löslichkeitsdaten für I in Na-Acetatpuffern bei 25°, für die prim. Dissoziationskonstante des I bei 25° den Wert $K_a = 10^{-4{,}46\pm 0{,}02}$. Aus EMK.-Messungen ergibt sich für das Löslichkeitsprod. von I in 0,1 mol. $NaClO_4$ bei 25° der Wert von $K_s = 10^{-11{,}04\pm 0{,}04}$. (Svensk kem. Tidskr. **64**. 80–85. 1952. Sundbyberg, Dep. 1 (FOA 1), Res. Inst. of Nat. Def.) NIEMITZ. D 139

J. C. James, *Polarographie in konzentrierter Schwefelsäure.* Die Eigg. von konz. H_2SO_4 als polarograph. Lösungsmittel werden untersucht. Es werden Polarogramme von *Nitrobenzol, p-Nitrotoluol, m-* u. *p-Nitrochlorbenzol, 2.5-Dichlornitrobenzol, p-Fluornitrobenzol, m-* u. *p-Nitranilin, o-Nitrobenzolsulfonamid, m-Nitroacetophenon, m-Nitrobenzoesäure, m-Dinitrobenzol, 2.4-Dinitrotoluol, α-Nitronaphthalin* u. *Nitromethan* in verschied. Konzz. aufgenommen u. dei Einfl. der Substituenten auf die Reduzierbarkeit diskutiert. (Trans. Faraday Soc. **47**. 1240–46. Nov. 1951. Glasgow, Univ., Chem. Dep.) R. LEVI. D 142

Giovanni Giacometti und **Anita del Marco**, *Das polarographische Verhalten von p-Nitroacetophenon und einigen seiner Reduktionsprodukte.* Neben *p-Nitroacetophenon* (**I**) wird *p-Hydroxylaminoacetophenon* (**II**; in Lsg. dargestellt durch elektrolyt. Red. von **I** in 95%ig. A. + 0,2 Mol $HClO_4$ in H_2-Atmosphäre mit Hg-Kathode u. gesätt. Hg_2Cl_2-Anode) u. *p-Aminoacetophenon* (**III**) polarograph. untersucht. **I** zeigt 3 Stufen, die der Red. zu **II** u. zu **III** u. der Red. der CO-Gruppe entsprechen; in saurer Lsg. wird die NHOH-Gruppe vor der CO-Gruppe red., in alkal. Lsg. umgekehrt. Bei **II** treten die 2. u. 3. Stufe des Polarogramms von **I** analog auf mit n. Gang in alkal. Medium, kinet. Gang u. kleiner Welle in 0,2n $HClO_4$. Bei **III** liegt in saurem Medium (bis p_H 6) eine Welle vor, die vom p_H ziemlich unabhängig ist u. sich linear mit der Konz. ändert

(i_d/c = 3,1 μA/mMol). Das Halbstufenpotential der **I**, **II** u. **III** gemeinsamen Welle ist innerhalb der Versuchsfehler gleich −1,00 ±0,02 Volt. (Atti Accad. naz. Lincei, Rend., Cl. Sci. fisiche, mat. natur. [8] **14.** 511–20. April 1953. Rom, Univ., Ist. di Chim.-fis., u. Centro di Polarogr.) R. K. Müller. D 142

George W. Thomson, *Thermodynamische Funktionen von Paraffinen.* Vf. wendete die Näherungsmethoden von Person u. Pimental (J. Amer. chem. Soc. **75.** [1953]. 532) unter Benutzung neuerer Daten zur Berechnung der additiven Einzelglieder für die thermodynam. Funktionen $-(F^0 - M^0_0)/T$, $(H^0 - H^0_0)/T$, S^0 u. $C_p{}^0$ von n. u. einfach verzweigten Paraffinen für 200–500° K in Intervallen zu 20° an. Im besonderen wurden die Beiträge von Translation u. Rotation, der C—C-Valenz- u. -Deformationsschwingungen, der inneren Rotation des Gerüstes, der inneren Rotation u. der Schwingungen der CH_3-Gruppen u. der Schwingungen der CH_2-Gruppen ermittelt. Ferner wurde eine Funktion in die Betrachtung einbezogen, die den ster. Wechselwirkungsenergien gerecht werden soll, die mit den verschied. möglichen Gleichgewichtslagen des starren Mol. verbunden sind. Die einzelnen Interpolationsarten werden angegeben. Die obengenannten Funktionen wurden speziell für *n-Heptan* durch numer. Angleichung der Ergebnisse, die durch Summation der vorangehend mitgeteilten allg. Werte erhalten wurden, berechnet. Die Werte geben befriedigende Übereinstimmung mit anders bestimmten Daten. (J. Amer. chem. Soc. **76.** 620–22. 20/1. 1954. Detroit, Mich., Ethyl Corp., Res. Labor.) L. Fischer. D 146

H. L. Finke, M. E. Gross, Guy Waddington und **H. M. Huffman,** *Thermische Daten für die neun Normalparaffinkohlenwasserstoffe vom Octan bis zum Hexadecan im Gebiet niederer Temperatur.* Es wurden die folgenden therm. Daten der genannten 9 KW-stoffe bestimmt: Tripelpunkt T_{TP} in Grad K (extrapoliert aus F. in Abhängigkeit von der Reinheit), Molwärme C_P in cal/Grad·Mol von 12–320° K, Schmelzwärme ΔH_f in cal/Mol u. die kryoskop. Konstante $\Delta H_f/RT^2_{TP}$ in $Grad^{-1}$, molale Umwandlungswärme ΔH_{Tr} in cal/Mol u. Umwandlungstemp. T_{Tr} in Grad K (sofern verschied. Kristallmodifikationen auftraten) u. molale Entropie der fl. Phase bei 298,16° K $S_{298,16}$ in cal/Grad·Mol. *n-Octan*: T_{TP} 216,375°, $C_P^{298,16}$ 60,74, ΔH_f 4957 ±1, $S_{298,16}$ 86,32 ±0,17. *n-Nonan*: T_{TP} 219,659°, $C_P^{298,16}$ 67,97, ΔH_f 3697, ΔH_{Tr} 1501, T_{Tr} 217,2°, $S_{298,16}$ 94,091 ±0,19. *n-Decan*: T_{TP} 243,512°, $C_P^{298,16}$ 75,16, ΔH_f 6863 ±2, $S_{298,16}$ 101,1 ±0,20. *n-Undecan*: T_{TP} 247,592°, $C_P^{298,16}$ 82,47, ΔH_f 5301, ΔH_{Tr} 1639, T_{Tr} 236,6°, $S_{298,16}$ 109,495 ±0,22. *n-Dodecan*: T_{TP} 263,589°, $C_P^{298,16}$ 89,86, ΔH_f 8804 ±5, $S_{298,16}$ 117,267 ±0,23. *n-Tridecan*: T_{TP} 267,792°, $C_P^{298,16}$ 97,25, ΔH_f 6812 ±1, ΔH_{Tr} 1831 ±2, T_{Tr} 255,0°, $S_{298,16}$ 124,96 ±0,25. *n-Tetradecan*: T_{TP} 279,027, $C_P^{298,16}$ 104,79, ΔH_f 10772 ±1, $S_{298,16}$ 132,746 ±0,26. *n-Pentadecan*: T_{TP} 283,108°, $C_P^{298,16}$ 112,32, ΔH_f 8268 ±4, ΔH_{Tr} 2191 ±5. T_{Tr} 270,9°, $S_{298,16}$ 140,416 ±0,28. *n-Hexadecan*: T_{TP} 291,340°, $C_P^{298,16}$ 119,85, ΔH_f 12753 ±3, $S_{298,16}$ 148,095 ±0,29. — Für diese KW-stoffe wurde folgende Gleichung gefunden: $S_{298,16\,fl}$ = 24,539 + 7,725 N [cal/Grad·Mol], wo N = Zahl der C-Atome ist; maximale bzw. durchschnittliche Abweichung 0,04 bzw. 0,02%. Bei einer Extrapolation auf n-Heptan u. n-Hexan wurden 0,16 bzw. 0,19% höher liegende Werte gegenüber den experimentell bestimmten gefunden. Das kristalline n-Decan zeigte zwischen 170 u. 200° K abnormes Verh. in den C_P-Werten. Bei den n. Paraffinen mit gerader C-Atomzahl wurde ein abnormes Wachsen von C_P im Gebiet des Schmelzens u. das gleiche bei denen mit ungerader C-Atomzahl im Gebiet knapp unterhalb der Umwandlungstemp. beobachtet. Eine eindeutige Erklärung konnte dafür noch nicht gegeben werden. Es steht lediglich fest, daß dieser energieabsorbierende Effekt nicht dem Präschmelzen einer heterogenen Phase (durch Verunreinigungen verursacht) zuzuschreiben ist. (J. Amer. chem. Soc. **76.** 333–41. 20/1. 1954. Bartlesville, Okla., Bureau of Mines, Petr. Exp. Stat., Thermodynam. Labor.) L. Fischer. D146

Leo Garwin und **Philip O. Haddad,** *Dimethylanilin als Hilfsmittel bei der Essigsäure–Wasser-Trennung.* Um die Trennung von *Essigsäure* (**I**) u. *W.* (**II**) vor allem in **II**-reichen Phasen zu verbessern, setzen Vff. bei der Dest. *Dimethylanilin* (**III**) zu. Die Dampf–Fl.-Gleichgewichte von **I–II**, **I–III** u. **I–II–III** bei 1 at werden angegeben. Da **I** u. **III** kein azeotropes Gemisch bilden, ist eine vollständige Trennung leicht möglich. Bei Zugabe von 10% **III** ist ein merklicher Effekt auf die Trennbarkeit von **I** u. **II**, bes. in **II**-reichen Phasen, vorhanden. Bei weiterer Zugabe von **III** ändern sich die Verhältnisse nicht wesentlich. Erst wenn die **III**-Konz. auf 70–90% steigt, ist noch einmal ein deutlicher Einfl. festzustellen. (Ind. Engng. Chem. **45.** 1558–62. Juli 1953. Oklahoma, A. & M. College Stillwater.) v. Schieszl. D 150

L. I. Awramenko und **R. W. Lorenzo,** *Reaktionen von Sauerstoffatomen mit Form- und Acetaldehyd.* Vff. untersuchen die (flammenlosen) Rkk. von atomarem

Sauerstoff (erzeugt durch Hochspannungsentladungen im Wasserdampf oder im O_2) mit *Formaldehyd* (I) oder *Acetaldehyd* (II) bei ca. 130° u. 3—4 mm Gesamtdruck. Aus I entstanden CO u. CO_2; OH wurde (atomarer Sauerstoff aus O_2) spektroskop. nicht festgestellt. Da sich die nach HCHO + O → OH + HCO bzw. OH + H + CO entstehende OH-Konz. zu 10^{15} (für das Gesamtgefäß) berechnet, die meßbare Mindestkonz. aber $6 \cdot 10^{13}$ beträgt, umfaßt obiger Vorgang nur <10% der gesamten I-Umwandlung. Die Hauptreaktion ist vielmehr HCHO + O → CO + H_2O. Die Reaktionsgeschwindigkeit steigt nicht mit der Temp. T an; das führen Vff. auf Wiedervereinigung der O-Atome an der Wand zurück, die mit T zunimmt. — Aus II entstanden bei 100° u. 4,2 mm Gesamtdruck I, C_2H_4, CO, CO_2, organ. Peroxyde u. an Säuren CH_3COOH u. HCOOH im Verhältnis 19:1; CH_4 u. C_2H_4 wurden bei Verwendung von O aus O_2 nicht gefunden. Durch O_2-Zusatz wurde die Bldg. von CH_4 teilweise verhindert; das zeigt, daß CH_4 sowohl nach CH_3CHO + H → CH_4 + HCO als auch aus CH_3-Radikalen entsteht. Vff. folgern aus den Ergebnissen, daß die Wahrscheinlichkeiten der Reaktionstypen in folgender Reihenfolge abnehmen: Aufspaltung einer C—C-Bindung, Eindringen von O-Atomen in eine C—H-Bindung, Abreißen zweier H-Atome (nur bei I beobachtet), Abreißen eines H-Atoms. (Chem. Techn. **5.** 193—96. April 1953. Moskau, Inst. für chem. Physik.) J. ROTHE. D 157

S. Parthasarathy, S. S. Chari und **D. Srinivasan,** *Änderung der Ultraschallabsorption mit der Frequenz in organischen Flüssigkeiten.* (Vgl. C. **1954.** 482. u. 2993.) Die Absorptionskoeffizienten α von 11 organ. Fll. werden mittels der Meth. des Schallstrahlungsdruckes bei 5, 10 u. 15 MHz gemessen u. daraus die Quotienten α/f^2 berechnet (f = Frequenz). Im Temperaturbereich 25—28° ergaben sich bei 5, 10 u. 15 MHz folgende $\alpha/f^2 \cdot 10^{15}$-Werte: *Cyclohexanon* 1,59, 0,89, 0,49; *n-Butylacetat* 2,27, 0,92, 0,57; *n Butylalkohol* 1,10, 0,72, 0,80; *Isopropylalkohol* 0,92, 0,90, 0,92; *Pyridin* 5,10, 3,94, 3,60; *Toluol* 1,29, 1,24, 1,23; *Cyclohexanol* 5,00, 5,10, —; *Caprylalkohol* 2,07, 1,95, 1,90; *Diäthylmalonat* 3,68, 0,61, 0,52; *m-Xylol* 0,89, 0,80, 0,72; *Äthylacetat* 1,90, 1,07, 0,78. Es zeigt sich, daß dieser Ausdruck mit wachsender Frequenz bes. bei Estern kleiner wird, während er bei Alkoholen u. bes. bei relativ stark viscosen Fll. nahezu konstant bleibt. Die Ergebnisse werden in bezug auf die klass. Absorptionstheorie von STOKES-KIRCHHOFF u. die Relaxationstheorie von KNESER, BAUER u. HERZFELD diskutiert. Sie bestätigen die Relaxationstheorie, bei den Estern scheint bei noch höheren Frequenzen der aus den Meßergebnissen ermittelte Wert von α/f^2 sich dem aus der klass. Theorie berechneten Wert zu nähern. (Acustica [Zürich] **3.** 363—64. 1953. New Delhi, Nat. Physic. Labor. of India.) H. JACOB. D 159

Alan S. Michaels, Richard S. Alexander und **Colman L. Becker,** *Abschätzung von Oberflächenspannungen. Ternäre Flüssigkeitsgemische.* Die von MEISSNER u. MICHAELS (C. **1950.** II. 2405) aufgestellten Beziehungen zwischen Oberflächenspannung u. den Refraktionen werden bei den tern. Mischungen: *Bzl.–Nitromethan–n-Propylalkohol, Toluol–Isopropylalkohol* (I)*–Furfurol* (II) u. *Toluol–Essigester–Benzylalkohol* geprüft, wobei gefunden wird, daß sie auch auf diese Ssyteme wie bei binären anwendbar sind. Die so errechneten Oberflächenspannungen stimmen mit den gemessenen (nach der DU NOÜYschen Ringmeth.) innerhalb der bei binären Systemen aufgetretenen Fehlergrenzen überein. Die abnorme maximale Abweichung von 19% beim bin. Syst. I-II wird durch die starke Adsorption des Alkohols an der fl. Dampfzwischenphase verursacht. Um die Oberflächenspannung von tern. Gemischen abzuschätzen, gibt die obige Beziehung zwischen Parachor–Mol.-Refr. u. Brechungsindices bessere Werte als die lineare Interpolation der Werte von den reinen Komponenten. (Ind. Engng. Chem. **42.** 2332—36. Nov. 1950. Cambridge, Mass., Massachusetts Inst. of Technol.) JÄGER. D 166

Niels Madsen, *Die Viscosität des Systems Methanol–Toluol.* Die Viscosität in Abhängigkeit von der *Methanol*-Konz. in Toluol weist ein Minimum bei ca. 15 Mol-% u. ein Maximum bei ca. 75 Mol% auf. Die Best. der D. war nicht genau genug, um bei niedrigen Konzz. eine Ausdehnung nachweisen zu können. Jedoch zeigt die Lsg. eine ausgesprochene Kontraktion bei zunehmender Konzentration. Diese Kontraktion wird durch die Messungen der spezif. Wärme, der Mischungswärme u. der Volumenänderung beim Mischen von MASON u. WASHBURN (J. physic. Chem. **40.** [1936.] 481) sowie durch Messungen des Infrarotspektr. von BUSHWELL, DEITZ u. RODEBUSCH (J. chem. Physics **5.** [1937.] 501) bestätigt. Dehnung u. Kontraktion werden auf Depolymerisation bzw. Solvatation zurückgeführt. (Science [Washington] **114.** 500—01. 9/11. 1951. Newark, N J. Essex County., Vocat. and Techn. High School.) v. SCHIESZL. D 172

Henri Lumbroso, *Elektrische Momente mesomerer Systeme.* Es wird in einer zusammenfassenden Übersicht das Problem behandelt, wie weit die Kenntnis der mol. Dipolmomente geeignet ist, zur Ermittlung der genauen Elektronenverteilung in Moll. beizutragen. Folgende Fragen werden behandelt: Existenz des Mesomerieeffektes; das gesamte Moment eines mesomeren Mol.; experimentelle Best. des Mesomeriemomentes; theoret. Erörterung der Größe des Mesomerieeffektes; Vers., das Resonanzmoment a priori zu berechnen; Bemerkungen zu einigen Mesomeriemomenten; Bemerkung über die Flexibilität mesomerer Systeme. (Cahiers de Physique **1953.** Nr. 42. 25—41. März. Sorbonne, Labor. de Chim. Gén.) K. L. WOLF. D 182

J. D. Dunitz und **Verner Schomaker,** *Die Molekularstruktur von Cyclobutan.* Durch Elektronenbeugungsunterss. wurden für das *Cyclobutan* (I)-Mol. die folgenden Atomabstände u. Bindungswinkel ermittelt: C—C $1{,}56_8 \pm 0{,}02$ Å, C—H $1{,}09_8 \pm 0{,}04$ Å, ∢ HCH 114 ± 8^0. Im Mittel ist das Mol. nicht eben, die Gleichgewichtssymmetrie kann jedoch entweder D_{2d} oder D_{4h} sein. Die Struktur des Mol. wird in Verbindung mit früheren spektroskop. Arbeiten diskutiert. Die gefundenen großen Atomabstände in viergliedrigen Ringen stehen im Gegensatz zu den kurzen Abständen in dreigliedrigen Ringen. Auf der Basis moderner Valenzanschauungen werden Spannungsenergien, Atomabstände u. HCH-Winkel bei Cycloalkanen diskutiert. Es wird angenommen, daß die durch eine Abstoßung der nichtgebundenen C-Atome hervorgerufene Potentialenergie einen bedeutenden Anteil an der scheinbar anomal hohen Spannungsenergie von I haben kann. Es wird gezeigt, daß Abstoßungskräfte im Verein mit solchem Potential den langen C—C-Abständen befriedigend Rechnung tragen. (J. chem. Physics **20.** 1703—07. Nov. 1952. Pasadena, Calif., Inst. of Technol., Gates and Crellin Labor. of Chem.) L. FISCHER. D 182

J. D. Dunitz, H. G. Feldman und **Verner Schomaker,** *Die Molekularstruktur von Cyclopropen, C_3H_4.* Mittels der Meth. der Elektronenbeugung konnte die Ringstruktur von *Cyclopropen* bestätigt werden. Es wurden folgende interatomaren Abstände u. Winkel gefunden: C—C $1{,}52_5 \pm 0{,}02$ Å, C=C $1{,}28_6 \pm 0{,}04$ Å, C—H $1{,}08_7 \pm 0{,}04$ Å, ∢ H—C—H 118^0 (geschätzt), ∢ C=C—H 152 ± 12^0. (J. chem. Physics **20.** 1708—09. Nov. 1952. Pasadena, Calif., Inst. of Technol., Gates and Crellin Labor. of Chem.) L. FISCHER. D 182

G. Ss. Shdanow, W. A. Posspelow, M. M. Umanski und **W. P. Gluschkowa,** *Über den Isomorphismus und die Morphotropie der Molekülkristalle $UEAr_3$ ($E = P, Sb$; $U = S, Se$; $Ar = C_6H_5$, $p\text{-}C_6H_4CH_3$).* (Vgl. C. **1950.** II. 2178; **1951.** I. 3157.) Die Unterschiede im Verh. der Molekülkristalle u. der Kristalle mit Strukturen vom Koordinationstyp hinsichtlich der Isomorphie u. Morphotropie werden erörtert. Sie treten bei den untersuchten Verbb. $UEAr_3$ (E = P, Sb; U = S, Se; Ar = C_6H_5, p-$C_6H_4CH_3$) deutlich in Erscheinung. Die Daten von *$SP(C_6H_5)_3$* (I), *$SSb(C_6H_5)_3$* (II), *$SP(p\text{-}C_6H_4CH_3)_3$* (III), *$SeP(p\text{-}C_6H_4CH_3)_3$* (IV), *$SSb(p\text{-}C_6H_4CH_3)_3$* (V) sind: a : b : c : **I** 11,0 : 9,55 : 14,8; **II** 11,0 : 9,74 : 14,8; **III** 10,0 : 19,2 : 10,1; **IV** 9,9 : 19,3 : 10,1; **V** 9,5 : 19,5 : 10,5; monokliner Winkel β^0: 92, 92, 106, 106, 106; V_M (Å^3): 388, 396, 466, 468, 470; F. 157, 119, 182, 193, 112^0. **II** u. **V** zeigen im Röntgenlicht Gelbfärbung. Es liegen 2 isomorphe Gruppen vor: **I, II** u. **III, IV, V** u. ein morphotroper Übergang von **I, II** zu **III, IV, V.** Der Ersatz des Zentralatoms im Mol. ändert weder Symmetrie noch Packungsart. Die freien Moll. haben die Konfiguration trigonaler Tetraeder. Raumgruppe P 2_1/n — C_{2h}^5. (Доклады Академии Наук СССР [Ber. Akad. Wiss. UdSSR] [N. S.] **92.** 983—85. 11/10. 1953. Physikal.-chem. Karpow-Inst.) R. K. MÜLLER. D 190

Manfred Gordon, Einar Stenhagen und **Vladimir Vand,** *Die Kristallstruktur von n-Dodecylammoniumchlorid und -bromid.* Die Struktur des n-Dodecylammoniumchlorids u. -bromids wurde aus Pulveraufnahmen in einer Kamera mit bewegtem Film u. automat. Temperaturregelung u. an Einkristallen bestimmt. Das Chlorid geht bei 59^0 in eine andere Modifikation über, beim Bromid treten mindestens drei Umwandlungspunkte auf, bei 57, 61 u. 72^0. Ergebnisse: 1. Chlorid: a = 5,68; b = 7,16; c = 17,86 Å; β = 91,2^0; monoklin; Z = 2; Raumgruppe wahrscheinlich C_2^2 — P 2_1. 2. Bromid: a = 6,0; b = 7,02; c = 35,8 Å; β = 91,6^0; monoklin; Z = 4; Raumgruppe C_{2h}^5 — P 2_1/c. Die beiden Kristalle sind nahezu isomorph, haben aber trotzdem verschied. Einheitszelle u. Raumgruppe. Die Unters. dieser Kristalle interessiert im Zusammenhang mit der Frage nach den Packungsmöglichkeiten von KW-stoffketten u. nach deren Rotation im festen Zustand. (Acta crystallogr. [Copenhagen] **6.** 739—41. 10/9. 1953. Glasgow, Royal Techn. Coll.; Uppsala, Univ., Med. Kem. Inst.; Glasgow, Univ.) H. C. WOLF. D 195

C. Keil und **K. Plieth,** *Der Valenzwinkel des Schwefelatoms im Diphenylsulfon.* Es wird der Valenzwinkel am Schwefel durch Röntgenanalyse des *4.4'-Dijoddiphenyl-*

sulfons (F. 213,5°; $D.^{20}$ 2,25 ±0,01) bestimmt. Die Gitterkonstanten aus Drehkristallaufnahmen um [1 0 0], [0 1 0] u. [0 0 1] wurden zu A_1 = 21,37 Å, A_2 = 4,92 Å u. A_3 = 14,37 Å; α'_2 = 116,7° gefunden. Die Elementarzelle enthält 4 Formelgewichte. Der Valenzwinkel wurde aus dem Jod—Jod-Abstand (10,51 Å), der durch die x- u. z-Parameter (x = 0,200 ±0,01, z = 0,636 ±0,04) allein bestimmt ist, zu 105,7 ±1° berechnet. (Naturwissenschaften **38**. 546—47. 1951. Berlin-Dahlem, KWI für physikal. u. Elektrochem.) Gralheer. D 195

Emma Dietz Stecher und **Ann Clements**, *Enol–Lacton-Tautomere von β-Brombenzylidenbrenztraubensäuren.* Es wurden die Isomerisierungsverhältnisse der p-substituierten *β-Benzyliden-β-brombrenztraubensäure* (**I**) untersucht. Die bereits von Reimer u. Mitarbeitern (J. Amer. chem. Soc. **62**. [1940.] 2515; **63**. [1941.] 236) beobachteten 2 Isomere der **I** (p-X = Br) u. **I** (p-X = OC_2H_5) besitzen auf Grund dieser Unterss. in ihrer gelben Form die der angegebenen Formel entsprechende Struktur, während die farblose Form das enolisierte, p-substituierte *γ-Phenyl-β-brom-α.γ-dioxy-γ-crotonsäurelacton* (**II**, p-X = Br bzw. OC_2H_5) darstellt. Die Darst. der Derivv. von **I** u. **II** erfolgte durch Kondensation von p-substituiertem Benzaldehyd u. Brenztraubensäure in alkal. Medium u. Überführung in das p-substituierte *Benzylidenbrenztraubensäuredibromid* (**III**). Die **III** gingen beim Kochen in W. mit Säure in entsprechende **II** über, während beim Schütteln mit Na_2CO_3-Lsg. das Na-Salz der entsprechenden **I** entstand. Die Best. der relativen p_K'-Werte in 50%ig. Methanol–0,2 mol. LiCl bei 25° ergab, daß **I** (p-X = Br u. OC_2H_5) starke u. die entsprechenden **II**-Derivv. schwächere Säuren sind. Die Abspaltung von HBr aus **III** in sd. W. lieferte **II**, das nicht in eine stabile Ketosäure umgewandelt werden konnte. Die *Methylester* von **I** (p-X = Br bzw. OC_2H_5) (**IV** bzw. **V**) waren durch Behandeln der beiden Ketosäuren mit Methanol in Ggw. von trockener HCl zugänglich. Mit Diazomethan gelang es auch, die *Methylenoläther* von **II** (p-X = Br bzw. OC_2H_5) u. von **II** selbst darzustellen. Durch Umsetzung von Acetanhydrid mit **II** u. **II** (p-X = Br bzw. OC_2H_5) in Ggw. von konz. H_2SO_4, ließen sich die entsprechenden 3 Acetate in krist. Form gewinnen. **I** (p-X = Br bzw. OC_2H_5), sowie **IV** u. **V** bildeten mit Dinitrophenylhydrazin orangefarbene Ndd., während **II** (p-X = Br bzw. OC_2H_5) mit $FeCl_3$ farbige Lsgg. ergaben. — Die Unters. der UV-Absorptionsspektren bestätigte die Struktur der Isomeren. — **I** (p-X = OC_2H_5) wandelte sich beim Erhitzen rasch u. vollständig, beim Stehen auch in Lsg. von wasserfreiem Methanol oder Isooctan in **II** (p-X = OC_2H_5) um. In wss. Lsg. besteht ein Tautomeriegleichgewicht zwischen den beiden Formen, das durch HCl weit nach der Seite des Lactons verschoben ist. In 12%ig. Methanol ist **I** (p-X = OC_2H_5) die stabilere Form. Die Verhältnisse liegen bei **I** ⇌ **II** (p-X = Br) ähnlich, hier ist jedoch in saurer Lsg. fast nur das Lacton vorhanden. In 2%ig. Na_2CO_3-Lsg. werden die beiden Lactone **II** (p-X = OC_2H_5 bzw. Br) in die Na-Salze von **I** (p-X = OC_2H_5 bzw. Br) umgewandelt. — Die Infrarotspektren der untersuchten Verbb. bieten die stärksten Beweise für ihre angegebenen Strukturen.

Versuche (FF. korr., Kristallisation aus Bzl. oder Bzl.–PAe., relative pK'-Werte in 50% Methanol–0,2 Mol LiCl bei 25°, UV-Spektren in Isooctan, Infrarotspektren in Chlf.): *p-Äthoxybenzaldehyd*, $Kp._{19}$ 136—139°, aus p-Oxybenzaldehyd (F. 116—117°) u. Diäthylsulfat in NaOH-Lsg.; 92% (Ausbeute). — *p-Brombenzylidenbrenztraubensäuredibromid* (**III**, p-X = Br), F. 132—133°, aus p-Brombenzylidenbrenztraubensäure in Chlf. durch Zugabe von Br_2 in 2 Portionen bei 50 u. 30° unter Schütteln; 60—70%. — *β-[p-Brombenzyliden]-β-brombrenztraubensäure* (**I**, p-X = Br), $C_{10}H_6O_3Br_2$, F. 141—142,5°, p_K' 2,24. *Methylester* (**IV**), F. 73—74°. — *β-[p-Äthoxybenzyliden]-β-brombrenztraubensäure* (**I**, p-X = OC_2H_5), p_K' 2,31. *Na-Salz*, λ_{max} 240 u. 336,5 mμ (ε = 76500 u. 23900); λ_{max} 5,74 u. 5,94 mμ. *Methylester* (**V**), F. 73—74°. — *β-Brom-γ-[p-bromphenyl]-α.γ-dioxy-γ-crotonsäurelacton* (**II**, p-X = Br), $C_{10}H_6O_3Br_2$, F. 144,5—145,5°, zu W. bei 80° unter Rühren **II**, (p-X = Br) zugeben, p_K' 5,55; 50%. *Methylenoläther*, F. 101—101,5°, aus vorst. Verb. mit äther. CH_2N_2. *Enolacetat*, $C_{12}H_8O_4Br_2$, F. 115,5—116,5°, λ_{max} 226,5 mμ (ε = 23000), λ_{max} 5,60 mμ. — *β-Brom-γ-[p-äthoxyphenyl]-α.γ-dioxy-γ-crotonsäurelacton* (**II**, p-X = OC_2H_5), $C_{12}H_{11}\cdot O_4Br$, F. 150,5—152°, p_K' 5,63, λ_{max} 231 mμ (ε = 19460), λ_{max} 5,65 μ. *Methylenoläther*, F. 85—86°, λ_{max} 230,5 mμ (ε = 19910), λ_{max} 5,60 μ. *Enolacetat*, $C_{14}H_{13}O_5Br$, F. 85 bis 86°, λ_{max} 227,5 mμ (ε = 23 320); λ_{max} 5,60 μ. — *β-Brom-γ-phenyl-α.γ-dioxy-γ-crotonsäurelacton* (**II**, X=H), $C_{10}H_7O_3Br$, F. 131,5—132,5°, p_K' 5,64, λ_{max} 240 mμ (ε = 10480), λ_{max} 5,65 u. 5,90 μ (schwach). *Methylenoläther*, $C_{11}H_9O_3Br$, F. 60—61°, λ_{max} 242 mμ (ε = 9620); λ_{max} 564 μ. *Enolacetat*, $C_{12}H_9O_4Br$, F. 90—91°, λ_{max} < 215 mμ (ε > 1500): λ_{max} 5,60 μ. (J. Amer. chem. Soc. **76**. 503—06. 20/1. 1954. New York, N. Y., Barnard Coll., Dep. of Chem.) L. Fischer. D 221

Joh. F. Ehlers, *Komplexe Kationen des o-Oxybenzylalkohols mit Natriumhydroxyd.* Unterss. über die Zerreißfestigkeit von Metallverleimungen mit Na–Phenol–Resol führten Vf. dazu, für die Deutung der Versuchsergebnisse die Existenz komplexer Kationen des o-Oxybenzylalkohols (I) mit NaOH zu Hilfe nehmen zu müssen. Vf. führte an Gemischen aus Phenol u. Formaldehyd mit NaOH u. den daraus hergestellten Harzen Messungen der [H^+], der Spannung von Eisen–Harz-Elementen u. der Extinktion von frischen u. gehärteten Harzen in Abhängigkeit vom NaOH-Geh. durch. Aus diesen Messungen ergab sich beim Vgl. mit der Zerreißfestigkeit mit Eisenverleimungen dieExistenz für das Resol wesentlicher Harzbasen. Vf. formuliert diese als komplexe Kationen des I mit Na^+ als Zentralatom (KZ = 6) (vgl. nebenst. Formel). Diese Formulierung deutet u. a. die Beobachtung Baekelands [1909], daß ein mittlerer Geh. an NaOH optimale Harzbldg. u. Harzhärte ergibt. (Kolloid-Z. **130.** 161–65. März 1953. Berlin-Charlottenburg, TU, Techn.-chem. Inst., Labor. für Kunststoffe.) Plust. D223

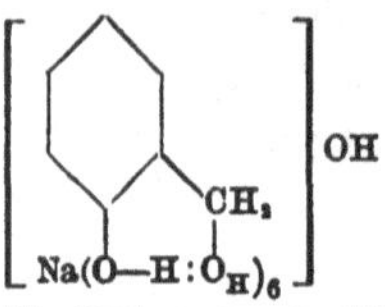

Joh. F. Ehlers und **F. Heske,** *Komplexe Natrium–Phenol-Hydroxyde.* In Fortsetzung ihrer Unterss. (vgl. vorst. Mitt.) u. Verwendung der früher gefundenen Erkenntnis, daß beim Titrieren der Gemische von Phenol u. Formaldehyd ein Minimum der Viscosität das Vorliegen einer bestimmten Verb. anzeigt, maßen Vff. die kinemat. Viscosität von Phenolschmelzen mit steigendem Geh. an Na^+ im Temperaturbereich von 80–160°. Daraus u. aus Schichtliniendiagrammen konnte die Existenz des komplexen Kations Na-Phenolhydroxyd (I), das dem des o-Oxybenzylalkohols mit NaOH entspricht, sichergestellt werden. Vff. formulieren I mit dem Kation [$Na \cdot (C_6H_5OH)_{6n}]^+$, wobei 6 Assoziate des Phenols n = 1, 2, 3 u. 4 Na als Zentralatom zugeordnet sind. Vff. nehmen an, daß diese Assoziate des Phenols durch Protonbindungen zusammengehalten werden. So wird es verständlich, daß bei der KZ = 6 für Na wohl 6 Moll. des o-Oxybenzylalkohols, aber mindestens 12 Moll. Phenol zugeordnet sind, da erst wenigstens 2 Phenolmoll. eine Protonbindung aufweisen können. (Kolloid-Z. **130.** 165–67. März 1953.) Plust. D 223

F. H. Garner, S. R. M. Ellis und **U. N. G. Roy,** *Extraktion von Essigsäure aus Wasser.* 1. Mitt. *Benzol–Essigsäure–Wasser.* Vff. geben die Daten der Löslichkeit u. der Gleichstandslinien für das Syst. *Bzl.–Essigsäure* (I)–W. bei 30, 40, 50 u. 60° an. Für 30° werden die gemessenen Werte in einem Dreiecksdiagramm dargestellt. Es wird gefunden, daß sich der Verteilungskoeff. mit der Temp. nur wenig ändert, solange die I-Konz. in der wss. Schicht unter 50 Gew.-% bleibt. Der experimentell gefundene Verteilungskoeff. liegt zwar niedriger als derjenige anderer Autoren, befindet sich aber in guter Übereinstimmung mit dem aus dem Aktivitätskoeff. des Gas–Fl.-Gleichgewichtes Bzl.–I unter Berücksichtigung der Assoziation von I berechneten Koeffizienten. (Chem. Engng. Sci. **2.** 14–17. Febr. 1953. Birmingham, Univ., Chem. Engng. Dep.) Barchet. D 224

Henry Brusset und **David Bono,** *Über binäre Mischungen von Nichtelektrolytflüssigkeiten.* Vff. zeigen, daß die Anwendbarkeit der Theorie der n. Lsgg. durch einfache Annahmen erweitert werden kann, so daß es z. B. möglich ist, durch einen einzigen gegebenen experimentellen Wert (gegenseitige Löslichkeit bei einer Temp. oder krit. Löslichkeitspunkt) die Entmischungskurve zweier Nichtelektrolyt-Fll. aufzustellen, wie an einer Unters. endotherm. Löslichkeitssysteme dargelegt wird. Das angezogene Beispiel des Syst. *W.–Phenol* gilt für eine ganze Reihe weiterer Systeme, die als quasi-n. bezeichnet werden, u. zu denen CS_2 u. *Acetonitril* bzw. dessen Homologe, CS_2 u. *Essigsäureanhydrid,* CS_2 u. *Aceton, Isoamylalkohol* u. *Glycerin, Penten-(1)* u. *p-Toluidin,* sowie *Allylisothiocyanat* u. *Ameisensäure* gehören. (C. R. hebd. Séances Acad. Sci. **234.** 1688–90. 21/4. 1952.) Niemitz. D 224

Richard P. Smith und **Henry Eyring,** *Induktiver Effekt und chemische Reaktivität.* 3. Mitt. *Einfluß von Ladungsverschiebungen auf die Energetik einiger Grundreaktionen von aliphatischen Verbindungen.* (2. vgl. C. **1953.** 6217.) Nach der Theorie der Vff. über den induktiven Effekt wird eine Bindung durch ihren polaren Charakter stabilisiert. So wird in CH_3Cl die Ladungsverschiebung innerhalb der C–Cl-Bindung zum Cl hin durch Abziehen von Ladung von den H-Atomen zum Teil ausgeglichen, die C–H-Bindungen werden dadurch verstärkt. Im C_2H_5Cl ist die Möglichkeit zur Ladungsverschiebung von den H-Atomen weg vergrößert, die entsprechende Polarisation der C–Cl-Bindung verstärkt u. die Verb. stabilisierter gegenüber dem CH_3Cl. Diese Stabilisierung macht sich noch stärker im Isopropylchlorid bzw. tert.-Butylchlorid bemerkbar, sie findet ihren Ausdruck in dem reaktiven Verh. der Stoffe: Analog der (stat.) Ladungsverschiebung in den Chloriden muß z. B. eine solche auch beim Übergang $RH \rightarrow R \cdot + H \cdot$ erfolgen, sowie bei der Ionisation von $R \cdot$. Vff. vergleichen daher die nach l. c. berechneten formellen Ladungen am Cl in Chloriden RCl mit den Radikaldissoziationsenergiedifferenzen bzw. den Radikalionisationspotentialen für KW-stoffe RH bei R = Methyl, Äthyl, Isopropyl u. tert.-Butyl. In beiden Fällen ist eine lineare Beziehung festzustellen. Auch der Gang der Dissoziationsenergien der entsprechenden Alkohole, Bromide u. Jodide läßt sich einordnen. — Vff. verweisen in dieser Beziehung auf den Einfl. der Alkylgruppen bei der Photochlorierung aliphat. KW-stoffe (vgl. EYRING u. SMITH, J. physic. Chem. **56.** [1952.] 972), bei der die entwickelte Theorie ebenfalls angewendet werden kann. Überhaupt kann man bei Rkk., bei denen „Elektronenlöcher" entstehen, zwischen 2 verschied. Faktoren unterscheiden: einem Kapazitätsfaktor σ, der angibt, wieviel Elektronen in dem gegebenen Mol. zur Ausfüllung des „Loches" vorhanden sind, u. einem Intensitätsfaktor ϱ, der mit der „Tiefe des Loches" zu tun hat, also z. B. den induktiven Einfl. von Cl wiedergibt. Sind Resonanzeffekte nur klein, werden σ u. ϱ voneinander unabhängig; ihre Beziehung zu HAMMETTS ϱ- u. σ-Werten ist offensichtlich. (J. Amer. chem. Soc. **75.** 5183—86. 5/11. 1953. Cambridge, Mass., Havard Univ.; Salt Lake City, Ut., Univ., Chem. Dep.) KRESZE. D 225

Willard T. Somerville und **Paul E. Spoerri,** *Die Friedel-Crafts-Reaktion mit disubstituierten Äthylenoxyden.* 3. Mitt. *Die Umlagerung von α.α-Dimethyldibenzyl.* (2. vgl. C. **1951.** II. 2867.) Vff. zeigen als Ergänzung zu Unterss. über die Umlagerung von α.α-Dimethyldibenzyl (I, l. c.), daß sich dl-2.3-Diphenylbutan (*dl*-**II**) in das meso-Isomere durch Einw. von $AlCl_3$ oder konz. H_2SO_4 umlagern läßt. Die Ausbeuten an *meso*-**II** hängen dabei von der Menge des angewandten $AlCl_3$ ab. Es werden ferner zu dem l. c. diskutierten Reaktionsmechanismus weitere experimentelle Unterlagen gegeben. Verss., **I** rein, ohne andere Umlagerungsprodd. herzustellen, schlugen fehl; denn sowohl die Kondensation von Benzyldimethylcarbinylchlorid mit Bzl. in Ggw. von $AlCl_3$ als auch die FRIEDEL-CRAFTS-Rk. zwischen Neophylchlorid (**III**) u. Bzl. ergaben ein Gemisch aus *meso*-**II** u. **I**. Um entscheiden zu können, ob die vorst. Umlagerung des **I** in einer intramol. Wanderung einer Methylgruppe u. eines Hydridions besteht, oder ob eine Spaltung des **I**-Mol., gefolgt von einer Umlagerung u. Rekombinierung unter Einbeziehung des Lösungsm., den richtigen Reaktionsmechanismus darstellt, wurden vorst. Rkk. in verschied. Lösungsmitteln (Toluol u. Chlorbenzol) durchgeführt. Aus dem sehr komplexen Reaktionsgemisch der Umlagerung von **I** in Chlorbenzol konnte als einziges identifizierbares Prod. **III** in einer Ausbeute von 0,4% isoliert werden. Dagegen gab die Kondensation von **III** mit Chlorbenzol als Hauptprod. (wahrscheinlich) *1-p-Chlorphenyl-2-methyl-2-phenylpropan* u. *2-p-Chlorphenyl-3-phenylbutan* als stark fluorescierendes Gemisch; daneben wurde sehr wenig **II** isoliert. Die Umlagerung von **I** in Toluol u. die Kondensation von **III** mit Toluol führte zu folgenden Prodd. in allerdings verschied. Ausbeuten: p-Isobutyltoluol 39 bzw. 22%, **I** 0,25 bzw. 1% u. nicht identifizierte toluolhaltige KW-stoffe 20,2 bzw. 22%. Hieraus geht eindeutig hervor, daß das Lösungsm. an der Rk. teilnimmt, u. daß die Rk. infolgedessen als intermol. anzusehen ist. Als wahrscheinlichster Mechanismus wird daher eine intermediäre Spaltung von **I** angenommen.

Versuche: *dl-2.3-Diphenylbutan* (**II**), Kp. 110—111°, n_D^{20} 1,5557, $D.^{20}_{15}$ 0,9766, durch Kupplung von α-Chloräthylbenzol mit Mg in äther. Lsg. erhalten; 26,7% (Ausbeute); *meso*-**II**, F. 125°. *p-Isobutyltoluol*, $Kp._{757}$ 193—194°, $D.^{20}_{15}$ 0,8564, n_D^{20} 1,4885; *Semicarbazon* des *Acetamidoderiv.*, F. 140—141°. (J. Amer. chem. Soc. **74.** 3803—07. 5/8. 1952. Brooklyn, N. Y., Polytechn. Inst., Dep. of Chem.) ZIMMER. D 225

Roger D. Westland und **William E. McEwen,** *Weitere Aspekte bei der Schmidt-Reaktion.* SANFORD u. Mitarbeiter (J. Amer. chem. Soc. **67.** [1945.] 1941) berichteten, daß bei einem großen Überschuß an konz. H_2SO_4 bei der SCHMIDTschen Rk. des *p-Methylbenzophenons* (**I**) *Benz-p-toluidid* (**II**) in 82%ig. Ausbeute entsteht. SMITH u. HORWITZ (C. **1951.** II. 658) erhielten dagegen bei der analogen Rk. von **I** ein Ausbeuteverhältnis von **II** zu *p-Toluanilid* (**III**) wie 54 : 46 bei allerdings nur katalyt. Mengen an H_2SO_4. Beim Nacharbeiten stellten Vff. fest, daß bei einem Molverhältnis von H_2SO_4 : Keton wie 8 : 1 **II** u. **III** im Verhältnis 51 : 49 entstanden, bei katalyt. Mengen analog SMITH (l. c.) betrug dieses 53 : 47. Auch beim *p-Methoxybenzophenon* konnte das Ausbeuteverhältnis der Endprodd. *Benz-p-anisidid* u. *Anisidid* (66 : 34) durch verschied. Konzz. an H_2SO_4 nicht geändert werden. Vff. betonen abschließend, daß eine Änderung des Verhältnisses der bei der SCHMIDT-Rk. entstehenden Isomeren durch verschied. Mengen an H^+ auch theoret. kaum zu verstehen wäre. — *1-α-Pyridyl-2-azidoäthan* (**IV**), $Kp._{8,5}$ 91°, $Kp._{4,5}$ 84—85°, $Kp._{0,8}$ 58°, aus 2-Vinylpyridin unter den Bedingungen der n. SCHMIDT-Rk.; 17%; *$HgCl_2$-Komplex*, $C_7H_8N_4 \cdot HgCl_2$, F. 117° (A.). *β-2-Pyridyläthylamin*, $Kp._4$ 76—78°, aus **IV** durch Hydrierung in Ggw. von

Pt-Oxyd bei 3 at in A.; 35%; *Pikrat*, gelbe Nadeln, F. 213—215° (A.); *Dihydrochlorid*, F. 186—189°. (J. Amer. chem. Soc. **74**. 6141—42. 5/12. 1952. Lawrence, Kans., Univ., Dep. of Chem.) ZIMMER. D 225

Mendel D. Cohen und **George S. Hammond**, *Der Mechanismus der Benzidinumlagerung*. 2. Mitt. *Allgemeine Säurekatalyse*. (1. vgl. C. **1950**. II. 2297.) Bei konstantem p_H u. konstanter Ionenstärke unterliegt die Umlagerung von *Hydrazobenzol* (I) in Benzidin u. Diphenylin bei 55,1° in wss. A. allg. Säurekatalyse. Die pseudomonomol. Geschwindigkeitskonstanten folgen der Gleichung $k\,[\mathrm{Min.}^{-1}] = 0{,}0014 + k_i\,[\mathrm{HA}]$, wobei für die verschied. Säuren HA_i folgende Katalysenkonstanten k_i festgestellt wurden: Ameisensäure 0,0027; Glykolsäure 0,0081; Chloressigsäure 0,0133; Salicylsäure 0,0162 u. Cyanessigsäure 0,0368. Die k_i gehorchen nicht der BRØNSTEDschen Beziehung. Vff. deuten ihre Ergebnisse durch die Annahme, daß der 2. Protonenübergang zum **I** der langsamste Schritt der Rk. ist, die Hypothese von HUGHES u. INGOLD (C. **1951**. I. 2415), daß die Umlagerung der dikonjugierten Säure von **I** geschwindigkeitsbestimmend sei, lehnen sie ab. Dagegen spricht auch, daß das aus **I** u. CH_3J unter N_2 erhaltene Prod., das **I**-Dihydrojodid (**II**) enthielt, in Ggw. einer Spur W. schnell umlagerte. Reines **II** konnte nicht erhalten werden. (J. Amer. chem. Soc. **75**. 880—83. 20/2. 1953. Ames, Io., State Coll., Chem. Labor.) KRESZE. D 225

J. Kenyon und **M. C. R. Symons**, *Die Oxydation von Carbonsäuren, die ein tertiäres C-Atom enthalten*. 2. Mitt. (1. vgl. C. **1953**. 8333.) Die Oxydation verzweigtkettiger Carbonsäuren vom Typ $RR'CH(CH_2)_nCOOH$ (n = 0 oder 2) zu den entsprechenden α- bzw. γ-Oxysäuren kann a) mit $KMnO_4$ in konz. alkal. Lsg. oder b) mit K_2MnO_4 in verd. alkal. Lsg. durchgeführt werden (vgl. 1. Mitt., l. c.). Oxydiert man opt.-akt. Säuren in dieser Art, so sind die gebildeten Oxysäuren nach a) racemisiert, nach b) dagegen tritt kein Verlust an opt. Aktivität ein. Vff. diskutieren daher für die beiden Rkk. verschied. Mechanismen: nach a) prim. Zers. als $KMnO_4 + OH^- \rightarrow MnO_4^{2-} + OH\cdot$; $\cdot OH + OH^- \rightarrow \cdot O^- + H_2O$; $RR'CH(CH_2)_nCOO^- + \cdot OH$ (bzw. $\cdot O^-$) $\rightarrow RR'\dot{C}(CH_2)_nCOO^- + H_2O$; $RR'\dot{C}(CH_2)_nCOO^- + \cdot OH \rightarrow RR'(OH)C(CH_2)_nCOO^-$. Das zwischendurch auftretende Radikal racemisiert. Bei b) dagegen soll als Zwischenprod. das Zwitterion $RR'\overset{+}{C}(CH_2)_nCOO^-$ auftreten, das unter Inversion weiterreagiert. α- u. β-verzweigte Säuren gehen bei dieser Art der Reaktionsdurchführung unter Protonenabspaltung leicht in Acrylsäurederivv. über, die dann weiter zers. werden; daher ist die Ausbeute an Oxysäuren hier schlechter als bei γ-verzweigten Säuren. Der Mechanismus der Rk. mit $KMnO_4$ in verd. alkal. Lsg. konnte noch nicht gedeutet werden, bei der Oxydation tritt hier partielle Racemisierung ein. — Untersucht wurden (opt. Reinheit in []): (+)-*α-Methylbuttersäure* (**I**), $Kp._2$ 64°, aus (—)-2-Methylbutanol aus Fuselöl (**IX**), $[\alpha]_D^{20}$ +6,2° (l = 1,0) [35,5%]. — (—)-*α-Phenylpropionsäure* (**II**), $Kp._{0,1}$ 96—97°, partielle Spaltung über das Strychninsalz, $[\alpha]_D^{20}$ —9,07° (l = 0,5) [17,5%]. — (+)-*γ-Phenylvaleriansäure* (**III**), F. 16°, $Kp._{0,1}$ 98°, aus **II**; $[\alpha]_D^{20}$ +1,84° (l = 0,5) [17,5%]. — (+)-*4-Methylhexansäure* (**IV**), $Kp._2$ 85°, aus **IX** durch Überführung in das Bromid u. anschließende Malonestersynth.; $[\alpha]_D^{20}$ 1,00° (l = 0,5) [20%]. — (+)-*α-Oxy-α-phenylpropionsäure* (**V**), F. 112°, Spaltung über das Chininsalz; $[\alpha]_D^{20}$ +1,2° (l = 2, c = 5, absol. A.). — (+)-*γ-Phenyl-γ-valerolacton* (**VI**), $Kp._{0,1}$ 99°, durch Spaltung der Oxysäure über das Brucinsalz in 75%ig., wss. A., 2. Fraktion, $[\alpha]_D^{20}$ +27,8° (l = 0,5). Aus der 1. Fraktion der Brucinsalzes (F. 95° [Zers.]): (—)-*γ-Phenyl-γ-valerolacton*, $Kp._{0,5}$ 103°, $[\alpha]_D^{20}$ —27,95° (l = 0,5) — (—)-*4-Oxy-4-methylhexansäurelacton* (**VIIa**), $Kp._{0,5}$ 64°, durch Spaltung der Oxysäure über das (—)-1-Phenyläthylaminsalz (F. 122,5°) in Aceton; $[\alpha]_D^{20}$ —7,2° (l = 0,5). — (+)-*4 Oxy-4-methylhexansäurelacton* (**VIIb**), $Kp._{0,1}$ 64°, über das Brucinsalz der Oxysäure (F. 97,8°) aus Aceton; $[\alpha]_D^{20}$ +7,15° (l = 0,5). — Oxydationen nach l. c. mit $KMnO_4$ in konz. alkal. Lsg. geben bei (+)-**I** rac. *α-Oxy-α-methylbuttersäure*, $C_5H_{10}O_3$, F. 71°, $Kp._{11}$ 117°; bei (—)-**II** *rac.* **V**, F. 89°, bei (+)-**III** *rac.-γ-Oxy-γ-phenylvaleriansäure* (**VIII**), $C_{11}H_{14}O_3$, $Kp._{0,1}$ 82°, F. 104,5°; rac. **VI**, $Kp._{1,0}$ 122°; bei (+)-**IV** rac.**VII**, $Kp._{0,5}$ 65°. — Oxydation mit K_2MnO_4 in verd. alkal. Lsg. führte bei (+)-**IV** zu **VIIb** mit $[\alpha]_D^{20}$ +1,43° (l = 0,5), bei (+)-**III** zu (+)-**VIII**, F. 107,5—111,5° bzw. (+)-**VI** mit $[\alpha]_D^{20}$ +4,99° (l = 0,5), Oxydation mit $KMnO_4$ in verd. alkal. Lsg. gab bei (+)-**IV** (+)-**VIII** mit $[\alpha]_D^{20}$ +0,61° (l = 1,0). (J. chem. Soc. [London] **1953**. 3580—83. Nov.) KRESZE. D 225

Wilson J. Broach und **Edward S. Amis**, *Kinetik der Reaktion von Brommalonsäureäthylester mit Thiosulfat*. Vff. untersuchten den Einfl. der DK. u. der Ionenstärke μ auf die Kinetik der Rk. von 0,01 mol. *Brommalonsäureäthylester* (**I**) mit 0,01 mol. $Na_2S_2O_3$ in wss. Methanol bei 0,10 u. 25,00°. Die Rk. wurde jodometr. verfolgt u. ist 2. Ordnung. Es wurden berechnet die Aktivierungsenergie (ΔE in cal/Mol), der Stoßzahlfaktor (log Z) u. die Aktivierungsentropie (ΔS in cal/Mol·Grad). Diese betragen bei DK-Werten von 69,0—46,0 12130—14370; 11,4—12,6 bzw. 1,21—0,17; in 20,3—72,3%ig. wss. Methanol 11700—13300; 11,1—11,7 bzw. —1,55 bis —0,95. Als Dipolmoment von **I** wurde der Wert 5,03 D bestimmt. Für folgende μ wurde ΔE; log Z u. ΔS [in ()] erhalten: 0,0400 (11500; 11,0; —1,5), 0,0500 (11200; 10,7; —1,8), 0,0700 (10600; 10,3; —2,2), 0,1000 (10300; 9,9; —2,5) u. 0,1500 (10900; 10,4; —2,1). Die Ergebnisse sind in Übereinstimmung mit den Gleichungen von AMIS (J. chem. Educat. **30**. [1953.] 351) u. von AMIS u. JAFFE (J. chem. Physics **10**. [1942.] 598). Es wird ein S_N2-Mechanismus angenommen, wobei **I** von $S_2O_3^{2-}$ angegriffen wird unter Bldg. des Anions $C_2H_5OOCCH(S_2O_3^-)COOC_2H_5$ u. Br^-. (J. chem. Physics **22**. 39—42. Jan. 1954. Fayetteville, Ark., Univ., Dep. of Chem.) GNAUCK. D 225

Ernst Berliner, Frances Berliner und **Irina Nelidow,** *Relative Jodierungsgeschwindigkeiten der p-Alkylphenole.* Nach früher beschriebener Meth. (vgl. BERLINER, C. **1952**. 2318 u. früher) untersuchten Vff. die Kinetik der Jodierung von 0,008 mol. *p-Alkylphenolen* bei 25° mit 0,002 mol. J_2 in wss. Lösungsmitteln bis zu 50—60%ig. Umsatz. Die Rk. ist 2. Ordnung, folgende Reaktionsgeschwindigkeitskonstanten k_2 (in Liter/Mol·Min.) wurden erhalten: a) in 10%ig. Essigsäure + 1 mol. Na-Acetat (p_H 4,50), *p-Kresol* (**I**) 1,18, *p-Äthyl-* (**II**) 1,44, *p-Isopropyl-* (**III**) 1,69, *p-tert.-Butyl-* (**IV**) 2,16, *p-n-Propylphenol* (**V**) 1,43 u. *Phenol* (**VI**) 0,899 (nur 0,004 mol.); b) in 25%ig. Methanol + 0,020 mol. KH_2PO_4 + 0,010 mol. Na_2HPO_4 **I** 1,43, **II** 1,68, **III** 1,91 u. **IV** 2,43, c) in 30%ig. Methanol + 0,0250 mol. KH_2PO_4 + 0,0125 mol. Na_2HPO_4 (p_H 6,92) **I** 7,96, **II** 9,09, **III** 10,6, **IV** 13,6, **V** 9,43, **VI** 7,23, ferner *p-n-Butyl-* (**VII**) 9,58, *p-sek.-Butyl-* (**VIII**) 10,8 u. *p-tert.-Amylphenol* (**IX**) 16,3; d) in 30%ig. Dioxan + 0,020 mol. KH_2·PO_4 + 0,010 mol. NaH_2PO_4 **I** 8,71, **II** 9,02, **III** 9,46, **IV** 11,4 u. **VI** 7,80. Die Rk. wird durch die Pufferlsg. stark katalysiert; **I**, **II**, **III** u. **IV** wurden daher bei verschied. Pufferkonzz. in 30%ig. Methanol gemessen u. hieraus die Geschwindigkeit der unkatalysierten Rk. extrapoliert. Für die Wrkg. der Substituenten wurde die Folge tert.-Amyl > tert.-Butyl > Isopropyl > sek.-Butyl > Äthyl, n-Propyl, n-Butyl > Methyl gefunden, woraus die Wrkg. induktiver Effekte zu erkennen ist. Die gleiche Folge trifft auch für die unkatalysierte Rk. zu. Die geringeren k_2-Werte in Dioxan werden einer Komplexbldg. zwischen diesem u. den Phenolen bzw. J_2 zugeschrieben. Vff. nehmen an, daß J^+ oder H_2OJ^+ das jodierende Agens ist. Unter Verwendung der Dissoziationskonstanten ($K \cdot 10^{12}$) von BUNCE (unveröffentlicht) in 50%ig. A. von **I** 2,5; **II** 2,35; **III** 2,7; **IV** 2,35 u. **VI** 5,5 wurden die relativen Jodierungsgeschwindigkeiten berechnet u. den aus den HAMMETTschen σ-Konstanten berechneten sowie den gemessenen Werten gegenübergestellt. Es ergibt sich dabei stets die allg. obige Folge der Substituentenwirkung. Vff. nehmen an, daß die vorherrschende Wrkg. induktiver Effekte von Alkylgruppen in m-Stellung nicht notwendigerweise die Regel ist u. die Substituentenfolge auch von der Natur der Rk. abhängig ist. — **III**, **V** u. **VII** bis **IX** wurden durch Sulfonierung der entsprechenden aromat. KW-stoffe u. Alkalischmelze dargestellt u. zum Teil über die Benzoate **B** (aus 95%ig. A. umkrist.) gereinigt. — **I**, $Kp._{755}$ 201,7—201,9°, **B**, F. 70,0—70,3°. **II**, $Kp._{762}$ 217,9—218,0°, **B**, F. 58,5 bis 59,5°. **III**, F. 60,5—61,5°. **IV**, F. 98,8—99,6°. **V**, $Kp._{763}$ 232,3—232,5°, **B**, 34,0 bis 34,6°. **VII**, $Kp._{758}$ 247,7—247,9°, **B** F. 27,5—28,0°. **VIII**, F. 58,0—59,5°. **IX**, F. 93,5 bis 94,2°. (J. Amer. chem. Soc. **76**. 507—09. 20/1. 1954. Bryn Mawr, Pa., Bryn Mawr Coll., Marion Edwards Park Labor.) GNAUCK. D 225

Walter H. Jones, *Mechanismus der homogenen, alkalischen Zersetzung von Cyclotrimethylentrinitramin: Kinetik von Folgereaktionen zweiter und erster Ordnung. Polarographische Analyse von Cyclotrimethylentrinitramin.* Vf. verfolgte die alkal. Zers. von *Cyclotrimethylentrinitramin* (*RDX*, **I**, F. 203,8° [Zers.]) mittels Li- u. Na-Methylat sowie KOH in absol. Methanol zwischen 19 u. 45° mit u. ohne Ggw. von Neutralsalzen ($NaClO_4$, LiCl) a) durch Best. des freigewordenen NO_2^- mit Chloramin T, b) durch polarograph. Best. des **I**, c) durch Titration. Es wird angenommen, daß **I** unter Angriff von OCH_3^- HNO_2 abgibt u. in *1.3.5-Triaza-3.5-dinitrocyclohexen-(1)* übergeht (Re-

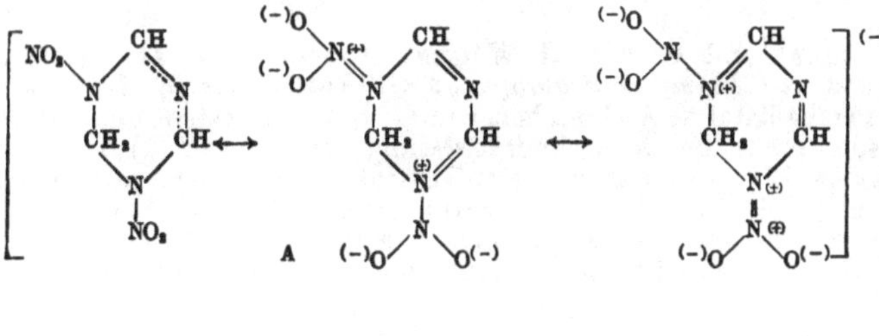

A

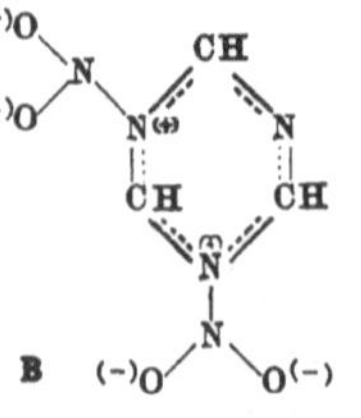
B

aktionsgeschwindigkeitskonstante k_1), das durch weiteren Angriff von OCH_3^- über **A B** ergibt, das langsam (k_2) NO_2^- verliert. Als kinet. vernachlässigbare Neben-Rk. wurde die Solvolyse des **I** in Methanol festgestellt. Li- u. Na-Methylat führten zu ident. Ergebnissen, KOH erhöhte die k-Werte um ca. 20%. Für die 1., bimol. Stufe der Rk. (k_1) wurde als Aktivierungsenthalpie $\Delta H^{\neq}$ 27,9 $\pm$0,4 kcal/Mol u. als Aktivierungsentropie $\Delta S^{\neq}$ 23,6$\pm$1,3 e.u. (bei der Ionenstärke μ = 0,005—0,018) bestimmt, bei Salzzugabe (μ = 0,5) war $\Delta H^{\neq}$ unverändert, $\Delta S^{\neq}$ betrug 22,7$\pm$ 1,2 e.u. Die letzte Stufe der Rk. (k_2) war jedoch einem größeren positiven Salzeffekt unterworfen. So betrug k_2 bei 44,93° 9,2$\pm$1,4 $\cdot 10^{-4}$ ohne bzw. 6,6$\pm$1,2 $\cdot 10^{-3}$ Min.$^{-1}$ mit Salzzusatz u. bei 30,14° 7,7 $\pm$0,12 $\cdot 10^{-4}$ bzw. 1,16$\pm$0,10 $\cdot$ 10^{-3} Min.$^{-1}$. Vf. schätzt hieraus für diese Stufe der Rk. $\Delta H^{\neq}$ zu 22 kcal/Mol u. $\Delta S^{\neq}$ zu ca. —8 e.u. ab. Der große $\Delta S^{\neq}$-Wert für k_1 u. der sehr geringe negative Salzeffekt werden durch Verteilung der Ladung über den 5-Zentrenübergangszustand erklärt. Die Zers. von **I** in wss. Dioxan verläuft schneller als in Methanol, was einem Lösungsmitteleffekt zugeschrieben wird. Die polarograph. Untersuchung von **I** ergab 3 Wellen in absol. Methanol bei p_H 7,4 (Boratpuffer) u. 30,1°. Das Halbwellenpotential der 1. Welle, die für die **I**-Best. verwendet wurde (Genauigkeit $\pm$2,5%), beträgt —0,811$\pm$0,001 V. Der Diffusionsstrom verhielt sich im untersuchten Bereich linear zur Konzentration. (J. Amer. chem. Soc. **76**. 829—35. 5/2. 1954. Los Alamos, N. Mex., Los Alamos Sci. Labor.) Gnauck. D 225

Walter H. Jones, *Kinetik der alkalischen Zersetzung von 1.3-Dinitro-1.3-diazacyclopentan.* (Vgl. vorst. Ref.). Vf. verfolgte durch titrimetr. Best. des Alkaligeh. bzw. Nitritgeh. die Zers. von 0,003—0,055 mol. *1.3-Dinitro-1.3-diazacyclopentan* (**I**) durch OCH_3^- in absol. Methanol zwischen 72,86 u. 30,15°, wobei pro Mol **I** 2 Mol OCH_3^- verbraucht u. 1 Mol NO_2^- frei werden. Die Rk. folgt bis zu 90% ig. Umsatz der 2. Ordnung. Die Aktivierungsenthalpie $\Delta H^{\neq}$ beträgt 29,51 $\pm$0,04 kcal/Mol, die Aktivierungsentropie $\Delta S^{\neq}$ 17,10 $\pm$0,11 e.u. Die 118 mal höhere Zerfallsgeschwindigkeit des RDX (l. c.) gegenüber **I** wird der Wrkg. der zusätzlichen Nitraminogruppe zugeschrieben. Vf. schließt auf folgenden Reaktionsverlauf: **I** zerfällt unter Angriff von OCH_3^- in Methanol, NO_2^- u. 1.3-Diaza-3-nitrocyclopenten-(1), das schnell durch erneute H^+-Abspaltung durch OCH_3^- **A** ergibt. An Reaktionsprodukten wurden nur 2% einer starken, wasserlösl. Säure (F. 57°), die nicht identifiziert werden konnte, isoliert. Orientierende Verss. zeigten, daß sich offenkettige Verbb., wie *2.4-Dinitro-2.4-diazapentan* u. *5.7-Dinitro-5.7-diazaundecan* viel langsamer als **I** bzw. RDX zers. u. *Dimethylnitramin* unter den Reaktionsbedingungen beständig ist. (J. Amer. chem. Soc. **76**. 928—29. 5/2. 1954. Los Alamos, N. Mex., Los Alamos Sci. Labor.) Gnauck. D 225

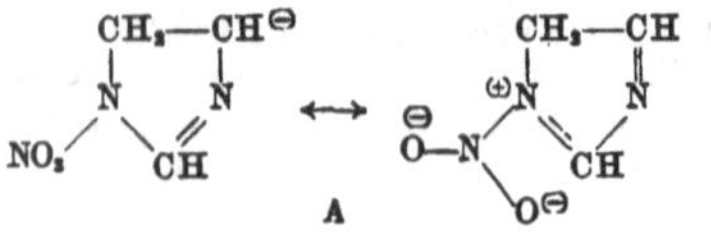
A

Yehuda Hirshberg, Ephraim H. Frei und **Ernst Fischer,** *Reversibles Erscheinen und Verschwinden von gefärbten Modifikationen einiger Verbindungen als ein Ergebnis der Belichtung bei tiefen Temperaturen.* Unter der Einw. von UV-Licht bei tiefer Temp. gehen manche Verbb. in gefärbte Modifikationen über, deren spontane Rückwandlung in das ungefärbte Ausgangssaterial bereits früher festgestellt worden war (Fischer u. Hirshberg, C. **1953**. 4663). Nun wurde gefunden, daß sichtbares Licht von der gleichen Wellenlänge wie das Absorptionsmaximum der gefärbten Verb. die gleiche Rückwandlung hervorruft. *1.3.3-Trimethylindolin-2-spiro-6'-[2'.3'-β-naphthopyran]* in A.-Methanol liefert bei 173° K durch Licht von 365 mμ eine intensiv gelbe Lösung. Bei dieser Temp. sind beide Modifikationen beständig. Durch Gelbfilterlicht (800 bis 540 mμ) wird die Gelbfärbung rückgängig gemacht. Der Vorgang ist reversibel. In unpolaren Lösungsmitteln wird derselbe Effekt erreicht. (J. chem. Soc. [London] **1953**. 2184—85. Juli. Rehovoth, Israel, Weizmann Inst. of Sci., Daniel Sieff Res. Inst.) Macholdt. D 226

Homer Adkins und **Spencer H. Watkins,** *Untersuchung der Eigenschaften von Aluminiumoxyd aus Aluminiumisopropoxyd als Katalysator für Dehydratisierungen.* Vff. vergleichen die katalyt. Wirksamkeit von Al_2O_3(**I**), dargestellt durch Hydrolyse von Aluminiumisopropylat, bei der Dehydratisierung von Hexanol-(1) bei 450° mit Al_2O_3 aus Al-Methylat (**III**), -Äthylat u. -tert.-Butylat u. mit einem gewöhnlichen Al_2O_3-Katalysator (**II**). Die Ergebnisse sind graph. dargestellt. Die Al_2O_3-Präpp. aus den Al-Alkylaten zeigen untereinander ähnliche Aktivität; gegenüber **II** ist ihre Aktivität mehr als 2fach größer. Ferner ist die doppelbindungsumlagernde Wrkg. der ersteren

Gruppe bemerkenswert. Die Dehydratisierung von 2-Oxycyclohexanon (**IV**) in wss. Lsg. über **I** bei 310° u. Atmosphärendruck liefert nur *Cyclohexanon* (**V**) u. *Phenol* (**VI**; vgl. BARTLETT u. WOODS, J. Amer. chem. Sos. **62**. [1940.] 2933), bei Verwendung von geschmolzenem **IV** dagegen 20% *Cyclohexenon-(2)* neben **VI** u. **V**. — Vff. vgl. die Wirksamkeit von **I** u. **II** bei der Dehydratisierung von *trans-Cyclohexandiol-(1.2)*, von Pinakon zu *Pinakolin* (**VII**; Möglichkeit zur Darst. größerer Mengen **VII** mit hohen Ausbeuten) u. von **VII** zu *2.3-Dimethylbutadien-(1.3)*. Außerdem wird die Dehydratisierung von Cyclohexanon (Diskussion des Reaktionsmechanismus), Cyclopentanon u. Pentanon-(2) über **I** beschrieben. Diisopropylketon wird unter Reaktionsbedingungen nicht angegriffen. Zur Frage des Reaktionsmechanismus an der Katalysatoroberfläche wird von Vff. die Theorie von IPATIEFF (Esterbldg. einer „Aluminiumsäure" mit dem zu dehydratisierenden Alkohol) abgelehnt u. angenommen, daß zwischen Al-Atom u. dem O-Atom der adsorbierten Substanz eine Koordination eintritt (gegebenenfalls unter gleichzeitiger H-Bindung zwischen dem H-Atom in β-Stellung zu dem koordinierten Sauerstoff u. einem O-Atom des Al_2O_3), die bei höherer Temp. zu einer Bindungsaufspaltung führt. Die höhere Aktivität der Al_2O_3-Präpp. aus Al-Alkylaten gegenüber **II** wird ihrer größeren aprot. Acidität zugeschrieben; dies scheint dadurch bewiesen, daß diese Katalysatoren so schwache Basen wie die Alkene adsorbieren u. dabei eine viel stärker umlagernde Wrkg. als **II** besitzen.

Versuche: Die Dehydrierungen erfolgen über einem bereits benutzten Katalysator, um bessere Ausbeuten u. Gleichgewichtseinstellungen zu erzielen. — 2-Oxycyclohexanon, wss. Lsg. bei 310° über **I** gibt **V** u. **VI**, geschmolzen bei 350° über **II** (2 g/Min. Durchsatzgeschwindigkeit) 20% *Cyclohexenon-(2)* neben 8% **V** u. 6,4% **VI**. — *trans-Cyclohexandiol-(1.2)*, F. 99—102°, aus Cyclohexen nach ADKINS u. ROEBUCK (J. Amer. chem. Soc. **70**. [1948.] 4041); 81,%; Reinigung durch Umkristallisieren aus Dioxan; 175 g in wss. Lsg. (1:10) über **I** bei 340° (4—5 g/Min.) geben *Cyclohexadien-(1.3)* (**VIII**), Kp.80°, n_D^{25} 1,4668—1,4678; 29% (Ausbeute); *Maleinanhydridaddukt*, F. 145—147°; *Cyclopentylformaldehyd* (**IX**), Kp. 134—139°, n_D^{25} 1,4417 bis 1,4450; 24,4 g; *Semicarbazon*, $C_7H_{13}ON_3$, F. 123—124°, F. (nach 12 std. Trocknen bei 1 mm) 139—140°, nach Oxydation mit Ag_2O u. Amidbldg., *Cyclopentansäureamid*, F. 174—176°. Im geschmolzenem Zustand über **II** bei 325° (4,5 g/Min.) werden erhalten: 5% **VIII**, eine Spur **IX** u. *Cyclohexenol-(2)* (**X**), Kp. 159—163°, Kp.$_{18}$ 69—70°, n_D^{25} 1,4661—1,4670; 22%; *Phenylurethan*, F. 103—104,5°. In wss. Lsg. (50:90) über **II** bei 375° werden erhalten: 10% **VIII**, 27% **IX** u. 24% **X**. — Pinakon–Pinakonhexhydrat, eutekt. Gemisch, F. 29°, vorher erhitzt auf 7(—80°, 130 g geben über **I** bei 310° (6—8 g/Min.) *2.3-Dimethylbutadien-(1.3)* (**XI**), Kp. 68—72°, n_D^{25} 1,4320—1,4350; 8,9—9,9 g; *Pinakolin* (**VII**), Kp. 101—105°, n_D^{25} 1,3950; 85—87%. Pinakonhexhydrat, über **I** bei 450° gibt 43% **XI** u. 31% **VII**, über **II** bei 325° 8% **XI** u. 58% **VII**, bei 375° 15% **XI** u. 80% **VII**. **VII** wird über **I**, **II** u. **III** bei verschied. Bedingungen (tabellar. wiedergegeben) dehydratisiert u. liefert 10—78% **XI**. — Cyclohexanon, über **I** bei 450° (4,2 g/Min.) gibt *Cyclohexen*, Kp. 82—85°, n_D^{25} 1,4451—1,4456; 44%; *Phenol*, Kp.$_{17}$ 81—86°, n_D^{25} 1,5211—1,5306; 19%; *p-Nitrobenzoat*, F. 127—129°; *Tribromphenol*, F. 93—94,5°. — Cyclopentanon, Kp. 128—130°, n_D^{25} 1,4340, gibt wie vorst. (2 g/Min.) *Cyclopenten*, Kp. 41—42°, n_D^{25} 1,4190; 11%; *Cyclopentenon-(2)*, Kp.$_8$ 39,5 bis 41°, n_D^{25} 1,4780, λ_{max} 218 mμ, ε_{max} 10,250; 5%; *2.4-Dinitrophenylhydrazon*, F. 169 bis 169,5°. — Pentanon-(2), 258 g über **I** bei 450° gibt *Pentene*, Kp. 30—34°, n_D^{25} 1,3751—1,3757; 33%; *Dibrompentane*, Kp.$_{25}$ 78—80°, neben 42,2 g hochsd. Material mit positiver Carbonylreaktion. (J. Amer. chem. Soc. **73**. 2184—88. Mai 1951. Madison, Wis., Univ., Labor. of Organ. Chem.) G. WINKLER. D 227

D_2. Präparative organische Chemie. Naturstoffe.

I. B. Rabinowitsch und **S. D. Mulichowa**, *Untersuchung des Übergangsweges von Wasserstoff bei der Reduktion von Nitrosoacetanilid mit Äthylalkohol.* Die Red. von N-Nitrosoacetanilid (**I**) mit deuteriertem A. (**II**), CH_3CH_2OD, ergab gewöhnliches *Benzol*. Die Rk. verläuft unter Zwischenbldg. von trans-Benzoldiazoacetat, das in Radikale u. N_2 zerfällt. Das Phenylradikal addiert also eines der am α-C-Atom in **II** gebundenen H-Atome. D muß sich im Hydroxyl der entstehenden deuterierten Essigsäure wiederfinden, was nicht weiter untersucht wurde.

Versuche: 15 g **I** werden mit 100 ml **II** (0,95% des H in der OH-Gruppe durch D ersetzt) 15 Std. bei 25—30° u. 2 Tage bei Zimmertemp. behandelt; in 2 Verss. werden insgesamt 2 ml *Bzl.* erhalten; das Verbrennungswasser hiervon enthält eine unbedeutende Menge D. (Сборник Статей по Общей Химии [Samml. Aufsätze allg. Chem.] **1**. 252—53. 1953. Gorki, Univ.) R. KNOBLOCH. 480

Thomas L. Jacobs und **William F. Brill**, *Haloallene.* Vff. berichten über die Darst. von *Brompropadien* (I) u. *Chlorpropadien* (II) durch Isomerisierung von 3-Brompropin (IV) bzw. 3-Chlorpropin (V) in Ggw. der entsprechenden Cu(I)-Halogenide. IV u. V wurden durch Einw. von PBr_3 bzw. PCl_3 auf Propargylalkohol (III) erhalten. Wird IV 6 Tage lang mit einem Katalysator aus CuBr + NH_4Br + konz. HBr u. wenig Cu-Bronze geschüttelt, so wird ein Gemisch von im besten Falle 65% I u. 35% IV (meistens jedoch nur 35—60% I) in 40—60%ig. Ausbeute neben höher sd., nicht näher identifizierten Prodd. erhalten. Die Rk. ist umkehrbar; I gibt mit demselben Katalysator nach sehr langem Schütteln ein Gemisch mit bis zu 35% IV. — Besser läßt sich I darstellen durch Einw. von festem CuBr auf IV unter kräftigem Rühren bei langsamer Dest. in gut wirksamer Kolonne mit 55—65% Ausbeute. Bei Abwesenheit von CuBr zeigen I u. IV im Gegensatz zum Verh. der höheren Allylbromide selbst bei 110° noch keinerlei Isomerisierungsneigung. II wird in nur geringen Ausbeuten erhalten durch längeres Schütteln von V bei Ggw. von CuCl + NH_4Cl + HCl. Die Darst. durch Dest. von V bei Ggw. von festem CuCl, NH_4Cl u. trockenem HCl führt nicht zum Erfolg. — Die Allene wurden identifiziert durch ihre den Vinylhalogeniden analoge geringe Reaktivität u. durch ihre Infrarotabsorption. Weder I noch II geben eine positive Rk. mit ammoniakal. $AgNO_3$, mit ammoniakal. CuCl oder mit alkal. HgJ_2; beide geben aber eine schwache Trübung mit alkoh. $AgNO_3$. IV reagiert leicht mit Diäthylamin u. kann daher durch letzteres aus einem Gemisch mit I quantitativ entfernt werden. Die Darst. des 2.4-Dinitrobenzolsulfenylchlorids von I gelingt nicht, statt dessen wird eine *Verb.* $C_9H_7O_5N_2ClS$, gelbe Kristalle, dunkeln bei 180°, erhalten. — Die Geschwindigkeitskonstanten der Haloallene für ihre Rkk. mit KJ in Aceton bei 25° sind [in Liter/Mol. Std.]: I 0,0112; II 0,000076 (50° 0,00081); IV 612; V 1,087. Bei der Rk. von IV mit KJ entsteht hauptsächlich *3-Jodpropin-(1)* (VI, $Kp._{10}$ 13,0—13,2°, n_D^{20} 1,5889; $D.^{20}_4$ 2,0430), falls Rk. u. Isolierung der Prodd. bei Tempp. <20° durchgeführt werden, doch geschieht leicht (bes. bei erhöhter Temp.) Isomerisierung in ein Gemisch mit *Jodpropadien.* Alle bisher in der Literatur als VI bezeichneten Verbb. sind daher als solche Gemische anzusehen. Die Rk. von I mit KJ geht so langsam vor sich, daß ein Gemisch von gleicher Zus. wie bei IV als einziges Prod. erhalten wird.

Versuche: *3-Brompropin-(1)* (IV), $Kp._{200}$ 46°; $Kp._{750}$ 81,8°, aus III (über 1% Bernsteinsäure redest.) u. PBr_3 in Pyridin; n_D^{20} 1,4929; $D.^{20}_4$ 1,571; 55% (Ausbeute). — *3-Chlorpropin-(1)* (V), $Kp._{760}$ 56°; n_D^{20} 1,4344; 55%, analog aus III u. PCl_3. Bei der Dest. des Reaktionsgemisches tritt häufig spontane Zers. ein. — *Brompropadien* (I), C_3H_3Br, $Kp._{760}$ 72,8°, durch Erhitzen von 29 g IV u. 2,5 g trockenem CuBr unter Rühren u. Dest. durch eine bes. gebaute, gut wirksame Mantelkolonne (Kopftemp. zwischen 72,8 u. 73,5°, Dauer der Dest. 24 Std.); Ausbeute an Gesamtprod. 84%; Reinheit 75—85%. Trennung I von IV durch Zugabe des Reaktionsprod. zu 40%ig. wss. Diäthylamin (3—4 Mol) u. Ansäuern; n_D^{20} 1,5212; $D.^{20}_4$ 1,5508. — *Chlorpropadien* (II), C_3H_3Cl, Kp. 44°, durch 5tägiges Schütteln von 37,2 g V mit 5 g CuCl, 4 g NH_4Cl, 4 cm³ konz. HCl u. 12 cm³ W., nach Fraktionieren 5,5 g; n_D^{20} 1,4617; $D.^{20}_4$ 0,996; 18,4 g V zurück. (J. Amer. chem. Soc. **75**. 1314—17. 20/3. 1953. Los Angeles, Calif., Univ. of California, Dep. of Chem.) KLASSKE. 520

René Tiollais und **Henri Guillerm**, *Über eine Kondensationsreaktion aliphatischer Aldimine.* Ausführliche Wiedergabe der C. **1953**. 7516 referierten Arbeit. (Bull. Soc. chim. France, Mém. [5] **20**. 937—39. Okt. 1953. Rennes, École de Méd. et Pharm., Labor. de Chim. Organ.) SPAETH. 670

J. K. Weil, R. G. Bistline jr. und **A. J. Stirton**, *Natriumsalze von Alkyl-α-sulfopalmitaten und -stearaten.* (Vgl. WEIL u. Mitarbeiter, C. **1954**. 57.) Vff. beschreiben die Darst. u. Eigg. von Estern der allg. Formel $R'CH(SO_3Na)-CO_2R$ (mit $R' = C_{14}H_{29}$ u. $C_{16}H_{33}$; R = n-Alkyl von C_1-C_{18} u. sek. Alkyle). Die Na-Salze der α-sulfonierten Ester sind weiße, hygroskop. Substanzen, leicht lösl. in W. (die Löslichkeit nimmt mit steigendem Mol.-Gew. ab); sie sind gegenüber Hydrolyse, bes. im sauren Gebiet, unerwartet widerstandsfähig; vermutlich wirkt die Sulfonatgruppe einem Angriff an der Esterbindung durch ster. Hinderung entgegen. Die FF. der Methylester liegen beträchtlich höher als die der nächsten 4 Homologen. Ab R = Hexyl werden die Verbb. bei den im Versuchsteil in () angegebenen Tempp. durchsichtig u. schm. dann 10—30° höher, gewöhnlich unter Zersetzung. Ester der sek. Alkohole haben höhere FF. als die der entsprechenden prim. Alkohole.

Versuche: *α-Sulfopalmitinsäure* (I), $C_{16}H_{32}O_5S$, F. 90,1—91,1° (nach 5maligem Umkristallisieren aus $CHCl_3$ u. 5std. Trocknen bei 75°/<1 mm; geringe Mengen W. setzen den F. beträchtlich herab), aus 0,418 Mol Palmitinsäure in Tetrachloräthylen durch langsame Zugabe (1 Std.) von 0,613 Mol stabilisiertem fl. SO_3 bei 20° unter Rühren, 1std. Erhitzen unter Rühren auf 60—65° u. Stehenlassen über Nacht bei 5°; 82% (Ausbeute); hygroskop.; die potentiometr. Titration in 95% ig. A. gibt zwei Wendepunkte bei p_H 4,5 u. 8,8. *Na-Salz des Methylesters*, F. 180,9—182,8° (aus A. bei —20°), aus 0,142 Mol I in Methanol durch 14std. Kochen (Meth. 1) u. Zugabe von Na-Acetat; 35% (die Ausbeuten liegen, wo nicht vermerkt, zwischen 28—76%, die niedrigeren Werte sind der Löslichkeit der Verbb. im Kristallisationsmedium A. zuzuschreiben). — *Na-Salz des Äthylesters*, F. 95,2—96,7°, Meth. 1. *Na-Salz des n-Propylesters*, F. 63,3 bis 65,1°, Meth. 2 (s. unten). — *Na-Salz des n-Butylesters*, F. 59,7—60,6°, Meth. 2. *Na-Salz des n-Amylesters*, F. 60,8—61,6°, Meth. 2. *Na-Salz des n-Hexylesters*, F. 189 bis 190° (Auftreten von Transparenz bei 177—179°), Meth. 2. *Na-Salz des n-Octylesters*, F. 202—203° (187—189°), Meth. 1. *Na-Salz des n-Decylesters*, F. 206—206,5° (Zers., 191—193°), Meth. 1. *Na-Salz des n-Dodecylesters*, F. 168—168,8° (157—158°), aus 0,062 Mol I u. 0,108 Mol Dodecanol-(1) in Toluol durch 4std. Kochen u. Entfernung des W. als azeotropes Gemisch u. Neutralisation mit Na_2CO_3; 58%. *Na-Salz des n-Hexadecylesters*, F. 219—221° (Zers.; 188—189°), Meth. 1 (ebenso die folgenden Derivv.). *Na-Salz des n Octadecylesters*, F. 217—219° (Zers.; 195—196°). *Na-Salz des sek. Butylesters*, F. 113,5—114,2°. — Die Darst. der nachst. Verbb. erfolgte aus α-Sulfostearinsäure bzw. ihrem Mononatriumsalz (II) nach Meth. 1 oder 2. — *Na-Salz des α-Sulfostearinsäuremethylesters*, F. 179,8—180,0°, Meth. 2. *Na-Salz des Äthylesters*, F. 97,4—99,2°, Meth. 1. *Na-Salz des n-Propylesters*, F. 72,3—73,6°, Meth. 2. *Na-Salz des n-Butylesters*, F. 66,5—67,6°, Meth. 2. *Na-Salz des n-Amylesters*, F. 64,8—65,6°, aus 0,138 Mol II in Pentanol-(1) durch 6std. Kochen unter Rühren in Ggw. von 2 g konz. H_2SO_4 u. Entfernung des W. als azeotropes Gemisch (Meth. 2); 76%. *Na-Salz des n-Hexylesters*, F. 186,2—187,4° (167—169°), Meth. 2. *Na-Salz des n-Octylesters*, F. 193—195° (Zers.; 170—172°), Meth. 1 (gleichfalls alle folgenden Verbb.). *Na-Salz des n-Decylesters*, F. 215—216° (Zers.; 191—193°). *Na-Salz des n-Dodecylesters*, F. 208 bis 210° (Zers.; 194—196°). *Na-Salz des n-Hexadecylesters*, F. 218—220° (Zers.; 193 bis 194°). *Na-Salz des n-Octadecylesters*, F. 221—223° (Zers.; 209—210°). *Na-Salz des Isobutylesters*, F. 75,8—77,2°. (J. Amer. chem. Soc. **75**. 4859—60. 5/10. 1953. Philadelphia, Pa., Eastern Reg. Res. Labor.) G. WINKLER. 810

C. H. Mack und **W. G. Bickford**, *Oxystearinsäuren*. 1. Mitt. *Die katalytische Hydrierung von 9.10-Epoxystearaten*. Vff. untersuchen die katalyt. Hydrierung von *cis-* (**VI**) u. *trans-9.10-Epoxystearinsäure* u. deren Methylestern in Eisessig (I) mittels Pd-Kohle bei Zimmertemp. u. Atmosphärendruck. Es wird ausschließlich *10-Oxystearinsäure* (**II**) bzw. Ester gebildet, neben 5% *Oxyacetoxystearinsäure* (**III**), entstanden durch eine Neben-Rk. zwischen Lösungsm. u. Epoxyverbindung. Die Hydrierung läßt sich nicht in neutralem Lösungsm. durchführen; die Hydriergeschwindigkeit wird nicht beeinflußt durch Bestrahlung, Zugabe von Peroxyd oder Radikalacceptoren u. nimmt in Abhängigkeit vom Lösungsm. in folgender Reihenfolge zu: n-Butylpropionat + 1% ig. H_2SO_4 < A. < PAe. + 1% ig. **I** < Propionsäure < **I** (trans < cis). — Die Ergebnisse werden diskutiert u. ein Mechanismus für die Hydrierung vorgeschlagen

V e r s u c h e: *cis-9.10-Epoxystearinsäure* (**VI**), F. 59° (Skellysolve B), aus 83 g Ölsäure u. wasserfreier Peressigsäurelsg. bei 20—25°; 65 g (Ausbeute). *Methylester*, aus Methyloleat (**IV**) wie vorst.; beide Verbb. liefern bei der Hydrierung über 10% ig. Pd-Kohle in **I** *10-Oxystearinsäure* (**II**) (bzw. *Methylester*), F. 80° (A., Skellysolve F, Methanol). *Hydrazid*, $C_{18}H_{38}O_2N_2$, F. 112° (A.), neben 5% **III**. — *10-Ketostearinsäure*, F. 71° (Aceton/Skellysolve B 1 : 2), aus vorst. Verb. durch Oxydation mit CrO_3 in **I**. *Semicarbazon*, $C_{19}H_{37}O_3N_3$, F. 100—101° (A.). — *Methylelaidat* (**V**), aus 120 g **IV** durch 10 Min. Schütteln mit einer Mischung von 30 cm³ 15% ig. $NaNO_2$-Lsg. u. 30 cm³ 6 n HNO_3, Umkristallisation aus Aceton bei —40°; 56 g (95% ig. Prod.). — *trans-9.10-Epoxystearinsäure*, F. 55°. *Methylester*, aus **V** durch Epoxydierung. Beide Verbb. liefern bei der Hydrierung mit geringerer Geschwindigkeit als die cis-Verb. **II**. — *Oxyacetoxystearinsäure* (**III**), F. 81°, aus **VI** durch 3std. Kochen mit **I**; wird in **I** unter den oben angewandten Bedingungen nicht hydriert. (J. org. Chemistry **18**. 686—92. Juni 1953. New Orleans, La., Southern Reg. Res. Labor.) G. WINKLER. 850

E. Kuh und **R. L. Shepard**, *β-Brom-α-chlor-β-formylacrylsäure*. Vff. wollten die Meth. zur Darst. der *Mucobromsäure* (**I**) verbessern, indem sie auf 1 Mol Furfurol nur 1 Mol Brom einwirken ließen u. den entstehenden HBr mit Chlor wieder zu Brom regenerierten. Sie erhielten in fast quantitativer Ausbeute nicht die erwartete **I**, sondern eine Säure $C_4H_2O_3ClBr$. Eine Mucochlorbromsäure mit ähnlichen Eigg. u derselben Summenformel wurde früher von HILL u. TORREY (1899) erhalten. Eine Unterscheidung dieser α-Brom-β-chlor-β-formylacrylsäure von der von Vff. isolierten

Säure gelang mit Hilfe der Infrarotspektren. Vergleichende Betrachtungen mit den Infrarotspektren von Mucochlorsäure u. I zeigten, daß der Säure, die von den Vff. erhalten wurde, die Struktur einer *β-Brom-α-chlor-β-formylacrylsäure* zukommt.

Versuche: *β-Brom-α-chlor-β-formylacrylsäure*, $C_4H_2O_3ClBr$, F. 122,5°, aus Furfurol u. einer Mischung von HBr, W. u. Brom bei 75° u. nachfolgendem Durchleiten eines Chlorstroms; Ausbeute 90—94%. (J. Amer. chem. Soc. **75**. 4597—99. 20/9. 1953. Bound Brook, N. J., American Cyanamid Co., Calco Chem. Div., Chem. Res. Dep.) A. REICHARDT. 860

Wilson A. Reeves und **John D. Guthrie**, *Sulfatoalkylamine*. Es wurde eine Reihe von *Sulfatoalkylaminen* hergestellt, um ihre Reaktionsfähigkeiten mit Baumwolle zu untersuchen.

Versuche: *Bis-[sulfatoäthyl]-amin, saures K-Salz-Monohydrat*, $KO_3SOCH_2 \cdot CH_2NHCH_2CH_2OSO_3H \cdot H_2O$, F. 127,5° (67,5%ig. A.). Chlorsulfonsäure wurde unter Rühren in ein gekühltes Gemisch von Diäthanolamin u. CCl_4 eingetropft; das Gemisch wurde unter Rühren auf Raumtemp. erwärmt, dabei schied sich die Disulfatoverb. ab; durch Behandeln mit KOH in A./W. wurde sie in das K-Salz übergeführt; 86% Ausbeute. — Analog: *Sulfatoäthyläthylendiaminhydrochlorid*, $HO_3SOCH_2CH_2NHCH_2-CH_2NH_2 \cdot HCl$, F. 192°. — *2-Sulfato-1.3-diaminopropanhydrochlorid*, $H_2NCH_2CH \cdot (OSO_3H)CH_2NH_2 \cdot HCl$, F. 270°. — *1-Sulfato-2-diäthylaminopropan*, $HO_3SOCH_2CH \cdot (CH_3)N(C_2H_5)_2$, F. 228,5°. — *2-[2-Sulfatoäthyl]-pyridin*, $HO_3SOCH_2CH_2NC_5H_4$, F. 167°. — *2-Sulfatoäthyldimethylaminhemihydrat*, $HO_3SOCH_2CH_2N(CH_3)_2 \cdot 1/2\ H_2O$, F. 253°. — *3-Sulfatopropylamin*, $HO_3SOCH_2CH_2CH_2NH_2$, F. 230,5°. (J. Amer. chem. Soc. **75**. 4101—02. 20/8. 1953. New Orleans, La., South. Reg. Res. Labor.) BOLLINGER. 920

A. L. Levy, *Die Entfernung von Endgruppen aus Peptiden*. Vf. erhält aus DL-Alanylglycin in 2 Äquivalenten 0,34 n $Ba(OH)_2$-Lsg. durch 19 std. Schütteln mit CS_2 bei Zimmertemp. unter N_2 *Ba-[N-Dithiocarboxyalanyl]-glycin*, $C_6H_8O_3N_2S_2Ba$, F. oberhalb 280° (wss. A.) u. daraus durch Ansäuern mit n-HCl (p_H 3—4) das *2-Thio-4-methylthiazolidon-(5)* (I), F. 125—126°. I wurde analog aus DL-Alanylglycylglycin erhalten. Aus Glycylglycin wurde analog *Ba-[N-Dithiocarboxylglycyl]-glycin* bzw. *2-Thiothiazolidon-(5)*, aus DL-Phenylalanylglycin (II) *2-Thio-4-benzylthiazolidon-(5)*, F. 159°, erhalten. Die Meth. eignet sich zur Entfernung u. Charakterisierung von Endgruppen in Peptiden u. Polypeptiden. **II** wurde aus Glycin u. *DL-Anhydro-N-carboxyphenylalanin* (**III**) nach WESSELY (Hoppe-Seyler's Z. physiol. Chem. **157**. [1926.] 91) gewonnen, während **III**, F. 128—129°, durch Kochen von DL-Phenylalanin u. $COCl_2$ in Toluol; 69% Ausbeute, erhalten wurde. (J. chem. Soc. [London] **1950**. 404—05. Jan. London, Imperial Coll. of Sci. and Technol.) H. ULRICH. 950

Jan H. R. Beaujon und **Walter H. Hartung**, *Eine neue Synthese von Aminomalonsäure*. 13. Mitt. *über Aminosäuren*. (12. J. Amer. pharmac. Assoc., sci. Edit. **41**. [1952.] 581.) Vff. meinen, daß die Darstellungsmethoden für *Aminomalonsäure* (**I**) von BAEYER (1864), RUHEMANN u. ORTON (1892), LÜTZ (1902) u. PILOTY u. FINCKH (1904) nicht zu einem reinen Prod. geführt haben, da sie unter Bedingungen durchgeführt wurden, die die instabile **I** zers., so daß Glycin als Nebenprod. vorhanden gewesen sein wird. Vff. stellen das *Mono-K-Salz* von **I** aus Carbobenzyloxyaminomalonsäurediäthylester dar.

Versuche: *Carbobenzyloxyaminomalonsaures K* (**II**), $C_{11}H_9O_6NK_2$, aus Carbobenzyloxyaminomalonsäurediäthylester durch mehrstd. Hydrolyse mit 20%ig. alkoh. KOH, Reinigen mit 80—90%ig. A. u. Trocknen über P_2O_5; hygroskopisch. — *Carbobenzyloxyaminomalonsäure*, $C_{11}H_{11}O_6N$, F. 147—148°, unter Gasentw., durch Ansäuern vorst. Verb.; gibt beim Kochen mit verd. HCl *N-Carbobenzyloxyglycin*, F. 119—120°. — *Mono-K-Carbobenzyloxyaminomalonat*, $C_{11}H_{10}O_6NK$, aus der Säure durch Zugabe zu wss. KOH, dann Zugabe von A.; Kristallisation aus 80—90%ig. A.; 16,1% (Ausbeute). — *Mono-K-Aminomalonat*, $C_3H_4O_4NK$, a) durch Hydrierung vorst. Verb. in W. in Ggw. von Pd-Kohle bei 4 at H_2-Anfangsdruck, Einengen, Gießen in sd. absol. A. u. Kristallisation aus 80—90%ig. A.; 32%; b) ebenso aus **II**. (J. Amer. chem. Soc. **75**. 2499. 20/5. 1953. Chapel Hill, N. C., Univ. of North Carolina, School of Pharm.) NITZSCHKE. 950

Bruno Vassel und **W. G. Skelly**, *Aminglutamate*. Vff. beschreiben die Darst. u. Eigg. der Salze von *n-Octyl-*, *n-Decyl-*, *n-Dodecyl- und Cyclohexylamin* mit *L-Glutaminsäure* (**I**).

Versuche (FF. korr.): Die nachst. Prodd. wurden aus 75—80%ig. wss. aldehydfreiem A. umkrist. u. über H_2SO_4 im Vakuum getrocknet; die Ausbeuten betragen 85—90%. — *L-Glutaminsäure* (**I**), $[\alpha]_D^{25}$ —31,2°. — *n-Octylamin-L-glutamat*, F. 150,5°, aus n-Octylamin (Kp. 176—178°) in Butanol (**II**)/W. (10 : 1) durch Erwärmen auf 70° u. Zugabe von gepulverter **I** unter Rühren während 15 Min., L_1 (Löslichkeit in

W. bei 25° in g/100 ml Solvens) 30,97, L_2 (Löslichkeit in II) 0,106. — *n-Decylanin-L-glutamat*, F. 160,9°, aus n-Decylamin (Kp. 216—218°) in II/W. (500 : 75) wie vorst.; L_1 23,08, L_2 0,071. — *n-Dodecylanin-L-glutamat*, F. 165,0°, aus n-Dodecylamin (Kp.$_5$ 119 bis 122°); L_1 36,27, L_2 0,064. — *Cyclohexylanin-L-glutamat*, F. 157,7°, aus Cyclohexylamin (Kp. 134°) in II/A./W. (7 : 2 : 1); L_1 6,58, L_2 0,080. (J. Amer. chem. Soc. **76**. 308—09. 5/1. 1954. Skokie, Ill., Internat. Minerals and Chem. Corp., Centr. Res. Labor.)
G. WINKLER. 950

Helena Bradbury, F. J. Smith und **F. A. Talman,** *2.2'.4.4'-Tetranitrodiphenylsulfoxyd und 2.2'.4.4'-Tetranitrodiphenylsulfon.* Die von BEILSTEIN u. KURBATOW [1879] sowie von BLANKSMA [1901] durch Oxydation von 2.2'.4.4'-Tetranitrodiphenylsulfid (I) mit HNO_3 (D. 1,52) bzw. CrO_3 in CH_3COOH erhaltene, bei 241° schm. Verb. ist nicht, wie angegeben, das *Sulfon* (II; F. 175°), sondern das *Sulfoxyd* (III). Dies ergibt sich aus der Analyse, der direkten Darst. von II aus I durch längeres Erhitzen mit CrO_3 in großem Überschuß sowie der Weiteroxydation von III zu II mit CrO_3 oder $K_2Cr_2O_7$ in konz. H_2SO_4; ferner wurde der Verlauf der Oxydation von I u. III zu II quantitativ verfolgt. II u. III geben mit Na-Toluol-p-sulfinat *2.4-Dinitrophenyl-p-tolylsulfon*, so daß es sich bei II nicht um ein cycl. Sulfoxyd handeln kann. — Das durch Oxydation von I mit HNO_3 in der Kälte nach HODGSON u. DODGSON (J. chem. Soc. [London] **1948**. 1104) erhaltene Prod. vom F. 190° ist nicht III; Vff. erhielten bei diesem Verf. wirkliches III u. daneben etwas Substanz vom F. 180—190°, möglicherweise ein Gemisch von I u. III.

Versuche: *2.2'.4.4'-Tetranitrodiphenylsulfoxyd* (III), $C_{12}H_6O_9N_4S$, F. 241° (Aceton), durch Oxydation von I [$C_{12}H_6O_8N_4S$, F. 196° (Eisessig)] a) durch Zutropfen von H_2O_2 zur Lsg. in sd. Eisessig (1 Std.); ~100% (Ausbeute); b) durch 2std. Kochen mit HNO_3 (D. 1,52) u. Gießen in Eiswasser. — *2.2'.4.4'-Tetranitrodiphenylsulfon* (II), $C_{12}H_6O_{10}N_4S$, F. 174—175° (wss. Aceton), a) durch 6std. Kochen von I mit CrO_3 in Eisessig u. Gießen in W.; b) durch Erwärmen von I mit $K_2Cr_2O_7$ in konz. H_2SO_4 auf 120° (20 Min.) u. Gießen in Eiswasser; ~100%; c) wie b) aus III. (J. chem. Soc. [London] **1953**. 1184—86. April 1953. Liverpool, Coll. of Technol.) SPAETH. 1090

H. Harry Szmant, Michael J. Segedi und **Joseph Dudek,** *Synthese und Reaktionen von p-Phenylmercaptobenzaldehyd. p-Phenylmercaptobenzaldehyd* (I) wurde aus Diphenylsulfid (II) durch GATTERMANN-Rk. in der Modifikation von ADAMS u. LEVINE (J. Amer. chem. Soc. **45**. [1923.] 2373) dargestellt, während die GATTERMANN-KOCH-Rk. u. die Formylierung mit N-Methylformanilid u. $POCl_3$ nicht gelangen. Oxydation von I gab die bekannte *p-Benzolsulfonylbenzoesäure*, CANNIZZARO-Rk. *p-Phenylmercaptobenzoesäure* u. *p-Phenylmercaptobenzylalkohol.* Mit Acetophenonen lieferte I *Chalkone.* Beim Vers. der Darst. von p-Phenylmercaptobenzoylchlorid aus II u. $COCl_2$ nach FRIEDEL-CRAFTS entstanden *p.p'-Bis-[phenylmercapto]-benzophenon* u. *Thiaxanthon.*

Versuche: *p-Phenylmercaptobenzaldehyd* (I), $C_{13}H_{10}OS$, F. 53—54° (verd. CH_3COOH), durch 3std. Einleiten von HCl in ein Gemisch von II, $Zn(CN)_2$ u. Tetrachloräthan, Eintragen von $AlCl_3$ unter Kühlung, 3,5std. Rühren ohne Kühlung, Gießen auf Eis, Zugabe von konz. HCl, ½std. Erwärmen nach Stehen über Nacht, Eindampfen u. Extraktion mit Bzl.; Kp.$_5$ 185—186°; 45,7 (Ausbeute; bezogen auf umgesetztes II). *2.4-Dinitrophenylhydrazon*, $C_{19}H_{14}O_4N_4S$, F. 213—214° (Eisessig). — *p-Benzolsulfonylbenzoesäure*, F. 271—273°, durch Oxydation von I mit alkal. $KMnO_4$-Lsg.; ~100%. — *p-Phenylmercaptobenzylalkohol*, $C_{13}H_{12}OS$, F. 49—51° (Bzl.-PAe.), u. *p-Phenylmercaptobenzoesäure*, F. 176—177°, durch Schütteln von I mit 50%ig. NaOH, Gießen in W. nach Stehen über Nacht, 1std. Erwärmen auf 95° u. Benzolextraktion; Isolierung der Säure durch Ausschütteln aus der Benzollsg. mit 30%ig. $NaHSO_3$-Lsg., u. Ansäuern des Alkohols durch Einengen der verbleibenden Benzollösung. — *p-Phenylmercaptostyrylphenylketon*, $C_{21}H_{16}OS$, F. 87—89° (A.), durch ½std. Rühren von I, Acetophenon u. 10%ig. NaOH in A.; ~100%. — Analog: *p-Phenylmercaptostyryl-p-xenylketon*, F. 175—177°. — *p-Phenylmercaptostyryl-p-chlorphenylketon*, F. 136—137°. — *p-Phenylmercaptostyryl-p-phenylmercaptophenylketon*, F. 119 bis 120°. — *p-Phenylmercaptostyrylthienyl-(2)-keton*, F. 124—125°. — *p-Phenylmercapto-[5-methylthienyl-(2)]-keton*, F. 135—138°. — *Thiaxanthon*, F. 212—214° (A.), aus 24 g II u. 8 g $COCl_2$ mit $AlCl_3$ in CS_2 unter Kühlung, 30std. Rühren, Hydrolyse u. fraktionierte Dest. bei 1 mm (8,3 g II, Kp.$_1$ 110—120°, zurück); Kp.$_1$ 130—180°; 2,5 g. Oxydation mit Peressigsäure in Eisessig gab *Thiaxanthonsulfon*, F. 187°. — *p.p'-Bis-[phenylmercapto]-benzophenon*, $C_{25}H_{18}OS_2$, F. 136—138° (A.), Kp.$_1$ 210—250°, als 3. Fraktion bei vorst. Vers.; 5,2 g. *2.4-Dinitrophenylhydrazon*, $C_{31}H_{22}O_4N_4S_2$, F. 151—152°. — *p.p'-Bis-[benzolsulfonyl]-benzophenon*, $C_{25}H_{18}O_5S_2$, F. 274—275°, durch Oxydation vorst. Verb. mit Peressigsäure in Eisessig bei 70°; 100%. *2.4-Dinitrophenylhydrazon*, $C_{31}H_{22}O_8N_4S_2$, F. 262—263° (A.). (J. org. Chemistry **18**. 745—47. Juni 1953. Pittsburgh, Pa., Duquesne Univ., Dep. of Chem.) Spaeth. 1090

Jacques Parrod, Jean Cottet, Noel Rist und **Laszlo Robert**, *Neue Derivate des 4.4'-Diaminodiphenylsulfons*. Zur Prüfung auf ihre antibakterielle Wirksamkeit wurden das *Mono-* (I) u. das *Diamid* (II) aus *4.4'-Diaminodiphenylsulfon* (III) u. *dl-Alanin* dargestellt; I zeigte in vitro 1/3 der Aktivität von III gegenüber Tuberkelbacillen, II war inaktiv.

Versuche: *4.4'-Bis-[α-brompropionylamino]-diphenylsulfon*, $C_{18}H_{18}O_4N_2Br_2S$, durch Zutropfen von 8 g α-Brompropionylchlorid (IV) zu 20 g III in Aceton unter Kühlung, Eindampfen, Aufnehmen in A. u. Erwärmen mit W.; 6 g (Ausbeute). — *4.4'-Bis-[dl-α-aminopropionylamino]-diphenylsulfon* (II), *Dihydrobromidpentahydrat*, $C_{18}H_{34}O_9N_4Br_2S$, durch 5 std. Schütteln von 4 g vorst. Verb. mit bei 0° mit NH_3 gesätt. A. u. Eindampfen; aus W. 2,4 g Nadeln. — *4-Nitro-4'-[α-brompropionylamino]-diphenylsulfon*, aus 57 g 4-Nitro-4'-aminodiphenylsulfon u. 18,7 g IV in Aceton; aus A. 29 g Nadeln. — *4-Nitro-4'-[dl-α-aminopropionylamino]-diphenylsulfon*, $C_{15}H_{15}O_5N_3S$, durch Schütteln von 25 g vorst. Verb. mit bei 0° mit NH_3 gesätt. A., 4 tägiges Stehen u. Eindampfen; aus A. 14 g Nadeln. — *4-Amino-4'-[dl-α-aminopropionylamino]-diphenylsulfon* (I), $C_{15}H_{17}O_3N_3S$, durch Eintragen von 5 g vorst. Verb. in 1%ig. NH_4Cl-Lsg. + Fe-Pulver bei 70°, weiteres 2 std. Erwärmen auf 70° u. Filtration in der Wärme; 1 g. (Bull. Soc. chim. France, Mém. [5] **20**. 626—27. Juni 1953. Inst. de Biol. Physico-Chim. u. Inst. Pasteur, Serv. de la Tuberculose.) Spaeth. 1090

Robert L. Letsinger und **Arthur W. Schnizer**, *Die Metallierung einiger Alkylanisole*. o-Methylanisol (I) u. o-Äthylanisol (II) wurden mit Amyl-Na (III) u. Butyl-Li (IV) metalliert. Die Charakterisierung der Reaktionsprodd. erfolgte durch Carbonierung zu den Säuren. III metalliert eher in der Seitenkette als IV; ebenso begünstigt o-Stellung der Seitenkette Metallierung derselben.

Versuche: Die Metallierung mit III erfolgte durch Zugabe des Anisols zu einer Suspension von III in PAe. (Kp. 60—70°); bei 45° wurde bis zur Carboxylierung stark gerührt. Die Rkk. mit IV wurden bei Rückflußtemp. der äther. Lsgg. unter Rühren u. N_2-Atmosphäre ausgeführt. Die Carbonierung erfolgte mit gepulvertem CO_2. 0,14 Mol III gaben mit 0,3 Mol I in 6 Std. 0,16 Mol I zurück, daneben 4,8 g *o-Methoxyphenylessigsäure* (V), $C_9H_{10}O_3$, F. 122,5—123,5° (W.). — 0,22 Mol IV mit 0,4 Mol I: Nach 93 Std. 0,32 Mol I zurück u. nach fraktionierter Kristallisation aus W. gleiche Mengen V u. *2-Methoxy-3-methylbenzoesäure*, aus W. Nadeln, F. 83—83,5°. — 0,22 Mol IV mit 0,2 Mol II: Nach 60 Std. 0,09 Mol II zurück u. 11,9 g *2-Methoxy-3-äthylbenzoesäure* (VI), $C_{10}H_{12}O_3$, F. 58,5—59° (Ligroin); Oxydation mit $KMnO_4$ in W. führte zu *2-Methoxyisophthalsäure*, $C_9H_8O_5$, F. 216—218°; Entmethylierung mit 48%ig. HBr unter 2 std. Kochen gab *3-Äthylsalicylsäure*, $C_9H_{10}O_3$, F. 112—112,5°. — 0,07 Mol III mit 0,25 Mol II: Nach 4 Std. 0,175 Mol II zurück, daneben *α-[o-Methoxyphenyl]-propionsäure* (VII), F. 101—102°, aus Ligroin Prismen; aus der Mutterlauge VI. — 0,34 Mol IV mit 0,5 Mol p-Methylanisol: Nach 40 Std. 0,129 Mol Ausgangsprod. zurück u. 17,8 g *2-Methoxy-5-methylbenzoesäure*, $C_9H_{10}O_3$, F. 63,5—64,5 (Bzl.-PAe. u. W.); Oxydation → *4-Methoxyisophthalsäure*, F. 279—280°; Entmethylierung mit HBr → *2-Oxy-5-methylbenzoesäure*, F. 151—151,5°. Daneben wurde bei der Metallierung *2.2'-Dimethoxy-5.5'-dimethyldiphenylketon*, $C_{17}H_{18}O_3$, F. 82—82,5° (Hexan), erhalten; *2.4-Dinitrophenylhydrazon*, F. 166—166,5°. — *o-Methoxyatropasäure*, $C_{10}H_{10}O_3$, F. 144—145° (W.), durch Zutropfen von konz. HCl zu KCN + o-Methoxyacetophenon unter Kühlung, 40 std. Stehen der organ. Schicht mit konz. HCl, Alkalisieren mit NaOH Wasserdampfdest. (aus dem Destillat nicht umgesetztes Keton zurück), Ausschütteln des Rückstandes mit Bzl. u. Ausfällen der gebildeten *o-Methoxyatrolactinsäure* durch Ansäuern; letztere wurde durch Dest. dehydratisiert; $Kp_{0,5-1}$ 135—140°; 16%; gab durch Hydrierung (CH_3OH, Pd-Kohle, 2 at) VII; 68%. (J. org. Chemistry **16**. 869 bis 873. Juni 1951. Evanston, Ill., Northwestern Univ., Chem. Labor.) Brückner. 1250

Stefano Chiavarelli, *Über die Chlormethylierung einiger Arylalkylamine*. Kurze Übersicht über den Verlauf der Chlormethylierung von Benzylamin, β-Phenyläthylamin (I) u. β-Phenylisopropylamin. Hierbei entsteht in kleiner Menge ein Gemisch der *o-* u. *p-Chlormethylverbindungen*. Bei erhöhter Temp. bildet I auch durch Ringschluß *Tetrahydroisochinolin*. 1-Amino-1.2.3.4-tetrahydronaphthalin wird in 5- oder 8-Stellung chlormethyliert, da das Chlormethylderiv. bei Oxydation *Hemimellitsäure* liefert. 2-Amino-1.2.3.4-tetrahydronaphthalin wird ebenfalls in 5- oder 8-Stellung chlormethyliert. (Ist. super. Sanità, Rend. **14**. 692—96. 1951. Rom, Ist. Sup. di Sanità, Labor. di Chim. terapeut.) K. Faber. 1310

B. Hegedüs, *Zur Synthese der 3-Oxyanthranilsäure.* Es wird eine einfache u. in guter Ausbeute verlaufende Synth. der *3-Oxyanthranilsäure* aus m-Aminobenzoesäure (I) beschrieben.

Versuche: *m-Acetamidobenzoesäure*, F. 240—245°, aus I mit Eisessig–Essigsäureanhydrid; 90% (Ausbeute). — *2-Nitro-3-acetamidobenzoesäure* (II), F. 240—243°, durch Nitrieren vorst. Verb. mit HNO_3 (D. 1,52) bei 0—5°, Gießen auf Eis u. Umkristallisation des Rohprod. aus Eisessig (die isomere *4-Nitro-3-acetamidobenzoesäure* sowie andere Nebenprodd. bleiben in der Eisessigmutterlauge gelöst). — *2-Nitro-3-oxybenzoesäure*, F. 176—178°, aus II durch 4std. Kochen mit starker KOH u. Extraktion der angesäuerten Lsg. mit Essigester. — *3-Oxyanthranilsäure*, F. 252—255°, durch Hydrierung vorst. Verb. mit 3%ig. Pd-Kohle in salzsaurer Lsg. bei n. Druck u. Temp. u. Versetzen der verd., heiß filtrierten Lsg. mit konz. Na-Acetatlsg.; rosarote Kristallblättchen, deren Farbe durch Umfällen aufgehellt werden kann. (Helv. chim. Acta **34**. 611—14. 15/3. 1951. Basel, F. Hoffmann-La Roche & Co., AG., Wiss. Laborr.)

H. FRIESE. 1350

Frederick G. Mann und **Ian T. Millar**, *Die Cyanäthylierung von Arylphosphinen.* Die Cyanäthylierung von Phenylphosphin u. Diphenylphosphin (V) führt ohne Anwendung eines Katalysators zu den erwarteten Prodd. in guten Ausbeuten. In Ggw. von Essigsäure erhält man ein reineres Prod., während Spuren von Na-Methylat die Ausbeuten merklich vermindern. Die Cyanäthylierungsprodd. *Bis-[2-cyanäthyl]-phenylphosphin* (I) u. *2-Cyanäthyldiphenylphosphin* (II) geben krist. Verbb. mit $PdBr_2$; mit Methyljodid entstehen die entsprechenden Methojodide. I u. II lassen sich zu *Bis-[2-carboxyäthyl]-phenylphosphin* (III) bzw. *2-Carboxyäthyldiphenylphosphin* (IV) verseifen. III gibt wie die analoge N-Verb. keine kristalline Verbb., weder mit CH_3J noch mit Pd-Salzen. IV bildet dagegen mit $PdBr_2$ zwei wohldefinierte $PdBr_2$-Komplexe, nämlich die n. Verb. $[(C_{15}H_{15}O_2P)_2PdBr_2]$ u. den zweikernigen Komplex $[(C_{15}H_{15}O_2P)_2(PdBr_2)_2]$. Die erhaltenen Verbb. ließen sich ebenso wie ihre As-Analogen nicht cyclisieren. Sie unterscheiden sich in dieser Hinsicht scharf von den N-Analogen, die sich durch $AlCl_3$ leicht cyclisieren lassen.

Versuche: *Bis-[2-cyanäthyl]-phenylphosphin* (I), $C_{12}H_{13}N_2P$, F. 72—73° (A.): Phenylphosphin u. Vinylcyanid wurden unter N_2 eingeschmolzen u. 6 Std. auf 130 bis 135° erhitzt, dann wurde im Hochvakuum dest.; $Kp._{0,2}$ 195—205°; 62% (Ausbeute), in Ggw. von Essigsäure 60%, in Ggw. von sehr wenig Na-Methylat 49%. I-*Methojodid*, $C_{13}H_{16}N_2JP$, F. 115° (A.), bildet kein Methopikrat. *Dibromdi-[bis-(2-cyanäthyl)-phenylphosphin]-palladium*, $C_{24}H_{26}N_4Br_2P_2Pd$, citronengelbe Kristalle, F. 227—228° (wss. Aceton), durch Erhitzen der Komponenten in wss. Alkohol. Oxydation des Komplexes in Aceton mittels H_2O_2 lieferte ein krist. *Oxyd*, das nicht umkrist. werden konnte; alkal. u. saure Hydrolyse von I unter N_2 führte zu *Bis-[2-carboxyäthyl]-phenylphosphin* (III), das jedoch nur als nichtkrist. Sirup erhalten wurde. — *Diphenylchlorphosphin*, $Kp._{18}$ 178—180°. Phenyldichlorphosphin u. Diphenylquecksilber wurden unter N_2 90 Min. auf 200° erhitzt, danach wurde die Reaktionsmasse mit Sand vermischt, mit PAe. extrahiert u. die Lsg. im Vakuum fraktioniert; 54%. — *Diphenylphosphin* (V), Kp. 280—282°, durch langsame Zugabe vorst. Verb. zu Sodalsg. unter N_2, Erwärmen auf 50° u. Ausziehen mit Bzl.; 47%. — *2-Cyanäthyldiphenylphosphin* (II), $C_{15}H_{14}NP$, F. 64—64,5° (Methanol), aus V u. Vinylcyanid durch Erhitzen im Rohr (7 Std); 71%; in Ggw. von Essigsäure 68%, in Ggw. von Na-Methylat 42,5%. II-*Methojodid*, $C_{16}H_{17}$·NJP, F. 163—164°; ein Methopikrat wurde nicht erhalten. *Dibrom-bis-[2-cyanäthyl]-diphenylphosphinpalladium*, $C_{30}H_{28}N_2Br_2P_2Pd$, gelbbraune Kristalle, F. 176° (A.). — *2-Carboxyäthyldiphenylphosphin* (IV), $C_{15}H_{15}O_2P$, F. 125—127° (wss. A.), durch alkal. Hydrolyse von II; IV reagiert nicht mit $NaHCO_3$ u. ist Kongorot gegenüber nicht sauer. *Dibrom-bis-[2-carboxyäthyldiphenylphosphin]-palladium*, $C_{30}H_{30}O_4Br_2P_2Pd$, gelbe Kristalle, F. 226—228° (Zers.) (A.). *Dibrom-bis-[2-carboxyäthyldiphenylphosphin]-μ-dibrompalladium*, $C_{30}H_{30}O_4Br_4P_2Pd_2$, orangerote Kristalle aus CH_3OH, F. 239—241° (Zers.). — *2-Benzoyläthyldiphenylphosphinoxyd*, identifiziert als *2.4-Dinitrophenylhydrazon*, $C_{27}H_{23}O_5N_4P$, orangegelbe Kristalle aus A., F. 234—236° (Zers.), entstand in Spuren beim Erhitzen von IV in Bzl. mit PCl_5 u. $AlCl_3$. — *P.P-Diacetylphenylphosphin*, $Kp._{14}$ ca. 200°, aus Phenylphosphin u. Acetanhydrid beim 6std. Erhitzen auf 130° im Rohr; identifiziert als *Dibrom-bis-[diacetylphenylphosphin]-palladium*, $C_{20}H_{22}O_4Br_2P_2Pd$, braune Kristalle, F. 183—185° (wss. A.). (J. chem. Soc. [London] **1952**. 4453—57. Nov. Cambridge, Univ., Chem. Labor.) ZIMMER. 1380

F. G. Bordwell und **Harry M. Andersen**, *Die Reaktion von Epoxyden mit Thioharnstoff.* Vff. untersuchen die Einw. von Thioharnstoff (I) auf Epoxyde. Propylenoxyd (II) liefert bei Zugabe zur verd. wss. Lsg. von I 30% *Propylensulfid* (III) neben beträchtlichen Mengen an Polymeren; Zugabe von 2,5 Mol-% Säure zum Reaktionsgemisch erhöht die Ausbeute an **III** auf 50%. Bei Anwendung äquimol. Mengen Säure (HCl, p-Toluolsulfon-, Perchlor-, Schwefel-, Benzoe- oder Essigsäure) werden die entsprechenden S-[2-Oxypropyl]-thiuroniumsalze in Ausbeuten bis zu 80% erhalten. Diese Rkk. geben ebenfalls Hexen-(1)-oxyd, Cyclohexen- (**VIII**) u. Cyclopentenoxyd (**IX**). Die Art der bei der alkal. Hydrolyse der verschied. Salze erhaltenen Reaktionsprodd. ist abhängig von den Reaktionsbedingungen: a) Wird überschüssiges wss. Alkali zu den angesäuerten Lsgg. der Salze gegeben, entsteht als Hauptprod. Alkensulfid [Ausnahme *S-[trans-2-Oxycyclopentyl]-thiuroniumsulfat*, welches kein Cyclopentensulfid (**IV**) liefert]; b) Wird umgekehrt verfahren, so entsteht in jedem Falle als Hauptprod. 2-Oxyalkanthiol. — Vff. diskutieren am Beispiel der Rk. mit **II** den Reaktionsmechanismus; es wird als wichtiges Intermediärprod. die cycl. Verb. **V** angenommen. Das Ausbleiben der Bldg. von **IV** wird von Vff. auf die starke Spannung zurückgeführt, die in einem **V** analogen cycl. Prod. vorhanden wäre.

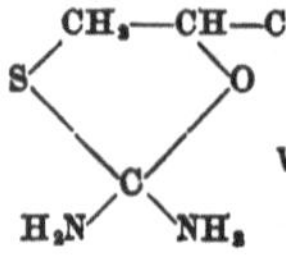
V

V e r s u c h e: *S-[trans-2-Oxycyclohexyl]-thiuroniumsulfat* (**VI**), $C_{14}H_{30}O_6N_4S_3$, F. 310—315° (50%ig. A.), durch Zugabe von 0,5 Mol **VIII** (1,5—2 Std.) zu einer gerührten Lsg. von 0,5 Mol **I** in verd. H_2SO_4 (0,5 Äquivalent) bei 0—5°; 77% (Ausbeute). — *S-[trans-2-Oxycyclopentyl]-thiuroniumsulfat*, $C_{12}H_{26}O_6N_4S_3$, F. 205—206 (85% ig. A.), aus 0,38 Mol **IX** wie vorst.; 57%; 0,1 Mol liefert beim Umsatz mit Na_2CO_3 in wss. Lsg. vermutlich *S-[trans-2-Oxycyclopentyl]-thioharnstoff*, F. 100—102° (Zers.); 9,8 g. — *S-[2-Oxypropyl]-thiuroniumbenzoat*, $C_{11}H_{16}O_3N_2S$, F. 112—114° (70%ig. Aceton), durch Zugabe von **II** zu **I** u. Benzoesäure in Aceton bei 15—20° während 1 Std. unter Rühren, anschließend 5 Std. Rühren bei 20—25°. — *Propylensulfid* (**III**), Kp. 72—75°, durch Zugabe von 0,5 Mol Na_2CO_3 bei 20—25° während 0,5 Std. zu einem Reaktionsgemisch von 0,5 Mol **II**, **I** u. H_2SO_4; 65% (die Darst. unter anderen Reaktionsbedingungen liefert schlechtere Ausbeuten). — *Cyclohexensulfid*, $Kp._{35}$ 77—79°, aus 0,18 Mol **VI** in W. durch Zugabe von 0,18 Mol Na_2CO_3 unter Rühren bei 25° während 50 Min. u. 15 Min. Erwärmen auf 50°; 69%. — *1-Methylmercaptopropanol-(2)* (**VII**), $Kp._7$ 48 bis 51°, $Kp._{10}$ 55—58°, durch Zugabe eines Reaktionsgemisches aus **II**, **I** u. H_2SO_4 (je 0,5 Mol) zu 2 Mol NaOH in W. bei 20° während 0,5 Std. u. anschließend Zugabe von 0,5 Mol Methylsulfat unter gutem Rühren während 1 Std. bei 20—40°; 72,6%; wie vorst. aus dem Thiuroniumchlorid mit mol. Mengen NaOH bei 80°; 25%; daneben vermutlich *6-Methyl-4.7-dithiaoctanol-(2)* ($C_7H_{16}OS_2$, $Kp._7$ 128—131°; 22%, Konst. unsicher). — *1-Äthylmercaptopropanol-(2)*, $Kp._7$ 60—61°, wie **VII**, Alkylierung mit Äthyljodid; 43%. *α-Naphthylurethan*, $C_{16}H_{19}O_2NS$, F. 86—89°. — *2-Oxypropanthiol*, $Kp._{14}$ 55—57°, durch Zugabe des vorst. Reaktionsgemisches zu 1 Mol H_2SO_4; 35%, daneben vermutlich *Propandithiol-(1.2)* ($Kp._{14}$ 25—35°; 5,2 g). — *trans-2-Oxycyclohexanthiol*, $Kp._{15}$ 97—99°, aus **VI** wie vorst., 71%. *2.4-Dinitrophenyl-trans-2-oxycyclohexylsulfid*, F. 133—135° (A.), durch Erhitzen mit 2.4-Dinitrochlorbenzol in Pyridin auf dem Wasserbad; 87%. — *trans-2-Oxycyclopentanthiol*, $Kp._{35}$ 112—114°, aus dem Thiuroniumsulfat wie vorst.; 67%. *2.4-Dinitrophenyl-trans-2-oxycyclopentylsulfid*, $C_{11}H_{12}O_5N_2S$, F. 114—116° (wss. A.); 77%. (J. Amer. chem. Soc. **75**. 4959—62. 20/10. 1953. Evanston, Ill., Northwestern Univ., Chem. Labor.) G. WINKLER. 1890

W. von E. Doering und **J. Richard Mayer,** *Die Synthese von α-Phenyltropolon aus Tropolon.* Das aus Cu-Tropolon u. C_6H_5Li zugängliche *2-Phenyltropon* (**I**) gibt bei der Bromierung zunächst ein öliges Intermediärprod., dessen UV-Spektr. dem von Phenyltropiliden sehr ähnlich ist u. das beim Erhitzen HBr abspaltet unter Bldg. von *7-Brom-2-phenyltropon* (**II**). Dieses läßt sich mit Alkali in *o-Phenylbenzoesäure* überführen. **II** wurde mit HBr in Essigsäure in *α-Phenyltropolon* (**III**) übergeführt. — Die UV- u. Infrarotspektren von **II** u. **III** werden angegeben u. diskutiert.

V e r s u c h e (FF. korr.): *2-Phenyltropon* (**I**), F. 83—84°, durch Zugabe von Cu-Tropolon zu C_6H_5Li in Ae. unter N_2, Zers. mit verd. H_2SO_4 u. Sublimation; lange gelbe Nadeln aus Isooctan; 89% (Ausbeute). — *α-[o-Methoxyphenyl]-tropon*, $C_{14}H_{12}O_2$, F. 93,5—94,5°, ebenso aus dem aus o-Bromanisol gewonnenen o-Methoxyphenyl-Li; Dest. bei 64°/0,5 mm, dann Sublimation; aus Isohexan blaßgelbe Kristalle; 63%. — *7-Brom-2-phenyltropon* (**II**), $C_{13}H_9OBr$, F. 83,5—84°, aus **I** in CCl_4 + wasserfreier Soda durch 2std. Zugabe von Br_2 in CCl_4, 17std. Rühren, Zentrifugieren, 1std. Kochen mit Pyridin, Zentrifugieren, Einengen u. Sublimation, wobei zunächst Kristalle übergehen, dann bei 110°/0,5 mm ein Öl dest.; aus Isohexan gelbe Nadeln; 35%; gibt nach 6std. Kochen mit 10%ig. alkoh. KOH, Ansäuern, Ausziehen mit Chlf., dieser Lsg. mit 5%ig. $NaHCO_3$-Lsg., Ansäuern u. erneutem Ausziehen mit Chlf. *o-Phenylbenzoesäure*, F. 111—112°; 30%. — *α-Phenyltropolon* (**III**), $C_{13}H_{10}O_2$, F. 116—116,5°, durch 6std. Erhitzen von **II** in wss. HBr + Eisessig im Rohr auf 160°, Ausziehen mit Chlf., Schütteln mit gesätt. Cu-Acetatlsg., Ausziehen der wss. Schicht mit Chlf., Eindampfen (*III-Cu-Salz*, F. 299—300° unter Zers.; 77%) u. Rk. des Salzes mit H_2S in Chlf.; aus Isohexan gelbe Nadeln; 93%. (J. Amer. chem. Soc. **75**. 2387—88. 20/5. 1953. Katonah, N. Y., Hickrill Chem. Res. Labor.) NITZSCHKE. 1980

M. S. Kharasch, Thomas Rudy, Walter Nudenberg und **George Büchi**, *Reaktionen von Diazoacetaten und Diazoketonen.* 1. Mitt. *Reaktion von Äthyldiazoacetat mit Cyclohexanon und Aceton.* Vff. untersuchen die Einw. von Äthyldiazoacetat (**I**) auf Cyclohexanon (**II**) u. Aceton (**XVII**). Beide Ketone reagieren unter n. Bedingungen nicht mit **I** unterhalb 120°; in Ggw. von Cu als Promotor (ferner untersucht Pt, Pd, RANEY-Ni, Ag_2O, $AgNO_3$) verläuft die Rk. bei 90° gemäßigt. Infolge der O_2-Empfindlichkeit verschied. Reaktionsprodd. werden alle Rkk. unter N_2 durchgeführt. Als prim. Prodd.

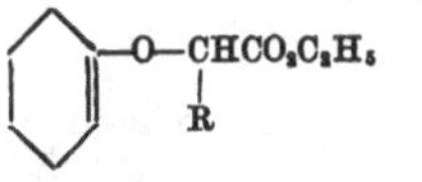

IV R = H
IX R = 1-Oxycyclohexyl

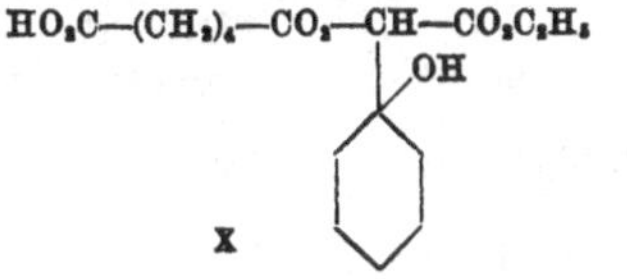

X

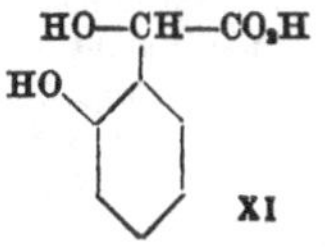

XI

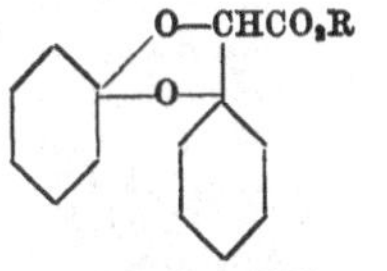

XII R = C_2H_5
XIII R = H

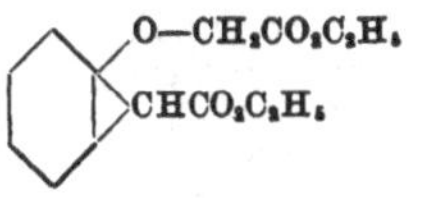

XIV

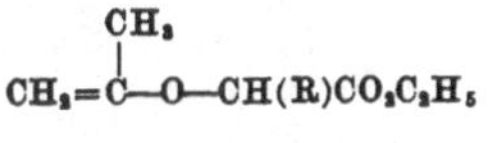

XVI R = H
XVIII R = —C(OH)$(CH_3)_2$

entstehen aus **I** u. **II** das 1 : 1-Addukt [die erste Zahl bezieht sich auf die Anzahl —CH·$CO_2C_2H_5$-Gruppen im Mol., die zweite auf die Anzahl von Ketonmoll.] **IV** u. das 1 : 2-Addukt **IX**, aus **I** u. **XVII** das 1 : 1-Addukt **XVI** u. 1 : 2-Addukt **XVIII**; letzteres ist weitgehend zu **XIX** isomerisiert. Die Bldg. der sek. Prodd. **XII** u. **XIV** bzw. **XIX** u. **XXII** steht im Einklang mit dem chem. Verh. vorst. Verbindungen. Ein Reaktionsmechanismus wird diskutiert. Die Entstehung des strukturell nicht aufgeklärten 3 : 1-Adduktes **XXIII** aus **XVII** erfolgt nach Vff. nicht über vorst. Prodd. der Rk. mit **XVII**, sondern nach einer vom obigen Mechanismus abweichenden Reaktion.

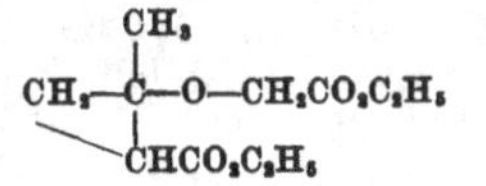

XXII

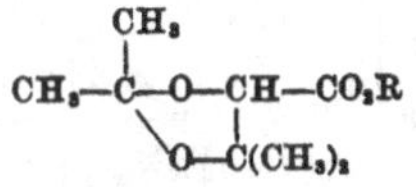

XIX R = C_2H_5
XX R = H

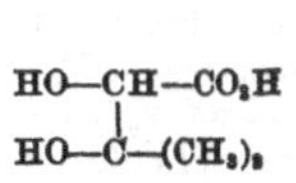

XXI

Versuche: *Äthyldiazoacetat* (**I**), $Kp._6$ 32—33°, nach HICKINBOTTOM (Reactions of Organic. Compounds, London 1948, 314) mit geringen Änderungen; 82% (Ausbeute). — *Cyclohexanon* (**II**), $Kp._9$ 30—36°, $Kp._{130}$ 97°. *2.4-Dinitrophenylhydrazon* (**III**), F. 160—161°. — Alle nachst. Verbb. wurden unter N_2 dargestellt u. isoliert. — *Verb.* **IV**, $C_{10}H_{16}O_3$, $Kp._6$ 103,5—104,5°, $Kp._{0,06}$ 55—110° (Rohprod.), n_D^{20} 1,4665, durch langsame Zugabe (1,5 Std.) einer Mischung von 0,19 Mol **I** u. 0,45 Mol **II** zu einer Suspension von 0,1 g Cu-Pulver in 0,90 Mol **II** bei 90—95°; 43% (Rohprod.), daneben 16% **IX**, ca. 4% **XII** u. ca. 1% **XIV** (durch Vakuumdest. bei 0,07 mm abgetrennt), ferner durch Erhitzen von 0,175 Mol **I** u. 1,22 Mol **II** auf 155°; 12,2 g, daneben 5,2 g **XII**, **IX** u. **XIV** in Spuren; setzt aus wss. KJ-Lsg. J_2 in Freiheit; gibt bei Behandlung mit 2.4-Dinitrophenylhydrazin (**V**) **III**; gibt bei saurer Hydrolyse (1,5std. Kochen in 2% HCl enthaltendem 90%ig. A.) **II** u. *Äthylglykolat* (**VI**; *p-Nitrobenzoat*, $C_{11}H_{11}O_6N$, F. 38,8 bis 39,2°); 2,06 g **IV** geben bei Ozonisierung in Äthylacetat bei —60° u. 16std. Kochen des Ozonides auf dem Wasserbad *Adipinsäure* [**VII**, F. 150—151°; 0,8 g], *Verb.* $C_{10}H_{16}O_6$ [vermutlich der Halbester von **VII** mit **VI**, F. 86—87° (wss. A.); 0,4 g] u. Glykolsäure (**VIII**); **IV** gibt beim Erhitzen mit **I** u. Cu-Pulver **XIV**. — *Verb.* **IX**, $C_{16}H_{26}O_4$, $Kp._{0,05}$ 113°, Darst. vgl. bei **IV**, Isolierung durch fraktionierte Kristallisation aus PAe. bei —60 bis —20°, n_D^{20} 1,4905; 16%; verhält sich gegenüber neutralen u. sauren Carbonylreagentien wie **IV**; 1,75 g geben bei Ozonisierung wie vorst. u. katalyt. Hydrierung des Ozonides mit Pd (2%) auf $CaCO_3$ in A. 0,7 g der *Verb.* **X** [$C_{16}H_{26}O_7$, $Kp._{0,05}$ 170—205° (Rohprod.), F. 91,5—93° (wss. A.); liefert bei der alkal. Verseifung **VII** u. **XI**] u. 0,85 g eines *Aldehydes* ($Kp._{0,05}$ 153—154°, n_D^{20} 1,4742; geht beim Stehen an der Luft oder bei der Behandlung mit neutralem 5%ig. H_2O_2 in **X** über). — *Verb.* **XI**, $C_8H_{14}O_4$, F. 117—118° ($CHCl_3$), aus 2,0 g **X** durch 4std. Kochen mit 2,5 g KOH in 30 cm³ 80%ig. A.; 0,7 g;

gibt mit gesätt. Lsg. von $Pb(CH_3CO_2)_4$ in Eisessig nach 14 std. Stehen **II**; gibt beim Erhitzen auf ca. 150° unter CO_2-Entw. *Cyclohexancarboxaldehyd* (*2.4-Dinitrophenylhydrazon,* F. 168—169°). — *Verb.* **XII**, $C_{16}H_{26}O_4$, Kp.$_{0,05}$ 84—86°, Darst. vgl. bei **IV**; ca. 4%, ferner durch 2 std. Erhitzen von 5,7 g **IX** auf 170° in einem evakuierten Gefäß oder durch 1 std. Kochen in **II**, Ozonisierung zur Entfernung von nichtumgesetztem **IX** u. katalyt. Red. des Ozonides wie vorst.; 3,4 g, n_D^{20} 1,4790, daneben 0,6 g **X** u. vermutlich ein Aldehydanaloges von **X**; gibt mit **V** in langsamer Rk. **III**; 1,33 g geben bei der Verseifung mit 5%ig. wss. NaOH *Verb.* **XIII**, $C_{14}H_{22}O_4$, Kp.$_{0,05}$ 125—127°; 1,0 g (0,5 g **XIII** geben beim 2 std. Kochen mit einer Lsg. von 2% HCl in 50%ig. wss. A. **II** u. 0,3 g **XI**). — *Verb.* **XIV**, $C_{14}H_{22}O_5$, Kp.$_{0,08}$ 108—110°, Darst. vgl. bei **IV**; ca. 1%, ferner durch Erhitzen von 0,12 Mol **I** u. 0,15 Mol **IV** auf 90° in Ggw. von Cu-Pulver, Ozonisierung zur Entfernung der ungesätt. Verunreinigungen u. katalyt. Red. des Ozonides; 4,8 g (21,5 g Rohprod.), n_D^{20} 1,4712; gibt mit **V** in rascher Rk. das *2.4-Dinitrophenylhydrazon des Cyclohexanon-2-essigsäureäthylesters* ($C_{16}H_{20}O_6N_4$, F. 126 bis 127°. *Semicarbazon,* F. 191,5—192,5°). — *Verb.* **XV** (keine Strukturformel), $C_{12}H_{18}O_4$, Kp.$_{0,3}$ 80—81°, aus 0,26 Mol **I** u. 0,53 Mol Cyclohexenol-(1)-acetat wie **XIV**; n_D^{20} 1,4666; 27,0 g; verhält sich gegenüber Ketonreagentien wie **XIV**. — *Verb.* **XVI**, $C_7H_{12}O_3$, Kp.$_9$ 50—52°, n_D^{20} 1,4290, durch Zugabe (2³/₄ Std.) von 0,175 Mol **I**, gelöst in 0,41 Mol **XVII** zu 0,82 Mol **XVII** u. 0,1 g Cu-Pulver bei 93° u. 30 lbs./sq.in.; 24%, daneben 9% **XVIII** u. **XIX**, 23% **XXII** u. 4% **XXIII**; bei der Behandlung mit Carbonylreagentien wurden folgende **XVII**-Derivv. erhalten: *2.4-Dinitrophenylhydrazon,* F. 125 bis 126°. *Semicarbazon,* F. 185—186°; 3,0 g **XVI** geben bei 2 std. Kochen mit 2%ig. äthanol. HCl **XVII** u. 1,1 g **VI** (Kp.$_9$ 35—45°); gibt beim Erhitzen mit **I** u. Cu-Pulver **XXII**. — Vermutliches *Gemisch der isomeren Verb.* **XVIII** u. **XIX**, $C_{10}H_{18}O_4$, Kp.$_{0,1}$ 40 bis 47° (Rohprod.), Kp.$_{10}$ 85—90°, Darst. vgl. bei **XVI**; n_D^{20} 1,4248; 9%. — *Verb.* **XIX**, $C_{10}H_{18}O_4$, Kp.$_{12}$ 87°, aus 2,95 g des Gemisches von **XVIII** u. **XIX** durch Ozonisierung wie vorst.; n_D^{20} 1,4212, 2,0 g; 2,0 g geben bei 2 std. Kochen mit überschüssiger 10%ig. wss. NaOH *Verb.* **XX** ($C_8H_{14}O_4$, Kp.$_{12}$ 95—97°, n_D^{20} 1,4359; 1,1 g; gibt beim Kochen mit wss. HCl **XXI**). — *Verb.* **XXII**, $C_{11}H_{18}O_5$, Kp.$_{0,05}$ 69°, Kp.$_{0,1}$ 76—87° (Rohprod.), Darst. vgl. bei **XVI**; 23%, ferner durch Erhitzen von **XVI** mit **I** in Ggw. von Cu-Pulver wie **XIV**, Ausbeute wie bei **XIV**; n_D^{20} 1,4448; gibt mit **V** das *2.4-Dinitrophenylhydrazon des Lävulinsäureäthylesters,* F. 101—102°; gibt beim Erhitzen mit verd. H_2SO_4 **VIII**. — *Verb.* **XXIII**, 3 : 1-Addukt, $C_{15}H_{24}O_7$, Struktur nicht sichergestellt, Kp.$_{0,05}$ 97—98°, Kp.$_{0,1}$ 105—112° (Rohprod.), Darst. vgl. bei **XVI**; 4% (Ausbeute wird erhöht durch rasche Zugabe der Lsg. von **I** in **XVII**); n_D^{20} 1,4474; reagiert nicht mit Ozon oder Carbonylreagentien; alkal. u. saure Hydrolyse gibt eine viscose, wasserlösl. *Säure,* die bei Veresterung **XXIII** zurückbildet; ein krist. Deriv. konnte nicht erhalten werden. — *Verb.* **XXI**, aus **XX** durch 2 std. Kochen mit 3%ig. wss. HCl, daneben **XVII**; gibt bei der Oxydation mit $Pb(CH_3CO_2)_4$ oder Perjodsäure **XVII**; die Pyrolyse bei ca. 160° liefert CO_2 u. *Isobutyraldehyd. 2.4-Dinitrophenylhydrazon,* F. 181—182°. (J. org. Chemistry **18**. 1030—44. Aug. 1953. Chicago, Ill., Univ., George Herbert Jones Labor.)

G. WINKLER. 2050

J. Büchi, P. Schneeberger und **R. Lieberherr,** *Synthese und analgetische Wirkung einiger α-acylierter Diäthylacetamide.* Zur Klärung der Beziehungen zwischen Konst. u. analget. Wrkg. wird in Anlehnung an die Struktur des Amidons die Synth. von *α-acylierten Diäthylacetamiden* beschrieben. Folgender Weg wird als der günstigste angegeben: *Acylessigsäureäthylester* werden nach ANDERSON u. Mitarbeitern (J. Amer. chem. Soc. **67**. [1945.] 2197) durch Acylierung von Na-Acetessigester u. anschließende Spaltung mit NH_3 dargestellt; lediglich *Propionylessigester* wurde nach ANDERSON (l. c.) aus Cyanessigester u. Äthylmagnesiumjodid gewonnen. Dann folgt die Einführung einer Äthylgruppe mit Äthyljodid u. Na-Äthylat in Methanol, wobei gleichzeitig eine Umesterung zu *α-Äthyl-α-acylessigsäuremethylester* erfolgt; durch Schütteln mit konz. wss. Ammoniak wird dieser in *α-Äthyl-α-acylacetamid* übergeführt; das nach MEYER (1907) mit Äthyljodid u. Na-Äthylat in *α.α-Diäthyl-α-acylacetamid* verwandelt wird. Die Umesterung zum Methylester empfiehlt sich deshalb, weil die Methylester leichter mit Ammoniak reagieren. — Die pharmakol. Prüfung (Tabelle) ergab, daß die *Propionyl-, Isobutyryl-* u. *Hexahydrobenzoylverb.* analget. wirken, letztere vergleichbar mit Pyramidon bei geringerer Toxizität. Es wurde keine sedative oder spasmolyt. Wrkg. festgestellt. — Die entsprechenden *α-acylierten Diäthylacetureide* konnten nicht dargestellt werden.

Versuche (FF., im KOFLER-Block bestimmt, u. Kpp. korr.): Die *β-Ketoester* wurden nach den üblichen Verff. gewonnen. Bei der Darst. von *Hexahydrobenzoylessigsäureäthylester* wurde als Nebenprod. *Hexahydrobenzamid,* $C_7H_{13}ON$, isoliert; nach Vakuum- u. Hochvakuumsublimation bei 140° F. 184—185°; Blättchen aus

A.-W.; 16% (Ausbeute). — *α-Äthylacetessigsäuremethylester*, Kp.$_{760}$ 182° (unkorr.), Kp.$_{14}$ 79—80°, durch 2std. Rk. von Acetessigsäureäthylester mit $NaOCH_3$ in viel CH_3OH bei n. Temp., Zutropfen von Äthyljodid im Sieden, 5std. Kochen, Einengen, Zugabe von W. u. Ausäthern; 75%. — Ebenso wurden folgende α-Äthylessigsäuremethylester, $C_2H_5CH(CO \cdot R)COOCH_3$, dargestellt: $R = C_2H_5$—, Kp.$_{11}$ 81—85°; 73,5%. — $R = n\text{-}C_3H_7$—, Kp.$_{10}$ 88—93°; 78%. — $R = iso\text{-}C_3H_7$—, Kp.$_{11}$ 83 bis 88°; 81%. — $R = n\text{-}C_4H_9$—, Kp.$_{11}$ 97—102°; 74%. — $R = iso\text{-}C_4H_9$—, Kp.$_{11}$ 93 bis 98°; 78,5%. — $R = n\text{-}C_5H_{11}$—, Kp.$_{11}$ 113—118°; 77%. — $R = cycl.\ C_6H_{11}$—, Kp.$_{10}$ 131—133°; 74%. — $R = C_6H_5$—, Kp.$_{11}$ 146—147°; 54—56%. — *α-Äthyl-α-acetyl-acetamid* (I), F. 95—96°, aus dem Methylester durch 24std. Schütteln mit viel konz. Ammoniak (D. 0,9), Eindampfen u. Kristallisation aus Bzl.; Nadeln; 63%. — Ebenso wurden nachst. α-Äthylacetamide $C_2H_5CH(CO \cdot R)CONH_2$ gewonnen: $R = C_2H_5$—, F. 105—106°; 56%. — $R = n\text{-}C_3H_7$—, F. 101—102°; 62%. — $R = iso\text{-}C_3H_7$—, F. 127—128°; 44%. — $R = n\text{-}C_4H_9$—, F. 103—104°; 60%. — $R = iso\text{-}C_4H_9$—, F. 122,5°; 59%. — $R = n\text{-}C_5H_{11}$—, F. 119,5—120,5°; 61%. — $R = cycl.\ C_6H_{11}$—, F. 133—134°; 40%. — $R = C_6H_5$—, F. 153—153,5°; 43%. — *α.α-Diäthyl-α-acetyl-acetamid*, F. 122—123°, aus I in absol. A. durch Addition von alkoh. C_2H_5ONa u. C_2H_5J, 2std. Stehen, 3std. Kochen, Eindampfen, Versetzen mit W., Ausäthern u. Kristallisation des Rohprod. aus Lauge; Nadeln; 56,5%. — Ebenso wurden folgende α.α-Diäthylacetamide $(C_2H_5)_2C(CO \cdot R)CONH_2$ erhalten: $R = C_2H_5$—, F. 124—125°; 60%. — $R = n\text{-}C_3H_7$—, F. 96—97°; 61%. — $R = iso\text{-}C_3H_7$—, F. 142 bis 143°; 66%. — $R = n\text{-}C_4H_9$—, F. 95—96°; 64%. — $R = iso\text{-}C_4H_9$—, F. 111,5 bis 112,5°; 65%. — $R = n\text{-}C_5H_{11}$—, F. 68—69°; 60,5%. — $R = cycl.\ C_6H_{11}$—, F. 147 bis 148°; 44%. — Die Darst. der Verb. mit $R = C_6H_5$— gelang nicht. (Helv. chim. Acta **36**. 1402—10. 15/10. 1953. Zürich, ETH, Pharmazeut. Inst.) M. THIEL. 2070

Aleardo Oliverio und **Carlo Casinovi**, *Die Kondensation von Phenoläthern mit Formaldehyd*. 2. Mitt. *Kondensation von Veratrol mit Formaldehyd*. (1. vgl. C. **1954**. 1002.) Bei vorsichtiger Kondensation von Veratrol (I) mit H_2CO entstehen viscose Reaktionsgemische, aus denen 4 verschied. Verbb. isoliert werden konnten. Die bei 93—94° schm. Verb. wurde durch Synth. als Kondensationsprod. von 3 Mol I mit 2 Mol H_2CO der Struktur II erkannt, die bei 128—130° schm. *Verb.* $C_{53}H_{60}O_{12}$ ist wahrscheinlich ein 6kerniges Prod. der Struktur III. II u. III lassen sich mit H_2CO zu der ebenfalls aus dem Reaktionsgemisch isolierten Verb. vom F. 227° [bzw. F. 232—233° (korr.)] kondensieren, die als 6kernige cycl. Verb. der Struktur IV angesprochen wird. Die 4. isolierte Verb., F. 316°, wurde noch nicht näher untersucht. IV ist mit der früher von ROBINSON [1915] aus I u. H_2CO erhaltenen Verb. ident., der fälschlich die Konst. des *9.10-Dihydro-2.3.6.7-tetramethoxyanthracens* zugeschrieben wurde.

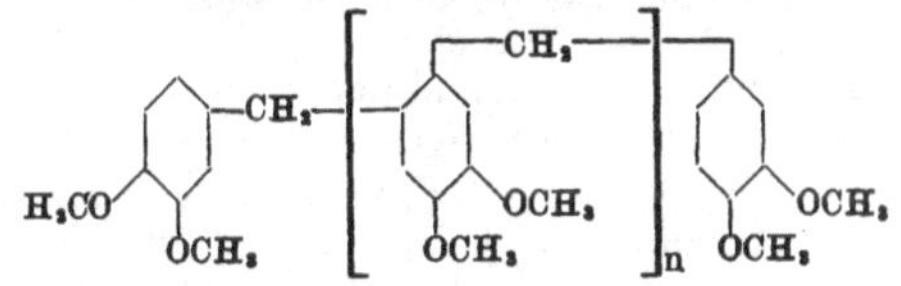

II n = 1, III n = 4

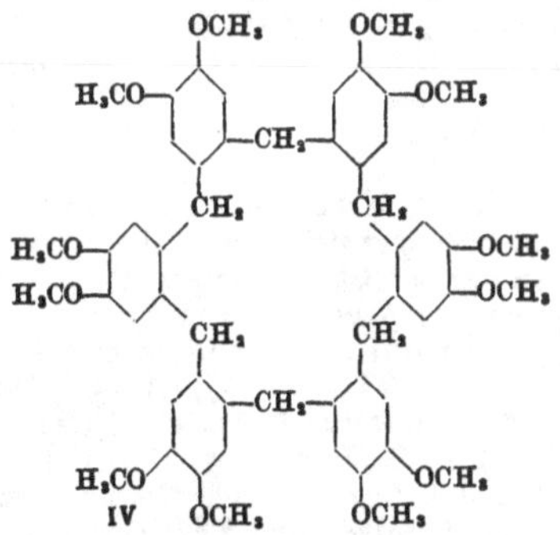

IV

Versuche: Kondensation von I mit unterschüssigem H_2CO in 70%ig. H_2SO_4 bei 10° führt zu *Diveratrylmethan* (V), Kp.$_{0,5}$ 195°, u. *6-[3″.4″-Dimethoxybenzyl]-3.4.3′.4′-tetramethoxy-diphenylmethan* (II), $C_{26}H_{30}O_6$, F. 93—94°, Kp.$_{0,2}$ 280° (prismat. Kristalle aus CH_3OH), entsteht auch durch Kondensation von V mit Veratrylchlorid in Ggw. von $AlCl_3$ in CS_2. — *Dibrom*-**II**, $C_{26}H_{28}O_6Br_2$, F. 132—134° (Chlf. + A.), mit Br_2 in $CHCl_3$. — *6.6′-Dinitrodiveratrylmethan*, F. 178° (Eisessig), aus II mit HNO_3 (D. 1,48) in Eisessig bei 20° (24 Std.). — Bei der Rk. von II mit H_2CO in 70%ig. H_2SO_4 entsteht IV. — Bei der Oxydation von II mit $KMnO_4$ in Aceton (48 Std.) entsteht *Verb.* $C_{26}H_{26}O_8$, F. 186—188° (Nadeln aus A.). — *2.3.6.7-Tetramethoxy-9-[3′.4′-dimethoxyphenyl]-oxanthron-(10)* (VI), $C_{26}H_{26}O_8$, F. 243—244° (Prismen aus Chlf. + CH_3OH), durch Oxydation von II mit $Na_2Cr_2O_7$ in Eisessig (45 Min. Kochen) oder durch Kondensation von Veratrumaldehyd mit V in Eisessig + H_2SO_4 (4—6 Std. Kochen) u. Oxydation des Reaktionsprod. (*2.3.6.7-Tetramethoxy-9-[3′.4′-dimethoxyphenyl]-anthracen*, F. 215—217°, aus Chlf. + A.) mit $Na_2Cr_2O_7$ in verd. Eisessig (4 Std., 100°). Bei der Oxydation von VI mit CrO_3 in Eisessig entsteht *2.3.6.7-Tetramethoxyanthra-*

chinon (**VII**). — *2.3.6.7-Tetramethoxy-9-[3'.4'-dimethoxyphenyl]-9.10-dihydroanthracen*, $C_{26}H_{28}O_6$, F. 179—180° (Nadeln aus Eisessig), durch Red. von **II** nach Clemmensen mit Zn + HCl (8 Std. Kochen). — *2.3.6.7-Tetramethoxy-9-acetoxy-10-[3'.4'-dimethoxyphenyl]-anthracen*, $C_{28}H_{28}O_8$, F. 237—238° (Nadeln aus Eisessig), durch Red. von **VI** mit Zn in Acetanhydrid (20 Std. Kochen). — *2.3.6.7.9-Pentamethoxy-10-[3'.4'-dimethoxyphenyl]-anthracen*, $C_{27}H_{28}O_7$, F. 212° (Nadeln aus A.), aus vorst. Verb. mit Dimethylsulfat in methanol. KOH. — Die nach Robinson erhaltene *Verb.* **IV**, F. 232 bis 233° (korr.; aus Eisessig, Bzl. oder Chlf. + A.), gibt bei der Oxydation mit wenig $Na_2Cr_2O_7$ in Eisessig *Verb.* $C_{54}H_{60}O_{14}$ (**VIII**), F. 213° (Eisessig oder Chlf.), deren vermutete Ketongruppen mit den n. Reagentien nicht nachzuweisen waren; bei reduzierender Acetylierung entsteht daraus eine *Acetylverb.*, F. 220°. — Red. von **VIII** nach Clemmensen gibt ein nicht näher untersuchtes Reaktionsprod., F. 316° (Chlf. + A.). — Oxydation von **IV** mit überschüssigem $Na_2Cr_2O_7$ in sd. Eisessig führt neben wenig **VII** zu dem *Lacton der α.α-Dioxy-4.5.4'.5'-tetramethoxydiphenylmethandicarbonsäure-(2.2')*, F. 305°. Dieselbe Verb. wird auch durch Oxydation von **IV** mit alkal. $KMnO_4$ erhalten. — UV-Absorptionskurven von **IV** vgl. Original. (Ann. Chimica **42**. 168—84. März 1952. Palermo, Univ., Ist. di Chim. organ., u. Rom, Centro di Chim. gen. del C. N. R.) K. Faber. 2260

David Y. Curtin und **Estelle K. Meislich**, *Umlagerung von 2-Brom-1-methoxy-1.1.2-triphenyläthan und 1-[p-Anisyl]-2-brom-1-methoxy-1.2-diphenyläthan.* Vff. untersuchen die Umlagerung von 2-Brom-1-methoxy-1.1.2-triphenyläthan (I) mit $AgNO_3$ in A. zu *Benzhydrylphenylketon* (**II**). Mit Ag_2O in Methanol wird das *Dimethylketal von* **II** erhalten. Der isomere *Triphenyläthylenglykoldimethyläther* ist im Gegensatz zu vorst. Verb. gegenüber saurer Hydrolyse beständig. Vff. nehmen an, daß das *Dimethylketal* als Intermediärprod. bei der Umlagerung auftritt u. durch die bei der Rk. freiwerdende HNO_3 zu **II** hydrolysiert wird. — cis- u. trans-1-[p-Anisyl]-1.2-diphenyläthylen (**IV**) liefern mit Br_2 in Methanol bei Zimmertemp. *p-Methoxybenzhydrylphenylketon* (**III**), bei —35° geben beide Isomeren ein Gemisch von *erythro-* u. *threo-1-[p-Anisyl]-2-brom-1.2-diphenyl-1-methoxyäthan*. Es gelang Vff. nicht, die reine erythro- oder threo-Form zu isolieren. Durch Bromierung von cis-**IV** oder trans-**IV** u. folgende Umsetzung mit Ag_2O bei —35° wird in jedem Falle das *Dimethylketal von* **III** erhalten. Auf Grund der vorliegenden Unters. ist es nicht möglich zu entscheiden, ob die Brommethoxylierung u./oder die Umlagerung die nichtstereospezif. Rkk. sind.

Versuche: *2-Brom-1-methoxy-1.1.2-triphenyläthan* (**I**), $C_{21}H_{19}OBr$, F. 91 bis 92,5° (Hexan), durch Bromierung von Triphenyläthylen in Methanol bei 35° u. 2std. Rühren nach beendeter Br_2-Zugabe; 38% (Ausbeute); daneben *Benzhydrylphenylketon* [**II**, F. 136—137° (Methanol); 45%]. Die Bromierung in Ggw. von überschüssigem $NaHCO_3$ liefert 56% **I** u. 22% **II**. Aus **I** bei 30 Min. Schütteln mit $AgNO_3$ in A. bei Zimmertemp. 88% **II**. — *Dimethylketal von* **II**, $C_{22}H_{22}O_2$, F. 84,4—85,6° (Methanol), durch Umsetzung von **I** in Methanol mit frisch gefälltem Ag_2O, 15 Min. unter heftigem Rühren u. Stehenlassen über Nacht; 82%; liefert beim Erhitzen mit katalyt. Mengen HCl in 95%ig. A. 88% **II**. — *Triphenyläthylenglykoldimethyläther*, $C_{22}H_{22}O_2$, F. 93,6 bis 95,0° (Methanol), durch Zugabe von 1.1.2-Triphenyl-2-methoxyäthanol in Bzl. zu einer Suspension von K in sd. Bzl. während 1 Std., rasche Zugabe von CH_3J, 1std. Rühren u. Stehenlassen über Nacht; 51%; ist beständig gegenüber saurer Hydrolyse. — *p-Methoxybenzhydrylphenylketon* (**III**), F. 85—89°, aus cis- oder trans-1-[p-Anisyl]-1.2-diphenyläthylen (**IV**) durch Bromierung in Methanol in Ggw. von $NaHCO_3$; 95%. — *1-[p-Anisyl]-2-brom-1.2-diphenyl-1-methoxyäthan*, ein Gemisch von *erythro-* u. *threo-Form*, $C_{22}H_{21}Br$, F. 70—73° (aus trans-**IV**), F. 65,5—68° (aus cis-**IV**), Misch-F. 60,5—64°, wie vorst. bei —35°; wiederholte Kristallisation aus A. oder Methanol liefert **III**; bei 3wöchigem Aufbewahren im verschlossenen Gefäß im Kühlschrank fallen die FF. beider Präpp. um 10°. — *p-Methoxybenzhydrylphenylketondimethylketal*, $C_{23}H_{24}O_3$, F. 77,4—78°, aus vorst. Verb. u. Ag_2O bei —35°; 66—69%; gibt bei 1monatigem Stehen (Zimmertemp.) oder bei saurer Hydrolyse 70% **III**. (J. Amer. chem. Soc. **74**. 5518—20. 5/11. 1952. New York, N. Y., Columbia Univ., Dep. of Chem.) G. Winkler. 2270

D. B. Bruce, A. J. S. Sorrie und **R. H. Thomson**, *Reaktionen in geschmolzenem $AlCl_3/NaCl$.* Vff. zeigen, daß intramol. Cyclisierungen, Friessche Umlagerungen u. Kondensationen von Hydrochinon (**IV**) mit verschied. mono- u. dibas. Säuren durch Einbringen der betreffenden Reaktionspartner in eine $AlCl_3$/NaCl-Schmelze bei 180 bis 200° in 2 Min. bewirkt werden. Kondensation von **IV** mit γ-Butyro- oder γ-Valerolacton gibt an Stelle der erwarteten Tetralone Indanonderivate. — Die Ausbeuten liegen in der gleichen Größenordnung wie bei den üblichen Darstellungsmethoden.

Versuche: Allg. Darst. der nachst. Verbb.: Ein Gemisch von $AlCl_3/NaCl$ (10:2 g) wird über direkter Flamme geschmolzen u. die aromat. Verb. (2 g) bei 140° zugegeben; die Temp. steigt rasch auf 180° u. wird 2 Min. auf 180—200° gehalten. Die Aufarbeitung erfolgt wie üblich; in Fällen, in denen Chelatbldg. eintritt, muß die Hydrolyse unter Kochen bis zur Zerstörung des Komplexes erfolgen. — Die Kondensations-Rkk. werden mit der 5fachen Gewichtsmenge $AlCl_3$, bezogen auf das Gesamtgewicht der beiden Komponenten, durchgeführt. *Indanon-(1)*, aus β-Phenylpropionsäure; 85% (Ausbeute). — *5-Oxyindanon-(1)*, aus β-[m-Oxyphenyl]-propionsäure; 60%, daneben 15% *7-Oxyindanon-(1)*. — *4-Nitroindanon-(1)*, aus β-[o-Nitrophenyl]-propionsäure; 10%. — *α-Tetralon*, aus γ-Phenylbuttersäure; 73%. — *Benzosuberon*, aus δ-Phenylvaleriansäure; 22%. — *1-Keto-2-phenylindan-3-carbonsäure*, $C_{16}H_{12}O_3 \cdot H_2O$, F. 116° (W.), aus α.β-Diphenylbernsteinsäure (**I**); 50%; beim Schmelzen von **I** mit einer größeren Menge $AlCl_3/NaCl$ während 10 Min. daneben in geringer Menge *4b.5.9b.10-Tetrahydroindeno-[2.1:a]-indendion-(5.10)* [*1'-Ketoindano-[3'.2':2.3]-indanon* (**II**), F. 205° (A.), ferner aus der Ketocarbonsäure durch 2 Min. Erhitzen mit konz. H_2SO_4 auf 135°]. — *o-Oxyacetophenon*, aus Phenylacetat; 37%, daneben *p-Oxyacetophenon*; 35%. — *p-Oxybenzophenon*, aus Phenylbenzoat; 55%; daneben *o-Oxybenzophenon*; 17%; ferner aus Phenol u. Benzoesäure (**III**) in gleichen Ausbeuten. — *2.5-Dioxyacetophenon* (**V**), aus Hydrochinondiacetat; 60%. — *2.5-Dioxybenzophenon*, aus Hydrochinondibenzoat; 30%; aus **IV** u. **III**; 33%. — *4.7-Dioxy-3-methylindanon-(1)*, $C_{10}H_{10}O_3$, F. 182—183°, aus *Hydrochinondicrotonat* [$C_{14}H_{14}O_4$, F. 113°, aus **IV** u. Crotonylchlorid durch 3 Min. Kochen, Nadeln aus A.; 94%]; 55%; aus **IV** u. Crotonsäure; 30%; aus **IV** u. γ-Butyrolacton; 45%; aus *2.5-Dioxyphenylpropenylketon* [$C_{10}H_{10}O_3$, F. 154,5°, Sublimation bei 175°/10 mm, durch Sättigen einer Suspension von 2 g **V** in Eisessig bei 0° mit HCl, Zugabe von Acetaldehyd während 3 Std., 3 Std. Stehenlassen u. Reinigung durch Vakuumsublimation, hellgelbe Nadeln aus Leichtbenzin; 0,1 g]; 90%; hellgelbe Platten aus Leichtbenzin; *Diacetat*, $C_{14}H_{14}O_5$, F. 75° (Leichtbenzin). — *Triacetylphloroglucin*, aus Phloroglucintriacetat; 50%. — *4-Brom-2'.5'-dioxybenzophenon*, $C_{13}H_9O_3Br$, F. 153°, aus **IV** u. p-Brombenzoesäure; hellgelbe Nadeln aus Bzl./Leichtbenzin. *2.4-Dinitrophenylhydrazon*, $C_{19}H_{13}O_6N_4Br$, F. 314° (Zers.), orangerote Platten aus Eisessig. — *3-Äthyl-4.7-dioxyindanon-(1)*, $C_{11}H_{12}O_3$, F. 199°, aus **IV** u. γ-Valerolacton; gelbe Nadeln; 12%. *Diacetat*, $C_{15}H_{16}O_5$, F. 102°, Nadeln aus Alkohol. — *Naphthazarin*, aus **IV** u. Maleinsäure; 30%. — *1.2.3.4-Tetrahydro-5.8-dioxy-1.4-diketonaphthalin*, aus **IV** u. Bernsteinsäure; 25%. — *1'.4'-Dioxy-1.2-benzocycloheptendion-(3.7)*, $C_{11}H_{10}O_4$, F. 100—120° (Leichtbenzin, hellrote Nadeln), F. 149° (nach Sublimation im Vakuum gelb), aus **IV** u. Glutarsäure (**VI**); 33%. — *1'.4'-Dioxynaphtho-[2'.3':1.2]-cycloheptendion-(3.7)*, $C_{15}H_{12}O_4$, F. 121°, aus 1.4-Dioxynaphthalin u. **VI**, gelbe Rosetten aus Leichtbenzin; 7%. *Dimethyläther*, $C_{17}H_{16}O_4$, F. 124°, Platten aus wss. Methanol. — *δ-[2.5-Dioxybenzoyl]-valeriansäure*, $C_{12}H_{14}O_5$, F. 130°, aus **IV** u. Adipinsäure, hellgelbe Blättchen aus W.; 9%. *2.4-Dinitrophenylhydrazon*, $C_{18}H_{18}O_8N_4$, F. 194° (A.). — *3-Phenylindanon-(1)*, aus Chalkon; 60%. — *1-Ketoindan-3-carbonsäure*, aus β-Benzoylacrylsäure; 1%. — *1-Keto-4.5-benzindan-3-carbonsäure*, aus β-Naphthoyl-(2)-acrylsäure; 30%. (J. chem. Soc. [London] **1953**. 2403—06. Aug. Old Aberdeen, Scotland, Univ.) G. Winkler. 2600

David W. Mathieson, *Perhydroindane*. 2. Mitt. *Hexahydroindanone*. (1. vgl. C. **1954**. 3462.) Es wurden *4.5.6.7-Tetrahydro-*(**I**), *4.5.6.7-Tetrahydro-6-phenylindanon-(1)* (**II**), *6.7-Dihydro-* (**III**) u. *4.5.6.7.1'.2'.3'.4'-Oktahydro-4.5-benzindanon-(1)* (**IV**) durch Ringschluß der nach Stobbe durch Kondensation des entsprechenden Ketons mit Diäthylsuccinat (**V**) erhaltenen Halbester, Hydrolyse u. Decarboxylierung dargestellt. Die Hydrierung von **I**, **II** u. **IV** in Ggw. von $Pd/BaSO_4$ lieferte die entsprechenden, in 8.9-Stellung hydrierten Indanone, für die eine versuchsweise Zuordnung der Konfiguration vorgenommen wurde. **III** ließ sich nur unter Anwendung von Überdruck katalyt. hydrieren u. ergab *6.7.8.9-Tetrahydro-4.5-benzindanon-(1)*. Die Absorptionsspektren der Ketone u. ihrer Derivv. (vgl. Orig.) stützen die experimentellen Ergebnisse.

Versuche (zum Teil mit **E. J. Haiba**): *4.5.6.7-Tetrahydroindanon-(1)* (**I**), $Kp._2$ 83,5—85°, 40 g Äthyl-β-carboxy-α-cyclohexenylpropionat in Acetanhydrid u. Essigsäure mit $ZnCl_2$ 5 Std. unter N_2 kochen, Lösungsm. im Vakuum entfernen, Rückstand 3 Std. mit konz. HCl in Essigsäure kochen, Rückstand alkal. machen u. mit Ae. extrahieren; n_D^{18} 1,5260; 10,9 g (Ausbeute). — *4.5.6.7-Tetrahydro-6-phenylindanon-(1)* (**II**), $C_{15}H_{16}O$, F. 79—80° (PAe.), analog **I** aus 5 g Methyl-4.5.6.7-tetrahydro-3-oxo-5-phenylindan-1-carboxylat; Nadeln; 2 g. *2.4-Dinitrophenylhydrazon*, $C_{21}H_{20}O_4N_4$, F. 235—236° (Essigsäure), orangefarbene Nadeln. — *Äthyl-β-carboxy-α-[Δ^1-okta-*

hydronaphthyl-(1)]-propionat, $C_{16}H_{24}O_4$, Kp.$_{0,5}$ 165—169°, aus 15,2 g trans-α-Dekalon u. 19 g **V** in Ggw. von K-tert.-Butylat (aus K u. überschüssigem tert.-Butanol); 19,5 g. — *4.5.6.7.1'.2'.3'.4'-Oktahydro-4.5-benzindanon-(1)* (**IV**), $C_{13}H_{18}O$, Kp.$_{0,5}$ 130 bis 132°, aus 38 g vorst. Verb. analog **I**; 12,2 g. *2.4-Dinitrophenylhydrazon*, $C_{19}H_{22}O_4N_4$, F. 203—204° (Eisessig), dunkelrote Platten. *Semicarbazon*, $C_{14}H_{21}ON_3$, F. 265° (Zers.; Eisessig), Nadeln. — Die katalyt. Hydrierung geschah allg. in methanol. oder isopropanol. Lsg. in Ggw. von 10%ig. Pd/$BaSO_4$ bei n. Druck u. Zimmertemp. in 1 bis 5 Std. bei 95—98%ig. Ausbeute u. Isolierung über das 2.4-Dinitrophenylhydrazon. *Hexahydroindanon-(1)*, Kp.$_6$ 72—73,6°, aus **I**; n_D^{25} 1,4813. *2.4-Dinitrophenylhydrazon*, F. variabel 163—165° bis 130—140° (Eisessig), orangegelbe Platten. *Semicarbazon*, $C_{10}H_{17}ON_3$, F. 211—212° (wss. Essigsäure). — *6-Phenylhexahydroindanon-(1)*, $C_{15}H_{18}O$, F. 57—60° (PAe.), aus **II**; Prismen. *2.4-Dinitrophenylhydrazon*, $C_{21}H_{22}O_4N_4$, F. 169 bis 179° (Eisessig), orangefarbene Nadeln. *Semicarbazon*, $C_{16}H_{21}ON_3$, F. 254—255° (wss. Essigsäure), Platten. — *Dekahydro-4.5-benzindanon*, $C_{13}H_{20}O$, F. 58—59° (PAe.), aus **IV**, Prismen. *2.4-Dinitrophenylhydrazon*, $C_{19}H_{24}O_4N_4$, F. 204—206° (Eisessig), orangegelbe Platten. *Semicarbazon*, $C_{14}H_{23}ON_3$, F. 247—248° (wss. Essigsäure). — *6.7.8.9-Tetrahydro-4.5-benzindanon-(1)*, $C_{13}H_{14}O$, Kp.$_6$ 135—140°. 9 g **III** in Isopropanol in Ggw. von 5%ig. Pd/$BaSO_4$ bei 80° u. 80 at in 2 Std. hydrieren, nach Aufarbeitung nebenbei entstandenen Alkohol mit CrO_3 in Essigsäure oxydieren, n_D^{20} 1,5680. *2.4-Dinitrophenylhydrazon*, $C_{19}H_{18}O_4N_4$, F. 214—215° (Eisessig), orangefarbene Platten. *Semicarbazon*, $C_{14}H_{17}ON_3$, F. 231—232° (Dioxan), Nadeln. (J. chem. Soc. [London] **1953**. 3248—51. Okt. London, Univ., School of Pharmacy.)

L. FISCHER. 2650

David W. Mathieson, *Perhydroindane*. 3. Mitt. *cis-Hexahydroindancarbonsäure-(1)*. (2. vgl. vorst. Ref.) Vf. untersuchte die Möglichkeit, Derivv. der *Hexahydroindancarbonsäure-(1)* (**I**) durch Ringschluß saurer Cyclohexen-(1)-ylbernsteinsäureester, die durch Kondensation von Cyclohexanon (**II**) mit Bernsteinsäuredialkylestern nach STOBBE zugänglich waren, u. nachfolgende Hydrierung darzustellen. So entstand aus **II** u. Dimethylsuccinat (**III**) in Ggw. von K-tert.-Butylat *β-Cyclohexen-(1)-yl-β-methoxycarbonylpropionsäure* (**IVa**), deren Konst. dadurch bewiesen wurde, daß sie nach Hydrierung u. Verseifung *Cyclohexylbernsteinsäure*, nach Behandlung mit $Ba(OH)_2$ *Cyclohexen-(1)-ylbernsteinsäure*, bei der Oxydation mit $KMnO_4$ kein **II** u. ihr Absorptionsspektr. keinen Hinweis für eine Cyclohexylidenverb. lieferte. Wurde **II** mit **III** in Ggw. von $NaOCH_3$ kondensiert, konnte die Bldg. des von ROBINSON u. SEIJO (J. chem. Soc. [London] **1941**. 582) unter diesen Bedingungen gefundenen Methylparaconats nicht bestätigt werden. Es bildete sich ebenso **IVa**. Der entsprechende Monoäthylester (**IVb**) wurde analog gewonnen. Der Ringschluß von **IVa** u. **IVb** mit verschied. Cyclisierungmitteln lieferte in wechselnder Menge Prodd., denen die Konst. von *Methyl-* (**Va**) bzw. *Äthyl-4.5.6.7-tetrahydro-3-oxoindan-1-carboxylat* (**Vb**) auf Grund der Spektren u. der chem. Eigg. im Gegensatz zu den Anschauungen von JOHNSON u. Mitarbeitern (J. Amer. chem. Soc. **70**. [1948.] 3021) zugewiesen wird. **Vb** ging bei der Hydrolyse mit $Ba(OH)_2$ wahrscheinlich in die *freie Säure* (**V**) über, die bei Behandlung mit BRADYs Reagens das *2.4-Dinitrophenylhydrazon* von **Vb** zurück lieferte. **V** zeigte sich als sehr instabil u. wandelte sich unter Abspaltung von CO_2 in *4.5.6.7-Tetrahydroindanon-(1)* um. Die Red. von **Va** oder **Vb** nach CLEMMENSEN führte zu einem öligen Gemisch ungesätt. Säuren, das in Ggw. von Pt 1 Mol H_2 absorbierte u. in 75%ig. Ausbeute **I** lieferte. Aus dem öligen Zwischenprod. konnte eine *Tetrahydroindancarbonsäure* (F. 126,5—127°) isoliert werden, die auch durch Bromierung von **I** u. Abspaltung von HBr zugänglich war. Die nähere Natur dieses Nebenprod. blieb ungeklärt. — Wurde **Vb** in Ggw. von Pd hydriert u. danach verseift, entstand *Hexahydro-3-oxoindancarbonsäure-(1)* (**VII**), die durch Red. nach CLEMMENSEN leicht in **I** überging. Die Identität von **I** konnte dadurch bewiesen werden, daß sich Indencarbonsäure-[1(3)] (**VIII**) durch Hydrierung in alkoh. Lsg. in Ggw. von Pt u. HCl sofort in den *Äthylester* von **I** umwandelte, der durch Verseifung **I** ergab. Für die Konfiguration von **I** u. **VII** an $C_{(8)}$ u. $C_{(9)}$ wird eine cis-Anordnung der H-Atome u. für die COOH-Gruppe in bezug auf das H-Atom am $C_{(8)}$ eine trans-Stellung angenommen. Dies konnte zum Teil durch den Abbau von **I** zu *cis-1-Aminohexahydroindan* bekräftigt werden. — UV-Maxima von **Va**, **Vb**, **VII** u. ihren Semicarbazonen u. 2.4-Dinitrophenylhydrazonen vgl. Original.

Versuche (zum Teil mit **E. J. Halba**): *β-Cyclohexen-(1)-yl-β-methoxycarbonylpropionsäure* (**IVa**), $C_{11}H_{16}O_4$, F. 73—74° (PAe.), aus 117 g **II** u. 146 g **III** in tert.-Butanol in Ggw. von K-tert.-Butylat durch 20 Min. Kochen unter N_2; <20° mit wss. HCl zers., nach Isolierung liefert Dest. 118 g einer Fraktion Kp.$_{0,3}$ 138—140°, die nach einigen Tagen krist., daneben nachst. Verb.; 60 g (Ausbeute). — *β-Cyclohexyliden-*

β-methoxycarbonylpropionsäure (**VI**) (?), Kp.$_{0,1}$ 115—130°, durch Dest. der Mutterlauge von **IVa**; 45 g. — *Cyclohexylidenbernsteinsäure*, $C_{10}H_{14}O_4$, F. 193° (Zers.; W.), aus **VI** mit $Ba(OH)_2$ bei Zimmertemperatur. — *Cyclohexylbernsteinsäure*, F. 145—146° (W.), durch Hydrierung von vorst. Verb., von **VI** oder von **IVa** in Ggw. von Pd-Kohle u. nachfolgende Verseifung, Nadeln. — *Cyclohexanon-2.4-dinitrophenylhydrazon*, F. 159 bis 160°, durch Oxydation von **VI** mit $KMnO_4$ u. Versetzen mit 2.4-Dinitrophenylhydrazin. — *β-Äthoxycarbonyl-β-cyclohexen-(1)-ylpropionsäure* (**IVb**), nach Johnson u. Mitarbeiter (l. c.). — *Methyl-4.5.6.7-tetrahydro-3-oxoindan-1-carboxylat* (**Va**), $C_{11}H_{14}O_3$, Kp.$_{0,2}$ 112—115°, Kp.$_{0,6}$ 125—127°. **IVa** oder **VI** in Essigsäure–Acetanhydrid in Ggw. von $ZnCl_2$ 4½ Std. unter N_2 kochen; n_D^{21} 1,5056, n_D^{20} 1,5070; 56—60 bzw. 20%. *2.4-Dinitrophenylhydrazon*, $C_{17}H_{18}O_6N_4$, orangefarbene Platten aus Xylol, F. 195 bis 196°. *Semicarbazon*, $C_{12}H_{17}O_3N_3$, Nadeln aus Methanol, F. 210—210,5°. — *Äthyl-4.5.6.7-tetrahydro-3-oxoindan-1-carboxylat* (**Vb**), $C_{12}H_{16}O_3$, a) analog **Va** aus **IVb**, Kp.$_{0,1}$ 104—110°, n_D^{20} 1,5028; 55%; b) aus **IVb** durch Ringschluß mit HSO_3F bei 0—5° unter Rühren, 6 Std. bei Zimmertemp.; Kp.$_{0,1}$ 107—110°; 60%; c) wie b), jedoch 40 Min. auf dem Dampfbad erhitzen; Kp.$_{0,2}$ 114—116°; 25%; d) 20 g **IVb** mit Pyridin in Ae. bei 0° mit $SOCl_2$ unter Rühren in das *Säurechlorid* umwandeln (Kp.$_2$ 124—128°; 13 g), dieses bei —7 bis —10° zu Äthylendichlorid u. $SnCl_4$ geben, nach 1 Std. innerhalb von 10 Std. auf Zimmertemp. erwärmen lassen, mit Eis zers., Rückstand des Ae.-Extraktes 3 Std. in Kollidin unter N_2 kochen; Kp.$_{0,3}$ 114—116°, n_D^{20} 1,5070; 36%. *2.4-Dinitrophenylhydrazon*, $C_{18}H_{20}O_6N_4$, F. 171—172° (Essigsäure), orangefarbene Platten. *Semicarbazon*, $C_{13}H_{19}O_3N_3$, F. 192—193° (Methanol), Nadeln. — *Cyclohexen-(1)-ylbernsteinsäure*, F. 144—147° (W.), bei der Darst. von **Vb** nach a), Nadeln. — *Paraconsäure*, F. 186—187° (W.), bei der Darst. von **Vb** nach b) in der sauren Fraktion, Nadeln; 20%. — *4.5.6.7-Tetrahydro-3 oxoindancarbonsäure-(1)* (**V**), bei der Darst. von **Vb** nach c); 30%; liefert in Methanol das 2.4-Dinitrophenylhydrazon von **Va** u. in A. das von **Vb**. — *4.5.6.7-Tetrahydroindanon*, Kp.$_{0,2}$ 80—82°; a) bei der Darst. von **Vb** nach c); 5%; b) 1,4 g **V** im Vakuum erwärmen; 0,26 g. *2.4-Dinitrophenylhydrazon*, dunkelrote Nadeln aus A., F. 239°. *Semicarbazon*, blaßgelbe Nadeln aus verd. CH_3COOH, F. 244—245°. — *Hexahydro-3-oxoindancarbonsäure-(1)* (**VII**), $C_{10}H_{14}O_3$, F. 149—150° (Bzl.–PAe.), durch 18std. Hydrierung von 1 g **Vb** in A. in Ggw. von 5%ig. Pd/$SrCO_3$ unter Schütteln u. Hydrolyse mit 20%ig. NaOH; 600 mg. *Semicarbazon*, $C_{11}H_{17}O_3N_3$, Nadeln aus Isopropanol, F. 240—241° (Zers.). — *Methylhexahydro-3-oxoindan-1-carboxylat-2.4-dinitrophenylhydrazon*, $C_{17}H_{20}O_6N_4$, F. 196—197° (Äthylacetat), durch Behandeln von **VII** mit Bradys Reagens in Methanol, gelbe Platten. — *Tetrahydroindancarbonsäure-(1)*, $C_{10}H_{14}O_2$, F. 126,5—127° (PAe.). a) 35 g amalgamierte Zn-Wolle mit 12,5 g **Vb** in Essigsäure–verd. HCl 10 Std. kochen, nach Reinigung 8,8 g saure Prodd., aus denen neben wenig Paraconsäure die Verb. nach mehreren Monaten aus PAe. auskrist.; 120 mg; b) **I**, Br_2 u. PCl_3 im Rohr 3 Std. auf dem Dampfbad erhitzen, verbleibenden dunkelbraunen Gummi 3 Std. unter N_2 mit Kollidin kochen, in HCl gießen u. mit Ae. extrahieren, Nadeln. — *Hexahydroindancarbonsäure-(1)* (**I**), $C_{10}H_{16}O_2$, F. 94—95° (PAe.), a) durch Hydrierung von 1,65 g vorst. Verb. in Eisessig in Ggw. von Pt; 1,3 g; b) durch Red. von 1 g **VII** mit amalgamiertem Zn; 200 mg; c) durch Hydrierung von **VIII** in A. in Ggw. von Pt; d) durch Verseifung von 5 g nachst. Äthylesters mit wss. methanol. KOH, 4 Std. Rückfluß; 4,2 g Nadeln. *Äthylester*, $C_{12}H_{20}O_2$, Kp.$_{0,5}$ 106—108°, aus **VIII** durch Hydrierung in A. in Ggw. von Pt u. wenigen Tropfen HCl; n_D^{17} 1,4782; 99%. *p-Bromphenacylester*, $C_{18}H_{21}O_3Br$, Platten aus Methanol, F. 115°. *p-Toluidid*, $C_{17}H_{23}ON$, Nadeln aus Bzl., F. 189—190°. — *cis-1-Benzamidohexahydroindan*, F. 183,5—184° (Aceton). **I** in Chlf. u. konz. H_2SO_4 unter Rühren in Portionen mit NaN_3 bei 20—25° versetzen, dann 30 Min. bei 50°, auf Eis gießen. alkalisieren u. das Amin benzoylieren, Nadeln; 70%. (J. chem. Soc. [London] **1953**. 3251—57. Okt.) L. Fischer. 2650

G. Baddeley, E. Wrench und **R. Williamson**, *Reaktion von Indan und Tetralin mit einem Überschuß an Acetylierungsmittel.* Die Acetylierung von Tetralin (**II**) bzw. Indan (**VI**) mit überschüssigem CH_3COCl nach Friedel-Crafts liefert *3.6-Di-acetyl-1.2-dihydronaphthalin* (**I**) bzw. ein Gemisch von *2.5-* (**V**) u. *2.6-Diacetylinden* (**VII**). Folgende Befunde beweisen die Struktur der Reaktionsprodd.: **V** läßt sich unter dem Einfl. von $NaOC_2H_5$ leicht in **VII** umlagern. **V** u. **VII** geben das gleiche Hydrierungsprod., das mit dem Acetylierungsprod. des *2-Acetylindans* ident. ist. Die Lage der Doppelbindung von **V** u. **VII** folgt aus einem Vgl. der UV-Spektren (**V**: λ_{max} 295 mμ; **VII**: λ_{max} 305 mμ) mit denen von *p-Acetylstyrol* (**VIII**; λ_{max} 280 mμ), Benzylidenaceton (λ_{max} 286 mμ) u. *4-[p-Acetylphenyl]-buten-(3)-on-(2)* (λ_{max} 295 mμ). Vorst. Verb. konnte aus 2-Phenyläthylchlorid über *2-[p-Acetylphenyl]-äthylchlorid* u. **VIII** gewonnen werden. **I** (λ_{max} 300 mμ) wurde, nach Hydrierung zum Tetralinderiv. (**III**), mit SeO_2 zu

Tetralindicarbonsäure-(2.7) abgebaut u. andererseits durch Red. u. nachfolgende Dehydrierung in *2.7-Diäthylnaphthalin* übergeführt. Vorst. Verb. wurde zum Vgl. auch aus 7-Äthyltetralon-(1) synthetisiert. Bei der Oxydation von **I** mit $KMnO_4$ entstand *β-[4-Acetyl-2-carboxyphenyl]-propionsäure* u. daraus mit NaOCl *β-[2.4-Dicarboxyphenyl]-propionsäure*. — Für die Acylierung des hydroaromat. Ringes von **II** u. **VI** geben Vff. nachst. Mechanismus an: Ein Acylkation entreißt dem hydroaromat. Ring ein H^--Ion, wobei die zur prim. in den aromat. Ring eingeführten Acylgruppe m-ständige CH_2-Gruppe bevorzugt wird. Das zurückbleibende Kation — durch Resonanz mit dem Benzolkern gegen eine Umlagerung stabilisiert — verliert ein Proton u. wird dann an der Doppelbindung in 2-Stellung von einem weiteren Acylkation zu **I** bzw. **V** acetyliert. Sek. lagert sich **V** partiell in **VII** um. Analog vermuten Vff., daß auch der Acylierung des 9.10-Dihydroanthracens (**IX**) eine Dehydrierung vorausgeht, nur daß hier das entstehende Hydridion nachträglich das 9-Acylanthracen (**X**) wieder zum 9.10-Dihydroderiv. hydriert. Diese Auffassung wird dadurch gestützt, daß **IX** bei Ggw. von $AlCl_3$ 2 H-Atome auf **X** zu übertragen vermag. Die bekannte FRIEDEL-CRAFTS-Acylierung des Cyclohexans u. anderer gesätt. KW-stoffe verläuft nach Vff. über analoge Zwischenstufen wie vorst. Reaktionen.

Versuche: *3.6-Diacetyl-1.2-dihydronaphthalin* (**I**), $C_{14}H_{14}O_2$, F. 73—74° (PAe.), Kp.$_{0,12}$ 190—200°; a) aus 16 g **II**, 32 g CH_3COCl u. 56 g $AlCl_3$ in Äthylenchlorid, erst bei 20°, dann 2 Std. bei 70—75°; 7 g (Ausbeute); b) analog 3 Tage bei 20°; 10 g; c) aus 25 g **II**, 61 g Acetanhydrid u. 168 g $AlCl_3$ in $C_2H_4Cl_2$ bei 70—75°; 13,5 g; d) durch Zugabe von 26 g **II** zu 48 g CH_3COCl u. 112 g $AlCl_3$ in $C_2H_4Cl_2$, Abdampfen des $C_2H_4Cl_2$ im Vakuum u. 2std. Erhitzen auf 100°; 13 g; e) durch Zugabe einer geschmolzenen Mischung von 8,7 g 6-Acetyltetralin mit 10,5 g $AlCl_3$ zu 4,0 g CH_3COCl u. 10,5 g $AlCl_3$ u. 2std. Erhitzen auf 100°; 4 g. *Bis-2.4-dinitrophenylhydrazon*, $C_{26}H_{22}O_8N_8$, Zers. bei 270° (Nitrobenzol), rot. — *6-Acetyltetralin*, Kp.$_{15}$ 165—175°, neben **I** nach a) 20 g; b) 20 g; c) 14,6 g u. e) 5 g. — *2.7-Diacetyltetralin* (**III**), $C_{14}H_{16}O_2$, F. 52—53° (PAe.), Kp.$_{0,3}$ 180—190°; aus 10,7 g **I** mit H_2/RANEY-Ni in A.; 9,5 g. *Bis-2.4-dinitrophenylhydrazon*, $C_{26}H_{24}O_8N_8$, Zers. bei 246° (Nitrobenzol), rot. — *Tetralindicarbonsäure-(2.7)*, $C_{12}H_{12}O_4$, F. 260° (Zers.); durch 4std. Kochen vorst. Verb. (2,5 g) mit SeO_2 (2,5 g) in wss. Dioxan u. nachfolgende Oxydation mit 30%ig. wss. H_2O_2 u. verd. NaOH; 0,5 g. — *Naphthalin*, aus vorst. Säure durch Erhitzen mit Pd-Kohle auf 270°. — *2.7-Diäthyltetralin*, $C_{14}H_{20}$, Kp.$_{15}$ 150—155°; a) durch 19std. CLEMMENSEN-Red. von 6,0 g **III**; 2,2 g; b) analog aus 2.7-Diäthyltetralon (**IV**). *Pikrat*, $C_{20}H_{23}O_7N_3$, F. 77—78° (A.), orange. — *2.7-Diäthylnaphthalin*, durch Dehydrierung von vorst. Verb. mit Pd-Kohle bei 270°. — *β-[4-Acetyl-2-carboxyphenyl]-propionsäure*, $C_{12}H_{12}O_5$, F. 218 bis 220° (W.), durch 3std. Schütteln von **I** mit eiskaltem wss. $KMnO_4$. — *β-[2.4-Dicarboxyphenyl]-propionsäure*, $C_{11}H_{10}O_6$, F. 267—268°, aus vorst. Verb. mit alkal. Hypochlorit bei 100°. — *7-Äthyl-2-äthylidentetralon-(1)*, $C_{14}H_{16}O$, Kp.$_{12}$ 180—185°; aus 19 g 7-Äthyltetralon-(1) (vgl. BACHMANN u. EDGERTON, J. Amer. chem. Soc. **62**. [1940.] 2222; KROLLPFEIFFER, Ber. dtsch. chem. Ges. **56**. [1923.] 626), Acetaldehyd u. trockenem HCl über Nacht bei 0°; 17 g. — *2.7-Diäthyltetralon-(1)* (**IV**), Kp.$_{12}$ 165 bis 170°, aus vorst. Verb. mit H_2/RANEY-Ni. *Semicarbazon*, $C_{15}H_{21}ON_3$, F. 198—199°. — *2.5-Diacetylinden* (**V**), $C_{13}H_{12}O_2$, F. 106—108°, Kp.$_{0,1}$ 180—190°; a) durch 3tägige Rk. von 24 g **VI** mit 48 g CH_3COCl u. 84 g $AlCl_3$ in $C_2H_4Cl_2$ bei 20°; 10,7 g Isomerengemisch **V** + **VII**; b) durch 2std. Erhitzen der gleichen Komponenten ohne $C_2H_4Cl_2$ auf 100°; 15 g **V** + **VII**; c) aus 24 g **VI**, 61 g Acetanhydrid u. 168 g $AlCl_3$ in $C_2H_4Cl_2$, nach Abdampfen des $C_2H_4Cl_2$ im Vakuum 2std. Erhitzen auf 100°; 7 g **V** + **VII**; Trennung von **VII** durch fraktionierte Kristallisation aus A., in dem **V** leichter lösl. ist als **VII**. — *2.6-Diacetylinden* (**VII**), $C_{13}H_{12}O_2$, F. 161—163° (A.), Kp.$_{0,1}$ 180—190°, neben **V** nach a), b) u. c), oder aus **V** mit alkoh. $NaOC_2H_5$ u. Ansäuern der tiefroten Lösung. — *5-Acetylindan*, Kp.$_{0,1}$ 110—120°; neben **V** u. **VII**, nach a) 9,3 g, nach b) 7 g, nach c) 8 g. — *2.5-Diacetylindan*, $C_{13}H_{14}O_2$; a) durch Hydrierung von **V** oder von **VII**, b) aus 2-Acetylindan mit CH_3COCl u. $AlCl_3$. — *2-[p-Acetylphenyl]-äthylchlorid*, Kp.$_{15}$ 168°; aus 13,5 g 2-Phenyläthylchlorid mit 16 g CH_3COCl u. 15 g $AlCl_3$ in $C_2H_4Cl_2$; 14 g. *2.4-Dinitrophenylhydrazon*, $C_{16}H_{15}O_4N_4Cl$, F. 184° (A.), orangegelb. — *p-Acetylstyrol* (**VIII**), $C_{10}H_{10}O$, F. 33° (PAe.), Kp.$_{12}$ 110°, durch Wasserdampfdest. vorst. Verb. (10 g) mit wss. Triäthanolamin; 6 g. — *p-Äthylacetophenon*, durch Hydrierung von **VIII**. *Semicarbazon*, F. 153°. — *4-[p-Acetylphenyl]-buten-(3)-on-(2)*, $C_{12}H_{12}O_2$, F. 103° (PAe.), aus 1,3 g **VIII** u. 1,0 g CH_3COCl mit $AlCl_3$ in CH_2Cl_2 (reagiert momentan), hellgelb; 1,4 g. — *4-[p-Acetylphenyl]-butanon-(2)*, Kp.$_{0,15}$ 150°; a) durch Hydrierung vorst. Verb., b) durch Rk. von Methyl-[2-phenyläthyl]-keton mit CH_3COCl u. $AlCl_3$ in CH_2Cl_2. *Bis-2.4-dinitrophenylhydrazon*, $C_{24}H_{22}O_8N_8$, F. 272°. — *Anthracen* u. *9-Benzoyl-9.10-dihydroanthracen*, durch 24std. Stehenlassen von **IX** mit 9-Benzoylanthracen u. $AlCl_3$ in CS_2

u. Chromatographie aus Bzl. an Al_2O_3. (J. chem. Soc. [London] **1953**. 2110—15. Juli. Manchester, Univ., Fac. of Technol.) PRACEJUS. 2700

B. Belleau, *Eine neue synthetische Annäherung an die Morphinstruktur.* Vf. synthetisierte *2.2-Tetramethylentetralon-(1)* (**I**) durch FRIEDEL-CRAFTS-Rk. von α.α-Tetramethylensuccinanhydrid mit Bzl., CLEMMENSEN-Red. u. Cyclisierung mit $AlCl_3$. Das daraus durch Red. erhaltene Tetralol (**II**) erleidet bei der Dehydratisierung mit $KHSO_4$ eine WAGNER-Umlagerung, die zu *1.2.3.4.9.10-Hexahydrophenanthren* führt. Dehydratisiert man analog das aus **I** u. CH_3MgJ dargestellte *1-Methyl-2.2-tetramethylentetralol-(1)* (**III**), so erhält man *1-Methylen-2.2-tetramethylentetralin*, dessen Struktur aus dem UV-Spektr., der schwierigen Dehydrierbarkeit u. bes. aus der glatten Oxydierbarkeit zu **I** (über das entsprechende Glykol) folgt. Überraschenderweise verhält sich das nach REFORMATSKI aus **I** u. Bromessigester zugängliche Tetralolderiv. **IV** bei der Dehydratisierung mit HCOOH nicht wie **III**, sondern wieder prinzipiell wie **II**. Statt eines ungesätt. Esters entsteht jedoch als Cyclisierungsprod. der freien Säure *4a-Carboxymethyl-10a-oxy-1.2.3.4.4a.9.10.10a-oktahydrophenanthrenlacton* (**V**). Die Ringerweiterungs-Rk. von **IV** wird vielleicht dadurch begünstigt, daß die nucleophile Carboxylgruppe das bei der Umlagerung entstehende Carbeniumion aus dem Reaktionsgemisch irreversibel abfängt. **V** ließ sich mit $LiAlH_4$ zu einem gesätt. Diol red., dessen tert. OH-Gruppe — nach Schutz der prim. — durch Dehydratisierung u. Hydrierung eliminiert wurde. Das als Stereoisomerengemisch erhaltene *4a-[β-Oxyäthyl]-1.2.3.4.4a.9.10.10a-oktahydrophenanthren* (**VII**) wurde über das Chlorid in *4a-[β-Dimethylamino]-1.2.3.4.4a.9.10.10a-oktahydrophenanthren* (**VIII**) übergeführt, dessen Pikrat mit dem von GATES u. Mitarbeitern (C. **1953**. 8609) aus N-Methylisomorphinanjodmethylat erhaltenen Prod. ident. war.

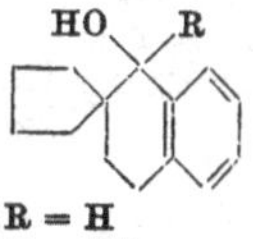

II R = H
III R = CH_3
IV R = CH_2—$COOCH_3$

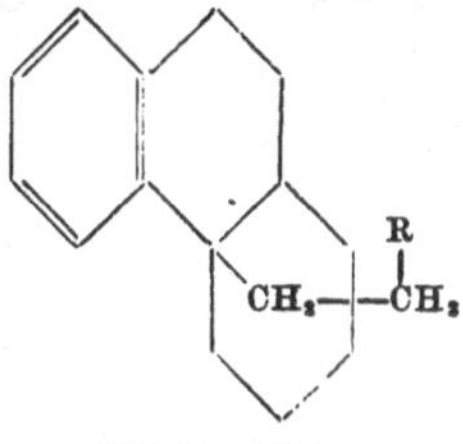

VII R = OH
VIII R = $N(CH_3)_2$

V e r s u c h e : *2.2-Tetramethylentetralon-(1)* (**I**), $Kp._{1,5}$ 127—130°, durch Rk. von α.α-Tetramethylen-γ-phenylbuttersäure mit PCl_5 in Bzl., Abdampfen im Vakuum, Lösen in Bzl. u. Rühren mit $AlCl_3$ (1½ Std. bei 40—50°, 10—15 Min. bei 100°); 75% (Ausbeute). *Oxim*, $C_{14}H_{17}ON$, F. 133—135° (CH_3OH). — *2.2-Tetramethylentetralol-(1)* (**II**), durch 1 std. Kochen von 1 g **I** mit $LiAlH_4$ in Ae.; Öl; 1 g (roh). *Phenylurethan*, $C_{21}H_{23} \cdot O_2N$, F. 155—156° (CH_3OH–Aceton). — *1.2.3.4.9.10-Hexahydrophenanthren*, $C_{14}H_{16}$, $Kp._{1,3}$ 110—111°, durch 1½ std. Erhitzen von 817 mg **II** mit 2,3 g geschmolzenem $KHSO_4$ auf 160—170° unter N_2; Öl; n_D^{23} 1,5921; λ_{max} 268 mμ (in CH_3OH); 575 mg; wird durch ½ std. Erhitzen mit Pd-Kohle auf 300—310° zu *Phenanthren*, F. 99—100° (CH_3OH) dehydriert. — *2.2-Tetramethylen-1-methylen-1.2.3.4-tetrahydronaphthalin*, $C_{15}H_{18}$, $Kp._{1,5}$ 113—115°, aus dem Reaktionsprod. von 2 g **I** u. CH_3MgJ in Ae. [*2.2-Tetramethylen-1-methyltetralol-(1)* (**III**), Öl, reagiert nicht mit Phenylisocyanat] mit $KHSO_4$ wie vorst. Verb.; Öl; n_D^{24} 1,5774; λ_{max} 257 mμ (in CH_3OH); 1 g; autoxydabel; 1½ std. Dehydrierung mit Pd-Kohle bei 300—310° gab ein halbkrist. Prod., aus dem *Phenanthren* als *Pikrat*, F. 146—148° (CH_3OH), orangefarben, isoliert werden konnte. — *2.2-Tetramethylen-1-oxymethyl-1-oxy-1.2.3.4-tetrahydronaphthalin*, $C_{15}H_{20}O_2$, F. 95 bis 95,5° (PAe.), durch 62 std. Rk. von 780 mg vorst. Verb. mit 1 g OsO_4 in absol. Ae. bei Raumtemp., Abdest. des Ae. im Vakuum u. Schütteln mit wss. methanol. Na_2SO_3; 867 mg; gab bei der Oxydation mit HJO_4 (525 mg auf 400 mg Glykol) in A./Äthylacetat/W. **I** (276 mg, roh), das als *Oxim* charakterisiert wurde. — *4a-Carboxymethyl-10a-oxy-1.2.3.4.4a.9.10.10a-oktahydrophenanthrenlacton* (**V**), $C_{16}H_{18}O_2$, F. 167—167,5° (CH_3OH), durch 3½ std. Kochen von **I** mit Methylbromacetat, gereinigten Zn-Granalien u. einer Spur J_2 in absol. Ae./Bzl. (1:1), Waschen mit verd. HCl, NaOH u. W., Trocknen, Abdampfen des Bzl. u. ¾ std. Erhitzen des rohen, öligen Reaktionsprod. (**IV**) mit 100%ig. HCOOH + 2 Tropfen konz. HCl; λ_{max} 265 mμ (in CH_3OH); 58% (bezogen auf umgesetztes **I**); löst sich nicht in kalter wss. NaOH, langsam in heißer NaOH; wird durch Erhitzen mit $SOCl_2$ oder PCl_5 in Bzl. oder durch einwöchiges Stehen mit konz. methanol. NH_3 nicht verändert; läßt sich durch 1 std. Erhitzen mit Pd-Kohle auf 305—310° zu *Phenanthren* dehydrieren. — *4a-[β-Oxyäthyl]-10a-oxy-1.2.3.4.4a.9.10.10a-oktahydrophenanthren*, $C_{16}H_{22}O_2$, F. 168—169° (Äthylacetat), durch 3 std. Kochen von **V** mit $LiAlH_4$ in absol. Ae. + wenig Bzl.; 89%. *Acetat*, Öl, *Benzoat*, Öl. *p-Nitrobenzoat*, $C_{23}H_{25}O_5N$, F. 147—147,5° (A.), cremefarben; 93%. — *4a-[β-Oxyäthyl]-1.2.3.4.4a.9-(u. -2.3.4.4a.9.10)-hexahydrophenanthren* (**VI**)*–p-Nitrobenzoat* (Isomerengemisch), $C_{23}H_{23}O_4N$, F. 124—130° (Aceton/CH_3OH), durch 2 std. Erwärmen von vorst. p-Nitrobenzoat mit PCl_3 in Pyridin auf 50°, cremefarben. **VI**, $C_{16}H_{20}O$, F. 93

bis 100° (Ae./PAe.), durch 2std. Kochen des p-Nitrobenzoats mit methanol. KOH; Nadeln; 68%. — *4a-[β-Oxyäthyl]-1.2.3.4.4a.9.10.10a-oktahydrophenanthren* (**VII**) (Stereomerengemisch?), $C_{16}H_{22}O$, $Kp._{1,5}$ 185—190°, aus 933 mg **VI** mit H_2 (15 lbs/sq.in. Anfangsdruck) u. PtO_2 in Eisessig; zähes Öl, krist. nicht; 808 mg. *p-Nitrobenzoat*, $C_{23}H_{25}O_4N$, F. 120—128° (Aceton). — *4a-[β-Dimethylaminoäthyl]-1.2.3.4.4a.9.10.10a-oktahydrophenanthren* (**VIII**), durch Rk. von 715 mg **VII** mit PCl_3 in Bzl. (3 Std. bei Raumtemp., ½ Std. bei 60°) zum **VII** entsprechenden Chlorid (Öl, 517 mg) u. 44std. Erhitzen des Reaktionsprod. mit dimethylamingesätt. absol. Dioxan auf 100° im Rohr; gelbliches Öl; 245 mg. *Pikrat der trans-Form*, $C_{24}H_{30}O_7N_4$, F. 191,5—193° (5 mal krist. aus viel A.), aus der Base mit Pikrinsäure in CH_3OH; gelb; 344 mg (roh) bzw. 96 mg (rein). (J. Amer. chem. Soc. **75**. 1159—63. 5/3. 1953. Quebec, Can., Laval Univ., School of Med., Dep. of Biochem.) PRACEJUS. 2850

David Ginsburg und **Raphael Pappo**, *Colchicinstudien.* 1. Mitt. *Synthese und Reaktionen von 2-Arylcyclohepten-(2)-onen.* In der Absicht, zu Verbb. mit dem C-Skelett des Colchicins zu gelangen, synthetisierten Vff. *2-Phenylcyclohepten-(2)-on* (**II**) aus 1-Phenylcyclohepten durch Anlagerung von NOCl, Abspaltung von HCl u. Hydrolyse. Die aus *2.3.4-Trimethoxyphenyl-Li* (**VI**) u. Cycloheptanon, Cyclohexanon bzw. 4-Methoxycyclohexanon nach Dehydratisierung erhaltenen *1-[2'.3'.4'-Trimethoxyphenyl]-cycloolefine* sollten der gleichen Reaktionsfolge unterworfen werden, jedoch gelang auf diesem Wege nur die Darst. des *2-[2'.3'.4'-Trimethoxyphenyl]-cyclohexen-(2)-ons*. **VI**. konnte aus Pyrogalloltrimethyläther mit Butyl-Li in besserer Ausbeute als mit Phenyl-Li erhalten werden. — Bei der Vakuumdest. des **II**-*Oxims* wurde eine eigenartige Zers. beobachtet, die zu *Cycloheptenoindol* (**I**) führte. — *trans-3-Keto-2-phenylcycloheptylessigsäure* (**III**) wurde in guter Ausbeute durch MICHAEL-Addition von Malonsäuredibenzylester an **II**, katalyt. Hydrogenolyse u. Decarboxylierung dargestellt. Durch CLEMMENSEN-Red. u. Cyclisierung der so erhaltenen *trans-2-Phenylcycloheptylessigsäure* (**IV**) zu dem bekannten *trans-6.6a.7.8.9.10.11.11a-Oktahydro-5-keto-5H-cyclohepta-[a]-naphthalin* (**V**; vgl. GUTSCHE, C. **1952**. 998) konnte die trans-Struktur von **III** bewiesen werden.

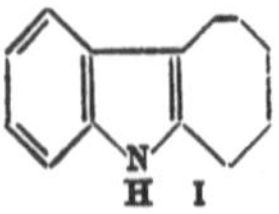
I

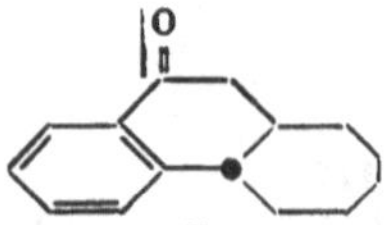
V

Versuche: *1-Phenylcyclohepten*, durch azeotrope Dehydratisierung von 1-Phenylcycloheptanol mit Oxalsäure in sd. Toluol (vgl. C. **1951**. I. 2870); n_D^{20} 1,5619; 71% (Ausbeute). — *1-Phenylcycloheptennitrosochlorid*, F. 112—115° (Zers.), durch Zutropfen von 40 cm³ konz. HCl zu einem Gemisch von 58,5 g vorst. Verb., 47 g n-Amylnitrit u. 65 cm³ Eisessig bei —10° u. Stehenlassen (2 Std., —10°); 75 g. — *2-Phenylcyclohepten-(2)-onoxim*, $C_{13}H_{15}ON$, F. 131—131,5° (A.), aus 75 g vorst. Verb. u. Pyridin unterhalb 85° (exotherme Rk.); 22 g. — *Cycloheptenoindol* (**I**), $C_{13}H_{15}N$, F. 145° (A.), $Kp._2$ 170—190°, bei der Vakuumdest. von vorst. Verb. (gleicher Ansatz, roh) nach einem Vorlauf von unverändertem Oxim ($Kp._2$ 155—160°; 7 g); 26 g; ident. mit einem nach FISCHER aus Cycloheptanonphenylhydrazon dargestellten Präparat. — *2-Phenylcyclohepten-(2)-on* (**II**), $C_{13}H_{14}O$, F. 6—7°, $Kp._6$ 150°, durch 8std. Kochen des Oxims (4 g) mit verd. HCl; 3,2 g. *Semicarbazon*, $C_{14}H_{17}ON_3$, F. 180—181° (Zers., A.). *2.4-Dinitrophenylhydrazon*, $C_{19}H_{18}O_4N_4$, 2 Formen: F. 116—117° (Zers., A./Äthylacetat, orangefarben) u. F. 180—181° (Zers., A., gelb). — *2-Phenylcycloheptanon*, $Kp._5$ 141°, aus **II** mit 1 Mol H_2 (Anfangsdruck 55 lbs./sq.in.) u. Pd-Kohle in Alkohol. *Semicarbazon*, F. 153—154° (A.). *2.4-Dinitrophenylhydrazon*, F. 170° (Zers., A.). — *trans-3-Keto-2-phenylcycloheptylmalonsäure*, $C_{16}H_{18}O_5$, F. 185—190° (Zers., Äthylacetat), durch 3std. Rk. von 6 g **II** mit 12 g Malonsäuredibenzylester (erhalten aus dem Diäthylester u. Benzylalkohol in Bzl. in Ggw. von $NaOCH_3$) u. K-tert.-Butylat (aus 0,14 g K u. 2,2 cm³ tert.-Butanol) bei 50°, Stehenlassen über Nacht bei Raumtemp., Zufügen von Eisessig u. Äthylacetat u. Hydrierung mit 2 Mol H_2 in Ggw. von Pd-Kohle (Anfangsdruck 60 lbs./sq.in.); 7 g (rein). — *trans-3-Keto-2-phenylcycloheptylessigsäure* (**III**), $C_{15}H_{18}O_3$, F. 115° (Bzl.), durch ¼std. Erhitzen von 7 g vorst. Verb. auf 180—190°; 5,6 g. *Methylester*, $C_{16}H_{20}O_3$, F. 110—111° (Methylcyclohexan). — *trans-2-Phenylcycloheptylessigsäure* (**IV**), $C_{15}H_{20}O_2$, F. 68—69° (Hexan), durch 48std. Kochen von 1 g **III** mit konz. HCl u. Zn/Hg; 0,61 g. — *trans-6.6a.7.8.9.10.11.11a-Oktahydro-5.11-diketo-5H-cyclohepta-[a]-naphthalin*, $C_{15}H_{16}O_2$, F. 106—107° (Hexan), durch Erhitzen von **III** mit konz. H_2SO_4 auf dem Dampfbad (10 Min.); 63%. — *trans-6.6a.7.8.9.10.11.11a-Oktahydro-5-keto-5H-cyclohepta-[a]-naphthalin* (**V**), $C_{15}H_{18}O$, F. 60—61° (Hexan), wie vorst. Verb. aus 1 g **IV**; 0,67 g. *Semicarbazon*, F. 176—177° (Zers., A.). — *2.3.4-Trimethoxyphenyllithium* (**VI**), durch 6std. Rühren von 127 g Pyrogalloltrimethyläther in Ae. mit äther. n-Butyl-Li (aus 164 g n-Butylbromid, 18,5 g Li u. Ae.) bei Raumtemp. unter N_2. — *1-[2'.3'.4'-Trimethoxyphenyl]-cycloheptanol* (**VII**), $C_{16}H_{24}O_4$, F. 46 bis 47° (Hexan), Kp.$_{0,05}$ 165—175°, durch Zugeben von 135 g Cycloheptanon in Ae. zu **VI** unter Rühren u. 12 std. Stehenlassen; 69 g. — *2-[2'.3'.4'-Trimethoxyphenyl]-cyclohexanol* (**VIII**), $C_{15}H_{22}O_4$, F. 66—67° (Hexan), Kp.$_{0,04}$ 160—165°, wie **VII** aus 110 g Cyclohexanon u. **VI**; 54 g. — *1-[2'.3'.4'-Trimethoxyphenyl]-4-methoxycyclohexanol* (**IX**), $C_{16}H_{24}O_5$, Kp.$_1$ 190°, wie **VII** aus 143 g 4-Methoxycyclohexanon u. **VI**; Öl; 61 g. — *1-[2'.3'.4'-Trimethoxyphenyl]-cyclohepten*, $C_{16}H_{22}O_3$, F. 38—38,5° (Hexan), Kp.$_{0,05}$ 145 bis 150°, durch azeotrope Dest. von **VII** mit Oxalsäure in sd. Toluol; n_D^{20} 1,5439; 100%. — *1-[2'.3'.4'-Trimethoxyphenyl]-cyclohexen* (**X**), $C_{15}H_{20}O_3$, Kp.$_{0,04}$ 145°, wie vorst. Verb. aus **VIII**; Öl; 100%. — *1-[2'.3'.4'-Trimethoxyphenyl]-4-methoxycyclohexen*, $C_{16}H_{22}O_4$, Kp.$_{0,05}$ 150—155°; wie vorst. Verbb. aus **IX**; Öl; 100%. — *1-[2'.3'.4'-Trimethoxyphenyl]-cyclohexennitrosochlorid*, F. 98—100° (Zers.), durch Zutropfen von 4,3 cm³ konz. HCl zu einem Gemisch von 9 g **X**, 5 g n-Amylnitrit u. 12 cm³ Eisessig bei —10° während ½ Std. (anfangs nur 1—2 Tropfen pro Min., Kühlung mit Aceton/Trockeneis), 3 std. Stehenlassen bei —10°, Filtrieren u. Waschen mit eiskaltem A.; 5 g. — *2-[2'.3'.4'-Trimethoxyphenyl]-cyclohexen-(2)-onoxim*, $C_{15}H_{19}O_4N$, F. 182—184° (A.), durch vorsichtiges Erwärmen von 5 g vorst. Verb. mit 8 cm³ Pyridin bis zur Lsg.; 3 g. *Keton*, $C_{15}H_{18}O_4$, F. 61—62° (Heptan), durch 1 std. Kochen von 3 g Oxim mit verd. HCl; 2,1 g. *2.4-Dinitrophenylhydrazon*, $C_{21}H_{22}O_7N_4$, F. 143—144° (A./Bzl.), orangefarben. — *2-[2'.3' 4'-Trimethoxyphenyl]-cyclohexanon*, Kp.$_{0,08}$ 165°, aus 1 g vorst. Ketons mit 1 Mol H_2 + Pd-Kohle in A. (Anfangsdruck 60 lbs./sq.in.); 0,92 g. *Semicarbazon*, $C_{16}H_{23}O_4N_3$, F. 199—200° (wss. A.). *2.4-Dinitrophenylhydrazon*, $C_{21}H_{24}O_7N_4$, F. 110—111° (A.), orangefarben. (J. Amer. chem. Soc. **75**. 1094—97. 5/3. 1953. Rehovot, Israel, Weizmann Inst. of Sci., Daniel Sieff Res. Inst.) PRACEJUS. 2950

J. A. Barltrop, A. J. Johnson und **G. D. Meakins**, *4-Oxy-2'.3'-dimethoxybenzcycloheptatrienon-(3) und verwandte Verbindungen.* In Anbetracht der Veröffentlichung von CAUNT u. Mitarbeitern (J. chem. Soc. [London] **1950**. 1631) werden Verss. über die Synth. von *4-Oxy-2'.3'-dimethoxybenzcycloheptatrienon-(3)* (**I**) mitgeteilt. *γ-[3.4-Dimethoxybenzoyl]-buttersäure*, die bei der Kondensation von Veratrol mit Glutarsäureanhydrid erhalten wurde, lieferte bei der CLEMMENSEN-Red. bzw. bei der katalyt. Red. in Ggw. von RANEY-Ni *δ-[3.4-Dimethoxyphenyl]-valeriansäure* (**II**); *δ-[3.4-Dimethoxyphenyl]-δ-valerolacton*, das beim Hydrieren über Pd-Kohle bevorzugt gebildet wird, tritt dabei als Zwischenstufe auf. Das Chlorid von **II** ergab bei der Cyclisierung überraschend leicht *2'.3'-Dimethoxybenzcycloheptenon-(3)* (**III**), das durch Nitrosieren in *4-Oximino-2'.3'-dimethoxybenzcycloheptenon-(3)* (**IV**) übergeführt werden konnte u. dessen Hydrolyse mit verd. HCl *2'.3'-Dimethoxybenzcycloheptendion-(3.4)* (**V**) lieferte. Die Dehydrierung von **V** führte zu dem gleichen **I**, das auch von CAUNT u. Mitarbeitern (l. c.) beschrieben worden war. — *Benzcycloheptendion-(3.7)*, das beim Hydrieren in geringer Ausbeute *7-Oxybenzcycloheptenon-(3)* (**VI**) liefert, bildet leicht eine *Benzylidenverb.* (**VII**), die wahrscheinlich in Mischung mit ihrem Isomeren **VIIa** anfällt. — *2-Brom-5-methoxybenzaldehyd* (**VIII**), der bei der Kondensation mit Glutarsäurediäthylester in Ggw. von Na-Alkoholat zu *δ-[2-Brom-5-methoxyphenyl]-δ-oxyvaleriansäure* führt, ergibt mit Glutarsäure in Essigsäureanhydrid *α-[2-Brom-5-methoxybenzyliden]-glutarsäure*, die nicht decarboxyliert werden konnte; mit Mineralsäuren trat Isomerisation zu *δ-[2-Brom-5-methoxyphenyl]-γ-carboxy-δ-valerolacton* ein. Eine Verb. vom Typ **VI** konnte auf diesem Wege nicht erhalten werden.

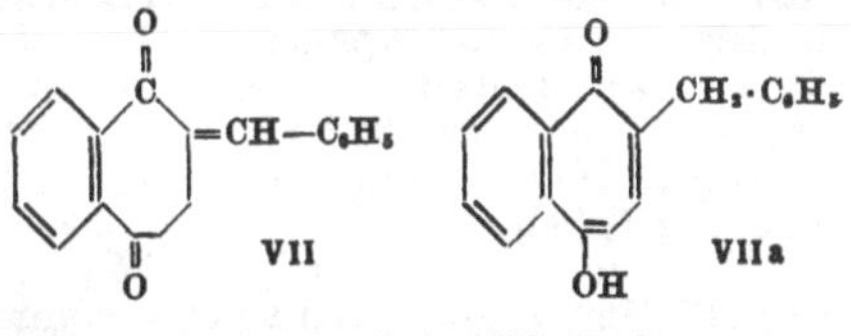

Versuche: *γ-[3.4-Dimethoxybenzoyl]-buttersäure*, $C_{13}H_{16}O_5$, F. 145—146° (A.), aus Glutarsäureanhydrid u. überschüssigem Veratrol mit $AlCl_3$ bei 0°, später bei Zimmertemp. (15 Std.), Rhomben; 83%. — *δ-[3.4-Dimethoxyphenyl]-valeriansäure* (**II**), F. 72—74°, aus vorst. Verb., amalgamiertem Zn u. konz. HCl in sd. Toluol (36 Std.) oder durch Hydrieren in A. in Ggw. von RANEY-Ni bei 50° u. 50 at; 97% bzw. 82%. — *δ-[3.4-Dimethoxyphenyl]-δ-valerolacton*, $C_{13}H_{16}O_4$, F. 158—159° (Ae. + PAe.), durch Hydrieren in wss. NaOH in Ggw. von Pd-Kohle bei Zimmertemp. (16 Std.); Prismen. — *2'.3'-Dimethoxybenzcycloheptenon-(3)* (**III**), $C_{13}H_{16}O_3$, Kp.$_{0,07}$ 160—165°, F. 63—64° (Ae. + PAe.), durch Behandeln von **II** mit PCl_5 in CS_2 u. $SnCl_4$ unter Kochen am Rückfluß zunächst als Öl; 80%; oder aus **II** mit P_2O_5 in sd. Bzl.; Nadeln. *2.4-Dinitrophenylhydrazon*, $C_{19}H_{20}O_6N_4$, F. 226—227° (Eisessig), dunkelrote Tafeln. *Semicarbazon*, $C_{14}H_{19}O_3N_3$, F. 205—206° (A.), Prismen. — *4-Benzyliden-2'.3'-dimethoxybenzcycloheptenon-(3)*, $C_{20}H_{20}O_3$, F. 154—156° (A.), aus **III** u. Benzaldehyd in alkoh. Na-Alkoholat (24 Std.); hellgelbe Nadeln; 90%. — *2'.3'-Dimethoxy-4-oximinobenzcyclohepte-*

non-(3) (**IV**), $C_{13}H_{15}O_4N$, F. 173° (W.), aus **III** in kaltem Ae. u. Amylnitrit unter gleichzeitigem Einleiten von HCl (30 Min.) als Chlorid; aus sd. W. durch Neutralisation; hellgelbe Nadeln. Beim schnellen Abkühlen der heißen wss. Lsg. Kristalle vom F. 163 bis 165°. *2.4-Dinitrophenylhydrazon,* $C_{19}H_{19}O_7N_5$, F. 168—172° (Zers.; Bzl.), rote Nadeln. — *2'.3'-Dimethoxybenzcycloheptendion-(3.4)* (**V**), $C_{13}H_{14}O_4$, F. 104—105° (W.), aus **IV**, Formalin u. 2nHCl auf dem Wasserbad; hellgelbe Blättchen; 85%, oder mit $NaNO_2$ u. H_2SO_4 in 50%ig. A. bei 35—40° (36 Std.) in der Druckflasche; 37%. $FeCl_3$-Rk. dunkelbraun, mit Alkalien rot. *2.4-Dinitrophenylhydrazon,* $C_{19}H_{18}O_7N_4$, F. 247° (Zers.; Bzl.), orangefarbene Tafeln. *Semicarbazon,* $C_{14}H_{17}O_4N_3$, F. 225—226° (A.), Tafeln. — *4-Oxy-2'.3'-dimethoxybenzcycloheptatrienon-(3)* (**I**), $C_{13}H_{12}O_4$, F. 145—146° (W.), durch Dehydrieren von **V** mit 35%ig. Pd-Kohle in sd. Trichlorbenzol unter N_2 u. Extrahieren mit wss. NaOH; gelbe Nadeln; 8%. Liefert kein Ketonderivat. — *Benzcycloheptendion-(3.7)*, $Kp._{10}$ 173—176°, F. 45—46°, aus Phthalsäurediäthylester u. Glutarsäureester bei 120—130° in Ggw. von Na (4 Std.) u. 36std. Kochen des Reaktionsprod. mit verd. H_2SO_4; nach der Extraktion mit Essigester Öl, das zu Prismen erstarrt. — *7-Oxybenzcycloheptenon-(3)* (**VI**), durch Hydrieren des Dions in A. in Ggw. von Pd-Kohle u. Adams-Katalysator bei Zimmertemp.; *Semicarbazon,* $C_{12}H_{15}O_2N_3$, F. 186—188° (wss. A.), Prismen. — *4-Benzylidenbenzcycloheptendion-(3.7)* (**VII, VIIa**), $C_{18}H_{14}O_2$, F. 190—216° (Ae. + PAe.), mit Benzaldehyd in wss.-alkoh. NaOH bei 0° (3 Std.); gelbe Masse. — *2-Brom-5-methoxybenzaldehyd* (**VIII**), F. 72—73°, durch Methylieren von 2-Brom-5-oxybenzaldehyd mit CH_3J in sd. Aceton in Ggw. von Soda (8 Std.); 80%. — *δ-[2-Brom-5-methoxyphenyl]-δ-oxyvaleriansäure,* $C_{12}H_{15}O_4Br$, $Kp._{0,5}$ 125—130°, aus **VIII** u. Glutarsäurediäthylester in sd. tert.-Butanol in Ggw. von K-tert.-Butylat unter N_2 (40 Min.), Zugabe von verd. HCl u. NaCl, Einengen der butanol. Lsg., Extrahieren der sauren Bestandteile aus dem mit Ae. verd. Reaktionsprod. u. Decarboxylieren der erhaltenen Säure mit konstant sd. HBr in sd. Essigsäure; nach dem Spalten des Lactons mit sd. 2%ig. NaOH zunächst ein Öl, dann hellgelbe Nadeln. — *α-[2-Brom-5-methoxybenzyliden]-glutarsäure,* $C_{13}H_{13}O_5Br$, F. 188—189° (verd. Essigsäure), aus **VIII** u. Na-Glutarat in Essigsäureanhydrid bei 130—140° (10 Std.); nach dem Verdünnen mit W. hellgelbe Nadeln; λ_{max} 2750 u. 3300 Å (ε = 10600 u. 2200 in Methanol). — *δ-[2-Brom-5-methoxyphenyl]-γ-carboxy-δ-valerolacton,* $C_{13}H_{13}O_5Br$, F. 213 bis 233° (wss. A.), aus dem Na-Salz der vorst. Verb. u. überschüssiger verd. HCl bei Zimmertemp. (6 Std.); Nadeln. (J. chem. Soc. [London] **1951**. 181—85. Jan. Oxford, Univ., Dyson Perrins Labor.) Gold. 2950

Nelson R. Easton und **Velmer B. Fish,** *Reaktion von Epoxyden mit Diphenylacetonitril.* Vff. untersuchen die Rk. zwischen Diphenylacetonitril (**I**) u. Epichlorhydrin (**II**), N.N-Diäthylepihydrinamin oder Allylglycidyläther, die in Ggw. von $NaNH_2$ als Kondensationsmittel zu Imidolactonen bzw. durch anschließende Hydrolyse zu den entsprechenden Lactonen führt. Das erwartete Prod. von **II** (bei Zugabe von **II** zum Na-Salz von **I**), *3.3-Diphenyl-5-chlormethyltetrahydrofuranon-(2)-imin* (**III**), wird nur in geringer Ausbeute neben *3.3-Diphenyl-5-[β.β-diphenyl-β-cyanäthyl]-tetrahydrofuranon-(2)-imin* (**IV**; 81%) erhalten, tritt jedoch bei umgekehrter Zugabe (zu überschüssigem **II**) als Hauptprod. auf. Eine Trennung von **III** u. **IV** ist über die Hydrochloride möglich.

Versuche: *3.3-Diphenyl-5-[β.β-diphenyl-β-cyanäthyl]-tetrahydrofuranon-(2)-imin* (**IV**; im Original irrtümlich -cyanmethyl-; d. Referent), $C_{31}H_{26}ON_2$, F. 153 bis 154,5° (aus Methanol u. A.), durch Kochen von 2 Mol **I** u. $NaNH_2$ in Bzl. unter heftigem Rühren, Zugabe von 1 Mol **II** bei 20—30° u. anschließendes Kochen, Isolierung über das *Hydrochlorid* (F. 178—180°; die Verb. ist schwer zu reinigen); 81% (Ausbeute); daneben wenig **IIIa**. *5-Diphenylcyanmethyl-2.2-diphenylpentanolacton-(4)*, $C_{31}H_{25}O_2N$, F. 139—140° (A.), aus dem Hydrochlorid von **IV** durch Kochen der wss. Lösung. — *3.3-Diphenyl-5-chlormethyltetrahydrofuranon-(2)-imin, Hydrochlorid* (**IIIa**), $C_{17}H_{17}\cdot ONCl_2$, F. 223—225° (Zers., aus A./Diisopropyläther), durch Zugabe der Aufschlämmung des Na-Salzes von 30 g **I** in Bzl. zu einer Lsg. (25% Überschuß) von **II** in Bzl. u. Erhitzen auf 60°, Aufarbeitung u. Versetzen mit alkoh. HCl; 16 g. *5-Chlor-2.2-diphenylpentanolacton-(4)*, $C_{17}H_{15}O_2Cl$, F. 89—90° (A.), wie vorst.; 7,3 g geben mit Morpholin nach 4std. Kochen *5-Morpholino-2.2-diphenylpentanolacton, Hydrochlorid,* F. 237—239° (Zers.); 7,6 g. — *3.3-Diphenyl-5-diäthylaminomethyltetrahydrofuranon-(2)-imin, Monohydrochlorid,* $C_{21}H_{27}ON_2Cl$, F. 167—169° (A./Diisopropyläther), aus 60 g **I** u. 40 g N.N-Diäthylepihydrinamin wie **IV**; 59,6 g, daneben 29,3 g **V**. *5-Diäthylamino-2.2-diphenylpentanolacton-(4), Hydrochlorid* (**V**), $C_{21}H_{26}O_2NCl$, F. 203—204° (A./Ae.). — *3.3-Diphenyl-5-allyloxymethyltetrahydrofuranon-(2)-imin, Hydrochlorid,* $C_{20}H_{22}O_2NCl$, F. 169—171° (absol. A./Diisopropyläther), aus 30 g **I** u. 20 g Allylglycidyläther; 29,7 g. *5-Allyloxy-2.2-diphenylpentanolacton-(4)*, $C_{20}H_{20}O_3$, $Kp._1$ 195—200°. (J. org.

Chemistry **18**. 1071—74. Sept. 1953. Bethlehem, Pa., Lehigh Univ., Wm. H. Chandler Chem. Labor.) G. WINKLER. 3061

D. G. Bew und **G. R. Clemo**, *Synthese von 5.6-Dioxythionaphthen.* Zum Vgl. mit 5.6-Dioxyindol (**II**) u. der Melaninbldg. aus **II** wurde *5.6-Dioxythionaphthen* (**I**) dargestellt; **I** ist weniger oxydationsempfindlich als **II**, doch wird seine Lsg. in 2nNaOH schnell dunkelbraun unter Bldg. eines braunen Niederschlags.

Versuche: *6-Aminovertrumsäureäthylesterhydrochlorid*, F. 201—203°, durch 6std. Hydrierung von 10 g 6-Nitroveratrumsäureäthylester in A. in Ggw. von RANEY-Ni bei 100°/100 at u. Ausfällung mit HCl; 8,1 g (Ausbeute). — *[2-Carboxy-4.5-dimethoxyphenylmercapto]-essigsäure*, $C_{11}H_{12}O_6S$, F. 229—230° (A., Sublimation), durch Diazotierung von 5 g vorst. Verb. in verd. HCl, Eingießen der Diazoniumsalzlsg. in eine Lsg. von K-Äthylxanthogenat (**III**) u. Soda in W. bei 70°, 2std. Kochen des ausgeschiedenen dunklen Öls mit wss.-methanol. KOH, weiteres 2std. Kochen mit Na-Chloracetat u. Ausfällen mit HCl; 1,8 g; ließ sich weder mit Acetanhydrid noch durch Alkalischmelze in zufriedenstellender Weise cyclisieren. *Diäthylester*, $C_{15}H_{20}O_6S$, F. 82—83°. — *5.6-Dimethoxythioindoxyl-2-carbonsäureäthylester*, $C_{13}H_{14}O_5S$, F. 137 bis 138°, durch 3std. Kochen von 0,7 g vorst. Esters mit gepulvertem Na in Toluol, Ansäuern mit HCl, Eindampfen, Aufnehmen in W. u. Ae.-Extraktion; aus A. 0,35 g Platten; ließ sich weder alkal. noch sauer verseifen. — *5.6-Dimethoxythionaphthen-2-carbonsäure*, $C_{11}H_{10}O_4S$, F. 255—257° (A.), durch Diazotierung von 6-Aminoveratrumaldehyd in verd. H_2SO_4, Umsetzung der Diazoniumsalzlsg. mit **III** u. Soda in W. bei 70°, Ae.-Extraktion, 1std. Kochen des erhaltenen dunklen Öls mit NaOH in W. u. CH_3OH, weiteres 1std. Kochen mit Na-Chloracetat, Einengen u. Ansäuern; 0,6 g. — *5.6-Dimethoxythionaphthen*, $C_{10}H_{10}O_2S$, F. 89—91°, aus 0,6 g vorst. Säure durch Decarboxylierung in Chinolin bei 200—220° in Ggw. von Cu-Pulver unter Durchleiten von N_2 (40 Min.), Ansäuern mit H_2SO_4 u. Wasserdampfdest.; 0,3 g. — *5.6-Dioxythionaphthen* (**I**), $C_8H_6O_2S$, F. 134—137° (Ae.-PAe.), durch Erhitzen von 0,2 g vorst. Verb. mit Pyridinhydrochlorid auf 140—150° (20 Min.) u. 180—190° (30 Min.) unter Feuchtigkeitsausschluß, Zugabe von W. u. Ae.-Extraktion; 19 mg. (J. chem. Soc. [London] **1953**. 1314—15. April 1953. Newcastle-on-Tyne, King's Coll.) SPAETH. 3071

Glenn S. Skinner und **James F. Perkins jr.**, *Trialkylpyrrolidintrione.* Es wurden zahlreiche *α.α.N-Trialkylacetamidderivv.* (**I**) u. daraus mit Oxalylchlorid (**II**) unter Ringschluß *1.4.4-Trialkylpyrrolidintrion-(2.3.5)-derivv.* (**III**) dargestellt, deren Eigg., bes. ihre Infrarotspektren, untersucht wurden. Als Nebenprodd. bei der Darst. von **III** traten in wechselnden Mengen *Acylalkyloxamidsäurechloride* auf, die durch Verseifung zu den entsprechenden Dialkylessigsäuren u. Alkyloxamidsäuren identifiziert wurden, u. in einem Fall ein *N.N'-Dialkyloxamidderiv.* (**IV**). **III** ließ sich durch alkal. Hydrolyse leicht in **I** überführen, bei Behandlung von **III** mit Anilin entstand jedoch neben **I** auch **IV**. Im Falle des *1.4-Diphenyl-4-äthylpyrrolidins-(2.3.5)* wurden 2 Isomere festgestellt, die durch fraktionierte Kristallisation getrennt werden konnten.

Versuche: *sek.-Amyläthylacetylchlorid*, $Kp._{25}$ 87—89°, aus der Säure u. $SOCl_2$; n_D^{25} 1,4364; 90% (Ausbeute). — *α-Phenylbutyrylchlorid*, $Kp._{36,5}$ 125—127°, $Kp._{110}$ 146—149°, analog; n_D^{25} 1,5146; 97%. — Die folgenden *α.α.N-Trialkylacetamide* der allg. Zus. *RR'CH—CO—NHR''* wurden durch Zutropfen von 1 Mol Säurechlorid zu 1—2 Mol Amin unter Rühren u. Kühlen dargestellt: $R = C_4H_9$, $R' = C_2H_5$, $R'' = H$, F. 101,5—102° (W.); 88%. — $R = C_4H_9$, $R' = R'' = C_2H_5$, F. 58—59° (A.); 90%. — $R = C_4H_9$, $R' = C_2H_5$, $R'' = C_6H_5$, F. 88—89° (Bzl.); 87%. — $R = C_4H_9$, $R' = C_2H_5$, $R'' = C_6H_5CH_2$, F. 49—50° (A.), $Kp._3$ 189—191°; 88%. — $R = C_4H_9$, $R' = C_2H_5$, $R'' = C_6H_5CH_2CH_2$, F. 60,5—61,5° (PAe.); 93%. — $R = R' = R'' = C_2H_5$, F. 83,0°; 86%. — $R = R' = C_2H_5$, $R'' = C_6H_5$, F. 126—127° (A.); 92%. — $R = R' = C_2H_5$, $R'' = C_6H_5CH_2$, F. 82,5—83° (Bzl.); 84%. — $R = R' = C_2H_5$, $R'' = C_6H_5 \cdot CH_2CH_2$, F. 83° (Bzl.); 84%. — $R = C_6H_5$, $R' = R'' = C_2H_5$, F. 58—60° (A.); 92%. — $R = R'' = C_6H_5$, $R' = C_2H_5$, F. 91—92° (Bzl.); 89%. — $R = C_6H_5$, $R' = C_2H_5$, $R'' = C_6H_5CH_2$, F. 77—78° (Bzl.); 82%. — $R = C_6H_5$, $R' = C_2H_5$, $R'' = C_6H_5 \cdot CH_2CH_2$, F. 78—79° (Bzl.); 82%. — R = *sek.*-C_5H_{11}, $R' = R'' = C_2H_5$, $Kp._{3,5}$ 123 bis 125°, n_D^{25} 1,4480; 80%. — R = *sek.*-C_5H_{11}, $R' = C_2H_5$, $R'' = C_6H_5$, F. 75—77° (A.), $Kp._{4,5}$ 172—175°; 85%. — R = *sek.*-C_5H_{11}, $R' = C_2H_5$, $R'' = C_6H_5CH_2$, $Kp._{4,5}$ 178 bis 180°, n_D^{25} 1,5070; 84%. — R = *sek.*-C_5H_{11}, $R' = C_2H_5$, $R'' = C_6H_5CH_2CH_2$, F. 68—70° (A.), $Kp._{6,0}$ 178—180°; 81%. — $R = R' = C_6H_5$, $R'' = C_2H_5$, F. 134,5 bis 135,5° (Bzl.); 85%. — $R = R' = R'' = C_6H_5$, F. 180—181° (A.); 88%. — $R = R' = C_6H_5$, $R'' = C_6H_5CH_2$, F. 127—128° (Bzl.); 83%. — $R = R' = C_6H_5$, $R'' = C_6H_5 \cdot CH_2CH_2$, F. 112—112,5° (Bzl.); 80%. — $R = C_4H_9$, $R' = C_2H_5$, R'' = *iso*-C_3H_7, F. 99—101° (A.), Erweichung bei 80°; 81%. — $R = R' = C_2H_5$, R'' = *iso*-C_3H_7,

F. 145–147° (A.), Erweichung bei 115°; 91%. – $R = C_6H_5$, $R' = C_2H_5$, $R'' =$ *p-Br-*C_6H_4, F. 192,5–193° (A.); 90%. – $R = R' = C_6H_5$, $R'' = H$, F. 168–169° (A.); 91%. – Die folgenden *1-R-4-R'-4-R''-pyrrolidintrion-(2.3.5)-derivv.* wurden durch Zutropfen von 0,125 Mol **II** zur Lsg. von 0,10 Mol **I** in Bzl. bei 60° unter Rühren in 20 Min. u. 8–24 Std. Weiterrühren dargestellt: $R = R' = R'' = C_2H_5$, Kp.$_{4,4}$ 151 bis 153°, n_D^{25} 1,5290; 29%. – $R =$ *iso-*C_3H_7, $R' = R'' = C_2H_5$ (**V**), Kp.$_{4,8}$ 148–151°, n_D^{25} 1,5230; 41%. – $R = C_6H_5$, $R' = R'' = C_2H_5$, F. 46–48° (Bzl.), Kp.$_{2,0}$ 196–199°; 61%. – $R = C_6H_5CH_2$, $R' = R'' = C_2H_5$, F. 75–76° (Bzl.), Kp.$_{2,6}$ 206–208°; 65%. – $R = C_6H_5CH_2CH_2$, $R' = R'' = C_2H_5$, F. 91–91,5° (Bzl.), Kp.$_{2,0}$ 207–209°; 60%. – $R = R' = C_2H_5$, $R'' = C_4H_9$, Kp.$_{3,0}$ 178–179°, n_D^{25} 1,5186; 46%. – $R =$ *iso-*C_3H_7, $R' = C_2H_5$, $R'' = C_4H_9$, Kp.$_{3,2}$ 152–154°, n_D^{25} 1,5119; 33%. – $R = C_6H_5$, $R' = C_2H_5$, $R'' = C_4H_9$, Kp.$_{3,0}$ 196–198°, n_D^{25} 1,5637; 69%. – $R = C_6H_5CH_2$, $R' = C_2H_5$, $R'' = C_4H_9$, Kp.$_{3,8}$ 215–218°, n_D^{25} 1,5531; 52%. – $R = C_6H_5CH_2CH_2$, $R' = C_2H_5$, $R'' = C_4H_9$, Kp.$_{2,5}$ 219–222°, n_D^{25} 1,5290; 50%. – $R = R' = C_2H_5$, $R'' =$ *sek.-*C_5H_{11}, Kp.$_{6,8}$ 172–175°, n_D^{25} 1,5211; 31%. – $R = C_6H_5$, $R' = C_2H_5$, $R'' =$ *sek.-*C_5H_{11}, Kp.$_{4,7}$ 204–206°, n_D^{25} 1,5619; 85%. – $R = C_6H_5CH_2$, $R' = C_2H_5$, $R'' =$ *sek.-*C_5H_{11}, Kp.$_{4,8}$ 212–216°, n_D^{25} 1,5250; 81%. – $R = C_6H_5CH_2CH_2$, $R' = C_2H_5$, $R'' =$ *sek.-*C_5H_{11}, Kp.$_{4,3}$ 215–218°; 40%. – $R = R' = C_2H_5$, $R'' = C_6H_5$, F. 84,5–85,5° (A.); 66%. – $R = R'' = C_6H_5$, $R' = C_2H_5$ (**VI**), F. 114,5–115,5° (A.); 27%. – $R = R'' = C_6H_5$, $R' = C_2H_5$, F. 129–130° (A.); 57%. – $R = C_6H_5CH_2$, $R' = C_2H_5$, $R'' = C_6H_5$, F. 118–119° (A.); 81%. – $R = C_6H_5CH_2CH_2$, $R' = C_2H_5$, $R'' = C_6H_5$, F. 113 bis 115° (Bzl.); 75%. – $R =$ *p-Br-*C_6H_4, $R' = C_2H_5$, $R'' = C_6H_5$, F. 129–131° (Bzl.); 65%. – $R = C_2H_5$, $R' = R'' = C_6H_5$, F. 164–165° (CS_2); 80%. – $R = R' = R'' = C_6H_5$, F. 232–233° (Bzl.); 86%. – $R = C_6H_5CH_2$, $R' = R'' = C_6H_5$, F. 158–158,5° (Bzl.); 86%. – $R = C_6H_5CH_2CH_2$, $R = R'' = C_6H_5$, F. 140–141° (A.); 81%. – $R = H$, $R' = R'' = C_6H_5$, F. 141–142° (A.); 77%. – $R = R' = C_6H_5$, $R'' = H$, F. 236–237° (Essigester); 90%. – Durch Verseifen der bei der Darst. von **III** als Nebenprodd. gebildeten Acylalkyloxamidsäurechloride mit W. wurden folgende Alkyloxamidsäuren isoliert: *N-Äthyloxamidsäure*, $C_4H_7O_3N$, F. 131–132°. – *N-Benzyloxamidsäure*, F. 128–129°. – *N-[β-Phenyläthyl]-oxamidsäure*, $C_{10}H_{11}O_3N$, F. 130 bis 130,5°. – *N.N'-Diphenyloxamid*, F. 247–249°, **VI** mit frisch dest. Anilin mischen u. 15 Min. auf dem Dampfbad erhitzen. – *N.N'-Diisopropyloxamid*, F. 213–215°, Kp.$_5$ 120–130°, als Nebenprod. bei der Darst. von **V**. (J. Amer. chem. Soc. **72**. 5569–73. Dez. 1950. Delaware, Univ., Dep. of Chem.) L. FISCHER. 3081

Werner R. Boehme, *5-Benzyloxyindol.* Rk. von 4-Benzyloxybenzoldiazoniumchlorid mit Methylacetessigester u. Cyclisation des Phenylhydrazons gibt *5-Benzyloxyindol-2-carbonsäureäthylester*, der zu *5-Benzyloxyindol* verseift u. decarboxyliert wurde. Versuche: *4-Benzyloxyanilin*, F. 54–55° (Hexan), durch Zugabe von 4-Acetylaminophenol u. Benzylchlorid zu Na in A., 1½std. Kochen, Einengen, Gießen in W., 15std. Kochen des so erhaltenen *4-Benzyloxyacetanilids* mit alkoh. KOH, Einengen, Aufnehmen in Ae. u. Dest.; Kp.$_{0,25}$ 161–164°; rechteckige Platten; 84–85% (Ausbeute). – *5-Benzyloxyindol-2-carbonsäureäthylester*, $C_{18}H_{17}O_3N$, F. 162 bis 164° (CCl_4), durch Lösen vorst. Verb. in sd. A., Fällen des Hydrochlorids mit HCl, Diazotieren, Zugabe der Lsg. zu Methylacetessigsäureäthylester in wss.-alkoh. KOH in der Kälte, Aufnehmen in Bzl., Eindampfen, Lösen des rohen Phenylhydrazons in absol. A. u. Einleiten von trockenen HCl; gelbe Prismen; 46–49%. – *5-Benzyloxyindol-2-carbonsäure*, F. 194,5–195,5° unter Zers. (verd. Essigsäure), durch Lösen des Esters in sd. A., Zugabe von wss. KOH, 1std. Kochen, Ansäuern mit Essigsäure u. Gießen in W.; 84–85%. – *5-Benzyloxyindol*, F. 94–96°, durch 1½std. Erhitzen vorst. Säure auf 210–220° Badtemp. u. Vakuumdest.; Kp.$_{0,1}$ 182–188°; aus Toluol-Hexan feine Nadeln; 65%. (J. Amer. chem. Soc. **75**. 2502–03. 20/5. 1953. Philadelphia, Pa., Nat. Drug Co., Res. Labors.) NITZSCHKE. 3081

J. Keith Lawson jr., *2-Vinylimidazol und 1-Methyl-2-vinylimidazol.* Durch Dehydratisierung der entsprechenden β-Oxyäthylverbb. werden *2-Vinylimidazol* (**I**) u. *1-Methyl-2-vinylimidazol* (**II**) dargestellt. Beide Verbb. polymerisieren leicht; **II** wurde mit Acrylnitril, Styrol u. Methacrylsäuremethylester copolymerisiert. Die *β-Oxyäthylverbb.* wurden aus Aminoacetaldehydacetalen u. β-Oxypropioniminoesterhydrochlorid über die substituierten Amidine dargestellt, in denen die Acetalgruppen mit HCl hydrolysiert wurden, wobei gleichzeitig Ringschluß eintritt. Während *1-Methyl-2-[β-oxyäthyl]-imidazol* (**V**) sich nach dem Verf. von FRANK u. Mitarbeitern (J. Amer. chem. Soc. **68**. [1946.] 1366) leicht dehydratisieren läßt, führt diese Meth. bei der nicht methylierten Verb. (**IV**) nicht zum Ziel; aus ihr wurde W. durch langsame Vakuumdest. über $KHSO_4$ abgespalten. – Das **II**–Acrylnitril-Copolymerisat läßt sich durch saure Farbstoffe schnell anfärben.

Versuche: *Aminoacetaldehyddimethylacetal* (III), Kp. 137—139°, durch Rk. von Chloracetaldehyddimethylacetal mit NH_3 nach ALLEN u. CLARK (C. **1946**. I. 1211), Behandeln mit NaOH, Eindampfen u. Aussalzen mit KOH aus dem Destillat; 70% (Ausbeute). — Ebenso *Methylaminoacetaldehyddimethylacetal*, aus Methylamin; 78%. — *2-[β-Oxyäthyl]-imidazol* (IV), $C_5H_8ON_2$, F. 128—129° (Isopropylalkohol-Aceton 1 : 4), aus β-Oxypropioniminomethylesterhydrochlorid u. III in Methanol durch 1wöchiges Stehen, Einengen, Zugabe von HCl, Eindampfen, Alkalisieren auf p_H 9—10 mit Pottasche, Eindampfen, Aufnehmen in A., Abdest., Lösen in Isopropanol, Abdest. u. Sublimation bei 100—125° Badtemp./0,02—0,10 mm; 40%. — Ebenso *1-Methyl-2-[β-oxyäthyl]-imidazol* (V), $C_6H_{10}ON_2$, F. 68,5—69,5° (Bzl.); 65,5%. — *2-Vinylimidazol* (I), $C_5H_6N_2$, F. 128—129° (Bzl.-Hexan), aus IV u. $KHSO_4$ durch Dest. bei 20 mm u. Badtempp. von zunächst 180 bis zuletzt 280°, Lösen in sd. Bzl., Fällen mit Hexan u. Vakuumsublimation bei 75—80° Badtemp./ca. 0,02 mm; 11,9%. — *1-Methyl-2-vinylimidazol* (II), $C_6H_8N_2$, $Kp._2$ 75—77°, durch Dehydratation von V nach FRANK u. Mitarbeitern (l. c.) unter N_2 durch geschmolzene KOH bei 180°/14 mm bei Kühlung des Destillats mit CO_2–CCl_4–Chlf.; n_D^{25} 1,5520; 75%. — I polymerisiert in W. mit $K_2S_2O_8$; das Polymerisat ist in warmer 6n HCl u. in Dimethylformamid löslich. II wurde mit Cumolhydroperoxyd oder in W. durch 1wöchiges Stehen polymerisiert; das Polymerisat ist in heißem W. u. heißem Dimethylformamid unlösl., löst sich aber langsam in einem Gemisch von beiden. Die II enthaltenden Copolymerisate wurden in W. mit $K_2S_2O_8$ gewonnen. (J. Amer. chem. Soc. **75**. 3398 bis 3400. 20/7. 1953. Decatur, Ala., Chemstrand Corp., Res. and Developm. Dep.)

WALTHER. 3122

M. Brenner und **K. Rüfenacht**, *Versuche zur Herstellung von Amidderivaten der α-Phenylacetamidoacrylsäure.* 1. Mitt. Vff. versuchten, auf 3 Wegen zu Amidderivv. der *α-Phenylacetamidoacrylsäure* (I) zu gelangen. 1. Durch Aufspaltung des *Azlactons von* I (II) mit Aminen. Da aber II nicht in der n., sondern in der Pseudoform als *2-Benzyliden-4-methyl-pseudo-oxazolon-(5)* vorliegt, führt die Umsetzung mit Aminen nicht zu Amidderivaten. Bei der Verseifung von II mit Alkali oder wss. Aceton wurden neben I *Phenylacetamid* (VI) u. *Brenztraubensäure* erhalten. — 2. Durch Überführung der *α.α-Bis-[phenylacetamido]-propionsäure* (III) in ihr Azlacton, das *2-Benzyl-4-methyl-4-phenylacetamidooxazolon-(5)* (IV), u. Ringaufspaltung mit Glycin zum *α.α-Bis-[phenylacetamido]-propionylglycin*. Dieses ging beim Kochen in Eisessig jedoch nicht unter Abspaltung von VI in das gesuchte Amidderiv. von I, das *α-Phenylacetamido-acroylglycin*, über, da zu dieser Rk. nur die freie α.α-Bis-[acetamido]-propionsäure, nicht aber ihre Derivv. befähigt sind (vgl. ROTHSTEIN, C. **1950**. II. 1338). Außer mit Glycin wurde IV auch mit Benzylamin u. Anilin umgesetzt. Die dabei gebildeten Derivv. waren auch aus dem III-Methylester über das Hydrazid u. Azid (V) zugänglich. — 3. Durch Abspaltung von VI aus III wurde *α-Phenylacetamidoacrylsäure* (I) hergestellt u. mit Diazomethan verestert (vgl. dagegen BERGMANN u. GRAFE, Hoppe-Seyler's Z. physiol. Chem. **187**. [1930.] 187). Veresterungsverss. mit methanol. HCl oder Methanol/Acetylchlorid waren vergeblich; im ersten Fall tritt anscheinend Molekelspaltung ein, denn es wurde VI isoliert. Die Darst. von I nach SÜS (C. **1951**. I. 2162) erwies sich als unzuverlässig. Der I-Ester wurde in das *Hydrazid* übergeführt, bei dessen Behandlung mit HNO_2 sich nicht, wie erwartet, das *Azid von* I bildete, sondern *1-Nitroso-4-phenylacetamidopyrazolidon-(3)*. Amidderivv. von I waren somit auch nicht auf dem Wege über das Azid von I zugänglich.

Versuche (FF. auf dem KOFLER-Block bestimmt u. korr.): *α.α-Bis-[phenylacetamido]-propionsäure* (III), $C_{19}H_{20}O_4N_2$, F. 165—166°, aus Brenztraubensäure u. Benzylcyanid durch Aufgießen auf Eis, Lösen des Rohprod. in warmem Aceton u. Zugabe von 60° warmem W.; aus Aceton/W. hexagonale Plättchen; 85% (Ausbeute). — *2-Benzyl-4-methyl-4-phenylacetamidooxazolon-(5)* (IV), $C_{19}H_{18}O_3N_2$, F. 171—172°, aus III u. Essigsäureanhydrid durch $^1/_4$std. Erwärmen auf 85—90°, Eindampfen, Aufnehmen in sd. Essigester u. Zugabe von sd. PAe.; Nadeln; 69%. — III-*Methylester*, $C_{20}H_{22}O_4N_2$, F. 161—162°, aus III mit methanol. HCl (62%) oder mit CH_2N_2 (97,5%) oder aus IV mit Pottasche, W. u. Methanol (90%); aus Methanol/W. Nadeln. — III-*Hydrazid*, $C_{19}H_{22}O_3N_4$, F. 173—175°, aus vorst. Verb. u. Hydrazinhydrat in Methanol; aus Essigester/PAe. Blättchen; 81% roh. — III-*Azid* (V), $C_{19}H_{19}O_3N_5$, F. 137 bis 139°, aus vorst. Verb. mit HCl u. $NaNO_2$; aus Methanol/W. Nadeln; 99%. — III-*Benzylamid*, $C_{26}H_{27}O_3N_3$, F. 177—178°, aus V oder IV u. Benzylamin in A.; aus A./W. Nadeln; 89 bzw. 95%. — III-*Anilid*, $C_{25}H_{25}O_3N_3$, F. 195—197°, aus V u. Anilin in sd. Bzl. (14%) oder aus IV mit Anilin u. Triäthylamin bei 100° (26%); aus wss. A. Schüppchen. — *α.α-Bis-[phenylacetamido]-propionylglycin*, $C_{21}H_{23}O_5N_3$, F. 195—196°, aus V u. Glycin in wss.-alkal. Lsg. (92%) oder ebenso aus IV (87,5%); aus wss. A.

Platten. Nach Kochen vorst. Verb. mit Eisessig konnte kein **VI** nachgewiesen werden. — *α-Phenylacetamidoacrylsäure* (**I**), $C_{11}H_{11}O_3N$, F. 191–194°, aus **III** in Eisessig durch $^3/_4$std. Kochen bei 145–150°, Eindampfen, Rk. mit 10%ig. $KHCO_3$-Lsg. u. Ansäuern; aus wss. A. Schuppen; 50%. — *I-Methylester*, $C_{12}H_{13}O_3N$, F. 57–59°, aus **I** mit CH_2N_2, aus PAe. Schuppen; 100%. Verss. mit methanol. HCl lieferten **VI**, mit Methanol/Acetylchlorid wurde ein zwischen 60 u. 80° schm. Prod. erhalten. — *I-Hydrazid*, $C_{11}H_{13}O_2N_3$, F. 171–172°, aus vorst. Verb. mit Hydrazinhydrat in CH_3OH; aus A. winzige Splitter; 45%. *Benzalverb.*, $C_{18}H_{17}O_2N_3$, F. 232–234°, aus vorst. Verb. u. Benzaldehyd in A.; aus A. rhomb. Platten; 70%. — *1-Nitroso-4-phenylacetamidopyrazolidon-(3)*, $C_{11}H_{12}O_3N_4$, F. 127–128°, aus vorst. Hydrazid mit HCl u. $NaNO_2$, umgefällt aus $KHCO_3$-Lsg.; 85% (roh). *Benzylammoniumsalz*, $C_{18}H_{21}O_3N_5$, kein scharfer F.; aus W. längliche Platten. *Kupfersalz*, Zers. gegen 200°; 75%. (Helv. chim. Acta **36**. 1832–41. 1/12. 1953. Basel, Univ., Organ.-Chem. Anstalt.)

RACHEL. 3132

M. R. Atkinson und **J. B. Polya**, *Triazole*. 2. Mitt. *N-Substitution einiger 1.2.4-Triazole*. (1. vgl. C. **1954**. 539.) Vff. untersuchen die Alkylierung u. Acetylierung von *1.2.4-Triazol* (**I**), seinem *3.5-Dimethyl-*(**III**) u. *3.5-Diphenylderivat* (**VI**). Die Alkylierung lieferte hauptsächlich 1-Alkyltriazole; die Konst. der Prodd. wurde durch unabhängige Synthesen u. Vgl. mit bekannten Verbb. sichergestellt. Die Stellung der Acetylgruppen in den N-Acetylderivv. konnte nicht sicher festgelegt werden; wegen der Analogie der vorherrschenden 1-Alkylierung u. der relativ niedrigen FF. werden die Prodd. von Vff. als 1-Acetylderivv. angenommen. — Eine Reihe neuer Triazolpikrate wurde dargestellt.

V e r s u c h e (FF. korr.): Die physikal. Konstanten der alkylierten u. acylierten Triazolderivv. werden nicht verändert bei 4–6std. Erhitzen auf 140–165°. — *1-Methyl-1.2.4-triazol*, Kp.$_{755}$ 177°, durch Umsetzen von 1.2.4-Triazol [**I**, F. 121°; *Pikrat* (**II**), $C_8H_6O_7N_6$, F. 168° ($CHCl_3$)] in methanol. $NaOCH_3$-Lsg. mit CH_3J durch 1std. Erhitzen im Autoklaven auf 120°; n_D^{20} 1,4650, D.$^{20}_{20}$ 1,105; 78% (Ausbeute), daneben 19% **I** zurück; *Pikrat*, $C_9H_8O_7N_6$, F. 137° (A.). — *1-Acetyl-1.2.4-triazol*, $C_4H_5ON_3$, Kp.$_{755}$ 178°, Sublimation bei 40°/2 mm, F. 38–39°, durch 1std. Kochen von **I** mit Acetanhydrid (**IV**), 79%, oder durch Evaporieren einer Lsg. von Na u. **I** in A. zur Trockne, Aufnahme in Bzl., Zugabe von Acetylchlorid (**V**) u. 30 Min. Kochen unter Rühren; 19%; gibt mit Pikrinsäure **II**. — *1-Acetyl-3.5-dimethyl-1.2.4-triazol*, $C_6H_9ON_3$, Kp. 199°, Sublimation bei 70°/2 mm, F. 90–91°, aus 3.5-Dimethyl-1.2.4-triazol [**III**, F. 141 bis 142°; *Pikrat*, $C_{10}H_{10}O_7N_6$, F. 170° (Bzl./Methanol)], durch 1std. Kochen mit **IV**, 84%, oder aus dem Na-Salz von **III** mit **V** wie vorst.; 60%; wird beim 6std. Erhitzen mit CH_3J u. Bzl. auf 100° unverändert zurückerhalten; liefert beim 20std. Kochen mit $LiAlH_4$ in Ae. unter N_2 69% **III**; *Pikrat*, $C_{12}H_{12}O_8N_6$, F. 120° (Bzl./CCl_4). — *1.3.5-Trimethyl-1.2.4-triazol*, $C_5H_9N_3$, Kp.$_{755}$ 193°, Kp.$_{11}$ 72–74°, aus Diacetimid u. Methylhydrazinsulfat durch 5std. Erhitzen auf 145°, Zugabe von W. u. 1 Std. Kochen; 57%, oder aus **III** u. Na in Methanol durch Umsetzen mit CH_3J, 1 Std. bei Zimmertemp. u. 1 Std. Erhitzen im geschlossenen Gefäß auf 120°; 81%, daneben 2% **III** zurück; aus **III** in Methanol durch Umsetzung mit der 10–12fachen Mol-Menge äther. Diazomethan in 3 Portionen während 3 Tagen; 81%, daneben 14% **III** zurück; n_D^{20} 1,4652, D.$^{20}_{20}$ 1,037; gibt beim 4std. Kochen mit CH_3J in Bzl. *1.3.5-Trimethyl-1.2.4-triazolmethojodid* [$C_6H_{12}N_3J$, F. 138° (Methanol/Ae. 1:2), sehr hygroskop.]. *Pikrat*, $C_{11}H_{12}O_7N_6$, F. 134,5° (A.). — *4-Äthyl-3.5-dimethyl-1.2.4-triazol*, $C_6H_{11}N_3$, Kp.$_{12}$ 170–175° (Rohprod.), F. 115–116°, durch Zugabe von $POCl_3$ in absol. A. unter Rühren zu N-Äthylacetamid in trockenem Pyridin unterhalb 20°, nach 12 Std. Zugabe von Acetylhydrazin in sd. $CHCl_3$ u. 1std. Kochen unter Rühren, Chromatographie in Bzl. u. Eluierung mit Bzl./$CHCl_3$ (20:1); 23%; hygroskop.; *Pikrat*, $C_{12}H_{14}O_7N_6$, F. 147° (A.). — *1-Äthyl-3.5-dimethyl-1.2.4-triazol*, $C_6H_{11}N_3$, Kp.$_{755}$ 196°, Kp.$_{12}$ 80,5 bis 81,5°, aus **III** u. Na in A. mit C_2H_5J wie vorst.; 58%, daneben in geringerer Menge vorst. Verb.; aus **III** mit 18fachem Mol-Überschuß an Diazoäthan; 93%; n_D^{20} 1,4690; D.$^{20}_{20}$ 0,990. *Pikrat*, $C_{12}H_{14}O_7N_6$, F. 126° (A.). — *1-Acetyl-3.5-diphenyl-1.2.4-triazol*, F. 107–108° (Ae./Leichtbenzin), Sublimation bei 100°/1 mm, aus 3.5-Diphenyl-1.2.4-triazol [**VI**; *Pikrat*, $C_{20}H_{14}O_7N_6$, F. 171° (Bzl./$CHCl_3$), bildet mit $CHCl_3$ Solvat, F. 150° (Zers.)], **IV** u. Na-Acetat; 60%; aus **VI** u. **IV** durch 4std. Kochen; 93%; aus dem Na-Salz von **VI** mit **V** in Bzl. durch 1std. Kochen; 45%. —*1-Methyl-3.5-diphenyl-1.2.4-triazol*, $C_{15}H_{13}N_3$, F. 85° (Bzl./Leichtbenzin), aus der Na-Verb. von **VI** in Methanol u. CH_3J durch 15std. Erhitzen auf 120°; 63%; aus Dibenzimid u. Methylhydrazinsulfat durch 4std. Erhitzen auf 160°; 40%. *Pikrat*, $C_{21}H_{16}O_7N_6$, F. 135° (20%ig. A.). — *Pikrat von 4-Methyl-3.5-diphenyl-1.2.4-triazol*, $C_{21}H_{16}O_7N_6$, F. 155° (A.). — *N.N'-Diacetylhydrazin*, F. 136° (Ae./Isopropanol), aus Diacetimid u. Acetylhydrazin in A./Pyridin, 1 Monat bei Zimmertemp.; 78%, daneben *Acetamid* (F. 78°); 78%; kein Acetyldimethyl- oder Dimethyltriazol. (J. chem. Soc. [London] **1954**. 141—45. Jan. Hobart, Tasmania, Univ.) G. WINKLER. 3153

Eric Hoggarth, *2-Benzoyldithiocarbazinsäure und verwandte Verbindungen.* Vf. stellt auf dem von BUSCH u. STARKE (J. prakt. Chem. [2] **93**. [1916.] 49) beschriebenen Wege aus p-substituierten Benzhydraziden, CS_2 u. KOH in A. K-Salze von Derivv. der *2-Benzoyldithiocarbazinsäure* (**I**, $C_6H_5CO \cdot NH \cdot NH \cdot CSSH$) dar, die leicht zu den entsprechenden Estern alkyliert werden können. Ohne KOH entstehen *1.2-Dibenzoylhydrazin* (**II**) u. *2-Mercapto-5-phenyl-1.3.4-oxadiazol* (**III**), das über seine S-Methylverb. identifiziert werden konnte. Verss. zur Entfernung des S-Atoms in **III** mittels RANEY-Ni führten zum Benzamid. Die Rk. zwischen Benzhydrazid (**IV**) u. CS_2 in Pyridin ergab neben **II** eine Verb., die als S-Methylderiv. isoliert wurde u. sich als *4-Benzamido-5-methylmercapto-3-phenyl-4.1.2-triazol* (**V**) erwies. Dessen Stammverb., das *4-Benzamido-5-mercapto-3-phenyl-4.1.2-triazol* entsteht wahrscheinlich durch Cyclisierung des Intermediärprod. aus 2 Mol **IV** u. 1 Mol CS_2, des *1.5-Dibenzoylthiocarbazids* (**VI**). Verss. zur Darst. von **VI** aus **IV** u. Thiocarbonylchlorid gaben nur **III** u. unverändertes **IV**, was den Ergebnissen von DORNOW u. BRUNCKEN (C. **1950**. I. 1355) bei der zu 2-Oxy-5-phenyl-1.3.4-oxadiazol führenden Rk. zwischen **IV** u. $COCl_2$ entspricht. I-Methylester gibt mit Hydrazin *4-Amino-5-mercapto-3-phenyl-4.1.2-triazol* (**VII**), dessen Konst. durch Methylierung zum *S-Methylderiv.* (**VIII**), das zum Sulfon oxydierbar ist, u. milde Oxydation zum Disulfid bewiesen wird, das bei Lsg. in Alkali die Thiolverb. regeneriert. **VIII** liefert in der für 4-Aminotriazole charakterist. Rk. bei Behandlung mit HNO_2 *5-Methylmercapto-3-phenyl-1.2.4-triazol* (**IX**). **VII** liefert bei der Entschwefelung mit RANEY-Ni *4-Amino-3-phenyl-4.1.2-triazol* (**X**), das mit HNO_2 in *3-Phenyl-1.2.4-triazol* übergeführt wird. **VII** u. **X** liefern mit p-Dimethylaminobenzaldehyd Benzylidenderivate. Es wurden auch im Phenylkern p-methoxyliertes **VII** u. *4-Amino-5-mercapto-3-methyl-4.1.2-triazol* (**XI**) dargestellt u. in die S-Methylderivv. übergeführt. Als Nebenprod. bei der Darst. von **XI** trat *4-Amino-3-hydrazino-5-mercapto-4.1.2-triazol* auf. Die Konst. der Aminothiole wurde über die Rk. mit Phenacylbromid bewiesen: **VII** u. **XI** gaben *6.7-Dihydro-3.5-diphenyl-7-thia-1.2.4.9-tetraazainden* bzw. *6.7-Dihydro-3-methyl-5-phenyl-7-thia-1.2.4.9-tetraazainden.* Auf ähnlichem Wege wurde *6.7-Dihydro-3-phenyl-7-thia-1.2.4.9-tetraazainden* unter Verwendung von Bromacetal erhalten. **VII** gab mit Chloressigester nur den bei den vorst. Verbb. analog als Intermediärprod. anzunehmenden [*4-Amino-3-phenyl-4.1.2-triazolyl-(5)-mercapto*]*-essigsäureäthylester*, der mit Alkali die freie Thioglykolsäure lieferte. Aus dem K-Salz von **I** entstehen mit verd. Mineralsäuren CS_2 u. **IV**, mit heißer sirupöser H_3PO_4 entstehen Benzoesäure u. geringere Mengen **II** u. **III**. Durch Pyridin werden das K-Salz von **I** u. ihr Methylester in **III** übergeführt, was sich auch als günstige präparative Meth. zur Darst. der im Phenylkern p-Cl- u. p-CH_3O-substituierten Derivv. von **III** sowie des *2-Mercapto-5-methyl-1.3.4-oxadiazols* erwies.

Versuche: Folgende *2-Acyldithiocarbazinsäurederivv.* der allg. Konst. *RCONHNHCSSR'* wurden durch 2—3std. Rühren von 1 (Mol) des entsprechenden Hydrazids mit 1,5 CS_2 u. KOH-Lsg. (1,5 Mol) bei 35—40° u. 12—18 Std. bei Zimmertemp. u. Überführung des erhaltenen *K-Salzes* mit CH_3J in den *Methylester* dargestellt: $R = C_6H_5$, $R' = K$, $C_8H_7ON_2S_2K$, F. 292—296° (Zers.), aus verd. A. Nadeln. — $R = C_6H_5$, $R' = CH_3$, F. 172°. — $R = p\text{-}CH_3OC_6H_4$, $R' = K$, $C_9H_9O_2N_2S_2K$, F. 265—266° (Zers.), hellgelbe Nadeln. — $R = p\text{-}CH_3OC_6H_4$, $R' = CH_3$, $C_{10}H_{12}O_2N_2S_2$, F. 155 bis 157°, Nadeln. — $R = p\text{-}ClC_6H_4$, $R' = K$, $C_8H_6ON_2ClS_2K$, F. 308—310° (Zers.), hellgelbe Nadeln. — $R = p\text{-}ClC_6H_4$, $R' = CH_3$, $C_9H_9ON_2ClS_2$, F. 183—184°, flache Nadeln. — $R = CH_3$, $R' = K$, $C_3H_5ON_2S_2K$, F. 180—182° (Zers.), hellgelbe Prismen. — $R = R' = CH_3$, $C_4H_8ON_2S_2$, F. 122—123°, Blättchen. — *2-Mercapto-5-phenyl-1.3.4-oxadiazol* (**III**), $C_8H_6ON_2S$, F. 218—220°, Blättchen oder flache Nadeln aus A., durch mehrstd. Kochen von 27,2 g **IV**, A. u. CS_2 unter Rühren, Abdest. des Lösungsm. u. Verreiben des Rückstandes mit W. bis zur Kristallisation; 5,0 g (Ausbeute); oder aus 13,6 g **IV** in W. mit 5,8 g $CSCl_2$ in Ae. u. Behandeln des Nd. nach 2 Std. mit HCl. Umlösen aus NaOH–HCl gibt 9,5 g **III**, das Filtrat gibt 5,2 g unverändertes **IV**. — *2-Methylmercapto-5-phenyl-1.3.4-oxadiazol,* F. 32—33°, $Kp._{80}$ 218—220°, aus der Mutterlauge von **III** durch Eindampfen, Trennen der Kristalle in **III** u. **II** (F. 236—237°) durch Auslesen u. Überführen von **III** in sein S-Methylderiv. mit CH_3J–NaOH–Alkohol. Kochen mit RANEY-Ni in A. gibt *Benzamid,* C_7H_7ON, F. 130° (Bzl.–PAe.). — *4-Benzamido-5-methylmercapto-3-phenyl-4.1.2-triazol* (**V**), $C_{16}H_{14}ON_4S$, F. 193°, gelbe Prismen aus A., aus 13,6 g **IV**, Pyridin u. CS_2 durch 12std. Kochen, Zufügen von W. u. konz. HCl u. Umfällen aus 0,5 nNaOH + HCl 16 g **III**, Eindampfen der Mutterlauge auf die Hälfte u. Methylieren des Nd. (5,7 g) gibt

III–S-Methylderiv., das mit Ae. extrahiert wird. Aus der wss. Phase werden durch Ansäuern 0,5 g **II** isoliert, aus den Mutterlaugen 1,3 g **V**. Hydrolyseverss. an **V** mit n NaOH oder alkoh. HCl sind ohne Ergebnis. **V** wird auch aus 2,1 g **VIII**, Pyridin u. Benzoylchlorid durch halbstd. Kochen, Gießen auf Eis u. Ansäuern mit HCl erhalten; 1,6 g. — *4-Amino-5-mercapto-3-phenyl-4.1.2-triazol* (**VII**), $C_8H_8N_4S$, F. 204 bis 205°, flache Nadeln aus 50%ig. A., aus 9 g I-Methylester durch 4std. Kochen mit A. u. 75%ig. Hydrazinhydrat, nach Wasserzugabe A. im Vakuum abdestillieren u. mit HCl stark ansäuern; 6,2 g. — *4-Amino-5-methylmercapto-3-phenyl-4.1.2-triazol* (**VIII**), $C_9H_{10}N_4S$, F. 154—155°, Nadeln aus wss. A., aus 10 g **VII**, alkoh. CH_3J u. NaOH; 6,5 g. — *4-[p-Dimethylaminobenzylidenamino]-5-methylmercapto-3-phenyl-4.1.2-triazol*, $C_{18}H_{19}N_5S$, F. 183—184°, gelbe Nadeln aus Methanol, durch 3std. Kochen von 1 g **VIII** mit p-Dimethylaminobenzaldehyd in alkoh. KOH u. Wasserzugabe; 1,5 g. — *4-Amino-5-methansulfonyl-3-phenyl-4.1.2-triazol*, $C_9H_{10}O_2N_4S$, F. 198°, Nadeln aus wss. A., aus 10,3 g **VIII** in Essigsäure durch Oxydation mit wss. $KMnO_4$ bei $\leq 25°$, Durchleiten von SO_2 bei 10—15° bis zur Farblosigkeit u. Alkalisieren mit NH_4OH; 5,0 g. — *Bis-[4-amino-3-phenyl-4.1.2-triazolyl-(5)]-disulfid*, $C_{16}H_{14}N_8S_2$, F. 174—176°, Nadeln aus wss. A., nach Titrieren der Lsg. von 9,6 g **VII** in NaOH mit n $K_3[Fe(CN)_6]$, wobei 5,4 g Disulfid ausfallen. Behandeln der Lsg. des Disulfids in NaOH mit Essigsäure regeneriert **VII**. — *4-Amino-5-mercapto-3-[p-methoxyphenyl]-4.1.2-triazol*, $C_9H_{10}ON_4S$, F. 205—206°, Nadeln aus A., analog **VII**. — *4-Amino-5-methylmercapto-3-[p-methoxyphenyl]-4.1.2-triazol*, $C_{10}H_{12}ON_4S$, F. 201—202°, glänzende Nadeln aus A., analog **VIII**. — *4-Amino-5-mercapto-3-methyl-4.1.2-triazol* (**XI**), $C_3H_6N_4S$, F. 205 bis 206°, Blättchen aus W., durch 5std. Kochen von 51,0 g 2-Acetyldithiocarbazinsäuremethylester in A. mit 75%ig. Hydrazinhydrat, Eindampfen, Lösen des Rückstandes in NaOH, Filtrieren, Filtrat mit Essigsäure ansäuern, Nd. mit W. waschen (11,5 g unlösl.), Filtrat mit Ae. extrahieren, 6,1 g. Mit 10%ig. Hydrazinhydrat ohne A. Ausbeute 25,2 g u. nur Spuren des unlösl. Rückstandes. — *4-Benzylidenamino-5-mercapto-3-methyl-4.1.2-triazol*, $C_{10}H_{10}N_4S$, F. 204—205°, Nadeln aus A., aus **XI** u. Benzaldehyd mit kalter 1n HCl. — *4-Amino-5-methylmercapto-3-methyl-4.1.2-triazol*, $C_4H_8N_4S$, F. 160°, Blättchen aus A.-Äthylacetat. — *4-Amino-3-hydrazino-5-mercapto-4.1.2-triazol*, $C_2H_6N_6S$, F. 232—233° (Zers.), Nadeln aus W., stellt den unlösl. Rückstand bei der Darst. von **XI** dar. *Dibenzylidenverb.*, $C_{16}H_{14}N_6S$, F. 246°, hellgelbe Blättchen aus n-Propanol. — *5-Methylmercapto-3-phenyl-1.2.4-triazol* (**IX**), $C_9H_9N_3S$, F. 162°, Blättchen aus wss. A., aus 2,1 g **VIII** durch Lösen in einer heißen Mischung von n HCl–W. (2:5), schnelles Abkühlen u. Rühren der feinen Suspension mit 0,5n $NaNO_2$. Den Nd. vorsichtig in 40%ig. KOH lösen, Filtrieren u. Ansäuern mit Essigsäure; 1,7 g. — *5-Methylmercapto-3-[p-methoxyphenyl]-1.2.4-triazol*, $C_{10}H_{11}ON_3S$, F. 125—126°, Blättchen aus Bzl., analog vorst. Verb.; 1,9 g aus 2,4 g. — *4-Amino-3-phenyl-4.1.2-triazol* (**X**), $C_8H_8N_4$, F. 85—87°, Blättchen aus Bzl., durch Entschwefelung von 5,0 g **VII** durch 1½std. Kochen in A. mit Raney-Ni; 1,7 g. — *4-[p-Dimethylaminobenzylidenamino]-3-phenyl-4.1.2-triazolhemihydrat*, $C_{17}H_{17}N_5 \cdot \frac{1}{2}H_2O$, F. 154—155° (bei langsamem Erhitzen), gelbgrüne Nadeln aus wss. A.; 0,6 g aus 0,5 g. — *3-Phenyl-1.2.4-triazol*, $C_8H_7N_3$, F. 120°, Nadeln aus Bzn., aus 0,8 g **X** analog **IX**; 0,35 g. — *6.7-Dihydro-3.5-diphenyl-7-thia-1.2.4.9-tetraazainden*, $C_{16}H_{12}N_4S$, F. 214—215°, Blättchen aus 50%ig. A., durch 2std. Kochen von 2,0 g **VII** u. Phenacylbromid in A., Abdest. des A., Behandeln des Rückstandes mit 2n HCl bei 40°, dann mit 2n NaOH; 2,7 g. — *6.7-Dihydro-3-methyl-5-phenyl-7-thia-1.2.4.9-tetraazainden*, $C_{11}H_{10}N_4S$, F. 186—187°, Nadeln aus A., analog vorst. Verbindung. — *6.7-Dihydro-3-phenyl-7-thia-1.2.4.9-tetraazainden*, $C_{10}H_8N_4S$, F. 144°, Prismen aus wss. A., durch Erhitzen von 2,0 g **VII** mit Bromacetal auf dem Wasserbad u. Extraktion des Rückstandes mit HCl u. NaOH; 1,5 g. — *[4-Amino-3-phenyl-4.1.2-triazolyl-(5)-mercapto]-essigsäureäthylester*, $C_{12}H_{14}O_2N_4S$, F. 172—173°, Nadeln aus A., aus 2,0 g **VII** u. Chloressigester durch 6std. Kochen in A., Abdestillieren des A. u. Behandeln des Rückstandes mit W. u. n NaOH, 2,3 g. — *[4-Amino-3-phenyl-4.1.2-triazolyl-(5)-mercapto]-essigsäure*, $C_{10}H_{10}O_2N_4S$, F. 183—184° (Zers.), Blättchen aus A., aus vorst. Verb. durch Verseifung. — Cyclisierungsverss. mit dem K-Salz von **I**: A) aus 5,0 g in W. durch konz. HCl resultieren 0,05 g **III** u. 1,5 g **IV**; B) aus 10,0 g mit sirupöser H_3PO_4 u. P_2O_5 bei 120° resultieren 0,5 g S-Methyl-**III** (nach Methylierung), 0,9 g C_6H_5COOH, 0,3 g **II** u. 2,0 g **IV**; C) aus 5,0 g durch Kochen in Pyridin resultieren 2,3 g **III**. Unter diesen Bedingungen entstehen aus 4,5 g I-Methylester 2,9 g **III**. — *2-Mercapto-5-[p-methoxyphenyl]-1.3.4-oxadiazol*, $C_9H_8O_2N_2S$, F. 204—206°, Nadeln aus A., analog Vorst. nach C). — *2-Methylmercapto-5-[p-methoxyphenyl]-1.3.4-oxadiazol*, F. 101° (PAe.). — *2-Mercapto-5-[p-chlorphenyl]-1.3.4-oxadiazol*, $C_8H_5ON_2ClS$, F. 175 bis 176° (A.). — *2-Mercapto-5-methyl-1.3.4-oxadiazol*, $C_3H_4ON_2S$, F. 78°, Blättchen aus

Bzl.–Bzn., aus 2-acetyldithiocarbazinsaurem K nach Meth. C). — *2-Methylmercapto-5-methyl-1.3.4-oxadiazol,* $C_4H_6ON_2S$, F. 72—73° (Bzn.). (J. chem. Soc. [London] **1952.** 4811—17. Dez. Blackley, Manchester, Imp. Chem. Ind. Ltd., Res. Labors.)

RUSKE. 3153

John D. Sculley und **Cliff S. Hamilton,** *Einige Amidderivate von Aminomethylpyridinen.* Durch Red. der entsprechenden 3-Cyanpyridine mit $LiAlH_4$ u. Acylierung der entstandenen *Aminomethylverbb.* stellen Vff. *3-[Acylaminomethyl]-pyridine* dar; *[α-Dialkylaminoacetamidomethyl]-pyridine* entstehen aus der Chloracetamidoverb. u. Aminen; einige von ihnen wurden zu den entsprechenden Äthylendiaminderivv. reduziert. Die Cyclisation zwischen der CO-Gruppe der Amidkette u. der 4ständigen CH_3-Gruppe gelang nicht; unter drast. Bedingungen wurden nur Harze erhalten.

Versuche: *3-Cyan-4.6-dimethylpyridon-(2),* dargestellt nach der Meth. von VAN WAGTENDONK u. WIBAUT (C. **1943.** I. 839); 91% (Ausbeute). — *2-Chlor-3-cyan-4.6-dimethylpyridin* (**I**), F. 98—100°, nach der früher angegebenen Meth. (vgl. VANDERHORST u. HAMILTON, C. **1954.** 91); aus Bzl. Stäbe; 91%. — *3-Cyan-4.6-dimethyl-2-methoxypyridin* (**II**), F. 93,5—95° (Bzl.–PAe., 1:1), nach dem Verf. von MARIELLA u. LEECH (C. **1949.** II. 534); 93%. — *3-Cyan-2-diäthylamino-4.6-dimethylpyridin* (**III**), $Kp._{1,5}$ 125,5—129°, aus **I** u. Diäthylamin durch 18std. Schütteln bei 170° im Autoklaven, Zugabe von Bzl. u. Eindampfen des Filtrats; blaßgelbes Öl; 90,2%. *Monopikrat,* $C_{18}H_{20}O_7N_6$, aus A. gelbe Kristalle; F. 94,5—96,5°. — *3-Aminomethyl-4.6-dimethyl-2-methoxypyridin,* $Kp._{0,5}$ 88—92°, durch $LiAlH_4$-Red. von **II** in Ae.; Öl; 83%. *Monopikrat,* $C_{15}H_{17}O_8N_5$, F. 231° unter Zers. (75%ig. A.); feine gelbe Nadeln. — *3-Aminomethyl-2-diäthylamino-4.6-dimethylpyridin* (**IV**), $Kp._{4,5}$ 123—124,5°, ebenso aus **III**; 88%. *Dipikrat,* $C_{24}H_{27}O_{14}N_9$, F. 160—161° (Zers.); aus A. gelbe Kristalle. — *1-[2-Diäthylamino-4.6-dimethylpicolyl-(3)]-3-phenylharnstoff,* $C_{19}H_{26}ON_4$, F. 205,5 bis 207°, aus **IV** u. C_6H_5NCO in Ae.; 92,6%. — *N-[2-Diäthylamino-4.6-dimethylpicolyl-(3)]-phthalimid,* $C_{20}H_{23}O_2N_3$, F. 73—75°, aus **IV** u. Phthalsäureanhydrid durch 5std. Kochen in Bzl.; Nadeln aus PAe.; 89%. — Ebenso *N-[2-Diäthylamino-4.6-dimethylpicolyl-(3)]-3-nitrophthalimid,* $C_{20}H_{22}O_4N_4$, F. 134,5—136°, aus 3-Nitrophthalsäureanhydrid; orangefarbene Prismen aus PAe.; 80%. — Folgende 4.6-Dimethylpyridine wurden aus dem entsprechenden Nitril durch $LiAlH_4$-Red. in Ae., Zugabe von 20%ig. NaOH, dann von Acetanhydrid bzw. Pyridin + Benzoylchlorid bzw. Chloracetylchlorid, 3std. Rühren, Zugabe von gesätt. Sodalsg. u. Ausziehen mit Bzl. erhalten: *3-[Benzamidomethyl]-2-methoxy-* (**VII**), $C_{16}H_{18}O_2N_2$, F. 128—129,5° (Bzl.–PAe., 1:1); 75%. — *3-[Chloracetamidomethyl]-2-methoxy-,* $C_{11}H_{15}O_2N_2Cl$, F. 126,5—127,5° (A.); 73%. — *3-[Acetamidomethyl]-2-diäthylamino-* (**VI**), $C_{14}H_{23}ON_3$, F. 126,5—127° (PAe.); 75%. — *3-[Benzamidomethyl]-2-diäthylamino-* (**V**), $C_{19}H_{25}ON_3$, F. 134,5—135,5° (Bzl.–PAe., 1:1); 77,6%. — *3-[Chloracetamidomethyl]-2-diäthylamino-,* $C_{14}H_{22}ON_3Cl$, F. 110—112° (PAe.); 70%. — *3-[Acetamidomethyl]-2-chlor-,* $C_{10}H_{13}ON_2Cl$, F. 136,5—138° (50%ig. A.); 20%. — *N-Benzyl-N-[2-diäthylamino-4.6-dimethylpicolyl-(3)]-α-chloracetamid* (**VIII**), $C_{21}H_{28}ON_3Cl$, F. 62—64° (PAe.), aus **V** durch 22std. $LiAlH_4$-Red. in Ae. im SOXHLET-Extraktor, 4std. Kochen mit Bzl., Zers. mit W. u. mehrstd. Stehen des Filtrats mit $ClCH_2COCl$ u. $NaHCO_3$; Nadeln; 89%. — *3-Acetamidomethyl-2-diäthylamino-4.6-dimethyl-5-nitropyridin,* $C_{14}H_{22}O_3N_4$, F. 148—148,5° (Isopropanol, dann PAe.), durch Zugabe von rauchender HNO_3 (D. 1,51) + Acetanhydrid + Eisessig zu **VI** in Acetanhydrid bei 10—15°, 2std. Stehen bei n. Temp., Gießen auf Eis u. Alkalisieren mit Soda; 40,8%. — *3-Benzamidomethyl-4.6-dimethylpyridon-(2),* $C_{15}H_{16}O_2N_2$, F. 210—211°, durch 8std. Erhitzen von **VII** mit $ZnCl_2$ u. absol. Ae. auf 180° in einer Bombe, Eindampfen, Lösen in CH_3OH, Einengen u. Zugabe von konz. NH_4OH; Nadeln aus Isopropanol; 53%. — Folgende Verbb. wurden aus der 3-Chloracetamidomethylverb. durch 2std. Kochen mit dem entsprechenden Amin in A., Abdestillieren, Zugabe von Ae. u. (wenn nicht fl.) Kristallisation des Rohprod. aus PAe. gewonnen: *N-[2-Diäthylamino-4.6-dimethylpicolyl-(3)]-α-diäthylaminoacetamid* (**IX**), $Kp._{0,5}$ 191—193°; 91,6%. *Dipikrat,* $C_{30}H_{38}O_{15}N_{10}$, F. 147—149° unter Zers. (A.). — *N-[2-Diäthylamino-4.6-dimethylpicolyl-(3)]-α-cyclohexylaminoacetamid,* $C_{20}H_{34}ON_4$, F. 76—78°; 85%. — *N-[2-Diäthylamino-4.6-dimethylpicolyl-(3)]-α-morpholinoacetamid,* $C_{18}H_{30}O_2N_4$, F. 73—75°; 91%. — *N-Benzyl-N-[2-diäthylamino-4.6-dimethylpicolyl-(3)]-α-dimethylaminoacetamid* (**X**), $Kp._{0,5}$ 201—205°, durch Zugabe von Dimethylamin in A. zu **VIII** in Ae. bei —10°, 1std. Kochen, 10std. Erhitzen auf 40—45° nach erneuter Zugabe von $(CH_3)_2NH_2$ u. Abdestillieren der Lösungsmittel; blaßgelbes Öl; 73%. *Dipikrat,* $C_{35}H_{40}O_{15}N_{10}$, F. 168—169,5° (Zers.); aus A. gelbe Kristalle. — *N-[2-Diäthylamino-4.6-dimethylpicolyl-(3)]-N'.N'-diäthyläthylendiamin,* $Kp._{0,38}$ 147—150°, durch $LiAlH_4$-Red. von **IX** in Ae.; 78,7%. *Dipikrat,* $C_{30}H_{40}O_{14}N_{10}$, gelb, F. 168—170° unter Zers. (A.). — Analog *N-Benzyl-N-[2-diäthylamino-4.6-dimethyl-*

picolyl-(3)]-N'.N'-dimethyläthylendiamin aus **X**; blaßgelbes Öl; $Kp._{0,45}$ 175—178°. *Tetrapikrat*, $C_{47}H_{48}O_{28}N_{16}$, F. 152—154° (CH_3OH). (J. Amer. chem. Soc. **75**. 3400—03. 20/7. 1953. Lincoln, Nebr., Univ. of Nebraska, Avery Labor.) WALTHER. 3231

Douglas M. Bowen, Robert W. Belfit jr. und **Rodney A. Walser,** *Die Synthese und Nitrierung von 2.6- und 2.7-Dimethylchinolin und von 2.5.8-Trimethylchinolin.* UTERMOHLEN (vgl. J. org. Chemistry 8. [1943.] 544) modifizierte die Synth. nach SKRAUP u. DOEBNER-MILLER, indem er das Amin mit dem Aldehyd in Ggw. von m-Nitrobenzolsulfonsäure reagieren ließ. Vff. fanden bei Anwendung von Crotonaldehyd (**III**), daß dabei durch einen größeren Überschuß des Aldehyds (1,67 Mol) die Ausbeute bis zu 80% (bezogen auf das Amin) steigt u. daß dann kein Amin zurückgewonnen wird. — Es wird die Annahme von PRICE u. Mitarbeitern (C. **1948**. I. 904) bestätigt, daß die Nitrierung von 2.6-Dimethylchinolin (**IX**) zu der *5-Nitroverb.* (**I**) führt; ebenso tritt bei 2.7-Dimethylchinolin (**VI**) o-Substitution ein unter Bldg. von *8-Nitro-2.7-dimethylchinolin* (**VII**). Die Struktur von **I** wird bewiesen durch Überführung über das Amin in *5-Chlor-2.6-dimethylchinolin* (**II**). Da **II** nicht mit der Verb. aus 4-Amino-2-chlortoluol (**V**) u. **III**, die ein 5- (**II**)- oder 7-Chlorderiv. (**IV**) ergeben kann, übereinstimmt, wurde es nitriert; Red. u. SANDMEYER-Rk. ergab dann ein Dichlorderiv., das mit dem *5.8-Dichlor-2.6-dimethylchinolin* (**X**) aus 4-Amino-2.5-dichlortoluol u. **III** ident. war. **II** wird also in 8-Stellung nitriert u. aus **V** entsteht mit **III** *7-Chlor-2.6-dimethylchinolin* (**IV**). — Bei Rk. von m-Toluidin mit **III** bilden sich *2.5-Dimethylchinolin* u. **VI**. Vff. bestätigen, daß der feste Anteil **VI** ist, durch Nitrierung zu **VII**; Red. mit Fe u. SANDMEYER-Rk. lieferte das auch aus 3-Amino-2-chlortoluol erhältliche *8-Chlor-2.7-dimethylchinolin* (**XI**). Die Red. **VII** mit $SnCl_2$ verursacht gleichzeitige Chlorierung in 5-Stellung; die Konst. der so erhaltenen Verb. wurde durch SANDMEYER-Rk. zu dem auch aus 3-Amino-2.5-dichlortoluol zugänglichen Prod. sichergestellt. — *2.5.8-Trimethylchinolin* wurde aus Amino-p-xylol dargestellt. Die Nitrierung führt zu *6-Nitro-2.5.8-trimethylchinolin* (**VIII**). Seine Konst. wurde bestätigt durch die Synth. des *6-Chlor-2.5.8-trimethylchinolins* (**XII**) aus 2-Amino-5-chlor-1.4-dimethylbenzol; es ist mit der aus **VIII** durch Red. u. SANDMEYER-Rk. gewonnenen Verb. identisch.

Versuche (FF. korr.; SR = SANDMEYER-Rk.): *4-Amino-2-chlortoluol* (**V**), aus o-Toluidin (Nitrierung 62% [Ausbeute], SR 94%, Red. 60%). — *4-Amino-2.5-dichlortoluol,* aus o-Toluidin (Acetylierung 95%, N-Chlorierung u. Umlagerung 50 bis 70%, Hydrolyse u. SR 66%, Nitrierung 56%, Red. 65%). — *3-Amino-2-chlortoluol,* $Kp._{16}$ 114—116°, aus 2-Acetylaminotoluol (Nitrierung u. Hydrolyse 50%, SR 60—73%, Red. 83%). — *3-Amino-2.5-dichlortoluol,* aus 2-Acetylamino-5-chlortoluol (Nitrierung 62%, Hydrolyse u. SR 84%, Red. 71%). — *Nitro-p-xylol,* $Kp._{10}$ 107—109°, durch tropfenweise Zugabe von HNO_3–H_2SO_4 zu p-Xylol bei 25—30°, Dampfdest. der organ. Schicht nach Neutralisation u. Ausziehen des Destillats mit Bzl.; 78—87%. — *Amino-p-xylol,* $Kp._{10}$ 97—101°, durch Red. vorst. Verb. mit Fe + CH_3COOH; 81—83%. — *2-Amino-6-chlor-1.4-dimethylbenzol,* aus vorst. Verb. (Acetylierung 82—90%, Chlorierung mit genau 1 Äquivalent Cl_2 82%, Nitrierung 78—82%, Hydrolyse u. Desaminierung 57%, Red. 73%). — *2-Amino-5-chlor-1.4-dimethylbenzol,* aus der Acetylverb. ohne Isolierung des Salzes; 70%. — *2.7-Dimethylchinolin* (**VI**), F. 60—61° (PAe.), durch tropfenweise Zugabe von 1,67 Mol **III** zu einem Gemisch aus H_2SO_4, m-Nitrobenzolsulfonsäure u. 1 Mol m-Toluidin bei 105—110°, Erwärmen auf 125°, Gießen auf Eis, Alkalisieren, Dampfdest., Aufnehmen des öligen Destillats in CCl_4 u. Vakuumdest., wobei das Gemisch von *2.5-Dimethylchinolin* u. **VI** bei 119 bis 121°/7 mm übergeht; 86%; daraus krist. **VI**; 43%. — Analog wurden folgende Chinoline gewonnen: *2.6-Dimethyl-*(**IX**), F. 57—58° (PAe.), $Kp._{10}$ 125—127°; 80%. — *7-Chlor-2.6-dimethyl-* (**IV**), $C_{11}H_{10}NCl$, F. 91,2—92,0° (PAe.). — *5.8-Dichlor-2.6-dimethyl-* (**X**), $C_{11}H_9NCl_2$, F. 83,9—84,2 °(Ae.-PAe.); 74%. — *8-Chlor-2.7-dimethyl-* (**XI**), $C_{11}H_{10}NCl$, F. 64,5—65,0° (PAe.); 54%. — *5.8-Dichlor-2.7-dimethyl-*, $C_{11}H_9NCl_2$, F. 96—97° (PAe.); 60%. — *2.5.8-Trimethyl-*, $C_{12}H_{13}N$, Öl, $Kp._{15}$ 144—146°; n_D^{21} 1,5958; 78—80%. *Pikrat,* $C_{18}H_{16}O_7N_4$, F. 181—182°. *Trinitro-m-kresolat,* $C_{19}H_{18} \cdot O_7N_4$, F. 196—197°. *Styphnat,* $C_{18}H_{16}O_8N_4$, F. 180°. — *7-Chlor-2.5.8-trimethyl-*, $C_{12}H_{12}NCl$, F. 108—109°; 73%. — *6-Chlor-2.5.8-trimethyl-*(**XII**), $C_{12}H_{12}NCl$, F. 93 bis 95° (A.); 32—57%. — *5-Nitro-2.6-dimethylchinolin* (**I**), $C_{11}H_{10}O_2N_2$, F. 105—106° (A.-W.), durch Zugabe von KNO_3 in H_2SO_4 zu **IX** in H_2SO_4 bei 0—5°, Gießen auf Eis u. Alkalisieren mit NH_4OH; blaßgelbe Nadeln; 86%. — Ebenso *5-Chlor-8-nitro-2.6-dimethylchinolin,* $C_{11}H_9O_2N_2Cl$, F. 140,6—141,4° (A.-W.); 94%. — *8-Nitro-2.7-dimethylchinolin* (**VII**), $C_{11}H_{10}O_2N_2$, 117,0—117,5° (A.-W.), aus **VI**; 92%. Die Verb. ist enantiotrop: Aus A. kristallisieren zunächst feine Nadeln, die sich in kleine Kuben verwandeln; die bei n. Temp. stabile Form schm. zunächst bei 108—109°,

erstarrt wieder u. schm. dann bei 117—117,5°; die Nadeln bleiben im Kontakt mit ihrer gesätt. Lsg. in n-Propanol bei 80,1° erhalten, während sie bei 78,1° sich in die kub. Form umwandeln. — *6-Nitro-2.5.8-trimethylchinolin* (**VIII**), $C_{12}H_{12}O_2N_2$, F. 123—124° (A.-W.); 50—59%. — *5-Amino-2.6-dimethylchinolin,* $C_{11}H_{12}N_2$, F. 190—191° (A.), aus **I** durch Red. mit $SnCl_2$ + HCl nach BUFTON [1892]; 84%. — Ebenso *8-Amino-5-chlor-2.6-dimethylchinolin,* $C_{11}H_{11}N_2Cl$, F. 102,4—102,8° (PAe.); 93%. — *6-Amino-2.5.8-trimethylchinolin,* $C_{12}H_{14}N_2$, ebenso aus **VIII**; F. 122—123° (A,); 91%, mit Sn+HCl 73%. — *8-Amino-2.7-dimethylchinolin,* $C_{11}H_{12}N_2$, F. 33—34° (PAe.), durch Red. von **VII** mit Fe + CH_3COOH; 93%. — Durch SR wurden folgende Chinoline aus den entsprechenden vorst. Verbb. gewonnen: *5-Chlor-2.6-dimethyl-*(**II**), $C_{11}H_{10}NCl$, F. 44,8—45,7° (PAe.); 75—89%. — **X**, 76%. — **XI**, 88%. — **XII**, 88%. (J. Amer. chem. Soc. **75**. 4307—11. 5/9. 1953. Hanover, N. H., Darthmouth Coll., Dep. of Chem.)
WALTHER. 3231

J. P. Phillips, Robert Keown und **Quintus Fernando,** *Die Reaktion von Aldehyden und aromatischen Aminen mit Chinolinol-(8).* Durch MANNICH-Rk. werden aus aromat. Aminen, Aldehyden u. 8-Oxychinolin (**I**) bzw. der 2-Methylverb. substituierte *7-[α-Anilinomethyl]-8-oxychinoline* dargestellt (vgl. PIRRONE, C. **1942**. I. 1253 u. früher). Bei Anwendung von Anilin tritt keine Rk. ein mit p-Dimethylamino-, o- u. p-Oxy-, p-Nitro- u. 3.4-Dichlorbenzaldehyd; die Rk. gelingt auch nicht mit Benzaldehyd (**II**) u. N-Methylanilin oder Diphenylamin. p-Nitroanilin (**III**) reagiert am schnellsten. Vermutlich ist die Rk. eine Addition von **I** an die prim. entstehenden SCHIFFschen Basen. Die Verbb. geben mit $FeCl_3$ im allg. eine grüne Färbung. Tabellar. werden die Zeit bis zum Beginn der Fällung der Verbb., die mit H_2SO_4 u. mit HNO_2 auftretenden Färbungen u. die Absorptionsmaxima angegeben.

Versuche: Durch Zugabe gleichmol. Mengen Aldehyd u. Amin zu A., dann von **I**. 45tägiges Stehen u. Kristallisation aus A. oder A.-Aceton wurden folgende 8-Oxychinoline erhalten: *7-[α-Anilinobenzyl]-*, $C_{22}H_{18}ON_2$, F. 146°, aus **I**, **II** u. Anilin; 78% (Ausbeute). — *7-[α-Anilino-p-methoxybenzyl]-*, $C_{23}H_{20}O_2N_2$, F. 132°, aus **I**, Anisaldehyd u. Anilin; 12%. — *7-[α-(o-Toluidino)-benzyl]-*, $C_{23}H_{20}ON_2$, F. 142°, aus **I**, **II** u. o-Toluidin; 50%. — *7-[α-(p-Toluidino)-benzyl]-*, $C_{23}H_{20}ON_2$, F. 151°, aus **I**, **II** u. p-Toluidin; 25%. — *7-[α-(o-Anisidino)-benzyl]-*, $C_{23}H_{20}O_2N_2$, F. 133°, aus **I**, **II** u. o-Anisidin; 89%. — *7-[α-(m-Chloranilino)-benzyl]-*, $C_{22}H_{17}ON_2Cl$, F. 95°, aus **I**, **II** u. m-Chloranilin; 74%. — *7-[α-(o-Nitranilino)-benzyl]-*, $C_{23}H_{17}O_3N_3$, F. 156°, aus **I**, **II** u. o-Nitranilin; 3%. — *7-[α-(p-Nitranilino)-benzyl]-*, $C_{22}H_{17}O_3N_3$, F. 238°, aus **I**, **II** u. **III**; 90%. — *2-Methyl-7-[α-(p-nitranilino)-benzyl]-*, $C_{23}H_{19}O_3N_3$, F. 222°, aus 8-Oxychinaldin, **II** u. **III**; 93%. — *7-[α-(p-Nitranilino)-butyl]-*, $C_{19}H_{19}O_3N_3$, F. 189°, aus **I**, Butanal u. **III**; 90%. — *7-[α-(p-Nitranilino)-furfuryl]-*, $C_{20}H_{15}O_4N_3$, F. 175°, aus **I**, Furfurol u. **III**; 27%. (J. Amer. chem. Soc. **75**. 4306—07. 5/9. 1953. Louisville, Ky., Univ., Chem. Dep.)
WALTHER. 3231

Francis H. Case und **Gerhard Maerker,** *Die Synthese einiger alkyl- und phenylsubstituierter Dichinolyle-(2.2').* Durch Rk. von o-Aminobenzaldehyd (**VI**) mit den entsprechenden Chinolyl-(2)-ketonen bzw. mit Chinaldoylessigsäureäthylester (**V**) sowie durch Kondensation von o-Aminoaceto- oder -benzophenon mit 2-Acetylchinolin (**VII**) wird eine Anzahl *3-* bzw. *4-substituierter Dichinolyle-(2.2')* dargestellt; *4.4'-Diphenyldichinolyl-(2.2')* wird durch Einw. von Cu auf 2-Brom-4-phenylchinolin bei hoher Temp. erhalten. Diese substituierten Dichinolyle-(2.2') stellen, wie das Dichinolyl-(2.2') selbst, gute Reagentien für Cu(I) dar. — Während die als Ausgangsprodd. verwendeten *Chinolyl-(2)-n-propyl* (**III**)- u. *-n-butylketon* (**I**) nach der Meth. von KAUFMAN u. DÄNDLIKER [1913] aus 2-Cyanchinolin (**II**) gewonnen werden können, ließ sich *Benzylchinolyl-(2)-keton* (**IV**) so nicht gewinnen; es wurde in Analogie zu dem Verf. von LORZ u. BALTZLY (C. **1949**. II. 977) dargestellt. Die Angaben von KAUFMAN u. DÄNDLIKER (l. c.) über die Rk. von Chinaldinsäureäthylester, $NaNH_2$ u. Phenylacetonitril konnten von Vff. nicht bestätigt werden.

Versuche: *n-Butylchinolyl-(2)-keton* (**I**), $C_{14}H_{15}ON$, F. 42—44°, Kp.$_{10-11}$ 178 bis 182°, durch Rk. von **II** in Bzl. + Ae. mit n-Butylmagnesiumbromid, Filtrieren, Hydrolysieren mit NH_4Cl + Eis u. Dest.; aus PAe. blaßgelbe Kristalle; 35% (Ausbeute). — Analog *n-Propylchinolyl-(2)-keton* (**III**), $C_{13}H_{13}ON$, F. 41—42°, Kp.$_3$ 146 bis 150°, aus n-Propylmagnesiumbromid; aus PAe. blaßgelbe Kristalle; 24,8%. — *Benzylchinolyl-(2)-keton* (**IV**), F. 81—83°, nach LARZ u. BALTZLY (l. c.) aus **II** u. Kochen des in 60,8%ig. Ausbeute entstandenen *α-Phenyl-β-[chinolyl-(2)]-β-iminopropionitrils,* F. 147—149°, mit H_2SO_4; 31,9%. — *3-Äthylchinolyl-(2.2'),* $C_{20}H_{16}N_2$, F. 96—97° (verd. Methanol), durch 2std. Kochen von frisch bereitetem **VI**, **III** u. nKOH in A., Einengen u. Gießen in Eiswasser; 60%. — Analog folgende Dichinolyle-(2.2'): *3-n-Propyl-*, $C_{21}H_{18}N_2$, F. 49—50° (PAe.), aus **VI** u. **I**; 33,5%. —

3-Phenyl-, $C_{24}H_{16}N_2$, F. 147—148° (verd. Methanol), aus **VI** u. **IV**; 60,2%. — *3-Carbäthoxy-*, $C_{21}H_{16}O_2N_2$, F. 109—110° (verd. A.), aus **VI** u. **V**; 69,1%. — *4-Methyldichinolyl-(2.2')*, $C_{19}H_{14}N_2$, F. 171—172° (A.), durch 24std. Kochen von o-Aminoacetophenon, **VII**, A., NaOH u. W. u. Extrahieren des Rückstandes des Ätherauszuges mit PAe.; 5%. — *4-Phenyldichinolyl-(2.2')*, $C_{24}H_{16}N_2$, F. 203° (Bzl.–PAe.), durch 24std. Erhitzen von o-Aminobenzophenon, **VII** u. Piperidin auf 160° u. Versetzen mit kaltem Methanol; 17,2%. — *4-Phenyl-2-bromchinolin*, $C_{15}H_{10}NBr$, F. 94—95° (Methanol), durch 5std. Erhitzen von 10 g 4-Phenylcarbostyril, PBr_3 u. $POBr_3$ auf 140—150°, Gießen auf Eis u. Alkalisieren mit NaOH; 8,5 g. — Daraus durch 2std. Erhitzen mit Cu-Pulver auf 260—280°, Pulvern, wiederholtes Extrahieren mit konz. HCl, Alkalisieren, Filtrieren, Trocknen u. Extrahieren mit Bzl. *4.4'-Diphenyldichinolyl-(2.2')*, $C_{30}H_{20}N_2$, F. 362° (Bzl.); 3,1%. (J. Amer. chem. Soc. **75**. 4920—21. 20/10. 1953. Philadelphia, Pa., Temple Univ., Chem. Dep.) BUCHTA. 3231

M. Ss. Bainowa, R. P. Jewstignejewa, R. Ss. Liwschitz, K. K. Kusmina und **N. A. Preobrashenski**, *Untersuchungen in der Reihe der Isochinolinverbindungen.* 7. Mitt. *Synthese von β-[α'-Diäthylacetalpropyl]-glutarsäure.* (6. vgl. C. **1953**. 6660.) Bei der Einw. von Malonsäure auf Butyraldehyd wird *β-Propylacrylsäure* erhalten, deren Äthylester durch Kondensation mit Ameisensäureäthylester *γ-Formyl-α-hexensäureäthylester* (**I**) liefert. Umsetzung mit Orthoameisensäuretriäthylester gibt den *γ-Diäthoxymethyl-α-hexensäureäthylester* (**III**), während die Einw. von HCl u. A. auf **I** zum *β-Chlor-γ-[äthoxymethylen]-capronsäureäthylester* (**II**) führt. Bei der Kondensation von **II** bzw. **III** mit Malonester entstehen die entsprechenden *Tricarbonsäureester*. Hydrolyse mit nachfolgender Decarboxylierung u. Vakuumdest. gibt aus dem *α-Carbäthoxy-β-[α'-diäthoxymethylpropyl]-glutarsäurediäthylester* das entsprechende Anhydrid.

Versuche: *β-Propylacrylsäure*, F. 34—35°, Kp.$_8$ 98—102°; aus 60 g Butyraldehyd (Kp. 75°), 87 g Malonsäure, 40 ml Pyridin u. einigen Tropfen Piperidin (3 Std. bei 60—70°, dann 3 Std. bei 110°); Kristalle; 79% (Ausbeute). *Äthylester*, Kp. 174 bis 175°; 76%. — *γ-Formyl-α-hexensäureäthylester* (**I**), $C_9H_{14}O_3$, Kp.$_1$ 65—70°; zu 13 g metall. Na in 400 g Toluol werden 50 g Ameisensäureäthylester u. 80 g vorst. Esters zugegeben, Reaktionsgemisch am nächsten Tag auf Eis gegossen, Toluolschicht abgetrennt, wss. Schicht zur Entfernung von β-Propylglutarsäurediäthylester mit Bzl. behandelt, mit H_3PO_4 angesäuert (Kongo) u. mit Ae. ausgezogen, Extrakt aufgearbeitet u. im N_2-Strom dest.; gibt mit wss. $FeCl_3$-Lsg. violette Färbung; $D.^{20}{}_{20}$ 1,0412, n_D^{20} 1,4648, Mol.-Refr. $[MR]_D$ 45,17; 54%. — *β-Chlor-γ-[äthoxymethylen]-capronsäureäthylester* (**II**), $C_{11}H_{19}O_3Cl$, Kp.$_5$ 68—78°; aus 11 g der Na-Verb. des vorst. Esters, 12 g absol. A. u. 45 ml mit HCl gesätt., absol. Ae., 12 Std. bei Kühlung, 14 Std. bei Zimmertemp., Behandeln mit $NaHCO_3$, Abfiltrieren vom Nd., Abdampfen des Lösungsm. u. Vakuumdest.; Fl. von unangenehmem Geruch; $D.^{20}{}_{20}$ 0,9927, n_D^{20} 1,4459, $[MR]_D$ 62,98; 30,5%. — *γ-Diäthoxymethyl-α-hexensäureäthylester* (**III**), $C_{13}H_{24}O_4$, Kp.$_{0,8}$ 79—83°, aus 5 g **I** u. 4,35 g Orthoameisensäuretriäthylester u. 0,1 g NH_4Cl in absol. A., 30 Min. Erhitzen auf dem Wasserbad; am nächsten Tag wird die Fl. abdekantiert, mit Ae. extrahiert u. nach Aufarbeiten im Vakuum mit Urotropin im N_2-Strom dest.; 35,6%. — *α-Carbäthoxy-β-[α'-äthoxymethylenpropyl]-glutarsäurediäthylester*, $C_{18}H_{30}O_7$, Kp.$_{2,5}$ 148—149°, zu C_2H_5ONa (aus 0,22 g Na u. 4 ml A.) werden bei 30—40° 3 g Malonsäurediäthylester zugefügt, nach 30 Min. 2 g **II** zugegeben, es wird 5 Std. erhitzt, am nächsten Tag A. abgedampft, Rückstand auf Eis gegossen u. das abgeschiedene Öl mit Bzl. extrahiert. Dest. in Ggw. von Urotropin; 55,7%. — *α-Carbäthoxy-β-[α'-diäthoxymethylpropyl]-glutarsäurediäthylester*, $C_{20}H_{36}O_8$, Kp.$_1$ 160—163°, analog vorst. Verb. aus **III**; 48,3%. — *β-[α'-Diäthoxymethylpropyl]-glutarsäureanhydrid*, $C_{13}H_{22}O_5$, Kp.$_4$ 155—157°, durch 5std. Erhitzen vorst. Verb. mit KOH in wss. CH_3OH, Abdampfen des CH_3OH, Zufügen von Ae., dann HCl (bei 0°), Ausziehen der wss. Schicht mit Ae. u. Erhitzen des Ae.-Rückstandes 1 Std. auf 160°/20 mm; zähe, sich an der Luft dunkel färbende Fl.; 37%. (Журнал Общей Химии [J. allg. Chem.] **23** (**85**). 149—52. Jan. 1953.) H. FRÖHLICH. 3231

L. I. Sacharkin und **N. A. Preobrashenski**, *Untersuchungen in der Reihe der Isochinolinverbindungen.* 8. Mitt. *Kondensation von α-substituierten β-Propylglutarsäuren mit Homoveratrylamin.* (7. vgl. vorst. Ref.) Die Kondensation von Homoveratrylamin (**II**) mit mol. Menge γ-Äthyl-β-carboxymethyl-δ-valerolacton (**I**) bzw. β-[α'-Brommethylpropyl]-glutarsäurediäthylester führt zu *γ-Äthyl-β-homoveratrylaminoformylmethyl-δ-valerolacton* bzw. *1-Homoveratryl-5-äthyl-4-carbäthoxymethylpiperidon-(2)*, die durch $POCl_3$ in die entsprechenden *6.7-Dimethoxy-3.4-dihydroisochinolinderivv.* übergeführt werden können. — Mit einem Überschuß an **II** werden die Dihomoveratrylamide der *β-[α'-Oxymethylpropyl]-glutarsäure* bzw. *β-[α'-Brommethylpropyl]-glutarsäure* erhalten.

Versuche: *γ-Äthyl-β-chlorformylmethyl-δ-valerolacton*, Kp.$_3$ 137—138°, aus 4,5 g γ-Äthyl-β-carboxymethyl-δ-valerolacton (I) u. $SOCl_2$; 47% (Ausbeute). — *γ-Äthyl-β-[homoveratrylaminoformylmethyl]-δ-valerolacton*, $C_{19}H_{27}O_5N$, zu 3,4 g Homoveratrylamin (II) u. 1,7 g Piperidin in Bzl. werden unter Rühren 3,7 g vorst. Verb. in Bzl. zugefügt, 1 Std. wird bei Zimmertemp. gerührt, mit W. versetzt, Benzolschicht abgetrennt u. Bzl. im Vakuum abgedampft; Rückstand zähes, hellbraunes Öl; 88%. — *γ-Äthyl-β-[6'.7'-dimethoxy-3'.4'-dihydroisochinolyl-(1')-methyl]-δ-valerolacton, Hydrojodid*, $C_{19}H_{25}O_4N \cdot HJ$, F. 199—200°, 5 g vorst. Verb. u. 7,5 g $POCl_3$ werden in 50 ml Toluol 1 Std. zum Sieden erhitzt, nach Abkühlen wird die Fl. abdekantiert, zäher Rückstand mit W. + HCl behandelt, vom Harz befreit u. mit NaJ-Lsg. versetzt; das Öl wird mit $CHCl_3$ extrahiert, nach Abdampfen des Lösungsm. mit Ae. aufgenommen u. aus A. umkrist.; gelbliche Kriställchen; 32%. *Pikrat*, $C_{25}H_{28}O_{11}N_4$, F. 181—182°. — *β-[α'-Brommethylpropyl]-glutarsäurediäthylester*, $C_{13}H_{23}O_4Br$, Kp.$_3$ 140—141°, 6 g I in absol. A. werden mit HBr bei 0° gesättigt; nach 36 std. Stehen wird A. abgedampft, Rückstand in W. eingegossen u. mit Bzl. extrahiert; n_D^{20} 1,4628; 72%. — *1-Homoveratryl-5-äthyl-4-carbäthoxymethylpiperidon-(2)*, $C_{21}H_{31}O_5N$, Kp.$_2$ 227—231°, aus 5 g vorst. Verb. u. 12 g II in Toluol, nach 5std. Sieden Abkühlen (Abscheidung des Hydrobromids), Versetzen mit W., Abtrennen der Toluolschicht, Abdampfen des Lösungsm. im Vakuum u. Dest.; 21,6%. — *Dihomoveratrylamid der β-[α'-Oxymethylpropyl]-glutarsäure*, $C_{29}H_{42}O_7N_2$, aus 3 g I u. 8 g II (4 Std./190—200°), nach Erkalten Lösen in Bzl., Waschen mit HCl u. Na_2CO_3, Abdampfen des Bzl.; Rückstand unbewegliches Öl, unlösl. in Ae.; 68%. — *β-[α'-Brommethylpropyl]-glutarsäurechlorid*, Kp.$_2$ 141—143°, aus β-[α'-Brommethylpropyl]-glutarsäure u. $SOCl_2$; 77,5%. — *Dihomoveratrylamid der β-[α'-Brommethylpropyl]-glutarsäure*, $C_{29}H_{41}O_6N_2Br$, aus 7,3 g II in Bzl. u. 3 g vorst. Verb. unter Kühlen u. Rühren; nach 1½std. Rühren bei Zimmertemp. Zugabe von W. u. Abdampfen des Bzl., leichtgefärbtes, zähes, unbewegliches Öl (Reinigen durch Fällen aus A. mit Ae.); 83%. (Журнал Общей Химии [J. allg. Chem.] **23** (85). 153—55. Jan. 1953.) H. FRÖHLICH. 3231

B. Boothroyd und **Edward R. Clark**, *Aminophenoxazine als mögliche antituberkulare Agentien.* 1. Mitt. *Eine neue Methode zur Synthese von 3-Aminophenoxazin. o-Benzylaminophenol*, das in guter Ausbeute durch Red. von o-Benzylidenaminophenol (I) mit $LiAlH_4$ erhalten wird, kondensiert sich mit 1-Chlor-2.4-dinitrobenzol (II) zu *N-Benzyl-2'-oxy-2.4-dinitrodiphenylamin*, welches, ohne isoliert zu werden, zu *10-Benzyl-3-nitrophenoxazin* (III) cyclisiert wird. Die Red. von III führt in Ggw. von PtO_2 oder PdO nur zu *10-Benzyl-3-aminophenoxazin* u. einer geringen Menge *Phenoxazim* (IV). Bei Anwendung von $PdCl_2$-Kohle (in Butanol) entsteht dagegen aus III unmittelbar *3-Aminophenoxazin* (V). Bei der Hydrierung von *10-Benzyl-8-chlor-3-nitrophenoxazin*, welches analog III synthetisiert wurde, erfolgte neben der Abspaltung des Benzylrestes auch teilweise Dechlorierung, u. es konnten keine reinen Prodd. isoliert werden. Folgende Verss. zur Darst. von V waren erfolglos: a) Desulfonierung von 3-Nitro- (VI) bzw. 3-Aminophenoxazin-1-sulfonsäure; b) Decarboxylierung von 3-Nitrophenoxazin-1-carbonsäure mit Glycerin bei 250°, Natronkalk bei 265° oder mit Cu-Pulver in Chinolin (eine verbesserte Synth. für die als Ausgangsprodd. benötigte *2-Chlor-3.5-dinitrobenzoesäure* wird beschrieben); c) partielle Red. von 1.3-Dinitrophenoxazin (VII) mit NaSH; in diesem Falle wurde eine nicht identifizierte *Verb.* $C_{26}H_{24}O_9N_6$, vermutlich eine zweibas. Säure ohne NH_2-Gruppen, erhalten. Nach vorläufigen Verss. ist V-*Hydrochlorid* noch bei der Konz. 1:10^7 gegen *M. tuberculosis* (H 37Rv) in vitro wirksam.

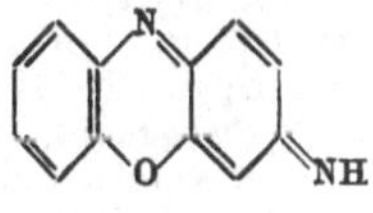

IV

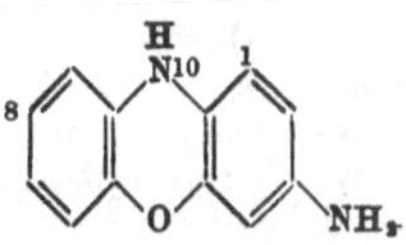

V

Versuche: Bei 5std. Erhitzen des K-Salzes von VI in 8nHCl oder 7std. Erhitzen in 50%ig. H_2SO_4 tritt fast vollständige Zers. ein. VI-*S-Benzylthiuroniumsalz*, $C_{20}H_{18}O_6N_4S_2$, F. 213—214°. — *3-Aminophenoxazin-1-sulfonsäure*, $C_{12}H_{10}O_4N_2S$, aus 5 g VI-K-Salz mit granuliertem Sn in sd. 7nHCl; aus etwas $Na_2S_2O_4$ enthaltendem W. graue Nadeln; 2,9 g (Ausbeute); gibt mit heißer HCl schwarze M., unlösl. in Säuren oder Alkali. — *2-Chlor-3.5-dinitrobenzoesäure*, F. 198—199° (50%ig. A.), durch 2std. Kochen von 25 g 3.5-Dinitrosalicylsäure in $POCl_3$-Diäthylanilin, Gießen auf Eis u. Behandeln des Rohprod. mit heißem 50%ig. A.; 19,8 g. — *3-Nitrophenoxazin-1-carbonsäure*, $C_{13}H_8O_5N_2$, F. 292—292,5° (Zers.), nach ULLMANN [1909]; rote Nadeln. — Bei Zugabe einer NaSH-Lsg. (aus Na_2S u. $NaHCO_3$ in wss. Methanol) zu 8,4 g VII in sd. Methanol innerhalb 1½ Std. wird eine dunkelbraune Lsg. erhalten, aus der sich nach ¼std. Kochen u. mehrstd. Stehen unter Kühlen eine *grüne Verb.* (Nadeln; 6,2 g) abscheidet. Daraus (0,5 g) durch Behandeln mit heißer 2nNaOH u. Neutralisieren mit verd. HCl *Verb.* $C_{28}H_{24}O_9N_6$, F. 201—203° (Zers.); aus 50%ig. A. grünlichbraune Nadeln; 0,45 g. — *o-Benzylaminophenol*, $C_{13}H_{13}ON$, F. 88—90°, Kp.$_{0,1}$ 140 bis 155°, a) durch Zugabe von Mg-Spänen zu 15 g **I** in Methanol, 1std. Erwärmen, Einengen, Zers. mit Eiswasser u. Essigsäure, Aufnehmen in Bzl. u. Dest.; aus Cyclohexan oder Ligroin hellbraune Blättchen; 4,2 g; b) wie vorst., aber Extrahieren der benzol. Lsg. mit verd. HCl, Neutralisieren mit $NaHCO_3$ u. Aufnehmen in Ligroin; 2,7 g; c) wie vorst., statt Aufnehmen in Ligroin Dest.; d) durch Hydrieren von 11 g o-Aminophenol u. 12,7 g Benzaldehyd in Ggw. von Raney-Ni bei 70° u. 70 at in A.; 5,1 g; e) wie vorst. aus 6,5 g **I**; dabei nur 1,4 g; f) durch 1std. Erwärmen von 6,9 g **I** in Ggw. von $LiAlH_4$ in Ae., Zugabe von W., Ansäuern u. Aufnehmen mit verd. H_2SO_4 u. Extraktion mit Ae.; 6,3 g. — *10-Benzyl-3-nitrophenoxazin* (**III**), $C_{19}H_{14}O_3N_2$, F. 175 bis 175,5°, durch langsame Zugabe einer Lsg. von NaOH in wss. A. zu 8,5 g vorst. Verb. u. 9 g **II** in sd. A., 1std. Kochen u. mehrstd. Kühlen; aus Aceton rote Nadeln; 11,3 g. — *N-Benzyliden-5-chlor-2-oxyanilin*, $C_{13}H_{10}ONCl$, F. 93,5—94°, aus 14,8 g 5-Chlor-2-oxyanilin u. 10,1 cm³ Benzaldehyd; aus 60%ig. A. rechtwinklige orangebraune Blättchen; 20,5 g. Daraus (5,7 g) mit $LiAlH_4$ wie oben *N-Benzyl-5-chlor-2-oxyanilin* (*N-Benzyl-4-chlor-2-aminophenol*), $C_{13}H_{12}ONCl$, F. 119—120°; aus Cyclohexan Blättchen; 4,9 g. — *10-Benzyl-8-chlor-3-nitrophenoxazin*, $C_{19}H_{13}O_3O_3N_2Cl$, F. 226,5—227°, analog **III** aus 2,5 g vorst. Verb. u. 2,5 g **II**; aus Bzl. orangerote Nadeln; 2,6 g. — *3-Amino-10-benzylphenoxazinmonohydrat*, $C_{19}H_{16}ON_2 \cdot H_2O$, F. 188 bis 189°, a) durch Hydrieren von 1,6 g **III** in Ggw. von PtO_2 in Essigsäure bei Raumtemp. oder 90° u. 1 at, Filtrieren unter N_2 u. Alkalisieren mit 40%ig. NaOH; aus 1% $Na_2S_2O_4$ enthaltender 50%ig. Essigsäure graugrüne Blättchen; 1,5 g; b) durch Hydrieren von 2,5 g **III** in Ggw. von PdO in A. bei Raumtemp. u. 1 at, Einengen unter N_2, Zugabe von W., Aufnehmen in Bzl., Einleiten von HCl, Waschen mit W. u. Behandeln des ungelösten *Hydrochlorids* (F. 213—215° [Zers.]; blaues Pulver; 1,7 g) mit Sodalsg., dann Bzl.; c) durch Hydrieren von 5,6 g **III** in Ggw. von PdO in Essigsäure anfangs bei Raumtemp., dann bei 90°, Einleiten von Luft, Neutralisieren mit wss. NH_4OH, Aufnehmen in Bzl., Fällen u. Aufarbeiten des *Hydrochlorids* (2,8 g) wie unter b). Aus den wss. Filtraten nach der Isolierung vorst. Hydrochlorids werden durch Alkalisieren, Aufnehmen in Bzl. u. erneutes Fällen mit HCl nach Meth. b) Spuren, nach c) 1,1 g *Phenoxazim* (**IV**)-*Hydrochlorid* erhalten. **IV**-*Pikrat*, $C_{18}H_{11}O_8N_5$, F. 186—187° (Zers.; 0,75%ig. wss. Pikrinsäure). — *3-Aminophenoxazin* (**V**), $C_{12}H_{10}ON_2$, F. 172—173° (Zers.), durch Hydrieren von 2,2 g **III** in Ggw. von 10%ig. $PdCl_2$-Kohle bei 90° in n-Butanol, Filtrieren unter N_2, Einengen u. Kühlen; aus $Na_2S_2O_4$-haltigem wss. A. hellbraune Blättchen; 0,75 g. Daraus *3-Acetamidophenoxazin*, $C_{14}H_{12}O_2N_2$, F. 171,5—172,5° (Zers.); entsteht auch bei der Durchführung vorst. Red. in Essigsäure; 1,1 g. (J. chem. Soc. [London] **1953**. 1499—1504. Mai. Leeds, Univ.) W. Hoffmann. 3282

B. Boothroyd und **Edward R. Clark**, *Aminophenoxazine als mögliche antituberkulare Agentien*. 2. Mitt. (1. vgl. vorst. Ref.) Die Darst. von *1-Aminophenoxazin* (**I**) u. seinem *8-Chlorderiv.* sowie von *1.3-Diaminophenoxazin*, *1-Aminophenoxazin-3-* (**II**) bzw. *3-Aminophenoxazin-1-carbonsäure* durch Red. der entsprechenden Nitroverbb. wird beschrieben. Statt *3-Amino-1-methylphenoxazin* u. seinem *8-Chlorderiv.* wurden nur deren p-chinoide Oxydationsprodd. isoliert. Bei der Rk. von 1-Chlor-2.4.5-trinitrobenzol (**III**) mit o-Benzylaminophenol (**IV**) entstehen nebeneinander *10-Benzyl-2-chlor-3-nitro-* u. *-2.3-dinitrophenoxazin*; bei der Red. des letzteren in Essigsäure oder A. wurden keine definierten Prodd. erhalten. *3-Imino-1-methylphenoxazinhydrochlorid* u. sein *8-Chlorderiv.* sind noch bei einer Konz. von 1 : 10^5 u. I-*Hydrochlorid* noch im Verhältnis 1 : 10^9 gegen *M. tuberculosis* (H 37 Rv) in vitro, nicht dagegen in vivo (Meerschweinchentest) wirksam. Ohne Wrkg. ist auch das *Na-Salz* von **II**, die bei der Synth. wahrscheinlich als Gemisch mit ihrem *Hydrochlorid* anfällt.

Versuche: *2-Chlor-3.5-dinitrotoluol* (**V**), F. 63—64°, durch 2std. Erhitzen von 40 g 2-Oxy-3.5-dinitrotoluol in $POCl_3$–Diäthylanilin auf dem Dampfbad u. Gießen auf Eis; aus A. hellgelbe Blättchen; 37,9 g (Ausbeute). — *1-Methyl-3-nitrophenoxazin*, $C_{13}H_{10}O_3N_2$, F. 212—213° (Zers.; Toluol), durch 5std. Kochen von 11 g o-Aminophenol (**VI**) u. 21,6 g **V** in Ggw. von CH_3COONa in wss. A., Zugabe von 2nNaOH, weiteres $^1/_2$std. Kochen u. mehrstd. Stehen unter Kühlung; 18,9 g. — *3-Imino-1-methylphenoxazinhydrochlorid*, durch 14std. Hydrieren von 2,7 g vorst. Verb. in Ggw. von PtO_2 in Eisessig bei Raumtemp. u. anfangs 5 at, Einengen unter Luftzutritt, Alkalisieren, Aufnehmen in Bzl. u. Einleiten von HCl; 2,4 g; lösl. in polaren Lösungsmitteln, dabei bleibt stets eine geringe Menge — wahrscheinlich die *Base* — ungelöst. *Pikrat*, $C_{13}H_{10}ON_2 \cdot C_6H_3O_7N_3$, F. > 300° (A.–gesätt. wss. Pikrinsäure); rot. —

8-Chlor-1-methyl-3-nitrophenoxazin, $C_{13}H_9O_3N_2Cl$, F. 272—273° (Zers.), durch 2std. Rk. von 3,6 g 2-Amino-4-chlorphenol (**VII**) mit 5,4 g **V** in Ggw. von NaOH in sd. wss. A. u. mehrstd. Kühlen; aus Nitro- oder Chlorbenzol rote Nadeln; 5 g. — *8-Chlor-3-imino-1-methylphenoxazinhydrochlorid*, aus 2,8 g vorst. Verb. wie oben; 2,5 g. *Pikrat*, $C_{13}H_9ON_2Cl \cdot C_6H_3O_7N_3$, F. >300°, aus 10% gesätt. wss. Pikrinsäure enthaltendem A. rote Nadeln. — *1-Aminophenoxazin* (**I**)-*Hydrochlorid*, $C_{12}H_{10}ON_2 \cdot HCl$, F. 249 bis 250° (Zers.), durch Red. von 0,6 g 1-Nitrophenoxazin mit $SnCl_2$ in konz. HCl u. Umfällen aus heißem W. mit konz. HCl; 0,48 g. — *1-Chlor-2.6-dinitrobenzol*, F. 86—87°, aus 7 g 2.6-Dinitrophenol in $POCl_3$–Diäthylanilin; 5,6 g. — *8-Chlor-1-nitrophenoxazin*, $C_{12}H_7O_3N_2Cl$, F. 240—241° (Zers.), durch 4std. Kochen von 2 g vorst. Verb. u. 1,5 g **VII** in Ggw. von CH_3COONa in wss. A. u. weitere 30 Min. nach NaOH-Zugabe, dann mehrstd. Kühlen; aus Chlorbenzol Nadeln; 1,9 g. — *1-Amino-8-chlorphenoxazinhydrochlorid*, $C_{12}H_9ON_2Cl \cdot HCl$, F. 228—230° (Zers.), analog **I** aus 1 g vorst. Verb.; aus A.–konz. HCl rechteckige Blättchen; roh 0,95 g. — *1-Nitrophenoxazin-3-carbonsäure*, $C_{13}H_8O_5N_2$, F. 320—321°, durch $^1/_4$std. Kochen von 3,3 g **VI** u. 7,5 g 4-Chlor-3.5-dinitrobenzoesäure in Ggw. von CH_3COONa u. weitere 15 Min. nach NaOH-Zugabe, dann Aufnehmen des entstandenen pupurfarbenen *Na-Salzes* in W. u. Ansäuern; aus Pyridin oder Essigsäure purpurfarbene Nadeln; 6,3 g. Daraus (2,5 g) bei 3std. Red. mit $SnCl_2$ in sd. A.–konz. HCl u. Kristallisieren aus schwachsaurem $Na_2S_2O_4$-haltigem W. 2,3 g eines *Gemisches von 1-Aminophenoxazin-3-carbonsäure* (**II**) u. **II**-*Hydrochlorid*, F. >340°; hellgrüne Nadeln; gibt kein Acetylderiv. u. kein S-Benzylthiuroniumsalz. — *3-Aminophenoxazin-1-carbonsäurehydrochloridmonohydrat*, $C_{13}H_{10} \cdot O_3N_2 \cdot HCl \cdot H_2O$, durch 2std. Red. von 1,2 g 3-Nitrophenoxazin-1-carbonsäure mit $SnCl_2$ in sd. A.–konz. HCl, Aufnehmen des Nd. in A., Zugabe von 2n Sodalsg., Filtrieren, Ansäuern mit Essigsäure u. Behandeln mit 50%ig. HCl; grünlichbraune Nadeln; 1,05 g. — *1.3-Diaminophenoxazinsulfat*, $C_{12}H_{11}ON_3 \cdot H_2SO_4$, F. 221—223° (Zers.), durch 5std. Hydrieren von 4 g 1.3-Dinitrophenoxazin in Ggw. von PtO_2 <5 at in Eisessig, Einengen unter N_2 u. mehrstd. Kühlen; aus $Na_2S_2O_4$-haltiger 2n H_2SO_4 Nadeln; 2,6 g; gibt bei $^1/_2$std. Durchleiten von O_2 in wss. Lsg. u. Behandeln mit wss. Pikrinsäure *1-Aminophenoxazimpikrat*, $C_{12}H_9ON_3 \cdot C_6H_3O_7N_3$, F. 231 bis 233° (Zers.; A.–gesätt. wss. Pikrinsäure); gelblichbraun. — *5-Chlor-2.4-dinitroanilin* (**VIII**), $C_6H_4O_4N_3Cl$, aus 50%ig. A. hellbraune Nadeln vom F. 184,5—185°, aus Bzl.–Ligroin gelbe Kristalle vom F. 176—176,5°, a) durch Einleiten von NH_3 in eine Lsg. von 10 g **III** u. Soda in Bzl. <25°; 6,4 g; b) ebenso in A. <50°, dann Eindampfen u. Extrahieren mit heißem 50%ig. A.; 4 g; im Rückstand *1.3-Diamino-4.6-dinitrobenzol*, $C_6H_6O_4N_4$, F. 300—301° (75%ig. Essigsäure); 0,8 g. — *5-Chlor-2.4-dinitroacetanilid*, $C_8H_6O_5N_3Cl$, F. 136,5—137°, durch Acetylierung von **VIII**. — *10-Benzyl-2.3-dinitrophenoxazin*, $C_{19}H_{13}O_5N_3$, F. 238—240°, bei 4std. Kochen von 3,9 g **III** u. 3 g **IV** in CH_3COONa-haltigem wss. A., Zugabe von 2n NaOH, weiteres $^1/_2$std. Erhitzen u. Waschen mit verd. NaOH u. W.; aus Essigester rotbraune, rechtwinklige Platten; 1,1 g; durch Eindampfen der Mutterlauge u. Extrahieren mit heißem Cyclohexan *10-Benzyl-2-chlor-3-nitrophenoxazin*, $C_{19}H_{13}O_3N_2Cl$, F. 198,5 bis 199,5°, rote Nadeln aus Cyclohexan; 0,4 g. (J. chem. Soc. [London] **1953**. 1504—08. Mai.) W. HOFFMANN. 3282

Kurt Heyns und **Karl-Heinz Meinecke**, *Über Bildung und Darstellung von d-Glucosamin aus Fructose und Ammoniak.* Bei der Rk. von Fructose mit wss. u. bes. mit wasserfreiem fl. NH_3 entsteht *d-Glucosamin* (**I**). Die höchste **I**-Ausbeute (35%) wurde mit wasserfreiem NH_3 um 100° erzielt u. war durch lange Reaktionszeit u. durch Zusätze von $NaNH_2$ oder NaOH nicht zu steigern. Man kann die Umsetzung auch in Ggw. von NH_4Cl in fl. NH_3 vornehmen (vgl. Tabellen). — Die Isolierung der Aminozucker aus dem Reaktionsgemisch erfolgte über Kationenaustauscher. Zur Identifizierung von **I** wurde die aus dem Austauscher eluierte Substanz mit *Phenylisocyanat* (**II**) über das Harnstoffderiv. zum *1-Phenyl-4-*[*d-arabotetraoxybutyl*]*-imidazolon-(2)* umgesetzt. Ferner wurde mit *Carbobenzoxychlorid* (**III**) *N-Carbobenzoxy-d-glucosamin* u. *N.N'-Dicarbobenzoxy-l-amino-1-desoxyglucosamin* erhalten. Somit ist die Bldg. von Isoglucosamin u. Mannosamin ausgeschlossen. Ein der AMADORI-Umlagerung (vgl. Atti Reale Accad. naz. Lincei, Rend. **13**. [1931.] 195 u. früher) ähnelndes Reaktionsschema (über ein Ketimin) sowie die biochem. Zusammenhänge der Hexosaminbldg. werden diskutiert. — *Sorbose, Glucose, Mannose, Arabinose, Xylose, Glucuronsäure* u. *Ascorbinsäure* setzen sich mit fl. NH_3 unter Bldg. eines oder mehrerer papierchromatograph. aufgefundener Reaktionsprodd. um. Aus Sorbose entstehen drei verschiedene ninhydrinpositive Substanzen, aus Ascorbinsäure mehrere. Die Verbb. sind wahrscheinlich zum Teil Aldehyd- bzw. Keto-NH_3-Verbindungen. Saccharose u. Inulin reagieren nicht mit NH_3. — Nach Umsetzung von **I** mit fl. NH_3 in Ggw. einer Spur W. u.

Abtrennung von I durch Ionenaustauscher wurden papierchromatograph. mindestens 4 verschied. Substanzen getrennt, darunter Fructose u. Glucose.

Versuche: *d-Glucosaminhydrochlorid* (I-HCl), $C_6H_{13}O_5N \cdot HCl$, aus Fructose u. fl. NH_3 unter verschied. Bedingungen, Verdampfen des NH_3, Adsorption von I an Lewatit S 100 in schwach saurer Lsg. u. Elution mit HCl; $[\alpha]_D^{20}$ $+89{,}1 \rightarrow +70{,}7^0$ (nach 18 Std.; in W.); 60—70% des entstandenen I-HCl gewinnbar; Bestimmung nach ELSON u. MORGAN (vgl. SCHLOSS, C. **1952**. 4985). — *1-Phenyl-4-[d-arabotetraoxybutyl]-imidazolon-(2)*, $C_{13}H_{16}O_5N_2$, F. 210⁰ (A.), Misch-F. 208⁰ (mit Substanz aus Hummerschalen), durch Schütteln von 2 g 72% I-HCl enthaltendem, wie vorst. gewonnenem Kationenaustauschereluat in KOH mit II in Dioxan unter Eiskühlung u. Entfernung des Diphenylharnstoffs aus der Lsg. des festen Reaktionsprod. in 50%ig. Essigsäure; $[\alpha]_D^{20}$ $+86{,}8^0$ in W.; 1,3 g. — 18 g Fructose werden mit 500 ml fl. NH_3 in Ggw. von 5,3 g NH_4Cl umgesetzt, NH_3 entfernt, neutralisiert, verd., mit III u. $NaHCO_3$ geschüttelt, aus dem im Eisschrank abgeschiedenen Nd. Carbaminsäurebenzylester mit Chlf. herausgelöst u. Ungelöstes aus 30%ig. Methanol umkrist.; als schwerer lösl. Substanz *N.N'-Dicarbobenzoxy-1-amino-1-desoxyglucosamin*, $C_{22}H_{26}O_8N_2$, F. 216⁰; glänzende Blättchen; $[\alpha]_D^{20}$ $+2^0$ (c = 5,07; in Pyridin); 2,3 g; gab beim Kochen mit 2n HCl I. — Als in 30%ig. Methanol leichter lösl. Substanz *N-Carbobenzoxy-d-glucosamin*, $C_{14}H_{19}O_7N$, F. u. Misch-F. 214⁰ (30%ig. Methanol u. W.); $[\alpha]_D^{20}$ $+62{,}5 \rightarrow +74{,}9^0$ (nach 24 Std.; in trockenem Pyridin); 6,0 g. — 0,3651 g vorst. Verb. gaben bei $6^1/_2$std. Hydrierung mit Pd auf Kohle bei 40⁰ 113 mg krist. I-HCl. (Chem. Ber. **86**. 1453—62. 1953. Hamburg, Univ., Chem. Inst.) WILLENBERG. 3400

Andrée de Grandchamp-Chaudun, *Über die Hydrolyse der Raffinose durch verdünnte Säuren.* Die Einw. verd., 0,1 oder 0,2n starker Säuren [HCl, H_2SO_4, $(COOH)_2$] auf eine *Raffinose* (I)-Lsg. bei Raumtemp. bewirkt nur schwache Hydrolyse, wobei nach wechselnder Zeit, die von der Säure, deren Konz. u. Temp. abhängt, 1 Mol *Fructose* u. 1 Mol *Melibiose* (II) entstehen. Zur Spaltung von II in *Glucose* u. *Galaktose* ist mehrtägiges Erhitzen auf $>90^0$ erforderlich. Gegenüber II nimmt die Hydrolyseaktivität in der Reihenfolge HCl, H_2SO_4, Oxalsäure viel stärker ab als gegenüber I. Diese Divergenz beruht sehr wahrscheinlich weit mehr auf den unterschiedlichen zu spaltenden Bindungen als auf den verschied. Tempp., bei denen die beiden Rkk. erfolgen. (C. R. hebd. Séances Acad. Sci. **236**. 244—46. 12/1. 1953.) K. MAIER. 3400

Burckhardt Helferich und **Wolfgang Speicher**, *Über einige Derivate der Maltose.* Es werden *Maltosederivv.* hergestellt, die an $C_{(6)}$ des nicht reduzierenden Zuckerbausteins eine Trityl- oder Tosylgruppe oder ein J-Atom tragen. Das *J-Deriv.* wird zu einer *6-Desoxyverb.* reduziert. — Bei der Einw. von α-Glucosidase aus Hefe auf *Benzyl-β-maltosid* (I) u. *6-Desoxybenzyl-β-maltosid* (II) ergibt sich, daß eine Spaltung nur bei I auftritt, während II wegen der Veränderung am $C_{(6)}$ in Übereinstimmung mit früheren Verss. nicht angegriffen wird. — Aus *Hexaacetylbenzyl-β-maltosid* wurde durch Kondensation mit Acetobromglucose ein Trisaccharid, *Dekaacetyl-[6-(β-d-glucosyl)-benzyl-β-maltosid]*, hergestellt.

Versuche: *Heptaacetylbenzyl-β-maltosid*, F. 121—123⁰ (CH_3OH), aus Maltose, die im Laufe von 30 Min. unter Rühren in eine Lsg. von 72%ig. Überchlorsäure in Essigsäureanhydrid gegeben wird (30—40⁰), durch Zugabe von rotem P u. Br_2, danach von W. unter Eiskühlung, Verdünnen mit Bzl. nach 5 Std. Absaugen u. Gießen in Eiswasser; Benzolschicht mit absol. Benzylalkohol, Siccon, ZnO u. etwas J_2 24 Std. schütteln; 37% (Ausbeute). — *Benzyl-β-maltosid* (I), F. 142—145⁰ (CH_3OH u. Essigester), aus vorst. Verb. in Chlf. durch $1^1/_2$std. Stehen mit CH_3ONa bei —20⁰, Zugabe von Eiswasser u. Neutralisieren mit n-H_2SO_4; Chloroformschicht eindampfen, Rückstand mit CH_3OH ausziehen; 90%. — *6-Tritylhexaacetylbenzyl-β-maltosid*, $C_{50}H_{54}O_{17}$, F. 169—170⁰ (CH_3OH), aus I nach 15std. Aufbewahren in absol. Pyridin über Drierit durch 11tägiges Stehen mit 1,45 Mol Tritylchlorid bei Raumtemp., Zugabe von Essigsäureanhydrid u. nochmal 7tägiges Stehen; nach dem Eingießen in W. aufarbeiten; $[\alpha]_D^{20}$ $+62{,}1^0$ (Chlf.); 35%. — *2.3.4.2'.3'.6'-Hexaacetylbenzyl-β-maltosid*, $C_{31}H_{40}O_{17}$, F. 162—164⁰ (Chlf. + Ae.), aus vorst. Verb. mit HBr in Eisessig unter Kühlung; nach dem Filtrieren Zugabe von Chlf. u. aufarbeiten; $[\alpha]_D^{22}$ $+24{,}9^0$ (Chlf.); 89%. — *6-p-Tosylhexaacetylbenzyl-β-maltosid*, $C_{38}H_{46}O_{19}S$, F. 135—137⁰, Nadeln aus CH_3OH, aus vorst. Verb. mit Tosylchlorid in Pyridin; nach 24 Std. bei Raumtemp. u. 24 Std. bei 30—35⁰ aufarbeiten; $[\alpha]_D^{22}$ $+35{,}4^0$ (Chlf.); 82%. — *6-Jodhexaacetylbenzyl-β-maltosid*, $C_{31}H_{39}O_{16}J$, F. 114—116⁰, Nadeln aus CH_3OH, aus vorst. Verb. mit trockenem NaJ in absol. Aceton durch 9std. Erhitzen im Rohr auf dem sd. Wasserbad, Absaugen, Eindampfen; Rückstand in wenig CH_3OH lösen u. in W. einrühren; $[\alpha]_D^{19}$ $+31{,}0^0$ (Chlf.); 90%. — *6-Desoxyhexaacetylbenzyl-β-maltosid*, $C_{31}H_{40}O_{16}$, F. 162 bis 163⁰ (CH_3OH), aus vorst. Verb. durch Hydrieren mit RANEY-Ni in CH_3OH, reacetylieren u. aufarbeiten; $[\alpha]_D^{21}$ +29,1° (Chlf.); 35%. — *6-Desoxybenzyl-β-maltosid* (II), $C_{19}H_{28}O_{10}$, Sirup, $[\alpha]_D^{18}$ +40,0° (W.), aus vorst. Verb. in Chlf. mit CH_3ONa bei —20°; 90%. — *Dekaacetyl-[6-(β-d-glucosyl)-benzyl-β-maltosid]*, $C_{45}H_{58}O_{26}\cdot H_2O$, Verb. sintert bei 100°, schm. bei 115°, $[\alpha]_D^{25}$ +13,8° (Chlf.), aus vorst. Hexaacetylbenzyl-β-maltosid in trockenem Chlf. mit Acetobromglucose in Ggw. von Siccon, Ag_2O u. einer Messerspitze J_2 durch 24std. Schütteln unter Lichtausschluß, filtrieren eindampfen u. aufarbeiten; 12%; das W. läßt sich auch bei 80° über P_2O_5 nicht entfernen. (Liebigs Ann. Chem. **579**. 106—12. 1953. Bonn, Univ., Chem. Inst.)

ROSSOW. 3400

Kurt Wallenfels, Erich Bernt und **Gisela Limberg,** *Isolierung von Lactotriose, Lactobiose und Galaktobiose aus dem enzymatischen Hydrolysat von Lactose.* Bei der Hydrolyse von *Lactose* mit der β-Galaktosidase aus Schimmelpilzen werden mindestens 6 verschied. Zucker gebildet: Monosaccharide als Prodd. der Hydrolyse, die im Verlauf der Rk. zu Di- u. Trisacchariden synthetisiert werden. Zur Identifizierung der Oligosaccharide wird die Einw. des Enzyms nach 2 Std. unterbrochen u. die von Eiweißstoffen gereinigte Zuckerlsg. auf eine Säule aus gleichen Teilen Kieselgur u. Aktivkohle gegeben. Die Trennung erfolgt durch fraktioniertes Auswaschen mit W., 5%ig. A., 15%ig. A. u. 30%ig. A.; gefunden werden auf 1 g Lactosehydrat: 103 mg Monosaccharid, 653 mg Disaccharid, 60,7 u. 67,2 mg Trisaccharid. Die weitere Reinigung erfolgt papierchromatograph.; abgetrennt werden auf 12,5 g Lactosehydrat 1 g reines Trisaccharid, für das der Name *Lactotriose* (I), $C_{18}H_{32}O_{16}\cdot 2\,H_2O$, vorgeschlagen wird. I enthält eine reduzierende Gruppe/Äquivalentgewicht 522 u. bildet ein *Hendekaacetat*, $C_{40}H_{54}O_{27}$, F. 120—122° (85%ig. A.). Die vollständige Hydrolyse liefert 2 Mol *Galaktose* u. 1 Mol *Glucose*. Die partielle Hydrolyse von I ergibt neben Monosacchariden u. Lactose ein Disaccharid, das auch im enzymat. Lactosehydrat vorhanden ist, bei der Säurehydrolyse nur Galaktose liefert u. als *Galaktobiose* (II) bezeichnet wird. Die Bldg. von II bei der Hydrolyse von I beweist für I die Konst. Galaktose–Galaktose–Glucose. Das zweite Disaccharid aus der enzymat. Hydrolyse, das papierchromatograph. gereinigt wurde, ergibt bei der Säurehydrolyse Galaktose u. Glucose, es ist mit Lactose isomer u. wird als *Lactobiose* bezeichnet. (Liebigs Ann. Chem. **579**. 113—22. 1953. Tutzing, C. F. Boehringer & Söhne, biochem. Labor.)

ROSSOW. 3400

T. Vitali, und **L. Chierici,** *Untersuchungen über Papaverolin und 6-Brompapaverolin.* Zur Unters. auf ihre vermutete spasmolyt. Wrkg. werden *Papaverolin* (I) u. *Brompapaverolin* (II) aus Papaverin hergestellt.

Versuche: *6.7-Dioxy-1-[3'.4'-dioxybenzyl]-isochinolin* (I), Zers. bei 145 bis 150° (Kristallpulver), durch Entmethylieren von *Papaverin* (F. 147°; *Hydrochlorid*, Zers. bei 220—221°; *Pikrat*, F. 182,5—183°; *Pikrat des N-Benzylderiv.*, F. 192—193°) mit HJ (D. 1,68—1,70) bei 135° in 3 Std. oder mit $AlCl_3$ bei 156—170° in 40 Min.; 90—93 bzw. 71% (Ausbeute). *Pikrat*, $C_{22}H_{16}O_{11}N_4$, F. 150—155° (Zers.; gelbe Nadeln aus A.). *Pikrolonat*, $C_{26}H_{21}O_9N_5$, Zers. ohne zu schm., gelbe Nadeln. — I-*O.O.O.O-Tetrabenzoylderiv.* (IV), $C_{44}H_{29}O_8N$, F. 165,5° (Bzl. + PAe.), mit C_6H_5COCl in Pyridin. *Pikrat*, $C_{50}H_{32}O_{15}N_4$, F. 215—217° (Zers.; gelbe Nadeln aus A.). *Pikrolonat*, $C_{54}H_{37}O_{13}N_5$, F. 232—234° (Zers.; gelbe Prismen aus A.). — *6.7-Dimethoxy-1-[6'-brom-3'.4'-dimethoxybenzyl]-isochinolin* (III), F. 112—113° (feine Nadeln aus Ae.), aus Papaverinhydrochlorid mit Br_2 in konz. HCl bei 25—30°; 82—83%. *Pikrat*, $C_{26}H_{23}O_{11}N_4Br$, F. 171,2 bis 172° (gelbe Nadeln aus A.). *Pikrolonat*, $C_{30}H_{28}O_9N_5Br$, F. 232—237° (gelbe Nadeln aus A.). *Jodmethylat*, $C_{21}H_{23}O_4NBrJ$, F. 224—225° (gelbliche Blättchen aus A.), mit Dimethylsulfat u. KJ. — *6.7-Dioxy-1-[6'-brom-3'.4'-dioxybenzyl]-isochinolin* (II), $C_{16}\cdot H_{12}O_4NBr$, zers. sich ohne zu schm. (Kristallpulver durch Fällen aus saurer Lsg.), aus III mit $AlCl_3$; 64%. *Pikrat*, $C_{22}H_{15}O_{11}N_4Br$, aus A. gelbe Nadeln. *Pikrolonat*, $C_{26}H_{20}O_9N_5Br$, gelbe Blättchen aus A. + Eisessig, zers. sich ohne zu schmelzen. *O.O.O.O-Tetrabenzoylderiv.*, $C_{44}H_{28}O_8NBr$, F. 147—148,5° (Nadeln aus Bzl. + PAe.), aus II mit C_6H_5COCl in Pyridin oder aus IV mit Br_2 in Eisessig + Pyridin. (Chimica [Milano] [N. S.] 7 (28). 409—15. Nov. 1952. Parma, Univ., Ist. di Chim. farmaceut. e Tossicol.)

K. FABER. 3500

S. F. MacDonald und **R. J. Stedman,** *Die Synthese von Uroporphyrin I.* Die von HANS FISCHER angenommene Strukturformel von *Uroporphyrin I* wurde durch Synth. bewiesen: durch Bromierung von 2-Methyl-4-carboxymethyl-5-carboxypyrrol-3-propionsäure wurde das krist. *Methen* I u. aus diesem durch 6std. Schmelze

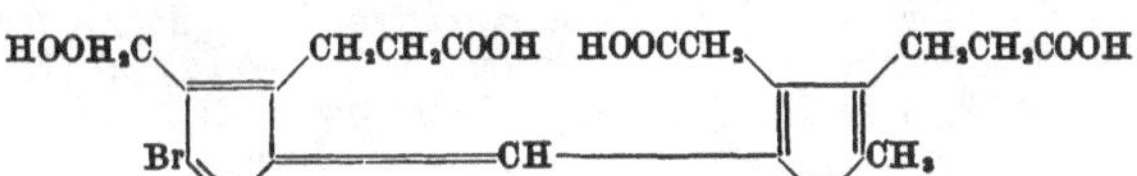

I

mit Methylbernsteinsäure bei 118° in 5,7%ig. Ausbeute der *Oktamethylester* von *Porphin-1.3.5.7-tetraessigsäure-2.4.6.8-tetrapropionsäure*, $C_{48}H_{54}O_{16}N_4$, F. 290—292° (korr.), erhalten. Die Identität mit nativem Uroporphyrin I wurde durch den Misch-F., das sichtbare, u. Infrarotspektr. bewiesen, ferner durch partielle Decarboxylierung zum *Koproporphyrin-I-tetramethylester*, F. 252—253°, der mit authent. Material nach Misch-F., Kristallform, sichtbarem u. Infrarotspektr. übereinstimmte. (J. Amer. chem. Soc. **75.** 3040—41. 20/6. 1953. Ottawa, Canada, Nat. Res. Council, Div. of Pure Chemistry.) GIBIAN. 3550

Yves-René Naves und **Henri Barbier,** *Untersuchungen über flüchtige Pflanzenstoffe.* 125. Mitt. *Über die 2.4-Dinitrophenylhydrazone der Citrale.* (124. vgl. C. **1954.** 4164.) Es wird eine Übersicht über die in der Literatur beschriebenen *2.4-Dinitrophenylhydrazone* (DNH) der Citrale gegeben u. festgestellt, daß das DNH von *Citral a* (**I**; *Geranial*) bei 134—135° u. das DNH von *Citral b* (**II**; *Neral*) bei 125—125,5° schm., das Prod. vom F. 96—98° ist ein Gemisch gleicher Teile **I**- u. **II**-DNH. Die UV-Spektren von **I**- u. **II**-DNH sind einander sehr ähnlich, dagegen zeigen die Infrarotspektren Unterschiede. **I**- u. **II**-DNH ($C_{16}H_{20}O_4N_4$) wurden aus den zugehörigen Semicarbazonen (F. 164 bzw. 171°) dargestellt. — (FF. korr.) (Bull. Soc. chim. France, Mém. [5] **20.** 568—70. Juni 1953. Vernier-Genf, L. Givaudan & Cie., S. A., Labors. de Rech.) SPAETH. 3600

Yves-René Naves, *Neue Fortschritte in der Chemie der Irone.* Übersicht über die Entw. der Chemie der Irone seit 1950. — 92 Literaturangaben. (Bull. Soc. chim. France, Mém. [5] **20.** 551—58. Juni 1953.) SPAETH. 3600

Marius Badoche, *Über die Semicarbazone des l-trans-Carvomenthons und des l-cis-(Iso)-carvomenthons; ihre Mutarotation.* 1. Mitt. In ähnlicher Weise wie für das *l*-Menthon u. sein Isomeres (C. **1950.** I. 1982) werden hier die Semicarbazone des *l-trans-Carvomenthons* (**I**) u. des *l-cis-(Iso)-carvomenthons* (**II**) auf ihre Mutarotation untersucht. **I** wird selten direkt aus den Naturstoffen, meist durch Hydrierung des d-Carvons (**III**) hergestellt.

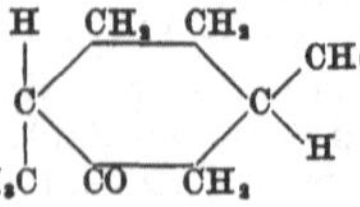
I

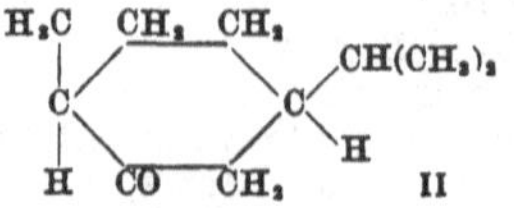
II

Während für das so gewonnene **I** ein Drehwert von ca. —20° angegeben wird, zeigt das durch BECKMANN-Oxydation aus dem d-trans-Carvomenthol erhaltene **I** einen solchen von —6° (ohne Lösungsm.), woraus READ u. JOHNSTON (J. chem. Soc. [London] **1934.** 226) schlossen, daß ersteres ein Gemisch der beiden diastereoisomeren Ketone **I** u. **II** darstellt. Dieselben Vff. erhielten auf analoge Weise aus l-cis-(Iso)-carvomenthol reines l-cis-(Iso)-carvomenthon mit einem $[\alpha]_D$ —56,5° (ohne Lösungsm.). — Die Ergebnisse vorliegender Arbeit widerlegen diese Ansichten. Vf. erhält durch drucklose Hydrierung von **III** in Ggw. von RANEY-Ni (vgl. folgendes Ref.) als einziges Keton **I**, ohne die Spur eines Isomeren; **I** ist dabei in der Spitzenfraktion neben einer größeren Menge von Carvomentholen enthalten. Aus **I** wird das *Semicarbazon* (**Ia**) mit einer Ausbeute von 80% erhalten, das, wie schon früher an Pinonsäuren u. a. gezeigt wurde, durch Essigsäure in der Kälte unter Einstellung eines Gleichgewichtes zu 27% in das *Semicarbazon von* **II** (**IIa**) isomerisiert wird. Dasselbe Gleichgewicht wird auch von **IIa** ausgehend erreicht, wobei 73% **Ia** entstehen. — Die Hydrolyse von **Ia** u. **IIa** mit HCl liefert ein Gemisch zweier diastereoisomerer Carvomenthone, in welchem **I** überwiegt. **Ia** u. **IIa** (Werte in Klammern) zeigen folgende Eigg.: F. 205° (175°), $[\alpha]_D$ +32,5° (—103,5°) (c = 1,5; Methanol), —26° (—118,5°) (c = 3; Essigsäure), Löslichkeit in Methanol bei 18° 1,7 (4,5) %. — Als Anhang wird ein Vgl. der Semicarbazone der *Menthone* [*cis- u. trans-1-Methyl-4-isopropylcyclohexanon-(3)*] u. der der *Carvomenthone* [*cis- u. trans-1-Methyl-4-isopropylcyclohexanon-(2)*] gebracht: Beide isomerisieren in der Kälte in essigsaurer Lsg., letztere jedoch rascher, woraus geschlossen wird, daß die Annäherung der Ketonfunktion zur Methylgruppe diese Rk. erleichtert. Sie ist jedoch nie vollständig, sondern führt zu einem Gleichgewicht, das für erstere zu einem Drehwert von +53° (85% cis), für letztere zu einem solchen von —53° (27% cis) führt. Die cis-Verbb. beider Stoffe geben nach der Hydrolyse bedeutende Mengen der *C*-trans-Verbindung. — Die Semicarbazone der cis-Ketone besitzen niedrigere FF. u. höhere Löslichkeiten als die trans-Isomeren.

Versuche: *l-trans-Carvomenthon* (**I**), $C_{10}H_{18}O$, aus Spitzenfraktionen der Dest. von Hydrierprodd. des d-Carvons, sehr bewegliche Fl. von minzeartigem Geruch, $Kp._{10}$ 90°, n_D^{21} 1,4552, $[\alpha]_D$ —17,8° bis —21,8° (ohne Lösungsm.). **I**-*Semicarbazon* (**Ia**), $C_{11}H_{21}ON_3$, aus 10 g **I**, 10 g Semicarbazidhydrochlorid in W. u. 10 g CH_3COONa unter Zugabe von A. durch 3tägiges Stehenlassen, lange Nadeln aus Methanol, F. 205°, Angabe über Löslichkeiten, $[\alpha]_D$ +32,5° (c = 0,012; Methanol),

+ 27° (c = 0,007; A.), —16,5° (c = 0,034; Chlf.), +9° (c = 0,023; Chlf.-Methanol 3 : 1), —26° (c = 0,038; Essigsäure). Der Drehwert in Essigsäure ist nicht konstant u. steigt mit der Zeit von —26° (beim Ansatz) auf —52,7° (nach 504 Std.) an (Tabelle). — *Semicarbazon des l-cis-(Iso)-carvomenthons* (**IIa**), $C_{11}H_{21}ON_3$, durch Isomerisation von 18 g **Ia** in 30 cm³ Essigsäure durch 3tägiges Stehen im Dunkeln, Verdünnen mit 400 cm³ W. u. Neutralisation, 97% Semicarbazone, Trennung durch fraktioniertes Lösen in Ae., worin **IIa** leichter lösl. ist; **IIa**, aus Ae. Kristalle in kugelförmigen Gruppen, F. 175°, Angaben über Löslichkeiten, $[\alpha]_D$ —103,5° (c = 0,015; Methanol), —107,5° (c = 0,015; A.), —123° (c = 0,020; Chlf.), —118,5° (c = 0,020; Essigsäure). Auch hier ändert sich der Drehwert in Essigsäure von —118,5° (beim Ansatz) bis —52° (nach 95 Std.). — Hydrolyse von **Ia**: 3,5 g **Ia** werden in 65 cm³ n-HCl mit direktem Dampf 10 Min. erhitzt, wobei das Keton ausgetrieben wird, minzeartiger Geruch, $Kp._{13}$ 93°, n_D^{17} 1,4548, $[\alpha]_D$ —16° (ohne Lösungsm.). Das Keton unterscheidet sich von I; nach den Eigg. des Semicarbazons besteht es aus I u. etwa 3% II. — Hydrolyse von **IIa**: wie vorher, minzeartiger Geruch, $Kp._{11}$ 87°, n_D^{19} 1,4547, $[\alpha]_D$ —32,6°; Semicarbazone, durch fraktionierte Kristallisation 75% **Ia** u. 18% **IIa**. (Bull. Soc. chim. France, Mém. [5] **18**. 190—93. März/April 1951. Paris, Coll. de France, Labor. de Chim. organique.) ROTTER. 3600

Marius Badoche, *Hydrierung des d-Carvons in Gegenwart von Raney-Nickel.* 2. Mitt. (1. vgl. vorst. Ref.) Das in der vorstehenden Arbeit besprochene Hydrierungsprod. des *d-Carvons* (**I**), *l-trans-Carvomenthon* (**II**), entsteht bei der Hydrierung von I mit RANEY-Ni neben *trans-Carvomenthol* (**III**) u. *cis-(Iso)-carvomenthol* (**IV**), während *l-cis-(Iso)-carvomenthon* nicht nachgewiesen werden konnte. Die Ggw. von **III** u. **IV** wird durch Dest. festgestellt, die jedoch zur Trennung nicht ausreicht. Während sich **II** als Kopfprod. anreichert, findet sich **IV** hauptsächlich in den letzten Fraktionen; **III**, von den beiden anderen verunreinigt, ist in den mittleren Anteilen enthalten. **II** kann von den Alkoholen fast quantitativ über die Bisulfitverb. getrennt werden u. wird durch HCHO-Behandlung regeneriert. — **II** gibt, mit RANEY-Ni hydriert, nur trans-Carvomenthole, bei denen wahrscheinlich das *trans-Neocarvomenthol* (**VII**) vorherrscht; cis-Isomere fehlen. — **III** u. **IV** werden durch Oxydationsprodd., die entsprechenden Carvomenthone u. deren Semicarbazone, charakterisiert. — Für das Vork. von **IV** ohne intermediäre Bldg. von cis-(Iso)-carvomenthon (im Gegensatz zur Ansicht von READ u. JOHNSTON, J. chem. Soc. [London] **1934**. 226) wird folgende Erklärung gegeben: Es tritt zuerst Bldg. von *Carvotanaceton* (**V**), das bereits früher nachgewiesen wurde, ein, dessen Ketonfunktion eher als die Äthylenbindung im Ring unter Bldg. von *p-Menthen-(1)-ol-(6)* (**VI**) hydriert wird. **VI** wird seinerseits zu **III** u. **IV** hydriert; aus **V** entsteht **II** neben **VI**.

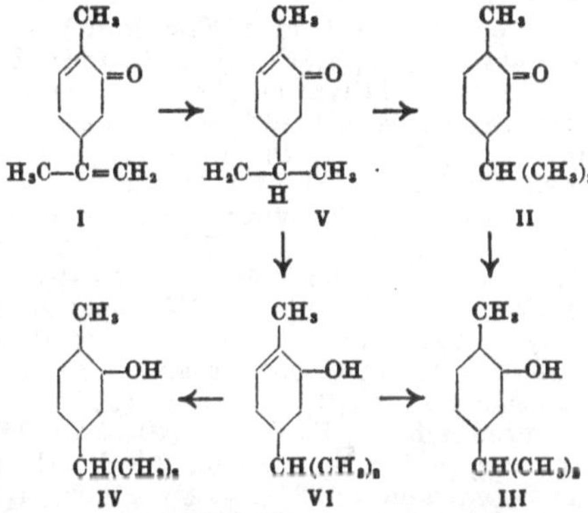

Versuche: Hydrierung von 5 g I bei n. Druck u. Temp. in Ggw. von 2 g RANEY-Ni bis zum Stillstand der H_2-Absorption (2,5 Mol), Abtrennung des Ni u. Dest. im Vakuum (5 Fraktionen): Fraktion 1 (33%) enthält überwiegend *l-trans-Carvomenthon* (**II**), $C_{10}H_{18}O$, das durch sein Semicarbazon charakterisiert wird. — Fraktion 2 (33%) wird mit 45%ig. Bisulfitlsg. behandelt; die Zers. der Bisulfitlsg. liefert **II**, $Kp._{13}$ 94—94,5°, $D.^{20}{}_4$ 0,9033, n_D^{20} 1,4536, $[\alpha]_D$ —16,3°, 48% von Fraktion 2; *Semicarbazon*, $C_{11}H_{21}ON_3$, Nadeln, F. 205°, $[\alpha]_D$ —26° (c = 3; Essigsäure), keine Spur des cis-Isomeren. Das Gemisch der Carvomenthole, das neben **II** entstanden ist, wird nach BECKMANN [1888] mit Chromschwefelsäure oxydiert u. mit 90% Ausbeute ein Gemisch von Ketonen gewonnen, das nach Umwandlung in die Semicarbazone 78% *Semicarbazon von* **II**, u. 22% *Semicarbazon von l-cis-Carvomenthon*, F. 175°, $[\alpha]_D$ —119,8° (c = 2,5; Essigsäure) gibt. — Die Hydrierung von **II** mit RANEY-Ni bei n. Druck u. Temp. (3,5 Std.), wobei die theoret. Menge H_2 aufgenommen wird, führt zu einem Gemisch von *trans-Neocarvomenthol* (**VII**) u. *trans-Carvomenthol* (**III**), viscose Fl. von schwachem Minzegeruch, $Kp._2$ 62—63°, D. 0,905, n_D^{23} 1,4620, $[\alpha]_D$ —21°, das nach den Drehwerten zu ca. 60% aus **VII** besteht; *p-Xenylcarbamat des trans-Carvomenthol-(Gemisches?)*, $C_{23}H_{29}O_2N$, aus Bzl.-Ligroin 1 : 1 feine filzige Nadeln, F. 167°, $[\alpha]_D$ —56,5° (c = 2,4; Bzl.); die Oxydation nach BECKMANN führt mit

86% Ausbeute zu **II**, Kp.$_{16}$ 100°, n_D^{25} 1,452, $[\alpha]_D$ —13,3° (niedrigster bisher gefundener Wert). — Fraktion 3 (5%) u. 4 (16%) enthält kein Keton mehr. Durch Dest. wird ein Großteil Kp.$_2$ 70—72°, n_D^{25} 1,460, $[\alpha]_D$ —24,7° erhalten, der, nach BECKMANN oxydiert, mit 83% Ausbeute ein Ketongemisch gibt (physikal. Daten), das über die Semicarbazone getrennt 50% **II** u. 50% *l-cis-Carvomenthon*, F. 175°, gibt. — Fraktion 4 enthält ein Gemisch von **III** u. **IV**, das, wie durch Oxydation zu den Ketonen u. Trennung der Semicarbazone nachgewiesen wird, aus 85% **IV** u. 15% **III** besteht. Das angegebene p-Xenylcarbamat kann dem l-cis-Iso- oder -Neoisocarvomenthol angehören. — Fraktion 5 (3%) wurde nicht weiter untersucht. (Bull. Soc. chim. France, Mém. [5] **18.** 193—97. März/April 1951.) ROTTER. 3600

G. Vavon, Ch. Rivière, J. Ducasse und **M. de Botton,** *Über die Struktur der Magnesiumverbindung von Pinenhydrochlorid und der Camphancarbonsäuren.* Vortrag. — Inhaltlich in den C. **1947.** 874 u. C. **1951.** I. 1300 referierten Arbeiten enthalten. (Bull. Soc. chim. France, Mém. [5] **18.** C 35—39. März/April 1951.) FAASS. 3600

W. von E. Doering und **E. F. Schoenewaldt,** *4-Chlorcamphan.* Die geringe Reaktionsfähigkeit von Brückenkopf-Cl-Atomen, wie sie von BARTLETT u. KNOX (C. **1940.** I. 2313) am 1-Chlorapocamphan festgestellt wurde, wird von Vff. am *4-Chlorcamphan* (**II**) näher untersucht. Die Darst. von **II** erfolgte aus D(+)-Campher über *D-2.2-Dichlorcamphan,* welches zum *β-Dichlorcamphan* (**I**) umgelagert u. hydriert wurde. **II** verliert sein Halogen bei Behandlung mit stark halophilen Reagentien wie $AlBr_3$, $ZnCl_2$ u. Ag-Ion unter Bldg. eines nicht trennbaren Gemisches von C_{10}-KW-stoffen.

V e r s u c h e (FF. u. Kpp. korr.): *L(+)-4-Chlorisobornylchlorid* (**I**; *L(+)-2.4-Dichlorcamphan*), $C_{10}H_{16}Cl_2$, F. 164—166° (Zers.), aus 425 g D-Campher {$[\alpha]_D^{25}$ +44,5° (c = 10 in A.)}, PCl_3 u. PCl_5 bei —5°; das erhaltene *D(—)-2.2-Dichlorcamphan* (*α-Dichlorcamphan*) wurde mit $SnCl_4$ in Toluol umgelagert; aus CH_3OH 197 g farnartige Nadeln; $[\alpha]_D^{25}$ +23,3° (c = 10 in Ae.). Aus synthet. Campher wurde in analoger Weise das *rac. Prod.* erhalten, F. 177—178,5° (Zers.). — *4-Chlorcamphan* (**II**), $C_{10}H_{17}Cl$, F. 175—176°, **I** wurde in absol. A. in Ggw. von KOH u. RANEY-Ni bei 3 at hydriert; farnartige Nadeln; opt.-inakt.; 46%. — **I** u. **II** blieben unverändert bei Behandlung mit alkoh. KOH oder $NaOC_2H_5$ in der Wärme. — *L(—)-4-Chlordihydrocamphen* (**III**), $C_{10}H_{17}Cl$, F. 148 bis 150°, aus **I** über *L(—)-4-Chlorcamphen* (F. 130—131,5°, $[\alpha]_D^{26}$ —74,3° [c = 9 in A.]; 77%) u. Hydrieren in A. in Ggw. von RANEY-Ni; 80%; $[\alpha]_D^{25}$ —17,9°; blieb unverändert bei 40std. Kochen in alkoh. KOH. — Red. von **II** mit Na in A. lieferte 48% *Camphan* (**IV**), $C_{10}H_{18}$, F. 150—152°. — *Dihydrocamphen-4-carbonsäure* (Stereoisomerengemisch), $C_{11}H_{18}O_2$, F. 140—170°, **III** wurde in Pentan zu einer K–Na (1 : 4)-Legierung unter N_2 gegeben, 3 Std. erhitzt u. nach Zusatz von festem CO_2 u. A. mit W. extrahiert; 33%. — Mit alkoh. $AgNO_3$ konnte aus **II** auch durch 21std. Erhitzen im Rohr auf 160° kein Cl-Ion abgespalten werden; mit wss. $AgNO_3$ im Rohr bei 202° wurde Cl zum Teil als AgCl gebunden. — **II** wurde mit wasserfreiem $AlBr_3$ in Cyclohexan (**V**) auf 50° erhitzt, mit HCl zerlegt u. fraktioniert. Die Fraktionen Kp. 164—165°, 168—171° u. 175—177°, $C_{10}H_{20}$, n_D^{20} 1,4450, D.$_4^{25}$ 0,8125, gaben negative BEILSTEIN-Rk. u. negative Rk. mit Br_2 auf ungesätt. Bindungen; bei der Fraktion Kp. 216—220°, n_D^{20} 1,4641, $C_{12}H_{22}$, handelt es sich wahrscheinlich um ein Gemisch von *Dimethyldicyclopentyl* u. *Dicyclohexyl*, aus dem sich Kristalle vom F. 45—45,5° (CH_3OH) abschieden. — Wie vorst. ließ man auch $AlBr_3$ auf Cyclohexylchlorid in **V** einwirken. Isoliert wurde ein Gemisch von **V**, *Methylcyclopentan* u. Kristallen vom F. 44,5—45,5°. **IV** in **V** wurde nach analoger Behandlung unverändert zurückgewonnen. — Wss. $ZnCl_2$ wurde bei 205° 90 Std. auf **II** zur Einw. gebracht. Es fand nur teilweise Rk. statt; neben **II** wurde nach Hydrieren ein Öl, Kp. 206—207°, n_D^{20} 1,4728, mit einem geringen Cl-Geh. isoliert. **IV** war gegen $ZnCl_2$ beständig. — **II** wurde in n-Butyläther 40 Std. im Rohr auf 200° mit wasserfreiem $ZnCl_2$ erhitzt, das Reaktionsgemisch nach sorgfältigem Waschen über PtO_2 hydriert, nach einer Reinigung durch Wasserdampfdest. nochmals hydriert, mit H_2SO_4 gewaschen u. nach Trocknen in Hexan gelöst zu einer K–Na-Legierung (1 : 4) zugetropft. Nach Filtration u. Abdampfen des Lösungsm. blieb ein Cl-freies Öl zurück, $C_{10}H_{20}$, Kp. 180—183°, n_D^{23} 1,4410, D.$_4^{25}$ 0,797. — n-Butylbromid wurde analog behandelt. Isoliert wurde $>$240° ein sd. Produkt. (J. Amer. chem. Soc. **73.** 2333—35. Mai 1951. New York, N. Y., Columbia Univ., Havemeyer Labor.) FAASS. 3600

Louis F. Fieser und **William P. Schneider,** *Unnormale Ester des Cholesterins.* Zur Klärung der carcinogenen Wrkg. von Cholesterin (**I**) u. aus **I** dargestelltem *Progesteron* (vgl. FIESER, C. **1952.** 3993) wurde eine weitere Hypothese aufgestellt, nach der das carcinogene Prinzip ein **I**-*Ester* einer normalerweise nicht oder nur in geringem Maß im Gewebe der Applikationsstelle vorkommenden Fettsäure sein sollte. Zur Prüfung der Hypothese wurden die I-*Ester* folgender Säuren für den biolog. Test dargestellt: *Isoheptansäure* u. *n-Heptansäure, Isolaurinsäure* u. *n-Laurinsäure, Arachidonsäurekonzentrate* aus „Menhaden-Öl" (Heringsart) u. Nebennierenphospholipiden sowie *Stearinsäure.* — Die *β-Naphthylester* der gleichen Säuren wurden ebenfalls dargestellt u. ihre Verseifungsgeschwindigkeit quantitativ bestimmt. Mit *Pankreas–Esterase–Lipase* ergaben sich nur geringe Unterschiede (die Ester der verzweigten u. ungesätt. Säuren wurden etwas rascher verseift), während bei der Verseifung mit verschied. *Esterasen* in Emulsion (Veronalpuffer p_H 7,4; 1 Std. bei 37°) ein deutlicher Unterschied zwischen C_7- u. C_{12}-Säureestern (beide C_7-Säureester wurden erheblich rascher hydrolysiert) zu beobachten war.

Versuche: *Isoheptansäure,* aus Isoamylbromid, Malonester u. Na in Butanol; Öl, $Kp._{20}$ 132—134°; n_D^{23} 1,4210; 69% (Ausbeute). — *Isolaurinsäure,* F. 42—43° (PAe.), aus der GRIGNARD-Verb. von Isoheptylbromid in Ae. durch Überführen in die Cd-Verb. u. Umsetzen mit Glutarsäuremethylesterchlorid in Bzl.; der hieraus erhaltene *γ-Ketoisolaurinsäuremethylester* ($Kp._{1-2}$ 130—135°; 81%) wurde nach WOLFF-KISHNER mit Hydrazin u. KOH in Triäthylenglykol red.; 96%. — *Arachidonsäurekonzentrate,* aus Rindernebennieren durch Extraktion mit A., Einengen des Extrakts u. Extraktion mit PAe.; der Aceton-unlösl. Phospholipidanteil wurde der Methanolyse unterworfen (Kochen mit HCl–Methanol unter N_2) u. das Reaktionsprod. destilliert ($Kp._{0,3}$ 160—180°). Nach Lösen in Aceton wurden Verunreinigungen bei —80° zur Kristallisation gebracht, die in Lsg. gebliebene Substanz nochmals dest., mit methanol. KOH verseift u. das resultierende braune Prod. sofort weiterverarbeitet. — Alle I- bzw. *β-Naphthylester* wurden dargestellt, wie in nachfolgendem Beispiel beschrieben: *Cholesterylisoheptylat,* $C_{34}H_{58}O_2$, F. 100—101° (Aceton), durch Zutropfen von 2 cm³ Oxalylchlorid zu einer Lsg. von 0,015 Mol (2 g) Isoheptansäure in Bzl., die einige Tropfen Pyridin enthält, unter Kühlung im Eisbad; nach Abdestillieren des Bzl., Eindampfen zur Trockene u. erneutem Benzolzusatz wurde das Säurechlorid in Bzl. gelöst u. unter Eiskühlung mit einer benzol. Lsg. von 0,0103 Mol (4 g) I in Bzl.–Pyridin 4 : 1 versetzt; nach 2std. Stehen bei Raumtemp. wurde aufgearbeitet; 4,78 g = 93%. — *β-Naphthylisoheptylat,* $C_{17}H_{20}O_2$, blaßgelbes Öl, $Kp._{0,5}$ 168—170°. — *Cholesteryl-n-heptylat,* $C_{34}H_{58}O_2$, aus Aceton Kristalle, F. 111,4 bis 112,2°. — *β-Naphthyl-n-heptylat,* $C_{17}H_{20}O_2$, dest. bei 0,3 mm u. Badtemp. 200°; aus PAe. Kristalle, F. 37,5—39°. — *Cholesteryllaurat,* $C_{39}H_{68}O_2$, aus Aceton, F. 94 bis 95°. — *β-Naphthyllaurat,* $C_{22}H_{30}O_2$, aus Aceton Prismen, F. 62,5—64°. — *Cholesterylisolaurat,* $C_{39}H_{68}O_2$, aus Aceton Kristalle, F. 105,6—106,6°. — *β-Naphthylisolaurat,* $C_{22}H_{30}O_2$, destillierbar, aus Aceton Kristalle, F. 44—45°. — *Cholesterylstearat,* aus Aceton, F. 74—78°. — *β-Naphthylstearat,* aus Aceton mikrokristallines Pulver, F. 73,5 bis 75°. — *Cholesterylester des Arachidonsäurekonzentrats* aus „Menhaden-Öl"; der unter N_2 dargestellte Ester wurde über Al_2O_3 chromatographiert (eluiert mit Bzl.) u. mehrere Std. bei 0,4 mm Hg gehalten; blaßgelbes Öl, JZ. 189 (berechnet für Cholesterylarachidonat 188), C-Werte um 1—2% niedriger als theoretisch. — *β-Naphthylester des Arachidonsäurekonzentrats* aus „Menhaden-Öl"; blaßgelbes Öl, dunkelt beim Stehen nach; Darst. wie bei vorst. Ester; wurde sofort zur Verseifungsbest. weiterverwendet. — *Cholesterylester des Arachidonsäurekonzentrats* aus Nebennierenphospholipiden, $C_{47}H_{76}O_2$, nach Al_2O_3-Chromatographie ölig. — *β-Naphthylester des Arachidonsäurekonzentrats* aus Nebennierenphospholipiden, $C_{30}H_{38}O_2$, Reinigung wie vorstehend. (J. Amer. chem. Soc. **74.** 2254—57. 5/5. 1952. Cambridge, Mass., Harvard Univ., Chem. Labor.) FRUHSTORFER. 3700

L. Carroll King und **Bernard M. Regan,** *Die Reaktion von Cholesteryl-p-toluolsulfonat und Cholesterylhalogeniden mit Pyridin ähnlichen Basen.* 3β-Cholesteryl-p-toluolsulfonat (**I**) bildet mit Pyridin u. ähnlichen Basen ein aus 3.5-Cholestadien (**II**) u. einem quaternären Salz bestehendes Gemisch. 3β-Cholesteryljodid (**III**) u. -bromid (**IV**) reagieren ähnlich, im Gegensatz zum 3β-Cholesterylchlorid, das unverändert wiedergewonnen wurde. Vff. zeigen, daß **II** nicht durch Zers. des quaternären Salzes, sondern aus **I** durch Abspaltung der p-Toluolsulfonsäure mit Pyridin entsteht.

Versuche (FF. FISHER-JOHNS-Block; Drehungen in Chlf. bei 24—32°): Zur Darst. der quaternären Salze wurde **I** bzw. **III** oder **IV** in Pyridin 5 Std. auf 118° erhitzt, mit PAe. versetzt, das Salz abgesaugt, die Mutterlauge nach Verdünnen mit PAe. mit W. extrahiert, u. das nach Einengen der PAe.-Lsg. erhaltene **II**, F. 78 bis 79°, aus Methanol umkristallisiert. — *3β-Cholesteryl-p-toluolsulfonat* (**I**), F. 132 bis 133°, nach FREUDENBERG u. HESS (Liebigs Ann. Chem. **448.** [1926.] 121). — *3β-Cholesteryljodid* (**III**), F. 105—106°, aus **I** u. NaJ in Aceton; 73% (Ausbeute). — *3β-Cholesterylbromid* (**IV**), F. 97—98°, aus **I** u. LiBr in Aceton; $[\alpha]_D$ —25,9°; 70%. — *3β-Cholesterylchlorid,* F. 96°, aus Cholesterin u. $SOCl_2$ in Pyridin; $[\alpha]_D^{24}$ —28,9°. — *3β-Chole-*

sterylpyridiniumbromid, F. 293—295° (Pyridin); 27%; [48%] Ausbeute an **II**. *Jodid*, F. 260—261° (A.); 31%; $[\alpha]_D$ —7,0°; [55%]. *Tosylat*, F. 231—232°; 71%; $[\alpha]_D$ —5,7°; [21%]. — *3β-Cholesteryl-α-picoliniumtosylat*, $C_{40}H_{59}O_3NS \cdot H_2O$, F. 234—235° (A.-Bzl.); 23%; $[\alpha]_D$ —28°; [60%]. *-β-picoliniumtosylat*, $C_{40}H_{59}O_3NS$, F. 215—217° (Bzl.); 66%; $[\alpha]_D$ —3,9°; [19%]. *-γ-picoliniumtosylat*, $C_{40}H_{59}O_3NS \cdot {}^1/_2\, H_2O$, F. 211—213° (Bzl.); 47%; $[\alpha]_D$ 0,0°; [33%]. — *3β-Cholesterylchinoliniumtosylat*, $C_{43}H_{59}O_3NS \cdot {}^1/_2\, H_2O$, F. 246—247° (A.); 50%; $[\alpha]_D$ —47,0°; [34%]. — *3β-Cholesterylchinaldiniumtosylat* (?), F. 190—196°; 1%; [54%]. — *3β-Cholesteryl-3-methylisochinoliniumtosylat*, $C_{44}H_{61}O_3NS \cdot {}^1/_2\, H_2O$, F. 276—277° (A.); 47%; $[\alpha]_D$ +24,0°; [27%]. — *3β-Cholesterylisochinoliniumtosylat*, $C_{43}H_{59}O_3NS \cdot {}^1/_2\, H_2O$, F. 207—208° (A.-Aceton), a) 47%; $[\alpha]_D$ +5,8°; [20%]; b) durch 10std. Erhitzen auf 175°; 53%; [19%]. *Jodid*, $C_{36}H_{52}NJ$, F. 264—265° (Aceton-Chlf.); 25%; $[\alpha]_D$ +8,9°; [60%]. — Durch Erhitzen der vorst. Tosylate in A. mit wss. HJ wurden die quaternären Jodide gewonnen: *3β-Cholesteryl-β-picoliniumjodid*, $C_{33}H_{52}NJ$, F. 269—271° (A.); $[\alpha]_D$ —6,3°. *-γ-picoliniumjodid*, $C_{33}H_{52}NJ$, F. 271—272° (Aceton). *-chinoliniumjodid*, $C_{36}H_{52}NJ$, F. 287° (A.); $[\alpha]_D$ —57°. *-3-methylisochinoliniumjodid*, $C_{37}H_{54}NJ$, F. 276—277° (absol. A.); $[\alpha]_D$ +50°. (J. Amer. chem. Soc. **74**. 5617—18. 20/11. 1952. Evanston, Ill., Northwestern Univ., Chem. Labors.)

SCHORRE. 3700

C. W. Shoppee, *Die Chemie des Cortisons*. Übersichtsbericht (bis Oktober 1952). Einführung des *Δ^4-3-Keto*-Syst., Aufbau der *2 C*-Seitenkette u. Einführung der *17α-Oxygruppe*, Einführung von *O* an $C_{(11)}$, partielle u. totale *Cortison*-Synthesen, *Cortisol* (*Hydrocortison*). — 311 Literaturangaben. (Annu. Rev. Biochem. **22**. 261—98. 1953. Swansea, Univ. of Wales, Univ. Coll.)

K. MAIER. 3750

James M. Constantin, Alfred C. Haven jr. und **L. H. Sarett**, *Darstellung der 3-Äthylendioxyderivate von 11-Ketoprogesteron, Dehydrocorticosteronacetat und Cortisonacetat.* Zur Darst. von *Δ^5-3-Äthylendioxypregnen-11.20-dion* (**IV**; *3-Äthylendioxy-11-ketoprogesteron*) aus Pregnan-20β-ol-3.11-dion (I) wird dieses durch Bromierung u. Dehydrobromierung nach der Semicarbazidmeth. in *Δ^4-Pregnen-20β-ol-3.11-dion* (**II**) verwandelt, das nach Überführung in das *3-Dioxolan* (**III**; mit Glykol in Ggw. von p-Toluolsulfonsäure) mit dem CrO_3-Pyridinkomplex zu **IV** oxydiert wird. Der Schritt **I** → **II** wird in geringerer Ausbeute u. ohne Isolierung des nicht krist. 4-Bromids auch über die Benzoate durchgeführt. Nach einer anderen Meth. wird **IV** durch eine Austauschdioxolanierung aus 11-Ketoprogesteron u. dem *Dioxolan von Mesityloxyd* (**V**) dargestellt, wobei sich neben **IV** das *3.20-Bis-dioxolan* bildet. Auf diese Weise werden auch die *3-Dioxolane* von Dehydrocorticosteronacetat (**VI**) u. von Cortisonacetat (**VII**) dargestellt.

Versuche (FF. auf dem KOFLER-Mikroheiztisch): *Δ^4-Pregnen-20β-ol-3.11-dionbenzoat* (**IIa**), $C_{28}H_{34}O_4$, F. 233—234,5° (nach Chromatographie aus Methanol), aus 3,59 g **I**-Benzoat in Essigsäure u. Br_2 in Eisessig in Ggw. von n-HBr (10 Min.); das amorphe *4-Brompregnan-20β-ol-3.11-dionbenzoat* (4,4 g) wird in das ungesätt. *Semicarbazon* (6,15 g) übergeführt, dieses mit Brenztraubensäure in 80%ig. Essigsäure über Nacht gerührt; $[\alpha]_D^{25}$ +131° (c = 1,0 in Chlf.); λ_{max} 2320 Å (E_{mol} = 25000); λ_{max} 5,81, 5,89, 5,98 u. 6,19 μ; 50% (Ausbeute). — *Δ^4-Pregnen-20β-ol-3.11-dion* (**II**), $C_{21}H_{30}O_3$, F. 200—202° (Äthylacetat), a) aus 210 mg **IIa** in Methanol u. KOH, 1 Std. am Rückfluß; λ_{max} 2380 Å (E_{mol} = 16570). b) Durch Bromierung von 1 g **I** wie bei **IIa** (4 Min.) zum *α-Bromketon* ($C_{21}H_{31}O_3Br$, F. 176—177° [Zers.; aus Chlf.-Ae.]; 0,94 g), u. weiter wie bei **IIa**; $[\alpha]_D^{24}$ +189° (Chlf.); 0,90 g. — *Δ^5-3-Äthylendioxypregnen-20β-ol-11-on* (**III**), $C_{23}H_{34}O_4$, F. 184—186° (Ae.), aus dem Gemisch von 1,28 g **II**, 50 ml Äthylenchlorid, 11 ml Äthylenglykol u. 25 mg p-Toluolsulfonsäuremonohydrat wird das $C_2H_4Cl_2$/W.-Azeotrop abdest., nach Zusatz von frischem $C_2H_4Cl_2$ nochmals dest. u. chromatographiert; $[\alpha]_D^{25}$ +21° (c = 1,0 in Chlf.); λ_{max} 2,80 u. 5,88 μ; 685 mg. — *Δ^5-3-Äthylendioxypregnen-11.20-dion* (**IV**; *3-Äthylendioxyderiv. von 11-Ketoprogesteron*), $C_{23}H_{32}O_4$, F. 170—173° (Äthylacetat u. Methanol). a) Zu einer gekühlten Lsg. von CrO_3 in Pyridin werden 500 mg **III** in Pyridin zugesetzt u. über Nacht gerührt; $[\alpha]_D^{25}$ +52,5° (c = 1,0 in Chlf.); keine UV-Absorption; λ_{max} 5,85 u. 9,08 μ; 370 mg. b) Aus 11-Ketoprogesteron in Tetrahydrofuran u. **V** in Ggw. von konz. H_2SO_4 (45 Min. bei Zimmertemp. rühren; Neutralisation mit methanol. $NaOCH_3$) u. Chromatographie; daneben wird das *3.20-Bis-äthylendioxyderiv.* ($C_{25}H_{36}O_5$, F. 175—178°, aus Ae.-PAe. oder A.) erhalten. — *Äthylendioxyderiv. von Mesityloxyd* (**V**; *2-Methyl-2-methallyl-1.3-dioxolan*), $C_8H_{14}O_2$, Kp.$_{25}$ 58°, nach SALMI u. RANNIKKO (Ber. dtsch. chem. Ges. **72**. [1939.] 600)); $n_D^{24,5}$ 1,4370; λ_{max} 11,17, 6,08 u. schwach bei 12,15 μ; 35%. — *Δ^5-3-Äthylendioxypregnen-21-ol-11.20-dionacetat* (*3-Dioxolan von* **VI**), $C_{25}H_{34}O_6$, F. 193,5—194° (A.), aus 1,6 g **VI** in Tetrahydrofuran mit **V** in Ggw. von konz. H_2SO_4

($^1/_2$ Std. bei Zimmertemp.) u. Neutralisation mit Pyridin; $[\alpha]_D^{25}$ $+52^0$ (c = 1,33 in Chlf.); λ_{max} 5,71, 5,77 u. 5,86 μ; 910 mg. — *3-Dioxolan von* **VII**, $C_{25}H_{34}O_7$, Zers. bei 264—274^0 (Bereich ca. 5^0; aus Chlf.–PAe.), aus 1,0 g **VII** analog vorst. Verb. (2 Std. bei Zimmertemp. u. bei 0^0 über Nacht); $[\alpha]_D^{25}$ $+51,5^0$ (c = 0,815 in Chlf.); im UV Schulter bei 2400 Å; 844 mg. (J. Amer. chem. Soc. **75**. 1716—18. 5/4. 1953. Rahway, N. J., Merck & Co., Res. Labors.) H.-J. KOCH. 3750

David Todd und **Sylvia Teich,** *Die Synthese von Penicillinanaloga.* 1. Mitt. Zur Klärung der Frage, ob der sich leicht öffnende *β-Lactamring* eine unerläßliche Voraussetzung der *Penicillin* (**IV**)-Wrkg. ist, wurden die beiden *δ-Lactame* **Ia** u. **Ib** aus γ-Formylbuttersäuremethylester (**VIII**) u. L-Cystein bzw. DL-Penicillamin (**V**) dargestellt. Der Konstitutionsbeweis von **Ia** u. **Ib** erfolgte durch reduktive Entschwefelung der Na-Salze zur *α-[Piperidon-(2)]-propionsäure-(1)* (**IIa**) bzw. *α-[Piperidon-(2)]-isovaleriansäure-(1)* (**IIb**) mittels RANEY-Ni. Die Synth. von **IIa** u. **IIb** gelang durch Kondensation des Na-Salzes von 2-Piperidon mit α-Brompropionsäuremethylester bzw. α-Bromisovaleriansäureäthylester. Da Verss. zur Einführung einer Doppelbindung (Lage wie in **III**) in **Ia** u. zur γ-Bromierung von N-Crotonylpiperidin u. N.N-Diphenylcrotonamid negativ verliefen, wurde eine Synth. des **IV**-Vinylogen **III** durch Kondensation des *γ-Formyl-γ-phenylacetylaminocrotonsäureesters* (**VI**) mit **V** erwogen. Jedoch mißlang die Einführung einer γ-Formyl-Gruppe in γ-Phenylacetylaminocrotonsäureäthylester (**XI**).

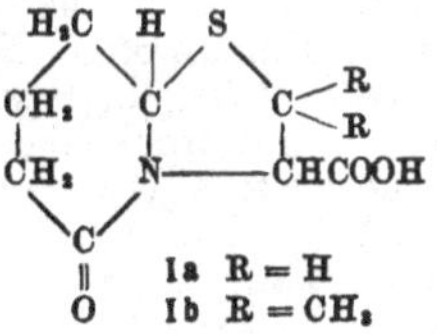

Ia R = H
Ib R = CH_3

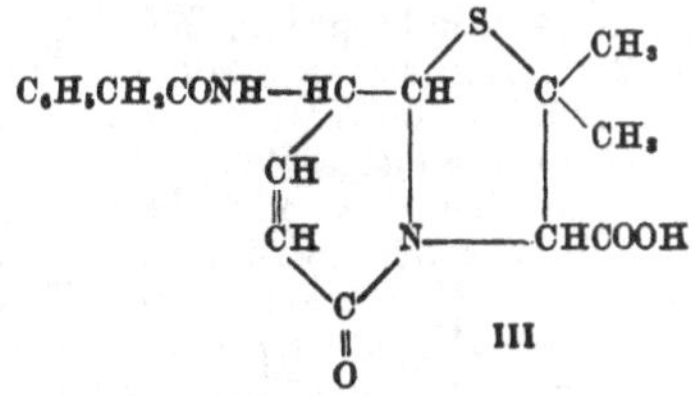

III

V e r s u c h e : *Thiazolidinlactam* (**Ia**), $C_8H_{11}O_3NS$, F. 212,5—214^0, a) Lsg. von L-Cysteinhydrochlorid (**VII**) (3,15 g) u. wasserfreiem Na-Acetat (1,68 g) in W. (15 cm^3) zu einer Lsg. von γ-Formylbuttersäuremethylester (**VIII**) (2,6 g) in A. (10 cm^3) geben, A. (15 cm^3) zusetzen u. nach Stehen über Nacht u. Abkühlen Nd. von **Ia** abtrennen; Stäbchen (W.); 0,7 g (18%); b) Mischung von **VIII** (1,8 g) u. **VII** (2,18 g) in A. (50 cm^3) 5 Min. erhitzen, 0,1 nNaOH (15,7 cm^3) zugeben, 10 Min. erhitzen, einengen, Nd. von **Ia**; 0,96 g (39%); c) Kondensation von **VIII** mit 2.2-Dimethylthiazolidincarbonsäure-(4)-hydrochlorid in wss. CH_3OH u. Ggw. von 1 Äquivalent Na-Acetat; 48% **Ia** (roh). — *Verb.* $C_8H_{13}O_4NS$, F. 182,5—184,5^0 (A.), aus dem Filtrat von b), vermutlich die **Ia** entsprechende *Disäure* (**IX**). — **Ia**-*Sulfon*, $C_8H_{11}O_5NS$, F. 203^0, durch Einw. von 2 Äquivalenten H_2O_2 in Eisessig auf **Ia** (2 Wochen bei Raumtemp.). — *L-α-[Piperidon-(2)]-propionsäure-(1)* (**IIa**), $C_8H_{13}O_3N$, F. 151—152^0, Lsg. von **Ia** (0,8 g) in 0,05 nNaOH (80 cm^3) u. frisches RANEY-Ni (9 g) in ein Bad von 170^0 geben u. 20 Min. kochen, das neutralisierte Filtrat im Vakuum einengen, kontinuierlich mit Äthylacetat extrahieren, einengen u. mit Hexan fällen; Kristalle (C_6H_6–Hexan); $[\alpha]_D^{20}$ -53^0 (2,7% in A.); 0,2 g (30%). — *DL-α-[Piperidon-(2)]-propionsäure-(1)-methylester*, Kp.$_{16}$ 156—157^0, zu 2-Piperidon (13 g) in trockenem C_6H_6 (150 cm^3) feinverteiltes Na (3,2 g) geben, nach 1 Std. C_6H_6 (100 cm^3) zusetzen, 5 Std. am Rückfluß kochen, bei 10^0 α-Brompropionsäuremethylester (22 g) in C_6H_6 (15 cm^3) zugeben, 14 Std. bei Raumtemp. rühren, das Filtrat konzentrieren u. dest.; Öl, n_D^{30} 1,4715; 12 g (50%). — DL-**IIa**, F. 147—148^0, durch Verseifen vorst. Esters mit a) methanol. KOH bei Raumtemp. (1 Tag); 75%; b) heißer wss.-methanol. KOH (2 Std.); 84% (roh); DL- u. L-**IIa** zeigten in $CHCl_3$ (5% ig.) ident. Ultrarotspektrum. — Hydrolyse u. Resynth. von DL-**IIa** (Nachw. der N-Alkylierung); DL-**IIa** (0,5 g) 1 Tag bei 100^0 mit konz. HCl hydrolysieren, Hydrochlorid (Öl) des rohen Spaltprod. benzoylieren [$Ba(OH)_2$ als Base], Ba-Salz mit 2 nH_2SO_4 zerlegen, das mit Ae. extrahierte Filtrat einengen, mit Äthylacetat extrahieren, die wss. Lsg. im Vakuum eindampfen, mit Chinolin 5 Min. auf 180^0 erhitzen, die Mischung mit verd. $NaHCO_3$ behandeln, mit Ae. waschen, alkal. Lsg. ansäuern u. aus dem Trockenrückstand mit heißem Äthylacetat DL-**IIa** extrahieren; 0,2 g. — *Thiazolidinlactam* **Ib**, $C_{10}H_{15}O_3NS$, F. 157—158,5^0, aus DL-**V** u. **VIII** nach Meth. a) (siehe **Ia**); Prismen (W.); 59%. — **Ib**-*Sulfon*, $C_{10}H_{15}O_5NS$, F. 224—231^0 (Zers.), aus **Ib** (147 mg) in Essigsäure (5 cm^3) u. 30% ig. H_2O_2 (0,5 cm^3) (mehrere Tage bei Raumtemp.); derbe Prismen (W.). — *α-[Piperidon-(2)]-isovaleriansäure-(1)* (**IIb**), $C_{10}H_{17}O_3N$, F. 141,5—143,5^0, durch reduktive Entschwefelung von **Ib** mit RANEY-Ni; Plättchen (W., C_6H_6–Äthylacetat); 35%, keine Depression mit synthet. **IIb**. — *α-[Piperidon-(2)]-isovaleriansäure-(1)-äthylester*, $C_{12}H_{21}O_3N_3$, Kp.$_{0,3}$ 150—154^0, durch Zugabe von α-Bromisovaleriansäureäthylester zur sd. Suspension des Na-Piperi-

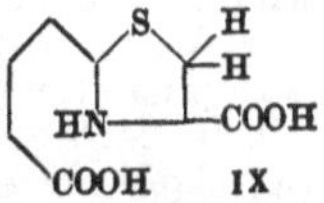

IX

dons; n_D^{25} 1,4735, $D.^{25}{}_4$ 1,0630; 48%; durch Hydrolyse mit sd. methanol. NaOH **IIb**, F. 142—143,5°, Nadeln; 43%. — *γ-Bromcrotonsäureäthylester*, $Kp._{31}$ 117—120°, aus Crotonsäureäthylester, γ-Bromsuccinimid u. Benzoylperoxyd in CCl_4; n_D^{21} 1,489; 84%. — *γ-Bromcrotonsäure* (**X**), F. 72—73°, durch Verseifung vorst. Esters bei niedriger Temp.; stark hautreizend; 45—50%. *p-Bromphenacylester*, $C_{12}H_{10}O_3Br_2$, F. 136,5—137°, Nadeln (A.). — *γ-Phenylacetylaminocrotonsäure* (**XI**), $C_{12}H_{13}O_3N$, F. 156,5—160°, Lsg. von **X** (4,9 g) in fl. NH_3 (ca. 100 cm^3) langsam verdampfen (DEWAR-Gefäß), W. (100 cm^3) zusetzen, eindampfen, mit 2 Äquivalenten NaOH eindampfen, in wenig W. mit je 1 Äquivalent NaOH u. Phenylacetylchlorid unter Kühlung behandeln u. Nd. aus W. umkristallisieren; 83% (roh). *p-Bromphenacylester*, $C_{20}H_{18}O_4NBr$, F. 162—162,5°, Kristalle (A.). *Äthylester*, $C_{14}H_{17}O_3N$, F. 71,5—72°, durch Behandlung von **XI** (3 g) in absol. A. (120 cm^3) mit Acetylchlorid (5 cm^3) (38 Std., Raumtemp.), schonendes Eindampfen im Vakuum, Lösen in C_6H_6, Waschen mit 10%ig. Na_2CO_3, W., NaCl-Lsg. u. Eindampfen; Nadeln (Ae.–PAe.); 2,9 g. — *β-Chlor-γ-phenylacetylaminobuttersäureäthylester*, $C_{14}H_{18}O_3NCl$, F. 57,5—58°, durch Sättigen einer Lsg. von **XI** in absol. A. mit trockenem HCl u. 2½std. Kochen am Rückfluß, Eindampfrückstand (Vakuum) in C_6H_6 lösen, mit 5%ig. Na_2CO_3 u. W. waschen, C_6H_6-Rückstand mit Hexan behandeln u. aus Ae.–Hexan umkristallisieren; 70%. — *γ-Phenylacetylaminobuttersäure* (**XII**), $C_{12}H_{15}O_3N$, F. 93—94°, durch katalyt. Hydrierung (0,5 g PtO_2) einer äthanol. **XI**-Lsg. (0,8 g in 50 cm^3), Plättchen (Äthylacetat–Heptan, C_6H_6); 0,67 g; keine Depression mit synthet. **XII**. — *α-Phenylacetylaminobuttersäure*, $C_{12}H_{15}O_3N$, F. 127—129,5°. — *N-Benzoyl-γ-aminobuttersäure*, C_{11} · $H_{13}O_3N$, F. 79—80°, feine Nadeln (C_6H_6). — *N-Benzolsulfonyl-γ-aminobuttersäure*, $C_{10}H_{13}O_4NS$, F. 90,5—91,5°, Nadeln (C_6H_6). — *N-p-Toluolsulfonyl-γ-aminobuttersäure*, $C_{11}H_{15}O_4NS$, F. 133,5—134°, Nadeln (verd. A.). — *γ-Formylcrotonsäureäthylester*, durch Einw. von Äthylformiat u. K in Ae.–A. auf den Crotonsäureäthylester; gummiartiges Material (positive $FeCl_3$- u. SCHIFFsche-Rk.), das in schlechter Ausbeute ein unreines *2.4-Dinitrophenylhydrazon*, F. 137—142° (Literatur: 147—148°) gab; Abwandlung der Formylierungsbedingungen ergab keine Reinheitsverbesserung. Verss. zur Darst. von **VI** unter gleichen Bedingungen verliefen ebenfalls negativ; in geringer Ausbeute wurde ein krist. *2.4-Dinitrophenylhydrazon*, F. 124—125°, anderer Zus. erhalten. Die Kondensation von **X**-Äthylester mit Äthylformiat in Ggw. von K in Ae.–absol. A. verlief negativ. — *Crotonaldehyddiäthylacetal*, $Kp._{43}$ 71°, aus Crotonaldehyd (14 g), Äthylorthoformiat (36 g) u. NH_4NO_3 (0,7 g) in A. (25 cm^3) durch Kochen am Rückfluß (10 Min.); hellgelbe Fl.; $D.^{25}{}_4$ 0,851, n_D^{28} 1,4039; 23 g (82%). — Bromierung der vorst. Verb.: Lsg. in CCl_4 (40 g in 150 cm^3) mit N-Bromsuccinimid (42,5 g) u. etwas Benzoylperoxyd versetzen, heftige Rk. nach kurzem Erwärmen, 2 Std. am Rückfluß kochen, nach Stehen über Nacht filtrieren, im Vakuum einengen u. dest.; Hauptfraktion, $Kp._{0,1}$ 86—97°, 11,1 g (19%); redest. Fl., n_D^{25} 1,4903. — *γ-Bromcrotonaldehyd-2.4-dinitrophenylhydrazon*, $C_{10}H_9O_4N_4Br$, F. 218—220° (Zers.; A.), aus vorst. Produkt. — *N.N-Diphenylcrotonamid*, F. 114—115°, aus Crotonylchlorid u. Diphenylamin in C_6H_6; mit N-Bromsuccinimid (CCl_4, Benzoylperoxyd) keine γ-Bromierung. — *N-Crotonylpiperidin*, $C_9H_{15}ON$, $Kp._{21}$ 142,5, n_D^{25} 1,5059, $D.^{26}_4$ 1,0006; 72%. — *N-Crotonylpiperidindibromid*, $C_9H_{15}ONBr_2$, F. 96,5—98°, aus der CCl_4-Lsg. vorst. Verb. u. Br_2; derbe Nadeln; Bromierungsverss. mit N-Bromsuccinimid in CCl_4 u. Benzoylperoxyd verliefen negativ. — *γ-Phthalimidocrotonsäureäthylester*, $C_{14}H_{13}O_4N$, F. 96 bis 97°, durch 24std. Kochen äquimol. Mengen **X**-Äthylester u. K-Phthalimid in absol. A.; Plättchen (verd. A., verd. Aceton); 70%; bei Hydrolyse mit 6nHCl u. anschließender Einw. von Phenylacetylchlorid entstand Phenylacetylimid. (J. Amer. chem. Soc. **75**. 1895—1900. 20/4. 1953. Amherst, Mass., Amherst Coll., Dep. of Chem.)

K. MAIER. 3900

V. V. Bogert und **I. A. Solomons**, *Komplexsalze des Dihydrostreptomycins*. Aus *Dihydrostreptomycin* (**I**) wurden neue krist. komplexe Salze, die 2 verschied. negative Ionen enthalten, dargestellt. Als dreisäurige Base kann **I** mit einer zweibas. u. einer einbas. Säure oder mit 2 Mol einer u. 1 Mol einer anderen einbas. Säure Salzbldg. eingehen. Ferner können 2 Mol **I** mit 2 Mol einer u. 1 Mol einer anderen zweibas. Säure reagieren. Die komplexen Salze kristallisieren zum Teil bei Zugabe des jeweiligen Ions (meist als *Na-Salz*) zu einer konz. wss. Lsg. eines n. **I**-Salzes (ca. 650 mg/cm^3) aus. Die gut wasserlösl. wurden meist nicht weiter untersucht. Schwerlösl. *Salze* resultierten aus **I** · *3 HJ* u. Br^-, Cl^-, SO_4^{2-}, NO_3^-, NO_2^-, ClO_3^-, SO_3^{2-}, $S_2O_3^{2-}$, $S_2O_4^{2-}$, $C_2 \cdot O_4^{2-}$, **I** · *3 HBr* u. J^-, SO_4^{2-}, SO_3^{2-}, $S_2O_3^{2-}$, $S_2O_4^{2-}$, **I** · *3 HCl* u. J^-, SO_4^{2-}, SO_3^{2-}, **I** · *1,5* H_2SO_4 u. J^-, Br^-, Cl^-, NO_3^-, NO_2^-, JO_3^-, SO_3^{2-}, $S_2O_3^{2-}$, **I** · *3* HNO_3 u. J^-, SO_4^{2-}, ClO_3^-, BrO_3^-, SO_3^{2-}, $S_2O_3^{2-}$, ClO_4^-, CNS^-. Verss. zur Darst. analoger Salze aus Dihydromannosidostreptomycin, Mannosidostreptomycin u. Streptomycin (**II**) verliefen negativ. I-*Jodidsulfat*, dessen Löslichkeitsabhängigkeit von der Ggw. von Anionen genauer untersucht wurde, eignet sich zur Isolierung von **I** aus Rohpräpp. u. gleicht im bakteriellen Spektr. u. in der akuten u. chron. Toxizität krist. I-Sulfat.

Versuche: *Dihydrostreptomycinbromidsulfat*, $C_{21}H_{41}O_{12}N_7 \cdot HBr \cdot H_2SO_4$, zu krist. I-Sulfat (14,6 g) in W. (14 cm³) NaBr (4,0 g in 5 cm³ W.) geben, nach mehreren Std. Nd. (10,1 g) abfiltrieren, in W. (36 cm³, 80°) lösen u. einengen (6,9 g); $[\alpha]_D^{25}$ $-88°$ (c = 1; W.), Aktivität 795 γ/mg. — *Dihydrostreptomycinjodidsulfat*, $C_{21}H_{41}O_{12}N_7 \cdot HJ \cdot H_2SO_4$, wss. Lsg. von rohem **II**-Hydrochlorid (ca. 400 mg/cm³) mit RANEY-Ni bei 75° hydrieren, einen Teil der Lsg. (100 cm³) mit Na_2SO_4 (13 g) u. anschließend das Filtrat mit 14 g NaJ versetzen, nach 48 Std. Kristallisat (25,7 g) abfiltrieren u. aus warmem W. umlösen; Aktivität 745 γ/mg, $[\alpha]_D^{25}$ $-78,5°$ (c = 1; W.); Löslichkeit ca. 100 mg/cm³. — **I**·*HCl*·*H_2SO_4*, Aktivität (gegenüber *K. pneumomiae*) 770 γ/mg, $[\alpha]_D^{25}$ $-91,3°$ (c = 1; W.); Wasserlöslichkeit in mg/cm³ >490. — **I**·*HNO_3*·*H_2SO_4*, 800, −86,1°, >380. — **I**·*HNO_2*·*H_2SO_4*, 775, −86,5°, 260. — **I**·*HJ*·*H_2SO_4*, 770, −79°, 90. — **I**·*HBr*·*$H_2S_2O_3$*, 765, −79,9°, 300. — **I**·*HNO_3*·*$H_2S_2O_3$*, 795, −81,5°, 450. — **I**·*HJ*·*$H_2C_2O_4$*, 700, −77,4°, >390°. — **I**·*2 HNO_3*, *HCNS*, 770, −78,4°, >390. (J. Amer. chem. Soc. **75**. 2355—56. 20/5. 1953. Brooklyn, N.Y., Chas. Pfizer & Co., Inc., Res. Labors.) K. MAIER. 3900

Otto Th. Schmidt, Friedrich Blinn und **Rudolf Lademann,** *Über die Bindung der Ellagsäure in Corilagin und Chebulagsäure*. 12. Mitt. *über natürliche Gerbstoffe*. (11. vgl. C. **1952**. 7828.) Die Methylierung von *Corilagin* (**I**) mit CH_2N_2 (C. **1951**. II. 2049) weist darauf hin, daß alle 9 aromat. Hydroxyle im **I** frei u. die Gallus- (**II**) u. Ellagsäure (**III**) mit den Hydroxylen des Zuckers verestert sind. **III** liegt im **I** offenbar in Form der Hexaoxydiphensäure vor. Durch papierchromatograph. Verfolgung der Hydrolyse einer 1%ig. Lsg. von **I** bei 100° konnte beobachtet werden, daß zuerst **II** abgespalten wird. Mit **II** tritt gleichzeitig Hexaoxydiphenoylglucose (**IV**) auf, die im Verlauf der Hydrolyse ebenfalls, aber wesentlich langsamer unter Bldg. von **III** (Dilacton der Hexaoxydiphensäure) gespalten wird. Danach ist **II** in **I** glykosid. u. die Hexaoxydiphensäure an andere Zuckerhydroxyle gebunden. *Chebulagsäure* (**V**) enthält **III** ebenfalls in Form der Hexaoxydiphensäure, was sich durch Methylierung von **V** mit CH_2N_2 ergab. Die polarimetr. u. papierchromatograph. Verfolgung der Hydrolyse von **V** bei 100° ergab: Es treten zunächst **II** u. Chebulsäure, sowie **IV** auf. Demnach ist auch bei **V** die glykosid. Gruppe von **II** oder Chebulsäure besetzt u. die Hexaoxydiphensäure mit einem anderen Hydroxyl der Glucose verestert. Später wird dann auch **IV** abgebaut.

Versuche: *Dodekamethylchebulagsäure*, $C_{53}H_{54}O_{37}$, F. 258°; $[\alpha]_D^{20}$ $-30,0 \pm 1°$ (Chlf. c = 1,4;), aus **V** u. CH_2N_2 bei 20°. — *Tridekamethylchebulagsäure*, $C_{54}H_{56}O_{37}$, amorph; $[\alpha]_D^{20}$ $-45,7 \pm 1°$ (Chlf. c = 1,8;), wie vorst. aus **V**. — *Opt.-akt. Hexamethoxydiphensäure*, $C_{20}H_{22}O_{10}$, F. 158—161°, durch Spaltung der vorst. Verb. mit $KOCH_3$; $[\alpha]_D^{20}$ $+25,8 \pm 1°$ (absol. A.; c = 1,0); beim Erhitzen über den F. wird die Substanz bei 200—220° wieder fest u. schm. dann bei 240°; auch aus Enneamethylcorilagin durch alkal. Hydrolyse. (Liebigs Ann. Chem. **576**. 75—84. 30/4. 1952. Heidelberg, Univ., Chem. Inst.) NEZEL. 3950

Otto Th. Schmidt und **Kurt Demmler,** *Optisch aktive 2.3.4.2'.3'.4'-Hexamethoxydiphenyldicarbonsäure-(6.6')*. 13. Mitt. *über natürliche Gerbstoffe*. (12. vgl. vorst. Ref.) Bei der Hydrolyse der methylierten Gerbstoffe Chebulagsäure u. Corilagin wurde rechtsdrehende *Hexamethoxydiphensäure* (**I**) isoliert. Die opt. Antipoden dieser Säure wurden nun über das Dichinidinsalz u. auch über das Monostrychninsalz aus der rac. **I** isoliert. Das Salz der *l*-Säure ist jeweils schwerer löslich. Beim Erhitzen über den F. tritt Racemisierung der opt.-akt. Säuren ein. Durch Vgl. der Racemisierungsgeschwindigkeiten von **I** in n/10 NaOH bei 81 u. 100° ergab sich ein Temperaturkoeff. der Racemisierungsgeschwindigkeit von 3,20 u. hieraus eine Aktivierungswärme von 25000 cal.

Versuche: *dl-Hexamethoxydiphensäure* (dl-**I**), F. 240°, aus Tetramethylellagsäure u. Dimethylsulfat in alkal. Lsg. unter Rückflußkochen; 96% (Ausbeute). — *Dichinidinsalz der l-Hexamethoxydiphensäure*, $C_{20}H_{22}O_{10} \cdot 2\, C_{20}H_{24}O_2N_2 \cdot 4\, H_2O$, F. 198 bis 199°, durch Lösen von 5,11 g dl-**I** u. 7,85 g Chinidin in 250 ml 50%ig. A. unter Erwärmen; in der Kälte flache, prismat. Kristalle (A.); $[\alpha]_D^{20}$ $+112,5 \pm 2°$ (c = 1; absol. CH_3OH); 40%. — *l-Hexamethoxydiphensäure* (*l*-**I**), $C_{20}H_{22}O_{10}$, Doppel-F. 161 u. 240°, aus vorst. Salz; derbe Prismen (Ae./PAe.); $[\alpha]_D^{20}$ $-25,7 \pm 1°$ (c = 1,0; absol. A.); $[\alpha]_D^{20}$ $-125,1 \pm 2°$ (c = 1,0; n/10 NaOH); 83%. — *d-Hexamethoxydiphensäure* (d-**I**), Doppel-F. 161 u. 240°, die Mutterlaugen des Chinidinsalzes der *l*-Säure werden mit NaOH zerlegt, die rohe **I** wird mit absol. Ae. digeriert, von der ungelösten racem.

Form abgetrennt u. die d-Säure aus dem Filtrat mit PAe. gefällt; $[\alpha]_D^{20}$ +23,8 ± 1° (c = 0,9; absol. A.). — Die Zerlegung des Racemates von I mit Strychnin wurde so durchgeführt, daß dl-I mit der halben äquivalenten Menge Strychnin in A. versetzt wurde. Dadurch fiel sogleich reines *Monostrychninsalz der l-Hexamethoxydiphensäure*, $C_{20}H_{22}O_{10} \cdot C_{21}H_{22}O_2N_2 \cdot C_2H_5OH$, an; derbe Kristalle, F. 173° (Zers.); $[\alpha]_D^{20}$ −20,7 ± 2° (c = 0,75; Chlf.). Aus der Mutterlauge des Strychninsalzes *d*-I; $[\alpha]_D^{20}$ +119,2 ± 2° (c = 1,0; n/10 NaOH). — *l*-I, aus dem Strychninsalz ; $[\alpha]_D^{20}$ −58,2 ± 1° (c = 1,0; Eisessig). — *dl-Hexamethoxydiphensäurediamid*, $C_{20}H_{24}O_8N_2$, F. 225°, derbe Kristalle (CH_3OH), aus dem Säurechlorid mit wss. NH_3. *l-Diamid*, $C_{20}H_{24}O_8N_2$, F. 189 bis 190°, derbe Prismen (W.); $[\alpha]_D^{20}$ +103,0 ± 2° (c = 0,8; absol. A.). *d-Diamid*, F. 189—190°; $[\alpha]_D^{20}$ −102,7 ± 2° (absol. A.). *d-Dimethylester*, $C_{22}H_{26}O_{10}$, Öl, aus der Säure mit äther. CH_2N_2; $[\alpha]_D^{20}$ +37,0 ± 2° (c = 1,0; absol. A.). *l-Dimethylester*, $[\alpha]_D^{20}$ −34,5 ± 2° (c = 1,5; absol. A.). (Liebigs Ann. Chem. **576**. 85—93. 30/4. 1952.)
NEZEL. 3950

D₃. Makromolekulare Chemie.

Kurt Altenburg, *Die thermische Ausdehnung von Hochpolymeren.* Die für den fl. Zustand früher (vgl. C. **1951**. I. 165) durchgeführten Rechnungen werden auf den Ausdehnungskoeff. von Makromoll. ausgedehnt. Für eine kub. Anordnung der Grundmoll. wird der Ausdehnungskoeff. für Kettenmoll. ober- u. unterhalb der Einfriertemp. berechnet. Die Ergebnisse lassen sich verallgemeinern für den Fall, daß jedes Grundmol. Nachbarn im gleichen Zustand hat. Die von UEBERREITER u. KANIG (C. **1952**. 2850) eingeführten Ausdehnungskoeffizienten der Kettenmittel- u. -endglieder stellen Mittelwerte der Ausdehnungskoeffizienten der einzelnen Glieder dar. Aus den experimentellen Daten werden die in die früher abgeleiteten Formeln eingehenden Ausdehnungskoeffizienten der einzelnen Bindungen berechnet u. in Übereinstimmung mit den erwarteten Werten gefunden. (Z. physik. Chem. **201**. 75—90. Nov. 1952. Dresden, TH, Inst. für allg. Elektrochem.) E. W. HAAS. 4000

Tôru Kawai, *Eine Bemerkung zu der Gleichung für den osmotischen Druck von Schulz.* Unter Benutzung der von HUGGINS (J. physic. Chem. **46**. [1942.] 151) angegebenen Gleichung überführt Vf. die Gleichung für den osmot. Druck von SCHULZ in die Form $1/5' \cdot 1/x\,(1/2 - \mu) + v_2 \cdot (v_2$ = Volumenanteil des Polymeren; $x = M/v_{1}p_2$; v_1 = Mol.-Vol. des Lösungsm.; p_2 = D. des Polymeren, μ = Konstante). Diese Gleichung steht mit experimentellen Ergebnissen von BROWN u. FERRY (J. chem. Physics **17**. [1949.] 1107) in Einklang. Für seine theoret. Betrachtungen geht Vf. von der Voraussetzung aus, daß jedes Mol. in der Lsg. in einer Lösungsmittelsphäre vom Radius R_e verteilt ist, deren effektives Vol. durch den von FLORY eingeführten Faktor s' gegeben ist. Eine modifizierte Anwendung der FLORYschen Behandlung der Konfiguration polymerer Ketten auf den von einem polymeren Mol. eingenommenen Raum führt Vf. zu einer Beziehung, die, zufolge ihrer Übereinstimmung mit der obigen Gleichung, die theoret. Grundlage der Gleichung von SCHULZ darstellt. Die Prüfung des Gültigkeitsbereiches dieser Gleichung ergibt v_2 = 0,04 ~0,08 für x = 100; v_2 = 0,01 ~0,07 für x = 1,000; v_2 = 0,01 ~0,05 für x = 10000. (Bull. chem. Soc. Japan **24**. 69—74. Juni 1951. Tokyo, Inst. of Technol., Labor. of Text. Chem.)
WOELK. 4000

K. W. Scott und **R. S. Stein**, *Eine Molekulartheorie der Spannungsrelaxation in polymeren Stoffen.* Ausgehend von der kinet. Theorie der Gummielastizität betrachten Vff. die Relaxationsvorgänge in hochpolymeren Systemen, bei denen der geschwindigkeitsbestimmende Vorgang klein gegen die Diffusionsgeschwindigkeit der Hochpolymerketten ist. Dieser Fall liegt z. B. bei vernetzten Hochpolymeren vor, bei denen die Spannungsrelaxation verknüpft ist mit chem. Rkk., die beim Spalten der Vernetzungsverbb. u. der Bldg. von neuen Vernetzungen auftreten. Die Betrachtungen gelten aber auch für physikal. Vernetzungen auf Grund von stärkeren zwischenmol. Kräften (Wasserstoffbrücken, starke Dipolkräfte). Für die so erhaltene Differentialgleichung wird durch ein Näherungsverf. die Beziehung erhalten: $f = NkT\,(\alpha_0 - 1/\alpha_0^2)\,\exp\cdot(-\lambda k' t)$; f = Spannung, bezogen auf den ursprünglichen Querschnitt der Probe, k' = Geschwindigkeitskonstante für die Bldg. u. das Verschwinden von Vernetzungen, α_0 = Verhältnis der Länge der gedehnten Probe zur Länge der ungedehnten, λ = Zahlenfaktor der Größenordnung 0,5. (J. chem. Physics **21**. 1281—86. Juli 1953. Princeton, N. J., Univ., Frick Chem. Labor.) FUCHS. 4000

Josef Schurz, *Einige Bemerkungen zur Strukturviscosität verdünnter Lösungen makromolekularer Substanzen.* Um die Viscositätszahl einer hochpolymeren Substanz in Lsg. zu bestimmen, genügt es bei höherem Mol.-Gew. nicht mehr, nur nach der Konz. c = 0 zu extrapolieren, es muß dann auch das Strömungsgefälle berücksichtigt werden. Die Abhängigkeit der Viscosität vom Strömungsgefälle wird verursacht: 1. durch die Wechselwrkg. der Makromoll. mit den hydrodynam. Kräften in der strömenden Lsg. (Orientierung u. Verformung); 2. durch intermol. Wechselwrkg., die von der rein hydrodynam. Beeinflussung über die Verfilzung bis zur Aggregatbldg. reichen kann. Der zweite Effekt ist ausschlaggebend, da er bei viel geringerem Strömungsgefälle G einsetzt u. seinem Betrage nach viel höher ist als der Effekt 1. Um beide Effekte auszuschalten, muß auch G nach 0 hin extrapoliert werden. Es werden Betrachtungen angestellt, von welcher Konz. an diese Extrapolation erforderlich ist. Es muß der einem Mol. zur Verfügung stehende Raum wesentlich größer sein als der Moleküldurchmesser. Nach BURGER muß $n \cdot L^3 < 10^{24}$ gelten, wenn n die Anzahl der Moll. u. L deren Länge in Å bedeuten. Bei mittleren Gradienten ($G = 200$ bis 2000 $Sek.^{-1}$) ist es zulässig, diese Kurve nach $G = 0$ zu extrapolieren, falls die relative Viscosität, als Funktion von G dargestellt, einen linearen Verlauf zeigt. Der hierbei auftretende Fehler ist jedenfalls wesentlich geringer als der Fehler, der bei der Extrapelation von c gegen 0 dadurch entsteht, daß mit abnehmendem c der Strömungsgradient wächst. Dies wird durch Messungen mit einem vom Vf. entwickelten Viscosimeter belegt (vgl. SCHURZ u. IMMERGUT, C. **1954**. 5581). (Makromolekulare Chem. **10**. 194—201. Sept. 1953. Oberbruch, Vereinigte Glanzstoff-Fabriken Akt.-Ges., Forschung V.) MEYERHOFF. 4000

F. H. Müller, *Plastisch-elastisches Verhalten der Hochpolymeren und kinetische Theorie der Materie.* Das komplizierte rheolog. Verh. von Hochpolymeren wird als Änderung im Zustand u. in der Kinetik infolge mechan. Beanspruchung erörtert. Vf. zeigt, daß das Kriechen u. die mechan. Relaxation gewissen Entropiemechanismen infolge der Verkoppelung der Bausteine zu Ketten wesentlich zugeordnet sind. (Schweiz. Arch. angew. Wiss. Techn. **19**. 78—85. März 1953. Marburg/Lahn, Univ., Physikal.-chem. Inst.) SCHÄFF. 4000

J. B. Donett, *Beitrag zum Studium der Dimensionen starrer Makromoleküle. Vergleich elektronenoptischer Ergebnisse mit den hydrodynamischen Gesetzen.* 1. Mitt. *Die Grundtheorien und Methoden der Hydrodynamik zur Bestimmung der Form und Größe von starren Partikeln.* 2. Mitt. *Die bei unseren Untersuchungen angewandten experimentellen Methoden.* In der 1. Mitt. wird eine zusammenfassende Darst. der Theorie der Diffusion, Sedimentation u. Viscosität für mono- u. polydisperse Lsgg. gegeben. — In der 2. Mitt. beschreibt Vf. die Meßeinrichtung u. Meßgenauigkeit von Elektronenmikroskop, Diffusion, Strömungsdoppelbrechung, Viscosität u. Sedimentation. (J. Chim. physique Physico-Chim. biol. **50**. 291—307. Mai 1953. Mulhouse, École sup. de Chim., Labor. de Chim. Phys.) v. KEREKJARTO. 4000

R. S. Stein und **A. V. Tobolsky**, *Bestimmung der Größe von statistischen Fadenelementen polymerer Ketten aus Strömungsdoppelbrechungsmessungen.* Auf Grund der Theorie von KUHN u. GRÜN (vgl. Kolloid-Z. **101**. [1942.] 248) werden aus Literaturwerten für Kautschuk u. andere Polymere die statist. Fadenelemente berechnet. Deren Anzahl ist $Z = (b_{\parallel} - b_{\perp})/(b_{\parallel} - b_{\perp})_0$, wobei $b_{\parallel}$ u. $b_{\perp}$ die Hauptpolarisierbarkeiten des statist. Elementes in Kettenrichtung u. senkrecht dazu sind. Der Index 0 bezeichnet das Monomere, für das $(b_{\parallel} - b_{\perp})$ im allg. kleiner als für das Segment ist. Bei *Polyisobutylenen* ist Z überraschend hoch, was aber durch einen sehr festen Molekülbau erklärt werden kann. (J. Polymer Sci. **11**. 285—87. Sept. 1953. Amherst, Mass., Univ. of Massachusetts, Dep. of Chem.) MEYERHOFF. 4000

Hannes Sihtola, Ermo Kaila und **Nils Virkola**, *Fraktionierung von Hochpolymeren durch Erniedrigen der Temperatur der Lösung.* Eine hochpolymere Substanz, die in einem Gemisch aus Lösungs- u. Fällungsmittel gelöst ist, läßt sich fraktionieren, indem man die Temp. des Gemisches schrittweise erniedrigt. Es ist zweckmäßig, ein unfraktioniertes Präp. zunächst in drei Fraktionen zu zerlegen u. diese dann weiter zu unterteilen. Verwendet man gleiche Verhältnisse Lösungsm.–Fällungsmittel, so erhält man bei gleichen Temperaturerniedrigungen reproduzierbare Ergebnisse, was durch Best. der Viscositätszahlen der einzelnen Fraktionen nachgewiesen wird. Fügt man jedoch die einzelnen Fraktionen eines Präp. wieder zusammen u. wiederholt die Fraktionierung, so erhält man verschied. Werte, da bei der Refraktionierung bei den höheren Fraktionen nicht so viele niedermol. Anteile mitgerissen werden, wie bei der ersten Fraktionierung. — Bei Verwendung eines konstanten Verhältnisses Lösungs- zu Fällungsmittel ist es möglich, für verschied. Fraktionierungen die Viscositätszahl der erhaltenen Fraktion aus der Fällungstemp. abzuschätzen. Aus den Viscositätszahlen u. den Massenanteilen der einzelnen Fraktionen läßt sich nach den bekannten Methoden die Mol.-Gew.-Verteilung des untersuchten Hochpolymeren bestimmen. (Makromolekulare Chem. **11**. 70—78. Okt. 1953. Helsinki, Finland, Oy Keskuslabor.) MEYERHOFF. 4000

E. H. Immergut, *„Popcorn"-Polymerisation.* Auf Grund experimenteller Befunde werden Rückschlüsse auf den Mechanismus u. die Kinetik der sogenannten Popcorn-Polymerisation gezogen, das ist die Bldg. schwammiger bis körniger, unlösl. Massen bei Polymerisationen (bes. von Diolefinen). Sie verläuft offensichtlich nach einem Radikalmechanismus u. führt zu vernetzten Produkten. Für die Bldg. des Popcornkeimes (nucleus) wurde bisher keine vollkommen befriedigende Erklärung gefunden. Nach KHARASCH u. Mitarbeitern (C. **1947**. 1903) kann jede organ. Verb. als Keim wirken, wenn sie im Monomeren unlösl., jedoch quellbar ist u. eine relativ große Zahl von Gruppen enthält, die bei geeigneter Aktivierung Radikale bilden können. Nach BREITENBACH (Mh. Chem. **82**. [1951.] 1118) kann die Popcornbldg. immer bei der Ausbildung sehr hochmol. Polymerer eintreten, da einige dieser langen Kettenmoll. zu einem Gelgerüst verknäueln, das als Popcornkeim wirken kann. Wenn Methylengruppen in Nachbarstellung zu Doppelbindungen in der Kette vorliegen, entstehen bei O_2-Einw. Hydroperoxydgruppen, die unter Radikalbldg. zerfallen; diese Radikale addieren Monomerenmoll., sind aber wegen ihrer Fixierung am Gelgerüst nicht zur gegenseitigen Absättigung befähigt (vgl. KHARASCH, l. c.). Nach der Theorie von FOX (A. C. S. Meeting, Sept. 1952), aufgezeigt an Methylacrylat als Beispiel, müssen zur Bldg. eines Popcornkeimes zunächst einige Vernetzungsstellen vorhanden sein. Diese entstehen an verzweigten Makromoll. mit 2 oder mehr Doppelbindungen, die aus ursprünglich linearen Makromoll. durch Übertragungs- u. Polymerisations-Rkk. gebildet wurden. — Der gebildete Keim wächst mit zunehmender Geschwindigkeit, wobei wegen der nur sehr geringen Abbruchgeschwindigkeit lange Polymerisatketten entstehen. — Die anomalen physikal. Eigg. der Popcornpolymerisate hängen wahrscheinlich mit den heterogenen Umständen ihres Wachstums zusammen. Die schnelle Polymerisation der Keime in verschied. Teilen des Syst. verursacht lokalisierte Spannungen, denen sich das Gelgerüst nicht anpassen kann, so daß es Deformationen erleidet, die sich irgendwie den wachsenden Ketten mitteilen. (Makromolekulare Chem. **10**. 93—106. Juli 1953. Brooklyn, N. Y., Polytechn. Inst., Inst. Polymer Res.) SCHÄFF. 4000

H. Spooner und **L. D. McConnell**, *Ein Äthoxylenharz für photoelastische Untersuchungen.* Die Anwendung spannungsopt. Untersuchungsmethoden ist erst relativ spät aufgekommen, da geeignete Stoffe dafür fehlten. Vff. beschreiben Verss. mit einem neuen Harz (*Araldite Typ. B*), das schon einmal von BALLET u. MALLET (C. **1952**. 3908) beschrieben wurde. Über Einzelheiten vgl. Original. (Brit. J. appl. Physics **4**. 181—84. Juni 1953.) v. HARLEM. 4010

H. Zahn, R. Kockläuner, P. Rathgeber und **W. Gerstner**, *2.4-Dinitrophenylderivate der Aminocapronsäure und des Hexamethylendiamins.* Für die von Vff. kürzlich beschriebene Aminoendgruppenbest. bei Polyamiden (vgl. ZAHN u. RATHGEBER, Melliand Textilber. **34**. [1953.] 749) wurde das 2.4-Dinitrofluorbenzol (**I**) nach der SANGERschen Technik verwendet. Bei Perlon wird dabei die *ε-[2.4-Dinitrophenylamino]-capronsäure* (**II**), bei Nylon das *N-Mono-[2.4-dinitrophenyl]-hexamethylendiamin* (**III**) erhalten. *N.N'-Bis-[2.4-dinitrophenyl]-hexamethylendiamin* wurde aus 2.4-Dinitrodiphenyläther u. 2 Mol Hexamethylendiamin (**IV**) dargestellt, während mit 6,4fachem **IV**-Überschuß hauptsächlich **III** entsteht, das als Hydrochlorid isoliert wird. Die Umsetzung von **IV** mit 0,6 Mol **I** ergab das disubstituierte Deriv., auch halbseitige Acetylierung konnte nicht erreicht werden. Dagegen konnte **III** noch durch Benzoylierung von ε-Aminocapronitril, dessen Hydrierung zum *Monobenzoylhexamethylendiamin*, Umsetzung mit **I** zum *N-[2.4-Dinitrophenyl]-N'-benzoylderiv.* von **IV** u. Abspaltung des Benzoylrestes zum **III**-*Hydrochlorid* erhalten werden.

Versuche: *ε-[2.4-Dinitrophenylamino]-capronsäure* (**II**), $C_{12}H_{15}O_6N_3$, F. 133 bis 134° (Methanol/W.), aus ε-Aminocapronsäure u. $NaHCO_3$ in W. u. **I** in A., Ansäuern nach 3 Std., Abdampfen des A., Ausäthern nach $NaHCO_3$-Zusatz u. erneut Ansäuern; 66% (Ausbeute). — *ε-[2.4-Dinitrophenylamino]-capronitril*, $C_{12}H_{14}O_4N_4$, F. 72° (W.), aus ε-Aminocapronitril u. **I** in $NaHCO_3$-haltigem wss. A.; 68%. — *N-[2.4-Dinitrophenyl]-hexamethylenimin*, $C_{12}H_{15}O_4N_3$, F. 107° (A.–W.), analog aus Hexamethylenimin; 79%. — *N.N'-Bis-[2.4-dinitrophenyl]-hexamethylendiamin*, $C_{18}H_{20}O_8N_6$, F. 205° (nach Bräunung ab 196°; Nitrobenzol oder Isopropanol), analog aus **IV**; 95%. — *N-Mono-[2.4-dinitrophenyl]-hexamethylendiamin* (**III**)*-hydrochlorid*, $C_{12}H_{19}O_4N_4Cl$, F. 164° (2 n HCl), durch 2std. Kochen von 4,86 mMol 2.4-Dinitrodiphenyläther mit 15 mMol **IV** in A.–W. (3 : 1), Absaugen des Bis-Deriv., Ansäuern, Abdampfen des A., nach 24 Std. Ausäthern u. nach mehrtägigem Stehen Absaugen. Das Kristallwasser wird durch Trocknen im Hochvakuum bei 50° über P_2O_5 entfernt; mit Ninhydrin Braunfärbung; 21%, oder durch Erhitzen des N-Benzoyl-N'-[2.4-dinitrophenyl]-deriv. von **IV** (vgl. unten) in Eisessig–konz. HCl (1 : 3) auf 140° für 24 Std. im Einschlußrohr, Absaugen u. Eindampfen des Filtrats; 53%. — *ε-[Benzoylamino]-capronitril*, F. 77° (A.–W.), durch Benzoylierung von ε-Aminocapronitril in Pyridin; 85%. — *Monobenzoylhexamethylendiaminhydrochlorid*, $C_{13}H_{21}ON_2Cl$, F. 164° (A.–Ae.) durch Hydrierung vorst. Verb. in Eisessig–2%ig. HCl (1 : 1) am PtO_2-Kontakt; 83%. — *N-Benzoyl-N'-[2.4-dinitrophenyl]-hexamethylendiamin*, $C_{19}H_{22}O_5N_4$, F. 98° (A.), aus vorst. Verb. in W. u. $NaHCO_3$ durch Versetzen mit alkoh. **I**; 74%. — **I** ist neben N.N'-Bis-[dinitrophenyl]-hexamethylendiamin im Papierchromatogramm (Isobutanol–2nEssigsäure–Glykol) noch in Spuren (1,2 : 1000) nachweisbar, es wandert mit der Lösungsmittelfront, während das Bis-Deriv. nicht wanderte. — Die DEBYE-SCHERRER-Diagramme der Dinitrophenylderivv. werden mit geschätzten Intensitäten angeführt. (Makromolekulare Chem. **12.** 35—44. Febr. 1954. Heidelberg, Univ., Chem. Inst.) RUSKE. 4010

Martin B. Mathews und **Albert Dorfman,** *Molekulargewicht und Viscosität von Chondroitinschwefelsäure.* Das Mol.-Gew. M_N verschied. *Chondroitinschwefelsäure* (**I**)-Präpp. aus Rinderknorpel wurde durch Messungen des osmot. Drucks bestimmt. Präpp. hohen Reinheitsgrades wurden mit $[Co(NH_3)_6]Cl_3$ als Fällungsmittel erhalten. Die Extraktion mit starkem Alkali gab ein Material von niedrigem M_N u. kleinerer Grenzviscosität [η], Verwendung von $CaCl_2$ solches mit höherem M_N u. größerer [η], während die Extraktion von gelagertem Knorpel mit KCl Präpp. mit dazwischenliegenden Konstanten lieferte. Die Präpp. waren polydispers u. erfüllten die Relation von MARK, $[\eta] = KM^{\alpha}$, nicht. Der Wert von M_N für $CaCl_2$-extrahiertes Material war 43300 gegenüber einem durch Interpolation aus Viscositäts- u. Mol.-Länge-(Strömungsdoppelbrechungs-)Daten von BLIX u. SNELLMAN für ähnliche Präpp. ermittelten von 160000. Der Unterschied beruht vielleicht auf der Ggw. einer asymm. Verunreinigung letztgenannter Präpp., da weder $[Co(NH_3)_6]Cl_3$-gereinigte noch ein Präp., das einen I–Protein-Komplex enthielt, in Pufferlsg. mit Gradienten bis zu 26000 sec^{-1} irgendeine Strömungsdoppelbrechung zeigte. Die gleichen Präpp. wiesen jedoch eine solche beim Lösen in reinem W. auf, d. h. die Gestalt des **I**-Mol. hängt von der Art der umgebenden Ionen ab. (Arch. Biochem. Biophysics **42.** 41—53. Jan. 1953. Chicago, Ill., Univ., Dep. of Pediatr.) K. MAIER. 4050

Julius Sendroy jr. und **Louis P. Cecchini,** *Analyse elektrophoretischer Eiweißfraktionen durch das photoelektrische Areameter.* Durch Benutzung des von Vff. beschriebenen photoelektr. Areameters (Proc. Soc. exp. Biol. Med. **81.** [1952.] 478) ist eine einfache, schnelle u. genaue Auswertung von Flächen, wie sie bei der Elektrophorese u. durch Ultrazentrifugieren von Proteinen erhalten werden, möglich. Durch Vgl. mit den durch Planimetrieren erhaltenen Werten weisen Vff. nach, daß das beschriebene Verf. die gleiche Genauigkeit besitzt. (Arch. Biochem. Biophysics **45.** 161—68. Juli 1953. Bethesda, Md., Nat. Naval Med. Center, Naval Med. Res. Inst., Div. of Chem.) NEHRING. 4070

A. Douglas McLaren, *Die Adsorption und Reaktionen von Enzymen und Proteinen an Kaolinit.* 1. Mitt. Unter bestimmten Bedingungen (p_H u. Lösungsmittelzus.) findet eine Adsorption von Enzymen u. Proteinen an Silicaten statt; dabei wird die Enzymaktivität vermindert bzw. geht ganz verloren. Nach Unterss. von Vff. scheint sich die Adsorption von Proteinen an Kaolinit zum Teil aus einem Ionenaustausch mit adsorbierten Kationen u. zum Teil aus einer einfachen Adsorption an der äußeren Oberfläche der Sorbensteilchen zusammenzusetzen. Die Menge an Protein (*Lysozym*), die bei gegebener Gesamtproteinkonz. u. p_H adsorbiert wird, ist abhängig von der Konz. des Puffers, der chem. Zus. des Puffers (*Acetat, Phosphat, Äthylammoniumchlorid*) u. der Konz. der anwesenden Neutralsalze (*NaCl*, 0—0,1 mol.). Die maximal adsorbierte Lysozymmenge stimmt ungefähr mit der Oberfläche des unfraktionierten Kaolinits überein; die Zahl der beteiligten kation. Gruppen im Lysozym ist annähernd der Austauschkapazität des Kaolinits äquivalent. In Übereinstimmung mit der amphoteren Natur der Proteine wird während der Adsorption von Lysozym an Na-gesätt. Kaolinit weniger als die stöchiometr. Menge an Kation an das Lösungsm. abgegeben. Die Adsorption von Proteinen (*Eialbumin, Pepsin, Trypsin, Chymotrypsin, Lactoglobulin, Lysozym* usw.) an Kaolinit ist oberhalb des isoelektr. Punktes des Proteins relativ klein, verglichen mit den Mengen, die unterhalb des isoelektr. Punktes adsorbiert werden. (J. physic. Chem. **58.** 129—37. Febr. 1954. Berkeley, Calif., Univ. of California, Dep. of Soils.) G. HEINRICH. 4070

G. A. Deborin und **L. B. Gorbatschewa,** *Eiweißkomplexe mit Lipoiden und ihre Eigenschaften.* 1. Mitt. *Die Reaktion von Eialbumin mit Ergosterin. Eialbumin* verbindet sich bei 37—45° mit *Ergosterin* im Verhältnis von 2 : 1 Mol. Das Albumin bewahrt dabei sowohl in der Fl. [5%ig. $(NH_4)_2SO_4$-Lsg.] als auch in der monomol. Schicht seine globulare Form unter Bldg. eines Mol. von größeren Dimensionen. (Биохимия [Biochemie] **18.** 618—25. Sept./Okt. 1953. Moskau, Bach-Inst. für Biochem. der Akad. der Wiss. der UdSSR.) V. SCHROEDER. 4070

San-Ichiro Mizushima, Takehiko Shimanouchi, Masamichi Tsuboi, Kenji Kuratani, Tadao Sugita, Noboru Mataga und **Reisuke Souda,** *Im nahen Infrarot liegende Spektren von Verbindungen mit zwei Peptidbindungen und die Konfiguration einer Polypeptidkette.* 3. Mitt. (2. vgl. C. **1953.** 7753.) Die Spektren der folgenden Verbb. wurden im Gebiet von 3 μ u. 6 μ mit polarisierter Ultrarotstrahlung aufgenommen: *Acetylglycin-N-methylamid* (**I**), *Acetylleucin-N-methylamid* (**II**), *Methylalanin-N-methylamid* (**III**), *Acetylglycinäthylester* (**IV**) u. *Acetylleucinäthylester* (**V**). **II** zeigt einen ausgeprägten Dichroismus, aus dem Vff. auf eine Ausrichtung der Wasserstoffbrückenbindungen im Kristall schließen. Die aus diesem Ergebnis gefolgerte gestreckte Molekülstruktur mit 2 intermol. Wasserstoffbrücken soll auch in Lsgg. von **II** in CCl_4 vorliegen. **I** u. **III** zeigen weniger stark ausgeprägten Dichroismus als **II**. Die Spektren von **IV** u. **V** deuten auf Assoziation im fl. u. festen Zustand. Die Assoziation in CCl_4-Lsg. ist wesentlich geringer als bei **I, II** u. **III.** (J. Amer. chem. Soc. **75.** 1863—65. 20/4. 1953. Tokio, Univ., Fac. of Sci., Chem. Labor.) HEYNS. 4070

Linus Pauling und **Robert B. Corey,** *Zwei Schraubenlinienkonfigurationen der Polypeptidkette mit Wasserstoffbindungen.* (Vgl. C. **1952.** 537; **1953.** 7566.) Es wurden 2 Schraubenlinienkonfigurationen mit Wasserstoffbindungen für die Polypeptidkette konstruiert, bei denen die Aminosäurereste, mit Ausnahme der Variation der Seitenkette, gleichwertig sind. Die Reste haben dabei die in den einfachen Verbb. gefundenen inneratomaren Abstände u. Bindungswinkel; jede CO- u. NH-Gruppe ist an der Bldg. der H-Bindung beteiligt. Die Schichtebene der Polypeptidketten ist eine Struktur dieses Typs; die H-Bindungen werden zwischen 2 benachbarten Ketten gebildet. Außerdem sind 2 Schraubenlinienstrukturen möglich, bei denen die Ebene des konjugierten Syst. C–CO–NH–C fast parallel der Schraubenachse verläuft. Die H-Bindungen werden zwischen jeder CO- u. NH-Gruppe u. einer NH- oder CO-Gruppe eines Aminosäurerestes, die fast eine Windung vorwärts oder rückwärts entlang der Schraubenlinie sitzt, gebildet. Eine dieser Schraubenlinienkonfigurationen ist die „3-Restespirale", bei der 3,7 Reste auf eine Windung treffen u. bei der jeder Rest durch H-Bindungen in jeder Richtung an den dritten Rest gebunden ist. Die Translation in der Achsenrichtung beträgt pro Rest 1,47 Å. — Diese Konfiguration findet sich in *α-Keratin,* kontrahiertem ***Myosin*** u. einigen anderen Faserproteinen, in ***Hämoglobin*** u. anderen Kugelproteinen. — Die 2. Schraubenlinienkonfiguration ist die „5-Restespirale", bei der 5,1 Aminosäurereste auf eine Windung treffen u. jeder Rest durch H-Bindungen mit dem 5. Rest in jeder Richtung verbunden ist. Die Translation in der Achsenrichtung beträgt pro Rest 0,96 Å. Diese Konfiguration liegt im superkontrahierten ***Keratin*** vor, das aus α-Keratin durch eine 35%ig. Schrumpfung in der Faserrichtung entstanden ist. (J. Amer. chem. Soc. **72.** 5349. Nov. 1950. Pasadena, Calif., Inst. of Technol., Gates and Crellin Labors. of Chem.) K. F. MÜLLER. 4070

E. Biologische Chemie. Physiologie. Medizin.

E_1. Allgemeine Biologie und Biochemie.

Alan D. Conger, *Der Einfluß einer Borspeicherung auf die Gewebebestrahlung mit langsamen Neutronen.* Mit ^{10}B angereicherte Exemplare von *Tradescantia paludosa* zeigten nach Neutronenbestrahlung 4—5mal soviel Chromosomenaberrationen wie die Kontrollpflanzen ohne B-Speicherung; die Wirkungssteigerung ist der nach der Rk. $^{10}B(n,\alpha)^7Li$ ausgelösten α-Strahlung zuzuschreiben. Der große Fangquerschnitt des ^{10}B-Atoms, die hohe Ionisationsdichte u. die sehr geringe Reichweite der ausgelösten α-Strahlen ($<12\ \mu$) lassen die Anwendung von ^{10}B in der Strahlentherapie aussichtsreich erscheinen. (Genetics **38.** 128—33. März 1953. Oak Ridge, Tenn., Oak Ridge Nat. Labor., Biol. Div.) SCHLOTTMANN. 4150

Je. D. Logatschew, *Zur Frage der Lokalisation der Thymonucleinsäure im Parenchym der Cestoden im Zusammenhang mit der Zellbildung.* Aus Unterss. über die Verteilung von ***Thymonucleinsäure*** (**I**) in der Rindenschicht des Parenchyms von Taeniarhynchus saginatus GOETZE kann geschlossen werden, daß in der Grundmasse eine freie Bldg. von Kernen mit anschließender Bldg. von amöbocytären Zellen stattfindet. Dieser Prozeß erfolgt in der Weise, daß die in der subcuticularen Schicht auftretenden I-Körner sich zu dichten Nucleinkugeln ansammeln, die in den tieferen Parenchymschichten die „nackten Kerne" bilden, die von einer dünnen Cytoplasmahaut umgeben werden u. so eine Zelle bilden. (Доклады Академии Наук СССР [Ber. Akad. Wiss. UdSSR] [N. S.] **91**. 643—45. 21/7. 1953.) LEBTAG. 4150

F. Schulte und **R. Akün**, *Der Nachweis der Kerneinschlußkörperchen, ihre morphologische Struktur und einige Gedanken über ihre Entstehung und chemische Zusammensetzung.* Für den Nachw. der dem COWDRY-Typ A angehörenden Kerneinschlußkörperchen (EK.) bei der Hepatitis contagiosa canis erwies sich die Anfärbung von Leberschnitten u. Endothelien der Gefäße mit Hämatoxylin–Eosin sowie die Techniken von GIESON u. von LENTZ als am geeignetsten. Die EK. sind granuliert, ihre Größe variiert u. kann maximal fast den gesamten Kern ausfüllen. Häufig bestehen feinste spinnengewebsartige Brücken zwischen EK. u. Kernmembran. Die Kernmembran erscheint meist sehr dünn linienartig scharf gezeichnet, bisweilen perlschnurartig durch feinste Chromatinbröckchen. Es wurde gezeigt, daß Bilder, bei denen große Kerne mit Kernwandhyperchromasie, die aber opt. leer sind, durch sek. Verlust des EK. (Fäulnis) entstehen. Bereits nach 24—48 Std. bei Zimmertemp. erfolgt die Zers.; bei Lagerung im Eisschrank sind die EK. noch nach 5 Tagen nachweisbar. FEULGEN-Rk. zeigt den Geh. an *Desoxyribonucleinsäure* an, Ribonucleinsäure u. Polysaccharide konnten nicht gefunden werden. (Dtsch. tierärztl. Wschr. **60**. 478—80. 1/11. 1953. Hannover, Tierärztl. Hochsch., Patholog. Inst.) W. D. WEINMANN. 4150

N. W. Jelzina, *Die Rolle glykolytischer und oxydierender Prozesse bei der Erneuerung der Eiweißstoffe von Geschwulstzellen.* Verss. an Asciteszellen des EHRLICH-Carcinoms ergaben, daß markierte *Aminosäuren* (radioakt. *Methionin*) in die Zellproteine nur dann eindringen, wenn die Prozesse der Atmung u. der Glykolyse noch stattfinden. Die Erneuerung der Zellproteine erfordert die Beteiligung energiereicher *P-Verbindungen.* In der Tumorzelle mit ihren gesteigerten Prozessen der Phosphorylierung u. Glykolyse erfolgt das Eindringen der Aminosäuren in die Zellproteine bes. rasch. Bei Ggw. von *Glucose* u. Luft-O_2 erfolgt die Erneuerung der Tumorzellproteine hauptsächlich auf Kosten der Glykolyse, während dem Atmungsmechanismus eine untergeordnete Bedeutung zukommt. (Доклады Академии Наук СССР [Ber. Akad. Wiss. UdSSR] [N. S.] **91**. 601—04. 21/7. 1953.) RENTZ. 4160

W. M. Bergolz, *Neue hochaktive cancerogene Stoffe.* Übersicht über neue cancerogene Stoffe, vor allem über *2-Acetylaminofluoren,* welches die Eig. hat, verschiedenartige Tumoren verschied. Lokalisation zu erzeugen, zum Unterschiede von CCl_4, *Urethan* u. *Yperit,* welche nur in bestimmten Organen u. Geweben (Leber, Lungen) Tumoren zu erzeugen vermögen. — 7 Literaturangaben. (Успехи Современной Биологии [Fortschr. gegenwärt. Biol.] **36**. 278—80. Sept./Okt. 1953.) RENTZ. 4160

Jorge F. Albertelli, Horacio Monaco, Tomas E. O'Connor, Grato E. Bur und **José A. de Vega**, *Behandlung eines fortgeschrittenen Uterushalscarcinoms mit intraarteriellem Urethan.* Bericht über 1 Fall von Collumcarcinom mit lokalen Lymphknotenmetastasen. Behandlung mit *Urethan,* das intraarteriell (Katheter durch die Oberschenkelarterie bis zu den Beckenarterien) in wiederholten Applikationen gegeben wurde, insgesamt 12,75 g in zwei Wochen. Unter dieser Behandlung Besserung des Allgemeinbefindens, Gewichtszunahme u. Regression einzelner Metastasen. (Semana méd. **103 (60)**. 401—06. 17/9. 1953. Buenos Aires, Inst. de Maternidad.)
P. G. SCHEURLEN. 4160

Umberto Veronesi, *Über die antiblastomatöse Wirkung des Podophyllins.* Vf. gibt eine Übersicht über die Wrkg. des *Podophyllins* (**I**) im Tiervers. u. in der Behandlung menschlicher Tumoren der Oberhaut. Es wurden 20 Tumoren der Haut (4 spinocelluläre Carcinome) mit **I** behandelt. 12 zeigten eine gute Heilungstendenz ohne Rezidive innerhalb 9 Monaten. Die Behandlung, die in lokalen Applikationen des **I** in Mineralölen geschieht, hat über Monate zu dauern. (Fitoterapia [N. S.] **24**. 401—03. Juli/Sept. 1953. Milano, Ist. Naz. per la Cura dei Tumori.) P. G. SCHEURLEN. 4160

C. F. Lehmann und **J. L. Pipkin**, *Radium bei Hautkrebs.* Vff. beschreiben ihre in 30 Jahren gesammelten Erfahrungen in der Behandlung von Hautkrebs mit interstitiellen Radiumnadeln, bes. die Verwendung von nur 0,66 mg Ra/cm enthaltenden Nadeln, die 7—10 Tage lang in den befallenen Hautstellen bleiben. Genaue Erläuterung der Technik, Indikationen u. Kosten. Vff. konnten 90—95% der behandelten Fälle heilen. (J. Amer. med. Assoc. **154**. 4—8. 2/1. 1954. San Antonio, Tex.)
KRUSEN. 4160

J. Walter, *Radioaktives Gold bei malignen Effusionen.* Zur therapeut. Behandlung von malignen Exsudaten wurde die Injektion von koll. ^{189}Au-Lsg. in die betroffenen Hohlräume (Abdomen oder Thoraxraum) angewandt. Die Partikelgröße betrug 50—100 mμ, die Konz. des Radiogolds $^1/_{40000}$ Goldatome. Je Injektion erhielt der Patient 100—150 ml mit einer spezif. Aktivität von 2 mC/ml. In $^1/_3$—$^1/_2$ der behandelten ca. 20 Fälle trat deutliche Besserung ein. Die Autopsie post exitum zeigte starke Alterationen an den von der Lsg. berührten Geweben, wobei neben der β-Strahlung auch die spezif. Wrkg. des Au selbst ursächlich beteiligt sein dürfte. (Proc. Roy. Soc. Med. **46**. 466—71. Juni 1953. Sheffield, Nat. Centre for Radiotherapy.) Reusse. 4160

E. **Padova**, Biologia generale. Torino: Edizioni Scientifiche Einaudi. 1953. (707 S.) L 800,—.

E_2. Enzymologie. Gärung.

Robert J. Foster und **Carl Niemann**, *Die Auswertung der kinetischen Konstanten enzymatisch katalysierter Reaktionen.* Die Meth. besteht im Aufzeigen passender Vereinfachungen u. zulässiger Vernachlässigungen bei den Grundgleichungen. (Proc. nat. Acad. Sci. USA **39**. 999—1003. Okt. 1953. California Inst. of Technol., Gates and Crellin Labors. of Chem.) Zaeschmer. 4200

M. G. Sevag, *Das Eiweißmolekül als multikatalytische Einheit.* (*Molekül-, Art-, Enzym-, Antigen-, Toxizitäts-Spezifität usw.*) Übersichtsref.: Unters. der Frage der Identität der Stellen bestimmter Spezifität (antigenbildende Eig. u. enzymat. Aktivität), die von den Eiweiß (**I**)-Moll. einer Zelle gezeigt werden; Abhängigkeit der antigenen Wirkungen von den **I**-Moll. innewohnenden katalyt. Funktionen; Abhängigkeit der antigenbildenden Fähigkeit auf das n. Funktionieren der katalyt. Gruppen; multikatalyt. Zentren eines **I**-Mol. als Spezifitätsdeterminanten; fehlende Parallelität zwischen der Spezifität einfacher u. konjugierter nativer ***Proteine*** (**Ia**) u. derjenigen künstlicher konjugierter **Ia**; Analyse des *Diphtherie-* u. *Clostridium welchii*-Toxins vom Gesichtspunkt der Toxizität, enzymat. Aktivität u. antigenbildenden Fähigkeit; Resistenz akt. Zentren gegenüber Wirkenzymen als krit. Faktor bei der Entfaltung der vollen antigenen Wirksamkeit; strukturelle Lage der akt. Zentren als krit. Faktor der Enzym- u. Antigenaktivität; Vgl. der ster. Hemmungen innerhalb eines **I**-Mol. mit denen einer lebenden Zelle; Immunität als ein biol. antagonist. Prozeß; kompetitive Antagonismen zwischen spezif. Substrat u. spezif. Antikörper um das akt. Zentrum im Enzymmol.; Auswirkungen der Theorie auf die Medizin. Das **I**-Mol. wird als eine multikatalyt. Einheit betrachtet, die Molekül-, Art-, Enzym-, Antigen-, Toxizitätsspezifität usw. zeigt. Der katalyt. Vorgang der Antigenbldg. („Antigenicität") wird als eine Auswrkg. der katalyt. Eigg. bestimmter, im **I**-Mol. vor dessen parenteraler Einführung in den Säugerorganismus vorhandener Zentren angesehen. Von diesen Zentren aus sollen nicht nur die physiol. Funktionen der nativen Umgebung, sondern auch das spezif. externe antigene usw. Verh. gesteuert werden. Dies würde eine Deutung der Ähnlichkeit oder des Parallelismus zwischen enzymat. u. antigener Spezifität ermöglichen. Die Enzym–Antienzym-Rkk. sind für die Immunologie von erstrangiger Bedeutung. Die Hemmung der enzymat. Aktivität von Atomgruppierungen durch spezif. Antienzymgruppen des Antikörpermol. müßte zu einer konkurrierenden Hemmung des Kontaktes zwischen dem enzymat. u. dem spezif. Substrat führen. U. a. zeigt die Unters. der *Phosphatase–Antiphosphatase*-Rk., daß Enzym–Antienzym-Rkk. kompetitiven Charakter besitzen, wobei die spezif., konkurrierende Rk. zwischen spezif. Substrat bzw. spezif. Antienzym u. Enzymantigen stattfindet. — 77 Literaturangaben. (Ergebn. Hyg., Bakteriol., Immunitätsforsch. exp. Therap. **28**. 424—48. 1954. Philadelphia, Pa., Univ. of Pennsylvania, School of Med., Dep. of Microbiol.) K. Maier. 4200

Roderick Juhasz, **Virginia Heines**, **Rose Agnes Greenwall** und **Mary Adeline O'Leary**, *Weitere Untersuchungen der Wirkung von Bakterientoxinen auf die Aktivität der Katalase.* Mit den Methoden der früheren Arbeiten (C. **1953**. 8107) wurde gefunden, daß *Diphtherietoxin* die Wrkg. von Katalase (**I**) um 8% (nach Anrechnung der Wrkg. des vorhandenen Phenols) herabsetzte. Diese Wrkg. wurde auch herabgesetzt von: ***Diphtherietoxoid*** um 2,9% (wobei das als Konservierungsmittel zugesetzte Merthiolat ohne Wrkg. war); von *Toxin* aus ***Clostridium perfringens*** um 34%, durch ***Clostridium welchii-Antitoxin*** um 4,4 bzw. 15% (gasometr. bzw. titrimetr. Best. der **I**-Wrkg.). (Euclides [Madrid] **13**. 245—48. Juni 1953. Louisville, Ky., Nazareth Coll. Unit, Inst. Divi Thomae.) Hesse. 4210

A. O. M. Stoppani, **J. O. Deferrari** und **E. L. Gonzalez**, *Die Inaktivierung der Carboxylase durch Oxydationsmittel.* Hochgereinigte *Carboxylase* aus Hefe erfuhr eine Aktivitätsabnahme von 66—45% durch 10^{-3} bis 10^{-4} mol. ***o-Jodosobenzoat*** (**I**), 93—38% durch 10^{-4} bis 10^{-5} mol. J_2 (**II**) u. 51,5% durch 1,3 · 10^{-2} Mol ***Alloxan*** (**III**). Bei **I** genügt eine Incubationszeit von 5 Min., die Aktivitätsabnahme ist durch Verdünnung nicht aufzuheben. In Ggw. von ***Cystein*** u. ***2.3-Dimercaptopropanol*** erfolgt keine Enzyminaktivierung durch **I** bei p_H 7 u. durch **II**. Hg^{2+} sowie ***p-Chlormercuri-***

benzoat verhindern die Oxydation des Enzyms durch I, diese Substanzen sollen mit derselben Enzymgruppe in Verbindung treten wie I. In Ggw. von *Brenztraubensäuresalzen* erfolgte ebenfalls keine Inaktivierung durch I. Die Rolle der *SH-Grupe* pfür die Enzymaktivität wird diskutiert. (An. Asoc. quím. argent. **41.** 49–60. März 1953. Buenos Aires, Univ., Fac. méd. Cátedra de Quím. biol.) v. KEREKJARTO. 4210

H. R. Perkins und **T. F. Dixon,** *Parathyreoidea und Citrogenase des Knochens.* Bei n. u. parathyreoidektomierten Ratten wurde der Geh. an *Citrat* (I) u. *Citrogenase* (II) des Knochens untersucht. Die Nahrung der Tiere enthielt 0,48% P u. 0,63% Ca. Die Unterss. wurden an Tibia u. Femur durchgeführt. Vff. fanden, daß der I-Geh. bei n. u. operierten Tieren unverändert blieb, dagegen fiel die II-Aktivität stark ab. Massive Gaben von Parathormon führte beim Normaltier zu keiner Steigerung der II-Aktivität. Tiere, welche schon 4 Tage nach der Operation (statt nach 4–6 Wochen) untersucht wurden, hatten trotz erniedrigten Serumcalciumwerten keine II-Veränderungen. — Die Verss. sprechen dafür, daß der Abfall des Serum-Ca, welcher kurz nach der Operation zu beobachten ist, nicht durch II bedingt ist, da sich die II-Aktivität nur langsam vermindert. Das Nichtansprechen von II auf Gaben von Parathormon wird auf die kurze Versuchsdauer zurückgeführt. (Science [Washington] **118.** 138–40. 31/7. 1953. Bockly Hill, Stanmore, Middlesex, England, Royal Nat. Orthopaed. Hosp.) WOLFGANG ALBRECHT. 4210

Rudolph Peters, R. W. Wakelin und **P. Buffa,** *Biochemie der Fluoracetatvergiftung. Isolierung und einige Eigenschaften des Fluortricarbonsäureinhibitors des Citratstoffwechsels.* (Vgl. C. **1954.** 4867.) *Fluoracetat* (I) hemmt den Tricarbonsäurecyclus auf der *Citrat* (II)-Stufe. Die Hemmsubstanz (III) entsteht enzymat. aus I durch Einw. von Nierenhomogenat (Meerschweinchen, Kaninchen, Ochse, Hund). Die Reindarst. von III erfolgte durch Isolierung der Tricarbonsäurefraktion, Entfernung von anorgan. Phosphat mittels NH_3-Propanol, Abtrennung bas. Ionen (Pb, Ba, Na usw.) durch Amberlite *1 R 100 H*, Trennung von Citronensäure u. III durch Amberlite *IRA 400* u. fraktionierte Extraktion des schonend konz. III-Extraktes in Ggw. von 2 n HCl mit Ae., wobei III krist. in einer Hydrat- u. einer wasserfreien Form, F. 90–120° (Gasabspaltung). Auf Grund des *F*-Geh., des Nachw. einer *C*–*F*-Bindung im Ultrarotspektr., der Titrationskurven, des Papierchromatogramms u. des Vgl. mit Fluorcitronensäure, Fluor-cis-aconitsäure u. Fluorisocitronensäure wurde für III vorläufig die Konst. einer *Monofluorcitronensäure,* von der 4 Isomere möglich sind, angenommen. Opt. Aktivität war nicht nachweisbar. III hemmte unter den Testbedingungen die enzymat. Umwandlung des 300fachen II-Gewichtes. (Proc. Roy. Soc. [London], Ser. B **140.** 497–507. 15/1. 1953. Oxford, Univ.; Roma, Univ., Ist. di Patol. Generale.) K. MAIER. 4210

H. B. Collier (unter techn. Mitarbeit von: **Sheila C. McRae**), *Enzymhemmung durch Phenothiazinderivate.* 6. Mitt. *Hemmung der Glyoxalaseaktivität bei menschlichen und Kaninchenerythrocyten.* (5. vgl. C. **1954.** 342.) *Phenothiazon* (I) ist ein starker Inhibitor der *Glyoxalase*-Aktivität (II) in Erythrocyten vom Menschen u. vom Kaninchen; 50% Hemmung tritt ein mit 10^{-6} mol. I bei intakten Zellen u. mit 10^{-4} mol. bei Hämolysaten in Ggw. von *Glutathion.* II wird beträchtlich gehemmt durch I, *Methylenblau* u. *p-Chlormercuribenzoat,* schwach durch *Alloxan* u. *Phenylhydrazin*; ohne Wrkg. ist *Dialursäure.* Die Enzymhemmung geht nicht parallel mit der Methämoglobinbildung. Die möglicherweise bestehende Beziehung zwischen diesen Ergebnissen u. der hämolyt. Wrkg. von I wird diskutiert. (Canad. J. med. Sci. **31.** 195–201. Juni 1953. Edmonton, Alberta, Univ. of Alberta, Dep. of Biochem.) GOEBEL. 4210

Paul Fleury, André Desjobert und **Jean Lecoq,** *Biologische Chemie. Die Identifizierung des durch diastatische Hydrolyse der Phytinsäure hergestellten Inositmonophosphates. Vergleich mit dem durch chemische Hydrolyse erhaltenen Ester.* Vff. unterwarfen Phytinsäure (I) a) der chem. Hydrolyse oberhalb p_H 7,5 u. b) der diastat. Hydrolyse, worauf die erhaltenen *Mesoinositinonphosphorsäureester* (IIa u. IIb) isoliert wurden. Außerdem wurde nach ISELIN (C. **1950.** II. 1221) *Inosit-2-phosphat* (III) synthet. dargestellt (Zählweise des Mesoinosits [IV] nach FLETCHER). Weder durch F. noch durch die Titrationskurven, Verh. gegenüber hydrolysierenden chem. Agentien oder Oxydationsgeschwindigkeit (durch HJO_4) konnten IIa u. IIb von III unterschieden werden. Jedoch erwiesen sich IIb u. III durch Infrarotspektrogramm u. DEBYE-SCHERRER-Diagramm als ident., aber von IIa verschieden. Diese beiden Teste zeigen beim Vers. mit IIa gleiche Anzahl der Banden wie bei III u. berechtigen zur Annahme, daß es sich bei IIa um ein einheitliches Isomeres von III handelt. Daraus würde weiter hervorgehen, daß im vorliegenden Fall die chem. Hydrolyse ebenfalls eine gewisse Spezifität aufweist. (C. R. hebd. Séances Acad. Sci. **238.** 286–88. 11/1. 1954.) FAHRNLAENDER. 4210

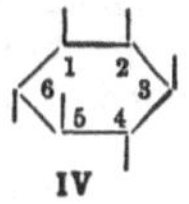

IV

Milton Gross, *Die Wirkung von Äthylendiaminotetraessigsäure auf die Adenosintriphosphataseaktivität.* Ca^{2+} ist für die Enzymfunktion der *Myosin–Adenosin-Triphosphatase* (I) unentbehrlich. I wird durch Citrat u. Oxalat völlig gehemmt. Vf. fand, daß durch 0,003 mol. *Äthylendiaminotetraessigsäure* (II; *EDTA, Trilon*) I ebenfalls völlig gehemmt wird. Bei Ggw. von 0,002 mol. II stieg die I-Aktivität auf 150% im Vgl. zur Ausgangslösung. I ist empfindlich gegenüber geringen Spuren von Schwermetallen, bes. Cu^{2+}. Schwermetallspuren werden von II durch Komplexbldg. unwirksam gemacht. Vf. ist der Ansicht, daß die eigentliche I-Hemmung durch II auf Deionisationsfähigkeit zurückzuführen ist u. nicht auf eine direkte tox. Wrkg. von II auf I. (Science [Washington] **118.** 218—19. 21/8. 1953. New York, N. Y., Univ., Dep. of Biol.; Jersey City, N. J., Med. Center, B. S. Pollak Hosp. for Chest Diseases, Dep. of Labors.) BRATFISCH. 4210

Howard Chauncey, Fabian Lionetti und **Vincent Lisanti,** *Hydrolytische Enzyme in Hyaluronidasepräparaten.* Vff. untersuchten *Hyaluronidase* (I)-Präpp. aus Testes u. bakterieller Herkunft auf Anwesenheit anderer hydrolyt. Enzyme, wie *saure* u. *alkal. Phosphatasen* (II), *Gesamtesterasen* (III), *Pseudocholinesterasen, Lipasen* (IV), *β-d-Galaktosidasen* (V), *β-Glucuronidasen* u. *Sulfatasen.* I-Best. erfolgte viscosimetrisch. Nachw. der anderen Enzyme nach SELIGMAN u. Mitarbeiter durch colorimetr. Best. von β-Naphthol. I-Präpp. aus Testes enthielten im Vgl. zu denen aus Bakterien eine große Anzahl von Begleitenzymen. I-Präpp. aus Testes enthielten bes. saure II, III u. V, die anderen genannten Enzyme noch in nachweisbaren Mengen. I-Präpp. aus Bakterien enthielten bes. hoch nur IV. (Science [Washington] **118.** 219—20. 21/8. 1953. Boston, Ma., Univ., School of Med., Tufts Med. and Dent. School.) BRATFISCH. 4210

Mary Ellen Jones, Walter R. Hearn, Melvin Fried und **Joseph S. Fruton,** *Von Kathepsin C katalysierte Transamidierungsreaktionen* (vgl. TALLAN, JONES u. FRUTON, C. **1952.** 5271). Die Unters. zeigte, daß die schon bei anderen Proteinasen, wie *Papain* (I), Ficin u. krist. Chymotrypsin, gefundenen Transamidierungs-Rkk. auch von *Kathepsin C* (II) aus Rindermilz katalysiert werden. Der Austausch der Amid-NH_2-Gruppe von *Glycyl-l-phenylalaninamid* (III) gegen *Hydroxylamin* oder gegen ein anderes III-Mol. bzw. eine andere Aminosäureamidverb., wie z. B. *l-Argininamid* (IV) wurde in Ggw. von gereinigtem II bei p_H 7 untersucht. Enthielt der Ansatz nur III, so war diese Verb. Substrat u. Austauschgruppe, u. es bildete sich ein unlösl. polymeres Prod., das aus vier III-Einheiten aufgebaut zu sein scheint. Wurden *Carbobenzoxyisoglutamin, l-Phenylalaninamid* (V) u. IV zusammen in Ggw. von I u. II incubiert, so traten gekoppelte Rkk. ein u. das Reaktionsprod. konnte (durch chromatograph. Analyse) als *Carbobenzoxy-α-l-glutamyl-l-phenylalanyl-l-*IV erkannt werden. Die stereochem. Spezifität von I bezieht sich nicht nur auf das Substrat, sondern auch auf die Austauschgruppe. Es konnte gezeigt werden, daß der früher beobachtete Austausch mit d-V auf die Ggw. von Methanol in der Reaktionsmischung zurückzuführen ist. Der sich hierbei bildende Methylester kann nämlich dann nicht enzymat. mit der d-Form von V reagieren. (J. biol. Chemistry **195.** 645—56. April 1952. New Haven, Conn., Yale Univ., Dep. of Physiol. Chem.) V. PECHMANN. 4210

J. A. Duke, M. Bier und **F. F. Nord,** *Über den Mechanismus der Enzymwirkung.* 53. Mitt. *Die amphoteren Eigenschaften von Trypsin.* (52. vgl. C. **1953.** 6509.) „Salzfreies" *Trypsin* (I) wurde nach 3 Methoden gereinigt: a) erschöpfende Dialyse gegen fließende 0,005 n HCl bei 4° mit anschließender Gefriertrocknung; b) Elektrodialyse in der Kälte; c) Ausfällung von gekühlter 3%ig. I-Lsg. mit tiefgekühltem 95%ig. A. bis zum Mischungsverhältnis 4 : 5. Diese Proben wurden bei verschied., aber jeweils konstant gehaltener Ionenstärke der elektrometr. Titration unterworfen, aus deren Einzelwerten sich eine S-förmige Kurve für die Abhängigkeit der durch I gebundenen Wasserstoffionen vom p_H ergab. Das Maximum der H^+-Bindung lag bei p_H 2, der flachste Teil der Kurve zwischen p_H 5,5 u. 7,5. Für die Verss. in NaCl- bzw. KCl-Lsgg. ergaben sich nahezu ident. Werte, während Ca^{2+} die Kurve ein wenig nach der sauren Seite hin verschob. Die Ionenstärke übte keinen Einfl. aus. Der Effekt von Ca^{2+} wird auf Chelatbldg. zurückgeführt, wodurch die Acidität von I erhöht wird. Durch Vgl. der Ergebnisse mit dem analyt. erfaßbaren Aufbau des I-Mol. kommen Vff. zu dem Schluß, daß I 5 ionisierbare Carboxylgruppen enthält. Diese werden von Ca komplex gebunden. Hierdurch schützt es das I-Proteinmol. vor Selbstverdauung u. Denaturierung u. trägt zur Erhöhung der Aktivität bei. (Arch. Biochem. Biophysics **40.** 424—36. Okt. 1952. New York, N. Y., Fordham Univ., Dep. of Organ. Chem. and Enzymol.) P. LOCH. 4210

Hilde Noll, *Der Einfluß von Gallensäuren und ähnlich wirkenden Stoffen auf die tryptische Verdauung.* Die Trypsinverdauung von *Casein, Fibrin, Gelatine, Hämo-*

globin (I), *Muskelhämoglobin*, *Myosin*, *Serum* u. *Walfischeiweiß* unter Einw. von gallensauren Salzen (II), *Saponinen*, positiven u. negativen *Netzmitteln* sowie einem polyvalenten anorgan. Ion (*Kaliumferrocyanid*, III) untersucht Vf. mit Hilfe einer elektrometr. Formoltitration. Eine Verbesserung der Trypsinwrkg. durch Zusatz von II konnte nur bei I im p_H-Bereich von 6—9 beobachtet werden, jedoch ließ sich der gleiche Effekt auch mit anderen oberflächenakt. Substanzen erzielen. Nach Ansicht des Vf. wird die trypt. Abtrennung des Häms durch die oberflächenakt. Stoffe bes. gefördert. III stimulierte die Trypsinverdauung in keinem Fall. Die biol. Bedeutung der Gallensäure für die trypt. Proteinspaltung ist offenbar gering. (Biochem. Z. **324**. 6—18. 1953. Kiel, Univ., Physiol.-chem. Inst.) NEHRING. 4210

E. Costa und **L. Murtas**, *Cholinesteraseaktivität von biologischem Material verschiedenen Ursprungs und die Wirkung einiger Inhibitoren (Eucupin, Coffein, Strychnin)*. Es wurde die hemmende Wrkg. von *Eucupindihydrochlorid* (I), *Strychninhydrochlorid* (II) u. *Coffeincitrat* (III) auf die Acetylcholin hydrolysierende Fähigkeit verschied. biol. Materialien untersucht. Die Aktivität des Serums von Mensch, Pferd u. Schwein wurde durch I stark, die des Serums von Meerschweinchen, Ratte u. Hund mäßig, die von Kaninchen u. Huhn gar nicht gehemmt. Von den untersuchten Hirnextrakten wurde nur der vom Pferd durch I (in geringem Maße) gehemmt. Die Wirkungen von II u. III auf die verschied. Präpp. wiesen keine sehr großen Unterschiede auf. — Das unterschiedliche Verh. wird zur Charakterisierung der *Cholinesterasen* herangezogen, wobei teilweise auch eine Entscheidung darüber getroffen werden konnte, ob einzelne der untersuchten Präpp. auch Gemische mehrerer Enzyme enthielten. (Arch. int. Pharmacodynam. Thérap. **94**. 446—52. 1/8. 1953. Cagliari, Univ., Ist. di Farmacol.) P. LOCH. 4210

S. A. Nashif und **F. E. Nelson**, *Die Lipase von Pseudomonas fragi*. 1. Mitt. *Charakterisierung des Enzyms*. Die Aktivität der von Pseudomonas fragi gebildeten extracellulären *Lipase* (I) wurde auf einem mit Na-Taurocholat hergestellten Cocosnußölsubstrat getestet u. mit der Extraktions-Titrations-Meth. nach JOHNSON u. GOULD (J. Dairy Sci. **32**. [1949.] 435. 447) bestimmt. Temperatur- u. p_H-Optima liegen bei 40° bzw. 7,0—7,2. Von natürlichen Fetten wird *Cocusnußöl*, von Triglyceriden *Tricaprylin* am schnellsten hydrolysiert. I-Präpp. bleiben bei 3—5° wesentlich länger als [illegible] 15 oder 36° stabil. Bei 99° wird I nach 20 Min. vollständig inaktiviert. Nach 30 Min. bei 61,6 bzw. 71,6° sind noch gewisse Restaktivitäten vorhanden. (J. Dairy Sci. **36**. 459—70. Mai 1953. Ames, Io., Iowa Agric. Exp. Stat., Dairy Ind. Sect.) KRUSEN. 4210

S. A. Nashif und **F. E. Nelson**, *Die Lipase von Pseudomonas fragi*. 2. Mitt. *Die Lipasebildung beeinflussende Faktoren* (1. vgl. vorst. Ref.). Die Bldg. der extracellulären *Lipase* (I) durch Ps. fragi erfolgt vorzugsweise bei niedrigen Tempp., bei 30° wird kaum I gebildet. Die optimalen p_H-Werte im Nährboden zur I-Bldg. sind 6,5 u. 7,5. Durch steigende NaCl-Konzz. wird die I-Bldg. gehemmt, bis sie bei 8% ganz aufhört. Auf Nährboden mit großer Oberfläche wird mehr I gebildet, die I-Menge steigt jedoch nicht proportional dem Wachstum von Ps. fragi. Bei alleiniger Anwesenheit von NH_4Cl als N-Quelle in Glucose- u. Lactatmedium wird I in begrenzten Mengen gebildet, nicht jedoch, wenn Citrat als C-Quelle vorhanden ist. Die I-Bldg. in *Caseinhydrolysat*- oder *Pepton*-Medium wird durch geringe Mengen von *Tricaprylin*, *Capryl*- oder *Caprinsäure*, diejenige in *Glucose*- oder *Citrat*-Medium durch *l-Leucin*, *dl-Isoleucin* u. *dl-Valin* begünstigt. (J. Dairy Sci. **36**. 471—80. Mai 1953.) KRUSEN. 4210

S. A. Nashif und **F. E. Nelson**, *Die Lipase von Pseudomonas fragi*. 3. Mitt. *Enzymwirkung in Rahm und Butter* (2. vgl. vorst. Ref.). Bei einer 24std. Incubation bei 36° ist die Ps. fragi-*Lipase* (I) zwischen p_H 4,9—8,2 mit einem Optimum zwischen 5,7 u. 6,6 wirksam. Die durch starkes Wachstum von Str. lactis bewirkte Säuerung des Rahmes hemmt zwar nicht das Wachstum von Ps. fragi, red. jedoch die I-Bldg. u. -Aktivität. Durch Pasteurisierung für 30 Min. bei 71,5° wird weniger als die Hälfte der anwesenden I inaktiviert. I enthaltende Butter unterliegt noch bei einer Lagerung bei —10° einem Fettabbau u. damit der Entw. von stark ranzigem Geschmack. (J. Dairy Sci. **36**. 481—88. Mai 1953.) KRUSEN. 4210

L. Villa und **N. Dioguardi**, *Die Wirkung von Niacinamid auf den O_2-Verbrauch von Rattenleberhomogenaten*. Bericht über 2 Versuchsreihen zur Best. des O_2-Verbrauchs von homogenisierter Rattenleber mit der WARBURG-App. durch Hinzufügung von *Niacinamid* (I) bei 30 u. 0°. Die I-Zugabe bei 30° ändert innerhalb 240 Min. die n. O_2-Aufnahme nicht, bei 0° ist eine deutliche Erhöhung der O_2-Aufnahme zu verzeichnen. Die Erscheinung wird durch *2.4-Dinitrophenol* u. *Aureomycin* nicht beeinflußt, dagegen findet deutliche Hemmung durch *α-Tocopherol* u. bes. durch *KCN* statt. (Experientia [Basel] **9**. 469. 15/12. 1953. Milano, Univ., Inst. of Clin. Gen. Med. and Therap.) DOSSMANN. 4210

Richard C. Thomas, Vernon H. Cheldelin, Bert E. Christensen und **Chih H. Wang,** *Umwandlung von Essigsäure und Brenztraubensäure zu Tyrosin in Hefe.* Die Biosynth. von *Tyrosin* (I) in Mikroorganismen beansprucht beträchtliches Interesse. Nach DAVIS (C. **1952.** 1183) ist die *Shikimisäure* die n. Vorstufe für I, Phenylalanin u. auch für andere aromat. Komponenten. Liegt Essigsäure als einzige C-Quelle für Torulahefe vor, so bildet deren COOH-Gruppe die des I u. das $C_{(4)}$ im Ring. Die anderen C-Atome von I werden von den Methylgruppen der Essigsäure gebildet. Unter anderen Bedingungen kann die Seitenkette von I von der Brenztraubensäure als unversehrter Baustein übernommen werden. $CH_3{}^{14}COCOOH$ u. $CH_3{}^{14}COOH$ wurden als Substrate für das Hefewachstum verglichen. Die ermittelte radioakt. Verteilung im isolierten I spricht für die Beteiligung der *Oxalessigsäure* oder einer anderen asymm. C_4-Säure als Zwischenprod. der Umwandlung von Brenztraubensäure in I. Bei aerober Gärung mit Brenztraubensäure als Substrat wurden 46% der Gesamtaktivität von I in der Seitenkette gefunden, in der das die NH_2-Gruppe tragende C-Atom am aktivsten war. Da das β-C-Atom inakt. war, ist die Bldg. der Seitenkette aus einem intakten Brenztraubensäuremol. erwiesen. Von der Aktivität des Ringes wurden mehr als 75% bei $C_{(1)}$, $C_{(3)}$ u. $C_{(5)}$. gemessen. $C_{(1)}$ trug den höchsten Aktivitätswert. Diese Verteilungsverhältnisse können nicht durch die Umwandlung Brenztraubensäure → Glucose u. deren Cyclisierung erklärt werden, weil sonst nur 2 akt. C-Atome in p-Stellung zu erwarten wären. Für einen anderen Bildungsweg von I über Shikimisäure aus 2 Moll. Oxalessigsäure oder einer anderen C_4-Säure — aus Brenztraubensäure durch C_3—C_1-Kondensation — als Ausgangsmaterial stimmen berechnete u. gemessene Aktivität der C-Atome gut überein. Die Hypothese der Bldg. von I aus C_4-Säuren steht im Gegensatz zu den früheren Annahmen der Bldg. aus Glucose durch Cyclisierung. Auch für die Biosynth. der Shikimisäure wird Glucose nicht als solche verwendet, sondern erst ihre asymm. Bruchstücke kommen zur Rekombination. Das beweist, daß symm. Prodd. der Glykolyse oder solche aus dem KREBS-Cyclus zur Bldg. nicht notwendig sind. Die Bedeutung der C_3—C_1-Kondensation in Hefen wird gestützt durch das Unvermögen der I-Bldg. aus ^{14}C-Bicarbonat bei Abwesenheit von Brenztraubensäure. Auch die Bldg. von I aus Acetaten kann über C_4-Säuren erfolgen. Stellen hoher Radioaktivität sind hier die Carboxylgruppe u. $C_{(2)}$, $C_{(4)}$ u. $C_{(6)}$. $C_{(4)}$ wird von diesen als aktivstes vermutet, was für die Oxalessigsäure als Vorstufe spräche. Das isotopenfreie $C_{(1)}$ stützt diese Vermutung. Abweichungen in der erwarteten Aktivität liegen allerdings bei $C^{*}_{(3)}$ u. $C_{(5)}$, so daß hier die Meßergebnisse mit den Vorstellungen des Bildungsablaufs weniger befriedigen als für die Brenztraubensäure. Diese Ergebnisse sprechen dafür, daß der Citronensäurecyclus nicht unmittelbaren Anteil bei der Bldg. von I aus Brenztraubensäure, Essigsäure oder Glucose hat, obwohl insgesamt durch die Zwischenprodd. aus dem KREBS-Cyclus die Synth. von I durch Hefen gesteigert wird. (J. Amer. chem. Soc. **75.** 5554—56. 20/11. 1953. Oregon State Coll., Sci. Res. Inst., Dep. of Chem.) H. SCHUBERT. 4270

E₃. Mikrobiologie. Bakteriologie. Immunologie.

J. Senez, *Über Aktivität und Wachstum anaerober sulfatreduzierender Bakterien in semiautotropher Kultur.* Unterss. von Sporovibrio (Desulfovibrio) desulfuricans var. aestuari in semiautotropher Kultur (C- u. N-Quelle bestehen nur aus Mineralsalzen) zeigen, daß die entwickelte H_2S-Menge etwa von gleicher Größenordnung ist wie auf heterotrophen Nährböden u. daß die durch H_2S-Entw. ermittelte Aktivität proportional dem Wachstum ist, welches seine Begrenzung in der Größe der Kulturoberfläche erfährt. (Ann. Inst. Pasteur **84.** 595—604. März 1953. Marseille, Rech. Sci. Industrielles et Maritimes.) FINDEISEN. 4310

J. Malgras, J. Meyer, R. Sartory und **R. Veschambre,** *Vergleichende Untersuchungen über die Peptidzusammensetzung des Vf-Milieus und eines Proteinhydrolysates.* Papierchromatograph. Unterss. des von Vff. früher beschriebenen Proteinhydrolysates (vgl. R. SARTORY u. Mitarbeiter, Ann. Inst. Pasteur **81.** [1951.] 82) ergaben Ggw. von *Asparagin-, Glutarsäure, Serin, Glykokoll, Alanin, Valin, Leucin, hexon. Basen, Tyrosin, Tryptophan* u. *Cystin* (*Methionin* u. *Phenylalanin* konnten nicht ermittelt werden u. waren wahrscheinlich in den Chromatogrammen von Leucin u. Valin enthalten). Im Hydrolysat des Vf-Mediums wurden festgestellt: *Glutaminsäure,* Leucin, Phenylalanin, Glykokoll, hexon. Basen, *Prolin* u. *Threonin.* (Ann. Inst. Pasteur **84.** 635—40. März 1953. Strasbourg, Fac. de Pharm., Labor. de Microbiol.) FINDEISEN. 4310

F. Mariat und **E. Drouhet,** *Die Wirkung von Biotin auf das Wachstum von Sporotrichum Schencki.* Bei Ggw. von *Pyrimidin* (I) fördert Biotin (II) in Konzz. von 10^{-8}

bis 10^{-7} das Wachstum von Sporotrichum Schencki. In Abwesenheit von I tritt kein Wachstum ein, gleichgültig wieviel II zugesetzt wurde. II wirkt also als Stimulans, während I der eigentliche Wachstumsfaktor ist. (Ann. Inst. Pasteur **84.** 659—62. März 1953. Inst. Pasteur, Service de Mycol. et des Physiol. végétale.) FINDEISEN. 4310

M. Jay Goodkind und **E. Newton Harvey,** *Vorläufige, mittels der Sauerstoffelektrode durchgeführte Untersuchungen über den Sauerstoffverbrauch von Leuchtbakterien.* Die O_2-Konzz. in Suspensionen zweier Spezies von Leuchtbakterien (*Achromobacter fischeri* u. eine nichtidentifizierte Sp. Nr. 257), die den gelösten O_2 bei Atmungsprozessen verwenden, wurden mittels der Pt-Sauerstoffelektrode gemessen. Die O_2-Abnahme verläuft gewöhnlich bis zu einer Konz. von 1% linear, wodurch eine konstante Atmungsgeschwindigkeit angezeigt wird. Gleichzeitig wurde die Luminescenzintensität photoelektr. verfolgt. Sie beginnt bei $<1\%$ O_2 sich rasch zu ändern. (J. cellular comparat. Physiol. **39.** 45—56. Febr. 1952. Princeton, N. J., Univ., Biol. Labor.; Woods Hole, Mass., Marine Biol. Labor.) K. MAIER. 4320

Seymour Levine, Heber J. R. Stevenson und **Robert H. Bordner,** *Identifizierung von Glykogen in ganzen Bakterienzellen durch Infrarotspektrophotometrie.* Bei Infrarotunterss. von *Aerobacter aerogenes*-Zellen wurden Banden bei 8,7, 9,25, 9,75, 10,75, 11,8, 13,2 u. 14,2 μ festgestellt u. auf ihre Herkunft chem. untersucht. Die Zellen, welche 2 Tage lang bei 15—20° auf Nähragar (Difco) mit 1% Glucose gewachsen waren, wurden, nachdem wss. Extraktion nicht zum Verschwinden der Banden geführt hatte, durch Ultraschall zerstört, die Zelltrümmer abzentrifugiert u. durch 1 Vol. 95%ig. A. gefällt. Im Präcipitat wurde neben dem gesuchten Material noch Eiweiß festgestellt, welches eine Absorptionsbande bei 6,05 u. 6,45 μ aufwies u. durch Schütteln mit Chlf. u. Isoamylalkohol entfernt wurde. Das gereinigte Material ergab nun die oben angeführten Banden, welche mit denen von käuflichem Glykogen übereinstimmten. Die Jod-Rk. auf Glykogen fiel positiv aus. — Die Verss. zeigen, daß durch Ausmessen der Bande bei 9,75 μ gegen das Proteinband bei 6,45 μ als interner Standard der Glykogenstoffwechsel intakter Zellen verfolgt werden kann. — Die Vor- u. Nachteile der Meth. werden kurz diskutiert. (Science [Washington] **118.** 141—42. 31/7. 1953. Cincinnati, O., Public Health Service, Environmental Health Center.)
WOLFGANG ALBRECHT. 4320

J. H. Quastel und **P. G. Scholefield,** *Urethane und Bodennitrifizierung.* Acht verschied. Urethane (I) wurden auf ihre Wrkg. auf die Nitrifizierung von NH_4-Ionen in frischem Boden untersucht. Am wirksamsten wird die Nitrifizierung durch *Äthyl-N-butylcarbamat* u. *Isopropylcarbamat* gehemmt. Die Hemmwrkg. von *Eserin* ist 10 mal so stark wie die von *Äthylcarbamat* (II). — Auch das Herbicid *N.N-Dimethyl-N'-chlorphenylharnstoff* (*CMU*) hemmt die Nitrifizierung kräftig. Im allg. besteht die Tendenz, daß die herbicid wirksamsten I auch die Bodennitrifizierung am wirksamsten hemmen. — II u. andere Carbaminsäureester werden im Boden erst nach längerer Verzögerung in Nitrat (III) umgewandelt. Die sich im Boden als Rk. auf die Ggw. von II entwickelnden u. diese Verb. umformenden Organismen besitzen nicht die Fähigkeit, auch andere I in III umzuwandeln. Der Grad der III-Bldg. aus II wird durch die Ggw. verschied. I im Boden stark gehemmt. — Manometr. Unterss. von mit II angreifenden Organismen angereicherten Böden zeigen, daß diese A. u. Acetaldehyd (IV) angreifen. Die Schlußfolgerung, daß *Essigsäure* (V) das Endprod. des mikrobiellen Abbaus darstellt, wird durch die zur Oxydation von II, A. u. IV verbrauchten O_2-Mengen gestützt. V wird anscheinend nicht oxydiert. Kinet. u. stöchiometr. Beweismaterial führt zu der Vorstellung, daß II zunächst durch Bodenorganismen zu A., NH_3 u. CO_2 abgebaut u. anschließend V u. HNO_3 gebildet wird. — 16 Literaturangaben. (Appl. Microbiol. **1.** 282—87. Nov. 1953. Montreal, Can., Montreal Gen. Hosp., Res. Inst.) RANG. 4320

K. Liebermeister, *Bakteriologische Befunde mit Neoteben.* Auf alle untersuchten, nicht zu den Mycobakterien gehörenden Mikroorganismen ist *Neoteben* (I) nahezu unwirksam, apathogene Mycobakterien werden zum Teil durch sehr geringe Mengen von I gehemmt, *Conteben* u. *PAS* verhalten sich anders. Darauf beruht die biol. Best. des Neoteben-Blutspiegels mit Hilfe eines apathogenen Mycobakterienstammes. Eine prim. Resistenz gegen I kommt nur sehr selten vor, in vitro gelingt es jedoch leicht, Mycobakterienstämme an I zu gewöhnen. Diese Tatsache führte zu dem Vers., I mit anderen Chemotherapeuticis zu kombinieren; PAS ist gut geeignet, *Niacin* zeigt keine verstärkende Wrkg., Cu-Salze werden ausprobiert. (Z. Hyg. Infektionskrankh. **137.** 461—70. 1953. Frankfurt, Univ., Hyg. Inst.) I. WEINMANN. 4330

Erwin Dissmann, *Zur Resistenz des Tuberkelbacillus gegenüber Isonicotinsäurehydrazid* (*INH*). Besprochen wird das Problem der Resistenz des Tuberkelbacillus gegenüber Antibioticis u. *Isoniazid* (I). Eigene in vitro-Verss. an Kulturen I-behandelter Patienten ergaben für I-Zusatz von $^1/_{64}$; $^1/_{16}$; $^1/_4$; 1; 4γ zur Population folgende entsprechende %-Sätze für das Wachstum der Keime 55,4; 0,8; 0,2; 0,2; 0,2; bei Kulturen ohne I betrug das Wachstum 94,4%. Die Parallelität mit dem klin. Bild wird diskutiert. (Wiener med. Wschr. **103.** 111—12. 7/2. 1953. Klagenfurt, Landeskrankenhaus.) Dossmann. 4330

C. Prina, *Enzymatische Wirksamkeit, Antibiotica und Tuberkelbacillus.* 2. Mitt. *Wirkung der Pankreaslipase und des Streptomycins auf Bac. Koch, Tributyrin und einige Tweens.* (1. vgl. C. **1954.** 112.) Neben mkr. Unterss. der Veränderungen an Bac. Koch nach Einw. von *Pankreaslipase* (I) u. *Streptomycin* (II) wurde die lipolyt. Wrkg. von **I** u. **II** auf die lebenden u. toten Keime untersucht. Während bei lebenden Keimen die Aktivität von **II** größer als die von **I** ist, wirkt **II** bei toten Keimen überhaupt nicht lipolytisch. *Isonicotinsäurehydrazid* (III) u. *Penicillin* (IV) bleiben in beiden Fällen wirkungslos. Gegenüber Tributyrin u. verschied. Tweens war die lipolyt. Wrkg. von **I** wesentlich stärker als die von **II**. **III** u. **IV** blieben auch hier ohne Effekt. (Boll. Ist. sieroterap. milanese **32.** 124—29. Pavia, Univ., Ist. di Patol. Gen.) P. G. Scheurlen. 4340

—, *Die Wirkung von Streptomycin auf das Auftreten von Bakterienresistenz gegen Isoniazid.* Nach 28wöchiger Behandlung wurden aus dem Sputum von 24% der mit *Streptomycin* (I) + *Isoniazid* (II) behandelten tuberkulösen Patienten noch Tuberkelbacillen isoliert. Von den mit I + *PAS* behandelten Patienten waren 36% u. von den mit II behandelten 49% positiv. Alle positiven Kulturen waren sowohl gegen I als auch gegen II resistenter als am Anfang der Therapie. (Amer. Rev. Tubercul. **67.** 553—67. Mai 1953. U. S. Public Health Service.) Rutkowski. 4340

R. Santarato, *Empfindlichkeit einer Einzelkultur von E. coli und Staph. aureus gegen Chloramphenicol.* Je 30 Klone der beiden Stämme wurden untersucht. Es findet sich eine ausgeprägte Verschiedenheit der Empfindlichkeit der einzelnen Klone. (Riv. Ist. sieroterap. ital. **28.** 107—12. März/April 1953.) Gerber. 4340

A. Bakerspigel und **J. J. Miller,** *Vergleich von Ochsengalle, Kristallviolett, Streptomycin und Penicillin in ihrer Hemmwirkung auf das Bakterienwachstum bei Plattenkulturen von Bodenpilzen.* Ochsengalle unterdrückt in Konzz. von 1:100 u. 1:40 die Entw. von Bakterien in Bodenpilzkulturen. Sie schränkt das Radiärwachstum von Pilzen ein u. wird daher als Hilfe bei der Isolierung langsam wachsender Bodenpilze den Antibioticis vorgezogen, außerdem wird sie nicht durch Hitze inaktiviert wie diese. Streptomycin 10—50 E./cm³ u. Penicillin G 5, 50 E./cm³ unterdrücken ebenfalls Bakterienwachstum, die ungleichmäßigsten Ergebnisse liefert Kristallviolett. Streptomycin hemmt in Kombination mit *Bengalrosa* u. Kristallviolett Bakterien gewisser kaliforn. Böden, allein läßt es zahlreiche Kolonien aufkommen. In der Rhizosphäre des Bodens leben zahlreiche Bakterien, die gegen Antibioticis fast ebenso empfindlich sind wie die Kontrollen. (Soil Sci. **76.** 123—26. Aug. 1953. McMaster Univ.) I. Weinmann. 4340

R. Depoux, *Über die Verwendung von Antibioticis zur Isolierung von Azotobacter in Reinkultur aus Erde.* Unterss. über die Empfindlichkeit von Azotobacterarten gegenüber Antibioticis zeigten Resistenz von A. vinelandii gegen *Chloramphenicol* (I) bis zu einer Konz. von 250 μg/cm³. Verss., I als selektives Agens zur Isolierung dieses Bakteriums zu verwenden (Versuchsreihe mit I-Anteilen: 0, 10, 15, 20 μg/cm³), führten zwar zu weitgehender Ausschaltung verunreinigender Begleitorganismen, ergaben jedoch noch keine Reinkulturen. Erst nach Abimpfungen über weitere variierte Kulturpassagen wurde Azotobacter frei von einem begleitenden coccoiden, gramnegativen Mikroorganismus erhalten. (Ann. Inst. Pasteur **84.** 645—47. März 1953. Inst. Pasteur, Service de Microbiol. techn., Labor. de Microbiol.) Findeisen. 4340

S. Čmelik (unter Mitarbeit von **B. Briski**), *Über Bakterienlipoide.* 2. Mitt. *Die Lipoide von Salmonella ballerup (Paracolobactrum ballerup).* (1. vgl. C. **1954.** 3721.) In Fortsetzung der Arbeiten über die Lipoide von *Salmonella typhosa* (l. c.) erfolgt eine analoge präparativ-analyt. Aufarbeitung des nichtpathogenen Stammes *Salmonella ballerup*; Züchtung auf festem Nährboden bei 37° in Kolle-Flaschen; Abtrennung der Mikroorganismen vom Nährboden durch Abspülen mit physiol. NaCl-Lsg. u. Zentrifugieren; Extraktion mit Aceton (erst bei Zimmertemp., dann erneut bei 50°), wodurch ein Teil der Lipoide in Lsg. geht. Der durch Zentrifugieren von der Acetonlsg. abgetrennte Rückstand wird mit A./Ae. (1:1) unter Erwärmen zum Sieden (Rückfluß) zweimal bis zur Erschöpfung extrahiert. Aceton- sowie A./Ae.-Extrakte werden im Vakuum zur Trockne gebracht, mit Chlf. digeriert u. vereinigt; im Vakuum wird zur Trockne gebracht; Lsg. in PAe., Filtration

u. Wiedereindampfen; 70 g trockene Bakterien liefern 1,46 g (= 2,08%) Lipoide als braune halbfeste M. von eigenartigem Geruch. Fraktionierung der Gesamtlipoide aus PAe.-Lsg. durch 7malige Fällung mit 10facher Menge Aceton; Nd. von Phospholipoiden = 0,7544 g, der durch Behandlung mit sd. Aceton 2 Fraktionen liefert, die analyt. charakterisiert werden; deren eine erweist sich als N-reicher, P-armer Fettsäureester (Laurinsäure enthaltend) noch unaufgeklärter Art, deren andere läßt nach der Hydrolyse chromatograph. *Asparaginsäure, Serin, Glykokoll, Alanin, Lysin* u. *Arginin* erkennen; Saccharide sind abwesend. In der Fraktion der Neutrallipoide (aus den Acetonlsgg. dargestellt) sind 66,1% Fettsäuren enthalten, davon 42,7% feste u. 40,4% fl. Vertreter. Die festen Säuren stellen im wesentlichen *Stearinsäure* dar, die fl. sind ein Gemisch, worin vermutlich Ölsäure enthalten ist; *Glycerin* ist nachweisbar, reduzierbarer Zucker nicht. (Hoppe-Seyler's Z. physiol. Chem. **293**. 222—29. 22/9. 1953. Zagreb, Kroatien, Zentrales Hyg. Inst.) TÄUFEL. 4350

Hubert Bloch, E. Sorkin und **H. Erlenmeyer,** *Eine toxische Lipoidkomponente des Tuberkelbacillus („Cord Factor"). 1. Mitt. Isolierung aus Petrolätherextrakten junger Bakterienkulturen.* Eine in sehr geringen Mengen vorkommende tox. Komponente (I) der Tuberkelbakterien wird durch Extraktion junger Kulturen mit PAe. u. Ausfällen mit A. gewonnen. Aus dem Rohprod. wird I durch chromatograph. Adsorption an Magnesiumsilicat–Celite u. Eluieren mit Ae.–Essigsäure angereichert. I ist ein farbloses Pulver (F. 39—42°), lösl. in PAe., Ae., Bzl., Chlf., unlösl. in W., A. u. Methanol. Das UV-Spektr. der äther. Lsg. zeigt 2 Maxima bei λ = 213 u. 268 mμ. Wiederholte intraperitoneale Injektionen von je 0,005 mg I wirken innerhalb von 8—10 Tagen bei Mäusen unter Entw. charakterist. pulmonarer Hämorrhagien letal. Die verschied. Mäusestämme sind gegen I nicht alle gleich empfindlich. (Amer. Rev. Tubercul. **67**. 629—43. Mai 1953. New York, N. Y., Public Health Res. Inst. of City of New York, Inc., Div. of Applied Immun., u. Basel, Univ., Dep. of Chem.) RUTKOWSKI. 4350

P. de Lajudie und **E.-R. Brygoo,** *Beiträge zur Untersuchung der biochemischen Eigenschaften des Bacillus Whitmore.* Bei der Unters. von 41 Stämmen von Malleomyces pseudomallei (I) wurden folgende Kriterien ermittelt: I ist fakultativ anaerob, wächst in Hefewasser, kann im allg. Na-Citrat als C-Quelle verarbeiten u. sondert in fl. Nährböden charakterist. Schleimstoffe ab. I red. NO_3^- zu NO_2^-, red. Methylenblau, Neutralrot uneinheitlich, Methylenrot dagegen gar nicht. I vergärt die gebräuchlichen Zuckerarten ohne Gasentw.; Polyalkohole werden nicht angegriffen. Milch wird ohne Koagulierung peptonisiert, Gelatine hydrolysiert. Für gewisse Tierarten besitzt I hämolyt. Eigg., wobei das menschliche Blut am widerstandsfähigsten ist, während die Blutkörper der Vögel teilweise resistent sind. (Ann. Inst. Pasteur **84**. 509—15. März 1953. Saigon, Inst. Pasteur) FINDEISEN. 4350

E₄. Pflanzenchemie. Pflanzenphysiologie. Pflanzenpathologie.

Felix G. Gustafson, *Der Einfluß des Photoperiodismus auf den Thiamin-, Riboflavin- und Niacingehalt grüner Pflanzen.* In der Alaskabohne, Black-Valentine-Bohne u. der San Jose Canner-Tomate, die einer 8-, 16- u. 24std. Belichtung unterworfen wurden, erfolgte die Best. des *Thiamin-, Riboflavin-* u. *Niacin*-Gehaltes. Es konnte festgestellt werden, daß bei Temp. von 14,20 u. 26° eine Abnahme des Thiamingeh. zu verzeichnen war, wenn die Pflanzen längeren Belichtungszeiten ausgesetzt wurden, während sich der Riboflavin- u. Niacingeh. unter diesen Bedingungen erhöhte. (Amer. J. Bot. **40**. 256—59. April 1953. Michigan, Dep. of Bot.) KATHEN. 4425

W. H. Arisz, *Aktive Aufnahme, Vacuolensekretion und plasmatischer Transport von Chloridionen in Blättern von Vallisneria spiralis.* Mittels der früher (vgl. C. **1949**.I. 511) beschriebenen Meth. weist Vf. nach, daß der Cl'-Transport im Blatt im Cytoplasma erfolgt; er wird beschleunigt durch gleichzeitiges Fructoseangebot. Es sind zwei Prozesse zu unterscheiden: 1. Cl'-Aufnahme aus dem Medium, reguliert durch die äußere Cytoplasmaschicht, hemmbar durch KCN; 2. Cl'-Abgabe aus dem Plasma in die Vacuolen (hier Speicherung), hemmbar durch 2.4-Dinitrophenol. (Acta bot. neerl. **1**. 506—15. 1953. Groningen, Bot. Labor.) SCHLOTTMANN. 4450

R. Brown, A. W. Johnson, E. Robinson und **G. J. Tyler,** *Der Striga-Keimungsfaktor. 2. Mitt. Chromatographische Reinigung der Rohkonzentrate.* (1. vgl. BROWN u. Mitarbeiter, Proc. Roy. Soc. [London], Ser. B **136**. [1949.] 1.) Von den Wurzeln der Wirtspflanze Sorghum vulgare wird ein Stoff ausgeschieden, der die Samen des Parasiten Striga hermonthica zum Keimen bringt. Die Gewinnung dieses keimungsfördernden Stoffes erfolgte durch Wasserkultur von S. vulgare in Gefäßen mit 1,5 Liter aqua dest. u. 18 g Kohle. Zur Elution von der Kohle hat ein Aceton–Ae.-Gemisch

(3:1) die besten Ergebnisse gebracht; die anschließende Extraktion wurde mit Ae. ausgeführt. Bei papierchromatograph. Unterss. unter Benutzung von WHATMAN Nr. 1 u. Butanol–Essigsäure–W.-Gemischen als Lösungsm. wurde die biol. wirksamste Substanz unmittelbar hinter der Lösungsmittelfront gefunden. Es handelt sich nicht um einen einfachen Zucker oder eine Aminosäure, sondern um eine komplexe Substanz; über die chem. Struktur ist noch nichts bekannt. Zur Reindarst. größerer Mengen dieser biol. wirksamen Substanz wurden Cellulosesäulen u. Butanol–W. als Lösungsm. zur Chromatographie benutzt. (Biochem. J. **50.** 596—600. März 1952. Leeds, Univ., Botany Dep.; Cambridge, Univ., Chem. Labor.) BEINERT. 4455

Hempstead Castle, *Die Beeinflussung des „in vitro"-Wachstums von Equisetum arvense-Wurzeln durch Indol-3-essigsäure, Indol-3-buttersäure und α-Naphthylessigsäure.* Ein Verf. der Kultur von Equisetum arvense-Wurzeln in WHITE's Nährsg. wird eingehend beschrieben. Die Zugabe von *Indol-3-essigsäure* (I), *Indol-3-buttersäure* (II) u. *Naphthalinessigsäure* (III) in verschied. Konzz. ergab nach 14 Wochen: I in einer Konz. von 10^{-8} g/Liter wirkt tox., 10^{-9} g/Liter zeigte keine tox. Wrkg., aber der Zuwachs war geringer als bei den Kontrollkulturen, bei 10^{-10} g/Liter ergab sich anfangs eine Beschleunigung des Wurzelwachstums, der Zuwachswert verringerte sich jedoch bis zum Ende des Vers., was Vf. auf die Zunahme von I im Pflanzengewebe zurückführt. Bei Zugabe von II waren die Konzz. von 10^{-7} u. 10^{-8} g/Liter tox., bei 10^{-9} blieb das Wachstum etwas unter dem der Kontrollkulturen, 10^{-10} g/Liter ergab Zuwachswerte, die im Durchschnitt über den Kontrollwerten lagen. III erwies sich in Konzz. von 10^{-9} u. 10^{-10} g/Liter als tox., während 10^{-11} stimulierend wirkte. Bei allen 3 Wuchsstoffen folgten auf Perioden mit starker Beschleunigung des Wurzelwachstums Perioden mit geringen Zuwachswerten, was auf die Wrkg. der Wuchsstoffe zurückgeführt wird (hohe Konzz. innerhalb des Pflanzengewebes). (Bot. Gaz. **114.** 328—43. März 1953. New Haven, Conn., Yale Univ., Osborn Bot. Labor.) BEINERT. 4485

W. G. Corns, *Verbesserung der Frostresistenz von Pastinaken durch Spritzung mit chemischen Wuchsstoffen.* Pastinaken im ersten Vegetationsjahr, die ca. 4 Wochen vor dem Frost (—8°) mit *2.4.5-Trichlorphenoxypropionsäure* (I) u. *Naphthalinessigsäure* (Natriumsalz) (II) gespritzt wurden, blieben unbeschädigt, während die unbehandelten Kontrollpflanzen deutliche Frostschädigungen aufwiesen. Bereits vor dem Frost bewirkte die Behandlung mit I u. II eine leichte Brüchigkeit der Blattstiele, eine Hemmung im Wachstum der Hauptwurzel u. eine Entw. feiner Seitenwurzeln. (Science [Washington] **118.** 281. 4/9. 1953. Edmonton, Alberta, Can., Dep. of Plant Sci.) BEINERT. 4485

R. H. Wetmore und **Wm. P. Jacobs,** *Untersuchungen über die Blattabtrennung. Die hemmende Wirkung von Auxin.* Es wurde die Anatomie u. Physiologie der Entw. des Trennungsgewebes in Coleus untersucht. Dieses Trennungsgewebe ist erst im Blattpaar 3 nahezu vollständig ausgebildet. Die Zeit vor dem Abfall der Blätter verschied. Stellung am Sproß bzw. verschied. Alters zeigen eine signifikante Korrelation zur diffusiblen Auxinmenge, die von den Blättern gebildet wird. Die Entfernung der Blätter bzw. Auxinbildungsstätten beschleunigt den Abfall beträchtlich. Die Blattspreiten können durch synthet. Wuchsstoffe, wie *Indolessigsäure* oder *Naphthalinessigsäure,* die man nach Abschneiden der Blattspreiten auf den Blattstiel aufbringt, ersetzt werden. (Amer. J. Bot. **40.** 272—76. April 1953. Cambridge, Mass., Harvard Univ., Biol. Dep.) KATHEN. 4485

Curt Leben, D. C. Arny und **G. W. Keitt,** *Saatgutbehandlung mit dem Antibioticum Helixin B.* In Gewächshaus- u. Freilandverss. mit *Helminthosporium victoriae* bei Vicland-Hafer wurde durch Saatgutbehandlung mit einem teilweise gereinigten fl. *Helixin-B* (I)-Präp. in den meisten Fällen die Krankheit verhindert (Ergebnisse vergleichbar mit *Ceresan M*); I-Staub war ohne Wrkg.; ähnliche Ergebnisse wurden gegen *Helminthosporium sativum* bei Wisconsingerste erzielt. Saatgutbehandlung mit I wirkt auch gegen Weizensteinbrand (Tilletia foetida), Haferflugbrand (Ustilago avenae u. U. kolleri), Gerstenhartbrand (U. hordei) u. Gerstenflugbrand (U. nuda). Durch Gaswrkg. von I wurde die Sporenkeimung von Glomerella cingulata gehemmt. (Phytopathology **43.** 391—94. Juli 1953. Madison, Wis., Univ. of Wisconsin, Dep. of Plant Pathol. and Agronomy.) GOEBEL. 4490

Louis Beraha und **Dwight Powell,** *Die Toxizität der Dämpfe einiger Diphenylderivate gegen Monilinia fructicola.* Vff. untersuchten die Hemmung der Sporenkeimung von Monilinia fructicola durch Dämpfe von Diphenylderivaten. Wirksam waren *o-Fluordiphenyl* (I) u. *Diphenyl* (II) (in Konz.) 160 p. p. m.; *o-Chlor* (III)-, *p-Chlor* (IV)- u. *Polyäthyldiphenyl* 250 p. p. m.; als unwirksam erwiesen sich *o-* u. *p-Amino-*, *o-Nitro-*, *2-Nitro-4'-chlordiphenyl*, *N.N'-Di-*[*o-diphenyl*]*-thioharnstoff*, *o-Terphenyl*,

N-[2-Diphenyl]-stearamid, 4.4'-Dinitrodiphenyldisulfid, Diphenylacetonitril, p-Cinnamoyldiphenylsulfid, Diphenyldisulfid, 4.4'-Diphenyldisulfonyldifluorid, 2-Äthylhexyldiphenylphosphat u. verschied. *Polyalkyldiphenyle.* Wurden beimpfte Äpfel 72 Std. einer Atmosphäre von 2 p. p. m. I, II oder III ausgesetzt, so trat kein Faulen der Frucht ein; mit IV trat Faulen ein, jedoch wurde Sporulation verhindert. Die Wrkg. ist fungistatisch. Die Verbb. verursachen Aromabeeinflussung. (Phytopathology **43.** 383—86. Juli 1953. Urbana, Ill., Univ. of Illinois, Dep. of Horticult.) GOEBEL. 4490

S. Y. Padmanabhan, *Die Wirkung einer Stickstoffdüngung auf den Brusonebefall bei Reissorten.* Bei jungen Reissämlingen verschied. Sorten, die mit steigenden N-Mengen (Ammoniumsulfatlsg.) gedüngt wurden, erfolgte eine Woche nach der Düngung eine künstliche Infektion mit einer Sporensuspension von *Piricularia oryzae.* Es ergab sich, daß die Stärke des Auftretens der Krankheit bei höheren N-Gaben bei den verschied. Sorten sehr stark variierte. Vf. empfiehlt bei der Unters. auf Brusone-Resistenz bei den verschied. Sorten die künstliche Infektion nur bei gleicher N-Versorgung vorzunehmen, um reproduzierbare Werte zu erhalten. (Current Sci. **22.** 271—72. Sept. 1953. Cuttack, Central Rice Res. Inst.) BEINERT. 4490

E. G. Bollard, *Schwere Kalimangelerscheinungen bei jungen Pfirsichbäumen.* Beschreibung der Symptome einer schweren Kalimangelerscheinung bei jungen Pfirsichbäumen in Neuseeland. Durch Kalidüngung konnte die Schädigung behoben werden, wobei die gedüngten Bäume nur eine leichte Infektion mit *Puccinia pruni-spinosae* zeigten, während ungedüngte Kontrollen einen starken Befall aufwiesen. Blattanalysen ergaben Unterschiede zwischen gedüngten u. ungedüngten Bäumen, dabei stieg der Kaligeh. in den Blättern bei gesteigerten Kaligaben an, auch wenn die Steigerung kein besseres Wachstum mehr hervorrief. (New Zealand J. Sci. Technol., Sect. A **35.** 39—44. Juni 1953. Auckland, Dep. of Sci. and Ind. Res., Fruit Res. Stat.) BEINERT. 4490

J. D. Atkinson und **E. G. Bollard,** *Bericht über Manganmangel bei Äpfeln, Pflaumen und Quitten.* Vff. berichten über das Auftreten von *Mangan*-Mangel bei Äpfeln, Pflaumen u. Quitten in Neuseeland u. beschreiben die Symptome. Erfolgreiche Spritzungen mit Mangansulfat + Calciumhydroxyd wurden durchgeführt. (New Zealand J. Sci. Technol., Sect. A **35.** 19—21. Juni 1953. Auckland, Dep. of Sci. and Ind. Res., Fruit Res. Stat.) BEINERT. 4490

E. G. Bollard, *Zinkmangel bei Pfirsich- und Nektarinenbäumen.* Während *Zink*-Mangel bei Birnen in Neuseeland bereits beschrieben wurde, konnte nunmehr auch Zinkmangel bei Pfirsich- u. Nektarinenanpflanzungen festgestellt werden. Die Symptome werden beschrieben. Wenn nur Chloroseerscheinungen auftreten, ist eine Unterscheidung zwischen Zink- u. Manganmangel schwierig. Behebung der Zinkmangelschäden durch Spritzung der Blätter mit Zinksulfat + Calciumhydroxyd ist möglich. (New Zealand J. Sci. Technol., Sect. A **35.** 15—18. Juni 1953. Auckland, Dep. of Sci. and Ind. Res., Fruit Res. Stat.) BEINERT. 4490

E₅. Tierchemie. Tierphysiologie. Tierpathologie.

W. D. Keidel und **F. Heinzel,** *Fortlaufende Registrierung des Kohlendioxydprozentsatzes der Ausatemluft des Menschen mit akustischer Meßkammer.* Beschreibung einer App., mit der der CO_2-Geh. des Expirationsluft durch Messung ihrer Schalldurchlässigkeit fortlaufend bestimmt u. aufgezeichnet werden kann. Genauigkeit: 0,5% CO_2, Einstellzeit 1,2 Sekunden. (Z. Biol. **106.** 159—66. 1953. Erlangen, Univ., Physiol. Inst.) KRUSEN. 4500

Benvenuto Pernis, Gerhard Schneider und **Charles Wunderly,** *Quantitative Aminosäureanalyse von Amyloidsubstanz, elektrophoretischen Serum–Eiweiß-Fraktionen und Bindegewebsprotein.* Aus der Leber eines Falles mit atyp., generalisierter Amyloidose wurde durch pept. Andauung ein Kongorotfärbung- u. Methylviolettmetachromasiegebender Eiweißkörper isoliert. Dieser Amyloideiweißgrundkörper bleibt auch in schwach alkal. Aufschwemmung (bis p_H 12) unlöslich. Die quantitative Aminosäureanalyse mittels Papierchromatographie ergab eine Verwandtschaft zu den Serumeiweißkörpern, vor allen Dingen zu dem β-Globulin. Die Aminosäurezus. des Bindegewebsproteins menschlicher Dura differiert stark von dem untersuchten Amyloid u. n. β- u. γ-Globulin. Die Farbstoffbindung der amyloiden Substanz zeigt für Kongorot eine p_H-Abhängigkeit u. eine geringe Abhängigkeit auch für Evans Blau. (Ärztl. Forsch. **7.** I/454—58. 10/10. 1953. Zürich, Univ., Med. Klinik.) NEHRING. 4520

G. Marsilli und **C. Comuzzi,** *Die Wirkung einiger Steroide auf die Narbenbildung bei Wunden und auf das Wachstum.* An männlichen, nichtkastrierten Meerschweinchen untersuchten Vff. folgende Steroide hinsichtlich ihrer Wrkg. auf den Wund-

heilungsprozeß u. auf das Körpergewicht: *Testosteron* (I), *Testosteron-β-cyclopentylpropionat* (II), *Methylandrostendiol* (III) u. *Dehydroisoandrosteron* (IV). Injektion jeweils in die Randzonen der einheitlich applizierten Wunden. Planimetr. Messung des Heilungsprozesses. Wrkg. der Steroide: **II** > **I** > **IV** > **III**. **I** hat einen raschen Gewichtsanstieg zur Folge, während **IV** erst nach 2 Wochen zu einer Gewichtszunahme führt. **II**, zusammen mit Histidin gegeben, erzeugt ebenfalls einen guten Gewichtszuwachs. (Sperimentale **103**. 173—85. 1953. Firenze, Univ., Ist. di Patol. Gen.)
P. G. SCHEURLEN. 4559

Silvestre Luis Sala, *Beiträge zur Anwendung des Progesterons.* Sofern ein genügend hoher Östrogenspiegel vorhanden ist, können *Progesteron* (I) oder *Pregneninolon* (II) auch in der ersten Phase des Cyclus zur menstruellen Blutung führen, entsprechend auch bei funktionellen Amenorrhoen. Je länger bei älteren Frauen die Amenorrhoe schon gedauert hat, um so geringer sind die Chancen der **I** oder **II**-Wirkung. Durch Vaginalabstriche kann der Östrogenspiegel ungefähr abgeschätzt u. demnach die Therapie mit **I** oder **II** unterstützt werden. (Semana méd. **102** (**60**). 631—33. 7/5. 1953. Buenos Aires, Inst. de Maternidad „J. C. Slames Massini".) P. G. SCHEURLEN. 4559

P. J. Almaden und **S. W. Ross,** *Gelbsucht durch Methyltestosterontherapie.* Bericht über 1 Fall, Diagnose post partem-Hypophysennekrose, der neben *Diäthylstilböstrol* u. a. täglich je 10 mg *Methyltestosteron* (I) u. nach 4 Monaten 20 mg **I** täglich erhielt. Schwere Gelbsucht trat nach 2,53 g **I** nach 178 Tagen auf, trotzdem Fortsetzung der **I**-Therapie, insgesamt 3,36 g in 230 Tagen, dann Probeexcision der Leber, die nur geringe Anreicherung von Galle in den Harnkanälchen, aber keine wesentlichen Schäden der Leberzellen ergab. Nach Absetzen von **I** ging die Gelbsucht n. zurück. (Ann. intern. Med. **40**. 146—52. Jan. 1954. Little Rock, Ark., Univ. of Arkansas, School of Med., Dep. of Med.) DOSSMANN. 4559

W. K. Whitten, *Inaktivierung von Gonadotrophinen. 4. Mitt. Die Wirkung von Perjodationen und „Blutgruppenenzym" auf die biologische Aktivität von Choriongonadotrophin.* (3. vgl. C. **1954**. 4416.) Die Behandlung von *Choriongonadotrophin* (I) mit JO_6^{5-}-Ionen (0,002 mol. K_5JO_6 in $^1/_{15}$ mol. Phosphatpuffer, p_H 6,0, 30 Min., Raumtemp.) verändert das Hormon derart, daß es nicht mehr durch Influenzavirus inaktiviert wird. Die Dosis-Rk.-Kurve des behandelten **I** verlief weniger steil als die für **I** selbst, so daß ein exakter Vgl. entfiel. Bei niedrigen Dosen war kein Wirkungsverlust nachweisbar. Ebenso wie Serumgonadotrophin wurde **I** durch *„Blutgruppenenzym"* nach MORGAN vollständig inaktiviert. (Austral. J. biol. Sci. **6**. 300—04. Mai 1953. Canberra, Australien, Nat. Univ.) K. MAIER. 4560

J. H. Laurie, *Corticotrophin und Cortison in der Dermatologie.* Vf. weist darauf hin, daß 2,5- u. 1% ig. *Hydrocortison*-Salbe eine sichere Meth. zur Kontrolle der meisten allerg. Dermatosen darstellt. (Lancet **266**. 265—66. 30/1. 1954. Montreal, Can., Merck u. Co. Ltd.) DOSSMANN. 4560

Arturo M. Mom, *Die Anwendung von Corticotropin (ACTH) in der Dermatologie. Untersuchung von 53 Fällen unter spezieller Berücksichtigung der Anwendung in Form intravenöser Tropfinfusion und Kombination mit anderen Medikamenten.* 53 Dermatosen verschied. Art wurden mit *ACTH*, das in der Mehrzahl der Fälle durch intravenöse Tropfinfusion in einer Tagesdosis von 10—20 I.E., insgesamt 100—2400 I.E. appliziert wurde, behandelt. In einigen Fällen wurde ACTH in Form des Gelatinegels intramuskulär injiziert oder mit Zugabe von Hyaluronidase zur intramuskulären Tropfinfusion verwendet. Heilung wurde bei Erythrodermia (7 Patienten), Erythema multiforme (3), Alopecia decalvans (1), Ekzema numulare (1) erzielt; eine 50—90% ig. Besserung bei Neurodermatitis (3), Lepra tuberosa (2), Lupus erythematodes (1), Radiodermatitis (1), Alopecia decalvans (1), Ekzema numulare (1), Pemphigus vulgaris (1); 50—75% ig. Besserung bei Erythrodermie (5), Epidermolysis ampullaris (1), Lupus erythematodes (1), Ekzema numulare (1), Sclerodermia (1), Pruritus senilis (1), Alopecia decalvans (1); 25—90% ig. Besserung bei Dermatomyositis (1), Erythrodermia (1), Neurodermatitis (7), Erythema multiforme (1), Pemphigus vulgaris (1). Ohne Erfolg blieb die Behandlung bei je einem Fall von Psoriasis arthropathica, Pemphigus vulgaris, Erythrodermia, Lymphogranuloma inginuale. (Prensa méd. argent. **40**. 2355—66. 4/9. 1953. Buenos Aires, Policlín. Evita, Dermatol.)
v. KEREKJARTO. 4560

Miguel Duaigües und **Elba Ivancovich,** *Erfolgreiche Behandlung eines Falles von Pemphigus foliaceus mit ACTH.* Ausführlicher Bericht über die zur Heilung führende Behandlung eines schweren Pemphigus foliaceus mit *ACTH*. 65jährige Frau. Behandlungsdauer 1 Jahr. Dosierung bis 40 E. täglich. (Semana méd. **102**. (**60**). 568—75. 23/4. 1953. Rosario, Argentinien, Hosp. Central „Dr. M. Freyre".)
P. G. SCHEURLEN. 4560

Shlomo Burstein, Kenneth Savard und **Ralph I. Dorfman,** *Die in vivo-Umwandlung von 21-Desoxycortison.* 2 Patientinnen mit rheumat. Arthritis erhielten im Verlauf von 20 bzw. 10 Tagen oral 3 bzw. 1 g *21-Desoxycorticosteron* [Δ^4-*Pregnenol-(17α)-trion-(3.11.20)*] (I). Aus dem Urin beider Patientinnen wurde als Stoffwechselprod. von I *Pregnandiol-(3α.17α-dion-(11.20)* isoliert u. durch F. sowie Ultrarotspektr. identifiziert (0,4 u. 0,62% der I-Menge). Aus dem Urin einer Frau wurden ferner *Ätiocholandiol-(3α.11β)-on-(17)* sowie dessen Dehydratisierungsprod. $\Delta^{9(11)}$-*Ätiocholenol-(3α)-on-(17)* u. aus Urin beider *Ätiocholanol-(3α)-dion-(11.17)* als I-Metabolite isoliert. Unverändertes I war nicht nachweisbar. Die Ergebnisse lassen eine Umwandlung der C_{21}-Verb. von I in gesätt. C_{19}- u. C_{21}-Derivv. der *5β*-Konfiguration erkennen. (Endocrinology **53.** 267—73. Sept. 1953. Shrewsbury, Mass., Worcester Foundat. for Exp. Biol.; Boston, Mass., Univ., School of Med., Dep. of Biochem. and Med.)
K. MAIER. 4561

Piera Pariscenti, *Der Einfluß des Cortisons auf die Speicherung von Vitalfarbstoffen.* Erwachsene Kaninchen wurden während 6 Tagen mit insgesamt 180 mg *Cortison* (I) behandelt; gleichzeitig wurden *Trypanblau* u. *Lithiocarmin* täglich intravenös injiziert. I bewirkt keine qualitative Änderung in der Speicherung dieser Farbstoffe, es bewirkt aber eine Verminderung der speichernden Zellen des reticuloendothelialen Syst. in Leber, Milz u. Lunge, die statist. gegenüber Kontrollen gesichert ist. Während I jedoch in der Leber u. Milz zu weiteren histolog. Veränderungen führt, bleiben diese in den Lungen aus. (Sperimentale **103.** 186—91. 1953. Milano, Univ., Ist. di Clin. Med. Gen.)
P. G. SCHEURLEN. 4561

Robert C. Moehlig und **Albert L. Steinbach,** *Störung der Calciumtherapie bei Hypoparathyreoidismus durch Cortison.* Bei einer Patientin, die wegen postoperativen Hypoparathyreoidismus Ca-Präpp. erhielt, kam es während *Cortison* (I)-Therapie wegen Arthritis zu einer plötzlichen Abnahme von Serum-Ca, Anstieg von Serum-P u. schweren Tetaniesymptomen. Absetzen der I-Zufuhr führte zu promptem Abstieg des Serum-Ca u. Normalisierung des tetan. Zustandes. Diese Beeinflussung des Ca–P-Stoffwechsels durch I konnte an 3 weiteren Fällen bestätigt werden. In Fällen von labilem Ca-Stoffwechsel, wie bei Hypoparathyreoidismus u. ulcerativer Colitis, muß deshalb vor I-Therapie gewarnt werden. (J. Amer. med. Assoc. **154.** 42—44. 2/1. 1954. Detroit, Harper Hosp.)
KRUSEN. 4561

Ralph W. McKee und **Jerome K. Walker,** *Sauerstoffverbrauch von Schnitten der Nebenniere von normalen und skorbutischen Meerschweinchen und der Einfluß von zugefügtem ACTH.* Bei n. u. skorbut. Meerschweinchen wurde der O_2-Verbrauch von Schnitten der Nebenniere untersucht u. die Respirationsaktivität verschied. Nebennierenteile, der Gesamtverbrauch an O_2 u. die Veränderungen durch *ACTH* (I) bestimmt. Zus. des Mediums nach ANFINSEN u. Mitarbeiter (J. exp. Medicine **84.** [1946.] 607). Als Substrat für die Respirationsverss. diente Glucose. — Vff. fanden, daß der O_2-Verbrauch bei skorbut. Tieren fast auf das Doppelte anstieg (Q_{O_2} bei Normaltieren 2,77, bei skorbut. 5,63). I verursachte in vitro einen Anstieg des O_2-Verbrauchs um 55% (Q_{O_2} 4,03), bei skorbut. Gewebe war kein Anstieg festzustellen. Es wird angenommen, daß hier bereits eine maximale Stimulierung vorliegt. — Die Ergebnisse werden kurz diskutiert. (Science [Washington] **118.** 133—35. 31/7. 1953. Boston, Mass., Cancer Res. Inst., New England Deaconess Hosp., u. Harvard Med. School, Dep. of Biol. Chem.)
WOLFGANG ALBRECHT. 4561

Carlos M. Colque und **Samuel Wais,** *Die Wirkung des Cortisons auf die 17-Ketosteroide bei Nebennierenrindenhyperplasie.* Bei 4 Fällen von Nebennierenrindenhyperplasie — gemessen an der erhöhten Urinausscheidung der 17-Ketosteroide (I) — wurde bei mehrwöchiger Anwendung von *Cortison* (II; 12,5—50 mg täglich) eine Red. der Ausscheidung von I beobachtet. Bei virilisierenden Tumoren der Nebennieren u. beim CUSHING-Syndrom bleibt die Wrkg. des II aus. (Prensa méd. argent. **40.** 3384—88. 11/12. 1953. Buenos Aires, Hosp. Rivadavia.)
P. G. SCHEURLEN. 4561

C. Blanco Soler, A. Salgado Alba und **Blanco Soler y Ros,** *Betrachtungen über die Behandlung mit radioaktivem Jod bei 40 Fällen von Hyperthyreose.* Überblick über die bisherigen Behandlungsmöglichkeiten der Schilddrüsenüberfunktion. Als Mittel der Wahl wird ^{131}J genannt, das außer bei Gravidität u. Lactationszeit keine Kontraindikationen besitzt u. das bei 40 Patienten auch keine Unverträglichkeitserscheinungen erzeugte. (Semana méd. **103** (**60**). 325—35. 3/9. 1953. Madrid, Hosp. Central de la Cruz Roja.)
P. G. SCHEURLEN. 4562

Robert J. Kerr, Sherwood K. Haynes und **George R. Meneely,** *Eine Untersuchung der Methoden zur Bestimmung des ^{131}J-Gehaltes der menschlichen Schilddrüse mittels eines NaJ-Scintillationsspektrometers.* (Sitzungsbericht.) Die Diagnose von Schilddrüsenbefunden mittels ^{131}J u. externer Intensitätsmessung mit einem GEIGER-Zähler wird durch Streustrahlung gefälscht. Durch Messungen an 2 Patienten u. entsprechenden Phantomen der Schilddrüse mittels eines NaJ(Tl)-Scintillationsspektrometers mit u. ohne $^1/_8$ Zoll-Pb-Filter wurde gezeigt, daß exakte Diagnosen nur mit Pb-Filter u. unter Heranziehung von Phantommessungen gestellt werden können. (Physic. Rev. [2] **91.** 214. 1/7. 1953. Thayer Veterans Admin. Hosp., u. Vanderbilt Univ.) REUSSE. 4562

E. Ciaranfi und **A. Fonnesu,** *Verhalten von Acetat bei experimentellem Diabetes.* Der Acetatspiegel des arteriellen Blutes von Hunden, denen die Pankreasdrüse entfernt wurde, ist gegenüber dem von n. Hunden erhöht (7,0 bzw. 11,2 mg/100 ml). Intracardial injizierte Essigsäure (100—250 mg/kg Körpergewicht, p_H 7,4, mit Natriumacetat gepuffert) wurde von gesunden Tieren wesentlich schneller abgebaut als von diabetischen. Der Ketonkörperspiegel im Blut stieg beim gesunden Tier wenig u. kurzfristig an, während er beim diabet. Tier stärker u. langfristiger anstieg. Vff. schließen daraus, daß die Essigsäure bei Diabetikern geringer aktiviert ist, d. h. daß die Acetylierung des Coenzyms A verlangsamt wird. (Nature [London] **172.** 961. 21/11. 1953. Perugia, Italien, Univ., Inst. of Gen. Pathol.) NIEMANN. 4564

Joachim Brugsch, *Über Hämatine und Hämine.* Wiedergabe von 3 Absorptionsspektren *Hämatin* (? d. Ref.) -haltiger Körper-Fll. (Serum bei Anaemia perniciosa, Serum bei hämolyt. Ikterus, Pleurapunktat bei Pleuracarcinom). (Z. ges. inn. Med. Grenzgebiete **8.** 905—06. 1/10. 1953. Berlin, Univ., I. Med. Klinik.) SCHELER. 4572

D. Schneider, W. Künzer und **E. Ambs,** *Hämoglobingehalt der Erythrocyten und Blutmauserung.* Durch chron. Gaben von *Natriumnitrit* an Kaninchen, Katzen u. Hunde kommt es zum steilen Anstieg der Reticulocyten (Rc.) auf das 2—6fache u. einem Abfall des Hämoglobins (Hb.) um 12—25%. Nach vorübergehendem Abfall der Rc. zwischen dem 3.—5. Tag ist ihr Wiederanstieg auch von Hb.-Anstieg begleitet. 3 Tage nach der letzten Injektion erreichen die Rc. wieder die Norm. Die Funktion der Erythrocyten ist nach Nitritbelastung gestört, die Lebensdauer infolge der Überbeanspruchung der Reduktionssysteme verkürzt u. die Blutmauserung beschleunigt. (Z. ges. exp. Med. **122.** 90—94. 1953. Würzburg, Univ., Kinderklinik.) MATTHIES. 4573

Masabumi Yamasaki und **Fumio Chiba,** *Über die chemischen Eigenschaften der Z-Granula.* 1. Mitt. *Ribonucleasetest.* Ein weiterer Beweis für die Existenz eines neuen Elementes in der Granulocytenreihe — die Zeta (Z)-Granula — wird geliefert. Quetschpräpp. von Kaninchenknochenmark werden mit Methanol oder nach SUSA fixiert u. direkt oder nach Incubation mit Ribonuclease mit Thionin–Natrium-Acetatlsg. angefärbt. Es zeigt sich, daß die Entfernung der Ribonucleinsäure weder die Granula selbst noch ihr metachromat. Verh. beeinflußt. Andererseits bringt die Anwendung von LUGOLscher Lsg. + $Na_2S_2O_3$ nach SUSA-Fixierung eine deutliche Schwächung der Färbbarkeit. Unter gewissen Bedingungen sind die Granula durch MAY-GIEMSA-Reagens nachweisbar in einer den Azurgranula ähnlichen Farbe. (Tohoku J. exp. Med. **57.** 16. 25/12. 1952. Sendai, Univ., Tohoku, Dep. of Anatomy. [Orig.: engl.]) W. D. WEINMANN. 4573

Masabumi Yamasaki, *Über die chemischen Eigenschaften der Z-Granula.* 2. Mitt. *Hydrolysentest.* (1. vgl. vorst. Ref.) Quetschpräpp. von Kaninchenknochenmark wurden nach Fixierung nach SUSA bei 57° mit 0,1 nHCl behandelt u. anschließend mit Thionin–Na-Acetatlsg. angefärbt. Es zeigte sich, daß nach einer 40 Min. langen Hydrolyse die Granula ihr metachromat. Verh. verloren hatten. Gleichzeitig wurde gefunden, daß das Chromatin (bes. in der Erythroblastenreihe) teilweise braun metachromat. wird, bei längerer Hydrolyse diese Eig. jedoch wieder verliert. Andererseits zeigte hydrolysierte Desoxyribonucleinsäure (3 Std. in 0,1nHCl) eine ähnliche, rotbraune bis braune Metachromasie. (Tohoku J. exp. Med. **57.** 108. 25/2. 1953. Sendai, Univ. Tohoku, Dep. of Anatomy. [Org.: engl.]) W. D. WEINMANN. 4573

Masabumi Yamasaki und **Tsunetake Oikawa,** *Über die chemischen Eigenschaften der Z-Granula.* 3. Mitt. *Pyronin–Methylgrün-Anfärbung.* (2. Mitt. vgl. vorst. Ref.) Quetschpräpp. von Kaninchenknochenmark wurden nach Fixierung mit Methanol mit 1%ig. Pyroninlsg., 1%ig. Methylgrünlsg. u. mit beiden nacheinander angefärbt. Es wurde gefunden, daß sich die Z-Granula mit Pyronin genau wie mit Thionin anfärben (gelb bis rotgelb). Die jeweilige Anfärbung von Desoxyribonucleinsäure u. Ribonucleinsäure wird angegeben. (Tohoku J. exp. Med. **57.** 136. 25/2. 1953. Sendai, Univ. Tohoku, Dep. of Anatomy. [Orig.: engl.]) W. D. WEINMANN. 4573

Z. Stary und **M. Yuvanidis,** *Über den Hexuronsäuregehalt der Serumproteine.* Die Serumproteine des Menschen enthalten n. 0,12—0,14% festgebundener *Hexuron-*

säure (I). In den kohlenhydratreichen Fraktionen der Serumproteine ist auch der I-Geh. verhältnismäßig hoch; in einer aus Rinderserum hergestellten Mucoproteinfraktion ließen sich 0,042% Glucuronsäure nachweisen. Es ist wahrscheinlich, daß I einen Bestandteil eines Teiles der im Serum enthaltenen, proteingebundenen Polysaccharide bildet. Neben I-haltigen Mucoproteinen scheinen auch I-freie im Serum aufzutreten. Die proteingebundenen I-Reste sind zu ungefähr gleichen Teilen auf die Albumin- u. Globulinfraktion verteilt, jedoch enthalten prozentual die Globuline meist mehr I. Ggw. von I in den prosthet. Kohlenhydratgruppen der Serumproteine erklärt auch die bes. hohe elektrophoret. Wanderungsgeschwindigkeit der kohlenhydratreichen Fraktionen u. die bei gewisser pathol. Vermehrung des Polysaccharidsgeh. der Serumproteine auftretende Zunahme der sauren α-Globulinfraktion. (Biochem. Z. **324**. 206—13. 1953. Istanbul, Univ., Biochem. Inst.) Nehring. 4574

George V. Mann, Dana L. Farnsworth und **Fredrick J. Stare,** *Eine Bewertung des Einflusses einer* DL-*Methioninbehandlung auf die Serumlipoide bei männlichen erwachsenen Amerikanern.* Unterss. an 24 amerikan. Männern mit leichter bis stärkerer Erhöhung von Serumcholesterin (I) u. verschied. Lipoproteinklassen wurden in der Weise durchgeführt, daß die Versuchspersonen 6 Wochen lang ihre gewohnte Kost erhielten u. zusätzlich pro Tag 3 g DL-Methionin in 3 gleichen Dosen zu den Mahlzeiten. Weder der I- noch der Lipoproteinspiegel wurden durch diese Behandlung beeinflußt. (New England J. Med. **249**. 1018—19. 17/12. 1953. Boston.) Nehring. 4574

J. Sirman, P. Charvoz und **H. Dubois-Ferrière,** *Experimentelle und klinische Untersuchung über ein Hämostaticum zur rectalen Anwendung:* α-*Naphthylamin-4-natriumsulfonat* (*Naphthionine S.N.S.*). Vff. zeigen in experimentellen u. klin. Unterss., daß in Fällen mit verlängerter Blutungs- u. Blutgerinnungszeit drohende Hämorrhagien durch parenterale Injektionen von α-*Naphthylamin-4-natriumsulfonat* = *Naphthionine S.N.S.* erfolgreich behandelt werden können. Sind die Hämorrhagien weniger gefahrvoll, so kann mit wiederholt gegebenen Suppositorien ein den Injektionen vergleichbares Ergebnis erzielt werden. (Praxis [Bern] **42**. 788—90. 17/9. 1953.) K. Böhm. 4574

J. Laporte, *Wirkung des Glykosids des* α-*Naphthylamin-4-natriumsulfonats bei rectaler Anwendung.* Vf. untersuchte an erwachsenen weißen Kaninchen die Wrkg. des Glykosids des α-*Naphthylamin-4-natriumsulfonats* (I) bei rectaler Anwendung u. fand eine Schleimhautresorption von 50—60%. Diesen Werten entspricht die hämostat. Wrkg. in bezug auf die Blutgerinnungs- u. Blutungszeit. Intravenöse Zufuhr einer vergleichbaren Lsg. von I ergibt, daß die hämostat. Wrkg. der aufgenommenen Menge des Glykosidpräp. in allen Punkten der parenteral zugeführten Lsg. vergleichbar ist. (Praxis [Bern] **42**. 791—92. 17/9. 1953. Barcelona.) K. Böhm. 4574

Helmut Overkamp, *Untersuchungen über das Verhalten der Serumproteine bei intravenöser Applikation großer Eisenmengen.* Vf. untersuchte mit Hilfe nach Kjeldahl u. elektrophoret. die Serumproteine vor u. nach intravenöser Injektion größerer Fe-Mengen (kolloidales Fe-Saccharat). Bei parenteraler Applikation konnte keine nachteilige Beeinflussung des Serumproteinhaushaltes nachgewiesen werden; im Gegenteil wurde bei infektbedingten Disproteinämien eine auffallend schnelle Normalisierung patholog. Serumproteinveränderungen beobachtet. Vf. schließt daraus, daß hochdosierte parenterale Fe-Medikation die Infektabwehr des Organismus stimuliert u. bei Überwindung eines Infektes wesentlich mitwirkt. Eine Blockade des reticulo-endothelialen Syst. im Sinne einer Hemmung der Serumproteinproduktion bei intravenöser Applikation sehr großer Fe-Mengen ist nicht zu befürchten. (Ärztl. Forsch. **7**. I/478—82. 10/10. 1953. Solingen, Städt. Krankenanstalten.) Nehring. 4576

Heribert Berger, *Perorale Eisentherapie bei Anämien des Kindesalters.* Bericht über die erfolgreiche Behandlung von Anämien des Kindesalters mit „*Ferronicum*", einem Ferrogluconat. (Praxis [Bern] **42**. 1029—38. 3/12. 1953. Bern, Univ., Kinderklinik.) Scheler. 4576

Nathan Millman und **Fred Rosen,** *Das Fehlen eines Einflusses von phosphoryliertem Hesperidin auf die Fruchtbarkeit von Nagetieren.* Entgegen früheren Berichten (Sieve, Science [Washington] **116**. [1952.] 373 u. Martin, C. **1952**. 7835 beobachteten Vff. keinen Einfl. von phosphoryliertem *Hesperidin* (I) auf die Fruchtbarkeit von Ratten, Mäusen usw. Vff. weisen bes. auf die Vielzahl der Prodd. hin, die nach verschied. Methoden bei der Phosphorylierung von I erhalten werden. Vff. arbeiteten nach Meth. Beiler u. Martin (C. **1949**. II. **431**). (Science [Washington] **118**. 212—13. 21/8. 1953. Raritan, N. J., Ortho Res. Found.) Bratfisch. 4582

H. G. Borei und **U. Björklund,** *Die Wirkung von Versene auf Seeigeleier.* Entw. u. Fruchtbarkeit von unter- u. überreifen Seeigeleiern werden durch *Versene* (**I**; *Äthylendiamintetraessigsäure*) in Konzz. von 10^{-4} bis 10^{-3} mol. stark gefördert. **I** bewirkt eine Quellung der Gallerthülle u. eine Viscositätsabnahme von Cortex u. innerem Cytoplasma. Die Entw. der Larven wird durch **I** nicht beeinflußt. (Exp. Cell Res. **5.** 216—19. Sept. 1953. Stockholm, Univ., Wenner-Greens Inst., Dep. of Biophys.) KRUSEN. 4583

Charles Glen King, *Neuere Forschungen in der Ernährung.* In dem Vortragsbericht wird über neuere Forschungen auf dem Gebiete der Ernährung bei Kinderkrankheiten (Fettleber, Darmkrankheiten, Zahnfäule), über die Bedeutung der Spurenelemente (bes. des Mo), des Colostrums, über pränatale Ernährung, über Aminosäurendefizit, neue Vitamine, Antibiotica u. intestinale Synth. u. Lipoide referiert. — 55 Literaturangaben. (J. Amer. dietet. Assoc. **30.** 13—16. Jan. 1954. New York City, Columbia Univ., u. Nutr. Found., Inc.) PATZSCH. 4585

Wolfgang Reinke, *Die Serumwerte freier Aminosäuren bei Säuglingen nach Mahlzeiten mit homogenisierter und nichthomogenisierter Milch.* Die colorimetr. Analyse des Blutserums von Säuglingen ergab, daß sich nach 2 u. 4 Std. nach der Nahrungsaufnahme von homogenisierter u. nichthomogenisierter Milch kein Unterschied in der Konz. freier Aminosäuren zeigte. (Z. Kinderheilkunde **72.** 347—50. 1953. Lübeck, Städt. Krankenhaus.) G. REICHARDT. 4585

L. Krüger und **J. K. Hinrichsen,** *Versuche zur Frage der Eiweißgaben, Eiweißformen und Ergänzungsstoffe in der Schweinemast.* (Teilbericht.) Da die Schweinemast sich in einer Umstellung zum fleischwüchsigen Schwein befindet, führten Vff. Fütterungsverss. (bes. mit veredelten Landschweinen) hinsichtlich der Eiweiß (**I**)-Gaben u. **I**-Formen aus. Eine Verringerung des Anteils an tier. **I** von 40 (%) auf 20 führt bei vielseitig zusammengesetztem Futter nicht zu einem Abfallen der Zunahme u. zu einer schlechteren Futterverwertung unter der Voraussetzung, daß genügend hochwertiges pflanzliches **I** vorhanden ist. Trockenbuttermilch, Trockenmolke, Molken-**I** oder Fischmehl ergeben die sicherste Mast. (Züchtungskunde **25.** 141—50. Febr. 1954. Giessen, Justus-Liebig-Hochsch., Inst. für Tierzucht u. Milchwirtsch.) PATZSCH. 4585

K. Trautwein, *Stand der Bekämpfung der Mangelkrankheiten in Südbaden.* Vortrag über Fütterungsschäden bei Nutztieren. — 17 Literaturangaben (1950—52). (Schriftenreihe über Mangelkrankh. **1953.** Heft 2. 3—7. Freiburg/Br., Univ., Tierhygien. Inst.) SCHLOTTMANN. 4585

L. Hilpoltsteiner, *Über Zusammenhänge von Mangelerscheinungen in Boden, Pflanze und Tier (insbesondere beim Wiederkäuer).* Vortrag mit prakt. Hinweisen auf jeweilige Maßnahmen zur Bekämpfung von Mangelschäden auf Grund von Boden- u. Futteranalysen, Düngungsverss. u. tierärztlichen Befunden (Blut- u. Harnunterss.). (Schriftenreihe über Mangelkrankh. **1953.** Heft 2. 8—21. München, Bayer. Landesanst. für Moorwirtsch.) SCHLOTTMANN. 4585

Eschenhagen, *Stand der Arbeiten auf dem Gebiet der Mangelkrankheiten in Schleswig-Holstein.* Vortrag, der neben Cu-, B-, Mn-Mangel einige Tierkrankheiten noch unbekannter Ursache kurz behandelt (Lämmerlähme in Außendeichgebieten bei Heide/Holst., Schlickfreßsucht der Lämmer auf den Halligen, Leberbrüchigkeit bei Schafen nördlich Husum beim Weiden auf abgeernteten Weißkohlfeldern). (Schriftenreihe über Mangelkrankh. **1953.** Heft 2. 22—28. Kiel.) SCHLOTTMANN. 4585

G. Schreiber, *Methoden der Erforschung der Mineralmangelkrankheiten.* Vortrag. (Schriftenreihe über Mangelkrankh. **1953.** Heft 2. 29—33. Stuttgart, Württ. Tierärztl. Untersuchungsamt.) SCHLOTTMANN. 4585

W. Oelschläger und **R. Krieg,** *Der Gehalt an Spurenelementen in Wirtschaftsfuttermitteln und Tierorganen.* Dissertationsauszug mit zahlreichen tabellar. Analysenresultaten: Na, K, Mg, Ca, Al, V, Mo, Mn, Fe, Co, Ni, Cu, Zn, Si, P in Futtermitteln verschied. Standorte, Angaben über Roh-, Rein- u. verdauliches Protein, Rohfett, Rohfaser, N-freie Extraktstoffe, Stärkewerte, Nährwert usw. Die Beziehungen der Spurenelemente zueinander u. zu anderen Mineralstoffen in den Futtermitteln werden diskutiert. Mineralanalysen von Fleisch, Blut, Organen u. Knochen gesunder u. mangelkranker Wiederkäuer werden aufgeführt u. besprochen. — 50 Literaturangaben. (Schriftenreihe über Mangelkrankh. **1953.** Heft 2. 34—68. Hohenheim, Landw. Hochsch., Inst. für Tierernährungslehre.) SCHLOTTMANN. 4585

H. R. Cama und **R. A. Morton,** *Spektroskopische Eigenschaften von Vitamin A_2. Anwendung auf die Bestimmung in Kabeljauleberöl.* Das durch Red. von Retinen₂ mit $LiAlH_4$ erhaltene *Vitamin A_2* zeigt im UV Maxima bei 351 mμ (E $\left[= E^{1\%}_{1\,cm}\right]$ ca. 1400)

u. bei 287 mμ (E ca. 780), die mit $SbCl_3$-Reagens erhaltene blaue Lsg. zeigt λ_{max} 693 mμ (E ca. 3900). Die Absorption bei zahlreichen Wellenlängen in Cyclohexan, Isopropylalkohol, A. u. Bzn. wird angegeben. Die biol. Aktivität von A_2 wird zu 1,33 · 10^6 I.E./g, die von A_1 zu 3,33 · 10^6 I.E./g berechnet. In Kabeljauleberöl beträgt A_2 ca. $^1/_7$ des Gesamt-A. Durch die Messung der Extinktion bei 693 mμ (A_2) u. 620 mμ (A_1) im $SbCl_3$-Test (unverseifbare Fraktion) bzw. bei 326, 351 u. 286 mμ lassen sich A_1 u. A_2 nebeneinander bestimmen, wobei sich aus der A_2-Extinktion bei 693 mμ der A_2-Anteil bei 351 u. 327 mμ berechnen läßt. An Hand eines Beispiels wird ein Umrechnungsfaktor für die wahrscheinliche A_2-Verteilung der Aktivität angegeben. Die Vitamin-A-Aktivität wurde in einem Kabeljauleberöl zu 6,5% bestimmt. (Analyst **78**. 74—79. Febr. 1953. Liverpool, Univ., Dep. of Biochem.) H.-J. KOCH. 4587

I. P. Agrawala, C. F. Huffman, R. W. Luecke und **C. W. Duncan,** *Eine quantitative Untersuchung der Synthese im Rinderpansen bei natürlichem und speziell zusammengesetztem Futter.* 3. Mitt. *Riboflavin, Pantothensäure und Niacin.* (2. vgl. C. **1954**. 5102.) Die mikrobiol. Unters. des Panseninhaltes von Kälbern (mit Pansenfistel), die ein spezielles, prakt. von *B-Vitaminen* (I) freies Futter mit Harnstoff als einziger wesentlicher *N*-Quelle erhielten, ergab, daß die Pansenflora innerhalb 6 Std. nach Fütterung ebensoviel *Riboflavin* (20 mg) u. *Niacin* (154 mg), jedoch nur halb so viel *Pantothensäure* (31 mg) synthetisiert, wie im Pansen eines n. ernährten Kalbes gefunden wurde. Die höheren I-Werte im Pansen des letzteren waren annähernd den mit der Nahrung aufgenommenen I-Mengen äquivalent. (J. Nutrit. **49**. 631—38. 10/4. 1953. East Lansing, Mich., Michigan State Coll., Dep. of Dairy and Agric. Chem.) K. MAIER. 4587

W. Stich, *Antimegaloblastische Wirkstoffe und Porphyrinstoffwechsel. Folsäure* führt zu einem Anstieg des *Protoporphyrins* (**I**) u. des *Koproporphyrins* (**II**) in den Erythrocyten sowie zu einer Vermehrung des **II** im Harn. Die Wrkg. tritt schnell ein u. ist in bezug auf die Koproporphyrinurie von langer Dauer. *Vitamin* B_{12} führt nur zu einem langsamen Anstieg von **I** u. **II** in den Erythrocyten, im Urin ist keine Vermehrung von **II** festzustellen. Die stärkere Wrkg. von Folsäure wird auf deren Bedeutung für den Einbau von *Glykokoll* in das Porphyrinskelett zurückgeführt. (Z. klin. Med. **150**. 392—97. 1953. München, Univ., I. Med. Klinik.) MATTHIES. 4587

Irene Boll, *Beitrag zur oralen Behandlung der kompensierten perniciösen Anämie.* Vf. gibt eine Übersicht über den derzeitigen Stand der Behandlung der perniciösen Anämie u. berichtet über einjährige erfolgreiche Behandlung bei 21 von 22 Patienten mit kompensierter Perniciosa mit dem oralen *Vitamin-B_{12}–Folsäure–Apoerythein*-Präp. *Hepanovin* (NORDMARK-WERKE, Hamburg). (Ärztl. Wschr. **8**. 1152—53. 27/11. 1953. Berlin, Städt. Krankenhaus Moabit.) K. BÖHM. 4587

Rudolf Wetzstein, *Weitere Untersuchungen über die Wirkung von „Vitamin T" im Kaulquappenversuch.* An Kaulquappen von Rana temporaria u. Xenopus laevis prüfte Vf. die Wrkg. von *T-Vitamin „Goetsch"* (**I**), eines ähnlichen Extraktes (**II**) u. eines synthet. Vitamingemisches (**III**; 8,8 mg *Thiamin,* 8,8 mg *Riboflavin,* 44,0 mg *Nicotinsäureamid,* 0,25 mg *d-Biotin,* 88,0 mg *Ca-Pantothenat,* 44,0 mg *Pyridoxin,* 0,25 mg *Folsäure,* 88,0 mg *Cholinchlorid,* 240,0 mg *Mesoinosit,* 0,88 mg *p-Aminobenzoesäure* in 10 ml). Die Substanzen wurden in Konzz. von 1 : 5000 u. 1 : 10000 angewendet. **I** u. **II** bewirkten eine Wachstumsförderung hinsichtlich Länge, Gewicht u. Trockensubstanzgeh. u. damit auch einen früheren Eintritt der Metamorphose. Die Wrkg. von **I** u. **II** setzt häufig erst nach einem depressiven Stadium ein, wogegen **III** in seiner wachstumsfördernden Wrkg. sofort einsetzt u. später nachläßt. Die Wrkg. von **I** ist zum Teil eine indirekte, da **I** das Wachstum der Mikroorganismen stark fördert u. dadurch den Kaulquappen reichliche Nahrung liefert. (Z. Biol. **106**. 178—99. 1953. München, Univ., Inst. für Histol. u. exp. Biol.) KRUSEN. 4587

E. Marchetti, *Über die rectale Resorption von Cholesterinoleat.* Verss. an Kaninchen mit Suppositorien, enthaltend 20 cg *Cholesterinoleat* + 6000 I.E. *Vitamin A* (**I**) + 1500 I.E. *Vitamin D* (**II**; Präp. *Coleotene D,* SERONO). Das Maximum des Cholesterinanstieges im Serum liegt 90 Min. nach der Applikation. Da von BARILLI u. PERUZZI (Riv. Clin. Pedriatrica **3**. [1952.] 196) gefunden wurde, daß die Kurve der **I**-Rectalresorption sehr ähnlich verläuft, schließt Vf. auf das gleiche Verh. von **II**. Damit würde die Wrkg. des genannten Präp. der des Injektionspräp. *Coleotene D Forte* entsprechen bei weniger unangenehmer Applikationsart. (Rass. Clin., Terap. Sci. affini **52**. 1—5. Jan./Febr./März 1953. Rom, Ist. Naz. Med. Farmacol. „Serono".) SCHLOTTMANN. 4594

Georg Brox, *Beiträge zum Glucuronsäurestoffwechsel.* 2. Mitt. *Zur Pathologie. Die Glucuronsäureausscheidung beim Diabetes mellitus.* (1. vgl. C. **1953**. 7851.) Die

Glucuronsäure (I)-Ausscheidung, die beim n., gesunden Menschen in 24 Std. 0,25 bis 0,45 g beträgt, wurde an 720 Diabetikern (D.) verfolgt. Es lassen sich 3 Gruppen unterscheiden: 1. sogenannte neue D. mit schweren Stoffwechselstörungen, Acidosen, präcomatös oder comatös, mit einem Mittelwert von 3,5 g I/24 Std. (1,3—7,8 g); 2. D. im Zustande der Besserung mit noch bestehender Restglykosurie mit 0,9 g (0,6—1,6) u. 3. eingestellte D. mit n. Blutzucker u. Aglykosurie mit 0,4 g (0,3—0,6). D. mit Komplikationen (Gangrän, Retinitis, Dysbasia) hatten im Mittel 1,1 g I-Exkretion täglich. Belastungen mit *Glucose* führten nicht zu Erhöhungen der I-Ausscheidung, starke Zunahmen wurden dagegen nach Zufuhr von *Menthol* festgestellt. (Dtsch. Z. Verdauungs- u. Stoffwechselkrankh. **13.** 193—96. Sept. 1953. Leipzig, Univ., Med. Klinik.) KRUSEN. 4596

Georg Brox, *Beiträge zum Glucuronsäurestoffwechsel.* 3. Mitt. *Zur Pathologie. Die Glucuronsäureausscheidung bei Lebererkrankungen.* (2. vgl. vorst. Ref.) In zahlreichen Fällen von akuten Hepatitiden, diffusen Leberschäden u. Lebercirrhosen wurden gegenüber den n. Werten sehr niedrige *Glucuronsäure* (I)-Mengen im Harn gefunden, nämlich in 24 Std. 0,01—0,1 g. Im Coma hepaticum war I kaum noch bestimmbar. Auch durch Belastungen mit *Menthol* wurden keine Erhöhungen der I-Exkretion erreicht. Die I-Ausscheidung ist oft schon vermindert, wenn die üblichen Leberfunktionsproben noch keine Leberschädigung anzeigen. Ein Anstieg der I im Harn nach Mentholzufuhr kann als prognost. günstiges Zeichen betrachtet werden. (Dtsch. Z. Verdauungs- u. Stoffwechselkrankh. **13.** 198—202. Sept. 1953.) KRUSEN. 4596

Alfred Schwenk, Elisabeth Schwenk und **Ursula Künnecke,** *Untersuchungen über die Kreatinin- und Kreatinausscheidung im Urin bei Mädchen im Reifealter.* Verss. ergaben, daß die früh- u. n. reifenden Mädchen mit der größeren Körpermasse durchschnittlich mehr Kreatin abscheiden als die spät reifenden, daß der Kreatininkoeff. der früh u. n. reifenden infolge des größeren Anteiles an Fettgewebe in den meisten Fällen kleiner als der der spät reifenden Mädchen ist, u. daß die Variabilität der Kreatinausscheidung bei den früh u. n. reifenden größer ist als bei den spät reifenden. Da gleichaltrige n. reifende 28—30 Tage auseinanderliegende Maxima bzw. Minima der Kreatinausscheidung zeigen, wird vermutet, daß sich in der rhythm. Kreatinausscheidung schon vor der Menarche der sich anbahnende hormonelle Cyclus anzeigt. (Z. Kinderheilkunde **72.** 293—305. 1953. Köln, Univ., Kinderklinik.) G. REICHARDT. 4596

Harry Boström, Erik Odeblad und **Ulf Friberg,** *Eine qualitative und quantitative autoradiographische Untersuchung über die Aufnahme von ^{35}S-markiertem Natriumsulfat in die Haut der ausgewachsenen Ratte.* Die zu untersuchenden Hautproben wurden laufend 2—384 Std. nach Injektion der Testlsg. entnommen. Eine hohe ^{35}S-Aufnahme wurde im Corium, den Haarfollikeln, den Wänden der kleinen Gefäße u. den Mastzellen festgestellt. Der zeitliche Verlauf der Aufnahme u. Wiedergabe wird dargelegt. Eine quantitative Unters. dieser Vorgänge beim Corium wird beschrieben. Die Ergebnisse stimmen mit solchen überein, die durch Analyse von aus der Haut isolierter markierter Chondroitinschwefelsäure erhalten worden waren (vgl. BOSTRÖM u. GARDELL, C. **1953.** 6521). (Acta pathol. microbiol. scand. **32.** 516—21. 1953.) SCHWAIBOLD. 4596

Jiro Akaiwa, *Untersuchungen über die Furoylglycinmethode als Prüfverfahren für die Leberfunktion.* Perfusionsverss. mit *Furancarbonsäure* u. *Glycin* bei Kaninchenlebern u. -nieren (getrennt) ergaben, daß *Furoylglycin* (I) im Verhältnis 5 : 1 von Leber bzw. Niere synthetisiert wurde. Durch geeignete Vergiftung der Leber bzw. Niere wurde die I-Synth. stark herabgedrückt. Sämtliche Verss. sprechen für die Überlegenheit des I-Tests. (Hukuoka Acta med. [Hukuoka-Igaku-Zassi] **44.** 290—95. April 1953. Kyushu Univ. [Orig.: japan.; Auszug: engl.]) SCHULER. 4597

F. Bicknell and F. Prescott, The vitamins in medicine. 3rd edn. London: Heinemann Medical Books. 1953. (748 S. m. Abb.) 70 s.

G. H. Bourne and G. W. Kidder, eds. Biochemistry and physiol. of nutrition. V. 2. New York: Academic Press. 1953. (653 S. m. Abb.) $ 15, –.

Alessandro Crocetta, Lezioni di chimica biologica. Le vitamine. Genova: Ed. Pacetti e. M. Bozzi. 1952. (183 S.) L 1500,—.

E6. Pharmakologie. Therapie. Toxikologie. Hygiene.

P. Hillemand und **J.-H. Marchand,** *Die Röntgentherapie entzündlicher Erkrankungen auf dem Gebiet der Proktologie.* Vff. berichten über 30jährige Erfahrungen mit der Röntgentherapie entzündlicher Erkrankungen an Anus u. Rectum (hämorrhoidale

Entzündungen, Analfissuren, Abscesse usw.). Die lokale Bestrahlung mit 100 r führt in manchen Fällen bereits in einer Sitzung zur Abheilung, bei chron. Fällen ist mitunter eine zweite Bestrahlung erforderlich. Vff. arbeiten mit Strahlen von 150 KV mit 0,5 mm Cu + 2,0 mm Al-Filter bei 4—5 m Hautabstand. (Semaine Hôpitaux Paris **29**. 3315—18. 26/10. 1953.) REUSSE. 4601

H. Crocquefer und **J.-H. Marchand,** *Die Röntgenstrahlen auf dem Gebiet der Stomatologie.* Vff. behandeln die Röntgentherapie entzündlicher Krankheiten im Mund- u. Kiefergebiet, z. B. bei Entzündungen nach Extraktionen oder zur Rückbldg. entzündlicher Prozesse vor der Ausführung chirurg. Maßnahmen. Empfohlen werden Sitzungen zu je 100—150 r. Gesamtdosen bis zu 1000 u. mehr r. (Semaine Hôpitaux Paris **29**. 3321—23. 26/10. 1953.) REUSSE. 4601

J.-H. Marchand, J. Clautour und **J. Bennett,** *Die Strahlentherapie von entzündlichen Affektionen der Haut und des subcutanen Gewebes.* Vff. berichten über mehr als 1000 Fälle von entzündlichen Krankheiten der Haut u. der subcutanen Gewebe (Furunkel, Hidrosadenitis, Abscesse, Panaritium) u. deren Therapie mit Röntgenbestrahlungen. Günstig ist frühzeitige radiolog. Behandlung, die Gesamtdosis beträgt bis zu 1000 r. Bes. im Fall des Panaritium wurden auch in schweren Fällen gute Erfolge erzielt, d. h. die Ausbreitung der Entzündung verhindert, unter Umständen Amputationen vermieden u. die Folgeerscheinungen der Krankheit günstig beeinflußt. (Semaine Hôpitaux Paris **29**. 3323—26. 26/10. 1953.) REUSSE. 4601

S. P. Strugger, A. T. Krebs und **Z. S. Gierlach,** *Studien über die Röntgenstrahlen-Frühwirkung am lebenden Protoplasma mit modernen Fluorescenzfarbstoffen.* Es wird auf die Brauchbarkeit von Vitalfärbungen mit Acridinorange, Auramin u. a. zur frühen Darst. des Ablaufes der Strahlenwrkg. auf das Zellprotoplasma (bei Allium cepa) hingewiesen. (Amer. J. Roentgenol. Radium Therapy Nuclear Med. **70**. 365—75. Sept. 1953. Fort Knox, Ky., Army Med. Res. Labor.) HUBER. 4601

H. Bojarska-Dahlig, *Neues Präparat für die Röntgendiagnose.* (Vgl. Przemysł chem. **8**. [1952.] 147.) Während das *Diäthanolaminsalz* der *3.5-Dijod-4-pyridon-N-essigsäure* (I) bereits in der Bronchographie verwendet wird, ist neuerdings der n-Propylester von I („*Dionosil*") für diesen Zweck vorgeschlagen worden. Vf. hat ihn zur Nachprüfung dargestellt. (Przemysł chem. **9** (**32**). 34. Jan. 1953. Inst. farmac.) R. K. MÜLLER. 4601

John D. Abbatt, H. Chaplin, J. M. M. Darte und **W. R. Pitney,** *Behandlung der Polycythaemia vera mit Radiophosphor. Blutuntersuchungen und vorläufige klinische Beurteilung.* Bericht über Behandlung von 27 an Polycythaemia vera erkrankten Fällen mit ^{32}P, womit keine Heilung, sondern nur eine Verlängerung der Lebenserwartung zu erzielen ist. Bei 22 Patienten wurde eine 6 u. mehr Monate dauernde Remission erreicht, in 18 Fällen nach einer einmaligen intravenösen Injektion von 5—8 mC ^{32}P als anorgan. Phosphat ohne vorangehenden Aderlaß; in 5 Fällen nur teilweise Remission. Eingehende Unterss. der Blutzus. ergaben einen frühzeitig erkennbaren Zusammenhang zwischen der Verminderung der Blutplättchen u. dem Grad der zu erwartenden Remission; ferner Besprechung von Blutvolumenmessungen mit Blutzentrifuge, die von Patient zu Patient schwankende Werte lieferten. (Quart. J. Med. [N. S.] **23**. 91—104. Jan. 1954. London, Postgraduate Med. School, Med. Res. Council's Radiotherapeut. Res. Unit, Blood Transfusion Res. Unit, u. Dep. of Pathol.) DOSSMANN. 4601

Miriam P. Finkel, William P. Norris, Walter E. Kisieleski und **Gertrude M. Hirsch,** *Die Toxizität von Polonium 210 bei Mäusen. DL_{50} innerhalb 30 Tagen, Speicherung und Verteilung.* Es wird über die Toxizität u. den Konzentrationsablauf über 120 Tage in verschied. Organen (Milz, Nieren, mesenteriale Lymphknoten, Ovarien u. Leber) bei CF 1-Mäusen nach intravenös verabreichtem ^{210}Pol berichtet (5—100 μc/kg). Als Testobjekt für niedere .. topendosen erscheinen die Ovarien bes. geeignet. (Amer. J. Roentgenol. Radium Therapy Nuclear Med. **70**. 477—85. Sept. 1953. Lemont, Ill., Div. of Biol. and Med. Res., Argonne Nat. Labor.) HUBER. 4601

—, *Gold-, Silber- und Quecksilbertherapie.* Übersicht über chem. Zus. u. Wrkg. der in der Heilkunde angewandten Au-, Ag- u. Hg-Verbindungen. (Chem. pharmac. Techniek **9**. 174—75. 1/2. 1954.) WESLY. 4606

A. Enders, W. Hertlein und **M. Wiedersheim,** *Die Wirkung von Phenacetin, Pyramidon, Coffein und Theobromin auf die normale und die durch Methylcellulose erhöhte Temperatur.* Durch intravenöse Injektion von Methylcellulose mit dem Polymerisationsgrad 400 (Dosis: 10 mg/kg) gelingt es, bei Kaninchen beliebig oft wiederholbare Temperaturerhöhungen hervorzurufen. Durch *Phenacetin* (I) oder *Pyramidon* (II) werden diese Fieberzustände in der üblichen Weise beeinflußt. Durch **I, II,**

Coffein (III) u. *Theobromin* (IV) wird die n. Körpertemp. der Tiere gesenkt. Gleichzeitige Applikation von I oder II + III oder IV läßt beim n. Tier eine Senkung der Temp. erkennen, die geringer ist als bei der Applikation der einzelnen Substanzen. Weiterhin ergab sich, daß die gleichzeitige Anwendung von I + III oder I + IV die durch Methylcellulose hervorgerufene Erhöhung der Temp. kaum beeinflußt, während I, III oder IV allein eine Erniedrigung der Temp. verursachen. (Arch. int. Pharmacodynam. Thérap. **94.** 416—25. 1/8. 1953. Freiburg/Br., Univ., Pharmakol. Inst.) R. KÖNIG. 4607

Edward Larson, Joseph P. Adams jr. und **Mark F. Wynn,** *Die Wirkung gewisser Verbindungen auf die biologische Inaktivierung von Epinephrin.* Verss. an anästhesierten Hunden u. Katzen ergaben, daß *Pyrogallol* u. *Brenzcatechin* den Anstieg u. die Dauer des durch *Epinephrin* (I) oder *dl-Norepinephrin* hervorgerufenen Druckeffekts verstärken. Das Enzymsyst., welches injiziertes I inaktiviert, ist spezif. für solche Verbb., die einen Benzolkern mit 2 freien OH-Gruppen in o-Stellung enthalten. Die Druckwrkg. von I beim gesunden Tier wird bei der Injektion gewisser Strukturanaloga in das vasculäre Syst. verstärkt. Die depressor. Wrkg. von I auf den n. u. isolierten Darm erfährt ebenfalls bei der Einführung dieser Verbb. eine Verstärkung. Keine Wrkg. ließen erkennen: *Resorcin, Hydrochinon, Phloroglucin, Pyrogallol-1.3-dimethyläther, Pyrogalloltriacetat, o-Diäthoxybenzol, 3.4-Dioxyphenylalanin, Tyrosin, Äthylenglykol, Glycerin, p-Aminobenzoesäure, Na-Benzoat, o-Phenylendiamin, Anthranilsäure, Nicotinamid, Hesperidinmethylchalkon, Thiamin, Na-Ascorbat, Cystein, Glutathion, Glycin, BAL* u. *Na-Sulfat.* (Arch. int. Pharmacodynam. Thérap. **94.** 367—82. 1/8. 1953. Miami, Univ., Dep. of Physiol. and Pharmacol., u. Coral Gables, Fla., Veterans Admin. Hosp., Med. Res. Unit.) R. KÖNIG. 4607

W. J. Roulston, L. F. Hitchcock, A. W. Turner und **A. D. Campbell,** *Die Wirkung von langdauernden cutanen Applikationen von DDT bei Rindvieh.* In 2 Versuchsreihen wurden Rinder u. Kälber 3 Jahre lang mit wöchentlich 22,5 g *DDT* (ca. 80 mg/kg) in öliger Lsg. cutan behandelt. Es konnten keine Toxizitätserscheinungen oder Wachstumsbeeinflussung, bei Autopsie keine histolog. Gewebsschäden beobachtet werden. *DDT* war bes. in Fettgeweben in Mengen bis zu 425 p.p.m. nachweisbar. In Milch wurden nach 20monatiger Applikation 3—4 p.p.m. gefunden. Vff. glauben auf Grund dieser Ergebnisse, daß die cutane Behandlung von Rindvieh mit *DDT* in 0,5%ig. wss. Suspensionen keine nachteiligen Wirkungen hat. (Austral. J. agric. Res. **4.** 469—80. Okt. 1953. Yeerongpilly, Q., C. S. I. R. O., Div. of Entomol.; Parkville, Vic., C. S. I. R. O., Div. of Animal Health and Prod., Animal Health Res. Labor.) KRUSEN. 4607

J. Sallé, *Über die Eigenschaften des Fluorphosphats von Dicholin (FPDC).* Unterss. am isolierten Darm u. Uterus des Meerschweinchens u. der Ratte sowie die Best. des Herzrhythmus am anästhesierten Hund ließen erkennen, daß das *Fluorphosphat des Dicholins* (*FPDC*; I) ausgesprochene Anticholinesteraseeigg., jedoch keine parasympathomimet. Wrkg. besitzt. I hat eine geringe Toxizität: DL_{50} beim Meerschweinchen nach subcutaner Injektion einer 10%ig. wss. Lsg. 175 mg/kg, bei der Maus nach intravenöser Injektion 15 mg/kg. Die Darst. von I u. die Aufbewahrung (starke Hygroskopizität) bereiten jedoch erhebliche Schwierigkeiten, so daß eine prakt. Anwendung kaum in Frage kommt. (Arch. int. Pharmacodynam. Thérap. **94.** 483—88. 1/8. 1953. Bouchet, France, S. et O., Centre d'Études.) R. KÖNIG. 4607

D. Robinson, J. N. Smith und **R. T. Williams,** *Untersuchungen über Entgiftung.* 39. Mitt. *Nitroverbindungen. a) Der Stoffwechsel von o-, m- und p-Nitrophenol im Kaninchen. b) Die Glucuronide der Mononitrophenole und Beobachtungen über die anomale optische Drehung des Triacetyl-β-o-nitrophenylglucuronids und seines Methylesters.* (38. vgl. C. **1952.** 1861.) Nach Verabfolgung von 0,2—0,3 g/kg *o-*, *m-* u. *p-Nitrophenol* (I, II u. III) an Kaninchen werden die im Harn erscheinenden Abwandlungsprodd. untersucht. Es zeigt sich, daß I, II u. III hauptsächlich in gepaarter Form ausgeschieden werden, u. zwar als Glucuronide zu 70% u. als Schwefelsäureester zu 10—20%. Die Ausscheidung in freier Form ist zu vernachlässigen (<1%). In demselben Ausmaß erfolgt Oxydation zu Diphenolen (I bildet Nitrohydrochinon, II Nitrohydrochinon u. 4-Nitrobrenzcatechin, III 4-Nitrobrenzcatechin), die durch Papierchromatographie nachgewiesen werden. Als Entwicklungs-Fl. verwenden Vff. Bzl., Eisessig, W. (1 : 1 : 2). Zur Identifizierung u. annähernden Best. werden die Flecken eluiert u. die Absorptionsspektren ausgemessen. Die Einführung einer zweiten OH-Gruppe zeigt in diesem Fall dieselbe Orientierung wie bei freier Radikalsubstitution. Vff. prüfen das Verh. von I, II u. III bei der Oxydation mit K-Persulfat, die nach BAKER u. BROWN (J. chem. Soc. [London] **1948.** 2303) unter Substitution durch das OSO_3^--Ionradikal verläuft u. finden tatsächlich dieselben Nitrodiphenole wie bei der biol.

Oxydation. Red. der Nitrogruppe erfolgt in geringem Ausmaß (6% bei I, 10% bei II u. 14% bei III). Die besondere Giftigkeit von III ist nicht durch intermediäre Reduktionsprodd. bedingt. Da III bei größeren Dosen sehr rasch wirkt, nehmen Vff. an, daß dieses selbst tox. ist u. daß die Red. zu p-Aminophenol nur einen weiteren Weg zur Entgiftung darstellt. Die β-Glucuronide von I, II u. III werden isoliert u. als Triacetylmethylester bzw. als Amide charakterisiert. Dabei fällt die positive Drehung der Triacetyl-β-o-nitrophenylglucuronsäure u. ihres Methylesters auf im Gegensatz zu der negativen Drehung der entsprechenden Derivv. von II u. III. Vff. zeigen, daß die Drehung bei erhöhter Temp. ebenfalls negativ wird, während die der II-Derivv. sich dabei nur wenig ändert.

Versuche: Freies I wird durch Wasserdampfdest. des Urins (p_H 6,5) abgetrieben u. im Destillat durch die Färbung in alkal. Lsg. colorimetr. bestimmt. Die Best. unveränderter Nitrogruppen erfolgt nach Hydrolyse des Harns mit $TiCl_3$, p-Aminophenol wird nach Hydrolyse durch die Indophenol-Rk. unter Verwendung von $K_3[Fe(CN)_6]$ als Oxydans, m-Aminophenol nach Diazotieren durch Kupplung mit N-[1-Naphthyl]-äthylendiamin colorimetr. bestimmt. Die Gesamtmenge an o-Aminophenol ist schwierig festzustellen, da o-Aminophenylglucuronid gegenüber hydrolyt. Einfl. relativ beständig ist. Doch kann man das Glucuronid selbst leicht quantitativ erfassen durch Diazotieren u. Kuppeln mit N-[1-Naphthyl]-äthylendiamin. Bei dieser Rk. wird aber o-Aminophenylsulfat hydrolysiert, wonach das freie Aminophenol keine Farb-Rk. bei der Kupplung gibt. Glucuronsäure wurde nach HANSON (Biochem. J. **38.** [1944.] 274), die Schwefelsäureesterfraktion nach SPERBER (J. biol. Chemistry **172.** [1948.] 441) bestimmt. *Triacetyl-β-o-nitrophenylglucuronsäuremethylester* (IV), $C_{19}H_{21}O_{12}N$, F. 172°; $[\alpha]_D^{22}$ +18,5° (c = 2 in Chlf.), aus dem Harn nach Verabfolgung von I über das Pb-Salz. Nach Entfernung des Pb mit H_2S wird mit Diazomethan verestert u. anschließend mit Acetanhydrid in Pyridin acetyliert; aus wss. Aceton Nadeln. — *β-o-Nitrophenylglucuronsäureamid* (V), $C_{12}H_{14}O_8N_2$, F. 173 bis 175°; $[\alpha]_D^{22}$ —63,8 ± 2° (c = 0,14 in A.), aus vorst. Verb. in A. durch Sättigen mit NH_3; aus A. Nadeln. — *Triacetyl-β-o-nitrophenylglucuronsäure*, $C_{18}H_{19}O_{12}N$, F. 195—196°; $[\alpha]_D^{20}$ +31,2° (c = 1 in Chlf.), aus dem Glucuronidsirup (1 g) durch Lösen in Acetanhydrid (5 ml) unter Zusatz von 5 Tropfen $HClO_4$ (60%ig); aus wss. A. lederbraune Nadeln. — *Triacetyl-β-m-nitrophenylglucuronsäuremethylester*, $C_{19}H_{21}\cdot O_{12}N$, F. 159—160°; $[\alpha]_D^{20}$ —42,6° (c = 0,8 in Chlf.), analog IV; aus absol. A. Nadeln. — *β-m-Nitrophenylglucuronsäureamid*, $C_{12}H_{14}O_8N_2\cdot 0,5\,H_2O$, F. 206°; $[\alpha]_D^{20}$ —91° (c = 0,2 in Methanol), analog V; krist. aus Methanol–W. in Nadeln als Hemihydrat. — *Triacetyl-β-p-nitrophenylglucuronsäuremethylester*, $C_{19}H_{21}O_{12}N$, F. 146°; $[\alpha]_D^{20}$ —51° (c = 0,9 in Chlf.), analog IV; aus A. zigarrenförmige Kristalle. — *β-p-Nitrophenylglucuronsäureamid*, $C_{12}H_{14}O_8N_2\cdot H_2O$, F. 210°; $[\alpha]_D^{20}$ —96° (c = 0,17 in Methanol), analog V; Nadeln aus Methanol. (Biochem. J. **50.** 221—27. Dez. 1951. London, St. Mary's Hosp. Med. School, Dep. of Biochem.) GRALHEER. 4607

D. Robinson, J. N. Smith und **R. T. Williams,** *Untersuchungen über Entgiftung.* 40. Mitt. *Der Stoffwechsel des Nitrobenzols im Kaninchen. o-, m- und p-Nitrophenol, o-, m- und p-Aminophenol und 4-Nitrobrenzcatechin als Abwandlungsprodukte des Nitrobenzols.* (39. vgl. vorst. Ref.). Die im Harn von Kaninchen nach Verabfolgung von Nitrobenzol (I; 200 mg/kg) ausgeschiedenen Abwandlungsprodd. werden untersucht. Bisher konnten ca. 50% der Dosis identifiziert u. quantitativ bestimmt werden, u. zwar (Zahlen in [ ] = % der Dosis) I [0,03] o-Nitrophenol [0,05], m-Nitrophenol [4,0], p-Nitrophenol [5,0], 4-Nitrobrenzcatechin [0,5], Anilin [0,5], o-Aminophenol [0,54], m-Aminophenol [0,58], p-Aminophenol [35,0]. Die Hauptmenge der Nitroverbb. war bereits am ersten, die der Aminoverbb. bis zum 2. Tage nach Verabfolgung ausgeschieden worden. Jedoch zeigte der Harn bis zum 7. Tage schwach positive Diazo-Rk., wofür wahrscheinlich das im Fettgewebe zurückgehaltene I verantwortlich ist. Die Abwandlungsprodd. werden teils durch Wasserdampfdest., teils durch Ae.-Extraktion des hydrolysierten Harns isoliert u. durch Papierchromatographie bzw. durch ihre Absorptionsspektren identifiziert. Aus den Extinktionen ihrer Absorptionsmaxima u. durch colorimetr. Best. wurden die Prodd. quantitativ bestimmt. Die in größerer Menge auftretenden Stoffe wurden in Substanz dargestellt u. durch Derivv. charakterisiert. So wurden die Nitrophenole aus dem Harn durch Hydrolyse mit H_2SO_4 u. Ae-Extraktion gewonnen u. durch Verteilungschromatographie an einer Silicagelsäule getrennt (Entwicklungs-Fl. Bzl.–Eisessig–W. 1 : 1 : 2). Die erstere Fraktion (vom Auftreten der ersten Gelbfärbung bei Zusatz von Alkali bis zu dem Zeitpunkt, wo nach Red. mit Zn-Staub u. HCl die Indophenol-Rk. positiv wurde), besteht zur Hauptsache aus *m-Nitrophenol*; *Benzoat*, $C_{13}H_9O_4N$, F. 94°; *p-Toluolsulfonsäurederiv.*, $C_{13}H_{11}O_5NS$, F. 113°. — *p-Nitrophenol*, $C_6H_5O_3N$, F. 114° (PAe.), aus der 2. Fraktion; *Benzoat*,

$C_{13}H_9O_4N$, F. 142°. — *4-Nitrobrenzcatechin*, aus der Silicagelsäule durch Extraktion der grünlichgelben Zone am oberen Ende der Säule mit 10%ig. NaOH; *Dibenzoat*, $C_{20}H_{13}O_6N$, F. 156° (wss. A.). — Der von den Nitrophenolen befreite Harn wird auf p_H 7,5—8 gebracht u. mit Ae. extrahiert. Beim Einengen krist. p-Aminophenol, F. 180°; *O.N-Dibenzoylderiv.*, F. 235°. — *o-Aminophenol*, aus den Mutterlaugen vorst. Verb. nach Chromatographie an Silicagel. *O.N-Dibenzoylderiv.*, $C_{20}H_{15}O_3N$, F. 182° (A. dann Ligroin [120°]). m-Aminophenol konnte weder selbst noch in Form eines Deriv. bisher rein dargestellt werden. Für die Papierchromatographie der Aminophenole erwies sich wassergesätt. Isopropyläther als vorteilhaft. R_F-Werte von o-, m- u. p-Aminophenol 0,77; 0,60 u. 0,4; 4-Aminobrenzcatechin 0,065; 4- u. 2-Aminoresorcin 0,10 u. 0,41. (Biochem. J. **50**. 228—35. Dez. 1951.) GRALHEER. 4607

I. A. Kamil, J. N. Smith und **R. T. Williams**, *Untersuchungen über Entgiftung. 41. Mitt. Untersuchung der optischen Drehung von Amiden und Triacetylmethylestern einiger biosynthetischer, substituierter Phenylglucuronide.* (40. vgl. vorst. Ref.). Eine Reihe von o-, m- u. p-substituierten Phenolen werden an Kaninchen verfüttert u. von den ausgeschiedenen Glucuroniden die Amide u. Triacetylmethylester dargestellt. Die mol. Drehungen $[M]_D$ der o-Triacetylmethylester zeigen gegenüber denjenigen der m- u. p-Reihe eine beträchtlich stärkere Linksdrehung. Dagegen zeigen die $[M]_D$ der nicht acetylierten Amide in allen Reihen prakt. den gleichen Drehwert. Der o-Effekt tritt erneut auf, wenn man die Amide acetyliert. Unterss. an Atommodellen zeigen, daß ster. Hinderung zwischen dem o-Substituenten u. der Acetylgruppe am $C_{(2)}$ der Glucuronsäure auftritt, nicht aber mit einer freien OH-Gruppe. Dies bewirkt, daß der acetylierte Zuckerring die freie Rotation des Phenylringes um die Bindung mit dem glucosid. O-Atom behindert. Als Stütze dieser Annahme führen Vff. die Drehwerte der o-Halogenderivv. (F, Cl, Br, J) gegenüber den der p-Derivv. an. Je größer der interatomare C-Halogenabstand bzw. der Atomradius des Halogens ist, desto größer ist die Differenz zwischen den Drehwerten (geradlinige Beziehung). Bes. groß ist die Differenz zwischen den Drehwerten der Triacetylmethylester des o- u. p-Oxydiphenyls. Vff. kommen auf Grund der Spektren der Oxydiphenyle u. der Triacetylmethylester ihrer Glucuronide zu der Ansicht, daß auch hier nur die freie Rotation um die Glykosidbindung, nicht aber die Dreharbeit des 2. Phenylringes eingeschränkt ist.

Versuche: Der 24 Std.-Harn von Kaninchen nach Verabfolgung der betreffenden Phenole wird auf p_H 4 gebracht u. mit gesätt. wss. Pb-Acetat gefällt. Nach Zentrifugieren wird aus dem Überstand nach Einstellung auf p_H 8 mit gesätt. wss. bas. Pb-Acetat das betreffende Glucuronid als Pb-Salz gefällt. Nach H_2S-Einleiten wird das Filtrat in vacuo bei 45° eingeengt. Einige Glucuronide kristallisieren hierbei aus, andere werden als wasserlösl. Sirupe erhalten. Die Reinigung von anorgan. Bestandteilen erfolgt durch Lösen in wenig W. u. Fällen derselben mit Äthanol. Die Methylester werden durch Lösen des Glucuronids in Methanol u. Eintropfen in eine äther. Diazomethanlsg. dargestellt. Sie kristallisieren meist nicht u. neigen zur Zers. beim Erhitzen mit W. oder Trocknen bei 100°. Die Darst. der Triacetylmethylester erfolgt durch Umsatz mit Acetanhydrid in Pyridin bei Zimmertemp. über Nacht. Die Amide werden erhalten durch Lösen der Triacetylmethylester in Methanol u. Sättigen mit trockenem NH_3. — *Triacetyl-β-o-fluorphenylglucuronsäuremethylester*, $C_{19}H_{21}O_{10}F$, F. 151—152° (A.); $[\alpha]_D^{23}$ —44,7° (c = 1 in Chlf.). — *β-o-Fluorphenylglucuronsäureamid*, $C_{12}H_{14}O_6NF$, F. 208—210° (Zers.); $[\alpha]_D^{20}$ —71° (c = 0,1 in Methanol). — *Triacetyl-β-p-fluorphenylglucuronsäuremethylester*, $C_{19}H_{21}O_{10}F$; F. 135°; $[\alpha]_D^{25}$ —33° (c = 1 in Chlf.); aus A. Nadeln. — *β-p-Fluorphenylglucuronsäureamid*, $C_{12}H_{14}O_6NF$; aus A., F. 224° (Zers.), $[\alpha]_D^{20}$ —77° (c = 0,1 in Methanol). — *Triacetyl-β-o-chlorphenylglucuronsäuremethylester*, $C_{19}H_{21}O_{10}Cl$, F. 151—152°; $[\alpha]_D^{20}$ —65° (c = 1 in Chlf.); aus A. Nadeln. — *p-Chlorphenylglucuronsäuremethylester*, $C_{13}H_{15}O_7Cl$; F. 157°; $[\alpha]_D^{26}$ —83° (c = 0,5 in W.); aus W. Nadeln. *Triacetylderiv.*, $C_{19}H_{21}O_{10}Cl$, F. 151—152°; $[\alpha]_D^{24}$ —32,9° (c = 1,26 in Chlf.) aus wss. A. Nadeln. — *Triacetyl-β-p-chlorphenylglucuronsäure*, $C_{18}H_{19}O_{10}Cl$, F. 175—176°; $[\alpha]_D^{20}$ —20,8° (c = 1,2 in Chlf.); aus dem Glucuronid, Acetanhydrid u. Spuren von $HClO_4$; Blättchen aus wss. Methanol. — *Triacetyl-β-o-bromphenylglucuronsäuremethylester*, $C_{19}H_{21}O_{10}Br$, F. 141—143°; $[\alpha]_D^{20}$ —64,6° (c = 1 in Chlf.); aus A. Nadeln. — *β-o-Bromphenylglucuronsäureamid*, $C_{12}H_{14}\cdot O_6NBr\cdot 0,5\,H_2O$, Nadeln aus W., F. 202—205° (Zers.); $[\alpha]_D^{20}$ —63,4° (c = 0,4 in W.). — *Triacetyl-β-m-bromphenylglucuronsäuremethylester*, $C_{19}H_{21}O_{10}Br$, F. 121° (A.); $[\alpha]_D^{20}$ —33,1° (c = 1 in Chlf.). — *β-m-Bromphenylglucuronsäureamid*, $C_{12}H_{14}O_6NBr\cdot H_2O$, Nadeln aus W., F. 215—218° (Zers.); $[\alpha]_D^{20}$ —57° (c = 0,2 in W.). — *β-p-Bromphenylglucuronid*, $C_{12}H_{13}O_7Br\cdot 2\,H_2O$ aus W. Nadeln, F. 157°; $[\alpha]_D^{20}$ —68,2° (c = 1 in W.). — *Triacetyl-β-p-bromphenylglucuronsäuremethylester*, $C_{19}H_{21}O_{10}Br$, aus A. Nadeln,

F. 157—158°; $[\alpha]_D^{20}$ —28° (c = 1 in Chlf.). — *β-p-Bromphenylglucuronsäureamid*, $C_{12}H_{14}O_6NBr$, aus W. Nadeln, F. 255—265° (Zers.); $[\alpha]_D^{20}$ —61° (c = 0,05 in W.). — *β-o-Jodphenylglucuronsaures Na*, $C_{12}H_{12}O_7JNa$; $[\alpha]_D^{20}$ —59° (c = 1 in W.). Durch Neutralisieren der wss. Lsg. des Glucuronids mit der berechneten Menge Soda aus W. Nadeln. — *Triacetyl-β-o-jodphenylglucuronsäuremethylester*, $C_{19}H_{21}O_{10}J$, F. 161—162° (Methanol); $[\alpha]_D^{20}$ —63,3° (c = 1 in Chlf.). — *p-Jodphenylglucuronidsesquihydrat*, $C_{12}H_{13}O_7J \cdot 1{,}5\,H_2O$, Nadeln aus W., F. 154°; $[\alpha]_D^{20}$ —68,8° (c = 0,4 in W.). — *p-Jodphenylglucuronsäuremethylester*, $C_{13}H_{15}O_7J \cdot 0{,}5\,H_2O$, aus W., F. 158°; $[\alpha]_D^{20}$ —68° (c = 1 in A.). — *Triacetylderiv.*, $C_{19}H_{21}O_{10}J$, F. 167—168° (Methanol); $[\alpha]_D^{20}$ —25,8° (c = 1 in Chlf.). — *Triacetyl-β-o-kresylglucuronsäuremethylester*, $C_{20}H_{24}O_{10}$, Nadeln aus A., F. 131°; $[\alpha]_D^{20}$ —46,7° (c = 1 in Chlf.). — *β-o-Kresylglucuronsäureamid*, $C_{13}H_{17}O_6N \cdot 0{,}5\,H_2O$; F. 200—202° (Methanol); $[\alpha]_D^{20}$ —71,2° (c = 0,1 in A.). — *Triacetyl-β-m-kresylglucuronsäuremethylester*, $C_{20}H_{24}O_{10}$, F. 93—94° (Ligroin); $[\alpha]_D^{21}$ —25,6° (c = 1 in Chlf.). — *β-m-Kresylglucuronsäureamid*, $C_{13}H_{17}O_6N \cdot 0{,}5\,H_2O$, F. 222—224° (A.–Ae.); $[\alpha]_D^{20}$ —68,7° (c = 0,4 in A.). — *Triacetyl-β-kresylglucuronsäuremethylester*, $C_{20}H_{24}O_{10}$, F. 140°; $[\alpha]_D^{20}$ —36° (c = 1 in Chlf.). — *β-p-Kresylglucuronsäureamid*, $C_{13}H_{17}O_6N \cdot H_2O$, aus Methanol–W. Nadeln, F. 257—259°; $[\alpha]_D^{23}$ —76,6° (c = 0,1 in Methanol). — *Triacetyl-β-o-phenylphenylglucuronsäuremethylester*, $C_{25}H_{26}O_{10}$, F. 132°; $[\alpha]_D^{20}$ —85,3° (c = 1 in Chlf.; zeigt keine Mutarotation). — *Triacetyl-β-o-phenylphenylglucuronsäureamid*, $C_{24}H_{25}O_9N$, Platten, F. 192—196°; $[\alpha]_D^{25}$ —68° (c = 1 in A.). — *p-Phenylphenylglucuronid*, F. 183°; $[\alpha]_D^{25}$ —85,3° (1% in A.). *Methylester*, $C_{19}H_{20}O_7 \cdot 0{,}5\,H_2O$, F. 192—193°; $[\alpha]_D^{20}$ —81,8° (c = 1 in A.). — *Triacetyl-β-p-phenylphenylglucuronsäuremethylester*, $C_{25}H_{26}O_{10}$, F. 171—172° (wss. Methanol); $[\alpha]_D^{20}$ —30,3° (c = 1 in Chlf.). — *p-Phenylphenylglucuronsäureamid*, $C_{18}H_{19}O_6N$, F. 277° (Zers.), prakt. unlösl. Pulver. — *Triacetyl-p-phenylphenylglucuronsäureamid*, $C_{24}H_{25}O_9N$, Nadeln aus A., F. 207—210°; $[\alpha]_D^{20}$ —14° (c = 2 in Chlf.). — (Zusammen mit **B. Spencer.**) *β-o-Methoxyphenylglucuronsäureamid*, $C_{13}H_{17}O_7N \cdot 0{,}5\,H_2O$, F. 216—217° (90%ig. A.); $[\alpha]_D^{22}$ —84° (c = 0,2 in Methanol) aus Triacetyl-o-methoxyphenyl-, glucuronsäuremethylester (GARTON u. WILLIAMS, Biochem. J. **43.** [1948.] 206). *Triacetyl-β-o-methoxyphenylglucuronsäureamid*, $C_{19}H_{23}O_{10}N$, Nadeln aus wss. A., F. 144 $[\alpha]_D^{22}$ —61,4° (c = 0,2 in Chlf.) aus vorst. Verb. mit Acetanhydrid. — *β-m-Oxyphenylglucuronsäureamid*, $C_{12}H_{15}O_7N \cdot 0{,}5\,H_2O$, F. 213°; $[\alpha]_D^{22}$ —81,6° (c = 0,25 in Methanol) aus Triacetyl-m-acetoxyphenylglucuronsäureamid (GARTON u. WILLIAMS, C. **1950.** II. 1839) mit methanol. NH_3; aus A.–Ae. Nadeln. — *β-m-Methoxyphenylglucuronsäureamid*, $C_{13}H_{17}O_7N \cdot 0{,}5\,H_2O$, F. 210—211°; $[\alpha]_D^{22}$ —75,5° (c = 0,25 in Methanol). — *Triacetyl-β-m-methoxyphenylglucuronsäureamid*, $C_{19}H_{23}O_{10}N$, Nadeln aus wss. A., F. 127°; $[\alpha]_D^{22}$ —12,9° (c = 0,3 in A.); $[\alpha]_D^{22}$ —26,3° (c = 0,3 in Chlf.). — *β-p-Oxyphenylglucuronsäureamid*, $C_{12}H_{15}O_7N \cdot 0{,}5\,H_2O$, F. 227—230°; $[\alpha]_D^{22}$ —85,7° (c = 0,25 in Methanol). — *β-p-Methoxyphenylglucuronsäureamid*, $C_{13}H_{17}O_7N$, F. 238 bis 240°; $[\alpha]_D^{25}$ —81,7° (c = 0,14 in Methanol). — *Triacetyl-β-p-methoxyphenylglucuronsäureamid*, $C_{19}H_{23}O_{10}N$, F. 143—144°, $[\alpha]_D^{24}$ —28,7° (c = 0,25 in Chlf.). (Biochem. J. **50.** 235—40. Dez. 1951.) GRALHEER. 4607

Raffaelo Roperto, *Die Brennessel in der Behandlung des Rheumatismus.* Kurzer kasuist. Bericht über die Anwendung der Brennessel bei arteriellem Hochdruck u. Rheumatismus. (Fitoterapie [N. S.] **24.** 407. Juli/Sept. 1953.) P. G. SCHEURLEN. 4608

Vikt. K. Fedorow, *Der Einfluß von Coffein auf die höhere Nerventätigkeit bei Mäusen.* 1. Mitt. *Einmalige Anwendung verschiedener Coffeindosen.* Die Prüfung der bedingt reflektor. Tätigkeit weißer Mäuse ergab, daß schon minimale *Coffein* (**I**)-Dosen (0,01 bis 0,02 mg mit dem Futter per os) eine deutliche Verstärkung der positiven Reflexe bewirken, die bei Dosen bis zu 0,07 mg noch mehr zunimmt. Mittlere **I**-Dosen (0,1 bis 0,7 mg) verursachen eine zweiphas. Rk.: einer Erhöhung folgt eine Abschwächung der Reflexe. 2—3 Tage nach Anwendung mittlerer **I**-Dosen normalisiert sich das Verh. der Versuchstiere wieder. Nach hohen **I**-Dosen (1—5 mg) ist der zweiphas. Charakter der bedingtreflektor. Tätigkeit noch deutlicher u. dauert ca. 10 Tage. In den Intervallen nimmt mit Erhöhung der Reflexe (parallel zur **I**-Dosis) auch die Bewegungsaktivität der Mäuse zu. (Журнал Высшей Нервной Деятельности имени И. П. Павлова [Pawlow-J. höhere Nerventätigkeit] **13.** 626—35. Juli/Aug. 1953. Physiol. Pawlow-Inst. der Akad. der Wiss. der UdSSR.) RENTZ. 4608

R. Jequier und **M. Peterfalvi,** *Pharmakologische Untersuchung von Colchicosid und seinem Aglucon, dem Desmethylcolchicin. Colchicosid* (**I**) u. sein Aglucon, *Desmethylcolchicin* (**II**) rufen die gleichen Vergiftungserscheinungen wie *Colchicin* (**III**) hervor, wobei jedoch **II** 8mal u. **I** ca. 100mal weniger tox. sind als **III**. Chron. Applikation von I mit zunehmender Dosierung läßt eine cumulative Wrkg. erkennen. Bei der Katze bewirken I u. II eine Zunahme des arteriellen Druckes u. der Empfindlichkeit gegenüber der Wrkg. von *Adrenalin* (IV), nicht aber von Acetylcholin u. Histamin. Beim Kaninchen wurde nur eine Zunahme der Wirkungsdauer von IV beobachtet. I u. II haben keine spezif. Wrkg. auf verschied. isolierte Organe (Herz, Darm, Zwerchfell) des Frosches, Meerschweinchens oder der Ratte. (Arch. int. Pharmacodynam. Thérap. **94.** 453—59. 1/8. 1953. Paris, Labors. Roussel-Uclaf, Dep. Physiol.) R. KÖNIG. 4608

Nandor Porges, *Schlangengifte, ihre Biochemie und Wirkungsweise.* Übersichtsbericht. (Science [Washington] **117.** 47—51. 16/1. 1953. Philadelphia, Pa.) K. MAIER. 4609

A. Halawani und **M. M. Dawood,** *Bewertung der Bilharziosisbehandlung mit Fouadin, Stibophen und Anthiomaline mit besonderer Berücksichtigung der Heilungs- und Rückfallzahlen.* Die Behandlung von Bilharziosisfällen 10 Tage lang mit täglich 1 ml *Fouadin*/12 kg Körpergewicht intramuskulär führte in 96,6% zur Heilung. Nach 6 Monaten waren in 13,8% Rückfälle festzustellen. Kürzere Behandlungsdauer erbrachte geringere Heilungs- u. höhere Rückfallzahlen, längere führten zu tox. Erscheinungen. Die Ergebnisse der Behandlung mit *Stibophen* u. *Anthiomaline* waren den mit *Fouadin* erzielten sehr ähnlich. (J. Egypt. med. Assoc. **36.** 339—56. 1953. Inst. for Res. and Hosp. for trop. Diseases.) KRUSEN. 4610

M. Brou, *Versuche zur Malariaprophylaxe im Eingeborenenmilieu mittels Daraprim.* Vf. gab *Daraprim = 2.4-Diamino-5-p-chlorphenyl-6-äthylpyrimidin* (I), 12,5 mg alle 14 Tage, an Kinder im Alter von 7—16 Jahren u. erreichte ein Verschwinden der Malariaerreger innerhalb von 24 Std., Rückbldg. der Milzvergrößerungen u. eine genügend große Schutzwrkg. bei Unterss. am 13. Tage nach der I-Gabe (1,25 gegen 10% positiver Blutbefunde bei Behandelten gegenüber Unbehandelten). (Ann. Soc. belge Méd. trop. **33.** 365—70. 31/10. 1953. Masi-Manimba.) K. BÖHM. 4610

César Alberto Bonetti Dupont, Vinicio César Laurini und **Juan Carlos Söhle Cautela,** *Meningokokkenmeningitis. Betrachtungen über die Behandlung mit Sulfonamiden und Penicillin.* Empfohlen wird: Intralumbal zunächst 30000—50000 E. *Penicillin* (I). Dann 3—4stündlich 100000—200000 E. I u. 2 g dann 1 g *Sulfathiazol.* Mortalität bei 177 Fällen 6,2%. (Prensa méd. argent. **40.** 2013—15. 31/7. 1953.) GERBER. 4610

Luis Argüello Pitt und **Carlos A. Consigli,** *Behandlung der Lepra. Unsere Erfahrungen mit Isonicotinsäurehydrazid.* (Vorl. Mitt.) 12 Fälle wurden mit 100—300 mg *Isonicotinsäurehydrazid* (*INH*) täglich behandelt. In der relativ kurzen Behandlungszeit (bis zu 6 Monaten) besserten sich die Symptome. Vor allem bei alten schon lange mit Sulfonen behandelten Fällen wird INH empfohlen. (Prensa méd. argent. **40.** 1996 bis 2000. 31/7. 1953. Córdoba, Patronato de Leprosos.) GERBER. 4610

Edgar Alsop Riley, *Chemotherapie der Tuberkulose.* Ausführliches Übersichtsreferat. Beurteilung der vorliegenden Tuberkulostatica: *Sulphetron, Promizol, PAS, PAS-Na, Benemid, Penicillin, Terramycin, Viomycin, Streptomycin* (I), *Dihydro*-I, *Nicotinsäure* (II)-Derivv. *Amithiozon = Tibion, Thiosemicarbazone, Pyrazinamid = Aldinamid, Hydrazin*-Derivv. von II, *Isonicotinsäurehydrazid = Isoniazid* u. seine Isopropylderivv. wie *Iproniazid.* Angaben über Dosierungen, Behandlungsdauer, Heilerfolge sowie über Kombinationen verschied. Präpp., Besprechung der Nebenwirkungen u. der Eigg. in vivo u. in vitro. — 128 Literaturangaben. (Amer. J. med. Sci. **226.** 552—77. Nov. 1953. New York, N. Y., Bellevue Hosp.) DOSSMANN. 4610

William B. Tucker, *Übersicht über den gegenwärtigen Stand der Chemotherapie der Tuberkulose.* Vf. gibt Übersicht über Erfahrungen bei der Therapie der Tuberkulose mit *Streptomycin, PAS* u. *Isoniazid* allein oder in Kombination unter Berücksichtigung der Resistenzentw., die sich unter Umständen durch Anwendung von *Viomycin* bzw. *Terramycin* vermeiden läßt. (Ann. intern. Med. **39.** 1045—61. Nov. 1953. Minneapolis, Minn., Veterans Administrat. Hosp., u. Univ. of Minn., Med. School, Dep. of Med.) DOSSMANN. 4610

William Weiss, Marvin Seven und **George M. Eisenberg,** *Die intravenöse Anwendung einer Kombination von Natrium-p-aminosalicylat und Polyvinylpyrrolidon zur Chemotherapie der Tuberkulose.* Zur Erzeugung eines langdauernden u. ausreichend hohen *PAS* (I)-Serumspiegels ist *Polyvinylpyrrolidon* (II) geeignet. I wird in der Konz. von 25% u. II 3,5%ig in W. gelöst intravenös injiziert (10 cm^3). Aus in vitro-Verss. geht hervor, daß II den tuberkulostat. Effekt von I nicht stört. Auch verhindert II nicht den Übertritt von I in den Liquor cerebrospinalis. (Amer. J. med. Sci. **225.** 560—64. Mai 1953. Philadelphia General Hosp.) L. BERGER. 4610

A. Lévi-Valensi, C. Molina, Cohen-Adad und **G. Paturel,** *Störungen der Blutkoagulation bei mit INH behandelten Lungentuberkulösen.* Bei 48 Patienten mit Lungentuberkulose, die im Mittel 300 mg/kg *INH*/Tag über 14 Tage bis zu 3 Monaten erhalten hatten, wurde in 5 Fällen ohne andere Erscheinungen Verlängerung der Blutkoagulationszeit auf 16—24 Min. festgestellt. (Semaine Hôpitaux Paris **30.** 191—92. 14/1. 1954. Alger.) DOSSMANN. 4610

Ferdinand Frank, *Ausbruch und Verlauf einer unter INH-Behandlung entstandenen Psychose.* Bericht über einen Tuberkulosefall, bei dem nach 14tägiger *Neoteben* (I)-Behandlung, 16 mg/kg/Tag, eine akute Psychose ausbrach; durch Absetzen von I u. Opiumkur konnte der Zustand des Patienten normalisiert werden. (Tuberkulosearzt **8.** 99—101. Febr. 1954. Heiligenhafen, Landeskrankenhaus.) DOSSMANN. 4610

Bernard Rubin, John C. Burke (unter techn. Mitarbeit von **Marion Bauries** und **Delmar Mahler**), *Weitere Beobachtungen über die Pharmakologie des Isoniazids.* (Vgl. C. **1952.** 5128.) In therapeut. Dosen entfaltet *Bromazid* bei nicht anästhesierten Hunden u. anästhesierten, an denen eine Vagotonie vorgenommen wurde, keine pharmakodynam. Eigg., wie z. B. Einfl. auf Blutdruck, Herz- u. Stoffwechselgeschwindigkeit, Hinterbeinvol. oder peripheren Widerstand. Ebenso werden die Wirkungen von Acetylcholin-, Epinephrin- oder Histamininjektionen nicht verändert. *Iproniazid* (*1-Isonicotinyl-2-isopropylhydrazin*) gibt analoge Resultate, nur treten nach intravenösen Dosen von 8 mg/kg oder mehr vorübergehender Blutdruckabfall u. Tachycardie auf. (Amer. Rev. Tubercul. **67.** 644—51. Mai 1953. New Brunswick, N. J., Squibb Inst. for Med. Res.) RUTKOWSKI. 4610

Edward W. Mullin, Kenneth W. Wright und **Paul A. Bunn,** *Toxizität und Stoffwechselwirkung von Isoniazid auf Erwachsene nach längerer Anwendung.* 10 Tuberkulosekranke wurden 6 Monate lang täglich mit 5 mg/kg *Isoniazid* (I) behandelt. Es wurden weder bemerkenswerte Schädigungen der Nieren-, Knochenmark- u. Leberfunktionen noch Störungen des Zentralnervensyst. beobachtet. Die schon vor Beginn der I-Behandlung bestehende Nierentuberkulose eines Patienten wurde nicht beeinflußt. In einem Fall entwickelte sich eine leichte Urticaria. (Amer. Rev. Tubercul. **67.** 652—56. Mai. 1953. Syracuse, N. Y., State Univ., Dep. of Med., u. State of New York, Onondaga Sanatorium.) RUTKOWSKI. 4610

Harold L. Israel, Maurice Sones und **Dick Harrell,** *Unwirksamkeit von Isonazid und Iproniazid in der Therapie der Sarkoidosis.* Bei 9 Patienten mit verschiedenartigen Sarkoiden wurde mit 200—300 mg/Tag *Isoniazid* (*Rimifon,* HOFFMANN-LA ROCHE, INC., Nutley, N. J.) bzw. *Iproniazid* (*Marsilid,* HOFFMANN-LA ROCHE, INC.) keine eindeutige Besserung erreicht. 2 Patienten wurden mit *Cortison* behandelt, wobei in 1 Fall nach anfänglichem Erfolg ein Rückfall eintrat. (Amer. Rev. Tubercul. **67.** 671—73. Mai 1953. Philadelphia, Pa., Univ., Graduate Hosp., u. Henry Phipps Inst., u. Women's Med. Coll.) RUTKOWSKI. 4610

E. Grunberg und **E. H. Titsworth,** *Vorläufige Bemerkung über die Wirkung von Isoniazid und Iproniazid bei Mäuseaussatz.* 250 bzw. 500 mg/kg/Tag *Isoniazid* oder *Iproniazid* zeigten im Vers. an weißen Mäusen nach 28 Tagen eine etwas bessere Wrkg. gegen *Mycobacterium leprae murium* als 500 mg/kg/Tag subcutan injiziertes *Promin.* (Amer. Rev. Tubercul. **67.** 674—75. Mai 1953. Nutley, N. J., Hoffmann-La Roche, Inc., Chemotherapy Labors.) RUTKOWSKI. 4610

Marino Poli, *Experimentelle und klinische Untersuchungen über die antituberkulöse Wirkung einer Verbindung von Dihydrostreptomycin und Isonicotinsäurehydrazid in Form eines stabilen Salzes.* Vf. berichtet über die Verwendung von *Streptotibin* (I) bei 13 Fällen von Lungentuberkulose. I enthält auf 1 Mol. *Dihydrostreptomycin* (II) 3 Moll. *Isonicotinsäurehydrazid* (III). Da der Geh. an II nicht sehr hoch ist, kann I, ohne daß II überdosiert wurde, nach den üblichen Maßstäben entsprechend 3—5 mg/kg III dosiert werden. I ist in Ampullenform im Handel: 0,24 g II u. 0,258 g III. Die Resistenzentw. der Bakterien soll bei I verzögert werden. (Semana méd. **103** (**60**). 417—22. 17/9. 1953. Turin, Univ., Clin. Med.) P. G. SCHEURLEN. 4611

G. Arzt, R. Pirtkien und **H. Steege,** *Wirkungen der Tuberkulostatica auf die Nebennierenrinden von Meerschweinchen und Ratten.* Vff. verabreichten Meerschweinchen *Streptomycin* u. Ratten *PAS* u. sahen histolog. u. cytochem. Veränderungen in den Nebennierenrinden (NNR), die als Zeichen vermehrter Aktivität gedeutet wurden. Bei *PAS* sind die Änderungen geringer. Morpholog. entsprechen die Änderungen Bildern, wie sie nach ACTH-Gaben beschrieben worden sind. Wahrscheinlich kommt es nach Tuberkulostaticis (TST) zu einer indirekten Aktivierung der NNR über die Hypophyse. Die den sichtbaren Gewebs- u. Zellalterationen möglicherweise entsprechend geänderte Produktion von NNR-Hormonen u. deren klin. Folgen werden erörtert. Als „außertuberkulostat.“ Wirkungen der TST werden eine allg. Lipoidstoffwechselstörung u. die Fähigkeit des Contebens, die Überlebenszeit von beidseitig epinephrektomierten Goldhamstern zu verlängern, diskutiert. (Z. ges. exp. Med. **122**. 285—94. 1953. Hamburg, Hamburg. Krankenhaus Wintermoor; Univ., II. Med. Klin. u. Poliklin. Eppendorf; Hamburg-Barmbek, Allg. Krankenhaus.) K. BÖHM. 4611

J. C. Banerjea, Dulal Chandra und **Roy Choudhury,** *Gehirnerkrankung während Streptomycin- und p-Aminosalicylsäuretherapie. Bericht eines Falles.* Bericht über einen Tuberkulosefall, der jeden 2. Tag 1 g *Dihydrostreptomycinsulfat* (**I**) u. ab 5. Behandlungstag 6 g *PAS* (**II**) täglich erhielt. Nach anfänglicher Besserung der Erscheinungen traten am 20. Tage der **I**- u. 16. Tag der **II**-Therapie Ruhelosigkeit u. Atembeschwerden auf. Die Erscheinungen waren trotz Absetzen von **I** u. **II** nicht zu beeinflussen; ob **I** oder **II** die Ursache von Coma u. Tod waren, ließ sich nicht feststellen; tuberkulöse Meningitis war auszuschließen. (Calcutta med. J. **50**. 348—50. Sept. 1953. Calcutta, Med. Coll., Dep. of Med.) DOSSMANN. 4611

W. Sick, *Die antibiotische und chirurgische Therapie der Lungentuberkulose des Kindes.* 2. Mitt. *Indikation der chirurgischen bzw. Kollapstherapie.* (1. vgl. C. **1954**. 3978.) (Arch. Kinderheilkunde **147**. 109—21. 1953.) DOSSMANN. 4611

M. I. Riddell, H. S. Morton und **E. G. D. Murray,** *Der Wert des Dihydrostreptomycins bei der Vorbereitung für Darmoperationen. Dihydrostreptomycin* (**I**) wurde an 14 Fällen, die Erkrankungen des Magen–Darm-Traktes hatten u. vor einer Operation standen, untersucht. Als Maßstab galt die Fähigkeit von **I**, die Darmflora im Sinne einer Vernichtung pathogener Keime zu ändern. Die Ergebnisse waren nicht befriedigend. Colikeime, die deutlich in ihrem Wachstum gehemmt wurden, bildeten aber rasch resistente Formen. Bei den übrigen Bakterien war keine verläßliche Wrkg. festzustellen. Gegenüber *Streptomycin* zeigt **I** keine Vorteile, sondern ist im Gegenteil gegen einzelne Bakterien weniger wirksam. (Amer. J. med. Sci. **225**. 535—46. Mai 1953. Montreal, Can., McGill Univ. u. Royal Victoria Hosp.) L. BERGER. 4611

Robert Austrian und **Robert Rosenblum,** *Vergleich der Wirksamkeit von Erythromycin (Ilotycin) und Penicillin bei der Behandlung der Pneumokokken-Lobärpneumonie.* Bericht über Behandlungserfolge mit oralem *Erythromycin* (**I**; ELI LILLY) in 24 u. intramuskulärem *Penicillin* (**II**) in 26 Fällen mit Pneumonie. Dosierung **I** 400 mg alle 6 Std., **II** $3 \cdot 10^5$ E. alle 12 Std.; Behandlung, bis die rectale Temp. 72 Std. unter 37,6° blieb. Laufend kontrolliert wurden Temp., weißes Blutbild, Hämoglobingeh., Harn, außerdem Röntgenuntersuchungen. Die Heilerfolge mit **I** u. **II** werden als gleichartig angesehen, die Eigg. von **I** werden diskutiert, die **I**-Anwendung ist in erster Linie bei **II**-Überempfindlichkeit indiziert. (Amer. J. med. Sci. **226**. 487—90. Nov. 1953. New York City, State Univ of New York, Coll. of Med., Dep. of Med., u. Brooklyn, N. Y., Kings County Hosp.) DOSSMANN. 4611

Walter Florange, *Soorpneumonie als Folge massiver Antibioticatherapie.* Bericht über einen Fall, der nach Verabreichung von $1,5 \cdot 10^6$ E. *Penicillin,* 1,25 g *Aureomycin* u. 4 g *Typhomycin* wegen Bronchopneumonie infolge einer ausgedehnten Soorwucherung in den Lungen ad exitum kam. Vf. nimmt an, daß durch die massive Therapie mit Antibioticis, die gegen Pilze nicht wirken, die natürliche Flora der Atemwege so stark zurückgedrängt wurde, daß es in 2—3 Tagen zu der extremen, tödlichen Soorwucherung kommen konnte. (Med. Klin. **49**. 225—26. 5/2. 1954. Homburg/Saar, Univ., Pathol. Inst.) KRUSEN. 4611

R. R. Willcox, *Behandlung der Gonorrhoe mit Terramycin. Vergleich mit Penicillin.* (Vgl. C. **1953**. 5878.) Verglichen werden die Ergebnisse mit oralem *Terramycin* (**I**), 2 g nach 5 verschied. Verabreichungsarten, u. einer einmaligen Injektion von $1,5 \cdot 10^6$ E. *Procain-Penicillin* (**II**) bei der Behandlung der Gonorrhoe; 202 bzw. 223 Fälle. Die Ergebnisse sind als gleichwertig zu betrachten. Beste **I**-Therapie: 1 g sofort, anschließend 250 mg 4 mal an einem Tag. Bei unspezif. Urethritis kein Unterschied zwischen **I**- u. **II**-Therapie bei **I** Verabreichung von 2 g in einer oralen Dosis. (Brit. J. vener. Diseases **29**. 179—82. Sept. 1953. Paddington, St. Mary's Hosp.) DOSSMANN. 4611

J. M. Battersby und **M. H. Russell,** *Reaktionen auf Penicillin.* Bericht über 3 Zwischenfälle nach *Penicillin* (**I**)-Injektion. Ein Fall mit Bronchiektasie zeigte nach 3 Injektionen von $5 \cdot 10^5$ E. **I** Verfärbung der Haut, Atembeschwerden u. Pulsverlangsamung, was mit *Nikethamid* u. *Omnopon* zu beheben war; die anderen Fälle mit Karbunkel, bei denen es sich offenbar um versehentliche intravenöse **I**-Injektion handelte, verspürten nach I unter anderem fauligen Geschmack im Mund, nadelstichartige Schmerzen im Gesicht u. Ohrensausen. Diese Erscheinungen klangen ohne Behandlung nach kurzer Zeit ab. (Lancet **266**. 264—65. 30/1. 1954. Abergele Sanatorium u. Norwich.) DOSSMANN. 4611

R. C. Bell, *Plötzlicher Tod nach Injektion von Procain–Penicillin.* Vf. gibt Übersicht über Todesfälle bei *Penicillin* (I)-Therapie, die meist auf anaphylakt. Schock oder versehentlicher intravenöser I-Injektion beruhen Er berichtet über einen eigenen Fall bei einem Patienten, der vorher niemals irgendwelche I-Allergie oder Überempfindlichkeit gezeigt hatte u. nach einer Injektion von *Procain*-I *G* (II) $3 \cdot 10^5$ E. ad exitum kam. Die chem. Zus. von II wird diskutiert u. darauf hingewiesen, daß die Eigg. von II von denen der Bestandteile I u. *Procain* abweichen. Die anaphylakt. Symptome lassen sich unter Umständen mit *Adrenalin* u. *Antihistamin*-Präpp. kontrollieren. Der besprochene Fall sprach nicht auf *Nikethamid* an. (Lancet **266**. 13—17. 2/1. 1954. Durham, Univ., Dep. of Surgery, u. Shotley Bridge, Gen. Hosp.) DOSSMANN. 4611

Ivan A. LaCore und **John H. Conlin,** *Der Wert des Chloromycetins bei der Behandlung von Salmonellaträgern in einem öffentlichen Krankenhaus. Chloromycetin* (I) ist sehr gut geeignet bei einer Dosierung von 100mg/kg Körpergewicht täglich für 7 Tage, Salmonellaträger erfolgreich zu behandeln. Von 25 Patienten konnten 23 durch Einnehmen, 2 durch Injektionen von Salmonellen befreit werden, was darauf schließen läßt, daß eine ausreichende Menge des injizierten I in den Magen–Darm-Kanal ausgeschieden wurde, um eine genügende bakteriostat. Wrkg. zu entfalten. (Amer. J. med. Sci. **225**. 547—50. Mai 1953. Ypsilanti, Mich., Ypsilanti State Hosp.) L. BERGER. 4611

Leon V. McVay jr., Douglas H. Sprunt und **Thomas N. Stern,** *Antibiotische Prophylaxe bei chronischem Schlaganfall.* Da Patienten mit chron. degenerativen Prozessen häufig zu Infektionen des Respirationstraktes neigen, wurden 73 Fälle mit *Aureomycin* (I), 500mg täglich ca. 20 Monate lang, behandelt u. mit einer Kontrollgruppe von 76 Patienten mit *Placebo*-Medikation verglichen. Die mit I-Therapie zu erwartenden Schäden: tox. Effekte wegen der langen Behandlungsdauer, Resistenzentw. u. Überwuchern von Candida albicans werden diskutiert. In keinem Fall wurde Absetzen von I notwendig; Nausea u. Erbrechen traten nicht öfter als bei den Kontrollen auf. Leichte Diarrhoe u. Pruritus ani waren in der I-Gruppe häufiger; keine Leber- u. Knochenmarkschäden. Bei Stuhlproben war P. vulgaris in der I-Gruppe häufiger, keine Zunahme von C. albicans. In vitro-Teste der Organismen ergaben bei E. coli I-Resistenzentw.; der Wert einer ausgedehnten I-Kur zur Vermeidung von Infektionen im Greisenalter wird betont. (Amer. J. med. Sci. **226**. 491—503. Nov. 1953. Memphis, Tenn., Univ. of Tennessee, Coll. of Med., Divv. of Med., Pathol. and Bacteriol., u. John Gaston Hosp.) DOSSMANN. 4611

M. Ruiz Castaneda und **C. Carrillo-Cardenas,** *Eine neue Anregung zur Brucellosisbehandlung.* Da die Brucellaorganismen sich innerhalb von Zellen vermehren u. Antibiotica nicht in der Lage sind, durch die Zellmembranen zu diffundieren, wurde versucht, die Brucellosis mit relativ unlösl. Partikeln von *Terramycin* (I) zu behandeln, von denen vermutet wurde, daß sie mit dem Erreger in den Lymphdrüsen oder der Milz, in denen sich diese Erreger bes. zahlreich vorfinden, durch Anhäufung zu wirksamer Konz. in direkten Kontakt kommen. Mit 800 mg I-Präcipitat in 20 cm^3 steriler isoton. NaCl-Lsg. mit Geh. an *Merthiolat* $1:10^4$ wurde eine Suspension hergestellt, von der jeweils 2—4 cm^3 intraglutäal injiziert wurden. 68 Fälle wurden pro Woche mit ca. 160 mg I behandelt, 71 Kontrollen. Beurteilt wird der Erfolg nach den Blutkulturen. Bei den Kontrollen waren 2—3 Monate lang ununterbrochen Bakterien im Blut festzustellen, während bei den I-behandelten Fällen der %-Satz mit positiven Blutkulturen nach 14 Tagen nur 18% betrug, die später noch negativ wurden. Dieses günstige Ergebnis wird mit Sicherheit auf die I-Verabreichung in kleinen Dosen zurückgeführt. (Amer. J. med. Sci. **226**. 504—08. Nov. 1953. Mexico, D. F. Hosp. Gen.) DOSSMANN. 4611

G. Y. Mills und **B. M. Kagan,** *Wirkung von oralem Polymyxin B auf Pseudomonas aeruginosa im gastrointestinalen Trakt.* Wegen der Gefahr der Übertragung von P. aeruginosa auf Säuglinge wurden 273 Stuhlunterss. am Pflegepersonal durchgeführt, die in 32 Fällen positiv ausfielen. Orale Verabreichung von 150 mg *Polymyxin B* (I) = *Aerosporin,* achtstündlich über 7 Tage, bedingte bereits nach 5 Tagen negative Stühle. Kontrollen bis zu 30 Tagen nach Absetzen von I ergaben nur 1 positiven Fall. Nach Vff. eignet sich I zur Kontrolle der Diarrhoe in Säuglingsheimen. (Ann. intern. Med. **40**. 26—32. Jan. 1954. Chicago, Ill., Inst. for Med. Res., Kunstadter Labor. for Pediatric Res. u. Michael Reese Hosp.) DOSSMANN. 4611

Åke Swensson, *Klinische und experimentelle Untersuchungen über die Leukocytose bei dem durch Cardiazol ausgelösten Krampfanfall. — Studien über eine zentralausgelöste Leukocytose.* Durch *Cardiazol* wird eine Leukocytose mit relativer oder absol. Lymphocytose hervorgerufen. Sie beginnt sehr schnell u. hat ihr Maximum nach 10—15 Minuten. 1 Std. nach der Injektion liegen wieder n. Werte vor. Die Schwellendosis zur Erzielung der Leukocytose liegt etwas niedriger als die minimale Krampfdosis, so daß auch Leukocytose ohne Krampf erzielt werden kann. Sie zeigt sich auch bei nebennierenlosen Tieren. Es handelt sich um eine zentral ausgelöste u. über den Sympathicus der Milz zugeleitete Erregung. (Z. ges. exp. Med. **122.** 14—34. 1953. Stockholm, Karolinska Sjukhuset.) MATTHIES. 4620

F. Houston, *Eine vorläufige Untersuchung über Abreaktion beim Vergleich von Methedrine und Natriumamytal mit anderen Methoden.* Vf. stellt bei 8 Fällen von Hysterie oder Asthma fest, daß die Abreaktionsbehandlung mit *Na-Amytal* u. *Methedrine* (*Pervitinhydrochlorid*) der Therapie mit Ae., Pentothal, Parpanit oder Elektroschock, mit Ausnahme eines Falles echter endogener Depression, überlegen ist. (J. Mental Sci. **98.** 707—10. Okt. 1952. Hull, Pole Hosp.) ZEMKE. 4622

H. Iyoda, *Über die sensibilisierende Wirkung von Weckaminen.* Bei Verss. am Meerschweinchen konnte mit *Hiropon* (DAI NIPPON LTD.), = *1-Phenyl-2-methylaminopropan* u. mit *Sedolin* (TAKEDA CO.) = *1-Phenyl-2-aminopropan,* durch serolog. Prüfung keinerlei Sensibilisierung (bzw. Allergie) nachgewiesen werden. (Tokyo Jikeikai med. J. **68.** 111—12. 1/8. 1953. Tokyo [Orig.: japan.]) SCHULER. 4622

Plutarco Naranjo und **Enriqueta Banda de Naranjo,** *Inaktivierung von Antihistaminicis in der Leber und im Magen–Darm-Trakt.* An Meerschweinchen wurde zunächst die mittlere letale Dosis von *Histamin* (**I**) allein u. nach Anwendung folgender Antihistaminica bestimmt: *Neoantergan* (*N.N-Dimethyl-N'-[4-methoxybenzyl]-N'-[2-pyridyl]-äthylendiamin*; **II**), *Multergan* (*10'-Phenothiazinylpropyltrimethylammonium*; **III**), *Phenergan* (*10-[2'-Dimethylamino-1'-propyl]-phenothiazin*; **IV**), *Neohetramin* (*N.N-Dimethyl-N'-[4-methoxybenzyl]-N'-[2-pyrimidyl]-äthylendiamin*; **V**), *Trimeton* (*1-[N.N-Dimethylamino]-3-phenyl-3-[α-pyridyl]-propan*; **VI**), *Hista-3 „Life"*, ein Gemisch aus 40% **II**, 30% **VI** u. 30% **V** (**VII**) u. *Thephorin, 2-Methyl-9-phenyl-1.2.3.4-tetrahydropyridinden* (**VIII**). Es wurde gefunden, daß ca. 77% von **I**, welches die Leber auf dem Wege des Pfortadersyst. erreicht, durch dieses Organ inaktiviert wird. In gleicher Weise werden durch die Leber die untersuchten Präpp. **II, III, IV, V, VI, VII** u. **VIII** inaktiviert, u. zwar in der Größenordnung von 70—90% (niederster Wert: **VIII** mit 39%; höchster Wert **II** u. **III** mit 90%). Im Magen–Darm-Trakt wurden die Präpp. **II, III, IV, V, VI, VII, VIII** sowie *Histadyl* u. *Antistin* nicht inaktiviert. — 6 Tabellen. (Arch. int. Pharmacodynam. Thérap. **94.** 383—94. 1/8. 1953. Quito, Ecuador, „Life" Labors., Res. Dep.) RODERICH KÖNIG. 4625

G. Segre, *Der Antagonismus zwischen Histamin, Benadryl und Neoantergan an isoliertem Meerschweinchenileum bei verschiedenen Temperaturen.* Der Antagonismus zwischen Histamin (**I**) u. Benadryl (**II**) sowie zwischen **I** u. Neoantergan (**III**) wurde untersucht u. dabei 4 Variablen analysiert, nämlich die Konz. von **I** u. **II** bzw. **III**, das Maß der Hemmung u. die Temperatur. Die Dissoziationskonstante für die **I**-Receptorbindung wurde festgestellt, sowie die 50% Hemmungsdosis von **II** u. **III**. Für **I** wurden 2 Receptortypen wahrscheinlich gemacht, einer für niedrige u. einer für höhere **I**-Konzentration. Diese Komplexe zeigen Dissoziationskonstanten, die nicht lineare Funktion der Temp. sind. Die Verschiedenheit im antagonist. Wirkungsmechanismus von **II** u. **III** wird diskutiert. (Arch. int. Pharmacodynam. Thérap. **94.** 257—87. 1/7. 1953. Torino, Univ., Ist. di Farmacol. e Terap. Speriment.) V. KEREKJARTO. 4625

L. A. Boeré, *Inactin und cerebrale Depression.* Chem. u. pharmakol. Besprechung von *5-Äthyl-5-[1'-methylbutyl]-2-thiobarbitursäure* (**I**) u. *5-Äthyl-5-[1'-methylpropyl]-2-thiobarbitursäure* (**II**). **I** ist bekannt als *Pentothal, Thiopentan* u. *Trapanal,* **II** als *Inactin.* **I** besitzt einen sehr starken, **II** dagegen nur einen schwachhypnot. Effekt. **I** zeigt anästhet., **II** dagegen analget. Wrkg., daher braucht man für gute Anästhesie von **II** mehr als von **I**. Jedoch empfiehlt sich **II** bes. bei Lungenfunktionsstörungen, da es im Gegensatz zu **I** keine Sauerstoffuntersättigung des Blutes hervorruft. Günstig ist auch eine Kombination von **II** mit *Novocain* u. *Antihistaminicis.* (Anaesthesist **3.** 6—7. Febr. 1954. Leiden, Holland.) GOLDHAHN. 4627

Walter Mannheimer, Philip Pizzolato und **John Adriani,** *Art der Beeinflussung von Geweben durch langwirkende Lokalanästhetica.* Ausgehend von einem Fall, bei dem es nach einer Ganglienblockade mit *Efocaine* [**I**; Lsg. von 1% Cocain, 5% *Butyl-p-aminobenzoat* (**II**) u. 0,25% Procainhydrochlorid in einem Gemisch von 78% Propylenglykol, 20% W. u. 2% *Polyäthylenglykol* (**III**)] zu einer schmerzhaften Affektion der Umgebung der Injektionsstelle kam, prüften Vff. das Präp. im Tiervers. u. stellten fest, daß es nach Injektionen von I zu Schädigungen von Muskel- u. Nervengeweben kommt. Prüfung der einzelnen Bestandteile von I ergab, daß die schädigende Wrkg. auf der Ggw. von II u. III beruht. (J. Amer. med. Assoc. **154**. 29—32. 2/1. 1954. New Orleans, La., State Univ., School of Med., Dep. of Surgery and Veterans Admin. Hosp.) KRUSEN. 4627

M. Broglie, G. Jörgensen und **G. Voss,** *Über die neuro-ganglioplegische Behandlung innerer Krankheiten mit Phenothiazinderivaten unter besonderer Berücksichtigung des Asthma bronchiale.* Vff. berichten über mehr als 25 Patienten mit Asthma bronchiale, die sie mit lyt. Therapie mittels *Phenothiazinderivv.* (*Megaphen, Atosil, Padisal, Dibutil, Labiton*) behandelten. Die Behandlung wird als nur symptomat. aufgefaßt, Rezidive kommen vor. Weiter wird über die Erfahrungen mit lyt. Therapie bei Ulcus, Thyreotoxikosen, Gelenkleiden, Erregungszuständen sowie über besondere klin. Beobachtungen u. Ergebnisse von Laboratoriumsunterss. berichtet. (Ärztl. Wschr. **8**. 1148—52. 27/11. 1953. Neumünster, Friedrich-Ebert-Krankenhaus.) K. BÖHM. 4628

H. Haupt und **W. Nagel,** *Über die Anwendung der vegetativen Ganglienblockade mit Phenothiazinabkömmlingen.* Vff. berichten über ihre Erfahrungen mit den Ganglienblockern *Megaphen, Atosil* u. *Padisal* an Hand von 3 erfolgreich behandelten Fällen (2 mal Bekämpfung von extremen Hyperthermien bei verschied. Krankheiten, 1 Fall von poliomyelit. Atemlähmung mit zusätzlicher Bronchopneumonie) u. diskutieren weitere Indikationen u. Probleme. (Mschr. Kinderheilkunde **102**. 4—9. Jan. 1954. Bonn, Univ., Kinderklinik.) K. BÖHM. 4628

J. N. Briggs und **Joyce Tucker,** *Primidone (Mysoline) zur Behandlung von klinischem Petit mal bei Kindern.* Bericht über 22 Petit mal-Fälle, die mindestens 1 Jahr mit *Primidone* = *Mysoline* (I), einem Pyrimidinderiv., behandelt wurden. Je nach Alter I-Dosierung 0,125—0,25 g/Tag, bei Bedarf Steigerung der I-Dosis auf 1—1,5 g täglich. Sehr gute Besserung in 7, gute in weiteren 7 Fällen, 8 Versager. Nebenwirkungen werden besprochen. I-Wrkg. scheint anders zu sein als bei *Troxidone* = *Tridione* (II). I ist weniger tox. als II, es dürfte bes. bei Versagen von II indiziert sein. (Lancet **266**. 19—21. 2/1. 1954. Sheffield, Univ., Dep. of Pharmacol. and Therapeut., u. Children's Hosp.) DOSSMANN. 4628

P. W. Nathan, *Primidone bei der Behandlung der nichtidiopathischen Epilepsie.* Bericht über 21 Fälle mit schwerer Epilepsie, die vor *Primidone* (I)-Verabreichung mindestens 2 Jahre ohne Erfolg mit *Phenobarbitone* u. *Na-Phenytoin* behandelt worden waren. I-Dosis 0,5 g/Tag. In 9 Fällen bei 18 monatiger I-Behandlung Besserung im Auftreten der Anfälle bereits innerhalb 4 Tagen. 10 Versager u. 2 Verschlechterungen, bei denen I abgesetzt wurde, nachdem innerhalb von 2—3 Wochen kein Ansprechen auf I zu verzeichnen war. Nebenwirkungen Schlafbedürfnis u. Ataxie. (Lancet **266**. 21—22. 2/1. 1954. London, Nat. Hosp., Med. Res. Counc., Neurol. Res. Unit.) DOSSMANN. 4628

Robert J. Gill, Garfield G. Duncan und **David J. Reinhardt,** *Arterieller Überdruck: Die therapeutische Wirkung der Einschränkung von Natrium in Verbindung mit 1-Hydrazinophthalazin oder Dibenzylin.* (Vgl. C. **1953**. 1368.) Bericht über Verss. an 15 Patienten mit Überdruck. Es zeigte sich, daß *Apresolin, 1-Hydrazinophthalazin* (I; anfängliche Dosis 75 mg/Tag) bei gleichzeitiger Einschränkung der Na-Aufnahme in Kombination mit Kationenaustauschharzen den Blutdruck wesentlich reduziert. Man benötigt bei dieser Therapie kleinere Dosen an I, als wenn man es allein anwenden würde. Alleinige orale Applikation von *Dibenzylin, SFK 688 A* = *N-Phenoxyisopropyl-N-benzyl-β-chloräthylamin* (II) reichte für eine wirksame Behandlung nicht aus. Wird II in Kombination ähnlich wie I angewandt, so ist ebenfalls eine Abnahme des Blutdrucks feststellbar, jedoch verbunden mit unerwünschten Neben-Rkk., so daß dieses Präp. für die Behandlung des Überdrucks nicht empfohlen werden kann. (Amer. J. med. Sci. **226**. 249—60. Sept. 1953. Philadelphia, Pa., Hosp., Benjamin Franklin Clin. u. Jefferson Med. Coll.) RODERICH KÖNIG. 4630

Harriet P. Dustan, Robert D. Taylor, A. C. Corcoran und **Irvine H. Page,** *Rheuma- und Fiebersyndrom bei langdauernder Hydralazinbehandlung.* Bei der erfolgreichen Behandlung von 139 Hypertoniekranken mit *1-Hydrazinophthalazinhydrochlorid* (I; *Hydralazin, Apresolin*; CIBA PHARMACEUTICALS PRODUCTS, INC.) kam es in 13 Fällen nach durchschnittlicher 12 monatiger Behandlung mit täglich 400—800 mg I zu einem Syndrom, das in leichteren Fällen einer beginnenden rheumatoiden Arthritis, in schwereren Fällen einem akuten Lupus erythematosus ähnlich sah. Die Symptome verschwanden bei leichten Fällen nach Absetzen der I-Therapie bzw. Verringerung der Dosis, sonst nach Verabreichung von *Cortison* oder *ACTH*. Die genaue Ursache des Syndroms ist nicht bekannt; wahrscheinlich handelt es sich um eine tox. Wrkg. von I. (J. Amer. med. Assoc. **154.** 23—29. 2/1. 1954. Cleveland, O., Clin. Found.; I. E. Bunds Educat. Inst.) KRUSEN. 4630

A. Schmid und **H. Kellner,** *Blutdrucksenkende Wirkung der Kombination Apresolin und Aderlaß.* Die nach *Apresolin* eintretende Steigerung des Minutenvol. (Vm) konnte durch einen Aderlaß abgefangen werden, so daß diese therapeut. Kombination eine Verminderung des Vm (Aderlaß) u. eine Senkung des peripheren Widerstandes (Apresolin) zugleich erreichte. (Schweiz. med. Wschr. **83.** 1114—16. 14/11. 1953. Bern, Univ., Med. Klin.) JORDAN. 4630

L. Hensler, *Hypertonietherapie mit Serpasil, einem Alkaloid der Rauwolfia serpentina. Reserpin* (= *Serpasil,* CIBA; I) erzielte bei einer Dosierung von 3mal 0,25 mg eine Blutdrucksenkung nach 24—48 Std., die noch 3 Tage nach Absetzen von I zu beobachten war. Dabei trat diese Senkung bei essentieller Hypertonie stärker zutage als bei Nierenhochdruckkranken. Nebenwirkungen: Schläfrigkeit, Durchfälle, Bradycardie, Herzrhythmusstörungen oder intestinale Störungen. I soll besser verträglich u. gleich wirksam sein wie die Gesamtalkaloidpräpp. der Rauwolfia. (Schweiz. med. Wschr. **83.** 1162—66. 28/11. 1953. St. Gallen, Kantonspital, Med. Klin.) JORDAN. 4630

Mario Stracuzzi, *Die cardiotonischen, in Nerium Oleander L und in Thevetia neriifolia Juss enthaltenen Medikamente.* Kurzer Überblick über die pharmakol. Eigg. des Herztonicums *Oleandrin* oder *Folinerin,* das den wichtigsten Bestandteil des Nerium Oleander darstellt u. über *Thevetin* oder *Thevetosid,* den wichtigsten Bestandteil der Thevetia neriifolia. Beide haben eine Digitalis-Strophantin-ähnliche Wirkung. (Fitoterapia [N. S.] **24.** 404—05. Juli/Sept. 1953.) P. G. SCHEURLEN. 4630

Tage Hilden, *Die Wirkung von Tetraäthylammoniumbromid (Etylon) bei Asthma cardiale und akuten Lungenödemen. Etylon* (10%ig. Lsg. von TEAB) verursachte bei intravenöser Anwendung eine Blutdrucksenkung u. war damit bei Asthma cardiale u. akuten Lungenödemen klin. erfolgreich. Die Anwendung ist nicht ganz ungefährlich (Kreislaufgefährdung, bes. Kollaps). (Acta med. scand. **147.** 175—82. 10/11. 1953. Kopenhagen, III. Kommunehosp., Med. Dep.) JORDAN. 4630

K. W. G. Brown und **R. L. MacMillan,** *Die antikoagulatorische Wirkung von Phenylindandion bei thromboembolischen Zuständen. Phenylindandion* (I) bewirkte eine ausreichende Senkung des Prothrombins innerhalb von 48 Stunden. Die Wrkg. verlor sich nach Absetzen von I innerhalb von 2 Tagen. Vitamin K_1 u. K_1-Oxyd kann n. Prothrombinverhältnisse innerhalb von 4—5 Std. wieder herstellen. Die durch I von den Vff. erhaltenen Prothrombinzeiten sind nicht so günstig wie nach *Cyclocumarol* oder *Dicumarol,* was auf ungenügende Dosierung zurückgeführt wird, die durchschnittlich 200 mg betrug. (Amer. J. med. Sci. **225.** 495—500. Mai 1953. Toronto, Can., Univ., u. General Hosp.) L. BERGER. 4630

R. Götze, E. Aehnelt und **U. Freese,** *Zur Methionintherapie bei Stoffwechsel- und Lebererkrankungen des Rindes.* Gegen eine Reihe von Stoffwechselkrankheiten u. akuten Vergiftungen wurde mit Erfolg 26%ig. Acetylmethioninlsg. bei Rindern eingesetzt. Die Lsg. ist in therapeut. Dosen (2,5—4 g/100 kg Körpergewicht) gut verträglich. Die Behandlung war erfolgreich bei Tetanie, hypocalcäm. Gebärlähmung, Osteomalacie u. Festliegen; bei Acetonurie wurde keine Heilung erzielt. Gute Erfolge waren auch bei Arsen-, Blei- u. Sulfonamidvergiftungen zu verzeichnen. In allen Fällen wurde mit Traubenzucker kombiniert. (Berliner Münchener tierärztl. Wschr. **66.** 219. 15/7. 1953. Hannover, Tierärztl. Hochschule, Klin. für Geburtshilfe u. Rinderkrankheiten.) HEYNS. 4640

Charles Debray, E. Choppy, J. Aubrion und **G. Faugeras,** *Gallenblasenextrakte und Fettverdauung. Wirkung von Blasenextrakten zum Beweis einer provozierten Hyperlipämie.* Bericht über 11 Fälle mit Dyspepsie ohne organ. Störungen. Es wurde die Lipämie in Abhängigkeit von der Zeit nach Instillation von 100 cm³ Olivenöl durch Magensonde u. nach Verabreichung von *Gallenblasenextrakten* (I) aufgenommen. Nach der I-Behandlung liegt die Spitze der Lipämiekurve etwa um $^1/_3$ höher als vorher, danach scheinen I die Fettresorption zu erleichtern, parallel dazu war bei den untersuchten Fällen klin. Besserung zu verzeichnen. (Semaine Hôpitaux Paris **30.** 204—07. 14/1. 1954. Paris, Hôp. Bichat.) DOSSMANN. 4645

Lowell L. Henderson, *Natriumsalicylat bei rheumatischem Fieber; seine Wirkung bei kombinierter Medikation.* Unterstützend oder aus anderen Gründen gegebene Arzneimittel neben der Verabreichung von *Natriumsalicylat* (I) bewirken bemerkenswerte Veränderungen des Salicylat-Serum-Spiegels. I senkt, in großen Dosen gegeben, die

CO_2-Bindungsfähigkeit. Diese wurde unter Senkung des I-Serumspiegels durch *$NaHCO_3$* verbessert. *Magnesiumtrisilicat* u. *Aluminiumhydroxydgel* verhindern Magenstörungen durch I, ohne den I-Serumspiegel zu senken oder die CO_2-Bindungsfähigkeit zu bessern. (Amer. J. med. Sci. **225**. 480—84. Mai 1953. Urbana, Ill., Carle Hosp. Clin.) L. BERGER. 4670

S. J. Minogue, *Die Anwendung von Paraldehyd bei alkoholischem Delirium tremens.* Unter Bezugnahme auf die Veröffentlichung von CADE u. DAWSON (C. **1954**. 2002) teilt Vf. kurz seine Erfahrungen in der Behandlung von Alkoholikern mit Delirium tremens mit u. weist darauf hin, daß *Paraldehyd* wie auch andere übliche Sedativa nur im Anfang der Behandlung gegeben werden sollen. Von größter Bedeutung ist zweckmäßige psychiatr. Therapie. (Med. J. Australia **40. II**. 438. 12/9. 1953. Sydney.) KRUSEN. 4670

P. C. MacGillivray und **M. S. Fraser,** *Borsäurevergiftung bei einem Kind nach Behandlung von Napkin-Hautausschlag.* Bericht u. Diskussion eines nicht letalen Falles von *H_3BO_3*-Vergiftung bei einem 4 Wochen alten Kind nach Behandlung eines Napkin-Hautausschlages mit pulverisierter *H_3BO_3*. Es traten Erbrechen, Diarrhoe, gastrointestinale Blutungen u. ausgebreitete Hautaffektionen auf. Mangels einer spezif. Therapie wurde symptomat. Behandlung mit *Antibioticis, Vitamin K* u. intravenöser Flüssigkeitszufuhr durchgeführt. (Arch. Disease Childhood **28**. 484—89. Dez. 1953. Edinburgh, Royal Hosp. for sick Children; Aberdeen, Univ., Dep. of Child Health.) KRUSEN. 4675

E. Messmer, *Zur klinischen Begutachtung gewerblicher Bleivergiftungen.* Vf. unterscheidet die klin. Verlaufsformen von Intoxikationen mit Pb-Tetraäthyl u. anorgan. Pb-Verbindungen. Leberschäden, nicht jedoch arterielle Erkrankungen u. Magen- u. Duodenalulci, können als Folgeschäden von Pb-Intoxikationen anerkannt werden. (Med. Klin. **49**. 218—23. 5/2. 1954. Heidelberg, Univ., Med. Klin.) KRUSEN. 4675

Jorge I. Sacon und **Carlos Costa,** *Polyneuritis. Dermopathie und Leberatrophie bei chronischem Arsenabusus.* Bericht über einen 50jährigen Mann, bei dem sich nach chron. As-Abusus neben den sonst bekannten neurit. u. dermatolog. Symptomen der As-Intoxikation auch schwere Leberschädigungen mit Ascites u. hochpatholog. Eiweißstörungen zeigten. Therapie mit BAL, lipotropen Stoffen, Leberextrakten, Proteinen, Vitamin C u. K u. fettarmer Diät. (Prensa méd. argent. **40**. 3392—94. 11/12. 1953. Buenos Aires, Policlín. Rawson.) P. G. SCHEURLEN. 4675

I. Gy. Fazekas und **A. Dósa,** *Sektionserfahrungen bei Arsenobenzoltodesfällen.* Bei 9 Todesfällen nach *Arsenobenzol* wurden akute u. chron. Organveränderungen gefunden. An chron. Veränderungen wurden fast immer Herz- u. Gefäßkrankheiten u. Stauungserscheinungen an Milz, Leber u. Nieren gefunden. Von akuten Veränderungen waren subendocardiale Blutungen, Hirnhyperämie, Ödem u. Hyperämie der weichen Hirnhäute, Hirnpurpurea, Lungenödem u. Tracheobronchitis fast immer vorhanden, ebenso fanden sich öfters Haut- u. Serosablutungen u. eine akute Enterocolitis. Auf Grund der klin. u. Sektionsbefunde werden Arsenobenzolschock u. -tod als Anaphylaxiefolgen aufgefaßt. (Arch. Dermatologie Syphilis **196**. 288—304. 1953. Szeged, Ungarn, Univ., Ist. für gerichtl. Med.) H.-J. KOCH. 4675

Ivan L. Bennett jr., Freeman H. Cary, George L. Mitchell jr. und **Manuel N. Cooper,** *Akute Methylalkoholvergiftung: Übersicht auf Grund von Erfahrungen bei 323 Fällen.* Die bei einer Massenvergiftung von 323 Personen mit *Methanol* beobachteten Symptome u. phys. u. klin. Befunde u. die angewandten Behandlungsmethoden werden ausführlich u. im Zusammenhang mit den Befunden anderer Autoren besprochen. — 116 Literaturangaben. (Medicine **32**. 431—63. Dez. 1953. Atlanta, Geo., Emory Univ., School of Med., Dep. of Med.; Grady Memorial Hosp.) KRUSEN. 4675

G. Stille und **H. P. Wachter,** *Tierexperimentelle Untersuchungen über die Bedeutung der Purine als Leberschutzfaktoren.* Vff. untersuchten an Mäusen die Wrkg. von Leberhydrolysat (*Prohepar*, I), *Adenin* (II), *Xanthin* (III) u. *Hypoxanthin* auf die akute *CCl_4*-Vergiftung. Ergänzung der histolog. Unterss. durch planimetr. Auswertung der Nekrosen u. durch Zellkernmessung. Eine deutliche antinekrot. Wrkg. zeigten I, II, III. Normalisierung der Kerngrößenverteilung ist eindeutig nur nach Behandlung mit I festzustellen. Der Wirkungsmechanismus der verwendeten Stoffe wird diskutiert. (Z. ges. exp. Med. **122**. 199—210. 1953. Uetersen, Holstein, u. Bethel bei Bielefeld, Pharmakol. Abt. der Nordmark-Werke GmbH. Hamburg, Patholog. Inst. der Krankenanstalten Bethel.) K. BÖHM. 4675

J. O. Craig, *Vergiftung durch ätherische Öle bei Kindern.* (Vgl. auch C. **1954**. 603.) Zusammenfassender Bericht über 74 Vergiftungsfälle bei Kindern durch *Campher*,

Eucalyptus-, Sassafras-, Terpentin- u. *Wintergrünöl* mit Bemerkungen über Symptome u. Therapie. — 36 Literaturangaben. (Arch. Disease Childhood **28.** 475—83. Dez. 1953. Edinburgh, Royal Hosp. for Sick Children.) KRUSEN. 4675

R. N. Chakravarti, *Ätiologische Bedeutung von toxischen Ölen bei epidemischer Wassersucht. Eine Übersicht.* Vf. bespricht Argemoneöl- u. Mineralölvergiftung mit 75 Literaturangaben. (Indian med. Gaz. **88.** 117—26. März 1953. Calcutta, School of Trop. Med., Dep. of Chem.) KRUSEN. 4675

W. H. A. Schöttler, *Über die Toxizität des Skorpiongiftes.* Vf. stellt fest, daß die Toxizität der Skorpiongifte (von Tityus bahiensis u. T. serrulatus) zu verschied. Zeiten sehr unterschiedlich ist. Außerdem zeigt aus zerriebenen Drüsen extrahiertes Gift andere tox. Eigg. als das direkt aus lebenden Tieren erhaltene. Die durchschnittliche letale Dosis [des reines Giftes] wird im Mäusetest zu 0,5—2,0 mg/kg ermittelt. Ein Unterschied in der tox. Wrkg. zwischen den Giften beider Skorpionarten wird nicht festgestellt. Außerdem zeigen beide Gifte die gleiche DL_{50} für subcutane u. intravenöse Injektion. Aus dieser Beobachtung u. der Symptomatologie der Skorpionvergiftungen wird die Annahme gefestigt, daß das Skorpiongift ein peripher angreifendes Neurotoxin ist. (Amer. J. trop. Med. Hyg. **3.** 172—78. Jan. **1954.** São Paulo, Brasilien, Inst. Butantan.) FAHRNLAENDER. 4675

C. Montigel und **R. Pulver,** *Die antagonistische Wirkung der K-Vitamine bei Vergiftung mit Rodenticiden vom Typ des 4-Oxycumarins.* Vff. berichten über Verss. an Kaninchen, bei denen die Wrkg. von *Cumachlor, 3-[α-p-Chlorphenyl-β-acetyläthyl]-4-oxycumarin* (**I**), *Warfarin, 3-[α-Phenyl-β-acetyläthyl]-4-oxycumarin* (**II**) u. *Tromexan* (**III**) auf die Gerinnungsvalenz des Blutes untersucht wurde. Die Präpp. wurden peroral mit der Magensonde verabreicht. **I** u. **II** waren wesentlich aktiver als **III** u. führten bei chron. Applikation schon mit sehr niederen Dosen zum Tod der Tiere infolge Verblutung. In 4 Versuchsreihen wurde die Wrkg. von *Vitamin* K_1 (**IV**) u. *Vitamin* K_3 (**V**), *Na-Salz* des *Phosphorsäureesters* von *2-Methyl-1.4-naphthochinon,* auf die durch Cumarine verminderte Gerinnungsvalenz untersucht. Es zeigte sich, daß **IV** schon in kleinen Dosen ein wertvolles Antidot gegen die Vergiftung mit **I** u. **II** darstellt. Dies gilt nicht nur für die orale Applikation, sondern auch für die intravenöse, wo bereits die 10fach kleinere Dosis zur Erzielung der gleichen Wrkg. ausreicht. Es ist zweckmäßig, **IV** auf mehrere Tage verteilt zu geben. **V** erwies sich prakt. als wirkungslos. (Arch. int. Pharmacodynam. Thérap. **94.** 395—405. 1/8. 1953. Basel, J. R. Geigy A.-G., Pharmakol. Labors.) RODERICH KÖNIG. 4675

F. Pharmazie. Desinfektion.

Heinrich Abe, *Vorschläge für die 7. Ausgabe des Deutschen Arzneibuches.* Entgegnung auf die Arbeit von BOURNOT (C. **1952.** 1049). Die App. u. Methodik zur Best. der äther. Öle wird abgelehnt u. dafür ein App. nach UNGER (Abb.) als für die pharmazeut. Praxis geeignet vorgeschlagen. (Pharmazie **7.** 227—28. April 1952. Ilmenau/Th., Stadt-(Poliklinik-)Apotheke.) K. HERRMANN. 4750

R. Zwicky, *Über die Eignung von Kohlenhydratschleimen als Anstoßmittel für Pillen.* Vf. prüfte 3 in der Rezepturpraxis oft verwendete Kohlenhydratschleime, *Mucilago Tragacanthae Ph. Helv. V, Artikel Pilulae* (**I**), *Mucilago Gummi arabaci Ph. Helv. V* (**II**) u. *Mucilago Amyli Ph. Dan. IX* (**III**) mit 5 Arzneistoffen (Ammonium chloratum, Dimethylaminoantipyrin, Extractum Aloes, Rhizoma Rhei pulvis, Ferrum reductum) von verschiedenartigen physikal.-chem. Eigg., denen Milchzucker als Streckmittel beigefügt wurde, auf ihre Verwendbarkeit als Pillenanstoßmittel. Die Zerfallbarkeit der mit **I**, **II** u. **III** hergestellten Pillen nimmt in nachst. Reihenfolge ab: **II** (Gellsg.) → **III** (gegebenenfalls Ungt. Glycerini) (plast. Gel) → **I** (elast. Gel = Gallerte). Die Verwendung von **I** als allg. brauchbares Pillenanstoßmittel ist abzulehnen. Der Gebrauch von **I** soll sich auf Vorschriften für Pillen beschränken, deren Zerfallsmöglichkeit experimentell festgelegt wurde. (Schweiz. Apotheker-Ztg. **92.** 245—49. 3/4. 1954. Zürich, ETH, Pharmazeut. Inst., Galen. Abt.) BARZ. 4766

—, *Grundstoffe für Suppositorien.* Die Grundstoffe werden in vier Gruppen eingeteilt: 1. Fettstoffe, die bei Körpertemp. schm., wie Kakaoöl u. -butter mit Zusätzen an Ca-Oleat (3%), Lecithin, Cholesterin oder bes. hydriertes Erdnußöl, Cetylalkohol, Lebertran u. Triäthanolaminstearat oder Gemische mit Lanettewachs, Wollfett, Paraffin, Olivenöl, Mohnöl, Stearylalkohol, Glycerinmonostearat zur Erhöhung des Emulgiervermögens. 2. Glycerin–Gelatine-Suppositorien mit Na-Stearat oder W., wobei Glycerin ersetzt wird durch Propylenglykol, Sorbit, Mannit u. 2.3-Butylen-

glykol. 3. Für in W. lösl. oder mit W. mischbare Massen benutzt man Gemische von Cholesterin, Lactose, Glycerin- u. Glykolester von Stearin-, Laurin- u. Palmitinsäure, Polyäthylenglykolpolymere, Na-Salz von Stearin–Lysalbinsäure, Lanolin. 4. Zur Gruppe der CO_2 entwickelnden Grundstoffe gehören Mischungen von Na_2CO_3 u. Citronensäure, Weinsäure u. $NaHCO_3$ in Kakaobutter, mit Pektin oder Pektingelatine überzogen. Auch Silicone eignen sich. (Chem. pharmac. Techniek **8.** 327. 15/8. 1953.)
FREYTAG. 4766

Ria Urchs, *Die neuen Suppositorienmassen „Stadimol" und „Masse H Imhausen".* Es werden die Eigg. u. Vorteile der Suppositorienmassen *Stadimol* (**I**) u. *Suppositorienmasse H Imhausen* (**II**) an Hand des bisher vorliegenden Schrifttums besprochen. Für die Apothekenpraxis scheint **I**, für die Industriefertigung dagegen **II** geeigneter zu sein. (Dtsch. Apotheker-Ztg. **93.** 799—800. 29/10. 1953. Bergisch-Gladbach.)
H. P. FIEDLER. 4766

Anton Zwergal, *Beitrag zu Kenntnis der Inhaltsstoffe des Knoblauchs, Allium sativum L.* Bei der Wasserdampfdest. des Knoblauchs entstehen 2 Öle von verschied. chem. Zus., die bei 12 mm fraktioniert wurden. Vf. erkannte als Bausteine des Öls Divinylsulfid u. Allylvinylsulfoxyd. Die höheren Fraktionen (**I**) bestanden aus Polyvinylsulfidketten mit bis 5 S-Gliedern. Für den vermuteten Aufbau des Öls werden 3 verschied. Grundmolekülketten diskutiert. Von den einzelnen **I** werden Kennzahlen u. Analysen angegeben. — 10 Tabellen. 56 Literaturstellen. (Pharmazie **7.** 245—56. April 1952. Berlin, Ehem. Inst. für Ernährungs- u. Verpflegungswiss.)
K. HERRMANN. 4782

W. N. Saitzewa und **W. W. Feofilaktow,** *Hundskohl (Apocynum cannabinum) als Rohstoff für das herzwirksame Glucosid Cymarin.* 1 kg Hundskohlwurzeln (*Apocynum cannabinum*) mit 260—266/g Froscheinheiten Herzaktivität wurden 2 Tage mit 7 Liter A.-W.-Gemisch (1:4), dann 2 Tage mit 4 Liter des Gemisches geschüttelt. Im Extrakt wurden die Ballaststoffe mit Pb-Acetat gefällt, das Filtrat nach der Pb-Entfernung bei 70—75° auf $^1/_3$ eingedampft, mit Chlf. extrahiert u. mit $(NH_4)_2SO_4$ gesättigt. Erhalten wurden 4,3 g amorphe Glucoside, die, in 5 ml CH_3OH + 5 ml Bzl. gelöst, aus CH_3OH 0,17% krist. *Cymarin* mit 1 Mol. CH_3OH, $C_{30}H_{44}O_9 \cdot CH_3OH$ (**I**), F. 142—144°, $[\alpha]_D^{20}$ +25,9°, lieferten. Nach Entfernen des krist. CH_3OH durch langes Trocknen im Vakuum (4 mm, 78°): $C_{30}H_{44}O_9$, F. 195° (204° in der Literatur). Hydrolyse von 0,5 g **I** in 2 ml A. mit 2 ml HCl (1,19) u. 2 ml Wasser. Nach 3—4 Tagen Stehen bei Zimmertemp. wurde FEHLINGsche Lsg. entfärbt u. das Aglucon *Cymarigenin* gewonnen, F. 204°. Die Aktivität von **I** betrug je 1 g 45000 Froscheinheiten. (Журнал Прикладной Химии [J. angew. Chem.] **23.** 1299—1304. Dez. 1950. Allunions Inst. für Heil- u. Gewürzpflanzen, Abt. Chem.)
v. WILPERT. 4782

F. v. Gizycki und **G. Kotitschke,** *Über das Nicandrin, einen Bitterstoff aus der Solanacee Nicandra physaloides Gaert. Nicandrin* nennen Vff. einen von ihnen aus dem Kraut von Nicandra physaloides GAERT. isolierten N-freien, durch Emulsion spaltbaren glykosid. Bitterstoff von der Zus. $C_{27}H_{37}O_7$. (Arch. Pharmaz. Ber. dtsch. pharmaz. Ges. **284** (56). 129—32. 6/6. 1951. Halle/S., Univ., Inst. für Pharm. u. Nahrungsmittelchem.)
v. GIZYCKI. 4782

F. v. Gizycki und **G. Kotitschke,** *Nicandra physaloides L. Gaertner.* Übersicht über medizin. Anwendung, Vork., Botanik (Abb.) u. Chemie dieser Solanacee. Sie enthält einen glykosid. Bitterstoff *Nicandrin*, $C_{27}H_{37}O_7$ (vgl. vorst. Ref.). Die in Deutschland kultivierte Nicandra ist für therapeut. Anwendung ungeeignet. (Pharmazie **7.** 259—61. April 1952.)
K. HERRMANN. 4782

P. Ferrand, *Beitrag zur Untersuchung einfacher offizineller Drogenpulver.* 40 Beispiele von Drogenpulvern mit zum Teil außerordentlich hohem Aschegehalt. (Ann. pharmac. franç. **11.** 295—96. April 1953. Centre techn. de la Coopération pharmaceut. française.)
v. GIZYCKI. 4782

Albert M. White und **Donald M. Skauen,** *Die emulgierenden Eigenschaften von Calciumursolat.* Vorl. Mitt. Ca-Ursolat, F. 268—270°, erweist sich als guter Emulgator u. kann in Konzz. von 0,01—1% in den verschied. Emulsionen, Linimenten usw. mit Vorteil als Emulgator eingesetzt werden, wie dies an zahlreichen Beispielen aufgezeigt wird. (J. Amer. pharmac. Assoc., pract. Pharmacy Edit. **14.** 301. Mai 1953. Albany, N. Y., Albany Coll. of Pharm.; Storrs, Conn., Univ., Coll. of Pharm.)
H. P. FIEDLER. 4786

Marvin Faeges, Warren Levitt, John Lutsch und **E. P. Guth,** *Sorbitanmonooleat in Kaolin–Pektin-Suspensionen.* Kaolin neigt in Suspensionen zur Kuchenbldg., Pektin zur Erhöhung der Viscosität. Geeignete Kaolin–Pektin-Suspensionen in den verschied. Konzz. können dagegen ohne Schwierigkeit hergestellt werden, wenn diesen *Sorbitan-*

monooleat (*Span 80*; I) zugesetzt wird. — Beispiel: Kaolin 10,0, Pektin 0,5, I 0,25; 0,5; 1,0 oder 2,0 W. ad 30,0. (J. Amer. pharmac. Assoc., pract. Pharmacy Edit. **14.** 293. Mai 1953. Columbus, O., Univ., Coll. of Pharm.) H. P. FIEDLER. 4786

Abraham H. Matalon und **E. P. Guth,** *Pharmazeutische Verwendungsmöglichkeiten von Hectorit. Hectorit* (I) ist ein weißer Ton, der hauptsächlich Mg-Silicat enthält u. die Eig. besitzt, in 24 Std. in Ggw. von W. sein Vol. zu verdoppeln. I kann daher mit Vorteil an Stelle von Bentonit in pharmazeut. u. kosmet. Zubereitungen (Suspensionen u. Salben) eingesetzt werden, wofür zahlreiche Beispiele angeführt werden. Die emulgierenden Eigg. des I sind allerdings schwach. (J. Amer. pharmac. Assoc., pract. Pharmacy Edit. **14.** 306—09. Mai 1953. Columbus, O., Univ., Coll. of Pharm.) H. P. FIEDLER. 4786

Takashi Kariya, Arnold D. Marcus und **Byrll E. Benton,** *Veegum-Carbowax als Hauptbestandteil für Salbengrundlagen.* Unter Verwendung von *Veegum HV* (I) u. *Carbowax 4000* (II) werden 4 verschied. Salbengrundlagen (III) gefertigt: 20 (%) I u. II (1:1) u. 80 W. (25°); 20 I u. II (1:1) u. 80 W. (97—99°); 15 I u. II (1:1) u. 85 W. (97—99°); 8,2 I, 0,1 Na-Laurylsulfat u. 91,7 W. (97—99°). Die III zeigen gute Eigg. u. sind mit den üblichen Arzneimitteln außer J u. Tannin verträglich. (J. Amer. pharmac. Assoc., pract. Pharmacy Edit. **14.** 297—300. Mai 1953. Philadelphia, Pa.) H. P. FIEDLER. 4792

S. Rocchietta, *Amerikanische pharmakologische Neuheiten 1951.* Übersichtsbericht. (Minerva med. [Torino] **43. I.** 782—86. 12/4. 1952.) HOTZEL. 4800

—, *Neue Arzneimittel. Bacillets* (ABBOTT LABORATORIES, Chicago, Ill.): Bonbons mit Penicillin G-Kalium 20000 E. u. Bacitracin 50 Einheiten. — *Cyclogesterin* (UPJOHN CO., Kalamazoo, Mich.): Tabletten mit Östrogen 10000 E. u. Progesteron 30 mg Amenorrhoe u. uterine Blutungen. — *Dainite* (IRWIN, NEISLER & CO., Decatur): Asthmatabletten. Für den Tag: Pentobarbital-Na 0,25 (grain), Aminophyllin 3, Ephedrinhydrochlorid 0,25, Benzocain 0,25, $Al(OH)_3$ 2,5. Für die Nacht: Phenobarbital $^3/_8$ (grain), Phenobarbital-Na 0,5, Aminophyllin 4, Benzocain 0,25, $Al(OH)_3$ 2,5. — *ECP Sterile Solution* (UPJOHN CO., Kalamazoo, Mich.): Ölige Lsg. von Östradiol-17-cyclopentylpropionat 2 (mg) u. Chlorbutanol 5. Zur Cyclusanregung bei Tieren. — *Lyovac Plasma Ophthalmic* (SHARP & DOHME, INC., Philadelphia, Pa.): Bestrahltes menschliches Citratplasma. Mit Thrombin kombiniert, wird es bei Augenoperationen zum Verkleben der Wundränder angewendet. — *Mediatric Capsules* (AYERST, MCKENNA & HARRISON LTD., New York, N. Y.): Östrogen (Pferd) 0,25 (mg), Methyltestosteron 2,5, Vitamin C 50, Thiaminhydrochlorid 5, Vitamin B_{12} 1,5 γ, Folsäure 0,33, $FeSO_4$ 60, Desoxyephedrinhydrochlorid 1, Hefe 200. Alterstonicum. — *Nabocal Tablets* (RAND PHARMACEUTICAL CO., INC., Albany): Ca-Vitaminpräparat. — *Nitranitol* (WM. S. MERRELL CO., Cincinnati, O.): Dragees mit Mannithexanitrat 32 (mg), Phenobarbital 16, Veratrumalkaloide 1, Hypertonie. — *Orapen* (SCHENLEY LABORATORIES, INC.): Penicillintrockenpräp., das in der Apotheke aufgelöst wird. — *Sustinex* (MCNEIL LABORATORIES, INC., Philadelphia, Pa.): Polyvitaminsirup. — *Thera-Zymacap* (UPJOHN CO., Kalamazoo, Mich.): Polyvitaminkapseln. (J. Amer. pharmac. Assoc., pract. Pharmac. Edit. **13.** 187—89. März 1952.) HOTZEL. 4800

A. R. G. Chamings, *Zur Geschichte des Cortisons.* Bericht über die Entdeckung der Nebennierenrindenhormone im allg. u. des Cortisons (I) im besonderen. Geschichte der I-Synthese. — 7 Literaturangaben. (Pharmac. J. **167** ([4] **113**). 129—30. 25/8. 153. 1/9. 1951.) J. KEIL. 4808

O. Hettche und **H. W. Schulz-Ehlbeck,** *Epidemiologie und Prophylaxe der Poliomyelitis im Hinblick auf die Rolle des Wassers bei der Übertragung.* In Epidemiefällen sind folgende Restwerte an Desinfektionsmitteln im W. zu fordern (mg/Liter): 0,15 O_3, 0,25 Cl_2, 0,8 ClO_2. (Arch. Hyg. Bakteriol. **137.** 440—49. 1953. Hamburg, Hygien. Inst.; Hamburg-Eppendorf, Univ., Neurolog. Klinik.) BOYE. 4832

Hans Harmsen, *Neue Wege zur Behandlung von Infektionswäsche, besonders in Tuberkuloseheilstätten.* Es wird ausführlich über die Behandlung mit „*Enzym-1500*" berichtet. Die Vorzüge des Verf. liegen in der sicheren desinfektor. Wrkg., der größtmöglichen Faserschonung u. der wesentlichen Herabsetzung der Kosten. (Städtehygiene **4.** 339—41. Dez. 1953. Hamburg, Hygien. Inst.) BOYE. 4832

L. Leroi und **J.-A. Gautier,** *Die Verwendung von „Komplexonen" in der pharmazeutischen Analyse: Bestimmung von Calciumsalzen in Arzneimitteln. Komplexon III,* das Di-Na-Salz der *Äthylendiaminotetraessigsäure,* erlaubt die direkte Best. von Ca-Ionen in zahlreichen organ. Verbb. ohne deren Veraschung. Als Indicator (I) wird Murexid benutzt. Falls die zu untersuchende Ca-Verb. in alkal. Milieu zu wenig lösl.

ist, wird indirekt gearbeitet, indem ein Überschuß von K III zugegeben u. dieser mit einer eingestellten Mg-Lsg. zurücktitriert wird; als I dient Eriochrom. (Ann. pharmac. franç. **11.** 329—36. Mai 1953.) V. GIZYCKI. 4880

J. Courteix, *Über die Bestimmung von Vitamin B_1: Die Genauigkeit der Thiochrommethode.* Bei der von mehreren Pharmakopoeen vorgeschriebenen Thiochrommeth. zur Best. von *Vitamin B_1* (I) werden Fehlergrenzen von 1—1,5% angegeben, die auf der Art der Herst. der Lsgg. beruhen. Tatsächlich können die Differenzen auf Grund von Schwankungen in der Reproduzierbarkeit der Rk., der Extraktion mit Isobutylalkohol u. von Ablesefehlern noch größer sein. Die Meth. eignet sich nur für die Best. kleiner I-Konzz., nicht dagegen für Präpp. mit mehr oder weniger reinem I. (Ann. pharmac. franç. **11.** 279—83. April 1953. Vitry-sur-Seine, Soc. des Usines Chim. Rhône-Poulenc.) V. GIZYCKI. 4880

C. Trolle-Lassen, *Methode zur mikrobiologischen Stärkebestimmung von Bacitracin und Neomycin in galenischen Kombinationspräparaten.* Für die Best. von *Neomycin* (I) wird Bacillus subtilis in Bouillonagar bei p_H 7, für *Bacitracin* (II) Micrococcus flavus in gleicher Weise verwendet. Bei Ggw. von I u. II nebeneinander wird zuerst I bestimmt, dann der Vergleichslsg. die entsprechende Menge I-Sulfat zugesetzt, um die Zunahme der Hemmzonen für II durch I in Probe u. Vgl. auszugleichen; die Unsicherheit der II-Best. wird dadurch von ca. $\pm$6,4 auf $\pm$4,3% vermindert. (Arch. Pharmac. og Chem. **60** (**110**). 632—38. 22/8. 1953. Danmarks Apotekerforenings Kontrollabor.) R. K. MÜLLER. 4880

P. H. Mars, *Die Bestimmung der Wirksamkeit von Papainderivaten.* An Stelle der im französ. Arzneibuch zur Best. von *Papain* (I) angegebenen Vorschrift wird nachst. Verf. empfohlen: Man extrahiert 75 mg I 1 Std. bei Zimmertemp. mit 5 cm^3 W., filtriert, gibt 1 cm^3 Filtrat zu einer Suspension von 1,25 g Casein in 25 cm^3 W., erhitzt 2 Std. auf 70°, kühlt ab, filtriert, versetzt 10 cm^3 Filtrat mit 25 cm^3 einer mit NaOH gegen Phenolphthalein neutralisierten Lsg. von 100 cm^3 HCHO in 200 cm^3 W. u. titriert mit 0,02 n NaOH bis zum Umschlag von Phenolphthalein; der Verbrauch soll mindestens 20 cm^3 betragen. (Pharmac. Weekbl. **89.** 97—98. 13/2. 1954. Amsterdam, Univ., Labor. voor Biochem.) WESLY. 4880

Johann A. Wülfing, Deutschland, *Herstellung von Calcium enthaltenden Suppositorien.* Ca- oder Ca-Na-Lactat wird bis auf 1—2 Mol Hydratwassergeh. entwässert, auf einer Kugelmühle gemahlen u. der Windsichtung unterworfen. Das hochvoluminöse Lactat wird nach abermaligem Mahlen in der Schwingmühle mit geschmolzener Suppositoriengrundmasse (Kakaobutter) homogen vermengt. Man kann der geschmolzenen Grundmasse noch andere therapeut. Mittel (z. B. Vitamin D, Vitamin C, Rutin, Gallensäuren oder Epithelkörperextrakte) zusetzen. (**F. P. 1 035 377** vom 13/4. 1951, ausg. 24/8. 1953. D. Priorr. 14/4. u. 1/6. 1950.) OPPERMANN. 4767

Peter Paul Klinger, Österreich, *Herstellung einer Schwefelsalbe.* Die therapeut. Wrkg. der nach dem Oe. P. 166 469 hergestellten Schwefelsalbe läßt sich wesentlich verbessern, wenn man an Stelle von Eiweiß, Gelatine usw. als alkalikompensierendes Schutzkoll. einen durch Hydrolyse frischer tier. Haut gewonnenen Eiweißauszug (I) u. an Stelle oder neben Fetten, Wachsen, Ölen teilweise verseiftes u. von den Fettsäureglyceriden befreites Spermacetöl verwendet. I kann z. B. durch Kochen vollkommen frischer Kalbshaut bis zur Bldg. einer dickfl. Lsg. gewonnen werden. (**Oe. P. 177 524** vom 22/8. 1949, ausg. 10/2. 1954. **Zusatz zu Oe. P. 166 469; C. 1951. I. 2195.**) HEYNE. 4793

Ciba Akt.-Ges., Basel, Schweiz, *Herstellung von Bis-(p-oxyphenyl)-thioharnstoffen* der Formel 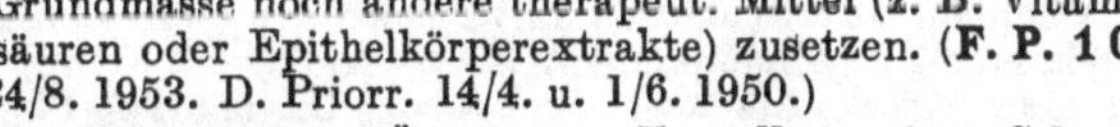, worin R_1 u. R_2 gesätt. KW-stoffreste sind, die je nicht mehr als 4 u. zusammen mehr als 7 C-Atome enthalten. Die Herst. geschieht nach an sich bekannten Methoden. — Man kocht 100 (Gewichtsteile) p-Propyloxyanilin in 40 Volumenteilen CS_2, 300 Volumenteilen A. u. 5 Gewichtsteilen K-Äthylxanthogenat unter Rückfluß. Es bildet sich dabei *1.3-Bis-(p-propyloxyphenyl)-thioharnstoff*, F. 180—182°. — Man erhitzt eine Mischung von 100 (Gewichtsteilen) p-Butyloxyanilin, 37 CS_2, 5 S u. 300 Volumenteilen Alkohol. Es entsteht der *1.3-Bis-(p-butyloxyphenyl)-thioharnstoff*, F. 164—165°. — Weiter wird hergestellt der *1-(p-Äthoxyphenyl)-3-(p-propyloxyphenyl)-thioharnstoff*, F. 171—172,5°. — *Heilmittel* u. *Zwischenprodd.* zu ihrer Herstellung. (**Oe. P. 177 781** vom 17/5. 1952, ausg. 10/3. 1954. A. Prior. 28/5. 1951.) M. F. MÜLLER. 4807

F. Hoffmann-La Roche & Co. Akt.-Ges., Schweiz, *Herstellung von 4-(β-Amino-γ-brompropyl)-imidazolsalzen.* Man läßt auf β-Amino-γ-imidazolyl-(4)-propanol oder eines seiner Salze, gegebenenfalls in Ggw. von W. oder Eisessig, HBr einwirken. Die

entstehende Base kann mit überschüssiger Säure als Dihydrobromid gewonnen werden. Sowohl die links- als auch die rechtsdrehende Form schm. unter Zers. bei 210—212°. Das Racemat u. beide opt. Antipoden besitzen eine starke *blutdrucksenkende* Wirkung. (**Oe. P. 175 890** vom 11/8. 1952, ausg. 25/8. 1953. Schwz. Prior. 19/9. 1951.)
Heyne. 4807

Alpine Chemische Akt.-Ges. (Erfinder: **Hermann Ritzer** und **Ermenfried Lechleitner**), Kufstein-Schaftenau, Tirol, *Herstellung von neuen basischen α-disubstituierten β-Ketosäureestern*, welche die allg. Formeln **I** u. **II** u. *therapeut.* interessante *spasmolyt.* u. *analget.* bzw. *lokalanästhet.* Eigg. besitzen. In **I** bedeuten R′ = Alkyl, Aralkyl, Aryl; R″ = H, Alkyl; R‴ = Alkyl, auch zu Piperidino- u. Morpholinoring geschlossen; n = 3, 4, 5. — In **II** sind R′ = Alkyl, Aralkyl, Aryl; R″ = Alkyl, Aryl; R‴ = Alkyl, Aryl; R⁗ = H, Alkyl; R′′′′′ = Alkyl, auch zu Piperidino- u. Morpholinoring geschlossen. — α-monosubstituierte β-Ketosäureester der Formel **III**, in welcher

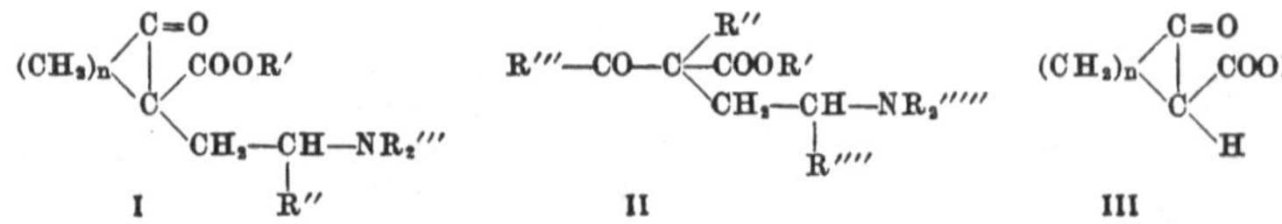

I II III

R′ = Alkyl, Aralkyl oder Aryl ist, n = 3, 4 oder 5, werden in die entsprechenden Na-Verbb. übergeführt; diese werden dann bei erhöhter Temp. mit tert.-Halogenalkylaminen umgesetzt, u. gegebenenfalls werden die erhaltenen bas. α-disubstituierten β-Ketosäureester durch Behandlung mit Säuren in die entsprechenden Salze übergeführt. — Cyclohexanon-2-carbonsäureäthylester wird in Toluol gelöst u. Na-Draht zugegeben. Es entsteht die Na-Verb. des Esters, welche mit frisch bereitetem β-Piperidinoäthylchlorid (**IV**) 6. Std. unter Rückfluß gekocht wird. Es entsteht dabei der *2-Piperidinoäthylcyclohexanon-2-carbonsäureäthylester*, $Kp._{1,7}$ 176—178°. — Die Na-Verb. des 2-Äthylacetessigesters wird mit β-Diäthylaminoäthylchlorid umgesetzt. Es entsteht *2-Diäthylaminoäthyl-2-äthylacetessigester*, $Kp._{0,8}$ 125—127°. — Analog wird mit der Base **IV** der *2-Piperidino-2-äthylacetessigester*, $Kp._{1,0}$ 144—147°, hergestellt. Weiter sind genannt der *2-Diäthylaminoäthylcyclohexanon-2-carbonsäurebenzylester* u. der *2-Piperidinoäthylcyclohexanon-2-carbonsäurebenzylester*. (**Oe. P. 176 844** vom 2/4. 1952, ausg. 25/11. 1953.)
M. F. Müller. 4807

Farbenfabriken Bayer Akt.-Ges., Leverkusen, *Herstellung von Benzalverbindungen des Isonicotinsäurehydrazids*. Isonicotinsäurehydrazid wird mit solchen Abkömmlingen des Benzaldehyds umgesetzt, welche ausschließlich in der p-Stellung durch chemotherapeut. aktivierende Gruppen substituiert sind. Solche Gruppen sind Nitro-, Amino-, Alkylamino-, Acylamino-, Arylindenamino-, Alkyl-, Halogen-, Cyan-, Carboxy-, Carbalkoxy-, Carbamido-, Oxy-, Alkoxy-, Alkenyloxy-, Oxyalkoxy-, Phenoxy-, Mercapto-, Alkylmercapto-, Alkylsulfoxyd-, Alkylsulfon- u. Rhodangruppen. Von den Aldehyden sind z. B. genannt: p-Nitrobenzaldehyd, p-Aminobenzaldehyd, p-Diäthylaminobenzaldehyd, p-Acetaminobenzaldehyd, p-Benzylidenaminobenzaldehyd, p-Tolylaldehyd, p-Chlorbenzaldehyd, Terephthalhalbaldehyd, p-Formylbenzoesäureäthylester, p-Formylbenzoesäureamid, p-Oxybenzaldehyd, p-Phenoxybenzaldehyd, p-Mercaptobenzaldehyd, p-Äthylsulfoxybenzaldehyd, p-Rhodanbenzaldehyd, p-Pyrrolidonbenzaldehyd. — p-Chlorbenzaldehyd u. Isonicotinsäurehydrazid werden in alkoh. Lsg. umgesetzt. Es entsteht dabei *4-Chlorbenzalisonicotinsäurehydrazid*, F. 190°. — Isonicotinsäurehydrazid u. p-Oxybenzaldehyd bilden das *Isonicotinsäure-p-oxybenzalhydrazid*, u. mit p-Allyloxybenzaldehyd ein Kristallprod. vom F. 161°. — Erhöhte Wirksamkeit gegenüber säurefesten *Bakterien*. (**Oe. P. 177 776** vom 24/9. 1952, ausg. 10/3. 1954. D. Prior. 25/9. 1951.)
M. F. Müller. 4807

F. Hoffmann-La Roche & Co. Akt.-Ges., Basel, Schweiz, *Herstellung von Pyridinderivaten* der allg. Formel N⟨ ⟩—CO·NH·NH·R, worin R einen aliphat. oder aromat. Carbonsäurerest bedeutet. Eine Verb. der allg. Formel R′—NH—NH_2 wird mit einem Säurehalogenid oder mit einem Säureanhydrid der allg. Formel R″—Hal bzw. R″—O—R″ umgesetzt, wobei das eine der zwei Symbole R′ u. R″ den Isonicotinsäurerest, das andere einen aliphat. oder aromat. Carbonsäurerest bedeutet. Die aliphat. Carbonsäure ist z. B. eine Alkancarbonsäure, wie Essigsäure, oder eine Alkencarbonsäure, wie Maleinsäure. Die aromat. Carbonsäure ist eine substituierte oder unsubstituierte Benzoesäure, z. B. Trialkylbenzoesäure. — Isonicotinylhydrazin (**I**) wird mit Essigsäureanhydrid 15 Min. im Dampfbad erwärmt. Es entsteht das *1-Isonicotinyl-2-acetylhydrazin*, F. 161°. — Aus **I** u. Propionsäureanhydrid entsteht *1-Isonicotinyl-2-propionylhydrazin*, F. 130,5—131,5°, u. mit Butyrylchlorid in Dioxan bildet sich das *1-Isonicotinyl-2-butyrylhydrazin*, F. 139—139,5°. Weiterhin sind genannt das *1-Isonicotinyl-2-(β-carboxyacrylyl)-hydrazin*, *1-Isonicotinyl-2-benzoylhydrazin*, F. 227,5 bis 228,5°, *1-Isonicotinyl-2-(o-carboxybenzoyl)-hydrazin*, F. 223,5—225,5°, *1-Isonicotinyl-2-stearoylhydrazin*, F. 125—126°, *1-Isonicotinyl-2-lauroylhydrazin*, F. 117—118°, *1-Isonicotinyl-2-undecenoylhydrazin*, F. 115,6°, *1-Isonicotinyl-2-(2'.4'.6'-trimethylbenzoyl)-hydrazin*, F. 224—225°. — *Therapeut.* wirksam, bes. gegen *Tuberkulose*. (**Oe. P. 177 777** vom 21/10. 1952, ausg. 10/3. 1954. A. Priorr. 3/11. 1951 u. 7/3. 1952.) M. F. MÜLLER. 4807

Ciba Akt.-Ges., Basel, Schweiz, *Herstellung eines therapeutischen Kondensationsproduktes des 6-Sulfanilamido-3-methylpyridazins* mit Formaldehyd. Man verwendet eine 40% ig. CH_2O-Lsg. u. führt die Kondensation durch in wss. Lsg. in Ggw. von HCl. An Stelle von CH_2O kann man auch Paraformaldehyd oder Hexamethylentetramin verwenden. Die Umsetzung kann auch in Ggw. von anderen verd. Säuren als HCl oder in Ggw. von organ. Lösungsmitteln, z. B. A., stattfinden. — *Heilmittel*. (**Schwz. P. 265 666** vom 9/10. 1947, ausg. 16/3. 1950.) M. F. MÜLLER. 4807

Ciba Akt.-Ges., Basel, Schweiz, *Herstellung von 4-Oxy-6-äthylpyrimidyl-(2)-mercaptoessigsäure* durch Umsetzung von Carboxymethylpseudothioharnstoff mit Propionylessigester in Ggw. von NaOH in Anwesenheit eines Verdünnungsmittels, z. B. von W., Methyl- oder Äthylalkohol oder Aceton. F. 170°. — *Heilmittel* oder *Zwischenprod.* dafür. (**Schwz. P. 265 095** vom 9/12. 1946, ausg. 1/3. 1950. **Zusatz zu Schwz. P. 262 799; C. 1950. II. 1721.**) M. F. MÜLLER. 4807

Ciba Akt.-Ges., Basel, Schweiz, *Herstellung von 4-Oxy-6-äthylpyrimidyl-(2)-mercaptoessigsäure* (I) durch Umsetzung von Monohalogenessigsäure mit Thioharnstoff u. einer Verb. der Formel $CH_3 \cdot CH_2 \cdot CO \cdot CH_2 \cdot COOR$, worin COOR eine veresterte Carboxylgruppe ist. — Aus Thioharnstoff, Chloressigsäure, Propionylessigester in Ggw. von NaOH entsteht I, F. 170°. — *Heilmittel* u. *Zwischenprod.* dafür. (**Schwz. P. 265 096** vom 9/12. 1946, ausg. 1/3. 1950. **Zusatz zu Schwz. P. 262 800; C. 1950. II. 1029.**) M. F. MÜLLER. 4807

Soc. des Usines Chimiques Rhône-Poulenc, Frankreich, *Herstellung des 8-Chlortheophyllinats des N-[2-Dimethylaminopropyl-(1)]-phenthiazins* durch Erhitzen von 470 g N-[2-Dimethylaminopropyl-(1)]-phenothiazin (I) mit 322 g 8-Chlortheophyllin in 1000 cm³ Methylalkohol unter Rückfluß ca. ½ Std. lang. Die erhaltene Verb. findet *therapeut.* Verwendung gegen *See- u. Luftkrankheit*. F. 150°. (**F. P. 1 012 762** vom 25/10. 1949, ausg. 17/7. 1952.) M. F. MÜLLER. 4807

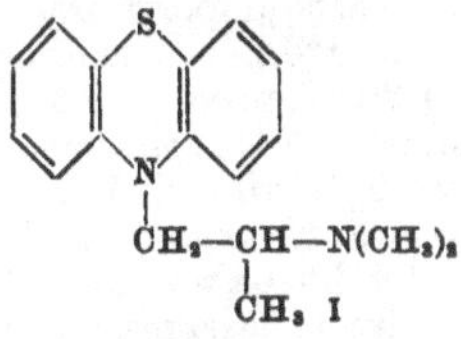

Soc. des Usines Chimiques Rhône-Poulenc, Frankreich, *Herstellung des 8-Chlortheophyllinats des N-Dimethylaminoäthyl-N-p-methoxybenzyl-α-aminopyridins* (I). — Man erhitzt 150 (g) 8-Chlortheophyllin mit 220 I in Ggw. von 350 cm³ Methylalkohol. Das Reaktionsprod. wird in der *Medizin* als Mittel gegen die *See- u. Luftkrankheit* verwendet. (**F. P. 1 012 763** vom 15/11. 1949, ausg. 17/7. 1952.) M. F. MÜLLER. 4807

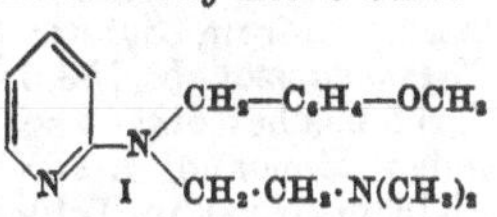

American Cyanamid Co., New York, N. Y., übert. von: **Allen S. Phelps**, Orangeburg, N. Y., V. St. A., *Herstellung von Riboflavin durch Züchten von Fungus Eremothecium ashbyii* in einer wss. Nährlsg., die Protein, Malzextrakt, Zucker u. ein Fettsäureglycerid enthält. Eine geeignete Nährlsg. ist z. B. folgende: W., 0,5—5 (%) Casein, 0,5—5 Malzextrakt, 0,2—2,0 Glucose u. 0,25—2,5 Fettsäureglycerid. Man läßt 60 bis 150 Std. bei 20—35° unter Belüftung gären. (**Can. PP. 487 189** vom 11/2. 1946, ausg. 14/10. 1952. A. Prior. 29/12. 1945, u. **487 190** vom 17/5. 1946, ausg. 14/10. 1952. A. Prior. 11/12. 1945.) HEYNE. 4809

Haco Ges. Akt.-Ges., Gümlingen, Schweiz, *Herstellung eines Derivates der Pantothensäure* der Formel I durch Umsetzung von Pantothensäure mit Chloral oder Chloralhydrat in Ggw. von acetalisierend wirkenden Stoffen, z. B. stärkere anorgan. Säuren, F. 127—128°, weiße Kristalle, $C_{11}H_{16}O_5NCl_3$. Das Prod. besitzt gute Lipoidlöslichkeit. Es dient für *pharmazeut.* u. *kosmet.* Zwecke. (**Schwz. P. 267 813** vom 30/3. 1948, ausg. 17/7. 1950.) M. F. MÜLLER. 4809

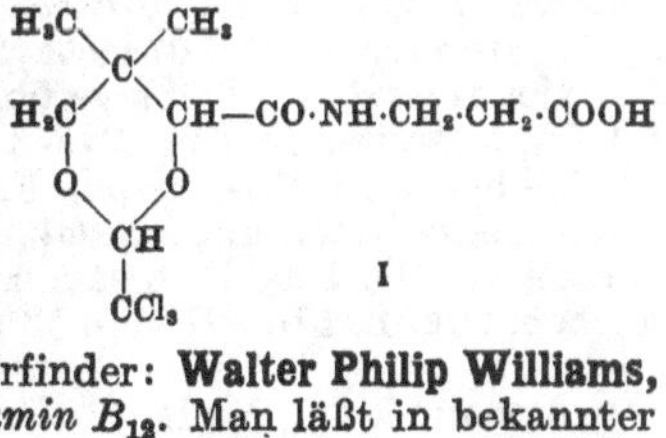

Farbenfabriken Bayer Akt.-Ges., Deutschland (Erfinder: **Walter Philip Williams**, **Clemens Lutter** und **Ernst Cauer**), *Gewinnung von Vitamin B_{12}*. Man läßt in bekannter Weise Mikroorganismen, wie Actinomyceten, bes. Act. griseus oder Act. antibioticus, in einer Nährlsg. wachsen u. unterbricht das Wachstum, bevor die Hauptmenge des

Vitamins in die Nährlsg. übergetreten ist. Man gewinnt das Vitamin — abweichend vom bisher gebräuchlichen Verf. — aus dem Mycel durch Extraktion mit W. oder organ. Fll. nach bekannten Methoden. (**F. P. 1 024 150** vom 31/8. 1950, ausg. 27/3.1953. E. Prior. 1/9. 1949.) HEYNE. 4809

Eastman Kodak Co., übert. von: **James Grovenor Baxter** und **Leonhard Weisler**, Rochester, N. Y., V. St. A., *Formylierung der biologisch inaktiven β-, γ-, δ-Tocopherole*, z. B. durch Behandlung der synthet. hergestellten Verbb. oder natürlich vorkommenden Gemische mit Hexamethylentetramin in Ggw. von HCOOH oder Eisessig u. Hydrolyse des Kondensationsprod. mit verd. HCl, oder Iminoalkylierung u. anschließende Hydrolyse, oder durch Behandlung mit Chlf. u. Hydrolyse. — β-Tocopherol → *7-Formyl-β-tocopherol*, γ-Tocopherol → *5-Formyl-γ-tocopherol*, δ-Tocopherol → *Gemisch aus 5-Formyl-δ-tocopherol u. 5.7-Diformyl-δ-tocopherol.* Die Formyltocopherole können in der phenol. OH-Gruppe durch Rk. mit aliphat. Acylhalogeniden, z. B. Acetyl-,Palmityl- oder mit Benzoylchlorid verestert werden. Die Formyltocopherole können durch katalyt. Red. in biol. akt. α-Tocopherol übergeführt werden. — Beispiele. (**E. PP. 681 507** u. **681 508** vom 24/10. 1950, ausg. 22/10. 1952. A. Prior. 27/10. 1949.) K. HEINZE. 4809

Deltafor N. V., Holland (Erfinder: **Wilhelm Fux**), *Herstellung von Präparaten, die Hormone, Vitamine oder beide enthalten.* Man vermischt geschmolzene Fette u./oder Wachse, feste KW-stoffe (z. B. Stearin, Paraffin, synthet. Wachs), deren hydrophobe Eigg. man noch durch Zusatz von z. B. Lakritzenpulver, Reismehl oder Bierhefe verstärkt hat, mit Vitaminen (z. B. Vitamin A), Hormonen oder beiden. Dann pulverisiert man die abgekühlte M. u. formt sie mittels wss. Alkylcelluloselsgg. (z. B. Methyl-, Äthylcellulose) zu Granula, die man bei niedriger Temp. oder im Vakuum trocknet. (**F. P. 1 034 734** vom 5/1. 1951, ausg. 30/7. 1953. Oe. Prior. 7/1. 1950.) OPPERMANN. 4809

Ciba Akt.-Ges., Basel, Schweiz, *Herstellung von 20-Ketopregnanen* aus Pregnanyl-(20)-alkylketonen durch Oxydation mittels Persäuren, bes. Benzopersäure oder Phthalmonopersäure, gegebenenfalls nach vorübergehendem Schutz von Doppelbindungen, u. anschließender Verseifung der 20-Acyloxyverbb. u. Weiteroxydation zu 20-Ketopregnanen, zweckmäßig in zwei Stufen. Die Oxydation wird in Ggw. von sauren Katalysatoren, bes. H_2SO_4, durchgeführt. — Δ^5-3β-Acetoxypregnenyl-(20)-methylketon wird in $CHCl_3$-Lsg. bromiert u. anschließend mit Benzopersäure oxydiert. Das aufgearbeitete Eindampfprod. wird in Eisessiglsg. mit Zn-Staub behandelt. Es entsteht dabei das *Δ^5-Pregnen-3β.20α-dioldiacetat* (I), F. 142—143°. — Auf gleiche Weise erhält man durch Oxydation von Δ^5-3β-Oxypregnenyl-(20)-methylketon mit Phthalmonopersäure bei Verwendung von p-Toluolsulfonsäure als Katalysator unter intermediärem Schutz der Doppelbindung mit Brom das *Δ^5-Pregnen-3β.20α-diol-20-monoacetat*, F. 159,5—160,5°. — Dieses Monoacetat wird auch aus dem Diacetat durch Kochen einer Lsg. von 1 (Gewichtsteil) Diacetat u. 0,1 Pottasche in 30 (Volumenteilen) Methanol u. 2 W. erhalten. — Aus dem Monoacetat entsteht durch Kochen mit Al-Isopropylat in Toluol u. Cyclohexanon das *Δ^4-3-Ketopregnen-20α-olacetat*, F. 137,5 bis 138,5°. — Das Diacetat I wird mit methylalkoh. KOH unter Rückfluß gekocht. Es entsteht *Δ^5-Pregnen-3β.20α-diol* (II), F. 177—178°, welches bei der Behandlung mit Al-Isopropylat in das *Δ^4-3-Ketopregnen-20α-ol*, F. 161—163°, übergeht. Diese Verb. erhält man auch durch Kochen einer Lsg. von Δ^4-3-Ketopregnen-20α-olacetat u. KOH in Methanol. Aus den Fraktionen, welche den Ketoalkohol enthalten, wird durch Oxydation mit CrO_3 in Eisessig das *Progesteron*, F. 125—126°, erhalten. — Aus II entsteht beim Kochen mit Eisessig im N_2-Strom das *Δ^5-Pregnen-3β.20α-diol-3-monoacetat*, F. 137,5—138,5°, welches nach Schutz der Doppelbindung mit Brom, durch Oxydation mit CrO_3 u. durch Entbromieren mit Zn in Eisessig in das *Δ^5-Pregnen-3β-ol-20-onacetat*, F. 145—145,5°, übergeht. — In weiteren Beispielen ist die Herst. des *Δ^5-Pregnen-3β.20β-diol-20-monoacetats*, F. 179—180° aus dem Dibromid von Δ^5-3β-Acetoxyisopregnenyl-(20)-methylketon durch Entbromierung u. Verseifung beschrieben. Das Monoacetat wird übergeführt in das *Δ^4-3-Ketopregnen-20β-olacetat*, F. 159 bis 159,5°, u. weiter in das *Δ^4-3-Ketopregnen-20β-ol*, F. 171—172°. — Aus Δ^5-Pregnen-3β.20β-diol wird *Progesteron*, F. 125—126°, hergestellt. — Weiter ist genannt das *Allopregnan-3β.20α-dioldiacetat*, F. 168°, aus dem 3β-Acetoxyallopregnanyl-(20)-methylketon. Die Prodd. dienen als *Heilmittel* oder als Zwischenprodd. zur Herst. von solchen. (**Oe. P. 176 307** vom 13/6. 1950, ausg. 10/10. 1953. Schwz. Prior. 15/7. 1949.) M. F. MÜLLER. 4809

Armour & Co., V. St. A. (Erfinder: **Joseph David Fisher**), *Herstellung von Präparaten mit hohem Gehalt an adrenocorticotropen Hormonen.* Die aus Schweinehypophysen gewonnenen Extrakte werden mit Na_2HPO_4 behandelt, mit $(NH_4)_2SO_4$ gefällt

u. dialysiert. Dann wird das nicht durch die Membran hindurchgewanderte Prod. zur Inaktivierung der Wirkstoffe des Hinterlappens bei Siedetemp. u. einem p_H kleiner als 1,5 mit HCl hydrolysiert. Die erhaltene Lsg. wird sofort abgekühlt, mit 10% ig. NaOH auf ein p_H größer als 2,8 eingestellt u. durch Lyophilisation in ein trockenes Pulver verwandelt. (**F. P. 1 034 609** vom 19/10. 1950, ausg. 28/7. 1953. A. Prior. 20/10. 1949.) Oppermann. 4809

Biochemie G. m. b. H. (Erfinder: **Josef Moser**), Österreich, *Herstellung von Penicillinverbindungen mit guter Depotwirkung.* Man setzt Penicillin, z. B. Penicillin G X oder F, oder dessen Salze mit vorzugsweise substituierten Acridinverbb. in Form der Salze mit anorgan. oder organ. Säuren, z. B. mit 2-Äthoxy-6.9-diaminoacridinlactat, oder in Form ihrer quartären Verbb., oder in Form der freien Basen um. Man kann in sehr verd. wss. Lsg. arbeiten u. setzt dann zweckmäßig kristallisationsfördernde Mittel, z. B. A. oder Aceton, hinzu. Man kann die Umsetzung der freien Acridinbase mit Penicillinsäure auch in wasserfreien organ. Lösungsmitteln bzw. Lösungsmittelgemischen, wie Butylacetat–Aceton, Butanol–Butylacetat, Butanol–Amylacetat, durchführen. — 0,356 (g) Na-Penicillin G in 5 cm^3 W. werden tropfenweise mit einer Lsg. von 0,433 3.6-Diamino-10-methylacridiniumlactat in 10 cm^3 W. + 3 cm^3 A. versetzt. Man erhält 0,5216 g eines orangegelben Pulvers mit einer mg-Aktivität von 850 I.E. Penicillin (Ausbeute 75,9%). Das Verf. kann auch zur Ausfällung von Penicillin aus Rohlsgg. angewandt werden. (**Oe. P. 177 523** vom 17/2. 1951, ausg. 10/2. 1954.) Heyne. 4811

Merck & Co., Inc., V. St. A. (Erfinder: **John Byron Conn** und **Sara Louise Norman**), *Herstellung von blättchenförmig kristallisiertem Procainbenzylpenicillin.* Man erhält es durch Umsetzen eines Procainsalzes mit einem Benzylpenicillinsalz in Ggw. von Methylcellulose. — Z. B. löst man 27,3 g Procainhydrochlorid in 500 cm^3 einer 1% ig. wss. Methylcelluloselsg. u. versetzt diese Lsg. mit einer Lsg. von 35,6 g Na-Benzylpenicillinat in 500 cm^3 der gleichen Methylcelluloselsg. bei n. Temp. unter Rühren. Nach einigen Min. scheidet sich das Procainbenzylpenicillin in sehr kleinen, flachen Blättchen ab. (**F. P. 1 034 504** vom 28/3. 1951, ausg. 27/7. 1953. A. Prior. 31/3. 1950.) Oppermann. 4811

Merck & Co., Inc., übert. von: **Robert E. Jones** und **Robert G. Bailey**, V. St. A., *Entfärbung von Streptomycin, Dihydrostreptomycin und von ihren Salzen*, dad. gek., daß man die Lsgg. dieser Verbb. in W., Alkohol, z. B. Methanol, oder verd. A. bei einem p_H-Wert von 1,5—2,0 mit einem Oxydationsmittel behandelt, bis das Maximum der Entfärbung erreicht ist. Als Oxydationsmittel können verwendet werden: Cl_2, $KMnO_4$, $Na_2Cr_2O_7$ u. H_2O_2. (**F. P. 1 022 815** vom 16/3. 1950, ausg. 10/3. 1953. A. Prior. 17/3. 1949.) Heyne. 4811

Farbenfabriken Bayer Akt.-Ges., Deutschland (Erfinder: **Clemens Lutter** und **Ernst Cauer**), *Herstellung von Pikromycin.* Man züchtet auf geeigneten Nährlsgg. Actinomyces Bo 105, der obigen Wirkstoff ausscheidet. Das aus Methanol umkristallisierbare Pikromycin besitzt hohe antibiot. Wrkg. auf Staphylococcus aureus u. Bacillus subtilis u. hat folgende physikal. u. chem. Eigg.: Kp. ca. 169—170°, $[\alpha]_D^{24}$ in Chlf. —50°, $[\alpha]_D^{23}$ in A. +8°, N-Geh. 2,94%, keine Methoxylgruppen Mol.-Gew. nach Rast 460—470. (**F. P. 1 034 714** vom 28/12. 1950, ausg. 30/7. 1953. Schwz. Prior. 28/12. 1949.) Oppermann. 4811

Lydie Marie France Solange Rebert geb. **Heim** und **André Émile Francis Rebert**, Frankreich, *Gewinnung einer abiotischen und/oder cytolytischen Substanz aus Schimmelpilzen.* Man läßt in einer Nährlsg. Schimmelpilze, die man von Citrusfrüchten gewonnen hat, z. B. Penicillium italicum, bei einer Temp. von 16° u. unter starker Belüftung wachsen u. gewinnt nach 5—15 Tagen die akt. Substanz aus der Nährlsg. nach einer der bekannten Methoden, z. B. durch Extraktion mit Äther. Eine geeignete Kultur-Fl. setzt sich zusammen aus: 3 (g) KNO_3, 1 KH_2PO_4, 0,5 NaCl, 0,5 $MgSO_4$, 0,01 $FeSO_4$, 0,05 $MnSO_4$, 0,05 $ZnSO_4$, 30—40 Glucose u. W. zum Liter; der p_H-Wert der Lsg. beträgt ca. 5. (**F. P. 1 018 389** vom 17/4. 1950, ausg. 7/1. 1953.) Heyne. 4811

Soc. Civile de Participation et d'Études Techniques, Frankreich, *Herstellung von Zahnreinigungsmitteln.* Die Zahnpasten, -pulver, -seifen, Mundwasser enthalten außer den üblichen Bestandteilen 0,01—3% *Chlorophyll.* — 3 Beispiele. (**F. P. 1 030 217** vom 28/12. 1950, ausg. 10/6. 1953.) Oppermann. 4823

Dow Corning Corp., V. St. A., *Zahnreinigungsmittel.* Man verwendet zur Herst. der Zahnpasten, -pulver, Mundwasser ein Organopolysiloxan, das 1—3 einwertige KW-stoffradikale/Si-Atom enthält, z. B. Dimethyl-, Phenylmethyl-, Benzylmethylpolysiloxan, Octaäthylcyclotetrasiloxan. — 9 Beispiele. (**F. P. 1 032 747** vom 25/1. 1951, ausg. 3/7. 1953.) Oppermann. 4823

Étienne C. André, Frankreich, *Zahnpflegemittel*, bestehend aus $CaCO_3$, Canagheenpulver, Na-Benzoat, kleiner Menge p-Oxybenzoesäuremethylester, Aromastoffen u. W.; die M. wird zu einer Paste verarbeitet. (**F. P. 975 632** vom 18/3. 1942, ausg. 7/3. 1951.) WITTHOLZ. 4823

Amm-I-Dent Co., Jersey City, übert. von: **Arnold Singer**, Newark, N. J., V. St. A., *Zahnpflegemittel*, gek. durch einen Geh. an $CaHPO_4$ neben $(NH_4)_2HPO_4$. — Beispiel: 16,66 (%) W., 13,00 Harnstoff, 2 Waschmittel, 22,50 Feuchthaltemittel, 5 $CaHPO_4$, 35,64 $Ca_3(PO_4)_2$, 0,28 Verdickungsmittel, 1,92 Geschmacksstoffe u. 3 $(NH_4)_2HPO_4$. (**A. P. 2 647 073** vom 13/4. 1951, ausg. 28/7. 1953.) E. PETERSEN. 4823

Max Biechele, Anleitung zur Erkennung und Prüfung der Arzneimittel des Deutschen Arzneibuches. Zugl. ein Leitfaden f. Apothekenvisitatoren. Auf Grund d. 6. Ausg. d. Dt. Arzneibuches, einschl. d. amtl. Nachtr., vollst. neu bearb. u. mit Erl., Hilfstaf. u. Zusammenstellungen über Reagentien und Geräte sowie über d. Aufbewahrung d. Arzneimittel versehen. 17. Aufl. Bearb. v. **Hans Kaiser**. Berlin, Göttingen, Heidelberg: Springer 1953. (V + 624 S. mit 17 Abb.) DM 32,50.

Carlo Cablati, Alcuni metodi di sterilizzazione dei prodotti farmaceutici. Roma: Tip. L. Ambrosini. 1953. (8 S.)

G. Analyse. Laboratorium.

Robert V. Gray, *Eine Fensterabschirmung für Vakuumschmelzoperationen.* Um eine einwandfreie opt. Temperaturmessung von geschmolzenem Metall in einem Vakuumschmelzofen zu gewährleisten, was bei stationären Fenstern infolge Aufdampfung von Metall nicht möglich ist, wurde eine Vorr. konstruiert, welche mehrere Fenster enthält, die je nach Bedarf durch Drehen in das Blickfeld des Pyrometers eingedreht werden können. (Rev. sci. Instruments **23**. 309—10. Juni 1952. Schenectady, N. Y., General Electric Co., Knolls Atomic Power Labor.) GOTTFRIED. 5026

C. Nieman, *Gesichtspunkte der Molekulardestillation.* Übersicht über Grundzüge, apparative Entw., Hilfsgeräte, Theorie u. prakt. Anwendung der Molekulardestillation. — 150 Literaturangaben. (Chem. pharmac. Techniek **9**. 21—26. 15/9. 33—37. 1/10. 49—54. 15/10. 1953.) WESLY. 5038

Dan McLachlan und **Carl J. Christensen**, *Ein Miniaturkristallisationsaggregat.* Es wird ein ganz aus Glas bestehendes Kristallisationsgefäß mit einem Fassungsvermögen von nur 100 cm^3 Lsg. beschrieben, mit dem kontinuierlich 5 mm große Kristalle gezüchtet werden können, während Kristalle <4 mm selbsttätig in die Mutterlauge zurückwandern. (Rev. sci. Instruments **23**. 306. Juni 1952. Salt Lake City, Ut., Univ.) GOTTFRIED. 5048

E. Orowan, F. H. Scott und **C. L. Smith**, *Ein photo-elastisch arbeitendes Dynamometer für schnell veränderliche Kräfte.* (J. sci. Instruments **27**. 118—22. Mai 1950. Cambridge, Cavendish Labor.) REUSSE. 5048

Edward V. Somers und **Joseph A. Cyphers**, *Fehlerabschätzung beim Messen thermischer Leitfähigkeiten an Isoliermaterial.* Vff. untersuchten Isoliermaterial (**I**) in Bezug auf seine therm. Leitfähigkeit nach der „guarded-hot-plate-Meth.", bei der in das Innere von **I** eine erhitzbare Metallplatte gebracht wird, um **I** herum sich aber ein mit W. gekühlter Metallmantel befindet, der die hindurchgegangene Wärme absorbiert. Die durch Konvektionsverluste, bes. an den Ecken, entstandenen Fehler werden an quadrat. u. runden Proben berechnet. (Rev. sci. Instruments **22**. 583—86. Aug. 1951. East Pittsburgh, Pa., Westinghouse Res. Labors.) ROEDER. 5052

W. N. Carson jr. und **Roy Ko**, *Coulometrische Bestimmung von Säure.* Es wird eine coulometr. Mikrometh. zur Best. organ. Säuren in Ggw. großer Mengen Mineralsäure beschrieben. Hierbei wird in *Isopropylalkohol* (**I**)-haltigem Medium in der zweiteiligen Elektrolysierzelle eine Base erzeugt. Im Kathodenraum sind eine Kathode aus Pt-Draht, ein Rührer, eine Ag–AgCl-Bezugselektrode u. eine Mikroglaselektrode angeordnet. Anoden- u. Kathodenraum sind durch eine Brücke aus gesätt. KCl-Lsg., mit Agar-Agar als Binder in Verbindung. Als Anode dient ein weicher Pt-Draht, der in verd. KCl-Lsg. eintaucht. In den Kathodenraum werden 400 μLiter Probe, die vorher mit **I** u. CO_2-freiem W. auf 5 ml verd. u. auf 70% **I** eingestellt ist, gebracht. Nach Zugabe von 1 Tropfen 0,1 mol. LiCl-Lsg. wird der Anfangs-p_H-Wert bestimmt. Zur Best. der starken Säure elektrolysiert man die Lsg. bei 10—15 mA so lange, bis eine p_H-Änderung um 1,5 stattgefunden hat. Dann wird die Stromstärke auf 3 mA verringert u. jeweils 10 Sek., wenn die Lsg. 0,3 g/Liter oder mehr CH_3COOH-Äquivalent, bzw. jeweils 5 Sek., wenn sie weniger enthält, elektrolysiert. Die beiden Knickpunkte in der p_H/Zeit-Kurve entsprechen den Neutralisationspunkten für die Mineral- bzw. organ. Säure. Das Verf. kann mit einigen Abänderungen auch auf die Säuretitration in wss. Medien ausgedehnt werden. Für Mikrobestimmungen ist die Meth. genauer als die

Maßanalyse. (Analytic. Chem. **23.** 1019—22. Juli 1951. Richland, Wash., General Electric Co., Hanford Works.) FREE. 5054

Samuel Raymond, *Neue Ausführung eines Elektrophoresekonvektionsapparates.* Beschreibung u. Abb. einer App., die elektrophoret. Trennung von *Protein* unter sterilen Bedingungen gestattet. (Proc. Soc. exp. Biol. Med. **81.** 278—80. Okt. 1952. New York, Columbia Univ., Coll. of Phys. and Surg., Dep. of Microbiol.) KRUSEN. 5054

Mario Milletti, *Beitrag zum Studium der papierchromatographischen Analyse.* Vf. beschreibt eine aufsteigende Technik für schmale Papierstreifen in Röhren, die feste u. bewegliche Phase getrennt enthalten. Im unteren Teil des Streifens unterhalb der Startlinie, wird auf beiden Seiten ein dreieckiges Stück ausgeschnitten, damit die Entwickler-Fl. einen Engpaß zu überwinden hat, die Entw. langsamer vor sich geht u. bessere Trennungen erzielt werden. Das Papier wird vor dem Auftragen mit der immobilen Phase durch „Chromatographieren" bis zu einer oberen Marke B getränkt u. an der Luft getrocknet. Während des Chromatographierens taucht die Lasche des Streifens nur in die mobile Phase. Bevor die Lösungsfront die Marke B erreicht, wird der Streifen entnommen u. getrocknet. Entwickler-Fl. ist n-Butanol–Eisessig–W. 4 : 1 : 5, als Papier dient WHATMAN Nr. 1. Die Technik wird an einer Anzahl *Aminosäuren* (AS) geprüft. Zum Nachw. der Flecken empfiehlt Vf. die Umwandlung der AS durch Bedampfen mit *Salicylaldehyd* in ihre entsprechenden SCHIFFschen Basen. Diese sind gefärbt u. zeigen im WOODschen Licht Fluorescenz. Wichtig ist jedoch, daß an feuchter Luft die AS zurückgebildet werden u. weitere Rkk. angestellt werden können. An Linters mit 98% α-Cellulose, Sulfatpapier mit 98% α-Cellulose u. Sulfitpapier mit 94% α-Cellulose werden die Unterschiede in den R_F-Werten u. Färbungen in Abhängigkeit von der Papiersorte aufgezeigt. (Ann. Chimica **43.** 338—44. Mai/Juni 1953. Cagliari, Italia, Univ., Ist. di Chim. farmac.) ENDRASS. 5062

D. P. Burma, *Verteilungsmechanismus der Papierchromatographie, Adsorption chromatographierter Substanzen.* Auf Grund einer krit. Betrachtung von experimentell u. rechner. ermittelten Zahlen für die R_F-Werte von *Aminosäuren* mit wasserfreien u. wasserhaltigen Alkoholen im Zusammenhang mit deren Löslichkeiten in diesen, sowie der Verteilungskoeff. u. der Größe A_L/A_S (Verhältnis der Oberfläche Cellulose/mobile Phase zur Oberfläche Cellulose/immobile Phase) entwirft Vf. folgendes Bild von der Rolle der Cellulose in der Papierchromatographie: Der 1. Schritt der chromatograph. Trennung ist die Bldg. von 3 Phasen an Stelle von 2, a) an die Cellulose chem. gebundenes W., das als Lösungsm. ausfällt, b) adsorbiertes W., das aber frei ist, c) das W. des Entwicklersyst. nichtwss. Fl./W.; a) u. b) zusammen dürften als der W.–Cellulose-Komplex angesehen werden. Dementsprechend kämen 2 Typen der Verteilung in Frage: I. Die Verteilung zwischen b) u. c), ein reiner Verteilungsvorgang, II. die Verteilung zwischen a) u. b), die als ein Adsorptionsvorgang angesehen werden könne. Erstere ist der Primärprozeß, der die Trennung der Mischungskomponenten bewerkstelligt, letzterer ist nur von sek. Bedeutung, darf aber nicht gänzlich übersehen werden. (Analytic. Chem. **25.** 549—53. April 1953. Calcutta, India, Bose Res. Inst.) ENDRASS. 5062

G. Brunisholz und **A. Germano,** *Automatischer Fraktionensammler für die Chromatographie.* Vff. beschreiben eingehend eine Fraktioniervorr. für die Säulenchromatographie. Es wird unter N_2-Überdruck eluiert. Das Eluens passiert hierbei ein Rückschlag- u. ein Sperrventil. Das austropfende Eluat fließt in ein Reagensglas, das seitlich mit einem Heberrohr versehen ist. Ein darin befindlicher Schwimmer betätigt über eine starre Aufhängung einen mit veränderlichem Gegengewicht versehenen Waagebalken. Mit dem Waagebalken wird ein Hg-Kontakt in Bewegung gesetzt. Dieser öffnet u. schließt den Stromkreis des Elektromagneten an einem drehbaren Tisch, der für die Aufnahme von 60 Gläschen vorgerichtet ist. (Helv. chim. Acta **37.** 242—45. 1/2. 1954. Lausanne, Univ., Labor. de chim. minér. et analyt., Labor. de chim. organ.) ENDRASS. 5062

B. W. Anderson, *Das Spektroskop und seine Anwendungen in der Edelsteinkunde.* Kurzer histor. Überblick als Einleitung zu einer Reihe von Aufsätzen über das obige Thema. (Gemmologist **22.** 153—58. Sept. 1953.) GOTTFRIED. 5063

Ray C. Hughes, *Beschickung von Graphitelektroden mit pulverförmigen Proben für die spektrochemische Analyse.* Zur Anregung von festen, unlösl. u. nichtleitenden Proben im Hochspannungswechselstrombogen werden diese gepulvert u. in Glycerin dispergiert. Durch Eintauchen einer Graphitelektrode mit flachem Ende in die Dispersion wird eine entsprechende Menge des Probenmaterials auf diese aufgebracht u. das Glycerin durch Erhitzen abgetrieben. Auf der Elektrode bildet sich ein gut u. reproduzierbar abbrennender Überzug. Bei der Best. von *Si*-Oxyd in Fe-Oxyd oder einem Mischoxyd von Fe, Mn u. Zn mit den Linienpaaren Si 2881,6/Fe 2877,3 Å bzw. Si 2881,6/Mn 2830,8 Å ergibt sich ein wahrscheinlicher Fehler für eine Einzelbest. von ± 3 bis 6% für einen Konzentrationsbereich von 0,02—0,3% Si-Oxyd. (Analytic. Chem. **24.** 1406—09. Sept. 1952. Irvington-on-Hudson, N. Y., Philips Labors., Inc.)

Eichhoff. 5063

D. G. Anderson, *Bericht über die Herstellung von Gläsern für Korrekturfilter von Photozellen.* Zur Anpassung der spektralen Empfindlichkeit von Se-Photozellen an diejenige des menschlichen Auges werden Filter vorgesetzt, die aus Spezialgläsern bestehen, deren Erschmelzung mit einigen Schwierigkeiten verbunden ist. Das Cu-haltige blau-grüne Filter (*Sira 76 A*) muß z. B. bei 1200° geschmolzen werden, Temperaturerhöhung um nur 20° für 15 Min. führt zu einem olivgrünen Glas, das für den vorliegenden Zweck unbrauchbar ist. Die Gelbgläser *Y 17 G* u. *Y 5 G* werden durch Bldg. von koll. *CdS* u. *Se* während des Schmelzprozesses hergestellt. Für die Erzielung optimaler Filterwrkg. sind Schmelztemp. u. -zeit von wesentlicher Bedeutung. Günstige Werte für *Y 17 G*: 24 Std. bei 685°, für *Y 5 G*: 12 Std. bei 610°. Erforderliche Temperaturkonstanz in beiden Fällen ± 5°. (J. sci. Instruments **27.** 131—32. Mai 1950. Chislehurst, Kent, Brit. Sci. Instr. Res. Assoc.) Reusse. 5064

H. G. W. Harding, *Dreikomponentiges Glasfilter zur Anpassung der spektralen Empfindlichkeitskurven von Selenphotozellen an die des Auges.* Die drei im vorst. Ref. beschriebenen Filter ergeben bei richtiger Dickenbemessung hintereinander geschaltet eine nahezu vollständige Anpassung der Empfindlichkeit der Se-Photozelle an die des menschlichen Auges. Messungen im Spektralgebiet zwischen 0,4 u. 0,74 μ ergaben Abweichungen vom Sollwert von maximal +0,18 bzw. —0,06, bezogen auf den Sollwert der Filterkombination. Die maximalen Abweichungen traten an den Grenzwerten des genannten Wellenlängenbereiches auf. Die Stärken der einzelnen Filter betrugen dabei für *Y 5 G*: 1,22 mm, für *Y 17 G*: 0,52 mm u. für *Sira 76 A*: 1,75 mm. (J. sci. Instruments **27.** 132—35. Mai 1950. Teddington, Middlesex, Nat. Phys. Labor.)

Reusse. 5064

J. S. Preston, *Die relative spektrale Empfindlichkeit von Selenphotoelementen in ihrer Beziehung zur Photometrie und die Zusammensetzung von spektralen Korrekturfiltern.* Die allg. Verwendbarkeit der in vorst. Reff. beschriebenen Filterkombination hängt davon ab, daß die verschied. Formen von Se-Photoelementen keine größeren spektralen Abweichungen voneinander zeigen. Durch Messung der spektralen Empfindlichkeit von 10 verschied. im Handel befindlichen Fabrikaten konnte Vf. zeigen, daß die Form der Empfindlichkeitskurve jeweils die gleiche ist u. daß die absol. Unterschiede so gering sind, daß die Filterkombination nach Harding in allen Fällen die angestrebte Korrektur auf Augenempfindlichkeit ergibt. Die auftretenden Schwankungen zwischen den verschied. Zellen sind auf die Eigg. des verwendeten Se zurückzuführen. (J. sci. Instruments **27.** 135—39. Mai 1950. Teddington, Middlesex, Nat. Phys. Labor.) Reusse. 5064

James Small, *Neuer Ausblick auf den p_H-Wert.* Vf. setzt sich mit der zur Zeit gültigen Definition des p_H auseinander. Basis der p_H-Skala stellen die von der British-Standard-Institution festgelegten Standard-Pufferlsgg. dar, die auf eine Genauigkeit von ± 0,005 p_H-E. eingestellt sind. Diese Definition läßt auch Messung von p_H-Werten in Systemen zu, auf die sich die thermodynam. Definition der p_H-Skala nicht anwenden läßt. (Protoplasma **41.** 273—76. 1952. Belfast.) Wallis. 5066

Vincent E. Bower, Roger G. Bates und **Edgar R. Smith,** *p_H-Werte von Kaliumtetraoxalatlösungen zwischen 0 und 60°.* Als Pufferlsgg. für exakte p_H-Messungen im stark sauren Gebiet werden Lsgg. von *Kaliumtetraoxalatdihydrat* (I), $KH_3(C_2O_4)_2 \cdot 2\,H_2O$, verschied. Konz. u. Gemische von I mit KCl-Lsg. untersucht. Die Lsgg. von I sind gut gepuffert im Konzentrationsbereich von 0,01—0,1 mol. (Van Slyke-Pufferwert = 0,07) u. besitzen hohe Acidität (1,5—2,2 p_H). Bei Verdünnung auf das doppelte Vol. nimmt der p_H-Wert um +0,19 zu. Messungen der EMK. der H_2-Elektrode gegen die Ag–AgCl-Elektrode mit 12 verschied. Mischungen aus I in den Konzz. 0,1; 0,05; 0,025; 0,01 mol. u. aus KCl in den Konzz. 0,015; 0,01; 0,005 mol. werden bei 13 verschied. Tempp. zwischen 0 u. 60° durchgeführt u. Ergebnisse zwischen 0,42610 u. 0,49697 V erzielt. Nach einer schon früher beschriebenen Meth. (C. **1952.** 7788) werden die p_H-Werte bei 13 verschied. Tempp. zwischen 0 u. 60° für verschied. konz. Lsgg. von I bestimmt: für 0,1 mol. (15—60°) 1,508—1,580; für 0,05 mol. 1,671—1,726; für 0,025 mol. 1,858—1,909 u. für 0,01 mol. 2,153—2,185 bei 0—60° für die letzten 3 Konzentrationen. Ein Diagramm veranschaulicht den geringen Temperaturkoeff. der p_H-Werte dieser Lösungen. Als Standard-Pufferlsg. wird eine 0,05 mol. Lsg. von I vor-

geschlagen, die zwischen 15 u. 35° einen p_H-Wert von 1,68 ± 0,01 zeigt. (J. Res. nat. Bur. Standards **51.** 189—94. Okt. 1953. Washington, D. C., Nat. Bur. of Standards.)
PETSCH. 5066

Hosmer W. Stone und **Robert L. Eichelberger,** *Titration von gelöstem Sauerstoff mit saurem Chrom(II)-Reagens.* Mol. O_2 in W. kann durch Titration mit saurer Cr(II)-Lsg. schnell u. genau bestimmt werden. Die Probe wird in überschüssige HCl-$CrCl_2$-Lsg. gegeben, das unverbrauchte $CrCl_2$ mit KJO_3 oxydiert nach $6 H^{\cdot} + 6 Cr^{\cdot\cdot} + JO_3^- = 6 Cr^{\cdot\cdot\cdot} + J^- + 3 H_2O$ u. das nicht verbrauchte KJO_3 mit KJ zu J_2 umgesetzt, das mit eingestellter $CrCl_2$-Lsg. titriert wird. Die Best. wird in einer Spezialapp. in CO_2-Atmosphäre ausgeführt. Dauer 4—5 Min., 4 Parallelbestimmungen in 20 Minuten. Maximaler Fehler ± 0,2 %. Bei Ggw. von Nitrit fällt der O_2-Wert zu hoch aus. Für solche Fälle werden 2 Titrationen empfohlen, von denen die eine in n. Weise, die andere nach Verkochen des gelösten Gases erfolgt. Aus der Differenz beider Ergebnisse ergibt sich dann der richtige O_2-Gehalt. (Analytic Chem. **23.** 868—71. Juni 1951. Los Angeles, Calif., Univ. of California.)
FREE. 5066

R. Belcher, A. J. Nutten und **W. I. Stephen,** *Substituierte Benzidine und verwandte Reagentien in der analytischen Chemie.* 11. Mitt. *Die Oxydationspotentiale von Naphthidin, 3.3'-Dimethylnaphthidin und ihren Sulfosäuren.* (10. vgl. C. **1953.** 9578.) Durch Vgl. mit den mol. Redoxpotentialen der Systeme $Cr_2O_7^{2-}$—Cr^{3+} (E'_0 = 1098 mV in mol. H_2SO_4) u. Fe^{2+}—Fe^{3+} (E_0' = 680 mV in mol. H_2SO_4) in H_2SO_4 verschied. Konzz. bei 18° wurden die Übergangspotentiale von *Naphthidin* (I), *Naphthidinsulfosäure* (II), *3.3'-Dimethylnaphthidin* (III) u. *3.3'-Dimethylnaphthidindisulfonsäure* (IV) bestimmt. Sie ergaben sich in mol. H_2SO_4 bei 18° (bezogen auf die H-Elektrode) zu: 0,800 (I), 0,840 (II), 0,706 (III) bzw. 0,800 (IV) mV. Sulfurierung führt demnach, wie bei der Sulfurierung von *Diphenylamin* (Übergangspotential 760 mV; Diphenylaminsulfosäure: 830 mV) zu einer Erhöhung des Oxydationspotentials. Die durch direkte Titration der Indicatoren mit Cerisulfat ermittelten Werte stimmen nur qualitativ mit den Standardpotentialen überein; sie sind in jedem Fall ca. 40—60 mV höher. (J. chem. Soc. [London] **1952.** 3857—61. Okt. Birmingham, Univ., Dep. of Chem.)
K. F. MÜLLER. 5066

K. R. May, *Die Messung von Nebeltropfen in Luft nach der Magnesiumoxydmethode.* Die Best. der Tropfengröße von Nebeln kann unter dem Mikroskop derart vorgenommen werden, daß man ein MgO-Schicht beobachtet, auf der sich die Nebelpartikel absetzen u. eine sichtbare Spur hinterlassen. Exakte Unterss. des Vf. an verschied. Nebeln (*W., Dibutylphthalat, Glycerin, Ricinusöl, fl. Paraffin,* leichtes u. mittelschweres *Schmieröl*) haben gezeigt, daß sich der absol. Durchmesser der Tröpfchen zu dem nach der MgO-Meth. festgestellten durchweg wie 0,86 : 1 verhält. Dieser Mittelwert gilt für Tropfengrößen > 20 μ. Unterhalb 10 μ sinkt das Verhältnis ab. (J. sci. Instruments **27.** 128—30. Mai 1950. Ministry of Supply, Microbiol. Res. Dep.) REUSSE. 5088

a) Elemente und anorganische Verbindungen.

René J. Lacoste, Mason H. Earing und **Stephen E. Wiberley,** *Colorimetrische Bestimmung verschiedener Metallderivate von Natriumdiäthyldithiocarbamat.* Das für die colorimetr. Cu-Best. benutzte *Na-Diäthyldithiocarbamat* (I) wurde auf seine Eignung für die Best. weiterer Metalle hin untersucht. I kam in 2 %ig. wss. Lsg. zur Anwendung, wobei in einem p_H-Bereich von 3,7—9,5 gearbeitet wurde. Die gut durchgeschüttelten Lsgg. wurden anschließend mit je 10 cm³ $CHCl_3$, CCl_4 oder Amylacetat extrahiert. Unter diesen Bedingungen gaben As^{III}, As^{V}, Ce^{III}, Cr^{III}, Pt^{IV} u. Ru^{IV} weder einen Nd. noch eine Färbung des Extraktionsmittels. Sb^{III}, Cd^{II}, Ir^{IV}, Hg^{I} u. Hg^{II} gaben weiße bis cremefarbige Ndd., aber keine Färbung. Bi^{III}, Co^{II}, Cu^{II}, Cr^{VI}, Fe^{II}, Fe^{III}, Mo^{IV}, Ni^{II}, Sn^{II}, Sn^{IV} u. U^{VI} erzeugen in allen 3 Extraktionsmitteln gleiche charakterist. Färbungen (U- u. Mo-Komplexe sind in CCl_4 unlösl.). Für quantitative Zwecke wird in einer aus CH_3COOH u. NH_4-Acetat bestehenden Pufferlsg. von p_H 6,3 u. mit $CHCl_3$ als Extraktionsmittel gearbeitet. — 10 cm³ Pufferlsg. u. 2 cm³ I-Lsg. (2 %ig.) werden in einem 125 cm³-Scheidetrichter der Metallsalzlsg. zugesetzt. Mit $CHCl_3$ (20 cm³) zweimal extrahieren u. die filtrierten Extrakte im 50 cm³-Meßkolben mit $CHCl_3$ auffüllen. In der 1 cm-Zelle eines BECKMAN-Spektrophotometers im Gebiet 350—1000 mμ die Absorption messen. Der Metallgeh. der Testlsgg. wird so eingestellt, daß das Absorptionsmaximum nicht über 0,800 der Skala liegt. Die Färbungen bleiben längere Zeit (3 Std.) unverändert (Ausnahme: Sn u. Mo). Die Meth. ist bes. geeignet für die Best. von Bi. Für die Cu-Best. ergeben sich Komplikationen bei Ggw. anderer komplexbildender Metalle. (Analytic. Chem. **23.** 871—74. Juni 1951. Troy, N. Y., Rensselaer Polytechn. Inst.)
FREE. 5100

Louis Silverman und **Wanda Bradshaw,** *Präzisionsbestimmung von Deuterium in wässerigen Lösungen durch Pyknometermethode.* Die Unterschiede in der D. von D_2O u. H_2O gestatten den D-Geh. in D_2O–H_2O-Gemischen zu bestimmen. Mit Hilfe der Doppelpyknometermeth. von WASHBURN u. SMITH (J. Res. nat. Bur. Standards **12.** [1941.] 305) lassen sich Präzisionsbestimmungen im Bereich von 1—99 Mol-% D_2O mit einem mittleren Fehler von $\pm$ 0,02 Mol-% durchführen. Es werden 3 Vergleichslsgg. benutzt: Für 0—25 Mol-% D_2O dest. W., für 75—100 Mol-% eine massenspektrograph. analysierte Standardprobe von $>$99 Mol-% D_2O u. für den Bereich 25 bis 75 Mol-% ein Zwischenstandard. (Analytica chim. Acta [Amsterdam] **10.** 68—77. Jan. 1954. Downey, Calif., Atomic Energy Res. Dep. North. Amer. Aviation, Inc.)

UMLAND. G 238

R. Belcher, M. Kapel und **A. J. Nutten,** *Einige Faktoren, die die Löslichkeit von Aminsulfaten beeinflussen.* Zur quantitativen Best. von SO_4^{2-} finden Vff. als Fällungsreagens das *4.4'-Diaminotolan* (I) (Löslichkeit des Sulfats bei 25° 0,059 g/Liter) als dem Benzidin (0,098 g/Liter) überlegen. Sie kommen zu dieser Verb. durch systemat. Unters. des Zusammenhangs zwischen der Mol.-Struktur von Aminen u. der Löslichkeit ihrer Sulfate. — Alkylgruppen erhöhen die Löslichkeit; *2.2'-Dimethyl-* (8,907 g/Liter), *2.3'-Dimethyl-* (0,488 g/Liter), *3.3'-Dimethyl-* (0,3 g/Liter), *3.3'-Diäthyl-* (0,429 g/Liter), *2-Methyl-* (0,342 g/Liter) u. *3-Methylbenzidin* (0,448 g/Liter). Bei Verbb. wie *4-Amino-1-[p-aminophenyl]-naphthalin* (0,205 g/Liter), *Naphthidin* (0,101 g/Liter) u. *3.3'-Dimethylnaphthidin* (0,162 g/Liter) bewirkt der große Gewichtseffekt die geringe Löslichkeit der Sulfate. Coplanare Moll. wie *2.7-Diaminofluoren* (0,175 g/Liter) u. *2.7-Diaminodiphenylenoxyd* (0,218 g/Liter) zeigen geringe Löslichkeit. Noch günstiger verhalten sich Verbb., die coplanar u. colinear sind. *4.4'-Diaminodiphenylmethan* (17,53 g/Liter, nicht coplanar u. nicht colinear), *4.4'-Diaminodibenzyl* (0,19 g/Liter, colinear, aber nicht coplanar), *4.4'-Diaminostilben* (0,132 g/Liter, coplanar, aber nicht colinear) u. **I** (coplanar u. colinear).

Versuche: *4.4'-Dinitrostilbendibromid,* durch Kochen von Dinitrostilben in Dioxan mit Überschuß an Br_2 bis zur vollständigen Lsg., filtrieren, Filtrat in W. gießen u. Rohprodd. absaugen. — *4.4'-Dinitrotolan,* durch Zugabe von KOH in Methanol zur sd. Suspension von vorst. Verb. in Methanol. — *4.4'-Diaminotolan* (I), F. 235°, aus vorst. Verb. durch Red. mit Zn u. HCl bei 15—20°. — *4.4'-Diacetamidotolan,* F. 289°, aus vorst. Verb. (0,5 g) durch 30 Min. Erhitzen mit 1 ml Essigsäureanhydrid. (Analytica chim. Acta [Amsterdam] **8.** 122—29. Febr. 1953. Birmingham, Univ., Dep. of Chem.)

BARCHET. G 253

R. Belcher, M. Kapel und **A. J. Nutten,** *4.4'-Diaminotolan als Reagens zur titrimetrischen Bestimmung von Sulfat.* (Vgl. vorst. Ref.) Eine Sulfatmenge von mindestens 10 mg, 4½facher Überschuß an Reagens, p_H 4 u. 30 Min. Stehzeit der Fällung sind die günstigsten Bedingungen bei der Sulfatbest. mit *4.4'-Diaminotolan* (I). Fehlergrenze bei Best. von 10 mg SO_4 0,7%. In Ggw. von PO_4^{3-}, CrO_4^{2-} u. Al^{3+} ist die Best. unmöglich. Die störende Wrkg. von CrO_4^{2-} kann durch Red. zu Cr^{3+} u. die von Al^{3+} durch Zugabe von Weinsäure vermieden werden. Ohne Einfl. sind NO_3^-, ClO_4^-, Cu^{2+}, Fe^{3+}, Zn^{2+}, Ca^{2+} u. Mg^{2+}. — 90 ml frisch bereitetes Reagens (1 g I in 5 ml Aceton lösen, konz. HCl bis zur vollständigen Fällung tropfenweise zugeben, absaugen, I-Hydrochlorid in 375 ml W. lösen) für jede 25 mg SO_4^{2-} zur Sulfatlsg. geben, mit W. auf 100 ml auffüllen, tropfenweise 1 n HCl bis p_H 4 zugeben, nach 30 Min. absaugen, mit 12—15 ml W. waschen. I-Sulfat in 30—40 ml W. lösen u. mit 0,05 n NaOH (für SO_4^{2-} Mengen über 15 mg) bzw. 0,02 n NaOH gegen Phenolphthalein titrieren. (Analytica chim. Acta [Amsterdam] **8.** 146—49. Febr. 1953. Birmingham, Univ., Dep. of Chem.)

BARCHET. G 253

B. Breyer und **J. McPhillips,** *Eine indirekte polarographische Bestimmung des Calciums.* Ca reagiert quantitativ mit Chloranilsäure unter Bldg. von Ca-Chloranilat. In gepufferten Lsgg. (p_H 4,5) erfolgt die Fällung, die überschüssige Säure wird polarograph. ermittelt. Innerhalb des Konzentrationsbereiches von $1,3 \cdot 10^{-4}$ bis $1,2 \cdot 10^{-2}$ mol. ist eine Best. des Ca nach dieser Meth. mit einem maximalen Fehler von $\pm$3% möglich. In Ggw. von Co, Zn, Pb, Mn, Cd, Ni, Al u. Ag ist dies Rk. nicht möglich. Mg stört nicht, wenn seine Konz. $< 2,4 \cdot 10^{-3}$ mol.; Li, Ba u. Cr haben keinen Einfl., wenn ihre Konzz. $< 5,9 \cdot 10^{-4}$. Für Fe, Hg u. Sr liegen diese Grenzkonzz., unterhalb deren keine Störung der Ca-Fällung durch Chloranilsäure erfolgt, bei $4,8 \cdot 10^{-4}$, $5,9 \cdot 10^{-4}$ bzw. $3,6 \cdot 10^{-4}$ molar. (Nature [London] **172.** 257. 8/8. 1953. Sydney, Univ. Faculty of Agriculture, Phys.-chem. Lab.)

WOELK. G 283

H. Wachsmuth und **K. Cornelis,** *Nachweis und volumetrische Bestimmung des Zinks.* Eine Spuren von *Zn* enthaltende $K_3Fe(CN)_6$-Lsg. (0,5%ig) gibt mit wenigen Tropfen 0,1%ig. *Adrenalin*-Lsg. eine Rosafärbung, mit 1%ig. *Diphenylamin*-Lsg. eine

Violettfärbung, mit *Benzidin* eine Blauviolettfärbung u. mit *KJ-Stärke*-Lsg. eine Blaufärbung. Letztgenannte Rk. verläuft nach der Gleichung: $2\ K_3[Fe(CN)_6] + 2\ KJ + 3\ Zn^{\bullet\bullet} \rightarrow K_2Zn_3[Fe(CN)_6]_2 + 6\ K^{\bullet} + J_2$ u. wird wegen ihres quantitativen Ablaufs in beschriebener Weise zur volumetr. Best. des Zn herangezogen. (J. Pharmac. Belgique [N. S.] **6.** 389–92. Nov./Dez. 1951. Anvers, Hôp. Stuivenberg.)
M. D. LAUBSCHAT. G 288

A. T. Pilipenko und **G. Ss. Lissetzkaja,** *Anwendung von Thioharnstoff als Komplexbildner beim Nachweis von Cadmium in Gegenwart von Kupfer.* Das nach der Bi-Fällung durch NH_3 zurückbleibende Filtrat der Ammoniakate von Cd u. Cu wird mit HCl (1 : 1) angesäuert (2 ml Überschuß) u. mit dem gleichen Vol. gesätt. Harnstofflsg. versetzt, wobei Cu einen farblosen Harnstoffkomplex liefert. Beim Einleiten von H_2S fällt CdS aus, nicht zu verwechseln mit dem blaßgelben S, der bei der Zers. des aus Cu(II) u. Harnstoff gebildeten Disulfides ausfällt. Die Ausfällung des Cu-Komplexes wird in Ggw. 1 mol. Harnstofflsg. verhindert, wenn das p_H der Lsg. unter 3 liegt. In Ggw. von 100 γ Cu kann in 10 ml Lsg. 0,1 γ Cd nachgewiesen werden. (Украинский Химический Журнал [Ukrain. chem. J.] **19.** 87–89. 1953. Kiew, Schewtschenko-Univ., Lehrstuhl für analyt. Chem.) LEBTAG. G 289

P. Radhakrishna, *Die Trennung von Scandium, Lanthan und Yttrium.* Vf. benutzt zur Trennung *Amberlite IR 100 H* von 80–120 Maschen in einer Säule von 36,3 cm Länge u. 0,7 cm Durchmesser. Trennung Sc — La: An der Säule werden 2,5 ml einer Lsg. adsorbiert, die die Nitrate des Sc (1,0 mg Sc_2O_3 mit ^{46}Sc, Halbwertszeit 85 Tage) u. des La (3,7 mg La_2O_3 mit ^{141}La, Halbwertszeit 40 Std.) enthalten. Mit 40 ml W. waschen, dann mit 5%ig. Citronensäure (p_H 2,8) so eluieren, daß alle 20 Min. 4,3 ml Eluat von der Säule abgenommen werden können. Nach einigen Std., wenn kein Sc mehr eluiert wird, bringt man zur Elution des La den p_H-Wert auf 3,2 u. nimmt alle 30 Min. 5,9 ml ab. Trennung Sc — Y wie vorstehend. Es werden 1 mg Sc_2O_3 u. 4 mg Y_2O_3 (^{90}Y, Halbwertszeit 62 Std.) als Nitrate an der Säule adsorbiert. Von den Elutionsproben werden die Aktivitäten gemessen u. in Abhängigkeit von der Elutionsmenge graph. dargestellt. Die Kurven werden um so flacher u. die Trennwrkg. um so schlechter, je schneller man eluiert. — Das hysteret. Phänomen, das die Adsorption des Sc begleitet, wird aufgezeigt. Die Rkk., die im Gleichgewicht zwischen Harz, Sc u. 5%ig. Citronensäure eine Rolle spielen, sind 1. Austausch: $Sc^{3+} + 3\ NH_4R \rightleftharpoons ScR_3 + 3\ NH_4^+$. 2. Komplexbldg.: $Sc^{3+} + n\ H_xCit^{(x-3)-} \rightleftharpoons Sc(H_xCit)_n^{[3+n(x-3)]-}$, wobei NH_4R = bas. Harz, $H_xCit^{(x-3)}$ = Citronensäureion, n u. x = Konstanten Daraus folgt der Verteilungskoeff. $K_d = (ScR)/Sc(HxCit)_n^{3+(x-3)} = K_{Austausch}/K_{Komplex}$. Der Zusammenhang dieser Rechnungen mit der Theorie der Fraktionierböden wird aufgezeigt. Danach ist das Maximum der Konz. des Sc in der Elutionslsg. $K_d \cdot m/v$, wobei v = freies Vol. in der Säule u. m = Harzmasse ist. (Analytica chim. Acta [Amsterdam] **8.** 140–45. Febr. 1953. Paris, Inst. du Radium.) BARCHET. G 301

Marguerite Grat-Cabanac, *Mitteilung über eine colorimetrische Eisenbestimmung.* (Vgl. Analytica chim. Acta [Amsterdam] **5.** [1951.] 116.) Fe kann colorimetr. ohne Colorimeter durch einfachen opt. Vgl. mit Standardlsgg. auf 0,1 γ/ml genau bestimmt werden, indem zu 10 ml der Fe(III)-Lsg. 4 Tropfen HCl (D. 1,18), 2 ml 50%ig. KSCN-Lsg., 6 Tropfen 20%ig. H_2O_2 u. 10 Tropfen Indigolsg. (0,1 g pro Liter W.) gegeben werden. Die rote Farbe des $[Fe(SCN)_3]_x$-Komplexes geht je nach der Fe-Konz. in violette bis blaue Farbtöne über. Die Fe-Best. mit $\alpha.\alpha'$-Dipyridyl läßt sich durch Methylenblauzusatz ebenfalls sensibilisieren, doch können hiermit nur Fe-Gehh. auf 1 γ genau bestimmt werden. (Bull. Soc. chim. France, Mém. [5] **20.** 856–57. Sept. 1953. Toulouse, Fac. de Sci.) MOSLÉ. G 354

A. Ch. Batalin, *p-Anisidin — ein empfindliches Reagens auf Kupfer(II)-Kation.* Reagens: 1 ml gesätt. p-Anisidinlsg. in 10 ml W.; Varianten: 1 ml gesätt. p-Anisidinlsg. in 100 ml 0,1 n Halogenid- oder Rhodanidlsg., wobei 2–3 Tropfen Reagens auf 1 ml 0,1 n Cu-Salzlsg. angewandt werden: Violettfärbung in Ggw. von Cu, Empfindlichkeit 4 μg Cu/ml. Die Rhodanid- u. Jodidvariante zeigen größere Empfindlichkeit: 0,6 μg Cu/ml, Dunkel- bis Kirschrotfärbung. Die Empfindlichkeit der Rhodanidvariante wird durch die Ggw. von 500fachen Mengen von Mn, Al, Zn, Mg, Cd, Ni, Cr, Alkali- u. Erdalkalimetallen, Fe^{2+}, ferner durch 50fache Mengen von Co, Ag, Sn, UO_2, Ce, Hg^{2+}, Pb, 5fache Mengen Sb u. Hg^{1+} nicht beeinträchtigt, durch größere Mengen eines Fremdions wird eine scharfe Senkung der Empfindlichkeit bewirkt. Die Chlorid- u. Bromidvariante ist nur bei großem Überschuß an Chlorid–Bromid anwendbar. — Am geeignetsten ist somit die Rhodanidvariante; bei der Ausführung wird zur Maskierung ein Zusatz einer gesätt. NaF-Lsg. empfohlen: rotviolette Färbung oder gar (bei größeren Cu-Mengen) dunkelroter Nd., p_H 6,8–6,9. Die Färbung ist sehr stabil

(10—15 Std.), selbst bei 100° nur geringe Verfärbung. (Журнал Аналитической Химии [J. analyt. Chem.] **8.** 182—83. Mai/Juni 1953.) v. WILPERT. G 358

Bourdon F. Scribner und **John C. Ballinger,** *Spektrochemische Analyse von Bronze nach der Methode der porösen Elektrode.* Bronzen von der Zus. 3% Sn, 3% Zn, 2% Pb, 2% Ni, Rest Cu bereiten bei der spektrochem. Analyse in fester Form gewisse metallurg. bedingte Schwierigkeiten, die durch Anwendung der von FELDMAN (C. **1950.** II. 446) angegebenen Meth. der porösen Elektrode überwunden werden. Das Verf. besteht darin, daß die durch Auflösen in Säure hergestellte Probelsg. in die bis auf eine Bodenwandstärke von 1,25 mm ausgebohrte poröse spektralreine Kohle gebracht wird, die als obere Elektrode verwendet wird. Diese Elektrode ist kon. mit 90° Winkel u. ca. 3 mm Bodenfläche abgedreht. Gegenelektrode besteht ebenfalls aus Kohle mit 120° Konus. Elektrodenabstand 3 mm. Es wird mit energiereichem Funken gearbeitet, doch darf die in der oberen Elektrode befindliche Lsg. nicht sieden. Vorfunkzeit 10 Sek., Belichtungszeit 110 Sekunden. Verwendete Linienkombinationen u. Konzentrationsbereiche: *Ni* 3057,64/*Cu* 3063,42 Å für 1,0—5,0%, [b] = 2,1%. Ni 3012/Cu 3010,84 Å für 0,5—2,5%, [b] = 1,3%. Ni 3050,82/Cu 3073,80 Å für 0,5—0,7%, [b] = 0,3%, *Pb* 2833,07/Cu 3010,84 Å für 0,5—5%, [b] = 2,9%. Pb 3683,47/Cu 3684,67 Å für 0,5—1,2%, [b] = 0,4%. *Sn* 3009,15/Cu 3010,84 Å für 1,5—5,0%, [b] = 3,0%. Sn 3175,05/Cu 3194,10 Å für 0,6—2,5%, [b] = 1,3%. Sn 3175,05/Cu 3169,7 Å für 0,5—1,0, [b] = 0,4%. *Zn* 3302,59/Cu 3279,82 Å für 2,5—5,5%, [b] = 4,0%, Zn 3345,02/Cu 3337,84 Å für 0,7—3,0%, [b] = 1,7%. Zn 3345,02/Cu 3349,29 Å für 0,5—1,5%, [b] = 0,6%. Der Index [b] bedeutet diejenige Konz., bei der das Intensitätsverhältnis der Linien gleich 1 wird. Zur Plattenkalibrierung geeignete *Fe*-Linien werden angegeben. Genauigkeit ca. 1,6—4,3%. Herst. der Lsgg. ist angegeben. (J. Res. nat. Bur. Standards **47.** 221—26. Okt. 1951. Washington, D. C.) WERNER. G 358

Richards A. Rowland und **Carl W. Beck,** *Bestimmung von kleinen Dolomitmengen durch differentielle thermische Analyse.* (Vgl. C. **1954.** 2017.) Die bei der Auswertung der Ergebnisse der therm. Analyse von carbonathaltigen Gesteinen unter CO_2 auftretende Schleife bei 700—800° ist auf die Decarboxylierung des $MgCO_3$ u. die bei 900 bis 1000° auftretende Schleife auf die Decarboxylierung des $CaCO_3$ zurückzuführen. Durch das Verhältnis der Flächen unter den Schleifen zu der Grundlinie u. durch Vgl. der Lage u. Flächeninhalte der Schleifen kann auf die Menge an Dolomit neben anderen carbonathaltigen Mineralien im Gestein geschlossen werden. (Amer. Mineralogist **37.** 299—300. März/April 1952. Houston, Tex., Shell Oil Comp.) MOSLÉ. 5292

G. N. G. Hamilton, *Eine einfache Methode zur Bestimmung der Qualität der Chromerze und Konzentrate.* Die Best. des Cr-Geh. in den *Picotit*-Erzen von Süd-Rhodesia u. Transvaal erfolgt unter Berücksichtigung der begleitenden Mineralien (bes. Enstatit-Hypersthen) auf Grund einer annähernd linearen Beziehung zwischen der D. u. dem Cr-Geh. dieser Erze durch Best. der D. nach Art der Pyknometermethode. Die Abweichungen von den durch chem. Analyse ermittelten Cr-Gehh. betrugen nur in 7% der Fälle mehr als 0,5%. (South African Mining Engng. J. **64.** 263. 265. 24/10. 1953.) OPPERMANN. 5292

E. Gübelin, *Mikroskopische Erkennungsmerkmale der Granate.* Vf. beschreibt u. zeigt an Hand von Mikrophotographien, wie man die verschied. Granate hauptsächlich durch ihre Einschlüsse unterscheiden kann. (Dtsch. Goldschmiede-Ztg. **48.** 81—82. April 1950. Luzern.) GOTTFRIED. 5292

Wilfrid R. Foster, *Lötrohrpetrographie.* Die Anwendung des Lötrohrs zur Best. nichtmetall. Minerale in der Petrographie wird geschildert. Hierbei spielt die Veränderung der Minerale beim Erhitzen, bzw. Schmelzen u. die mkr. u. opt. Unters. der entstehenden Prodd. die Hauptrolle. Die Meth. ist anwendbar zur Best. von *Plagioklasen.* Als Beispiele werden angeführt die Unterscheidung von *Bastnäsit* u. *Xenotim,* von *Topas* u. *Amblygonit,* von *Anthophyllit* u. *Sillimanit,* von *Cordierit* u. *Feldspat,* von Anthophyllit u. *Xonotlit.* Die Meth. empfiehlt sich bes. dann, wenn opt. Unterss. nicht zum Ziele führen. (Amer. Mineralogist **37.** 758—63. Sept./Okt. 1952. Detroit, Mich., Champion Spark Plug Co., Ceramic Div.) HILLER. 5292

H. W. Fairbairn und **J. F. Schairer,** *Ein Test für die Genauigkeit chemischer Analysen von Silicatgesteinen.* Es wurde ein Silicatglas aus 6 Komponenten synthetisiert, ähnlicher Zus. wie im Granit. Dieses Glas wurde in 11 chem. Labors. analysiert. Es ergab sich befriedigende Übereinstimmung ($<$0,1%) für MgO, CaO, Na_2O u. K_2O. Für SiO_2 u. Al_2O_3 zeigte sich ein zusammenhängender, systemat. Fehler, da SiO_2 0,4% zu wenig u. Al_2O_3 0,6% zu hoch gefunden wurde, während die Summe mit weniger als 0,1% von der Zus. des Standardglases abwich. (Amer. Mineralogist **37.** 744—57. Sept./Okt. 1952. Cambridge, Mass., Massachusetts Inst. of Technol.; Washington, D. C., Carnegie Inst., Geophys. Labor.) HILLER. 5292

Philip J. Launer, *Regelmäßigkeiten bei den Infrarotabsorptionsspektren von Silicatmineralen.* Von Silicatmineralen wurden Infrarotabsorptionsspektren aufgenommen, wobei Pulverpräpp. von weniger als 2 μ Korndurchmesser verwandt wurden. Es wurden untersucht: *Forsterit, Willemit, Phenacit, Zirkon, Kyanit, Benitoit, Rhodonit, Enstatit, Klinoenstatit, Ägirin, Jadeit, Spodumen, Anthophyllit, Hornblende, Attapulgit, Sepiolit, Orthoklas.* Es zeigt sich, daß die Spektren zur Charakterisierung des Silicatgittertyps gebraucht werden können. Mit zunehmendem Verhältnis Si : O, d. h. von SiO_2-Gerüsten zu den Inselsilicaten, verändert sich der Bereich der scharfen Absorption von kürzeren zu längeren Wellenlängen. Geringe Abweichungen von den charakterist. Schwingungsfrequenzen eines Silicattyps werden durch die Kationen verursacht. (Amer. Mineralogist **37.** 764—84. Sept./Okt. 1952. Whiting, Ind., Standard Oil Comp.)
Hiller. 5292

B. W. Anderson, *Eine neue Prüfung auf synthetischen Smaragd.* Es wird darauf hingewiesen, daß synthet. Smaragde eine größere Durchlässigkeit gegenüber kurzwelligem UV-Licht zeigen als echte Steine. (Gemmologist **22.** 115—17. Juli 1953.)
Gottfried. 5292

b) Organische Verbindungen.

Maria Marconi und **Alessandro Lisini,** *Das dreiwertige Kobalt als Oxydationsmittel für Alkohole und Polyoxyverbindungen.* Während $[Co(NH_3)_3(NO_3)_3]$ infolge der Rkk. des *Formaldehyds* (I) mit NH_3 u. HNO_3 für analyt. Zwecke nicht als geeignet erscheint, ist eine Co(III)-Sulfatlsg. brauchbar. Man stellt zunächst durch Zugabe von Perborat oder H_2O_2 zu alkal. Aufschwemmung von $Co(OH)_2$ ein durch Co_3O_4 u. CoO_2 verunreinigtes $Co(OH)_3$ her, entfernt überschüssiges Peroxyd durch Aufkochen u. erhält durch Filtration einen schwarzen Brei. Diesen gibt man zu der zu oxydierenden Substanz u. läßt während des Erwärmens H_2SO_4 zutropfen. Diese löst $Co(OH)_3$ gegen 110° zu einer Lsg., die W. unter O_2-Entw. zersetzt. Trotz des höheren Oxydationspotentials des Co^{3+} verläuft die Oxydation von *Methanol, Glycerin, Mannit, Erythrit, Glucose* u. *Lävulose* nicht anders als mit anderen Oxydationsmitteln, so daß dieses nur für Sonderfälle in Betracht kommen dürfte, zumal der gebildete I nur im Destillat der gefärbten Lsg. bestimmt werden kann. (Chimica [Milano] [N. S.] **7.** 456—57. Dez. 1952. Firenze, Univ., Ist. Chim. analit. e Merceolog.)
Metzener. G 550

Constantine Ricciuti, C. O. Willits, H. B. Knight und **Daniel Swern,** *Polarographische Untersuchungen von sauerstoffhaltigen Verbindungen (Säureanhydriden).* Das polarograph. Verh. von organ. Säureanhydriden, den entsprechenden Säuren u. Estern, wurde in einer 0,3 mol. LiCl-Lsg. in CH_3OH–Bzl. (1 : 1) untersucht. Es ergab sich, daß $\alpha.\beta$-ungesätt. Säureanhydride polarograph. reduzierbar sind u. daß die entsprechenden Ester u. Säuren, mit Ausnahme der Maleinsäure, die polarograph. Stufen der Anhydride nicht stören. Gesätt. Säureanhydride lassen sich polarograph. nicht reduzieren; $\alpha.\beta$-ungesätt. Säureanhydride lassen sich deshalb in Ggw. gesätt. Säureanhydride polarograph. bestimmen. Es ist auch möglich, die Zus. eines Gemisches ungesätt. Säureanhydride zu ermitteln, wenn die Einzelkomponenten bekannt u. ihre Halbstufenpotentiale deutlich verschieden sind. Halbstufenpotentiale (V): *Benzoesäureanhydrid* —1,62; *Benzoesäure* u. *-methylester* 0. — *Crotonsäureanhydrid* —1,62; *Crotonsäure* u. *-methylester* 0. — *Phthalsäureanhydrid* (I) —1,12; *Phthalsäure, -monomethylester, -dimethylester, -monocyclohexylester* 0, —1,48, 0, —1,56. — *Maleinsäureanhydrid* (II) —0,72, —1,38 (schlecht definiert); *Maleinsäure* —0,84, —1,33 (schlecht definiert); *Maleinsäuredi-2-äthylhexylester* —1,30. — *Aconitsäureanhydrid-butylester* —0,77; *Aconitsäure* —1,24. — Gemische von I u. II wurden mit einem relativen Fehler von $\pm 4\%$ analysiert; die angewandten Mengen betrugen ca. 0,04 bis 0,09 g/40 ml. (Analytic. Chem. **25.** 933—35. Juni 1953. Philadelphia, Pa., Eastern Reg. Res. Labor.)
K. F. Müller. G 800

S. F. Herb und **R. W. Riemenschneider,** *Spektrophotometrische Mikromethode zur Bestimmung polyungesättigter Fettsäuren.* Zur Best. polyungesätt. Fettsäuren in Fetten wurde eine spektrophotometr. Mikrometh. ausgearbeitet, die 1—10 mg Fett benötigt; die Ergebnisse stimmen mit den nach Makromethoden erhaltenen Werten überein. Die Meth. beruht auf der Best. der spezif. Extinktionskoeffizienten k bei verschied. Wellenlängen im UV nach einer Isomerisierung in einer 21%ig. Lsg. von KOH in Glykol bei 180°. Ausführung: 1. Herst. des Reagenses: Äthylenglykol wird 10 Min. auf 190° erhitzt; nach Abkühlen auf 150° gibt man so viel KOH hinzu, bis eine 21,0%ig. Lsg. entsteht, die wieder 10 Min. auf 190° erhitzt wird; nach dem Abkühlen wird sie unter N_2 aufbewahrt. 2. Isomerisierung: 5,0 g des Reagenses werden unter N_2 15 Min. auf 180° erhitzt u. dann mit 1—10 mg Probe versetzt u. 5 Sek. geschüttelt.

In Abständen von 30 Sek. wird die Lsg. geschüttelt; Gesamterhitzungsdauer 15 Minuten. Die isomerisierte Lsg. wird mit CH_3OH zu 25 ml verdünnt. Die Extinktionen der Lsg. werden bei den unten angegebenen Wellenlängen bestimmt. Gleichzeitig Blindversuch. Spezif. Extinktionskoeffizienten k: *Linolsäure* (**I**) **91,6** (233 mμ); *Linolensäure* (**II**) 47,5 u. 90,5 (233 bzw. 268 mμ); *Arachidonsäure* (**III**) 39,7; 48,2; 60,6 (233, 268 bzw. 315 mμ); *Eikosapentaensäure* 39,4; 41,2; 82,4; 87,5 (233, 268, 315 bzw. 346 mμ); *Dokosapentaensäure* 43,5; 46,0; 56,9; 50,4 (233, 268, 315 bzw. 346 mμ); *Pentaensäure 50% C_{20} + 50% C_{22}* (**IV**) 41,5; 43,6; 69,7; 69,0 (233, 268, 315, 346 mμ). Die Gehh. an Polyenfettsäuren in Fetten u. Ölen, die Pentaensäure unbekannter Kettenlänge enthalten, wurden nach folgenden Gleichungen berechnet: % **I** = 1,092 k_{233} — 0,573 k_{268} — 0,259 k_{315} — 0,033 k_{346}; % **II** = 1,105 k_{268} — 0,879 k_{315} + 0,190 k_{346}; % **III** = 1,650 k_{315} — 1,667 k_{346}; % **IV** = 1,449 k_{346}. (Analytic. Chem. **25**. 953—55. Juni 1953. Philadelphia, Pa., Eastern Reg. Res. Labor.) K. F. MÜLLER. G 800

John E. DeVries und **E. St. Clair Gantz,** *Spektrophotometrische Bestimmung von Nitroaminoguanidin und Nitroguanidin. Nitroaminoguanidin* (**I**) bildet mit p-Nitrobenzaldehyd ein Osazon, das in alkal. Lsg. eine Gelbfärbung ergibt, die bei 385 mμ spektrophotometr. auswertbar ist. Eine auf dieser Grundlage aufgebaute Best. von **I** wird durch *Nitroguanidin* (**II**) nicht gestört. Die spektrophotometr. Meth. ist allg. anwendbar auf Hydrazinogruppen enthaltende Verbb., wie Aminoguanidin, Diaminoguanidin u. Semicarbazid. In Gemischen von **I** u. **II** wird deren Summe durch Messung der UV-Absorption bei 265 mμ bestimmt; **I** erhält man durch oben beschriebene Methode. Best. von **I**: 1 ml einer ca. 0,005 mol. wss. Probelsg. wird mit 50 ml W., 5 Tropfen konz. HCl u. 1 ml 2% ig. methanol. p-Nitrobenzaldehydlsg. 3—5 Min. auf 70 bis 80° erhitzt. Nach dem Abkühlen versetzt man mit 1 ml 10nKOH u. füllt mit W. zu 100 ml auf. Nach 15 Min. wird die Absorption bei 385 ml gegen einen Blindvers. bestimmt. Auswertung durch Eichkurve. — Best. von **I** + **II**: 1 ml der ca. 0,005 mol. wss. Lsg. wird zu 500 ml mit W. verd.; die Absorption wird bei 265 mμ gegen W. bestimmt. (Analytic. Chem. **25**. 1020—22. Juli 1953. China Lake, Calif., U. S. Naval Ordnance Test Stat.) K. F. MÜLLER. G 880

Philip Smith, H. G. Sprague und **O. C. Elmer,** *Polarographische Bestimmung von Benzothiophen-1-dioxyd und verwandten Verbindungen. Benzothiophen-1-dioxyd* (**I**, F. 142—143°), *2.3-Dichlor-* (**II**, F. 158—159°), *3-Chlor-* (**III**, F. 163—164°), *3-Brom-* (**IV**, F. 182—184°) u. *2-Brombenzothiophen-1-dioxyd* (**V**, F. 150—151°) sind in NH_4Cl-Lsg. polarograph. reduzierbar. Das Halbstufenpotential von **I** ist —1,2 V; die Halbstufenpotentiale der Verbb. **II**—**V** liegen für **IV** bei —0,97 u. —1,1 V, für **V** bei —0,95 u. —1,2 V u. für **II** u. **III** bei —0,92 u. —1,2 V. *Benzothiophen, 3-Brom-* u. *2.3-Dihydrobenzothiophen,* sowie *2.3-Dihydrobenzothiophen-1-dioxyd,* werden unter gleichen Bedingungen nicht reduziert. Daraus wird geschlossen, daß die Red. nur dann stattfindet, wenn das Benzothiophenderiv. in 2.3-Stellung eine Doppelbindung u. in 1-Stellung eine Dioxydgruppe enthält. Zur Best. werden Lsgg. der Verbb. **I**—**V** von 1—5 mg in 100 ml alkoh.-wss. (1 : 1) nNH_4Cl-Lsg. bei 25° zwischen 0 u. —2 V bei einer Galvanometerempfindlichkeit von 0,0037 μA/mm polarographiert. (Analytic. Chem. **25**. 793. Mai 1953. Beacon, N. Y., Texas Co.) K. F. MÜLLER. G 3071

Joseph S. Wall, *Gleichzeitige Trennung von Purinen, Pyrimidinen, Aminosäuren und anderen stickstoffhaltigen Verbindungen durch Ionenaustauschchromatographie.* Gemische von Purinen, Pyrimidinen, Aminosäuren u. anderen Stickstoffverbb. wurden in einem Gang durch Chromatographie an dem Kationenaustauscher *Dowex 50* (H-From) getrennt. Die Kapazität der Säule erlaubt es, daß Hydrolysate, die 2,4 bis 4,8 mg N enthalten, pro cm^2 Säulenquerschnitt getrennt werden können. Die Eluierung erfolgt mit HCl steigender Konz. von 1,5 n über 2,5 n bis zu 4—6 n. Die Best. der eluierten Verbb. beruht auf der Auswertung der Ninhydrin-Rk. oder der UV-Absorptionsmessung bei 260 mμ mit Hilfe des BECKMAN-Spektrophotometers, Modell DU. Es gelang, 97% des Gesamt-N von Bakterienhydrolysaten auf 25 bekannte Verbb. zu verteilen. (Analytic. Chem. **25**. 950—53. Juni 1953. Madison, Wis., Univ., Coll. of Agric., Dep. of Biochem.) K. F. MÜLLER. G 3272

S. C. Pan, L. W. Nicholson und **Paul Kolachov,** *Analyse eines Gemisches von Glucose, Maltose und vergärbaren Oligosacchariden. Verbessertes Hefegärungsverfahren.* Auf Grund eingehender Unterss. der gärungsanalyt. Meth. von STARK u. SOMOGYI (J. biol. Chemistry **142**. [1942.] 579) arbeiteten Vff. ein verbessertes Verf. zur Analyse enzymat. Stärkehydrolysate aus, das ihre Differenzierung in 4 Fraktionen erlaubt. Dem zu untersuchenden Gemisch werden 4 Proben entnommen. In der 1. wird nach der sauren Hydrolyse der Gesamtgeh. der Kohlenhydrate bestimmt, in der 2. die Glucose (**I**) mit Bäckerhefe bei p_H 9,3 (Carbonat–Bicarbonat-Puffer) vergoren u. der Rückstand bestimmt, in der 3. werden I u. Maltose (II) mit Bäckerhefe bei p_H 4,8 (Puffer nach McILVAINE an Stelle von Na-Acetat) vergoren u. der Rückstand bestimmt, u. in der 4. werden I, II u. Oligosaccharide (III), wie Isomaltose, Maltotriose u. Panose (IV), mit der Brennereihefe NRRL Y 132 bei p_H 4,8—5,0 unter Zugabe einer Nährlsg., bestehend aus 6 g $NH_4H_2PO_4$, 0,2 g KH_2PO_4, 0,2 g $MgSO_4 \cdot 7\,H_2O$, 1 g Na-Citrat, 2,5 g L-Asparagin, 2 γ Biotin, 0,5 g Ca-Pantothenat, 10 mg Inosit, 4 mg Thiamin, 1 mg Pyridoxin, 400 γ Zn als Sulfat, 150 γ Fe als $Fe(NH_4)_2SO_4$ u. 25 γ Cu als Sulfat im Liter Lsg., p_H 5,0 im Verhältnis 1 : 1 bei 30° in 6 Tagen vergoren, der Rest als nicht vergärbare „Dextrine" bestimmt. Da IV nicht restlos vergoren wird, wird empfohlen, die Probenmenge so zu wählen, daß die Konz. der vergärbaren III mindestens 3 mg/ml beträgt. Nach dieser Meth. können bis 400 mg I/100 ml u. ebensoviel II mit je 5 g Bäckerhefe vergoren werden. Aus Unterss. mit anderen Zuckern ergab sich, daß Fructose, Sucrose u. Mannose (91%) mit I, Mannose vollständig mit II, Galaktose mit III vergären, während Xylose, Arabinose u. Lactose zur Gruppe der nicht vergärbaren Dextrine zugeordnet werden müssen. Sämtliche Unterss. wurden papierchromatograph. kontrolliert. (Analytic. Chem. **25**. 231—37. Febr. 1953. Louisville, Ky., Joseph E. Seagram & Sons, Inc.) ENDRASS. G 3400

Frank C. Larson, Dale M. Coulson und **Edwin C. Albright,** *Eine radiochemische Methode zur Bestimmung von Mikromengen Thyroxin.* Beschreibung einer Meth., die Mengen von 0,1—10 γ *Thyroxin* (I) zu bestimmen gestattet, bei der das in I enthaltene J unter genau einzuhaltenden Bedingungen gegen radioakt. ^{131}J ausgetauscht wird u. I aus der nach doppelter Extraktion erhaltenen Radioaktivität ermittelt wird. (J. biol. Chemistry **196**. 45—50. Mai 1952. Madison, Wis., Univ. of Wisconsin, Dep. of Med. and Chem.) KRUSEN. G 3750

W. A. Schroeder, Lewis Honnen und **F. Charlotte Green,** *Chromatographische Trennung und Identifizierung einiger Peptide in Partialhydrolysaten von Gelatine.* Vff. versuchen, in Peptiden aus Partialhydrolysaten (1wöchig mit 3,6 n HCl bei 37°) von Gelatine die Aminosäurenfolge festzustellen. Zu diesem Zweck teilten sie mit Hilfe einer *Dowex 50*-Austauschersäule das Hydrolysat in eine Anzahl von Zonen auf. Die Peptide jeder einzelnen Zone wurden in ihre DNP-Derivv. übergeführt u. auf SiO_2–Celit-Säulen weiter aufgetrennt. Als Entwickler-Fl. dienten Lsgg. von Eisessig u. Aceton in Ligroin in Konzz., die während der Entw. nach Bedarf verändert wurden. Die Konst. der isolierten DNP-Peptide wurde durch vollständige Hydrolyse, Best. der N-endständigen Aminosäure nach GREEN u. KAY (C. **1954**. 3532) u. Identifizierung der verbleibenden Aminosäuren des Peptides als DNP-Derivv. festgestellt. Ihre quantitative Best. wurde spektralphotometr. in Eisessig durchgeführt. Aus den von den Vff. als „zu mager" bezeichneten Ergebnissen folgern sie, daß erst eine größere Sammlung von Ergebnissen Schlüsse in der untersuchten Frage zulasse. Auch dürfe die Isolierung von Spurenbeträgen verschied. Peptide von zweifelhaftem Wert für die Strukturaufklärung eines Proteins sein. (Proc. nat. Acad. Sci. USA **39**. 23—30. Jan. 1953. Pasadena, Calif., California Inst. of Technol., Gates and Crellin Labors. of Chem.) ENDRASS. G 4070

d) Medizinische und toxikologische Analyse.

M. Ss. Bychowskaja und **M. I. Poletajew,** *Die polarographische Methode bei sanitärhygienischen Untersuchungen.* Zur Best. geringer Schwermetallmengen in Luft wurde gefunden: *Pb* wird durch feste Absorptionsmittel (Glas- oder hygroskop. Watte, Filtrierpapier) beim Hindurchsaugen von Luft zurückgehalten u. daraus durch 5%ig. HNO_3 oder Essigsäure herausgelöst u. bei dem Halbwellenpotential gegen HgCl-Elektrode von 0,47 V (HNO_3) bestimmt (in HCl 0,45 u. Essigsäure 0,36 V). Zur Trennung von Cu, Cd, Zn jedoch wird 30%ig. NH_4-Acetatlsg. oder Gemisch 1%ig. Lsgg. von Na-Acetat u. Essigsäure empfohlen; p_H 6,6—7 (in 30%ig. NH_4-Acetat, Halbwellenpotential 0,58 V gegenüber 0,41 V im 1%ig. Gemisch). Nachweisbar sind 2—3 mg Pb/Liter (0,01—0,015 mg/5 ml). Zur Unterdrückung auftretender Maxima sind einige Tropfen 1%ig. Agarlsg. einer Leimlsg. mit ihren störenden Beimengungen vorzuziehen. Die Best. von Pb in *Blut* kann erst nach Zerstörung der organ. Substanz (mit H_2SO_4 + HNO_3) erfolgen, am besten in 30%ig. NH_4-Acetatlösung. Geringe Mengen Cu, Zn, Cd werden am besten aus dem Absorbens mit 20%ig. HCl extrahiert, mit konz. NH_3 neutralisiert (1 ml Überschuß) u. getrennt polarographiert; Halbwellenpotential Zn 1,2 V, Cd 0,6 V, kleinste Mengen: Zn 2, Cd 1 mg/Liter. (Гигиена и Санитария [Hyg. u. Sanitätswes.] **1952**. Nr. 12. 47—50. Dez. Inst. für Arbeitshyg. u. Berufskrankheiten der Akad. der Med. Wiss. der UdSSR.) v. WILPERT. 5725

J. Monche, *Vereinfachungen des Apparates von van Slyke und Neill zur manometrischen Bestimmung von Gasen in Blut.* (An. Real Soc. españ. Física Quím., Ser. B

47. 759—60. Nov. 1951. Barcelona, Inst. Español de Fisiol. y Bioquím. Secc. de Fisiol. Humana.) PISTOR. 5727

Julia Z. Rutman, *Bestimmung von Aceton in 0,2 ml Blut.* Nach RAPPAPORT u. BANER (J. Lab. clin. Med. **28.** [1943.] 1770) wird Aceton aus 2 ml Blut nach Zusatz einer $NaHSO_3$-Lsg. abdest. u. das Destillat nach GREENBERG u. LESTER (C. **1945.** II. 547) in salzsaurer 2.4-Dinitrophenylhydrazinlsg. aufgefangen. Das Reaktionsprod. wird mit CCl_4 ausgeschüttelt u. diese Lsg. bei 420 mμ photometriert. Die Bedingungen zur Erreichung einer quantitativen Ausschüttelung werden ermittelt. (J. Lab. clin. Med. **41.** 648—52. April 1953. Philadelphia, Pa., Jefferson Med. Coll.) FRESENIUS. 5727

H. G. Keitel und **N. B. Keitel,** *Eine schnelle einfache Methode zur Bestimmung von Kalium im Serum.* Die Meth. ist für den Routinebetrieb u. ohne größere Hilfsmittel anwendbar. Mit einer Blutpipette wird 0,02 ml klares Serum auf einen Hohlschliffobjektträger gebracht u. mit Na-Hexanitritokobaltat ein Nd. erzeugt. Verglichen wird die Zeit des Auftretens u. das Aussehen des Nd. mit Fällungen aus Eichlsgg.: 3 mmol./Liter = (0,224 g/Liter) u. 5 mmol./Liter = (0,373 g/Liter), gelöst in NaCl-Lsg. (8,12 g/Liter). Die 3 mmol. Standardlsg. bleibt bei Zimmertemp. ca. 20 Sek. klar, um dann vom Rande her langsam auszufallen. Bei 5 mmol. Lsg. tritt etwa nach 10 Sek. ein diffuser weißlich-gelber Nd. auf. Durch Vgl. kann so die zu untersuchende Probe in eine der folgenden 5 Gruppen eingeordnet werden: 1. weniger als 3 mmol., 2. ca. 3 mmol., 3. zwischen 3 u. 5 mmol., 4. ca. 5 mmol., 5. mehr als 5 mmol. an Kalium. Die erzielten Ergebnisse decken sich mit flammenphotometr. Analysenergebnissen. (J. Amer. med. Assoc. **153.** 799—800. 31/10. 1953. Bethesda, Md., Nat. Inst. of Health, Labor. of Kidney and Electrolyt Metabolism.; Boston, Harvard Med. School.) KISTNER. 5728

Maurice Rangier und **Monique Krebs,** *Bestimmung von Ammoniak in Gegenwart von viel Harnstoff in der Kälte.* In einem Zentrifugenrohr wird 1 ml der zu untersuchenden, höchstens 1 mg NH_3 enthaltenden Fl. mit dem Reagens (1 ml 4%ig. $HgCl_2$-Lsg., 1 ml 11%ig. KJ-Lsg., 10 ml 10%ig. KCl-Lsg. u. 1 ml KOH) vermischt, der entstehende Nd. abzentrifugiert u. mehrmals gewaschen. Der Nd. wird in 10 ml 10%ig. KJ-Lsg. mit einem Tropfen HCl gelöst, 0,5 ml $(NH_4)_2S$-Lsg. zugegeben u. das gebildete HgS gravimetr. bestimmt. 1 mg HgS = 0,0325 mg NH_3. Die im Harn vorhandenen störenden Stoffe werden durch Zusatz von COURTONNE-Lsg. u. nachfolgende Ausfällung des Pb mit 25%ig. Na_2SO_4-Lsg. entfernt. (C. R. hebd. Séances Acad. Sci. **235.** 984—86. 27/10. 1952.) KRUSEN. 5732

N. I. Fomitschewa, *Bestimmung kleiner Mengen von DDT auf mit Ölfarben gestrichenen und lackierten Oberflächen.* Ein abgegrenzter Teil der zu prüfenden Oberfläche wird mit alkoholgetränkten u. trockenen Wattebäuschen abgetupft, die (vorher entchlorierte) Watte 7 mal mit A. ausgekocht u. die filtrierte Lsg. mit alkoh. Alkalilsg. (1 ml 0,1 n Alkali) 20 Min. bei 25° dehydrochloriert. Die Best. des DDT erfolgt durch Vgl. der nephelometr. bestimmten Cl-Menge mit den aus DDT-Standardlsgg. erhaltenen Cl-Mengen. (Гигиена и Санитария [Hyg. u. Sanitätswes.] **1952.** Nr. 12. 51—52. Dez. Zentr. Wiss. Forschungslabor. für Hyg. u. Epidemiol. des Verkehrsminist. der UdSSR.) V. WILPERT. 5764

Carl Kirchner Akt.-Ges., Bern, Schweiz, *Zentrifugieren.* Beim Zentrifugieren von Ndd., z. B. beim Ausfällen von $Fe(OH)_3$ mit NH_4OH, wird bes. zur Steigerung der Genauigkeit bei der gravimetr. Best. an Stelle des einseitig geschlossenen längeren Rohres ein offenes verwandt, an das mit Schliff ein Tiegel aus Pyrexglas oder Porzellan angesetzt wird. Der Tiegel mit dem Nd. wird später wie üblich weiterbehandelt. (**Schwz. P. 278 637** vom 5/11. 1949, ausg. 16/1. 1952.) B. SCHMIDT. **5037**

K. L. **Maljarow,** Qualitative anorganische Mikroanalyse. Berlin: Verl. Technik. 1953. (196 S. m. Abb.) DM 16,—.

H. Angewandte Chemie.

I. Allgemeine chemische Technologie.

O. Theimer, *Über die Kinetik von Zermahlungsvorgängen.* 1. Mitt. Es wird der Vers. gemacht, die aus den Zermahlungsexperimenten gewonnenen Erkenntnisse auf analyt. Wege zu vertiefen, ohne den experimentellen Aufwand zu erweitern; bes. sollen die Fragen „wo mahlt die Mühle" u. „wohin mahlt die Mühle" genauer als bisher beantwortet werden (vgl. THEIMER u. MOSER, C. **1953.** 3292). Ferner wird versucht, die Zermahlungskinetik formal an die chem. Reaktionskinetik anzuschließen. Zu diesem Zweck werden die Geschwindigkeitskoeffizienten $h_{xx'}$ durch die Gleichung $H_{xx'}$ =

$H_x h_{xx'}$ definiert ($H_{xx'}$ = Menge der Körner, mit dem Durchmesser x, die pro Zeiteinheit in Körner mit dem Durchmesser x' verwandelt werden). Mit Hilfe von $h_{xx'}$ kann dann die Reaktionsordnung von Zermahlungsvorgängen abgeleitet werden: $h_{xx'}$ = konstant → 1. Ordnung; $h_{xx'} = \sum_y h^y_{xx'} H_y$ → 2. Ordnung; $h_{xx'} = h^0_{xx'} + \sum_y h^y_{xx'} H_y$ → gemischte Ordnung. Die mathemat. Lsg. dieser Ansätze ist sehr kompliziert u. konnte bisher nur für Zermahlungsprozesse 1. Ordnung, die durch die Gleichung $R^t_x = R^0_x$ exp. ($a_x t$) (Zeitabhängigkeit des Rückstandes R) charakterisiert sind, näherungsweise durchgeführt werden. Für diesen Fall lassen sich die spezif. Zermahlungscharakteristik $h_{xx} Z_x{}^*$ u. die spezif. Bildungscharakteristik $B_x{}^*$ mit einfachen Formeln berechnen. Zwei prakt. Beispiele (Zermahlung von Quarzsand) werden diskutiert. (Kolloid-Z. **132.** 134–41. Aug./Sept. 1953. Canada, B. C., Univ. of British Columbia, Phys. Inst.) G. HEINRICH. 5820

Hermann Ebert, *Fortschritte der Vakuumtechnik in den Jahren 1950 und 1951.* Umfassende Übersicht u. Schrifttumszusammenstellung über alle Gebiete der Vakuumtechnik. (Glastechn. Ber. **25.** 286–91. Sept. 324–32. Okt. 361–70. Nov. 1952.) DEUTSCH. 5842

Beveridge J. Mair, James W. Westhaver und **Frederick D. Rossini,** *Theoretische Analyse der fraktionierten Adsorption.* Die fraktionierte Adsorption zur Trennung von 2 Fll. ist schon früher experimentell untersucht worden. Vff. entwickeln jetzt mathemat. Beziehungen für diesen Prozeß auf der Grundlage von Annahmen, die allg. in der theoret. Analyse von fraktionierten Vorgängen, wie z. B. der fraktionierten Dest., angewendet werden. Dabei werden Gleichungen für den Trennungsfaktor α u. die Höhe z, die einer theoret. Fraktion bei der Trennung äquivalent ist, abgeleitet. Experimentelle Werte für α u. z werden für folgende Systeme angegeben, bei denen *Bzl.* die eine Komponente u. folgende Fll. die 2. bilden: *n-Hexan, Cyclohexan, n-Propyl-* u. *Äthylbenzol.* (Ind. Engng. Chem. **42.** 1279–86. Juli 1950. Washington, D. C., Nat. Bur. of Standards.) JÄGER. 5848

Hermann Schnitzler, *Anwendung von Schall und Ultraschall bei der Gasreinigung.* Wenn auch mit Al- u. Mg-Oxydrauch Flockungen erzielt werden, so ist doch wegen des hohen Energiebedarfs die Anwendung der Schallentstaubung noch zu unwirtschaftlich. Es werden die Aussichten für eine spätere Schallentstaubung unter Berücksichtigung des Zusatzgases für den Sirenenbetrieb, von dem 25–35% des zu reinigenden Gases erforderlich sind, bei Säure, Hochofengas usw. erörtert, u. es wird auf die Notwendigkeit einer wirksamen Schallisolation u. Dämpfung der mit dem Reingas austretenden Schallenergie hingewiesen. (Arch. Eisenhüttenwes. **24.** 199–202. Mai/Juni 1953. Frankfurt/M.) HOCHSTEIN. 5850

P. M. Heertjes, J. Nijman und **M. P. Vogel,** *Untersuchungen an einem Tripeleffektfilmverdampfer.* Ein kontinuierlich arbeitender Tripeleffektfilmverdampfer mit konzentr. angeordneten Verdampferkörpern wird beschrieben. Er enthält, von außen nach innen, 5 Räume: Dampfraum, 1., 2. u. 3. Verdampferkörper, Kühlwasserraum. Die einzudickende Fl. wird in den 1. Verdampferkörper eingefüllt; der entstehende Dampf kondensiert sich an der Außenwandung des 2. Körpers u. erhitzt die dahin geförderte Fl. des 1. Körpers. Der Dampf des 2. Körpers kondensiert sich auf der Außenwand des 3. Körpers, in den die Fl. aus dem 2. Körper geleitet wird. Das verdampfte W. wird im 3. Körper durch das Kühlwasser kondensiert. Die Kondensate werden gesondert abgeleitet. Der Verdampfer arbeitet ununterbrochen, solange die Fll. gefiltert sind u. Temp. u. Menge von Dampf u. Kühlwasser gleichbleiben. Die Leistung des Verdampfers ist der Temperaturdifferenz zwischen Dampf u. Kühlwasser proportional; sie wird hauptsächlich begrenzt durch die an den Heizflächen mögliche Überhitzung. Der Verdampfer liefert bei einer Leistung von 120 kg/m² h ein Kondensat mit 1–2% der Ausgangs-Fl.; dieser Geh. fällt mit der Leistung. Ein Vorteil des Gerätes ist die Kürze der Zeit, während der die Fll. hohen Tempp. ausgesetzt sind; ein Nachteil ist die Empfindlichkeit gegen selbst kleine Änderungen der Arbeitsbedingungen. (Ingenieur ['s-Gravenhage] **65.** Ch 47–67. 7/8. 1953.) WESLY. 5864

Ju Chin Chu, A. M. Lane und **D. Conklin,** *Verdampfung von Flüssigkeiten in ihre überhitzten Dämpfe.* Vff. bearbeiten den Vorgang der Verdampfung einer Fl. durch direkten Kontakt mit ihren überhitzten Dämpfen. Als Fll. wurden *W., 1-Butanol* u. *Bzl.* verwendet. Die App. besteht aus einem elektr. beheizten Boiler, einem Überhitzer, einer Verdampfungskammer u. einem Kondensationsgefäß. Es wurde bei Atmosphärendruck u. Tempp. zwischen 275 u. 385° gearbeitet. Die Ergebnisse zeigen, daß gegenüber Verdampfung in strömende Luft unter vergleichbaren Bedingungen hierbei die Verdampfungsgeschwindigkeit größer u. der Wärmewirkungsgrad höher ist. Techn. bietet die Trocknung mittels überhitzten Dämpfen die Vorteile der kleineren Apparatabmessung u. höherer Staubrückgewinnung bei der Trocknung feinkörnigen Materials. Das Verf. ist auf relativ wärmebeständige Materialien beschränkt. Wegen hoher Start- u. Abstellverluste ist kontinuierliche Durchführung vorteilhafter als diskontinuierliche. (Ind. Engng. Chem. **45**. 1586—90. Juli 1953. Brooklyn, N. Y., Polytechn. Inst.) GERHARD GÜNTHER. 5864

F. Sjenitzer, *Zerstäubungstrocknung.* Die Zerstäubungstrocknung zur Gewinnung von festen in Fll. gelösten oder suspendierten Substanzen wird besprochen, speziell der Verdampfungsprozeß des Tropfens in bewegter Luft u. der Wärmeübergang von der Luft zum Tropfen. An Hand eines Feuchtigkeitsdiagramms werden Feuchtigkeitsgrad u. Temp. der Trocknungsluft errechnet. (Chem. Engng. Sci. **1**. 101—17. April 1952.) KELLERMANN. 5874

D. J. Stern, *Prüfen und Messen in der Industrie.* Allg. Ausführungen über Betriebskontrolle u. Abnahme. Notwendigkeit der Bekanntgabe u. Einführung neuer Prüfmethoden wird hervorgehoben. Zu fördern sind bes. Großzahlforschung, Schwingungsverss., Anwendung von Dehnungsmeßstreifen, zerstörungsfreie Prüfungen. (J. South African Instn. mechan. Engr. **1**. 225—56. März. **2**. 52—57. Sept. 1952. Johannesburg, South African Bur. of Standards.) DEUTSCH. 5886

G. C. A. Schuit, *Keramische Katalysatoren.* Die Bedingungen zur Verwendung von keram. Werkstoffen als Katalysatoren werden erörtert. Ein keram. Katalysator hat die gleiche Aufgabe u. Wrkg. wie ein Katalysator der üblichen Art; er hat jedoch den Vorteil, temperaturbeständig, selektiv u. mechan. widerstandsfähig zu sein. Meist ist seine Aktivität gering. Sein Arbeitsgebiet liegt oberhalb 600°. Die Wärmebeständigkeit der keram. Katalysatoren ermöglicht ihre Anwendung in solchen Fällen, wo hohe Tempp. thermodynam. zur Erzielung einer befriedigenden Umsetzung nötig sind oder beträchtliche Wärmemengen als Folge von exothermen (katalyt. Oxydations-) Rkk. auftreten. Nachteilig wirkt sich die bei hohen Tempp. auftretende homogene Rk. aus. Mehrere Beispiele erläutern diese Schlußfolgerungen. (Chem. Weekbl. **49**. 377—81. 30/5. 1953. Amsterdam, Koninklijke Shell-Labor.) WESLY. 5904

A. Krause, S. Kotkowski und **B. Działoszyńska,** *Charakteristik einiger Kunststoffe als katalysierende Substanzen.* Bei 37° zeigen für die Zers. von 0,3% ig. H_2O_2 o-Kresolharze, Harnstoffharz, Bakelit (**I**), Nylon u. Viscoseseide (je 0,1 g auf 200 cm³) keine katalyt. Aktivität, sie können aber als Träger zusammen mit akt. Ionen komplexe Katalysatoren bilden. So wird **I** durch Cu^{2+} oder Fe^{3+} aktiviert, andere Kunststoffe wirken gegenüber Fe^{3+} hemmend. Umgekehrt wirkt **I** im Syst. $Cu^{2+} + Fe^{3+} + Fe(CN)_6^{4-}$ stark hemmend, andere dagegen aktivierend. Die Beobachtungen werden damit erklärt, daß Komplexverbb. gebildet werden, die Radikalcharakter tragen. (Przemysł chem. **9** (**32**). 277—79. Juni 1953. Posen [Poznań], Uniw., Zakł. Chem. nieorgan.) R. K. MÜLLER. 5904

John Conrad Arnold, London, England, *Herstellung von gegen Fluor und fluorhaltige Stoffe beständigem Material.* Die mit F in Berührung kommenden Vorrichtungsteile werden hergestellt, indem man z. B. 2 Gewichtsteile zerkleinerten Magnetit mit 1 Gewichtsteil 80% ig. H_3PO_4 mischt; es wird ein fester Körper erhalten, der an der Oberfläche aus Eisenphosphat u. im Innern aus Fe_3O_4 besteht. Statt von Eisenoxyden kann auch von solchen in Verbindung mit 2wertigem Kupferoxyd u./oder Aluminiumoxyd ausgegangen werden. (**E. P. 691 773** vom 11/3. 1949, ausg. 20/5. 1953). DEMMLER. 5809

Soc. Française des Anti-Perforants (Soc. à r. l.), Frankreich, *Abdichtungsmittel.* Beim Undichtwerden von Luftkammern u. dgl. spritzt man in diese eine Suspension von W., Äthylenglykol, Carboxymethylcellulose, Cellulose- oder Asbestfasern, Korkmehl, Celluloseglykolat, Polyvinylharz u. einem Desinfektionsmittel. (**F. P. 1 031 277** vom 23/1. 1951, ausg. 22/6. 1953.) OPPERMANN. 5813

Phillips Petroleum Co., Del., übert. von: **Sam P. Robinson,** Bartlesville, Okla., V. St. A., *Kugeln für Wärmeaustausch.* Aus sehr reiner Tonerde, die z. B. nach dem BAYER-Verf. erhalten wurde, von bes. einer Korngröße von 50—150 Maschen u. einem flüchtigen Binde- u./oder Schmiermittel u. W. wird eine formbare M. gebildet, in Stabform ausgezogen, in kleine Stücke zerschnitten, in einer Drehtrommel in Kugelform überführt u. vor oder nach dem Calcinieren mit einer M. aus Al_2O_3, SiO_2–Al_2O_3 oder Al-Al-Silicat u. Bindemittel, wie Melasse, Leim, Schellak, Harz, überzogen u. mindestens 2 Std. bei 2900—3200° F calciniert, bis die Porosität bei 5—20% liegt. Die Kugeln sind sehr temperaturbeständig u. vertragen einen Temperaturwechsel von mehr als 1000—2000° F/Min. bei Tempp. bis zu 3000° F. Sie dienen bes. als Wärmeüberträger im Fließbettverfahren. (**A. P. 2 644 799** vom 5/5. 1949, ausg. 7/7. 1953.) MATTHAES. 5815

Louis Amédée Marchal, Frankreich, *Schaumerzeugendes Mittel.* Es besteht aus Gelatine oder anderen geeigneten natürlichen oder synthet. Kolloiden, Natur- oder Kunstharzen u. hochpolymerem Polyvinylalkohol. — Man vermischt z. B. eine 200 g Kolophonium/Liter W. entsprechende Na-Resinatmenge mit einer wss. Lsg. von 200 g Knochenleim/Liter W. u. 60 g Polyvinylalkohol/Liter Wasser. Das Mittel dient z. B. zur Flotation von Mineralien u. zur Herst. von multicellularen Zementen u. Mörteln. (**F. P. 1 024 165** vom 31/8. 1950, ausg. 30/3. 1953.) OPPERMANN. 5825

VEB Farbenfabrik Wolfen, Wolfen, Krs. Bitterfeld, und **Hans Wassenegger,** Dessau/Anhalt, *Herstellung von kationenaustauschenden Kunstharzen.* Man kondensiert 1.3-Dioxybenzol-5-carbonsäure mit CH_2O. — 616 (Teile) Na-Salz der 1.3-Dioxybenzol-5-carbonsäure in 1000 W. mit 20 NaOH werden bei 25° mit 720 30%ig. Formalin gemischt. Die bei 60° sich bildende Gallerte wird bei 80° getrocknet. Die Austauschleistung kann durch Einkondensation von Phenolen wie Resorcin noch weiter erhöht werden. (**D. P. [DDR] 1 853** Kl. 39c vom 20/3. 1943, ausg. 21/9. 1953 [Wirtschaftspatent].) PANKOW. 5827

Maatschappij voor Kolenbewerking Stamicarbon N. V., Heerlen, Holland (Erfinder: **Robert L. P. Pauvrasseau,** Paris), *Verfahren zum Waschen von Mineralien, insbesondere zur Scheidung von Kohle von dem sie begleitenden Schiefergestein* in einer dichten wss. Aufschwemmungsflüssigkeit. Diese Fl. besteht aus totem Gestein, das aus den Schiefern u. der Kohle stammt, u. gegebenenfalls sehr wenig Baryt. Die Dosierung u. die Korngröße der festen Bestandteile dieser Mischung werden so bestimmt, daß die Größe der Teile u. ihre mittleren spezif. Gewichte dieselben sind wie die der Baryt enthaltenden, bisher gebräuchlichen Aufschwemmungen, also ca. 2,34. Durch ständige Ausscheidung von Kohleteilen kann der Geh. der in der Aufschwemmung des Trennbehälters befindlichen festen Teile an Kohle unter 24% gehalten werden, wodurch jede Zufuhr von schwierig zu beschaffendem Baryt vermieden wird. (**D. B. P. 897 533** Kl. 1 c vom 25/1. 1944, ausg. 11/1. 1954. F. Prior. 9/11. 1943.) W. HAUSWALD. 5829

Oscar Rensonnet, Brüssel, Belgien, *Filtermaterial,* bestehend aus einem Pulver unlösl. Aluminiumsilicate verschied. Korndurchmessers u. unregelmäßiger Gestalt, die erhalten werden als Asche u. Flugstaub bei der Verbrennung gepulverter Kohle. — Beispielsweise Zus.: 48,23% Al_2O_3, 42,77% SiO_2, 4,97% Fe_2O_3, 3,89% C. (**E. P. 698 943** vom 17/2. 1950, ausg. 28/10. 1953. Belg. Prior. 21/2. 1949.) DEMMLER. 5831

Baker & Co., Inc., Newark, übert. von: **Edgar F. Rosenblatt,** East Orange, N. J., V. St. A., *Entfernen von O_2 und H_2 aus Gasen.* Man leitet die Gase bei n. Temp. u. Druck über einen Katalysator, der aus auf Al_2O_3 oder ZrO_2 niedergeschlagenem Pd besteht, u. entfernt das entstehende Reaktionswasser durch Abkühlen der Gase oder mittels W. absorbierender Stoffe. (**A. P. 2 582 885** vom 23/8. 1948, ausg. 15/1. 1952.) LÜTTGEN. 5849

Westinghouse Electric Co., übert. von: **George W. Hewitt,** Pittsburgh, und **Jack Swiss,** Murrysville, Pa., V. St. A., *Staubbindemittel* in fl. Form, das mit W. abgewaschen werden kann, zum Überziehen der Kollektorplatten von *elektr. Entstäubern,* bestehend aus 65—82 (%) eines KW-stofföls (**I**) mit einer Viscosität von 40—100 Centistokes u. 35—18 eines Gemisches von nichtionogenen oberflächenakt. Stoffen (**II**), von denen einer in **I** lösl. u. wenigstens einer in **I** ziemlich unlösl., dagegen lösl. in W. ist. Als **II** werden Monoester von Öl-, Palmitin-, Stearin- u. Laurinsäure u. Polyoxyäthylenoxydsorbit verwendet. (**A. P. 2 597 201** vom 14/11. 1949, ausg. 20/5. 1952.) E. PETERSEN. 5851

John Henry Morgan, Walsall, England, *Abscheiden von Flüssigkeiten aus Gasen.* Man leitet die Gase durch eine in einem Behälter befindliche Metallwolle, dessen Boden kegelförmig gestaltet ist, so daß sich die abgeschiedene Fl. an der Peripherie des Kegels sammelt u. nach außen abgeführt werden kann. — Zeichnung. (**E. P. 672 040** vom 27/1. 1950, ausg. 14/5. 1952.) LÜTTGEN. 5855

British Oxygen Co., Ltd., England, übert. von: **Paul Morice Schuftan** und **Brit. Oxygen Co.,** *Luftzerlegung.* Fl. Luft mit erhöhtem O_2-Geh. wird bei der Luftzerlegung u. Rektifizierung abgezogen; die Menge wird automat. in Anhängigkeit von der Temp. (in Verbindung mit dem Höchstgeh. an Argon) geregelt. Die fühlbare Kälte der Fl. dient z. B. zum Kühlen eines Filters, durch das eine fl. Fraktion vor dem Eintritt in die Rektifizierungszone fließt. (**F. P. 1 016 379** vom 17/4. 1950, ausg. 10/11. 1952. E. Prior. 19/4. 1949.) HOLM. 5857

Gesellschaft für Linde's Eismaschinen Akt.-Ges., Deutschland, *Fraktionieren von Gasgemischen mit kältespeichernden Substanzen.* Man berieselt die Gasgemische (z. B. benzinhaltige Gase, äthylenhaltige Gase) in einer mit Packungsmaterial versehenen Fraktionierkolonne mit kalten Fll. (z. B. $CaCl_2$-Lsg., Pentan). Man kann die Gasgemische auch mit festen, granulierten Substanzen behandeln. — Vorrichtung. (**F. P. 1 025 836** vom 11/10. 1950, ausg. 20/4. 1953. D. Priorr. 14/10. u. 29/10. 1949.) OPPERMANN. 5859

L'Évaporation Nouvelle, Frankreich, *Abscheidung von Wasser aus wässerigen azeotropen Gemischen.* Die Entfernung des W. aus wss. azeotropen Gemischen oder solche Gemische bildenden Flüssigkeitssystemen (z. B. W.–Propylalkohol) erfolgt mittels hygroskop., z. B. aus regenerierter Cellulose bestehender Membranen. Das von diesen auf der einen Seite gebundene W. wird auf der anderen Seite der Membranen durch einen kalten, trockenen Gasstrom (z. B. Luft) weggeführt. — Vorrichtung. (**F. P. 1 027 315** vom 7/11. 1950, ausg. 11/5. 1953.) OPPERMANN. 5863

N. V. Tema, Holland, *Eindicken von Schlämmen.* Das Eindicken von z. B. wss. Kohlenschlämmen, wss. mineral. Schlämmen erfolgt in einem kontinuierlichen Verf. unter Verwendung von Hydrocyclonen. — Vorrichtung. (**F. P. 1 029 322** vom 8/12. 1950, ausg. 2/6. 1953. D. Prior. 10/12. 1949.) OPPERMANN. 5865

Rütgerswerke Akt.-Ges., Deutschland, *Auskristallisieren von Substanzen.* Zur Gewinnung von techn. reinen Kristallen werden aus geschmolzenen Kristallen bestehende Fll., mit Kristallen beladene Fll. oder zur Kristallbldg. neigende, über den Kristallisationspunkt erwärmte Fll. direkt oder indirekt abgekühlt u. unmittelbar vor der Kristallisation zentrifugiert. — Vorrichtung. (**F. P. 1 027 905** vom 20/11. 1950, ausg. 18/5. 1953. D. Prior. 14/12. 1949.) OPPERMANN. 5869

Farbenfabriken Bayer Akt.-Ges. (Erfinder: **Alfred Haltmeier**), Leverkusen, *Vakuumtrocknung.* Bei der Trocknung empfindlicher Stoffe unter Vakuum werden die von der Trocknung kommenden Dämpfe zunächst in wss. Fll. absorbiert u. die verbleibende Absorptionswärme durch Entspannung der Absorptions-Fl. auf einen tieferen Druck unter Niederschlagung des dabei entstehenden Wasserdampfes in H_2SO_4 entfernt, wobei zur Einschränkung der Verdünnung der H_2SO_4 in Abänderung des Verf. des Hauptpatentes die Entspannung so weit getrieben wird, daß ein Teil der Dämpfe in Form von Eis ausfällt. (**D. B. P. 902 132** Kl. 12g vom 6/1. 1951, ausg. 18/1. 1954. **Zusatz zu D. B. P. 846 247; C. 1953. 2337.**) MATTHAES. 5875

Montecatini Soc. Gen. per l'Industria Mineraria e Chimica, Italien, *Verhinderung des Zusammenballens hygroskopischer Substanzen.* Man mischt Inertpulver, wie Talk, Kalkstein oder Tripolierde mit wasserabstoßenden Stoffen, z. B. Naphtha, Paraffin u. bes. mit Methylchlorsilanen, u. gibt diese so behandelten Inertpulver in ca. 2% ig. Anteil dem hygroskop. Stoff, wie $(NH_4)_2SO_4$ oder NH_4NO_3, zu. (**F. P. 1 016 367** vom 17/4. 1950, ausg. 10/11. 1952. It. Prior. 29/4. 1949.) WITTHOLZ. 5879

Dorr Co., V. St. A., *Reaktionsofen für feste Stoffe im Fließbett.* Leicht oxydierende Stoffe, wie Pyrite u. feuchte V-Mineralien, werden mit W. u. einem Ölgemisch zu einem Brei gemengt in das durch einen Gas- (bes. Luft-) Strom in Bewegung gehaltene Fließbett gepumpt. Die Rösttemp. wird durch W. geregelt. — Zeichnung. (**F. P. 1 029 574** vom 11/9. 1950, ausg. 11/3. 1953. A. Prior. 21/3. 1950.) HOLM. 5897

Rudolph Leonard Hasche, Johnson City, Tenn., V. St. A., *Herstellung von Produkten endothermer Gasreaktionen.* Heizgase niedriger D. mit hohem Anteil an olefin. KW-stoffen, ungesätt. KW-stoffe u. andere endotherme Gasreaktionsprodd. werden isotherm kontinuierlich hergestellt durch Erhitzen eines ersten nicht entzündbaren Gemisches aus einem exotherm. verbrennbaren Stoff z. B. Propan, NH_3 u. O_2 durch Durchleiten durch eine heiße Regenerativmasse, deren Temp. z. B. an dem kühleren Ende 100—150°, am heißeren Ende 1000° ist, wodurch ein entzündbares zweites Gemisch erzeugt wird, worauf die so eingeleitete endotherme Rk. durch die daraus sich ergebende exotherme Verbrennungs-Rk. fortgepflanzt wird unter Regelung derselben durch die Menge an vorhandenem O_2. Das Reaktionsprod. wird mittels Durchleiten durch eine 2. Regenerativmasse rasch abgekühlt u. die dabei erhaltene Wärme benutzt, um weitere Mengen von verbrennbarem Stoff u. O_2 auf die einleitende Spalttemp. zu erhitzen. Durch Umkehren der Richtung des Stromes der Gase durch die 1. u. 2. Regenerativmasse in geeigneten Zeitabständen wird ein stetiger Anfall an Reaktionsprodd. erhalten. Der benutzte Regenerativofen enthält zwei von ununterbrochenen Kanälen durchzogene wärmeisolierte Regenerativmassen, die an einem Ende mit je einem freien Raum u. am anderen Ende mit einer wärmeisolierten Verbrennungszone mit Erhitzungseinrichtung versehen sind, wobei die freien Räume mit Zu- u. Ableitungen für die Reaktionsgase u. Mitteln zum Umkehren der Strömungsrichtung der Gase versehen sind. Für die Herst. leicht zers. Prodd. wie *Acetylen* u. *Hydrazin* wird unter verringertem Druck gearbeitet. Bei Acetylen wird eine Ausbeute von 60% der Theorie erhalten. (**D. B. P. 884 637** Kl. 12g vom 30/3. 1951, ausg. 27/7. 1953. A. Prior. 5/4. 1950.) MATTHAES. 5903

Standard Oil Development Co., übert. von: **Wilfred O. Taff** und **Robert L. Hardy**, Cranford, N. J., V. St. A., *Verminderung der Verunreinigungen auf feinverteilten Katalysatoren* von Gelstruktur, wie sie bei KW-stoffumwandlungen fortlaufend im Kreislauf durch eine Reaktionszone u. eine Regenerationszone geführt werden, wobei sich im Verlaufe des Prozesses eine gewisse Menge nicht abbrennbarer Verunreinigungen auf den Katalysator ablagert. Der Katalysator (Durchmesser 40 Mikron) erhält einen Oberflächenüberzug nicht verbrennbarer Verunreinigungen u. enthält einen Kern, der von ihnen frei ist. Der Katalysator (Durchmesser unter 40 Mikron) wird vollkommen durch Verunreinigungen imprägniert. Man setzt dem umlaufenden Kontaktmaterial frischen, gröberen Katalysator (Durchmesser über 40 Mikron) zu, unterwirft ihn einer beschleunigten Abnutzung, wobei sich feine Teilchen (Durchmesser unter 40 Mikron) aus dem Abfall der gröberen Teilchen mit einem reinen Kern bilden. Man scheidet fortlaufend von dem umlaufenden Katalysator die darin enthaltenen feinen Teilchen ab u. entfernt sie in einem Ausmaße, daß in dem Katalysatorumlauf 10 bis 20% der feinen Teilchen verbleiben, um die Fließbarkeit des Katalysators zu erhalten, wobei man eine hohe Katalysatoraktivität im Umlauf erreicht. (**A. P. 2 651 600** vom 21/2. 1950, ausg. 8/9. 1953.) ——————— UNGER. 5905

Domenico Meneghini, Chimica applicata ed industriale. Vol. II. 6a ed. completamente rifatta ed ampliata. Milano: F. Vallardi. 1953. (VIII + 446 S. m. 148 Abb.)

III. Elektrotechnik.

E. A. J. Mol, *Kunststoffe in der Elektrotechnik.* Zusammenfassender Bericht über Zus., Eigg. u. Verwendung der wichtigsten Kunststoffe. (Ingenieur ['s-Gravenhage] **65.** E170–74. 9/10. 1953.) RUDOLPH. 5950

A. L. Coats und **Carl Pomeroy**, *Die Prüfung der Magnetoisolierung für den Bogenwiderstand und die Beständigkeit gegen eine Funkenatmosphäre.* Mehrere Hartisolatoren (*Naturgummi, Buna N*- u. *Buna S*-Gummi u. mineralgefülltes *Melamin* = **I**) wurden auf ihre Eignung als Isolatoren in der Zündeinrichtung von sehr hoch fliegenden Flugzeugen untersucht (unter der „Beständigkeit gegen Funkenatmosphäre" wird hierbei die Beständigkeit gegen HNO_3, entstanden aus W. u. aus durch elektr. Entladungen gebildeten Stickoxyden, verstanden). Die Versuchsbedingungen entsprachen den zwischen 10000 u. 40000 feet Höhe herrschenden. Die Beständigkeit nimmt mit der Höhe zu; am beständigsten erwies sich **I.** (J. electrochem. Soc. **100.** 63–64. Febr. 1953. Sidney, N. Y., Bendix Aviation Corp., Scintilla Magneto Div.) FUCHS. 5956

G. H. Jonker, *Keramische dielektrische Werkstoffe.* Die CLAUSIUS-MOSOTTIsche Formel gibt die Grundlage zur Beurteilung der Eigg. von dielektr. Werkstoffen. Die Einflüsse der therm. Ausdehnung auf den Temperaturkoeff. höherer ε-Werte, die Ursachen der dielektr. Verluste u. die Einw. dieser Verluste auf den Temperaturkoeff. werden im einzelnen behandelt. Die neuzeitlichen keram. Dielektrika werden aufgeführt. (Ingenieur ['s-Gravenhage] **65.** E154–59. 14/8. 1953. Eindhoven, N. V. Philips' Gloeilampenfabrieken, Natuurkundig Labor.) WESLY. 5956

D. E. Stafford, *Entwicklungen in Spulen und Isoliermaterialien.* Unter dem Gesichtspunkt der AJEE-Klassifikation werden als neuartige Isoliermaterialien Silicone (**I**), Fluorkohlenstoffe (**II**), Verbundglimmer (**III**), Polyesterharze (**IV**) u. als Leiterstoffe gefügeorientierter Magnetkernstahl sowie niedrig-Ag-legiertes Cu beschrieben. Bei den **I** werden Verbesserungen in der mechan. Zähigkeit u. Lösungsmittelfestigkeit genannt. *Silastic* ist ein elast. gummiähnliches Silicon, beständig in Isoliervermögen u. Elastizität zwischen 70 u. 250°. Silastic Type R, ein glasfasergewebeversteiftes halbvulkanisiertes Bandmaterial, liefert, auf der Spule ausvulkanisiert, eine bis 180° verwendbare Isolierumhüllung mit hoher Coronafestigkeit u. Unempfindlichkeit gegen W., therm. Ausdehnung u. Vibration (in Hochlastmaschinen). Von dem **II** ist Polytetrafluoräthylen (*Teflon*) bevorzugt, fl. für Drahtemaillen u. in Tafel-, Stangen-, Platten- u. Bandform wegen des hohen Widerstandes gegen Hitze, W., Chemikalien, der Durchschlag- u. Bogenfestigkeit u. des Verlustfaktors. Bei der Unanlösbarkeit muß das Material mit sich durch Schweißen bei 327° verbunden werden. Mkr. Verunreinigungen „pin holing" vermindern die Durchschlagsfestigkeit. Das Material *Kel-F* ist Teflon in der Hitzebeständigkeit unterlegen. **III**, gebildet aus Glimmerstaub u. hochwertigen Bindemitteln, bietet hohe mechan. n. Durchschlagsfestigkeit. Die Härtung der **IV** erfolgt teils durch Hitze, teils durch Katalyse u. bringt in der Schnelligkeit des Ablaufes Vorteile gegenüber den Polymerisationsharzen. — Die Gütesteigerung der Isolierstoffe erlaubt Erhöhung des Seitenquerschnittes. Auf verbesserte Elektrographitbürsten, stabilere Leiterverbindungen u. den Einsatz von Isoliergießharzen wird hingewiesen. — 3 Tabellen u. 4 Schaubilder. (Iron Steel Engr. **29.** 97—100. Okt. 1952. Columbus, O., Ohio Nat. Electr. Coil Co.) DENGEL. 5956

J. Van De Ven, *Kunststoffe als elektrische Isoliermaterialien.* Zusammenfassender Bericht über die letzte Entw. der organ. Kunststoffe als Isoliermaterial. (Ingenieur ['s-Gravenhage] **65.** E167—70. 9/10. 1953. Kunststoffen-Inst. T. N. O.) RUDOLPH. 5956

Maurice H. Bigelow und **Patricia E. Nowicki,** *Der Einfluß der Feuchtigkeit auf den Isolationswiderstand von Alkydpreßmassen.* Vff. untersuchten für folgende Substanzen die Abhängigkeit des elektr. Widerstandes R von der umgebenden Luftfeuchtigkeit (95% relativ), von der Temp. (38 u. 71°), von der Zeit (bis zu 100 Tagen) u. von der Katalysatorkonz. (0,1 u. 2%): *Resimene 803 A*; *Resinox 7934*; *Durez 12810*; *Melmac P 592*; *Bakelite BM 64*; *Plaskon 422, 911-11* u. *947*; *Selectron 5003*; *Paraplex AP 43*; *Laminac 4126* u. *4128*; *Interchemical 86.* Der zeitliche Abfall ist um so stärker, je höher die Temp.; der Katalysatoreinfl. ist im allg. gering. (J. electrochem. Soc. **100.** 60—62. Febr. 1953. Toledo, O., Libbey-Owens-Ford Glass Comp., Plaskon Div., Techn. Dep.) FUCHS. 5956

N. E. Pryslak, *Verbindungsstellen: Metall–Keramik bei Magnetronwellenleitern.* Die Verbindungsstelle besteht aus einem rechteckigen keram. Fenster zwischen zwei metall. Rahmen, die mit den inneren Wänden eines rechtwinkligen Wellenleiters aus 51% Ni, 49% Fe verbunden sind. Dieses Fenster bekommt dann einen metall. Überzug, wobei ein W–Fe-Pulver (90% W, 10% Fe, Korngröße 1—4 μ) benutzt wird. (Electronics **27.** Nr. 1. 282. 284—87. Jan. 1954. Harrison, N. J., Radio Corp. of America, Tube Dep.) v. HARLEM. 5974

Süddeutsche Apparate-Fabrik G. m. b. H., Nürnberg (Erfinder: **Franz Rother,** Lauf/Pegnitz), *Halbleiterschichten,* bes. aus Se, werden beim Schmelzen u. Erstarren mit *Ultraschall* behandelt, bes. so, daß sich in der Halbleiterschicht stehende Wellen bilden. Das fördert die Durchmischung mit Fremdmetallen u. verbessert die Sperrwirkung. (**D. B. P. 892 191** Kl. 21g vom 1/6. 1939, ausg. 5/10. 1953.) KESSEL. 5953

Licentia Patent-Verwaltungs-G. m. b. H., Hamburg (Erfinder: **Werner Koch,** Belecke/Möhne), *Legierte Metall- oder Halbleiteroberflächen,* bes. als Trägerelektroden für *Trockengleichrichter.* Eine Komponente wird auf die andere in Pulverform aufgebracht oder aufgedampft u. mit Elektronenstrahlen zum Legieren gebracht. — Beispiel: Oberflächliche Legierung von Fe mit Al; Einbringung von Bi-Störstellen in Ge. (**D. B. P. 892 328** Kl. 21g vom 18/9. 1951, ausg. 5/10. 1953.) KESSEL. 5953

Siemens-Planiawerke Akt.-Ges. für Kohlefabrikate, Mettingen b. Augsburg (Erfinder: **Paul Conrath,** Narni-Scalo, Italien), *Regelwiderstände* bestehen aus Mehrstoffsystemen, die innig miteinander verbundene Leiter-, Halbleiter u. Nichtleiterteilchen enthalten, deren Anteile sich vom einen Ende zum anderen so ändern, daß sich ein gewünschter Verlauf des spezif. Widerstandes ergibt. Als Bindegerippe können Nichtleiterstoffe dienen (z. B. keram. Massen oder halbverkohlte Polyplaste) mit entsprechend verlaufender Beimischung von Halbleiter- u. Leiterstoffen, oder Halbleiter- oder Leiterstoffe mit entsprechend verlaufender Beimischung von Nichtleiter- u. Leiter- bzw. Halbleiterstoffen. (**D. B. P. 890 379** Kl. 21c vom 28/6. 1939, ausg. 17/9. 1953.) KESSEL. 5955

Süddeutsche Apparate-Fabrik G. m. b. H., Nürnberg (Erfinder: **Franz Rother,** Lauf/Pegnitz), *Dielektrische TiO_2-Schichten.* Eine Trägerunterlage, bes. aus Ni, wird mit einer sehr dünnen Schicht aus metall. Ti (**I**) ca. 15 Min. bei red. Luftzutritt auf ca. 1000° erhitzt, so daß sich eine kohärente krist. TiO_2-Schicht bildet. Dem **I** kann bis zu 30% metall. Ce beigemengt oder überlagert werden. (**D. B. P. 892 024** Kl. 21g vom 14/2. 1941, ausg. 5/10. 1953.) KESSEL. 5957

Bergmann-Elektricitäts-Werke Akt.-Ges., Berlin (Erfinder: **Alfred Forstmeyer,** Berlin, und **Johannes Deppe,** Rheydt), *Fernsprecherdkabel.* Der eine wachsgetränkte Papierisolation umgebende Schutzmantel besteht aus einem Polysulfid, bes. aus *Thiokol.* Die Vulkanisation kann unterbleiben oder wird prakt. in heißer trockener Luft vorgenommen. (**D. B. P. 895 013** Kl. 21c vom 18/8. 1943, ausg. 29/10. 1953.) KESSEL. 5957

Sylvania Electric Products, Inc, Mass., übert. von: **Russell E. Palmateer,** Emporium, Pa., V. St. A., *Borat- oder Boratglasüberzüge auf Blankkupferdrähten* erhält man elektrophoret., indem man die Cu-Drähte als Anoden durch ein Elektrophoresebad hindurchzieht, das prakt. aus einer Suspension von $NaBO_2$ u. pulverisiertem Cu_2O in einem nichtwss., nichthydrophilen organ. Medium besteht, u. sie dann auf ca. 900° erhitzt. (**A. P. 2 640 024** vom 2/11. 1948, ausg. 26/5. 1953.) KESSEL. 5957

National Cash Register Co., übert. von: **Charles S. Allyn jr.**, V. St. A., *Magnetischer Zeichenstift.* In eine geschmolzene Grundmasse aus Wachs, Gelatine oder synthet. Harzen trägt man einen pulverförmigen magnetisierbaren Stoff (I) in einer Menge von 50—60% der Grundmasse ein. Nach dem Formen werden diese Stifte durch Einw. eines starken magnet. Feldes magnetisiert. Als I können z. B. genommen werden: Stahl, Fe_3O_4, magnetisierbare Legierungen von Al, Ni, Co u. Fe. Das Pulver soll durch ein Sieb von 130 Maschen pro cm^2 hindurchgehen. (**F. P. 1 022 389** vom 28/6. 1950, ausg. 4/3. 1953. A. Prior. 22/7. 1949.) HEYNE. 5959

Telefunken Gesellschaft für drahtlose Telegraphie, Berlin (Erfinder: **Gerhard Luda**, Teltow), *Hochfrequenzeisen.* Als Bindemittel für das hochpermeable Metallpulver dienen Ortho- oder Disilicate in wss. oder Äthylesterverbindung. (**D. B. P. 893 566** Kl. 21g vom 13/8. 1944, ausg. 15/10. 1953.) KESSEL. 5959

Robert Achille Antoine Jeannin, Frankreich, *Elektrischer Akkumulator.* Während des Aufladens wird auf den aus dünnem, gewelltem, mattiertem Fe-Blech bestehenden Kathoden des Alkaliakkumulators eine ca. $^1/_{100}$ mm starke Zn-Schicht abgeschieden, Die Anoden sind mit Ni-Hydrat, gegebenenfalls unter Zusatz von Co-Hydrat, imprägnierte Ni-Platten. (**F. P. 1 021 218** vom 30/6. 1950, ausg. 16/2. 1953.) OPPERMANN. 5971

Soc. des Accumulateurs Fixes et de Traction (Erfinder: **Pierre Jacquier**), Frankreich, *Verbesserung des Alkaliakkumulators.* Ein Gemisch von Ni-Hydroxyd (**I**), Graphitflocken oder Graphitpulver oder einer anderen den elektr. Strom leitenden Substanz wird nach kurzem Zerreiben derartig ausgearbeitet, daß das Endprod. aus äußerst feinen, von einer Graphitschicht umhüllten **I**-Körnern besteht, die durch ein Sieb von 30 Maschen/cm hindurchgehen. Diese M. wird mit einem Druck von ca. 2000 kg/cm^2 in die Rohre der positiven Elektrode eingepreßt. Der Nutzeffekt des **I** beträgt 75—80%. Elektrode wird beschrieben. (**F. P. 1 007 842** vom 7/4. 1948, ausg. 12/5. 1952.) OPPERMANN. 5971

Atlas-Werke Akt.-Ges., Bremen (Erfinder: **Alexis Argamakoff**, Brüssel), *Verfahren zur Leistungssteigerung von Akkumulatoren.* Die Elektroden u./oder der Elektrolyt werden während des Ladens, des Entladens u./oder der Formierung beschallt, gegebenenfalls über ein Zwischenmedium. (**D. B. P. 891 405** Kl. 21b vom 1/4. 1944, ausg. 28/9. 1953.) LAASS. 5971

A/B Tudor, Stockholm (Erfinder: **Erik Gustav Brandt**, Härden), Schweden, *Herstellung von Röhrchen für Panzerplatten für Blei-Akkumulatoren.* Perforierte oder geschlitzte Streifen aus dünnen thermoplast. Folien, z. B. aus Vinylpolymeren, werden mit einem glatten Glaswollgewebe überzogen, das fest mit den Streifen verbunden wird. Die Streifen werden gebogen u. die Ränder wärmeverschweißt, so daß Rohre mit einem Innenbelag aus Glaswollgewebe erhalten werden. Die Röhrchen erhalten eine leitende Seele (Pb-Stab), werden mit akt. M. gefüllt u. mittels eines Rahmens zur Platte zusammengefügt. (**D. B. P. 883 619** Kl. 21b vom 3/7. 1951, ausg. 20/7. 1953. Schwed. Prior. 28/3. 1947.) LAASS. 5971

Lumalampan Aktiebolag, Stockholm, Schweden, *Elektrische Glühlampen mit Getter.* Die Lampe enthält ein Getter u. einen gewendelten Glühdraht. Als alkal. bindendes Getter dient Sb_2O_3. Man füllt die Lampe mit Edelgas-N_2, wobei der N_2-Geh. bes. $<$10% beträgt. (**Dän. P. 74 677** vom 1/11. 1950, ausg. 8/9. 1952. Schwed. Prior. 23/11. 1949.) JÜRGEN SCHMIDT. 5973

N. V. Philips' Gloeilampenfabrieken (Erfinder: **Ferdinand Anne Kröger**), Eindhoven, Holland, *Gasentladungsleuchtröhren.* Der Leuchtstoffbelag besteht aus x(MO), $ySiO_2$ u. $zTiO_2$, wobei M eines oder mehrere der Metalle Ca, Sr, Cd, Mg, Na oder Li ist u. $x:(y+z)$ prakt. zwischen 2 : 1 u. 1 : 5 liegt. Zur Herst. wird das Ausgangsgemisch prakt. in oxydierender Atmosphäre (z. B. Luft oder O_2) auf eine Temp. dicht unter dem E. des niedrigsten Eutektikums erhitzt. (**D. B. P. 883 314** Kl. 21f vom 13/11. 1943, ausg. 16/7. 1953. Holl. Prior. 16/11. 1942.) KESSEL. 5975

N. V. Philips' Gloeilampenfabrieken, Eindhoven, Holland, *Luminescenzstoff für elektrische Entladungsröhren.* Der Stoff besteht aus einem mit gleichen Mengen Ce u. Mn (2—4 Mol-%) aktiviertem, durch Erhitzung erhaltenen, kristallisierten Reaktionsprod., das Al O u. P u. wenigstens eines der Elemente Ca bzw. Sr enthält, u. besitzt β-Calciumorthophosphatstruktur. (**Oe. P. 174 666** vom 3/1. 1952, ausg. 25/4. 1953. Holl. Prior. 6/1. 1951.) OPPERMANN. 5975

N. V. Philips' Gloeilampenfabrieken, Eindhoven, Holland, *Kathodenstrahlrohr mit Lumineszenz.* Die Lumineszenzschicht ist auf einem farblosen Glas aufgebracht, das etwas Ce enthält u. daneben höchstens 1% leicht reduzierbare Verbb., wie Oxyde von Pb, Sb oder As, aufweist, so daß nur geringe Elektrolyseerscheinungen auftreten können. — Z. B. verwendet man ein Glas mit 66 (%) SiO_2, 5 Na_2O, 10 K_2O, 2 B_2O_3, 15 BaO, 2 CeO_2. (**Dän. P. 74 003** vom 12/3. 1949, ausg. 15/4. 1952. Holl. Prior. 15/3. 1948.) JÜRGEN SCHMIDT. 5975

N. V. Philips' Gloeilampenfabrieken, Eindhoven, Holland, *Verstärkung von cm- und dcm-Wellen.* In einer Elektronenröhre, in der eine Wechselwrkg. zwischen Elektronenstrahlen u. elektromagnet. Wellen erzeugt wird, die entlang einer oder mehrerer schraubenförmiger Leiter verlaufen, bringt man außerhalb der Röhre, aber in Nähe der in Schraubenlinie verlaufenden Leiter eine Schicht aus einem Material mit geringen Leitungseigenschaften, bes. *Glas,* an. Dieses Glas ist vorzugsweise auf seiner Innenseite mit *Graphit* überzogen. Hierdurch sollen Eigenschwingungen abgedämpft werden. (**Dän. P. 74 058** vom 6/9. 1949, ausg. 28/4. 1952. Holl. Prior. 9/9. 1948.) JÜRGEN SCHMIDT. 5975

N. V. Philips' Gloeilampenfabrieken (Erfinder: **Hendrik Anne Klasens**), Eindhoven, Holland, *Röntgenschirm.* Die Leuchtmasse besteht aus Seleniden oder Sulfid/Seleniden von Zn u./oder Cd u. besitzt eine Schichtdicke von 0,05—0,3 mm. Als Aktivatoren können Ag oder Cu zugesetzt werden. (**D. B. P. 881 904** Kl. 57b vom 22/2. 1944, ausg. 6/7. 1953. Holl. Prior. 25/2. 1943.) KALIX. 5975

Süddeutsche Apparate-Fabrik G. m. b. H., Nürnberg (Erfinder: **Ottmar Geissler,** Leopoldstal/Lippe), *Se-Gleichrichter.* Das Se erhält geringe Zusätze (prakt. bis 5%) von Cl–Se-Verbb., z. B. $SeOCl_2$, $SeCl_2$ oder $SeCl_4$. (**D. B. P. 892 192** Kl. 21g vom 25/8. 1942, ausg. 5/10. 1953.) KESSEL. 5977

Süddeutsche Apparate-Fabrik G. m. b. H. (Erfinder: **Joachim Weber** und **Hermann Strosche**), Nürnberg, *Se-Gleichrichter.* Zwischen der Trägerelektrode u. der Se-Schicht liegt eine sehr dünne, prakt. ca. 0,5 μ starke, durch Verdampfen von Bi-Tellurid gewonnene Schicht aus Bi u. Te. (**D. B. P. 892 193** Kl. 21g vom 23/6. 1951, ausg. 5/10. 1953.) KESSEL. 5977

Siemens-Schuckertwerke Akt.-Ges., Berlin und Erlangen (Erfinder: **Hans Nagorsen,** Berlin), *Se-Gleichrichter.* Auf einer Ni-plattierten Trägerplatte wird eine dünne Schicht schwarzes Se aufgeschmolzen u. in die graue krist. Modifikation übergeführt. Auf sie wird dann die eigentliche Se-Halbleiterschicht aufgebracht. (**D. B. P. 892 794** Kl. 21g vom 21/11. 1951, ausg. 12/10. 1953.) KESSEL. 5977

Siemens & Halske Akt.-Ges., Berlin und München (Erfinder: **Georg Pfotzer,** Berlin), *Trockengleichrichter,* bes. Cu_2O-Trockengleichrichter, sind zusammen mit O_2 oder einem O_2-Spender (z. B. Mg-, Na-, Erdalkali- oder Mn-Peroxyd) in eine Hülse luftdicht eingeschlossen, prakt. unter Beifügung eines regenerierbaren Trockenmittels, z. B. Silicagel. (**D. B. P. 893 096** Kl. 21g vom 3/12. 1943, ausg. 12/10. 1953.) KESSEL. 5977

Licentia Patentverwaltungs-G. m. b. H., Hamburg (Erfinder: **Fritz Brunke,** Belecke/Möhne), *Se-Trockengleichrichterplatten* werden mit Alkalimetall-, bes. Cs-Dampf so behandelt, daß auf oder in der Se-Oberfläche mindestens 95% des Alkalimetalls als Selenid vorliegen, bes. in einer Schicht, die dünner als 100 Atomlagen ist. (**D. B. P. 893 232** Kl. 21g vom 9/4. 1949, ausg. 12/10. 1953.) KESSEL. 5977

Bell Telephone Laboratories, Inc., New York, N. Y., übert. von: **Elmer A. Thurber,** Murray Hill, und **Leland A. Wooten,** Summit, N. J., V. St. A., *Se-Trockengleichrichter.* Zur Herst. einer oberflächlich rauhen Ni-Zwischenschicht auf der Trägerelektrode wird auf dieser eine Suspension von feinverteiltem äußerst reinem Ni in einer Nitrocelluloselsg. aufgesprüht oder aufgestrichen u. ca. 15 Min. bei 850—1000° in H_2-Atmosphäre erhitzt. (**A. P. 2 644 915** vom 24/7. 1950, ausg. 7/7. 1953.) KESSEL. 5977

Vereinigte Aluminium-Werke Akt.-Ges., Berlin und Bonn (Erfinder: **Lothar Lux,** Lautawerk), *Elektrolytkondensator.* Die durch Ätzen oberflächlich aufgerauhten Elektroden bestehen aus Legierungen von Reinst-Al (mindestens 99,9% Al) mit die Löslichkeitsgrenze nicht überschreitenden Mengen von Stoffen (z. B. 0,8% Mn), die mit Al Mischkristalle bilden, wobei die Legierungsbildner in äußerst fein disperser Form ausgeschieden sind. (**D. B. P. 889 808** Kl. 21g vom 3/11. 1942, ausg. 14/9. 1953.) KESSEL. 5983

Hudson Bay Mining & Smelting Co. Ltd., Winnipeg, Manitoba, Can., *Elektrolytische Zinkgewinnung* aus $ZnSO_4$-Lösung. Man verwendet als Anode Pb, das mit geringen Mengen Ag, Cu, Co u. Mn legiert ist, z. B. 0,4—1,45 (%) Ag; 0,15—0,45 Cu; 0,01—0,02 Co u. 0,01—0,15 Mn. (**E. P. 693 538** vom 31/7. 1951, ausg. 1/7. 1953. Can. Prior. 10/8. 1950.) NEBELSIEK. 5993

IV. Wasser. Abwasser.

Henry F. Munroe, *Übersicht über die praktische Fluorierung.* Zur Zeit gilt als optimaler F^--Geh. des Trinkwassers 1—1,5 p.p.m., durch den Cariesbefall um 65% zurückgedrängt wurde u. dessen Überschreitung zur Fluorose führt. Die von den verschied. Staaten festgesetzten Grenzen schwanken zwischen 0,8 u. 1,5 p.p.m. Zur Ergänzung des natürlich vorhandenen F^--Geh. eines W. kommen *NaF*, Na_2SiF_6, H_2SiF_6, $(NH_4)_2SiF_6$ u. *HF* in Frage, deren Eigg., bes. auch die der üblichen Handelsformen, beschrieben werden. Diesen sind die verschied. Anlagen angepaßt, um eine bestimmte, der schwankenden Strömungsgeschwindigkeit des W. entsprechende Menge laufend zuzumischen als Lsg., Schlammsuspension oder in trockener Form. Ihre Ausführung ist sehr verschieden je nach dem F^--Geh. der Zumischung, dem durch sie bewirkten p_H, ihren korrodierenden oder inerten Eigg., ihrem Verh. gegenüber hartem W. u. Weichmachern. Ein kurzer Überblick über die gebräuchlichen u. neuesten Verff. zur F^--Best. im W. u. die Beseitigung störender Verbb., z. B. Cl_2, wird gegeben. (Ind. Engng. Chem. **45.** 105—11. Jan. 1953. Providence, R. I., Proportioneers, Inc.) METZENER. 6018

Seth G. Hess, Alex N. Diachishin und **Paul de Falco jr.,** *Bakterieide Wirkung der Chlorung häuslichen Abwassers.* 1. Mitt. *Statistische Auswertung von Betriebsdaten.* Mathemat. Behandlung des Verhältnisses zwischen Total- bzw. Rest-Cl u. der wahrscheinlichen Zahl von Coli-Organismen. (Sewage ind. Wastes **25.** 751—58. Juli 1953. New York, N. Y., Interstate Sanit. Comm.) MÜHLMEISTER. 6024

J. K. Rice, *Behandlung umlaufenden Kühlwassers.* Einfl. von Wassergeschwindigkeit, Oberflächenspannung, Temp., p_H u. Mikroorganismen auf die Korrosion von Fe u. ihre Verhinderung durch Zusätze von Silicaten, Chromaten, Polyphosphaten, Chromatpolyphosphaten u. anderen. — 33 Zitate. (Corrosion [Houston] **8.** 375—89. Nov. 1952. Pittsburgh, Pa., Cyrus William Rice & Co., Inc.) MÜHLMEISTER. 6030

R. W. Hess, *Forum 1952 über Industrieabwässer.* Aussprachebericht über Flotation, Abschäumen, Ableitung unter die Oberfläche, Klärteiche mit $NaNO_3$, anaerobe Ausfaulung u. Hochleistungstropfkörper. (Sewage ind. Wastes **25.** 706—28. Juni 1953. Buffalo, N. Y., Allied Chem. & Dye Corp.) MÜHLMEISTER. 6036

H. E. Babbitt, E. R. Baumann und **H. N. Hayward,** *Die Korrosion von Kupferrohren in Abwasser-Leitungssystemen.* Unters. des korrosiven Einfl. frischen Haushaltabwassers auf Cu-Rohre, die in Abwasserleitungen eingebaut sind. Prüfung durch visuelle Betrachtung, Best. des Gewichtsverlustes, der elektr. Widerstandsänderungen u. Beurteilung des eingetretenen Lochfraßes. Genaue Beschreibung der Versuchseinrichtungen u. der Prüfverfahren. Cu geht vor allem in fester Form verloren. Intermittierender Betrieb ist schädlicher als kontinuierlicher. Im Laufe der Zeit wird der Cu-Verlust geringer. (Univ. Illinois, Engng. Exp. Stat., Bull. Ser. **51.** Nr. 17. 1—42. Okt. 1953.) SPINDLER. 6036

E. A. Thomas, *Zur Bekämpfung der See-Eutrophierung: Empirische und experimentelle Untersuchungen zur Kenntnis der Minimumstoffe in 46 Seen der Schweiz und angrenzender Gebiete.* Unterss. über die Ursachen des Algenwachstums (**I**) ergaben: Im Kulturvers. bewirkte Zufuhr von 20 mg Nitraten u. 2 mg Phosphaten je Liter starkes **I** in Seewasserproben. (Berichte über die einzelnen Seen u. Zusammenstellung in Tabellen.) In vom Menschen nicht beeinflußten Seen ist P Minimumstoff, jede Phosphatzufuhr führt zu vermehrter Düngung u. Nährstoffanreicherung u. damit zur Verwertung der im W. brachliegenden u. im Abwasser zugeführten N-Verbb. durch **I** u. muß verhindert werden. Je nach Witterung bewirkt in manchen Seen anthropogene Dungstoffzufuhr, daß an Stelle oder neben P-Verbb. N-Verbb. zu Minimumstoffen werden, hier kann durch verminderte N-Zufuhr ein Teilerfolg in der Bekämpfung des **I** erzielt werden, die beste Bekämpfung ist auch hier gründliches Zurückdrängen der Zufuhr von P-Verbindungen. Durch Abwasserzufuhr steigt der Nährstoffgeh. im Winter an, bei Sommerbeginn werden die gelösten Phosphate rasch aufgezehrt, Nitrate nur in sonnenreichen Jahren, neben der Differenz im N- u. P-Geh. des Oberflächenwassers gibt auch die Intensität der Kalkfällung einen Maßstab für die Phytoplanktonproduktion. (Schweiz. Ver. Gas- u. Wasserfachmännern, Monatsbull. **33.** 25—32. Febr.; 71—79. März 1953. Zürich, Kanton. Labor.) MÜHLMEISTER. 6038

Louis Freeman, *Standardmethode zur Feststellung der Giftigkeit reiner Substanzen auf Fische.* Verwendung verschied. natürlicher W. bei Verss. über die Giftwrkg. auf Fische erschwert die Reproduzierbarkeit. Vf. verwendet ein „Standard reference water“

aus dest. W. mit Zusätzen von Na, K, NH_4, Mg, Ca, Mn u. Fe-Salzen (Chloride, Carbonate, Nitrate, Phosphate, Silicate u. Sulfate), dessen Herst. aus 6 Stammlsgg., Sättigung mit CO_2 u. Belüftung er eingehend beschreibt, ebenso wie die sonstigen Versuchsbedingungen (Vorbereitung u. Akklimatisation der Fische (Lepomis macrochirus, Ref.), Temp. 21,5—22°, Geh. an gelöstem O_2 7—8 mg/Liter, Dauer 24 oder 48 Std., Auswertung. (Sewage ind. Wastes **25.** 845—48. Juli 1953. Baton Rouge, La., Louisiana State Univ.) MÜHLMEISTER. 6038

J. H. Sorrels und **P. J. A. Zeller,** *Reinigung häuslichen Abwassers durch Tropfkörperabbau des Sauerstoffbedarfs der löslichen organischen Stoffe.* Häusliches Abwasser mit durchschnittlich 186 mg *BSB*/Liter wurde 9 Monate auf 4 verschied. belasteten Versuchstropfkörpern von je 1,5 m^2 u. 1,85 m Höhe behandelt, nach 45 Min. Absitzen im Spitztrichter werden Proben des Abflusses mit u. ohne durch GOOCH-Filter abgetrennte Feststoffe auf BSB_5 bei 20° untersucht. Der *BSB* der etwa die Hälfte betragenden lösl. organ. Substanz wird in ungefähr gleichem Maße wie der der unlösl. bei Tropfkörperbelastung von 485—3400 kg/m^2/Tag abgebaut, er ist abhängiger von der organ. Belastung als der Flüssigkeitsmenge. Bei über 4600 kg/m^2/Tag sinkt das Ausmaß des Abbaus schnell. (Sewage ind. Wastes **25.** 779—86. Juli 1953. Texas Engn. Exp. Stat.) MÜHLMEISTER. 6040

M. Ss. Nessmejanowa, *Über die höchstzulässige Konzentration von Phenol in Gewässern.* Im Gesundheitswesen wird angenommen, daß bei Anwesenheit von mindestens 0,001 mg/Liter ein- oder mehrwertigem Phenol (**I**) beim Chlorieren des Abwassers ein Geruch auftritt. *Carbolsäure, Trikresol, Thymol, Resorcin, Hydrochinon, Kreosot, Naphthol* zeigten chloriert u. unchloriert sehr große Unterschiede in den Konzz. (über 1000fach), bei denen das W. einen Geruch zeigt. Als maßgebend bleibt die Geruchsgrenze des chlorierten **I**. Die Höchstgrenze von 0,001 mg ist jedoch nicht als maßgebend zu betrachten, um so mehr als manche **I**-haltigen Wässer auch bei höherem Geh. keinen Geruch nach dem Chlorieren aufweisen, andererseits die bekannten Verff. zur **I**-Best. in Wässern auch bei Abwesenheit von **I** einen solchen vortäuschen können. (Гигиена и Санитария [Hyg. u. Sanitätswes.] **1953.** Nr. 7. 11—13. Juli. Leningrad, Sanitär-Hyg. Med. Inst., Lehrstuhl für kommunale Hyg.; Moskau, Med. Inst., Lehrstuhl für kommunale Hyg.) v. WILPERT. 6042

F. Cardey, *Behandlung phenolhaltiger Abwässer mit Chlorperoxyd.* Bericht über erfolgreiche Verss., bei der ARMCO STEEL CORP. in Hamilton (O.), Phenole ohne Bldg. von Chlorphenol mit ClO_2 völlig zu zerstören, so daß von 100—130 mg/Liter weniger als 1 mg verbleibt. (Eau **40.** 75. Mai 1953.) MÜHLMEISTER. 6042

David B. Smith, *Messungen der Atmungsaktivität von Belebtschlamm.* 10 Formeln zur Auswertung der charakterist. Daten des Belüftungsbeckens (Durchflußmenge, O_2-Konz. von Ein- u. Ausfluß, O_2-Zufuhr, -Verlust u. -biol. Aufnahme) geben eine neue indirekte Meth. zur Best. der O_2-Nutzung (**I**) von Belebtschlamm (**II**), die wesentlich höhere Werte als die manometr. Messung ergibt. In 9 Diagrammen werden die Ergebnisse von Laboratoriumsverss. mit künstlichem Abwasser in einem 34 Liter-Becken gezeigt; im Bereich von 0,2—6 mg gelöstem O_2/Liter wird **I** nicht von der durchschnittlichen O_2-Konz. von **II** beeinflußt, beim Kontakt-Belüftungs-Verf. mindert sich **I** mit wachsender Konz. von **II**, z. B. um 19% bei Erhöhung der Konz. von 200 auf 500 mg/Liter, ebenso bei steigendem Alter von **II** für 0,5—1,5 Tage um 35 %, **I** u. *BSB*-Belastung stehen im gleichartigen Verhältnis zueinander. (Sewage ind. Wastes **25.** 767—78. Juli 1953. Gainesville, Flor., Univ. of Florida.)
MÜHLMEISTER. 6048

P. Höfer, *Die maßanalytische Bestimmung kleinster Mengen von Bromiden und Jodiden in Trink- und Mineralwässern.* Bromide u. Jodide werden mit 0,4 n NaOCl zu Bromaten u. Jodaten oxydiert, wobei durch Gemisch von Mono-, Di- u. Pyrophosphat bestimmtes p_H eingehalten wird. Ameisensäure red. das überschüssige NaOCl zu NaCl. J u. Br werden nacheinander in derselben Probe bestimmt, indem bei p_H über 3 KJO_3 aus KJ in Ggw. von Ameisensäure J frei macht, das mit $Na_2S_2O_3$ titriert wird, anschließend ebenso $KBrO_3$ bei p_H 1 mit HCl. Anwendung bis 15 mg/Liter, Empfindlichkeit bis zu 0,4 mg/Liter. Nitrite stören u. müssen zu Nitraten oxydiert werden. Blindverss. mit Abzug der dabei gefundenen Mengen Br u. J sind erforderlich, Dauer ca. 15 Minuten. Eingehende Beschreibung der Meth. u. Herst. der Lsgg., Tabelle mit vergleichenden Ergebnissen. (Gesundheits-Ing. **74.** 224—26. Juli 1953. Berlin-Dahlem, Inst. für Wasser-, Boden- u. Lufthyg.) MÜHLMEISTER. 6060

H. Serger, *Härtebestimmung im Gebrauchswasser nach neuzeitlicher Methode.* Best. der Ca- u. Mg-Härte mit 0,1784 n-Dinatriumdihydrogen-Äthylendiamintetraacetat

(1 cm^3 = 1^0 d. H.), Zusatz von Ammonsalzpuffer, Indicator Eriochromschwarz T von Weinrot nach Blau. Die Titration soll nicht unter +40^0 erfolgen, geringe Mengen Schwermetalle werden durch Na_2S gebunden, bei Fehlen von Mg ist zur Verbesserung des Farbumschlags $MgCl_2$ in der Maßlsg. erforderlich. Mg allein wird nach Ausfällung des Ca als Oxalat, Ca allein bei p_H 12 (durch NaOH) mit Murexid als Indicator von Rot nach Blauviolett titriert. Bei Anwendung von weniger als 1 Liter werden die Maßlsgg. entsprechend verdünnt. Gute Übereinstimmung mit Seifentitration nach BOUTRON-BOUDET. (Ind. Obst- u. Gemüseverwert. **38.** 202. 22/6. 1953. Braunschweig.) MÜHLMEISTER. 6062

Alexander Goetz, *Die „Konzentrometermethode" unter Verwendung von Membranfiltern.* Vf. beschreibt eine Meth. zur Best. von Gesamt- u. Colikeimzahlen in Wässern unter Verwendung von Membranfiltern u. einer „Konzentrometer" genannten Vorr. u. berichtet über Versuchsergebnisse u. Vgl. mit nach den bisher üblichen Methoden erhaltenen Zahlen. Die der Verwendung von Membranfiltern für die genannten Bestimmungen bisher entgegenstehenden Schwierigkeiten bei unbekannten Wässern (u. a. Wahl des richtigen, zu filtrierenden Vol.) werden in dem angegebenen App. dadurch umgangen, daß das Filter nicht am Boden der zu filtrierenden Fl. angebracht ist, sondern an einer Seitenwand, so daß durch die obersten Schichten des Filters nur geringe Wassermengen u. durch die unteren Schichten zunehmend größere Wassermengen filtriert werden. Die mathemat. Grundlagen u. ihr Zusammenhang mit den zu bestimmenden Zahlen werden besprochen u. die Ergebnisse diskutiert. (J. Amer. Water Works Assoc. **45.** 933—44. Sept. 1953. Pasadena, Calif., Inst. of Techn.) NIEMITZ. 6064

G. Noisette, *Bestimmungsmethoden für Phenole in Wasser.* Gehh. über 1 mg Phenol/Liter zur Kontrolle der betrieblichen Entphenolung werden nach Anreicherung durch Dest. oder Extraktion durch Bromierung u. Zusatz von $KBrO_3$ bestimmt, durch das im Maßstabe der vorhandenen Hydroxylgruppen J aus KJ frei gemacht u. mit 0,1 n $Na_2S_2O_3$ titriert wird. Für colorimetr. Messungen mit Empfindlichkeit bis zu 0,02 mg/Liter werden die störenden Begleitsubstanzen durch alkal. Einengung, Ansäuern, Ae.-Extraktion u. Aufnehmen der Penole mit Soda entfernt. Dann folgt colorimetr. Best. mit diazotierter Sulfanilsäure oder 2.6-Dibromchinonchlorimid. Letztere kann durch Lösen des gebildeten Indophenols in n-Butanol noch einige γ/Liter anzeigen u. ist so empfindlich, daß sie auch auf die in Fäces enthaltenen, aus Tryptophan entstandenen Indoxyle u. a. anspricht. (Eau **40.** 71—72. 74. Mai 1953.) MÜHLMEISTER. 6068

Koppers Co., Inc., Del., übert. von: **Gaetano F. D'Alelio,** Pittsburgh, Pa., V. St. A., *Ionenaustauschharze,* z. B. für die Entsalzung, *Enthärtung von Wasser.* Zur Entfernung der Kationen wird ein unschmelzbares, unlösl., sulfoniertes Harz, ein Polymerisationsprod. aus einer polymerisierbaren aromat. Verb., z. B. einem monovinylaromat., mono-(α-alkylvinyl)-aromat. KW-stoff oder kernhalogenierten KW-stoff u. Vinylacetylen verwendet. Das Harz enthält vor der Sulfonierung wenigstens 2% Vinylacetylen u. einen größeren Anteil von z. B. Styrol. (**A. P. 2 631 127** vom 24/9. 1949, ausg. 10/3. 1953.) REICHELT. 6021

Ozark-Mahoning Co., übert. von: **Wayne E. White,** Tulsa, Okla., V. St. A., *Behandlung von fluorierten, Aluminium enthaltenden Mineralstoffen zur Gewinnung eines Mittels zur Wasserbehandlung.* Es wird bes. ein F enthaltender Bauxit verwendet, der zur Adsorption von z. B. HF benutzt wurde. Die durch Behandlung dieses Bauxits mit verd. H_2SO_4 bei 80^0 erhaltene, vom Rückstand abfiltrierte Lsg. wird eingedampft. Das gewonnene Pulver ($AlFSO_4$) dient zur Behandlung von Trinkwasser bei einer Fluorierung des W. von $>$2,5 mg/Liter zur Bekämpfung von Zahncaries. Der Anteil von $Al_2(SO_4)_3$ in dem Pulver wirkt als Klärmittel, wenn das W. genügend Alkalität zur Koagulation enthält. (**A. PP. 2 643 179** vom 21/7. 1950 u. **2 643 226** vom 10/6. 1950, beide ausg. 23/6. 1953.) REICHELT. 6025

L'Auxiliaire des Chemins de Fer et de l'Industrie, Frankreich, *Schaumverhütungsmittel für Kesselspeisewasser und andere Industrieflüssigkeiten.* Man setzt der Fl. ein Kondensationsprod. des Formaldehydes mit einem höheren Fettsäureamid hinzu, dessen allg. Formel RCONX·CH_2·XNOCR ist, wobei R einen aliphat. Rest von 10—22 C-Atomen u. X einen aliphat. oder aromat. Rest von 2—18 C-Atomen bedeuten. Man verwendet z. B. die Kondensationsprodd. des Stearoylhexamethylendiamins, des Stearoylmetaphenylendiamins u. des Stearoylbetanaphthylamins mit Formaldehyd. Die Prodd. sind von hartwachsartiger Beschaffenheit u. können in Pulverform, als koll. Lsg. oder in einem organ. Lösungsm. angewandt werden. (**F. P. 999 437** vom 25/10. 1949, ausg. 31/1. 1952.) HEYNE. 6031

Dearborn Chemical Co., übert. von: **Lewis O. Gunderson**, Chicago, Ill., V. St. A., *Mittel zur Verhütung oder Herabsetzung der Schaumbildung, besonders in Dampfkesseln.* Man verwendet Stoffe der allg. Formel $X \cdot R' \cdot (O—CH \cdot [R]—O \cdot R')_n—Y$, in der X u. Y hydrophile Ester-, Äther-, Amin-, Oxy- oder Amidgruppen mit einer KW-stoffkette mit wenigstens 8 C-Atomen, R eine Alkylgruppe, R' einen Alkylenrest u. n eine ganze Zahl bedeuten. Diese Verbb. werden durch Umsetzen von organ. Oxyverbb.

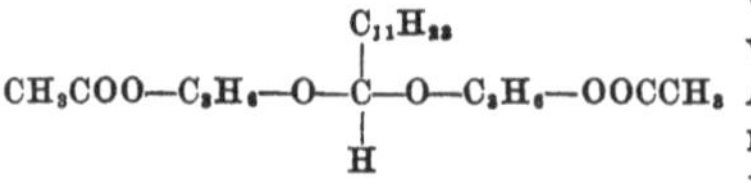

wie Glykole, Alkanolamine, Alkylphenole oder veresterten oder caylierten Derivv., mit einem Aldehyd hergestellt. Hierbei werden zwei oder mehr Moll. der Oxyverb. durch eine Acetalgruppe verbunden. — Propylenglykol u. Laurylaldehyd werden kondensiert, worauf das erhaltene Prod. mit Essigsäure verestert wird. Man erhält obenst. Verbindung. (**A. P. 2 630 439** vom 31/8. 1949, ausg. 3/3. 1953.) SCHWECHTEN. 6031

Chemische Werke Albert, Wiesbaden-Biebrich, *Behandeln von Speisewasser in Hochdruckkesseln*, über 100°, wobei polymere Phosphate, z. B. Na-Tripolyphosphat, in einer Menge zum Speisewasser zugesetzt werden, die unterhalb der zur komplexen Bindung der Kalkverbb. erforderlichen stöchiometr. P_2O_5-Menge u. unterhalb der nach Übergang der polymeren Phosphate in Orthophosphate zur Fällung erforderlichen P_2O_5-Menge liegt. Zweckmäßig verwendet man zusätzlich den p_H-Wert regelnde Phosphate, wie Trinatriumphosphat, Alkalisilicat, auch O_2-bindende u. korrosionsverhindernde Stoffe, z. B. Na_2SO_3, $NaHSO_3$, SO_2, u. Schaumblg. verhindernde Stoffe. (**Oe. P. 176 805** vom 5/5. 1952, ausg. 25/11. 1953. D. Prior. 14/7. 1951.) WITTHOLZ. 6031

Herman Joseph Nicolaas Hubert Kessener, Den Haag, Holland, *Behandlung von Abwasser* nach dem aktivierten Schlammverfahren. Ein Teil des schon mehr oder weniger gereinigten Abwassers wird, bevor eine Klärung in diesem Teil des Abwassers eingetreten, ist unter gleichzeitiger Belüftung, vor, zugleich, mit oder nach Zugabe von frisch aktiviertem Schlamm dem Hauptstrom des noch wenig gereinigten Abwassers zugegeben. — Vorrichtung. (**E. P. 688 650** vom 11/7. 1950, ausg. 11/3. 1953.) REICHELT. 6041

Rohm & Haas Co., Philadelphia, Pa., übert. von: **Robert Harding Bliss**, Mount Carmel, Conn., V. St. A., *Verhinderung der Verunreinigung von Gewässern* durch Aufarbeitung der Abwässer aus Messing verarbeitenden Betrieben, z. B. Beizereien. Diese Abwässer enthalten H_2SO_4, zusammen mit Sulfaten von Cu, Zn u. Cr. Sie werden über einen Sulfonatgruppen enthaltenden *Kationenaustauscher*, der austauschbares Na, Ca, Mg oder NH_4 enthält, geführt. Die ablaufende Lsg., die H_2SO_4, Na_2SO_4 u. geringe Mengen $Cr_2(SO_4)_3$ enthält, wird über $CaCO_3$ in die Gewässer abgeführt. Die erschöpften Austauscher werden mit Na_2SO_4-Lsg. regeneriert. Aus der ablaufenden Regenerationslauge, die in konz. Form Cu, Zn u. Cr als Sulfate enthält, wird zuerst Cu, z. B. elektrolyt. oder durch Fe, u. aus der verbleibenden Lsg. durch Na_2CO_3 das Zn, Cr u. Fe als Carbonat ausgeschieden. (**A. P. 2 628 165** vom 9/3. 1950, ausg. 10/2. 1953.) REICHELT. 6043

V. Anorganische Industrie.

Hermann Holzmann, *Platinrückgewinnung bei der Ammoniakoxydation.* In den abgehenden Gasstrom werden hinter dem P-Katalysator zum Auffangen des bei der NH_3-Verbrennung sich verflüchtigenden Pt vergoldete Netze großer Gasdurchlässigkeit aus zunderbeständigen Drähten als Prallkörper eingeschaltet, an denen die flüchtigen Pt-Teilchen haften bleiben. Es können so bis zu 90% des Pt zurückgewonnen werden. (Metall **7**. 684—89. Sept. 1953. Hanau, Degussa.) APEL. H 243

L. R. Thomas, *Die Erzeugung von Chlor in Quecksilberzellen.* Vf. bespricht die theoret. u. prakt. Grundlagen des elektrolyt. Verf. der Cl_2-Erzeugung in Hg-Zellen. Verschied. Typen von Elektrolysezellen u. von Amalgamzersetzungszellen werden eingehend beschrieben. Abschließend wird das Hg-Zellenverf. mit dem verbreiteteren Diaphragmazellenverf. verglichen u. die Möglichkeiten der techn. Weiterentw. auf diesem Gebiet erörtert. (Chem. Process Engng. **34**. 312—14. Okt. 1953. Monsanto Chemicals Ltd.) GERHARD GÜNTHER. H 247

Badische Anilin-& Soda-Fabrik Akt.-Ges., Deutschland, *Herstellung von Hirschhornsalz.* Um ein Salz von bestimmter Zus. zu erhalten, stellt man 1. NH_2COONH_4 (**I**) her durch Mischen von 2 (Mol) NH_3 u. 1 CO_2 u. Niederschlagung der Verb. an kalten Oberflächen; 2. NH_4HCO_3 (**II**) durch Fällen einer wss. NH_3-Lsg. mit CO_2. Dann mischt man I mit II im gewünschten Verhältnis. Man erhält so Salzgemische von jeder gewünschten u. stets gleichbleibenden Zusammensetzung. (**F. P. 1 033 175** vom 27/2. 1951, ausg. 8/7. 1953. D. Prior. 6/3. 1950.) HEYNE. H 243

Soc. des Produits Azotes, Soc. An., Frankreich, *Herstellung von Ruß.* Man verwendet ein gasförmiges exothermes Gemisch von Acetylen u. Bzl. oder Benzol-KW-stoffen, dessen Dissoziationstemp. über 1000°, z. B. bei 1300°, liegt, u. unterwirft das Gemisch einer therm. Zersetzung. Es ist zweckmäßig, dem Gemisch eine geringe Menge, z. B. 5%, Luft bzw. O_2 hinzuzugeben. Unter diesen Bedingungen erhält man einen Ruß von graphit. Charakter mit ähnlichen elektr. u. therm. Eigg., wie ihn reiner Acetylenruß aufweist. (**F. P. 1 021 995** vom 12/7. 1950, ausg. 26/2. 1953.) HEYNE. H 260

Deutsche Edelstahlwerke Akt.-Ges. (Erfinder: **Carl Ballhausen**), Krefeld, *Herstellen kohlenstoffhaltiger Erzeugnisse.* Zur Erzeugung eines hochvoluminösen C-Granulats wird Ruß mit einer Lsg. oder Aufschwemmung organ. Stoffe, wie Teer, Pech, Bitumen, Erdölrückstände oder Kunstharze, in Bzn. versetzt, granuliert u. ohne Luftzutritt bei ca. 1000° erhitzt. Das Lösungsm. verdampft, u. die übrigen Bestandteile verkoken. Es entsteht ein festes Granulat, das als Wärmeisolationsmittel oder elektr. Widerstandselement benutzt werden kann. (**D. B. P. 899 922** Kl. 80b vom 31/5. 1951, ausg. 17/12. 1953.) REINHART. H 260

Directie van de Staatsmijnen in Limburg, Heerlen, Holland, *Herstellung von Natriumcarbonat aus Natriumbicarbonat.* Man behandelt Natriumbicarbonat im Fluidzustand mit CO_2-haltigen Gasen, die aus der Calcinierung von $CaCO_3$ stammen, die ebenfalls im Fluidzustand durchgeführt werden. Das $NaHCO_3$ wird unmittelbar durch die heißen von der Calcinierung kommenden Gase im Fluidzustand bei 400 bis 625° gehalten. Die beiden anfallenden Prodd. Na_2CO_3 u. CaO werden anschließend zwecks Bldg. von NaOH miteinander umgesetzt. (**N. P. 80 239** vom 8/9. 1950, ausg. 19/5. 1952. Holl. Prior. 8/9. 1949.) JÜRGEN SCHMIDT. H 274

Th. Goldschmidt Akt.-Ges. (Erfinder: **Paul Linke**), Essen, *Herstellen von carbonatischen und/oder oxydischen Pb-Verbindungen.* Man setzt $PbSO_4$ oder $PbSO_4$-haltige Materialien in Ggw. wss. Lsgg. von Alkali-, Erdalkali- oder NH_4-Chloriden, -acetaten, -nitriten oder Gemischen derselben, bes. unter Rühren u. Erwärmen, oder auch, gegebenenfalls bei gleichzeitiger Anwesenheit von Alkali- u./oder Erdalkalichloriden, in trockenem Zustand bei $>100°$, mit mindestens der entsprechenden Menge $BaCO_3$ oder BaO bzw. $Ba(OH)_2$ oder deren Gemischen zu $BaSO_4$ u. carbonat. u./oder oxyd. Pb-Verbb. um u. entfernt die wasserlösl. Stoffe u. die nicht als $BaSO_4$ vorliegenden Ba-Verbb., gegebenenfalls nach Rk. mit gelösten Pb-Salzen, durch Auswaschen aus den Reaktionsprodukten. (**D. B. P. 901 414** Kl. 12n vom 19/9. 1951, ausg. 11/1. 1954.) NEBELSIEK. H 283

Battelle Development Corp., übert. von: **Cloyd A. Snavely,** Columbus, O., V. St. A., *Elektrolytische Herstellung von Chromhydrid.* Bei 0—12° wird eine Bad-Fl. elektrolysiert, die aus einer wss. Lsg. von Chromtrioxyd, 5—40 g/Liter Zucker u. einer SO_4 liefernden Verb., z. B. H_2SO_4, Na_2SO_4 u. $CaSO_4$, besteht; die Stromstärke wird auf 105—125 Amp./Quadratfuß u. die Konz. des Chromtrioxydes auf ca. 1100 bis 900 g/Liter gehalten. (**A. P. 2 635 993** vom 16/10. 1948, ausg. 21/4. 1953.) DEMMLER. H 335

Crowley-Republic Steel Corp., Cleveland (Erfinder: **Marion Ernest Graham,** Parma, **Ashland Stevens Henderson,** Berea, und **Irving Percival Whitehouse,** South Euclid), O., V. St. A., *Herstellung von Ferrochlorid.* Eisenerze werden im H_2- oder HCl-Strom von 260 über 425° bis 650° erhitzt, wobei der HCl-Geh. des Gases mit steigender Temp. (u. steigender Rk. des Fe zu $FeCl_2$) gesteigert wird. — Zeichnung. (**D. B. P. 901 537** Kl. 12n vom 15/11. 1950, ausg. 11/1. 1954. A. Prior. 15/11. 1949.) NEBELSIEK. H 354

Industrial Distributors (1946) Ltd., Südafrikanische Union, *Gewinnung von Diamanten.* Um ein besseres Haften der Diamanten an den gefetteten Flächen zu erzielen, behandelt man die Diamanten führenden Sande mit einer 1—10%ig. Lsg. von Salzen aliphat. prim., sek., tert. Amine oder quaternärer NH_4-Basen, die ihrerseits Derivv. von Fettsäuren mit 10 u. mehr C-Atomen (z. B. Cocosölfettsäuren, Talgfettsäuren) sind. Es werden genannt: „Arquad C", „Arquad T", „Armac T", „Armac C.D". Ferner verwendet man Lsgg. von sulfonierten oder emulgierten Ölen (z. B. „Solubrol") oder Lsgg. von Walöl, Fischöl, Kopraöl, Öl-, Palmitin-, Stearinsäure in Alkalilaugen (z. B. NaOH) oder Erdalkalilaugem (p_H der Laugen 9—12). — Die Lsgg. der Amine, NH_4-Basen, emulgierten oder sulfonierten Öle stellt man mit H_2SO_4 auf ein p_H 1—2,5 ein oder behandelt den Sand vorher mit einer entsprechenden Menge H_2SO_4. Gegebenenfalls setzt man diesen Lsgg. eine geringe Menge eines Dispergierungsmittels (z. B. „Calgon", Na-Silicat) zu. (**F. P. 1 030 326** vom 29/12. 1950, ausg. 11/6. 1953. Südafrikan. Priorr. 3/2. u. 14/2. 1950.) OPPERMANN. 6149

D. A. Kusnezow, Die Herstellung der Schwefelsäure. Leipzig: Fachbuchverl. 1953. (XII + 212 S. m. Abb., 81 Bild.) DM 5,20.

VI. Silicatchemie. Baustoffe.

Wilhelm Giegerich, *Die Oberfläche der Formenwand und ihr Einfluß auf die Strömung des Glases.* Der Vf. deutet die Zusammenhänge der Oberfläche einer fertigen Flasche mit der Formenwand (Gefüge, Oxydation u. Oberflächengüte), der angewandten Art der Schmierung u. der Grenzschicht des Glases (seiner Wärmeleitung, Strömung u. Inhomogenitäten). Während die Formenwand der Messung zugänglich ist u. die Schmierung experimentell erfaßbar ist, sind die Vorgänge im Glas nur rechner. zu erfassen. Eine Tabelle über Glasfehler in Abhängigkeit von der Formenoberfläche u. Schrifttumsnachw. vervollständigen die Arbeit. (Glastechn. Ber. **26.** 333—41. Nov. 1953. Heilbronn.) W. SCHÜTZ. 6180

Werner Düsing, *Vakuumdichte Glas–Metall-Verschmelzungen für die Elektrotechnik.* Die Technik zur Herst. vakuumdichter Glas–Metall-Verschmelzungen unterscheidet zwischen Verschmelzung mit aufeinander abgestimmten u. solcher mit nicht abgestimmten Ausdehnungskoeffizienten. Vf. gibt Beispiele z. B. der Einschmelzlegierung „*Kovar*" u. eines dazu abgestimmten Glases u. dagegen Cu mit dem weit davon abliegenden Glas 584d bzw. Mo mit Quarzglas. Bei letzteren Werkstoffpaaren ist man auf ganz bestimmte Formgebung angewiesen, bei Cu-Ringen ist z. B. sogar die Steigung der Schneide wesentlich (KRUH-Einschmelzung), wenn man die plast. Eigg. dieser Metalle voll ausnützen will. Mo ist überhaupt nur in Folien von ca. 20 μ Dicke zu verwenden. Fe–Ni–Co-Legierungen zeigen einen ähnlichen Knickpunkt in der Ausdehnungskurve wie Glas, sind aber sehr empfindlich, weil der Ausdehnungskoeff. je nach der Wärmebehandlung wechselt. Vf. verweist weiter auf die Empfindlichkeit der Einschmelzungen gegenüber Glaselektrolyse u. gibt Hinweise für eine Prüfung nach dieser Richtung. (Glastechn. Ber. **26.** 232—38. Aug. 1953.) KÜHNERT. 6200

F. Catchpole, *Der Angriff von Schwefelgasen auf Ofen, Fuchs und Schornstein.* Pyrithaltige Tone geben oberhalb 400° ihren Geh. an S als SO_2 u. SO_3 ab. Bes. aggressiv wirken diese Gase an Stellen, welche wechselnd erhitzt werden, u. an Stellen, an denen sich die Gase mit W. niederschlagen können. (Trans. Brit. ceram. Soc. **52.** 259—69. Mai 1953.) W. SCHÜTZ. 6210

Philip O'Keefe, *Neuere Entwicklung in Porzellan- und Keramiküberzügen.* Ti-haltiges Einschichtemail der WESTINGHOUSE ELECTRIC CORP., bei ca. 700° schmelzend u. ohne Grundemail auf beliebige Stahl- oder Gußeisensorten aufgebracht, weist eine Schichtdicke von nur 0,1 mm auf. Das vom NATIONAL BUREAU OF STANDARDS entwickelte, Ba-reiche, alkalifreie u. 30% Cr_2O_3 enthaltende keram. Überzugsmaterial *A-417,* F. über 1000°, wird zum Schutze hitze- u. korrosionsfester Legierungen, wie *Inconel,* verwendet. (Materials and Methods **35.** Nr. 5. 87—89. Mai 1952.) STEINER. 6212

M. L. Pouilly, *Wichtige Punkte beim Emaillieren.* Zur Erzeugung guter Emailüberzüge durch Aufspritzen des Emailschlickers ist für eine einwandfreie Beseitigung der Spritznebel zu sorgen. Je höher die D. des Schlickers, desto besser u. gleichmäßiger der Überzug. Beschreibung der Eigg., die eine gute Spritzpistole haben muß. (Canad. Paint Varnish Mag. **27.** Nr. 11. 11—12. 64. Nov. 1953. De Vilbiss Mfg. Co. Ltd.) MARKHOFF. 6212

Ernest G. Graf, *Eigenschaften einiger titanhaltiger keramischer Materialien mit hoher Dielektrizitätskonstante.* Während die DK. von TiO_2, Ca- u. $SrTiO_3$ mit steigender Temp. mäßig fällt, die Dielektrizitätskonstante von $MgTiO_3$ dagegen mäßig ansteigt, ist sie beim $BaTiO_3$ (I) viel höher u. erreicht bei 118° ein Maximum von ca. 8000 [CURIE-Punkt] (II), da das tetragonale **I** PEROWSKIT-Struktur annimmt. Durch Änderung des Verhältnisses BaO : TiO_2 wird dieses Maximum unwesentlich, der Gütegrad dagegen wesentlich beeinflußt. **I** mit 5% $PbTiO_3$ weist einen wenig veränderten **II**, **I** mit 5—10% $CaSnO_3$, bzw. 5% $MgZrO_3$ bzw. 0,5—2% SiO_2 dagegen eine wesentliche Verlagerung von **II** auf. (Amer. ceram. Soc. Bull. **31.** 279—82. Aug. 1952. Niagara Falls Co., National Lead Co., Titanium Alloy Mfg. Div.) STEINER. 6216

Y. Shiraki, *Untersuchungen über das System Ton–Wasser.* 9. Mitt. *Wirkung des „Alterns" auf die Viscosität des Schlickers.* (8. vgl. J. ceram. Assoc. Japan **49.** [1949.]

19.) Bzgl. Viscositätsänderung durch Altern zeigen die *Tone* unterschiedliches Verh., lassen aber ebenso wie bzgl. der Abhängigkeit von der Konz. des Schlickers keine Regelmäßigkeit erkennen. Bei plast. Ausgangsmaterial nimmt im allg. die Viscosität durch Altern zu, aber nur bei geringen Konzz. läßt sich für das Maximum eine bestimmte Zahl von Tagen angeben. Ausnahmsweise wurde bei Tonen auch nach kurzer Alterungszeit eine starke Viscositätsabnahme beobachtet. Bei plast. Tonen erreicht man den Eintritt plast. Fließens, die Leichtbeweglichkeit steigt, was in einer Teilchenverkleinerung begründet ist. Die Viscositätsänderung beim Altern rührt wahrscheinlich von der Änderung des Geh. an freiem W. in den Riesenmicellen her. Von der mineral. Zus. herrührende Besonderheiten waren nicht zu erkennen. — 27 Literaturangaben. (J. ceram. Assoc., Japan [Yogyo Kyokai Shi] **61.** 55—59. 1953. Tokyo, TH. [Orig.: japan.]) SCHULER. 6216

J. R. Hensler und **E. C. Henry,** *Der elektrische Widerstand einiger feuerfester Oxyde und ihrer Mischungen im Temperaturbereich von 600—1500°.* Bei 1500° gebrannte Tabletten von 30 mm Durchmesser u. 4 mm Dicke werden untersucht. 1. Im Syst. Al_2O_3–SiO_2 war das Widerstandsminimum bei 50% Al_2O_3. 2. Geringe Mengen Cr_2O_3 erhöhen den Widerstand von Al_2O_3. Ähnlich verhält sich NiO in MgO. 3. MgO verringert den Widerstand von Cr_2O_3. (J. Amer. ceram. Soc. **36.** 76—83. 1/3. 1953.) SCHÜTZ. 6218

—, *Feuerfeste Steine, ihre physikalischen Eigenschaften und ihr Verhalten.* Besprochen werden die Testmethoden zur Best. des pyrometr. Kegeläquivalents, die therm. Ausdehnung, die Wiedererhitzung, die heiße Belastung, die einseitige Erhitzung sowie abwechselnde Erhitzung u. Abkühlung, weiter die D., Wasserabsorption, Porosität. Es werden dann behandelt das Verh., die Glasabscheidung, der Einfl. von gasförmigen Bestandteilen, das Schmelzverh. u. der mechan. Widerstand. (Canad. Metals **16.** 24—26. Sept. 1953.) BOYE. 6218

Wilhelm Anselm, *Thermische Berechnung für Öfen für Zement, Kalk, Magnesit und Dolomit.* (Vgl. auch C. **1954.** 1095.) (Rev. Matér. Construct. Trav. publ., Édit. C **1953.** 121—36. April.) SCHÜTZ. 6222

M. H. zur Strassen, *Thermische Berechnungen für Öfen für Zement, Kalk, Magnesit und Dolomit.* Diskussionsbeitrag zu der C. **1954.** 1095 referierten Arbeit von ANSELM. (Rev. Matér. Construct. Trav. publ., Édit. C **1953.** 146—48. Mai.) SCHÜTZ. 6222

W. Anselm, *Thermische Berechnungen für Öfen für Zement, Kalk, Magnesit und Dolomit.* Antwort auf M. H. ZUR STRASSEN (vgl. vorst. Ref.). (Rev. Matér. Construct. Trav. publ., Édit. C **1953.** 148—49. Mai.) SCHÜTZ. 6222

Mario Appiano, *Auswaschversuche mit Wasser an abgebundenen Zementen.* Mit dem Ziel der Entw. einer laboratoriumsmäßigen Untersuchungsmeth. zur Ermittlung der Widerstandsfähigkeit von Zementen gegen aggressive Einfll. (W.) werden abgebundene Zementproben zerkleinert (4900 Maschen/cm²) u. mit gemessenen Wassermengen gewaschen. Durch Best. des Gewichtsverlusts der getrockneten Probe zieht Vf. direkte Schlüsse auf die Widerstandsfähigkeit des Zements. Die Ergebnisse, die an Industriezementen u. experimentell im Laboratorium bereiteten Proben durchgeführt wurden, weisen gute Reproduzierbarkeit auf. Die Prüfungsmeth. ist empfindlich u. in maximal 5 Tagen auszuführen. Die Unterss. zeigen, daß der Grad der Auswaschung eine Funktion der verwendeten Waschwassermenge u. des Alters der Proben (2 oder 84 Tage) ist. Für Puzzolan-Portlandzementgemische erweist sich die Prüfungsmeth. ebenfalls anwendbar, u. es wird deutlich, daß extrem hohe Puzzolangehh. sich völlig inert verhalten. Graph. u. tabellar. Zusammenstellung der Ergebnisse. — 7 Literaturangaben. (Cemento [Milano] **49.** 175—81. Okt./Dez. 1952. Casale Monferrato, Labor. gen. ricerche Unione Cementi Marchino & Co.) ANIKA. 6222

Camille Joly, *Vorrütteln.* Es werden die Vorteile aufgezeigt, die durch Rütteln von Beton vor Einbringen in Schalungen oder Formen erzielt werden können. (Rev. Matér. Construct. Trav. publ., Édit. C **1953.** 249—51. Aug./Sept. S. A. Marbragglo.) K. SEIDEL. 6224

Henri Lafuma, *Die hydraulischen Kalke und ihre Anwendung.* Zusammenfassende Darst. mit vielen Bildern. (Rev. Matér. Construct. Trav. publ., Édit. C **1953.** 227—37. Aug./Sept. Conservatoire National des Arts et Métiers.) K. SEIDEL. 6226

—, *Isolierung von Öfen und Dampfkesseln gegen Wärmeabfluß.* Unterschiedliche Höhe der Wärmeverluste bei ununterbrochen u. bei absatzweise arbeitenden Feuerungen infolge der Dicke des Mauerwerkes. Durch Verwendung von feuerfesten Isoliersteinen mit einer Temperaturbeständigkeit bis über 1000° bei mechan. Widerstandsfähigkeit bei Raumtemp. von 25 kg/cm² u. 0,5—0,9 D. werden die Maße des Mauerwerks u. seine Wärmeleitfähigkeit erheblich herabgesetzt. Zus. dieser Steine: 70 bis

45 (%) SiO_2, 20—50 Al_2O_3, Rest Fe_2O_3, CaO u. MgO. — Beispiel: 42 Al_2O_3, F. 1650 bis 1720°, D. 0,6—0,8, Wärmeleitkoeff. 0,3. (Métallurgie Construct. mécan. **84.** 357—61. Mai 1952.) HAUG. 6228

Friedrich Hegemann und **Barbara Pfab**, *Ein Verfahren zur genauen Bestimmung von Natrium mit dem Zeiss'schen Flammenphotometer.* Die Anwendung des Spektrographen soll die Schnelligkeit der Analysen erhöhen, jedoch ergeben sich für Silicate besondere Schwierigkeiten. Vff. wollen sie dadurch überwinden, daß sie für die Best. des Na-Geh. eine Eichkurve nicht für die verwendete Lsg. allg. aufstellen, sondern für das Verhältnis der Linienintensitäten der Probelsg. zu einer Bezugslsg. u. jeweils mehrere Messungen dieser Lsgg. durchführen. Sie geben eine eingehende Arbeitsanweisung für die spektrograph. Best. von Na unter Benutzung eines ZEISS'schen Flammenphotometers. Herst. der Probelsg. u. Durchführung der Messung werden genau beschrieben. Ca muß vor der Best. abgetrennt werden. Die Genauigkeit des Verf., das bei entsprechender Berücksichtigung des K-Geh. auch auf andere Substanzen übertragbar ist, liegt bei $\pm 0,5\%$ des jeweiligen Na_2O-Gehaltes. (Glastechn. Ber. **26.** 238—41. Aug. 1953.) KÜHNERT. 6242

R. S. Lamar, *Überblick über Verfahren zur Bestimmung der Teilchengröße und Teilchenverteilung in keramischen Rohmaterialien.* Übersicht. Best. der Teilchengröße durch Sieben, mkr. Betrachtung, Sedimentation, Zentrifugieren, Schlämmen, Trübungsmesser, Adsorption. (Amer. ceram. Soc. Bull. **31.** 283—88. Aug. 1952.) STEINER. 6248

R. S. Lamar, *Übersicht der Methoden zur Bestimmung der Teilchengröße keramischer Materialien.* (Vgl. vorst. Ref.) Übersicht. (Brit. Clayworker **61.** 308—09. 15/1. 1953.) STEINER. 6248

Standard Brick & Sand Co. Ltd., England, *Chemische Behandlung von Sand zum Zwecke der Enteisenung für eine Glasschmelze.* Ein Sand mit 0,135 (%) Geh. an Fe_2O_3 wird gründlich gewaschen u. enthält dann ca. 0,064 Fe_2O_3. Dann wird er 5 Min. unter guter Durchmischung mit einer wss. Lsg., die 0,2 einer 40%ig. HF-Lsg. u. 0,2 Na_2SO_4 enthält, behandelt. Der Fe_2O_3-Geh. ist dadurch auf 0,047 zurückgegangen. Nun wird der Sand einer Schaumflotation unterzogen. (**F. P. 1 024 219** vom 1/9. 1950, ausg. 30/3. 1953.) BEWERSDORF. 6171

Manufactures Verrières du Nord-Est de la France (Manuver), Meurthe-et-Moselle, Frankreich, *Dekorierung von Glas- und Kristallglasgegenständen.* Man ätzt, graviert oder schneidet in den Gegenstand ein Verzierungsmuster ein, legt in das Muster Glanz- oder Mattgoldplättchen oder trägt Goldlack auf. Dann wird der Gegenstand unter entsprechender Hitzeeinw. wie beim Glasieren von Keramik behandelt. (**F. P. 1 025 693** vom 6/10. 1950, ausg. 17/4. 1953.) BEWERSDORF. 6189

Jenaer Glaswerk Schott & Gen. (Erfinder: **Edwin Berger**), Jena, *Optisches Glas.* Zwecks Verbesserung des opt. Glases nach dem Hauptpatent, das neben sonstigen Glasbildnern B_2O_3, zweiwertige Oxyde u. La_2O_3 enthält, werden außerdem noch ThO_2, Ta_2O_5 u. SnO_2 einzeln oder gemischt zugesetzt. Der Geh. des Glases an 5wertigen Oxyden sowie an anderen 4wertigen Oxyden als SiO_2 darf dabei 20 (%) nicht übersteigen. — Z. B. kann man eine Zus. aus 16,4 SiO_2, 17,8 B_2O_3, 1,4 Al_2O_3, 1,0 As_2O_3, 48,4 BaO, 5,0 La_2O_3, 10,0 ThO_2 wählen. Man beseitigt durch solche Zus. einen Angriff auf Tontiegel, wie er mit anderen Gläsern möglich ist. (**D. P. [DDR] 2 071** Kl. 32b vom 20/12. 1941, ausg. 14/2. 1953 [Wirtschaftspatent]. **Zusatz zu D. R. P. 746 997; C. 1944. II. 1345.**) BEWERSDORF. 6201

Poor & Co., Chicago, übert. von: **Allan E. Chester,** Highland Park, und **Irwin Herbert Schram jr.,** Wankegan, Ill., V. St. A., *Vorbehandlung von niedrig gekohltem Eisen vor dem Emaillieren.* Die Gegenstände werden nach dem Beizen in H_2SO_4 nacheinander mit einer Phosphat-, S-, Sb- u. Ni-Schicht überzogen. Die Vorbehandlung ersetzt das Aufbringen einer Grundemailschicht. — Abbildung. (**A. P. 2 569 453** vom 14/9. 1949, ausg. 2/10. 1951.) MARKHOFF. 6213

Heinrich Koppers G. m. b. H., Deutschland, *Glasieren von Terrakottagegenständen.* Gebrannte Terrakottagegenstände werden mit einer Glasurmischung aus 55,4 (%) Mennige, 30 Borsäure u. 14,6 Quarzmehl, die durch Dextrin als Bindemittel gebunden ist, versehen. Nach dem Trocknen wird ca. 30 Min. bei 1100° gebrannt. Dann wird die Glasur mit warmer konz. HCl behandelt, welche den Überschuß der Glasur auflöst. Die Oberfläche zeigt dann ein glänzendes poliertes Aussehen. (**F. P. 1 023 767** vom 25/8. 1950, ausg. 24/3. 1953.) BEWERSDORF. 6213

Steuler-Industriewerke G. m. b. H., Höhr-Grenzhausen, und **Karl Siebel,** Karlsruhe, *Keramische Masse.* Aus Sanden werden keram. Prodd. hergestellt, die den

Steinzeugmassen in ihren Eigg. gleichkommen, wenn als Bindesubstanz Stoffe, wie Zinkorthotitanat oder Zinkchromit, in Mengen von 0,5—10 (%), wie sie im D. B. P. 887 624 beschrieben sind, verwendet werden. Als weitere Zusätze dienen 12—18 Ton u. 1—12 MgO. Letzteres hat den Zweck, durch Bldg. von Magnesiumsilicat die M. zu verdichten, während der Tonzusatz die Wrkg. der Bindesubstanz unterstützt u. die Festigkeit der aus den Massen erzeugten Preßlinge erhöht. (**D. B. P. 897 070** Kl. 80b vom 30/11. 1951, ausg. 16/11. 1953. **Zusatz zu D. B. P. 887 624; C. 1954. 2473.**)
REINHART. 6219

Canadian Refractories Ltd., Montreal, Quebec, übert. von: **Frank E. Lathe,** Ottawa, Ontario, Can., *Verfestigen von feuerfestem Material.* Feuerfeste Körner, die in gebranntem Zustand mindestens 80 (Gew.-%) CaO, MgO u. SiO_2 enthalten u. in denen das Verhältnis von CaO : SiO_2 nicht unter 2 : 1 liegt, werden mit nichtfeuerfestem Material gemischt, dessen Geh. an CaO, MgO u. SiO_2 nicht unter 75 beträgt u. das eine Zus. aufweist, die im Dreieckdiagramm CaO—MgO—SiO_2 um den Punkt 2 CaO · MgO · 2 SiO_2 mit einem F. von 1454° liegt. Das Gewichtsverhältnis von CaO : SiO_2 soll hierbei ca. 1 : 87 betragen. Die Mischung wird auf Tempp. erhitzt, die über der beginnenden Schmelzung des nichtfeuerfesten Materials liegen, mindestens aber 1321°. Der geschmolzene Bestandteil reichert sich mit den feuerfesten Bestandteilen der Körner an u. verfestigt dadurch die Masse. Nach dem Brennen kann das feuerfeste Material z. B. aus Periklas bestehen, der durch Dicalciumsilicat u. Magnesiaferrit gebunden ist. (**A. P. 2 621 131** vom 30/3. 1949, ausg. 9/12. 1953.)
REINHART. 6219

C. U. R. A. Patents Ltd., London, England, *Keramische Gegenstände.* Kohlenstofffreie Asche aus einer Staubkohlenfeuerung wird durch Zusatz einer geringen Menge von koll. SiO_2 oder koll. Silicat, wie Alkalisilicat oder Äthylsilicat, plast. gemacht, geformt u. bei 1000—1250° gebrannt. Die Menge des Zusatzes soll 5% nicht übersteigen. Je nach der Brenntemp. können Körper mit dichten oder porigen Scherben hergestellt werden, die auch noch glasiert werden können. (**E. P. 692 181** vom 31/7. 1947, ausg. 3/6. 1953.)
REINHART. 6221

F. L. Smidth & Co., New York, N. Y., V. St. A., übert. von: **Thorbjorn Heilmann-**Kopenhagen, Dänemark, *Herstellung pumpfähiger Zementrohmischungen.* Zur Herabz setzung des Wassergeh. von pumpfähigen Zementrohmischungen wird ein Zusat- bis zu 0,2%, bezogen auf das Gewicht der festen Stoffe, eines Alkalihexametaphosphates benutzt. — Z. B. läßt sich der Wassergeh. einer n. pumpfähigen Zementroh, mischung mit 61,8% W. durch Zusatz von 0,039% Na-Hexametaphosphat auf 54,9% herabsetzen, ohne die Viscosität der M.. zu beeinträchtigen. (**A. P. 2 587 044** vom 8/2. 1950, ausg. 26/2. 1952. E. Prior. 14/2. 1949.)
HANS HOFFMANN. 6223

Soc. An. d'Innovations Chimique: Sinnova ou Sadic, Seine-et-Marne, Frankreich, *Verbesserung von Betonmörteln.* Man mischt dem Mörtel ein Alkylarylsulfonat der Formel R—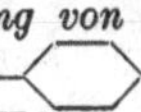—SO_3Me zu, wo R eine Kette mit 8—20 C-Atomen u. Me = Na, K, Li oder NH_4 ist. — Z. B. vermischt man 75 (g) $C_{12}H_{25} \cdot C_6H_4SO_3Na$ mit 25 Leim in Mischung mit NaOH, 15 Harnstoff u. 84 W. innig. Hiervon werden auf 1 kg Zement 1—1,5 cm^3 dem Mörtel zugesetzt. (**F. P. 1 024 631** vom 15/9. 1950, ausg. 3/4. 1953.)
BEWERSDORF. 6227

Établissements Geosyl, Seine, Frankreich, *Nachbehandeln von porösen Körpern aus Beton, Gips usw.* Z. B. wird eine wss. 15%ig. $ZnSO_4$-Lsg. mit ca. 5 Liter W. verd. u. vor Gebrauch mit 4 cm^3 H_2SO_4 angesäuert. Dann werden 0,5—1,5 mit Äthylenoxyd behandelte Fettalkohole in diese Lsg. eingemischt. Diese Lsg. dringt in die porösen Körper tief ein u. bildet später nach Eintrocknen einen guten Schutz für derartige Körper gegen Abnutzung, Wetterunbilden u. einen guten Korrosionsschutz. (**F. P. 1 033 791** vom 9/3. 1951, ausg. 15/7. 1953.)
BEWERSDORF. 6227

Charles Jehan Toury, Seine-et-Oise, Frankreich, *Herstellung künstlicher Kalksteine.* Man vermischt gebrochenen Kalkstein mit einer HCl-Lsg., die noch $B(OH)_3$ oder Na-Borat enthält. Dann mischt man ca. 10% trockenes Kalk- oder Zementpulver u. gegebenenfalls Farben zu. Die M. kann unter Preßdruck geformt werden. Nach Entschalung wird der Körper 15—40 Tage in einem kühlen, feuchten Raum abgestellt, so daß er nicht zu schnell trocknet. (**F. P. 1 021 979** vom 12/7. 1950, ausg. 26/2. 1953.)
BEWERSDORF. 6229

Jules Dewachter, Nord, Frankreich, *Herstellung von Schall- und Wärmeisolierbaukörpern unter Mitverwendung von Flachsstroh.* Z. B. vermischt man gründlich 571 (kg) Portlandzement, 114 Schmelzzement, 160 Flachsstroh, 1500 Liter Formol, 7 gelöschten Kalk, 60 Bisulfitlauge u. W. (ohne Mengenangabe). Der Mörtel wird in Formen gebracht, u. mit oder ohne Pressung werden Formkörper hergestellt. Der Isolierkörper ist unverbrennlich, unverweslich u. bes. geeignet für Schall- u. Wärmeisolation. (**F. P. 1 023 203** vom 10/8. 1950, ausg. 16/3. 1953.) BEWERSDORF. 6229

Arthur Abbey, London, *Schleifkörper.* Schleifkörner, wie Diamant, SiC, Korund u. Borcarbid, werden mit einem Gemenge gebunden, das aus überwiegend Talk, einem Flußmittel, wie Feldspat, einem tonigen Binder u. einem Füllmittel, wie SiC, besteht. Das Gemenge sintert bei verhältnismäßig niedriger Temp. u. schwindet wegen des Geh. an Talk verhältnismäßig wenig. (**E. P. 661 296** vom 24/3. 1949, ausg. 21/11. 1951.) REINHART. 6239

VII. Agrikulturchemie. Schädlingsbekämpfung.

E. Crivelli, *Vergangenheit, Gegenwart und Zukunft der Phosphorsäuredüngemittel.* Überblick über die Entw. der Düngung, bes. mit Phosphorsäuredüngemitteln, von der Antike an bis zur Jetztzeit mit den hochprozentigen Mischdüngern u. trockenen, granulierten Superphosphaten. Ausblick auf die künftige Versorgung mit Phosphaten. (Chimica [Milano] [N. S.] **7.** 451—55. Dez. 1952.) METZENER. 6282

J. Bereski, E. Gryglik, F. Kammer, St. Mrowec, Z. Pieti und **T. Westfalewicz,** *Untersuchung der Bildungszeit von calciniertem „Superthomasin“.* In Labor.- u. halbtechn. Maßstab wird bei verschied. Drehgeschwindigkeiten des Drehrohrofens die Zeitabhängigkeit der Bldg. von lösl. P_2O_5 beim Glühen von Rohphosphat untersucht. Schon eine Verweilzeit von **19** Min. genügt, um ein Prod. mit 27,4% lösl. P_2O_5 zu erzielen (Umwandlungsgrad 88%). (Przemysł chem. **9 (32).** 373—74. Juli 1953.) R. K. MÜLLER. 6282

Tah-Ho Huang, *Mit Serpentin zusammengeschmolzenes Phosphat.* Allg. Ausführungen über die Herst. von mit Serpentin zusammengeschmolzenem Phosphat (optimales Mol.-Verhältnis: 3 CaO : P_2O_5 : 3 MgO : 3 SiO_2), seine physikal., chem. u. Düngeeigg. (MgO $\geq$15%, P_2O_5 20%, Löslichkeit in Citronensäure 91—99%). Nach vorläufigen Düngungsverss. zu Reis in China ist das Präp. in seiner ertragssteigernden Wrkg. Superphosphat fast gleichwertig bes. auf sauren Böden. (Farm Chemicals **116.** Nr. 1. 41—42. 46—47. 49—50. 71. Jan. 1953. Taipeh, Taiwan [Formosa], Taiwan Fertilizer Co. Ltd.) RANG. 6282

G. L. Bridger und **D. R. Boylan,** *Herstellung eines Düngemittels aus Rohphosphat durch Schmelzen mit Kalium- und Magnesiumsulfat.* Durch Schmelzen von Rohphosphat mit Langbeinit (I)- oder einem äquivalenten Gemisch von K_2SO_4 (II) + $MgSO_2$ (III) u. sofortigem Abschrecken der Schmelze in W. erhält man, falls der Ansatz 30% I u. 70% II + III enthält, ein gut verwendbares Düngemittel folgender Zus.: 13 (%) P_2O_5 in citratlösl. Form, 13 K_2O, 11 MgO u. 1,6 F. III allein gibt nur dann ein brauchbares Prod., wenn der Ansatz mindestens 75% davon enthält. II allein gibt unbefriedigende Ergebnisse, ebenso eine Änderung des Verhältnisses von I : II : III. *Polyhalit* ist ebenfalls nicht brauchbar. In einer Versuchsanlage wurde das Verf. überprüft. Die Charge begann bei 1100° zu schmelzen. Das Prod. besteht aus weißen, weichen u. lagerbeständigen Körnern. Es dürfte bes. zur Düngung Mg-armer Böden geeignet sein. (Ind. Engng. Chem. **45.** 646—52. März 1953. Ames, Iowa State Coll., Dep. of Chem. and Min. Eng.) STEINER. 6290

G. Joret, H. Malterre, P. Lefevre und **G. Hiroux,** *Die Böden von Ponthicu.* Behandelt werden Entw., Zus., Eigg. u. landwirtschaftliche Bedeutung der Böden von Ponthicu (Picardie). — 38 Literaturhinweise. (Ann. Inst. nat. Rech. agronom., Sér. A **4.** 471—517. Juli/Aug. 1953. Amiens, Station agronomique.) WINIKER. 6300

Ichiro Kanno, Masao Nagai und **Shizuoki Arimura,** *Über die auf dem diluvialen Terrassengebiet von Koradai (Nord-Kyushu) ausgebildete Roterde.* Die Hauptbodenbildner u. charakterist. Eigg. der einzelnen Profile sind tabellar. dargestellt u. beschrieben. Die Austausch-Rk. (p_H in W. minus p_H in 0,01 n Na_2SO_4) der einzelnen Horizonte zeigt Neutralität oder Alkalität. Aus diesen u. anderen Eigg. wird gefolgert, daß der Boden anion. Solvatation u. Auswaschung unterliegt u. kein Prod. einer Podsolisierung darstellt. Der Boden ist unfruchtbar wegen seiner stark sauren Rk. u. des niedrigen Basenstatus. (J. Sci. Soil Manure, Japan [Nippon Dozyô-Hiryô-Gaku Zassi] **23.** 109—11. März 1953. Kyushu Vers.-Station.) SCHULER. 6300

Hiroyasu Kashiwagi, *Kolloidchemische Untersuchung von Ackerböden.* 1. Mitt. *Über die Böden von Mikatagahara (Shizuoka).* Es werden 3 Bodenhorizonte für unbearbeitete Böden von 0—5, 5—15 u. 15—25 cm, für bearbeitete von 0—10, 10—18 u. 18—30 cm untersucht. Zus.: 30,9—36,1 (%) SiO_2, 16,8—29,7 Al_2O_3, 7,1—12,7 Fe_2O_3,

2,0—3,1 SiO_2/Al_2O_3. Die elektrophoret. Geschwindigkeit *u* (nach KRUYT u. VAN ARKEL, verbessert) (in 10^{-4} cm/sec/Volt/cm) der *Kolloide* des Mutterbodens steigt mit der Zunahme des p_H bis ca. —2,0. Die Menge des lösl. *Al* (Aluminon-Verf.) nimmt unterhalb p_H 4,0 mit der Acidität stark zu. Die Bodenkolloide (BK) des unbearbeiteten Bodens zeigen ein Minimum von *u* bei p_H 5,8. Die Änderung der Al-Löslichkeit zeigt in den oberen u. unteren Horizonten dieselbe Tendenz. Die BK des gut bearbeiteten Oberbodens zeigen auf der p_H/u-Kurve einen scharfen Minimumpunkt bei p_H 5,8. Lösl. Al ist selbst bei p_H-3,6 sehr gering ($<$ 1 mg/Liter). Die Ergebnisse zeigen, daß bearbeiteter Oberboden in natürlicher Umgebung gegen eine p_H-Änderung ein stabiles Gleichgewicht aufrechterhält. Die ziemlich gleichförmig verlaufende p_H/u-Kurve beim Mutterboden zeigt, daß die BK dort gegen eine p_H-Änderung unstabil sind u. dazu neigen, bei abnehmendem p_H hydrolysiert zu werden. — 3 Kurven u. Tabellen. (J. Sci. Soil Manure, Japan [Nippon Dozyô-Hiryô-Gaku Zassi] **23.** 93—96. März 1953. Shiga Agric. Coll.) SCHULER. 6300

Hajime Yokoi und **Minoru Nakamura,** *Beispiel eines gealterten Wasserreisbodens.* Böden von Iwane (Shiga Präfektur) wurden seit 1892 als Pflanzbett für *Cryptomeria japonica* u. *Chamaecyparis obtusa* benutzt, neuerdings auch für Wasserreis. Die Böden zeigten sich stark sauer, die Hydrolyse der Bodenmineralien schien zu sehr erleichtert u. verursachte das „Altern“ der Böden. (J. Sci. Soil Manure, Japan [Nippon Dozyô-Hiryô-Gaku Zassi] **23.** 143—45. März 1953. Shiga, Agr. Station.) SCHULER. 6304

K. L. J. Blommaert, *Die Bewurzelung von mit Wuchsstoffen behandelten Olivenstecklingen.* Vor dem Setzen 5 Sek. lang in Indolyl-3-buttersäure (I; Konz. 2 g/Liter) oder Lsg. von I + Naphthylessigsäure (je 0,5 g/Liter) getauchte Olivenstecklinge bewurzelten sich zu 14 bzw. 34%, während unbehandelte Stecklinge keine Wurzeln schlugen. Zusätzliche Behandlung mit Lsg. von $(NH_4)_2SO_4$ + Saccharose scheint die Bewurzelung nicht günstig zu beeinflussen. (Farming South Africa **28.** 137. 140. April 1953. Stellenbosch, W. P. Fruit Res. Stat.) RANG. 6304

U. Scheiding, *Die Bodenfauna in ihrer Bedeutung für die Bodenfruchtbarkeit.* Kurzer Überblick an Hand der Literatur (28 Hinweise). (Dtsch. Landwirtsch. **5.** 21—26. Jan. 1954. Aschersleben, Inst. für Phytopathologie der Biol. Zentralanst. der Dtsch. Akad. der Landwirtschaftswiss. zu Berlin.) WINIKER. 6306

Hans Bockmann, *Beobachtungen über den Einfluß von Hormonmitteln auf die Standfestigkeit des Hafers.* Bei Verss. mit Hafer wurde festgestellt, daß als Folge einer Hormonbehandlung (Na- u. Triäthanolamin-Salz von *2.4-D,* Triäthanolaminsalz von *M.C.P.A.,* Kombinationspräp. aus Estern von *2.4-D* u. *2.4.5-T*) eine verstärkte Lagerung auftreten kann. Empfindlichstes Stadium ist der Zeitraum der Bestockung. (Nachrichtenbl. dtsch. Pflanzenschutzdienstes [Braunschweig] **6.** 9—11. Jan. 1954. Kiel-Kitzeberg, Inst. für Getreide-, Ölfrucht- u. Futterpflanzenbau.) WINIKER. 6312

C. J. Joubert, *Die Nematodenschädlinge von Gemüse und anderen Kulturpflanzen.* Die Entseuchung von mit Nematoden befallenen Flächen erfolgt durch Begasung des noch feuchten, bearbeiteten Bodens mit *Nematox* (*Dowfume*) oder *Shell DD.* vor der Aussaat bzw. Bepflanzung des Bodens. (Farming South Africa **28.** 117—18. April 1953. Stellenbosch, Coll. of Agric.) RANG. 6312

P. M. Bekker, *Eine gegen BHC, jedoch nicht gegen Arsenik resistente Blauzecke.* Übersicht über die Resistenzbldg. gegen As_2O_3 (I) u. BHC (II) bei Boophilus decaloratus-Stämmen im Gebiet von East London seit 1940. — Durch Bekämpfungsverss. an befallenen Rindern im Pretoriadistrikt bei Verwendung von **II**- bzw. **III**-Sprays oder **I**-Tauchlsg. wurde das Bestehen eines gegen **II** resistenten u. gegen **I** empfindlichen Stammes bestätigt. — Falls Schwierigkeiten bei der Bekämpfung eintreten, ist es zweckmäßig, zur **II**-Lsg. **I** zuzusetzen. Bleibt auch dieses Gemisch unwirksam, so kann **III** oder Nicotin zusammen mit **I** verwendet werden. — 9 Literaturangaben. (Farming South Africa **28.** 119—20. 136. April 1953. Ondersteeport, Div. of Veterin. Servs.) RANG. 6312

C. J. Naudé, *Wie wird der Düngerbedarf der Pflanzen bestimmt?* Kurze Besprechung des Nährstoffbedarfs der Pflanzen u. der Wege zu seiner Feststellung. (Farming South Africa **28.** 143—44. April 1953. Nelspruit, Sub-trop. Hortic. Res. Stat.) RANG. 6320

Togoro Harada und **Hidenori Hashimoto,** *Neue Methode zur Bestimmung von Kohlenstoff in Böden.* Das Verf. von FARRINGTON, NIEMANN u. SWIFT (C. **1950.** II. 1727) wurde verbessert. Eine ca. 1—10 mg C entsprechende Bodenprobe wird mit VAN SLYKE FOLCHs Verbrennungslsg. in einem Strom CO_2-freier Luft erhitzt u. das entstandene

CO_2 in NaOH-Lsg. absorbiert, als $BaCO_3$ gefällt u. acidimetr. bestimmt. Die Meth. ist sparsamer u. praktischer als die übliche nasse Verbrennungsmethode. (J. Sci. Soil Manure, Japan [Nippon Dozyô-Hiryô-Gaku Zassi] **23.** 117—20. März 1953. Nat. Inst. Agric. Sci.) SCHULER. 6324

A. Ss. Masslennikow, *Colorimetrische Bestimmung von α-Naphthylthioharnstoff in dem (Rattengift) „Kryssid" sowie des Kryssids in einem Giftködergemisch. α-Naphthylthioharnstoff* (I), der wirksame Stoff in dem Rattengift „Kryssid", gibt mit *diazotiertem m-Nitroanilin* (II) die zu colorimetrierende Färbung. Zur Best. des Kryssids in einem Giftködergemisch wird 1 g Einwaage wie Kryssid mit A. extrahiert; zur Best. wird dann 1 ml der Lsg. colorimetriert, wobei als Vergleichslsg. Kryssidpräpp. ohne Köderzusatz genommen werden. (Гигиена и Санитария [Hyg. u. Sanitätswes.] **1953.** Nr. 5. 52—53. Mai. Gorki, Labor. der Gebietsabt. für prophylakt. Desinfekt.) V. WILPERT. 6328

Theodor Kleinert, Vöcklabruck, Oberösterreich, *Herstellung von organisch gebundenen Stickstoff enthaltenden Dünge- und Bodenverbesserungsmitteln aus Sulfitablaugen.* Man geht aus von den Fällungsprodd., welche durch Wärmedruckfällung in Ggw. von alkal. Substanzen, wie $Ca(OH)_2$, aus Sulfitablaugen erhalten wurden. Die von der Restlauge abgetrennten Prodd. werden mit gasförmigem, verflüssigtem oder in W. gelöstem NH_3 bei Tempp. über 50° u. unter Druck behandelt. (**Oe. P. 177 429** vom 15/9. 1952, ausg. 25/1. 1954.) M. F. MÜLLER. 6285

Imperial Chemical Industries Ltd., übert. von: **John W. R. Rayner, John H. Hudson** und **Gordon Denis Thomas,** London, England, *Mischdünger.* Rohphosphat wird mit 40—70%ig. HNO_3 behandelt u. dieser M. ein in W. lösl. schwefelsaures Salz, dessen Kation nicht pflanzenschädigend ist, zugegeben. Die noch feuchte M. wird bei Tempp. nicht über 70° granuliert. (**Can. P. 481 068** vom 17/5. 1947, ausg. 12/2. 1952.) WITTHOLZ. 6291

Wintershall Akt.-Ges., Deutschland, *Magnesiumhaltige Mischdünger.* Die Dünger enthalten Mg, N, K, P u. gegebenenfalls Ca, wobei das Verhältnis von Mg zu N 1 : 2 bis 1 : 3 (vorzugsweise 1 : 2,3) u. das Verhältnis von Mg zu P 1 : 0,8 ist. — Ein solcher Dünger hat z. B. die Zus.: 303 (kg) Ammoniumschönit, 185 $(NH_4)_2SO_4$ u. 287 Superphosphat. (**F. P. 1 035 114** vom 5/4. 1951, ausg. 17/8. 1953.) OPPERMANN. 6291

André Gesnel und **Soc. d'Études de Recherches et d'Applications Industrielles et Agricoles Agrindus (Soc. à r. l.),** Frankreich, *Herstellung von granuliertem Dünger.* Man schließt ein Gemisch von organ. Material pflanzlichen Ursprungs u. gemahlenen Naturphosphaten mit konz. H_2SO_4 auf. Dann neutralisiert man die M. mit geeigneten Basen (z. B. NH_4OH, Cyanamid) u. versetzt mit Kalisalzen. Die pastenartige M. erhärtet rasch zu dicken Blöcken, die durch die Flügel des Mischers granuliert werden. (**F. P. 1 034 428** vom 27/3. 1951, ausg. 23/7. 1953.) OPPERMANN. 6291

André Jean Auguste Solignac und **Felix Marie Antoine Daniel,** Frankreich, *Herstellung von Dünger.* Man vermischt feuchte, huminsäurenhaltige Braunkohle derart mit NH_4-Salzen u. Alkali oder Erdalkali enthaltenden Substanzen, daß sich die schwarze Huminsubstanz in in W. lösl., von den Pflanzenwurzeln leicht assimilierbare Substanzen umwandelt. — Vorrichtung. (**F. P. 1 035 494** vom 17/4. 1951, ausg. 25/8. 1953.) OPPERMANN. 6293

André Gesnel und **Soc. d'Études de Recherches et d'Applications Industrielles et Agricoles Agrindus (Soc. à r. l.),** Frankreich, *Verwertung von Fäkalien.* Man siebt die festen Bestandteile ab, entwässert sie bis auf 35% Feuchtigkeitsgeh. u. verwendet sie so, oder man verarbeitet sie durch völliges Trocknen auf Poudrette. Man kann sie auch mit NH_3-Gas behandeln, gegebenenfalls mit NH_4NO_3, KNO_3 oder $NaNO_3$ vermengen u. dieses Prod. zur Herst. von Mischdüngern benutzen. (**F. P. 1 034 429** vom 27/3. 1951, ausg. 23/7. 1953.) OPPERMANN. 6295

Eugène Sauvage, Roger Favard und **Soc. Auxiliaire de Recherches et d'Exploitation de Brevets (S. à r. l.),** Frankreich, *Herstellung von Fäkaliendüngern.* Man tränkt Stroh oder Torf mit Fäkalien, die man vorher mit einer benetzend wirkenden Substanz (z. B. Triäthanolamin, Alkalisalzen) versetzt hat, u. läßt die M. ca. 6—8 Wochen fermentieren. (**F. P. 1 033 770** vom 9/3. 1951, ausg. 15/7. 1953.) OPPERMANN. 6295

Henri Genet, Frankreich, *Düngen von Pflanzen, besonders von Bäumen.* Man preßt das betreffende Düngemittelgemisch, das auch Mittel gegen Pflanzenkrankheiten enthalten kann, in Blöcke oder Stücke (z. B. von 150 g Gewicht) u. gräbt sie in Nähe der Pflanzenwurzeln ein. Ein solches zu verpressendes Gemisch hat z. B. die Zus.: 10 (kg) NH_4-Phosphat, 10 NH_4NO_3, 51 $(NH_4)_2SO_4$, 20 KCl, 1 $CuSO_4$, 4 Bentonit u. 4 Ballaststoff. — Weitere 6 Beispiele. (**F. P. 1 027 707** vom 15/11. 1950, ausg. 15/5. 1953.) OPPERMANN. 6305

Monsanto Chemical Co., V. St. A. (Erfinder: **Ross M. Hedrick** und **David T. Mowry**), *Steigerung der Ertragsfähigkeit von Kulturböden.* Man führt den Böden direkt oder als wss. Lsg. oder gemischt mit festen Substanzen (z. B. Sphagnummoos, Sand, mineral. oder anderen Düngemitteln) 0,0001—2, vorzugsweise 0,01—2, Gew.-% einer in W. lösl. polymeren Verb. zu, die ein Deriv. einer Säure von der allg. Formel $H \cdot (CH_2)_n \cdot C(:CH_2) \cdot COOH$ ist. n hat den Wert 0 oder 1. Solche Verbb. sind z. B.: Polyacrylamid, Polymethacrylamid, Na-, NH_4-Polymethacrylat, Na-Polyacrylat, Polydimethylaminoäthylmethacrylat. (**F. P. 1 033 491** vom 6/3. 1951, ausg. 10/7. 1953. A. Priorr. 8/3. u. 27/11. 1950.) OPPERMANN. 6305

Monsanto Chemical Co., V. St. A. (Erfinder: **David T. Mowry** und **Ross M. Hedrick**), *Erhöhung der Ertragsfähigkeit von Kulturböden sowie Herabsetzung der Bodenerosion.* Man führt dem Boden 0,001—2 Gew.-% eines in W. lösl. Mischpolymerisates eines Maleinsäurederiv. u. einer monoolefin. polymerisierbaren Verb. zu (z. B. Mischpolymerisat von Vinylacetat u. Mononatriummaleat oder Diammoniummaleat [I], von Methylvinyläther oder Äthylvinyläther u. **I**, von Isobutylen u. **I**, von Styrol u. **I**, von Äthylacrylat u. **I**, von Vinylchlorid u. **I**). (**F. P. 1 033 426** vom 5/3. 1951, ausg. 10/7. 1953. A. Priorr. 8/3. u. 27/11. 1950.) OPPERMANN. 6305

Jacques Fischer, Frankreich, *Insektenvertilgungsmittel.* Man setzt den Hexachlorcyclohexan (I) enthaltenden Räucherpastillen oder -kegeln den schlechten Geruch des **I** maskierende oder absorbierende Stoffe oder desodorisierende Substanzen oder andere geeignete Desinfektionsmittel zu (z. B. Benzoeharz, Ambra, Kohle, Kaolin, Chlorophyll, Thymol, p-Dichlorbenzol, α-Chlornaphthalin). Die Erzeugung des insekticiden Dampfes erfolgt mit einer elektr. Lampe. (**F. P. 1 036 143** vom 25/4. 1951, ausg. 3/9. 1953.) OPPERMANN. 6313

Marsili Libelli geb. **Poggi**, Italien, *Mittel gegen Reblaus,* bestehend aus einem Gemisch natürlicher oder synthet. pflanzlicher Hormone, sowie Folliculin, Vitamine u. Ca-Phosphat. Als pflanzliche Hormone kommen z. B. Pantothensäure, β-Alanin, α.β-Dioxy-β.β-dimethylbuttersäure, Auxin a u. b, β-Indolessigsäure, Phenylessigsäure, Vitamin B_1 u. a. in Betracht. — 0,1—2 (mg) pflanzliche Hormone, 0,5 Folliculin, 1—2 Vitamin B_1, 30 g Ca-Phosphat. Neben der immunisierenden Wrkg. gegen Reblausbefall begünstigt das Mittel die Entw. der Weinstöcke. (**F. P. 990 847** vom 22/6. 1949, ausg. 26/9. 1951. It. Prior. 23/6. 1948.) WITTHOLZ. 6313

J. R. Geigy Akt.-Ges., Basel, Schweiz, *Herstellung von in 3-Stellung substituierten 4-Oxycumarinen* der allg. Formel **I**, worin R_1 einen in 4-Stellung durch Fluor, Chlor oder Brom substituierten Phenylrest u. R_2 einen gesätt. oder ungesätt. niedrigen Alkylrest, bes. einen Methylrest oder einen gegebenenfalls durch Halogen, Methyl- oder Methoxygruppen substituierten Phenylrest bedeuten. Auf 4-Oxycumarin läßt man Styrolketone der allg. Formel R_1—CH=CH—CO—R_2 bei erhöhter Temp. in Ggw. bas. Kondensationsmittel, wie Pyridin oder Alkalialkoholat, oder in Ggw. von inerten Lösungs- bzw. Verdünnungsmitteln, wie A. oder W., einwirken. R_1 u. R_2 haben die oben angegebene Bedeutung. — 4-Oxycumarin u. 3-Chlorbenzalaceton werden in Pyridin 24 Std. unter Rückfluß gekocht. Es entsteht das *3-[α-(3'-Chlorphenyl)-β-acetyläthyl]-4-oxycumarin,* F. 166—168°. Mit 4-Chlorbenzalacetophenon entsteht dabei das *3-[α-(4'-Chlorphenyl)-β-benzoyläthyl]-4-oxycumarin,* F. 151—153°. — 16 Teile 4-Oxycumarin u. 19 Teile 4-Nitrobenzalaceton werden auf dem Ölbad bei 135—140° 12—14 Std. erhitzt. Es entsteht dabei *3-[α-(4'-Nitrophenyl)-β-acetyläthyl]-4-oxycumarin,* F. 196—199°. — In analoger Weise lassen sich z. B. herstellen: *3-[α-(4'-Fluorphenyl)-β-acetyläthyl]-4-oxycumarin,* F. 164—166°, *3-[α-(4'-Chlorphenyl)-β-acroyläthyl]-4-oxycumarin,* F. 164—166°, *3-[α-(4'-Chlorphenyl)-β-phenacetyläthyl]-4-oxycumarin,* F. 170—172°, *3-[α-(3'-Methyl-4'-chlorphenyl)-β-acetyläthyl]-4-oxycumarin,* F. 100—103°, *3-[α-(3'-Nitrophenyl)-β-acetyläthyl]-4-oxycumarin,* F. 186—190°, *3-[α-(3'-Nitro-4'-chlorphenyl)-β-acetyläthyl]-4-oxycumarin,* F. 213—215°, *3-[α-(3'-Nitrophenyl)-β-propionyläthyl]-4-oxycumarin, 3-[α-(3'-Nitrophenyl)-β-(3''.4''-dichlorbenzoyl)-äthyl]-4-oxycumarin, 3-[α-(3'-Nitrophenyl)-β-(4''-methoxybenzoyl)-äthyl]-4-oxycumarin, 3-[α-(3'-Nitrophenyl)-β-(4''-nitrobenzoyl)-äthyl]-4-oxycumarin, 3-[α-(4'-Chlorphenyl)-β-isovaleroyläthyl]-4-oxycumarin, 3-[α-(4'-Chlorphenyl)-β-(4''-methoxybenzoyl)-äthyl]-4-oxycumarin.* — *Schädlingsbekämpfungsmittel* für Nager, wie Ratten u. Mäuse. (**Oe. P. 177 415** vom 14/11. 1950, ausg. 25/1. 1954. Schwz. Priorr. 30/1. u. 25/7. 1950.) M. F. MÜLLER. 6313

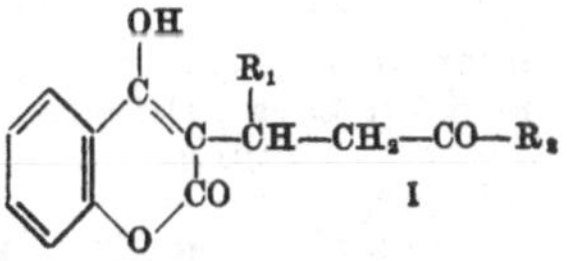

I

Aage Thorsen Skovsted, Dänemark, *Rattenvertilgungsmittel.* Es besteht aus einer in 7 Tagen in Ggw. von P_2O_5 bei fallenden Drücken (von 100 bis ca. ½ mm Hg) eingetrockneten, Bakterien aus der Familie Salmonella enthaltenden Nährflüssigkeit. (**F. P. 1 035 253** vom 9/4. 1951, ausg. 20/8. 1953. Dän. Prior. 11/4. 1950.) OPPERMANN. 6313

M. W. Stone and others, Effect of soil applications of insecticides on the growth and yield of vegetable crops. Washington: D. C. 1953. (19 S. m. Abb.) $ —,10.

VIII. Metallurgie. Metallographie. Metallverarbeitung.

D. Karpoff, *Beitrag zur Kenntnis der St. Urbain-Ilmenitlagerstätten.* Beschreibung der Lagerstätte. Durch Setzmaschinen erhält man Konzentrate mit 43,29 TiO_2 mit einem Ausbringen von 92%, durch Waschen auf dem Herd der feineren Anteile ein solches mit 42,90 TiO_2 bei einem Gewichtsausbringen von 70%. Aus der Nachbehandlung der feinsten Anteile mit einem magnet. Separator läßt sich ein weiteres Konzentrat mit 43,10 TiO_2 gewinnen, so daß das Gesamtausbringen auf 88,75% gesteigert werden kann. (Canad. Mining metallurg. Bull. **46.** 480—86. Aug. 1953.) ENSSLIN. 6360

George W. Mao, *Einfluß der Teilchengröße einer Gangart auf die Flotation.* Um den schädlichen Einfl. feinster Teilchen (größerer Verbrauch an Reagentien, Verstärkung der Schaumbldg., Verunreinigung der Konzentrate u. Verschlechterung der Ausbeute) zu untersuchen, wurde ein synthet., aus 95% SiO_2 u. 5% *PbS* bestehendes Erz verschied. Feinheitsgrade mit Amylxanthat als Sammler u. Fichtenholzöl als Schäumer unter sonst gleichen Bedingungen flotiert. Je kleiner die Teilchengröße, desto größer u. zäher waren die Schaumblasen. Die oberen Schaumblasen waren groß u. schmutzig, die unteren klein u. klar. Das p_H blieb in allen Fällen neutral u. unverändert. Fast das gesamte PbS konnte bei allen Verss. rückgewonnen werden, doch verschlechtert sich die Beschaffenheit des Konzentrates zusehends mit ansteigendem Feinheitsgrad der Gangart. — 11 Literaturzitate. (Mines Mag. **43.** Nr. 12. 23—26. 28. 42. Dez. 1953.) STEINER. 6362

H. Escher, *Betriebsergebnisse bei Verwendung metallischer Rekuperatoren, System Escher, für mit höherer Temperatur arbeitende Öfen.* (Métallurgie Construct. mécan. **84.** 427—39. Juni 1952. J. Iron Steel Inst. **169.** 39—46. Sept. 1951.) HAUG. 6370

W. B. Wallis, *Amerikanische Lichtbogenofenpraxis.* Überblick. (Iron Coal Trades Rev. **167.** 827—33. 9/10. 1953.) HOCHSTEIN. 6370

I. C. H. Hughes, *Einige Einflüsse von Magnesium auf die Bildung von Graphit bei der Erstarrung von Gußeisen.* Die bisherigen Theorien über den Verlauf der Kugelgraphitbldg. u. deren Grenzen werden erörtert. Die Unterschiede zwischen den Abkühlungskurven eines Mg-freien u. eines Mg-haltigen untereutekt. Gußeisens wurden bestimmt u. Proben von beiden Gußeisensorten, die in engen Temperaturintervallen innerhalb oder nahe am Erstarrungsgebiet abgeschreckt waren, mkr. geprüft. Die Ggw. von Mg im geimpften Gußeisen erniedrigt unter den untersuchten Abkühlungsbedingungen die eutekt. Temp. um 27°, jedoch verläuft die Erstarrung sowohl im Mg-freien als auch Mg-haltigen Gußeisen durch eine anfängliche Ausscheidung von prim. Austenitdendriten, der ein gleichzeitiges Wachsen des Graphits u. des Austenits bei eutekt. Temp. folgt. In beiden Gußeisensorten tritt Graphit zunächst in der Fl. nahe bei den Austenitdendriten auf; während jedoch die Graphitflocke in Berührung mit der Fl. anwächst, entwickelt jedes Kugelgraphitteilchen zu einem früheren Zeitpunkt eine austenit. Umhüllung, u. sein weiteres Anwachsen bewirkt eine Diffusion von C aus der Fl. durch den Austenit. Wenn Mg-haltiges Gußeisen nicht geimpft wird, so wird die eutekt. Temp. um weitere 13° erniedrigt u. die letzte noch zu erstarrende Fl. wandelt sich zu einem eutekt. Fe_3C-Gefüge um. — Schrifttumsangaben. (Foundry Trade J. **93.** 349—56. 25/9. 385—91. 2/10. 417—23. 9/10. 1952. Birmingham, Mond Nickel Co. Ltd.) HOCHSTEIN. 6404

Ulrich Zwicker, *Reaktionen einiger Magnesiumlegierungen mit Gußeisenschmelzen.* Die Verwendung von Mg-haltigen Vorlegierungen bei der Herst. von sphärolith. Gußeisen wird besprochen, die Rkk. einer schweren *Mg–Ni*-Vorlegierung mit 15 (%) Mg u. einer leichten Vorlegierung mit 40 *Mg*, 53 *Si* u. 7 *Fe* werden miteinander verglichen u. der unterschiedliche Reaktionsmechanismus auf Grund von Gleichgewichtsunterss. gedeutet. — Schrifttumsangaben. (Z. Metallkunde **45.** 31—35. Jan. 1954. Frankfurt/M., Metallges. A. G.) APEL. 6404

P. Blanchard, *Einige technische Neuerungen in der Stahlgießerei.* Vf. beschreibt vor allem dreh- u. kippbare, mit Öl, Gas oder Kohlenstaub befeuerte Schmelzöfen für die Herst. von *Eisen* u. *Stahl* jeder Zus., sowie das Schmelzen von *Bronze,* bei denen die Verbrennungsluft durch Rekuperatoren auf ca. 500° vorgewärmt wird. (Métallurgie Construct. mécan. **84.** 413—18. Juni 1952.) HAUG. 6408

David Bird, *Zustellung und Böden der Thomas-Konverter im Werk Corby der Stewarts and Lloyds.* Durch eine mit Dolomitsteinen ausgemauerte Konverterzustellung wird eine Erniedrigung des N_2-Geh. im *Stahl* infolge günstigerer Raumverhältnisse sowie eine Erhöhung der Stahlerzeugung erreicht. (Stahl u. Eisen **73.** 1337—38. 8/10. 1953. Corby, England.) HOCHSTEIN. 6408

Wilhelm Krumnacker, *Zur Frage der Desoxydation von Bessemer-Stahl.* Al muß bei der BESSEMER-Stahlherst. in irgendeiner Form zur Desoxydation verwendet werden. Zweckmäßig wird als Richtwert der Al-Geh. des Stahles benutzt, der zwischen 0,10 u. 0,25% liegen soll. Hieraus läßt sich die Menge des Al-Zusatzes errechnen. Ferromangan als Desoxydationsmittel ermöglicht durch Vorwärmung auf ca. 500° u. Zusetzen in die Gießpfanne ein leichtes Arbeiten, wobei kleinstückiges Ferromangan u. Ferrosiliciumabrieb ebenso wie grobstückiges Gut verarbeitet werden können. (Metallurgie u. Giessereitechn. **3.** 540—43. Dez. 1953. Zwickau.) HOCHSTEIN. 6408

Alfred Krisch, *Verhalten des Stahles bei erhöhten Temperaturen.* (Vgl. C. **1953.** 1353.) Übersicht über das Schrifttum des Jahres 1951. Auswertung von 83 Schrifttumsstellen. (Stahl u. Eisen **73.** 1349—55. 8/10. 1607—12. 19/11. 1668—71. 3/12. 1953.) HABBEL. 6410

W. Jellinghaus, *Magnetische Meßverfahren in der Metallkunde.* Überblick über die ferromagnet. Kristallarten; die Anwendung ferromagnet. Methoden zur Unters. des Gefügeaufbaus u. ihre Anwendung auf Texturen u. Verformungsvorgänge; paramagnet. u. diamagnet. Stoffe; Meßgeräte; Verfahren. — Schrifttumsangaben. (Metall **7.** 669—78. Sept. 1953. Düsseldorf.) APEL. 6480

A. Wittmoser und **W. Seeliger,** *Über den heutigen Stand der deutschen Graugußprüfung.* (Giesserei **39.** 477—83. 18/9. 533—38. 2/10. 1952. Eisenwerke Gelsenkirchen, AG., Versuchsanstalt.) HABBEL. 6480

H. Tertsch, *Mikrohärteprüfung und Praxis.* Vf. geht auf die grundlegenden Unterschiede von Kristallhärte u. Gefügefestigkeit ein u. die unterschiedlichen Methoden ihrer Bestimmung. Es werden prakt. Regeln für die Unters. der Mikrohärte an Kristallen gegeben. (Radex-Rdsch. **1953.** 126—28. März. Wien.) DEUTSCH. 6480

Leo Walter, *Die Beurteilung der Oberflächenbeschaffenheit.* Überblick über die wichtigsten Methoden zur Unters. der Rauheit bearbeiteter Metalloberflächen. — 6 Literaturhinweise. (Canad. Machinery Manufact. News **64.** 312—15. 323. Dez. 1953.) WINIKER. 6480

Heinz Wilsdorf, *Die elektronenmikroskopische Untersuchung von Metalloberflächen mit Hilfe von Siliciummonoxyd-Aufdampfabdrücken.* Beschreibung eines direkten Abdruckverf. unter Verwendung von SiO als Aufdampfmittel. Einzelheiten über besondere Durchführungsmaßnahmen werden für spektroskop. reine Proben aus *Al, Fe, Cu, α-Messing, Ag, Pb* u. *Zn* angegeben. Weiterhin wird ein Vers. beschrieben, bei dem die Oberfläche von elektr. poliertem *Pb* durch eine H_2-Entladung gereinigt u. die Probe ohne Unterbrechung des Hochvakuums gedehnt u. bedampft wurde. Dadurch ist erstmalig die elektronenmkr. Abb. einer oxydfreien Metalloberfläche mittels eines Abdruckes gelungen. — Schrifttumsangaben. (Z. Metallkunde **45.** 14—22. Jan. 1954. Pretoria, Südafrika, South African Counc. for Sci. and Ind. Res., Nat. Phys. Labor.) APEL. 6484

C. B. Post, D. G. Schoffstall und **H. O. Beaver,** *Seltene Erden verbessern die Schmiedbarkeit von nichtrostenden Stählen.* Inhaltlich ident. mit der C. **1953.** 4272 referierten Arbeit. (Iron Age **168.** Nr. 23. 162—63. 6/12. 1951.) KREITZ. 6492

A. A. Caminada, *Heißbearbeitungsmethoden für schwer zu bearbeitende Metalle.* Diskussion der Vor- u. Nachteile beim Heiß- u. Kaltbearbeiten u. Fräsen von *Stahl,* sowie der Erhitzungsmethoden, der Toleranzen u. der Wirtschaftlichkeit. (Materials and Methods **36.** Nr. 1. 98—100. Juli 1952. Purdue Univ.) WEITBRECHT. 6492

Kenneth Rose, *Kaltverformen von Teilen aus rostfreiem Stahl.* Bericht über die mechan. u. Verformungseigg. der martensit. u. ferrit. *Cr*-Stähle sowie der austenit. *Cr–Ni*-Stähle, bes. der 18/8-Stähle, über die Methoden der Kaltverformung, der therm. Nachbehandlung, über die Materialien zum Bearbeiten, Ziehen u. Oberflächenveredeln. (Materials and Methods **36.** Nr. 1. 101—16. Juli 1952.) WEITBRECHT. 6492

Kenneth Rose, *Abschrecken in heißem Öl vermindert das Verziehen beim Härten von Stahlteilen.* Das als MARQUENCHING bezeichnete Verf. besteht im Abschrecken der zu härtenden Teile, wie Zahnräder, Wellen u. dgl., aus dem A_3-Gebiet in Öl von rund 260°, d. h. von einer Temp., bei der entsprechend der isothermen Umwandlungskurve des betreffenden Stahles eine völlige Umwandlung des Austenits in Martensit stattfindet; die Umwandlung soll in wenigen Sek. beendet sein. Anschließend läßt man den Konstruktionsteil an Luft abkühlen, was je nach seiner Größe einige Std. dauert. Dann wird bei ca. 150° angelassen, wobei sich ein getemperter Martensit bildet. Es wird über die Erfahrungen u. Schwierigkeiten verschied. Firmen mit diesem Verf. berichtet. Unlegierte Stähle wandeln sich schneller um als legierte. Ni u. Mn vermindern gegebenenfalls die Umwandlungsgeschwindigkeit, so daß gemischte Strukturen entstehen. Schwierigkeiten bereitet auch der infolge der hohen Öltemp. starke Ölverbrauch. Das Öl brennt leicht, zers. sich u. dickt stark ein, so daß der Ölwechsel häufiger notwendig ist als bei den üblichen Verfahren. (Materials and Methods **32.** Nr. 5. 62—64. Nov. 1950.) WERNER. 6492

—, *Die Praxis der Wärmebehandlung plastisch verformbarer Leichtmetallegierungen.* Zusammenfassung der Erfahrungen über die Wärmebehandlung von 23 plast. verformbaren Leichtmetallen. Reinst-Al; Rein-Al; Reflextal 50, 20 u. 05; Peraluman 15, 25, 35 u. 50; Aluman 30; Aldrey 14; Anticorodal 11 u. 63; Extrudal 12; Avional 14, 21, 22 u. 24; Duralite 35; Recidal 40; Lega Y; Ergal 55 (60—65) u. Unidal 44. (Alluminio **22.** 313—30. Mai 1953. Novara, Ist. Sper. dei Met. Legg.) RUMPF. 6492

G. Rossi-Landi, *Zur Überwachung des beim chemischen Beizen aus Eisenmetallen entwickelten Wasserstoffs.* Da jedes Übermaß an H_2 Verluste an Säure u. Metall bedeutet, muß die H_2-Entw. genau beobachtet werden. (Métallurgie Construct. mécan. **84.** 465. Juni 1952.) HAUG. 6512

Hans-Joachim Wiester und **Dietrich Horstmann,** *Pickelbildung an der Oberfläche verzinkter Bleche.* Zur Unters. der Pickelbldg. wird durch Abbeizen des Zn-Überzuges in ca. 2%ig. HCl mit Sb_2O_3 als Sparbeizzusatz die Blechoberfläche freigelegt u. der Aufbau der Zn-Schicht an den fehlerhaften Stellen metallograph. untersucht. Danach können Pickel durch im Zn-Bad schwimmende feste Bestandteile entstehen. Als solche kommen Hartzinkkristalle, nicht aufgeschmolzene Al-Teilchen, Oxyde oder Kristalle anderer, höher als Zn schm. Metalle oder Verbb. in Frage. Pickelbldg. kann weiter infolge von Oberflächenfehlern (I) im Blechwerkstoff u. durch mechan. Verletzung der Blechoberfläche nach dem Glühen auftreten. Die I durch Überwalzungen können so klein sein, daß sie nach dem Beizen mit bloßem Auge nicht erkennbar sind. Erst beim Verzinken werden die Ränder u. Spitzen der Walzzungen so hoch gewölbt, daß Pickel auftreten. Es konnte festgestellt werden, daß mechan. Verletzungen bei Al-haltigen Zn-Bädern zu verstärkter Hartzinkbldg. führen, die eine Aufwölbung an der Zn-Oberfläche hervorruft. (Stahl u. Eisen **73.** 902—06. 2/7. 1953. Düsseldorf.) VIER. 6522

Hans-Joachim Wiester und **Dietrich Horstmann,** *Tränenbildung auf verzinkten Blechen.* Wenn beim Ausziehen der Bleche aus dem Zn-Bad das fl. Zn nicht gleichmäßig abfließt, sondern sich zu Tropfen zusammenzieht, bilden sich Tränen auf der Zn-Schicht. Durch metallograph. Unters. von Schliffproben, bei denen durch Ätzen mit mit konz. HNO_3 versetztem Amylalkohol u. nachfolgendes Ätzen mit verd. alkoh. Pikrinsäure der Gefügeaufbau des Grundbleches u. der Zn-Schicht zugleich sichtbar gemacht wurde, konnte festgestellt werden, daß diese Fehlbldg. auf Oxydreste auf der Fe-Oberfläche zurückzuführen ist. (Stahl u. Eisen **73.** 906—08. 2/7. 1953. Düsseldorf.) VIER. 6522

Jürgen-Echter Becker, *Betriebserfahrungen mit Feuerverzinkungsanlagen für Draht.* Eine neuartige Absauganlage aus Kunststoff über dem Beizbottich wird beschrieben. Als Werkstoff für die Verzinkungspfannen hat sich ein Kesselblech aus C- u. Siarmem Stahl mit 0,1—0,15 (%) C, höchstens 0,02 Si, 0,35—0,45 Mn u. unter 0,05 P u. S bewährt. Um infolge interkristalliner Korrosion verstärkten Angriff durch das Zn zu vermeiden, werden die Pfannen nach der Fertigstellung ausgeglüht. Anfressungen sollen elektr. mit umhüllten Elektroden aus Stahl mit niedrigem C-Geh. zugeschweißt werden. Al wird nur zugesetzt, wenn die Drähte einen bes. hellen Glanz haben sollen. Für Wäscheleinendraht ist ein Al-Zusatz gefährlich, da durch Umsetzung zwischen Al u. Alkaliresten in der Wäsche Flecken auftreten können. (Stahl u. Eisen **73.** 1385 bis 1391. 22/10. 1953. Hamm.) VIER. 6522

Joseph Hille, *Wirkungsweise und Handhabung der Flußmittel für das Feuerverzinken.* Beschreibung der chem. u. physikal. Eigg. der Flußmittel, ihrer Wirkungsweise u. Handhabung beim Naß- u. Trockenverzinkungsverfahren. Naßverzinkung in Al-legierten Zn-Bädern. Auch Hinweise für das *Feuerverzinnen* u. *verbleien.* — Literaturangaben. (Arch. Eisenhüttenwes. **25.** 19—31. Jan./Febr. 1954. Ludwigshafen/Rh.) MARKHOFF. 6522

E. Herrmann, *Eloxieren von Bändern und Drähten.* Literaturüberblick. (Aluminium **29.** 465—72. Nov. 513—19. Dez. 1953. Neuhausen/Rheinfall.) MARKHOFF. 6530

R. J. Brown, *Phosphatieren — Ausführung und Überwachung.* Überblick. (Metal Ind. [London] **82.** 125—28. 13/2. 1953. Nuffield Central Res. Labor.) MARKHOFF. 6532

Alexander Pollack, *Alodine, ein neues Schutzverfahren für Leichtmetalle.* (Werkstoffe u. Korrosion **3.** 352—55. Sept./Okt. 1952. Kohden über Nidda. — C. **1953.** 2513.) MARKHOFF. 6532

H. Kalpers, *Erleichterung der spanlosen Kaltverformung von Stahl durch Bondern.* (Vgl. C. **1950.** I. 612.) Durch Ziehbondern wird eine Phosphatschicht erzeugt, die die Reibung bei Kaltverformung stark verringert. (Werkstatt u. Betrieb **83.** 459—60. Okt. 1950. Refrath bei Köln.) HABBEL. 6532

O. Hoffmann und **H. J. Lex,** *Phosphatieren oder Warmwasserbehandlung. Gegenüberstellung von Versuchsergebnissen zur Werkzeugveredelung.* Die Verss. ergeben, daß kaltphosphatierte Bohrer eine höhere Standzeit ergaben. Die Kristallformen der Phosphate sind bei der Standzeiterhöhung ein wichtiger Faktor. Die Kaltphosphate sind im Gegensatz zu den Warmphosphaten in ihrer Kristallform viel größer. Der näher erläuterte Vorgang der Kristallabnutzung wird als Standzeiterhöhung angesehen. (Fertigungstechnik **3.** 201—03. Juni 1953. Berlin u. Görlitz.) HOCHSTEIN. 6532

T. R. B. Watson, *Korrosionsschutz von Anlagen aus Stahl.* Allg. Überblick über Ursachen u. Verbreitung der Korrosion. Bes. wird auf den kathod. Schutz eingegangen. (Canad. chem. Processing **37.** Nr. 10. 46. 48. 50. 52. 54. Sept. 1953. Toronto, Corrosion Serv. Ltd.) SPINDLER. 6538

R. de Brouwer, *Der kathodische Schutz von im Erdboden befindlichen Metallkonstruktionen.* Überblick über Theorie u. prakt. Anwendungen. (Ind. chim. belge **17.** 573—78. 1952. Soc. Distrigaz.) MARKHOFF. 6538

W. Simon, *Trichloräthylen in der eisenverarbeitenden Industrie, seine Haltbarkeit und eventuellen Korrosionseigenschaften.* Das Entfettungs- u. Reinigungsmittel für Eisen u. Stahl, *Trichloräthylen,* kann unter der Einw. gewisser aktivierender Faktoren ($AlCl_3$, $FeCl_3$, Luftsauerstoff, Feuchtigkeit, kurzwelliges Licht u. Hitze) HCl abspalten u. dadurch auf Eisenteile korrodierend wirken. Möglichkeiten zur Verhinderung der HCl-Bldg. werden besprochen. (Chem. Techn. **5.** 440. Aug. 1953. Zschornewitz.) SPINDLER. 6538

Hellmut Freudenberg, Süchteln, und **Friedrich August Henglein,** Karlsruhe, *Herstellung von Gießereiformmassen.* Quarzsand wird mit bis zu 2,5 (%) CaO unter Zusatz von 0,5—1 NaOH vermischt, worauf die M. nach der Formgebung bei erhöhter Temp., z. B. zwischen 60 u. 200°, in feuchter Atmosphäre, verfestigt wird. (**D. B. P. 902432** Kl. 31c vom 23/9. 1951, ausg. 21/1. 1954.) HANS HOFFMANN. 6383

Hans Kox, Chemnitz, *Herstellung künstlich erhärteter Formen für Gußmetalle.* Modellsand aus tonfreiem Quarzsand u. tonhaltigem feinkörnigem Formsand mit hydraul. Bindemitteln wird Steinkohlenstaub zugeführt u. die fertige Form mit CO_2 behandelt. Die Formflächen erhärten schnell auch ohne Schwärze oder Graphitanstrich. (**D. P. [DDR] 1481** Kl. 31c vom 10/4. 1951, ausg. 17/7. 1952 [Wirtschaftspatent].) HOLM. 6383

Vereinigte Österreichische Eisen- und Stahlwerke Akt.-Ges. (Erfinder: **Hubert Hauttmann**), Linz, Österreich, *Herstellung von Stahl aus Roheisen durch Frischen mit sauerstoffreichem Gas.* Während des Frischens mit, bes. auf die Oberfläche der Schmelze geblasenem, O_2-reichem Gas, vorzugsweise reinem O_2, wird der Schmelze in der Weise kühlendes Material, z. B. Schrott, zugesetzt, daß mindestens die im Betrieb heißesten Teile der Innenwand, bes. das Futter des die Schmelze enthaltenden Behälters, durch dieses Material gekühlt wird. Zweckmäßig wird bei sehr geringer Eindringtiefe von auf die Oberfläche der Schmelze geblasenem O_2 der Schmelze von oben her kühlendes Material zugeführt, das in der Schmelze bis zum Behälterboden absinkt. (**Oe. P. 176575** vom 22/11. 1951, ausg. 10/11. 1953.) HOCHSTEIN. 6409

Reichswerke Akt.-Ges. für Erzbergbau und Eisenhütten, Berlin (Erfinder: **Hermann Alexander Brassert,** New York, N. Y., V. St. A.), *Herstellung von Thomas-Stahl aus einem Thomas-Roheisen mit niedrigerem Mangan- als Siliciumgehalt.* Ein unter saurer Schlacke erschmolzenes Roheisen wird im bas. Konverter verblasen, das nach einer vorangegangenen Entschwefelungsbehandlung mit Alkalien, Mischungen aus Alkalien, Kalk, Flußspat oder dgl. mehr Si als Mn enthält. (**D. B. P. 903343** Kl. 18b vom 13/6. 1936, ausg. 4/2. 1954. E. Priorr. 22/1. u. 18/5. 1936.) HOCHSTEIN. 6409

Johannes Haag, Tegernsee/Oberbayern, *Herstellung von Schweißeisen, Schweißstahl und Schweißverbundstahl.* Es werden jeweils nur Flußeisen oder nur Stahl oder aber Flußeisen u. Stahl in fl. Zustand abwechselnd mit fl. Schweißschlacke oder einer fl. schweißschlackenähnlichen Silicatschlacke oder dgl. lagenweise übereinander-gegossen u. erstarrend miteinander verschweißt. Zweckmäßig wird die Schweiß- bzw. Silicatschlacke oder dgl. kalt, u. zwar vorzugsweise in pulverisierter Form, aufgegeben. Auch können die übereinander gegossenen bzw. geschichteten Lagen mit mindestens einer glatten oder kalibrierten bzw. profilierten Walze oder einer Presseeinrichtung so verarbeitet werden, daß die Lagen ausgebreitet, geglättet u. auf eine gewünschte Stärke u. Gleichmäßigkeit gebracht werden. (**D. B. P. 905 249** Kl. 18b vom 7/6. 1942, ausg. 1/3. 1954.) HOCHSTEIN. 6409

Gebr. Böhler & Co. Akt.-Ges., Wien, Österreich, handelnd durch die Zweigniederlassung, Stuttgart-Untertürkheim, *Austenitischer Stahl als Schweißdraht für Schmelzschweißung* enthält neben Eisen u. Verunreinigungen noch 1—10 (%) *Cr*, 10—22 *Mn*, unter 0,5 *C* u. 0,05—0,5 N_2. Zweckmäßig enthält dieser austenit. Schweißdraht noch bis 6 *Ni* u./oder *Cu* u./oder bis 3 *Mo*, *W*, *Ta–Nb* u. *Si*, einzeln oder gemeinsam. Mit dem Schweißdraht lassen sich rißfeste Schmelzschweißverbindungen an Panzerblechen herstellen. (**D. B. P. 896 751** Kl. 49h vom 10/3. 1942, ausg. 16/11. 1953.) HOCHSTEIN. 6411

Th. Goldschmidt Akt.-Ges. (Erfinder: **Wilhelm Brugger** und **Hellmuth Stamm**), Essen. *Herstellung von für die Schmelzelektrolyse geeigneten, geschmolzenen und oxydfreien Mischmetallchloriden der Seltenen Erden* (I). Erze von I, bes. Bastnaesit, werden unmittelbar durch gleichzeitige Einw. von Reduktionsmitteln, z. B. C u. Cl_2, unter Zusatz geringer NaCl-Mengen bei 800—1200°, bes. bei 1000—1200°, aufbereitet. — Beispiele. (**D. B. P. 891 251** Kl. 12m vom 30/8. 1950, ausg. 28/9. 1953.) NEBELSIEK. 6449

Francis Cowles Frary, Oakmont, Pa., V. St. A., *Gewinnung von Gallium aus galliumhaltigem Rohaluminium.* Aus der bei der Al-Raffination nach dem Dreischichtverf. verwendeten, an Ga angereicherten Anodenlegierung wird das Ga mittels wss. Alkalihydroxydlsg. (NaOH) herausgelöst u. aus der Lsg. entweder elektrolyt. oder als Ga-Verb., z. B. durch Einführung von CO_2, ausgefüllt. (**Oe. P. 175 706** vom 29/12. 1948, ausg. 10/8. 1953. A. Prior. 23/1. 1948.) APEL. 6449

Deutsche Gold- & Silberscheideanstalt vormals Roessler (Erfinder: **Johannes Schatz**), Frankfurt/M., *Gelbe Legierungen* bestehen aus 33—55 (%) *Zn*, Rest *Pd* oder 29—55 Zn, 10—67 Pd u. bis zu 60 *Ag* oder 45—60 *Cd*, Rest Pd oder 40—60 Cd, 8—55 Pd u. bis zu 50 Ag. Die Legierungen können außerdem noch enthalten *Pt*, *Rh*, *Ir*, *Ni*, *Co*, *Fe*, *Mn*, *Cu* oder *Au* einzeln oder zu mehreren bis 5. Je nach der Zus. ist die Farbe hell- bis dunkelgelb u. kann durch Anlassen u. Abschrecken beeinflußt werden. Die Legierungen sind für Schmuckstücke geeignet. — Zustandsdiagramme. (**D. B. P. 888 179** Kl. 40b vom 22/12. 1938, ausg. 5/10. 1953.) GÖTZE. 6459

W. C. Heraeus G. m. b. H. (Erfinder: **Konrad Ruthardt**), Hanau/M., *Goldlegierungen* bestehen aus 0,1—6 (%) *V*, 0,1—10 *Fe*, Rest *Au*. Das Fe kann durch je 0,1 bis 5 *Mn* oder *Ni* ersetzt sein oder sie können 0,2—15 Fe + Ni + Mn aufweisen. Außerdem können die Legierungen noch 0,1—5 *Cu* enthalten. Sie besitzen hohen elektr. Widerstand u. eignen sich bes. für Potentiometer. (**D. B. P. 889 520** Kl. 40b vom 10/5. 1944, ausg. 10/9. 1953. **Zusatz zu D. B. P. 863 714; C. 1953. 6761.**) GÖTZE. 6463

Deutsche Gold- & Silberscheideanstalt vormals Roessler, Frankfurt/M. (Erfinder: **Otto Loebich,** Pforzheim), *Schmuckstücke aus goldfarbenen Legierungen.* Schmuckstücke, die ganz oder zum Teil aus 33—60 (%) *Au*, 10—55 *Cu*, 0,5—25 *Zn* bestehen u. auch noch 1—30 *Ag* u. 1—15 Metalle der *Pt*-Gruppe enthalten können, neigen zu plötzlichem Zerfall, der auf Spannungskorrosion zurückzuführen ist. Um dem vorzubeugen, werden den Legierungen 0,1—5 *Fe*, *Co* oder *V* zugegeben. Zur Kornverfeinerung können die Legierungen noch 1 *Ir* enthalten. (**D. B. P. 892 381** Kl. 40b vom 26/3. 1938, ausg. 8/10. 1953.) GÖTZE. 6463

Skoda-Werke Nationalunternehmen, Pilsen, **Frantisek Pobořil,** Mährisch-Ostrau, und **Emanuel Valenta,** Pilsen, Tschechoslowakei, *Herstellung von Zahnrädern aus Stahl mit gehärteter Oberfläche und zähem Kern.* Die Zahnräder aus Stahl mit etwa eutektoidem C-Geh. werden im Ofen oder Härtebad, welche auf eine wenig über dem Ac_1-Punkt des verwendeten Stahles liegende Temp. erhitzt sind, mit sehr kleinem Temperaturgefälle erwärmt, bis die Zahnspitzen u. Zahnflanken den Ac_1-Punkt überschreiten, wogegen der Zahnkranz u. der übrige Teil der Zahnräder noch unter dem Ac_1-Punkt verbleiben, worauf die Zahnräder abgeschreckt werden. (**Oe. P. 173 719** vom 31/5. 1943, ausg. 26/1. 1953.) HOCHSTEIN. 6493

Siemens-Schuckertwerke Akt.-Ges., Berlin und Erlangen, *Härten der Innenfläche von zylindrischen Buchsen, besonders für Zylinder von Verbrennungsmotoren.* Die Buchse wird zunächst durchgeglüht u. abgeschreckt u. hierauf auf induktivem Wege so erwärmt, daß nur die äußere Schicht warm wird, worauf dann die Buchse abgekühlt wird. Zweckmäßig wird beim zweiten Erwärmen die Buchse durch eine in ihrem Innern befindliche Kühlvorr. gekühlt. — Abbildung. (**Schwz. P. 291 281** vom 17/7. 1951, ausg. 1/9. 1953. D. Prior. 1/3. 1945.) HOCHSTEIN. 6493

Hüttenwerk Rheinhausen Akt.-Ges., Rheinhausen, *Herstellung von Stahldraht mit hoher Elastizitätsgrenze.* Stahldraht wird auf eine Temp. oberhalb des Ac_3-Punktes erhitzt, sodann abgeschreckt u. abschließend kurzzeitig bei einer Temp. angelassen, die hoch genug ist, um im Spannung–Dehnungs-Diagramm des Stahles eine ausgesprochene Streckgrenze zu erzeugen. Vorzugsweise wird die Behandlung in einem kontinuierlichem Verf. durchgeführt u. auf einen Stahl mit 0,65—0,75 (%) *C*, 0,6 bis 0,9 *Si* u. 1,2—1,5 *Mn* angewandt. Der so behandelte Stahldraht dient als Betonbewehrungseisen. (**E. P. 697 924** vom 23/4. 1951, ausg. 30/9. 1953. D. Prior. 14/12. 1950.) HOCHSTEIN. 6493

Stahlwerk Ergste Akt.-Ges. (Erfinder: **Carl August Duckwitz**), Ergste über Schwerte/Ruhr, *Herstellung von Ringkernen und Kernblechen mit hoher Anfangspermeabilität.* Die zur Herst. der Ringkerne bestimmten, aus einem im n. SIEMENS-MARTIN-Verf. erschmolzenem Stahl bestehenden dünnen Stahlbänder mit einer Stärke bis zu 0,1 mm werden in einer H_2-Atmosphäre oberhalb 750° geglüht. Zweckmäßig werden die aus den Stahlbändern gewickelten Ringkerne durch Wärmebehandlung magnet. entspannt u. während der Abkühlung oxydierend zwischengeglüht. (**D. B. P. 878 950** Kl. 18c vom 22/10. 1944, ausg. 8/6. 1953.) HOCHSTEIN. 6493

Siemens & Halske Akt.-Ges., Berlin und München (Erfinder: **Horst Guido Müller**, Berlin-Zehlendorf, und **Eberhart Hildebrand**, Berlin-Charlottenburg), *Verbesserung der Anfangs- und Maximalpermeabilität von Kabelarmierungsbändern.* Die kaltgewalzten Bänder werden einer einzigen Glühung bei 950—1050° in feuchtem, strömendem H_2 unterworfen u. der Feuchtigkeitsgeh. von H_2 größer als 0,02 g/Liter u. die Strömungsgeschwindigkeit von H_2 ca. 0,1—1 Liter pro Min. u. pro qdcm² Ofenquerschnitt gehalten. (**D. B. P. 884813** Kl. 18c vom 7/1. 1943, ausg. 30/7. 1953.) HOCHSTEIN. 6493

Administration-Séquestre des „Röchling'sche Eisen- und Stahlwerke G. m. b. H." (Erfinder: **Kurt Giesecke**), Völklingen/Saar, *Richten von Werkstücken nach Wärmebehandlung.* Dem zu richtenden Körper werden an einer oder mehreren Körperflächen gleichzeitig oder aufeinanderfolgend solche Wärmemengen entzogen, daß die erstrebte Richtform entsteht. (**D. B. P. 888 401** Kl. 18c vom 20/7. 1943, ausg. 31/8. 1953.) HOCHSTEIN. 6493

British Thomson-Houston Co. Ltd., London, England, *Hartlöten, besonders von Widerstandsklemmen.* Die miteinander zu verbindenden Teile, von denen mindestens einer leicht oxydierbar ist, werden aneinandergelegt, um die Verbindungsstelle oder zwischen die beiden Teile das Lot gebracht, das Ganze in granuliertes feuerfestes Material gepackt u. in einer H_2- u. CO-haltigen Atmosphäre auf Löttemp. erhitzt. Als zu verbindende Teile dienen z. B. *Stahl* u. Widerstandsdraht aus einer *Cr-Legierung* [80 (%) *Ni*, 20 *Cr*], als Lot *Cu* oder eine *Cu–Co-Legierung* mit 3 Co, vorzugsweise aber eine Legierung aus 85 *Cu*, 10 *Ni*, 5 *Fe*, als hitzebeständiges Material *MgO* u. als Gasatmosphäre ein Gemisch aus 16 H, 10 CO, 5 CO_2, 1,5 CH_4, Rest N_2. (**E. P. 684 739** vom 10/4. 1951, ausg. 24/12. 1952. A. Prior. 27/4. 1950.) APEL. 6505

Allgemeine Elektricitäts-Gesellschaft, Berlin-Grunewald, *Flußmittel zum Hartlöten von hochlegierten, aluminiumhaltigen Stählen.* Es besteht aus einem Dreisalzgemisch aus Na_2CO_3, $NaOH$ u. H_3BO_3 in Pastenform, wobei das Verhältnis von Na_2CO_3 u. NaOH zu H_3BO_3 von 5 : 1 bis 1 : 3 betragen kann. (**D. B. P. 902 108** Kl. 49h vom 19/8. 1943, ausg. 18/1. 1954.) APEL. 6505

Vereinigte Deutsche Metallwerke Akt.-Ges., Frankfurt/M.-Heddernheim (Erfinder: **Klaus Grassmann, Johannes Brandis**, Hildesheim, **Altenburg** und **Schichtel**, Bitterfeld), *Schweißmittel für Magnesiumlegierungen.* Bei dem Schweißpulver aus MgF_2, *LiF*, CaF_2 u. BaF_2 nach dem Hauptpatent ist das BaF_2 ganz oder zum Teil durch SrF_2 ersetzt. (**D. B. P. 901 729** Kl. 49h vom 22/11. 1942, ausg. 14/1. 1954. **Zusatz zu D. B. P. 887 437; C. 1954. 877.**) APEL. 6507

Chatham Electronics Corp., Newark, übert. von: **Ward W. Watrous jr.**, Chatham, N. J., V. St. A., *Schweißen von Molybdän.* Auf der Oberfläche mindestens eines der zu verschweißenden Teile wird eine dünne Schicht eines Flußmittelgemisches aufgebracht, das aus gleichen Teilen gepulverten Mo u. Ni sowie einem gelösten Nitrocellulosebindemittel besteht. Die beiden Teile u. das Flußmittel werden dann auf 950—1150° mindestens 10 Min. erhitzt, wodurch das Bindemittel herausbrennt u. die

Metallpulver zu einer Legierung zusammensintern. Schließlich werden die beiden Teile in einer elektr. Punktschweißmaschine unter Druck zusammengeschweißt. (**A. P. 2 623 975** vom 8/11. 1951, ausg. 30/12. 1952.) APEL. 6507

Electroacustic G. m. b. H. (Erfinder: **Heinrich Hecht**), Kiel, *Entfernen von Oxydschichten und Verunreinigungen von Blechen mittels Ultraschall.* Die Bleche werden in einem Flüssigkeitsbad, Säurelsgg. oder Laugen, zwischen zwei Ultraschallgebern behandelt, die in einem Abstand von einer halben Wellenlänge oder einem ungeraden Vielfachen davon sich gegenüberstehen u. gegenphasig erregt werden, so daß die sich gegenüberliegenden inneren Flächen stets in gleicher Richtung schwingen. Hierbei soll die Oberfläche der Bleche vorzugsweise einen Abstand von einer viertel Wellenlänge oder einem ungeraden Vielfachen davon von der Oberfläche der Schwinger haben. Das Verf. kürzt die Behandlungsdauer erheblich ab. — Abbildung. (**D. B. P. 902 206** Kl. 48d vom 12/8. 1951, ausg. 21/1. 1954.) MARKHOFF. 6509

Martin Marmé, Neunkirchen/Saar, *Elektrolyt zum kathodischen Reinigen von Metalloberflächen* besteht aus einer Lsg. von *Schuppennatron* u. *NaCN*, bes. aus 350 g/Liter einer Mischung aus 81,428 (%) Schuppennatron u. 18,572 NaCN. Das Bad eignet sich zum Reinigen von Gegenständen aus *Fe, Cu* oder *Messing.* Es entfernt Rostschichten, Cr-Überzüge, Emailschichten u. andere Überzüge. (**D. B. P. 895 685** Kl. 48a vom 11/8. 1951, ausg. 5/11. 1953.) MARKHOFF. 6515

Kaiser Aluminum & Chemical Corp., übert. von: **Frederick Harold Hesch,** Spokane, Wash., V. St. A., *Elektrochemisches Glänzen von Aluminium und seinen Legierungen.* Die Gegenstände werden in Lsgg. von 0,5—6 (%) HNO_3 u. 0,01—0,5 *HF* bei Tempp. von 100° F bis zum Kp. behandelt u. dabei elektr. mit einer Elektrode aus einem Edelmetall, wie Pt oder Au, verbunden. Zweckmäßig werden der Lsg. noch 0,5—5% eines *aliphat. mehrbas. Alkohols,* wie *Glycerol,* zugesetzt. Die Behandlung bewirkt zwar keine Glättung der Oberfläche, doch eine Glänzung in sehr kurzer Zeit. (**A. P. 2 640 806** vom 27/6. 1949, ausg. 2/6. 1953.) MARKHOFF. 6515

Spendel & Barth G. m. b. H., Kiel-Gaarden (Erfinder: **Otto Maercks,** Lübeck), *Aufbringen metallischer Schutzschichten auf bandförmigen Trägern durch Aufdampfen.* Die Metalle werden bei im wesentlichen atmosphär. Druck in inerter oder reduzierender Atmosphäre verdampft, wobei zwischen der Verdampfungszone u. dem zu schützenden Träger ein hohes, dicht unterhalb der Durchbruchsfeldstärke liegendes elektr. Potential erzeugt wird. Bei Verdampfen in oxydierender Atmosphäre wird Oxyd niedergeschlagen, das dann zu Metall red. wird. Das Verf. eignet sich zum Verzinnen von Blechen, bes. von Konservendosenblechen. — Zeichnung. (**D. B. P. 880 244** Kl. 48b vom 14/11. 1951, ausg. 18/6. 1953.) MARKHOFF. 6517

Siemens & Halske Akt.-Ges., Berlin und München (Erfinder: **Herbert Zahn, Artur Büchner,** Berlin-Siemensstadt, und **Heinz Besser,** Karlsruhe), *Kontinuierliches Herstellen dünner Schichten, die sich über den Rand eines bandförmigen Trägers erstrecken, durch thermisches Aufdampfen.* Das zu metallisierende Band wird so an der senkrecht zur Bandrichtung angeordneten spaltähnlichen Dampfaustrittsöffnung des Verdampfers vorübergeführt, daß diese über den Rand des Bandes hinausragt u. so ein schmaler Randstreifen der Gegenseite mitbedampft wird. Die Teile, die von einer Metallschicht freizuhalten sind, werden mit einer einen Nd. nicht zulassenden Schicht, z. B. einer Fettschicht, überzogen. Nach D. B. P. 892 844 werden hinter der durch das zu metallisierende Band bestimmten Ebene Reflexionsflächen angeordnet, mit denen am Band vorbeigehende Dampfstrahlen auf den zu metallisierenden Rand reflektiert werden. Die Reflexionsflächen können beheizt werden. (**D. B. PP. 882 172** Kl. 48b vom 11/3. 1942, ausg. 6/7. 1953 u. **892 844** Kl. 48b [Zusatzpatent] vom 16/7. 1943, ausg. 12/10. 1953.) VIER. 6517

Siemens & Halske Akt.-Ges., Berlin und München (Erfinder: **Norbert Müllbauer,** Berlin-Siemensstadt), *Laufendes Überziehen von Bändern und Drähten durch thermische Bedampfung.* Zur Erzielung möglichst dicker metall. Schichten durch Aufdampfen werden die Bänder an mehreren Bedampfern vorbeigeführt. Dabei wird zwischen den Bedampfern gekühlt, z. B. mit fl. Luft, um die nötige Kondensationstemp. aufrechtzuerhalten u. schädliche Temperatureinww. auf den Trägerwerkstoff zu unterbinden. **D. B. P. 896 891** vom 24/7. 1941, ausg. 19/11. 1953.) VIER. 6517

Siemens-Schuckertwerke Akt.-Ges., Berlin und Erlangen (Erfinder: **Werner Espe,** Prag), *Überziehen von draht- oder bandförmigem Metallgut mit Metall.* Das Band oder der Draht werden zunächst durch ein Vorbad des fl. Überzugsmetalls geführt u. anschließend durch das mit dem Vorbad kommunizierende eigentliche Überzugsbad, auf das Schall-, bes. Ultraschallschwingungen, einwirken. Das Verf. eignet sich bes.

zum Überziehen von *Al.* — Abbildungen. (**D. B. P. 895 085** Kl. 48b vom 18/6. 1943, ausg. 29/10. 1953.) MARKHOFF. 6517

Newton Victor Ltd., London, England, *Metallische Schmierung von Kugellagern.* Die Kugeln u./oder die Laufflächen des Lagers werden elektrolyt. mit 2 oder mehr geeigneten Metallschichten überzogen, z. B. *Pb* u. *Te*, u. im Vakuum erhitzt, um eine Diffusion der beiden Metalle ineinander zu bewirken u. um okkludierte Gase zu entfernen. Das Verf. wird bei in Elektronenröhren verwendeten Lagern angewendet. — Abbildung. (**E. P. 676 902** vom 21/12. 1949, ausg. 6/8. 1952. F. Prior. 30/12. 1948.) MARKHOFF. 6517

Deutsche Edelstahlwerke Akt.-Ges., Krefeld (Erfinder: **Gottfried Becker**, Büderich bei Düsseldorf, **Gerhard Seulen**, Remscheid-Hasten, und **Fritz Steinberg**, Düsseldorf-Eller), *Verbessern der Haftung galvanischer Überzüge auf dem Grundwerkstoff durch induktive Erhitzung.* Die Induktion erfolgt bei Mittelfrequenz u. wird so geleitet, daß der Grundwerkstoff in mindestens doppelter Tiefe der aufliegenden Schicht bis nahe unter dem F. erhitzt wird. Die Erhitzungsdauer soll mindestens 1 Min. betragen u. so gelenkt werden, daß die Oberfläche nicht zum Schmelzen kommt. Das Verf. eignet sich bes. zur Verbesserung der Haftung von *Cr-Überzügen* auf Fe. (**D. B. P. 881 290** Kl. 48a vom 16/6. 1944, ausg. 29/6. 1953.) MARKHOFF. 6519

Emilio Rinaldi, La saldatura dei metalli ossiacetilenica ed elettrica con particolare riguardo alla saldatura dell'alluminio e taglio dei metalli. 4a edizione completamente rifatta e ampliata. Milano: U. Hoepli. 1953. (XVI + 380 S. m. 311 Abb. u. zahlr. Tab.) L. 1500,—.

IX. Organische Industrie.

K. Zięborak, *Reinigung des Naphthalins von Schwefelverbindungen.* Während bei der Trennung von Naphthalin (I) u. Thionaphthen durch azeotrope Dest. mit Kresolen oder durch teilweise Sulfonierung eine für die katalyt. Hydrierung am Ni-Katalysator nicht genügende Entschwefelung des **I** bis auf 0,04% S erzielt wird, erreicht diese 0,02%, wenn man **I** nach Entfernung der Teersäuren u. -basen bis zur Aufnahme von 2—2,5 Gew.-% Cl chloriert. Dabei verbleiben aber im Destillat 0,06—0,16% Cl, die den Ni-Katalysator ebenso vergiften wie S. Ob eine Entfernung des Cl durch Dephlegmieren oder Kristallisieren möglich ist, ist noch zu klären. (Przemysł chem. **9** (**32**). 339—41. Juli 1953. Warszawa, Univ., Inst. Chem. ogóln.) R. K. MÜLLER. H 2700

Ottó Beyer, *Die Erfahrungen des Furfurolversuchsbetriebes.* Die halbtechn. Furfurolgewinnung aus Sonnenblumen- u. Reisschalen wird beschrieben. In einem Autoklaven (rund 350 kg Füllung) werden die Sonnenblumenschalen mit verd. H_2SO_4 bedeckt u. nach der Röste die überschüssige H_2SO_4 mit Dampf in den Säurebehälter zurückgedrückt. Durch Dampfzufuhr wird nunmehr das Furfurol herausgeblasen, bis der Furfurolgeh. der Dämpfe unter 1% fällt. Die Blasezeit beträgt 1—1½ Stunden. Aus 100 kg lufttrockenen Sonnenblumenschalen wurden so 8,5 kg Rohfurfurol gewonnen. Der Furfurolgeh. dieses Prod. beträgt 92—94%. Auf 1 kg Furfurol werden 0,5 kg H_2SO_4 u. 60 kg Dampf benötigt. Bei den Reisschalen lag die Ausbeute bei 7 kg Furfurol aus 100 kg. Bei der Hydrolyse des Rückstandes der Furfurolgewinnung konnten 8—9 Liter Alkohol gewonnen werden. Die Entsäuerung u. destillative Reinigung des Furfurols werden eingehend behandelt. (Magyar Kémikusok Lapja [Z. Ver. ung. Chemiker] **8**. 259—62. 5/9. 1953.) BIRTHLER. H 3061

Edward R. Atkinson und **A. H. Bump**, *Allyläther von Methylolmelaminen.* Durch Kondensation von 4,5 Mol HCHO mit 1 Mol Melamin u. Rk. mit Allylalkohol wird der *Tetrakis-[oxymethyl]-melamintetraallyläther* (**I**) erhalten, der in seinen Trocknungseigg. mit Allyläthern anderer Reihen verglichen wird (Diagramm). Der vollständig allylierte Äther wird als hydrophober Gummi mit bes. typ. Trocknungseigg. erhalten, m Gegensatz zu dem Prod. mit zwei weiteren Methylolgruppen u. dem n-Propyläther.

Versuche: *Tetrakis-[oxymethyl]-melamintetraallyläther* (**I**), durch Kondensation von gereinigtem Melamin mit 36,7%ig. HCHO bei 70—85° (10 Min.) u. p_H 9 unter Zugabe von 2nNaOH. Vor Gelbldg. Zugabe von Allylalkohol (Kp. 95,5—97°) u. H_3PO_4 (85%ig) bei 30—44°. — *Hexamethylolhexaallylmelamin*, wie vorher, hydrophober Gummi. — 2 weitere Methylolgruppen werden in **I** durch 20 Min. Rühren mit HCHO bei 70—85° unter NaOH-Zugabe eingeführt. — *Tetrakis-[oxymethyl]-melamintetra-n-propyläther* (**II**), wie bei **I**, hydrophober Gummi, lösl. in verschied. organ. Lösungsmitteln. — Trocknungsverss. zur Gewinnung eines unlösl. Films aus Chloroformlsg. in Ggw. von Co-Salzen oder Hydrochinon werden nach NICHOLAS u. Mitarbeitern (Ind. Engng. Chem. **37**. [1945.] 201) durchgeführt. I mit zwei freien

Methylolgruppen zeigt ohne Katalysator nach 5 Wochen keine Trocknung, mit 0,2% Co nur 15% Unlöslichkeit nach 3 Wochen, während **II** mit 0,4% Co auch nach 5 Wochen vollständige Löslichkeit behält. — Aus alkoh. Lsgg. der Äther können mit Sulfit bei p_H 10 stabile Dispersionen erhalten werden. (Ind. Engng. Chem. **44**. 333—34. Febr. 1952. Durham, N. H., Univ. of New-Hampshire, u. Everett, Mass., Monsanto Chem. Co.) ——— ROTTER. H 3313

Farbenfabriken Bayer Akt.-Ges., Leverkusen, *Chlorieren von gesättigten oder ungesättigten Kohlenwasserstoffen oder ihren Derivaten*, mit Ausnahme von Acrylnitril, in wss. Emulsion, wobei z. B. die Sulfonate von langkettigen Paraffin-KW-stoffen als Emulgatoren verwendet werden. Hierfür benutzt man z. B. die KW-stoffe der FISCHER-TROPSCH-Synthese. — Von den Sulfonaten sind z. B. genannt Oxyoctadecansulfonat u. Diisobutylnaphthalinsulfonat. (**Oe. P. 177 783** vom 9/7. 1951, ausg. 10/3. 1954. D. Prior. 10/7. 1950.) M. F. MÜLLER. 6565

Gustav Bischoff, Basel, Schweiz, *Herstellung von α-Brombutyrolacton* durch Einw. von Brom auf Butyrolacton oberhalb 100° im Vakuum von 20—60 mm, $Kp._{12}$ 125°. Vgl. Schwz. P. 262 555; C. **1950**. I. 343. (**Schwz. P. 264 598** vom 15/7. 1947, ausg. 16/1. 1950.) M. F. MÜLLER. H 850

Badische Anilin- & Soda-Fabrik Akt.-Ges., Deutschland, *Herabsetzen von Korrosionen bei der Herstellung von Harnstoff aus Kohlendioxyd und Ammoniak*, dad. gek., daß man die Ausgangsstoffe vor ihrer Umsetzung zu Harnstoff sowohl von anorgan. als auch von organ. S-Verbb., bes. von COS, so weitgehend befreit, daß das Gas je m^3 höchstens ca. 0,03 mg S enthält. Die Befreiung des CO_2 von organ. S-Verbb., bes. von COS, kann hierbei nach D. B. P. 812 547; C. **1952**. 746 erfolgen. (**Oe. P. 175 897** vom 23/9. 1949, ausg. 25/8. 1953. F. Prior. 15/11. 1946.) HEYNE. H 880

Inventa Akt.-Ges. für Forschung und Patentverwertung, Luzern, Schweiz, *Neutralisation von sauren, säureamidhaltigen Gemischen*, erhalten durch Umlagerung von Oximen, mit einem Neutralisationsmittel unter Zusatz einer aus einer früheren Neutralisation stammenden Salzlsg. in kontinuierlicher Arbeitsweise. Man verwendet ein aus Cyclohexanonoxim mit Oleum erhaltenes Umsetzungsprodukt. Dabei erhält man Caprolactam. — Aus dem aus Suberonoxim mit Oleum erhaltenen Umlagerungsprod. erhält man nach der Neutralisation das Önantholactam. Vgl. D. B. P. 820 006; C. **1953**. 5739. (**Schwz. P. 266 366** vom 7/11. 1949, ausg. 17/4. 1950. Holl. Prior. 29/1. 1949.) M. F. MÜLLER. H 950

Emil Flachsmann, Zürich, Schweiz, *Herstellung von Vanillin* durch Oxydation von ungereinigter Sulfitablauge in alkal. Lsg. in zwei Stufen. In der ersten Stufe wird mit O_2, z. B. in Form von Luft, bei 140—200° u. in einer Menge von mindestens 15,5 m^3 O_2 pro 100 kg der in der Sulfitablauge enthaltenen Ligninsulfonsäure oxydiert. In der zweiten Stufe wird mit Nitrobenzol bei 165—175° ca. 2 Std. u. in einer Menge von 55—70 kg Nitrobenzol pro 100 kg der in der Sulfitablauge enthaltenen Ligninsulfonsäure gearbeitet. Vgl. Schwz. P. 258 294; C. **1950**. I. 361. (**Schwz. P. 266 362** vom 15/11. 1945, ausg. 17/4. 1950.) M. F. MÜLLER. H 1140

M. W. Kellogg Co., Jersey City, übert. von: **Percival C. Keith**, Peapack, N. J., V. St. A., *Oxydation von Kohlenwasserstoffen*, bes. von Alkanen, zu Alkoholen, Aldehyden, Ketonen oder Carbonsäuren, bzw. partielle Oxydation von aromat. KW-stoffen zu *Malein-*, *Benzoesäure* oder *Phthalsäureanhydrid*. Die Rk. der KW-stoffe erfolgt in der Gasphase mit CuO als Katalysator (**I**), wobei die Reaktionsräume u. Gasgeschwindigkeit so geregelt werden, daß **I** im Schwebezustand gehalten, nach seiner Red. pseudo-fl. sedimentiert, abgeführt u. wieder im Schwebezustand aufoxydiert wird. — Abb. u. Reaktionsschema. (**A. P. 2 616 898** vom 8/12. 1948, ausg. 4/11. 1952.) MÖLLERING. H 1220

Dow Chemical Co., Midland, Mich., V. St. A., *Reinigung von technischen Polychlorphenoxycarbonsäuren* (**I**) erfolgt durch Rk. der wss. Dispersionen ihrer Alkalisalze mit 2—6 Gew.-% Alkalihypochlorit (**II**) in wss. Lsg., bes. bei 85—100° u. p_H 7—8, worauf man den **II**-Überschuß durch Kochen zerstört u. **I** durch Einstellen der Lsg. auf p_H 0,5—1,55 ausfällt. (**E. P. 698 996** vom 31/12. 1951, ausg. 28/10. 1953. A. Prior. 2/1. 1951.) MÜLLER-MEININGEN. H 1250

Imperial Chemical Industries Ltd., London, England, *2-Oxy-4-aminobenzoesäure* entsteht beim Erhitzen von *m-Aminophenol* mit einem Alkalibicarbonat oder NH_4-Carbonat in W. im Autoklaven unter N_2 in Ggw. eines Reduktionsmittels, bes. $NaHSO_2$. (**E. P. 696 132** vom 5/7. 1950, ausg. 26/8. 1953.) LANGER. H 1350

Bozel-Malétra Soc. Industrielle de Produits Chimiques, Paris, Frankreich, *Anthranilsäureäthylesterdiazoniumsulfat*. Man mischt gemahlenes Eis mit konz. H_2SO_4 u.

Anthranilsäureäthylestersulfat u. gibt, wenn die Temp. auf —18 bis —20° gefallen ist, $NaNO_2$-Lsg. hinzu. (**Schwz. P. 288 954** vom 25/8. 1948, ausg. 16/6. 1953. F. Prior. 20/12. 1947.) LANGER. H 1350

Research Corp., New York, N. Y., übert. von: **Ellis Kirby Fields**, Chicago, Ill., V. St. A., *Aminomethylphosphonsäuren* der Formel $(R_2)(R_3)N \cdot C(R)(R_4) \cdot PO(OR_1)_2$, worin R—$R_4$ Alkyl, Aryl, Aralkyl, Cycloalkyl u. heterocycl. Reste bedeuten, entstehen aus einem prim. oder sek. Amin, CH_2O u. einem Phosphorigsäurediester. Verwendung als *Antioxydantia, Schmierölzusatz, Weichmacher* usw. — (*-phosphonsäurediäthylester* = **I**.) — *Diäthylaminomethyl*-**I**, aus Diäthylphosphit, Diäthylamin u. CH_2O, $Kp._3$ 95°. — Analog: *Dimethylaminomethyl*-**I**, $Kp._2$ 88°. — *Diisopropylaminomethyl*-**I**, $Kp._2$ 112°. — *Dibutylaminomethyl*-**I**, $Kp._2$ 127°. — *Dicyclohexylaminomethyl*-**I**, $Kp._2$ 148—150°. — *Dicetylaminomethyl*-**I**, $Kp._2$ 174—176°. — *Morpholinomethyl*-**I**, $Kp._3$ 137°. — *Piperidinomethyl*-**I**, $Kp._3$ 124°. — *Äthylphenylaminomethyl*-**I**, $Kp._1$ 126°. — *Butylaminomethyl*-**I**, $Kp._{2,5}$ 113—116°. — *β-Phenyläthylaminomethyl*-**I**, $Kp._1$ 100—110°. — *α-(Diäthylamino)-äthyl*-**I**, $Kp._1$ 94°. — *α-(Diäthylamino)-propyl*-**I**, $Kp._1$ 95°. — *α-(Diäthylamino)-butyl*-**I**, $Kp._1$ 104—107°. — *α-(Diäthylamino)-isopropyl*-**I**, $Kp._{2,5}$ 103—105°. — *(Diäthylamino)-(α-furyl)-methyl*-**I**, $Kp._2$, 140°. — *(Diäthylamino)-(vinyl)-methyl*-**I**, $Kp._4$ 116°. — *α-(Dibutylamino)-butyl*-**I**. — *Diäthylaminomethylphosphonsäuredibutylester*, $Kp._1$ 131—132°. — *α-(Äthylamino)-äthyl*-**I**, $Kp._1$ 83—85°. — *α-(Äthylamino)-isopropyl*-**I**, $Kp._{0,5}$ 75°. — *α-(Methylamino)-butyl*-**I**, $Kp._{1,5}$ 100°. — *α-(Butylamino)-butyl*-**I**, $Kp._1$ 110°. — *α-(Äthylamino)-propyl*-**I**, $Kp._{1,5}$ 92—94°. — *α-(Methylamino)-butylphosphonsäuredibutylester*, $Kp._3$ 118—122°. — *α-(Anilino)-benzyl*-**I**, F. 92°. — *α-(4-Oxyanilino)-benzyl*-**I**. — *Äthylen-bis-(α-aminobenzyl-***I***)*. — *α-(Nonylamino)-butyl*-**I**. — *α-(Butylamino)-octadecyl*-**I**. (**A. P. 2 635 112** vom 28/7. 1949, ausg. 14/4. 1953.) LANGER. H 1380

Inventa Akt.-Ges. für Forschung und Patentverwertung, Luzern, Schweiz, *Herstellung von schwer oder nicht wasserlöslichen Oximen* durch Umsetzung von Oxoverbb. mit Hydroxylaminsalzen in wss. Lsg. unter Abstumpfen der gebildeten Säure. Die Oxoverb. wird mindestens zweimal mit Hydroxylaminsalz behandelt, in der Weise, daß das erstemal die Oxoverb., das letztemal das Hydroxylaminsalz im Überschuß vorliegt. Nach der Umsetzung mit überschüssiger Oxoverb. wird die das hierbei gebildete Salz enthaltende Lsg. abgetrennt. Das verbleibende Gemisch von Oxoverb. u. Oxim wird erneut mit Hydroxylaminsalz behandelt, während man nach der Umsetzung mit dem überschüssigen Hydroxylaminsalz das Oxim isoliert u. die teilweise verbrauchte Hydroxylaminlsg. wieder mit Oxoverb. zusammenbringt. Jede der beiden Reaktionsstufen wird zum Teil bei saurer u. zum Teil bei nahezu neutraler Rk. durchgeführt. — In den Beispielen ist die Herst. von Cyclohexanon-, Cyclopentanon- u. Cycloheptanonoxim beschrieben. (**Schwz. P. 266 095** vom 7/11. 1949, ausg. 17/4. 1950.) M. F. MÜLLER. H 1960

Ciba Akt.-Ges., Basel, Schweiz, *Herstellung von 1-Aminoanthrachinon-2-sulfonsäure* durch Sulfonierung von 1-Aminoanthrachinon mit $Cl \cdot SO_3H$ in Ggw. einer schwer sulfonierbaren tert. Base, wie Pyridin oder Chinolin. Als indifferentes Lösungsm. wird Nitrobenzol, Tetrachloräthan oder o-Dichlorbenzol verwendet. Vgl. Schwz. P. 272 151; C. **1952**. 2584. (**Schwz. P. 270 049** vom 24/12. 1947, ausg. 1/11. 1950.) M. F. MÜLLER. H 2800

United States Rubber Co., New York, N. Y., V. St. A., *Verbindung aus Butadiensulfon* (**I**) *und Trichlorbrommethan* (**II**) der Formel **III** entsteht beim Erwärmen von **I** mit **II** in Ggw. von Diacetylperoxyd auf 80—85°, F. 141—142°. Beim Abspalten von Halogenwasserstoff entsteht Verb. **IV**, F. 110,5—111,5°. (**Schwz. P. 279 290** vom 28/9. 1948, ausg. 1/3. 1952. A. Prior. 25/10. 1947.) LANGER. H 3071

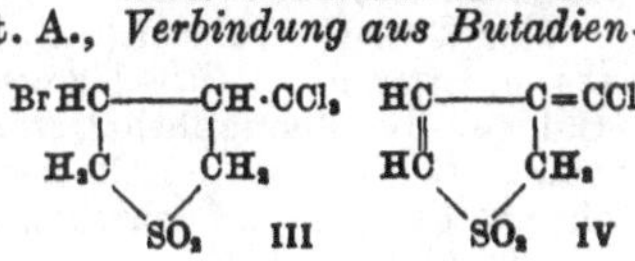

Arthur Lüttringhaus und **Ulrich Schmidt**, Freiburg/Breisgau, *Umsetzung von Trithionen (1.2-Dithiol-5-thionen) mit Stickstoffverbindungen*. Es werden Trithioniumsalze, z. B. Methosulfate oder Methohalogenide der „Trithione" mit Stickstoffverbb., welche am N noch zwei H-Atome tragen, umgesetzt. Genannt sind z. B. Hydroxylamin, Amine, aromat. Aminosäuren, Hydrazine, Hydrazone u. Hydrazide. Die Kondensation findet statt in der Schmelze oder in Lösungsmitteln, wie Eisessig, Propionsäure, Ameisensäure, Phenole, W., unter Zusatz von schwachen Basen, wie Pyridin, Picolinen, Chinolin oder Dimethylanilin, als Katalysatoren. — „Anetholtrithion"-methosulfat (**I**) wird mit Anilin in Eisessig zum Kochen erhitzt. Die entstehende Verb. $C_{16}H_{13}ONS_2$ hat die Formel **II**, F. 144°. — Aus **I** u. Hydroxylaminacetat in Pyridin entsteht das *Oxim des 3-(p-Methoxyphenyl)-trithions*, $C_{10}H_9O_2NS_2$,

F. 170°, gelbe Kristalle. — In analoger Weise entsteht mit Phenylhydrazin in Eisessig das *Phenylhydrazon des 3-(p-Methoxyphenyl)-trithions*, $C_{16}H_{14}ON_2S_2$, F. 151°, — ebenso mit Hydrazin das *Azin des 3-(p-Methoxyphenyl)-trithions*, F. 254°, $C_{20}H_{16}O_2N_2S_4$. — I bildet mit Benzaldehyd u. Hydrazinlsg. in Eisessig ein gemischtes Azin des Benzaldehyds u. des 3-(p-Methoxyphenyl)-trithions, $C_{17}H_{14}ON_2S_2$, F. 143°. — Ebenso erhält man mit dem N-Methylbenzthiazolonhydrazon ein gemischtes Azin, $C_{18}H_{15} \cdot ON_3S_3$, F. 177°, der Formel III. — Ebenso wird mit Brenztraubensäure das gemischte Azin der Brenztraubensäure u. des 3-(p-Methoxyphenyl)-trithions erhalten, F. 159°. —

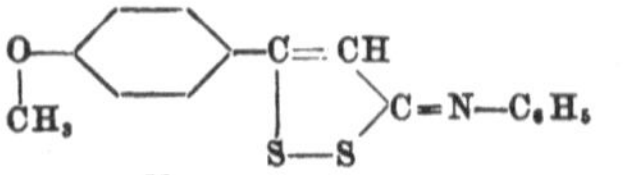
II

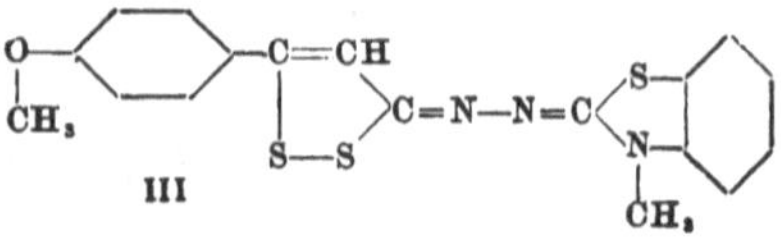
III

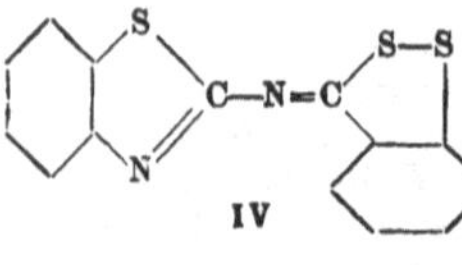
IV

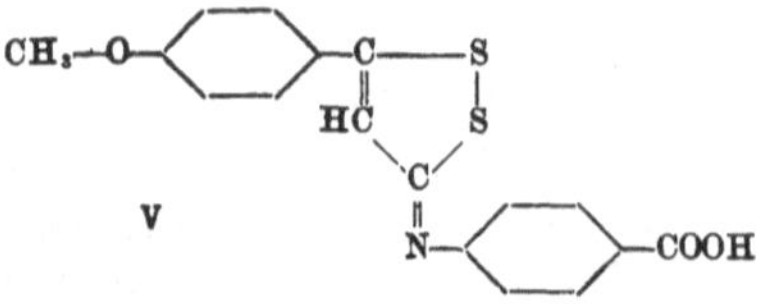
V

Benzotrithion bildet mit 2-Aminobenzthiazol in Eisessig u. Pyridin die Verb. IV, $C_{14}H_8N_2 \cdot S_3$, F. 213°. — Weiter sind beschrieben das *Benzoylhydrazon*, $C_{17}H_{14}O_2N_2S_2$, F. 164—165°, u. das *γ-Pyridoylhydrazon*, $C_{16}H_{13}O_2N_3S_2$, F. 212°, *des 3-(p-Methoxyphenyl)-trithions*. — Aus I u. p-Aminobenzoesäure in Eisessig entsteht die Verb. V, $C_{17}H_{13}O_3NS_2$, F. 257°. Gelbes Kristallpulver. — I bildet mit p-Aminodimethylanilin *3-(p-Methoxyphenyl)-trithion-p-aminodimethylanilinanil*, $C_{18}H_{18}ON_2S_2$, F. 176°, orangefarbige Kristalle. — Weiter sind genannt das *3-(p-Methoxyphenyl)-trithion-p-aminosalicylsäureanil*, $C_{17}H_{13}O_4NS_2$, F. 212—215° u. das *3-Phenyltrithion-p-aminosalicylsäureanil*, $C_{16}H_{11}O_3NS_2$, F. 217°. — Als weitere Trithioniumsalze sind z. B. genannt das 3-Phenyltrithionmethosulfat, 3-(p-Methoxyphenyl)-trithionäthosulfat, -äthochlorid, -methochlorid, -methojodid, -äthoäthylsulfat, -alkyltoluolsulfonat, 3-(m.p-Dioxyphenyl)-trithioniumsalz, 3-α-Thienyltrithioniumsalz, 3-Furyltrithioniumsalz, Allylbenzoltrithioniumsalz, Propylentrithioniumsalz, 2.3-Dimethyltrithioniumsalz, 2-Phenyl-3-carbomethoxytrithioniumsalz, Pinentrithioniumsalz, Trimethylentrithioniumsalz, Tetramethylentrithioniumsalz. An Stelle der Ketonreagentien können z. B. Hydrazinverbb. mit einer reaktionsfähigen Aminogruppe verwendet werden, wie Acethydrazid, p-Nitrophenylhydrazin, 2.4-Dinitrophenylhydrazin, p-Bromphenylhydrazin, Benzylphenylhydrazin, β-Naphthylhydrazin, Betainhydrazid (GIRARD-Reagens). — Heilmittel u. Farbstoffe. (**Oe. P. 177 780** vom 17/12. 1952, ausg. 10/3. 1954. D. Prior. 20/12. 1951.)
M. F. MÜLLER. H 3112

Paul Ballmer, Liestal, Schweiz, *Herstellung von 3.4-Dimethyl-5-phenyl-2-iminothiazolidin* (I) durch Umsetzung von 1-Phenyl-1-halogen-2-methylaminopropanhydrohalogenid mit einem Salz der Thiocyansäure in Ggw. eines Lösungsmittels. — Sowohl die rechts- als auch die linksdrehende Form von I bildet ein Hydrochlorid, F. 235 bis 238°, die opt.-inakt. Form hat, F. 222—224°. Vgl. Schwz. P. 284 072; C. **1953**. 4249. (**Schwz. P. 266 997** vom 4/6. 1948, ausg. 16/5. 1950.) M. F. MÜLLER. H 3142

Ciba Akt.-Ges., Basel, Schweiz, *Herstellung einer Oxyverbindung der Benzoxanthenreihe*, u. zwar des *7-Oxy-1.9-benzoxanthen* (I) durch Kondensation eines diazotierten 1-Halogen-8-aminonaphthalins mit p-Benzochinon u. durch Red. des Kondensationsprod., z. B. mit Fe u. HCl, mit anschließender Halogenwasserstoffspaltung. Es entsteht ein heterocycl. Sechsring, u. man erhält die Verb. I, $Kp._7$ 250—257°, F. 171 bis 173°, grünlichgelbe Nadeln oder Prismen. Das Na-Salz bildet perlmutterartigglänzende, schwachgelbe Blättchen. (**Schwz. P. 266 371** vom 10/10. 1947, ausg. 1/5. 1950.)
M. F. MÜLLER. H 3211

Badische Anilin- & Soda-Fabrik Akt.-Ges. (Erfinder: **Heinrich Scholz**), Ludwigshafen/Rh., *Hexamethylentetramin* (I) erhält man durch Umpumpen von z. B. 1800 (kg) einer 30—40% ig. wss. CH_2O-Lsg. durch einen Rührkessel u. eine Kühlapp. (Temp. der Reaktionsmischung nicht $>$80°) im Kreislauf u. Einspritzen von 204 bzw. 272 fl. NH_3 durch eine Mischdüse unmittelbar vor dem Kühler. Man erhält 411 bzw. 550 I von großer Reinheit durch Eindampfen der Reaktionslösung. — Zeichnung. (**D. B. P. 855 262** Kl. 12p vom 8/2. 1951, ausg. 10/11. 1952.) MÜLLER-MEININGEN. H 3313

E. Weidner, Berlin-Charlottenburg, *Herstellung von Kristallgemischen aus Hexamethylentetramin—Rhodanwasserstoff und Ammoniumsulfat*. Man setzt NH_4SCN mit Hexamethylentetramin in einem organ. Lösungsm., bes. Methanol oder Äthanol,

in Ggw. von H_2SO_4 um. Das Reaktionsprod. ist unbegrenzt haltbar. (**Schwed. P. 134 109** vom 21/12. 1949, ausg. 8/1. 1952. D. Prior. 31/12. 1948.)
JÜRGEN SCHMIDT. H 3313

Deutsche Hydrierwerke Akt.-Ges., Düsseldorf (Erfinder: **Winfried Hentrich**, Riehen, Basel, Schweiz, und **Erik Schirm**), *Wasserlösliche Kondensationsprodukte.* Aromat. Verbb., welche neben mit Aldehyden nicht kondensierbaren wasserlöslichmachenden Gruppen im Mol. wenigstens 2 am N arylsubstituierte Sulfamidgruppen u. wenigstens einen mit Aldehyden kondensierbaren Rest enthalten, werden mit Aldehyden oder Aldehyd abgebenden Verbb. im wss. Medium kondensiert. — Eine Disulfonsäure der Formel I

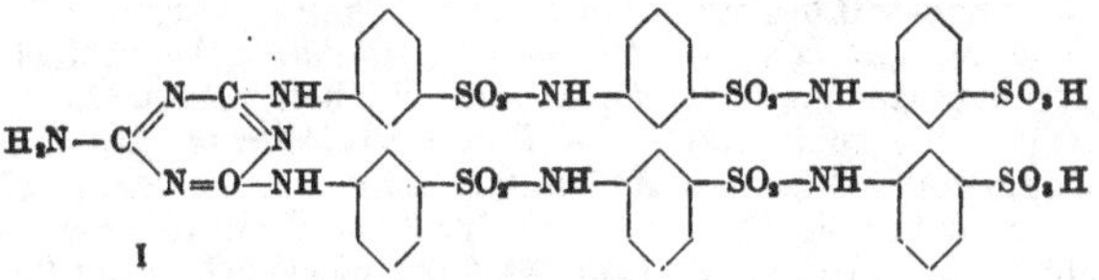

I

(erhalten aus Cyanurchlorid mit Metanilylmetanilylmetanilsäure in Ggw. von 30%ig. NaOH durch Erhitzen auf 100—110° im Druckgefäß) wird in W. mit 30%ig. HCHO 1 Std. auf 90—100° erhitzt; nach dem Ansäuern mit HCl bei 75° erhält man ein rötliches Pulver. Als weitere Ausgangsstoffe sind genannt: o-, m- oder p-Oxybenzoylmetanilylmetanilylmetanilsäure. 2.4-Dioxybenzoylmetanilyl-2-aminotoluol-4.6-disulfonsäure, (Benzolsulfonylmetanilylanilylmetanilyl)-(m-carbonamidobenzolsulfon)-imid, m-Carboxybenzolsulfonylmetmetanilamid, 4-Chlor-3-carboxybenzolsulfonylsulfanilyl-4-aminotoluol-2.6-disulfamid, m-Carbaminylbenzolsulfonylmetanilylsulfanilsäure, Bis-[m''-(aminooxycyanuramino)-benzolsulfonyl]-benzidin-2.2'-disulfonsäure. Verwendung als *Ledergerbstoffe*, zum *Reservieren* von *Wolle* u. *Naturseide* u. zur Herst. von *Farblacken*. (**D. B. P. 845 939** Kl. 12o vom **1/3.** 1941, ausg. 7/8. 1952.)
KRAUSS. H 3313

Ciba Akt.-Ges., Basel, Schweiz, *Isomerisierungskatalysatoren zur Herstellung von Camphen aus Pinen.* Zu dem Ref. von E. P. 653 457; C. **1952.** 2562 ist nachzutragen, daß man zur Gewinnung der Katalysatoren eine wss. Lsg. eines Al- u. eines Mg-Salzes mit einer wss. Lsg. eines Alkalimetasilicats behandelt, welche zu wenig Metasilicat enthält, um die Al- u. Mg-Ionen vollständig als Silicate auszufällen, jedoch so viel freies Alkali, daß der Rest der Metallionen als Hydroxyde ausgefällt wird. Das erhaltene Gemisch von Silicaten u. Hydroxyden wird mit W. unter Zusatz von $Ca(OH)_2$ behandelt. (**Schwz. P. 264 593** vom 17/4. 1947, ausg. 16/1. 1950.)
M. F. MÜLLER. H 3600

X. Färberei. Organische Farbstoffe.

A. Franken, *Alginate als Verdickungsmittel.* Übersicht über Gewinnung u. Anwendung von Alginaten als Kleister bei der Herst. von Zeugdrucken. Mehrere Rezepte werden angegeben. (De Tex **12.** 1240—42. 15/12. 1953.)
WESLY. 7006

—, *Neue Farbstoffe und Textilhilfsmittel.* Prodd. der RÖHM & HAAS G. M. B. H., Düsseldorf: *Degomma DK* ist ein Pankreasentschlichtungsmittel. *Degomma HB_1* u. *HB fl.* sind Entschlichtungsmittel auf Bakterienbasis. — Prodd. der E. I. DU PONT DU NEMOURS & CO. (INC.), Wilmington, Del., V. St. A.: *Latyl Violet 2R* dient zum Färben von Polyesterfasern, wie Dacron. — *Latyl Yellow YL* dient den gleichen Zwecken. Die Licht-, Wasch- u. Sublimierechtheiten sind gut. Auch für Orlon u. Nylon verwendbar. — *Monatral Fast Blue BNF* Powder ist ein Cu-Phthalocyaninfarbstoff, der bes. für Lacke geeignet ist. — Prodd. der FARBWERKE HOECHST AKT.-GES. VORM. MEISTER LUCIUS & BRÜNING, Frankfurt/M.-Höchst: *Anthralanrot HGK* ist ein einheitlicher, saurer Wollfarbstoff zum Färben von Polyamidfasern (Hoe 2295). — *Schutzsalz HA* ist ein Hilfsmittel für die Halbwollfärberei u. dient zur Verhütung des Verkochens von Halbwolle. — *Velustrol HW*, ein anionakt. Weichmacher für Schlichte u. Appretur, ist ein auf Paraffin aufgebautes Prod. (Hoe 2292). — *Anthrasoldruckgelb 4G* ist ein einheitlicher Anthrasolfarbstoff von guter bis sehr guter Wasch-, Chlor- u. guter Lichtechtheit. — *Indanthrengelb HGGK* Plv., fein für Färbung, bes. auch für die Appreturfärberei gedacht. Chlor-, Soda-, Koch-, Mercerisier- u. Superoxydechtheiten sind gut bis sehr gut (Hoe 2253). — NAPHTHOL-CHEMIE, Offenbach: *Echtrotsalz TRA* ist ein haltbares Farbsalz der Echtrot-TR-Base. Bes. für die Appreturfärberei. — *Ofna Perlsalz-RRA* ergibt gemeinsam mit einem Naphthol der AS-Reihe auf Polyamidfasern sehr echte Färbungen. — Prodd. der Firma GEBRÜDER SEITZ, Frankfurt/M.: *Lumina-Brillantgrün „Sondertyp“*, Direktfarbstoff für pflanzliche Fasern. — *Union-Echtbrillantgrün „Sondertyp“*. Die Färbeweise der beiden Farbstoffe weicht etwas von der für substantive Baumwoll- u. Halbwollfarbstoffe ab. —

Prodd. der Cassella Farbwerke Mainkur Akt.-Ges., Frankfurt/M.-Fechenheim: *Indanthren Bronze CG* Plv., fein für Färbung, ist ein neuer Küpenfarbstoff für Vorhang-, Wasch- u. Buntbleichartikel. — *Indanthrengrau NC* Plv., fein für Färbung, besitzt hervorragende Licht- u. Wetter- sowie sehr gute Naßechtheiten. — *Immedialechtkatechu 4 RL* extra ist ein Schwefelfarbstoff von hoher Lichtechtheit. Auch die Allgemeinechtheiten sind sehr gut (Zirkular C. 331). — Prodd. der J. R. Geigy Akt.-Ges., Basel: *Solophenylblau AGL* ist ein Direktfarbstoff bes. für die Knitterfestausrüstung. Der Farbstoff besitzt gutes Ziehvermögen u. zieht direkt auf Viscose (Zirkular 1199). — *Diazophenylechtorange RL* ist gleichfalls ein Direktfarbstoff, der für die Knitterfestappretur geeignet ist. Dient zum Färben von Ätzfonds auf Baumwolle, Zellwolle u. Reyon (Zirkular 1203). — *Tinosolbrillantrosa 3 B* u. *-druckblau GG* für Drucke auf Baumwolle, Viscose, Zellwolle, Leinen u. Mischgewebe. Die Farbstoffe sind aber auch in der Färberei verwendbar. Die Drucke bzw. Färbungen sind gut wasch- u. chlorecht (Zirkular D. 139). — *Tinosolgelb 2GB* zum Bedrucken von Baumwolle, Zellwolle, Leinen usw. (Zirkular D. 140). — *Erioechtgelb 3GL* ist ein hochlichtechtes, saures Gelb mit sehr guter Naßechtheit (Zirkular 1204). — *Irganolrot RLS, -blau RS, -grün RLS* sind neutral bis schwach sauer ziehende Wollfarbstoffe. Die Farbstoffe dienen zum Färben von Kammzug, Garn u. Stückware (Zirkular 1202). — *Diphenylechtorange GRW* gehört in die Reihe der Diphenyl-W-Farbstoffe, welche in direkter Färbung auf Baumwolle u. Kunstseide ohne irgendwelche Nachbehandlung sehr gute Wasserechtheit besitzen (Zirkular 1213). — *Diphenylechtgrün BE* u. *-brillantgrün 5GLT* sind zwei lichtechte Direktfarbstoffe zum Färben von Baumwolle, Viscosereyon u. Zellwolle. Die Färbungen sind weiß ätzbar u. können daher als Ätzfonds für die Weiß- u. Buntätze Verwendung finden. Sie lassen Acetatreyon prakt. weiß (Zirkular 1217). — *Irgalanbraunviolett DL* ist geeignet zum Färben von Wolle, Seide u. Polyamidfasern (Zirkular 1216). (Reyon, Zellwolle andere Chemiefasern **32**. 56—57. Jan. 1954.) P. Eckert. 7018

—, *Die Kontinue-Färberei von Stückware nach dem „Standfast"-Verfahren.* Die Wirkungsweise des „Standfast"-Verf. wird beschrieben (Abb.). Die trockenen Stücke gehen unter Erwärmung auf 90° durch einige Trockenzylinder, gelangen in einen U-förmigen Behälter, der eine bei 71° schm. Legierung [25(%) Pb, 12,5 Sn, 50 Bi, 12,5 Cd] enthält. Auf der Legierung befindet sich das Färbebad, in dem sich der Stoff mit der Farbstofflsg. sättigt u. kommt in die elektr., auf 95° erhitzte Legierung, durch deren Druck der überschüssige Farbstoff ausgepreßt wird, u. danach in ein Bad mit Na_2SO_4, das auch auf dem Metallspiegel ruht u. verhindern soll, daß der austretende Stoff Metall mitnimmt. Schließlich durchläuft der Stoff die gebräuchlichen Vorrichtungen zur Oxydation, zum Seifen, Waschen u. zur Trocknung. (Textielwezen **9**. Nr. 11. 24. Nov. 1953.) Wesly. 7020

K. Bo, *Garnfärbung auf Kreuzspulen.* Überblick über die Grundlagen des Verf., die Vorgänge bei Aufziehen, Egalisierung, Ausfärben u. die Appreturprobleme bei der Hochtemperaturfärbung. (Färgeriteknik **29**. 165—66. Aug. 191—201. Sept. 1953.) R. K. Müller. 7020

G. Dierkes, *Das Färben mit Beizenfarbstoffen.* Nach einer kurzen Definition des Beizvorganges u. des Färbens auf der Beize wird das Beizen u. Färben der Wolle, der Seide u. der Polyamidfasern behandelt. In diesem Zusammenhang geht Vf. an Hand von Strukturformeln auf den Chemismus des Beizens u. auf die Chemie der Beizfarbstoffe näher ein. Die einzelnen beschriebenen Verff. werden diskutiert. (Reyon, Zellwolle andere Chemiefasern **32**. 29—34. 79—82. Jan. Febr. 1954.) P. Eckert. 7020

Ch. Smith, *Färberei und Druckerei von Ardilfasermischgespinsten.* Nach kurzer Beschreibung einiger Eigg. der *Ardil*-Faser, einer aus Eiweißstoffen der Erdnuß hergestellten Proteinregeneratfaser, geht Vf. näher auf das färber. Verh. ein. Entsprechend den Eigenarten der Faser, z. B. dem bei *Ardil F* auftretenden Geh. an H_2SO_4-Resten, gegebenenfalls auch an CH_2O, sind die für Proteinfasern sonst üblichen Vorschriften modifiziert worden. Einige bes. geeignete Vertreter der Säure-, Walk- u. Chromierungsfarbstoffe werden genannt. Vf. macht dann Angaben über die techn. Durchführung des Färbens, das bei 100% Ardil auf Faserbandbobinen oder Flocke erfolgt. Weiter bringt Vf. Hinweise auf die färber. Behandlung von Mischgespinsten aus Ardil/Wolle u. Ardil/Cellulosefasern. Dabei werden Echtheit-, Reservierungs- u. Egalisierungsfragen (auch Unifärben) gestreift u. weitere günstige Farbstoffsortimente aufgezeichnet. Auch für die Druckerei von ardilhaltigen Geweben einschließlich Ätzdruck gibt Vf. Anregungen nebst Rezepturen für geeignete Pasten u. Zusätze, dabei wieder nach Farbstoffklassen unterteilend. (Ind. Textile **1953**. Nr. 803. 755—59. Okt.) E. Wagner. 7020

Albert Franken, *Über mechanisierte Filmdruckverfahren.* (Vgl. C. **1953.** 4283.) Es wird ein Überblick über die heute in der Praxis gebräuchlichen Arbeitsmethoden gegeben. — 5 Abbildungen. (Textil-Rdsch. [St. Gallen] **8.** 656—63. Dez. 1953.) P. ECKERT. 7022

—, *Über die Mechanisierung des Filmdruckes.* Übersicht über die für Filmdrucke neuerdings angewandten mechan. Vorrichtungen, bes. zum Trocknen u. Bedrucken. (De Tex **12.** 1236—38. 15/12. 1953.) WESLY. 7022

—, *Harnstoffformaldehyd und Lichtechtheit.* Kurze Hinweise über die Möglichkeiten einer Rk. des entsprechenden Vorkondensates bzw. Harzes oder einer seiner Komponenten mit den angewandten substantiven Farbstoffen. Hierbei wird darauf hingewiesen, daß die bisherigen ausführlichen Unterss. auf diesem Gebiet noch keine klaren Zusammenhänge zwischen der Beeinflussung des Farbstoffes durch das Harnstoffharz bzw. Vorkondensat oder seine Komponenten aufgezeigt haben. (Mod. Textiles Mag. **34.** Nr. 12. 68. Dez. 1953.) H. G. FRÖHLICH. 7028

Arnold Bernsklöld, *Prüfung von Färbungen; schwedische und internationale Methoden.* Übersicht über die von schwed. u. internationalen Standardisierungsausschüssen ausgearbeiteten Prüfmethoden u. Festigkeitsnormen. (Färgeriteknik **29.** 267—68. 270—74. 277—78. Dez. 1953. Inst. for tillämpad textilforskning.) R. K. MÜLLER. 7028

F. Braun, *Anwendung der modernen Technik der Colorimetrie bei der Herstellung und der Verwendung der Farbstoffe.* Gegenstand der Ausführungen ist die Festlegung der Färbevorschrift auf Grund der Farbenanalyse. Nach einigen allg. gehaltenen Ausführungen, die sich mit der Theorie des behandelten Gegenstandes beschäftigen, geht Vf. auf die Beziehungen zwischen Konz. u. Aufziehvermögen bei den in der Färberei benutzten Farbstoffen ein u. behandelt dann die Unters. der Beziehung bei den Baumwollfarbstoffen. Die Betrachtungen werden an Hand zahlreicher Diagramme geführt u. die erforderliche mathemat. Grundlage wird gegeben. (Reyon, Zellwolle andere Chemiefasern **31.** 633—38. Nov. 1953.) P. ECKERT. 7086

Manufacture d'Impression Scheurer, Lauth & Cie. (Soc. à r. l.), Frankreich, *Farbstoffemulsionen zum Färben von Geweben.* Sie bestehen aus Emulsionen von Kunstharzteilchen, die durch einen in organ. Lösungsmitteln lösl. Farbstoff gefärbt sind. — Man rührt z. B. 75 (g) Cibacet 5 GN-Gelb mit 50 Na-Sulforicinoleat zu einer Paste an u. gießt diese in 300 dicke Polyvinylchlorid–Polyvinylacetat-Emulsion. Dann rührt man das Ganze 3 Std. bei 50° u. füllt mit W. auf 1 Liter auf. (**F. P. 1 034 977** vom 2/4. 1951, ausg. 10/8. 1953.) OPPERMANN. 7021

Farbenfabriken Bayer Akt.-Ges. (Erfinder: **Paul Rabe**), Leverkusen, *Färben mit kupferbaren direkten Baumwollfarbstoffen in eisernen Apparaten.* Man verwendet für das Nachkupfern an Stelle der sonst üblichen Cu-Salze komplexe Cu-Verbb. in frischem Bad oder im Färbebad, z. B. die komplexe Verb. Sarkosin–Cu oder weinsaures Cu. (**D. B. P. 902 722** Kl. 8m vom 14/2. 1939, ausg. 28/1. 1954.) v. SCHILLER. 7021

Bachmann Uxbridge Worsted Corp. (Erfinder: **Harold I. Walter**), Uxbridge, Mass., V. St. A., *Färben von Wollwaren,* die als breitgeführte Gewebebahn mit gleichförmiger Geschwindigkeit durch ein in einer geschlossenen Behandlungskammer (I) befindliches Farbbad geleitet werden, dessen Temp. über den Kochpunkt steigen kann. Man erhitzt bei geeignetem Abschluß der I das Farbbad auf $>100°$, bes. 135—145°. — Zeichnung. (**D. B. P. 902 611** Kl. 8m vom 14/1. 1941, ausg. 25/1. 1954. A. Prior. 15/2. 1940.) v. SCHILLER. 7021

Monsanto Chemical Co., V. St. A., *Färben von Fasern und Gegenständen* aus mindestens 80 Gew.-% enthaltenden Acrylnitrilpolymerisaten. Man bringt die Fasern trocken mit N.N-Dimethylacet- oder -formamid zusammen, wäscht u. gibt feucht in das Färbebad. Man taucht Trikotgewebe aus Acrylnitril–Vinylacetat (97:3)-Polymerisatfasern 5 Min. bei 60° in N.N-Dimethylacetamid, wäscht 1 Std. bei 20° u. taucht dann bei 60° 1 Std. in das Färbebad aus „Acid Green CC, Extra Conc.". (**F. P. 1 034 494** vom 28/3. 1951, ausg. 24/7. 1953.) PANKOW. 7021

Farbwerke Hoechst vormals Meister Lucius & Brüning Akt.-Ges. (Erfinder: **Wilhelm Happe**), Frankfurt/M., *Färben von geformten Gebilden aus Polyvinylchlorid* oder Mischpolymerisaten auf Basis von Vinylchlorid mit Dispersionsfarbstoffen oder Entwicklungsfarbstoffen. Man färbt in Ggw. von wss. Dispersionen von Halogenverbb. der Benzolreihe, z. B. Chlor-, Brom- oder o-Dichlorbenzol, p-Chlortoluol, 2.6-Dibromtoluol, 5-Chlor-3-nitrotoluol, zweckmäßig in einer Menge von ca. 2%, berechnet auf das Gewicht des Färbegutes. (**D. B. P. 898 146** Kl. 8m vom 18/8. 1951, ausg. 26/11. 1953.) v. SCHILLER. 7021

Sandoz Akt.-Ges., Basel, Schweiz, *Oxyacylaminoazofarbstoffe.* Zum Schwz. P. 262 278; C. **1950.** I. 346 sind die folgenden acylierten Farbstoffe mit ihren Farbtönen auf

Wolle nachzutragen: Acetylderivv. von 2-Amino-8-oxynaphthalin-6-sulfonsäure (I) ← Metanilsäure (II) orange, oder Orthanilsäure orange, oder 2-Amino-5-acetylaminobenzol-1-sulfonsäure rotbraun, oder 2-Amino-5-nitrobenzol-1-sulfonsäure (III) braunstichig rot, oder Anilin-2.5-disulfonsäure orange, oder 2-Amino-5-benzoylaminobenzol-1-sulfonsäure braunstichig rot, oder 2-Chloranilin-4- oder -5-sulfonsäure rot, oder 2-Aminobenzolsulfonsäure-(1)-äthylphenylamid braunstichig rot, oder Methyl-[2-aminophenyl]-sulfon braunstichig rot, oder Naphthionsäure rot, oder 2.4.8-Naphthylamindisulfonsäure orange, oder 4-Chlor-5-nitro-2-aminophenol rotviolett, oder Dehydrothio-o-toluidinmono- oder -disulfonsäure rot, oder von 2-Aminonaphthalin-5-sulfonsäure → 1-Amino-5-oxynaphthalin-7-sulfonsäure orange; Benzoylderiv. von II → I orangebraun. p-Toluolsulfonylderiv. von III → I braunrot. (**Schwz. PP. 267 607, 267 608, 267 609, 267 610, 267 611, 267 612, 267 619, 267 620, 267 621, 267 622, 267 623, 267 624** vom 20/12. 1946, ausg. 1/7. 1950. **267 613, 267 614, 267 615, 267 616, 267 617** u. **267 618** vom 20/12. 1946, ausg. 16/6. 1950. **Zusätze zu Schwz. P. 262 278; C. 1950. I. 346.**) Heyne. 7053

Ciba Akt.-Ges., Basel, Schweiz (Erfinder: **W. Widmer** und **C. Zickendraht**), *Herstellung von metallhaltigen Monoazofarbstoffen.* Man behandelt Monoazofarbstoffe der allg. Formel $X-R_1-N{=}N-R_2-OH$ mit metallabgebenden Mitteln, die Metalle der Ordnungszahlen 28 u. 29 abgeben können. In der Formel bezeichnen R_1 einen Benzolrest mit einer SO_3H-Gruppe, X einen zur Azogruppe benachbarten Substituenten, der an der Bldg. von o.o'-Dioxyazofarbstoffmetallkomplexen teilnehmen kann, u. R_2-OH einen Rest I oder II; n ist 1—4. Die neuen Farbstoffe sind bes. für die Färbung von tier. Fasern in sauren Bädern (H_2SO_4, Essigsäure) geeignet. — Z. B. diazotiert man 2-Amino-1-oxybenzol-4.6-disulfonsäure u. kuppelt mit 3-Methyl-5-pyrazolon. Dieser Farbstoff wird in Na-Acetatlsg. mit $CuSO_4$-Lsg. behandelt. Der Farbstoff färbt dann Wolle aus saurem Bad in gleichmäßig braunen Tönen mit guter Licht- u. Waschechtheit. (**Schwed. P. 132 793** vom 21/9. 1950, ausg. 4/9. 1951. Schwz. Priorr. 30/9. 1949, 26/7. u. 24/8. 1950.) Jürgen Schmidt. 7053

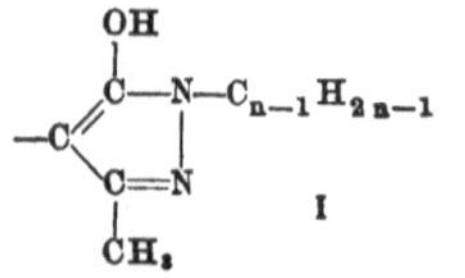

I

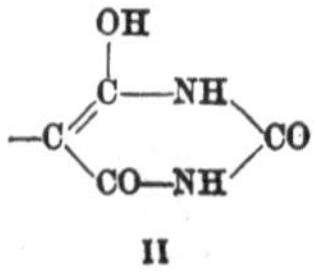

II

Imperial Chemical Industries Ltd., London, **Kenneth Alfred John Chamberlain, David Alexander Whyte Fairweather, Francis Irving** und **Alistair Livingston**, Blackley, Manchester, England, *Küpenfarbstoffe der Acedianthronreihe* der allg. Zus. I ($X = NO_2$ oder NH_2), die auf Baumwolle (**A**) oder Viscose tiefe rotbraune Töne ergeben u. bes. auch für den *Textildruck* geeignet sind, erhält man durch Acylieren eines Monoaminoacedianthrons (**II**), das man durch Mononitrieren von Acedianthron in H_2SO_4 u. Red. der Mononitroverb. herstellen kann, mit 1-Amino- oder 1-Nitroanthrachinon-2-carbonsäure oder deren funktionellen Derivaten. Die Nitroverb. kann durch Red. in die Aminoverb. übergeführt werden. — Zu 42 (Gewichtsteilen) **II** in 800 Nitrobenzol gibt man 17 1-Nitroanthrachinon-2-carbonsäurechlorid (**III**), erhitzt das Gemisch während 1 Std. bis 100°, gibt weitere 17 **III** hinzu, erhitzt in 3 Std. bis 200—205° u. hält 18 Std. bei dieser Temperatur. Das erhaltene Prod., ein braunes Pulver, in konz. H_2SO_4 violett lösl., färbt **A** aus rotvioletter Küpe in echten rotstichig braunen Tönen. Wird die Nitrogruppe des Prod. in nitrobenzol. Lsg. durch Einw. von trockenem NH_3 durch die NH_2-Gruppe ersetzt, so erhält man einen Farbstoff, der **A** in ähnlichen rotstichig braunen Tönen färbt. — Färbebeispiel. (**E. P. 672 905** vom 30/3. 1949, ausg. 28/5. 1952.) Roick. 7059

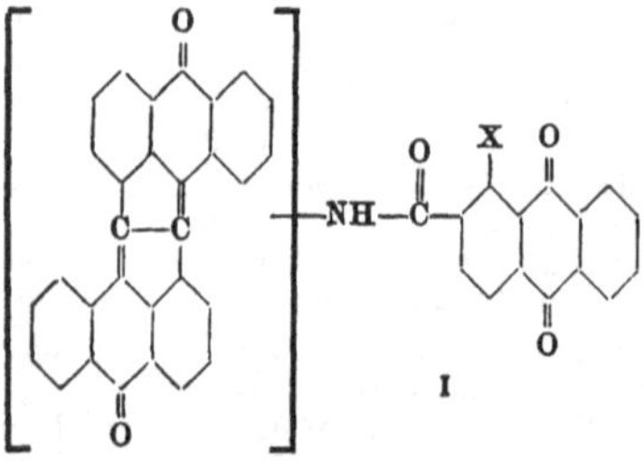

I

Imperial Chemical Industries Ltd., London, **Kenneth Alfred John Chamberlain** und **David Alexander Whyte Fairweather**, Blackley, Manchester, England, *Küpenfarbstoffe der Acedianthronreihe* der allg. Zus. X—NH—CO—R—CO—NH—Y, worin R eine direkte Bindung oder einen Alkylen- oder Arylenrest, X einen Acedianthronrest u. Y den Rest einer vom Acedianthron verschieden verküpbaren Verb. bedeutet, erhält man durch Acylieren der entsprechenden Aminoverbb. mit einer Dicarbonsäure oder deren funktionellen Derivaten. — Die erhaltenen Farbstoffe färben cellulosehaltige Fasern in braunen Tönen u. sind bes. wertvoll für den *Textildruck.* — 46 (Gewichtsteile) Terephthalylchlorid (**I**) gibt man unter Rühren zu einem Gemisch von 1000 trockenem Nitrobenzol (**a**), 20 Pyridin (**b**) u. 84 Monoaminoacedianthron (**II**), erhitzt in 1 Std. bis 100° u. rührt 3 Std. bei 100°. Zu dem mit **a** gewaschenen Nd. gibt man 800 **a** u. 20 **b** u. eine Lsg. von 49 1-Aminoanthrachinon (**III**) in 600 **a** u. rührt 3 Std. bei 160°. Man erhält den Farbstoff der Zus. **IV**, ein dunkelbraunes Pulver, färbt **A** aus purpurroter Küpe (**K**) echt gelbstichig braun u. ergibt auch im Druck licht- u. naßechte, kräftig gelbbraune Töne. In ähnlicher Weise können Farbstoffe erhalten werden aus **I**, **II** u. 1-Amino-5-benzoylaminoanthrachinon, färbt **A** aus purpurroter **K** gelbbraun; **I**, **II** u. 1-Amino-4-benzoylaminoanthrachinon, färbt **A** aus purpurroter **K** orangebraun; **I**, **II** u. 8-Amino-1'.2'-phthaloyl-5'.6'-benzcarbazol, färbt **A** aus purpurroter **K** braun; **I**, **II** u. 6-Amino-3'. 4'-phthaloylacridon, schwarzes Pulver, färbt **A** aus purpurroter **K** olivbraun; Oxalylchlorid, **II** u. **III**, dunkelbraunes Pulver, färbt **A** aus purpurroter **K** gelbbraun; Isophthalylchlorid, **II** u. **III**, braunes Pulver, färbt **A** aus purpurroter **K** gelbbraun. (**E. P. 672 907** vom 30/3. 1949, ausg. 28/5. 1952.) ROICK. 7059

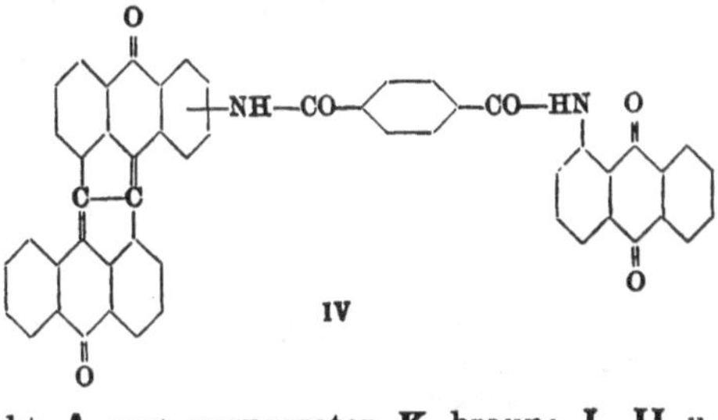

IV

Imperial Chemical Industries Ltd., London, und **Kenneth Alfred John Chamberlain,** Blackley, Manchester, England, *Küpenfarbstoff der Acedianthronreihe.* Behandelt man das Kondensationsprod. aus 1 Mol α.α-Dichloracedianthron u. 2 Mol 6-Amino-3'.4'-phthaloylacridon mit einem sauren Kondensationsmittel (z. B. mit $AlCl_3$ in Nitrobenzol 2½ Std. bei 110 bis 115°), so erhält man den Farbstoff der Zus. **I**, schwarzes Pulver, in konz. H_2SO_4 dunkelblau lösl., färbt cellulosehaltige Fasern, wie Baumwolle u. Viscosekunstseide, in kräftigen olivgrünen Tönen u. ist auch bes. für den *Textildruck* geeignet. (**E. P. 678 522** vom 30/11. 1949, ausg. 3/9. 1952.) ROICK. 7059

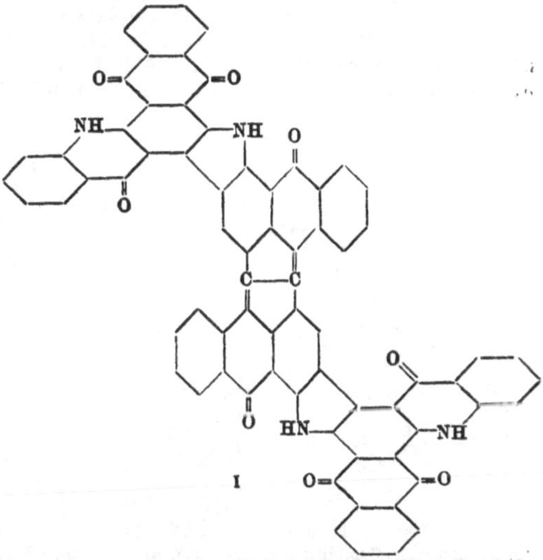

I

Imperial Chemical Industries Ltd., London, und **Kenneth Alfred John Chamberlain,** Blackley, Manchester, England, *Küpenfarbstoffe der Acedianthronreihe,* die Baumwolle (**A**) u. andere cellulosehaltige Fasern in echten braunen Tönen färben u. bes. auch für den *Textildruck* geeignet sind, erhält man durch Kondensation eines halogenierten Acedianthrons mit einem Aminoacedianthron. — Durch 24std. Verrühren von 8,4 (Gewichtsteilen) Monoaminoacedianthron (**I**) (erhältlich durch Nitrieren von Acedianthron (**Ia**) u. Red. der erhaltenen Nitroverb. mit Na-Hydrosulfit) u. 4,75 α.α-Dichloracedianthron (erhältlich durch Behandeln des Kondensationsprod. von 1-Chlor-9-anthron u. Glyoxal mit H_2SO_4 u. Essigsäureanhydrid) in 150 Nitrobenzol bei 205—210° in Ggw. von 3 NaOH, 0,4 Cu-Acetat u. 0,2 CuO erhält man ein braunes Pulver (**II**), in konz. H_2SO_4 blau lösl., färbt u. druckt **A** in kräftigen braunen Tönen. In ähnlicher Weise erhält man Farbstoffe aus **I** u. Monobromacedianthron (erhältlich durch Bromieren von **Ia** in $Cl \cdot SO_3H$ in Ggw. von J), braunes Pulver, färbt **A** rotstichiger braun als **II**; Dibromacedianthron, färbt **A** gelbstichiger braun als **II**. (**E. P. 678 523** vom 30/11. 1949, ausg. 3/9. 1952.) ROICK. 7059

Sandoz Akt.-Ges., Basel, Schweiz, *Herstellung von Tetrabrom-5-amino-8-oxy-1.4-naphthochinonimin-(1)* durch Behandlung von 3.7-Dibrom-5-amino-8-oxy-1.4-naphthochinonimin-(1) in Nitrobenzol in Ggw. eines Katalysators, wie Jod, mit Brom. Man erhält daraus ein schwarzes Pulver, welches sich in A. mit violetter Farbe u. in H_2SO_4 mit blauroter Farbe löst. Es dient als *Farbstoff* u. als Zwischenprod. zur Herst. von Farbstoffen. Vgl. F. P. 941 996; C. **1950**. I. 1913, F. P. 969 708; C. **1951**.

I. 3120; A. P. 2 538 005; C. **1952.** 2261. (**Schwz. P. 266 279** vom 30/1. 1947, ausg. 17/4. 1950. **Zusatz zu Schwz. P. 260 861; C. 1949. E. 1438.**) M. F. Müller. 7061

American Cyanamid Co., New York, N. Y., V. St. A., *Triazinküpenfarbstoffe.* Die nach dem nachst. Schema erhältlichen 2-Alkoxyaryl-4.6-dichlortriazine werden mit

$$RCOCl + NH_2(C:NH)NHCN \longrightarrow RCONHC(:NH)NHCN \xrightarrow{\text{Säure}} RCONHCONHCONH_2 \xrightarrow{\text{Alkali}}$$

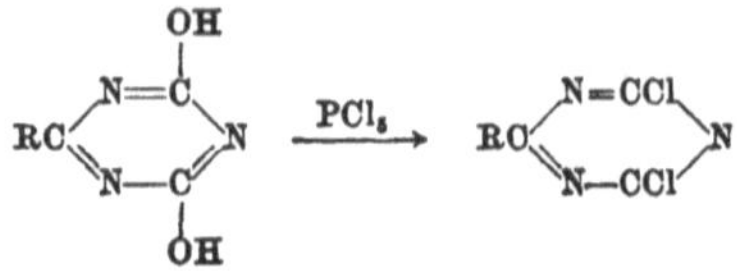

α-Aminoanthrachinonen umgesetzt, worauf die erhaltenen 2-Alkoxyaryl-4.6-dianthrachinonylaminotriazine zwecks Herst. der entsprechenden Oxyverbb. entalkyliert werden. Die erhaltenen 2-o-Oxyaryl-4.6-anthrachinonylaminotriazine färben in leuchtenden licht- u. waschechten Tönen. Sie sind von beträchtlicher chem. Beständigkeit u. können daher auch unter scharfen Reaktionsbedingungen in eine Reihe weiterer Farbstoffe umgewandelt werden. — Das aus o-Methoxybenzoyldicyandiamid, F. 186°, über o-Methoxybenzoylbiuret, F. 185°, u. o-Methoxybenzoguanamid, F. 250°, erhaltene 2-o-Methoxyphenyldichlortriazin (**I**), F. 136°, wird mit α-Aminoanthrachinon (**Ia**) zum 2-Methoxyphenyl-4.6-dianthrachinonylaminotriazin (**II**) umgesetzt. Eine Aufschlämmung von 30 (Teilen) **II** in 360 Nitrobenzol (**a**) erhitzt man unter Rühren auf 135°, schickt durch das gerührte u. allmählich auf 200° erhitzte Gemisch wenige Min. lang absatzweise trockenes HCl, kühlt, filtriert, wäscht mit **a** u. A. u. trocknet bei 60°. Der

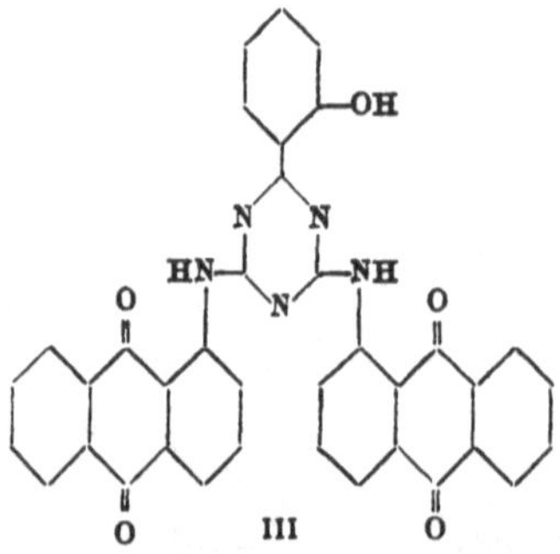

III

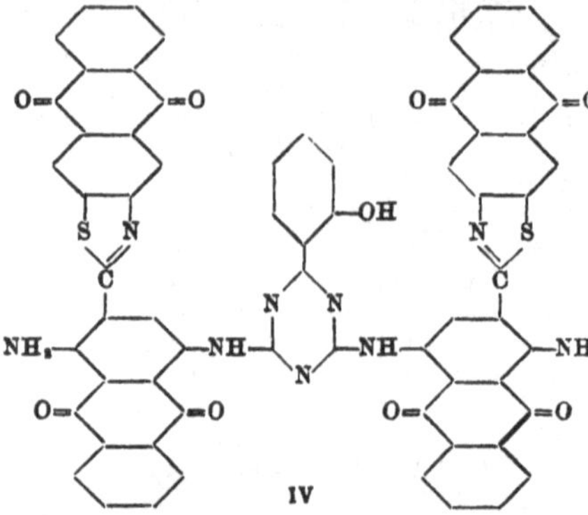

IV

erhaltene Farbstoff der Zus. **III** färbt Kunstseide (**D**), Wolle (**B**) u. Baumwolle (**A**) in leuchtenden grünstichiggelben Tönen. Weitere Farbstoffe erhält man in ähnlicher Weise durch Entalkylierung der Farbstoffe aus: **I** u. 3-Chlor-1-aminoanthrachinon, färbt **A** u. **D** aus hellroter Küpe (**K**) licht-, chlor- u. waschecht grünstichig gelb; **I** u. 5-Benzoylamino-1-aminoanthrachinon, färbt orangegelb; **I** u. 4-Benzoylamino-1-aminoanthrachinon, färbt **A** u. **D** aus violettbrauner **K** rot; **I** u. 1.4-Diaminoanthrachinon-2-carboxyanthrachinonylamid; färbt **A** u. **D** aus bordeauxroter **K** blaugrau; **I** u. 3-Chlor-4-methyl-1-aminoanthrachinon, färbt **A** gelb; **I** u. 4-Amino-Bz-3.5-dichloranthrachinonbenzacridon, färbt **A** aus violetter **K** grünstichig blau; **I** u. 1.4-Diamino-2-(2.3-anthrachinonthiazolyl)-anthrachinon, Farbstoff der Zus. **IV**, färbt aus blauvioletter **K** grünsstichig blau; **I** u. 1-Amino-4-chloranthrachinon; o-Äthoxyphenyldichlortriazin [erhältlich aus o-Äthoxybenzoyldicyandiamid (F. 236°) über o-Äthoxybenzoylbiuret (F. 205°) u. o-Äthoxybenzoguanamid (F. ca. 246°)] u. **Ia**, entspricht **III**; 2-Methoxy-5-chlorphenyldichlortriazin (**V**), F. 156° [erhältlich aus 2-Methoxy-5-chlorbenzoyldicyandiamid (F. 220° unter Zers.) über 2-Methoxy-5-chlorbenzoylbiuret (F. 198° unter Zers.) u. 2-Methoxy-5-chlorbenzoguanamid (F. 250° unter Zers.)] u. **Ia**, färbt aus bordeauxroter **K** leuchtend gelb; **V** u. 1-Amino-3-chloranthrachinon, färbt glänzend grünstichig gelb; 2-Methoxy-5-methylphenyldichlortriazin, F. 130° [erhältlich aus 2-Methoxy-5-methylbenzoyldicyandiamid (F. 200°) über 2-Methoxy-5-methylbenzoylbiuret (F. 199° unter Zers.) u. 2-Methoxy-5-methylbenzoguanamid (F. 238°)] u. **Ia**, färbt aus bordeauxroter **K** gelb; 2-Methoxy-3-naphthyldichlortriazin; F. 197° (Zers.) [erhältlich aus 2-Methoxy-3-naphthoyldicyandiamid (F. 222°) über 2-Methoxy-3-naphthoylbiuret u. 2-Methoxy-3-naphthoguanamid] u. **Ia**, färbt aus bordeauxroter **K** gelb; 2.4-Dimethoxyphenyldichlortriazin, F. 171° [erhältlich aus 2.4-Dimethoxybenzoyldicyandiamid (F. 220°) über 2.4-Dimethoxybenzoylbiuret (F. 212°) u. 2.4-Dimethoxybenzoguanamid (F. 254° unter Zers.)] u. **Ia**, färbt aus bordeauxroter **K** gelb. (**E. P. 691 506** vom 7/8. 1951, ausg. 13/5. 1953. A. Prior. 23/5. 1951.) Roick. 7063

General Aniline & Film Corp., New York, N. Y., übert. von: **Robert E. Brouillard**, Westfield, N. J. V. St. A., *Metallphthalocyanine*. Die Ausbeute u. die Qualität der erhaltenen Prodd. wird verbessert, wenn bei der Herst. durch Erhitzen des Phthalocyanin bildenden Zwischenprod. (**I**), z. B. des aromat. o-Dicarbonsäureanhydrids oder einer äquivalenten o-disubstituierten aromat. Verb. von Harnstoff (**II**) oder einer anderen geeigneten Stickstoffverb. in einem inerten hochsd. organ. Lösungs- oder Verdünnungsmittel, einem Metallsalz zur Bldg. des Metallphthalocyanins u. einem Katalysator, dem Reaktionsgemisch ein phosphorsaures Salz in einer Menge von mindestens 25% der Menge des **I** zugesetzt wird. An phosphorsauren Salzen können z. B. Ortho-, Pyro-, Metaphosphate, Polymetaphosphate oder Polyphosphate Verwendung finden. — Beispiel: 10,5 (Gewichtsteile) Phthalsäureanhydrid, 12,5 **II**, 0,25 Ammoniummolybdat u. 0,25 prim. Na-Phosphat schlämmt man in 35 Trichlorbenzol (**III**) auf, fügt eine Aufschlämmung von 3 $AlCl_3$ in 5 **III** hinzu, rührt das Gemisch, erhitzt es unter Rückfluß allmählich in 6 Std. bis auf 200—205°, gibt eine Aufschlämmung von 5,4 **II** in 10 **III** hinzu u. hält die Temp. 5 Std. bei 200—205°. Man erhält das *Chloraluminiumphthalocyanin* in sehr reiner Form in einer Ausbeute von 85%. (**A. P. 2 647 128** vom 24/11. 1950, ausg. 28/7. 1953.) Roick. 7073

Richard Künzl, Der Filmdruck auf Textilien. Stuttgart: Konradin-Verl. 1953. (243 S. m. Abb., mehr. Taf.) DM 38,—.

XIa. Farben. Anstriche. Lacke. Naturharze.

V. Charrin, *Das Cadmium*. Allg. Angaben über die Verwendung von Cd u. Cd-Verbb. unter besonderer Berücksichtigung der Bedeutung der Cd-Sulfide als Anstrichpigmente. (Peintures, Pigments, Vernis **29**. 1000. Dez. 1953.) Scheifele. 7092

F. T. Walker, T. MacKay und **K. B. Taylor**, *Standölfraktionierung*. Die zur technolog. Bewertung der Standöle dienende Fraktionierung kann erfolgen mittels Moleculardest. oder mittels Extraktion. Beschrieben werden Geräte zur Molekulardest. u. Extraktion. Untersucht wurden Standöle verschied. Viscosität sowie luftgeblasenes Standöl. (J. Oil Colour Chemists' Assoc. **36**. 667—88. Dez. 1953. Kirckaldy, Michael, Nairn & Co., Ltd.) Scheifele. 7096

G. Winter, *Titanester und ihre Anwendung in Anstrichfarben*. Zur Herst. polymerer Butyltitanate (**I**) wird monomeres Butyltitanat oder $TiCl_4$ durch 1—1,5 Moläquivalente W. partiell hydrolysiert. **I** unterliegen bei der Verfilmung weniger der weiteren Hydrolyse durch atmosphär. Feuchtigkeit. Harte u. haftfeste Filme liefern nichtadsorbierende Pigmente (Al-Bronze, Zn-Staub, synthet. Eisenoxydrot, Cu-Oxyd). Die dünn aufgetragenen Filme sind nach 30 Min. griffest, nach 6—12 Std. lösungsmittelbeständig. Zn-Staub–Al-Bronze–Butyltitanat-Farben eignen sich für hitzefeste Anstriche, Zn-Staubfarben für antikorrosive Eisenfarben u. Unterwasseranstriche u. Zn-Staub–Cu_2O- bzw. CuO-Farben als Antifoulings, wie durch prakt. Verss. festgestellt wurde. (J. Oil Colour Chemists' Assoc. **36**. 689—708. Dez. 1953. Melbourne, Defense Res. Labors., Dep. of Supply.) Scheifele. 7096

Elias Singer, *Grundlagen der Farben-, Anstrich- und Lacktechnologie*. In Fortsetzung der C. **1954**. 3577 referierten Arbeit werden behandelt: Binde- u. Lösungsmittel, Pigmente, Fortschritte auf dem Gebiet der trocknenden Öle, Rezeptur von Anstrichen. (Amer. Paint **J. 38**. Nr. 2. 78. 80—81. 84—88. 90. 92. 94—95. 28/9. Nr. 5. 26—27. 30. 32. 34. 36. 38. 19/10. Nr. 7. 65—68. 70—73. 2/11. Nr. 10. 64. 66. 68. 68b. 70. 72. 74. 76. 78. 23/11. Nr. 13. 84—85. 88. 90. 92. 94. 96. 14/12. Nr. 15. 70. 72. 74. 76—97. 28/12. 1953. Nr. 22. 64—65. 68—69. 72. 74. 76. 78. 80. 15/2. 1954.) Winiker. 7106

F. Margival, *Geigenlacke*. Allg. Ausführungen mit Rahmenrezepten. — 15 Literaturhinweise. (Peintures, Pigments, Vernis **29**. 828—32. Okt. 1953.) Scheifele. 7106

Georg Kowarsch, *Erfahrungen mit Kokillenlacken*. Es werden die Anforderungen an Kokillenlacke, ihre Analysen u. Rohstoffe erörtert u. die Ergebnisse der Verwendung des Bitumen–Bzn.-Lackes „*Randit*" u. des Cumaron/Benzollackes „*Helios*" im Betrieb mitgeteilt. (Stahl u. Eisen **73**. 1654—56. 3/12. 1953. Düsseldorf.) Hochstein. 7106

J. E. O. Mayne, *Wirkung von Rost und Umgebung auf den Schutz durch zinkreiche Anstriche*. Anstrichmittel auf Polystyrolbasis mit einem Geh. von 96% Zn-Staub bewirken auf gebeizten u. auf angerosteten Stahloberflächen auch in See-, Regen- u.

dest. W. einen kathod. Schutz. Bei mit einer Rostschicht überzogenen Oberflächen tritt diese Wrkg. nur ein, wenn in der Rostschicht Poren vorhanden sind, die einen Kontakt zwischen der Fe-Oberfläche u. dem Zn ermöglichen. — Schrifttumsübersicht. (J. Iron Steel Inst. **176.** 140—43. Febr. 1954.) MARKHOFF. 7106

J. E. O. Mayne, *Prüfung von zinkreichen Polystyrolanstrichen in atmosphärischer Luft.* Verschied. dieser Anstriche auf rostigen Oberflächen waren nach 4 Jahren noch in gutem Zustand. Voraussetzung ist, daß die ursprüngliche Rostschicht nicht älter als 6 Monate war. Zn-Polystyrolanstriche bewähren sich als Grundanstrich für Fe_2O_3-Anstriche auf Leinölbasis. — Abbildungen, Tabellen. (J. Iron Steel Inst. **176.** 143—46. Febr. 1954. Cambridge, Univ.) MARKHOFF. 7106

Fritz Ohl, *Siliconpolituren.* Kurzer Überblick über Herst. u. Eigg. von Polituren auf Siliconbasis. (Dtsch. Drogisten-Ztg. **9.** 10—11. 1/1. 1954.) WINIKER. 7118

I. Bardyschew und **K. Bardyschewa,** *Zusammensetzung des Terpentinöls der österreichischen Fichte (Pinus austriaca Höss, P. laricio austriaca, P. nigra LK).* Physikal. Eigg. u. Zus. von Terpentinölen, die aus dem Harz der in der UdSSR kultivierten österreich. Fichte gewonnen worden waren, zeigten von Baum zu Baum Schwankungen. $D.^{20}_4$ 0,856—0,861; n_D^{20} 1,4662—1,4710; $[\alpha]_D^{20}$ +2 bis —47°. Die Ausbeuten lagen zwischen 12 u. 27%. Terpentinöle, die aus dem Harz einer größeren Anzahl von Bäumen gewonnen worden waren, enthielten: *α-Pinen,* 87,4 bzw. 84,6%; *Camphen,* 1,4 bzw. 1%; *β-Pinen,* 1,9 bzw. 2,3%; *Myrcen* 1,6 bzw. 1,5%; *Limonen* 4,4 bzw. 3,6%; höhersd. Anteile 3,3 bzw. 7%. (Журнал Прикладной Химии [J. angew. Chem.] **25.** 1231 bis 1233. Nov. 1952. Forstchem. wiss. Zentralforschungsinst.) WÖRFFEL. 7140

F. Margival, *Die Reinigung der Lackharze.* Die natürlichen Lackharze (Mastix, Akaroid, Manila, Elemi) werden gereinigt durch mechan. Verff., Lsg. u. Veresterung. (Peintures, Pigments, Vernis **29.** 997—99. Dez. 1953.) SCHEIFELE. 7140

G. Damany, *Die Bestimmung des Zinks in Anstrichpigmenten.* Empfohlen wird die elektrolyt. Zn-Best. in Pigmenten. (Peintures, Pigments, Vernis **29.** 995—96. Dez. 1953.) SCHEIFELE. 7152

H. R. Touchin, *Einige Anwendungen statistischer Methoden auf Bewitterungsversuche. 1. Mitt. Analyse von Bewitterungsdaten.* Gegenüber der visuellen Bewertung bietet die statist. Meth. eine größere Sicherheit für die richtige Bewertung von Bewitterungsergebnissen. Ferner ermöglicht diese Meth., brauchbare Relationen zwischen Natur- u. Kurzbewitterungsdaten aufzustellen. (J. Oil Colour Chemists' Assoc. **36.** 709—20. Dez. 1953. Liverpool, Beck Koller & Co. (England) Ltd.) SCHEIFELE. 7158

Hans Jaruschka, Österreich, *Spachtelmasse für Holz.* Die M. besteht aus Kreide, Labcasein, CaO oder $Na_2B_4O_7$. Man mischt die Bestandteile innigst, z. B. in einer Kugelmühle. Zum Gebrauch wird das Pulver mit W. zu einer Paste angemacht u. mit dem Spachtel oder Pinsel aufgetragen. (**F. P. 1 027 636** vom 14/11. 1950, ausg. 13/5. 1953. Oe. Prior. 14/11. 1949.) HEYNE. 7097

Chemieprodukte G. m. b. H., Deutschland, *Schutzmasse gegen korrodierende Einflüsse,* Schädigung durch Insekten. Man überzieht die zu schützenden Teile, wie Bauwerke, elektr. Kabel, Rohre, mit einer stabilen Schutzmasse aus Paraffinen, Vaseline u. gegebenenfalls Bitumen in Mischung mit Kunstharzen u. Füll- u. Faserstoffen u. wasserunlösl. aromat. Chlor-KW-stoffen oder ähnlich wirkenden aromat. Verbindungen. — Zu 100 (Teilen) Vaselineschmelze, die etwas Harz oder Kunstharz enthält, gibt man 1—3 einer Mischung von Campher u. Chlornaphthalin oder Chlorphenol. (**F. P. 1 031 323** vom 23/1. 1951, ausg. 23/6. 1953. D. Prior. 30/1. 1950.) PANKOW. 7107

Soc. des Revêtements Plastiques (S. R. P.), Seine, Frankreich (Erfinder: **Jacques Cauchetier**), *Herstellung von Überzügen aus plastischen Massen.* Man bringt auf den Gegenstand (Holz, Kork, Zement, Gips) mit der Spritzpistole eine dünne, einige zehntel mm starke Schicht aus der plast. M., die durch die Spritzwärme nicht zers. wird, u. preßt auf die noch heiße Schicht unter einem gewissen Druck eine Folie, die teilweise schm. u. dadurch an der unteren Schicht haftet. (**F. P. 1 035 331** vom 12/4. 1951, ausg. 21/8. 1953.) PANKOW. 7107

Henri Foxonet, Constantine, Algerien, *Plastischer biegsamer Überzug zur Auskleidung von Transportbehältern für Flüssigkeiten,* der die Behälterwände luftdicht abschließt. — Z. B. vermischt man 40(%) Glycerinphthalsäureharz, 15 Leinöl, 10 Aminoplaste, 30 Ricinusöl u. 5 Mennige gründlich in der Kälte. Nach dem Auftragen wird in einem Emaillierofen der Überzug erwärmt (pasteurisiert). (**F. P. 1 022 004** vom 13/7. 1950, ausg. 26/2. 1953.) BEWERSDORF. 7107

Alfred Müller, Frankreich, *Herstellen von Überzügen, besonders auf Metallflächen.* Man erhitzt das vorher mit dem Sandstrahl bearbeitete Blech schnell auf 180° u. trägt mit einer Spritzpistole ein Polyamid (z. B. „Nylon", „Rilsan") oder eine analoge plast. Substanz in Pulverform auf das Blech auf. (**F. P. 1 033 423** vom 5/3. 1951, ausg. 10/7. 1953.) Oppermann. 7107

Jean de la Valdene, Frankreich, *Herstellung von Lacküberzügen, besonders auf elektrischen Leitungsdrähten.* Zur genauen Einhaltung der Einbrenntemp. bei Celluloseester–Furfurol-Lacken setzt man diesen einen Temperaturindicator zu. Man verwendet hierfür Triphenylmethanfarbstoffe (bes. Malachitgrün) oder Azinfarbstoffe (bes. Nigrosin) allein oder im Gemisch mit Farbstoffen, die bei der Einbrenntemp. unverändert bleiben (bes. Azofarbstoffen). (**F. P. 1 028 632** vom 30/11. 1950, ausg. 26/5. 1953.) Oppermann. 7107

Josef Bloderer, Österreich, *Anstrichmittel für Spinnereimaschinen.* Um an Spinnereimaschinen die Bldg. von „Wickeln", die den Betrieb erheblich stören, zu verhindern, überzieht man die Walzen, Rollen, Zylinder, Hülsen u. dgl. mit einem nichtklebenden, feuchtigkeitsunempfindlichen Film von folgender Zus.: 15 (%) Schellack, 10,2 Kreide, 6,8 Erd- bzw. Pigmentfarbstoff, bes. Eisenoxyd, 68 Spiritus. (**Oe. P. 177 493** vom 15/10. 1951, ausg. 10/2. 1954.) Heyne. 7107

Adelino-Emilio Comisso, Frankreich, *Feuerfestes Anstrichmittel,* bestehend aus feuerfesten Pigmenten, wie Kaolin, Feldspat, Glimmer, TiO_2, Talkum, Asbest, u. einem feuerbeständigen Bindemittel, z. B. einer Mischung von 2 (Vol.) Kali–Wasserglas, 1 Natron–Wasserglas, der man eine 2%ig. Na-Boratlsg. hinzufügt, bis die D. 25° Bé beträgt. (**F. P. 1 022 158** vom 18/7. 1950, ausg. 2/3. 1953.) Heyne. 7107

XIb. Plaste (Kunstharze. Plastische Massen).

Sanford S. Zimmermann, *Vakuumverformung von thermoplastischen Folien.* Die Anwendung des Vakuumverf. zur Verformung von thermoplast. Folien wird an Hand von Beispielen besprochen. (India Rubber Wld. **129.** 216—19. Nov. 1953. Port Washington, N. Y., Vacuum Forming Corp.) Schäff. 7170

G. H. Bancroft, *Metallisieren von Kunststoffolien im Vakuum.* Erörterung des Verfahrens. (Mod. Plastics **31.** Nr. 4. 122—23. 210. Dez. 1953. Rochester, N. Y., Consolidated Vacuum Corp.) Schäff. 7170

Kenneth S. Low, *Versilberung von Kunststoffen.* Beschreibung eines Verf. zur chem. Versilberung von Kunststoffen (Red. eines Ag-Salzes in wss. Lsg.), wobei der Auftrag durch eine Spezialsprühapp. vorgenommen wird. (Brit. Plastics **26.** 457—60. Dez. 1953.) Schäff. 7170

J. C. Vlugter, E. J. G. Toxopeus und **R. P. van Oosten**, *Äthylen als Rohstoff für die chemische Industrie, besonders die Kunststoffindustrie.* Übersicht über die Verff. zur Gewinnung von C_2H_4 u. seine Verwendung in der chem., bes. der Kunststoffindustrie. — 28 Literaturangaben. (Ingenieur ['s-Gravenhage] **65.** Ch 35—39. 12/6. 1953.) Wesly. 7172

—, *Verhalten von Polyäthylen in den Tropen. Ruß schützt vor Qualitätsminderung.* Bei Unterss. von 2 Alkathentypen mit je 0,1% Alterungschutzmittel in den Tropen wurde gefunden, daß die zusätzliche Einarbeitung von 0,1% Ruß deutlich der n. Qualitätsminderung unter diesen Bedingungen (Auftreten von Sprödigkeit u. Oberflächenrissen, Verschlechterung der dielektr. Eigg.) entgegenwirkt. (Brit. Plastics **26.** 473. Dez. 1953.) Schäff. 7172

Walther Ehlers, *Grundsätzliches über die Verarbeitung von Vinylpolymeren.* 1. Mitt. Die Prinzipien, die den verschied. Verarbeitungsverff. für Vinylharze zugrunde liegen, werden besprochen (Haupt- u. Nebenvalenzbindungen, Oberflächen- u. Grenzflächeneffekte, Mischpolymerisation, Weichmachung, Einfriertemp., viscoelast. Verh. u. Erweichungsbereich). (Austral. Plastics **8.** Nr. 99. 6—12. Okt. 1953. Sydney, N. S. W., Univ. of Technol., Dep. of Chem. Engng.) Schäff. 7172

Richard L. Lynch, *Das Einfärben von Polyvinylchlorid nach dem Trockenmischverfahren.* Da eine gute Pigmentverteilung beim Trockenmischverf. nur schwer zu erreichen ist u. da das Pigment im Extruder nicht vollständig dispergiert wird, ist es zweckmäßig, vordispergiertes Pigment für das Trockenmischverf. zu verwenden. Diese Vordispergierung des Pigmentes kann im Weichmacher vorgenommen werden, den man anschließend durch Polyvinylchloridpulver aufsaugen läßt. Dieses Farbkonzentrat wird dann zur trockenen Mischung zugefügt. Besser verwendet man aber zur Beimischung feinpulverige „master-batch"-Pigmente (*R–B–H-Plastics Powders*).

Die Vorteile dieses Trockenmischverf. sind: Einheitlichkeit der Chargen in der Färbung, qualitativ hochwertige Fertigprodd. u. Wirtschaftlichkeit. (India Rubber Wld. **128**. 65—68. April 1953. Bound Brook, N. J., Interchem. Corp., R-B-H-Dispersions Div.) SCHÄFF. 7172

—, *Spritzguß von Hart-PVC.* Beschreibung des Verf. an Hand von Beispielen. (Mod. Plastics **31**. Nr. 4. 113—15. Dez. 1953.) SCHÄFF. 7172

Eugene B. Greenspun, *Hohlgußformen und -arbeitsmethoden.* Allg. Ausführungen bzgl. der Verwendung von Vinylplastisolen im Hohlguß. (Mod. Plastics **30**. 97—98. 101. 104—05. Juli 1953. Trenton, N. J., Geneve Mfg. Corp.) WINIKER. 7172

H. Schmidbauer, *Plexiglas als durchsichtiger Baustoff für den Konstrukteur.* Überblick über Eigg., Verarbeitung u. Anwendung von *Plexiglas.* (Konstruktion **3**. 122—26. 1951. Darmstadt.) WINIKER. 7172

Thomas G. Harris, Roderick H. Horning und **Harvey A. Neville,** *Modifizierte Phenol-Formaldehyd-Harze. Modifikation durch 1.2-Epoxyde.* Die Modifizierung verschied. Phenol-Formaldehyd-Kondensationszwischenprodd. (Resole) mittels 1.2-Epoxyden wird beschrieben. Die Addition von Epoxyd erfolgt an der am stärksten ionisierten Stelle im Mol. u. wird durch Alkalien (Bldg. von Phenolationen) katalysiert. Die fortschreitende Umwandlung von Phenolgruppen in Ätherbindungen red. die Härtbarkeit des Harzes; bei vollständigem Umsatz entsteht ein stabiles Prod. — ein Polyalkohol. Die Veresterung dieser Alkohole mit organ. Säuren ergibt verschied. Prodd. mit den Eigg. von Weichmachern bis zu Materialien, die durch Trocknen an der Luft oder durch Hitzeeinw. erhärten. (Mod. Plastics **31**. Nr. 4. 136—40. 220. 223. Dez. 1953. Bethlehem, Pa., Lehigh Univ., Dep. of Chem.) SCHÄFF. 7176

A. Ziabicki, *Modifizierte Polyamide.* Übersicht über die Verff.: Weichmacherzusatz; Co-Polymerisation; Kettensubstitution; N-Alkyl-, N-Alkoxymethyl-, N-Alkylthiomethyl-, C-Alkyl-, hydroxylierte Polyamide, Polyamide mit Ringen in der Kette, dreidimensionale Polyamide. — 38 Literaturhinweise. (Przemysł chem. **9** (**32**). 87—93. Febr. 1953.) R. K. MÜLLER. 7180

R. F. Shannon und **L. P. Biefeld,** *Mit Glasfasern verstärkte Polyesterkunststoffe mit hohem Füllstoffgehalt.* Die zum Verkleben von Glasfasern verwendeten Polyesterharze können bis zu 70 Gew.-% anorgan. Füllstoffe enthalten, um noch gießfähig zu sein. Diese Kunststoffe besitzen sehr gute Oberflächen- u. verbesserte physikal. Eigg. u. sind viel billiger. Die mit verschied. Füllstoffen durchgeführten Unterss., die Mischmeth. sowie die Herst. u. Prüfung von Proben werden besprochen. (Mod. Plastics **31**. Nr. 4. 125—32. 215. 219. Dez. 1953. Owens-Corning Fiberglas Corp.) SCHÄFF. 7204

Francisco Castro Yañez, *Kunststoffschichtkörper.* Überblick über die wichtigsten Verff. zur Herst. von Kunststoffschichtkörpern. (Metalurgia y Electr. **17**. Nr. 192. 74—79. Aug. Nr. 193. 97—102. Sept. Nr. 194. 94—99. Okt. 1953.) WINIKER. 7204

Chemische Werke Hüls G. m. b. H., Deutschland, *Koagulieren wässeriger Polyvinylchloriddispersionen* mit Methanol oder einer anderen mit W. mischbaren Fl. mit koagulierenden Eigg. wie A.; elektrolyt- u. emulgatorfreies Koagulat. (**F. P. 1 036 147** vom 25/4. 1951, ausg. 3/9. 1953. D. Prior. 21/12. 1950.) PANKOW. 7173

Soc. à responsabilité limitée: Soc. d'Exploitation des Procédés F. Soulage, Seine, Frankreich, *Verarbeitung von Polyvinylchlorid* zu Dichtungsverschlüssen, wie Kappen, Bändern, Ringen. Der Polyvinylchloridgegenstand wird vor dem Anbringen an dem zu dichtenden Behälter durch Erhitzen u./oder durch Einw. einer geeigneten Fl. oder eines Gases oder Dampfes gedehnt. Man erhitzt z. B. auf 70—120° oder bringt in Aceton oder Trichloräthylen. (**F. P. 1 036 175** vom 26/4. 1951, ausg. 4/9. 1953.) PANKOW. 7173

Sven Iwan Bratt, Schweden, *Formgebung thermoplastischer, weichmacherfreier Harze,* wie Polyvinylchlorid (**I**). Man erhitzt das Kunstharz vor dem Pressen ohne Zers. auf eine Temp., bei der die Kunstharzkörner agglomerieren. ohne daß die M. durchgehend in ein Gel umgewandelt wird. Man erhitzt z. B. **I** mindestens 4 Min. auf 135—140° u. preßt bei 190—210°. Die gepreßten Gegenstände können kalt oder heiß (150°) geformt werden. Sie sind elast., ihre matte Oberfläche kann durch Nachheizen auf unter 110° glänzend gemacht werden. (**F. P. 1 026 143** vom 31/1. 1950, ausg. 23/4. 1953.) PANKOW. 7173

International Standard Electric Corp., V. St. A., übert. von: **Standard Telephone and Cables Ltd.** (Erfinder: **Stanley George Foord** und **John Lewis**), *Plastiziermittel für Vinylchloridpolymerisate und -mischpolymerisate* aus dem linearen Polyester von 1.3-Butandiol (**I**) u. Sebacinsäure (**II**) mit einem Mol.-Gew. von 1500—10000 oder dem Mischester von 1.2-Propylenglykol u. **I** mit **II** oder einer Mischung gleicher Teile des I- u. II-Polyesters. Die Biegsamkeit solcher Polyvinylchloridmischungen bleibt auch bei tieferen Tempp. erhalten. Die Mischungen eignen sich als äußerer Schutzüberzug auf der Metallummantelung von Hochfrequenzkabeln. (**F. P. 1 035 327** vom 12/4. 1951, ausg. 21/8. 1953. E. Prior. 12/4. 1950.) PANKOW. 7173

Chemische Werke Hüls G. m. b. H., Deutschland, *Weichmacher für Vinylchloridpolymerisate und -mischpolymerisate.* Man streckt die Weichmacher mit öligen Kondensationsprodd. vom $Kp._{20}$ 200—260°, die man durch FRIEDEL-CRAFTS-Synth. chlorierter höhermol. Paraffin- oder Cycloparaffin-KW-stoffe u. aromat. KW-stoffe erhält. — Man mischt 80 (Teile) Polyvinylchlorid, 20 Dioctylphthalat u. 15 des öligen Kondensationsprod., das man durch Chlorierung hochmol. Paraffine u. deren Kondensation nach FRIEDEL-CRAFTS mit Bzl. erhält. (**F. P. 1 028 455** vom 27/11. 1950, ausg. 22/5. 1953. D. Prior. 28/7. 1950.) PANKOW. 7173

Dow Chemical Co., V. St. A., *Wärmestabilisator für Polyvinylidenchlorid* oder Vinyliden–Vinylchlorid-Mischpolymerisate, bestehend aus 0,5—5 Gew.-% der Äthylendiamintetraessigsäure oder deren Alkali- u. Erdalkalisalzen, wie des Dilithiumdinatrium- oder des Calcium- oder Bariumdinatriumsalzes. (**F. P. 1 034 274** vom 21/3. 1951, ausg. 21/7. 1953.) PANKOW. 7173

E. I. du Pont de Nemours & Co., übert. von: **Robert M. Joyce**, Wilmington, Del., V. St. A., *Initiatoren für die Photopolymerisation* olefin. ungesätt. Verbb., z. B. Methacrylsäuremethylester, sind Zusätze von 0,01—10, bes. 0,04—0,2% *Acyloin* oder dessen Äther, z. B. (*α-Methyl-*) *Benzoin, Acetoin, Butyroin, Toluin, Butylbenzoin* oder *3-Oxy-4-methyl-2-pentanon.* (**A. P. 2 647 080** vom 30/6. 1950, ausg. 28/7. 1953.) MÖLLERING. 7173

Max M. Lee, Washington, D. C., V. St. A., *Polymerisationskatalysator.* Bei der Polymerisation äthylen. ungesätt. Verbb., gegebenenfalls im Gemisch mit Estern aus Polyalkoholen u. ungesätt. Polycarbonsäuren (Alkydharz) u. Verbb., die die Gruppe $CH_2{=}C{=}$ oder $CH_2{=}C(R){-}CH_2{-}$ (R = H oder Alkylrest) enthalten, verwendet man 0,001—1% *N-β-Oxyäthaltetrahydrochinolin, N-Methyl-* oder *2.7-Dimethyl-1.2.3.4-tetrahydrochinolin.* Man verwendet die Verbb. z. B. als 10%ig. Lsg. in Dibutylphthalat. Durch Mitverwendung von Peroxyden, z. B. Benzoylperoxyd, kann die Polymerisation bei Raumtemp. ausgeführt werden. In einer Tabelle ist der Einfl. verschied. Katalysatoren bei der Polymerisation eines Gemisches aus Diäthylenglykolmaleat, Styrol u. Methacrylsäuremethylester gezeigt. (**A. P. 2 647 878** vom 15/6. 1950, ausg. 4/8. 1953.) MÖLLERING. 7173

Cassella Farbwerke Mainkur, Deutschland, übert. von: **Herbert Rein**, *Herstellung stabiler Lösungen von Acrylnitrilpolymerisaten oder -mischpolymerisaten.* In dem organ. Lösungsm., bes. Dimethylformamid (I), löst man Salze, bes. Thiocyanate oder CH_2O-Sulfoxylate. — Man löst Polyacrylnitril z. B. in I, das 0,25% Na-CH_2O-Sulfoxylat oder 0,2% Ammoniumthiocyanat bzw. 0,1% $NH_2OH \cdot HCl$ u. HCOOH bis p_H 6,5 oder 6% konz. $ZnCl_2$-Lsg. enthält. (**F. P. 1 027 445** vom 27/10. 1950, ausg. 12/5. 1953. D. Prior. 27/10. 1949.) PANKOW. 7173

Farbenfabriken Bayer, Deutschland, *Polymerisieren von Vinylverbindungen*, bes. Styrol u. Estern mehrwertiger Alkohole mit Fettsäuren mit isolierten Doppelbindungen wie pflanzliche oder tier. Öle oder Alkydharze, auch in Mischung mit Ölen, wie Holz-, Oiticica-, Menhadenöl, in Ggw. von Isomerisierungsmitteln, wie akt. Kohle, Al-Oxyd, Kieselgur, Bleicherden, RANEY-Ni oder -Co, Ni oder Co auf Trägern, KOH, MgO, CaO, Na-Alkoholat, -Glycerat, Tetramethylammonhydroxyd, SO_2. — Man leitet bei 170° in 292 (Teile) reines Leinöl unter Rühren einen starken SO_2-Strom u. gibt in 20 Std. 250 Styrol zu, SO_2 noch weiter 10 Std. u. dann CO_2; gelbes, sehr viscoses Öl, das in wenigen Std. mit Trockner zu klarem transparentem Film trocknet. (**F. P. 1 033 898** vom 13/3. 1951, ausg. 16/7. 1953. D. Prior. 28/6. 1950.) PANKOW. 7173

Pierre Burelle, Seine, Frankreich, *Färben von Polystyrol.* Man mischt Polystyrolteilchen mit einer lösenden Fettsäure, bes. einer fl. Fettsäure, wie Ölsäure (I), etwa in Mengen unter 1%, u. den Farbstoff mit wenigstens der gleichen Menge einer Fettsäure, bes. einer festen Fettsäure, wie Stearinsäure (II). — Man mischt 20 kg Polystyrolkörner mit 30 g I, ferner 20 g Phthalocyanin mit 400 g II u. vermischt beide Mischungen. (**F. P. 1 028 648** vom 30/11. 1950, ausg. 26/5. 1953.) PANKOW. 7173

St. Regis Paper Co., V. St. A., *Herstellung und Verarbeitung von Phenol–Amin–Aldehyd-Harz.* Man kondensiert unter Rückfluß 35—58, bes. 36—43 (Gewichtsteile) Aldehyd, wie CH_2O, 10—50, bes. 30—37 Anilin oder Toluidin u. 50—90 Phenol oder Kresol in wss.-alkal. Medium (konz. NH_3), löst das Kondensationsprod. z. B. in einer Isopropylalkohol–Toluol-Mischung, imprägniert damit Fasermassen, verpreßt sie heiß miteinander (155—165°, 70 kg/cm², 30—65 Min.), läßt unter Druck erkalten u. formt sie bei 170—260°. Die Eigg. der Formkörper können verbessert werden, wenn sie nach der Imprägnierung einen Überzug aus einem Phenolaldehydharz erhalten. (**F. P. 1 033 594** vom 19/1. 1951, ausg. 13/7. 1953.) PANKOW. 7181

Süddeutsche Kalkstickstoff-Werke Akt.-Ges., Deutschland, *Herstellung von Harnstoffharzen* durch Kondensation von Harnstoffverbb., bes. Harnstoff- oder Dicyandiamidharnstoff–Aldehydkondensationsprodd., mit üblichen Kondensationsteilnehmern, wie Melamin, Harnstoff, Dicyandiamid, Thioharnstoff, Phenol, Kresol, Guanidin oder deren Mischungen. — In 100 (Gewichtsteilen) Monomethylharnstoff löst man 20 Triaminotriazin oder Dicyandiamid bei 100° u. erhält eine glasartige oder etwas klebende Masse. Verwendung für Preßmassen, Lacke oder Klebstoffe. (**F. P. 1 027 811** vom 17/11. 1950, ausg. 15/5. 1953. D. Prior. 12/1. 1950.) PANKOW. 7181

Imperial Chemical Industries Ltd., England, *Herstellung von Polyamiden* aus Diaminen u. Dicarbonsäuren in Ggw. geringer Mengen von 4-Ketopimelinsäure oder deren polyamidbildenden Derivv.; man erhält Polyamide, die auch in größeren Temperaturbereichen oberhalb ihres F. hochviscose Schmelzen geben. — Aus 40 (Gewichtsteilen) Hexamethylendiaminadipat, 10 Caprolactam u. 0,5 Hexamethylen-4-ketopimelat erhält man beim Erhitzen auf 220° unter N_2 ein Prod. mit Erweichungspunkt 235° u. Intrinsicviscosität 1,8. (**F. P. 1 036 009** vom 21/4. 1951, ausg. 2/9. 1953. E. Prior. 24/4. 1950.) PANKOW. 7181

André Guillemonat, Departement Algier, Algerien, *Herstellung von Superpolyamiden* durch Kondensation von Diaminen mit der Octadecan-9.10-dioldisäure [HOOC-$(CH_2)_7CHOH]_2$, indem man etwa in Methanol das Salz herstellt u. dieses 10 Min. (spinnbares Prod.) oder bis zu 70 Min. auf 200° erhitzt, wobei es schließlich unter Vernetzung in ein nicht mehr fadenbildendes, unlösl. Gel übergeht. (**F. P. 1 035 490** vom 17/4. 1951, ausg. 25/8. 1953.) PANKOW. 7181

E. I. du Pont de Nemours & Co., Wilmington, übert. von: **Gelu S. Stamatoff**, Newark, Del., V. St. A., *Stabilisieren linearer Polyamide.* Man setzt den Stoffen 0,1—1 (%) Phosphorsäure (I) oder Alkalisalze von **I** u. 0,25—2,5 Alkalihalogenide, z. B. **I** u. KJ oder KBr, als *Antioxydans* zu. (**A. P. 2 640 044** vom 24/5. 1951, ausg. 26/5. 1953.) LÜTTGEN. 7181

Robert Entmayr, Friedrich Lierg und **Otto Wolf**, Wien, *Verbesserung der Wasserfestigkeit von aus wässerigen Kunststoffdispersionen erhaltenen Schichten.* Man versetzt das Dispersionsbindemittel bzw. die daraus hergestellten Materialgemische mit sauren Fällungsmitteln, wie Silico-, Phosphorwolframsäure, Gerbsäure, in Form ihrer Salze mit flüchtigen Basen (NH_3, Amine). Diese Stoffe fällen die Dispersionen nicht, machen aber beim Eintrocknen die hydrophilen Emulgatoren so unwirksam, daß wasserfeste Schichten erhalten werden. (**Oe. P. 177 195** vom 18/4. 1952, ausg. 11/1. 1954.) PANKOW. 7205

Gaston-Félicien Ury, Seine, Frankreich, *Leder-, Filz- und Kautschukersatz* aus 33 (%) Leder-, Textil-, Asbestabfällen, Holzmehl oder Korkkrümeln, 33 Polytetrafluoräthylen, Polyamid (Nylon), Superpolyamid (Rilsan), Polythen, Polymonochlortrifluoräthylen, Polyvinylchlorid, Polyblend oder Siliconen, 33 eines Weichmachers für das Bindemittel u. 1 Graphit. Die Mischung wird mit Hochfrequenz vorgeheizt, in Formen gepreßt, auf 150—300° erhitzt u. durch Walzen oder in der Strangpresse geformt. Verwendung für Dichtungen u. Zubehörteile aller Art. (**F. P. 1 033 397** vom 5/3. 1951, ausg. 10/7. 1953.) PANKOW. 7205

La Bakélite, Seine-et-Oise, Frankreich, *Mischungen härtbarer Kunstharze* (Phenol–CH_2O, Resol, Novolak), die Füllstoffe, Beschleuniger u. Plastiziermittel enthalten. Man vermischt sie mit 5—15% Polymerer wie Polyäthylen, Polyfluoräthylen, Polytrifluorchloräthylen, Polyisobutylen. — Man mischt 50 (Gewichtsteile) Phenol–CH_2O-Harz, 5 Polyäthylen u. 45 einer Glimmer–Kieselsäure–Plastiziermittel-Beschleunigermischung. Die Mischungen geben Preßpulver mit verbesserten elektr. Eigenschaften. (**F. P. 1 028 815** vom 11/9. 1950, ausg. 28/5. 1953.) PANKOW. 7205

XII. Kautschuk. Guttapercha. Balata.

F. J. Ritter, *Biosynthese von Kautschuk und anderen „isoprenoiden" Verbindungen.* Die Biosynth. von Naturkautschuk wird auf Grund bestimmter Befunde erörtert. Die strukturellen u. genet. Beziehungen der Terpene, das Vork. von Kautschuk u. Guttapercha in verschied. Pflanzen u. die Synth. von Kautschuk in der Pflanze werden diskutiert. Dabei wird der gleiche Weg wie beim Guayule-Kautschuk angenommen: Aceton + $CH_3COOH \rightarrow \beta$-Methylcrotonsäure → Kautschuk. (India Rubber J. **126**. Nr. 2. 7—11. 22—23. 9/1. 1954. Delft, Rubber Stichting.) SCHÄFF. 7222

—, *Biosynthese von Guayule-Kautschuk.* Kurzer Bericht über Unterss. an Guayule-Kautschuk, die zur Annahme führen, daß sich Kautschuk aus β-Methylcrotonsäure bildet, die aus Aceton u. Essigsäure entstanden ist. (India Rubber Wld. **127.** 640–712. Febr. 1953.) SCHÄFF. 7222

Harry L. Fischer, *Neueste Entwicklungen auf dem Gebiet der synthetischen Elastomeren.* Kurzer Bericht über Cold-Rubber, weichgemachten GR–S, ein Butadien–Styrol–(70/30)-Mischpolymerisat, das mit Nitrazole CF (Salz des diazotierten p-Nitranilins) aktiviert wird, ferner andere Mischpolymerisate, Redoxsysteme, Verarbeitung u. Prüfung, Na- bzw. Alfin-Polymerisate, Hycar, Neopren, Butylkautschuk, Silicongummi, Polyacryl-Kautschuk, Hypalon-S-2 u. Vulcollan. — 68 Literaturangaben. (India Rubber Wld. **127.** 641–45. 712. Febr. 1953. Los Angeles, Calif., Univ., School of Engng., Rubber Technol.) SCHÄFF. 7224

R. F. McCann, R. W. Laundrie, D. Druesedow und **R. S. Reynolds,** *Entwicklung der Rezeptur des aktivierten Hydroperoxyd–Dextrose-Systems für Warmkautschuk.* Die Ausarbeitung des Polymerisationsverf. für Kautschuk (Butadien–Styrol-Mischpolymerisat) bei 50° mit einem Cumolhydroperoxyd–Dextrose-Syst. als Katalysator, wobei die Polymerisationskapazität einer Standard–GR–S-Anlage um 18–31% gesteigert werden kann, wird beschrieben. Dieser Kautschuk hat zum Teil bessere Eigg. als der n. $K_2S_2O_8$-Kautschuk. Reaktionszeiten von 8–10 Std. bei 72% Umsatz konnten erreicht werden. (India Rubber Wld. **129.** 209–12. 214. Nov. 1953. Akron, O., Univ., Government Labors. u. B. F. Goodrich Chem. Co.) SCHÄFF. 7224

J. J. Keilen und **W. K. Dougherty,** *Aktivkohle für Kautschukregenerat als Mittel zur Vermeidung von Fleckenbildung.* Ein Verf. zur Vermeidung des durch Verwendung von Kautschukregenerat (Naturkautschuk oder GR–S) hervorgerufenen Fleckigwerdens von hellen Kautschukmischungen wird beschrieben. Hierbei findet Aktivkohle Verwendung. (India Rubber Wld. **129.** 199–205. Nov. 1953. Charleston, S. C., West Virginia Pulp & Paper Co.) SCHÄFF. 7226

H. A. Freeman, *Moderne Vulkanisationsverfahren.* Besprechung an Hand von Beispielen verschied. Kautschukartikel. (India Rubber Wld. **129.** 354–57. Dez. 1953. Akron, O., Goodyear Tire & Rubber Co.) SCHÄFF. 7228

A. F. Sayko, *Butylkautschukmischungen für Vulkanisiersäcke.* Unters. zur Herst. bes. temperaturbeständiger Mischungen auf Basis von Butylkautschuk. (India Rubber Wld. **129.** 348–53. Dez. 1953. Linden, N. J., Esso Labors., Standard Oil Developm. Co. Chem. Div.) SCHÄFF. 7230

Arbelia C. Glime, Norman A. Duke und **Clinton M. Doede,** *Mischungen von Silicongummi.* Mischungen aus Silicongummi u. 55 verschied. Pigmenten wurden untersucht. Die Eigg. dieser Prodd. wurden bestimmt u. elektronenmkr. Aufnahmen der Pigmente u. Mischungen durchgeführt, um die Art der Pigmente u. ihre Verteilung im Gummi festzustellen. Außer dem üblichen Benzoylperoxyd wurden andere Verbb. als Vulkanisationsmittel u. mehrere Substanzen als Dispergiermittel beim Silicongummi/Pigment-Syst. untersucht. Als Pigmente mit Verstärkerwrkg. eigneten sich am besten Alon (Al_2O_3) u. Celite 270 (calzinierte Diatomeenerde). (India Rubber Wld. **128.** 766–70. 74. Sept. 1953. New Haven, Conn., Conn. Hard Rubber Co.) SCHÄFF. 7230

J. H. Gerstenmaier und **F. J. Fetter,** *Fortschritte bei den Herstellungsverfahren in der Kautschuk-Formartikel-Industrie.* Überblick mit Lichtbildern. (India Rubber Wld. **128.** 761–65. Sept. 1953. St. Marys, O., Goodear Tire & Rubber Co.) SCHÄFF. 7230

V. E. Gough, *Ein einfaches, direkt ablesbares Reibungsmeßgerät.* Vf. beschreibt ein einfaches Gerät in seiner Konstruktion u. Handhabung u. die damit an kautschukelast. Materialien gemachten Befunde. Der Zustand der Oberfläche ist von bes. Bedeutung. Der maximale Reibungskoeff. wird nicht im Ruhezustand, sondern bei langsamem Gleiten erhalten. (J. sci. Instruments **30.** 345–49. Okt. 1953. Birmingham, Dunlop Res. Centre.) SCHÄFF. 7248

Frederic J. Linnig, Jean M. Peterson, Demby M. Edwards und **Walter L. Acherman,** *Chemische Analyse von GR–S durch vollständige Löseverfahren.* 1. Mitt. *Grundbestandteile in seifenhaltigem GR–S.* Vff. geben ein zeitsparendes analyt. Verf. an, um im synthet. GR–S-Kautschuk die Gehh. an organ. Säure, Seife, Stabilisator u. gebundenem Styrol zum Zwecke von Betriebskontrollen zu ermitteln. Das Verf. muß bei Vorhandensein von Mineralsäuren modifiziert werden (vgl. nachst. Ref.). Als Lösungsm. wird 5 Vol.-% Toluol mit 1 Vol.-% absol. A. benutzt. Der Stabilisatorgeh. wird spektralphotometr. im UV bestimmt, die organ. Säure u. die Seife titrimetr. gegen alkoh. NaOH bzw. alkoh. HCl, mit m-Kresolpurpur als Indicator. Das gebundene Styrol wird in einer durch Umfällen gereinigten Probe refraktometr. ermittelt. Außerdem werden flüchtige Bestandteile u. Asche bestimmt. Die Fehler der Analyse werden diskutiert. (Analytic. Chem. **25.** 1511—15. Okt. 1953. Washington, D. C., Nat. Bur. of Standards.) CANTOW. 7248

Frederic J. Linnig und **Alice Schneider,** *Chemische Analyse von GR-S durch vollständige Löseverfahren.* 2. Mitt. *Titration von Mineral- und organischen Säuren in Toluol–Äthylalkohol-Lösung.* (1. vgl. vorst. Ref.) Vff. erweitern ihr analyt. Verf. zur Best. der Bestandteile in GR–S (l. c.) auf mineralsäurehaltige Proben. Bei modifiziertem Löseverfahren werden organ. u. Mineralsäure gemeinsam mit m-Kresolpurpur als Indicator gegen alkoh. NaOH auf 2 verschied. Umschlagpunkte (gelb u. purpur) titriert. (Analytic. Chem. **25.** 1515—17. Okt. 1953.) CANTOW. 7248

American Cyanamid Co., V. St. A., übert. von: **Arnold Rogers Davis,** *Plastiziermittel für Elastomere,* bestehend aus einer Mischung von 95—96,5 (%) Diacylaminodiphenyldisulfid der Formel I (R = Alkyl mit 2—12 C-Atomen oder Aryl mit 6—12 C-Atomen wie Butyl oder Phenyl), 2—4 einer wasserlösl. Kombination aus einem Dispergier- u. einem Netzmittel u. 0,5—2 eines in W. quellbaren Tones wie Bentonit. I soll eine Teilchengröße von ca. 200 Maschen/Sieb besitzen. — Man stellt eine Mischung her aus 95—96,5 (Gew.-%) I, 2—3,5 Na-Salz polymerer Alkylnaphthalinsulfonsäuren, 0,1—5 Na-Isopropylnaphthalinsulfonat u. 1—1,5 Bentonit. 0,025—0,5 der Mischung gibt man zu Kautschukmilch u. koaguliert. Zu Buna S-Latex gibt man 1—3, zu Perbunanlatex 3—5. (**F. P. 1 029 341** vom 9/12. 1950, ausg. 2/6. 1953. A. Prior. 12/12. 1949.) PANKOW. 7227

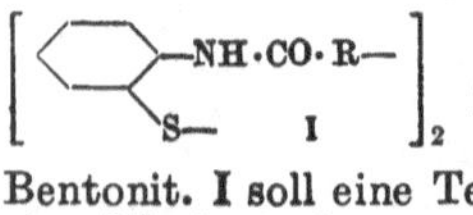

Laurent-Émile Bastin, Nord, Frankreich, *Dickgewebe.* Zu D. B. P. 840 761; C. **1953.** 1257, ist nachzutragen: Die mit Hilfe von Schwammkautschukschichten erhältlichen Dickgewebe sind luftdurchlässig u. von hohem Wärmehaltungsvermögen u. dienen bes. zur Herst. von Pantoffeln. (**F. P. 1 001 822** vom 6/12. 1949, ausg. 28/2. 1952.) RAETZ. 7231

Henri Boinet und **Ernest Boinet,** Aisne, Frankreich, *Verwendung harter Fasern zur Verstärkung von Kautschukgegenständen,* wie Schläuchen, Treibriemen, Transportbändern. Man imprägniert die Hartfaser, z. B. Ginsterfaser, mit einer Lsg. einer vulkanisierbaren Kautschukmischung, trocknet unterhalb Vulkanisationstemp., worauf die eigentliche Kautschukdeckmischung auf dem Friktionskalander aufgebracht wird. (**F. P. 1 033 745** vom 8/3. 1951, ausg. 15/7. 1953.) PANKOW. 7231

Courtaulds Ltd. (Erfinder: **Albert Stanley Carpenter, Eric Richard Wallsgrove** und **Harold Malcolm Gordon Williams**), London, England, *Herstellung von Fäden.* Eine Hydroperoxyd enthaltende, natürliche oder synthet. Kautschuklsg. (bes. in Toluol) wird in ein SO_2 enthaltendes Koagulationsbad versponnen, das mindestens 5, bes. 20% Kautschuklösungsm. enthält, wobei dieses zur Viscositätserniedrigung geringe Mengen eines niederen Alkohols enthalten kann, die auf den Kautschuk noch nicht fällend wirken. (**D. B. P. 863 399** Kl. 39b vom 11/3. 1951, ausg. 19/1. 1953. E. Prior. 17/3. 1950.) OVERBECK. 7231

Laboratoires Scientifiques de Beauté Gerinvil (S. à r. l.), Frankreich, *Herstellung von Schweißblättern und analogen Artikeln.* Man trägt auf eine elast. Folie aus Kautschuk oder einem anderen plast. Material in dünner gleichmäßiger Schicht ein absorbierend, desodorisierend u. parfümierend wirkendes Pulver, gemischt mit einem das Pulver sowie die Folie nicht angreifenden Klebstoff, auf. Das Pulver hat z. B. die Zus.: 0,5—3(g) einer Orangenduft enthaltenden Riechstoffkomposition, 3—10 Irispulver, 1—5 $MgCO_3$, 1—5 Bentonit u. 0,1—1 Na-Borat oder -Benzoat. Der Klebstoff hat z. B. die Zus.: 200—300 (g) Collodium, 100—200 Butylacetat u. 30—80 Elemiharz. (**F. P. 1 033 333** vom 2/3. 1951, ausg. 9/7. 1953.) OPPERMANN. 7231

Joseph Plantie und **Albert Pila,** Bouches-du-Rhône, Frankreich, *Kautschukmasse* für Zimmerfußbälle aus 50 (%) Kautschuk, 15,8 S, je 0,2 Zn-Weiß, Ti-Weiß u. oxydiertem Öl, 0,15 Diphenylguanidin, 0,01 Mercaptobenzothiazyldisulfid u. 0,5 $NaHCO_3$. (**F. P. 1 034 280** vom 22/3. 1951, ausg. 21/7. 1953.) PANKOW. 7231

National Cash Register Co., V. St. A., übert. von: **Galen J. Wilson,** *Härten poröser elastischer Kautschukgegenstände,* z. B. Druckbuchstaben. Man stellt eine Kautschukmischung, z. B. Perbunanmischung, mit den üblichen Zusatzstoffen u. Vulkanisiermitteln her, gibt z. B. 70% fein gesiebtes $NaNO_3$ zu, formt, vulkanisiert u. härtet durch Behandeln mit S_2Cl_2-Dampf oder -Lsg. vor oder nach teilweiser oder vollständiger Auslaugung des $NaNO_3$ je nach der zu erreichenden Eindringtiefe des S_2Cl_2; man kann sie auch mit Druck-Fl. füllen u. härten. (**F. P. 1 029 207** vom 7/12. 1950, ausg. 1/6. 1953. A. Prior. 15/12. 1949.) PANKOW. 7231

XIII. Ätherische Öle. Parfümerie. Kosmetik.

Karl Rothemann, *Rationelle Kosmetik.* Kurzer Überblick über den derzeitigen Stand der Haar-, Haut- u. Körperpflege. Rahmenrezepte. (Dtsch. Drogisten-Ztg. **8.** 168—69. 1/4.; 191—92. 15/4.; 223—24. 1/5; 447—48. 15/9. 1953. **9.** 33—36. 15/1. 1954.) WINIKER. 7284

L. Ivanovszky, *Wachse in der kosmetischen Industrie.* Begriff, Verwendung, Verbrauch u. Eigg. der bekannten als auch neueren synthet. Wachse. (Soap, Perfum. Cosmet. **26.** 918—22. Sept. 1953.) MÜHLMEISTER. 7284.

Friedrich Cellin, *Kieselsäure in Puder und Salben.* Kurzer Überblick über die Eigg. von Kieselsäurepräpp., z. B. *Sicol, Aerosil,* u. ihre Bedeutung für die Kosmetik. (Dtsch. Drogisten-Ztg. **8.** 449—50. 15/9. 1953.) WINIKER. 7284

E. Benk, *Die Verwendung kationaktiver „Seifen“ in der Kosmetik.* Allg. Ausführungen. (Dtsch. Drogisten-Ztg. **9.** 8—9. 1/1. 1954.) WINIKER. 7284

Adolfo L. Montes, *Anwendung der Chromatographie bei der Untersuchung ätherischer Öle.* In einer chromatograph. Säule mit *SiO_2* u. *Bentonit* werden bin. u. tern. Gemische der 2.4-Dinitrophenylhydrazone folgender 12 Carbonylverbb. aus äther. Ölen getrennt: *Menthon, Salicyl-* u. *Benzaldehyd, Citral, Carvon, Furfurol, Zimtaldehyd, Piperonal, Vanillin, Campher, Lauraldehyd, Pulegon.* Die abgetrennten Verbb. stimmen im F. mit reinen Substanzen überein. Bei einer Säule von 2,5×25 cm werden Proben von 0,01—0,02 g in ca. 0,1% ig. Lsg. verwendet. Bei stärkeren Konzentrationsunterschieden der Komponenten wird zweckmäßig eine höhere Säule u. größere Menge an Lsg. angewandt. Die vollständige Elution der adsorbierten Verbb. erfolgt im SOXHLET-App. mit Äther. (An. Asoc. quím. argent. **40.** 273—81. Dez. 1952.) R. K. MÜLLER. 7286

T. Ruemele und **G. T. Walker,** *Nachweis von Mercaptanen in Haarwell-Lotionen.* In Anlehnung an die Vorschrift von REINBOLDT (Ber. dtsch. chem. Ges. **60.** [1927.] 184) schlagen Vff. folgendes Verf. vor: 0,2—0,3 g $NaNO_2$ werden in einem Reagensglas mit 5 ml der zu untersuchenden Lsg. unter Schütteln gelöst. Nach dem Lösen gibt man wenige Tropfen 5nH_2SO_4 hinzu u. schüttelt abermals. Die entstehende Rotfärbung (typ. für Thioglykolsäure, Thioglycerin, Thioäthanol u. Thiomilchsäure) entspricht in ihrer Farbtiefe etwa der Mercaptankonz.; Empfindlichkeit der Rk. ca. 0,1%. (Soap, Perfum. Cosmet. **26.** 461—62. Mai 1953. Boreham Wood, Herts., Evans Chemicals Ltd.) H. P. FIEDLER. 7294

L. Givaudan & Cie. S. A., Schweiz, *Herstellung von Farnesylaceton* aus Acetessigsäurenerolidylester durch Erhitzen auf 190—200° bei 5 mm Druck in einer Destillationsapp., welche mit einer VIGREUX-Kolonne von 25 cm ausgestattet ist. (**F. P. 1 013 483** vom 2/2. 1948, ausg. 29/7. 1952. Schwz. Prior. 18/2. 1947.) M. F. MÜLLER. 7277

Henry Guérin, Frankreich, *Kosmetische Mittel,* bes. Puder. Sie enthalten mineral. Substanzen, z. B. Ton, koll. Kaolin, Bentonit, imprägniert mit Pflanzenwachsen (Blütenwachs). (**F. P. 1 036 075** vom 24/4. 1951, ausg. 3/9. 1953.) OPPERMANN. 7285

Pierre Nicolas Gruyer, Frankreich, *Schönheitsmittel.* Es besteht aus einer Creme, die u. a. leicht in die Haut eindringende, die Haut ernährende Substanzen u. Stabilisatoren enthält (z. B. niedrig schm. tier. Fette, Cholesterin, NaCl, Triäthanolamin). Sie hat die Zus.: 6 (g) Eau de Cologne-Essenz, 4 Cholesterin, 184 gereinigtes u. desodorisiertes Pferdefett, 172 Stearin, 60 Pflanzenöl, 40 Glycerin, 30 Triäthanolamin, 140 dest. Rosenwasser, 140 dest. Hamameliswasser, 270 dest. W., 75 wss. 9‰ NaCl-Lsg., 5 physiol. Testikelextrakt u. genügend „Stearat rouge“, um der Creme eine blaßrote Farbe zu erteilen. (**F. P. 1 034 996** vom 3/4. 1951, ausg. 10/8. 1953.) OPPERMANN. 7285

René Henri Monceaux und **Roger Bloch,** Frankreich, *Herstellung von Pflanzenhormonpräparaten.* Man zerkleinert die männlichen Blütenkätzchen von Walnuß, Haselnuß, verschied. Eichen, Weiden u. bes. von Kastanien (Castanéa vulgaris) u. maceriert 1 kg dieses Pulvers mit 0,2 kg Fett ca. 2 Std. bei 60°. Dann extrahiert man das Gemisch mit Aceton u. dest. das Lösungsm. ab. 1 kg des Rückstandes extrahiert man bei 70° mit 5 Liter 2 g HCl enthaltendem A. u. dest. das Lösungsm. ebenfalls ab. Die gewonnenen Extrakte werden Hautcremen, Salben, Pomaden, Zahnreinigungsmitteln, Haarwässern u. dgl. zugesetzt. (**F. P. 1 036 493** vom 4/5. 1951, ausg. 8/9. 1953.) OPPERMANN. 7285

Théodore R. Rhein, Frankreich, *Poliermittel für Nägel,* bestehend aus staubfeinem Korkmehl, einem koll. Gel, wie Na-Silicat, Tonerde, Al-Silicat, u. gegebenenfalls Methyl-, Äthylcellulose-, Carboxycelluloseglykolat oder Polyvinylchlorid-Pulver. (**F. P. 977 923** vom 21/12. 1948, ausg. 6/4. 1951.) WITTHOLZ. 7285

David Gilbert, Frankreich, *Öl für die Erneuerung der Kopfhaare.* In Paraffinöl wird der durch zehntägige Behandlung von weißem Taubnessel mit Ae. gewonnene Extrakt gelöst, der Ae. verdampft. Das Prod. wird von den Haaren leicht resorbiert u. verleiht diesen gute Brillanz. (**F. P. 976 781** vom 18/10. 1948, ausg. 22/3. 1951.) WITTHOLZ. 7285

Cesare Pietracci, Frankreich, *Haarpflegemittel*, bestehend aus einem Gemisch gleicher Teile alkoh. Zwiebel- u. Lavendelsamen-Macerate. (**F. P. 986 490** vom 9/3. 1949, ausg. 1/8. 1951.) WITTHOLZ. 7285

Soc. d'Études et de Recherches, Frankreich, *Pulverförmiges Entfärbemittel für Haare*, bestehend aus einem Gemisch trockner Salze, wie NH_4-Persulfat u. Na- oder K-Percarbonat, wobei der Anteil des letzteren 5—10% beträgt. Auf Zugabe von W. entwickelt sich sofort. H_2O_2 (**F. P. 998 485** vom 11/10. 1945, ausg. 18/1. 1952.) WITTHOLZ. 7285

N. V. Internationale Octrooi Mij. „Octropa", Holland (Erfinder: **Hans Schlichenmayer**), *Haarfärbemittel.* Sie enthalten wss. Suspensionen von in Äthylacetat u. analogen Lösungsmitteln lösl. Farbstoffen (Aminoanthrachinonen u. deren Derivv.) mit Zusatz von Verdickungsmitteln (NH_4-Polyacrylat) u. Netzmitteln. — Eine solche Farbpaste hat z. B. die Zus.: 500 (Gewichtsteile) 5%ig. Suspension von „Cellitonechtorange GR", 500 5%ig. Suspension von „Cellitonechtmarineblau BR", 300 5%ig. Suspension von „Cellitonechtgelb GR", 700 5%ig. NH_4-Polyacrylatlsg. u. 20 Teile einer 30%ig. Alkylsulfatlösung. Nach Auftragung der Paste auf das Haar erhitzt man dieses auf 55—60°. Man erhält eine dunkelkastanienbraune Färbung. (**F. P. 1 033 469** vom 6/3. 1951, ausg. 10/7. 1953. D. Prior. 6/3. 1950.) OPPERMANN. 7285

Wella Akt.-Ges., Darmstadt (Erfinder: **Hans Freytag**, Fulda), *Kaltwellen von Haar.* Das Haar wird nach dem Behandeln mit einer Kaltwell-Fl. mit einer sauren Lsg. eines Aminonaphthols, bes. von 4-Amino-2-methylnaphtholhydrochlorid (I) gespült. Die Oxydation von SH-Gruppen wird sowohl bei Cystein als auch bei Thioglykolsäure durch I beschleunigt. (**D. B. P. 902 669** Kl. 30h vom 17/8. 1951, ausg. 25/1. 1954.) E. PETERSEN. 7285

Jean V. Morelle, Frankreich, *Präparat für Kaltwelle.* An Stelle der üblichen Thioglykolsäure wird für Kaltwelle Mercaptoglycerin vorgeschlagen, das durch Umsetzen von Glycerinmonochlorhydrin mit Alkalisulfhydrat, z. B. NaSH, in der Wärme erhalten wird. (**F. P. 984 231** vom 5/4. 1949, ausg. 3/7. 1951.) WITTHOLZ. 7285

XV. Gärungsindustrie.

J. White und **D. J. Munns**, *Irreguläres Hefewachstum.* Das Wachstumsvermögen von Hefen hängt weitgehend von dem Medium ab, auf dem sie gezüchtet wurden. Bes. unterschiedlich verhalten sich handelsübliche Bäckerhefen, die auf zuckerarmen Würzen gezogen werden (I) gegenüber Hefen von zuckerreichen Würzen (II). Während der ersten wenigen Min. der Gärung verlieren Hefen von I einen Teil ihrer Festsubstanz. Dauer u. Ausmaß dieses Verlustes hängt von der Stärke der Würze ab, auf der die Hefe ausgesät wird. Der Verlustphase folgt gewöhnlich eine Wiederherstellungsphase. (J. Inst. Brewing **59** ([N. S.] **50**). 405—13. Sept./Okt. 1953.) HAEVECKER. 7506

Bernhard Mändl, *Untersuchungsbefund der September—Januar-Malze der Ernte 1953.* Überblick über Analysenergebnisse von Pilsner, Wiener u. Münchener Malzen aus Gersten der Ernte 1953. (Brauwelt, Ausg. B **1954**. 385—87. 2/6. 4. Weihenstephan, Staatl. Brautechn. Prüf- u. Versuchsanst.) WINIKER. 7540

T. K. Walker und **N. Blakebrough**, *Wechsel im Gehalt von α-Weichharz und Gesamtweichharz in verschiedenen Hopfensorten während der Lagerung.* Die Analysen verschied. engl. Hopfensorten der Ernten 1946—1948 zeigten, daß einige Sorten auch bei Kaltlagerung zu höherem Verlust an α-Weichharz neigen als normal. (J. Inst. Brewing **59** ([N. S.] **50**). 148—53. März/April 1953.) HAEVECKER. 7540

L. S. Walters und **M. R. Thiselton**, *Verwertung von Lysin durch Hefen.* L-Lysin als einzige N-Quelle wird weder von ober- noch von untergäriger Brauereihefe, Saccharomyces cerevisiae noch S. carlsbergiensis, verwertet. Dagegen wächst eine Anzahl wilder Brauereihefen gut unter den gewählten Bedingungen auf Lysin, so daß ein derartiger Kulturvers. zur Entdeckung wilder Hefen geeignet ist. (J. Inst. Brewing **59** ([N. S.] **50**). 401—04. Sept./Okt. 1953. Adelaide, South Australian Brewing Co. Ltd.) HAEVECKER. 7544

H. F. P. Webber und **L. Taylor**, *Bewertung von Kieselgur als Bierfiltermittel.* Vff. geben eine Meth. zur Bewertung von Kieselgurfiltermaterialien an. Bestimmt werden: die allg. Wrkg. von Kieselgur auf Bier, der Filtrationseffekt u. die Ggw. von Verunreinigungen im Kieselgur. Analysenbeispiele kaliforn. Kieselgure. (J. Inst. Brewing **59** ([N. S.] **50**). 392—97. Sept./Okt. 1953. Horselydown, London, Anchor Brewhouse.) HAEVECKER. 7550

H. F. P. Webber und **L. Taylor**, *Experimentelle Regenerierung von Kieselgur* nach *Gebrauch als Bierfiltermittel.* Vff. untersuchten verschied. Reinigungsmittel zur Regenerierung von als Bierfiltermasse verwendetem Kieselgur. Am einfachsten geschah die Reinigung mit Alkali u. kalte Reinigung mit 1% ig. Na_2SiO_3-Lösung. Der erzielte Reinigungsgrad erlaubte eine Wiederverwendung. (I. Inst. Brewing **59** ([N. S.] **50**). 397—400. Sept./Okt. 1953. Horselydown, London, Anchor Brewhouse.) HAEVECKER. 7550

B. H. Kirsop, *Schnellmethode zur Bestimmung der β-Amylaseaktivität in Gerstenextrakten.* β-Amylase in Gerstenextrakten kann schnell bestimmt werden, indem man die lösl. Stärke hydrolysieren läßt. Die Best. der gebildeten red. Zucker erfolgt mittels 3.5-Dinitrosalicylsäure. (J. Inst. Brewing **59** ([N. S.] **50**). 378—81. Sept./Okt. 1953. Nutfield, Surrey, Brewing Ind. Res. Found.) HAEVECKER. 7598

R. E. Essery, *Bemerkung über die Viscosität von Laboratoriumswürzen als Index der Malzmodifikation.* Durch Best. der Viscosität an Laboratoriumswürzen werden die Eigg. des Malzes, die durch Sorte, Anbau, Mälzbedingungen modifiziert werden, nicht genügend differenziert. (J. Inst. Brewing **59** ([N. S.] **50**). 381—84. Sept./Okt. 1953. Nutfield, Surrey, Brewing Ind. Res. Found.) HAEVECKER. 7598

—, *Referenzmethode zur Bestimmung von Blei im Bier.* Bier wird mit konz. Salpeter- u. Schwefelsäure feucht oxydiert, u. Pb colorimetr. nach der Extraktion mit Chloroform–Dithizon-Reagens u. Überführung in Sulfid bestimmt. (J. Inst. Brewing **59** ([N. S.] **50**). 136—37. März/April 1953.) HAEVECKER. 7600

A. Bennett und **J. R. Hudson**, *Modifiziertes Dithizonverfahren zur Bestimmung von Blei im Bier.* Pb wird im Bier nach der Feuchtveraschung durch konz. Schwefel-Salpeter-Säure bestimmt, wobei Dithizon in Toluollsg. verwendet u. der Überschuß von Dithizon durch eine ammoniakal. Cyanid–Sulfid-Lsg. entfernt wird. Die Farbbest. kann photoelektr. oder auf andere übliche Weise geschehen. An Stelle dieses Verf. kann auch Chlf.–Dithizon verwendet werden. Die Ablesung der opt. Werte geschieht vor u. nach der Behandlung des Dithizonextraktes mit H_2SO_4. Die Differenz entspricht dem Pb-Gehalt. Beide Methoden ergeben gut übereinstimmende Resultate, die mit der Referenzmeth. des ANALYSIS COMMITTEE OF THE INSTITUTE OF BREWING (vgl. vorst. Ref.) verglichen werden können. (J. Inst. Brewing **59** ([N.S .] **50**). 137—40. März/April 1953. Nutfield, Surrey, Brewing Ind. Res. Found.) HAEVECKER. 7600

J. H. St. Johnston und **A. E. Taylor**, *Schnellmethode zur Bestimmung von Blei im Bier.* Das eingedampfte Bier wird trocken verascht, in HCl gelöst u. das Pb colorimetr. in NESSLER-Röhren bestimmt durch Zugabe von H_2S-W. oder Sulfidlsg. in Ggw. von Ammoncitrat oder KCN. Die Resultate sind mit denen nach der Referenzmeth. des ANALYSIS COMMITTEE OF THE INSTITUTE OF BREWING vergleichbar. (J. Inst. Brewing **59** ([N. S.] **50**). 141—42. März/April 1953. Bass, Tatcliff & Gretton Ltd., Burton-on-Trent.) HAEVECKER. 7600

A. E. Staley Mfg. Co., Decatur, Ill., übert. von: **Robert W. Liggett**, Philadelphia, Pa., und **Wayne C. Mussulman**, Decatur, Philadelphia, Pa., V. St. A., *Gewinnung von Amylase* durch Züchten von *Bacillus macerans* in einer Nährlsg., welche neben Kartoffel-, Hafer- oder Maismehl eine nichttox. ionisierbare Ammoniumverb. u. die festen Bestandteile von Maisweichwasser enthält, wobei die Konz. der NH_4-Ionen zwischen 0,01 u. 1,5% liegt. (**Can. P. 495 277** vom 5/12. 1949, ausg. 11/8. 1953.) HEYNE. 7509

Bernhard Ostersetzer und **Wilhelm Mauss** (Erfinder: **Wilhelm Mauss** und **Max Kuhl**), Deutschland, *Verbesserung der enzymatischen Eigenschaften von Amylasen.* Man fügt zu Bakterienamylasen aus Bacillus mesentericus ein aus Sojabohnen durch Extraktion mit Aceton gewonnenes Amylasepräp. (**I**) in kleinen Mengen hinzu; z. B. zu 60 (g) handelsüblicher α-Amylase 2 **I**. Die Gemischen haben eine erhöhte verzukkernde Kraft u. sind widerstandsfähiger gegen Wärme. (**F. P. 1 024 371** vom 7/9. 1950, ausg. 1/4. 1953. D. Prior. 17/9. 1949.) HEYNE. 7509

Hubert Maricourt und **Victorien Doise**, Frankreich, *Alkoholische Gärung.* Man geht aus von zuckerhaltigen Säften, die man durch Konz. auf eine D. von 1,10 gebracht hat. Die Gärung läßt man bei 35—36° verlaufen u. bei einer hohen Hefekonz., welche durch starke Belüftung der Gär-Fl. gegen Ende der Gärung erzielt wird. Man bekommt durch dieses Verf. vergorene Moste mit einem hohen Alkoholgehalt. (**F. P. 1 025 959** vom 14/10. 1950, ausg. 22/4. 1953.) HEYNE. 7511

Siemens-Schuckertwerke Akt.-Ges., Deutschland, *Künstliche Alterung von Wein, Spirituosen und anderen Flüssigkeiten durch Ultraschall.* Die Fll. werden der Einw. von Ultraschallwellen in einer besonderen App. unter völligem Ausschluß von Luft ausgesetzt. Sie können direkt an dem Schallgenerator vorbeigeleitet oder in fest verschlossenen Behältern, z. B. Flaschen, beschallt werden, wobei zur Übertragung der Schallenergie eine Fl., z. B. W., erforderlich ist. Zur Ableitung der entstehenden Wärme muß gekühlt werden. Die Temp. soll 40° nicht übersteigen. Das Verf. kann auch zur Sterilisierung von Fruchtsäften angewandt werden. — Vorrichtung. (**F. P. 1 022 049** vom 13/7. 1950, ausg. 26/2. 1953. D. Prior. 1/9. 1949.) HEYNE. 7517

Holstein & Kappert Maschinenfabrik „Phönix" G. m. b. H., Deutschland, *Filtrieren von Bierwürze.* Die Bierwürze wird mit zerkleinertem Hopfen gekocht u. anschließend in einen besonderen Kessel gepreßt, in dem sich die Hopfenblätter zu Boden setzen, während die Hopfentreber von in dem Kessel senkrecht angeordneten Filterrahmen zurückgehalten werden. — Vorrichtung. (**F. P. 1 023 238** vom 11/8. 1950, ausg. 16/3. 1953.) HEYNE. 7545

Vereinigte Mautner Markhof'sche Preßhefe Fabriken, Österreich, *Verbesserungen bei der Gewinnung organischer Säuren durch Gärung.* Man entzieht der Gär-Fl. während der Gärung die Säuren mittels Anionenaustauschern, indem man entweder die Gär-Fl. durch eine nach Art der Diffusionsbatterien angeordnete Anionenaustauscherbatterie kontinuierlich hindurchschickt, oder indem man die Gär-Fl. direkt in dem Gärbottich mit dem Anionenaustauscher (I) behandelt. Die Gewinnung der Säuren aus **I** u. die Regenerierung von **I** erfolgen in bekannter Weise. Vorteile: Gewinnung ziemlich konz. Säurelsgg., Herabsetzung der Dauer der Gärung auf einen Bruchteil der bisherigen Dauer. (**F. P. 1 031 371** vom 24/1. 1951, ausg. 23/6. 1953. Oe. Prior. 27/4. 1950.) HEYNE. 7579

XVI. Nahrungs-, Genuß- und Futtermittel.

O. Doose, *Verschiedene Endgärzeiten als Ursache von Qualitätsschwankungen bei Weizengebäcken.* (Brot u. Gebäck **7**. 78—81. Mai 1953. Detmold, Bundesanst. für Getreideverarbeit.) WINIKER. 7674

Weigelt, *Das Backen von Keks und Kleingebäck mittels infraroter Strahlung.* Kurze Beschreibung des Verfahrens. — 1 Abbildung. (Brot u. Gebäck **7**. 72—73. Mai 1953. Frankfurt/M., Voigt & Haeffner, A.-G.) WINIKER. 7674

Johnnie H. Watts und **Ruth M. Griswold**, *Enzym- und Ascorbinsäuregehalt von frischer und gefrorener Ananas.* In frischer Ananas fanden Vff. im Mittel 23,5 mg% *Ascorbinsäure* (I) sowie an Fermenten Peroxydase, Phosphatase u. eine Reihe von Dehydrogenasen. Während der Verarbeitung von Ananas bis zur Gefrierung tritt ein gewisser **I**-Verlust ein, nach dem Gefrieren bleibt jedoch der dann noch vorhandene **I**-Geh. bei —20° über 4 Monate konstant. (Food Res. **18**. 162—68. März/April 1953. Chicago, Ill., Univ., Dep. of Home Economics.) KRUSEN. 7688

W. Ss. Gorban, *Erfahrungen mit der Fermentation des Tabaks bei erhöhter Luftfeuchtigkeit.* Die 1. Phase der Fermentation erfolgt bei geschlossener Luftzirkulation, wobei die Temp. in 15—16 Std. bis 43—45° erhöht wird. Nachdem die relative Luftfeuchtigkeit bis 50—60% gefallen ist, erhöht man sie auf 66—68%, am 2. Tag auf 73—75%, am 3. Tag auf 76—78%. In der 2. Phase wird die Luftfeuchtigkeit auf 76—80% gehalten. (Табак [Tabak] **14**. Nr. 4. 17—18. Juli/Aug. 1953. Sotschi, Tabak-Fermentationsfabrik.) M. GORDIENKO. 7734

A. P. Tschernogorzew, *Einfluß von Temperatur und Salzmenge auf die Reifedauer des kaspischen Strömlings in Gewürz-Salzlake.* An Stelle einer Lagerung von 2,5 Monaten bei —2 bis +2° wird eine Reifung in 2 Perioden empfohlen: Zuerst 3 Tage bei —2 bis +2° u. einem Salzgeh. von 8—14%; die anschließende Periode richtet sich nach dem Salzgeh. u. beträgt bei 12—14% 15 Tage bei 15—20°, bei 10—12% 20 Tage bei 10—15° u. bei 8—10% 25 Tage bei 5—10°. Die weitere Lagerung erfolgt bei +2 bis —2°. Während der Reifung steigt der Rest-N im Fleisch infolge enzymat. Eiweißspaltung zuerst rasch, dann langsam an. Der Reifungsprozeß ist beendet, wenn der Rest-N mindestens 45% des Gesamt-N ausmacht. Der Anteil des Rest-N in der Lake steigt schneller an als im Fleisch u. erreicht je nach Dauer u. Temp. Werte von 88—93%. (Рыбное Хозяйство [Fischerei-Wirtsch.] **29**. Nr. 9. 54—58. Sept. 1953. Fischerei-Technikum, Lehrstuhl für Technol. der Fischprodd.) SCHMELZ. 7752

J. C. Olson jr., D. S. Willoughby, E. L. Thomas und **H. A. Morris,** *Die Haltbarkeit von pasteurisierter Milch und ihre Beeinflussung durch das Wachstum von psychrophilen Bakterien und Aureomysinzusatz.* Das Vork. der auch in roher Milch gefundenen u. bei Lagerung derselben bei niedrigen Tempp. sich vermehrenden psychrophilen Bakterien kann in pasteurisierter Milch durch die sauber durchgeführte Pasteurisation selbst sowie durch peinliche Sauberhaltung aller nach der Pasteurisation gebrauchten Geräte u. Gefäße vermieden oder vermindert werden. Die Haltbarkeit pasteurisierter Milch konnte durch Zusatz von *Aureomycin* in verschied. Konzz. nicht verlängert werden. (J. Milk Food Technol. **16.** 213—19. Sept./Okt. 1953. St. Paul, Minn., Univ. of Minnesota, Dep. of Dairy Husbandry.) KRUSEN. 7756

Alfred Weigt, *Die Konsistenz der Winterbutter.* Zur Erzielung guter Butterkonsistenz im Winter empfiehlt Vf. schnelle Abkühlung des erhitzten Rahmes auf 8°, Zusatz des Säureweckers u. mindestens 2std. Einhaltung dieser Temperatur. Danach wird der Rahm mit höchstens 26° warmem W. oder Sole auf Säuerungstemp. gebracht. Nach der Reifung über Nacht hat der Rahm die gewünschte Butterungstemperatur. (Molkerei- u. Käserei-Ztg. **4.** 1194—95. 27/8. 1953. Malente/Holst.) KRUSEN. 7758

Karl Zeiler, M. E. Schulz und **G. Schwarz,** *Die Einstellung des Fettgehaltes der Kesselmilch für Schichtkäse.* Parallelverss. in verschied. Instituten ergaben, daß entgegen der Ansicht von Herstellerbetrieben die Herst. von Schichtkäse entsprechend den gesetzlichen Bestimmungen mit einer fettreichen Mittelschicht u. einem Fettgeh. von 10% in der Trockensubstanz möglich ist, wenn der Fettgeh. für alle 3 Schichten auf die geforderte Höhe einheitlich eingestellt u. zur für die Mittelschicht bestimmten Milch eine bestimmte Rahmmenge, z. 1 Liter mit 20% Fett auf 100 Liter Milch, zusätzlich gegeben wird. (Dtsch. Molkerei-Ztg. **74.** 799—802. 12/6. 1953. Weihenstephan, Südd. Vers.- u. Forschungsanst. für Milchwirtschaft; Kiel, Bundesversuchs- u. Forschungsanst. für Milchwirtschaft, Chem. Inst.; Hohenheim, Landw. Hochschule, Inst. für landw. Technol.) KRUSEN. 7760

G. Hampel, *Über die Entstehung und Entwicklung der modernen Teigprüfapparate.* Behandelt werden die von v. HANKÓCZKY u. BRABENDER entwickelten Prüfgeräte (Kleberprüfgerät, Farinometer, Farinograph). (Brot u. Gebäck **7.** 33—35. März 1953. Detmold, Bundesanst. für Getreideverarbeitung.) WINIKER. 7800

Max E. Morgan und **Patricia MacLeod,** *Ein kritischeres Reihenverfahren zur mikroskopischen Bewertung von roher Milch.* Beschreibung eines verbesserten mkr.-statist. Verf. zur mikrobiol. Milchbewertung. (J. Milk Food Technol. **16.** 228—31. Sept./Okt. 1953. Storrs, Conn., Agric. Exp. Stat., Dep. of Animal Ind.) KRUSEN. 7856

H. Baumgartner, *Der Penicillinnachweis in der Lieferantenmilch.* 25 ml der verdächtigen Milchproben u. 6—8 Proben von ***Penicillin*** (I)-freier Milch werden mit 0,5—1 ml einer frischen Säuerungskultur versetzt u. 3 Std. im Labkasten gehalten. Danach wird in Abständen von 1 Std. der Säuregrad in der Kontrollreihe bestimmt u., wenn er 12—16° SH erreicht hat, die Verdachtsprobe titriert. Besitzt sie einen wesentlich niedrigeren Säuregrad, so ist Anwesenheit von I anzunehmen. Als Grenzkonz. wird 0,02 E I/ml angegeben. Abwesenheit von Bakteriophagen ist Voraussetzung für dieses Verfahren. (Molkerei- u. Käserei-Ztg. **4.** 1192—93. 27/8. 1953. Bern, Labor. de Verb. der Käserei- u. Milchgenossensch.) KRUSEN. 7856

D. A. Biggs und **L. R. Bryant,** *Der Thiobarbitursäuretest für Butterfettoxydation.* Zur Verbesserung des von DUNKLEY u. JENNINGS (C. **1953.** 6787) angegebenen *Thiobarbitursäure* (I)-Tests zur Best. des Grades der Butterfettoxydation empfehlen Vff., dem I-Reagens auf 14 Teile 1 Teil einer 10%ig. Lsg. von Alkyldimethylbenzylammoniumchlorid zuzusetzen. Die Reaktionszeit zur maximalen Farbentw. beträgt 1 Std., der optimale p_H-Bereich 0,2—1,6. Die Rk. soll unter O_2-Ausschluß in einer N_2-Atmosphäre ablaufen, die Farbmessung bei 535 mμ vorgenommen werden. Für 75 ml I-Reagens werden Einwaagen von 2 g Butter, 5 g Vollmilchpulver u. 6 g Käse empfohlen. (Canad. J. Technol. **31.** 138—45. Juni 1953. Toronto, Ontario, Can., Univ., Graduate School.) KRUSEN. 7858

Hilppa Pirhonen, Finnland, *Speisesalzmischung,* welche alle im n. Blut vorhandenen Metalle in durch die Verdauungsorgane leicht resorbierbarer Form enthält. Zu einer Lsg. von 350 (g) Citronensäure u. 125 NaOH in 900 W. gibt man eine Lsg. von 8 KCl, 10 $CaCl_2$, 0,5 $FeCl_2$, 5 $MgCl_2$, 0,25 $MnCl_2$ in 100 Wasser. Man kann diese Lsg. direkt, z. B. als Zusatz zu Fruchtsäften, Tee, Kaffee usw., verwenden, oder man dampft ein u. formt aus dem Rückstand Tabletten. (**F. P. 1 025 569** vom 30/6. 1950, ausg. 16/4. 1953. Schwed. Prior. 30/6. 1949.) HEYNE. 7715

Carl Freudenberg K.-G. auf Aktien, Deutschland, *Herstellung künstlicher Wursthäute.* Tier. Hautsubstanz wird ohne Anwendung von Wärme u. von chem. Mitteln zerfasert. Die von überschüssiger Feuchtigkeit befreiten Hautfasern werden durch Zusatz von Säure in eine elast. knetbare M. übergeführt, die 8—14% Feststoffe enthält u. einen p_H-Wert von ca. 3,5 aufweisen soll. Nach dem Homogenisieren der M. werden hieraus in bekannter Weise durch Pressen aus Ringdüsen die Wursthäute geformt. (**F. P. 1 021 638** vom 7/7. 1950, ausg. 20/2. 1953.) HEYNE. 7751

Algemeene Kunstzijde Unie N. V., Holland, *Konservierung von Eiern.* Die Eier werden mit einem Überzug eines wasserlösl. Celluloseäthers, z. B. Carboxymethylcellulose, durch Tauchen, Streichen oder Spritzen überzogen u. an der Luft getrocknet. Vorteilhaft verwendet man solche Celluloseäther, die in 4—8% ig. Lsg. eine Viscosität bei 20° von 300 Centipoisen haben, u. setzt der Lsg. ein Konservierungsmittel, z. B. Bor- oder Benzoesäure, hinzu. (**F. P. 1 032 334** vom 12/2. 1951, ausg. 1/7. 1953. Holl. Prior. 24/3. 1950.) HEYNE. 7755

Institutum Divi Thomae Foundation, übert. von: **Joseph F. Kowalewski** und **George Sperti**, Cincinnati, O., V. St. A., *Konzentrieren von Milch.* Vollmilch wird homogenisiert, gefroren, die gefrorene M. zerkleinert u. durch Zentrifugieren das Fett u. die festen Bestandteile der Milch in Form eines Konzentrates vom Eis abgetrennt. (**Can. P. 483 017** vom 8/6. 1950, ausg. 6/5. 1952.) HEYNE. 7757

Keskusosuusliike Hankkija R. L., Finnland (Erfinder: **Torsten Johannes Stogards** und **Matti Herman Hietaranta**), *Verhinderung der Buttersäuregärung in Käse* durch Zusatz kleiner Mengen von chem. Verbb., die als wirksame Gruppen Aminogruppen enthalten, z. B. Hydroxylaminchlorhydrat, Hexamethylentetramin. Man kann diese zusammen mit Kochsalz oder anderen, oxydierenden Salzen, wie Alkalichloraten oder Bromaten, verwenden. Geht man bei der Käsebereitung von pasteurisierter Milch aus, so genügen 50—100 g der Aminoverb. auf 1000 Liter Milch. (**F. P. 1 031 876** vom 30/1. 1951, ausg. 26/6. 1953. Finn. Prior. 12/5. 1950.) HEYNE. 7761

Italcolloid, Italien, *Herstellung von Schmelzkäse*, dad. gek., daß man als Schmelzmittel saure oder neutrale Alkali- oder Erdalkalisalze oder organ. Salze einer Phosphorsäure der Formel $H_5P_3O_{10}$ mit 82,55% P_2O_5-Geh. verwendet. Man kann diese Salze auch mit Pyro- oder Metaphosphaten gemischt anwenden. Man kann auch als Schmelzmittel Metaphosphate verwenden, deren 0,25% ig. wss. Lsg. bei 15° einen p_H-Wert von 6,2 hat. — 100 (kg) einer Käsemasse von mittlerem Reifungsgrad werden mit 1,5 einer Mischung von $Na_5P_3O_{10}$ + $NaPO_3$ behandelt. Man erhält diese Mischung durch längeres Erhitzen von 33 (Teilen) $Na_4P_2O_7$ u. 67 $NaPO_3$ auf 550°. (**F. P. 1 031 042** vom 16/1. 1951, ausg. 18/6. 1953. It. Prior. 18/1. 1950.) HEYNE. 7761

Interagrar Akt.-Ges., Schweiz, *Futterkartoffeln.* Den gewaschenen u. zerkleinerten Kartoffeln wird durch Pressen ca. 50—80% des Fruchtwassers entzogen. Man kocht oder preßt den Preßrückstand u. setzt der noch warmen M. den Preßsaft wieder hinzu. Man kann zusätzlich andere frische Pflanzensäfte, z. B. von Gräsern, Luzerne u. Eiweiß- oder synthet. Nährstoffe hinzufügen. Das Prod. ist bes. als Schweinefutter geeignet. (**F. P. 1 025 224** vom 27/9. 1950, ausg. 13/4. 1953.) HEYNE. 7787

Václav Jonáš, Tschechoslowakei, *Herstellung von eiweißreichen Futtermitteln* aus kohlenhydrathaltigen Industrieabwässern von Zucker-, Hefe-, Cellulosefabriken, Molkereien, Brauereien usw. Man vergärt die Abwässer mit Schimmelpilzen, die typ. lange Micellen bilden, z. B. Oospora lactis, Monilia candida, bei 20—30° unter aeroben Bedingungen. Nach dem Ausgären versetzt man mit Kalkmilch u. filtriert den gebildeten Schlamm ab. Hierdurch erzielt man 1. eine schnellere Klärung u. bessere Reinigung der Abwässer u. 2. ein wertvolles Futtermittel. — Z. B. werden aus 1000 hl Abwässer 200—300 kg Trockenschlamm mit 30—40 (%) $CaCO_3$, 55—70 organ. Stoffen, wovon 10—18 Eiweißstoffe sind, gewonnen. (**Oe. P. 177 746** vom 24/11. 1948, ausg. 25/2. 1954. Tschech. Prior. 24/11. 1947.) HEYNE. 7787

Laurits Kruse Carl, Havnsø, Dänemark, *Konservierung von hauptsächlich aus Fisch bestehenden Futtermitteln.* Um durch Einsäuern ein haltbares u. geruchfreies Futtermittel zu erhalten, verwendet man zur Säuerung eine Milchsäurebakterienkultur von Streptobacterium plantarum (I). Hierdurch gelingt es leicht, einen p_H-Wert von 4 u. darunter im Futterstock zu erzielen. — 80 (kg) Fischmehl, 10 Melasse werden mit I 3—4 Tage bei ca. 25° vergoren, worauf der M. noch 10 Weizenschrot zugegeben werden. Das Futtermittel ist für Schweine, Rinder u. Geflügel geeignet. (**Oe. P. 177 648** vom 17/10. 1951, ausg. 25/2. 1954. Dän. Priorr. 20/10. 1950 u. 2/1. 1951.) HEYNE. 7787

—, Manuale lactis. Periodisch erscheinendes Handbuch d. milchwirtschaftl. Weltliteratur, geord. n. d. System d. Bibliotheca Lactis. Gesamtred. **Max Erich Schulz** u. **Gerhard Sydow**, F. 2, Kl.2. Milch u. Milchprodukte (Zusammensetzung u. Untersuchung). Bearb. v. Chem. Inst. d. Bundesversuchs- u. Forschungsanst. f. Milchwirtschaft in Kiel. Abgeschl. Dez. 1952. Nürnberg: Carl. 1953. (VI + 305 S.) DM 36,—.

XVII. Fette. Seifen. Wasch- u. Reinigungsmittel. Wachse. Bohnermassen usw

R. D. Englert, R. M. Silverstein und **L. M. Richards,** *Die chemische Verwendung von Fetten und Ölen. 1. Mitt. Darstellung von Aralkylketonen und Kohlenwasserstoffen.* Nach dem Schema Fettsäure $\xrightarrow{PCl_5}$ Fettsäurechlorid $\xrightarrow[C_6H_6]{AlCl_3}$ Alkyl-Aryl-Keton $\xrightarrow[Ni]{H_2}$ KW-stoff werden die entsprechenden Verbb. unter Benutzung der Palmitin-, Stearin-, Myristin-, Laurinsäure sowie der Fettsäuren von Cocos- u. Palmöl hergestellt u. nach Ausbeute u. Eigg. charakterisiert; die FRIEDEL-CRAFTS-Meth. erweist sich als beste Kondensationsmeth. zur Darst. von unverzweigten, höhermol. Alkyl–Aryl-Derivv., die als Reinigungsmittel prakt. Bedeutung haben. Die Verwendung von HF als Kondensationsmittel ergibt unbefriedigende Resultate. (J. Amer. Oil Chemists' Soc. **30.** 337–39. Aug. 1953. Stanford, Calif., Res. Inst.) TÄUFEL. 7888

—, *Die verschiedenen Holzöle, ihre Herkunft und Verwendung.* Die vielseitige Verwendung der Holzöle (chines. Tungöl, brasilian. Oiticicaöl), ihr Ursprung u. die Anbaumöglichkeiten werden besprochen, ferner die Erträge je Anbaufläche, die weit höher als die anderer Ölpflanzen liegen, die Ausbeuten sowie die Ölgewinnungsverff. für die einzelnen Holzöle. Die Eigg. der Öle (JZ. 160–170; Viscosität E 39° bei 20°; E + 2–3° bei frischem Tungöl, 21° bei altem Öl) werden erläutert. (Seifen-Öle-Fette-Wachse **79.** 205–06. 15/4. 1953.) SEIFERT. 7894

B. C. Satyan und **Y. K. R. Rao,** *Alkoholextraktion von Baumwollsaat.* Die Extraktion von Baumwollsaat mit Hilfe von A. führt zu hellen Prodd., die bessere Eigg. als die mit PAe. extrahierten oder gepreßten Öle aufweisen. Es wird kurz über entsprechende Verss. berichtet. Das Verf. eignet sich auch gut zur Gewinnung von Speiseöl bzw. Mehl aus Baumwollsaat. (Bull. centr. Food technol. Res. Inst., Mysore **2.** 305–06. Sept. 1953. Mysore, Central Food Technol. Res. Inst., Div. of Food Engng.) R. KÖNIG. 7894

M. Narayana Rao und **S. Kuppuswamy,** *Zusammensetzung von neun verschiedenen Sorten indischer Baumwollsaat. Raffination und Bleichung der daraus dargestellten Öle.* Der Anteil an Linters, Schalen u. Kernen von 9 verschied. Sorten ind. Baumwollsaat war etwas geringer als bei den amerikan. Qualitäten. Der Ölgeh. der Gesamtsaat betrug 14–19,4%, der der Kerne 29–35%. Durch Raffination des rohen Baumwollsamenöles mit Alkali wird ein helles Öl erhalten. Abermalige Raffination u. Bleichung mit einem Gemisch aus Fullererde u. Holz- bzw. Tierkohle führt zu einem wertvollen, sehr hellen Produkt. Die Ergebnisse der Unterss. werden in 3 Tabellen zusammengefaßt. (Bull. centr. Food technol. Res. Inst., Mysore **2.** 303–05. Sept. 1953. Mysore, Central Food Technol. Res. Inst.) R. KÖNIG. 7894

H. Wilke, *Die Polierfiltration raffinierter, warmer und gekühlter Speiseöle.* Völlig blanke sowie kältestabile fette Öle können nur mittels einer Feinfiltration erzielt werden. Die bei verschied. Temperaturstufen anfallenden Trübungsstoffe einiger Ölsorten werden namentlich in Hinblick auf die Beeinflussung des Filtrationsvorganges untersucht u. Hinweise für die Durchführung einer Polierfiltration bei verschied. Tempp. gegeben. Ausführliche Beschreibung von Verff. zur Filtrationserleichterung mittels Kieselgur. (Fette u. Seifen, Anstrichmittel **55.** 801–06. Nov. 1953. Bad Kreuznach, Seitz-Werke, Filtertechn. Labor.) BÖSS. 7894

Ogden C. Johnson, S. S. Chang und **F. A. Kummerow,** *Flüchtige Zersetzungsprodukte von oxydativen Polymeren des Äthyllinolenats.* Unter Hinweis auf das Schrifttum, wonach bes. Carbonylverbb. am Geruchsabfall von Sojaöl (Reversion) beteiligt sind, werden Verss. mit autoxydiertem Äthyllinolenat (I), aus Leinölfettsäuren über die Br-Verbb. dargestellt, durchgeführt mit der Zielsetzung, festzustellen, ob die Autoxypolymerisate Vorläufer der vorgenannten Carbonylverbb. sind. Autoxydation von I unter Durchleiten von Sauerstoff bei 30° während 170 Std.; Fraktionierung dieses Reaktionsprod. durch wiederholte Verteilung zwischen Skellysolve F u. Ae. unter Rühren; die abgezogenen Fraktionen werden im Vakuum vom Lösungsm. befreit u. nach Menge u. Kennzahlen (Mol.-Gew., Peroxydzahl, Brechungsindex) charakterisiert; die einzelnen Fraktionen werden in äther. Lsg. auf Glaswolle verteilt, der Ae. wird abgedunstet u. dann wird in einer geschlossenen App. (vgl. Original) in O_2-Atmosphäre oxydiert; die flüchtigen Reaktionsprodd. werden in Vorlagen (–70°) aufgefangen. Ihre Fraktionierung erfolgt unter Heranziehung ihrer verschied. Löslichkeit in W./Skellysolve F sowie ihrer verschied. Flüchtigkeit. Es werden Stoffe vom Typ der Aldehyde u. Ketone erhalten, die nach der Meth. von GORDON u. Mitarbeiter in die 2.4-Dinitrophenylhydrazone umgesetzt u. durch Chromatographieren in einer Säule aus Silicagel u. Celite (2:1) fraktioniert werden. Die erhaltenen einheitlichen Präpp. werden durch

Vgl. mit den analogen 2.4-Dinitrophenylhydrazonen bekannter Art (F.; Elementaranalyse; Absorption im UV) identifiziert. Nachweisbar sind Methyläthylketon, Propionaldehyd, Acetaldehyd, α-Pentenal; wahrscheinlich vorhanden Crotonaldehyd; ferner vorhanden ein noch unbekanntes Carbonylprod. mit 5 C-Atomen. Hinweis, daß die nachgewiesenen Verbb. von anderen Forschern aus autoxydiertem Sojaöl isoliert worden sind; Betrachtungen über den vermutlichen Chemismus, der zur Bldg. der genannten Zersetzungsprodd. aus I führt. Es wird abgeleitet, daß vor allem die Linolenate des Sojaöles Ursache für die „Reversion" desselben bei der Autoxydation sind. — Angabe einiger experimenteller Daten über die während der Oxydation des autoxypolymerisierten I auftretenden flüchtigen Prodd. nach Art u. Menge (CO_2, CO, H_2O, H_2). (J. Amer. Oil Chemists' Soc. **30.** 317—20. Aug. 1953. Urbana, Ill., Univ., Dep. of Food Technol.) Täufel. 7894

V. J. Muckerheide, *Fettspaltung und Destillation.* Beschreibung von Säurespaltung, Autoklavenspaltung mit alkal. Katalysatoren, kontinuierlicher Hochtemperaturspaltung, enzymat. Spaltung u. Fettsäuredestillation. (J. Amer. Oil Chemists' Soc. **29.** 490—95. Nov. 1952. Cincinnati, O., Emery Ind., Inc.) Böss. 7908

A. J. Stirton, *Rohstoffe für Seifen. Gesättigte und ungesättigte Fette.* Überblick über Seifenrohstoffe, wie Talg, Cocos-, Babassu-, Baumwollsamen- u. Palmöl u. hydrierte Walöle. — 18 Literaturzitate. (J. Amer. Oil Chemists' Soc. **29.** 482—85. Nov. 1952. Philadelphia, Pa., Eastern Regional Res. Labor.) Böss. 7910

J. W. McCutcheon, *Seife durch Verseifung.* Allg. Überblick über Rohstoffe u. Verff. u. Angabe von 66 US-Patenten für kontinuierliche u. halbkontinuierliche Methoden zur Seifenherstellung. (J. Amer. Oil Chemists' Soc. **29.** 500—05. Nov. 1952. New York City.) Böss. 7910

John W. Bodman, *Seifen-„finishing".* Vf. erläutert Ausdruck „soap-finishing" unter dem die Herst. einer Seife vom Verseifen bis zum fertig verpackten bzw. abgefüllten Prod. verstanden wird u. gibt einen Überblick über Herst. einer hochwertigen Kernseife folgender Zus.: Seife 63 (%), Na-Silicat 13,75, Na_2CO_3 2,50, Tetranatriumpyrophosphat 5,80, Glycerin 0,20, Salz 0,75, W. 14,00. (J. Amer. Oil Chemists' Soc. **29.** 521—25. Nov. 1952. New York City, N. Y., Lever Brothers Comp.) Böss. 7910

A. Nichterlein, *Die CTP-Seifenfabrikation.* 2. Mitt. (1. vgl. C. **1951.** II. **910.**) Vf. beschreibt ein vollautomatisiertes Verf., den CTP-Prozeß nach Hoffmann. Wenn alle Teile der CTP-Anlage aus fettsäurebeständigen Baustoffen (Rein-Al, Edelstahl) bestehen, Rost ferngehalten wird u. die verwendeten Fettansätze u. Alkalien absol. rein sind, liefert das Verf. unmittelbar Seifen handelsüblicher Reinheit, Glycerin mit 85—90% Geh., reine CO_2 u. dest. H_2O. Die Anlage gestattet einen schnellen Wechsel der Ansätze u. läßt sich in 60 Min. säubern. Die Arbeitstemp. liegt über 60°, der Durchgang vom Rohstoffeintritt bis zum Austritt des preßfertigen Seifenstranges dauert 80 Minuten. Feindosierung (Alkaligeh.), Temp., Überdruck, Vakuum, Geh. an Fettsäuren, H_2O, Füll- u. Veredlungsstoffen usw. werden automat. gesteuert. Die Vorbehandlung der Rohstoffe mit CH_3OH, heißem H_2O, verd. H_2SO_4 entfernt die Verunreinigungen des Ansatzes bis zur prakt. Unschädlichkeit. Durch die kurze u. billige Vorreinigung fällt die VZ. der Fettsäuren von 413 auf 271, die JZ. von 23,0 auf 12,0, der Ansatz wird aufgehellt u. der Beigeruch verschwindet. (Seifen-Öle-Fette-Wachse **79.** 182—85. 15/4. 1953. Berlin-Lichtenrade.) Seifert. 7910

H. E. Bramston-Cook, *Rohstoffe für synthetische Reinigungsmittel.* Kurzer Überblick über Entw. der synthet. Rohstoffe für Reinigungsmittel. (J. Amer. Oil Chemists' Soc. **29.** 554—55. Nov. 1952. New York City, N. Y., Oronite Chem. Comp.) Böss. 7912

Carlos Gómez Herrera und **Rosario Guzmán,** *Aus Ölen von Weintrestern erhaltene kolloidale Elektrolyte.* Öl aus Weintrestern wird mit H_2SO_4 von 66° Bé bei 15° sulfoniert, mit Na_2SO_4-Lsg. gewaschen u. mit NaOH neutralisiert. Die schaumbildende u. reinigende Eig. des erhaltenen Sulfonats (I) wird nach Clark u. Ross bzw. Ringeissen im Vgl. mit denjenigen von Cocosölseife u. Ca-Oleatcarbonat in dest. W. u. in Meerwasser geprüft. In ersterem liegen die Werte der 3 Reinigungsmittel fast gleich; in letzterem bilden die Vergleichsseifen überhaupt keinen Schaum, während bei I fast die vollen Werte des dest. W. aufrechterhalten sind. — Genauere Unters. des Einfl. von $MgCl_2$, $CaCl_2$, Na_2SO_4 u. NaCl, für sich allein bzw. gemeinsam, auf die genannten Eigg. u. die Schaumstabilität von Reinigungslsgg. zweier Sulfonate ergibt, daß zwischen $MgCl_2$ u. I bei bestimmter Herst. eine günstige koll. Wechselwrkg. auftritt. Auch für natürl. u. techn. harte Wässer eignet sich I nach Maßgabe ihres $MgCl_2$-Gehalts. Der Einfl. des Säuregrades des Ausgangsöls u. des Sulfonierungsgrades werden untersucht. (Rev. Ci. apl. **6.** 220—28. Mai/Juni 1952.) Ahrens. 7912

W. Kind, *Das Waschen auf neuen Wegen.* Allg. Überblick über neuere Entw. in der Haushaltswäsche, den Großwäschereien u. bes. in den sogenannten Waschsalons. (Textil-Prax. **8.** 980—83. Nov. 1953.) H. G. FRÖHLICH. 7912

R. Hünlich, *Die Reinigung durch Extraktion.* Übersicht über die in chem. Wäschereien u. Textilfabriken zum Reinigen durch Extraktion angewandten Lösungsmittel (O_2-haltige: Alkohole, Ester, Äther, Ketone, Acetate; KW-stoffe: Bzn., Bzl., Toluol, Xylol, Tetralin; gechlorte KW-stoffe: CH_2Cl_2, Chlf., Di- u. Trichloräthylen, CCl_4, $C_2H_2Cl_4$; CS_2), deren wichtigste physikal. Kennwerte u. die Ausführung der Reinigung. (De Tex **13.** 50—51. 15/1. 1954.) WESLY. 7914

M. B. Pepper jr. und **A. F. Freeman,** *Bestimmung von Feuchtigkeit in Erdnußbutter.* Krit. Überblick über die Verff. zur Feuchtigkeitsbest. in organ. bzw. biol. Materialien. Unter Heranziehung von rohen Erdnüssen sowie von Erdnußbutter werden vergleichende Bestimmungen ausgeführt nach den Arbeitsweisen A. O. C. S. Official Meth. Ab 2-49 bzw. Ab 3-49 (sek. Feuchtigkeit) sowie nach der Destillationsmeth. mit Toluol nach TRYON. Die Ergebnisse lehren, daß die Meth. TRYON sowie die nach Ab 2-49 bei Erdnuß in Scheiben prakt. übereinstimmende Werte liefern. Bei Erdnußbutter ergibt das Verf. Ab 3-49 niedrigere Werte als die TRYON-Meth.; beim Trocknen bei 130° im Vakuum oder in Luftatmosphäre treten Unterschiede nicht auf, d. h. eine Beeinflussung der Werte durch Oxydation tritt nicht hervor. Zusammenfassend wird die TRYON-Arbeitsweise zur Best. der Feuchtigkeit, bes. in Erdnußbutter, als recht brauchbar hingestellt u. zur Verwendung in der Praxis empfohlen. (J. Amer. Oil Chemists' Soc. **30.** 335—37. Aug. 1953. New Orleans, La., Southern Regional Res. Labor.) TÄUFEL. 7932

Eduard Rickert, Binningen, und **Albert Lamme,** Zürich, Schweiz, *Kontinuierliche Extraktion von Öl und fetthaltigem Material* mittels Lösungsmittel im Gegenstrom, wobei die Stoffe an dem Ende einer drehbar gelagerten Trommel zugeführt u. am anderen Ende abgeführt werden. Die Trommel ist in axial gegeneinander versetzte Kammern unterteilt, welche durch mit selbsttätigen Abschlußorganen verschließbaren Öffnungen miteinander verbunden sind, derart, daß bei der Drehung der Trommel der zu behandelnde Stoff in axialer Richtung durch dieselbe gefördert wird. — Zeichnung. (**Schwz. P. 275 153** vom 21/7. 1949, ausg. 16/8. 1951.) M. F. MÜLLER. 7873

Ilona Taussky, New York, N. Y., V. St. A., *Raffinieren von Fetten und Fettsäuren,* gek. durch die Behandlung mit Alkalilignin, gegebenenfalls unter gleichzeitigem Hydrieren. (**A. P. 2 654 766** vom 2/10. 1951, ausg. 6/10. 1953.) LÜTTGEN. 7875

Sidney Daniel Chaloner, David McNicoll und **Hugh Thomas Noble,** England, *Wiedergewinnen von Ölen, Fetten und Wachsen aus zu ihrer Raffination benutzten Bleicherden.* Diese Erden werden mit einer wss. Lsg. eines Alkalis (NaOH) oder Alkalisalzes (Na_2CO_3) oder auch beider in Mengen von unter 10 Gew.-% der Erde auf 100 bzw. 60° erhitzt, gegebenenfalls unter Zusatz eines Reinigungsmittels (synthet. Natur oder einer Seife). Dabei kann die Seife aus dem Gemisch durch teilweise Verseifung des Öles oder durch Neutralisation der in der Bleicherde enthaltenen freien Fettsäure gebildet werden. Schließlich wird angesäuert. — Beispiele. (**F. P. 1 033 826** vom 10/3. 1951, ausg. 16/7. 1953. E. Prior. 25/3. 1950.) RIEPE. 7875

Colgate-Palmolive-Peet Co., Jersey City, übert. von: **John Ross,** Ramsey, N. J., V. St. A., *Antioxydans für Fettsäureester in Schuppenform.* Bes. Fettsäurepartialester, z. B. Glykol- u. Glycerinmonostearat, erhalten einen Zusatz von 0,01—5% einer aromat. Oxyverb. mit einem Benzolring, bes. Diamylphenol, Propylkresol u. Butylkresol. (**A. P. 2 638 475** vom 6/10. 1948, ausg. 12/5. 1953.) LÜTTGEN. 7879

Soc. des Produits Chimiques de l'Ariège, Frankreich, *Bleichen von Fetten* tier. oder pflanzlichen Ursprungs, wobei die Fette ohne Waschen u. Filtrieren unmittelbar zur Verseifung benutzt werden können, gek. durch ihre mechan. Behandlung in der Wärme mit einer Lsg. von $NaClO_3$ in Ggw. einer geringen Säuremenge (HCl, $H_2C_2O_4$, H_3PO_4) oder eines Salzes (Na-Metaphosphat), wodurch das Chlorat in der Wärme vollkommen zers. wird. — Beispiele. (**F. P. 1 033 284** vom 1/3. 1951, ausg. 9/7. 1953.) RIEPE. 7887

Lucien-René Kehren und **Paul-Pierre Lelogeais,** Seine, Frankreich (Erfinder: **L. Kehren** und **C. Kehren**), *Olivenölgewinnung.* Die Oliven werden im Autoklaven 30—60 Min. lang unter Druck (1—2 kg/cm²) mit Wasserdampf behandelt u. nach Druckentlastung mechan. zerkleinert, worauf der Fruchtbrei von den Kernen getrennt wird. (**F. P. 1 033 978** vom 14/3. 1951, ausg. 17/7. 1953.) RIEPE. 7895

Nederlandsche Organisatie voor Toegepast-Natuurwetenschappelijk Onderzoek ten Behoeve van de Voeding, Holland, *Verhinderung unangenehmer Geschmacksveränderungen* *von Speiseölen und Speisefetten.* Man setzt den Speisefetten geringe Mengen (0,0005 bis 0,005%) Thiuramdisulfide, z. B. Tetramethyl- oder Tetraäthylthiuramdisulfid, hinzu. (**F. P. 1 026 045** vom 17/10. 1950, ausg. 22/4. 1953. Holl. Priorr. 31/10. u. 5/11. 1949.) HEYNE. 7901

Dow Chemical Co., Midland, übert. von: **Clarence L. Moyle**, Clare, Mich., V. St. A., *2.2'-Alkyliden-bis-(6-alkyl-4-chlorphenole)* der allg. Formel I, in welcher X Isopropyl- oder einen sek.-Butylrest, u. Y H oder eine Methylgruppe bedeuten, werden durch Umsetzen von 2 Mol 4-Chlor-2-isopropylphenol (I) oder 2-sek.-Butyl-4-chlorphenol mit einem Mol CH_2O oder Acetaldehyd in Ggw. eines sauren Kondensationsmittels, wie Schwefelsäure, erhalten. — Eine Mischung aus 16 (g) I u. 2,2 Paraldehyd wird unter Kühlen zu einem Gemisch aus 80 konz. Schwefelsäure, 20 Essigsäure u. 5 cm³ W. zugegeben. Durch 3std. Rühren bei Raumtemp. wird die Rk. beendet. Man verd. mit 200 cm³ W., extrahiert mit CCl_4 u. wäscht den Extrakt mit Wasser. Nach Verdampfen des CCl_4 wird der Rückstand im Vakuum fraktioniert destilliert. Man erhält *2.2'-Äthyliden-bis-(4-chlor-6-isopropylphenol)* als ein viscoses orangefarbenes Öl mit einem $Kp._4$ von 229—236°. Die Verbb. sind stark *keimtötend* u. dienen als *Zusatz zu festen u. fl. Seifen.* (**A. P. 2 623 907** vom 27/8. 1949, ausg. 30/12. 1952.) SCHWECHTEN. 7911

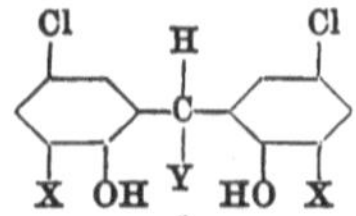

I

Taito Herman Rikhard Pälikkö, Finnland, *Flüssiges Wasch- und Reinigungsmittel* in Form einer stabilen Emulsion, bestehend aus einer Lsg. von (30—60%) verseifbaren u./oder teilweise verseiften Substanzen in einem (5—30%) organ. Lösungsm. u. einer wss. Lsg. derselben verseiften Substanzen. Das organ. Lösungsm. kann aromat. (z. B. Steinkohlenteerfraktionen, Bzl., Toluol, Xylol) u./oder chlorierte (CCl_4, C_2HCl_3) bzw. O-haltige KW-stoffe (z. B. Aceton, Acetate) bilden. Weiter enthält die Emulsion (0,5—3%) verträgliches Alkali (Soda, Triäthanolamin) sowie (0,2—1%) die Oberflächenspannung herabsetzende Stoffe (Sulfonate), gegebenenfalls (0,5—3%) Na_3PO_4, als verseifbare Substanz K-Seife des unvollständig verseiften Tallöles. — Beispiele. (**F. P. 1 027 572** vom 13/11. 1950, ausg. 13/5. 1953. Schwed. Prior. 12/11. 1949.) RIEPE. 7913

DEHYDAG Deutsche Hydrierwerke G. m. b. H., Düsseldorf, *Netz-, Wasch-, Reinigungs- und Dispergiermittel,* bestehend aus mindestens eine lipophile u. mindestens eine wasserlöslichmachende Gruppe enthaltenden organ. Verbb., in denen die lipophile mit der wasserlöslichmachenden Gruppe mittels einer durch mindestens 2 Säureamidgruppen unterbrochenen KW-stoffbrücke verbunden ist. Genannt sind die Na-Salze der Caprylоylmetanilyl-4-aminobenzoesäure, $C_7H_{15} \cdot CO \cdot NH \cdot C_6H_4 \cdot SO_2 \cdot NH \cdot C_6H_4 \cdot COONa$, oder der N.N-Lauroylmethylsulfanilmethanilsäure; die Di-Na-Salze aromat. Disulfonsäuren, z. B. der 1-[(3'-Lauroylaminobenzoyl)-amino]-benzol-2.4-disulfonsäure, die entsprechenden Oleoylverbb., die Di-Na-Salze der 1-[(3'-Oleoylaminocinnamoyl)-amino]-naphthalin-5.7-disulfonsäure u. 2-[(3'-Oleoylaminobenzol)-sulfonylamino]-naphthalin-5.7-disulfonsäure u. der [3'-Caprylоylaminobenzolsulfonylamino]-phthalsäure, Kondensationsprodd. des [3-Lauroylaminobenzolsulfonyl]-restes mit Protalbinsäure oder Lysalbinsäure, die Tri-Na-Salze mit organ. Basen aromat. Trisulfonsäuren, z. B. der 1-[(3'-Oleoylaminobenzoyl)-amino]-naphthalin-3.6.8-trisulfonsäure, die am Amidstickstoff durch Methyl- oder Äthergruppen substituierten vorgenannten Verbb., z. B. die Na-Salze der β-[(Oleoylmethylaminoacetyl)-methylamino]-äthan-α-sulfonsäure oder der entsprechenden Lauroylverb. u. der β-[(3-Oleoylaminobenzolsulfonyl)-methylamino]-äthansulfonsäure, das Na-Salz der γ-[(3-Oleoylaminobenzolsulfonyl)-methylamino]-β-oxypropansulfonsäure, der 1-[(Oleoylmethylamino)-acetylamino]-benzol-4-sulfonsäure, 3-[(3'-Lauroylaminobenzolsulfonyl)-amino]-phenyltrimethylammoniumchlorid, das Anlagerungsprod. von Pyridin an *N*-Chloracetylanilin-3-sulfonsäureundecylamid, N-Lauroyl-N'-dimethylaminoacetyl-m-phenylendiaminchlormethylat, die Chlorkohlensäureester höherer Alkohole, z. B. des Dodecylalkohols, das Na-Salz der β-[3-(Dodecylsulfonylamino)-benzoylamino]-äthansulfonsäure, der Dischwefelsäureester des Stearoyl-(palmitoyl)-metanilsäurediäthanolamids, das Reaktionsprod. von N-Lauroylanilin-3-sulfonsäure-β-oxäthylamid mit größeren Mengen Glycid oder Äthylenoxyd, das Na-Salz der N-Oleoylmetanilylmetanilylsulfanilsäure, das Tri-Na-Salz der 2-[3'-(3''-Oleoylaminobenzolsulfonylamino)-benzoylamino]-naphthalin-3.6.8-trisulfonsäure, das Di-Na-Salz der 2-[3'-(3''-Oleoylaminobenzolsulfonylamino)-benzolsulfonylamino]-8-oxynaphthalin-3.6-disulfonsäure, das Tri-Na-Salz der 2-[3'-(3''-Oleoylaminobenzoylamino)-benzoylamino]-naphthalin-4.6.8-trisulfonsäure, das Di-Na-Salz der 1.5-Bis-[3'-(3''-Oleoylaminobenzolsulfonylamino)-benzolsulfonylamino]-naphthalin-3.7-disulfonsäure u. der 4.4'-Bis-[3''-(3'''-Oleoylaminobenzolsulfonylamino)-benzolsulfonylamino]-diphenyl-2.2'-disulfonsäure. (**D. B. P. 900 808** Kl. 8o vom 17/6. 1934, ausg. 4/1. 1954.) Overbeck. 7913

Dow Chemical Co., übert. von: **Edgar C. Britton** und **Robert L. Brown,** Midland, Mich., V. St. A., *Propylenglykolmonoaryläthereater der Sulfobernsteinsäure* erhält man durch Veresterung der entsprechenden ungesätt. Säure (Fumar-, Maleinsäure) mit Propylenglykolmonoaryläthern der Formel HO—($CH_3C_2H_3O$)—R (R = Phenyl oder Cl-substituiertes Phenyl) nach A. P. 2 394 512. Die ungesätt. Ester werden durch Behandlung mit Alkalibisulfit bei 40—120° in die entsprechenden Estersalze übergeführt. — Beispiel: 38,4 (g) Bis-(propylenglykolphenyläther)-maleat, 22 $NaHSO_3$, 15 W. u. 100 cm³ Methanol werden 3 Std. auf 95—97° erhitzt; man erhält *Bis-(propylenglykolphenyläther)-Na-sulfosuccinat,* leicht gefärbte Paste, lösl. in W., Bzl., Toluol u. Isopropanol, gibt mit W. klare Lösungen. — *Bis-(propylenglykol-4-chlorphenyläther)-Na-sulfosuccinat* (I). — *Bis-(propylenglykol-2.4.6-trichlorphenyläther)-Na-sulfosuccinat.* — *Bis-(propylenglykol-2.4-dichlorphenyläther)-Na-sulfosuccinat.* — Verwendung als *Reinigungs-* u. *Emulgierungsmittel.* Die Alkalisalze sind säurebeständig u. in W. u. organ. Lösern löslich. (**A. P. 2 510 008** vom 1/4. 1948, ausg. 30/5. 1950.) Krauss. 7917

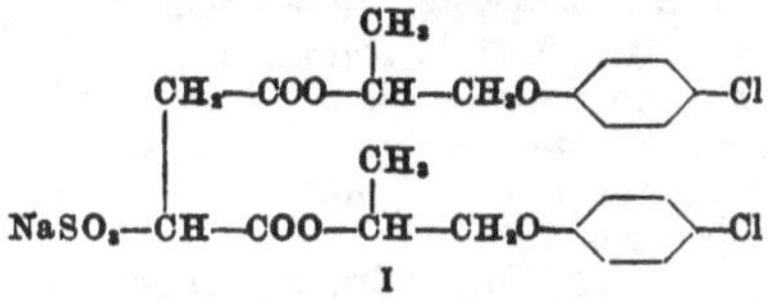

I

Hilda Goldschmidt geb. **Alexander** und **Élie Lantz,** Frankreich, *Reinigungsmittel* für Parkett, Ledersachen u. dgl., bestehend aus einer wss. Emulsion von Trichloräthylen, Borsäure, H_2O_2 (20% ig.), Spiritus u. als Emulgator Laurylalkoholsulfonat oder ein anderes Fettalkoholsulfonat. (**F. P. 56 685** vom 1/7.1947, ausg. 2/10. 1952. **Zusatz zu F. P. 946 678; C. 1950. I. 1925.**) Heyne. 7917

Mid-Continent Petroleum Corp., übert. von: **Warren L. Thompson, Robert W. Provine** und **John V. Lawson,** Tulsa, Okla., V. St. A., *Kerzenmasse.* Man härtet Paraffin durch Zusatz von 1 (%) mikrokrist. Wachs u. 5—21 einer eutekt. Mischung von 67 Palmitinsäure, 29 Stearinsäure u. 4 Ölsäure. (**A. P. 2 638 411** vom 8/10. 1945, ausg. 12/5. 1953.) Lüttgen. 7921

Wacker-Chemie G. m. b. H., München (Erfinder: **Siegfried Nitzsche** und **Ewald Pirson,** Burghausen), *Verbesserung von Wachsen, Paraffinen* u. Mischungen wachsartiger Stoffe, indem man diese mit kohlenwasserstoff-, bes. methyl- u./oder phenylsubstituierten monomeren oder polymeren siliciumorgan. Stoffen mischt, welche höhermol. Alkylreste, gegebenenfalls auch mit Ätherbindungen, an Si über eine O- oder eine OCO-Brücke gebunden enthalten; man erhält diese z. B. aus Alkylsiloxanöl, bei dem jedes zweite Si-Atom eine SiH-Gruppe besitzt, das mit Cetylalkohol 2 Std. auf 200 bis 250° erhitzt wird. Verwendung der Wachsmasse als Holzpolitur, Bohnerwachs, Imprägniermittel u. dergleichen. (**D. B. P. 897 158** Kl. 39b vom 19/8. 1951, ausg. 19/11. 1953.) Salzmann. 7925

M. W. Irodow und **P. W. Naumenko,** Hydrolyse von Fetten bei hohen Temperaturen. Moskau: Pischtschepromisdat. 1952. 3 Rbl. 15 Kop. [russ.]

XVIIIa. Holz. Cellulose. Zellstoff. Papier. Papierdruck. Celluloid. Linoleum.

Thomas Kosbahn, *Regeln und Messen in der Zellstoff- und Papierindustrie.* Es werden die Werte gezeigt, auf welche in der Papier- u. Zellstoffindustrie durch die Meß- u. Regeltechnik Ausbeuteerhöhungen, Qualitätsverbesserungen, Einsparungen von Arbeitskräften u. die Verhütung von Unfällen erreicht werden. (Papier **8.** 37—43. 5/2. 1954.) P. Eckert. 7950

W. A. Birjukow, *Trocknungsverhältnisse von Holz bei Anwendung dielektrischer und Konvektionserhitzung.* Bei dielektr. Trocknung läßt sich eine wesentliche Verbesserung des Materials erreichen, wenn die Eigenarten der verschied. Holzarten mehr berücksichtigt werden. Bes. Hölzer mit schlechter Feuchtigkeitsdurchlässigkeit erfordern eine schonendere Behandlung. Die Temp. im Inneren des zu trocknenden Materials soll nicht über 70° liegen, u. die relative Luftfeuchtigkeit in den Trockenkammern soll möglichst hoch (90—100%) sein. (Деревоперерабатывающая и Лесохимическая Промышленность [Holzverarb. holzchem. Ind.] **2.** Nr. 10. 3—7. Okt. 1953.) Ulmann. 7952

Wylva R. Carruthers und **R. H. Farmer,** *Extraktion von Baikiain aus „Rhodesian Teak".* Da in der Literatur Differenzen über die physikal. Daten der Aminosäure Baikiain (I) bestehen, wird die von den Vff. benutzte Gewinnungsmeth. angegeben. Sägemehl des Hartholzes „Rhodesian Teak" (*Baikiaea plurijuga*) wird zur Entfernung von Tanninen u. Phlobaphenen mit kaltem Aceton extrahiert. Nach Lufttrocknung erfolgt Kaltwasserextraktion. Lsg. wird eingedampft u. Rückstand mehrmals mit kochendem Methanol extrahiert. Bei Abkühlung krist. I aus. Kristalle werden durch Umkristallisation aus Methanol u. Methanol–Aceton gereinigt. Ausbeute 0,54% des Trockengewichts des Holzes. (Chem. and Ind. **1953**. 641. 27/6. Forest Prod. Res. Labor., Princes Risborough.) WERGIN. 7952

Josef Schurz, *Über die Textur der in Fucus vorkommenden Cellulose.* Eine Probe der Braunalge *Fucus serratus* (Sägetang) wurde mit verd. NaOH u. dann mit dest. W. gewaschen, getrocknet u. die so erhaltenen dünnen Häutchen senkrecht u. dann parallel zur Oberfläche (Zellwand) mit CuK_α (Ni-filtriert) durchstrahlt. Es wurden die Hauptinterferenzen der *Cellulose* (I) gefunden: A_1 (1 0 1) 6,04 Å; A_2 (1 0 $\bar{1}$) 5,42 Å u. A_4 (0 0 2) 3,97 Å. Demnach enthält diese Alge I, deren Kristalle in Übereinstimmung mit den anderen bisher untersuchten Zellwänden selektiv uniplanar sind. Alginsäureinterferenzen traten vermutlich wegen der alkal. Vorbehandlung nicht auf. (Naturwissenschaften **40**. 438. 1953. Oberbruch, Vereinigte Glanzstoff-Fabriken AG, Forschungsabt. V.) WILLENBERG. 7954

Joseph B. Heitman, *Chlordioxyderzeugung durch Reduktion von Natriumchlorat mit Schwefeldioxyd.* Verss. über das GRIESHEIM-Verf. der I. G. FARBENINDUSTRIE, bei dem ClO_2 aus $NaClO_3$ in H_2SO_4 mit SO_2 erzeugt wird. Die Herst. erfolgt in 3 Reaktoren mit Oberflächenkühlern bei ca. 40°. Als Konstruktionsmaterial sind nur keram. Stoffe, Hart-PVC, Polyvinylidenchlorid, Polytetrafluoräthylen, Polytrifluorchloräthylen u. ähnliche geeignet. Vf. verwendete 35%ig. statt 42%ig. H_2SO_4. Da der SO_2-Verbrauch ca. 50% höher als theoret. liegt, glaubt Vf., daß Rk. über Cl_2O verläuft u. dieses u. nicht Cl_2 als Nebenprod. entsteht. Wie Cl_2 reagiert es beim Nachw. mit KJ: $Cl_2O + H_2O + 4KJ \rightarrow 2J_2 + 2KCl + 2KOH$. Die Bldg. des ClO_2 erfolgt nach: $2NaClO_3 + 4SO_2 + 3H_2O \rightarrow Cl_2O + 2NaHSO_4 + 2H_2SO_4$ $-273,7$ kcal; $Cl_2O + 6NaClO_3 + 6H_2SO_4 \rightarrow 8ClO_2 + 3H_2O + 6NaHSO_4$ $+82,1$ kcal. (Tappi **36**. Nr. 9. 419. Sept. 1953, referiert nach Paper Mill News **76**. Nr. 49. 84–90. 5/12. 1953. Tacoma, Wash., Pennsylvania Salt Mfg. Co., Techn. Dep.) H. BECKER. 7956

Rudolf Haas, *Vergleichsprüfung von Kocherkitten.* Die Verss. haben gezeigt, daß nicht alle Kitte für Kocherausmauerungen gleich geeignet sind. Kräftig quellende Kitte wird man bei Kohlenstoffsteinen, schwächer quellende bei keram. Steinen bevorzugen. Bei den *Asplit*-Sorten wird die Qualität *CN* bes. geeignet sein, während die *Asplite A* u. *N* wegen ihrer Anfangsschrumpfung nur mit Vorsicht zu verwenden sind. Weitere Einzelheiten werden besprochen. (Papier **8**. 49–52. 5/2. 1954. Fachausschuß für Kocher beim Verein Zellcheming.) P. ECKERT. 7956

John S. Hart und **R. K. Strapp,** *Anpassen von Va-purge an die chemische Zellstoffherstellung mit üblicher Ausrüstung.* Ident. mit der C. **1954**. 2524 referierten Arbeit. (Pulp Paper Mag. Canada **54**. Nr. 8. 105–10. Juli 1953.) H. BECKER. 7956

H. B. Channon, *Bedeutung saurer Reduktionsmittel für die Kraftzellstoffbleiche.* Bei der Bleichung von Kraftzellstoffen erreicht man einen Punkt, bei dem es nicht mehr ratsam ist, den Weißgeh. durch eine oxydative Bleiche weiter zu erhöhen, da gleichzeitig eine Schädigung der Cellulose eintritt. Die Anwendung eines Reduktionsmittels, wie SO_2, stoppt die Oxydation ab u. verhindert so weitere Schädigungen. Bei richtiger Anwendung, bes. bei Einhaltung eines günstigen p_H-Bereiches zwischen 3 u. 5, wird eine Erhöhung des Weißgeh. u. eine hohe Stabilität der Farbe erzielt. Drei chem. Rkk. werden als möglich angesehen: 1. Überführung der Farbkomponenten in Leukobasen, 2. Veresterung der schwefeligen Säure mit den Farbstoffkörpern u. 3. die schwefelige Säure lagert sich an den Kohlenstoffdoppelbindungen der gefärbten Verbb. an. Bei diesen Rkk. werden lösl. bzw. stabile farblose Verbb. gebildet. Jedoch erfordern die Rkk. längere Zeiten, so daß noch während der Lagerung des Zellstoffs Weißgehaltssteigerungen eintreten; welche der drei Rkk. überwiegt, läßt sich noch nicht sagen. (Tappi **36**. Nr. 5. 198 A. 1953; referiert nach Papier **7**. L. 111. 15/12. 1953.) P. ECKERT. 7956

T. Hinohara und **R. Maematsu,** *Theoretische Untersuchungen des alkalischen Aufschlusses vom physikalisch-chemischen Standpunkt aus.* Unter Aufschluß kann man das Herauslösen von Nichtcellulosesubstanzen mit Hilfe von Alkali aus dem Holz verstehen. Es lassen sich 2 Lösetypen unterscheiden: der physiko-chem. Lösevorgang (**I**), der bes. bei niederen Tempp. vorherrscht, u. die mechan. Dispersion, die bei höheren Tempp. überwiegt. I beruht auf der Bldg. von Na-Salzen der festen Substanzen, die als Salze dann in Lsg. gehen können. Unter diesen Voraussetzungen lassen sich reaktionskinet. Gleichungen aufstellen, deren Umformung u. Auswertung zu errechenbaren Konstanten für die Na-Salzbldg. führt, die einer experimentellen Nachprüfung gut standhalten. (Tappi **36.** Nr. 1. 83. 1953; referiert nach Papier **7.** L 111. Japanese. 15/12. 1953.) P. ECKERT. 7958

T. Enkvist und **B. Alfredsson,** *Niedrigmolekulare, vom Lignin stammende Substanzen aus Ablaugen von Fichtesulfat und Natronkochungen.* (Vgl. C. **1953.** 1265.) Beim Versetzen von alkal. Schwarzlauge mit Mineralsäure verbleiben 6% der Holzsubstanz in Lösung. Unterss. der Extraktfraktionen (Ae., sek. Butanol, Aktivkohle) der sauren, klaren Ablaugenüberstände ergeben zu gleichen Teilen: 1. eine OCH_3-arme Fraktion, die schon bei 100° während des Aufschlusses in Lsg. geht u. deren UV-Spektr. von dem des Lignins (I) verschieden ist. 2. I-Abbauprodd. von nichtaromat. Charakter u. 3. dimere Phenylpropankörper neben geringen Mengen Vanillinsäure u. einfachen Methoxylketonen z. B. Acetoguajacon, die bei Aufschlußtempp. von 160—180° in Lsg. gehen. Erhitzt man das durch Ansäuern isolierte Sulfat- oder Natron-I mit NaOH-Lsg., so können je nach Stärke der Lauge 7—20% des I abgebaut werden. Die isolierten Prodd. sind etwa ident. mit denen der Fraktion 3 u. zeigen relativ scharfe Absorptionsmaxima. Zusatz von Na_2S ist ohne Einfl. auf die Depolymerisation. Durch 2-Stufen-Sulfataufschluß (100 u. 167°) mit nachfolgender alkal. Behandlung des isolierten I kann man 35% des Fichten-I in ätherlösl. Prodd. überführen. Es wird der Mechanismus dieser Rk. besprochen. (Tappi **36.** Nr. 5. 211. 1953; referiert nach Papier **7.** L. 111. 15/12. 1953.) P. ECKERT. 7958

Hilding Bergstrom, *Verunreinigung von Wasser und Luft durch Sulfat-Zellstofffabriken.* Das W. wird durch Kocher- u. Diffuseurkondensat mit H_2S, CH_3SH, Dimethylsulfid u. -disulfid verunreinigt. Diese Gase können in Reinigungstürmen mit Luft oder Dampf ausgetrieben werden. Verunreinigungen durch das Eindampfen der Schwarzlauge lassen sich durch ihre vorherige Oxydation verhindern. Die resinat- u. ölhaltigen Prodd. im W. aus den Diffuseuren u. von der Dest. des Tallöls sind für Fische stark giftig u. müssen in tiefem W. fein dispergiert werden. Die Luftverunreinigung kann durch Verbrennen der Abgase vermindert werden; es laufen aber auch Verss., aus den Abgasen Dimethylsulfoxyd als Lösungsm. herzustellen. (Pulp Paper Mag. Canada **54.** Nr. 12. 135—40. Nov. 1953. Stockholm, Apparat-A/B.) H. BECKER. 7960

A. I. Komarow und **N. G. Ssoljuss,** *Überleitung der Lauge und Anwendung von Säure erhöhter Stärke bei der Gewinnung von Viscosecellulose.* Die Vorteile der Laugenüberleitung im „Gegenstromprinzip" aus einem Kessel in einen anderen, wobei die Menge der Lauge nicht unter 35% der Gesamtflüssigkeitsmenge im Kessel betragen soll, u. eine Erhöhung der Stärke der Kochsäure bis auf 7% SO_2 der Gesamt-SO_2 werden in tabellar. Zusammenstellung von Versuchsbedingungen u. der dadurch beeinflußten Kochverhältnisse behandelt. Der Dampfverbrauch ließ sich bei der Kochung auf 15—18% erniedrigen, der Geh. der Kochsäure an organ. Stoffen u. Basen wurde geringer, bei gleichzeitiger Einschränkung des S-Verbrauches. (Бумажная Промышленность [Papier-Ind.] **28.** Nr. 8. 9—12. Aug. 1953. Priosjorsk, Cellulosefabrik.) ULMANN. 7960

George Jayme, Friedrich Branscheid und **Marianne Harders-Steinhäuser,** *Die Herstellung aschearmer Kunstfaserzellstoffe aus Gramineen. Der Aufschluß von Schilf, Phragmites Communis Trin.* Das Schilf wurde nach dem Sulfitverf. aufgeschlossen u. lieferte einen ungebleichten Stoff mit 3,4% Asche, die sich nach der Dreistufenbleiche Cl–Alkali–Hypochlorit auf 1,7% herabdrucken ließ. Ein derartiger Stoff läßt sich in der Kunstfaserindustrie nicht verwenden. Auf Grund mkr. Unterss. konnte festgestellt werden, daß der Stoff noch große Aggregate von auf der Cuticula festsitzenden verkieselten Epidermiszellen enthält. Bei der Heißveredlung konnte ein Stoff mit 0,075% SiO_2 erhalten werden. Der Sulfataufschluß ergibt einen Zellstoff mit 0,20% Asche, der Pentosangeh. ist jedoch recht hoch. Bei Vorschaltung einer sauren Hydrolyse vor den Sulfataufschluß gewinnt man einen sehr reinen Zellstoff mit 1,79% Pentosan, 0,13% Asche, davon 0,02% SiO_2. In den Epidermiszellen finden sich noch Kristalle eines Ca-Salzes, das zum größten Teil in Mineralsäuren lösl. ist u. auch während der Gewinnung entfernt wird. Der erhaltene Zellstoff ist chem. weiter verarbeitbar. (Papier **7.** 459—66. 15/12. 1953. Darmstadt, TH, Inst. für Cellulosechem. u. der Holzforschungsstelle.) P. ECKERT. 7962

Alfred Ogait, *Ausbeutefragen bei der Herstellung von Sulfitzellstoff.* Beim sauren Sulfitaufschluß besteht eine Tendenz zur linearen Abnahme der ligninfrei bzw. gebleicht gedachten Ausbeute mit dem Durchschnittspolymerisationsgrad (DP) des ungebleichten Zellstoffs, die als Grundlage für eine Meth. zur indirekten Ausbeutebest. dienen kann. Diese Feststellung ermöglicht die Best. der Ausbeuten von Betriebskochungen mit $CaHSO_3$ aus dem DP des ungebleichten Zellstoffs. (Papier **7.** 471—78. 15/12. 1953.) P. ECKERT. 7962

D. H. Wheeler, R. J. Foster und **A. P. Berry**, *Fraktionierung von Tallöl.* Allg. Ausführungen. (Amer. Paint J. **37**. Nr. 24. 62—72. 2/3. 1953. Minneapolis, Minn., General Mills, Inc., u. San Francisco, Calif., El Dorado Oil Works.) GRAF. 7966

Karl Borgin, *Untersuchung über die Acetylierungseignung von Cellulose mittels Messung der Lichtdurchgangsveränderung von Acetylierungsmischungen.* Die in einem Acetylierungs-(I)-Gemisch mit 40 g Essigsäureanhydrid, 80 g Methylenchlorid u. 0,2 g H_2SO_4 enthaltene Cellulose (**II**) quillt im Verlauf der **I** u. geht in Lösung. Die hierbei abnehmende Trübung wird photometr. über 120 Min. verfolgt u. als Maßstab der Acetylierungseignung (**III**) benutzt. Vf. zeigt, daß Baumwolle ungeeigneter als Holzzellstoff ist, u. daß die **III** wächst, wenn man die Ausgangssubstanzen mit heißem Alkali vorbehandelt bzw. gesteigerte Mengen H_2SO_4 als Katalysator zur Acetatvorbehandlung benutzt. In Holzzellstoff besitzen die langkettigen Fraktionen durch ihren Geh. an reaktionsfreudigen amorphen Hemi-**II** größere **III**, als kurzkettige Fraktionen, die aus reiner **II** bestehen. (Norsk Skogind. **7**. 210—15. Juli 1953. Borregaard, Cell. Deriv. Labor. A/S.) SPEYER. 7970

Walter Brecht und **Heinz Langer**, *Über die initiale Naßfestigkeit von Papierzellstoffen.* Mit der Unters. von 5 artverschied. Papierzellstoffen wird gezeigt, wie deren initiale Naßfestigkeit von der äußeren Formbeschaffenheit der Stoffe abhängt. Sowohl im ungemahlenen als auch im gemahlenen Zustand erweisen sich langfaserige Zellstoffe naßfester als kurzfaserige. (Papier **7**. 452—58. 15/12. 1953. Darmstadt, TH, Inst. für Papierfabrikation.) P. ECKERT. 7974

B. J. R. Carey, *Das Färben von Papierstoff.* Zum Anfärben des Papierstoffs werden lösl. saure, bas. u. substantive Farbstoffe sowie unlösl. Pigmente verwendet. Die Reihenfolge der Zugabe bei lösl. Farben ist: Harz, Farbstoff, Füllstoffe, Alaun; Pigmente werden vor dem Mahlen zugesetzt. Die Nomenklatur der Farbstoffe, ihr Auflösen u. Dispergieren, die Lagerung, der Einfl. des zu färbenden Papierstoffs, das Abtönen u. die Prüfung des Farbtons werden beschrieben. (Proc. techn. Sect., Brit. Paper Board Makers' Assoc. (Inc.) **34**. 311—28. Juni 1953.) H. BECKER. 7980

J. Bergström und **H. Knell**, *Der hydraulische Widerstand von Papiermaschinensieben.* In der Arbeit sind 19 Siebe verschied. Webart u. Nummer untersucht worden, um den zutreffenden Zusammenhang zwischen Siebdaten u. hydraul. Eigg. zu ermitteln. Eine mathemat. Berechnungsgrundlage wird gegeben. (Svensk Papperstidn. **57**. 1—8. 15/1. 1954. Zentrallabor. der schwed. Papierfabriken.) P. ECKERT. 7982

D. M. Fljate, *Über den Einfluß von Füllstoffen auf Festigkeit und Luftdurchlässigkeit von Papier.* Verss. zeigten, daß die Beschwerung eines Papieres mit der Verschlechterung der mechan. Festigkeit verbunden ist. Bei der Trocknung des Papierblattes schrumpft dieses; die Fasern werden einander so nahe gebracht, daß auch Adhäsionskräfte zur Wrkg. kommen. Bei Ggw. von Füllstoffen in den Capillaren schrumpft das Papier weniger; die Wrkg. der genannten Kräfte wird verringert. Mit Erhöhung des Füllstoffanteiles steigt auch die Luftdurchlässigkeit des Papieres. Das Papier trocknet schneller, u. es erhöht sich die Saugfähigkeit. (Бумажная Промышленность [Papier-Ind.] **25**. Nr. 2. 21—24. März/April 1950.) ECKE. 7984

Monie S. Hudson, Spartanburg, S. C., V. St. A., *Imprägnierung von Holz.* Die Imprägnierung des Holzes erfolgt, z. B. mit Cu- oder Zn-Naphthenat, Tri-, Tetra- oder Pentachlorphenol, 2.4-Dinitrochlorbenzol, Chlornaphthalin, Dinitrophenol, o-Nitrotoluol u. dgl., die in organ. Lösungsmitteln, wie Toluol, Xylol, Trichloräthylen, Perchloräthylen, Petroleumderivv., Naphtha u. dgl., gelöst sind. Das imprägnierte Holz wird dann von dem Überschuß des Lösungsm. an der Oberfläche u. in den äußeren Schichten des Holzes durch Erhitzen mit heißen Dämpfen des Lösungsm. in geschlossenen Behältern bei ca. 160° u. anschließende Vakuumbehandlung befreit, wobei Dampf- u. Vakuumbehandlung so oft wiederholt werden, bis das Lösungsm. im wesentlichen entfernt ist. (**A. P. 2 650 885** vom 23/6. 1950, ausg. 1/9. 1953.) KARST. 7953

Deutsche Gold- & Silberscheideanstalt vormals Roessler, Deutschland, *Konservierung von Holz.* Man verwendet wss. Lsgg. von Metallrhodaniden, bes. von $Zn(SNC)_2$ oder von $Hg(SNC)_2$ u. Alkalirhodanid. — Man löst z. B. 180 g $Hg(SNC)_2$ in 1800 cm^3 3,1 %ig. KSNC-Lsg. u. imprägniert damit das Holz unter Anwendung von Druck oder im Vakuum. (**F. P. 1 032 503** vom 15/2. 1951, ausg. 2/7. 1953. D. Prior. 12/5. 1950.) OPPERMANN. 7953

Deutsche Supraton G. m. b. H. (Erfinder: **Gustav Hübner**), Düsseldorf, *Herstellung von Zellstoffmassen,* bes. aus Holzabfällen. Der Rohstoff (Sägespäne, Äste, Zweige, Schilf) wird, gegebenenfalls nach Vorquellen, in fl. Medium (W. oder übliche Aufschluß-Fll.) zu feinsten Teilchen unter 100 μ (z. B. in Feinstdispergiermühlen) aufgeschlossen u. die M. innig zu einem verfilzungsfähigen Brei gemischt. Die Nichtcellulosestoffe können auch mit W. entfernt werden. Gleichzeitig können Harze mitaufgeschlossen oder beigemischte Zwischenprodd. von Kunstharzen, Farbstoffen durch die beim Mahlen erzeugte Hitze in die Endform übergeführt werden. (**D. B. P. 902 342** Kl. 55b vom 17/1. 1951, ausg. 21/1. 1954.) G. VOGEL. 7957

Imperial Chemical Industries Ltd., London, England, übert. von: **Charles H. Rigby,** Saltcoats, Schottland, *Überführung von faserförmigem celluloseglykolsaurem Natrium* (**I**) *in ein frei fließendes Pulver.* Man befeuchtet I mit einem wss. Alkohol [CH_3OH, A., $CH_3CH(OH)CH_3$] u. besprüht die Mischung unter ständiger Bewegung mit einer feinverteilten wss. Fl., z. B. einem Wassernebel, u. zwar so lange, bis das zugeführte W. genügt, um eine Gelatinierung auf der Oberfläche der Fasern einzuleiten, ohne die lockere Struktur der M. zu zerstören. Diese wird dann getrocknet u. zerkleinert, so daß sie sich leicht mit anderen pulverförmigen Stoffen mischen läßt. — Herst. von Reinigungsmitteln u. Nährpräparaten. (**Schwz. P. 291 802** vom 20/12. 1950, ausg. 1/10. 1953. **A. P. 2 607 772** vom 5/12. 1950, ausg. 19/8. 1952. Beide E. Prior. 21/12. 1949.) FABEL. 7971

Imperial Chemical Industries Ltd., London, England, übert. von: **Charles Herbert Rigby,** Saltcoats, Schottland, *Herstellung von pulverförmigem celluloseglykolsaurem Natrium* (**I**). Man befeuchtet faserförmiges I mit einem wss. Alkohol [CH_3OH, A., $CH_3CH(OH)CH_3$] u. führt es zwischen Walzen mit harter Oberfläche hindurch, so daß sich ein kontinuierliches Vlies bildet, in dem die Fasern angelatiniert sind. Dann trocknet man die M. u. zerkleinert sie. Vor der Walzenbehandlung kann I durch leichten Druck zu einem nassen Faserblatt verdichtet werden. — Verwendung in Reinigungsmitteln u. Nährpräparaten. (**E. P. 686 116** vom 9/2. 1950, ausg. 21/1. 1953. **Belg. P. 501 128** vom 8/2. 1951, ausg. 9/5. 1952. **Schwz. P. 292 075** vom 9/2. 1951, ausg. 16/10. 1953. Beide E. Prior. 9/2. 1950.) FABEL. 7971

Hercules Powder Co., übert. von: **Eleanor F. Horsey,** Wilmington, und **William Donald Thompson,** Hockessin, Del., V. St. A., *Leimen von Papierstoff für naßfeste Papiere.* 100 (Teile) gemahlenen Stoffes werden, z. B. im Holländer, mit einem Latex versetzt, der als disperse Phase 1—8, bes. 3, eines Mischpolymerisates aus 65—85, bes. 75—80, Styrol u. 15—35, bes. 20—25, Butadien enthält. Vor dem Fällen mit Alaun können noch 3 Harzleim zugesetzt werden. — 2 Diagramme. (**A. P. 2 650 163** vom 21/5. 1947, ausg. 25/8. 1953.) G. VOGEL. 7979

Portals Ltd., Laverstoke Mills und **John Knaggs,** Whitchurch, England, *Herstellung von Sicherheitspapier,* z. B. für *Banknoten.* Der nassen Papierbahn werden, bes. auf einem Rundsiebzylinder, durch injektionsnadelähnliche Spritzvorichtungen gefärbte oder ungefärbte Stoffe (Farbstoffe, Pigmente, Tinten, gefärbte Faserbruchstücke, Lsgg. von Methylmethacrylaten in Bzl., Nitrocellulose oder Celluloseacetat in organ., mit W. nicht mischbaren Lösungsmitteln, Harnstoff—CH_2O in W.) so einverleibt, daß durch Fällung, Kondensation oder Polymerisation der Stoffe, bes. in der Trockenpartie, im Innern des Papieres wasserunlösl. Kennzeichen (Linien, Muster usw.) entstehen. Die Zeichen können fluorescieren u. mit üblichen Wasserzeichen kombiniert werden. Zur Kontrolle des Verf. dienen β-Strahlen bzw. Photozellen. — Vorr., Zeichnung. (**E. P. 696 673** vom 29/9. 1949, 16/2. u. 28/9. 1950, ausg. 9/9. 1953.) G. VOGEL. 7983

Waxed-Papers Ltd., London (Erfinder: **Richard William Perfect**), England, *Herstellung von Verpackungspapier,* bes. für Konfekt. Gewachstes Papier wird mit einer transparenten Folie aus regenerierter Cellulose überzogen. Die Folie ist auf der Unterseite bedruckt. Das Wachs besteht aus einer Mischung von $^1/_4$—$^1/_3$ (Teilen) amorphen u./oder mikrokrist. Wachs u. $^3/_4$—$^2/_3$ reinen Paraffinwachs. Die Wachsmischung kann auch auf bereits mit Paraffinwachs imprägniertes Papier aufgetragen werden, das auf der Oberseite bedruckt sein kann. Die Verklebung der Schichten erfolgt durch Hitze. Das Prod. ist naßfest u. bes. berstfest. (**E. P. 696 472** vom 31/1. 1949, ausg. 2/9. 1953.) G. VOGEL. 7987

Jönköping & Vulcans Tändsticksfabriksaktiebolag, Jönköping, Schweden (Erfinder: **S. Nordin**), *Luft- und feuchtigkeitsdichte Verpackung.* Die Verpackung weist ein Gerippe aus einer Metallfolie (Al) auf, über der sich eine Hülle befindet, die ebenfalls aus der Metallfolie besteht u. nach außen mit einer Papierschicht, die mit Asphalt, Teer oder dgl. imprägniert ist. Diese Hülle u. das Gerippe sind miteinander mit einem bitumenhaltigen Bindemittel (Erweichungspunkt 30—40°) verklebt. (**Schwed. P. 137 665** vom 3/6. 1949, ausg. 14/10. 1952.) JÜRGEN SCHMIDT. 7993

Henri Palancade und **Marcel Duplan,** Bouches-du-Rhône, Frankreich, *Porenfüllung von Kork* mit einer Harnstoff- oder Thioharnstoff–CH_2O-Harzmischung, mit z. B.

5 (%) Katalysator, 25 Glycerin oder Glykol u. größeren Füllstoffmengen. Die gefüllte Oberfläche kann mit thermoplast. Harz oder Paraffin überzogen werden. (**F. P. 1 031 968** vom 2/2. 1951, ausg. 29/6. 1953.) PANKOW. 7999

W. Ss. Wassetschkin, Technologie der Extraktstoffe des Holzes. Moskau-Leningrad: Gosslessbumisdat. 1953. (427 S.) 11 Rbl. 20 Kop. [russ.]

XVIIIb. Textilfasern.

—, *Neue Entwicklungen in der Bleicherei und Reinigung.* Diskutiert werden die $NaClO_2$-Bleiche von Nylon, die Peroxyd- u. SO_2-Bleiche von Wolle. Neue Anlagen zum Carbonisieren der Wolle, die Entw. des Mercerisierens, die Entschlichtung mit Enzymen u. neue Textilhilfsmittel werden besprochen. (Textile Recorder **71.** Nr. 850. 73–76. Jan. 1954.) v. KÖNIG. 8026

F. Kroemer, *Phosphorsaure Salze und ihre Anwendung in der Textilbehandlung.* Es werden Ortho-, Pyro-, Poly- u. Metaphosphate beschrieben, die bes. in der Textilbehandlung verwendet werden. Die von solchen Phosphaten zu lösenden Aufgaben werden besprochen. (Reyon, Zellwolle andere Chemiefasern **32.** 3–4. Jan. 1954.) P. ECKERT. 8028

Nicolas L. Manzanares Bonnail, *Knitter- und schrumpfechte Textilien durch Behandlung mit Harnstoff- und Melaminharzen.* (Rev. Plásticos **4.** 346–50. Sept./Okt. 1953. Dep. de Plasticos, Juan de la Cierva.) SCHEIFELE. 8032

N. I. Oranski und **N. P. Swjagina,** *Ein Schutzüberzug auf Material für Netze auf Steinkohlenteerbasis.* Verss. über die Imprägnierung von Fischnetzen ergaben, daß *Steinkohlenteere* am wirksamsten waren, dann folgten *Masutphenole* u. *Anthracenöl.* Die Schutzwrkg. besteht in einer tiefgehenden Oxydation u. Polymerisation, die einen Schutzfilm auf dem Netzmaterial entstehen lassen. Pflanzliche *Gerbstoffe* u. *Anilindirektfarbstoffe* ergaben einen nur ungenügenden Schutz. Sie erforderten eine Deckschicht aus Teer. (Рыбное Хозяйство [Fischerei-Wirtsch.] **29.** Nr. 8. 51–56. Aug. 1953.) v. WILPERT. 8036

R. Hünlich, *Gewebe-Oberflächenveredlung durch elektrostatisches Auftragen von Textilfasern.* Beschreibung der Verff. zur Beflockung von Textilstoffen im elektrostat. Feld zur Herst. samtähnlicher Stoffe. — 4 Abbildungen. (Reyon, Zellwolle andere Chemiefasern **32.** 9–10. Jan. 1954.) P. ECKERT. 8040

George Susich, *Entkristallisierte Baumwolle.* In einer ausführlichen Arbeit bespricht der Vf. die Herst. sowie die Eigg. von entkrist. Baumwolle. Danach gelingt es, durch Quellung mittels niedrigmol. aliphat. Amine (Methyl-bis-heptylamin) die Querverbb. innerhalb der orientierten Faserbereiche der Baumwolle zu lösen u. so zu einer völlig amorphen Struktur zu gelangen. Da die Aminbehandlung der Baumwolle eine rein topochem. Rk. darstellt, wird die Fibrillenstruktur der Faser nicht geändert. Die auf diese Weise hergestellte entkrist. Baumwolle zeigt erhöhte Bruchdehnungsarbeit, gute Naßfestigkeit sowie verbesserte elast. Erholung. Unvorteilhaft sind die geringere Scheuerfestigkeit u. die vergrößerte permanente Verstreckung. — 16 Literaturhinweise. (Amer. Dyestuff Reporter **42.** 713–18. 26/10. 1953. Philadelphia, Pa., Textile and Leather Div., Quartermaster Res. and Development Labor.) H. G. FRÖHLICH. 8044

H. G. Smolens, *Wasserstoffperoxydbleiche von Textilien.* Eine ausführliche Diskussion wie in der C. **1953.** 3495 referierten Arbeit über die Kaltbleiche, Dampfbleiche u. das Weißwaschverf. für Wolle. (Amer. Dyestuff Reporter **42.** P 408—10. 22/6. 1953.) ZAHN. 8060

—, *Entwicklungen der Textilausrüstung.* 1. Mitt. *Einfluß der neuen Chemiefasern.* Betrachtung über die Eigg. der synthet. Fasern u. der regenerierten Proteinfasern. Besprochen werden u. a. die stat. Elektrizität, die Erweichungstemp., Festigkeit, Schrumpfung u. Quellung dieser Fasern, sowie die Verff. zur Fixierung von Nylon. (Textile Weekly **52.** 1980—86. 25/12. 1953. **53.** 36—38. 1/1. 1954.) A. v. KÖNIG. 8070

P. Duggan und **F. Fortess,** *Die Veredlung von Acetatgeweben mit Silicon-Harzen.* Inhaltlich ident. mit der in C. **1954.** 1626 referierten Arbeit. (Reyon, Zellwolle andere Chemiefasern **32.** 13—19. Jan. 1954.) P. ECKERT. 8076

Heinrich Zollinger, *Chemie vollsynthetischer Fasern.* Ausführungen an Hand der Literatur (21 Schrifttumsnachweise). Besprochen werden die verschied. vollsynthet. Fasern, bes. deren Chemismus (Strukturformeln) u. Eigenschaften. Erörtert werden Fragen der Orientierung unter Anführung von 2 Röntgendiagrammen der Polyacrylnitrilfaser. Ferner wird auf den Einfl. der Orientierung auf die Anfärbbarkeit der vollsynthet. Fasern eingegangen. (Chimia [Zürich] **7.** 222—30. 15/10. 1953. Basel, Univ.) P. ECKERT. 8080

J. F. Clark und **J. M. Preston,** *Thermoelastische Eigenschaften der synthetischen Fasern.* Ausgehend von einem Vgl. mit Kautschuk, bespricht Vf. die Beziehungen zwischen Spannung u. Temp. bei konstant bleibender Fadenlänge u. zwischen Länge u. Temp. bei konstanter Fadenbelastung. Die Meßmeth. u. ein Spezialapp. werden kurz beschrieben. Aus Kurvenbildern sind die für *Vinyon, Vinyon N, Nylon* u. *Terylene* erhaltenen Meßwerte zu ersehen, die Vff. zum Teil benutzen, um die innerenerget. Funktionen bzw. die Entropieverhältnisse aufzuzeichnen u. die Faserarten gütemäßig gegenüberzustellen. (J. Textile Inst., Trans. **44.** T 596—608. Dez. 1953. Manchester, Univ., Text. Chem. Dep., Coll. of Technol.) E. WAGNER. 8080

P.-A. Koch, *Bruchverdrehungsprüfung von Faserstoffen.* Beschrieben wird eine Zusatzeinrichtung zu dem vom Vf. entwickelten Garndrehungsprüfer, mit welchem die Verformungsfähigkeit von Faserstoffen geprüft werden kann. Mittels des Zusatzgerätes läßt sich der Quersprödigkeitswinkel αD von Fasern bzw. Einzelfäden ermitteln. Auch zum Nachw. chem. geschädigter Fasern ist das Gerät brauchbar. — Abbildung. (Reyon, Zellwolle andere Chemiefasern **31.** 538. Sept. 1953.) P. ECKERT. 8096

Joel Lindberg, *Beziehungen zwischen verschiedenen Parametern einer Belastungs-Dehnungs-Kurve.* Das zugelast. Verh. von 90 Wollhaaren wurde im Instrou gemessen u. aus den Kurven die Steigung im HOOKschen Bereich (trocken u. feucht), die Kraft für eine Dehnung von 20% u. die zugehörige Energie berechnet. Die statist. Auswertung ergab, daß die Steigung im HOOKschen Bereich sowie $Kraft_{20\%}$ unabhängige Parameter sind, während die Dehnungenergie (20%) von diesen beiden abhängt. (Textile Res. J. **23.** 683—88. Okt. 1953. Gothenburg, Schweden, Inst. Angew. Textilforsch.) ZAHN. 8108

Nicolas Salkind, Belgien, *Reinigen von Textilfasern, Glas- oder Metallfäden* in einem Bad, das ein in W. unlösl. Emulgiermittel (I) u. eine I dispergierende wasserlösl. Verb. (II) enthält. I ist z. B. ein Alkylphenol- oder Alkylmercaptanpolyäthoxyäther, etwa in Mengen von 10—70%; II ist z. B. ein gleicher Äther mit so viel Äthenoxygruppen, daß er wasserlösl. ist, etwa in Mengen von 90—30%. Beide zusammen werden in einer Menge von 0,3—0,5‰ des Badgewichtes angewandt. (**F. P. 1 035 170** vom 6/4. 1951, ausg. 18/8. 1953.) PANKOW. 8027

Hoffmanns Stärkefabriken Akt.-Ges. (Erfinder: **Robert Krecke**), Bad Salzuflen, Lippe, *Glanzstärke für die Wäscheplätterei.* Man versetzt wss. Gemische aus Rohstärke (I) u. $MgSO_4$ (II) mit ca. 10% des I-Anteiles an vorgekochter I; zweckmäßig vermischt man den vorgekochten I-Anteil in vorsichtig getrockneter Pulverform mit der I u. dem II u. löst das Gemisch nach Bedarf vor dem Gebrauch in Wasser. Mit diesem Präp. gestärkte Kragen erhalten einen schönen Glanz u. werden genügend steif, die Gewebelagen haften zusammen u. es findet kein Kleben am Bügeleisen statt. (**D. P. [DDR] 1 079** Kl. 8k vom 5/10. 1939, ausg. 22/6. 1952 [Ausschließungspatent].) RAETZ. 8029

Ciba Akt.-Ges., Basel (Erfinder: **Otto Albrecht,** Neue Welt, **Richard Sallmann,** Gelterkinden, und **Charles Gränacher,** Riehen, Basel), Schweiz, *Carbonsäureamid-Derivate,* die als Netz-, Schaum-, Dispergier-, Weichmachungs- u. *Textilhilfsmittel* dienen, entstehen aus tert. Aminen, die eine OH-Gruppe enthalten, durch Rk. mit CH_2O u. Carbonsäureamiden oder mit deren N-Methylolderivaten. — Kondensationsprodd. aus Ölsäure-, Stearinsäure-, Cocosfettsäureamid mit CHO_2 bzw. Paraformaldehyd u. Triäthanolamin bzw. Triäthanolamintrioxyäthyläther in Ggw. von Na_2CO_3 oder Eisessig. (**D. B. P. 895 602** Kl. 12q vom 18/3. 1944, ausg. 5/11. 1953. Schwz. Priorr. 8/4., 22/4. 1943 u. 17/2. 1944. **Zusatz zu D. B. P. 876 096; C. 1954. 226.**) LANGER. 8029

Monsanto Chemical Co., St. Louis, Mo., übert. von: **Donald H. Powers,** Winchester, Mass., V. St. A., *Maschenfeste und füllende Avivage für Garne und Gewebe,* bestehend aus einer wss. Lsg. mit einem Geh. von 0,5—30 (%) koll. SiO_2 u. 1—20 Polyalkohol, z. B. Glycerin, Diäthylenglykol oder Sorbit. Die Lsg. wird auf p_H 7—10 eingestellt. (**A. P. 2 635 056** vom 3/1. 1947, ausg. 14/4. 1953.) MÖLLERING. 8033

General Electric Co., N. Y., übert. von: **Thomas J. Rasmussen,** Schenectady N. Y., V. St. A., *Bügelhilfe,* bes. für *Stärkewäsche,* bestehend aus einem mit fl. Methylpolysiloxanen (I) imprägnierten Stoff, bes. aus Asbest. Das hieraufabgestellte Bügeleisen nimmt einen dünnen Film von I an, der das Ankleben von Stärke verhindert. Ein Asbestgewebe, das mit 20% I imprägniert ist, zeigt eine Gebrauchsdauer von 9 Monaten. Als I geeignet sind Verbb., die 1,95—2,5 CH_3-Reste je 1 Si-Atom enthalten. (**A. P. 2 635 040** vom 19/4. 1949, ausg. 14/4. 1953.) MÖLLERING. 8033

Vilhelm Krause, Hellerup, Dänemark, *Imprägnieren von Geweben.* Man imprägniert Gewebe mit einer Celluloseesterlsg. u. fixiert diese anschließend mit einer Fl., die in allen Verhältnissen mit dem Lösungsm. für den angewendeten Ester mischbar ist, aber den Ester selbst nicht löst u. wesentlich tiefer sd. als das Lösungsm. für den Ester. Als Fixierungs-Fl. dient z. B. W. bei ca. 30—50°; als Lösungsm. für den Celluloseester (Nitrocellulose) verwendet man ein Gemisch aus 50 (Teilen) Aceton, 15 Sprit, 5 Xylol u. 30 Nitrocellulose. (**Dän. P. 74 698** vom 25/8. 1949, ausg. 15/9. 1952.) JÜRGEN SCHMIDT. 8037

Dynamit-Akt.-Ges. vormals Alfred Nobel u. Co., Deutschland, *Wasserfestmachen von Textilien.* Man bedeckt sie mit einer Lsg. oder Dispersion oder bestäubt sie mit der geschmolzenen M. von Acylderivv. aliphat. Amine mit mindestens 12 C-Atomen (z. B. Stearoylheptadecylamid, $C_{17}H_{35}\cdot CO\cdot NH\cdot C_{17}H_{35}$). Man kann auch Heptadecylphthalimid verwenden. Dann erhitzt man die Textilien auf eine über dem F. des Imprägnierungsmittels gelegene Temperatur. (**F. P. 1 039 773** vom 11/7. 1951, ausg. 9/10. 1953. D. Prior. 26/10. 1950.) OPPERMANN. 8037

Dow Chemical Co., Midland, übert. von: **Frederick J. Meyer,** Freeland, Mich., V. St. A., *Kupferdiamminpentachlorphenolat,* F. 203,8—210°. Man löst Pentachlorphenol in NaOH u. setzt es mit einem in W. lösl. Cu-Salz um, z. B. mit $CuSO_4$. Das erhaltene *Kupferpentachlorphenolat* wird mit NH_3 in Ggw. von Isopropanol umgesetzt. — Mittel zur *Imprägnierung* von *Textilien* u. Holz zur Verhinderung von *Meltau* u. *Fäulnis.* (**A. P. 2 651 648** vom 12/7. 1950, ausg. 8/9. 1953.) FABEL. 8037

Norman Evans & Rais Ltd., England, *Entfernen der Wolle von Schafhäuten* durch Lösen der Haut mittels Enzymen, wie Proteasen aerober sporenbildender Bakterien, des Bacillus subtilis (Bacillus mesentericus), die die Wolle ganz oder fast ganz unverändert lassen. — Man hält die Hautteile bei 65—70° 2—4 Std., bis sich das Kollagen löst, gibt bei 40° in einem anderen Behälter Protease zu, hält 40—48 Std. bei p_H 5—9 u. entfernt die Wolle. (**F. P. 1 033 235** vom 28/2. 1951, ausg. 9/7. 1953.) PANKOW. 8061

Ciba Soc. An., Schweiz (Erfinder: **Linton Avery Fluck** und **John Edward Lynn**), *Filz- und Krumpffestmachen von Wolle und Wolle enthaltenden Geweben.* Man behandelt die Gewebe mit einer wss. koll. Lsg. eines positiv geladenen Kondensationsprod. von CH_2O u. Melamin u. einer gesätt. aliphat. in W. lösl. Monocarbonsäure mit einer Dissoziationskonstanten von $1{,}4\cdot 10^{-5}$ bis $2{,}5\cdot 10^{-4}$ (z. B. Essig-, Ameisen-, Glykolsäure). Dann erhitzt man die imprägnierten Gewebe auf 107°. Als Kondensationsprodd. werden genannt: Dimethylolmelaminpolymerisat, Trimethylolmelaminpolymerisat u. methyliertes, polymerisiertes Trimethylolmelamin. (**F. P. 1 029 631** vom 13/11. 1950, ausg. 4/6. 1953. A. Prior. 14/11. 1949.) OPPERMANN. 8061

Beaunit Mills, Inc., New York, N. Y., V. St. A., *Gewinnung von d-weinsauren Salzen und von Cu-Salzen aus den sauren u. alkalischen Abwässern,* welche bei der Herst. von Regeneratcelluloseprodd. aus Kupfer–Ammoniak–Celluloseprodd. anfallen. Die Tartrationen werden gleichzeitig mit den Cu-Ionen durch Neutralisation der Abfall-Lsgg., so wie sie im Celluloseregeneratverf. anfallen, als unlösl. Salze ausgefällt. Der bas. $CuSO_4$–Tartrat-Nd. wird zur Herst. von Cu–NH_3-Spinnlsgg. wiederverwendet. (**Oe. P. 176 630** vom 19/8. 1947, ausg. 10/11. 1953. A. Prior. 8/8. 1946.) M. F. MÜLLER. 8075

Oscar Kohorn & Co. Ltd., New York, übert. von: **Reginald A. Morse,** Scarsdale, N. Y., V. St. A., *Matte Kunstseide.* 65 (%) TiO_2 werden mit 35 Viscose (I) zu einem steifen Teig angerührt, die M. mit weiterer I verd., bis ein fließender Brei entsteht, u. dieser in der Spinnlsg. gleichmäßig verteilt. — Zeichnung. (**A. P. 2 598 066** vom 7/11. 1947, ausg. 27/5. 1952.) SALZMANN. 8075

Chemische Fabrik Stockhausen & Cie. (Erfinder: **Georg Strauch**), Krefeld, *Quellfestmachen von Kunstseidefasern.* Die im Hauptpatent beschriebene Ausrüstung mit Pentaerythrose (I) oder Kondensaten aus Acet- u. Formaldehyd mit einem erheblichen Geh. an I erfolgt nunmehr in Ggw. von Verbb., die mit I reagieren, z. B. Melamin, Anilin, Dicyandiamid, Polyalkoholen, Polyvinylalkohol (II). — Kunstseiden-Futterstoff wird mit einer Lsg. behandelt, die 4 (%) Kondensat aus I u. II, 2 $ZrOCl_2$ u. 1 Na-Acetat enthält. Nach der Imprägnierung wird die Kondensation bei 90—100° in der Hänge durchgeführt. (**D. B. P. 900 806** Kl. 8k vom 14/3. 1943, ausg. 4/1. 1954. **Zusatz zu D. B. P. 864 850; C. 1953. 8250.**) MÖLLERING. 8075

Zschimmer & Schwarz, Chemische Fabrik Dölau (Erfinder: **Walter Brennecke** und **Richard Huttenlocher**), Greiz, *Mittel zum Präparieren künstlicher Spinnfasern.* Verwendung der Verseifungsprodd. von Oxydationsprodd. mit einer VZ. von 25—100, die aus über 65° schmelzenden Paraffin–KW-stoffen gewonnen worden sind. (**D. R. P. 764 971** Kl. 29b vom 21/11. 1942, ausg. 7/12. 1953.) SALZMANN. 8075

Dow Chemical Co., Midland, Mich., übert. von: **George W. Stanton,** Walnut Creek, **Theodore B. Lefferdink,** Concord, und **Clyde W. Davis,** Antioch, Calif., V. St. A.,

Herstellung von Polyacrylnitril und spinnfähigen Lösungen hiervon. Monomeren-Gemische aus mindestens 85% Acrylnitril u. anderen äthylen. ungesätt. Verbb. werden, gelöst in wss. Salz-Lsgg. mit mindestens 55% Salzgeh., von denen 5—25% zu Salzen gehören, deren konz. Lsg. das Polymerisat nicht lösen würden, polymerisiert. Als lyotrope Salze, deren konz. Lsgg. das Polymerisat lösen, sind angeführt Thiocyanate von $NH_4^{\cdot}$, $Cd^{\cdot}$, $Al^{\cdot\cdot\cdot}$, Jodide von $Na^{\cdot}$ u. $Ba^{\cdot}$, Bromide von $Ca^{\cdot\cdot}$, $Li^{\cdot}$ u. $Mg^{\cdot\cdot}$, Chloride von $Ga^{\cdot\cdot\cdot}$, $Sb^{\cdot\cdot\cdot}$, $In^{\cdot\cdot}$, $Tl^{\cdot\cdot\cdot}$ u. $Sn^{\cdot\cdot\cdot\cdot}$ sowie Nitrate von $Zn^{\cdot\cdot}$, $Ag^{\cdot}$, $Ni^{\cdot\cdot}$, $Co^{\cdot\cdot}$ u. $Mn^{\cdot\cdot}$. In einer Tabelle sind die Viscositäten der Polymerisate angegeben, die bei 30—50° mit Lsgg. von Salzgemischen aus $ZnCl_2$ u. $CaCl_2$ bzw. $MgCl_2$ erhalten sind. — Nach A. P. 2 648 648 sind die erhaltenen Polymerisat-Lsgg. wegen ihrer niedrigen Viscosität zum Spinnen in Koagulationsbäder geeignet, wobei 5—30% organ. Peptisierungsmittel, wie Dimethylformamid, Phenol, Toluolsulfamid, Thymol, zugesetzt werden. — Nach A. P. 2 648 649 eignen sich die obengenannten Salzgemische als preiswerte und nicht flüchtige Weichmachungsmittel für die Polymerisate, die zu (Verpackungs-) Filmen oder Gegenständen geformt werden, die bestimmungsgemäß nicht mit wesentlichen Mengen W. in Berührung kommen. In einer Tabelle sind die Plastizitäts-Eigg. für ein Polymerisat angegeben, das mit wechselnden Mengen von Salzgemisch (6—30%) u. W. (1—40%) gefüllt bzw. weichgemacht ist. (**A. PP. 2 648 647, 2 648 648** u. **2 648 649** vom 28/5. 1951, ausg. 11/8. 1953.) Mölleринg. 8081

Courtaulds Ltd., England, *Herstellung von Kunstfäden* aus einer Polydienlsg. mit Hydroperoxyd als Katalysator, die in ein Bad gesponnen wird, das SO_2 u. wenigstens 5 Gew.-%, bes. wenigstens 20 Gew.-% des Polybutadien-Lösungsm., enthält. Eine 5%ig. Kautschuk–Toluol-Lsg. mit 10% Tetralinperoxyd wird in ein Bad von —5° aus einer Äthanol–Toluol- (70:30 Vol.) Mischung mit 350 g/Liter SO_2 gesponnen. (**F. P. 1 034 066** vom 16/3. 1951, ausg. 17/7. 1953. E. Prior. 17/3. 1950.) Pankow. 8081

Arnold, Hoffman & Co., Inc., übert. von: **William O. Ney jr.,** Providence, **William R. Nummy,** Warren, und **Carl E. Barnes,** Gluocester, R. I., V. St. A., *Polymere des Pyrrolidon* (I) der Formel —(—NH—CH_2—CH_2CH_2—C(=O)—$)_x$— (x = unbestimmt) erhält man durch Erhitzen von I als eine hornige, thermoplast. M. mit F. 250—260°, die in W. u. Lösungsmitteln unlösl. ist, geformt bearbeitet werden kann u. bes. durch Ziehen in der Kälte zu (färbbaren) *Fäden* versponnen wird. — Zu 100 (Teilen) I setzt man 25 KOH als Kügelchen, dest. 10 W. bei 90—100° u. 0,5—10 mm Hg ab u. erwärmt 6 Std. auf 160°. Nicht umgesetztes I wird unter Vakuum abdest. u. KOH mit W. ausgewaschen. (**A. P. 2 638 463** vom 7/12. 1951, ausg. 12/5. 1953.) Möllering. 8081

Baldwin-Hill Co., Trenton, N. J., übert. von: **Leonard John Minnick,** Cheltenham, Pa., V. St. A., *Herstellung von Mineralwolle.* In einem Kupolofen wird unter Verwendung geeigneter Ausgangsstoffe (I) unter Zusatz von Glaukonit von einer 100 μ nicht übersteigenden Teilchengröße eine Schmelze von der Zus. 30 bis 50 (%) SiO_2, 0—20 Al_2O_3, 0—35 Fe_2O_3, 10—45 CaO u. 0—25 HgO erzeugt, die dann zu Mineralwolle verblasen wird. Als I kommen Schlacken verschied. Art in Verb. mit Sand in Frage. (**A. P. 2 576 312** vom 16/8. 1948, ausg. 27/11. 1951.) Hans Hoffmann. 8083

Karl Schams, Handbuch der Weberei, Färberei und Ausrüstung. Bd. 2. Leipzig: Fachbuchverl. 1953. 2. Güteprüfungen für Faserstoffe und Gespinste. (VII + 270 S. m. 353 Bild.) DM 15,—.

XIX. Brennstoffe. Erdöl. Mineralöle.

Umeka Kitazaki, *Die Struktur der Steinkohle.* Die *Steinkohle* (I) nimmt eine bestimmte Stufe in der Entw. der aromat. Struktur der C-haltigen Substanz vom Torf bis zum Graphit ein. Die Ergebnisse der Röntgeninterferenz- bzw. Beugungsverss. u. der thermochem. Analyse sowie der Adsorptionsverss. mit verschied. Lösungsmitteln führten zu folgender Vorstellung: In der I sind als kristalline Gebiete die aromat. C-Ringe, an die sich in der Peripherie die KW-stoffe als nicht-krist. Bereich anschließen. Der Grad der Inkohlung ergibt sich aus dem Verhältnis der beiden Bereiche, der zugleich das Verhältnis des fixen C zum flüchtigen Anteil bestimmt. Die Zus. ist daher verwickelter in den minderwertigeren Kohlen als in den C-reichen. 3 Elementarvorgänge beim Erhitzen: Verdampfung der Feuchtigkeit, therm. Zers. der KW-stoffe u. aromat. Kondensation mit H-Verlust. Die Verkokungseigg. erscheinen in der 2. Phase, in der vor allem die Mikro-Brown-Bewegung (MBB) sich abspielt (im Gegensatz zur erstarrten Makro-Brown-Bewegung). Die MBB spielt sich bei gut kokenden Kohlen in einem engen Temperaturbereich ab, es kommt zum Schmelzen. Bei C-armen Kohlen ist dieser Temperaturbereich weit, so daß Schmelzen u. Kontraktion in völliger Unordnung ineinandergreifen. (J. geol. Soc. Japan **59.** 241—55. Juni 1953. Shihara Science Inst. [Orig.: japan.; Auszug: engl.]) Schuler. 8126

Wataru Hunasaka, Shigeru Kajiyama und **Sohei Suga,** *Neuere Untersuchungen über Kohlenchemie.* 1. Mitt. Übersicht über die nicht-japan. Veröffentlichungen über *Kohlenchemie* 1946—1950, betreffend Inkohlung, Mikroskop. Unterss., Physikal. Eigg., Physikochem. Unterss. u. Extraktion mit Lösungsmitteln. — 105 Literaturangaben. (J. Fuel Soc. Japan [Nenryo Kyokwai Shi] Sect. 2. **32.** 72—80. Febr. 1953. Kyoto Univ., Kanezawa Univ. [Orig.: japan.; Auszug: engl.]) SCHULER. 8126

W. Muschenborn, *Neue Untersuchungen über die Herstellung von Feinkohlen und besonders von Schlämmen.* Es werden Verss. durchgeführt mit 2 Schlämmen (flüchtige Bestandteile für trockene Reinkohle: 22 u. 34,4%, Asche für Trockenkohle: 20 u. 77,1%), die mit Heizöl (3 u. 10%, auf Trockenschlamm berechnet) behandelt wurden. Die Körnungen der Schlämme lagen zwischen 1 mm (14,7 u. 1,6%) u. unter 0,06 mm (10,4 u. 46,4%). Die aus den entsprechenden Schlämmen erhaltenen Kohlen hatten folgende Werte: Asche 7,9 u. 8,2%, W. 7 u. 11%. Die abgetrennten Mineralprodd. enthielten (für Trockenkohle) 87 u. 91% Asche. (Ann. Mines Belgique **51.** 617—19. Sept. 1952. Essen.) BOYE. 8134

S. Rosiński, *Chemische Behandlung von Torf.* Überblick über verschied. Ofentypen für die Torfverschwelung, Eigg. u. Verwendung der Schwelprodd. u. neuere russ. Vorschläge zur Torfvergasung. (Przemysł chem. **9** (**32**). 245—52. Mai 1953.) R. K. MÜLLER. 8140

G. E. Hall und **G. W. Lee,** *Das Mischen von Kohlen für die Verkokung. Unter besonderer Bezugnahme auf den Koksofenbetrieb.* Für Verkokung bestimmte Kohlen sollen gemischt werden, um die Vorräte an gut verkokenden Kohlen zu schonen, die Koksbeschaffenheit zu verbessern, den Gasdruck in den Koksöfen besser zu regeln, den S- u. Aschengeh. des Kokses nicht über ein gewisses Ausmaß zu steigern u. die Gasausbeute zu steuern. (Gas Wld. **137.** 1391—95. 23/5. 1953. Brit. Coke Research Assoc.) STEINER. 8142

Ernest Smith, F. S. Townend, A. Parker, C. Johnson, C. W. M. Rogers, H. D. Greenwood und **R. Biddulph Smith,** *Das Mischen von Kokskohlen im Hinblick auf die Koksofenpraxis.* Diskussion zur vorst. referierten Arbeit. (Gas Wld. **137.** 1666—1670. 13/6. 1953.) ROSENDAHL. 8142

Howard R. Batchelder, Robert M. Busche und **Willard P. Armstrong,** *Kinetik der Kohle-Vergasung.* Fußend auf dem Stand der Technik des Mechanismus der Kohlevergasung hinsichtlich der Reaktionsgeschwindigkeit u. des Wärmeüberganges entwickeln Vff. Gleichungen, die die kinet. Reaktionsänderungen der Kohle in einer Wasserdampfatmosphäre u. unter Einw. von O_2 höheren Reinheitsgrades ausdrücken. Eine allg. Diffusionsgleichung bringt die Wrkg. der Kohlegröße, der Temp. u. der chem. Reaktionsgeschwindigkeit in Anschlag. Thermodynam. Gleichungen drücken die Veränderungen der Gas-Zus. bei der Erreichung des Gleichgewichts bei der Wassergas-Rk. u. bei Oxydation des CO u. H aus. Acht lineare Differentialgleichungen erster Ordnung sind aufgestellt für die Unbekannten: Wasserdampf, H_2, O_2, CO, CO_2, Kohle, Teilchentemp. u. Gastemp., die damit gleichzeitig gelöst werden können, wobei die RUNGE-KUTTA-Meth. der numer. Integrierung bei der Lösung von kombinierten Gleichungen mit Hilfe eines Richtwertberechners benutzt wird. Die Kalkulationsmeth. wird bei der systemat. Berechnung einer Reihe von Fällen benutzt bei veränderlichen O_2-Kohle- u. Wasserdampf-Kohle Einlaßverhältnissen. Daraus bestimmen Vff. die zeitlichen Veränderungen bei der Kohleumwandlung u. der Gaszusammensetzung. Die Resultate sind graph. dargestellt u. zeigen die Wrkg. des O_2-Kohle- u. Wasserdampfverhältnisses auf die Endausbeuten. Ein Vergleich zwischen den berechneten Ergebnissen u. denen aus einer Versuchsanlage für Kohlevergasung ergab eine gute Übereinstimmung, wenn man die Streuungen der experimentell ermittelten Werte berücksichtigt. Schlußfolgerungen auf Basis der berechneten Ergebnisse im Hinblick auf die Auswrkg. der Variablen bei der Vergasung werden von den Vff. gebracht zusammen mit einer Anwendungsmeth. dieser Berechnungen als ein Werkzeug zur Erforschung der Kinetik des Vergasungsprozesses. — Zahlreiche Literaturhinweise. (Ind. Engng. Chem. **45.** 1856—79. Sept. 1953. Louisiana, Mol., U. S. Bureau of Mines, u. St. Louis, Mo., Washington University.) K. O. MÜLLER. 8148

R. Dolique, *Über die gegenwärtige Verschlimmerung der Stadtgastoxizität.* An Hand von 4 ausführlich beschriebenen Fällen von Unfallvergiftung durch Leuchtgas, die eindeutig auf zu hohen CO-Geh. des Gases zurückzuführen waren, weist Vf. auf die Gefahr hin, mit der die zeitweilige Erhöhung des CO-Anteiles des Leuchtgases auf weit über 15% (bis 22%) verbunden ist. Einhaltung der Höchstgrenze von 15% wird gefordert. (Trav. Soc. Pharmac. Montpellier **11.** 34—46. 5/3. 1951. Montpellier, Fac. de Pharm., Labor. de Chim. minérale et de Pharm. ind.) KRUSEN. 8156

B. Richardson, *Verdampfte Flüssigkeiten aus Anlagen für carburiertes Wassergas.* Die aus dem Gas abgeschiedenen Kondensate sind im allg. gelblich-opalisierende oder gelbbraun schillernde Fll., die Koksasche u. Öl suspendiert enthalten. Ammoniak liegt vor als Sulfat, Thiosulfat u. Chlorid, Ca als Sulfat u. Chlorid. Neben geringen Mengen von Öl konnten Phenole, Naphthalin u. geringe Mengen eines rotbraunen Harzes abgeschieden werden. Das Harz war unlösl. in Bzl., Toluol u. PAe., doch leicht lösl. in A. u. NaOH. Es scheint sich um ein Polymerisationserzeugnis mit einem geringen Geh. an N zu handeln. Das Naphthalin macht ca. 7—8% des Teeres aus. Cyanide, Thiocyanate u. Sulfide konnten im Kondensat nicht nachgewiesen werden. Vf. bemerkt, daß bei guter Trennung von Teer u. wss. Kondensat niemals irgendwelche Beanstandungen betreffs des Abwassers einer solchen Anlage auftauchen werden. (Gas J. **274** (**105**). 854. 861. 24/6. 1953. Northern Gas Bord.) ROSENDAHL. 8158

Walter Klempt, *Gewinnung von Blausäure und Cyaniden aus Koksofengas.* Die steigende techn. Bedeutung der *HCN* läßt ihre Gewinnung aus Koksofengasen in konz. Form zu, doch muß sie bereits in angereichertem Zustand vorliegen, wie z. B. in den Faulgasschwaden der K_2CO_3-Druckentschweflung oder in den Abgasen des Entsäurers oder in den Abgasen des Sättigers beim indirekten Verf. (vgl. D.R.P. **744971**; C. **1944**. II. 190, KLEMPT, C. **1951**. II. 917). Es wird eine großtechn. Anlage der KOPPERS CO. in Kearny, N. J., beschrieben, die von einem Rohgas von 0,13% ausgehend, nach Beseitigung von H_2S u. CO_2 eine 2%ig. Lsg., durch Abtreiben ein 50%ig. u. durch Anreicherung ein 98,5%ig. HCN-Gas liefert, das, durch Abkühlung verflüssigt u. mit 0,1% H_3PO_4 stabilisiert, mit wss. NaOH unter Vorkehrungen zur Vermeidung einer Polymerisation eine 28—35%ig. NaCN-Lsg. liefert. (Chemie-Ing.-Techn. **25**. 18—21. Jan. 1953. Dortmund-Eving, Ges. für Kohlentechnik.) STEINER. 8172

A. K. Sarkar, *Elektronenmikroskopische Untersuchungen über die kolloide Struktur von Kohlenteeren.* Verschied. Dispersionen von Teeren in Nitrobenzol (1 Vol-%) wurden elektronenmkr. untersucht. Aus den wiedergegebenen Aufnahmen kann man erkennen, daß beim Koksofenteer die Teilchen oder Micellen verhältnismäßig groß sind, daß aber ihre Anhäufung je Raumeinheit sehr klein ist. Teere aus senkrechten Retorten u. Gaserzeugern zeigen eine verhältnismäßig große Zahl von Micellen je Raumeinheit. Teer aus HOFFMANN-Gaserzeugern hat einen großen Wassergeh. (22%), so daß der Eindruck einer Emulsion entsteht u. einzelne Micellen nicht zu erkennen sind. Vf. nimmt an, daß die Struktur des Koksofenteers auch für das diesem Teer anhaftende Bindevermögen maßgebend ist, so daß anzunehmen ist, daß, wenn der Teer aus senkrechten Retorten oder Gaserzeugern in die gleiche Struktur übergeführt wird, auch hier Teere mit gutem Bindevermögen für Gesteine erhalten werden können. Durch Vermischen der letzteren Teere mit Kalk konnte ein gutes Bindevermögen erzielt werden, während Koksofenteer in keiner Weise verändert wurde. Vf. konnte starke Koagulationen der Micellen beobachten. (Kolloid-Z. **130**. 116—20. Febr. 1953. Leeds, England, Univ., Dep. of Coal Gas and Fuel. Ind. with Metallurgy.) ROSENDAHL. 8176

Jean Dauvergne und **Jean Ivernel,** *Versprödung der für Rohre von Erdölsonden verwendeten Stähle durch Schwefelwasserstoff.* H_2S-haltiges Erdgas verursachte den Bruch der aus Cr–Mo-Stahl hergestellten Verbindungsmuffen des Bohrgestänges einer Sonde. Eine Reihe von Mn–Mo–Ni–Mo- u. Cr–Mo-Stählen wurde nach Verglühen der Einwrkg. einer gesätt., wss., mit 0,5% Essigsäure versetzten H_2S-Lsg. bis zu 1000 Std. lang u. bei unterschiedlicher Zugbelastung unterworfen. Die Zeit, nach welcher ein Bruch erfolgte, ist der Zugbeanspruchung gerade, der Härte des Metalls verkehrt proportional. Oberflächenschutz durch Kunststoffüberzüge oder Nitrierung führt in manchen Fällen zu einer Verbesserung der Korrosionsfestigkeit gegen H_2S. Für den genannten Zweck geeigneter Stahl muß eine Zugfestigkeit von ca. 90 kg/mm², große, durch Verglühen erzielte Oberflächenhärte u. gute Korrosionsbeständigkeit gegen H_2S unter Zug aufweisen. (Bull. Assoc. franç. Techniciens Pétrole **1953**. Nr. 100. 139—60. 31/7.) STEINER. 8186

A. Voorhies jr. und **H. Z. Martin,** *Verkokung von Erdölrückständen im Fließbett. — Ein wirtschaftliches Verfahren, um den Anfall von Heizöl zu verringern.* An Hand eines Schaubildes wird das Verf. beschrieben. Es arbeitet ohne Beschleuniger. Eine solche Anlage besteht aus einem Heizkessel u. einer Umsetzungskammer. Es wird bei n. Druck gearbeitet. Der zu verarbeitende Rückstand wird vorgewärmt u. dann auf ein bewegtes Koksbett gespritzt. Der Koks wird im Verf. erzeugt. Die Koksteilchen sind kleiner als die Fließbettkatalysatoren beim katalyt. Cracken, so daß eine größere Oberfläche je Raumeinheit erzielt wird. Hierdurch wird erreicht, daß der Rückstand während der Umwandlung festgehalten wird, daß die dampfförmigen Erzeugnisse entweichen können u. daß sich der neugebildete Koks absetzen kann. Die Hauptaufgabe des bewegten Kokses ist das schnelle Aufheizen des Pechs. Da die Zähigkeit des Pechs bei der Temp. der Um-

setzungskammer gering ist, wird es schnell u. gleichmäßig auf den Koks verteilt. Da die dampfförmigen Anteile schnell abgeführt werden, erhält man sofort einen trockenen Koks. Da die Mischverhältnisse in der Umsetzungskammer gut sind, wird eine gleichmäßige Wärme erreicht. Die entweichenden Dämpfe werden oberhalb der Umsetzungskammer in einem Zyklon vom mitgerissenen Koks befreit, der zurückkehrt; der Rest der Dämpfe wird der üblichen Verarbeitung zugeführt. Der erhaltene Koks ist sehr klein u. gleichmäßig in der Körnung, so daß er wie eine Fl. befördert werden kann. Er ist hell u. staubfrei u. kann als Brennstoff verwendet werden, oder dient als Rohstoff für Elektroden. — Ausführliche Tabellen mit den physikal. u. chem. Eigg. des Kokses. (Oil Gas J. **52.** Nr. 28. 204—07. 16/11. 1953. Baton Rouge, La., Esso Standard Oil Co., u. Linden, N. J., Standard Oil Development Co. Esso Labor.)
Rosendahl. 8192

B. W. Timofejew und **A. K. Karimow,** *Pflanzliche Reste im Erdöl.* In den Erdölproben aus dem 2. Baku-Gebiet, die aus dem Devon, Carbon u. Perm stammten, wurden Überreste von Pflanzengewebe sowie Sporen nachgewiesen. Auch im Erdöl aus der Kreide von Emba, dem Miozän des Nordkaukasus u. im tert. Erdöl von Kamtschatka wurden Pflanzenreste festgestellt. Damit wird die herrschende Ansicht über das Fehlen von tier. u. pflanzlichen Resten (mit Ausnahme von Bakterien) im Erdöl widerlegt. (Доклады Академии Наук СССР [Ber. Akad. Wiss. UdSSR] [N. S.] **92.** 151—52. 1/9. 1953. Allunions Wiss. Forschungsinst. für geol. Erdöl-Schürfung.) Lebtag. 8188

J. Kowalski, *Schwefelbakterien im Kühlwasser für die Fischer-Tropsch-Synthese.* Die Zunahme des H_2S-Geh. vor den Öfen einer Fischer-Tropsch-Synth. auf 0,4 (g/100 m^3) nach 1 Woche u. 0,6 nach 2 Wochen konnte darauf zurückgeführt werden, daß in dem W. des der organ. Entschwefelung nachgeschalteten Kühlers S-Bakterien H_2S gebildet hatten. Nach Verss. mit Cl_2 (nur begrenzt wirksam), $HgCl_2$ u. $CuCl_2$ (zu teuer) wurde in der Zugabe von 20—50 mg $ZnCl_2$ je Liter zum Kühlwasser eine wirksame Meth. der Abhilfe gefunden. (Przemysł chem. **9** (**32**). 222—24. Mai 1953.)
R. K. Müller. 8200

R. O. King, E. J. Durand und **A. B. Allan,** *Die Oxydation, Zersetzung, Zündung und Detonation von Treibstoffdämpfen und -gasen.* 17. Mitt. *Die Kernzündung von n-Pentan im C. F. R.-Motor und die Wirkung auf die Leistung.* (16. vgl. C. **1951.** II. 1228.) Vff. berichten über Verss. mit dem C. F. R.-Motor, bei denen Pentan (**I**) teilweise die Kompression als fl. Tröpfchen übersteht. Der für die Kernzündung benötigte fein verteilte C wird in geeigneter Konz. durch therm. Cracken bei Temp. u. Drucken erhalten, die während des Verdichtungshubes erreicht werden. Diese Konz. wird durch den C erhöht, der bei der Verbrennung fetter Gemische entsteht, die die **I**-Tröpfchen umgeben, sowie beim Auftreffen der Flamme solcher Gemische auf die kalten Oberflächen der Verbrennungskammer. Unter diesen Umständen läuft der Motor ohne Funkenzündung, wobei eine Standardintensität der Klopfverbrennung durch Verändern des Verdichtungsverhältnisses in Übereinstimmung mit der Änderung der Gemischstärke erreicht wird. Für Gemische von 30% mager bis 40% fett werden induzierte therm. Wirkungsgrade von im Mittel 83% des Idealwertes erhalten. Bei Verwendung eines 60% mageren Gemisches u. einem Verdichtungsverhältnis von 11,5:1 wird ein Höchstwert von 53% für den induzierten therm. Wirkungsgrad erreicht. Dies liegt über dem Wert von 51,6%, der mit einem Dieselmotor (Verdichtungsverhältnis 15:1) erhalten u. als Höchstleistung angesehen wurde. Die Verss. bestätigen die früher geäußerte Kern-Theorie der Zündung u. zeigen, daß die Selbstzündung bei Verdichtung im allg. ein Kerneffekt ist, der von einer Zersetzungs-Rk. ausgeht. (Canad. J. Technol. **29.** 52—60. Jan. 1951. Defense Res. Board of Canada, u. Univ. of Toronto, Dep. of Mech. Engng.) Freiwald. 8204

J. Michałowska, *Isobutylenpolymere als Produkte zur Erhöhung des Viscositätsindex von Schmierölen.* Die durch Depolymerisation höhermol. Polyisobutylene (200 bis 300°, 5—20 mm Hg) erhaltenen Prodd. mit Mol.-Gew. 25000—40000 („Dep") bzw. 45000 („Vissex") bewirken als Zusätze zu Schmierölen eine zum Teil sehr erhebliche Erhöhung des Viscositätsindex. (Przemysł chem. **9** (**32**). 35—40. Jan. 1953.)
R. K. Müller. 8220

J. B. Matthews, *Die Struktur von Schmierfetten und ihre Kontrolle.* Es wird eine Koordination der in den letzten Jahren gewonnenen Kenntnisse über die Struktur der Schmierfette u. ihre wissenschaftliche Kontrolle gegeben. Schmierfette von Seifen u. KW-stoffölen werden als aus zwei Phasen bestehend erkannt, wobei die Seife in Form von miteinander aggregierenden Fasern besteht. Die Schmiereigg. werden durch den Zustand dieser Aggregation bestimmt. Am Beispiel von Li-Fetten wird das Verhältnis Länge zu Durchmesser der Fasern bestimmt. (J. Inst. Petroleum **39.** 265 bis 275. Mai 1953.) K. L. Wolf. 8222

E. Koller, *Vom Erdölparaffin zum Syntheseparaffin.* Durch Weiterentw. des FISCHER-TROPSCH-Verf. ist es gelungen, großtechn. Syntheseparaffin u. vollsynthet. Esterwachse herzustellen. Vf. schildert das Verh. u. die Eigg. der Syntheseparaffine gegenüber Erdölparaffinen, Gewinnungs-Verff. u. Unterschiede in Kristallstruktur werden aufgezeichnet. (Chem. Rdsch. [Solothurn] **6.** 51—53. 16/2. 1953.) K. O. MÜLLER. 8226

T. Reis, *Ein französisiches Massenspektrometer für die Erdölindustrie.* 3. Mitt. *Gegenüberstellung der Untersuchungsmethoden leichter Kohlenwasserstoffe.* (2. vgl. C. **1951.** I. 1825.) Die bekannten chem. u. physikal. Methoden zur Unters. leichter KW-stoffe werden allg. u. in bezug auf spezielle Anwendbarkeit diskutiert. Es werden behandelt: Dest. u. Extraktion, Adsorption, Orsatanalyse u. verschied. chem. Methoden, Refraktometrie, Polarimetrie, Infrarot-, RAMAN-, UV-, Radar- u. Röntgenspektrographie, therm. Leitfähigkeit, Paramagnet. Eigg., Dichte u. Viscosität u. Schallgeschwindigkeit u. andere. — 143 Literaturzitate. (Rev. Inst. franç. Pétrole Ann. Combustibles liquides **5.** 387—404. Dez. 1950.) SYDOW. 8242

E. Gordon Barber, *Bestimmung von Feuchtigkeit in Kohle.* Es werden bekannte Methoden besprochen. (Combustion [New York] **22.** Nr. 7. 37. Jan. 1951.) BOYE. 8246

Chemische Fabrik Griesheim, Deutschland, *Herstellung von Kohleformlingen.* Kohle, Koks, Teer u. Pech werden, in einem Aufgabetrichter roh gemischt, in Pastenform einer Schneckenpresse, mit vorteilhaft mehreren Schnecken, zugeführt u. unter Absaugung der eingeschlossenen Luft verpreßt. Die Preßkörper geben beim Verkoken einen festen, gleichmäßigen Koks mit wenig Poren, z. B. Elektrodenkoks. (**F. P. 1 032 281** vom 9/2. 1951, ausg. 25/3. 1953.) HOLM. 8137

Gesellschaft für angewandte Chemie m. b. H., Recklinghausen, *Verfahren zur Überführung botanischer Rohstoffe in einen flüssigkeitsähnlichen Zustand.* Holz, cellulosehaltige Stengel- u. Graspflanzen werden durch weitgehende mechan. Deformation des Mikrogefüges, die auch stufenweise erfolgen kann, unter Wärmezufuhr u. gegebenenfalls unter Druck in fl. Phase bei 70—250° in einen flüssigkeitsähnlichen, z. B. dispersoiden, Zustand übergeführt. Die Dampf- bzw. Gasphase der Reaktionsräume wird mit O_2 u./oder mit O_2-abgebenden Gasen oder mit CO_2 u./oder NH_3 oder mit O_2-übertragenden Mitteln angereichert. Im Reaktionsraum soll das Verhältnis von Trockenmasse zu W. auf mindestens 1:1 eingestellt werden. (**D. B. P. 900 931** Kl. 10b vom 14/12. 1951, ausg. 4/1. 1954.) W. HAUSWALD. 8141

Cie. pour la Fabrication des Compteurs et Matériel d'Usines à Gaz, Seine, Frankreich, *Trockene Entschweflung von Gasen.* Das aus einem Venturirohr austretende Gas reißt feinverteilte trockene Gasreinigungsmasse in einen Zyklon, aus dem sie auf eine Reinigungshorde fällt. Das Gas wird zentr. aus der Mitte des Zyklons abgesaugt u. unter die Horde geleitet, die es langsam durchdringt. Das Gas wird oben abgeführt. Die Reinigungsmasse wird durch einen Drehrost ausgetragen u. nach Wiederbelebung im Kreislauf wieder verwendet. — Zeichnung. (**F. P. 1 027 802** vom 17/11. 1950, ausg. 18/2. 1953.) HOLM. 8173

Standard Oil Development Co., übert. von: **Lloyd A. Nicolai** und **Byron V. Molstedt,** Bâton Rouge, La., V. St. A., *Wirbelschichtverschwelung von Ölschiefer.* Bei der Dest. ölhaltiger Mineralien, wie Ölschiefer (I), die sich dabei zersetzen, werden die feingemahlenen I als turbulente M., aufgewirbelt durch aufwärtsströmendes Abgas (CO_2, H_2O-Dampf) in einer Destillationszone, Destillationstempp. ausgesetzt. Die benötigte Destillationswärme wird durch Verbrennen fester Destillationsrückstände mit einem O_2-haltigen Gas in einer abgetrennten Verbrennungszone in fluidisiertem Zustand bei Verbrennungstemp. ergänzt. Man leitet den festen Verbrennungsrückstand in die Destillationszone zurück (bei Verbrennungstemp.) u. hält die Temp. an der untersten Grenze, also bei 1000—1100° F, die für eine halbwegs vollständige Dest. erforderlich ist. Man red. den Kohlenstoffgeh. des Destillationsrückstandes auf unter 0,7 Gew.-%, wodurch die Adsorption der Öldämpfe an den Schieferteilchen u. das Mitreißen derselben in die Destillationszone auf einem Minimum gehalten werden. Verbrennungstemp. nur 50° F. höher als die Dest.-Temperatur. Zeichnung. (**A. P. 2 634 233** vom 16/6. 1949, ausg. 7/4. 1953.) UNGER. 8181

Petrolite Corp., übert. von: **Melvin De Groote,** University City, Mo., V. St. A., *Emulsionszerstörer* aus hydrophilen Syntheseprodd. der allg. Formel $(HOOC)_{n''}\cdot RCO\cdot(OH_6C_3)_n — NR' — (C_3H_6O)_{n'}COR(COOH)_{n''}$, in der R' ein KW-stoffrest (Cyclohexyl-, Methylcyclohexyl- u. Cyclohexylmethyl), n u. n' ganze Zahlen, deren Summe zwischen 15 u. 80 schwankt, bedeuten; n'' eine ganze Zahl nicht über 2 u. R einen

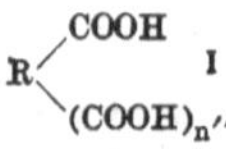
I

KW-stoffreste einer Polycarbonsäure I, worin n'' die obige Bedeutung hat. Die Dioxy-Muttersubstanz muß vor der Veresterung wasserunlösl. u. kerosinlösl. sein. Beispiele für Dicarbonsäuren: Phthalsäure, Maleinsäure, Bernsteinsäure, Citraconsäure, Diglykolsäure. (**A. P. 2626922** vom 14/5. 1951, ausg. 27/1. 1953.) UNGER. 8191

Socony-Vacuum Oil Co., Inc., übert. von: **Benjamin L. Moulthrop**, Pitman, N. J., V. St. A., *Entsäuern sulfhydrylhaltiger Erdölfraktionen mit Chelaten* (Chelattyp I aus aromat. Aldehyd mit einer o-ständigen OH-Gruppe [Salicylaldehyd], einem prim. di- oder tri-Amin u. einem Metallion der 8. Gruppe des Period. Syst.; Chelattyp II metallorgan. Verb. aus einem Benzolabkömmling, der OH- u. NO-Gruppen an benachbarten Ring-C-Atomen trägt, u. einem Metallion der 8. Gruppe des Period. Syst. [o-Nitrosophenol]). Man behandelt die Sulfhydryle mit einem Metallchelat (Fe, Co, Ni, Pd) in Ggw. wss. Alkalihydroxyd-Lsg., wobei sie in Sulfide übergehen. (1—5 Pfund Chelate auf 1000 Barrels Benzin.) — Zeichnung. (**A. P. 2 651 595** vom 20/5. 1950, ausg. 8/9. 1953.) UNGER. 8195

Badische Anilin- & Soda-Fabrik Akt.-Ges., Ludwigshafen/Rh. (Erfinder: **Herbert Graßhof**, Eschwege), *Herstellung von Schmierölen* durch katalyt. Polymerisation von unter den Reaktionsbedingungen gasförmigen Olefinen, bes. solchen mit mindestens 3 C-Atomen im Mol., mittels polymerisierend wirkender Halogenide, in Ggw. eines Lösungsm. für die entstehenden Polymerisationsprodd. bei ca. 0—100°, vorzugsweise 30—80°, dad. gek., daß man die Olefine oder diese enthaltenden Gase über im Reaktionsgefäß angeordnete feste, polymerisierend wirkende Halogenide, vorzugsweise $AlCl_3$, leitet u. gleichzeitig durch Hindurchleiten eines unter den Reaktionsbedingungen fl. Lösungsm. für das entstehende Öl durch das Reaktionsgefäß das Öl der weiteren Einw. des festen Katalysators entzieht. Der Katalysator kann mit porösen Stoffen (Diatomit) gemischt angewandt werden. — Skizze. (**D. B. P. 863 038** Kl. 12o vom 24/2. 1938, ausg. 15/1. 1953.) G. KÖNIG. 8221

Badische Anilin-& Soda-Fabrik Akt.-Ges., Ludwigshafen/Rh. (Erfinder: **Michael Otto, Hermann Güterbock** und **Rudolf Melan**), *Herstellung von Ölen* durch Polymerisation von Isobutylen oder seinen niedrigmol. Polymeren mittels alkoh. Lsgg. von BF_3, dad. gek., daß man prakt. gesätt. Lsgg. von BF_3 in 1-wertigen Alkoholen zwischen ca. —20 u. +30° anwendet. — Schmieröle. (**D. B. P. 868 293** Kl. 12o vom 11/3. 1939, ausg. 23/2. 1953.) G. KÖNIG. 8221

Badische Anilin-& Soda-Fabrik Akt.-Ges., Ludwigshafen/Rh. (Erfinder: **Wilhelm Baumeister**, Heidelberg, und **Walter Flemming**, Hermeskeil), *Umwandlung von Äthylenhomologen in ölige oder höhermolekulare Erzeugnisse* durch Polymerisation gemäß D. B. P. 867 992, dad. gek., daß man als Verteilungsmittel ungesätt. Halogen-KW-stoffe, bes. Perchloräthylen, verwendet. (**D. B. P. 876 991** Kl. 12o vom 10/6. 1937, ausg. 18/5. 1953. **Zusatz zu D. B. P. 867 992; C. 1953. 7705.**) G. KÖNIG. 8221

Badische Anilin-& Soda-Fabrik Akt.-Ges., Ludwigshafen/Rh. (Erfinder: **Lisa Rössig**, Krefeld-Uerdingen, und **Hermann Zorn**, Chur, Schweiz), *Derivat eines Sulfamidocapronsäureesters.* Man kocht 2-Äthylhexanol mit Pentadecansulfamidocapronsäure u. HCl, leitet bei 110—115° Äthylenoxyd ein u. verestert mit einer Isohexylsäure. Die wss. Emulsion dient als *Bohr-* u. *Schneideöl.* (**D. B. P. 873 088** Kl. 12q vom 19/2. 1944, ausg. 9/4. 1953. **Zusatz zu D. B. P. 848 956; C. 1953. 2380.**) LANGER. 8221

Badische Anilin- & Soda-Fabrik Akt.-Ges., Ludwigshafen/Rh. (Erfinder: **Hans Engel**, Heidelberg, und **Walter Simon**, Ludwigshafen/Rh.), *Herstellung von Schmierölverbesserungsmitteln.* Man setzt Alkylphenole (I), in denen mehrere Alkylphenolreste durch Brückenglieder miteinander verbunden sind, z. B. Isobutyl-, Isoheptylphenolsulfid oder Paraffinalkylphenoldisulfid, mit P_2S_5 (II) im Mol-Verhältnis von mindestens 8, bes. 10—20 I : 1 II um u. führt in die Reaktionsprodd. mehrwertige Metalle ein, bes. Erdalkalien u. Zn. (**D. B. P. 896 349** Kl. 12q vom 25/12. 1951, ausg. 12/11. 1953.) FABEL. 8221

Deutsche Hydrierwerke Akt.-Ges. (Erfinder: **Konrad Höpfner** und **Bodo Liehr**), Düsseldorf, *Herstellung von Schmier- und Treibölen für Unterwasserkampfmittel*, die beim Eintreten in das Seewasser auf der Wasseroberfläche keine Ölflecken hinterlassen, dad. gek., daß man in den Ölen seewasserbeständige Emulgatoren auflöst. — Als solche eignen sich z. B. quartäre N-Verbb., z. B. Dodecyltriäthylammoniumchlorid, H_2SO_4-Ester höherer Alkohole oder Reaktionsprodd. von Äthylenoxyd mit Oleylalkohol. Man kann noch Lösungsvermittler verwenden u. den Ölen Farbstoffe zusetzen. (**D. B. P. 879 444** Kl. 23c vom 23/7. 1944, ausg. 11/6. 1953.) DERSIN. 8221

Hoesch-Benzin G. m. b. H. (Erfinder: **Helmuth Weittenhiller** und **Ewald Schuth**), Dortmund, *Blankwalzöl.* Verwendung von rein paraffin. Ölen vom Kp. ca. 200—350°, die bei der CO-Hydrierung, bes. nach dem sogenannten Mitteldruckverf., erhalten werden, gegebenenfalls unter Zusatz von 1—5% synthet. Hartparaffin als Blankwalzöl bei der Herst. von Metallblechen, -bändern oder -folien. Dadurch soll die Bldg. eines Rückstandes beim Glühen der Bleche verhindert werden. (**D. R. P. 749 426** Kl. 23c vom 19/8. 1941, ausg. 8/6. 1953.) DERSIN. 8221

Standard Oil Development Co., Elizabeth, N. J., V. St. A., *Polymere Fumarsäurediester* erhält man durch Verestern der Fumarsäure mit einem gesätt., aliphat. Alkohol mit 12—14 C-Atomen u. anschließender Polymerisation bei 50—150°, zweckmäßig in Ggw. von ca. 0,1—5 Gew.-% eines Peroxydkatalysators (Benzoylperoxyd) u. in Abwesenheit eines inerten Lösungsm., bis das Mol.-Gew. zwischen 1000 u. 40000, bes. zwischen 2000 u. 10000 liegt. Es werden polymerisiert: Fumarsäure-n-dodecylester, -tetradecylester. Die Polymeren werden zur Senkung *des Fließpunktes* von *Mineralölen* (Tabelle), zur Verbesserung des Viscositätsindex, als *Entwachsungsmittel,* als Zusatzstoffe für *Hochdruckschmiermittel, Bohröle* u. *Transmissionsöle* verwendet. (**D. B. P. 818 802** Kl. 12o vom 21/10. 1949, ausg. 29/10. 1951. A. Prior. 29/12. 1945.) KRAUSS. 8221

Standard Oil Development Co., übert. von: **Paul V. Smith jr.**, Westfield, und **Fred Knoth jr.**, Union, N. J., V. St. A., *Synthetisches Schmieröl,* bestehend aus (m- oder p-)Di-n-decylphenylendiacetat. Die Herst. der m-Verb. erfolgt aus m-Xylylenbromid durch Rk. mit NaCN zum Dinitril, Verseifung zur 2-bas. Säure u. Veresterung mit n-Decanol in Ggw. von p-Toluolsulfonsäure als Katalysator. Die p-Verb. wird aus p-Xylylendichlorid in analoger Weise hergestellt. Die Ester haben hohen Viscositätsindex, niedrigen Fließpunkt u. hohe Temperaturbeständigkeit u. eignen sich als *Schmieröle* für Verbrennungsturbinen. (**A. P. 2 570 038** vom 29/12. 1948, ausg. 2/10. 1951.) DERSIN. 8221

Standard Oil Development Co., übert. von: **Paul V. Smith jr.**, Westfield, N. J., V. St. A., *Herstellung von synthetischen Schmierölen.* Man stellt Ester der allg. Formel: $R_2 \cdot OOC \cdot R \cdot COO \cdot R_1 \cdot OOC \cdot R_3$ her, in der R einen aliphat. KW-stoffrest mit 2—8, bes. mit 4 C-Atomen, R_1 einen Rest der Formel $—(CH_2 \cdot CH_2O)_n \cdot CH_2 \cdot CH_2—$ u. n die Zahl 1—7 bedeutet, R_2 eine Alkylgruppe mit 1—19 C-Atomen, bes. die 2-Äthylhexylgruppe, u. R_3 eine Alkylgruppe mit 3—7 C-Atomen, bes. den n-Caproylrest bedeuten, indem man 1 (Mol.) einer 2-bas. Säure, z. B. Adipinsäure, mit 1 eines Polyäthylenglykols zwecks Veresterung erhitzt, bis 1 W. abgespalten ist, u. danach die noch reaktionsfähigen COOH- u. OH-Gruppen mit 1-wertigen Alkoholen u. 1-bas. Säuren zur Rk. bringt, indem man den Alkohol, z. B. 1 (Mol.) 2-Äthylhexylalkohol, zusetzt u. erhitzt, bis kein W. mehr abgespalten wird, worauf 1 einer Säure, z. B. n-Capronsäure, zugesetzt u. bis zur Beendigung der Wasserabspaltung erhitzt wird. Als Schmieröle geeignete Kombinationen bestehen z. B. aus: Adipinsäure, Thiodiglykol, n-Capronsäure u. 2-Äthylhexanol, oder aus Sebacinsäure, Tetraäthylenglykol, n-Caprylsäure u. Alkoholen der Oxosynthese. Die Öle haben niedrigen Stockpunkt u. guten Viscositätsindex u. eignen sich auch als Hochdruckzusätze oder als Stockpunkt- u. Viscositätsindexverbesserer bei Mineralschmierölen. (**A. P. 2 575 195** vom 1/10. 1948, ausg. 13/11. 1951.) DERSIN. 8221

Standard Oil Development Co., übert. von: **Paul V. Smith jr.**, Westfield, N. J., V. St. A., *Herstellung von synthetischen Schmierölen,* bestehend aus Estern der allg. Formel: $R_2 \cdot COO \cdot R_1 \cdot OOC \cdot R_3 \cdot COO \cdot R_1' \cdot OOC \cdot R_2'$, in der R_1 u. R_1' Reste der allg. Formel: $—(CH_2 \cdot CH_2X)_n \cdot CH_2 \cdot CH_2—$ bedeuten ($X = O$ oder S, $n = 1—7$), ferner R_2 u. R_2' Alkylgruppen mit 1—7 C-Atomen u. R_3 entweder Alkylreste $—(CH_2)_m—$ [$m = 4—8$] oder $—(CH_2)_n \cdot O \cdot (CH_2)_n$ ($n = 2—4$) oder $—(CH_2)_p \cdot S \cdot (CH_2)_p$ ($p = 2—4$) bedeuten. Das Mol.-Gew. des gesamten Esters soll wenigstens 300 u. die Viscosität bei 210°F nicht größer sein als 150 Sek. (SEYBOLT). Die Ester werden erhalten durch Rk. von 1 (Mol.) einer 1-bas. Säure mit 1 eines Glykols, wobei ein Halbester des Glykols gebildet wird, worauf 2 des Halbesters mit 1 einer zweibas. Säure verestert werden. Als Katalysator dient p-Toluolsulfonsäure. Kombiniert werden z. B. Valerian-, Adipinsäure (**I**) u. Tetraäthylenglykol (**II**) bzw. Triäthylenglykol oder Capronsäure, **I** u. **II** oder Essig-, Sebacinsäure u. **II** oder Butter-, Thiodipropionsäure u. Thiodiglykol. Die Öle eignen sich auch als Hochdruckzusätze u. Viscositätsverbesserer bei Mineralschmierölen. (**A. P. 2 575 196** vom 1/10. 1948, ausg. 13/11. 1951. **E. P. 680 438** vom 30/6. 1949, ausg. 8/10. 1952. A. Prior. 1/10. 1948.) DERSIN. 8221

Standard Oil Development Co., Elizabeth, N. J., übert. von: **Raymond L. Heinrich**, Baytown, Tex., V. St. A., *Hochviscose Schmieröle.* Man polymerisiert bei 100—400° F sd. α-Olefin-Gemische, die bei der FISCHER-TROPSCH-Synth. erhalten wurden u.

die KW-stoffe mit 5—10 C-Atomen enthalten, in Ggw. von FRIEDEL-CRAFTS-Katalysatoren zu fl. polymerem Schmieröl, versetzt dieses mit 0,5—3% Diphenylthioharnstoff u. oxydiert das Gemisch mit Luft bei 300—600° F zwecks Erhöhung der Viscosität. (**A. P. 2 616 916** vom 6/12. 1950, ausg. 4/11. 1952.) DERSIN. 8221

Standard Oil Development Co., übert. von: **Jeffrey H. Bartlett,** Westfield, N. J., V. St. A., *Schmierölmischung* von niedrigem Stockpunkt, bestehend aus Mineralschmierölen mit Zusatz von 0,1—5% polymerisierter Dialkylfumarsäureester aliphat. Alkohole mit 12—14 C-Atomen u. einem Mol.-Gew. von 1000—30000, z. B. polymerem Didodecyl-, Tetradecylfumarat oder Didodecylmesaconat. (**A. P. 2 618 602** vom 17/12. 1949, ausg. 18/11. 1952.) DERSIN. 8221

Standard Oil Co., übert. von: **Morton Fainman,** Chicago, Ill., V. St. A., *Rostschutzöl*, bestehend aus Mineralöl mit Zusatz von 0,001—5% eines Dialkoxydiaminosilans, in dem die Alkoxygruppen 1—20 C-Atome enthalten, z. B. Di-(tert.-butoxy)-diamino-, Octadecoxy-tert.-butoxydiamino-, Di-(1-äthylcyclohexoxy)-diamino-, Dimethoxy-tert-butoxyamino- oder n-Butoxy-di-(tert.-butoxy)-aminosilan. (**A. P. 2 580 288** vom 28/9. 1948, ausg. 25/12. 1951.) DERSIN. 8221

Standard Oil Development Co., übert. von: **John P. McDermott,** Roselle, N. J., V. St. A., *Antioxydantien für Schmieröle.* Man verwendet *Thialdinsalze* von organ. Thiophosphorsäuren, z. B. von *Di-(methylcyclohexyl)-thiophosphorsäure, Di-(nonyl)-thiophosphorsäure.* Die Herst. erfolgt durch Erhitzen von Alkoholen, z. B. Nonylalkoholen der Oxosynth. mit P_2O_5 u. Mischen des Reaktionsprod. in Chloroformlsg. mit Thialdin (5.6-Dihydro-2.4.6-trimethyl-1.3.5-dithiazin). (**A. P. 2 610 182** vom 22/6. 1949, ausg. 9/9. 1952.) LÜTTGEN. 8221

Standard Oil Development Co., übert. von: **Allen R. Jones,** Roselle, und **John O. Smith jr.,** North Plainfield, N. J., V. St. A., *Oxydationsverhinderer.* Leichtoxydierbaren KW-stoffmischungen werden geringe Mengen hydrierter Chinoline (z. B. Tetrahydrochinolin, Tetrahydrochinaldin, Dekahydrochinolin, Dekahydrochinaldin) u. eines Oxydationsverzögerers, wie N-n-Butyl-p-aminophenol, beide Substanzen im Verhältnis 0,1 : 10, zugesetzt. (**A. P. 2647824** vom 26/1. 1949, ausg. 4/8. 1953. **E. P. 680639** vom 15/11. 1949, ausg. 8/10. 1952. **F. P. 1000429** vom 29/11. 1949, ausg. 12/2. 1952. Beide A. Prior. 26/1. 1949.) UNGER. 8221

Standard Oil Development Co., Elizabeth, N. J., V. St. A., *Oxydationsschutzmittel für Mineralöle,* bestehend aus monocycl. Terpenen oder ihren Derivv., wie Dipenten, Terpinolen, Limonen, Terpineol oder Diterpenyläthylenäther, die mit S u. darauf mit P_4S_3 erhitzt wurden. Man erhält z. B. aus Dipenten durch Erhitzen mit S auf 165—175° u. weiteres Erhitzen nach Verdünnen mit Mineralöl auf 120—150° mit P_4S_3 ein Prod., das 14,5% S u. 2% P enthält. Zusatz 1—15%. (**E. P. 679 296** vom 19/6. 1950, ausg. 17/9. 1952. A. Priorr. 15/7. u. 12/9. 1949.) DERSIN. 8221

Standard Oil Development Co., übert. von: **Eugene Lieber,** Chicago, Ill., V. St. A., *Zusatzmittel für Hochdruckschmieröle.* Man setzt Mineralschmierölen 2—5% Kondensationsprodd. zu, die durch Erhitzen von gemischt aliphat.-aromat. Ketonen der allg. Formel R—CO—Ar, deren aliphat. Rest wenigstens 10 C-Atome enthält, mit 5—50% SCl_2 oder S_2Cl_2 in Ggw. von FRIEDEL-CRAFTS-Katalysatoren auf 80—200° F erhalten werden. R kann ein Lauryl-, Cetyl-, Triisobutyl-, Octadecyl-, Paraffinwachs- oder Petroleumnaphthenylrest u. Ar der Rest des Bzl., Naphthalins, Anthracens, Phenanthrens, Diphenyls, Toluols, Xylols oder Phenols sein. (**A. P. 2 562 800** vom 18/12. 1947, ausg. 31/7. 1951.) DERSIN. 8221

Standard Oil Co., Cleveland, übert. von: **John M. Musselman,** South Euclid, O., V. St. A., *Schmierölverbesserungsmittel.* Man setzt Mineralschmierölen $^1/_2$—10% des Reaktionsprod. von 5—60% P_2S_5 mit einem Gemisch von 1—10 (Teilen) eines Polyolefins, z. B. Polyisobutylen mit Mol.-Gew. 10000—20000, u. 1 einer eine Oxy-, Carbonyl-, Äther- oder Carboxylgruppe enthaltenden organ. Verb., z. B. Degras, Bienenwachs, Lanolin, Spermöl, Butylstearat, Cocosnußöl, Äthylenglykolmonoäther, Laurylalkohol, Ölsäure oder „Palmitone“ $(C_{15}H_{31})_2CO$ zu, das durch Erhitzen der Komponenten auf 250—300° F erhalten u. von ölunlösl. Stoffen durch Filtration u. Extraktion mit Lösungsmitteln, z. B. fl. Propan oder Isopropylalkohol, getrennt wurde. Bewirkt die Verbesserung der Viscosität, Oxydationsbeständigkeit u. Verringerung der Korrosion u. Schlammbildung. (**A. P. 2 566 241** vom 27/5. 1948, ausg. 28/8. 1951.) DERSIN. 8221

Standard Oil Co., Cleveland, übert. von: **John D. Bartleson,** East Cleveland, und **Herman P. Lankelma,** Shaker Heights, O., V. St. A., *Schmierölverbesserungsmittel.* Man läßt 1 (Mol) P_2S_5 auf 1,5 eines polymeren Olefins („motor polymer“) aus C_3- u. C_4-Olefinen mit Kp. 80—500° F bei 200—500° F einwirken u. behandelt das Reaktionsprod. mit 1 aliphat., alicycl., aromat. oder Alkylarylmercaptanen, z. B. Äthylmercaptan, bei 350°. An Stelle der Mercaptane kann man auch die entsprechenden Alkohole, z. B. A., Cyclohexanol oder n-Decylalkohol, zur Einw. bringen. Zusatz von 0,1—10% zu Mineralschmierölen soll die Viscosität u. Korrosionsbeständigkeit verbessern. (**A. PP. 2 566 397** u. **2 566 398** vom 7/6. 1947, ausg. 4/9. 1951.) Dersin. 8221

Standard Oil Development Co., übert. von: **Jeffrey H. Bartlett**, Westfield, N. J., V. St. A., *Zusatzmittel für Schmieröle.* Zur Herabsetzung des Fließpunntes gibt man zu paraffin. Mineralölen geringe Mengen an Copolymerisaten von 4 (Gewichtsteilen) Triestern der Aconitsäure, in denen wenigstens eine Estergruppe 8—18 C-Atome enthält, z. B. die n-Octyl-, n-Decyl-, n-Hexadecyl- oder n-Octadecylgruppe, mit 1 Vinylacetat, deren Mol.-Gew. 1000—50000 beträgt. (**A. P. 2 575 992** vom 30/9. 1948, ausg. 20/11. 1951.) Dersin. 8221

Standard Oil Development Co., übert. von: **Louis A. Mikeska**, Westfield, N. J., V. St. A., *Zusatzmittel für Schmieröle.* Um den Fließpunkt von Mineralölen herabzusetzen, setzt man diesen 0,2—5% eines Kondensationsprod. zu, das durch Erhitzen von Salicylsäureestern, deren Alkoholkomponente 8—24 C-Atome enthält, z. B. Laurylsalicylat, mit äquimol. Mengen CH_2O auf 100—200° in Ggw. von $ClCH_2OC_2H_5$ u. $SnCl_2$ als Kondensationsmittel erhalten wurde. (**A. P. 2 580 038** vom 30/9. 1949, ausg. 25/12. 1951.) Dersin. 8221

Standard Oil Development Co., übert. von: **Thomas Stanford Tutwiler**, Elizabeth, **John C. Munday**, Cranford, und **Dilworth T. Rogers**, Summit, N. J., V. St. A., *Zusatzmittel für Schmieröle.* Zur Verbesserung des Fließpunktes u. des Viscositätsindex setzt man Mineralschmierölen Copolymere von $\alpha.\beta$-ungesätt. Monocarbonsäureestern mit einem hochmol. Alkoholanteil (I) mit $\alpha.\beta$-ungesätt. Dicarbonsäureestern mit niedermol. Alkoholanteil (II), deren Copolymerisationsaktivität etwa gleich groß ist, so daß öllösl. Copolymerisate entstehen, zu. Dabei soll II einen Alkoholrest mit <8 C-Atomen enthalten, u. die Differenz der Seitenketten der beiden Monomeren soll zwischen 5 u. 20 C-Atomen betragen. Als I werden z. B. Octyl- oder Decylacrylate oder -methacrylate, als II die Dimethyl- oder Diäthylester der Malein-, Fumar- oder Glutaconsäure verwendet. Es werden z. B. kombiniert: 0,25 (Mol.) Dimethylmaleat mit 1 Decylmethacrylat, 0,1—1 Diäthylfumarat mit 0,6—1 Lorol-B-Methacrylat oder 0,2—1 Fumarsäurediheptylester mit 1 Stearylacrylat. Als Polymerisationsmittel dient z. B. Benzoylperoxyd. (**A. P. 2 580 053** vom 30/8. 1949, ausg. 25/12. 1951.) Dersin. 8221

Shell Development Co., San Francisco, übert. von: **Seaver Ames Ballard**, Orinda, **Rupert Clarke Morris**, Berkeley, und **John L. Van Winkle**, San Lorenzo, Calif., V. St. A., *Schmiermittelzusammensetzung*, bestehend aus einem fl. Diacetat des Polytrimethylenglykols (Mol.-Gew. 400—1600) oder aus einem größeren Anteil eines Carbonsäurediesters von Polyäthylenglykol (Mol.-Gew. 400—1600) u. 1—10% eines linearpolymeren Acrylsäureesters (der Acrylsäure- u. Methacrylsäureester) mit einem durchschnittlichen Mol.-Gew. von 5000—25000. (**A. P. 2 599 803** vom 1/11. 1948, ausg. 10/6. 1952.) Unger. 8221

Standard Oil Development Co., übert. von: **Louis A. Mikeska**, Westfield, N. J., V. St. A., *Salze aus Thiuroniumbasen und Phosphorsäuren* sind wertvolle *Zusätze* für *Schmieröle.* Sie verhindern C-Abscheidung u. Schlammbildung. — Beispiele: *Dodecylthiuroniumheptadecylphenyloxymethylphosphonat*, erhältlich aus Dodecylthiuroniumhydrochlorid, $C_6H_5-C(OH)(C_{17}H_{35})-P(:O)(OH_2)$ u. $NaOCH_3$ in A., als viscoses, leicht gefärbtes Öl. Ferner: ein Salz aus Dodecylthiuroniumbase (I) u. einem Reaktionsprod. aus Polyisobutylen (Mol.-Gew. ca. 1200) u. P_2S_5, sowie ein Salz aus I u. einer „Wachsphenylphosphorsäure", die durch Rk. eines „Wachsphenols" (erhalten durch Umsetzung von Chlorparaffin, Phenol u. $AlCl_3$) mit P_2O_5 nach der Gleichung: 4 R⬡OH + P_2O_5 → (R⬡O)$_2$P(:O)OH + H_2O hergestellt wird. (**A. P. 2 605 278** vom 6/12. 1949, ausg. 29/7. 1952.) Brösamle. 8221

Standard Oil Development Co., übert. von: **Jeffrey H. Bartlett**, Westfield, N. J., V. St. A., *Schmierölzusatz.* Zur Erniedrigung des Fließpunktes werden einem Schmieröl auf Mineralölbasis 0,05—2% eines Polymerisates zugesetzt, welches durch 2—100 std. Erhitzen auf 25—150° (bes. 5—20 Std. auf 40—100°) in Abwesenheit von Luft u. in Ggw. eines Peroxydkatalysators aus einem Arylacrylsäureester der Formel $R_3'-C_6H_2-CH=CH-COOR$ ($R' = H$, Cl oder CH_3 u. $R =$ Alkyl mit 8—22 C-Atomen) allein oder unter Zusatz eines Acrylsäureesters der Formel $CH_2=C(x)-COOR''$ ($X = H$ oder CH_3, $R'' =$ Alkyl mit 1—4 C-Atomen) hergestellt wurde, z. B. aus 4 (Gewichtsteilen) Zimtsäureester u. 1 Acrylsäureester, wie Zimtsäurecetylester u. Acrylsäuremethylester. (**A. P. 2 612 475** vom 28/10. 1949, ausg. 30/9. 1952. **E. P. 673 178** vom 11/1. 1950, ausg. 4/6. 1952. A. Prior. 28/10. 1949.) Herold. 8221

Standard Oil Development Co., Del., übert. von: **Samuel B. Lippincott** und **Louis A. Mikeska,** Westfield, N. J., V. St. A., *Schmierölzusätze.* Zur Erhöhung des Viscositätsindex u. zur Erniedrigung des Stockpunktes gibt man Schmierölen ein hochmol. Mischpolymerisat aus gleichen Teilen Maleinsäureanhydrid u. einem geradkettigen 1-Olefin (bis zu 20 C-Atomen) zu, das in Ggw. eines Peroxydkatalysators erhalten u. dann mit einem Gemisch von gesätt., geradkettigen Alkoholen (10—18 C-Atome mit einem größeren Teil Laurylalkohol) verestert wurde. (**A. P. 2 615 845** vom 2/8. 1948, ausg. 28/10. 1952.) Unger. 8221

Standard Oil Development Co., Delaware, übert. von: **Allen R. Jones,** Roselle, und **John O. Smith jr.,** North Plainfield, N. J., V. St. A., *Inhibitoren für Mineralschmieröle* (I), bestehend aus einem bei 20—100° erhaltenen Reaktionsprod. äquimol. Mengen eines Arylsulfonylhalogenids mit einem Alkalimercaptid der allg. Formel MSR, in der M ein Alkalimetall u. R ein Aryl-, Alkyl- oder Aralkylrest mit C_5—C_{30}, bes. C_{10} bis C_{20}, ist. — Beispiel: Eine Dispersion von 7,2 (g) Benzolsulfonylchlorid u. 8,8 K-Laurylmercaptid in 12,6 Toluol wird mit 100 cm^3 Aceton 2 Std. unter Rückfluß gekocht. Nach Aufarbeitung erhält man 15,3 einer weißen, kristallinen, bei Zimmertemp. schm. Masse. Zusatz zu I: 0,05—5 (Gew.-%) gegebenenfalls unter weiterem Zusatz von 0,2—4,2, 2.6-Di-tert.-butyl-4-methylphenol. (**A. P. 2 627 511** vom 30/8. 1950, ausg. 3/2. 1953.) Drews. 8221

Standard Oil Development Co., Elizabeth, N. J., übert. von: **Douglas Ragland,** Houston, Tex., V. St. A., *Bohrflüssigkeit* bestehend aus einer Suspension feinverteilter Feststoffe (Bleicherde, Bentonit, Texaserde) in wss. Medium u. einer 1 : 1-Mischung eines Alkalihydroxyds mit gepulverter Canaigrewurzel u. 2—16 lbs./sq.in. auf 42 Gallonen Barrel der Suspension. — Zeichnung. (**A. P. 2 607 730** vom 17/11. 1949, ausg. 19/8. 1952.) Unger. 8221

Standard Oil Development Co., übert. von: **Charles A. Cohen,** Linden, N. J., V. St. A., *Herstellung eines löslichen Öles in Form von sulfonsauren Seifen* aus einem mit H_2SO_4 behandelten Mineralöl in saurem Medium mit einer fein gemahlenen Substanz, z. B. Diatomeenfiltererde oder akt. Kohle, u. Entfernung des durch Absitzen gebildeten Schlammniederschlags. Danach wird durch Einblasen von Luft das freie SO_2-Gas entfernt u. das verbleibende Öl mit Na_2CO_3 neutralisiert. — Vgl. A. P. 2 413 311; C. **1947.** 822. (**Can. P. 478 784** vom 28/6. 1945, ausg. 20/11. 1951.) M. F. Müller. 8221

Standard Oil Development Co., übert. von: **I. P. Jones,** Elizabeth, N. J., V. St. A., *Raffination von Schmierölen durch Adsorption auf Silicagel* u. Verrühren mit einem Paraffin-KW-stoff mit 3—10 C-Atomen u. Kp. 100—300° F, wie n-Heptan. Es werden die hochviscosen Paraffin- u. Naphthen-KW-stoffe von dem Silicagel desorbiert. Die hochviscosen Anteile werden fraktioniert u. dabei werden die Paraffin-KW-stoffe überdestilliert. Dieses Destillat dient zum Regenerieren des Silicagels. — Zeichnung. (**Can. P. 488 278** vom 15/9. 1948, ausg. 18/11. 1952. A. Prior. 18/12. 1947.) M. F. Müller. 8221

Standard Oil Development Co., Elizabeth, N. J., V. St. A., *Synthetische Schmieröle,* bestehend aus Diestern von aliphat. Dicarbonsäuren, z. B. Di-(2-äthylhexyl)-sebacinat, Di-(1-äthylpropyl)-azelainat oder Di-(1-äthylpropyl)-sebacinat, unter Zusatz von 0,1—10 Gew.-% eines Copolymerisats von Styrol (30—65%) u. Isobutylen als viscositätserhöhendem Mittel. (**E. P. 653950** vom 23/11. 1948, ausg. 30/5. 1951. A. Prior. 7/5. 1948.) Dersin. 8221

Standard Oil Development Co., Elizabeth, N. J., V. St. A., *Synthetische Schmieröle* mit hohem Viscositätsindex u. niedrigem Stockpunkt. Man verestert gesätt. aliphat. Dicarbonsäuren (I) mit einem Ester (II) einer gesätt. aliphat. Carbonsäure, der wenigstens eine Äthergruppe enthält u. der durch Veresterung einer aliphat. Oxycarbonsäure mit einem Alkohol oder Glykol u. Rk. des Esters mit einem Alkylenoxyd erhalten wurde, wobei die OH-Gruppe des Esters in die Oxyalkoxygruppe übergeführt wurde. II wird mit I verestert. Geeignete Kombinationen sind: 1. 12-Oxystearinsäure, n-Butanol (**III**), Äthylenoxyd (**IV**) u. Oxalsäure; 2. Milchsäure (**V**), **III, IV** u. Sebacinsäure (**VI**); 3. **V, III, IV** u. Adipinsäure; 4. **V, III,** Propylenoxyd u. **VI.** (**E. P. 668663** vom 3/2. 1950, ausg. 19/3. 1952. A. Prior. 21/4. 1949.) Dersin. 8221

Standard Oil Development Co., Elizabeth, N. J., V. St. A., *Synthetische Schmieröle* mit hohem Viscositätsindex u. niedrigem Stockpunkt. Man stellt Ester zweibas. Säuren der allg. Formel T·$(COOH)_2$, in der T eine aliphat. KW-stoffkette mit 1 bis 26 C-Atomen, bes. 4—8 C-Atomen bedeutet, mit Alkoholen mit verzweigter Kette u.

10—36 C-Atomen, wie sie bei der Oxosynth. aus polymeren Olefinen erhalten werden, in üblicher Weise mittels p-Toluolsulfonsäure (I) her. Man erhitzt z. B. Sebacinsäure mit C_{13}-Oxoalkohol u. I unter Abdest. des W. u. erhält Di-tridecylsebacat. Analog erhält man Di-n-decyl-, Di-n-octadecyl-, Di-2-äthylhexyl- oder Di-C_{15}-C_{16}-Oxoalkoholsebacat. (**E. P. 668 796** vom 21/3. 1950, ausg. 19/3. 1952. A. Prior. 3/1. 1950.) DERSIN. 8221

Union Oil Co. of California, übert. von: **Richard W. Mertes,** Los Angeles, Calif., V. St. A., *Schmierölkompositionen,* dad. gek., daß man paraffin. oder naphthen. Schmierölen als Reinigungsmittel 0,1—3% NaOH–Ca-, Na_2CO_3–Ca-, $NaHCO_3$–Ca-, Pb-Oxyd–Ca-Sulfonatkomplexe oder 0,2—3% $Ba(OH)_2$–Ba- oder 0,2—3% Pb-Oxyd–Pb-Sulfonatkomplexe einer sulfonierten Mineralöl- (Schmieröl-) Fraktion u. als Antikorrosionsmittel 0,1—0,3% öllösl. Metallthiophosphate (z. B. Zn-Dioctylthiophosphat), öllösl. Metallsalze (I), substituierter Phenole, 0,1—0,3% öllösl. I von Kondensationsprodd. des CH_2O mit Alkylphenol, öllösl. I einer schwachsauren, keine Carboxylgruppen enthaltenden organ. Substanz zugesetzt. (**A. PP. 2 501 731** vom 14/10. 1946 u. **2 501 732** vom 3/2. 1947, beide ausg. 28/3. 1950.) OPPERMANN. 8221

Standard Oil Development Co., Elizabeth, N. J., V. St. A., *Raffination von Mineralölen, besonders Schmierölen.* Das Öl wird in einem Turm unter Druck von 400—600 lbs./sq. in. u. bei 90—180° F mit der 4—6fachen Menge fl. Propans oder Butans im Gegenstrom gewaschen. Das Raffinat wird oben, der ausgefällte Asphalt unten abgezogen. (**E. P. 666 215** vom 12/4. 1948, ausg. 6/2. 1952. A. Prior. 6/8. 1947.) DERSIN. 8221

Standard Oil Development Co., Elizabeth, N. J., V. St. A., *Hochdruckschmieröle,* bestehend aus Mineralschmierölen mit Zusatz von 1—15 (Gew.-%) eines halogenierten KW-stoffs, z. B. chloriertem Paraffinwachs (I) mit 40% Cl_2-Geh., u. 1—20 eines mit S u. P_2S_5 behandelten fetten Öles, z. B. Spermöl (II). Man mischt z. B. 70—95 (Teile) II mit 5—25 S u. 0,5—5 P_2S_5 u. erhitzt auf 250—450° F 1/2—12 Std. u. setzt 1/2—2 I zu dem Reaktionsprodukt. (**E. P. 663 071** vom 19/5. 1948, ausg. 19/12. 1951. A. Prior. 30/8. 1947.) DERSIN. 8221

Standard Oil Development Co., Elizabeth, N. J., V. St. A., *Hochdruckschmieröle,* bestehend aus Mineralschmierölen mit Zusatz von ca. 10% geschwefelter u. phosphorisierter Ester von aliphat. Glykolen, Polyglykolen, Thioglykolen oder Polythioglykolen, z. B. Äthylen-, Diäthylen-, Triäthylen-, Propylen-, Dipropylen-, Butylen-, Monothioäthylen- oder Dithioäthylenglykol, mit einem Gemisch von ungesätt. Fettsäuren oder Säuren mit Harzsäuren oder Säuren der allg. Formeln: RCOX-(-CHZ-CHZ^1-X)$_n$-OCR^1 oder RCOX-(CHZ-CHZ^1-)$_n$-XOCR^1, in der X = O oder S, n eine ganze Zahl von 1—4, R u. R^1 die Reste von ungesätt. Fett- oder Harzsäuren u. Z u. Z^1 = H oder C_1- bis C_4-Alkylgruppen bedeuten. R soll 11—21 C-Atome enthalten. Die Fettsäuren sollen überwiegend aus Öl- u. Linolsäure mit geringen Mengen Linolen- u. Stearinsäure, die Harzsäuren aus Abietinsäure u. ihren Isomeren bestehen. Ein geeignetes Säuregemisch enthält Tallöl, das 45% Fett- u. 45% Harzsäuren neben 10% unverseifbaren Anteilen enthält. Die Ester werden zunächst mit S bei 280—500° F 1—10 Std. in Ggw. von SCl_2 als Katalysator erhitzt u. dann mit P_4S_3, P_4S_7, P_2S_5, PCl_3, PCl_5 oder P_2O_5 bei 200—300° F 6—12 Std. behandelt. Man kann die Ester auch mit S u. P-Verbb. gleichzeitig erhitzen. (**E. P. 663 881** vom 24/1. 1949, ausg. 27/12. 1951.) DERSIN. 8221

Standard Oil Development Co., Elizabeth, N. J., V. St. A., *Hochdruckschmierölmischung,* bestehend aus 85 (%) Mineralschmieröl, 10 eines phosphorisierten u. sulfurisierten Degras (mit 4—13% S u. 0,5—3% P) u. 5 einer chlorierten, nicht flüchtigen organ. Verb. mit 40—60% Chlor, z. B. chloriertem Paraffinwachs, Kerosin oder Tallölmethylester. (**E. P. 668 111** vom 12/1. 1950, ausg. 12/3. 1952. A. Prior. 29/10. 1949.) DERSIN. 8221

Standard Oil Development Co., Elizabeth, N. J., V. St. A., *Hochdruck- und Rostschutzzusatz fur Schmieröle.* Partialester aliphat. einbas. Säuren mit 8—24 C-Atomen, die auch ungesätt. Bindungen enthalten können, mit Pentaerythrit als Alkoholkomponente werden mit sauren P-Verbb., z. B. $POCl_3$, PCl_5, P_2O_5, $PSCl_3$, P_2S_5 oder P_4S_7 zur Rk. gebracht. Man kann dabei auch noch immer einwertige Alkohole zusetzen u. erhält cycl. Polyphosphatmischester. Man setzt z. B. Pentaerythritmonooleat in Ggw. von Alkoholen aus der Oxosynthese mit $POCl_3$ bei Tempp. $<10°$ um u. erhitzt anschließend 3 Std. auf 150°. Zusatz zu Mineralschmierölen 0,01—10%. (**E. P. 668 542** vom 30/11. 1948, ausg. 19/3. 1952.) DERSIN. 8221

Standard Oil Development Co., Elizabeth, N. J., V. St. A., *Herstellung von Mineralölsulfonsäuren.* Das Rohöl wird mit rauchender H_2SO_4 bei 70° behandelt u. das Öl vom Schlamm getrennt. Das Sulfonsäuren (I) mit dem mittleren Mol.-Gew. 400 enthaltende Öl wird nach Abscheidung der suspendierten Verunreinigungen mit wss., ca. 50%ig. A.

gewaschen, die alkoh. Lsg. der I mit Mineralöl versetzt, worauf die I mit Erdalkalihydroxyd neutralisiert werden u. soviel W. hinzugefügt wird, daß sich eine wss. Schicht bildet u. eine Lsg. der Erdalkalisalze der I in Öl verbleibt, die mit Diatomeenerde gereinigt u. mit Mineralöl auf einen Geh. von 30—70% I eingestellt wird. (**E. P. 670 620** vom 13/8. 1948, ausg. 23/4. 1952. A. Prior. 14/11. 1947.) DERSIN. 8221

Standard Oil Development Co., Elizabeth, N. J., V. St. A., *Fließpunkterniedriger für Mineralschmieröle*, bestehend aus einem Gemisch von wenigstens 2 minerallösl. polymeren Estern oder Copolymerisaten mehrerer Ester, deren Monomere der allg. Formel I entsprechen, in der X = H oder eine $COOR_1$-Gruppe, Y = H oder eine $COOR_2$-Gruppe u. n = 0—3 ist u. R, R_1 u. R_2 Alkylgruppen mit 1—22 C-Atomen darstellen. Die durchschnittliche Alkylkettenlänge in den Polyestern soll 11—14,5 C-Atome betragen. Man verwendet z. B. copolymerisierte Alkylester der Acryl-, Methacryl-, Fumar-, Malein-, Itacon- oder Aconitsäure. Man mischt z. B. gleiche Teile eines Copolymerisats von 10 (Vol.-%) Decylacrylat (I) u. 90 Lorol-B-Acrylat (II) (mittlere Kettenlänge 12,7 C-Atome) u. eines Copolymerisats von 60 I u. 40 II (mittlere Kettenlänge 11,2 C-Atome). (**E. P. 690 101** vom 13/10. 1949, ausg. 15/4. 1953. A. Prior. 3/1. 1949.) DERSIN. 8221

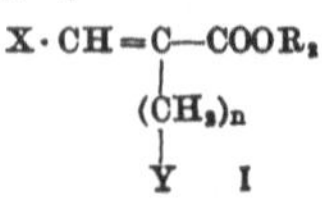

Standard Oil Development Co., Elizabeth, N. J., V. St. A., *Viscositätsindexverbesserer für Schmieröle.* Man mischpolymerisiert 1—60% Vinylalkoxyäther der allg. Formel $R-(OR_1)_n-O-CH=CH_2$ ($R = C_1-C_{20}$—Alkyl u. R_1 = Alkylen von $C_2H_4-C_4H_8$ u. n = 1—3), z. B. 2-Methoxyäthyl-, 2-Oxyäthyl-, 3-Äthoxypropyl-1-, 2-Butoxyäthyl-, 2-Butoxy-2-methyläthyl-, 2-Isopropoxymethyläthyl-, 2-Propoxybutyl-3-, 2-Octyloxyäthoxy-äthoxyäthyl-, Hexydecyloxy-äthoxyäthyl-, 2-(2-Äthylhexyloxy-)-äthoxyäthyl-, oder 2-(2-Butoxyäthoxy)-äthylvinyläther mit 40—1% eines Alkylvinyläthers der allg. Formel $RO \cdot CH=CH_2$ ($R = C_1-C_{20}$-Alkyl), z. B. Vinylisobutyläther, Vinyl-2-äthylhexyläther, Vinylmethyläther oder Vinyl-Lorol B-äther, in Ggw. von FRIEDEL-CRAFTS-Katalysatoren bei —70 bis —80° zu Prodd. von Mol.-Gew. 8000 bis 30000 STAUDINGER. Zusatz von 0,05—5% zu *Mineralschmierölen.* (**E. P. 689 670** vom 13/6. 1951, ausg. 1/4. 1953. A. Prior. 30/11. 1950.) DERSIN. 8221

Standard Oil Development Co., Elizabeth, N. J., V. St. A., *Oxydationsbeständige Mineralölmischung*, bestehend aus Mineralschmierölen mit Zusatz von 0,5—5% der Reaktionsprodd. von Carbonylverbb., z. B. CH_2O, Furfurol, Salicyl-, Benzaldehyd, Aceton, Cyclohexanon oder Acetylaceton, mit H_2S (I), die durch mehrstündiges Durchleiten von I durch die gegebenenfalls gelösten Verbb. erhalten wurden. (**E. P. 669 336** vom 11/2. 1949, ausg. 2/4. 1952. A. Prior. 15/7. 1948.) DERSIN. 8221

Ruhrchemie Akt.-Ges., Oberhausen/Rhld. (Erfinder: **Carl Clar** und **Nikolaus Geiser**, Duisburg-Hamborn), *Herstellung alterungsbeständiger Schmieröle aus olefinhaltigen Kohlenwasserstoffen*, bes. aus Spaltbenzin, mittels Kondensationsmitteln, wie $AlCl_3$, unter Zusatz von Oxydationsverhinderern, die bereits während der Darst., bes. vor der Einw. des Kondensationsmittels, zugesetzt werden, dad. gek., daß als Inhibitor *Anthrachinonyl-2-hydrosulfid* in Mengen von 0,05—1,5% der umzusetzenden KW-stoffe angewandt wird. Die erhaltenen Schmieröle sind lagerbeständig u. O-fest u. bilden keine Ndd. u. Gallerten. (**D. B. P. 902 373** Kl. 12o vom 28/1. 1941, ausg. 21/1. 1953.) HEROLD. 8221

American Cyanamid Co., New York, N. Y., V. St. A., *Oxydationsschutzmittel für Schmieröle.* Zur Herst. von Mineralöllsgg. von Ba-, Ca- u. Zn-Salzen von öllösl. Thiophosphorsäureestern gibt man diese zu einer Dispersion von BaO oder $Ba(OH)_2$ in Mineralöl, das 0,1—5% CH_3OH enthält, unter Rühren bei 70—90° u. entfernt den unlösl. Rückstand u. die überschüssige Base durch Filtration. Bei analoger Herst. der Ca- u. Zn-Salze setzt man an Stelle von CH_3OH 0,1—5% W. zu. (**E. PP. 672 663, 672 679** vom 7/1. 1947, ausg. 28/5. 1952, u. **645 345** vom 7/1. 1947, ausg. 1/11. 1950. Alle A. Prior. 26/1. 1946.) DERSIN. 8221

Standard Oil Development Co., Elizabeth, N. J., V. St. A., *Zusatzmittel für Schmieröle.* Man läßt auf ungesätt. aliphat. KW-stoffe, z. B. Propylen, Butylen, Di- oder Triisobutylen, Crackdestillate oder höhermol. Polybutene, Cyclopentene, Cyclohexene, Butadien, Pentadien oder Isopren, SCl_2 oder S_2Cl_2 bei 75—120° F einwirken u. dehalogeniert das Reaktionsprod. durch Erhitzen mit sek. oder tert. gesätt. Alkoholen von 4—16 C-Atomen, z. B. sek.- oder tert.-Butyl-, Isoamylalkohol, 2-Äthylhexylalkohol oder Methylcyclohexanol, unter Rückfluß bei 230—280° F, wobei auf 1 (Mol) geschwefelten KW-stoff 0,1—2 Alkohol angewandt wird. Das Reaktionsprod. wird im Vakuum abdestilliert; es enthält noch ca. 2% Cl_2. (**E. P. 657 698** vom 9/8. 1948, ausg. 26/9. 1951. A. Prior. 29/10. 1947.) DERSIN. 8221

Standard Oil Development Co., Elizabeth, N. J., V. St. A., *Hochdruckzusatz für Schmieröle.* Man setzt Mineralölen 1—20% Verbb. der allg. Formel I zu, in der R für eine

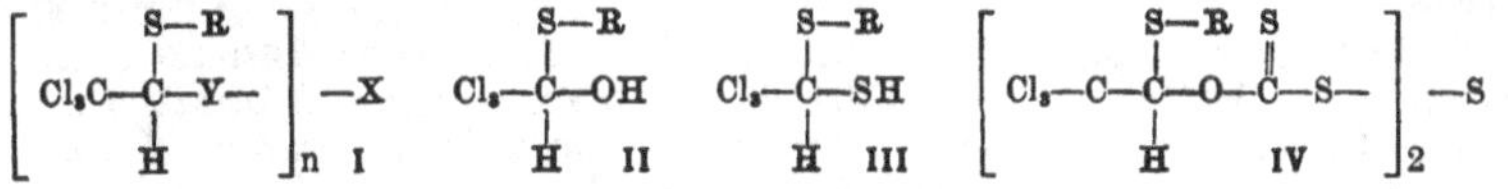

C_2–C_{20}-Alkylgruppe, X für H oder —C(S)—S—S—S—C(S)— u. Y für O oder S u. n für 1 oder 2 steht. Man stellt z. B. durch Einw. von Mercaptanen, z. B. tert.-Octyl-, tert.-Dodecyl- oder tert.-Hexadecylmercaptan auf Chloral in Ggw. von Dioxan als Lösungsm. die entsprechenden Hemimercaptale der allg. Formel II dar. Man kann diese durch Erhitzen mit P_2S_5 in die entsprechenden Thioverbb. III u. diese durch Erhitzen mit CS_2 in Xanthate oder mit SCl_2 in die entsprechenden Disulfide der allg. Formeln IV u. V überführen. (**E. P. 670 009** vom 29/12. 1949, ausg. 9/4. 1952.) Dersin. 8221

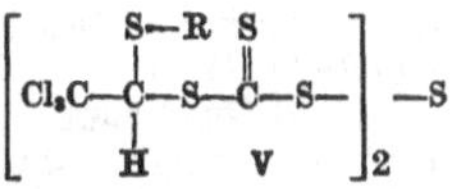

Standard Oil Development Co., Elizabeth, N. J., V. St. A., *Zusatz für Hochdruckschmieröle,* bestehend aus einer Mischung von a) 15—50 (Gew.-%) einer S u. Cl enthaltenden Paraffinwachs–Kerosinmischung, b) 40—60 phosphorisierter u. sulfurisierter Harzsäureester u. c) 75—25 sulfurisierter u. phosphorisierter Ester höherer Fettsäuren von mehrwert. Alkoholen, z. B. Spermöl. Zusatz 1—20%. (**E. P. 670 310** vom 9/12. 1949, ausg. 16/4. 1952. A. Prior. 3/2. 1949.) Dersin. 8221

Standard Oil Development Co., Elizabeth, N. J., V. St. A., *Zusatzmittel für Schmieröle mit viscositätsverbessernder Wirkung,* bestehend aus Mischpolymerisaten von 75 bis 99% Methacrylsäurestern von C_7—C_{16}-Oxoalkoholen mit 1—25% Estern der allg. Formel $CH_2 = C(R)—COOR_1$, in der R für H oder C_1—C_4-Alkyle u. R_1 für Alkylgruppen mit 1—18 C-Atomen steht. Man verwendet z. B. Mischpolymerisate von 80 (%) Methacrylsäureester (I) eines C_8-Alkohols der Oxosynthese (II) mit 20 Lorol B-Methacrylat oder 95 eines I eines C_{10}-Alkohols der II mit 5 Methylmethacrylat. (**E. P. 671 250** vom 7/3. 1950, ausg. 30/4. 1952. A. Prior. 17/12. 1949.) Dersin. 8221

Hans Umstätter, Deutschland, *Stabilisieren der Viscosität von Schmierölen* in bezug auf eine Änderung der Viscosität in Abhängigkeit von Geschwindigkeitsverlusten. Um den Schmiermitteln eine „strukturelle" Viscosität zu verleihen, werden darin lyophile Kolloide, wie Voltole, „Bright Stocks" oder Polyisobutylene, deren Polymerisationsgrad genau bestimmt worden ist, gelöst. (**F. P. 1 007 931** vom 16/4. 1948, ausg. 12/5. 1952.) M. F. Müller. 8221

Standard Oil Development Co., V. St. A. (Erfinder: **Paul V. Smith jr.**), *Herstellung von synthetischen Schmierölen für Verbrennungsturbinen.* Die Schmieröle sind komplexe Ester, die man erhält, indem man zuerst 0,5 Mol einer zweibas. Säure (z. B. Adipin-, Sebacin-, Oxalsäure) mit 0,5 Mol eines Monoalkohols (z. B. n-Butylalkohol, 2-Äthylhexanol, Propylenglykolmono-tert.-octylthioäther) in Ggw. von 1,5 g p-Toluolsulfosäuremonohydrat als Katalysator in 100 cm^3 Toluol zur Hälfte verestert u. dann den gebildeten Halbester mit 0,25 Mol eines Glykols (Triäthylen-, Trimethylenglykol, Thiodiglykol) reagieren läßt. (**F. P. 990 539** vom 12/7. 1949, ausg. 24/9. 1951. A. Prior. 1/10. 1948.) Oppermann. 8221

Standard Oil Development Co. (Erfinder: **J. McNab, N. V. Hakala** und **John P. McDermott**), V. St. A., *Stabilisieren von Mineralschmierölen,* bes. Verhinderung der Oxydation, durch Zusatz von Thiophosphorverbb. der allg. Formel I, worin R u. R' KW-stoffreste sind, die gegebenenfalls mit Halogen- oder Nitrogruppen substituiert sind u. zusammen mindestens 10 C-Atome enthalten. X = O oder S. — Als Zusatzmittel sind genannt das Cu-Salz der 2-Äthylhexylthiophosphorsäure oder der Isopropyläthylhexylthiophosphorsäure. (**F. P. 971 155** vom 8/9. 1948, ausg. 15/1. 1951. A. Prior. 28/11. 1947.) M. F. Müller. 8221

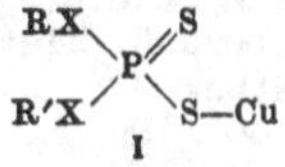

I

Shell Development Co., übert. von: **G. H. von Fuchs** und **N. B. Wilson,** San Francisco, Calif., V. St. A., *Korrosionsschutzmittel,* bestehend bes. aus einem raffinierten *Mineralschmieröl* mit einem Zusatz von 0,001—1,0% einer mehrbas. Säure mit wenigstens 16 C-Atomen, z. B. einer Alkylbernsteinsäure, u. von 0,1—5,0% eines Lösungsm., welches KW-stoffe u. W. zu lösen vermag u. welches Antiklopfeigg. besitzt, z. B. Glykolalkyläther. (**Can. P. 483 075** vom 15/9. 1942, ausg. 6/5. 1952. A. Prior. 29/9. 1941.) M. F. Müller. 8221

Shell Development Co., San Francisco, Calif., V. St. A., übert. von: **Mathijs van der Waarden,** Amsterdam, Holland, *Ölkomposition.* Mineralöl, z. B. Spindel- oder Weißöl, wird mit 0,5—15 (%) freien Degrasfettsäuren u. 0,02—5 Kolophonium gemischt. Das Prod. bildet mit W. stabile, nicht gelierende W.-in-Öl-Emulsionen, z. B. für *Schmierzwecke*. (**A. P. 2 577 218** vom 15/12. 1947, ausg. 4/12. 1951. Holl. Prior. 19/12. 1946.) Lüttgen. 8221

Shell Development Co., San Francisco., Calif., übert. von: **Antoine E. Lacomblé**, New York, N. Y., V. St. A., *Schmierölmischung*, bestehend aus Mineralschmieröl mit Zusatz eines Reinigungsmittels zur Verhinderung von Ablagerungen im Motor. Als solches werden N-Nitroderivv. von Aminen der allg. Formel $R_1(R_2)N \cdot NO_2$, in der R_1 u. R_2 Alkylreste bedeuten, vorgeschlagen, z. B. Dicyclohexylnitramin. (**A. P. 2 592 435** vom 14/5. 1949, ausg. 8/4. 1952.) Dersin. 8221

Shell Development Co., San Francisco, Calif., V. St. A., übert. von: **Wilfred Pohl**, Harrow, England, *Schiffsmaschinen-Schmieröl*, das mit W. eine stabile Emulsion zu bilden vermag, bestehend aus Mineralschmierölen mit Zusatz von 2—5 (%) geblasenem Rapsöl oder Fischöl u. 0,1—5 bas. Erdalkalimetallsalzen öllösl. Mineralölsulfonsäuren. (**A. P. 2 617 768** vom 24/1. 1949, ausg. 11/11. 1952. E. Prior. 10/2. 1948.) Dersin. 8221

Shell Development Co., San Francisco, Calif., übert. von: **Warren John Kopf** und **Laurence Clayton Westcott**, Alton, Ill., V. St. A., *Rostverhinderer*. Man setzt dem *Mineralöl* 0,03% Pentaerythrit u. 0,03% Pb-Naphthenat zu. Gegebenenfalls setzt man noch 0,25% Di-tert.-butyl-p-kresol zu. Den Ölen können auch noch andere Zusätze gegeben werden, z. B. Sulfonsäuren, Fettsäuren, Hochdruckzusätze (Alkylphosphate), Reibungsverminderer, Schaumverhinderer, Viscositätsveränderer, Reinigungsmittel, sowie Stoffe, die die Grenzflächenspannung verändern. (**A. P. 2 634 237** vom 15/4. 1949, ausg. 7/4. 1953.) Unger. 8221

Shell Development Co., San Francisco, Calif., übert. von: **Lloyd C. Fetterly**, Seattle, Wash., V. St. A., *Entparaffinierung von Schmierölen* durch Behandlung mit einer wss. Harnstofflsg. zwischen 25 u. 60°, wobei krist. Molekülkomplexe aus Harnstoff u. allen Paraffinbestandteilen im Öl gebildet werden, die man von dem entparaffinierten Öl abtrennt. — Zeichnung. (**A. P. 2 642 377** vom 27/10. 1947, ausg. 16/6. 1953.) Unger. 8221

Shell Development Co., übert. von: **Ernest W. Zublin**, **Ellis R. White** und **Emmett R. Barnum**, San Francisco, Calif., V. St. A., *Mittel zur Verhinderung der Korrosion*, bestehend aus einem ölartigen Carbonsäureester, dem eine geringe Menge einer Dicarbonsäure mit mindestens 16 C-Atomen von der allg. Formel I, worin X = S, Se oder Te ist, zugesetzt wird. u u. v sind ganze Zahlen kleiner als 3 u. w ist 1. — Genannt ist das Distearinsäure-α.α'-monosulfid. (**Can. P. 479 356** vom 29/7. 1944, ausg. 11/12. 1951. A. Prior. 8/2. 1943.) M. F. Müller. 8221

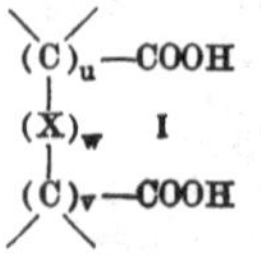

Shell Development Co., San Francisco, übert. von: **Denham Harman**, Berkeley, und **Roy E. Thorpe**, Castro Valley, Calif., V. St. A., *Hochdruckschmiermittel*, bestehend aus einem Mineralschmieröl u. einer kleineren Menge, die ausreicht, um dem Öl Hochdruckschmiereigenschaften zu verleihen, eines Reaktionsprod. von *Tributylphosphit* mit *Dibutyltrichlormethanphosphonat*. Man läßt beide Substanzen in äquimol. Anteilen bei 100—200° reagieren. (**A. P. 2 599 761** vom 21/2. 1949, ausg. 10/6. 1952.) Unger. 8221

Shell Development Co., San Francisco, übert. von: **Denham Harman** und **George L. Perry**, Berkeley, Calif., V. St. A., *Schmierölzusatz für hohe Drucke*. Man erhitzt 10—60 (Teile) feinverteilten S mit 90—40 eines Polyäthers der allg. Formel R_1—O—R—S·R_n—O—R—SH, in der R_1 einen ungesätt. KW-stoffrest, R einen mehrwertigen KW-stoffrest u. n eine ganze Zahl bedeuten, u. der bei einem Druck von 0,2 cm Hg oberhalb 240° sd., 1—40 Std. auf 100—250°. — Man erhitzt z. B. 15 (Mol) Diallyläther, 15 H_2S u. 5 Mol.-% Di-tert.-butylperoxyd in einem Autoklaven 30 Std. auf 100°. Das wasserhelle, ölige Prod. wird dest., u. die >240° bei 2 mm Hg sd. Fraktion mit 20 Gew.-% S-Blumen 3 Std. auf 180—190° erhitzt. Das Reaktionsprod. enthält 35% gebundenen S, hat einen Viscositätsindex von 125 u. Fließpunkt 0° F. Das Prod. wird in einer Menge von 3—5% aus polymerem Propylenoxyd oder Dioctylphthalat bestehenden Schmierölen zugesetzt. (**A. P. 2 562 144** vom 28/10. 1946, ausg. 24/7. 1951.) Dersin. 8221

Shell Development Co., San Francisco, übert. von: **Roland F. Bergstrom** und **Jacobus M. Plantfeber**, Martinez, Calif., V. St. A., *Zusatzmittel für Schmieröle*. Um Mineralschmieröle für hohe Drucke u. Tempp. geeignet zu machen u. die Zers. u. Schlammbldg. zu verhindern, setzt man diesen 0,05—6 (%) öllösl. Ca-Salze von Kondensationsprodd. (I) mit einem Aldehyd, bes. CH_2O, 0,1—5 Zn-Dibutyl- oder Dihexyldithiocarbaminat, 0,05—10 eines aromat. Amins (II) u. 0,05—10 eines öllösl. Ca-Salzes einer Petroleumsulfonsäure zu. I wird durch Kondensation von Octyl-, Isooctyl- oder Amylphenol mit CH_2O oder Acet-, Croton-, Benzaldehyd oder Furfurol erhalten, II kann Phenyl-α- oder -β-naphthylamin, Tetrahydronaphthylnaphthylamin, α.α- oder α.β- oder β.β-Dinaphthylamin sein. (**A. P. 2 580 274** vom 8/3. 1947, ausg. 25/12. 1951.) DERSIN. 8221

Shell Development Co., San Francisco, übert. von: **George G. Pritzker**, Sausalito, und **David E. Adelson**, Berkeley, Calif., V. St. A., *Zusätze zu Mineralschmierölen*, bestehend aus metallfreien Umsetzungsprodd. von 1—2 (Mol) P_2S_5 mit 5—1 Verbb. (I) der allg. Formel $R'_m-Q-R_n-(Z)_y$, wobei Q ein heterocycl. C-haltiger 5—6-Ring, dessen Heteroatom nicht nur O ist, R u. R′ Alkyl-, Aryl-, Alkaryl-, Aralkyl-, Alkoxy- u. Aryloxyreste, Z polare Reste, z. B. NH_2, NO_2, N—NO, CN, SCN, Phosphate usw., bedeuten. m ist 0—2, n 0—1, y 1—3. — Beispiel für I: Thiophene, Pyrazole, Benzthiazol, α.α-Dipyridyl, Aminochinoline, Pyrimidine, Thiobenzaldehyd. — Umsetzungsbeispiel: Etwa 1 Thiophen wird mit ca. 0,5 P_2S_5 unter Rückfluß gekocht u. das Reaktionsprod. mit Essigester extrahiert. Die erhaltene braune, viscose Fl. enthält 20—21 (%) S u. 18,3—18,6 P. Zusatzmenge: 0,01—2. (**A. P. 2 624 707** vom 7/6. 1949, ausg. 6/1. 1953.) DREWS. 8221

„Shell" Refining and Marketing Co. Ltd., London, **Philip James Garner**, Hooton, Cheshire, **Vernon Warner David** und **Randolph Colin Haworth**, Chester, England, *Hochdruckzusatz für Mineralschmieröle* (**I**). Man erhitzt Monoalkene mit mindestens 5 C-Atomen, z. B. Crackprodd. von Paraffin, mit S auf 100—200° in Ggw. von Vulkanisationsbeschleunigern für Kautschuk, z. B. 1-Mercaptobenzothiazol oder Zn-Diäthyldithiocarbamat, u. erhält Öle, die 25—40% S enthalten. Zusatz zu **I** in solcher Menge, daß **I** ca. 0,1% S enthält. (**E. P. 676 712** vom 13/1. 1950, ausg. 30/7. 1952.) DERSIN. 8221

„Shell" Refining and Marketing Co. Ltd., London, **Raymond Spencer Airs**, Wirral, Cheshire, und **Vernon Warner David**, Chester, England, *Hochdruckzusatz für Mineralschmieröle*, bestehend aus 0,05—5% Trithionen, die wenigstens einen aromat., aber keinen wasserlösl. machenden Substituenten besitzen, z. B. 2- oder 3-Phenyl-, 3-(4′-Methoxyphenyl)- oder Benztrithion. (**E. P. 679 871** vom 16/2. 1950, ausg. 24/9. 1952.) DERSIN. 8221

Comp. Française de Raffinage, Frankreich, *Gewinnung von Schmierölen* aus tier. oder pflanzlichen Ölen, wie Olivenöl, Erdnußöl, Ricinusöl oder Leinöl, Fischtran, Talg, Palmöl, Butter, durch Einführung eines aromat. Restes, z. B. von Bzl., Toluol, Xylol, Naphthalin, Diphenyl, Dibenzyl oder aromat. Äthern, in Ggw. von Katalysatoren, wie $FeCl_3$ oder $AlCl_3$, bei Tempp. unter 100° unter n. oder red. Druck. Vor der Arylierung können die Öle gegebenenfalls polymerisiert oder partiell hydriert werden. — Die Glyceride können auch zunächst mit Olefinen kondensiert u. danach durch Arylierung gesätt. werden, wobei gleichzeitig gegebenenfalls eine Hydrierung bewirkt wird. — Die Hydrierung der Öle, Säuren oder Ester kann auch nach der teilweisen oder vollständigen Arylierung stattfinden. (**F. P. 978 170** vom 4/7. 1941, ausg. 8/2. 1951.) M. F. MÜLLER. 8221

Comp. Française de Raffinage, Frankreich, *Herstellung von Spindelölen* mit einer Viscosität von 6—7 Centistokes bei 50° aus natürlichen tier. oder pflanzlichen Ölen durch Zusatz von Phthalsäurealkylestern, wie Methyl-, Äthyl- oder Butylester, welche bei 50° eine Viscosität von 6 Centistokes u. weniger haben. — Die Viscosität der natürlichen Öle kann auch durch vollständige oder partielle Alkoholyse herabgesetzt werden. — Olivenöl (28 Centistokes) wird z. B. mit absol. A., welcher mit HCl gesätt. worden ist, unter Rückfluß gekocht. Dabei wird die Viscosität von 28 auf 4 Centistokes bei 50° herabgesetzt. (**F. P. 973 696** vom 17/11. 1941, ausg. 13/2. 1951.) M. F. MÜLLER. 8221

Comp. Française de Raffinage, Frankreich, *Herstellung von Schmierölen*, dad. gek., daß natürliche fette Öle u. Harzöle gemeinsam durch Anlagerung von Arylgruppen abgesätt. u. gegebenenfalls nachträglich alkyliert werden. (**F. P. 977 025** vom 8/6. 1942, ausg. 27/3. 1951.) OPPERMANN. 8221

Comp. Française de Raffinage, Frankreich, *Herstellung von Schmierölen*, dad. gek., daß die im Rohbenzol enthaltenen ungesätt. Verbb. polymerisiert oder in Ggw. eines Katalysators durch Rk. mit den aromat. Verbb. aryliert werden. (**F. P. 977 472** vom 13/7. 1942, ausg. 2/4. 1951.) OPPERMANN. 8221

Comp. Française de Raffinage, Frankreich, *Herstellung von Schmierölen*, dad. gek., daß man Schieferöl (I) mit Katalysatoren vom Typ FRIEDEL-CRAFTS polymerisiert u. aryliert. Man erhitzt z. B. I mit einer oberen Siedegrenze von 300° (175° bei 20 mm Hg) nach vorheriger Raffination mit HCl u. akt. Erde oder HCl allein in Ggw. von 10% $AlCl_3$ 2 Std. auf 80°. Mit dem $AlCl_3$ enthaltenden Rückstand wiederholt man obige Rk. mit zwei weiteren I-Mengen bei 100° u. einer Dauer von 3 u. 3½ Stunden. Die ölige Schicht jeder der drei Umsetzungen dest. man, die nichtöligen Destillate behandelt man mit 10% frischem $AlCl_3$ wie die allererste I-Menge. (**F. P. 981 440** vom 9/4. 1943, ausg. 25/5. 1951.) OPPERMANN. 8221

Comp. Française de Raffinage, Frankreich, *Herstellung von Schmierölen,* aus Bzl. oder seinen Homologen durch Kondensation mit Dichloräthan (I). — 19 (Mol) Bzl. u. 19 Toluol werden mit 30 I in Ggw. von $AlCl_3$ kondensiert. Temp. steigt von 25 auf 95°. Nach 3 Std. ist die Rk. beendet. Das Reaktionsprod. wird mit Bzl. verd. u. mit W. gewaschen. Nach dem Abtrennen des Lösungsm. wird das Rohprod. mit PAe. gewaschen, wobei eine untere u. eine obere Schicht gebildet wird, die voneinander getrennt u. raffiniert werden. Man gewinnt dabei Motor-, Zylinder- u. Schweröl. (**F. P. 986 901** vom 8/12. 1943, ausg. 7/8. 1951.) M. F. MÜLLER. 8221

Comp. Française de Raffinage, Paris, Frankreich, *Schmieröl für Uhren,* bestehend aus 94—97 (Teilen) Trixylenylphosphat u. 3—5 eines neutralen fetten Öles, z. B. Olivenöl oder Rinderklauenöl. Man kann ferner noch 0,5—1 einer Fettsäure, z. B. Elaidinsäure, Phenol oder eines langkettigen Alkohols, z. B. Stearylalkohol, oder Trikresylphosphat oder eines anderen organ. H_3PO_4-Esters zusetzen. (**E. P. 655 433** vom 24/12. 1947, ausg. 18/7. 1951. F. Prior. 4/11. 1941.) DERSIN. 8221

California Research Corp., San Francisco, übert. von: **Bruce W. Hotten,** Richmond, Calif., V. St. A., *Hochschmelzendes, wasserbeständiges Schmierfett,* bestehend aus Mineralöl unter Zusatz von 5—50% eines Alkalisalzes von Fettsäuren mit 10—30 C-Atomen als Verdickungsmittel u. — als die Wasserbeständigkeit bedingenden Stoffes — von 0,2—7,5% polymerer Verbb., die verseifbare Gruppen, wie **COOH**- oder Estergruppen, enthalten u. von denen 10—60% durch Alkali- oder Erdalkali verseift sind. Diese Verbb. sind Polymerisate von Acrylsäure oder Methacrylsäure u. deren Estern, die 5—40 C-Atome in jeder Estergruppe enthalten, oder deren Copolymerisate mit Olefinverbb., wie Styrol, Butadien, Vinylchlorid, Tetrafluoräthylen, Chlortrifluoräthylen oder Äthylen. Man verwendet z. B. die durch partielle Verseifung erhaltenen K-, Li- oder Ba-Salze des Polyoctyl-, -cetyl- oder -laurylmethacrylats. (**A. P. 2 577 706** vom 26/11. 1948, ausg. 4/12. 1951. **E. P. 689 836** vom 11/11. 1949, ausg. 8/4. 1953. A. Prior. 26/11. 1948.) DERSIN. 8223

Carbide & Carbon Chemicals Ltd., Toronto, Ontario, Can., übert. von: **Harvey R. Fife** und **Frederick H. Roberts,** V. St. A., *Herstellung von flüssigen, mit Wasser nicht mischbaren aliphatischen Monooxy-1.2-polyoxypropylenmonoäthern,* welche mindestens 9-Oxy-1.2-propylengruppen im Mol. enthalten. Man behandelt einen einwertigen aliphat. Alkohol mit 1 oder 2 C-Atomen in Ggw. eines Alkalihydroxyds als Katalysator mit 1.2-Propylenoxyd (I) in Abwesenheit von W. bei 80—130°. — Aus Butanol u. I entsteht ein Monooxy-1.2-polyoxypropylenmonoäther vom Mol.-Gew. von 1000 bis 1600, welcher viscos ist u. als *Schmiermittel* geeignet ist. (**Can. P. 477 997** vom 28/2. 1945, ausg. 23/10. 1951. A. Prior. 30/5. 1944.) M. F. MÜLLER. 8223

American Cyanamid Co., New York, N. Y., übert. von: **Kenneth D. Ashley** und **Scott Mason,** Stamford, Conn., V. St. A., *Schmierfett,* bestehend aus Schmieröl u. 1—20 (%) eines Al-Salzes (I) einer Mischung aus 1—20, bes. 4—8 dimerisierten, mehrfach ungesätt. Fettsäuren (II) u. 99—80, bes. 96—92 gesätt. II, z. B. Stearinsäure. Außerdem können 1—8 Glycerin, bezogen auf I, zugegen sein. (**A. P. 2 555 104** vom 25/11. 1949, ausg. 29/5. 1951.) LÜTTGEN. 8223

N. V. de Bataafsche Petroleum Mij., Den Haag, Holland (Erfinder: **Walter Howard Peterson,** Emeryville, Calif., V. St. A.), *Herstellung von Schmierfetten,* die durch anorgan. Kolloide (I) gelierte Schmieröle, bes. Mineralöle, enthalten, dad. gek., daß die Schmieröle u. die I gemeinsam 20—180 Min., bes. 30—120 Min., auf 150—200°, bes. 165 bis 200°, erhitzt werden, unter Ausschluß solcher Schmierfette, welche eine mindestens 8 C-Atome enthaltende aliphat. Verb. mit einer oder mehreren freien OH- oder SH-Gruppen oder eine organ. Säure mit mindestens 10 C-Atomen aus der Gruppe der Phosphinsäuren, Phosphonsäuren, Fettsäuren, aliphat. Dicarbonsäuren, Amino-, Sulfon-, Naphthensäuren u. der chlorierten, sulfurierten u. phosphorierten Abkömmlinge derselben enthalten. — Als I werden Aerogele oder koll. Metalloxyde, -hydroxyde, SiO_2, Tone, oder synthet. Zeolithe verwendet. Man kann ferner noch oberflächenakt. Mittel, z. B. hydrophobe Salze organ. Säuren mehrwertiger Metalle oder Aminsalze, z. B. Octadecylaminacetat, zusetzen. Ferner kann man das Gemisch während des Erhitzens einer scherenden Einw. unterwerfen. Die so erhaltenen Schmierfette sind wasserfest. (**D. B. P. 878 832** Kl. 23c vom 17/12. 1950, ausg. 8/6. 1953. A. Prior. 19/12. 1949.) DERSIN. 8223

N. V. de Bataafsche Petroleum Mij., Den Haag, Holland (Erfinder: **Arnold Aaron Bondi, Victor Borsoff** und **George Lewis Perry**, Emeryville, Kalif., V. St. A.), *Schmiermittel*, bestehend aus Mineralölen mit Zusatz von a) 0,1—5 (%) eines Hochdruckzusatzes, der in Mineralöl unlösl. u. polymerisierbar ist u. mehrere OH-Gruppen enthält, z. B. Wein-, Milch-, Citronen-, Glucon-, Äpfel- oder Bernsteinsäure oder Teilester einer der genannten Säuren mit Sorbit, Propylenglykol oder Glycerin; b) einem nicht ionisierten Lösungsvermittler für den Hochdruckzusatz, von z. B. 0,1—10 Sorbitmonooleat (I), -monostearat, Pentaerythrit- oder Glycerinmonooleat, aliphat. Aminen C_{10}—C_{18}, Polyoxyäthylensorbitmonooleat (II), Na- oder Ca-Erdölsulfonat oder 1-Oxyäthyl-2-heptadecenylglyoxalidin. Ferner kann man noch Reinerhaltungs-, Antioxydations- u. Antikorrosionsmittel zusetzen. — Beispiel: 2 Weinsäure, 4 I, 2 II u. 92 Mineralöl SAE 80. (**D. B. P. 884 990** Kl. 23c vom 23/12. 1951, ausg. 30/7. 1953. A. Prior. 26/12. 1950.) Dersin. 8223

N. V. de Bataafsche Petroleum Mij., Den Haag, Holland, *Als Schmiermittelzusätze geeignete P-haltige Polymerisate* erhält man durch Rk. von P-Halogeniden oder Oxyhalogeniden mit Polyalkylenoxyden oder -glykolen, indem man z. B. 100 (Gewichtsteile) Polypropylenoxyd 3 Std. mit 5 PCl_3 auf 170° erhitzt. (**E. P. 653 353** vom 1/6. 1948, ausg. 16/5. 1951. A. Prior. 2/6. 1947.) Müller-Meiningen. 8223

N. V. de Bataafsche Petroleum Mij., Den Haag, Holland, übert. von: **Robert G. Larsen**, Albany, Can., V. St. A., *Schmiermittel für Metalle*, enthaltend 1—50 (%) bes. 5—25 Dialkylsilan, wie *Dimethyl-*, *Di-n-propyl-*, *Diisopropyl-*, *Dilauryl-* oder *Dicetylsilan*, u. 5—80 mit H_2S, P_2S_5 usw. sulfidierte Olefinpolymere, bes. Isobutylenpolymere. Als nichtkorrodierende Füllmittel können Bentonit oder MoS_2 zugesetzt werden. (**E. P. 654 533** vom 22/7. 1948, ausg. 20/6. 1951. A. Prior. 28/10. 1947.) Mölleering. 8223

N. V. de Bataafsche Petroleum Mij., Den Haag, Holland, *Zur Herstellung von Staufferfett bestimmtes Seifengel.* Fette, Fettsäuren, Tallöl, Naphthensäuren usw. werden in Ggw. von Mineralöl (I) mit Alkalien, Erdalkalien, Zn-, Al- oder Pb-Verbb. verseift, worauf I aus der fertigen Seife extrahiert wird. Durch einfaches Mischen des erhaltenen porösen Seifengels, das auch mit anorgan. Gelen kombiniert werden kann, mit Mineralöl wird ein Staufferfett erhalten. (**E. P. 675 301** vom 31/5. 1949, ausg. 9/7. 1952. A. Prior. 1/6. 1948.) Lüttgen. 8223

N. V. de Bataafsche Petroleum Mij., Den Haag, Holland, *Wasserbeständiges Schmierfett*, bestehend aus Mineralöl, das durch Zusatz von 1—20 (Gew.-%) eines anorgan. Aerogels, z. B. SiO_2, verdickt u. mit 0,5—40 einer nichtmetall. aliphat. Oxy- oder Mercaptoverb. mit wenigstens 8 C-Atomen versetzt wurde, z. B. 10—25 Glycerinmonostearat, 9—21 12-Oxystearinsäure, 10—22 hydriertem Ricinusöl, 20 Cetylalkohol, 20 1.2-Dodecandiol oder 20 1.10-Dekamethylendiol. (**E. P. 685 146** vom 13/3. 1950, ausg. 31/12. 1952. A. Prior. 22/3. 1949.) Dersin. 8223

Monsanto Chemical Co., St. Louis, Mo., übert. von: **Tracy M. Patrick jr.**, Dayton, O., V. St. A., *Dimethoxymethylbernsteinsäureanhydrid* (I) u. dessen „*Telomere*" der allg. Zus. **II** (n = 2—20, bes. 2—5) erhält man durch Rk. von bis zu 5 (Mol) Maleinsäureanhydrid mit 1 Methylal in Ggw. von 0,1—5% eines organ. Peroxyds u./oder unter Einw. von UV-Licht bei 50—150° u. Fraktionieren des **I**; $C_7H_{10}O_5$, Kp.$_{12}$ 115 bis 117°; n_D^{25} 1,4460; D.$^{25}_{25}$ 1,1797; Zwischenprodukt. — **II** ist ein viscoses, braunes Prod., das als *Schmiermittel* oder als Zusatz zu solchen dient. (**A. P. 2 628 238** vom 25/2. 1952, ausg. 10/2. 1953.) Müller-Meiningen. 8223

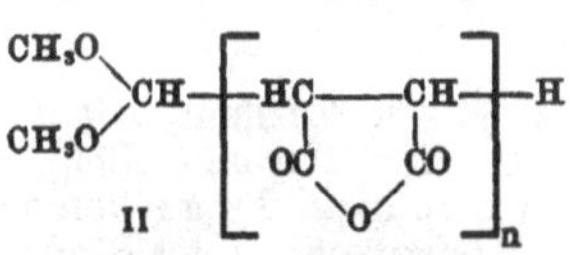

II

Standard Oil Development Co., übert. von: **Harry W. Rudel**, Roselle Park, und **Jones I. Wasson**, Union, N. J., V. St. A., *Alkenyldi- und tricarbonsäuredi- und triester* mit 3—24 C-Atomen in der Alkenylgruppe erhält man durch Veresterung von Alkenyldi- u. -tricarbonsäuren (hergestellt aus Monoolefinen u. Carbonsäureanhydriden bei ca. 160° u. höher) mit einwertigen Alkoholen mit 1—18 C-Atomen, die noch O oder S in Ätherbindung enthalten können, in Ggw. von p-Toluolsulfonsäure. Es werden folgende Ester hergestellt: *Isobutenyl-n-decylsuccinat* (*Succinat* = *su*). — *2-Äthylbuten-(1)-yl-n-decylsu*; *2-Äthylbuten-(1)-yl-butylcarbitolsu*; *Dipentenyl-n-decylsu*; *1-Decenyläthylsu*; *C_{10}—C_{12}-Alkenyl-n-amylsu*; *C_{10}—C_{12}-Alkenylbutylcellosolvesu*; *C_{10}—C_{12}-Alkenyl-n-decylsu*; *C_{12}—C_{14}-Alkenyl-2-äthylhexylsu*; *C_{12}—C_{14}-Alkenyl-n-decylsu*; *C_{12}—C_{14}-Alkenylbutylcarbitolsu*; *1-Tetradecenyläthylsu*; *C_{14}—C_{18}-Alkenyl-n-amylsu*; *C_{14}—C_{18}-Alkenyl-n-decylsu*; *C_{14}—C_{18}-Alkenylisobutyl* + *n-tetradecylsu*; *C_{16}—C_{18}-Fischer-Olefin-n-decylsu*; *C_{17}—C_{18}-Polypropenyl-n-decylsu*; *Octadecenyl-n-decylsu*; *C_{24}-Polypropenyl-n-decylsu*; *C_{24}-Polypropenylmethyl* + *-n-decylsu*; Viscositäten (Tabelle). Die

Ester haben niedrigen Fließpunkt u. hohe Viscosität u. werden als synthet. *Schmiermittel* verwendet. (**A. P. 2 561 232** vom 30/12. 1948, ausg. 17/7. 1951.) KRAUSS. 8223

Dow Corning Corp., übert. von: **Chester C. Currie**, Midland, Mich., V. St. A., *Siloxanschmiermittel*, bestehend aus Siloxanen (I) u. 0,1—3 Gew.-% eines Metalls in Form von Salzen (II) aliphat. Carbonsäuren. I sind Verbb. der allg. Formel $[R_nSi]_2O_{4-n}$, wobei n zwischen 2 u. 3 ist. R sind CH_3-, C_6H_4OH- u. halogenhaltige Phenyl- u. Xenylreste, die 1—7 Cl- oder Br-Atome enthalten u. in solchen Mengen vorliegen, daß Halogen : Si = 0,5—5 ist. Der Rest von R besteht aus CH_3- u. C_6H_4OH-, jedoch mindestens 37% CH_3-Gruppen. II sind Cu-, Mg- u. Pb-Salze von aliphat. C_{4-9}-Carbonsäuren u. deren Cyclohexylderivaten. — Beispiel: 6 (Mol-%) $Cl_2C_6H_3SiO_{3/2}$, 5 $C_6H_5 \cdot CH_3SiO$, 14 $(CH_3)_3SiO_{1/2}$, 75 $(CH_3)_2SiO$; 0,25—0,5 Gew.-% dieser Mischung Cu als Cu-2-Äthylhexoat oder -hexylcapronat. (**A. P. 2 642 395** vom 8/2. 1952, ausg. 16/6. 1953.) DREWS. 8223

Standard Oil Development Co., übert. von: **Louis A. Mikeska**, Westfield, und **Lawrence T. Eby**, Linden, N. J., Delaware, V. St. A., *Synthetische Schmiermittel* der allg. Formel I. Hierbei bedeutet R eine C_{1-10}-Alkylgruppe, z. B. Butyl, R' u. R'' H oder CH_3, wobei je 1 H u. 1 CH_3 in jedem Radikal vorhanden sein müssen, n = 8—20, z. B. 14. Das Prod. hat ein Mol.-Gew. von wenigstens 300 u. eine Viscosität <40 cst/210° F. — Beispiel: 37,1 (g) n-C_4H_9OH, 5 Borfluorid-Ae. u. 406,6 Propylenoxyd werden nach 3 std. Rühren bei 25—30° mit Ae. verd. u. mit $NaHCO_3$-Lsg. gewaschen. Das getrocknete, ätherfreie Öl wird mit $^1/_{10}$ seines Gewichts an Diäthylcarbonat u. der ca. 3fachen Menge Toluol über $NaOCH_3$ bei 88—110° dest., mit HCl angesäuert, getrocknet u. bei 200°/2 mm destilliert. Analyse des erhaltenen Öls: 61,11 (%) C, 10,60 H, AZ. 17,9, VZ. 74,3. Viscosität 72,86 cst/100°. (**A. P. 2 651 657** vom 21/5. 1949, ausg. 8/9. 1953. **E. P. 694 853** vom 8/8. 1949, ausg. 29/7. 1953. A. Prior. 21/5. 1949.) DREWS. 8223

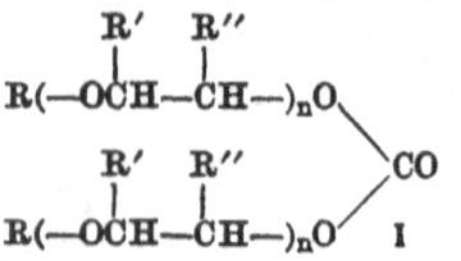

I

Soc. des Produits Houghton, Frankreich, *Ersatzmittel für konsistente Schmierfette*, bestehend aus Steinkohlenteerölen, z. B. Anthracenöl, mit einem Zusatz von ca. 10% Mineralschmieröl u. von ca. 10% einer Harz- oder Fettsäure, gegebenenfalls mit einer geringen Menge Latex. Das Gemisch wird emulgiert u. unter Rühren wird eine konz. Lsg. von NaOH oder KOH zugesetzt, bis die Fett- oder Harzsäuren verseift sind. (**F. P. 975 071** vom 21/1. 1942, ausg. 1/3. 1951.) M. F. MÜLLER. 8223

Soc. des Produits Houghton, Frankreich, *Drahtzieh-Schmiermittel*, bestehend aus einer wss. koll. Tonemulsion mit einem Zusatz von ca. 20% sulfonierten Fettstoffen, z. B. sulfoniertem Leimfett (graisse de colle). (**F. P. 975 077** vom 22/1. 1942, ausg. 1/3. 1951.) M. F. MÜLLER. 8223

D. B. **Günsburg**, Vergasung minderwertiger Brennstoffe. Fachl. bearb. v. Obering. Neef. Halle/S.: Knapp. 1953. (VII + 184 S. m. 40 Abb. u. 28 Tab.) DM 8,50.

XXI. Leder. Gerbstoffe.

R. W. Pearman, *Die Eukalyptusarten als Gerbstoffquelle*. Überblick über die in Australien, Marokko, Belg. Kongo, Südafrika u. den engl. Kolonien für die Gerbstoffgewinnung in Frage kommenden Eucalyptusarten. Die Gerbstoffe selbst befinden sich bevorzugt in der Rinde. Chem. gesehen, gehören die Eucalyptusgerbstoffe hauptsächlich dem Brenzcatechintyp an; einige Arten enthalten bis zu 25% Pyrogallolgerbstoffe. — 19 Literaturhinweise. (Colonial Plant Animal Products **3**. 206—13. 1952/53.) H. G. FRÖHLICH. 8336

W. R. Lotz und **Edwin R. Theis**. *Untersuchungen über die Chromgerbung*. 20. Mitt. *Weitere Untersuchungen über die Mitverwendung synthetischer Gerbstoffe bei der Chromgerbung*. (19. vgl. C. **1954**. 4533.) Die umfangreichen Unterss. über den Einfl. verschied. synthet. Naphthalinsulfosäuregerbstoffe in der Chromgerbung haben gezeigt, daß bei Verwendung von Formiatchrombrühen ein bes. günstiger Effekt erzielt werden kann. So führt ein Zusatz an synthet. Gerbstoffen zu einer Verringerung des Cr-Geh. in der Narben- u. Fleischseite, während die vegetabil. Gerbstoffe eine Erhöhung des Cr_2O_3-Geh. in diesen Schichten bewirken. Dieses günstige Verh. der synthet. Gerbstoffe wird auf die Bldg. eines bes. stabilen Cr-synthet. Gerbstoffkomplexes zurückgeführt, der nicht mehr in der Lage ist, mit den freien COOH-Gruppen des Kollagens zu reagieren. (J. Amer. Leather Chemists Assoc. **48**. 388—422. Juli 1953. Bethlehem, Pa., Lehigh Univ., Div. of Leather Techn. Inst. of Res.) H. G. FRÖHLICH. 8336

Mark M. Luckens, *Behandlung und Beseitigung von Gerbereiabfällen*. Wirtschaftliche Bedeutung u. Gefahren der gasförmigen, fl. u. festen Nebenprodd. u. Abfälle der Gerberei u. Hinweise zu ihrer Nutzung oder Beseitigung. (Leather Manufacturer **71.** Nr. 1. 7—8. Jan. 1954. New York, N. Y., Emmet Techn. Ass.) MÜHLMEISTER. 8336

Kurt Wolf, Schweiz, *Enthaaren von Tierhäuten.* Man behandelt die Häute zuerst mit Substanzen, die mit dem Enthaarungsmittel reagieren (z. B. wss. Lsgg. von Glaubersalz, $NaHCO_3$, Na_2CO_3 oder Borax). Dann bedeckt man eine solche mit der Fleischseite nach oben liegende Haut mit einem CaS enthaltenden, angefeuchteten Papierbogen u. legt eine zweite derartige Haut mit der Fleischseite nach unten darüber. Nach 4—12 Std. entfernt man die gelockerten Haare maschinell oder von Hand. (**F. P. 1 036 140** vom 25/4. 1951, ausg. 3/9. 1953.) OPPERMANN. 8335

Paul Eugène Chambard und **Institut de Recherches pour les Industries du Cuir,** Frankreich, *Gerben mit Silicaten.* Man verwendet zum Gerben Lsgg. von krist. Na_2SiO_3 oder einem anderen Alkalimetasilicat, deren p_H durch ein aus einer starken u. einer schwachen Säure (HCl u. Essigsäure) bestehendes Säuregemisch auf 3,2 eingestellt ist. Ferner setzt man beim Pickeln oder während des Gerbens eine Fettemulsion („Dermacid"), ein sulfoniertes Öl, einen sulfonierten Fettalkohol oder ein kationakt. Netzmittel zu. — 2 Beispiele. (**F. P. 1 034 227** vom 21/3. 1951, ausg. 21/7. 1953.) OPPERMANN. 8337

Progil (Soc. An.), Frankreich (Erfinder: **Marcel Ernest Degeorges, Henri Martin** und **Louis Gelpi**), *Herstellung von synthetischen, lichtbeständigen Gerbstoffen.* Man kondensiert p-Kresolsulfonsäure mit CH_2O u. läßt dieses in W. lösl. Kondensationsprod. mit einem Kondensationsprod. von CH_2O u. Phenol oder einem Deriv. des Phenols reagieren. — Das Phenol-CH_2O-Kondensationsprod. stellt man z. B. aus 188 (Teilen) Phenol, 100—140 30%ig. CH_2O u. 2 Oxalsäure, das p-Kresolsulfonsäure-CH_2O-Kondensationsprod. aus 216 (Teilen) p-Kresol, 270 98%ig. H_2SO_4 u. 100 30%ig. CH_2O her. Das aus beiden Kondensationsprodd. gewonnene saure, in W. lösl. Endprod. wird mit einer alkal. Substanz (z. B. NH_4OH) neutralisiert u. dann mit einer organ. Säure (z. B. Essigsäure) leicht angesäuert. (**F. P. 1 035 541** vom 18/4. 1951, ausg. 25/8. 1953.) OPPERMANN. 8337

Forestal Land, Timber & Railways Co. Ltd., England (Erfinder: **Theodore White, Jeremy Ralph Barnes Hastings**), *Herstellung von Leder.* Man imprägniert die Häute entweder mit dem unverd. Kondensationsprod., hergestellt aus einem oder mehreren Aldehyden (CH_2O, Acetaldehyd, Crotonaldehyd) u. einem oder mehreren Ketonen (Aceton, Methyläthylketon, Methylpropylketon), oder mit den wss. Lsgg. oder Dispersionen des Kondensationsproduktes. Dann behandelt man die Häute mit einer alkal. Lsg. mit einem p_H von mindestens 11 (wss. 10%ig. Na_2CO_3-Lsg.), wobei Verharzung des Kondensationsprod. in der Haut erfolgt. (**F. P. 1 026 978** vom 13/10. 1950, ausg. 6/5. 1953. E. Priorr. 14/10. 1949 u. 27/9. 1950.) OPPERMANN. 8337

Gevaert Photoproducten N. V., Belgien (Erfinder: **Ferdinand Léonard Schouteden**), *Herstellung von Kunstleder.* Man bedeckt einen elast. Träger, vorzugsweise ein Gewebe, mit einem Pulver aus einer plastifizierten linearen hochpolymeren Substanz (Polyvinylchlorid oder Polyvinylmischpolymerisat) gegebenenfalls mit Zusatz von Füllstoffen u. Pigmenten. Dann führt man das Gewebe zwischen zwei auf 100—140° geheizten Gaufrierwalzen hindurch u. erhitzt es danach auf 140—190°. — Ein hierfür geeignetes Pulver erhält man z. B. durch Vermengen von 100 (Gewichtsteilen) Polyvinylchlorid („Afgovyl C_8" von Pechiney), 70 Dibutylphthalat („Palatinol C"), 100 TiO_2 u. 2 bas. Pb-Carbonat. Es entsteht eine zähe Paste, die nach 20 Min. Erhitzen auf 100° in klumpige Stücke zerfällt, die man pulverisiert. (**F. P. 1 027 488** vom 9/11. 1950, ausg. 12/5. 1953. Holl. Prior. 11/11. 1949.) OPPERMANN. 8353

Internationale de Recherches, Soc. An., Marokko, *Herstellung von widerstandsfähigem Kunstleder.* Es besteht aus einer Polyvinylchloridfolie, einer Zwischenschicht aus perforiertem Cellophan, Papier oder einem anderen analogen Material u. einem Textilgewebe als Träger. Das Ganze wird mit einem geeigneten Klebstoff in der Wärme oder in der Kälte verleimt. (**F. P. 1 030 787** vom 8/1. 1951, ausg. 17/6. 1953.) OPPERMANN. 8353

Paul Léon Freret, Frankreich, *Herstellung von künstlichem Boxcalfleder.* Man preßt in der Wärme eine mit dem Sandstrahl behandelte Metallplatte auf eine mit einer Cellophanfolie belegte Polyvinylchloridfolie. Dann verleiht man der Polyvinylchloridfolie durch eine zweite Pressung auf übliche Weise das Chagrinmuster des Boxcalfs. Man kann statt der Metallplatte auch einen mit dem Sandstrahl behandelten Metallzylinder verwenden. (**F. P. 1 034 560** vom 8/4. 1949, ausg. 27/7. 1953.) OPPERMANN. 8353

A. N. Michailow, Physikalisch-chemische Grundlagen der Technologie des Leders. Chemie der Gerbstoffe und der Gerbprozesse. Moskau: Gislegprom. 1953. (794 S.) 21 Rbl. 30 Kop. [russ.]

XXIV. Photographie.

René Georges Barthet und **Pierre Acrenaz**, Frankreich, *Erzeugung von Lichteffekten auf graphischem, photographischem und ähnlichem Material.* Man behandelt es mit einer Lsg. oder Emulsion einer im sichtbaren Licht farblosen, unter der Einw. von UV-Licht fluorescierenden oder phosphorescierenden Substanz (z. B. einer Lsg. des fluorescierenden Salzes „N 3 S"). (**F. P. 1 029 089** vom 5/12. 1950, ausg. 29/5. 1953.) OPPERMANN. 8595

Kodak-Pathé, Frankreich (Erfinder: **Wesley G. Lowe, Louis M. Minsk** und **William O. Kenyon**), *Herstellung von photographischen Halogensilberemulsionen.* Man vermischt ein in W. lösl. Ag-Salz u. eine in W. lösl. anorgan. Halogenverb. in einer verd. wss. Lsg. eines Mischpolymerisates von Acrylsäure, Acrylamid u. Acrylnitril oder Methylvinylketon. Das Mischpolymerisat hat z. B. die Zus.: 25 (Teile) Acrylamid, 10 Acrylnitril u. 2,5 Acrylsäure oder z. B. 24 Acrylamid, 2 Methylvinylketon u. 2,4 Acrylsäure. (**F. P. 1 034 927** vom 30/3. 1951, ausg. 7/8. 1953. A. Prior. 31/3. 1950.) OPPERMANN. 8601

Kodak-Pathé, Seine, Frankreich, bzw. **Eastman Kodak Co.**, Rochester, N. Y., V. St. A., übert. von: **Lonning W. Blanchard jr.**, *Herstellung von Cellulosemischestern* höherer Viscosität. Man behandelt Cellulose mit Fettsäuren mit 2—4 C-Atomen, wobei wenigstens 20—40% des Bades aus Essigsäure besteht, verestert, wobei die Gesamtmenge an Acyl wenigstens 60% Fettsäuren mit 3—4 C-Atomen beträgt, u. 5—7 Teile Bad pro 1 Teil Cellulose angewandt werden u. das Bad 0,75—3 Teile niedere gesätt. unsubstituierte Fettsäuren u. deren Anhydride pro 1 Teil Cellulose enthält; man nimmt etwas mehr als die theoret. Menge Anhydrid unter 13°, aber von einer Temp. über dem Verfestigungspunkt der Essigsäure, 1—5% (der Cellulose) H_2SO_4 u. hält die Temp. bei 21—32°, bis die Cellulose prakt. gelöst ist. — Man behandelt 16 (kg) Baumwollinters mit 16 Essigsäure u. 16 Buttersäure 4 Std. bei 43°, gibt bei 10° eine auf —4° abgekühlte Mischung von 64 Buttersäureanhydrid u. 250 cm^3 H_2SO_4 zu, läßt in 4 Std. auf 27° steigen u. hält hier 4 Std., gibt langsam 16 W. zu, hält 1 Tag bei 38°, fällt, wäscht u. trocknet. Die Angaben beziehen sich auf konz. Säuren. Verwendung der Ester für *Photofilme.* (**F. P. 961 821** vom 6/8. 1947, ausg. 23/5. 1950. A. Prior. 25/1. 1940. **A. P. 2 304 792** vom 25/1. 1940, ausg. 15/12. 1942.) PANKOW. 8603

Eastman Kodak Co., übert. von: **Richard W. Henn**, Rochester, N. Y., V. St. A., *Kalium- und Natriumhydroxyd für die Herstellung photographischer Entwickler.* Zur Beseitigung der Hygroskopizität von KOH u. NaOH bei der Aufbewahrung werden die einzelnen Partikel (Schuppen, Körner, Stangen) mit einer sehr dünnen Schicht *Phthalsäureanhydrid* (**I**) überzogen, entweder durch Besprühen mit einer Lsg. von **I** in einem Nichtlöser für die Hydroxyde oder durch mechan. Mischen mit feinpulverisiertem **I**. (**A. P. 2 639 221** vom 26/6. 1952, ausg. 19/5. 1953.) KALIX. 8619

General Aniline & Film Corp., V. St. A. (Erfinder: **August H. Brunner jr.** und **Robert H. Zappert**), *Regenerieren von erschöpften photographischen Bleichflüssigkeiten.* Man regeneriert die Ferrocyanidionen enthaltende, an Br-Ionen verarmte Lsg. durch Zusatz einer Lsg. einer N-Br-Verbindung. Solche Verbb. sind z. B.: N-Brombenzamid, N-Bromsuccinimid, N-Bromacetamid, N-Dibrombenzolsulfamid, Natrium-B-brom-p-toluolsulfamid. (**F. P. 1 034 731** vom 30/12. 1950, ausg. 30/7. 1953. A. Prior. 30/12. 1949.) OPPERMANN. 8621

General Aniline & Film Corp., New York, N. Y., übert. von: **Henry B. Kellog**-Weehawken, N. J., V. St. A., *1.1'-Substituierte 3.3'-Bis-(2.5-diketo-7-methylpyrimido) pyrazole*) der allg. Formel I (R = Alkyl, Aryl, Heterocyclus, R_1 = H, Alkyl, Aryl, erhält man durch Kondensation von 1-substituierten 2.5-Diketo-7-methylpyrimidopyrazolen (**II**) in Ggw. von Phenylhydrazin

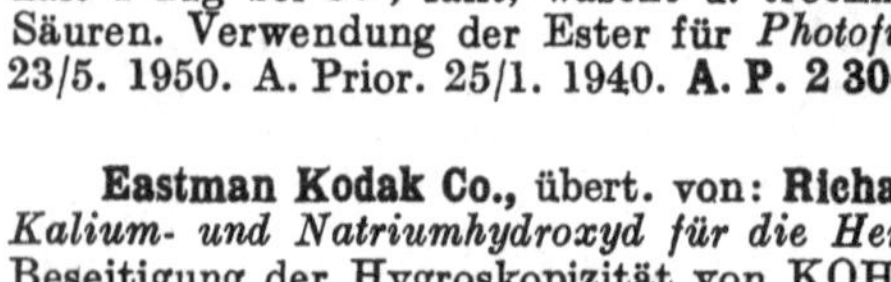

I

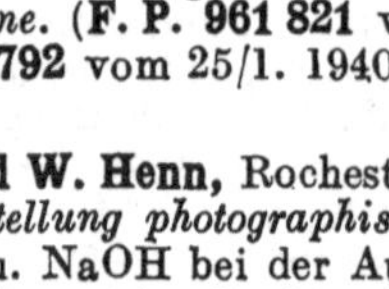

II

oder man kondensiert das Pyrazol mit einem aliphat. oder aromat. Aldehyd in Ggw. eines bas. Kondensationsmittels, z. B. von Piperidin. Die Verbb. dienen als *Farbbildner* für stabile Farbphotos. — Beispiele: *3.3'-Bis-(1-phenyl-2.5-diketo-7-methylpyrimidopyrazol)*, *3.3'-Methylen-bis-(1.7-dimethyl-2.5-diketopyrimidopyrazol)*, *3.3'-o-Carboxybenzyliden-bis-[1-(p-tolyl)-2.5-diketo-7-methylpyrimidopyrazol]* u. *3.3'-o-*

Sulfobenzyliden-bis-[1-(α-chinolyl)-2.5-diketo-7-methylpyrimidopyrazol]. (**A. P. 2 593 890** vom 11/8. 1948, ausg. 22/4. 1952.) UNGER. 8631

Gevaert Photoproducten N. V., Mortsel (Erfinder: **Pierre Joseph Marie Bruylants**, Winksele-Veltem bei Löwen, und **Philibert Leopold Joseph Raymond Merckx**, Wilrijk bei Antwerpen), Belgien, *Farbkuppler für die Farbenphotographie* stellen Mono- u. Dicyanacetylhydrazone dar, die man durch Kondensation von Cyanacetylhydrazid mit Aldehyden, Ketonen, Aldehydketonen, Acetalen, Dihalogenketonen u. anderen Verbb. erhält, die keine reaktionsfähige CH_2-Gruppe besitzen. Geeignet sind z. B. die Cyanacetylhydrazone von Vanillin, Piperonal, Phenacetaldehyd, β-Furylacrolein, Acetophenon, Benzalaceton, Monobromisatin, α-Phenylacetessigsäureäthylester u. Terephthalaldehyd-bis-cyanacetylhydrazon. Die Verbb. können der lichtempfindlichen Schicht oder dem Entwickler zugesetzt werden. (**D. B. P. 881 906** Kl. 57b vom 18/3. 1941, ausg. 6/7. 1953.) KALIX. 8631

Hans von Fraunhofer und **Harry Edward Coote**, London, *Herstellung von photographischen Farbbildern.* Man erzeugt drei verschied. Farbnegative in drei übereinander angeordneten Emulsionsschichten u. überträgt die Farbnegative zweier Schichten, die durch verschied. chromogene Substanzen gefärbt sind, gleichzeitig auf verschied. Schichten eines geeigneten Positivmaterials. Dann kopiert man das negative Bild der dritten Emulsionsschicht, ohne diese von den anderen Schichten zu trennen. (**Schwz. P. 282 407** vom 18/8. 1948, ausg. 1/9. 1952. E. Priorr. 18/8., 21/8. 1947, 5/5. u. 16/8. 1948.) OPPERMANN. 8631

Gevaert Photoproducten, N. V., Belgien, *Herstellung von Farbphotographien.* Um Fehler bei der Entw. von photograph. Material mit mehreren lichtempfindlichen, eine chromogene Verb. enthaltenden Schichten zu vermeiden, die auf einer leichten Abweichung des Materials bzgl. der sensitometr. Eigg. sowie der Schichtdicke bei der Herst. beruhen, entwickelt man einen belichteten Probefilm zuerst in Schwarzweiß. Hierbei behandelt man den Film zuerst mit einem kein Lösungsm. für Ag enthaltenden u. dann mit einem ein solches Lösungsm. enthaltenden Entwickler oder in umgekehrter Reihenfolge. Dann bringt man den Film in einen eine prim. aromat. Aminoverb. enthaltenden Entwickler u. danach in eine Ag auflösende Lösung. (**F. P. 1 023 669** vom 22/8. 1950, ausg. 23/3. 1953.) OPPERMANN. 863

Kodak Soc. An., Lausanne, Schweiz, *Herstellung eines silberfreien Farbbildes.* Man entwickelt ein Ag-Bild mit einem Entwickler, der ein aromat. Amin u. eine chromogene Verb. enthält, u. entfernt das Ag nach der Entwicklung. Geeignete chromogene Verbb. sind z. B. α-(2-sek.-Amyl-5-carboxyphenylazo)-(2-furoyl)-acetonitril, 2-Phenylazo-1.3-indandion, 1-Phenyl-3-n-pentadecyl-4-(p-acetaminophenylazo)-5-pyrazolon, 2-Chlor-4-(2′-benzothiazolylazo)-1-naphthol, 4-(p-Sulfamidophenylazo)-5-methylphenol. (**Schwz. PP. 280 207, 280 513** vom 23/12. 1947, ausg. 16/4. u. 3/6. 1952 u. **280 512** vom 22/12. 1947, ausg. 3/6. 1952. Alle A. Prior. 3/5. 1944.) OPPERMANN. 8631

I. G. Farbenindustrie Akt.-Ges., Frankfurt/M. (Erfinder: **Werner Ziegler, Wilhelm Schneider** und **Alfred Fröhlich**, Dessau), *Verhinderung der Bildung von Farbschleiern bei der Farbentwicklung.* Den lichtempfindlichen Schichten werden reduzierende, aromat. Dioxyverbb. zugesetzt, deren OH-Gruppen sich in o-, p- oder peri-Stellung zueinander befinden u. die gegebenenfalls in beliebiger Weise positiv substituiert sein können, z. B. Hydrochinon, Brenzcatechin, 1.2-, 1.4- u. 1.8-Dioxynaphthalin, Dioxynaphthylamin, Dioxyanthracen, 1.2- u. 1.4-Dioxydiphenyloxyd. Diese Verbb. werden den lichtempfindlichen oder Hilfsschichten in Mengen von 0,1—1% des Emulsionsgewichtes zugesetzt. (**D. R. P. 766 135** Kl. 57b vom 23/9. 1941, ausg. 4/1. 1954.) KALIX. 8631

Chemische Fabriek L. van der Grinten, Venlo (Erfinder: **Willem Marie Buskes**, Velden, **Theodorus Petrus Wilhelmus Sanders, Matheus Marinus Paulus Vallen** und **Karel Maria Hutgens**, Venlo), Holland, *Lichtempfindliches Material für das Diazotypie-Raster-Reflexkopierverfahren.* Die lichtundurchlässigen Teile (I) des Rasters bestehen aus einem Stoff, der in kleine, in die lichtempfindliche Schicht eingeprägte Vertiefungen eingelagert ist u. nach der Bildherst. leicht wieder herausgelöst werden kann; oder die I werden durch eine dünne Folie zusammengehalten, mit der zusammen sie nach der Bilderzeugung abgezogen werden können. (**D. B. P. 852 337** Kl. 57b vom 1/1. 1949, ausg. 13/10. 1952. Holl. Priorr. 1/11. 1945 u. 23/4. 1946.) KALIX. 8633

Eastman Kodak Co., übert. von: John G. Capstaff, Rochester, N. Y., V. St. A., *Gammaregelung beim Kopieren auf Linsenrasterfilme.* Teilfarbennegative mit stark voneinander differierenden Gammawerten werden nacheinander auf einen Linsenrasterfilm kopiert, auf dem sich eine Halogensilberemulsion befindet, die nur für kürzere Wellen als Rot empfindlich ist u. ein Gemisch von gelben u. Purpurfarbstoffen enthält, deren Mengen so geregelt sind, daß eine Blaubelichtung einen niedrigeren Gammawert gibt als eine Grünbelichtung. Je nach der gewünschten Gradationsänderung des Farbauszuges wird dieser dann mit blauem oder grünem Licht kopiert. (**A. P. 2 588 615** vom 1/6. 1946, ausg. 11/3. 1952.) KALIX. 8633

Klangfilm G. m. b. H., Berlin und Karlsruhe (Erfinder: **Albert Narath,** Berlin), *Photographisches Verfahren zur Beseitigung des Gleichrichtereffekts bei Tonaufzeichnungen.* Die Aufzeichnungslänge der positiven Tonspur wird um den gleichen Betrag verbreitert, um den sich die negative Tonspur (infolge des Gleichrichtereffekts) gegenüber dem Sollmaß verbreitert, indem Belichtung, Entwicklungsbedingungen u. Emulsionscharakter bei der Aufnahme u. Kopie so aufeinander abgestimmt werden, daß der Quotient der γ-Werte von Negativ u. Positiv gleich dem Prod. aus den Verhältnissen der Schwärzungen u. der Quellfaktoren der Verbreiterung von Positiv u. Negativ wird. (**D. B. P. 902 343** Kl. 57b vom 21/8. 1936, ausg. 21/1. 1954.) KALIX. 8637

Walter Ott, Berlin (Erfinder: **Walter Fermazin,** Berlin, und **Walter Wagner-Maaß,** Ruhmannsfelden), *Regenerierung von zerkratzten Filmen.* Die Bildschicht wird mit einer ca. 1%ig. Lsg. von *benzolsulfonsaurem Na* aufgequollen u. wieder getrocknet. Bei Vorhandensein sehr starker Beschädigungen setzt man der Lsg. noch 1,5—2,5% eines hydrophilen Koll. (Gelatine, Dextrin, Traubenzucker) zu. (**D. B. P. 902 938** Kl. 57b vom 30/3. 1943, ausg. 28/1. 1954.) KALIX. 8641

Nachoum Kagansky, Paris, *Betitelung von kinematographischen Filmen.* Man bedeckt den Film mit einer Schutzschicht (Paraffin), entfernt diese an den betreffenden Stellen mittels erhabener Lettern u. behandelt die von der Schutzschicht entblößten Stellen mit Eau de Javelle, dem man je Liter ein Netzmittel (1—2 g sulfonierten Laurinalkohol) zusetzt. Hierdurch wird die Gelatine entfernt u. der Untertitel erscheint auf dem Bildgrunde in Weiß. (**Schw. P. 282 752** vom 22/7. 1949, ausg. 16/8. 1952. F. Prior. 3/8. 1948.) OPPERMANN. 8641

Kodak-Pathé, Frankreich (Erfinder: **Henry C. Staehle** und **Lawrence E. Martinson**) *Herstellung von Druckformen.* Man bedeckt eine Platte (z. B. aus Glas, synthet. Harz, Celluloseester, Al oder Stahl) mit einer lichtempfindlichen Schicht, bestehend aus einem Gemisch einer wss. Dispersion von Polyvinylidenchlorid („Saran") oder einem Mischpolymerisat von Polyvinylchlorid u. Polyvinylacetat u. Cr-Gelatine oder Cr-Leim u. gegebenenfalls einer wss. koll. Dispersion eines weichen, in W. lösl. Acrylharzes (Polymethacrylat u./oder Polyäthylacrylat). Nach dem Trocknen überträgt man auf die Platte auf photograph. Wege ein Objekt oder ein Bild u. entwickelt die Platte mit W. bei 120—130° oder einer wss. Lsg., die eine gerbende Substanz (z. B. Alaun), eine quellende Substanz (z. B. NH_4OH) oder ein Lösungsm. oder eine Säure enthält. Man kann auf diese Weise Rasterbilder herstellen, Galvanos anfertigen u. die Platten zur Herst. von Druckformen für den Flachdruck ätzen. (**F. P. 1 029 482** vom 13/12. 1950, ausg. 3/6. 1953. A. Prior. 13/12. 1949.) OPPERMANN. 8645

Georges Vincent, Frankreich, *Herstellung von Druckformen für die Photogravüre.* Man bedeckt eine Metallplatte (z. B. aus Zn) mit einer lichtempfindlichen, aus einem Gemisch einer wss. 5—15%ig. Polyvinylalkohollsg., einer wss. 1—20%ig. Alkalibichromatlsg. u. einer wss.-alkoh. 1—10%ig. Krapplsg. oder einer Lsg. eines Krappderiv. (z. B. einer 30% A. enthaltenden Alizarinlsg.) bestehenden Schicht. Nach Belichtung u. Entw. der Platte imprägniert man diese mit einem Oxydationsmittel (z. B. Alkalibichromat) u. einer härtenden Substanz (z. B. A., Aceton, Formalin) u. gegebenenfalls Chromsäure. Dann emailliert man die Platte durch Erhitzen auf 100 bis 130° (z. B. mit ultraroten Strahlen) u. wäscht sie mit $NaHSO_3$-Lsg., $PbNO_3$-Lsg. u. einer starken Base. Die so behandelte Platte wird mit verd. HNO_3 geätzt. (**F. P. 1 035 907** vom 18/4. 1951, ausg. 1/9. 1953.) OPPERMANN. 8647

Giovanni Abrate, Chimica fotografica con cenni di chimica generale inorganica e organica. Manuale per uso professionale e per l'insegnamento industriale. Torino: A. Viglongo e C. 1953. (240 S.) L. 1000,—.

Herausgeber u. verantwortlich für den Inhalt: Prof. Dr. Maximilian Pflücke, Berlin NW 7. Schiffbauerdamm 19, Fernsprecher: 42 55 71. Redaktion: Chefredakteure Dr. Eugen Klever und Prof. Dr. Maximilian Pflücke. Verlag: Akademie-Verlag GmbH, Berlin W 8, Mohrenstraße 39 (Fernsprecher 20 03 86, Postscheckkonto Berlin 35021) u. Verlag Chemie, GmbH, Weinheim/Bergstraße (Postscheckkonto Frankfurt/M. 145 314 u. Berlin [West] 7430, Fernsprecher: Weinheim 2017). Bestell- u. Verlags-Nr. dieses Heftes: 1007/125/27. Das Chemische Zentralblatt erscheint wöchentlich. Satz u. Druck: VEB Leipziger Druckhaus, Leipzig, III/18/203. VII. 54.
Veröffentlicht unter der Lizenznummer 1212 des Amtes für Literatur und Verlagswesen der Deutschen Demokratischen Republik.
Printed in Germany DDR.

Kolibri 360 GmbH
Ferdinand-Jühlke-Straße 7
99095 Erfurt, Deutschland
produktsicherheit@kolibri360.de